MUSIC THERAPY Handbook

KB090072

음악치료
핸드북

Barbara L. Wheeler 편저 | (사)전국음악치료사협회 옮김

Σ 시그마프레스

음악치료핸드북

발행일 | 2016년 9월 20일 1쇄 발행
          2019년 3월 5일 2쇄 발행
          2023년 1월 5일 3쇄 발행

편저자 | Barbara L. Wheeler
역 자 | 전국음악치료사협회
발행인 | 강학경
발행처 | (주)시그마프레스
디자인 | 조은영
편 집 | 정영주

등록번호 | 제10-2642호
주소 | 서울특별시 영등포구 양평로 22길 21 선유도코오롱디지털타워 A401~402호
전자우편 | sigma@spress.co.kr
홈페이지 | http://www.sigmapress.co.kr
전화 | (02)323-4845, (02)2062-5184~8
팩스 | (02)323-4197
ISBN | 978-89-6866-801-2

Music Therapy Handbook

＊ 책값은 책 뒤표지에 있습니다.

이 도서의 국립중앙도서관 출판예정도서목록(CIP)은 서지정보유통지원시스템 홈페이지 (http://seoji.nl.go.kr)와 국가자료공동목록시스템(http://www.nl.go.kr/kolisnet)에서 이용하실 수 있습니다.(CIP제어번호 : 2016021157)

역서를 펴내며

(사)전국음악치료사협회는 국내 13개 음악치료 전공이 있는 대학 및 대학원의 연합으로 2007년에 창립되었으며, 공신력 있는 음악치료사 자격제도의 시행 및 치료사의 권익보호와 임상역량 강화에 최선을 다하고 있습니다. 본 협회 창립 10주년을 앞둔 이 시점에서 음악치료사 전문성 강화에 더욱 기여할 수 있는 음악치료 핸드북을 출판할 수 있게 된 것을 매우 기쁘게 생각합니다.

본 음악치료 핸드북은 모두 37장으로 구성되어 있으며, 크게 세 개의 파트로 나뉘어 있습니다. 첫 파트는 음악치료의 개괄 및 핵심적인 이슈들을, 두 번째 파트는 다양한 철학적 관점과 음악치료의 대표적 치료모델들을 소개하며, 세 번째 파트는 신생아부터 종말기 환자까지 17가지 다른 대상군과의 임상적 접근에 대해 임상사례를 포함하여 상세히 기술하고 있습니다.

공역에 동참하신 17분의 역자는 본 협회의 이사진 및 협약 교육기관의 교수진으로, 음악치료 교육과 임상현장 및 연구 분야에서 활발한 활동을 하고 계시는 국내 최고의 전문가이십니다. 국내 음악치료의 발전을 위해 본 협회가 추구하는 연합과 봉사의 정신을 몸소 실천에 옮기신 역자 분들께 감사의 말씀을 드립니다. 본 역서가 음악치료를 공부하는 재학생뿐 아니라 다양한 현장에서 활동하시는 음악치료 관련 분야의 전문가들에게 널리 활용되길 기대하며 그 결과로 음악치료를 통한 도움과 혜택이 더 많은 분들에게 돌아갈 수 있기를 기원합니다.

2016년 8월
대표역자
(사)전국음악치료사협회 회장 이인용

편저자의 글

19세기 독일의 시인 하인리히 하이네는 "언어가 멈춘 곳에서 음악이 시작된다"라고 표현했다. 이는 신경과학과 외상 및 뇌연구가 이루어지기 200년도 전에 음악이 창의예술 분야에서 얼마나 중요한 영역인지, 인간영혼의 얼마나 깊은 곳까지 다다를 수 있는지, 그래서 어떻게 언어로는 할 수 없는 치료를 제공할 수 있는지에 대한 선견지명이었다. David Dubal은 *The Essential Canon of Classical Music*에서 베토벤의 9개 교향곡을 거론하면서, 전기작가인 앙드레 모루아가 말한 "내가 생각하고 미처 표현하지 못하는 것들이 한마디의 단어도 들어 있지 않은 이 교향곡들 안에서 표현됐다. 웅장한 소리의 강이 흐르기 시작했을 때, 난 그 물결에 내 자신을 맡겨버렸다. 내 영혼은 씻겨지고 정화되었다……. 베토벤은 나를 다시금 친절하고 너그러우며, 사랑이 넘치는 존재로 돌려놨다(Dubal, 2001, p. 126)"라는 표현을 인용했다. 이러한 음악이 가진 변화의 힘은 현시대 예술치유 분야에서 음악치료가 담당해야 하는 주요한 역할을 설명하는 이유 중 하나이며 이 역할은 최신 애착이론, 신경생물학 연구, 관계치료와 같은 분야들의 새로운 정보들을 근거로 이뤄져야 한다.

   Guilford 출판사의 시리즈물인 *Creative Arts and Play Therapy*의 공동편집자로서 우리는 최근 몇 십 년간 인지, 언어기반, 좌뇌중심 치료분야가 지속적으로 우세적인 위치에 있었기에 차츰 우뇌중심 치료분야가 두각을 나타내는 이 과정에서 음악치료가 마땅히 받아야 할 관심과 조명을 함께 받고 있음을 기쁘게 생각한다. 인지치료와 여러 형식의 언어의존적인 치료들 역시도 최근의 예술치유 분야에서 담당할 역할이 있다. 그러나 Bruce Perry가 소개한 치료의 신경연속성 모델에 의하면 치료가 효과적이기 위해서는 치료적 접근의 타이밍과 연속성이 결정적으로 중요한 요소로 작용한다.

   음악치료의 전문성은 지난 65년 동안 발전되어왔다. 그러나 음악은 이미 여러 문화권에서 수천 년 동안 치유의 수단으로 사용되어왔다. 치료와 회복력을 활성화시키는 음악의 능력은 Dubal이 베토벤의 작품을 거론한 문장에서 잘 표현되어 있다. Dubal은 "역대 가장 많이 연주되고 가장 많은 사랑을 받은 작품인 교향곡 5번 C단조(Op. 67)를 만들면서, 베토벤은 4년 이상 기간 동안 고군분투했다. 그리고 그 작품은 역경에 반대하며 저항하는 인류 정신을 담은 전형적인 작품으로 평가된다(p. 127)"고 했다. 음악을 듣거나 창작하는 경험은 "뇌간(brain stem)을 진정시키거나" (Perry는 생애 초기의 외상을 다루는 데 있어서 다른 전통적인 치료접근 이전에 필수적이라고 했다.) Ann Masten이 "일상의 마법"이라고 언급한 것처럼 인간내면의 투지와 회복력을 일깨우는데, 이 모두 음악치료가 잠재적으로 강력한 치료매체임을 뒷받침한다. 음악이란 표현매체는 인간의 의식상태를 수용적인 상태로 유도하는데 이는 무의식과의 소통을 가능하게 한다. 음악치료는 음악치료만의 특별한 위상과 특징을 가지며, 특별한 이점을 갖고 있다.

Barbara Wheeler를 비롯하여 이 책에 참여한 훌륭한 저자들은 이러한 음악치료의 역사와 이론 및 임상적 적용을 음악치료사뿐 아니라 정신보건 전문가, 놀이치료나 창의예술 전공생을 포함하여 누구나 읽을 수 있는 형태로 제공해주었다. 이 책은 정말로 귀한 선물이다. 이미 한참 전에 했어야 하는 작업이었을 뿐 아니라, 치유예술에서의 중요한 창의적 접근의 하나로 획기적인 공헌을 할 것이다.

Cathy A. Malchiodi, PhD
외상-근거 표현예술치료센터

David A. Crenshaw, PhD, ABPP
포킵시 보육원

참고문헌

Dubal, D. (2001). *The essential canon of classical music*. New York: North Point Press.

감사의 글

이 책이 나오도록 도움을 준 많은 사람들에게 감사의 말을 전하고 싶다. 그리고 다른 누구보다도 제일 먼저 각 장의 저자들에게 감사를 전한다. 이들은 모두가 뛰어난 음악치료 임상가이자 교육자로 그들의 경험과 관점을 이 책에 고스란히 담아주었다. 모든 저자들은 각 장을 저술하고 수정하는 과정에서 존경할 만한 자세와 인내심을 가지고 신중하게 참여하였다. 그 노력의 결과가 이 책을 흥미롭고 교육적인 책으로 만들어주었다.

동료 예술치료사이자 친구인 Cathy Malchiodi에게 감사를 표한다. 그녀는 내가 교수직에서 은퇴한 후 전문적인 활동을 계속할 수 있는 방법을 모색하고 있을 때, 이 책의 집필을 제안하고 Guilford 출판사와의 협업을 도와주었다. 그녀의 격려와 조언이 이 책의 결실을 맺는 데 중요한 역할을 했다.

또한 이 책은 Guilford에서 출판하는 첫 번째 음악치료 서적인데, 이러한 모험을 감행한 Guilford 출판사의 직원들에게도 감사를 표한다. 그중에서도 특히 편집자 Rochelle Serwator는 문제가 생겼을 때마다 해결할 수 있게 도와주었고, 집필 과정 동안 나에게 용기를 주었다.

마지막으로, 음악치료사와 만나는 모든 내담자들에게 감사를 전한다. 음악치료는 놀라운 일들을 가능하게 하는데 이 모두 우리가 돕는 내담자들이 보여주는 결과 덕분이다. 또한 내담자와의 밀접한 치료적 과정과 작업이 이루어질 때 음악치료가 실현된다. 그리고 이들이야말로 음악치료가 존재하는 이유이다.

차례

제1부
개괄과 이슈

도입

음악치료 핸드북은 음악치료라는 매우 흥미로운 분야를 소개한다. 각 장마다 다른 저자들이 다양한 관점들을 제시하고, 음악치료에 대한 폭넓고 다채로운 시각을 보여준다. 여러 세기 동안 음악이 치유적으로 사용되어왔고, 공식적인 학문분야로 자리 잡은 지 70년이 지났음에도 불구하고 많은 사람들은 음악치료를 제대로 이해하지 못하고 있으며 어떤 사람들은 완전히 새로운 치료접근법이라고 생각하기도 한다. 이 책은 독자들에게 음악치료의 다양한 주요 개념들과 이슈들을 소개하는데, 제1부에서는 이와 같은 흥미로운 배경지식을 제공한다.

제1장 '직업으로서의 음악치료'는 음악치료의 정의를 비롯하여 일반적인 음악의 사용과 음악치료가 어떻게 다른지, 음악치료의 역사, 대표적인 치료대상군과 임상현장, 치료과정, 음악치료사가 되기 위한 교육과정과 임상훈련, 음악치료에서의 연구와 근거기반 실행의 중요성, 출판물과 국제적인 관심사, 다학제간 협력, 최근 음악치료에 대한 홍보자료 및 음악치료와 음악치료사들이 직면하고 있는 이슈들에 대해 다룬다.

이어 '음악치료의 역사(제2장)'에서는 고대 다양한 문화권에서 음악이 치료적 목적으로 사용된 것부터 시작하여 음악치료의 출현과 현재까지의 확장 과정에 대해 세계적인 관점에서 설명한다. 이 장에서는 1950년에 미국에서 전미음악치료협회(NAMT)가 설립되고 그 무렵부터 전문적인 음악치료 훈련프로그램과 기관이 설립된 것을 포함하여 20세기에 걸쳐 보다 공식적인 음악치료 접근법이 발달한 과정에 대한 정보를 제공한다.

'음악치료의 미학적 토대 : 음악과 정서(제3장)'는 음악치료에서 흔히 볼 수 있으면서 매우 중요한 구성요소인 정서에 대해 내담자의 능동적인 음악 만들기 과정을 중심으로 설명한다. 이 과정에서 정서는 음악이 유도하는 반응이라기보다는 음악 안에서, 음악을 통해 의식적/무의식적으로 표현하게 되는 것을 말한다. 정서의 근원은 어디인지, 음악 만들기 과정에서는 정서가 어디에 포함되어 있는지, 정서의 음악적 표현이 어떻게 일어날 수 있는지에 대해 생각하고 탐색한다.

'음악치료와 뇌(제4장)'에서는 음악이 뇌에서 처리되는 과정 및 신경체계의 나머지 부분과 어떻게 연결되는지 살펴보고 논의한다. 음악인지와 인지과학 분야는 음악의 인식 및 처리과정에 대한 새로운 이해를 돕는데, 이러한 정보는 음악치료사들로 하여금 인간의 기능에 미치는 음악의 영향을 보다 잘 이해할 수 있게 하며, 뇌의 변화가 어떻게 개인의 반응에 영향을 끼치는지에 대해서도 알 수 있도록 돕는다. 최근 몇십 년간 이러한 관계에 대한 지식의 괄목할 만한 성장이 있었는데, 이 장에서는 이러한 내용들을 다루고 특히 음악치료와 연관 지었을 때 의미 있는 내용들을 다룬다.

'음악치료와 문화적 다양성(제5장)'은 음악치료의 실행과 관련 있는 문화적 이슈들을 살펴본다. 음악은 문화의 차이를 막론하고 나타나는 전 세계적으로 공통적인 현상이다. 음악의 선곡에서도 우리의 정체성과 함께 소속된 문화가 나타나며, 문화는 음악치료에 중요한 영향력을 행사한다. 이 장에서는 음악치료 내 문화적 다양성의 발전과 문화에 대한 인식의 중요성에 대해 논의하고 음악치료사들의 고정관념과 자민족 중심주의를 살펴본다. 또한 문화적 공감과 문화기반 음악치료를 가능하게 하는 음악의 역할을 강조한다.

'음악치료 윤리(제6장)'는 윤리에 대한 여러 관점들을 살펴보고 탐색한다. 윤리의 유형, 핵심적인 윤리 원리, 나라마다 다른 윤리 강령들을 소개한다. 비밀 유지, 다중적 관계, 소셜 미디어에 관련된 윤리적 이슈들을 강조하고 여러 윤리적 이슈와 딜레마를 살펴본다.

진단평가는 음악치료 과정의 일부이다. 진단평가는 내담자를 이해하고 치료계획을 세우는 것을 목표로 한다. 이러한 진단평가를 주제로 제7장, '음악치료 진단평가'는 심리검사의 특성을 포함하여 다양한 유형의 진단평가들을 검토하고 진단평가와 관련된 일반적인 이슈들을 다룬다.

'음악치료 연구(제8장)'는 음악치료의 연구와 임상 사이를 연결하는 근거를 제공한다. 양적, 질적, 혼합연구를 포함한 음악치료 연구방법들에 대해 개괄적으로 소개한다. 그리고 각 연구방법에 대한 음악치료 연구의 사례들도 소개한다. 연구주제의 중요성과 연구주제가 어떻게 연구방법의 설계로 이어지는지도 다룬다.

'음악치료의 근거기반 실행(제9장)'은 음악치료에서 근거로 받아들여지는 것은 무엇인지, 근거기반 실행의 과정에 대해 정의하고 논의한다. 양적근거뿐 아니라 질적근거의 필요성도 다룬다. 근거기반 임상분야로서의 음악치료에 대한 정보들을 제시하며, 음악치료에서 활용 가능한 근거와 함께 음악치료와 음악요법을 다룬 코크란 리뷰들을 개괄적으로 살펴본다.

'음악치료 기법(제10장)'은 수용적 기법(감상기법), 작곡기법, 즉흥기법, 재창조적 기법(연주기법)으로 분류되는 네 가지 기법을 정의한다. 각각의 기법은 내담자가 치료적 과정에서 음악을 경험하는 서로 다른 네 가지 기법을 이야기한다. 이 장에서는 다양한 내담자군 대상의 임상사례들을 통해 네 가지

기법의 변화와 응용에 대해서도 다룬다.

　각각의 장들은 특정 주제하에 음악치료와 관련된 중요한 내용들을 다루지만, 각 주제들에 대한 더 많은 정보들은 얼마든지 있을 수 있다. 여러 편의 논문들, 편저서나 심지어 독립적인 저서들을 통해 대부분의 주제들은 심층적으로 다뤄져왔고, 앞으로도 계속해서 정보가 발전되고 업데이트되며 재기록될 것이다. 각 영역마다 더 많은 정보를 원하는 독자들은 얼마든지 추가적으로 필요한 정보들을 찾을 수 있을 것이다. ▦

직업으로서의 음악치료

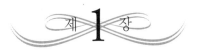
Barbara L. Wheeler

이인용 역

음악치료는 사람들의 기능발달, 행동수정, 생활 속 장애 요소의 극복을 돕는다. 음악치료사는 내담자-음악-치료사 간의 독특한 관계 형성을 통해 내담자가 필요로 하는 치료를 제공하며, 이를 위해 내담자의 경험에 대한 면담을 진행하고 즉흥연주를 비롯한 악기연주 · 작곡 · 감상 등의 다양한 음악적 경험을 활용한다. 하나의 직업 영역으로서의 음악치료는 1950년대에 미국에서 시작되었으며 교육기관, 병원, 정신 보건 시설, 개인 치료센터 등의 환경에서 의료행위의 한 형태로서 역동적이고 지속적인 성장을 거듭해왔다. 이 장에서는 음악치료사라는 직업에 대한 전반적인 소개와 더불어 음악치료 영역의 광범위한 실제를 규정하는 핵심 요소에 대해 다룰 것이다.

음악치료는 다양하게 정의될 수 있다. 미국음악치료협회(American Music Therapy Association,

AMTA)는 음악치료를 "인증된 음악치료 프로그램을 이수한 전문치료사가 임상상황에서 개별화된 치료목표에 도달하기 위해 근거에 기반하여 임상적 음악중재 방법을 활용하는 것"이라고 정의하였다(*www.musictherapy.org*). Bruscia(1998, p. 20)는 "음악치료는 치료사가 내담자의 건강 증진을 돕기 위해서 음악적 경험과 그 과정에서 파생되는 치료적 관계를 활용하여 역동적인 변화를 이끌어내는 체계적인 중재의 과정"이라고 하였다. 이 외에도 세계음악치료연합회(World Federation of Music Therapy, WFMT; *www.musictherapyworld.net*)를 비롯하여 세계 여러 나라의 음악치료협회에서 음악치료에 대해 각각의 정의를 내리고 있다.

음악치료사는 치료목적에 도달하기 위해 특정한 음악적 요소 및 치료사와의 관계를 활용하여 내담자의 감정과 기억에 접근하고 행동을 구조화하며, 사회적 경험을 제공한다. 음악치료의 기법은 능동적일 수도 있고 수용적일 수도 있다. 능동적 기법(active method)은 내담자가 음악적 행위를 하는 것(doing)과 관련 있는 반면, 수용적 기법(receptive method)은 내담자가 음악적 경험을 받아들이는 것(receiving)으로서 대개는 감상의 형태로 이루어진다. 두 기법 모두 감정과 경험을 언어로 다루는 구두적 절차(verbal process)가 포함될 수 있으며, 특히 성인 대상의 치료에서 유효하다.

음악치료에서 음악을 사용하는 기법은 즉흥연주, 연주 및 재창조, 작곡, 감상의 네 가지로 나눌 수 있다(Bruscia, 1998). 즉흥연주는 내담자가 어떤 매체를 사용하는가는 상관없이 음악을 만들어내는 것에 중점을 둔다. 연주 및 재창조는 이미 만들어져 있는 음악을 배우거나 연주하는 것이며, 작곡은 내담자가 노래·가사·기악곡을 만들어내는 것이다. 감상, 즉 수용적 음악치료는 내담자가 음악을 듣고 반응하는 것이다. 음악치료사는 이 모든 음악적 경험의 과정들이 용이하도록 돕는다.

치유적 음악의 역사

음악은 인류의 오랜 역사를 통해 치유적 목적으로 사용되어왔다. 가령, 다윗이 사울 왕에게서 악령을 쫓아내기 위해 하프를 연주한 이야기라든지, 원시시대에 주술사들이 사람들의 몸에서 악귀를 쫓아내기 위해 음악과 춤이 결합된 주술의식을 행했다는 것은 이미 알려진 이야기이다. 건강에 대한 관점이 진화함에 따라 건강증진의 측면에서 음악이 차지하는 위상 또한 변화되어 여러 문화권에서 다양한 방법으로 건강증진을 위해 음악이 활용되고 있다. 음악과 음악치료의 발달과정에 대해서는 문화다각적 관점을 바탕으

로 이 책의 다른 장에서 다루기로 한다.

음악치료의 초기 형태는 1900년대 미국에서 나타났고, 그 발전을 도모하기 위해 다양한 협회들이 조직되었으나 오래 지속되지는 못했다. 보다 공식적인 음악치료는 2차 세계대전에 참전한 후 재향군인병원에서 치료 중인 군인들에게 도움이 필요했던 시대적 상황과 이들을 대상으로 전문가들이 연주한 음악이 도움이 된다는 연구결과가 맞물려 등장했다. 미시간주립대학교는 1944년에 최초로 음악치료 교육과정을 개설했고, 그 뒤를 이어 캔자스대학교, 시카고음악대학, 스톡턴의 퍼시픽대학, 밀워키의 알버노대학에도 음악치료 교육과정이 개설되었다(*www.musictherapy.org* 참조). 최초의 미국 내 음악치료 협회인 전미음악치료협회(National Association for Music Therapy, NAMT)는 1950년에 결성되었다. 미국에서의 음악치료 분야는 지난 60여 년 동안 꾸준히 성장해왔다. 영국에서도 비슷한 양상으로 음악치료 분야가 생겨났으며, 음악치료의 활용과 발전을 촉진하기 위한 목적으로 음악치료와 치유음악학회(Society for Music Therapy and Remedial Music)가 1958년에 설립되었다. 이후 다른 나라들에서도 공식적으로 음악치료협회들이 결성되었고, 음악치료는 전 세계에서 꾸준히 발전해왔다.

오늘날의 음악치료

내담자 및 치료환경

음악치료는 신체적·정서적 문제를 가지고 있는 성인 및 아동에게 행해질 수도 있고, 정신건강을 증진시키고자 하는 건강한 사람에게도 활용될 수 있다. 음악치료는 다양한 진단을 받은 내담자들을 치료대상으로 한다. 표 1.1과 1.2에서 제시한 내담자 유형은 여러 내담자 집단 중 일부에

표 1.1 음악치료 내담자 유형 분포

발달장애 : 215	약물남용 : 91
자폐스펙트럼장애 : 204	학습장애 : 89
정신건강 문제 : 182	외상후 스트레스 장애 : 79
알츠하이머병/치매 : 165	두부 외상 : 78
행동장애 : 159	음악치료 전공생 : 78
노인 : 152	내/외과 : 69
학령기 아동 : 132	파킨슨병 : 69
말기 환자 : 127	시각장애 : 75
정서장애 : 119	청각장애 : 59
신경장애 : 118	만성 통증 : 49
중복장애 : 105	재소자 : 34
신체장애 : 103	레트 증후군 : 28
유아 : 103	학대/성적 학대 : 24
발화장애 : 100	비장애인 : 22
암 : 98	섭식장애 : 17
이중 진단 : 95	혼수상태 : 17
뇌졸중 : 94	

주 : 해당 항목에 복수 응답이 가능하였으므로, 응답 수는 응답자 수를 초과할 수 있음.

불과하지만 치료빈도가 높은 집단부터 낮은 집단의 순서대로 배열하였다. 숫자는 각 유형의 내담자 그룹을 치료하고 있다고 응답한 음악치료사의 수를 나타내며, 표에 반영된 자료들은 미국의 정보이다(AMTA, 2013).

치료과정

음악치료의 과정은 여러 단계로 이루어진다. Gfeller와 Davis(2008)에 따르면, 음악치료의 과정은 (1) 의뢰(referral), (2) 진단평가(assessment), (3) 치료계획의 수립(treatment planning), (4) 진행 상황 기록(documentation of progress), (5) 평가 및 종료(evaluation and termination)의 다섯 단계를 포함한다. 첫 번째 단계인 의뢰는 다른 분야의 전문가로부터 오는 경우가 많다. 예를 들면, 언어적 의사표현에 어려움을 겪는 환자에게 음악치료를 권유하는 정신과 의사나 악기를 배우는 것이 아동의 소근육 협응력 혹은 호흡기능에 도움을 줄 수 있다고 판단한 교사가 음악치료를 의뢰할 수 있다. 이러한 의뢰 과정은 지역사회 내에서 혹은 기관을 통해 이루어진다. 기관 내에서 발생하는 의뢰의 예로는 수술을 앞둔 환자의 불안해소를 위해 간호사가 음악치료를 권하는 경우, 정신병원에서 고립된 생활을 하는 환자가 구조화된 집단 음악활동을 통해 타인과 상호작용의 기회를 가질 수 있도록 간호사가 환자에게 음악치료에 참여할 것을 권하는 경우를 들 수 있다. 물론 이 경우들은 의뢰가 발생하는 수많은 예 중 두 가지에 불과한 것이다. 내담자가 개인적 필요에 의해 음악치료사에게 직접 연락하여 자가 의뢰를 하는 경우도 있다.

음악치료 과정의 다음 단계인 진단평가는 내담자의 고유한 강점과 약점을 이해하고 음악치료의 효과가 있을 것인가를 판단하기 위한 것이

표 1.2 음악치료사의 근무 기관

유치원, 초·중·고교 : 105	어린이집/유치원 : 29
양로원/요양원 : 102	교도소 : 28
호스피스/애도 지원 서비스 : 88	공동생활가정(그룹홈) : 23
대학교 : 71	조기 특수교육 프로그램 : 23
입원 정신병동 : 65	주간보호/치료센터 : 22
사설 치료센터 : 62	노인 정신병동 : 19
지역기반 서비스 : 50	중급보호시설 : 19
어린이병원 및 병동 : 42	외래 병동 : 19
종합병원 : 39	비요양 노인 시설 : 18
사설 음악치료센터 : 36	약물/알코올 프로그램 : 16
정부기관 : 36	전역 군인 지원 시설 : 16
성인 주간보호센터 : 34	웰니스(wellness) 프로그램/센터 : 16
재활시설 : 31	종양내과 : 15
아동/청소년 치료센터 : 29	

주 : 해당 항목에 복수 응답이 가능하였으므로, 응답 수는 응답자 수를 초과할 수 있음.

다. 진단평가의 과정은 치료계획의 수립을 위한 기본 지침을 마련해주기도 한다. 진단평가는 다양한 형태로 진행되는데, 내담자가 음악활동을 하는 동안 치료사가 내담자의 반응을 관찰·평가하는 체계적인 형태로 진행될 수도 있고, 관찰·구두 면담·지인 면담·음악치료 의뢰서를 비롯한 의학적·교육적 기록 검토 등과 같이 비교적 덜 정형화된 형태가 포함될 수도 있다.

다음 단계는 치료계획의 수립이다. 이 단계에서는 의뢰서에 기술된 내용과 진단평가에서 발견한 내용을 바탕으로 치료의 목표와 목적을 수립한다. 이 단계는 내담자의 의견을 최대한 수용하면서 관련 학제간 협력을 통해 이루어지는 경우가 많다. 하지만 음악치료사가 단독으로 내담자의 요구와 흥미를 고려하여 치료계획을 수립할 수도 있고, 제3자의 개입을 최소화하면서 진행되는 경우도 있다.

그다음은 치료계획의 수립 단계에서 설정된 목표와 목적에 따른 음악치료 실행 단계이다. 치료는 여러 다른 기법들을 활용하여 진행되는데 앞서 기술한 즉흥연주, 작곡, 재창조, 감상(수용적 기법) 등이 주로 사용된다. 많은 음악치료 관련 문헌들이 이러한 치료기법들에 대해 다루고 있다.

치료가 이루어지는 동안, 앞서 설정한 목표와 목적과 관련하여 일정한 형태의 평가를 수행한다. 평가는 일정 기간의 치료 후에 내담자의 진전 정도나 치료기법의 효과를 판단하기 위한 것이다. 평가는 지속적인 과정이며 치료 전이나 치료 중 혹은 치료 후에도 이루어질 수 있다. 마지막 단계인 치료의 종료는 치료목표에 도달했거나 혹은 치료결과가 만족스럽지 못한 경우, 내담자나 치료사가 해당 시설이나 지역을 떠나는 경우에 일어난다.

음악치료, 음악요법, 음악교육 및 기타 적용 분야

사람들을 돕거나 치료하는 과정에서 음악을 사용하는 이들은 음악치료사만이 아니다. Dileo(2013)는 음악과 의학(Music and Medicine) 저널에 실린 연구들에 대한 분석을 바탕으로 음악과 의학 영역의 접점에서 일어나는 치료행위가 (1) (의료인이나 음악치료사에 의한) 음악가의 치료, (2) (의료인문학, 의학교육, 보건교육에서 이루어지는) 의학, 보건교육 분야에서의 음악활용, (3) (음악가, 의료인, 음악치료사에 의한) 환자 및 직원을 위한 음악연주, (4) 기초적 연구의 네 가지 범주에 속한다는 점을 밝혔다. 세 번째 범주인 환자와 직원을 위한 음악연주 항목에서는 눈에 띄는 언급이 있는데, 바로 "의료인력의 불안, 고통, 자율신경 반응도를 경감시키고 환자의 상태와 안녕을 증진하고자 음악을 이용하는 것(p. 113)"을 음악요법(music medicine)이라고 명명한 것이다. 이 경우에는 환자 혹은 의료진이 선택한 녹음 음악이 가장 빈번하게 사용된다. 또한 Dileo는 "(이 경우에도) 양자 간에 관계가 형성될 수 있으나, 이는 음악적 경험을 통해 발전하는 관계가 아니라 제공된 의료서비스를 토대로 한다"라고 설명한다(p. 113). 기초적 연구범주에서는 음악과 관련된 신경과학(음악적 처리와 생산과 관련된 신경해부학, 음악이 두뇌에 미치는 영향, 음악지각, 음악기억, 뇌가소성, 음악과 주의집중 및 학습, 기억, 발화, 언어, 운동기능, 영성 간의 관계), 음악에 대한 심리학적 반응 등을 비롯한 일련의 선행 연구 주제들을 기술하고 있다(pp. 114~115). 이와 더불어 "특수 집단의 음악적 성향, 자질, 기호, 능력"들이 다루어져야 한다고 제안한다(p. 115). 2009년에는 의료분야에서의 음악활용에 대한 통합적인 관점을 촉구하고 음악을 활용하는 치료의 실제와 연구의 통합을 도모하고자 하는 국제음악의학협회(International Association for Music and Medicine)가 설립되었다.

건강증진에 관심이 높은 사람들이 음악을 활용하는 또 다른 경우는 의료분야에 예술을 접목하는 경우인데, 이것은 "인생의 중요한 순간에 예술과 사람들을 연결함으로써 건강과 치유를 이루고자 하는(Society for the Art in Healthcare, 2011)" 비교적 새로운 영역이다. 예술을 의료환경에서 활용하는 음악가들은 더 나은 건강상태를 추구하는 사람이나 어려움에 처한 사람들을 위해 자신의 음악을 사용하기도 한다.

음악교육과 음악치료에는 공통적인 측면이 있다. 일반적으로 음악교육이 건강증진을 염두에 두고 있지 않다고 하더라도, 종종 음악교육에 종사하는 사람들은 음악치료사들이 음악을 사용하는 것과 똑같은 방식으로 음악을 사용하곤 한다. 하지만 두 영역의 주된 목적은 다르다. 음악치료에서는 건강증진을 1차적인 목적으로 여기지만, 음악교육에서의 가장 기본적인 목적은 연주·청음·감상과 같은 음악적 기량을 향상시키는 것이다. 음악치료에 참여하면서 음악적 기량이 향상되고, 음악교육에 참여하면서 건강이 증진되는 일이 빈번하게 일어나기는 하지만 엄연히 두 영역의 기본 목적은 다르다.

의료분야 외에도 많은 분야에서 음악을 사용하고 있고, 음악치료와 관련된 연구주제들을 활용하고 있다. 음악교육자, 음악심리학자, 음악사회학자, 신경음악학자(음악에 대한 반응을 연구하는 신경학자)는 음악치료사가 관심과 흥미를 가지는 동일한 분야를 다루기도 한다. 예를 들어 음악교육자는 특수 아동을 다룰 때 음악이 학습에 도움을 주거나 언어능력 발달을 촉진시킨다는 근거를 찾고자 음악의 치료적 측면에 관심을 가진다. 음악심리학자의 경우에는 음악치료 분야에 필요한 많은 기초 연구들을 제공하는데 이 자료들은 음악치료사가 하는 일에 대한 토대를 제공한다. 예를 들어, 리듬이 동작의 구성을 돕는다는 것을 보여주는 연구결과는 음악치료사가 신경학석 문제를 가진 사람의 신체움식임을 돕기 위한 음악치료 기법을 고안하는 데 활용될 수 있다. 음악사회학자는 음악의 사회적인 측면에 관심을 가지는데, 음악치료사로 하여금 집단 구성원들에게 영향을 주기 위해 어떻게 음악을 사용할 수 있는지 이해하도록 도움을 줄 수 있다. 신경음악학자는 뇌가 어떻게 음악을 처리하는지에 대한 이해를 제공하는데, 이는 사람이 음악과 관련된 활동을 할 때 뇌에서 일어나는 반응과 이것이 음악치료에 시사하는 바가 무엇인지를 밝히는 데 기여한다. 최근 몇 년간 음악처리 과정에서 뇌와 중추신경계의 역할을 이해하는 데 경이적인 발전이 있었고, 그 연구결과와 새롭게 발견된 사실들은 음악치료의 진단평가 · 적용 · 실제에 폭넓은 영향을 끼쳤다. 음악은 혈압, 호흡수, 근긴장도 및 다른 생체 반응에 영향을 줄 수 있기 때문에 인간의 생리학적 반응과 해부학적 측면을 연구하는 사람들이 음악의 영향에 관심을 갖기도 한다. 이러한 여러 발견들이 수많은 의학적 영역에 적용되면서 음악은 인간의 신체 반응을 이끌어내며 건강증진에 기여할 수 있게 되었다.

교육과정과 임상 훈련

음악치료사가 되기 위해 요구되는 교육과정은 나라마다 다르다. 그러나 어느 교육과정에서든 임상훈련은 필수적이다.

미국에서는 AMTA가 음악치료 교육과 훈련의 기준을 정하고 감독한다. 음악치료 교육과정은 70여 개의 승인된 교육기관의 학부 혹은 학부 이상의 학위 과정에 개설되어 있다. 학부 과정에서는 음악 · 임상 · 음악치료의 기초와 이론에 대한 입문 수준의 역량을 키워야 하며, 교과목 이수와 함께 인턴십을 포함한 1,200시간의 임상훈련을 마쳐야 한다. 많은 대학에서 음악치료 석 · 박사 과정을 개설하고 있다. 음악치료사들은 특수교육, 사회복지, 노인학과 같은 관련된 분야에서 대학원 학위를 취득하기도 한다.

세계 여러 나라들은 음악치료사가 되기 위한 과정을 관리하면서 정식 교육과정 및 임상훈련 요건들을 발전시켜왔다. 세계음악치료연합회(WFMT)는 음악치료 교육과정을 개발 중인 나라들에게 방향을 제시해주기 위해 교육과 실습에 대한 지침을 마련했다(1999; Wheeler & Grocke, 2001).

음악치료의 일부 분야에는 전문 훈련과정이 따로 있다. 이러한 훈련과정은 일반적으로 졸업 후 과정으로 제공되며, 추가적인 훈련이수 및 전문기술을 인정하는 증서를 수여한다. 이와 같은 훈련과정에는 노도프-로빈스 음악치료(Nordoff-Robbins Music Therapy), GIM(Guided Imagery and Music), 분석적 음악치료(Analytical Music Therapy), 신경학적 음악치료(Neurologic Music Therapy) 등이 있다. 이러한 훈련들의 근간이 되는 접근법들은 이 책의 다른 장에 소개되어 있다. 음악치료사들은 이외에도 다양한 관련 분야에서 추가 연수를 받기도 한다.

자격인증 및 면허

음악치료는 나라마다 다양한 방식으로 발전해 왔고 나름의 자격요건을 가지고 있기 때문에 음악치료사로 활동하기 위한 요건도 차이가 있다. 이러한 차이는 음악치료사에 대한 교육지침, 자격요건, 정부의 규정 전반에 걸쳐서 나타난다. 예를 들면, 음악치료사가 음악치료를 하거나 치료비를 지불받기 위해서 정부의 공식 승인을 거쳐야 하는 나라가 많은 반면, 어떤 나라에서는 음악치료협회 차원에서 음악치료에 대한 규정을 관리하기도 한다. 그리고 정부의 인증 절차가 마련되어 있지 않은 일부 국가에서는 음악치료 교육이나 자격증을 받지 않고도 스스로를 음악치료사라고 칭히는 사람들도 있을 수 있다. 그런 사람들에 대한 우려는 빈번하게 있어왔으나 이러한 문제를 다루는 방식도 역시 해당 국가에 따라 다르다.

미국의 음악치료사 인증위원회(Certification Board for Music Therapists, CBMT, *www.cbmt.org*)는 음악치료사로 활동하기 위한 필수적인 자격인 공인 음악치료사(MT-BC)가 되기 위한 요건을 규정하고 음악치료사의 기술이 계속하여 발전할 수 있도록 지속적인 교육을 이수할 것을 요구하고 있다.

음악치료사로 활동하기 위한 일부 요건은 지방정부의 법규로 정하기도 한다. 한 예로 면허 취득 절차는 각 주(state)마다 다르며 많은 주에서 음악치료사에 대한 면허 제도를 독립적으로 운영하고 있다. 어떤 주에서는 음악치료사가 상담사 혹은 다른 자격까지 함께 부여받기도 한다.

음악치료사들은 단지 음악을 활용하는 것 이상으로 폭넓은 접근방법을 활용할 수 있는 예술치료사로 일하기도 한다. 뉴욕 주에서는 많은 음악치료사들이 창의적 예술을 활용한 심리치료를 행할 수 있는 자격인 공인 예술치료사(Licensed Creative Arts Therapists, LCATs)를 겸하고 있다. 어떤 음악치료사들은 예술치료사, 춤/동작치료사, 연극치료사 등과 긴밀히 협력하면서 예술치료 팀의 일원으로 일하기도 한다.

연구 및 근거기반 실행

연구는 음악치료 분야에서 중요한 부분이다. Gaston(1968)이 이론, 임상치료, 연구가 서로를 지지하는 삼각대의 세 축과 같은 관계를 이룬다고 주장한 이래로 연구는 치료와 긴밀히 연결되어 왔다. Bruscia(1995, p. 21)는 연구를 "발견이나 새로운 자각으로 이어지는 체계적이고 자기감시적인 탐구과정으로서 기록, 배포되어 기존 지식이나 실제를 수정하는 데 기여할 수 있는 것"으로 정의한 바 있다. 음악치료사들은 연구를 통해서 자신들의 일과 그 효과성에 대한 정보를 수집하거나 그들이 참여하는 과정들에 대해 더 알아가고, 관심 분야를 탐색해볼 수 있다. 연구는 음악치료의 발전을 위해 매우 중요하다.

음악치료 연구에는 여러 연구방법들이 사용되고 있다. 그중에서도 양적연구 방법은 음악치료가 직업으로 발전된 이래로 줄곧 이용되어왔다. 질적연구 방법은 1980년대에 그 중요성이 주목받기 시작하여 지금은 다양한 관점에서 음악치료를 이해하는 데 크게 기여하고 있다. 양적연구와 질적연구 방법 모두를 사용하여 최적의 정보를 얻어내고자 하는 연구자들이 혼합연구 방법을 사용하는 경우도 늘고 있다. 그 외의 연구방법에는 음악조사, 역사연구, 철학연구 등이 있다.

근거기반 실행(Evidence-based practice, EBP)이란 "개별환자의 치료와 관련된 의사결정 과정에서 현재까지 입증된 최선의 근거를 양심적이고, 솔직하고, 신중하게 사용하는 것이다. 근거기반 의료(evidence based medicine)를 실천한다는 것은 전문가 개개인의 임상 전문지식을 체계적 연구에서 도출된 최적의 임상근거와 통합하는 것을 의미한다(Sackett, Rosenberg, Gray, Haynes & Richardson, 1996, p. 71)." EBP는 (1) 과학적 문헌에 대한 체계적 검토, (2) 전문가의 경험과 의견, (3) 임상적 의사결정 및 치료/중재 계획에 대한 환자/내담자의 선호와 가치가 통합되어 사용된다는 것을 나타낸다.

모든 의료전문가들은 EBP를 따라야 하며, 음악치료사도 예외는 아니다. 앞서 다룬 바 있는 음악치료에 대한 AMTA의 정의에도 "근거에 기반을 둔 음악중재 방법을 사용하는 것"이라는 표현이 포함되어 있다. 미국에서 음악치료 연구의 중요성은 1950년에 설립된 NAMT의 6대 주요 목표 중 첫 번째에서 "연구계획을 보고하고 장려하기 위하여"라고 기술했을 때 이미 인지된 바이다(Gilliland, 1952, p. v). 연구는 음악치료의 발전에 중요한 역할을 꾸준히 차지하고 있다.

출판물

음악치료 관련 출판물에는 서적들과 함께 여러 학술지들도 포함된다. 관련된 여러 분야에서 출판된 학술지에도 음악치료에 대한 정보들이 담겨 있다.

영어로 정기간행되는 음악치료 학술지에는 미국에서 출간되는 *Journal of Music Therapy, Music Therapy Perspectives*와 그 외 국가에서 출간되는 *Canadian Journal of Music Therapy, British Journal of Music Therapy, Australian Journal of Music Therapy, New Zealand Journal of Music Therapy, Nordic Journal of Music Therapy, Voices: A World Forum for Music Therapy* 등이 있다. 이 가운데 *Nordic Journal of Music Therapy*와 *Voices*를 제외하고는 모두 해당 국가의 음악치료협회에서 발행한다. *Voices*에 실리는 논문 중 일부는 영어 원문과 함께 다른 언어로 번역되어 실리기도 한다. 영어로 간행되는 학술지들과 함께, 독일어로 출간되는 *Musiktherapeutische Umshcau*도 독일에서의 음악치료 발전에 중요한 역할을 하고 있다.

예술치료의 모든 영역을 다루는 국제 학술지인 *The Arts in Psychotherapy*도 상당수의 음악치료 관련 논문을 게재한다. *Music and Medicine: An Interdisciplinary Journal*은 음악치료, 음악요법 및 음악과 의학의 여러 측면에 대한 논문들을 게재한다. 이 학술지는 국제음악의학협회(International Association of Music and Medicine)의 후원을 받으며 논문 초록을 여러 언어로 게재한다. *Journal of the Association of Music and Imagery*(AMI)는 BMGIM(Bonny Method of Guided Imagery and Music; 혹은 GIM)에 중점을 둔다.

치료의 차원

음악치료사들은 진행 중인 치료상황 혹은 내담자에게 유용한 치료의 차원(level of practice) 또는 깊이를 상세하게 기술하는 것이 도움이 된다는 것을 깨닫게 될 때가 있다. 이전에 나는 Wolberg(1977)가 제안했던 심리치료의 차원이라는 개념에 기초하여 심리치료로서의 음악치료 역시 세 가지 차원에서 일어난다고 제시한 바 있다(Wheeler 1983; Houghton et al., 2005). 지지적, 활동중심 음악치료(supportive, activities-oriented music therapy)에서는 치료의 목적이 치료적 활동(필요시 구두 활동 포함)을 통해 달성된다. 이 차원에서 치료하는 음악치료사는 내담자가 적응 행동을 정착시키고 유지할 수 있도록 지지하는 역할을 한다. 어떤 행동이 왜 일어났는가는 중요하게 고려되지 않는다.

재교육적, 통찰 및 과정중심 음악치료(reeducative, insight-, process-oriented music therapy)에서는 감정에 대해 설명하고 토론하는 데 초점이 맞추어져 있는데, 이 과정에서 통찰이 유도되고 결국 기능을 향상시킨다. 이때 음악은 치료에 필수적인 감정적, 인지적 반응을 이끌어내기 위해 사용될 수 있다. 이 차원의 음악치료는 일반적으로 접근 가능한 감정보다 더 깊은 감정수준에 도달할 수 있게 하는데, 이것은 Zwerling(1979)이 예술치료의 독특한 특징으로 언급했던 것이다. 재교육적인 목적을 가진 통찰중심 음악치료에서 논의되는 감정들은 상대적으로 의식적인 수준에 가깝기 때문에 개인적인 감정과 대인관계 반응과 같은 내담자의 현 상태에 집중함으로써 유도해낼 수 있다.

재건적, 분석적, 정화중심 음악치료(reconstructive, analytically, catharsis-oriented music therapy)에서는 무의식적인 문제들을 끌어내고 성격의 재구성을 촉진하기 위해 음악치료 기법들이 활용된다. 보다 깊은 감정을 자극할 수 있는 음악의 힘이 무의식적인 문제에 도달하기 위해 사용되는 것이다. 이러한 치료의 목표는 개인이 성장하는 과정에서 부적절하게 지나왔거나 마무리됐던 상황들을 다루는 데 있다. 분석적 음악치료나 GIM과 같은 특정 음악치료 기법에서의 상급 단계 훈련이 이러한 치료기술들을 연마하는 데 도움을 주기도 하나, 이 차원에서의 치료는 일반적으로 음악치료 학위 과정에서 제공하는 훈련 이상을 필요로 한다.

국제적 동향

앞서 언급한 대로 음악치료는 여러 나라에서 각기 다른 양상으로 발전해왔다. 음악치료는 세계 여러 곳에서 잘 정착되어 있다. 미국을 포함한 많은 나라에서 음악치료사의 교육과 훈련에 대한 기준, 음악치료에 대한 정부 규정, 활발한 음악치료협회 등의 기반이 구축되어 있다. 학술지 *Voices*(www.voices.no)에 게재되는 이달의 국가(Country of the Month) 항목은 다양한 국가에서의 음악치료 위상에 대해 살펴보기 좋다.

어느 곳에 있든 인터넷을 통해 음악치료사들 간 소통이 가능한 시대이기 때문에 오늘날의 음악치료사들은 세계 곳곳의 동료들과 꾸준히 교류할 수 있게 되었다. 세계 어느 곳에서든 음악치료에 대한 정보도 쉽게 찾을 수 있다. 이제 언급할 웹사이트들에서는 음악치료사 및 음악치료에 관심이 있는 사람들에게 국제적인 교류의 기회를 제공하고 날로 증가하는 소통과 관심에의 요구를 지원해주고 있다.

세계음악치료연합회(WFMT; *www.musictherapyworld.net*)는 음악치료의 세계적인 발전과 홍보에 기여해왔다. 이 웹사이트는 국제 음악도서관, 일정의 공유, 전 세계 학생들의 경험 공유 공간을 포함하며 방대한 양의 국제적인 음악치료 관련 정보를 보유하고 있다.

WFMT 이외에도 여러 음악치료협회들의 연합체들이 구성되어 있다. 그중의 하나인 유럽 음악치료연합(European Music Therapy Confederation, EMTC; *emtc-eu.com*)은 1990년에 유럽 음악치료사들 간의 상호교류를 위한 포럼으로 결성되었다. EMTC는 유럽에서의 전문 훈련과정의 발전을 촉진하고 회원국 간의 상호교류와 협업을 발전시키기 위해 힘쓰고 있다. EMTC는 3년마다 개최되는 유럽 음악치료학회를 후원하고 있는데, 이를 통해 음악치료사와 관련 전문가들이 생각을 나누고 성과를 공유할 수 있는 기회를 제공하고 있다.

라틴아메리카 음악치료위원회(Latin American Committee of Music Therapy, CLAM)는 세계 음악치료 학계에의 동등한 참여와 지역 내 협업을 촉진하기 위해 1993년에 설립되었다. CLAM은 3년에 한 번 회원국 중 한 곳에서 개최되는 학회를 지원하고 있다.

인터넷 커뮤니케이션

인터넷은 국제적 커뮤니케이션뿐만 아니라 음악치료의 모든 측면에 있어서도 커뮤니케이션의 혁신을 가져왔다. 음악치료사들은 수많은 인터넷 기반 서비스를 통해서 다른 치료사들 또는 일반 대중들과 소통한다. 정보교환을 할 수 있게 하는 온라인 커뮤니케이션은 새로운 기술이 주기적으로 개발되어 끊임없이 변화하는 유동성을 갖고 있다. 이러한 변화는 매우 급속하게 일어나므로 일일이 열거하여 기록하는 것이 무의미할 정도이다. 최근에는 음악치료사를 비롯한 수많은 사람들이 블로그, 팟캐스트(Podcast), 페이스북 그룹(Facebook Group), 링크드인(LinkedIn), 핀터레스트(Pinterest), 스카이프(Skype), 유튜브(YouTube), 전자책, 온라인 저널 및 기타 여러 방법으로 정보를 공유한다. 음악치료사 개인, 음악치료 클리닉, 대학 프로그램, 국가 및 지역단체들이 인터넷 프로그램과 소셜 미디어를 통해서 다양한 방법으로 상호작용을 한다. 음악치료사와 단체들은 임상 프로토콜 및 경험, 관련 시설, 연구결과, 최신 뉴스, 음악평, 악기, 음악치료 관련 자료 등에 대해 정기적으로 최근 소식을 전한다. 인터넷상에는 음악치료 전문가와 인턴 및 학생들을 위해 온라인 저널, 전자책, 온라인 워크숍, 웨비나(webinar; 웹기반 세미나), 전문 멘토링 서비스와 평생교육 학점 취득을 위한 온라인 자가 학습과정들이 개설되고 있다(C. Knoll, 2013. 3. 23, 개인서신).

학제간 협력

음악치료사들은 다른 영역에 속한 이들과 다양한 맥락에서 협력한다. 학교에 소속된 음악치료사들은 음악치료가 교육과정에 중요하다고 평가된 경우 또는 개별화교육과정(Individualized education programs, IEPs)의 일부로 편성된 경우 아동들의 치료를 맡게 된다. 음악치료는 장애인 교육법(Individuals with Disabilities Education Act, IDEA)에 의거해 관련 서비스로 간주되어 적절한 의뢰와 진단평가를 거친 후에 특정 아동의 교육과정으로 편성될 수 있다. 이러한 상황에서 음악치료사는 음악치료의 목표를 수립하고 이를 실행에 옮기기 위해서 학제간(interdisciplinary) 혹은 다학제간(multidisciplinary) 팀의 일원으로 다른 구성원들과 협력하게 된다. 치료계획의 수립 단계에서는 개별화교육프로그램을 지침으로 삼지 않는 치료사라 할지라도 이와 비슷한 모델을 적용하게 될 수도 있다. 예를 들어, 조기 유아교육(출생부터 3세까지) 영역에서는 개별화가족서비스계획(Individualized Family Service Plan, IFSP)이 지침으로 사용된다. 발달장애를 가진 성인을 대상으로 일할 때에는 개별화프로그램 계획(Individual Program Plan, IPP)을 사용하는 경우가 많다. 궁극적으로 이 모든 프로그램의 목표는 치료대상자를 위해 전문가들이 협동적인 치료를 제공하는 것에 있다.

병원에 소속된 음악치료사들은 보통 의사, 간호사, 작업/언어/물리치료사 및 기타 인력으로 구성된 협력 팀의 일원이 된다. 각자의 분야에 기여하고 있는 전문가들과 협력하는 것은 환자를 위해 유익한 일이며, 대개 이러한 전문가들을 통해 음악치료 의뢰가 이루어진다.

정신의료 분야의 기관이나 지역사회 프로그램에서 일하는 음악치료사들 역시 협력 팀의 일원이다. 음악치료사는 다른 팀 구성원들과 함께 환자의 필요를 파악하고, 음악치료가 언제 어떻게 제공되어야 할지를 결정한다.

음악치료에 대한 대중적 인식

음악치료는 지난 몇 년간 전례 없는 언론의 주목을 받았다. 2011년에 두부 총상을 당해 외상성 뇌손상을 입은 애리조나 출신의 여성 국회의원인 가브리엘 기퍼즈는 음악치료로부터 큰 도움을 받았으며, 언어능력의 회복을 돕는 데 음악치료의 공이 컸다고 밝혔다. 여러 언론들이 가브리엘의 음악치료 동영상을 공유하고 음악치료의 효과에 대해 설명하면서 이를 보도했다.

음악치료사가 주인공으로 나오는 소설들도 출간되었다. 이 가운데 가장 눈에 띄는 작품은 조디 피코(2011)의 *Sing You Home*이다. Allison Pearson(2011)의 소설 *I Think I Love You* 역시 음악치료사가 등장하며, James Markert(2013)가 쓴 *A White Wind Blew*는 음악을 이용하여 결핵 환자를 치료하는 의사에 대한 소설이다. Oliver Sacks 박사(1995)의 사례연구이자 에세이인 'The Last Hippie'를 바탕으로 한 영화 *The Music Never Stopped*(Moritz & Kohlberg, 2011)는 음악치료사

Concetta Tomaino의 업적을 그린 영화이다. 심각한 정신질환을 앓았던 저명한 음악가 Nathanial Ayers의 이야기는 영화 *The Soloist*(Foster, Krasnoff & Wright, 2009)에서 다루어져 정신질환을 가진 사람을 돕는 데 있어서 음악의 역할에 대한 대중들의 관심을 환기시켰고, *Young at Heart*(George & Walker, 2008)는 매사추세츠 출신 노인들의 합창에 대해 다룬 다큐멘터리이다. 저명한 신경학자이자 작가인 Oliver Sacks는 아내를 모자로 착각한 남자(1985), 뮤지코필리아(2007)와 같은 작품에서 신경학적 문제 및 관련 문제들에 대한 음악의 역할을 조명하여 음악이 가진 힘을 대중의 이목에 각인시켰다.

연이은 언론의 주목과 더불어 지난 몇 년간 음악과 음악치료에 대한 다수의 코크란 리뷰(Cochrane reviews)가 이루어졌다(*www.cochrane.org/cochrane-reviews*). 의회 도서관의 The Music and The Brain II 강의 시리즈에서는 음악치료가 주된 관심사로 다루어지기도 했다. 허핑턴 포스트(Huffington Post)지에는 음악치료에 대한 기사가 정기적으로 게재되고 있고, 각종 신문, 잡지, 텔레비전, 라디오 프로그램들도 음악치료에 대해 빈번하게 다룬다(*www.musictherapy.org/events/media* 참조). 음악치료에 대해 다루는 수많은 텔레비전 및 라디오 프로그램들은 음악치료에 대한 대중들의 관심을 끊임없이 이끌어내고 있다.

음악치료의 주요 쟁점

음악치료 분야와 관련된 많은 쟁점들은 주로 음악치료사에 관한 것들이다. 각 나라별로 문화의 차이와 음악치료 발달수준의 차이가 있으므로 분명 나라마다 편차는 있지만 음악치료사와 관련된 문제는 전 세계적으로 나타나는 현상이다. 이러한 문제들은 별도로 논의하기로 한다.

음악치료에 대한 인식

음악치료사와 관련된 문제 가운데 하나는 음악치료가 무엇이고 그 효과는 무엇인지에 대한 인식과 이해의 부족이다. 앞서 언급한 대로, 언론의 주목이 음악치료에 대한 대중적 인식에 변화를 가져다주긴 했지만 여전히 음악치료사라는 직업에 대해 들어본 적조차 없는 사람들도 많다. 음악치료에 대한 인식의 부족은 단지 일반 대중들에게서뿐만 아니라 다른 분야의 전문가들에게서도 나타나는데, 이들 중에는 음악치료를 다양한 방법으로 지원할 수 있는 사람들도 포함되어 있다. 이러한 인식의 부족은 음악치료가 어떻게 작용하는지에 대한 이해의 부족에 기인한다. 음악치료는 즐거운 과정이며, 음악치료에 참여하는 사람들이 그저 재미있는 활동을 하고 있는 것처럼 보일 수 있기 때문에 관찰자들은 종종 치료과정을 통해 이루고자 하는 임상목표를 가지고 실제적인 치료가 일어나고 있다는 사실을 간과하기 쉽다. 심지어 음악치료사들이 음악치료에서 일어나고 있는 치료적 과정에 대해 설명해주는 순간에도 사람들이 온전하게 이해하는 것은 아니다.

음악치료에 대한 정부기관의 공식적인 인증이나 승인과 관련해서도 다양한 문제들이 있다. 이러한 문제는 음악치료를 위한 기금이 조달되는 방식에도 영향을 미친다. 그래서 미국의 경우, AMTA와 CBMT에서 음악치료에 대한 주정부의 인식을 높이기 위한 전담 팀을 여러 주에 설치하여 운영해왔다. 이 전담 팀들은 일부 주에서 음악치료사의 직무에 대해 기술하고 면허를 공식화하는 등 음악치료사들을 위한 많은 긍정적 변화들을 이끌어냈다.

앞에서 언급한 대로, 여러 의료분야에서 근거기반 실행(EBP)을 필요로 하고 있다. 음악치료의 효과가 근거에 의해 뒷받침되는 경우가 늘고 있

긴 하지만, 여전히 더 많은 문서화된 근거가 필
요하다. 음악치료와 같은 영역에서는 치료과정
에서 일어나는 현상에 대한 프로토콜 개발이 어
렵고 근거를 입증하는 데 많은 문제들이 따른다.
음악치료 과정에 대한 프로토콜이란 치료의 진
행 과정에서 일어나는 일련의 일들을 명시하는
것이다. 연구단계에서 프로토콜은 해당 치료과
정에서 일어나는 일들이 일관성이 있고, 보고 가
능한 것임을 분명히 하기 위해 필수적이다. 그러
나 실제 치료과정에서는 이러한 구조를 따르는
일이 거의 없기 때문에 연구에서 프로토콜을 따
르는 것이 연구를 위한 음악치료 과정과 실제의
음악치료 과정 사이에 격차를 만든다는 점을 지
적하며 많은 이들이 프로토콜 기반 연구의 실효
성에 의문을 제기한다. 게다가 음악치료사의 수
가 많지 않고, 연구를 수행할 위치에 있는 음악
치료사는 더욱 적으며, 대개의 경우 연구를 위한
치료대상자나 연구대상도 충분하지 않다. 이러
한 점들이 음악치료에서 근거기반 실행을 발전
시켜나가는 데 있어 잠재적인 장애 요소가 된다.
또 다른 문제는 앞서 논의한 바와 같이, 음악치
료를 수행하는 모든 방식들이 근거기반 실행의
요구에 부합하는 것은 아니라는 점이다.

음악치료는 앞으로 전 세계적인 성장을 경험
할 것으로 보인다. 미국 내 많은 주들과 일부 국
가에서 정부 차원의 공식적인 인증을 한 것이 이
러한 전망에 신뢰를 더해준다. 또한 연구활동이
증가하고 있는 것 역시 음악치료의 발전을 예상
할 수 있는 근거가 된다.

감사의 글

이 장의 검수를 맡아준 Anthony Meadows, Virginia
Driscoll, Claire Ghetti, Cathy Malchiodi, Suzanne
Sorel에게 감사의 말을 전한다.

참고문헌

American Music Therapy Association. (2013). *A descriptive statistical profile of the AMTA membership*. Retrieved from *www.musictherapy.org/ assets/1/7/13WorkforceAnalysis.pdf*.

Bruscia, K. E. (1995). The boundaries of music therapy research. In B. L. Wheeler (Ed.), *Music therapy research: Quantitative and qualitative perspectives* (pp. 17–27). Gilsum, NH: Barcelona.

Bruscia, K. E. (1998). *Defining music therapy* (2nd ed.). Gilsum, NH: Barcelona.

Dileo, C. (2013). A proposed model for identifying practices: A content analysis of the first 4 years of *Music and Medicine*. *Music and Medicine*, *5*(2), 110–118.

Foster, G., & Krasnoff, R. (Producers), & Wright, J. (Director). (2009). *The soloist*. United States: DreamWorks.

Gaston, E. T. (1968). *Music in therapy*. New York: Macmillan.

George, S. (Producer), & Walker, S. (Director). (2008). *Young at heart*. United Kingdom: Fox Searchlight Pictures.

Gfeller, K. E., & Davis, W. B. (2008). The music therapy treatment process. In W. B. Davis, K. E. Gfeller, & M. H. Thaut (Eds.), *An introduction to music therapy: Theory and process* (3rd ed., pp. 429–486). Silver Spring, MD: American Music Therapy Association.

Gilliland, E. (1952). The development of music therapy as a profession. In E. Gilliland (Ed.), *Music therapy 1951* (pp. v–xvi). Waukegan, IL: North Shore Printers.

Houghton, B. A., Scovel, M. A., Smeltekop, R. A., Thaut, M. H., Unkefer, R. F., & Wilson, B. L. (2005). Taxonomy of clinical music therapy programs and techniques. In R. F. Unkefer & M. H. Thaut (Eds.), *Music therapy in the treatment of adults with mental disorders* (pp. 181–206). Gilsum, NH: Barcelona.

Markert, J. (2013). *A white wind blew*. Naperville, IL: Sourcebooks Landmark.

Moritz, N. (Producer), & Kohlberg, J. (Director). (2011). *The music never stopped*. United States: Essential Pictures.

Pearson, A. (2011). *I think I love you*. New York: Knopf.

Picoult, J. (2011). *Sing you home*. New York: Atria Books.

Sackett, D. L., Rosenberg, W. M. C., Gray, J. A. M., Haynes, R. B., & Richardson, W. D. (1996). Evidence based medicine: What it is and what it isn't. *British Medical Journal*, *312*, 71–72.

Sacks, O. (1985). *The man who mistook his wife for a*

hat. New York: Touchstone Books.

Sacks, O. (1995). The last hippie. In O. Sacks (Ed.), *An anthropologist on Mars: Seven paradoxical tales* (pp. 42–76). New York: Knopf.

Sacks, O. (2007). *Musicophilia*. New York: Vintage Books.

Society for the Arts in Healthcare. (2011). *What is arts and health?* Retrieved from *http://thesah.org/doc/Definition_FINALNovember2011.pdf.*

Wheeler, B. L. (1983). A psychotherapeutic classification of music therapy practices: A continuum of procedures. *Music Therapy Perspectives, 1*(2), 8–12.

Wheeler, B. L., & Grocke, D. E. (2001). Report of the World Federation of Music Therapy Com-mission on Education, Training, and Accreditation Symposium. *Music Therapy Perspectives, 19*, 63–67.

Wolberg, L. R. (1977). *The technique of psychotherapy* (3rd ed., Pt.1). New York: Grune & Stratton.

World Federation of Music Therapy. (1999). Guide-lines for music therapy education and train-ing. Retrieved from *www.musictherapyworld.net/WFMT/Education_and_Training_files/WFMT%20Education%20Guidelines%201999.pdf.*

Zwerling, I. (1979, December). The creative arts therapist as "real therapies." *Hospital and Community Psychiatry, 30*, 841–844.

제 2 장

음악치료의 역사

William Davis | Susan Hadley

강수경 역

6,000년 동안 인류는 떠들썩한 시간의 베틀 앞에 앉아 아주 매끄러운 옷을 지어 왔다. 그러나 그 옷은 문자로 기술된 역사라는 염료로 덮여 눈에 보이지도, 만질 수도 없도록 보관된 채 앞으로 올 세대의 소유로 영원히 보존될 것이다.
— ALLAN NEVINS

음악치료의 역사는 철학·음악·의학과 같은 거대한 이야기와 함께 흘러가는 '작은 이야기' 중 하나에 불과한, 잊힌 역사다.
— EVEN RUUD

아무도 음악치료를 창조하거나 발명하지 않았다. 그러나 많은 사람들이 이론들과 이념들, 방법론들을 발견해냈다.
— ROLANDO BENENZON

제한된 지면에 음악치료의 역사에 대해 논하는 것은 분명 벅찬 일이다. 위의 세 문구는 우리가 역사를 통해 알 수 있는 것이 인간경험이라는 옷 중 단지 한 올의 실에 불과하다는 것을 보여준다. 우리가 얻은 것은 특정 역사학자들의 관심과 필요에 부합하는 정보이다. 그리고 음악치료 역사의 대부분은 음악치료가 부분으로 포함되는 철학, 음악학, 그리고 의학과 같은 보다 큰 이야기들에 가려져 있다. 우리가 음악치료 역사에 대해 전 세계적으로 접근해야 한다는 것이 이 장을 서술하는 데 어려움을 더한다. Gouk(2000)은 비교 문화적 접근을 하기 위해서는 범주와 가설을 명확하게 세우는 것을 전제로 역사적 관점을 서술해야 한다고 했다(p. 5). 그녀는 역사의 본질과 목적이 "도덕적, 종교적 가치를 후대에 전파하기 위한 하나의 선례로서 개인, 그룹 또는 국가를 전통적으로 유지해온 것"이라고 제시한다(p. 5). 이러한 맥락에서 볼 때 음악치료의 많은 역사적 기록들은 서양 기독교 문화의 영향을 받아왔다. Horden(2000)은 "'제1세계(서구사회 중심의)' 음악치료가 음악적 치유의 '전형적' 형식으로 인정되는 위험"에 대해 기술하기도 했다(p. 316).

음악의 치유적 사용 또는 음악치료의 역사에 대해 전 세계적인 시각으로 접근한 책이 몇 권 있다. 그중에 Horden(2000)의 의학으로서의 음악 : 고대로부터의 음악치료의 역사(Music as Medicine: The History of Music Therapy Since

Antiquity), Gouk(2000)의 문화적 맥락에서의 음악적 치유(Musical Healing in Cultural Contexts), Dileo Maranto(1993)의 음악치료 : 국제적 관점(Music Therapy: International Perspectives)이 포함된다. 이 책들은 각각 서로 다른 관점을 제시한다. 앞의 두 권은 음악치료 전문가가 아닌 인류학자, 음악학자, 역사학자 등의 전문가로부터 도움을 받아 집필되었다. Gouk과 Horden에 의해 편집된 이 책들은 두 편집자가 각각 기획하여 1997년에 런던에서 열린 심포지엄인 'Music, Healing and Culture: Towards a Comparative Perspective'와 'Music and Medicine: The History of Music Therapy since Antiquity'를 토대로 정리되었다. 이 책들의 장점은 음악의 치유적 활용과 의학으로서의 음악에 대해 저자들의 역사적, 문화적, 음악학적 전문성을 적용했다는 데 있다. 그들이 기록한 것은 음악치료가 직업군으로서 확장되어가는 외적 과정인 동시에, 그 역사적인 관점은 완전히 공인된 직업으로서의 음악치료가 출현한 과정을 보여준다. 이와 달리 Dileo Maranto(1993)의 저서는 38개국(독일은 누락되었지만)에서 실행된 음악치료에 대해 역사적 관점을 포함하여 음악치료사들의 보고 내용을 편집한 것이다. 이 외에도 Dileo Maranto는 여러 나라들에서 실행된 음악치료에 대한 역사적 관점들을 기록하였는데 이것은 *Voices: A World Forum for Music Therapy*(*www.voices. no*)의 이달의 국가(Country of the Month) 항목에서 찾아볼 수 있다.

이 장에서는 세계적인 관점에서 음악치료의 출현과 관련된 역사라는 옷감의 훌륭한 재료가 되는 실을 제공할 것이다. 이 장의 전체에서 인용하는 문헌들을 살펴본 후 더욱 깊이 있는 논문들을 참조하기를 권한다.

음악치료의 초기 개념 : 다문화적 관점

문화적 맥락에서 음악은 보다 건강하고 완전해지기를 원하는 행위들과 관련되어왔다. 음악이 어떻게 개념화되는가는 건강과 완전함에 대한 개념화와 마찬가지로 문화적 맥락에 의해 결정된다. Gouk(2000)은 "치료사와 환자들이 그들 스스로를 정의하고 상호작용하는 방식은 그들이 인체를 이해하는 방식, 그것이 보편적으로 세상과 관계 맺는 방식과 연관성이 있다(p. 10)"라고 하였다.

수백 년 동안의 의학과 정신의학의 발전과정에 대해 살펴보면 음악의 사용을 포함하여 신체와 정신질환을 개선하기 위해 사용된 여러 치료방식들을 볼 수 있다. 어떤 치료법들은 미신(예 : 무도병의 치료에서) 또는 영적인 믿음과 실행(예 : 샤머니즘과 전체론적 접근)에 기반을 두며, 일부 치료법들은 과학적 이론(예 : 현대의 음악치료)에 기반을 둔다. 각각의 치료법들은 그것들이 발생한 문화적, 이론적 맥락에 부합하는 치료원리를 가장 잘 설명해주는 개념들이기도 하다. 일부 전근대적 사회에서는 건강관리, 초자연적 현상과 종교 사이의 경계가 분명하지 않은 신비스러움에 기반을 둔 질병관을 가지고 있었다. 예를 들어, 중세시대에 개발되었고 이후 이탈리아와 스페인에서 실행되었던 무도병 치료에서는 최면상태로 유도하기 위해 음악과 춤을 활용했다(Horden, 2000, pp. 249~253). 또 다른 문화적 맥락에서는 질병을 초자연적 원인 때문이라고 여겨, 많은 경우에 음악을 활용하는 주술사들(영적 영역에 접근 권한이 있는 남자 또는 여자)에 의해 의식이 행해졌다. 주술사들은 "전통적 종교 공동체에 없어서는 안 될 존재들로 더 넓은 지역사회의 육체적·정신적 안녕을 위한 자원으로서 개인의 초자연적 경험, 특별히 최면을 사용하는 전문가들이다(DuBois, 2009, p. i)." 주술적 전통은 "전환된 의식상태를… 인간이 초자연적 존재와 상호작용하는 데 있어 중추적 요소로 여긴다(p. 153)." 샤머니즘에서 춤을 포함하는 음악은 최면상태 또는 전환된 의식상태에 이르도록 하기 위해 사용하는 주요 도구들 중 하나이다. 샤머니즘은 전 세계의 많은 나라에서 행해져 왔고, 여전히 많은 경우에 행해지고 있다. 1980년대 중반부터 현재까지 주술적 전통을 행해오고 있는 숙련된 주술사인 Barbara Crowe를 포함하여 주술을 행하는 음악치료사들도 있다(B. Crowe, 2013. 5. 27, 개인서신).

전환된 의식상태와 관련된 치료는 아프리카, 아시아, 중동, 유럽과 아메리카 대륙 등지에서 더욱 폭넓게 찾아볼 수 있다. 오늘날 음악치료에서는 BMGIM(GIM; Bruscia & Grocke, 2002) 치료 시 전환된 의식상태로 유도되는데 "치료과정을 위한 최면상태의 치유잠재력을 열기 위해(Bossinger & Hess, 1993, p. 239)" 모노코드, 공, 디제리두, 티베트 프레이어 보울(Tibetan prayer bowl)과 같은 단조로운 소리를 사용한다.

영적 가치에 기반을 둔 음악과 치유의 전체론적 형식(holistic forms)은 전 세계의 많은 토착문화에서 찾아볼 수 있다. 예를 들어, 북미 대륙에서는 원주민들이 질병의 치료와 예방뿐 아니라 건강유지를 위한 요법으로서 음악을 자주 사용했고 여전히 많은 경우에 사용하고 있다. 유럽과 미국의 관점으로부터 발전되어 현재 음악치료사들이 음악치료의 기본 원칙으로 고려하는 것은 수 세기 동안 많은 북미 원주민 문화에서 실제로 사용된 것이다. 그 예로, 치료의식에서 자극시키는 음악은 신체장애의 재활을 위해 사용되는 한편, 진정시키는 음악은 정신질환을 완화시키기 위해 사용되었다(Densmore, 1948).

음악의 치유적 활용 방법은 부족마다 달랐지만 북미 원주민의 삶에 있어 필수적인 요소였다. Densmore(1948)는 주요 치료방법이었던 리듬을

이용하는 음악이 어떻게 신체와 정서장애의 치료를 위해 사용되었는지 설명하였다. 주술사들 중 몇몇은 약초 혹은 다른 약물과 함께 음악을 사용했고 다른 몇몇은 음악만을 사용했다. 종종 음악과 리듬악기를 조합하여 사용했고 노래만 사용한 경우도 있다.

초기 서양문화에서 질병의 개념을 초자연적 원인(예 : 신의 진노에서 기인하는)에 두었던 것에서 점차 변화되어감에 따라 음악이 치유도구로 사용되는 방식 또한 변했다. 이후 기원전 600년경 그리스 문명의 발생과 함께 신체와 정신장애의 기원을 밝히기 위한 탐구과정에서는 합리적 의학이 초자연적, 종교적 믿음을 대신했다. 히포크라테스와 갈레노스의 시대에 이르러서는 경험주의의 관점으로 질병을 설명하면서 건강한 사람은 완벽한 조화 또는 균형을 이루는 것으로 여겨지는 반면 질병은 이러한 균형에 장애가 생기는 것이라고 여기는 네 가지 체액설이 중요해졌다(Boxberger, 1962). 학문적 분야로서의 음악치료는 이러한 서구의 생의학적 모델에서 발생했다. Ruud(1998)는 음악치료의 서양역사에서 고대 그리스로부터 19세기까지 이어져온 두 가지 개념에 대해 (1) 질병과 관련된 다른 개념들과 음악이 어떻게 관련이 있는가(예 : 네 가지 체액이론), (2) 음악이 어떻게 평정과 조화를 회복시키는가(예 : 위생학의 체제 내에서)(p. 50)로 기술한 바 있다. 이와 같이 치료는 대부분 질환 또는 병과 관련되어 왔으며 생물학과도 관련이 있다(p. 51).

유럽에서 기독교가 주 종교였던 중세와 이후 북미 대륙에 이주민이 도착했던 17세기까지 건강관리에 관한 새로운 양식이 발생했다. 육체적인 질병은 동정심을 가지고 다루어진 반면 행동적 또는 정서적 장애로 고통받는 환자들은 정신질환의 원인에 대한 심각한 이해 부족으로 인해

빈번히 감금되거나 추방당했고 여러 방식들로 학대를 받았다(Boxberger, 1962).

1800년까지 질병의 진단과 치료에 약물과 수술을 사용하는 과학적 방법이 중요한 역할을 차지하게 되었다. 음악치료의 활용은 오늘날 사용하는 기술들의 발전을 이끌어내며 점점 구체화되었다. 예를 들어, 동질성의 원리(iso principle; 감정의 유도)와 환자가 선호하는 음악을 선택하는 경향성이 나타났다. 19세기 후반에는 보호시설과 사설 치료기관에서 집단 음악치료가 사용된 것을 포함하여 음악치료의 시작에 대한 더 많은 기록들이 나타나기 시작했다(Davis, 1987).

20세기는 현대 음악치료 발전의 출발점이라 할 수 있다. 음악치료는 여러 국가에서 속도를 달리하여 직업으로 발전되었다. 뿐만 아니라, 세기 후반에 이르러서는 직업의 발생과정에 따르게 되는 필요들을 다루기 위해 음악치료협회들이 설립되었으며, 적극적으로 연구를 장려하고, 대학의 교육적·임상적 훈련프로그램의 기준을 개발하고, 교육과 임상이 병행되는 음악치료 단체의 발전을 위해 정기간행물과 소식지를 발행하는 등 세계 곳곳에서 음악치료는 놀랄 만한 성장을 보였다. 그 결과, 오늘날의 음악치료는 세계 전역에서 합법적인 직업으로 인정받고 있다.

유럽 낭만시대와 초기 미 공화국에서의 음악치료

음악은 서양의학의 역사에서 오랫동안 중요하게 여겨져왔다. 이러한 역사의 자취를 기술한 책은 두 권이 있는데, Schullian과 Schoen의 음악과 의학(Music and Medicine, 1948)은 고대로부터 20세기 중반까지 서양의학의 맥락 안에서 음악의 사용을 살펴보았고(Gouk, 2000, p. 3), Kümmel

의 음악과 의학(Musik und Medizin, 1977)은 800년에서 1800년까지 유럽에서의 음악과 의학의 이론과 실제를 조사하여 "음악과 맥박, 음악과 의학교육, 음악의 식이요법 기능의 기초, 건강을 목적으로 하는 음악 및 음악의 치료적 역할"과 같은 주제를 다루었다(Gouk, p. 4). 두 번째 책은 "좋지 않은 건강을 예방하거나 완화시키는 수단으로 (음악)감상 또는 연주를 권하는 모든 주요 유럽 국가의, 거의 모든 세기에서의, 모든 종류의 이론가와 임상가"에 대해 설명한다(Horden, 2000, p. 23).

유럽의 전 시대에 걸쳐 의학에서 음악을 사용해온 긴 역사가 있지만 음악치료는 과학적 근거를 중시한 18세기 유럽에서 크게 비판을 받았다(Lecourt, 1993, pp. 222~223). 그러나 1744년 스페인의 Antonio Jose Rodriguez는 음악이 질병의 심리학적, 정서적인 면을 해결할 수 있음을 명확히 제시하면서 음악치료의 과학적 이론을 입증하는 글을 의학자료에 기고하였다(Blasco, 1993, p. 534).

이와 같은 시기에 북미인들은 영국과의 전쟁 끝에 새로 얻게 된 정치적 독립을 기반으로 의학과 정신의학에 있어 다른 나라들과 세계적인 주도권을 겨루는 기회로 삼았다. 미국 정신의학의 아버지라 불리는 Benjamin Rush는 이 시기의 영향력 있는 인물 중 1명이다. Rush는 도덕적, 인도주의적 원인 규명에 깊이 몰두했고 행동적, 정서적 장애를 바라보는 방식의 변화를 주장했다. 그는 사혈과 구토제의 사용 및 억제법과 같은 현대의 치료관행들을 사용하면서도 내담자 치료를 위해 원예, 바느질, 자기반영, 음악 등의 온화한 방식을 지지하기도 했다(Davis, 1987).

Rush가 음악치료를 시행했거나 음악가였다는 증거는 없지만, 그는 보완적인 치료로서의 음악의 힘을 알고 있었다. 그의 지도를 받았던 의과 학생 Edwin Atlee(1776~1852)와 Samuel Mathews(출생과 사망날짜를 알 수 없음)는 질병에 관한 음악의 영향력에 대해 2년 차이로 각각 학위논문을 출간했다. Atlee는 1804년에 정신적 장애의 다양한 치료에 사용될 수 있는 음악에 주목하여 기술했다. 그는 마음과 신체 사이의 강한 연결고리에 대해 주시하면서 환자의 즐거운 기억들을 이끌어내기 위해서는 환자가 속한 문화권의 음악을 사용해야 한다고 주장했다(음악외적 연상).

이어서 1806년에는 Samuel Mathews가 논문을 기고했다. 그는 특히 환영(phantasm; 조현병과 같은)이라 불리는 정신과적 질병과 아마도 오늘날 헌팅턴병일 것으로 여겨지는 무도병의 육체적 질환에 초점을 맞추었다. Mathews는 생음악의 사용을 지지했고 Atlee와 마찬가지로 병을 치료하기 위해서는 마음과 신체의 연결이 중요하다는 것에 주목했다. 두 논문에 나타나는 부가적인 개념들은 종종 현대 음악치료 임상에서 사용되고 있는데 (1) 동질성의 원리 사용, (2) 음악가와 비음악가 사이의 음악적 자극에 대한 반응의 차이를 인정하는 것, (3) 음악치료 과정에 환자를 참여시키기, (4) 내담자 선호 음악의 사용 등이다(Davis, 1987).

같은 시기에 음악치료는 장애인들을 위한 교육기관에서 사용되었다. 매사추세츠에 있는 시각장애인을 위한 기관인 퍼킨스 인스티튜트(Perkins Institute)에서는 일찍이 1832년에 음악치료를 사용했다고 보고된다. Samuel Gridley Howe는 피아노와 성악을 가르치기 위해 보스턴 지역으로부터 전문적 음악가를 고용하여 강도 높은 음악 커리큘럼을 적용했다. 또 다른 예로는 시각장애인을 위한 뉴욕 학교와 코네티컷에 있는 미국 청각장애인 보호시설(American Asylum for the Deaf)에서 실행한 음악교육이 있다. 또한 음악치료 프로그램은 신체장애인을 위한 몇몇 학교에서도 이루어졌다(Darrow & Heller, 1985).

19세기 후반의 음악치료 : 의학과 정신의학계의 영향

19세기의 마지막 30년 동안 의학 학회지에 음악치료 임상에 대한 세 가지 중요한 기록이 나타난다. 첫 번째는 1878년 *Virginia Medical Monthly*에 게재된 「정신의학으로서의 음악(Music as Mind Medicine)」이라는 제목의 간략한 논문이다. 이 논문은 실제로 연주하는 성악과 기악음악에 대한 정신질환자들의 반응을 보는 일련의 실험결과들을 연대순으로 기록했다. 이 연구에서는 정서적, 행동적 장애로 가난에 빠진 여성들을 돌보기 위해 설립되었으나 과밀 시설로 악명 높은 블랙웰스 섬(현재 루스벨트 섬)에서 시행된 치료세션에 뉴욕 시 출신의 뛰어난 독주가와 앙상블이 참여했다. 여성들에게 음악회를 제공하거나 운 좋은 몇 명에게는 개별세션을 제공하기 위해 아홉 번 방문했던 기록이 있다. 개별세션의 목적은 서양 고전음악에 대한 개인의 심박과 호흡속도 변화를 알아보기 위한 것이었다. 정신과 질환을 가진 여성의 고통을 완화시키기 위해 생음악을 사용한 이 시도는 미국의 음악치료 역사상 대형 시설에서 음악치료가 사용된 첫 사례이기 때문에 중요하다(Davis, 1987).

두 번째는 뛰어난 정신의학자이며 정신건강 옹호자인 George Alder Blumer가 19세기 말에 기록한 음악치료에 대한 설명이다. 그의 논문은 1892년 *American Journal of Insanity*에 게재된 「마음과의 관계에 있어서의 음악(Music in Its Relation to the Mind)」이다. Blumer의 프로그램에서 주된 내용은 정신질환자를 위한 대형 시설인 Utica State Hospital에서 음악치료를 지원하는 것이었다. Blumer는 치료로서의 음악을 매우 신뢰했기 때문에 그가 최고 관리자로 있던 병원에 이민자 음악가들을 고용하여 환자들을 위한 연주를 하도록 했다(Davis, 1987).

19세기에 나타난 세 번째로 중요한 음악치료 실행의 예는 흥미로운 개인 임상사례이다. 뉴욕시의 뛰어난 신경학자인 James Leonard Corning은 경도의 심리적, 정서적 장애로 고통받는 환자를 치료하기 위해 시각적 이미지와 결합된 음악과 종종 명상을 사용하는 일련의 실험을 수행했다. Corning은 잠들기 전과 잠자는 동안 음악을 들음으로써 인지적 프로세스가 중단되고, 따라서 잠재의식 속으로 음악적 진동(musical vibrations)의 침투가 가능하다고 믿었다. 그는 고전음악을 사용하는 것이 환자가 깨어 있는 시간으로 긍정적 이미지와 감정을 전이시키는 데 용이하고, 결과적으로 부정적 생각과 감정을 되돌리며 수면의 질과 환자의 삶에 대한 태도를 향상시킨다고 보았다(Davis, 2012).

19세기는 계속하여 현대 정신의학이 도입되는 동시에 유럽에서 음악치료의 새로운 발전이 일어난 시기였다. 프랑스에서는 Esquirol, Leuret, Dupre, Nathan, 그리고 Bourneville과 같은 의사들이 병원 환자들을 대상으로 하여 불안감소 및 기분과 행동조절을 목적으로 음악감상, 연주, 음악수업을 활용한 임상연구들을 진행했다(Lecourt, 1993, p. 223). 이 시기에 커뮤니티 음악치료의 선구자들이 대중을 문명화(civilize the masses)시킬 뿐 아니라 정신질환자들의 정신에 영향을 준다(influence the psyches)고 생각되는 화합의 효과를 활용하여 사회적, 정치적 조직화를 목적으로 하는 음악단체들을 만든 것으로 보인다. 독일 작가인 Novalis가 모든 병은 음악적 문제이고, 그 치료법은 음악적인 해결이라고 언급하여 유명해진 것도 이 시기이다(Horden, 2000, p.

3). 그리고 1891년 영국에서는 Canon Harford가 The Guild of St. Cecilia를 설립하여 숙련된 음악가들이 런던의 병원에 있는 환자들을 위해 진정시키는 음악(sedative music)을 연주하도록 하였다(Davis, 1988). 이 프로그램은 큰 지지와 언론의 관심을 얻었던 반면 거친 비판도 받았다. 자금의 부족과 Harford의 건강악화로 조합은 곧 문을 닫았다. 음악의 치료적 사용에 대한 보고는 1800년대 후반에도 기록되었는데 특별히 헝가리에서는 정서장애 아동을 위해(Konta & Varga, 1993, p. 265), 핀란드에서는 정신병원에서 사용되었다(Lehtonen, 1993, p. 212).

20세기 초반의 음악치료 : 옹호자로서의 음악가들

19세기의 음악치료 시행은 간헐적이고 실험적이기는 했지만, 그 시대의 장애인들을 감금하기 위해 사용되었던 혹독하고 때로는 잔인한 방법의 대안으로서 음악을 사용했다는 점에서 중요한 의의를 지닌다. 이렇게 음악을 사용하는 것은 처음에 내과 의사나 정신과 의사들로부터 시작되었는데 불행하게도 이들은 제한된 환자들만을 돌보기 때문에 그 영향력의 범위가 제한되었다. 주로 의사들이 음악치료를 옹호하던 경향성은 20세기로 접어들면서 급격하게 변하기 시작했다.

20세기의 첫해에 북미 지역에서의 음악치료 임상의 실행은 음악가들, 그리고 음악가들에 비해 정도는 덜했지만 의사들의 노력으로 이전보다 더욱 활발하게 추진되었다. Eva Augusta Vescelius, Isa Maud Ilsen, Harriet Ayer Seymour, Willem Van de Wall은 모두 치료에서 음악을 사용하는 것과 관련하여 흥미로운 개인 철학을 발달시킨 전문 음악가들이다. 그들은 모두 음악치료를 열정적으로 지지했으며 Vescelius, Ilsen, Seymour는 음악가와 보건의료 전문가들에게 음악치료를 장려하기 위한 단기조직을 설립하였다 (Davis, 1993).

전문적으로 훈련받은 성악가인 Eva Augusta Vescelius는 위의 3명 중 가장 먼저 음악치료를 실시했다. 그녀는 음악가로서의 재능과 신사상 운동(New Thought movement; 논쟁을 일으킨 예배 의식이 없는 종교)에서 얻은 생각들을 활용하여 다양한 정신적, 육체적 질병을 가진 환자들을 치료하기 위해 음악과 정신적인 심상을 혼용했다. 그 방법은 그녀가 음악치료 세션 중 환자들과의 상호작용에 의존하지 않았다는 점에서 독창적인 것이었다. 대신 그녀는 고전음악을 연주했는데, 긍정적 생각들을 전달하기 위해 정신적 심상을 사용하면서 직접 곡을 선택했고, 기악연주자와 성악가로 구성된 작은 그룹을 고용했다.

1903년에 Vescelius는 음악치료의 장려에 공헌한 첫 기구인 National Society of Music Therapeutics를 설립했다. "삶과 연관된 음악의 연구를 장려하는 것과 집, 병원, 보호소, 교도소에서 치료제로서 음악의 사용을 장려하는" 것이 설립의 목적이었다(Vescelius, 1913, p. 8). 음악치료를 장려했던 이 기구 이외에도 그녀는 음악치료에 공헌한 최초의 저널인 *Music and Health*를 창간하였다(Davis, 1993). 1920년대에는 International Society for Musical Therapeutics의 지부가 호주의 시드니에 설립되었다(O'Callaghan, 2002).

Vescelius와 비슷한 시기에 전문 간호사였던 Isa Maud Ilsen은 오늘날에 와서 더 많이 활용되고 있는 음악치료 방식에 공헌했다. Vescelius와 달리 Ilsen은 환자와의 치료적 관계를 정립하는 것을 중시했다. 그녀는 신체적, 심리학적, 지적장애를 가진 사람들을 포함하는 다양한 임상대상

을 치료하기 위해 음악을 사용하는 것에 관심을 가졌다. 그녀의 음악치료 활동은 부상을 입은 1차 세계대전 참전 군인들에게 서비스를 제공하는 것과 1919년 컬럼비아대학에서 음악치료 단기과정을 가르치는 것으로 이어졌다.

1926년에 Ilsen은 미국 내 두 번째 음악치료 기관인 National Association for Music in Hospitals을 설립했다. 그녀는 첼로, 트럼펫, 또는 휴대용 오르간의 사용을 피하는 등 (바이올린, 목소리, 하프를 선호함) 다소 평범하지 않은 생각을 가지고 있었지만 그 외 다른 아이디어들은 보다 훌륭했다. 예를 들어 그녀는 의사, 간호사와 협력하고 환자와의 치료적 관계를 정립하도록 병원 특성에 부합하는 적절한 음악가들을 훈련시키는데 공헌했다(Davis, 1993).

교육자이자 음악치료사인 Harriet Ayer Seymour의 경력은 자신의 경험을 통해 음악치료 기술들을 개발하기 시작하면서 Vescelius, Ilsen과 매우 비슷한 방식으로 시작되었다. 유능한 작가였던 Seymour는 음악교육에 관한 많은 책을 출판했고 이후 음악치료에 대한 책도 출판했다. 그녀의 영적 선호는 Vescelius와 비슷하다. 그녀는 음악치료를 구체화하기 위해 자신의 음악가로서의 재능과 긍정적인 사고방식에 의존했다. 처음에는 내담자와 약간의 상호작용이 필요하다고 여겼지만, 2차 세계대전 참전 군인들을 대상으로 활동한 이후 그녀의 철학은 변했고 치료사와 내담자 간의 적극적 역할을 강조했다. 또한 Seymour는 대중에게 음악치료를 홍보하기 위해 National Foundation of Musical Therapy를 설립했다. 그녀의 가장 큰 업적은 음악치료에 대한 최초의 책을 저술하고자 시도한 것이다. 1944년경 그녀가 사망하기 직전에 쓴 *An Instructional Course in the Use and Practice of Musical Therapy*는 출판되지 못했다(Davis, 1993).

20세기 초기 미국에서는 많은 의사들이 수술실에서 음악을 치료적으로 사용했다. 일찍이 1915년에는 의학저널에 수술 환자들의 이완을 목적으로 그 당시에 개발된 축음기의 사용을 장려했다는 기록이 있다.

1918년 컬럼비아대학에는 음악요법(Musico-therapy)이라 불리는 과정이 개설되어 1차 세계대전에서 캐나다 군인과 일한 경험이 있는 영국 음악가 Margaret Anderton이 가르쳤다(Columbia University to Heal Wounded by Music, 1919). 그리고 일찍이 1926년 Willem Van de Wall은 컬럼비아대학의 사범대학에서 Institutional Music, Music in Mental and Social Therapy, Problems in Institutional Music 등의 수업을 가르쳤다. 이 수업들은 뉴욕 내 기관에서의 시연과 임상실습을 포함했다. 1929년까지는 음악심리학과 달크로즈 유리드믹스(아동들에게 음악적 개념을 가르치기 위해 동작을 사용하는 음악교육 방법으로 20세기 초 Emile Jaques-Dalcroze에 의해 개발됨) 강의가 사범대학에서 제공되었다(Columbia University, Teachers College Announcement, 1926~1927; S. Hanser, 2013. 6. 18, 개인서신). 1929년에 듀크대학교는 수술과 회복 관련 영역뿐 아니라 아동과 성인 병동에서의 음악의 효과에 대해 보고했다. 1930년 J. A. McGlinn은 환자와 의사 모두의 긴장을 풀기 위해 마취가 이루어지는 동안에 음악을 사용할 것을 적극적으로 지지했다. 이후 Erdman은 수술실에서 환자들이 수술 중에 내는 소리를 차단하는 목적으로 헤드폰을 사용하는 실험을 진행하여 성공적인 결과를 보고했다(Taylor, 1981).

이와 비슷하게 20세기 초기에 독일에서는 의사 Karl Heinz Polter가 신경학적 질병, 정신과 질환, 심신증 치료에 음악을 사용하는 방법에 대해 기술했다. 그는 이러한 내용을 바탕으로 1934년에 *Music as a Medium of Healing*이라는 책을 출간했다(Wosch, 2003).

20세기의 전반 40년 동안 음악치료의 활용이 증가했음에도 불구하고 여전히 음악치료는 치료 양식으로서 폭넓게 받아들여지기에는 모호함이 있었다(미국 내에서). 1940년대까지는 개인, 정부기관, 음악협회들이 국가 차원에서 음악치료를 대표할 협회를 설립할 만큼 협력하여 일하지는 않았던 것으로 보인다(Boxberger, 1963).

전문직의 발생 : 20세기 중반 음악치료의 급속한 성장

2차 세계대전이 끝날 무렵, 미국에서는 음악가들이 병원과 학교에서 음악치료사로서 일하기 위해 충분히 훈련받는 데 필요한 엄격한 기준들을 확립할 수 있도록 도와줄 전문협회를 창설하고자 하는 움직임에 가속도가 붙었다. 많은 전문 음악협회, 자선단체, 재향군인회(VA)가 이에 대한 중요한 기초 작업을 제공하였다. 전국음악협회(National Federation of Music Clubs), 전국음악교사연합(Music Teachers National Association), 미국 적십자사(American Red Cross)는 2차 세계대전에 참전하고 돌아오는 병사들을 대상으로 일할 자원봉사 음악가들을 조직하고, 악기와 음악을 구입하기 위한 비용을 모금하고, 연구를 장려하던 많은 조직들을 대표하는 몇몇 조직에 해당된다. 재향군인병원에서 일했던 많은 자원봉사자들은 정신장애와 신체장애를 가진 군인들의 회복을 도왔다(Boxberger, 1963). 호주의 적십자사 또한 2차 세계대전이 끝날 무렵 여러 병원에 음악치료를 소개했다(O'Callaghan, 2002).

여러 단체들이 전쟁기산 중에 음악치료를 지원하기 위해 연합한 것뿐 아니라 미시간주립대학교와 캔자스대학교에서는 교육프로그램들이 발달하기 시작했다. 미국 내 다른 학교들도 빠르게 뒤를 이어 퍼시픽대학(캘리포니아 주 스톡턴), 보스턴작업치료대학, 알버노대학교(위스콘신 주 밀워키)에서 학부 프로그램을 시작했다. 임상훈련은 음악치료 학위를 받기 위한 필수요건으로 자리 잡았다. 미국 최초의 인턴십은 미시간주립대학의 프로그램으로 웨인 카운티 종합병원에서 시작되었다. 다른 인턴십 과정도 빠르게 뒤이어 시작되었고, 이내 다른 대학들이 6개월의 임상훈련과정을 필수과정으로 포함시켰다(Boxberger, 1963).

미국에서 음악치료 전문성의 위상이 높아질수록 교육과 임상훈련의 기준을 마련하고, 자격 부여 절차를 통해 전문직의 경쟁력을 보장할 수 있도록 전문적인 단체의 안내가 필요하다는 사실이 명확해졌다.

이 시기의 음악치료는 미국 외의 국가에서도 확립되어가고 있었다. 아르헨티나에서는 1948년에 음악치료 임상실습이 시작되었고, 1949년에 특수 음악교사를 위한 첫 번째 교육과정이 개발되었다(Wagner & Benenzon, 1993).

21세기 : 전문분야로서의 음악치료 성숙기

1947년에 미국의 한 단체인 전국음악교사연합의 회의에서 Roy Underwood가 "음악치료에는 정식 단체가 없고, 음악치료의 진정한 기능에 대한 이해가 부족하며, 출판물과 양질의 연구가 부족한 실정이므로 교육과정과 임상훈련 기준을 표준화할 필요가 있다"라고 말함으로써 음악치료의 위상을 요약했다. Underwood의 의견은 국립음악협회(National Music Council)에서 실시한 한 주요 조사에 의한 것이다. 1944년에 실시된 이 조사는 병원 관리자 대부분이 음악을 어린이와 성인들의 신체적, 정신적 건강증진에 도움을 주는 것으로 여긴다고 밝혔다(Van de Wall, 1944).

이에 따라 미국에서 음악치료의 직업적 권익을 대표할 영구적인 단체의 설립을 위한 장이 마련되었다. 전미음악치료협회(NAMT)를 설립하기 위한 최초의 모임은 1950년 6월에 뉴욕에서 열린 전국음악교사연합의 연례 회의에서 이루어졌다. 이후 10년간 학부와 대학원의 교육과정을 표준화하고, 임상훈련의 지침을 마련하고, 연구활동을 지원했으며, 연구와 임상적 출판물을 만들어내는 일들이 완성되어갔다(Boxberger, 1963).

1950년대와 60년대에는 미국 이외의 국가들에서 더 많은 음악치료 단체들이 설립되었고 훈련프로그램들이 개발되었다. 영국에서는 2차 세계대전 동안 영국 군인들에게 음악을 제공했던 전국엔터테인먼트서비스연합(Entertainments National Services Association)의 활동에 이어 전쟁 이후에는 병원음악협회(Council for Music in Hospitals)가 설립되었다. 영국의 병원에서 일했던 최초의 음악가들 중 한 사람은 Juliette Alvin이었는데 그녀는 프랑스 출신 전문 첼리스트로 영국인과 결혼하여 영국으로 이주한 이후에는 병원, 기관, 특수학교에서 활동하였다(Tyler, 2000, p. 381). 1958년에 Alvin은 영국 음악치료협회(British Society for Music Therapy)를 조직하였다. *British Journal of Music Therapy*도 1958년에 창간되었다(Ansdell, Bunt, & Hartley, 2002). 10년 후 Alvin은 런던의 Guildhall S-chool of Music and Drama에서 영국에서의 첫 교육프로그램을 시작했다(Bunt & Hoskyns, 2002, p. 12). 이후 1980년에는 사우스랜드대학, 로햄턴 고등교육기관에서 Elaine Streeter에 의해 교육프로그램들이 기획되어 운영되었다(Bunt & Hoskyns, 2002, p. 12).

또한 영국에서는 1958년에 Paul Nordoff와

Clive Robbins가 만나 팀을 구축하였다. 이 팀은 인지학적 개념에 기초하여 중복장애를 가진 어린이를 대상으로 즉흥적 음악을 사용하였다(Hadley, 1998). 1960년대에 이들은 영국과 유럽, 미국의 곳곳을 다니며 자신들의 창조적 음악치료 접근법을 알리기 시작했다. 1966년에는 스칸디나비아, 영국, 독일, 네덜란드, 이탈리아, 그리스에서 교육을 실시하며 자신들의 음악치료 접근법에 관한 훈련과정을 시작했다(Hadley, p. 242). 이어서 1974년에는 런던 남쪽에 있는 Goldie Leigh Hospital에서 교육과정을 시작했다. 또한 그들은 이와 비슷한 시기에 호주와 뉴질랜드를 최초로 방문했다(Hadley).

1960년대와 1970년대 초반의 영국에서는 Mary Priestley가 Marjorie Wardell과 Peter Wright와 함께 분석적 음악치료(AMT)를 발전시키고 있었다(Hadley, 2001, 2003). 이러한 접근법에 대해 설명하는 책이 출판된 이후 독일과 네덜란드 출신의 유럽인들이 AMT 훈련과정을 통해 탐구하기 시작했다. 1980년대에 Priestley가 독일의 헤르데케대학에서 AMT 훈련과정을 제공한 것을 비롯하여, Clive Robbins도 Paul Nordoff와 공동 개발한 접근법을 훈련과정으로 제공했다(Hadley, 1998, p. 84). 이러한 초기 개척자들의 역할은 서독에서의 음악치료 발전에도 영향을 주었다(Wosch, 2003).

이 외에 20세기 중반에는 유럽에서도 음악치료의 발전이 일어나고 있었다. 1950년대 후반 Christoph Schwabe는 그 자신이 조절 음악치료(regulative music therapy)라고 지칭했고, 심리치료 임상에서와 라이프치히대학의 심리치료실에서 사용했던 수용적 음악치료 접근법을 발전시켰다(Wosch, 2003). 또한 그는 사이코드라마 이론을 기반으로 하는 적극적 그룹 음악치료 접근법을 발전시켰다. 이후 1970년대에는 Gertrude

Orff가 독일의 잘 알려진 전문분야인 오르프 음악치료를 확립했다. 1940년대와 50년대에는 Franz Adalbert Fengler가 독일 최초로 음악치료에 관한 기사들과 책을 출판했다. 또한 그는 베를린의 예술대학에서 음악치료에 관한 최초의 학문적 훈련프로그램을 시작했다(Wosch). 1958년에는 오스트리아 음악치료협회(Austrian Society for Music Therapy)가 설립되었고, Hildebrandt R. Teirich가 유럽의 음악치료에 관한 최초의 책들 중 한 권인 음악과 의학(Music and Medicine)을 저술했다(Wosch). 1959년에는 비엔나대학에서 최초의 음악치료 교육과정이 개설되었다. 독일 최초의 음악치료학회는 라이프치히에서 1969년에 개최되었다(Wosch).

1960년대에는 푸에르토리코, 브라질(브라질에서는 1969년에 교육프로그램이 시작됨), 덴마크, 프랑스, 네덜란드, 노르웨이, 이스라엘, 우루과이에도 음악치료가 전해졌다(Dileo Maranto, 1993). 이 무렵에는 몇몇 아시아 국가들에서도 음악치료가 건강 관련 직업으로 인정받기 시작했다. 1950년대와 60년대에 일본에서는 음악치료가 심리학자, 정신과 의사, 음악가들에 의해 실행되었다. 음악치료의 주요 초기 개척자들이 일본을 방문해 그들의 음악치료 개념을 알리기도 했다. 1967년에는 Juliette Alvin이, 1984년에는 Carol Robbins와 Clive Robbins가 일본을 방문하였다(Okazaki-Sakaue, 2003). 영향력 있는 초창기의 음악치료 관련 출판물들은 1960년대 후반과 1970년대 초기에 일본어로 번역되기 시작했다. 이 시기에는 한국의 의사들 사이에서도 음악치료 이론에 관한 논의가 이루어졌다(Ihm, 1993). 이후 1980년대에는 중국과 홍콩에서 음악치료가 시작되었다.

1971년에 두 번째 전문단체인 American Asso -ciation for Music Therapy(AAMT)가 미국에서

설립되었다. 초기에 Urban Federation for Music Therapists라고 불렸던 AAMT는 NAMT와 다른 교육, 임상훈련, 자격 정책과 절차들을 발전시켰다. 1998년에는 미국의 두 음악치료 단체인 NAMT와 AAMT가 음악치료의 위상을 높이기 위해 하나의 단체로 연합하여 미국음악치료협회(AMTA)가 되었다. 미국에서는 두 단체의 연합을 계기로 음악치료의 전문영역으로서의 승인이 가까워졌다. 표준화된 교육과 임상훈련의 기준, 임상과 연구결과의 출판, 효과적인 관리체계가 마련됨으로써 음악치료는 오늘날과 같이 높이 평가받는 성공적인 전문영역으로 인정받게 되었다(Davis & Gfeller, 2008).

1970년대에 음악치료는 브라질, 콜롬비아, 핀란드, 남아프리카, 캐나다, 호주, 뉴질랜드, 이스라엘, 푸에르토리코에서의 협회 설립과 함께 전 세계적으로 널리 퍼져나갔다(Dileo Maranto, 1993). 1974년에는 최초의 세계음악치료학술대회가 파리에서 열렸다. 1985년에 이탈리아의 제노아에서 열린 제5회 세계음악치료학술대회에서는 음악치료 네트워크를 지원하고 음악치료를 홍보하기 위해 세계음악치료연합회(WFMT)가 창립되었다. 창립 구성원은 Rolando Benenzon(아르헨티나), Giovannia Mutti(이탈리아), Jacques Jost(프랑스), Barbara Hesser(미국), Amelia Oldfield(영국), Ruth Bright(호주), Heinrich Otto Moll(독일), Rafael Colon(푸에르토리코), Clementina Nastari(브라질), Tadeusz Natanson(폴란드)으로 10명이었다. 1990년 이후로 세계음악치료학술대회는 여러 나라에서 3년에 한 번씩 열리고 있다[*Voices*(*www.voices.no*) 저널의 2008년 (8권 3호) 이후 세계음악치료연합회 인터뷰 시리즈 참조].

1950년대 이후 음악치료는 하나의 학문분야로서 계속해서 전 세계로 확장해가고 있으며, 현재에는 50개 이상의 국가에서 실행되고 있다. 세계의 많은 음악치료사들이 서양의 음악치료 개념으로 교육받았지만, 어떤 음악치료사들은 음악치료를 이해하고 실행하는 방식에 있어서 음악과 건강, 그리고 그 사이의 관계에 대한 그들 자신의 고유한 문화적 개념을 포함시키기도 하였다. 문화적 배경과 실행의 다양성은 전 세계인의 삶을 변화시키는 음악의 힘을 더 풍부하게 이해하도록 돕는다.

결론

기록된 역사의 처음부터 끝까지 음악치료는 신체적, 정신적 질병을 치료하기 위한 강력한 도구로 인식되어왔다. 전근대사회에서부터 현대까지 음악은 건강과 질병의 치료에 대한 사람들의 일반적인 태도와 일치하여 사용되었다. 질병이 악한 영혼에서 기인한 것이라고 여겨졌을 때뿐 아니라, 네 가지 체액의 불균형 때문이라고 여겨졌을 때, '이성적인' 의학지식으로 이해되었을 때에도 음악은 환자를 치료하는 데 중요한 역할을 해왔다.

19세기에 들어서면서 몇몇 선구자적인 의사들은 미국과 유럽에서 음악치료의 개념을 소개했고, 이후 100년간 그룹 음악치료와 개별 음악치료의 개념들이 내과 의사와 정신과 의사들의 지지를 받아왔다. 20세기 초에는 음악가들이 음악치료를 홍보하고 음악치료 기법을 정립하기 위한 단체들을 결성하며 전문분야로서의 음악치료 발전에 중심적인 역할을 하기 시작했다.

1950년 미국에서는 최초로 만들어지고 유지되어온 음악치료 단체가 교육과 임상훈련 기준을 발전시키고, 연구를 촉진하고, 음악치료를 시행하는 사람들이 내담자들과 일을 할 때 필요한 최소한의 기준을 보장하였다. 20세기 중반부터는 음악치료 단체와 훈련프로그램들이 세계 곳곳에서 설립되었다. 심신을 약화시키는 질병을 앓고 있는 사람들에게 음악치료를 소개하기 위해 여러 문화권으로부터 온 다양한 사람들이 개척자로서 기울인 노력은 오늘날 전 세계에 걸친 음악치료의 전문적 발달을 위한 초석을 놓은 것으로 인정받아야 한다. 영향력 있는 국가별 단체들, 연구에 대한 지속적인 강조, 음악치료사들이 사용하는 기법의 정립은 이 독특한 전문분야가 전 세계의 건강관리 전문가들 사이에 널리 받아들여질 수 있도록 이끌었다.

참고문헌

Ansdell, G., Bunt, L., & Hartley, N. (2002). Music therapy in the United Kingdom. *Voices: A World Forum for Music Therapy*. Retrieved from *http://testvoices.uib.no/?q=country-of-the-month/2002-music-therapy-united-kingdom*.

Blasco, S. P. (1993). Music therapy in Spain (Part one). In C. Dileo Maranto (Ed.), *Music therapy: International perspectives* (pp. 534-546). Pipersville, PA: Jeffrey Books.

Bossinger, W., & Hess, P. (1993). Musik und außergewöhnliche Bewußtseinszustände [Music and extraordinary states of consciousness]. *Musiktherapeutische Umshau, 14*(3), 239-254.

Boxberger, R. (1962). Historical basis for the use of music in therapy. In E. H. Schneider (Ed.), *Music therapy 1961* (pp. 125-166). Lawrence, KS: National Association for Music Therapy.

Boxberger, R. (1963). A historical study of the National Association for Music Therapy, Inc. In E. H. Schneider (Ed.), *Music therapy 1962* (pp. 133-197). Lawrence, KS: National Association for Music Therapy.

Bruscia, K. E., & Grocke, D. E. (Eds.). (2002). *Guided Imagery and Music: The Bonny method and beyond*. Gilsum, NH: Barcelona.

Bunt, L., & Hoskyns, S. (2002). *The handbook of music therapy*. New York: Routledge.

Columbia University to heal wounded by music. (1919, March 1). *Literary Digest, 60*, 59-62.

Columbia University, Teachers College. (1926-1927). *Columbia University, Teachers College Announcement, 1926-1927*. New York: Author.

Darrow, A.-A., & Heller, G. N. (1985). Early advocates for music education for the hearing impaired: William Wolcott Turner and David Ely Bartlett. *Journal of Research in Music Education, 33*, 269-279.

Davis, W. B. (1987). Music therapy in nineteenth-century America. *Journal of Music Therapy, 24*, 76-87.

Davis, W. B. (1988). Music therapy in Victorian England. *Journal of British Music Therapy, 2*(1), 10-17.

Davis, W. B. (1993). Keeping the dream alive: Profiles of three early twentieth-century music therapists. *Journal of Music Therapy, 30*, 34-45.

Davis, W. B. (2012). The first systematic experimentation in music therapy: The genius of James Leonard Corning. *Journal of Music Therapy, 49*, 102-117.

Davis, W. B., & Gfeller, K. E. (2008). Music therapy: Historical perspective. In W. B. Davis, K. E. Gfeller, & M. H. Thaut (Eds.), *An introduction to music therapy: Theory and practice* (3rd ed., pp. 17-39). Silver Spring, MD: American Music Therapy Association.

Densmore, F. (1948). The use of music in the treatment of the sick by American Indians. In D. M. Schullian & M. Schoen (Eds.), *Music in medicine* (pp. 25-46). New York: Henry Schuman.

Dileo Maranto, C. (Ed.). (1993). *Music therapy: International perspectives*. Pipersville, PA: Jeffrey Books.

DuBois, T. A. (2009). *An introduction to shamanism*. Cambridge, UK: Cambridge University Press.

Gouk, P. (2000). *Musical healing in cultural contexts*. Aldershot, UK: Ashgate.

Hadley, S. (1998). *Exploring relationships between life and work in music therapy: The stories of Mary Priestley and Clive Robbins* (doctoral dissertation). Available from ProQuest (UMI No. 9911013).

Hadley, S. (2001). Exploring relationships between Mary Priestley's life and work. *Nordic Journal of Music Therapy, 10*(2), 116-131.

Hadley, S. (2003). Meaning making through narrative inquiry: Exploring the life of Clive Robbins. *Nordic Journal of Music Therapy, 12*(1), 34-54.

Horden, P. (2000). *Music as medicine: The history of music therapy since antiquity*. Aldershot, UK: Ashgate.

Ihm, E. H. (1993). Music therapy in Korea. In C. Dileo Maranto (Ed.), *Music therapy: International perspectives* (pp. 355-364). Pipersville, PA: Jeffrey Books.

Konta, I., & Varga, K. U. (1993). Music therapy in Hungary. In C. Dileo Maranto (Ed.), *Music therapy: International perspectives* (pp. 263-278). Pipersville, PA: Jeffrey Books.

Kümmel, W. F. (1977). *Musik und Medizin* [Music

and medicine]. München, Germany: Alber.

Lecourt, E. (1993). Music therapy in France. In C. Dileo Maranto (Ed.), *Music therapy: International perspectives* (pp. 221–238). Pipersville, PA: Jeffrey Books.

Lehtonen, K. (1993). Music therapy in Finland. In C. Dileo Maranto (Ed.), *Music therapy: International perspectives* (pp. 211–220). Pipersville, PA: Jeffrey Books.

O'Callaghan, C. (2002). Australian music therapy. *Voices: A World Forum for Music Therapy.* Retrieved from *http://testvoices.uib.no/?q=country-of-the-month/2002-australian-music-therapy.*

Okazaki-Sakaue, K. (2003). Music therapy in Japan. *Voices: A World Forum for Music Therapy.* Retrieved from *http://testvoices.uib.no/?q=country/monthjapan_may2003.*

Ruud, E. (1998). *Music therapy: Improvisation, communication, and culture.* Gilsum, NH: Barcelona.

Schullian, D. M., & Schoen, M. (1948). *Music and medicine.* New York: Henry Schuman.

Taylor, D. B. (1981). Music in general hospital treatment from 1900–1950. *Journal of Music Therapy, 18,* 62–73.

Tyler, H. (2000). The music therapy profession in modern Britain. In P. Horden (Ed.), *Music as medicine: The history of music therapy since antiquity* (pp. 375–393). Aldershot, UK: Ashgate.

Van de Wall, W. (1944). Report on the survey. *National Music Council Bulletin, 5,* 9–13.

Vescelius, E. A. (1913). Music in its relation to life. *Music and Health, 1,* 8.

Wagner, G., & Benenzon, R. (1993). Music therapy in Argentina. In C. Dileo Maranto (Ed.), *Music therapy: International perspectives* (pp. 5–34). Pipersville, PA: Jeffrey Books.

Wosch, T. (2003). Music therapy in Germany. *Voices: A World Forum for Music Therapy.* Retrieved from *http://testvoices.uib.no/?q=country/monthgermany_march2003.*

제 3 장

음악치료의 미학적 토대 : 음악과 감정

James Hiller

조혜진 역

음악과 관련된 미학적 경험이라는 주제는 거대하고 매혹적인 철학적 사고의 영역을 포함한다. 고대 철학자들과 현대 음악학 연구자들은 수많은 관점을 통해 그 주제에 대한 학문적 토대 구축에 참여해왔다(Davies, 2010; Kivy, 1989). 놀랄 것도 없이 건강(health), 치유(healing), 인간발달을 위한 음악 만들기 및 음악의 미학적 측면이 갖는 **임상학적**(clinical) 가치에 관해 던진 질문들은 흥미롭다(Aigen, 1995, 2007).

미학적 경험과 치료과정 사이에 존재하는 수많은 연관관계가 음악치료 문헌에서 발견되고 있다. 사실, 이런 문헌들에서는 음악치료 과정에서 발견되는 것과 같이 치유에서의 미학적 경험이 갖는 중요성이나 의미에 대한 이론과 철학적 찬반 논쟁으로 채워져 있다. 그러나 이 장에서는 미학적 음악경험 가운데 임상학적으로 가장 관련이 높은 측면들 중 하나인 감정, 그리고 음악 안에서 음악을 통한 감정의 표현에 관한 측면을 다루는 것으로 조사 범위를 제한할 것이다(Eerola & Vuoskoski, 2013). 좀 더 구체적으로, 여기서는 음악으로(by) 감정을 유도하기보다는 음악 안에서(in) 또는 음악을 통해(through) 감정이 표현되는 내담자의 적극적인 음악-만들기(music-making) 과정에 초점을 맞출 것이다. 나는 감정의 근원에 대해, 음악 만들기 과정의 어디에 감정이 위치하고 있는지에 대해 생각해볼 것이다. 마지막으로 감정의 음악적 표현이 어떻게 일어나는지에 대해 설명하고 있는 다양한 이론들을 살펴볼 것이다. 이런 이론들은 내담자의 음악 만들기 과정이 가지는 감정의 의미를 이해하고 그것에 반응하고자 하는 음악치료사에게 도움이 된다. 사실, 음악작업을 통해 내담자의 감정세계에 대한 통찰력을 얻는 것은 음악치료의 독특하면서도 임상학적으로 강력한 측면이다.

감정표현

감정표현과 음악치료

Aigen(2005)은 음악치료의 세부적인 치료목표의 본질과 상관없이 치료에 있어서는 항상 감정을 고려해야 한다고 했다. 어떻게 내담자가 음악을 통해 감정을 표현하는지에 대해 알아보기 전에 우리는 그런 감정의 표현이 치료과정에 유익한지에 대해 생각해봐야 한다. 내담자가 음악을 만들면서 감정을 표현한다고 할 때 그것이 내담자, 치료사, 그리고 치료과정에 어떤 의미를 갖고 있을까?

치료적 초점이 감정, 특히 내담자의 표현적인 음악 만들기의 상징적인 특징과 관련이 있는 경우 "어렵거나 억눌리고 의식하지 못하는 감정들의 분출" 즉 카타르시스(catharsis)가 음악치료 문헌에서 자주 발견된다(Aigen, 2007, p. 115). 그러나 감정에너지의 카타르시스적 분출은 내담자에게 강력한 경험이 되더라도 표출된 감정에 관해 인식하지 못하는 경우에는 치유에 일시적으로만 도움이 되는 것으로 간주된다(Yalom, 2005). 그렇다 할지라도 그런 경험들은 틀림없이 발생하며, 치료사는 그 순간을 인지하고 치료과정과 관련된 임상학적 의의와 잠재력을 이해해야 한다.

Priestley(1994)의 분석적 음악치료(AMT), 즉 음악심리치료의 즉흥연주 접근법에서는 대개 내담자의 음악적 표현을 기록한다. 그런 다음, 치료사와 내담자가 그 기록을 보면서 언어화 과정을 거친다. 이 과정은 진단평가에서 내담자의 정서적 안녕을 이해하는 데 도움이 되는 반면, 치료에서는 내담자가 의식적 또는 무의식적인 문제 및 관련된 감성들에 내한 통찰력을 얻을 수 있게 도와준다. AMT에서는 음악적으로 참여하고 있는 내담자의 과정(process)이 중요하다. 음악심리치료에서는 내담자가 특정 사건이나 관계와 관련된 감정들을 미처 인식하지 못할 수도 있는데, 음악 만들기는 이런 감정들을 확인하는 방법을 제공한다. 필자는 내담자가 즉흥연주 음악을 만드는 과정을 살펴보면서 내담자가 "그 음악 안에서 어떤 감정이 표현되고 있는지에 대한 증거를 들을 수 있음으로써(Hiller, 2011, p. 122)" 그 표현을 명확하게 이해한다는 점에 주목했다.

Bruscia(1987)는 즉흥연주 진단평가 프로파일(Improvisation Assessment Profiles, IAPs)을 이용하여 즉흥연주로 표현된 내담자의 감정을 분석하는 것이 진단평가와 치료에 유용하다는 것을 강조했다. 여기서는 내담자가 만든 음악적 결과물(product)이 의미의 해석과 분석에 있어서 우선시되며, 내담자가 연주하고 결합시킨 음악적 요소들은 성격과 감정의 측면들이 투사된 것으로 간주된다.

요약하면 내담자의 음악작업은 일시적으로 카타르시스 즉 감정에너지가 표출되거나, 내담자의 내면적인 감정세계가 표현되거나, 또는 성격적 측면과 감정경험을 표현하는 방식을 반영한다. 이런 각각의 관점들은 내담자와 치료사가 음악을 기반으로 한 임상상황에서 내담자의 감정표현을 이해하는 데 도움이 될 수 있다.

감정표현과 음악 만들기

역사 이래 음악학 연구자들은 감정이 음악 안에서 발견되거나 음악을 통해 표현된다고 말해왔다(Juslin & Sloboda, 2010). 음악치료사들은 감정과 음악 만들기 사이에 관계가 있다는 것을 안다. 왜냐하면 때때로 내담자의 음악 안에서 감정이 분명해졌다는 말을 듣거나 감정이 내담자의 음악 관련 행동들을 통해 표현되는 것을 보기 때문이다. 음악 안에서 전이(transference), 투사적 동일시(projective identification), 역전이(counter-transference)와 같은 경험을 통해 내담자의 감정이 표현될 때 심지어 우리는 그 감정을 느낄 수도 있다(Bruscia, 1998b). 그러나 감정 같은 내면적인 인간경험들이 어떻게 음악 속으로 들어갈까? 그런 감정은 어디에서 오는 것일까? 그리고 그것이 음악 또는 음악 만들기 과정에서 어떻게 분명해질 수 있는 것일까?

음악학 학자들은 청취자의 관점에서 감정과 음악의 관계에 많은 초점을 맞춰왔다. 다시 말해, 그들은 음악을 듣는 사람이 어떻게 자신이 들은 음악에서 감정을 경험하거나 인지하게 되는지를 밝히려고 노력했다(Eerola & Vuoskoski, 2013). 그러나 음악치료에서 내담자의 경험은 치료사의 음악이나 음반에 감동을 받은 단순한 청취자로서의 경험이 아니다. 내담자는 연주, 노래, 작곡을 통해 의미 있는 음악을 만들고 치료사 및 다른 사람들과 상호작용을 하는 데 있어서 종종 주동자가 된다. 이것은 임상상황에서 음악에 부여되는 감정들이 때로는 내담자 자신에게 해당될 수도 있음을 의미한다. 또한 음악에서의 감정표현이 어떤 점에 있어서는 내담자의 행동의 표현이라는 것을 의미한다. 다시 말해서, 음악을 만드는 동안 내담자의 감정이 행동을 통해서 나타나거나 표현, 표출된다는 것이다. 많은 내담자들이 음악치료 안에서 직면하게 되는 문제들의 심각성을 고려해볼 때, 이것은 믿기 어려운 사실처럼 보인다. 그래서 이제 우리는 현재의 음악학자들이 어떻게 이런 현상을 설명하고 있는지 살펴보고자 한다

몇몇 연구자들은 숙련된 연주가들이 음악적으로 숙달된 청중들이 듣고 인지할 수 있도록 작곡된 음악을 이렇게 특정 감정으로 채우는지 연구해왔다(Behrens & Green, 1993; Juslin, 2001; Juslin & Timmers, 2010). 그에 비해, 일반적으로

음악적으로 숙달되지 않은 음악치료 내담자들은 재창조(recreating), 즉흥연주(improvising), 작곡(composing)과 같은 음악과정 내에서 이와 유사한 감정표현 능력을 보인다. 여기에서 선택된 몇 가지 이론들을 살펴보기 전에 우리는 감정과 표현이라는 개념을 어떻게 정의하는지를 알아보고, 음악에 있어서 감정의 위치와 근원이라는 개념에 대해 생각해볼 것이다.

감정 및 감정 관련 용어

감정은 무엇이며, 음악에서 감정을 표현한다고 말하는 것은 무슨 의미인가? 단지 감정이 무엇인지에 대해서 명확한 설명을 제공하는 것은 현재도 진행 중인 인류의 과제이다. 사실 감정이 기록되어온 시간 내내 철학적, 심리적으로 관심을 받아왔지만 여전히 감성과학(affective science)으로 알려진 학문분야와 미학을 포함한 여러 관련 분야 전반에서 연구되고 있다(Lewis, Haviland-Jones, & Barnett, 2008). 먼저 우리는 Juslin과 Sloboda(2010)의 *Handbook of Music and Emotion: Theory, Research, and Applications*와 Robinson(2005)의 *Deeper Than Reason*에서 나온 몇 가지 감정 관련 용어들의 정의를 살펴볼 것이다.

정서(affect)는 관찰 가능하며 감정과 관련된 모든 경험에 대단히 중요한 개념이다. 정서는 특정한 감정이나 감정적인 상태를 일컫는 것이 아니라 일반적으로 감정에 대한 경험을 말한다. 반면에 감정(emotion)은 특정한 대상에 대한 "꽤 짧지만 강렬한 정서반응을 일컫고(Juslin & Sloboda, 2010, p. 10)" 이 반응에는 생리학적, 인지적 요소 둘 다 포함된다. 감정은 몇 분이나 몇 시간 동안 지속될 수 있으며, 일반적으로 얼굴표정, 신체움직임 또는 목소리를 통한 행동반응을 유도한다. 감정에 의해 유도된 행동반응은 의도적으로 그리고 의식적으로 표현될 수도 있고,

의도치 않게 무의식적으로 표현될 수도 있다. Robinson(2005)은 감정이나 감정반응이 시간이 지나면서 발생하는 과정이며, 대개의 경우 대인 관계적 상호작용을 의미하는 환경과 인간의 상호작용에서 비롯된다는 것을 강조했다. 감정은 시간이 지남에 따라 발생하는 내적과정(internal process)이라는 점에서 이해하고 회상할 수 있는 경험적이거나 현상적인 흐름을 가지고 있는 것으로 보인다.

느낌(feeling)은 "어떤 감정이나 분위기에 대한 주관적 경험(Juslin & Sloboda, 2010, p. 10)" 또는 "우리의 몸과 마음이 어떤 감정을 경험하는 방식"으로 정의된다. 느낌은 어떤 감정과 관련된 에너지, 그 에너지와 관련된 동작의 경험을 수반한다. 어떤 감정경험의 느낌적인(feelingful) 측면은 음악을 통한 표현을 알아보는 데 있어서 특히나 흥미로운 부분이다. 왜냐하면 그것은 음악이 펼쳐지는 방식과 유사하게 시간이 경과하면서 흐름과 형태의 변화를 동반하는 과정이기 때문이다. 감정의 느낌적인 측면은 많은 이론가들이 음악과 감정을 상징적으로 지지한 근거가 되어왔다.

표현

Juslin과 Timmers(2010)는 "여전히 표현(expression)이라는 개념에 대해 널리 용인되는 정의는 없다(p. 454)"라는 말과 함께 "음악연주에서의 감정 전달 및 표현(Expression and Communication of Emotion in Music Performance)"이라는 글을 시작했다. 그럼에도 불구하고 최소한의 작업적 정의(working definition)는 필요하다. The New Oxford American Dictionary(Jewell & Abate, 2001)는 표현을 가리켜 "누군가의 생각이나 감정을 알게 되는 과정(p. 600)"으로 정의하고 있다. Robinson(2005)은 "예술에 있어서 표현의 핵심 개념은 낭만주의 예술가들(주로 시인, 작곡가, 화가)에게서 파생되

었으며, 이들은 자신이 만든 예술작품으로 자신의 느낌과 감정을 표현하고 있다고 생각했다(p. 232)"고 믿었다. 더 나아가 Robinson은 예술에 있어서 표현은 감정, 또는 좀 더 구체적으로 말하면 감정과정 경험과 관련이 있다는 낭만주의 관점을 고수했다. 그리고 예술가들이 자신의 예술을 통해 감정에 대한 특별한 지식과 통찰력, 특정 매체를 통해 감정을 독특하게 전달할 수 있는 능력을 입증한다는 칸트와 헤겔의 생각을 근거로 들었다(Robinson, 2005, pp. 232~233). 예술가는 그렇지 않더라도, 음악치료에서의 내담자는 예술매체 안에서 그리고 예술매체를 통한 작업이 이루어지므로 매체, 즉 음악적 요소와의 상호작용을 통해 어느 정도 감정적인 내용에 접근하고 인지하며 이해하고 표현할 수 있다.

음악에서 감정의 위치와 근원

다음과 같은 질문들에 대해 생각해보면, 음악 만들기에서 감정의 위치가 가지는 중요성은 분명해질 것이다. 감정은 내담자의 음악(노래 또는 곡)에서 발견될 수 있을까? 또는 내담자가 연주를 하거나, 노래를 하거나, 즉흥연주를 하는 동안 겪게 되는 음악 만들기 과정에서 발견될까? 내담자가 음악을 만드는 동안 내담자의 신체행동에서 감정을 인지할 수 있을까? 아니면 그런 과정을 통해 만들어진 음악소리에서 감정을 인지할 수 있을까? 내담자는 음악 안에서 또는 음악을 통해 감정을 의식적으로 표현하는 것일까? 내담자의 음악이 들리는 방식이 감정의 속성을 드러낼까? 여기서 말하는 감정의 속성들은 내담자의 의식에 꼭 존재하는 것은 아니다. 라이브 연주가 아닌, 내담자가 만든 음악을 녹음한 것을 들을 때에도 감정을 들을 수 있을까? 내담자가 음악에서 어떤 감정이 표현될 수 있도록 하려면 연주하거나 노래하는 동안 그 감정을 느껴야 할

까? 흥미롭게도, 우리가 아래에서 다루게 될 이론을 고려할 때 이런 질문들에 대한 대답은 '그렇다'이다. 요약하면, 음악적 결과물 및 과정을 포함하여 음악에 참여하는 동안 다양한 위치에서, 신체활동 또는 신체활동을 통해 만들어진 소리에서, 내담자의 의식 안팎에서, 감정을 느끼는 순간 또는 감정경험이 지나간 후에(예 : 경험에 대한 기억으로부터) 감정을 발견할 수 있다.

음악을 통해 감정을 표현할 때, 내담자는 어떤 지식 및 경험 출처에서 이끌어내는 것일까? 내담자는 감정이 발생했을 때 내면에서 느껴지는 각기 다른 방식들, 또는 사람들이 특정 감정을 느낄 때 얼굴과 목소리, 말과 근육 등으로 나타나는 일반적인 반응들과 같은 감정의 속성들을 먼저 인식해야 한다. 또한 내담자는 어떤 방식으로든 감정과 관련된 음악적 예시들을 경험해야 한다. 이런 주관적인 경험들은 음악과 감정이 공존하는 세계에서 살면서 축적되는 것으로 보인다(Robinson, 2005). 그러므로 임상적인 음악 만들기에서 감정표현의 주요 근원지는 감정이 느껴지는 방식에 대한 내담자의 주관적 이해, 자신과 타인의 감정에 대한 신체적 반응, 감정경험과 관련된 음악소리 등이 융합되는 지점임이 분명하다(Hiller, 2011).

아래에 제시해놓은 개념들은 신체, 표현코드, 컨투어(contour), 표현과 몸짓이론들을 포함하여 상징주의(symbolism)나 표상적 사고에 의존하는 이론으로 한정할 것이다. 중요한 것은 그 이론들 가운데 어떤 것도 다른 것보다 더 옳거나 그른 것은 없다는 것이다. 하지만 각각의 이론은 음악치료사가 내담자의 감정-음악과정 및 결과물을 이해할 때 의지할 수 있는 유용한 개념들을 제공한다.

감정과 음악에 대한 상징이론들

상징주의는 "생각(idea)이나 속성(quality)을 나타내기 위해서 상징(symbol)을 사용하는 것(Jewell & Abate, 2001, p. 1720)"이다. 상징은 또 다른 무언가(thing)를 표상(represent)하는 것이다. 여기서 표현한다는 것은 "그림이나 다른 예술작품으로 묘사(depict)하는 것(Jewell & Abate, p. 1445)"을 뜻한다. 많은 음악학 연구가들은 음악이 실제로 인간의 감정과 관련된 무언가를 상징할 수 있다고 생각한다. 그러나 아래 이론들이 설명하는 것처럼 표현과정은 다양한 방식으로 일어날 수 있다.

신체이론 : 음악과 느낌

음악철학가들은 음악과 감정 사이에 존재하는 상징적 관계에 대해 다룰 때 Hanslick(1885/1974)과 Langer(1942)의 글을 자주 참고한다(Robinson, 2005). 이들은 감정을 느낀 경험, 즉 인간의 신체 내부에서의 변화 경험에 초점을 둔다. 음악에서의 감정경험에 관한 신체(somatic)이론은 신체를 뜻하는 그리스어 *soma*로부터 명명되었다. 이 참조 틀은 감정을 인간 내면의 생리학적 움직임이나 동요상태로 보는 William James(재인용, Robinson, 2005, pp. 28~29)의 견해와 유사하다. 또한 음악은 "감정이 상승 또는 하강하고, 뒤얽히는 리듬과 패턴"과 닮았다는 이론을 제시한다(Langer, 1942, p. 238). 게다가 Hanslick과 같이, Langer는 시간이 흐름에 따라 음악이 전개되는 방식과 내면에서 감정을 경험하는 방식 사이에 구조적인 유사성이 있다고 생각했다. Langer가 자주 인용했던 문장에서 이런 태도를 확인할 수 있다.

이른바 신체적 혹은 정신적인 '내면의 생활(inner life)'에는 특정한 측면들이 있는데, 이것들은 음악과 유사한 형식적 특성들[움직임과 휴식, 긴장과 해방, 일치와 불일치 등의 패턴, 준비, 실행, 자극(excitation), 갑작스러운 변화 등]을 가지고 있다(1942, p. 228).

그러므로 Langer는 우리에게 감정이 느껴지듯이 음악이 들리는 것이라고 생각했다. 바꿔 말하면, 특별한 음악소리의 구성경험은 내면의 느낌 경험과 매우 유사해서 음악은 우리에게 감정적인 특성을 갖고 있는 것처럼 들릴 수 있다는 것이다. 이런 점에서 봤을 때, 우리는 음악을 만드는 동안 내담자가 만든 음악적 구성(musical configuration)에 감정이 위치하고 있음을 추측할 수 있다.

신체이론을 토대로 해서 본다면, 내담자는 내면, 즉 몸 안에서 경험한 느낌을 모방하는 방식으로 음악적 요소를 이용해서 자신의 감정에 대한 음악적 표상을 구성한다. 내담자는 빠르기, 강약, 악구 나누기(phrasing) 등을 이용하여 경험한 감정에너지의 흐름을 상징화시킨다. 앞서 말한 것처럼, 그런 구성은 음악에서 의도치 않게 표현되거나 이후 내담자나 치료사에게 특정 감정들을 대표하는 것으로 인지될 수도 있다(Priestley, 1994). 더욱이, 치료사는 자신의 감정에너지 경험을 연상시키는 특정한 소리 구조를 내담자의 음악적 구성을 통해 들을 수 있고, 내담자는 그 음악이 자신의 감정을 나타낸다고 해석할 것이다. 이와 같은 인식 과정을 통해 치료사는 음악적으로나 다른 방식으로 내담자의 감정요소(emotional material)를 입증하거나 더 나아가 탐색하는 방식으로 소리에 반응을 할 수도 있다.

표현코드이론 : 음악, 감정, 표현적인 목소리 어조

음악심리학지 Juslin(2001)과 동료들은 연주자들이 작곡한 음악을 통해서 청중들에게 감정을 전달하기 위해 사용하는 특별한 조작 기술[예 : 분절법(articulations) 또는 어조(inflections)]을 찾고자 했다. 이 연구자들은 인간의 감정을 목소리로 표현할 때의 표현뉘앙스와 악기연주를 비교함으로써 연주자와 청중의 감정소통(emotional communication)을 설명했다(Juslin & Timmers, 2010, pp. 470~471). 연주자는 감정이 실린 말을 뱉는 방식과 유사하게 음악을 변화시킴으로써 다양한 방법으로 음악적 요소를 조작한다. 예를 들어, 연주자가 깊은 실망의 발언을 목소리로 변화시키고 싶을 때, 특정 악구의 끝을 점점 약하게(diminuendo) 하여 마치 한숨과 함께 문장을 마무리하듯이 표현할 수 있다. 이와 유사하게 깊은 충격이나 실망을 경험할 때 더듬거리면서 말하는 것처럼, 연주자는 스타카토(staccato)를 통해 악구의 특정 음조를 짧게 깎을(clip) 수도 있다. 청중들은 연주자의 조작을 이해할 수도 있다. 그렇지만 반드시 느끼는 것은 아니다. 따라서 우리는 감정이 작곡 구조, 작곡가나 연주가, 청중보다는 음악적 표현뉘앙스에 존재한다는 것을 확인할 수 있다. 바꿔 말하면, 연주자나 작곡가 둘 다 음악적 어조(musical inflection)로 표현이 된 감정을 실제로 느끼지는 못한다. 오히려 어조에 위치한 감정은 목소리의 감정적 표현에 대한 지식으로부터 비롯된다.

Juslin과 그의 동료들은 연주자의 조작을 표현코드(expressive code) 또는 청각적 신호(acoustic cues)라고 불렀다(Gabrielsson & Juslin, 2003; Juslin, 2001). 이 특별한 연구는 가장 빈번하게 연구되는 다섯 가지 기본 감정인 다정함, 행복, 슬픔, 두려움, 분노에 초점을 맞췄다(Juslin, 2001). 연구자들은 청취자가 연주자의 표현코드와 동일한 의사소통 코드를 공유하는지 여부에 따라 표현코드의 효과성이 좌우된다고 가설을 세웠다. 더 나아가 연구자들은 코드의 기원이 문화 차이를 막론하고 인간의 목소리 표현에 공통적으로 존재하는 선천적 대뇌 프로그램에 존재한다고 주장한다(p. 321). 청각적 신호(표현코드)에는 음색(timbre), 음조 공격(tone attacks), 음조 쇠퇴(tone decay), 음조(intonation), 분절법(articulation), 비브라토(vibrato), 타이밍(timing), 빠르기(tempo), 소리 크기(sound levels), 멈춤(pause) 등이 포함된다(Juslin & Timmers, 2010, p. 462). Coutinho와 Dibben(2013)은 음색과 관련된 요소로서 날카로움/거침(sharpness/roughness)도 포함시켰다. 한 예로, Juslin과 Timmers는 다음과 같이 기록했다.

> 슬픔은 느린 템포, 낮은 소리 크기, 레가토, 작은 조음 변화, 느린 음조 공격, 부드러운 음색 등과 관련이 있는 반면, 행복은 빠른 템포, 높은 소리 크기, 스타카토, 커다란 조음 변화, 빠른 음조 공격, 밝은 음색 등과 관련이 있다(pp. 462~463).

표현코드이론(expressive code theory)에 따르면, 내담자와 치료사는 감정적으로 부과된 언어/목소리 변화 소리에 대한 지식을 토대로 하는 의사소통 코드를 공유한다. 그래서 내담자는 자신의 목소리 표현경험과 관련된 방식으로 연주 혹은 즉흥연주의 측면을 감정적으로 변화시킬 수 있다. 인간으로서 내담자는 거의 끊임없이 평생 동안 다른 사람의 언어화/발성에서 나타나는 표현의 변화에 노출되며, 많은 경우에 그런 변화를 사용하는 방법을 스스로 배우게 된다. 아마도 이런 문화적 적응 경험은 언어/목소리 변화를 응용하여 일반적인 소리 중심의 의사소통의 자연스러운 한 부분이 되게 한다.

컨투어이론 : 음악과 감정의 유사성

Davies(2010)와 Kivy(1989)는 음악의 감정표현이 작품의 "인간의 감정특징을 나타내는 행동이나 동작들과 역동적 구조" 사이의 연관관계와 관련이 있다는 이론을 지지한다(Davies, p. 31). 여기서는 작곡한 음악을 연주할 때 발견되는 역동적 속성들(예 : 역동적 변화, 화음, 선율, 리듬의 움직임)이 인간의 행동과 행동거지(comportment; 예 : 어떤 사람이 행동하는 방식)를 표상한다. 달리 말하면, 인간의 다양한 감정기반의 행동거지가 보이는 방식처럼 음악에서 역동적(즉, 변화하는) 구조가 들린다. 그러므로 컨투어이론에 따르면, 감정은 인간의 감정을 일반적으로 드러내는 관찰 가능한 행동모습과 음악의 특성 사이의 유사성에 존재한다. 그러므로 우울하거나 불안할 때 나타나는 신체자세와 움직임 특성이 나타나는 방식은 음악이 들리는 방식을 통해서 표현된다. 중요한 것은, 컨투어이론에서는 음악이 감정을 표현하는 것이 아니라 (음악은 감정을 표현할 수 있는 살아 있는 존재가 아니기 때문에) 감정을 나타낸다는 것을 강조한다는 점이다(Kivy, 1989).

Robinson(2005)은 Kivy와 Davies가 세인트 버나드 종(St. Bernard)과 바세트 하운드 종(bassett hound)의 개들의 슬퍼 보이는 얼굴을 예시로 사용했다는 사실 때문에 컨투어이론을 재치 있게 개-이론(doggy theory)이라고 불렀다(p. 300). 비록 사람들이 이 개들의 얼굴이 슬퍼 보인다는 것을 발견한다고 하더라도, 그 동물들이 반드시 얼굴표정과 똑같은 방식으로 느끼는 것은 아니다. 그 개들은 슬프지 않으며, 단지 그렇게 보이는 것이다. 그러나 Kivy(1989)는 우리 인간들이 우리가 인지한 것들에 생기를 부여하는(animate) 성향을 가지고 있다고 말한다(p. 59). 그러므로 음악과 관련하여 컨투어이론은 음악의 구성요소들이 함께 작용하는 방식 때문에 듣는 사람에게 슬프게 들릴 수도 있다고 주장한다. 하지만 그렇게 인식한 슬픔은 단순히 그 음악의 속성(trait)에 불과하다. 음악 그 자체가 감정을 표현하는 것이 아니라 그것은 감정을 나타내는 것이다. 그 음악은 슬프거나 슬픈 상태에 있는 것이 아니고, 단지 그렇게 들리는 것이며 그렇기 때문에 우리는 음악에서 슬픔을 들을 수 있는 것이다.

컨투어이론의 개념을 고려해보면, 음악치료 내담자는 노래나 연주를 통해서 어떻게 감정을 묘사해야 하는지를 알아내기 위해서 특정한 감정을 반영하는 다른 사람들의 행동거지나 자세를 관찰한 기억들을 이용하는 것으로 보인다. 예를 들어, 상당히 불안해하는 사람의 이미지[보측(pacing), 근육이 긴장한 상태로 앞으로 기우는 것, 손을 비트는 것]를 나타내는 내담자는 불안의 경험을 표현하기 위해서 음악을 더 작게 세분화하여 일정하고 빠르게, 연속적으로, 상당히 조심스럽고 강렬한 방식으로 북을 연주할 수도 있다. 또는 다른 사람의 우울한 모습(꼬꾸라져 있는 어깨, 숙인 고개, 느린 움직임)을 관찰하여 반영하는 내담자는 경쾌하고 에너지가 넘치는 소리에서처럼 북채의 반등하는 에너지를 이용하기보다는 실로폰 건반 위의 느린 **퉁** 소리(thuds), 부드러운 소리, 내려가는 선율 진행 등을 통해 느낌을 표현할 수 있다. 그런 표현을 통해서 치료사는 내담자의 음악 만들기의 감정적 특징을 인지하고 반응할 수 있다.

표현이론 : 음악과 즉각적으로 발생하는 감정들

표현이론(expression theory)은 음악에서 표현된 감정이 음악의 작곡가나 연주가의 것이며 이런 감정들은 음악을 만들거나 재창조하는 동안 작곡가나 연주자 자신의 직접적인 경험에서 나온다고 주장한다(Davies, 1994, pp. 170~173). 표현이론의 강력한 지지자인 Robinson(2005)은 미술

을 통한 감정표현이 일반적인 일상생활에서의 감정표현과 똑같은 과정을 공유한다고 말했다. 그녀는 어떤 감정경험에 반응해서 일어나는 특정 행동들이 그 감정을 나타내거나 보여주는 증거라고 생각했다. 그래서 관찰자는 개인의 행동으로부터 감정을 추론할 수 있으며, 이런 감정에서 행동들이 비롯된다(p. 258). 예를 들면, 목이 쉰 듯하고 으르렁거리는 목소리는 분노와 좌절에 대한 믿을 만한 증거가 될 수 있다. 다시 말해 다른 사람이 으르렁거리는 소리를 들었다면 그 사람이 어떤 이유 때문에든지 화가 나거나 좌절한 상태라는 것을 추론할 수 있다. 그러므로 음악과 관련해서 작곡가나 연주자의 감정은 그들의 음악적 표현을 들음으로써 인지할 수 있다.

Robinson(2005)이 페르소나(persona)나 상상의 인물이라는 개념을 받아들였다는 것은 표현이론의 유용성 측면에서 매우 중요하다(p. 259). 음악을 듣는 사람은 음악에서 들리는 감정들을 연주자의 것이라고 생각하기보다는 그런 감정들이 페르소나나 상상의 인물의 것이라고 생각할 수도 있다. 예를 들어, 우리는 무대에서 음악을 연주하는 연주자가 그 순간에 특정한 감정을 느끼고 있고 그 감정이 음악에서 드러나고 있다고 생각하지 않을지도 모른다. 우리는 음악에서 들리는 감정이 상상의 페르소나, 즉 그 감정을 그 당시에 느낄 수 있는 누군가의 것이라고 생각할 가능성이 더 높다. 그래서 연주자는 또 다른 사람이 느낄 수 있는 감정을 상상하고 음악을 통해서 그 감정을 청중들에게 전달할 수 있다. 그리고 청취자는 음악에서 나온 감정의 의미를 무대 위의 연주자나 작곡가보다는 상상의 페르소나의 것으로 추론할 것이다.

표현이론에 따르면, 내담자는 음악을 만드는 동안 악기를 통해서 자신의 감정이나 페르소나의 감정을 의식적으로 전달할 것이며, 그 결과

감정에서 비롯된 행동의 결과물인 소리가 나오게 된다. 이 과정은 내담자가 비음악적인 감정행동과 가장 밀접하게 일치한다고 생각되는 음악적 요소를 선택하고 연주함으로써 가능하다(Robinson, 2005, pp. 266~267). 예를 들어, 임상 즉흥연주에서는 갈등이 있거나 특별한 관점에 대해 이해를 얻어야 하는 사람의 역할을 하면서 즉흥연주를 하게끔 내담자에게 요청한다. 두 가지 경우 모두 감정적 요소를 포함한다. 그러면 내담자는 악기와의 상호작용을 통해서 상상 속 상대의 감정을 표현한다.

다른 사람들이 다양한 방식으로 감정을 표현하는 것을 목격했던 과거 경험은 음악치료사로 하여금 내담자의 표현을 이해할 수 있도록 도움을 준다. 그래서 음악치료사는 내담자의 음악에서 감정이 표현되고 있다는 증거를 들을 수 있으며 그 감정이 내담자가 상상한 페르소나 혹은 내담자의 것이라고 생각할 수 있다.

몸짓이론 : 음악과 의사소통 몸짓

의사소통적 몸짓(communicative gestures)은 "중요하다고 해석되는, 시간에 따라 활동적인 형태(Hatten, 2006, p. 1)"로, 해석자가 주어진 몸짓의 의사소통적 의도를 인지할 때 기능을 한다. 빨리 흔드는 주먹이나 빈손을 천천히 뻗는 것을 통해서 무엇을 전달할 수 있는지 상상해보자. 이것들은 의사소통적 몸짓의 간단한 예시들이며, 몸짓들 각각은 시작할 때부터 끝날 때까지 에너지의 흐름이나 특별한 '엔빌로프(envelope)'를 가지고 있다. 다시 말하면, 각각의 몸짓은 리드미컬한 모양을 가지고 있으며, 이 모양은 인지 가능한 패턴을 보인다. 감정 역시 감정경험의 시작부터 끝까지 에너지의 흐름을 가지고 있다. Hatten은 몸짓을 통해 전달되는 정보에 종종 "감정이 실린다"고 주장하는데(p. 1), 그것은 곧 감정표현과 관련이 있다는 말이다. 의사소통적 몸짓은 짧고 반복이 가능한 움직임 구조이며, 의미를 잃지 않으면서 구성요소로 축소하기 어렵고, 단일한 인간충동에서 비롯된다(Lidov, 1987, p. 77). Lidov는 제한된 양의 고유한 몸짓이 있으며, 인간은 이 몸짓들과 특별한 감정메시지를 연관시켜 다른 사람들이 우리의 몸짓을 이해하게 만든다고 가설을 세웠다.

음악에 대한 인식과 몸짓을 연관 지을 때, Lidov(1987)는 무리 지어 있는 음악적 소리의 모양이나 패턴에 대한 청취자의 인식은 특정한 몸짓의 완전히 리드미컬한 윤곽에 대한 인식과 양립할 수 있다고 가설을 세웠다. 그리고 (1) 감정의 에너지 엔빌로프(energy envelope), (2) 감정을 드러내는 신체몸짓의 리드미컬한 모양(rhythmic shape), (3) 음악/리드미컬한 표현의 소리 모양(sound shape) 사이에 연관관계가 존재한다고 주장했다(pp. 28~29). 다시 말해, 내담자가 감정을 음악적으로 표현하려면 의사소통적 몸짓 레퍼토리에서 몸짓 하나를 꺼내서 악기와 상호작용하는 과정에 적용시킨다. 그렇게 해서 나온 소리는 감정의 표현을 드러낸다. 그렇게 드러난 감정의 존재는 치료사가 듣고 해석하는 데, 또는 내담자가 인식하고 이해하는 데 이용될 수 있다. 예를 들어, 압제자에 대한 집단 분노 표출로 공중에 리드미컬하게 주먹질을 하는 사람들을 상상해보자. 내담자는 음악 만들기를 통해 분노를 표현하기 위해 똑같은 종류의 동작에서 북을 연주하는 동작을 이끌어낼 수도 있다. 그렇게 나온 북 연주 소리는 사용된 몸짓에 부과된 감정과 조화를 이루는 것으로 간주할 수 있다.

Cumming(2001)은 음표, 선율, 악구의 실제와는 반대로 음악적 몸짓이 리드미컬하게 구현되는 속성을 지적했다. 비록 특별히 작곡된 악절(musical passage)에서 특정 감정을 추측해낼 수는 있지만, 특별한 의사소통적 몸짓을 사용하여 독특하게 음악을 변화시키는 사람은 감정 및 신체동작 경험(예 : 감정이 실린 몸짓) 레퍼토리에서 그것을 이끌어내는 연주자/내담자이다. 이것은 비통한 악절의 소리에 대한 요요마의 음악적 표현이 다른 연주자들과 다르게 들리는 이유이다. 그가 자신의 감정을 전달할 때 사용하는 몸짓의 에너지 엔빌로프처럼 그의 감정경험은 다르다. 그래서 내담자가 음악적 패턴을 소리 내는 것은 음악적 행동의 독특하고 활동적인 형성을 의미하며, 리드미컬한 측면이 표현되는 방식과 많은 관련이 있다(pp. 136~137). 이런 연관관계는 감정정보가 포함된 신체움직임 및 몸짓과 리듬 사이에 존재하는 불가분의 관계 때문이다(Hatten, 2006; Seivers, Polansky, Casey, & Wheatley, 2013).

몸짓이론에 따르면 감정은 악기나 목소리로 음악을 만들 때 사용되는 신체행동의 특별한 에너지 흐름에 위치하고 있다. 음악적으로 상호작용을 하거나 내담자가 음악을 만드는 것을 듣는 동안 음악치료사는 내담자의 소리가 표현적인 움직임 구조, 즉 몸짓과 관련이 있는 것으로 개념화시킬 수도 있다. 그러므로 치료사는 음악적 표현의 감정적 속성을 이해하기 위해서 내담자의 소리에 포함되는 정서적 의미를 목격하고 해석할 수 있다.

결론

음악의 감정표현 가능성에 대한 믿음이 수천 년이나 되었다고 말하는 것은 과장이 아니다. 그 주제에 대한 현대의 이론은 우리에게 음악적 소리를 통해 인간의 감정을 어떻게 제공하고 전달할 수 있는지 이해할 수 있는 수많은 방법들을 가져다주었다. 감정과 음악표현을 연관시키는 많은 음악학 이론들이 인간의 상징적인 표현형

태로서 기능할 수 있는 음악의 잠재력에 집중하고 있다는 점은 주목할 만한 가치가 있다. 신체이론들은 우리로 하여금 내면에서의 감정에너지의 전개와 음악 및 리드미컬한 표현흐름을 연관시킬 수 있게 한다. 표현코드이론은 음악적 표현과 언어 또는 목소리의 감정표현이 일어나는 방식을 연관시켜 개인의 감정에 대한 추론을 가능하게 한다. 반면에, 컨투어이론은 인간이 특정한 감정을 느낄 때 신체적으로 자기 자신을 전달하는 방법과 유사하게 음악이 감정을 표현할 수 있다는 점을 강조한다. 창작 과정(예 : 악기 즉흥연주) 동안 감정이 표현된다는 생각은 표현이론의 토대이다. 만들어지는 소리는 표현자의 직접적인 감정상태에 대한 특별한 표현으로 간주된다. 마지막으로 몸짓이론은 인간이 감정을 표현할 때 사용하는 특별한 신체몸짓의 엔빌로프를 음악적 소리를 만드는 데 적용하는 것과 연관시킨다. 예를 들어, 악기를 소리 내기 위해서 감정적인 의사소통적 몸짓을 모방하는 특정한 동작 구조를 이용하는 것은 음악 만들기를 통해 감정을 전달하는 것으로 이어지게 된다.

음악학 연구가들은 음악을 통해서 인간의 감정이 표현되는 방식에 대한 질문의 대답을 찾으려는 한편, 음악치료사들은 내담자의 치유(healing), 성장(growth), 발전(development)을 증진시키기 위해서 위와 같은 이론들을 적용한다. 음악치료사들은 인간을 좀 더 깊이 이해하고 그들의 변화 과정에서의 이점을 가져오기 위해 음악과 감정이론에서 나온 개념들을 독특하게 적용하는 위치에 있다. 이 이점은 음악과 음악치료사 둘 다 치료관계 내에서의 친밀한 역할 때문이다. 그러나 여기서 제시한 이론들 가운데 어떤 것도 다른 것보다 더 혹은 덜 옳다고 할 수 없으며, 각각은 내담자가 음악 만들기를 통해서 어떻게 언제 자신의 감정세계의 측면을 표현하는지

를 이해하는 데 유용할 수 있다. 필수적인 방식으로 생각하고, 주어진 치료상황에 가장 임상학적으로 유용한 이론적 태도를 이용함으로써 음악치료사들은 변화 과정을 이해하고 도와주는 것에 대한 내담자 감정의 깊고 넓은 지식에 접근할 수 있다(Bruscia, 2014).

참고문헌

Aigen, K. (1995). An aesthetic foundation of clinical theory: An underlying basis of creative music therapy. In C. B. Kenny (Ed.), *Listening, playing, creating: Essays on the power of sound* (pp. 233-257). Albany: State University of New York Press.

Aigen, K. (2005). *Music-Centered Music Therapy*. Gilsum, NH: Barcelona.

Aigen, K. (2007). In defense of beauty: A role for the aesthetic in music therapy theory: Part I. The development of aesthetic theory in music therapy. *Nordic Journal of Music Therapy, 16*(2), 112-128.

Behrens, G. A., & Green, S. B. (1993). The ability to identify emotional content of solo improvisations performed vocally and on three different instruments. *Psychology of Music, 21*, 20-33.

Bruscia, K. E. (1987). *Improvisational models of music therapy*. Springfield, IL: Charles C Thomas.

Bruscia, K. E. (1998a). *Defining music therapy* (2nd ed.). Gilsum, NH: Barcelona.

Bruscia, K. E. (Ed.). (1998b). *The dynamics of music psychotherapy*. Gilsum, NH: Barcelona.

Bruscia, K. E. (2014). *Defining music therapy* (3rd ed.). University Park, IL: Barcelona.

Coutinho, E., & Dibben, N. (2013). Psychoacoustic cues to emotion in speech prosody and music. *Cognition and Emotion, 27*(4), 658-684.

Cumming, N. (2001). *The sonic self: Musical subjectivity and signification*. Bloomington, IN: Indiana University Press.

Davies, S. (1994). *Musical meaning and expression*. Ithaca, NY: Cornell University Press.

Davies, S. (2010). Emotions expressed and aroused by music: Philosophical perspectives. In P. Juslin & J. Sloboda (Eds.), *Handbook of music and emotion* (pp. 15-43). New York: Oxford University Press.

Eerola, T., & Vuoskoski, J. K. (2013). A review of music and emotion studies: Approaches, emotion models, and stimuli. *Music Perception, 30*(3), 307-340.

Gabrielsson, A., & Juslin, P. (2003). Emotional expression in music. In R. Davidson, K. Scherer, & H. Goldsmith (Eds.), *Handbook of affective sciences* (pp. 503-534). New York: Oxford University Press.

Hanslick, E. (1974). *The beautiful in music* (G. Cohen, Trans.). New York: Da Capo Press. (Original work published 1885)

Hatten, R. (2006). A theory of musical gesture and its application to Beethoven and Schubert. In A. Gritten & E. King (Eds.), *Music and gesture* (pp. 1-23). Burlington, VT: Ashgate.

Hiller, J. (2011). *Theoretical foundations for understanding the meaning potential of rhythm in improvisation* (Doctoral dissertation). Available from ProQuest Dissertations and Theses database (UMI No. 3457829).

Jewell, E. J., & Abate, F. R. (Eds.). (2001). *The new Oxford American dictionary*. New York: Oxford University Press.

Juslin, P. N. (2001). Communicating emotion in music performance: A review and theoretical framework. In P. Juslin & J. Sloboda (Eds.), *Music and emotion: Theory and research* (pp. 309-337). New York: Oxford University Press.

Juslin, P. N., & Sloboda, J. A. (Eds.). (2010). *Handbook of music and emotion: Theory, research, and applications*. New York: Oxford University Press.

Juslin, P. N., & Timmers, R. (2010). Expression and communication of emotion in music performance. In P. N. Juslin & J. A. Sloboda (Eds.), *Handbook of music and emotion: Theory, research, and applications* (pp. 453-489). New York: Oxford University Press.

Kivy, P. (1989). *Sound sentiment*. Philadelphia: Temple University Press.

Langer, S. (1942). *Philosophy in a new key: A study in the symbolism of reason, rite, and art*. Cambridge, MA: Harvard University Press.

Lewis, M., Haviland-Jones, J. M., & Barnett, L. F. (2008). *Handbook of emotions* (3rd ed.). New York: Guilford Press.

Lidov, D. (1987). Mind and body in music. *Semiotica, 66*(1), 70-97.

Priestley, M. (1994). *Essays on analytical music therapy*. Gilsum, NH: Barcelona.

Robinson, J. (2005). *Deeper than reason*. New York: Oxford University Press.

Seivers, B., Polansky, L., Casey, M., & Wheatley, T. (2013). Music and movement share a dynamic structure that supports universal expressions of emotion. *Proceedings of the National Academy of Sciences of the United States of America, 110*(1), 70-75.

Yalom, I. D. (2005). *The theory and practice of group psychotherapy* (5th ed.). New York: Basic Books.

제 4 장

음악치료와 뇌

Concetta M. Tomaino

문소영 역

음악은 강력하고 복합적인 자극제로서 인간에게 여러 방면으로 영향을 미친다. 뇌가 인간의 모든 기능을 중재한다는 것을 감안하면 능동적인 음악 만들기나 음악감상이 어떻게 두뇌를 활성화시키는지를 살펴보는 것은 중요할 수밖에 없다. 최근 음악지각과 인지신경과학 분야는 인간의 두뇌에서 음악이 어떻게 지각되고 처리되는가에 대한 새로운 차원의 이해를 가져다주고 있다. 이 분야들의 최근 정보들은 음악치료사들로 하여금 인간의 기능에 미치는 음악의 영향을 이해할 수 있도록 도움을 줄 뿐 아니라, 음악에 대한 개개인의 반응이 두뇌에 어떤 변화를 이끌어낼지에 대해서도 알 수 있게 해준다. 음악이 인간의 기능을 어떻게 자극하고, 구조화하며, 영향을 줄 수 있는지 제대로 인식하기 위해서는 두뇌에서 음악적 정보가 처리되는 과정을 이해하는 것이 중요하다.

소리의 이해

외부로부터 내부로

그림 4.1은 뇌의 다중적인 정보분석 과정을 통해 소리가 어떻게 외부로부터 내부로 이동하는가를 보여준다. 음악은 음악을 구성하는 부분들의 총합보다 더 많은 것을 함축한다. 그래서 음악적 경험은 진동의 빈도수뿐 아니라 정서적, 역사적 맥락의 경험까지 다면적인 정보를 포함한다. 음의 파동(sound waves)은 공기압력의 변화를 수반하면서 귀로 유입되는데, 이후 파동 신호가 전기적 신호로 바뀌는 일련의 처리과정을 거치면서 청각신경을 통해 뇌까지 도달한다. 그림 4.2는 우리가 흔히 귀(ear)라고 일컫는 부위인 귓바퀴(pinna) 또는 주름진 연골조직인 외이(outer ear)가 기압의 차이로 생성되는 음의 파동을 어떻게 확보하는지 보여준다.

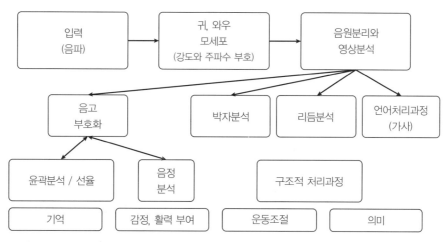

그림 4.1 뇌의 다중 분석을 통해 본 소리의 이동 경로. Felipe Gerhard의 허락하에 재인쇄함.

외이를 통해 진입한 진동 파동(vibrational waves), 즉 음파는 외이도를 거쳐 중이(middle ear)로 이동한다. 중이는 공기로 채워진 관의 형태로 고막에서부터 시작된다. 음파 정보는 중이를 지나면서 일련의 섬세한 뼈로 구성된 이소골(추골, 등골, 침골)에서 증폭된다. 그리고 증폭된 음파는 다음 장소인 액체 상태의 내이(inner ear)로 이동한다(Kandel, Schwartz, & Jessell, 2000, pp. 591~624). 이제 액체파(fluid waves) 형태가 된 소리 정보는 내이 안의 와우각에서 코르티기관이라고 하는 막 구조를 통과하면서 신경자극(nerve impulse)으로 변환된다. 코르티기관을 구

성하는 막에는 작은 유모세포들(inner hair cells)이 있는데, 이곳을 지나면서 진동파가 전기적 신호로 변환되고, 이 신호는 와우신경(또는 청각신경)의 신경섬유를 지나 뇌의 다양한 네트워크로 연결된다.

연결

양쪽 귀에 연결된 와우신경(cochlear nerve)은 반대편 뇌반구에 상응하는 영역뿐 아니라 같은 편 뇌반구에도 연결된다. 이렇게 양반구 모두에서 일어나는 소리의 처리과정은 복잡한 신경네트워크

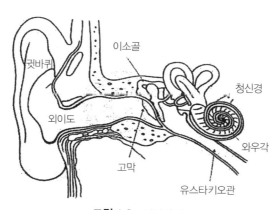

그림 4.2 인간의 귀

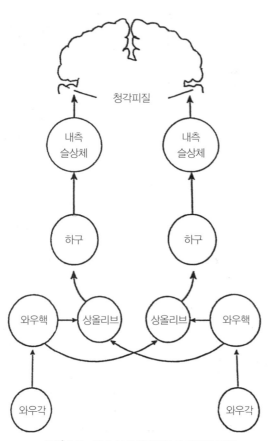

그림 4.3   양측 중추청각경로의 의미적 도해

와 뇌의 각 영역에 관여하는 중요한 과정이다. 먼저, 와우신경은 뇌간의 와우핵과 연결된다. 와우핵은 배측와우핵(dorsal cochlear nucleus)과 복측와우핵(ventral cochlear nucleus)이라는 구별된 두 영역을 갖고 있다. 배측와우핵은 중추청각정보 처리과정이 처음 시작되는 곳이며, 청각경로로서는 다중감각변환이 처음으로 이루어지는 곳이다(Portfors & Roberts, 2007). 복측와우핵은 청각신경세포들을 신체의 윗부분으로 연결해주는 역할을 한다. 와우신경은 전정신경(vestibular nerve)과 연결되어 전정와우신경(vestibulocochlear nerve)을 형성하고 평형감각에 대한 정보를 전달한나(Kolb & Whishaw, 2011, pp. 328~329).

이제 전정와우신경으로부터 출발하는 전기

적 신호는 보다 많은 소리 정보를 처리하게 될 뇌의 네트워크까지 이동한다. 이 청각신경은 뇌의 가장 원시적인 영역인 뇌간의 상올리브복합체(superior olivary complex)와 중뇌하구(inferior colliculus)를 지나 시상(thalamus)으로 연결되고 최종적으로는 뇌간과 측두엽의 일차청각피질에 도달한다. 청각뇌간(auditory brainstem)에서는 유입된 소리의 시간주파수와 저주파수를 대부분 유지할 수 있는데, 이것은 청각뇌간반응(auditory brainstem response)에 대한 뇌전도 검사(EEG)로 확인할 수 있다(Skoe & Kraus, 2010).

뇌의 네트워크는 복합적으로 얽혀 전체가 상호삭용을 하지만, 그중에서도 승추청각신경계의 상행경로(ascending pathway)가 주된 연결망을 형성한다(그림 4.3). 좌우 양쪽의 와우각은 각각 뇌 반구의 반대편 네트워크뿐 아니라 같은 편의 네트워크와도 연결되어 있기는 하지만, 귀에서 출발한 신경다발은 상행로를 지나면서 대부분 좌우 교차한다. 그 결과 한쪽 대뇌반구에서 처리되는 청각정보의 대부분은 반대편 귀로부터 유입된 소리에서 비롯된 것이다. 양쪽 귀의 소리 정보가 모두 도착하는 첫 번째 영역인 **상올리브복합체**(superior olivary complex)는 소리의 위치를 파악한다. **하구**(inferior colliculus, IC)는 정보들을 수렴하는 영역으로서 소리가 지닌 좀 더 복잡한 양상을 처리한다. 주파수별로 정해진 음위상(tonotopic) 위치(청각구조에서 소리가 인식되고 전달, 수용되는 공간적 배열)는 모든 수준의 청각경로에서 나타난다.

또한 청각체계는 청각피질에서 시작하여 와우핵에 이르는 하행경로(descending pathway)를 가진다. 하행경로는 청각신호자극이 처리되는 과정에서 신호를 억제하거나 청각체계 내의 다른 위치로 신호를 전달하는 문지기 역할을 한다.

연합

그림 4.4와 같이 대뇌의 **피질**(cortex)은 여러 개의 구별되는 영역으로 이루어져 있어서 우리가 음악을 이해하는 능력, 다시 말해 대중가요에서부터 교향곡에 이르기까지 이를 지각하는 것을 가능하게 한다. 예를 들면, 측두엽에서는 우리가 듣는 소리의 실제 음(tone)을 처리하고, 전두엽에서는 단기기억을 통해 이 음들을 연결하여 선율로 인식하게 하며, 두정엽에서는 이 선율을 개인의 경험과 연합시킨다. 대뇌피질의 영역들이 음악지각에 관한 역할들을 어떻게 분담하는가에 관한 이해는 신경과학연구 분야에서 **기능적자기공명영상**(functional magnetic resonance imaging,

fMRI)을 비롯한 뇌 영상 장치들을 통해 이루어지고 있다. 대뇌의 많은 네트워크들은 서로 정보를 공유함으로써 소리를 음악으로 처리하는 것을 가능하게 만든다. 뇌의 어떤 부분도 독자적으로 실행되지 않으며, 상호보완적인 네트워크를 통해 입력된 정보들이 통합된다. 최근 이 분야의 연구들은 다양한 신경네트워크 **중추들**(hubs)이 뇌로 하여금 새로운 상황과 도전에 반응하게 하는 것이라고 밝히고 있다. 이 중추들은 주요한 신경네트워크들이 그물망처럼 서로 연결되어 대뇌가 청각, 시각, 촉각, 기억, 주의, 운동과 관련된 별개의 기능들을 실행할 수 있게 한다(Cole et al., 2013). 이러한 이해를 기반으로 뇌의 각 영역을 살펴보면, 지각과 실행기능에 대한 뇌의 세부영역들의 역할을 이해하기가 쉽다.

전전두피질(prefrontal cortex)은 뇌의 앞부분에 위치하며 의사결정과 실행기능을 담당한다. 전전두피질은 우리가 주변 환경과 효과적으로 상호작용할 수 있도록 돕기 때문에 주로 뇌의 최고경영자(CEO)로 비유된다. 이 영역은 주의, 사고의 조직화, 문제의 해결, 행동의 전개 방식에 대한 고찰과 예견, 미래를 생각하고 예측하기, 전략과 계획 설정, 단기적인 보상과 장기적인 목적 사이의 균형 이루기, 상황의 변화에 따른 행동의 조정, 충동 조절과 만족 지연, 격렬한 감정상태의 조절, 부적절한 행동 억제와 적절한 행동 시도, 복잡하고 도전적인 정보에 직면했을 때 여러 단계에 걸쳐 문제를 처리하는 기능에 관여한다.

전전두피질은 뇌의 세부영역들 중에서 가장 마지막 단계에 발달하는 영역 중 하나이며, 내부분의 발달이 청소년기에 이루어진다. 이 영역이 발달과정에서 잠복기를 가진다는 사실은 대다수의 청소년들이 자신의 행동이 내포하는 바를 예견하지 못하고 타인의 조언을 해석하는 데 어려움을 겪는 것에 대한 이유를 설명해준다(Bunge

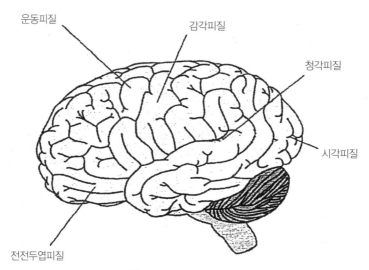

운동피질

감각피질

청각피질

시각피질

전전두엽피질

그림 4.4   대뇌피질의 감각영역

& Wright, 2007). 전전두피질은 단기기억과 실행기억을 담당하기 때문에 치매와 알츠하이머병이 발병되는 초기에 손상을 입는 영역 중 하나이기도 하다. 이 영역은 미리 계획하는 것과 재빠르게 반응하는 것을 도와주며, 뇌의 다른 기관에 대한 중계소 역할을 한다. 또한 전전두피질은 창조성과 기대에 관한 역할을 담당한다. 예를 들어, 선율의 진행에서 한 음이 틀렸을 때 그 실수를 들을(hear) 수 있도록 돕는 것이 전전두피질이다. 즉흥연주에 관한 최근의 연구에서는 자기주도능력과 자발성에 관한 영역이 활성화되는 동안에 전전두피질의 일부는 연주가 중단되는 것을 통제한다고 보았다(López-González & Limb, 2012). Janata(2009)의 연구에서는 개인사적으로 의미 있는 노래에 대한 정보를 수렴할 때 내측 전전두피질이 활성화되는 것을 통해 치매 환자들이 개인사적으로 중요한 노래를 여전히 인지하고 반응하는 것을 설명했다.

운동피질(motor cortex)은 전두엽 바로 뒤에 위치하며 자발적인 운동기능의 협응에 관여한다. 운동피질은 뇌의 다른 영역들로부터 정보를 수용하여 최상의 운동반응을 위한 전략을 구성한다. 운동피질 내의 네트워크는 말(speech)의 운동기능뿐 아니라 소근육 운동을 통제한다. 또한 기저핵과 소뇌, 청각피질과 같은 뇌의 다른 영역과 풍부하게 연결되어 운동기능에 관여한다. 운동피질은 악기연주가 이루어지는 동안에 손가락의 섬세한 움직임과 팔의 움직임을 계획하는 것을 돕는다. 다른 감각운동 활동들과는 다르게 악기연주에서는 고도로 구조화된 동작을 산출해내기 위해 복합적인 단계의 대뇌 활동이 정확한 타이밍으로 이루어져야 한다(Zatorre, Chen, & Penhune, 2007).

감각피질(sensory cortex)은 운동피질 뒤에 위치하며 모든 감각정보(시각, 청각, 통각, 미각, 후각)의 통합을 돕는다. 감각시스템의 통합기능은 출생 때부터 점진적으로 발달한다. 다중감각의 통합과정은 고도로 적응된 기능이다. 서로 다른 감각체계를 통해 유입된 정보들은 감지되고 규명된 후 주변 환경의 사건에 반응할 수 있도록 최소한의 신호만으로도 뇌에서 충분히 증폭되고 애매모호함은 감소된다. 다중감각체계는 소리와 같은 단일감각이 입력되더라도 방향이나 거리와 같은 시각정보를 함께 제공할 수 있다는 명백한 이점을 지닌다. 또한 감각체계의 통합은 곧 정보의 통합을 가져와 적절하게 감각을 규명하여 빠르게 반응할 수 있게 한다. 웨이크포레스트대학의 Stein과 그의 연구 팀은 감각통합모델 중에서도 특히 2개의 신경모델을 연구했는데, 그중 하나는 중뇌상구(midbrain superior colliculus, SC), 또 다른 하나는 연합피질(association cortex)이다 (Liping, Rowland, & Stein, 2010). 그중에서도 중뇌상구(SC)가 감각통합에 있어서 가장 유효한 모델임을 밝혔다. 감각피질은 능동적인 음악 만들기 과정에서 필요한 운지법에서부터 소리 산출을 위한 즉각적인 힘 조절능력에 이르기까지 다중적인 촉각정보의 통합에 있어서 큰 역할을 수행한다. 고도로 훈련된 음악가에게는 이러한 정보처리과정이 거의 자동적으로 실행된다.

일차청각피질(primary auditory cortex)은 청각자극의 상행경로에서 만나는 첫 번째 피질영역으로 우리가 듣는 소리의 정보를 처리한다. 일차청각피질은 측두엽에 위치하며 음고와 음량의 정보처리를 돕는다. 소리의 특정 음고에 따라 인식되는 위치가 배열되는 측두엽의 음위상 지도(tonotopic map)에서는 소리의 주파수 정보를 처리한다. 측두엽은 좌반구와 우반구에서 각각 구어(speech) 지각과 실행기능을 담당한다. 연합 기억 기능에 관여하는 전두엽과 두정엽 역시 청각정보처리에 일조한다. 일차청각피질은 뇌간에서와 마찬가지로 중뇌에서도 피질하영역으로 자극을 전달한다. 뇌의 하부에서 이렇게 연결됐다는 것은 사람이 미처 의식하지 못하는 사이에도 특정 소리가 났을 때 호흡기능이 변화하는 것과 같은 자동적인 반응이 일어나는 것이 가능함을 의미한다. 선율에 대한 자동적이고 재빠른 정보처리는 이차청각피질(secondary auditory cortex)에서 일어난다. 특히 음고의 부조화를 감지하는 기능

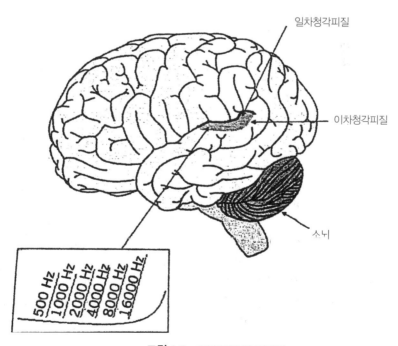

그림 4.5 인간의 일차청각피질

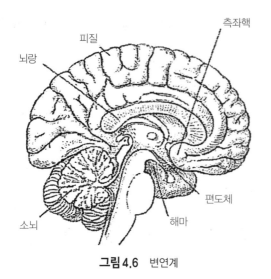

그림 4.6 변연계

은 이차청각피질에서 자동적으로 처리된다. 이곳으로 유입되는 정보는 이전에 학습한 음악적 특성과 재빠르게 비교되는데, 여기에는 음계나 화성과 같은 문화적으로 영향을 받은 음악적 특성이 포함된다(Brattico, Tervaniemi, Naatanen, & Peretz, 2006). 그림 4.5는 대뇌 표면에서 청각피질이 어떻게 위치하고 있는지 보여준다.

소뇌(cerebellum; little brain)는 운동조절을 담당하는 중앙처리장치이다. 이는 뇌의 다른 영역을 비롯하여 척수의 감각체계로부터 들어온 정보를 수용한다. 소뇌에서의 정보입력 과정은 운동기능을 미세하게 조정하여 움직임의 협응을 돕고 정확도를 높여준다. 소뇌가 손상되면 자세, 균형, 소근육 운동에서 문제가 발생한다. 청각체계는 소뇌와도 연결되어 있는데, 이는 발장단과 같은 자율적인 움직임에 관여한다.

변연계(limbic system)는 양쪽 시상면에서 피질의 내부 경계를 형성하는 일련의 구조물이다(그림 4.6). 여기에는 대뇌 일부, 해마, 편도체 및 다른 영역을 포함하며, 기억을 형성하고 인출하는 것과 정서를 관장한다. 우리가 감상하는 음악이 정서를 자극할 때, 변연계에서 재빠른 반응이 일

어난다. 측두엽과 두정전두영역에서 처리되고 연결된 정보는 우리가 지각한 음악에 의미와 규칙을 부여한다(Sel & Calvo-Merino, 2013). 반응이 일어나는 정서의 유형(과거의 경험과 결부된 것이거나 새로운 음악에 대한 자발적인 반응)에 따라 다양한 네크워크가 정보를 처리하며 연상과 기억기능을 연결한다(Tomaino, 1993).

해마(hippocampus)는 좌우 양쪽의 내측 측두엽의 피질 아래에 위치한다. 해마는 변연계의 일부이며 기억에 관한 주요한 정보처리를 담당하는데, 특히 단기기억을 장기기억으로 통합하는 것을 돕는다. 해마가 손상되면 지남력에 장애가 생기며 기억력 상실을 일으킨다. 좌우 양쪽의 해마가 손상되면 새로운 기억을 형성, 유지하는 것이 불가능한 진행성 기억상실증(anterograde amnesia)이 나타난다. 알츠하이머병은 대개 해마 부위의 손상으로 시작된다. 기억 정보처리에 관여하는 해마는 생애 경험과 음악기억을 결부시키는 것을 도와주는 부위이기도 하다.

편도체(amygdala)는 뇌의 투쟁-도피시스템으로 공포 반응 혹은 소름 돋는 것과 같은 자율적인 반응을 조절한다. 편도체는 해마에 신호를 보내서 교감신경계를 작동시키고 신체가 잠재적인 위험에 대처할 수 있도록 해준다. 이와 같은 원리로 정서적 사건과 기억을 연결시키는 역할도 담당한다. 따라서 음악감상에 따른 정서반응에 관여하는 것도 편도체이다. 편도체가 손상되면 음악에 대한 정서적 인지가 제대로 짝을 이루지 못하게 된다는 것이 연구에서 밝혀지기도 했다(Gosselin, Peretz, Johnsen, & Adolphs, 2007).

중격측좌핵(nucleus accumbens)은 내부 보상시스템의 핵심 역할을 하는 뇌 구조이다. 이 영역은 음악에 대해 기분 좋은 반응이 나타날 때 신경화학물질인 도파민(dopamine)을 방출한다. 중격측좌핵은 보상체계 기능과 함께 중독적이고

공격적이며, 공포와 같은 반응을 조정한다.

시각피질(visual cortex)은 후두엽 뒤쪽 피질에 위치하며 모든 시각적 정보를 처리하고 운동의 타이밍과 관련이 있다. 최근의 연구에서는 시각피질과 전운동피질에 있는 **거울신경(mirror neurons)**의 존재를 규명한 바 있다. 거울신경은 우리가 신체활동을 수행하고 이를 타인의 활동에서 관찰하게 될 때 활성화되는 신경이다(Rizzolatti & Craighero, 2004). 거울신경은 뇌의 변연계와 연결되며 우리가 보는 것을 느끼고 흉내 내게 한다(Wan, Demaine, Zipse, Norton, & Schlaug, 2010). 이것은 우리가 단지 타인을 관찰하는 것만으로도 그들이 겪는 것을 느끼게 하여 관찰을 통한 학습뿐만 아니라 감정이입을 발전시킬 수 있음을 시사하는 것이다.

음악치료에 대한 함의

인지신경과학과 음악인지 분야는 우리가 음악을 어떻게 처리하고 음악으로부터 어떠한 영향을 받고 있는가에 대한 이해의 차원을 점점 확장시켜주고 있다. 이 분야의 지식들은 음악치료사가 발달적, 심리적, 신경학적 문제를 가진 내담자에게 치료적 개입을 하는 데 있어서 유용한 정보를 주기 때문에 음악치료사에게 특히 중요하다. 예를 들어, 전두엽에 장애를 입은 환자는 자신의 행동을 제대로 계획하지 못할 수 있다. 이 대상에게는 언어적 신호나 언어처리과정이 오히려 복잡성을 가중시켜 환자를 더욱 손상된 인지 상태로 만들 수 있다.

그렇다면 음악치료사가 어떤 방식으로 음악의 특정한 요소(예 : 리듬, 음색, 음량)를 사용하여 환자들이 최소한의 인지능력으로 행동을 계획하고 자발적인 반응을 할 수 있게 도울 수 있을까? 음악활동에서의 자발적인 반응은 구어적 지시를 따르는 인지적인 과업 수행이기보다는 개인의 내재되고 잠재된 음악적 기술에서 기인한다. 만약 아동과 함께 일하는 음악치료사들이 감각통합에 대한 이해를 가지게 되면 음악치료 세션에서 위축되거나 과잉행동을 보이는 아동들을 보다 더 정확하게 진단평가할 수 있을까? 이 분야의 지식을 갖추고 있다면 아동의 반응이 음악에 대한 반감 때문이 아니라 음악을 왜곡된 소리로 지각하기 때문이라는 것을 알 수 있을 것이다. 그렇다면 이 아동은 화성이나 리듬 없이 단순한 소리나 단일 음에는 어떻게 반응할까? 다중적인 감각신호들, 이를테면 소리와 결부된 촉각적인 자극은 어떤가, 지나치게 많이 제공되고 있는 것은 아닌가? 부정적인 반응이나 위축을 보이지 않으며 치료에 참여할 수 있도록 만드는 최소한의 공통분모는 무엇일까? 아동이 수동적으로 음악을 듣는 것보다 직접 악기를 연주하는 것이 소리에 대한 아동의 저항력이나 인내심을 증가시킬 수 있을까? 자신이 만들어낸 소리와 타인에 의해 만들어진 소리는 종종 다르게 지각된다. 당신이 북을 연주하고 있는데 아동이 북을 치워버리고는 어떠한 불안이나 위축 없이 자기가 그 북을 잡고 혼자 연주하는 경우를 본 적이 있을 것이다. 음악은 얼굴표정에서 나타나는 정서적인 의미를 이해하지 못하는 자폐아동에게도 의미를 부여할 수 있다. 아동이 할 수 있는 음악표현의 범주를 탐색하고 이를 얼굴표정과 맞추어보면 아이의 소리 표현과 얼굴표현, 그리고 의미 사이의 연결고리를 만들 수 있다. 결국, 음악치료사가 내담자와 최상의 치료적 상호작용을 이끌어내는 방식을 이해할 수 있으려면 음악지각과 뇌 기능에 대한 지식을 갖추어야 한다.

인간의 발달과정에서 임신 5개월 차의 태아는 이미 청각기억을 보유한다(Winkler et al., 2003). 출생 직후의 신생아는 소리의 시간성을 변별할 수 있다(예 : 박을 느낄 수 있다; Honing, Ladinig, Winkler, & Háden, 2009). 신생아들은 소리를 수동적으로 받아들이는 데 그치지 않고 자신들을 둘러싼 사람들 및 환경과 소통하며 전(前)언어적인 형태로 소리를 적극 활용한다(Trevarthen, 2002). 이러한 상호작용이 일어나면 두뇌는 더욱 발달하면서 청각신호를 감지하며 소리와의 정서적, 공간적, 언어적인 연합을 형성한다. Trehub(2001)의 연구에서는 소리에 대한 시간적, 음조적(tonal) 처리능력이 신생아로 하여금 모국어를 학습할 수 있게 만드는 것이라고 언급하였다.

강한 정서반응을 일으킨 음악경험일수록 더욱 강하게 기억과 결합한다. 느낌, 기억, 이미지를 포함하는 연상이 음악과 결합되고 이 정보는 부호화된다. 그리고 이후에 유사한 경험을 할 때, 이를테면 같은 노래를 다시 듣거나 하는 경우에 이전의 경험으로부터 의식적 또는 무의식적으로 즉각적인 반응이 도출된다. 앞에서 언급한 바와 같이 변연계는 해마와 편도체를 포함하는 뇌의 여러 영역으로 구성되는데 정서와 장기기억을 처리하는 데 일차적인 역할을 수행한다. 최근 LeDoux(2000, 2012)와 같은 신경학자는 정서 유형에 따라 관여하는 뇌의 영역과 수준이 다른 처리과정이 존재한다고 설명하기도 했다. 음악 경험의 부호화 과정은 생애 전반에 걸쳐 지속되며 궁극적으로는 우리에게 정서반응, 음악적 선호도, 지각기술, 장기기억 등에 대한 레퍼토리를 제공한다.

음악은 기억과 연상에 대한 신호(cue) 역할을 하기 때문에 신경네트워크가 보다 빠르고 효율적으로 반응할 수 있도록 자극하고 촉발할 수 있다. 우리가 음악을 들을 때 과거 경험으로 얼마나 빠르게 진입하여 회상하는지, 도입부의 몇 개의 음만으로도 얼마나 즉각적으로 노래가사를 기억할 수 있는지를 생각해보자. 음악을 기반으로 하는 신호는 신체적, 인지적 기능의 여러 영역에 정보를 제공할 수 있으므로 재활의학에서 탁월한 도구가 될 수 있다. 예를 들어, 억양이 있는 어구에 강한 리듬의 박을 부과한 중재기법은 시간적 구조와 구어-운동 협응성을 제공하여 마비말장애(운동구어장애) 환자가 보다 명확하게 말을 구사할 수 있도록 도울 수 있다. 노래 부르기와 말하기는 신경네트워크상에서 많은 부분을 공유하는데(Patel, 2008), 이러한 사실은 음악이 언어장애 환자의 훈련과 재활에 있어 강력한 도구가 될 수 있음을 시사한다. 예를 들어, 브로카실어증(비유창성 실어증, 표현언어 실어증) 환자는 노래의 가사는 부를 수 있지만 가사를 말로 하는 것은 어려워하는데, 이때 익숙한 노래의 빈 소절을 채우도록 자극을 주는 방법은 환자가 비음악적인 단어를 검색하고 인출하는 것을 도울 수 있다(Tomaino, 2012). 언어의 구조적 규칙을 이해하지 못하는 아동은 선율을 이용하여 단어를 사용함으로써 언어적 운율체계를 배울 수 있다. 음악치료사들이 언어와 음악의 유사성을 이해한다면 치료계획을 세우면서 음악적 요소들을 적절히 사용할 수 있을 것이다.

사람에 따라 선천적 또는 후천적으로 뇌손상이나 장애를 가지면서 음악의 정확한 주파수를 지각하고 선율을 기억해내는 것이 불가능할 수 있다. 이렇게 음악을 지각하는 것에 대한 장애를 가리켜 실음악증(amusia)이라고 한다. 이에 대해 광범위하게 연구를 펼친 Peretz는 몬트리올 실음악증 평가도구(Montreal Battery of Evaluation of Amusia, MBEA; Peretz, Champod, & Hyde, 2003)를 개발하였다. 그의 연구에서는 이 증상의 발현율을 4%로 추산한다. 환자가 특정한 음악 요소들을 인지하지 못할 경우, 음악치료사들은 이것이 음색에 관한 것인지 또는 리듬(박치)에 관한 것인지 평가하는 것이 중요한다. 또한 이것이 환자의 원래 상태인지 또는 임상적인 문제에 기인하는지(예 : 외상성 뇌손상, 뇌졸중, 발달지연) 파악하는 것도 중요한 일이다.

음악치료와 뇌에 대한 또 다른 중요한 함의는 음악 즉흥연주가 뇌 반응의 활성과 억제에 미치는 효과에 있다. 대개 즉흥연주는 음악치료 중재방법 중에서 가장 기본적이고 필수적인 것 중 하나로 여겨진다. 즉흥연주에서 나타나는 역동적이고 상호적이며 개별화된 음악적 개입은 음악 외적인 상황에서는 쉽게 표현되지 않는 개인의 능력을 드러낼 수 있게 한다. 이런 반응은 행동을 자극하고 자기통제를 억제하는 신경네트워크와 피질하영역의 각성으로부터 비롯된다 (Tomaino, 2013). 뇌손상이나 신경학적 장애를 입은 환자들은 종종 마비된 팔이나 다리를 움직이는 데 어려움을 겪는다. 이와 유사하게 뇌졸중 환자도 단어인출에서 곤란을 겪지만 노래 부르기 직후에는 단어인출이 좀 더 수월한 것을 경험하기도 한다. 뇌손상이나 장애, 뇌졸중을 동반하는 환자들은 여러 단계를 거쳐야 하는 계획 설정, 주의, 융통성을 포함하여 모든 인지영역의 실행기능(executive function)에서 어려움을 보인다. 즉흥적으로 연주하는 동안 뇌에서 어떤 일이 일어나는가를 이해하는 것은 실행기능에 손상을 입은 환자가 어떻게 자발적인 활동에서는 능력을 발휘할 수 있는지를 이해할 수 있게 한다. Limb과 Braun(2008)은 음악과 창조성에 대한 연구에서 즉흥연주가 이루어지는 동안 전전두피질에서 외측 전전두영역(lateral prefrontal)이 활동이 유의미한 억제반응을 나타내며 정지되는 흥미로운 변화를 언급한 바 있다. 이 영역들은 의식적인 자기감시와 자기억제에 관여하고 행동의 옳고 그름을 평가하는 역할을 한다. 반면 전전두피질 중 내측 전전두피질(medial prefrontal cortex)에

서는 반응이 활발해진다. 이 영역은 자전적 서사 능력과 자아개념과 연관이 있다. 이 연구는 개인 사적으로 의미 있는 이야기를 담고 있는 음악을 들을 때 내측 전전두영역에서 활성화가 일어난다는 Janata(2009)의 연구를 뒷받침해준다.

인간의 음악적·비음악적인 기술은 시간이 지남에 따라 발달하며, 우리의 두뇌는 일어날 수 있는 무한한 일들에 대해 스스로의 레퍼토리(repertoire)를 적용하는 방법을 배워나간다. 보행이나 탈의와 같은 기본적인 운동기술은 일상의 과업을 수행하는 데에도 적용되지만 바이올린을 연주하거나 체조 시합에서 겨루는 것과 같은 고도의 기술이 요구되는 영역에도 적용된다. 우리의 기술이 더욱 숙련될수록 더욱 다양한 신경네트워크와 뇌의 하위영역들이 결과물을 만들어내기 위해 사용된다. 공포 혹은 불확실성과 같은 정신적 반응은 이러한 기술이 자유롭게 발휘되는 것을 방해하기도 한다. 마찬가지로 뇌손상과 질병 역시 이러한 능력을 방해한다. 음악치료 세션에서의 자발적인 음악 만들기와 즉흥연주는 신경학적 손상을 입은 이들이 자기감시에 대한 자의식을 덜어내게 하거나 또는 이러한 방해 시스템을 우회하여 기능을 향상시키도록 도울 수 있다.

1995년에 소개된 다미주 신경이론(polyvagal theory; Porges, 1995, 2010)은 행동의 자율성에 대한 것으로 음악이 뇌에 어떤 영향을 미치는가를 알아보고자 할 때 고려해야 할 이론 중 하나이다. 다미주 신경이론은 다음과 같은 관점을 포함한다. (1) 하나의 체계(system)로서의 자율신경계에 대한 평가, (2) 자율상태의 조절에 관여하는 신경회로에 대한 규명, (3) 척추동물 자율신경계의 자율적 반응을 계통학적 맥락에서의 적응으로 해석하는 것이다. 다미주 신경이론은 미주신경과 자율신경계(예 : 열 번째 뇌신경) 간의 신

경생리학적이고 신경해부학적인 변별이 있어야 한다고 강조한다. Porges는 인간은 자율신경계의 반응을 기반으로 하여 다양한 주파수 범위의 소리에 반응한다고 보았다. 예를 들어, 저주파는 위험성을 전달하고 중간수준의 주파수(사람의 음성이 여기에 해당)는 안전감을 준다고 보는 것이다. 또 다른 관점에서 그의 이론은 얼굴표정과 안면 근육의 변화를 포함하는 상호작용에 신경 네트워크를 비롯한 자율신경계의 활성화가 미치는 중요성을 시사한다. 이러한 연관성은 보다 친사회적이고 긍정적인 정서상태로 회복될 수 있는 가능성을 열어준다. 우리가 생애 전반에 걸쳐 행동과 기술을 발달시켜갈 때, 의식적이고 자율적인 형태로 다양한 신경학적 수준이 작동한다. 음악치료사들은 임상적이고 대인관계적인 맥락에서 음악을 사용하기 때문에, 음악이 뇌기능에 직접적으로 미치는 영향뿐만 아니라 음악적 상호작용으로 수반되는 대인관계의 변화까지도 이해하는 것이 중요하다.

결론

음악과 음악적 요소들이 발달과정 중에 있는 신생아로부터 신경학적 손상을 입은 환자에 이르기까지 뇌기능에 어떤 영향을 미치는가에 관한 다양한 관점을 이해하는 것은 음악치료사로 하여금 치료세션을 풍요롭게 하고 내담자의 기능을 최상의 상태로 이끄는 것을 가능하게 한다. 음악과 뇌에 관한 정보는 끊임없이 새롭게 밝혀지고 있다. 음악과 뇌과학 연구에 대한 흐름과 현재의 동향을 파악하는 것은 음악치료사에게 중요한 일이다. 이러한 연구들이 음악치료에서의 표준화된 임상체계를 공고히 해줄 뿐 아니라 음악치료가 어떠한 방식으로 효력을 발휘하는가에 관한 근거를 제시하기 때문이다.

참고문헌

Brattico, E., Tervaniemi, M., Naatanen, R., & Peretz, I. (2006). Musical scale properties are automatically processed in the human auditory cortex. *Brain Research, 1117*(1), 162–174.

Bunge, S. A., & Wright, S. B. (2007). Neurodevelopmental changes in working memory and cognitive control. *Current Opinion in Neurobiology, 17*, 243–250.

Cole, M. W., Reynolds, J. R., Power, J. D., Repovs, G., Anticevic, A., & Braver, T. S. (2013). Multi-task connectivity reveals flexible hubs for adaptive task control. *Nature Neuroscience, 16*, 1348–1355.

Gosselin, N., Peretz, I., Johnsen, E., & Adolphs, R. (2007). Amygdala damage impairs emotion recognition from music. *Neuropsychologia, 45*(2), 236–244.

Honing, H., Ladinig, O., Winkler, I., & Háden, G. (2009). Is beat induction innate or learned?: Probing emergent meter perception in adults and newborns using event-related brain potentials (ERP). *Annals of the New York Academy of Sciences, 1169*, 93–96.

Janata, P. (2009). The neural architecture of music-evoked autobiographical memories. *Cerebral Cortex, 19*(11), 2579–2594.

Kandel, E., Schwartz, J., & Jessell, T. (2000). *Principles of neural science* (4th ed.). New York: McGraw-Hill.

Kolb, B., & Whishaw, I. Q. (2011). *An introduction to brain and behavior* (3rd ed.). New York: Worth.

LeDoux, J. E. (2000). Emotion circuits in the brain. *Annual Review of Neuroscience, 23*, 155–184.

LeDoux, J. E. (2012). Rethinking the emotional brain. *Neuron, 73*(4), 653–676. Erratum in *Neuron* (2012), *73*(5), 1052.

Limb, C. J., & Braun, A. R. (2008). Neural substrates of spontaneous musical performance: An fMRI study of jazz improvisation. *PLoS ONE, 3*(2), e1679.

Liping, Y., Rowland, B. A., & Stein, B. E. (2010). Initiating the development of multisensory integration by manipulating sensory experience. *Journal of Neuroscience, 30*(14), 4904–4913.

López-González, M., & Limb, C. J. (2012). Musical creativity and the brain. *Cerebrum, 2*, 1–30.

Patel, A. D. (2008). *Music language and the brain.* New York: Oxford University Press.

Peretz, I., Champod, S., & Hyde, K. (2003). Varieties of musical disorders: The Montreal Battery of Evaluation of Amusia. *Annals of the New York Academy of Sciences, 999*, 58–75.

Porges, S. W. (1995). Orienting in a defensive world: Mammalian modifications of our evolutionary heritage: A Polyvagal Theory. *Psychophysiology, 32*(4), 301–318.

Porges, S. W. (2010). Music therapy and trauma: Insights from the Polyvagal Theory. In K. Stewart (Ed.), *Symposium on music therapy and trauma: Bridging theory and clinical practice* (pp. 3–15). New York: Satchnote Press.

Portfors, C. V., & Roberts, P. D. (2007). Temporal and frequency characteristics of cartwheel cells in the dorsal cochlear nucleus of the awake mouse. *Journal of Neurophysiology, 98*(2), 744–756.

Rizzolatti, G., & Craighero, L. (2004). The mirror-neuron system. *Annual Review of Neuroscience, 27*, 169–192.

Sel, A., & Calvo-Merino, B. (2013). Neuroarchitecture of musical emotions. *Revista de Neurologia, 56*(5), 289–297.

Skoe, E., & Kraus, N. (2010). Auditory brainstem response to complex sounds: A tutorial. *Ear and Hearing, 31*(3), 302–324.

Tomaino, C. M. (1993). Music and the limbic system. In F. J. Bejjani (Ed.), *Current research in arts medicine* (pp. 393–398). Chicago: A Cappella Books.

Tomaino, C. M. (2012). Effective music therapy techniques in the treatment of nonfluent aphasia. *Annals of the New York Academy of Sciences, 1252*, 312–317.

Tomaino, C. M. (2013). Creativity and improvisation as therapeutic tools within music therapy. *Annals of the New York Academy of Sciences, 1303*, 84–86.

Trehub, S. E. (2001). Musical predispositions in infancy. *Annals of the New York Academy of Sciences, 930*, 1–16.

Trevarthen, C. (2002). Origins of musical identity: Evidence from infancy for musical social awareness. In R. A. R. Macdonald, D. Miell, & D. J. Hargreaves (Eds.), *Musical identities* (pp. 21–38). Oxford, UK: Oxford University Press.

Wan, C. Y., Demaine, K., Zipse, L., Norton, A., & Schlaug, G. (2010). From music making to speaking: Engaging the mirror neuron system in autism. *Brain Research Bulletin, 82*(3–4), 161–168.

Winkler, I., Kushnerenko, E., Horváth, J., Čeponienė, R., Fellman, V., Huotilainen, M., et al. (2003). Newborn infants can organize the auditory world. *Proceedings of the National Academy of Sciences, 100*(20), 11812–11815.

Zatorre, R. J., Chen, J. L., & Penhune, V. B. (2007). When the brain plays music: Auditory–motor interactions in music perception and production. *Nature Reviews Neuroscience, 8*(7), 547–558.

제 5 장

음악치료와 문화적 다양성

Seung-A Kim | Annette Whitehead-Pleaux

신정희 역

Stige(2002)의 문화중심 음악치료(Culture-Centered Music Therapy)의 서문에 따르면 Bruscia는 문화중심적(culture-centeredness) 관점이 음악치료에서 다섯 번째로 중요한 영향력을 끼친다고 언급했다. 음악치료사에게 문화는 특별히 중요한 의미를 가진다. 그 이유는 음악치료 과정이 치료사 자신과 내담자를 이해하는 일을 수반하기 때문이다. 음악치료의 주요 양식인 음악은 특정 문화의 표현이자 묘사일 뿐 아니라 보다 적절히 표현하자면 개인이 속해 있는 사회와 자기 자신을 말한다. 문화적 오해는 음악치료 과정 중 어느 때라도 일어날 수 있다. 진단평가, 치료, 또는 종결과정 어디에서도 가능한 일이다(Estrella, 2001). 또한 역으로 문화적 오해는 치료적 관계와 치료계획 수립의 효과성에도 영향을 미칠 수 있다.

문화란 "성, 나이, 거주 지역, 교육 정도, 사회경제적 지위, 역사, 공식적 혹은 비공식적 소속, 국적, 민족적 그룹, 언어, 인종, 종교, 신체장애, 질병, 사회환경적 장애, 생활방식, 성적 지향성과 관련된 믿음과 행동"을 말한다(Dileo, 2000, p. 149). 아직까지는 음악치료를 받은 다른 문화 배경의 내담자의 수를 조사한 통계를 찾아볼 수 없다. 그러나 미국인의 인구통계가 급격하게 다양해짐에 따라, 음악치료사들은 보다 더 다양한 구성원들을 만나게 될 것은 분명하다. 예를 들어, 인구학적 예상수치를 보면 미국인의 인종과 민족 프로파일에 있어서 중요한 변화를 볼 수 있는데, 2050년에는 유럽계 미국인이 더 이상 주류가 아니게 될 것이며 히스패닉계의 수가 4,200만에서 12,800만으로 늘어나고 아시아계는 1,400만에서 4,100만으로 늘어날 것이라고 한다(인구통계국, 2008). 반면에 미국음악치료협회에서는 미국 내 음악치료사와 학생들이 대부분 유럽계 미국인이자 여성이라고 발표했다(AMTA, 2013a). 이러한 차이는 음악치료에서의 문화적 다양성에 대한 토론의 필요성을 보다 고조시킨다고 할 수 있다.

역사적 지표

날이 갈수록 점점 세계화가 되어가는 시대에 음악치료는 전 세계적인 무대에서 통일된 노력을 하는 전문적 직업으로 시기적절하게 등장하였다. 1970년대에는 세계적으로 음악치료에 대한 논의와 관심이 증가하였다. 전문가들은 음악치료와 음악치료사로서의 훈련법에 대한 생각들을 교환하기 시작하였고 이러한 목적으로 국제적인 협회를 조직하였다. 첫 번째의 국제 음악치료 회의는 1974년 파리에서 개최되었고(Wheeler, 2008), 뒤이어 다른 국제적 회의들도 개최되었다. 이후에 2개의 주목할 만한 심포지엄이 열렸는데, 국제 음악치료 훈련 심포지엄이 1978년에 독일 헤르데케에서 개최되었고(Wheeler, 2003), '인간의 생에서의 음악(Music in the Life of Man)'이라는 국제 심포지엄이 1982년에 뉴욕에서 개최되었다. 그 당시에는 음악치료사들 사이에서 이러한 국제적인 교류가 드물게 일어나는 편이었다. 그래서 Kenneth Bruscia(1983)는 소식지인 *International Newsletter of Music Therapy*에서 언급하기를 "나는 진심으로 이 뉴스레터가 음악치료사들의 세계적 커뮤니티에서 중요한 상호교류의 기능을 담당하기를 바란다(p. 3)"라고 하면서 음악치료에 관련된 국제 소식지를 발행하였다. 이러한 사건들과 다른 여러 회의들의 결과로 보다 넓은 국제적인 시각과 문화적 이슈에 대한 관심을 이끌어내는 상호교류를 할 수 있게 되었다(Barbara L. Wheeler, 2013. 2. 12, 개인서신). 상호교류의 과정이 느리게 진행되기는 했지만

공동의 노력이 음악치료의 필수요소인 문화적 이슈에 관한 논의를 할 수 있도록 길을 열어주었다. 그리고 음악치료사와 학자들의 문화적 이슈를 수면으로 떠오르게 하기 위한 변함없는 노력이 지속되었다(Chase, 2003a). 음악치료학과 관련된 또 다른 이슈로는 '다문화역량과 다문화윤리의 중요성(Dileo, 2000)', '음악치료사들의 세계관(Wheeler & Baker, 2010)', '다양한 내담자와의 치료(Whitehead-Pleaux & Clark, 2009)', '음악치료사의 종교적 신념의 영향(Elwafi, 2011)', '음악치료에서의 민족적 음악(Moreno, 1988)', '음악치료에서의 민족적 음악치료 훈련(Shapiro, 2005)', '커뮤니티 음악치료(Pavlicevic & Ansdell, 2004; Stige & Leif, 2012)', '국제 음악치료 학생의 문화적응 스트레스(Kim, 2011)', '민족성과 인종(Hadley, 2013; Kenny, 2006)', '페미니스트적 관점(Curtis, 2013b; Hadley, 2006)', '성적 지향과 성 정체성(Whitehead-Pleaux et al., 2012, 2013)', '비교 문화적 관리(Kim, 2008; Young, 2009)' 등이 있었다. 음악치료사들의 일에 탄력이 붙고 공동의 노력이 늘어날수록 더 많은 정보와 담론이 AMTA 회의로부터 다문화 음악치료 기관으로 전해져왔다(Kim, 2012; Whitehead-Pleaux, 2012). 첫 번째 국제회의는 성과 건강 그리고 창조적 예술치료에 관한 내용으로 캐나다 몬트리올에서 2012년에 개최되었고(Curtis, 2013a), 세계음악치료학술대회는 3년마다 개최되기 시작했으며, *Voices: A World Forum for Music Therapy*라는 전자저널이 발행됐다. 더 나아가 2011년에는 AMTA가 음악치료에서의 문화적 이슈를 보다 체계적이고 정리된 방식으로 논의하기 위해 다양성 위원회를 구성하였다. 이러한 세계 각국의 음악치료 전문가들의 노력이 누적되면서 세계음악치료학술대회는 3년마다 열리게 되었으며, '음악치료, 훈련, 연구, 교육에서의 문

화적 다양성'이라는 중요한 주제를 대두시켰다.

음악 : 보편적인가, 상대적인가?

음악치료와 문화는 본질적으로 연결되어 있으며 음악치료사들에게 매우 중요한 관심사이다 (Stige, 2002). 이 둘의 상호연결은 많은 질문들을 남겼다. 예를 들어 어떤 음악과 어떤 종류의 음악치료 중재가 다양한 문화의 내담자를 다루는 데 있어 효과적일 것인가, 서양의 고전음악이 GIM에서 주로 사용되고 있고 효과적인 도구로 증명되었는데(Burns, 2000) 라틴아메리카계나 아시아계, 아프리카계 내담자와의 임상에서도 여전히 효과적일 것인가 등이다.

또한 음악치료사들이 임상에서 주로 활용하는 음악경험 방법 중 하나인 즉흥음악의 경우, 즉흥음악에 익숙하지 않은 서유럽과 미국의 내담자에게도 같은 의미를 지닐 것인가. 서양인들은 전음계와 화성 구조에 익숙하여 다른 문화의 음악은 음이 맞지 않는 것처럼 들릴 수 있다. 사실 다양한 문화권에서 사용되는 밴드 음악이 서양권에서는 존재하지도 않는다. 아프리카에서 음악치료를 하는 Pavlicevic(2004)은 본인 스스로가 서양음악으로 훈련되어왔기 때문에 아프리카인들의 음악(musicking)이 "다양하지 않은 빠르기와 박자, 음, 선율, 화성으로 천천히 강도만 세지면서 계속하여 흘러가고만 있는 것" 같은 경험을 했다고 언급한 바 있다(p. 46). 그녀는 자신의 이러한 반응이 즉흥음악에 대한 기대감 때문이라고 설명했다. 또한 "이것이 음악치료 안에서 서양문화의 유산인 즉흥음악을 활용하면서도 내담자가 우리들을 존재의 가장자리로 몰게 되는 절충지점이 되는 것인가?"라고 표현했다(p. 182). 더 구체적으로 표현한다면, 시유럽계와 미국계 음악이 미국에 막 도착한 인도 출신의 내담자에

게도 같은 결과를 가져다줄 것인가? 자신의 고국에서 피아노 소리를 한 번도 들어보지 못한 내담자가 음악치료 세션에서 처음 듣는 피아노 소리에 즉흥적으로 반응해달라고 요구받는 상황을 상상할 수 있는가? 더 나아가 구조적인 사회에서 자란 내담자가 음악 안에서 자유롭게 무언가를 만들어내라고 요구받는다면 얼마나 불편할 것인가? 그러한 내담자는 치료사가 전부 지시해주고 포괄적인 설명을 해줄 것을 기대할 것이다. 그리고 치료사의 이러한 접근법을 준비부족이나 능력부족으로 볼 것이다.

반대로, 미국에 이민 와서 20년 넘게 산 인도 사람은 인도 전통의 즉흥음악인 라가(ragas)보다 재즈를 더 즐길 수도 있다. 또 다른 고려사항은, 어떤 문화권에서는 음악과 춤이 불가분의 관계에 있다는 것이다. 어떤 사람들은 악기를 사용하기보다는 자신의 몸을 통해 즉흥적인 움직임을 하는 것이 자연스럽게 느껴질 수도 있다. 그들에게는 자신의 몸을 주된 악기로 사용하는 것이 자연스러운 것이다.

음악사용에 있어서의 고정관념과 자기민족중심주의

음악이 문화특정적(culture-specific)임에도 불구하고 다른 국가에서 나타난 음악적 요소들이 미국에서 발견되기도 한다. 반대로, 드뷔시나 쇤베르크와 같은 서양 고전작곡가들이 아시아계나 스페인계 뮤지컬의 요소로 통합되기도 한다. 현대 기술과 세계화는 음악에도 영향을 미쳤다. 수많은 세계 각국 아이들이 고정관념들로 가득한 디즈니 영화와 함께 자랐다. 대부분의 디즈니 영화는 백인 캐릭터에 기초하고 있으며 가부장제와 성 역할에 대한 강한 고정관념을 묘사하는 경향이 있다(예 : 영화 라이온킹에 나오는 나쁜 사자

는 정형화된 동성애 남성의 특징을 가졌다). 비서양 사람들은 서양문화를 특정 방식을 통해서만 지각할 수도 있다. 왜냐하면 그들이 서양문화에 노출되는 방법이 주로 영화를 통해서이기 때문이다. 또한 같은 문화적 그룹에서 자란 개인들 사이에도 차이가 있다는 점을 고려해야 한다.

Moreno(1988)는 "미국인 음악치료사들은 자기민족중심적인 경향이 있으며, 주로 서양기반의 고전음악이나 대중음악, 민속음악을 치료에 사용하는 경향이 있다(p. 18)"고 지적했다. 그는 다양한 문화에서 온 음악을 가리켜 다른 문화권으로부터 온 내담자와 접촉하는 도구일 뿐 아니라 서양문화권의 내담자들에게도 도움이 되는 수단이라고 강조했다. 다양한 문화권의 음악을 사용하는 목적은 내담자의 정체성을 세워주고 자기존중감을 증진시키기 위해서이다(Shapiro, 2005). 음악치료사들은 내담자들의 문화적 전통에 기초하여 다른 문화권의 음악들을 고려해야 한다.

문화적으로 형성된 치료적 관계

음악치료사들은 다양한 문화권에서 온 내담자들과 치료적 관계를 수립하기 위한 효과적인 방법을 조사해왔다(Dileo & Magill, 2005; Kim, 2013b). 효과적인 치료적 관계는 긍정적인 결과를 가져오기 위해 필수적이다. 치료사가 내담자에 대한 문화적인 이해가 없다면 많은 상황에 대해 공감하기 어려울 것이다. 이와 같은 중요한 이유로 Dileo와 Magill(2005)은 다음과 같은 내용을 강조하였다.

음악치료사들은 (내담자들의) 다양한 문화적 요구와 음악적 선호를 배우기 위해 헌신해야 한다. 그들 자신의 문화적 가치를 살펴보고 내담

자의 문화적 가치와 갈등을 일으키지는 않을지 살펴야 하며 진정한 다문화적인 공감능력을 발전시켜야 한다(p. 228).

현재의 음악치료 이론과 방법들은 유럽계 미국인 중에서도 중간계층과 상위계층 사이에서 기원된 것들이다. 서양인은 분리개별화, 자율성, 자기표현성, 언어표현에 가치를 둔다. 이러한 가치들은 음악치료의 치료철학에 문화적으로 요약되어 있다. 어떻게 이러한 가치들을 집단주의적 사회로부터 온 내담자에게 적용할 수 있을 것인가? 집단주의적인 동양국가에서는 공동체의 주요 인물이 치료사의 역할을 한다. 예를 들어 가족구성원, 친척, 가까운 친구, 종교적 리더가 있다. 이러한 인물들은 개인적 이슈를 가족 밖의 상황에서 쉽게 논의하지 않는다. 타인의 사생활을 조사하는 것은 모든 가족에게 수치로 여겨진다. 더군다나 어떤 개인이 고통스러운 과거를 가지고 있다면 더욱 그렇다. 만약 내담자의 가치와 신념의 구조가 우리와 다르다면 치료계획과 목표, 진단평가, 평가 등이 그 개인의 문화적 가치에 맞추어 변경되어야 한다. 모든 치료사들이 내담자의 문화적 가치 구조 안에서 최선을 찾으려고 노력하는 것이 이상적이지만, 치료에는 다양한 현실이 깊이 영향을 미친다. 더 좋은 삶에 대한 정의가 문화적으로 주관적인(culturally subjective) 결정에 의해 이루어지기 때문이다. 어떻게 하면 비서양인인 내담자와의 임상장면에서 우리가 가진 현재의 방법들이 잘 작용할 수 있을 것인가? 어떤 방식의 치료적 접근이 효과적일 것인가? 개별치료가 다른 문화권 내담자의 개인적인 이슈를 터놓을 수 있도록 도울 수 있을까? 또 다른 문제는 음악치료사들이 영어가 모국어가 아닌 내담자들을 점점 많이 만나고 있다는 것이다. 언어적 대화가 잘 되지 않을 때에는 어떻게

치료적 관계를 효과적으로 쌓을 수 있을 것인가?

이러한 질문에 답하기 위해서는 음악치료의 대안적 접근이 제시되어야 한다(Chase, 2003b; Stige, 2002). Stige(2002)는 문화중심이론을 발전시켰으며, Stige와 다른 연구자들은 커뮤니티 음악치료(community music therapy)를 발전시켰다(CoMT; Pavlicevic & Ansdell, 2004; Stige, Ansdell, Elefant, & Pavlicevic, 2010; Stige & Leif, 2012). 커뮤니티 음악치료에서는 음악치료가 항상 사회적 맥락 안에서(in context) 사용되어야 한다고 주장한다. 따라서 개인은 오직 문화와 맥락 안에서만 '개인과 공동의 연속체'로서 충분히 이해될 수 있다(Pavlicevic & Ansdell, 2004, p. 23). Stige(2002)는 다음과 같이 설명하였다.

다른 음악치료사들은 다르게 생각할 수도 있다. …그러나 내가 확실히 말할 수 있는 것은 나를 비롯한 몇몇 사람들에게는 커뮤니티 음악치료가 여러분들에게 해답을 제시할 수 있는 희망이라는 것이다. 내담자와 커뮤니티 사이의 간격을 메우려는 커뮤니티 음악치료사들의 노력의 결과로 음악치료의 전통적인 개념과 민족적인 고려사항들을 재정립할 수 있었다. 커뮤니티 음악치료사들은 "사회적, 문화적 변화"를 만들어내기 위해 "음악을 만드는(musicking) 커뮤니티 작업자"들이다(pp. 92~93).

앞서 보았듯이 효과적인 치료를 위해서는 모든 내담자에 대한 문화적 이해, 그들의 문화적 적응 역사를 포함하는 음악적·비음악적 특성에 대한 진단평가, 그들의 세계관을 수용하는 방법들이 고려되어야 한다. 음악치료사들의 임상은 지배적인 문화에 기반을 두어 내담자에게 가장 적합한 것을 지시하는 것이 아니라 모든 내담자들을 음악치료 과정에 통합시키는 방식으로 접근하는 것이 중요하다. 본질적으로, 우리는 문화기반 음악치료(Culturally Informed Music Therapy, CIMT)를 설명하고 있는 것이다(Kim, 2010). 각 내담자의 문화에 대하여 겸손한 자세로(Whitehead-Pleaux, 2012) 정보를 찾고, 배우는 것으로 음악치료사는 각 내담자들의 세계관과 삶에 적합한 음악치료 기법을 만들어낼 수 있다. 음악치료의 목표와 중재는 개인의 배경과 요구에 맞추어 개별치료가 이루어질 수 있도록 내담자 문화의 음악을 포함해야 한다. 이어서 문화적 다양성에 초점을 둔 음악치료 기법을 설명할 것이다.

문화기반 음악치료

CIMT는 두 가지 혹은 그 이상의 문화를 경험한 내담자를 위해 고안된 음악치료 접근법으로 음악을 통한 내담자의 문화적 안녕에 초점을 둔다(Kim, 2010). 치료원칙과 기술이 적용될 때 융통성은 CIMT의 기본이다. CIMT 접근을 더 잘 이해할 수 있도록 AMTA(2013c)는 임상실습 기준(Standards of Clinical Practice)에서 몇 가지 단계(측정, 치료계획, 실행, 기록, 평가, 종결)를 설명하고 문화기반 음악치료를 위한 권고사항을 언급했다. AMTA의 임상실습 기준에 의하면 "음악치료 진단평가는 내담자의 문화를 탐색해야 한다. 이는 인종, 민족, 언어, 종교/영성, 사회적 계층, 가족경험, 성적 취향, 성 정체성, 사회적 구조를 포함하며 이외에도 더 포함될 수 있다(2.2)." 이와 유사하게 AMTA의 전문역량 기준(AMTA Professional Competencies; AMTA, 2013b)에서는 음악치료사에 대해 다음과 같이 언급한다.

음악을 통해 내담자의 자질과 문제를 평가하기

위한 효과적인 문화적 기법을 선택하고 시행한
다(16.4).

내담자의 음악적 선호와 음악적 기능과 발전의
수준을 평가하기 위해 효과적인 문화적 기법을
선택하고 시행한다(16.5).

내담자를 진단평가할 때, 음악치료사가 내담
자의 문화에 입각한 임상을 진행하는 것은 필수
적이다. 진단평가는 내담자의 필요에 대해 알아
가는 시간일 뿐 아니라 내담자의 문화를 알아가
는 시간이 된다. 다음의 사례는 문화에 입각한
진단평가를 시행한 것이다.

진단평가

몇 년 전 어느 날 오후에 내가(Annette Whitehead
-Pleaux) 악기들을 정리하고 있을 때, 동료 간호사가
사무실로 들어와 신규 입원 환자에 대해 알려줬다. 그
환자는 세네갈에서 온 4세 소녀였고 일 년 전에 학대
를 당했다. 그녀는 월로프어(Wolof)로 말했고 영어는
아주 조금 알았다. 동료는 소녀에게 음악치료가 잘 맞
을 것이라고 생각했는데, 그 이유는 아이가 트라우마
징후를 보이고 병원 직원들로 인해 불안해했기 때문
이다.

나는 기타를 들고 조심스럽게 소녀의 병실로 들어
갔다. 그리고 침대에서 몸을 웅크리고 턱까지 이불
을 끌어올려 울고 있는 작은 아이를 보았다. 통역사
는 불안하고 불편해보이는 한편, 아이의 옆에 앉아 있
던 아이의 아버지는 매우 야위어 있었다. 내가 세네
갈의 음악과 문화, 사회적 용어와 문화적 관습, 그 문
화에서의 음악 역할놀이에 대해 모른다는 것을 알았
을 때 나는 즉각적으로 내가 줄 수 있는 도움이 제한
되어 있음을 깨달았다. 나는 세네갈의 아이들 노래가
어떤지 전혀 알지 못했다 어떻게 하면 아이와 아버지
모두의 필요를 부합시키는 효과적인 치료를 도입할
수 있을까? 어떻게 그들의 배경에 대한 이해 없이 음
악치료의 기본적인 내용을 설명할 수 있을까? 이것은
음악으로 그들을 포용하도록 하는 데 벅찬 일이었다.
나는 잠시 동안 침묵으로 서 있었고 아이와 아버지를
어떻게 하면 더 편하게 느끼도록 할 수 있을지 고민
했다.

나는 나에 대한 소개를 하며 시작했고 음악치료의
기본적인 사항에 대해 설명했다. 음악을 통해 아이가
더 좋아지도록 돕고 싶지만 세네갈의 문화나 그들 문
화에서의 음악적 규칙 같은 것에 대해 아는 것이 없
다고 말했다. 그래서 세네갈과 그들의 음악(특히 아이
들이 즐기는 음악), 음악적 신념, 그리고 사건이 발생
하기 전 그들의 삶에 대한 많은 것을 말해달라고 부
탁했다.

치료사들은 내담자와 내담자의 문화에 대한 정
보를 다양한 방법으로 얻을 수 있다. 첫 번째 방
법은 내담자의 삶에 영향을 준 문화에 대해 내담
자와 그 가족이 터놓고 얘기하는 것이다. 또 다
른 방법은 도서관이나 인터넷으로 찾아보는 것
이다. 정확한 문화적 정보를 알기 위해서는 믿
을 만한 자료를 사용하는 것이 중요하다. 세 번
째 방법은 내담자의 문화를 알기 위해 문화와 관
련된 모임을 활용하는 것이다. 대학 내의 민족음
악학과는 내담자 문화의 음악을 알 수 있는 주요
자원이 된다. 마지막으로 치료사는 통역사들과
협업해야 한다. 통역사라는 직업은 치료사와 내
담자의 의사소통을 도울 뿐 아니라 문화대사로
서의 역할을 수행한다. 치료에 앞서 치료사는 내
담자와 무엇을 할 것인지에 대해 통역사에게 설
명할 것을 권한다. 통역사는 치료사가 내담자와
적절하게 대화할 수 있도록 문화적 참고사항들
을 제공할 수 있다. 이러한 정보들을 주된 정보
자원들(내담자, 가족, 보호자)과 연결 지음으로
써 음악치료사는 내담자의 문화에 대해 더 많이
알 수 있고, 음악치료에서 내담자를 위해 할 수
있는 최선의 것을 찾을 수 있다.

앞에서 언급했던 것처럼 내담자의 삶에 영향
을 주는 다양한 문화들은 개인의 음악적 선호
와 정체성에 영향을 끼친다. 고려해야 할 몇 가
지 넓은 범주들은 전통 문화(culture of heritage),
종교 문화(culture of religion), 세대 문화(culture of

generation), 지역 문화(culture of location), 정체성 문화(culture of identity)이다(Whitehead-Pleaux & Clark, 2009). 내담자에게서 한 번에 다양한 문화를 발견하는 것은 흔히 있을 수 있는 일이며, 이렇게 다양한 문화가 내담자 내면에서 불화와 혼란을 야기할 수도 있다. 음악은 대부분의 문화에서 깊은 뿌리를 가진다. 내담자는 아마 자신의 인종, 지역의 기원, 민족성에 기반을 둔 문화유산을 경험해왔을 것이다. 치료사가 내담자의 문화유산에 대해 이야기할 때 사회적인 용어와 그 문화의 음악뿐 아니라 음악에 관한 관습들까지 아는 것이 중요하다. 그러나 특정 문화로부터 온 몇몇 내담자들에게서는 그 문화를 확인할 수 없을 수도 있다. 진단평가 시 음악치료사는 내담자가 자신의 문화유산에 대해 얼마나 알고 있는가를 파악해야 한다. 마지막으로 내담자가 음악적 문화를 나타낼 때 어떤 방식으로 표현하는지 아는 것도 중요하다. 이 사례 예시를 살펴보자.

> 드미트리는 러시아에서 온 10대 소년으로 화상 치료를 받고 있었다. 그가 처음 입원했을 때, 그는 자신이 좋아하는 몇몇 유명한 러시아 음악가를 말해줄 수 있었다. 나(Annette Whitehead-Pleaux)는 이 음악들을 세션에서 사용했다. 그러나 입원 기간이 몇 개월 지남에 따라 드미트리는 이란 하우스 음악(Iranian house music), 이글스와 마이클 잭슨을 포함한 미국 출신의 밴드, 동유럽 트랜스 음악(trance music)을 좋아하는 음악으로 꼽았다.

내담자는 개인의 종교로부터 문화적 영향을 받을 수도 있다. 내담자의 삶에서 종교가 어느 정도의 역할을 맡고 있고, 종교에 대한 내담자의 참여정도는 어느 정도인지를 아는 것은 음악치료사가 특정 중재방식을 고려할 때 중요한 고려사항이 된다. 만약 내담자가 신앙생활에 깊이 관여하고 있다면, 종교 용어와 특히 종교와 관련된 음악에 대해 더 많이 알아야 한다.

치아마카는 잇따른 재건수술을 위해 나이지리아에서 온 18살 여성이다. 몇 개월이 지나자, 치아마카는 교회에서 부르는 노래를 불러달라고 요청하곤 했다. 그녀는 나(Annette Whitehead-Pleaux)에게 가사를 받아적으라 하고 선율을 가르쳐 이 노래들을 알려줬다. 어느 날 치료일정에 따라 병실에 방문했을 때, 그녀와 그녀의 어머니는 울고 있었다. 그녀가 사랑하는 할머니가 나이지리아에서 돌아가셨다. 치아마카와 어머니는 장례 절차에 참석할 수 없음에 상당히 불안해했다. 치아마카의 어머니는 "나는 어머니가 땅에 묻히는 걸 볼 때까지는 정말 죽었다는 걸 믿을 수 없다"라고 말했다. 치아마카와 어머니는 각각 할머니의 손녀와 딸로서 장례를 준비하고 진행하는 것이 그들의 책임임을 계속해서 설명했다. 그러나 치아마카는 최근 수술로 인해 수개월 동안 움직일 수 없는 상태였다.

모녀는 그들의 공동체로부터 분리되어 있는 현실에 대한 슬픔을 어떻게 감당해야 할지 몰랐다. 나는 그들의 문화에서 가족구성원의 죽음에 대한 의식절차와 수행에 대해 묻고 난 후 할머니에 대한 기억을 존중하기 위해 할머니를 위한 노래를 써보자고 제안했다. 나의 작사와 작곡이 그들의 문화적 관습과는 다르다는 걸 알았지만, 대개 사람들은 내가 그들의 슬픔을 돕고자 하는 것임을 알아주었다. 치아마카와 어머니는 빠르게 제안을 받아들였고 할머니를 위한 노래를 함께 적었다. 우리는 그들이 사랑하는 할머니를 상실하여 슬퍼하던 몇 달 동안 매 회기마다 이 노래를 함께 불렀다.

내담자의 세대에 따른 영향 또한 고려되어야 한다. 세대의 구분은 베이비붐세대(baby boomers) 혹은 X세대(generation X)와 같이 기간에 따른 분류에만 제한되지 않는다. 이주 경험에 따른 내담자의 정체성도 고려될 수 있다(예 : 미국 이민 1세대와 같은). 각 세대가 각기 다른 세계관, 신념, 음악, 전통을 가지고 이주해온다. 이 때문에 내담자가 삶에서 각기 다른 문화적 영향을 받은 것이 이상하게 보일 수도 있다. 마찬가지로 내담자의 세대적 문화는 부모나 다른 나이 많은 가족, 공동체 구성원들의 것과 다를 수도 있다. 여기서 생길 수 있는 갈등은 내담자에게 내적·외적 스트레스를 야기시킨다. 음악치료는 음악을 통해 내담자의 정체성, 언어, 세계관, 신념들을 진단평가할 수 있어야 한다.

> 볼리비아에서 온 11살 소녀 마리아가 병원에 입원했을 때, 그녀는 기관삽관과 진정제 투여를 받았고, 나(Annette Whitehead-Pleaux)는 그녀의 엄마 주아니타와 함께 마리아가 좋아하는 음악에 대해 이야기를 나누었다. 주아니타는 마리아가 José José라는 이름의 음악가를 좋아한다고 말해주었다. 몇 주 후 마리아가 깨어나서 정신을 차렸을 때 그녀는 내가 연주해준 음악을 좋아하지 않는다고 말했다. 그녀는 레게톤(reggaeton)을 좋아한다고 했다. 나중에 더 이야기를 나눈 후에야 나는 주아니타가 José José를 좋아하고 레게톤 장르를 못마땅해한다는 것을 알게 되었다.

거주지의 문화를 가진 내담자의 정체성을 아는 것은 음악치료사가 치료계획과 중재를 고안하는 것을 돕는 또 다른 요소이다. 아래의 사례에는 볼린이라는 환자를 통해 관찰된 지역문화의 역할에 대해 서술하였다.

> 볼린은 중국에서 태어나서 5살 때 가족들과 함께 멕시코로 이민을 왔다. 내가(Annette Whitehead-Pleaux) 볼린의 치료를 담당했을 때, 그는 11살이었고 그의 부모가 즐겼던 중국의 음악보다는 북멕시코, 노르테냐(Norteña) 음악을 즐긴다는 것을 확인했다. 당시 나와 같이 일했던 음악치료 인턴은 대만 출신이었다. 인턴과 나는 음악치료 중재방법으로 노르테나 음악을 사용하기로 결정했으나, 치료가 진행될수록 인턴은 중국 전통동요를 사용하기 시작했다. 이 음악들은 볼린이 처음으로 자신의 문화유산과 연결되는 경험을 하게 했다. 그러나 우리는 대중적인 노르테나 음악을 세션에 통합하여 볼린이 자신의 두 가지 역사를 통합하게 도왔다.

내담자의 문화적 정체성은 치료에서 탐색되어야 한다. 이것은 특히 음악치료사가 내담자의 정체성을 음악문화에만 초점을 두었을 때, 초기에 나타나지 않는 문화일 수 있다. 내담자의 문화적 정체성을 아는 것은 평가에서 결정적이다. 왜냐하면 내담자가 자신의 전통음악 문화로 정체성을 규정하지 않을 수도 있고, 실제로 그 음악에 불쾌감을 느끼는 경우도 있기 때문이다.

> 10대 소년 후안은 나의 근무가 끝날 즈음이던 금요일 8시 병원에 입원했다. 나(Annette Whitehead-Pleaux)는 다음 주 월요일까지 오지 않을 예정이었기 때문에 그의 치료에 도움을 주고자 병실에 CD 몇 장을 두고 오고 싶었다. 나는 그의 차트를 보고 그가 온두라스에서 왔다는 것을 알았다. 그래서 유명한 라틴 장르(살사, 레게톤, 로맨티카, 란체라)의 CD들을 다량으로 놓고 갔다. 월요일 아침, 나는 후안의 방으로 가서 나를 소개했다. 그는 나에게 누군가 자신이 싫어하는 음악 CD를 그의 방에 두었다고 얘기했고 나는 즉시 그것들을 정리했다. 그는 마이클 잭슨, 저스틴 비버를 좋아했다. 내가 CD들을 정리하며, 온두라스 병원에서 가져온 차트에 쓰여 있지 않아서 그가 좋아하는 음악을 부정확하게 추측한 것에 대해 사과했다. 그는 웃기 시작했고 우리는 차트에 적히지 않은 다른 정보들에 관해 이야기를 나누었다. 그의 여자 형제의 이름과 집에 얼마나 많은 닭들이 있는지를 포함해서 말이다.

문화를 포함하여 진단평가를 확장시키는 것은 내담자에 대한 음악치료사의 이해를 증가시킬 뿐 아니라 치료계획부터 중재설계, 평가까지의 음악치료 전 과정에 영향을 준다. 내담자에 대해 더 많이 알아가도록 여분의 시간을 투자하는 것은 (1) 내담자 스스로가 가치 있다고 느끼고, (2) 이것이 치료적 관계를 더욱 빨리 형성시키며, (3) 음악치료사와 내담자 사이의 더욱 큰 라포를 형성하게 해준다. 이와 함께 일반적인 영역에 대한 음악치료 목표, 즉 CIMT의 목표는 향상된 문화적 의식의 발달, 문화적 정체성에 대한 지식 획득, 내담자의 문화 맥락 안에서의 문화적 갈등 해결, 내담자를 다루는 데 필요한 기술의 형성, 내담자의 누적된 스트레스의 관리, 예방법의 발전이 포함된다(Kim, 2010).

치료계획

진단평가가 끝나면 치료계획을 세워야 한다. 진단평가에서 모아진 정보들의 종합을 통해 음악치료사는 내담자의 필요, 능력, 흥미, 음악적 선호를 알게 된다. 이 정보들은 음악치료사가 차후 회기에 대한 목적, 목표, 중재를 계획하는 데 도움을 준다. 특별히 강조한 것은 아니지만, AMTA 전문역량 지침(AMTA Professional Competencies; AMTA, 2013b)에서는 음악치료사가 악기와 도구를 선택하고 적용할 때는 내담자의 필요 및 강점에 부합해야 한다고 언급하고 있다.

> 내담자의 능력과 필요에 따라 구성된 악기와 장비를 선택하고 적용한다(17.7).

> 내담자의 음악적 선호와 음악적 기능, 발전수준을 평가하는 데 효과적인 문화적 방법을 선택하고 실행한다(16.5).

이러한 역량들이 CIMT라는 관점으로 해석될 때, 음악선호와 악기에 대한 언급은 내담자 문화의 음악과 악기를 의미하는 것이 될 수 있으며, 이는 이후 중재들을 통해 통합될 수 있다. 음악치료사는 내담자가 선호하는 음악장르의 선율과 노래, 혹은 음악적 용어들에 대해 배울 수 있다. 내담자 문화의 녹음된 음반들이 사용될 수 있다. 문화적 악기 혹은 비슷한 소리의 악기가 이용될 수도 있다. 휴대용 전자기기(태블릿, MP3플레이어)는 저비용으로 다른 문화의 악기소리들을 활용할 수 있도록 해준다(Whitehead-Pleaux, 2012).

음악과 악기의 선택 말고도 음악치료사는 문화에 민감한 태도로 치료를 진행할 수 있도록 비주류 문화 출신의 내담자들과도 가깝게 일해야 한다. 레즈비언, 게이, 양성애자, 트랜스젠더, 성 정체성을 탐구 중인 사람(lesbian, gay, bi-sexual, transgender, questioning, LGBTQ)들에 대한 가장 좋은 치료에 대해 Whitehead-Pleaux와 동료들(2012)은 편파적 발언이 금지된 안전한 공간을 만들고, 내담자에 대한 선입견을 갖지 않고, "다양한 내담자들과 그 가족들을 치료하며 그들에게 공평하게 예의를 갖추어 대하며(p. 160)", "LGBTQ들에게 개방적이고 긍정적이며(p. 160)", 언어와 글에 있어서 문화적으로 적절한 언어를 사용하는 것이라고 언급하였다. 억압과 차별을 경험한 문화의 사람들을 대할 때 치료사는 그들의 역사적인 사건들, 세대별 차이, 문화적 연관성을 바탕으로 사용되는 단어들에 또 다른 의미가 있다는 것을 이해해야 한다. 그래서 치료사는 내담자에게 그의 문화적 정체성과 관련된 문제를 상의할 때 어떤 용어를 써야 하는지 항상 물어봐야 한다(Whitehead-Pleaux et al., 2012). 음악치료사가 특히 주류 문화의 사람이거나 그렇게 보일 경우 더욱 그렇다. 지배와 억압의 역사는 많은 문화들 속에 뿌리 깊이 박혀 있기 때문에 치료사들은 그런 역사를 인지하고, 그것을 자신의 문화에서의 시선뿐 아니라 억압되었던 이들의 시선으로부터 바라볼 줄도 알아야 한다.

솔직함과 겸손함 : 문화기반 음악치료사의 자질

음악치료사가 내담자에 대해 잘 안다는 것은 비로소 인간관계와 믿음이 관계의 발전과 건강을 가능하게 할 수 있다는 것이므로 아주 중요하다. 문화기반의 음악치료를 시행하는 음악치료사는 "내담자들의 노래와 언어를 배우고, 기억하고, 필요할 때 이끌어낼 줄 아는 친절한 문화전달자

(Shapiro, 2005, p. 31)"라고 할 수 있다.

　　내담자에게 솔직함, 겸손함, 그리고 그들의 존재에 대해 진실한 관심을 가지고 다가가는 것이 불공평한 영향력을 없애고 내담자의 강점ㆍ지식ㆍ세계관을 작동시킨다. 음악치료사는 내담자에 대한 깊은 이해심을 통해 내담자의 요구사항을 더 잘 들어줄 수 있다. 이런 원칙을 염두에 두고, 주류의 문화보다 더 다양한 모든 문화의 목소리를 들을 수 있도록 음악치료 신청서류와 진단평가방식을 마련하는 것이 중요하다.

　　LGBTQ를 위한 최선의 치료를 위해서는 모든 음악치료사들이 "신청서류와 진단평가서, 동의서, 안내서를 비롯한 모든 서식에 성 정체성, 성적 지향, 혼인여부, 동거관계, 가족관계 등에 대한 선택사항을 만들어야 한다(Whitehead-Pleaux et al., 2012, p. 160)." 이러한 원칙은 인종, 민족성, 종교, 사회경제적 위치, 가족경험, 능력, 사회단체와 같은 더 큰 범주의 문화적 관점에도 적용된다. 이런 중요한 서류들의 형식을 바꾸는 것은 내담자들에게 스스로를 주류 문화에서 받아들여지는 모습으로 제한시키지 않고 본인의 진정한 모습을 입증하게 할 수 있는 방법이 된다. 음악치료의 공간은 모든 내담자들에게 안전한 공간이어야 한다.

자기인식

CIMT 치료에서 많이 논의되고 있지 않은 한 측면은 자기탐색과 문화적 역량에 관한 것이다. Moreno(1988)는 민족적인 음악을 사용하는 것은 다른 문화권의 내담자와 연결되는 도구뿐 아니라 주류 문화의 음악치료 내담자들까지도 이득을 볼 수 있는 것이라고 강조했다.

　　우리가 보고, 듣고, 느끼는 많은 것들이 주위의 문화에 의해 영향을 받는다. 우리의 세계를 바라보는 문화적 관점에 따라 영향을 받는 것이다. 불행하게도, 이것은 세상을 이해하는 데 있어 선입견을 만들고, 우리가 내담자를 만날 때에도 그 선입견을 가져간다. CIMT를 실천하기 위해서는 이러한 선입견을 버리기 위한 자기인식 여정을 시작해야 한다(Chase, 2003b). 이 여정은 이 분야에 숙련된 지도자와 함께 하는 것이 제일 좋다. 자기 문화가 아닌 다양한 문화에서 온 내담자들을 대하는 음악치료사에게는 이러한 감독이 꼭 필요하다(Estrella, 2001). 내담자를 대하는 열린 대화의 세 가지 접근법, 정보탐색, 슈퍼비전이 음악치료사로 하여금 다양한 문화에서 온 내담자들에게 최고의 보살핌을 줄 수 있도록 도울 것이다.

윤리적인 고려사항

1982년 이래로 미국 상담협회(American Counseling Association)와 미국 심리학회(American Psychological Association)는 훈련과정에 다문화 교육을 포함시켰다. 여기에는 개인의 신념에 대한 의식, 문화적으로 다양한 내담자들에 대한 태도, 다양한 문화에 대한 지식, 문화적으로 적절한 중재기술이나 기법들을 사용하는 능력들이 포함되었다[미국 심리학회(2003)는 또한 "다문화 교육, 훈련, 연구, 임상, 그리고 심리학자들을 위한 조직적 변화에 대한 가이드라인"에 대해 언급했다].

　　음악치료에서 윤리적인 이슈들에 대한 민감성을 증가시키기 위한 노력들이 있어왔나(Dileo, 2000). 그럼에도 불구하고 AMTA 전문역량지침(AMTA, 2013b)은 초보 단계와 고급 단계의 음악치료사들을 위해 다양한 문화인구에 대한 내용을 더 많이, 분명하게 포함해야만 한다. Dileo(2000)는 슈퍼바이지와 내담자의 성과 다문화 관련 이슈에 대한 슈퍼바이저의 역량을 훈련, 평가하는 인증 프로그램이 필요하다고 제안하였다. 다양한 내담자들을 다루기 위해 이러한 역량에 대해 깊이 있게 탐색하고 논의를 촉진하는 것은 중요한 일이다. 그러므로 슈퍼바이저와 슈퍼바이지 모두 훈련과 슈퍼비전 과정에 대한 그들의 기대사항에 대해 개방된 논의를 해야만 한다. 문화적인 공감이 슈퍼비전의 관계에서 신뢰를 쌓는 데 중요한 요소이기 때문에, 문제의 두 사람 사이의 문화적인 차이에 대해 인정하고 배우는 것이 중요하다.

문화적 다양성 교육과 훈련

문화적인 이슈는 음악치료 교육과 훈련에서 중요한 함의를 가지고 있다(Dileo, 2000; Kim, 2008). 연구자들은 여러 다양한 문화가 섞여 있을 때의 어려움에 대해 언급하고, 다문화 이슈가 인턴십을 포함한 음악치료 교육과 슈퍼비전에서 적절하게 설명되지 못하고 있음을 지적했다. 여러 학술대회에서 이 주제에 관한 많은 발표들이 있어왔음에도 불구하고, 현재의 음악치료 훈련 프로그램들의 커리큘럼은 문화적으로 민감한 음악치료사들을 준비시키는 과정으로서는 충분하지 않다(Dileo, 2000). 이러한 결점은 다문화 관련 이론과 전문적으로 이용할 수 있는 자원들의 부족에 어느 정도 원인이 있다.

Kim(2011)은 미국의 국제 음악치료 학생들을 대상으로 조사한 결과, 문화-적응 스트레스 정도에 대한 강력한 예측변인으로 영어 유창성, 신경증적 경향, 음악치료교육 스트레스를 꼽았다. 응답자의 8%는 고위험군으로 분류되었고, 유럽 국제학생들에 비해 아시아 국제학생들이 높은 문화-적응 스트레스를 보이는 것으로 나타났다. 교육자들과 슈퍼바이저들은 이러한 학생들을 보

다 면밀하게 살펴볼 필요가 있으며, 보다 이른 시기에 조언을 해줄 필요가 있다.

음악치료사들이 그들의 일에서 다문화적인 고려사항에 대해 알게 되고, 여러 문화가 섞인 기술을 활용할 수 있게 되는 것은 중요한 일이다. Darrow와 Malloy(1998)의 연구에서는 응답자의 75%가 직업 경험을 통해 다문화주의를 배우게 되었다고 보고하였다. 그로부터 10년 후 실시된 연구에서도 유사한 결과가 나왔는데, Young(2009)은 미국과 캐나다의 인턴십 슈퍼바이저 104명을 대상으로 음악치료 인턴십에서 어떤 다문화 이슈가 설명되고 있는지 그 정도를 조사하였다. 그녀는 많은 인턴십 슈퍼바이저들이 다문화 음악치료에 대한 공식적인 훈련을 거의 시행하지 않고 있으며, 다문화 이슈가 음악치료 인턴십에서 일관성 있게 설명되고 있지 않음을 밝혔다.

Kim(2008)은 다문화 음악치료 슈퍼비전에서 슈퍼바이지들의 경험에 대한 현상학적 연구를 진행했다. 다양한 문화적 배경을 가진 7명의 음악치료 슈퍼바이지들이 인터뷰에 응답했고 여러 문화가 혼재된 음악치료 슈퍼비전에서 오해하거나 혹은 제대로 이해한 경험들에 대해 서술해줄 것을 요청받았다. 연구결과, 효과적인 다문화 음악치료 슈퍼비전을 나타내는 가장 중요한 지표들은 문화적 공감, 개방성, 슈퍼바이저에 대한 비판단적인 태도였다. 그리고 언어와 문화장벽, 인종과 성 이슈, 선입견 경험을 포함하는 특정 문화적 요소들이 언급되었다. 슈퍼바이저들은 슈퍼바이지들이 그들의 문화적 정체성에 대한 감각을 통합시킬 수 있도록 문화적 이슈들에 대해 개방적으로 논의해야 한다. 슈퍼바이저와 슈퍼바이지 사이에 내재하는 힘은 동등하지 않기 때문에 슈퍼바이저는 임상적인 작업과 관련되는 문화적 이슈들을 끌어올리는 것에 대한 책

임감을 가져야 한다.

음악치료 문헌들을 살펴보면, 다음과 같이 몇 개의 논문이 있지만 여전히 문화적 다양성에 대한 주제가 부족한 것은 사실이다(Estrella, 2001; Kim, 2008). 서로 다른 진단을 받은 다양한 연령 그룹을 대상으로 한 연구가 있었고(Rilinger, 2011), 이민자들을 대상으로 하는 음악치료(Kim, 2013b)와 말기환자 간병에서의 문화기반의 음악치료 실행에 대한 연구는 매우 적다(Dileo & Magill, 2005; Forrest, 2000, 2011). 게다가 종교(Elwafi, 2011), 민족성(Kim, 2013b), 인종(Hadley, 2013), 성 이슈(Hadley, 2006; Curtis, 2013b), 성적 지향과 성 정체성 이슈(Whitehead-Pleaux et al., 2012), 신체장애(Humpal, 2012), 그리고 여러 문화가 혼재된 슈퍼비전과 훈련(Kim, 2008; Young, 2009)에 대한 문헌들이 드물게 다뤄졌다. 또한 연구들은 모두 미국 국립보건원(National Institutes of Health, 2013)에서 요구하는 문화적 다양성에 대한 정보를 포함하지 않았다.

음악치료사들이 다문화적인 훈련을 할 수 있는 효과적인 방법은 무엇일까? Kim(2013a)은 음악이 문화적인 의식을 증가시키고, 인지-정서의 유연성을 향상시키고, 다양한 문화를 배우는 데 유용할 것이라고 하였다. 음악이 문화를 반영하기 때문에, 민족의 노래를 배움으로써, 우리는 음악뿐만 아니라 노래와 관련된 문화적인 배경을 경험할 수 있다. 예를 들어, 한 이민자가 'God Bless America' 노래를 배울 때 가사와 노래의 배경을 통해 미국 문화에 대해 더 많은 것을 배울 수 있다. 또한 이 노래의 의미는 내담자 자신의 경험에 좌우되어 그 노래를 부를 때마다 다양하게 달라진다. 또한 가사, 선율, 다른 애국적인 노래들을 통해 이 노래와 내담자 문화의 노래 사이에 몇몇 유사성이 있음을 깨달을 것이다. 음악은 개인의 자기인식을 향상시키고 특정한 음악의

문화적인 관점에 대해 배우는 수단이 된다.

그러나 다문화 훈련에 있어서 효과적인 방법이 되려면 음악은 더욱 심도 있게 연구되어야 할 필요가 있다. 다문화 훈련을 필요로 하는 학생과 전문가 간의 차이점 또한 연구되어야 한다. Kim(2013a)의 다문화 훈련 연구에서 발견된 흥미로운 결과에 의하면 시간이 지남에 따라 문화적 지식이 증가하고 참여자들이 지식을 얻었음에도 불구하고 문화적인 인식은 변하지 않았다. 이러한 결과는 아마도 그들이 이미 문화적인 이슈에 대해 적절하게 인식하고 있다고 여기는 신념, 혹은 핵심 이슈에 대한 거부, 혹은 그들의 맹점으로부터 기인했을 것이다.

결론

음악치료사들은 훈련을 통해 다양성을 중시하고 문화적으로 다양한 내담자들을 치료하기 위해 노력했지만, 다양성 문제에 대한 해결책의 개발은 늦어졌다. 치료의 실제와 슈퍼비전에서 다문화적이고 민족적인 고려사항들에 대해 보다 많은 지침이 필요하다. 이와 더불어 다문화 교육은 음악치료에서 핵심 교육과정이므로 필수교과가 되어야 하며, 학생·교육자·슈퍼바이저가 다문화적인 지식과 기술을 발전시키기 위한 자료들을 사용할 수 있게 해야 한다. 또한 다문화적 음악치료 이론과 역량지침을 발전시킬 필요가 있다. 문화적 다양성을 포함한 음악치료에 대한 질문들은 좀 더 연구되어야 한다.

문화와 음악은 밀접하게 상호연관되어 있으므로 사회가 더욱 다양해질수록 음악치료에 대한 문화적 영향은 그 어떤 것보다도 중요하다. 음악치료사, 교육자, 연구자들 사이의 지속적이고 공동적인 노력은 음악치료사가 미래를 잘 준비할 수 있도록 도와줄 것이다.

참고문헌

American Music Therapy Association (AMTA). (2013a). *A descriptive statistical profile of the AMTA membership*. Retrieved from *www.musictherapy.org/assets/1/7/13WorkforceAnalysis.pdf*.

American Music Therapy Association (AMTA). (2013b). *AMTA professional competencies*. Retrieved from *www.musictherapy.org/about/competencies*.

American Music Therapy Association (AMTA). (2013c). *AMTA standards of clinical practice*. Retrieved from *www.musictherapy.org/about/standards*.

American Psychological Association. (2003). Guidelines for multicultural education, training, research, practice, and organizational change for psychologists. *American Psychologist, 58*, 377-402.

Bruscia, K. E. (1983). *International newsletter of music therapy, 1*. New York: American Association for Music Therapy.

Burns, D. (2000). The effect of classical music on the absorption and control of mental imagery. *Journal of the Association for Music and Imagery, 7*, 34-43.

Chase, K. M. (2003a). Multicultural music therapy: A review of literature. *Music Therapy Perspectives, 21*, 84-88.

Chase, K. M. (2003b). *The multicultural music therapy handbook*. Columbus, MS: Southern Pen.

Curtis, S. L. (2013a). Sorry it has taken so long: Continuing feminist dialogues in music therapy. *Voices: A World Forum for Music Therapy, 13*(1). Retrieved from *https://normt.uib.no/index.php/voices/article/view/688*.

Curtis, S. L. (2013b). On gender and the creative arts therapies. *Arts in Psychotherapy, 40*, 371-372.

Darrow, A., & Malloy, D. (1998). Multicultural perspectives in music therapy: An examination of the literature, educational curricula, and clinical practices in culturally diverse cities of the United States. *Music Therapy Perspectives, 16*, 27-32.

Dileo, C. (2000). *Ethical thinking in music therapy*. Cherry Hills, NJ: Jeffrey Books.

Dileo, C., & Magill, L. (2005). Song writing with oncology and hospice adult patients from a multicultural perspective. In F. Baker & T. Wigram (Eds.), *Songwriting: Methods, techniques, and clinical applications for music therapy clinicians, educators and students* (pp. 226-245). London: Jessica Kingsley.

Elwafi, P. R. (2011). The impact of music therapists' religious beliefs on clinical identity and professional practice. *Qualitative Inquiries in Music Therapy, 6*, 155-191.

Estrella, K. (2001). Multicultural approaches to music therapy supervision. In M. Forinash (Ed.), *Music therapy supervision* (pp. 39-66). Gilsum, NH: Barcelona.

Forrest, L. C. (2000). Addressing issues of ethnicity and identity in palliative care through music therapy practice. *Australian Journal of Music Therapy, 11*, 23-37.

Forrest, L. C. (2011). Supportive cancer care at the end of life: Mapping the cultural landscape in palliative care and music therapy. *Music and Medicine, 3*, 9-14.

Hadley, S. (2006). *Feminist perspectives in music therapy*. Gilsum, NH: Barcelona.

Hadley, S. (2013). *Experiencing race as a music therapist: Personal narratives*. Gilsum, NH: Barcelona.

Humpal, M. (2012, October). Culture of disability. In A. Whitehead-Pleaux & X. Tan (Eds.), *Multicultural Music Therapy Institute: The intersections of music, health, and the individual manual*. American Music Therapy Association National Conference, St. Charles, IL.

Kenny, C. B. (2006). The earth is our mother: Reflections on the ecology of music therapy from a native perspective. In S. Hadley (Ed.), *Feminist perspectives in music therapy* (pp. 81-96). Gilsum, NH: Barcelona.

Kim, S. A. (2008). The supervisee's experience in cross-cultural music therapy supervision. *Qualitative Inquiries in Music Therapy, 4*, 1-44.

Kim, S. A. (2010). *Culturally informed music therapy*. Unpublished manuscript, Temple University, Philadelphia.

Kim, S. A. (2011). Predictors of acculturative stress among international music therapy students in the U.S. *Music Therapy Perspectives, 29*, 126-132.

Kim, S. A. (2012, March). *When a paradigm shifts: Therapeutic applications of music therapy across cultures*. Paper presented at the conference of the Mid-Atlantic Region of AMTA, Baltimore, MD.

Kim, S. A. (2013a, April). *Multicultural training for the healthcare professionals and students*. Poster presented at the conference of the Mid-Atlantic Region of AMTA, Scranton, PA.

Kim, S. A. (2013b). Re-discovering voice: Korean immigrant women in group music therapy. *Arts in Psychotherapy, 40*, 428-435.

Moreno, J. (1988). Multicultural music therapy: The world music connection. *Journal of Music Therapy, 25*(1), 17-27.

National Institutes of Health. (2013). *Clear communication: A NIH national literacy initiative*. Retrieved from *www.nih.gov/clearcommunication/cultturalcompetency.htm*.

Pavlicevic, M. (2004). Music therapy in South Africa: Compromise or synthesis? In M. Pavlicevic & G. Ansdell (Eds.), *Community Music Therapy* (pp. 179-182). London: Jessica Kingsley.

Pavlicevic, M., & Ansdell, G. (Eds.). (2004). *Community Music Therapy*. London: Jessica Kingsley.

Population Reference Bureau. (2008). *Data sheet*. Retrieved from *www.prb.org/Publications/Datasheets.aspx*.

Rilinger, R. L. (2011). Music therapy for Mexican American children: Cultural implications and practical considerations. *Music Therapy Perspectives, 29,* 78-85.

Shapiro, N. (2005). Sounds in the world: Multicultural influences in music therapy in clinical practice and training. *Music Therapy Perspectives, 23,* 29-35.

Stige, B. (2002). *Culture-Centered Music Therapy*. Gilsum, NH: Barcelona.

Stige, B., Ansdell, G., Elefant, C., & Pavlicevic, M. (2010). *Where music helps: Community Music Therapy in action and reflection*. Farnham, UK: Ashgate.

Stige, B., & Leif, E. A. (2012). *Invitation to community music therapy*. New York: Routledge.

Wheeler, B. L. (2003). First International Symposium on Music Therapy Training: A retrospective examination. *Nordic Journal of Music Therapy, 12,* 54-66.

Wheeler, B. L. (2008). Edith Lecourt interviewed by Barbara Wheeler. *Voices: A World Forum for Music Therapy, 8*(3). Retrieved from *https://normt.uib.no/index.php/voices/article/view/425/349*.

Wheeler, B. L., & Baker, F. A. (2010). Influences of music therapists' worldviews on work in different countries. *Arts in Psychotherapy, 37,* 215-227.

Whitehead-Pleaux, A. (2012, October). The role of technology in multicultural music therapy practice. In A. Whitehead-Pleaux & X. Tan (Eds.), *Multicultural Music Therapy Institute: The intersections of music, health, and the individual manual*. Presented at the American Music Therapy Association National Conference, St. Charles, IL.

Whitehead-Pleaux, A., & Clark, S. (2009, November). *Changing keys: Moving from ethnocentrism to multiculturalism*. Paper presented at the American Music Therapy Association Conference, San Diego, CA.

Whitehead-Pleaux, A., Donnenwerth, A., Robinson, B., Hardy, S., Forinash, M., Oswanski, L., et al. (2012). Best practices in music therapy: LGBTQ. *Music Therapy Perspectives, 30,* 158-166.

Whitehead-Pleaux, A., Donnenwerth, A., Robinson, B., Hardy, S., Oswanski, L., Forinash, M., et al. (2013). Music therapists' attitudes and actions regarding the LGBTQ community: A preliminary report. *Arts in Psychotherapy, 40,* 409-414.

Young, L. (2009). Multicultural issues encountered in the supervision of music therapy internships in the USA and Canada. *Arts in Psychotherapy, 36,* 191-201.

제 6 장

음악치료 윤리

Debbie Bates

이인용 역

윤리는 _____. 잠시 시간을 갖고 빈 칸을 어떤 말로 채울지를 생각해보자. 그리고 솔직하게 말해보자. 따분하다? 위협적이다? 필수적이다? 재미있다? 사람들은 윤리라는 말에 대해서 짜증 섞인 반응부터 한숨, 이따금 흥분감에 이르기까지 매우 다양한 방식으로 반응한다. 윤리에 대한 자신의 반응과 상관없이 광고부터 진단평가, 치료부터 종결, 기록부터 자료수집에 이르는 음악치료의 모든 측면에서 윤리가 중심적 역할을 차지한다는 것을 인식하는 것은 매우 중요하다. 윤리는 음악치료사가 매일 관여하게 되는 모든 상호작용에 영향을 미친다.

윤리는 임상실무 환경의 발전에 따라 변화하는 광범위한 주제이다. 특정 윤리 강령이 발생 가능한 모든 윤리적 쟁점과 딜레마를 다루기는 거의 불가능한 일이듯이, 음악치료 윤리의 모든 면을 책의 한 장에서 완벽하게 다루는 것 역시 불가능에 가깝다. 따라서 이 장은 음악치료 윤리에 대한 대략적인 개요로서 이해되어야 할 것이다. 먼저 음악치료 윤리에 대한 간단한 소개에 이어 윤리의 기초적인 측면을 제시한다. 이어서 비밀 유지 · 다중적 관계 · 첨단 기술과 관련된 윤리적 딜레마들에 대해 기술하고, 각 딜레마 상황에서의 윤리적 쟁점을 미국 음악치료의 맥락에서 탐색해본다.

그 중요성에도 불구하고 음악치료 윤리에 대한 문헌, 특히 음악치료 학술지의 문헌은 부족한 실정이다. Dileo(2000)의 '음악치료에서의 윤리적 사고(Ethical Thinking in Music Therapy)'는 전적으로 이 주제에 집중하고 있는 유일한 책이다. 윤리에 관련된 광범위한 주제들 가운데, 음악치료 분야의 특정 주제와 관련된 윤리적 쟁점을 집중 조명하는 깃도 연구가치가 높다. 음악치료 슈퍼비전(Music Therapy Supervision;

Forinash, 2001), GIM: The Bonny Method and Beyond(Bruscia & Grocke, 2002), 음악치료 연구(Music Therapy Research; Wheeler, 2005), 음악치료의 여성학적 관점(Feminist Perspective in Music Therapy; Hadley, 2007)을 비롯한 몇몇 책에서도 음악치료 윤리를 일부 장에서 다루고 있다. 2011년에 미국 음악치료사 인증위원회(U.S. Certification Board for Music Therapist)는 재인증 주기마다 3학점의 윤리 학점 이수 요건을 신설했다. 이 요건은 음악치료 윤리에 대한 자각과 관심을 높이고 윤리 주제에 대한 서적과 논문의 출판 증가를 이끌 것으로 기대된다.

윤리적 사고(ethical thinking)는 시간이 지날수록 발전하는 기술이며, 지속적인 자각과 끊임없는 성찰, 개인적 책임을 요한다(Pope & Keith-Spiegel, 2008). 윤리적인 딜레마 혹은 일상적 업무를 다룰 때, 복합적인 의무와 책임들은 윤리적 자각을 과중한 것으로 느껴지게 할 수 있다. 윤리적 사고 기술은 시간과 경험에 따라 강화되기 때문에, 가능한 한 조기에 이러한 기술을 연마하기 시작하는 것이 대단히 중요하다. 윤리적 사고 기술과 자각 능력을 발전시키는 것은 음악치료사가 잠재적인 윤리적 딜레마 상황을 인지하고 상황이 악화되기 전에 해결 방안을 모색하도록 돕는다.

윤리적 딜레마는 동일하게 타당한 원칙들이 명확한 해법 없이 상충할 때 나타난다(Greenfield & Jenson, 2010). 윤리적 딜레마에는 한 가지 이상의 실현 가능한 해결 방안이 있는 경우가 많다. 오늘 어떤 사람이 딜레마를 해결하는 방식은 같은 사람이 5년 전에 그 문제를 해결했던 방식과 다를 수도 있다. 대부분의 음악치료사들은 가장 높은 수준의 윤리 기준을 준수하고 환자에게 최선이 되도록 행동하기 위해 노력한다. 그러나 Pope와 Keith-Spiegel(2008)은 매우 숙련된 전문가라도 실수를 저지르거나, 필요한 일을 간과하거나, 제한된 관점으로 일하거나, 그릇된 결론을 내리거나, 잘못된 신념에 집착할 수 있다는 점을 인정한다. 비슷한 맥락에서, 완벽한 음악치료사는 존재하지 않는다는 사실을 인정하는 것이 중요하다. 그럼에도 불구하고, 음악치료사들은 의사결정 및 서비스 제공 과정에서 내담자에게 최선인 것을 택하도록 노력해야 한다.

윤리의 기초

메리엄 웹스터(Merriam-Webster) 사전에서는 윤리를 다음과 같이 정의한다.

> 선악과 도덕적 책무를 다루는 규칙, 도덕적 원칙의 집합, 도덕적 가치의 이론 혹은 체계, 전문직 윤리(professional ethics)와 같이 개인 혹은 집단을 통제하는 행동원칙, 지도원칙, 도덕의 중요성에 대한 자각, (옳고 그름과 같은) 도덕적 문제 혹은 측면의 집합

이러한 정의를 보자면, 윤리적 실천의 책임이 과중하게 느껴지기도 하기 때문에 윤리를 위압적인 것으로 받아들이는 것도 무리는 아니다. 하지만 조력적 전문직인 음악치료사는 윤리적 방식으로 행동해야 할 책임이 있다(Dileo, 2000). 옳고 그름의 문제는 흑백의 차이처럼 명확하지 않기 때문에, 윤리적 딜레마의 고민은 종종 최선의 해결 방안이 더 옳은가 혹은 덜 그른가 하는 세밀한 영역에 속해 있다. 옳고 그름은 누구의 입장에서 고려되어야 하는가? 어떤 음악치료사가 윤리적 딜레마 상황에서 택하는 해결 방안은 다른 치료사의 접근과 전혀 다를 수 있으며, 두 방안 모두 타당하고 실현 가능한 방법일 수 있다. 또한 내담자에게 최선인 방안이 법규나 병

원 규정과 상충되는 경우도 있다. 이처럼 상충되는 영역에 속한 문제들은 윤리적 의사결정 과정을 더욱 복잡하게 만든다.

단어의 정의에 내포되어 있듯이, 윤리에는 다양한 유형이 있고, 모든 유형이 음악치료와 관련되어 있다. 전문직 윤리는 전문인의 실무 행동을 규제하는 행동과 행위이며(Calley, 2009), 윤리 강령들에 나타나듯이 임상실무 기준에 초점을 두는 원칙 윤리(principle ethics)를 아우른다 (Barnett, Behnke, Rosenthal & Koocher, 2007). 덕목 윤리(virtue ethics)는 근원적인 윤리적 원칙을 기술하며, 의사결정 과정에서 일반적인 지침을 제시해준다(Barnett et al).

비슷한 맥락에서, 전문인으로서의 행동에 길잡이가 되는 많은 윤리적 원칙들이 있다. 여러 문헌을 통해 지속적으로 규정되고 있는 선행(beneficence; 옳은 일을 함), 무해성(nonmaleficence; 해를 끼치지 않음), 자율성(autonomy; 환자의 의사결정권), 공정성(justice; 공정과 평등에 대한 요구) 등이 이에 포함된다 (Barnett et al., 2007; Dileo, 2000; Greenfield & Jenson, 2010). 이에 더하여 Dileo는 충실성(fidelity; 책무를 이행하는 것), 진실성(veracity; 정직함), 존엄성의 인정, 배려와 연민이 담긴 행동, 탁월성을 위한 노력, 책무성(accountability) 등을 음악치료사의 핵심적 윤리 원칙으로 규정했다(pp. 7~8).

핵심 윤리 원칙들을 임상상황 속에서 고찰해 보도록 하자.

제니퍼는 소아과 병원의 8세 종양 환자이다. 치료사는 오랜 입원 치료기간 동안 제니퍼의 음악치료를 담당해왔다. 환자의 예후는 매우 좋지 않다. 아이의 부모는 아이가 '희망을 잃지 않도록' 아이에게 상황의 심각성을 알리는 것을 단호하게 거부하고 있다. 부모는 협력치료 팀에도 아이에게 말하지 말 것을 당부했

다. 개인치료 시간에 제니퍼가 묻는다. "제가 죽을 건가요?"

윤리의 원칙 중 진실성은 음악치료사가 정직해야 하고 진실을 말해야 한다고 말한다. 자율성의 원칙은 제니퍼가 스스로의 안녕에 대한 결정을 내릴 권리와 자신의 의학적 상태에 대해서 알 권리를 존중한다. 다른 한편으로, 충실성의 원칙은 음악치료사가 책임을 충실히 이행하고, 다른 이들과의 신의를 지킬 것을 요구한다. 따라서 미성년자인 제니퍼를 대신해 의사결정을 하는 부모의 바람을 존중하고 지킬 의무도 있는 것이다. 유감스럽게도, 미국음악치료협회(AMTA; 2013a)의 윤리 강령은 이러한 특정 딜레마에 대한 직접적인 지침을 제시하고 있지 않으며, 이미 규정되어 있는 윤리의 원칙들은 서로 상충하고 있다. 이것이 바로 진정한 윤리적 딜레마이다. 윤리 강령이 모든 상황에 대한 지침을 제시해줄 수 없다면, 왜 존재하는가?

윤리적 기준은 고객을 보호하고, 전문인으로서의 행동에 지침을 제공하고, 전문인의 자율성을 보장하고, 직업의 위상을 높이고, 고객과 지역사회에 신뢰를 심어주고, 전문인 간 연대행동의 틀을 제시하기 위해 존재한다(Calley, 2009). 다른 조력적 전문인들과 마찬가지로, 음악치료사에게도 의사결정 과정에서 윤리적 선택을 하도록 촉구하는 윤리 강령들이 있다. 이 윤리 강령들이 치료사 협회들에 의해 제정, 채택되었다는 것을 이해하는 것은 매우 중요하다. 이러한 결과로 음악치료 윤리 강령은 나라마다 차이가 있으며, 해당 국가에 하나 이상의 협회가 존재하는 경우 한 국가 내에서도 다른 경우가 있다. 음악치료가 발달단계에 있는 나라들에서는 윤리 강령이 아직 제정되지 않았을 수도 있다.

윤리 강령들 간의 차이점을 보여주는 예로 윤

리 강령의 적용을 살펴보도록 하자. 미국에서의 AMTA 윤리 강령(AMTA Code of Ethics, 2013a)은 협회원과 음악치료 교육자/인턴십 감독의 지도감독하에 있는 학생/인턴에게만 적용된다. 호주 음악치료협회의 윤리 강령은 협회원에게만 적용되나, 모든 정식 음악치료사는 의무적으로 협회원이 되어야 한다(G. Thompson, 2013. 3. 28, 개인서신). 캐나다 음악치료협회(Canadian Association for Music Therapy, 1999)의 윤리 강령은 협회원들에게 적용되나, 비회원들에게도 법원 혹은 다른 공공기관에서 윤리 강령에 포함된 행위 기준을 적용받을 수 있다는 점을 고지한다. 유럽 음악치료 연합(EMTC, 2005)은 다른 가입 단체들의 윤리 규정이 연합의 윤리 강령에 부합할 것을 요구하고 있으며, 연합의 윤리 강령은 치료사 개인 회원에게만 적용된다. 끝으로, 세계음악치료연합회(WFMT)는 윤리적 직무 수행에 대한 개요를 제공하고, 음악치료 윤리 강령을 제정하는 치료사 협회들을 위한 지침을 제시하며, 특별히 음악치료 연구 및 출판에 대한 윤리, 사전 동의 의무, 음악치료와 관련된 인터넷 및 사생활 침해 문제와 관련하여 음악치료에서의 윤리적 직무 수행에 대해 규정하고 있다(WFMT, 2013). 이러한 예들은 윤리 강령의 적용에서의 차이만을 조명한 것이며, 다양한 문서들 사이에 미묘한 차이가 존재한다는 것은 짐작 가능할 것이다. 음악치료 협회들의 윤리 강령 전반에 유사성이 존재하기는 하지만, 임상실무 환경과 협회 및 해당 국가의 여러 측면에 걸친 차이들로 인한 편차는 불가피하다.

윤리 강령은 전문인 단체 구성원의 윤리 행동을 규제할 특정 형태의 행위 기준을 설명하기 위한 틀을 제시하고, 이를 통해 업계에 속한 전문인들에게 지침을 제공한다(Calley, 2009). 이와 더불어, 윤리 규정은 다음과 같은 기능을 가지고 있다.

전문인의 행위에 대한 도덕적 본보기를 제시하고, 윤리적 내용이 포함된 사례를 논의하기 위해 필요한 공통의 윤리 언어를 제공하며, 높은 수준의 실무 기준 적용의 의지를 사회 및 다른 보건 전문인들에게 천명하고, 환자에 대한 수탁자의 의무와 현시대 보건 분야의 사회적 책임과 역할을 수용함을 명확히 한다(Greenfield & Jenson, 2010, p. 89).

이미 살펴본 바와 같이, 윤리 강령이 발생 가능한 모든 윤리적 쟁점을 다루지는 못하지만, 윤리적 딜레마에 봉착했을 때 종종 제일 먼저 참고할 수 있는 자료가 된다. 윤리적 딜레마는 특정 상황의 전체 맥락 속에서 고려되어야 한다. 윤리적 딜레마를 다룰 때 관련 법규, 기관의 특정 규정, AMTA 임상실습 기준(AMTA, 2013b)과 미국 음악치료사 인증위원회(CBMT, 2010)의 실무 범위(Scope of Practice) 혹은 직무 실행 규정(Code of Professional Practice)과 같은 관련 실무 지침들도 딜레마를 해결하는 데 추가적인 지침을 줄 수 있다. 이러한 도구들이 언제나 결정적인 것은 아니지만, 음악치료사가 윤리적 딜레마에 직면했을 때 최종 의사결정에 필요한 정보를 얻도록 돕는다.

윤리는 개인의 가치와 도덕률, 신념, 문화로부터도 영향을 받는다. 따라서 윤리적 사고는 우리의 개인적, 직업적 핵심 가치에 대한 비판적인 자기반성의 과정을 요한다(Greenfield & Jenson, 2010). 음악치료사는 자신의 가치가 무엇이고, 개인적 가치와 직업적 가치가 치료상황에서 자신의 감정에 어떤 영향을 미칠 것인지, 혹은 자신의 개인적 가치와 직업적 가치가 상충하는지를 잘 인지하고 있어야 한다.

앰버는 암 병동에서 일하는 음악치료사이다. 그녀는 동성 결혼을 지지하지 않으며, 이러한 관계를 불편하게 여긴다. 이러한 가운데, 앰버는 동성연애자인 제리에 대한 신규 치료의뢰를 받는다. 진단평가를 위해 병실에 들어섰을 때, 제리의 동성 파트너인 샘이 침상 옆에 있다.

전문치료사로서, 앰버는 개인의 존엄성을 인정하고 배려와 연민을 가지고 행동해야 하는 핵심 윤리 원칙을 준수해야 할 책임이 있다. 다른 한편으로, '해를 끼치지 않음'을 의미하는 무해성(nonmaleficence)의 책임(Dileo, 2000, p. 7)도 가지고 있다. 앰버는 자신의 개인적 가치에 반하는 상황에서 진정으로 배려와 연민을 가지고 행동할 수 있을까? 의도치 않게 제리에게 해를 끼칠 위험이 있지는 않은가?

윤리적 딜레마는 필연적으로, 때로는 매우 강렬하게 우리의 감정을 동요하게 한다. 이러한 감정들은 상황에 대한 우리의 관점을 흐리거나 부정적인 영향을 줄 수 있다. 따라서 모든 이용 가능한 도구들이 있더라도 윤리적 딜레마의 해결에는 자기반성과 함께 생각, 감정에 대한 정직함이 요구된다. 상담과 심리학 서적들에는 윤리적 딜레마를 해결하기 위한 여러 모델들이 소개되어 있다. Dileo(2000)는 수많은 윤리적 의사결정 모델들을 종합하여 윤리적 딜레마 해결을 위한 12단계 모델을 제시한다. Dileo의 모델에서 의사결정 단계는 (1) 문제와 쟁점 파악하기, (2) 의무 귀속자 확인하기, (3) 감정적 반응 평가하기, (4) 윤리 원칙, 강령, 법규 등 검토하기, (5) 맥락과 상황 고려하기, (6) 환자와 치료자의 개인적 신념 고려하기, (7) 신뢰할 만한 동료들의 자문 얻기, (8) 도덕적인 음악치료사라면 어떻게 대응할지 고려하기, (9) 해결 방안들을 도출해내기, (10) 해결 방안들을 평가하고 결정하기, (11) 실행, (12) 평가로 이루어져 있다(p. 17). 이 단계들을 염두에 두고 이 장의 나머지 부분에서 제시되는 윤리적 딜레마들을 살펴보도록 하자.

음악치료에서의 윤리적 쟁점들

아래 소개되는 딜레마의 예들을 읽으면서 제시되는 상황에 대한 자신의 반응과 대응에 주의를 기울여보자. 그리고 Dileo의 12단계 모델을 생각해보자. 윤리적 딜레마의 상황인가? 그렇다면 문제가 무엇인가? 사례들을 자신이 속한 문화나 국가의 음악치료협회의 관점에서 생각해보자. 자신이 따르는 윤리 강령의 내용이 제시된 논의 내용과 다른가? 윤리적 딜레마가 다양한 방식으로 해결될 수 있다는 점을 감안하고, 자신이 그 상황에 있는 음악치료사라면 어떻게 대응하겠는가?

비밀 유지

대니엘은 자신이 일을 하고 있는 작은 교외 마을에 거주하고 있는 음악치료사이다. 그녀는 볼일을 보거나 외식을 할 때 혹은 커피숍에서 자주 내담자들을 마주치는데, 마을에서 내담자들을 어떻게 대해야 할지 잘 모르겠다.

메건은 사설치료센터를 운영하는 음악치료사이고 센터의 웹사이트도 있다. 그녀는 센터의 웹사이트와 페이스북 페이지에 게시하기 위해 종종 음악치료에 참여하고 있는 내담자들의 사진을 찍는다. 때때로 내담자의 이름을 밝힌다. 사진을 찍거나 사진을 웹사이트에 사용하는 것에 대해 내담자들의 동의를 얻은 적은 없다.

비밀 유지(confidentiality)는 전문성을 이루는 초석이다(Fisher, 2008). 이는 내담자가 치료사와 신뢰·공감·협력관계를 쌓아나가기 위한 기반이며, 치료관계의 수탁적 특성을 통해 얻어진 내담자의 사적 정보를 보호한다(Younggren & Harris, 2008). 비밀 유지는 얼마나 많은 정보가 타인과 공유될 수 있는가를 의미하는 사생활 보호와는 다르다(Dileo, 2000). 비밀 정보 진술 거부 특권(privileged communication)은 의뢰인의 동의가 없을 경우, 의뢰인이 상담 과정에서 공유한 정보가 법정에서의 진술 책임으로부터 보호된다는 것을 구체적으로 명시하는 것이다(Dileo). 미국의 모든 주에는 비밀 정보와 관련된 법 조항이 있으며 적용 범위와 예외 조항은 주마다 다르다(Younggren & Harris). 렉시스넥시스 데이터베이스 검색결과에서 음악치료 내담자에 대한 비밀 정보 진술 거부 특권이 있음을 나타내는 어떤 법 조항이나 정보도 검색되지 않기 때문에, 비밀 정보 진술 거부 특권은 음악치료 관계에서 적용되지 않는 것으로 추정해야 한다.

비밀 유지는 단지 음악치료 과정에서 내담자가 밝힌 정보를 공유하지 않는 것 이상의 복잡한 문제이다. 예를 들어, 음악치료 과정에서 내담자가 스스로를 해할 의도를 드러냈다면 어떤가? 비밀 유지에 대한 기대는 내담자가 미성년자인 경우에도 동일한가? 치료과정에서 법적으로 또는 윤리적으로 비밀 유지의 원칙을 어겨야 할 때가 있다. 대부분의 음악치료 윤리 강령에서는 비밀 정보를 공유해야 하는 특정 상황을 제시하고 있다. AMTA의 윤리 강령(AMTA, 2013a)은 임박한 위험이 있는 경우, 내담자를 담당하는 다른 전문가와 협력하는 경우, 내담자가 정보공개에 동의한 경우, 법원이나 행정기관의 명령, 혹은 법정 소환의 경우를 특정 상황으로 들고 있다. 비밀 유지 원칙은 음악치료 서비스에 대한 비용 청구 절차가 음악치료사가 아닌 다른 사람에 의해 처리될 때도 조정될 수 있다(Dileo, 2000). 내담자는 비밀 유지의 범위에 대해서 알 권리가 있으며, 이러한 권리 역시 AMTA 윤리 강령에 준수 사항으로 규정되어 있다. 비밀 유지와 사전 동의는 밀접하게 관련되어 있기 때문에 이제부터 사전 동의에 대한 지침을 살펴보도록 한다.

사전 동의

비밀 유지 원칙이 조건부일 때 그 원칙에 대해서 충분히 설명하는 것은, 비밀 유지 원칙이 파기될 위험에 대해서 알 권리 및 서비스를 받기 위해서 그러한 위험을 감수하겠다는 동의를 할(혹은 거부할) 권리를 증진시킨다(Fisher, 2008). 사전 동의는 (1) 치료관계 개시 및 위험 감수와 관련된 내담자의 자율적인 의사결정을 존중하고, (2) 치료의 협력적 특성을 반영하고, (3) 치료와 관련된 의사결정 과정에서 내담자의 행위 능력을 강조하며, (4) 치료절차에 대한 불안을 감소시킬 수 있다(Fisher & Oransky, 2008).

사전 동의는 서면으로 작성되고 직접 검토되어야 하며, 다음의 내용을 포함하나 이에 국한되는 것은 아니다.

- 치료의 특성 : 치료방법, 치료시간, 빈도, 치료기간, 일반적 목적, 중재기법
- 비용 및 재정 충당 : 치료비용, 지불 방법 및 지불 계획, 적용 보험 혹은 환급 내용, 할인 및 보조 비용, 취소 및 불참 규정, 연체 및 미납 규정
- 비밀 유지의 범위 : 비밀 정보 공개에 대한 법적 요건, 경고 및 보호의 의무, 제3자인 비용 지불자와의 정보공유(Dileo, 2000; Fisher & Oransky, 2008)
- 음악치료사에 대한 정보 : 자격증, 면허, 전문연수, 감독 혹은 자문 여부, 개인 정보 보호 대책(Dileo, 2000)

내담자가 미성년자이거나 동의를 제공하기에 제한적인 능력을 가진 성인인 경우에는 비밀 유지와 동의 절차에 대한 특별한 고려가 필요하다(Fisher & Oransky, 2008). 음악치료사가 미성년자를 담당하는 경우에, 이와 관련된 법규는 지역

에 따라 다르기 때문에 해당되는 법규에 대해 잘 알아야 한다(Dileo, 2000). 동의(consent)를 표명하기 어려운 내담자의 경우에는, 치료참여에 대한 수락(assent)을 구할 수 있다. 수락 절차는 원래 소아 의료 상황에서 아동에게 의사결정의 역할을 부여하기 위해 도입되었는데, 내담자가 자신의 상태적 특성에 대해 발달상 적합한 방식으로 이해할 수 있도록 돕고, 내담자에게 테스트나 치료과정에서 있을 일들에 대해 알린 후, 상황에 대한 내담자의 이해 정도를 진단하고, 내담자가 제안된 치료를 수용할 의향이 있는지를 묻는다(Lee, Havens, Sato, Hoffman, & Leuthner, 2006). 사전 동의와 마찬가지로 수락 절차는 자율성과 존엄성 존중의 원칙을 강화하고, 치료를 위해 환자와의 협력을 도모한다.

앞에서 서술된 대니엘과 메건이 처한 윤리적 딜레마에 대해 다시 생각해보자. 비밀 유지의 원칙이 위협을 받고 있는가? 왜 그런가? 각 상황의 음악치료사들은 비밀 유지 원칙을 준수하기 위해 어떤 단계를 밟을 수 있을까? 대니엘의 상황에서 내담자에 대한 비밀 유지 원칙은 음악치료 상황 밖인 마을에서 내담자를 만날 때 위태로울 수 있다. 내담자들이 공개적인 교류가 치료관계의 비밀 유지 원칙을 깨뜨릴 수 있다는 것을 항상 인지하지는 못할 수도 있다. 예를 들어, 두 사람 중 한쪽이 다른 사람과 함께 있다면, 서로에 대한 소개에서 문제가 발생할 수 있다. 그렇다고 대니엘이 치료실 밖에서 내담자를 모른 체한다면, 내담자의 감정을 다치게 할 수도 있다. 대니엘은 공공 상황에서의 만남을 어떻게 다룰 것인지에 대해 여러 가지 방안을 고려해본 후 어떻게 비밀 유지 원칙을 준수하고, 불가피한 공공 상황에서의 만남이 어떤 식으로 다루어질지에 대한 설명을 사진 동의 절차 중 한 부분으로 포함시킬 수 있을 것이다.

많은 윤리적 딜레마에 다루기 애매한 부분이 있지만, 메건의 상황은 비교적 단순하다. 사진은 식별이 가능한 내담자의 정보로 간주되기 때문에 동의 없이 내담자의 사진을 찍는 것은 용인될 수 없다. 웹사이트나 페이스북 페이지에 사진을 사용하는 것은 비밀 유지 원칙에 어긋난다. 내담자의 이름을 포함시키는 것도 비밀 유지 원칙 위배이다. AMTA 윤리 강령은 이러한 상황을 다루는 데 도움이 된다(AMTA, 2013a). 어떤 형태이든 식별 가능한 내담자의 정보는 수집하기에 앞서 동의를 구해야 한다는 것이 3.12.5항에 규정되어 있다. 사진 촬영에 대한 동의가 있었더라도 내담자의 이름처럼 식별 가능한 정보를 사용하는 것은 금지되어 있다. 메건이 내담자의 사진을 웹사이트나 페이스북 페이지에 사용하고자 한다면, 서면 동의와 더불어 사진이 사용되는 곳마다 사진 사용 동의를 얻었음을 나타내는 문구를 포함시키는 것이 일어날 수 있는 문제에 대한 사전 예방책이 될 것이다. 현재 상황을 해결하기 위해서 메건은 어떤 절차를 밟을 수 있을 것인가?

다중적 관계

요세프는 자폐스펙트럼장애 진단을 받은 아동들을 치료하는 음악치료사이다. 그가 속한 지역에는 이러한 아동들에게 음악치료 서비스를 제공하는 음악치료사가 여럿 있다. 최근에 아내의 절친한 친구가 자폐 진단을 받은 아들의 음악치료를 요세프에게 부탁했다. 아내의 친구는 아들이 이미 아는 사이인 요세프와 관계를 맺는 것이 더 쉬울 것이라고 생각한다.

이중 관계(dual relationship)라고 일컫기도 하는 다중적 관계(multiple relationship)는 조력적 전문인이 대상자와 동시적 혹은 순차적으로 한 가지 이상의 역할이나 관계를 가질 때 형성된다(Ringstad, 2008). 경계(boundary)란 치료관계의 맥락에서 환자의 이익을 위해 의도된 전문적 행동을 구분 짓는 제한선을 말한다(Jain & Roberts, 2009). 심각성에 따라 다양한 형태의 경계 침해(boundary offense)가 있다는 것을 이해해야 한다. 경계 교차(boundary crossing)는 일반적인 치료적 조치와 분명한 차이가 있는 행동·조치·결정이며 치료에 미치는 영향이 불확실한 반면, 경계 침범(boundary violation)은 일반적인 조치에서 벗어난 행동·조치·결정이며 내담자에게 명백하게 해를 끼치거나 부당한 영향력을 행사한다(Jain & Roberts). 다양한 형태의 경계 침해가 존재하는 가운데, 다중적 관계는 크게 성적인 관계와 성적인 관계가 아닌 경우로 나뉘며 후자의 관계는 다양한 방식을 통해 형성된다.

조력적 전문인들 사이에 치료자와 환자, 혹은 과거의 환자 간의 성적 관계는 비윤리적이고 용납될 수 없다는 동의는 널리 성립되어 있다. 그러나 어떤 이들은 성적 관계가 아닌 관계는 해가 되지 않으며, 실제로 유익할 수 있다고 주장하기도 한다(Pope & Keith-Spiegel, 2008). 성적 관계가 아닌 다중적 관계는 다양한 방식으로 형성될 수 있으며 그 방식에는 역할, 시간, 장소 및 공간, 돈, 선물, 서비스, 의복, 언어, 자기노출(self-disclosure), 신체접촉 등의 범주가 포함된다(Gutheil & Gabbard, 1993). 내담자를 사교적으로 만나는 것, 계속해서 치료시간을 연장시키는 것, 치료와 상관없는 개인적 정보를 공유하는 것, 물건을 교환하는 것, 선물을 주고받는 것은 모두 다중적 관계가 형성될 수 있는 상황이다.

다중적 관계는 몇 가지 이유에서 문제가 된다. 치료사와 내담자 사이에는 본질적으로 존재하는 권력 차이(Dileo, 2000)로 인해 상충되는 이해관계(conflict of interest)가 형성될 수 있고, 이는 내담자가 부당한 요구에 응하게 될 위험을 높이고 치료사의 객관성을 저해하여 결과적으로 치료과정을 위태롭게 할 수 있다(Ringstad, 2008). 또한

다중적 관계를 맺는 것은 자율성, 공정성, 충실성, 책무성 인정을 비롯한 많은 윤리 원칙을 위태롭게 한다. 내담자가 권력 차이 때문에 다중적 관계를 맺는 것을 거부할 수 없다고 느낀다면 자율성이 침해될 것이다. 치료사가 모든 내담자와 다중적 관계를 맺지는 않을 것이므로 공정성에도 문제가 생긴다. 치료사의 객관성이 저해된다면, 내담자에게 전문적인 책임을 다할 수 없을 것이기 때문에 충실성의 원칙도 위태롭게 될 것이다. 물론, 관련되는 윤리 원칙은 문제가 되는 관계의 유형과 상황의 맥락에 따라 달라질 것이다. 요세프의 상황에서는 해당 아동 및 아동의 어머니와 이미 맺어져 있는 관계 때문에 임상 의사결정 과정에서 치료사의 객관성이 저해될 수 있다.

AMTA 윤리 강령(2013a)은 다음과 같이 권고한다. "음악치료사는 내담자나 학생 혹은 연구 대상자와 이중적 관계를 맺지 않아야 하고, 전문적 판단과 객관성을 저해하는 상황을 피해야 한다(3.5)." 그러나 임상실무 환경의 변화는 다중적 관계를 더욱 다루기 어렵게 만든다. 대니엘의 상황과 비슷하게 많은 음악치료사들이 소도시 혹은 교외 지역에서 거주하며 일하고 있고, 이때 다중적 관계를 피한다는 것은 불가능할지도 모른다. 음악치료사가 내담자의 인생에서 중요한 순간을 기념하는 행사에 초대를 받는 것은 드문 일이 아니다. 초대 수락 여부를 결정할 때, 초대 제안이 영향을 미치는 역할과 맥락을 고려해야 한다. 자기성찰을 통해서 그 초대가 순수하게 사교적인 것이라고 판단된다면, 초대를 사양하는 것이 최선일 수 있다. 직업적인 맥락에서 초대를 받은 것이라면 윤리적 딜레마는 줄어들 것이다. 예를 들어, 호스피스 음악치료사는 내담자의 추도식에 참석하거나 음악을 준비해주는 일이 잦다. 비록 추도 의식에 사교적인 특성이 있긴 하지만, 상황적 맥락은 여전히 음악치료사의

직업적 영역에 속해 있다. 다중적 관계는 복잡한 문제이며 단순한 해법이 없다. 다중적 관계를 형성하는 것에 대한 음악치료사의 결정에 따라 추가적인 윤리적 딜레마 혹은 문제가 발생할 수 있다. 따라서 어떤 윤리적 결정을 하려고 할 때, 가능한 모든 결과에 대해서 최대한 철저하게 생각해보는 것이 중요하다. 다른 상황을 검토하면서, 명확한 이중 역할 관계 이외에 다중적 관계가 형성되는 방식들에 대해 자세히 살펴보도록 하자.

선물

버나뎃은 사설 치료센터를 운영하고 있다. 크리스마스에 한 내담자 가족이 그녀가 치료하는 내담자 모두가 사용할 수 있는 전자 기타를 선물한다. 2주 후에, 그 가족이 일정 변경을 요청하는데, 이는 2명의 다른 내담자에게 영향을 주고 버나뎃의 근무 시간을 상당히 연장시킬 것이다.

작은 사례품과 같이 선물의 금전적 가치가 적을 때는 선물 수수에 대한 결정이 그리 어렵지 않을지도 모른다. 하지만 선물의 금전적 가치가 높을 경우에는 결정이 더 어려워질 수 있다. 버나뎃의 상황에서처럼, 음악치료사들은 다른 내담자에게도 유익이 될 수 있는 큰 선물들을 받는 일이 있을 것이다. 하지만 큰 선물을 받는 행동이 초래할 잠재적 위험과 영향을 고려하는 것은 필수적이다. 예를 들어, 버나뎃은 이미 받은 선물 때문에 자신의 일정과 다른 내담자에게 미치는 영향에도 불구하고, 그 가족의 시간 변경 요청에 응해야 한다는 부담을 느끼지 않을까?

이런 상황은 거의 필연적으로 발생하기 때문에 음악치료사들은 선물에 어떻게 응할 것인지에 대해서 고려해보아야 한다. Herlihy와 Corey(2006)는 선물을 받거나 거절하는 치료사 자신의 동기뿐만 아니라 선물을 주는 내담자의 동기, 내담자의 진단명, 선물의 금전적 가치, 치료의 국면과 기간을 고려하라고 조언한다. 재정 설계나 주식 정보처럼 치료사에게 재정적인 이익을 가져다주는 선물은 대부분 부적절한 것으로 보아야 한다고도 조언한다. 선물을 주는 사람이 아동이거나 선물 거절을 이해하고 받아들이기에 인지적 능력이 부족한 성인의 경우일 때는 별도의 고려가 필요하다(Herlihy & Corey). 일부 비서구권 국가에서는 선물이 다른 의미를 지닐 수 있으므로, 선물을 주는 내담자의 문화적 배경을 고려하는 것도 중요하다(Dileo, 2000).

AMTA 윤리 강령(2013a)에 이러한 영역에 대한 지침이 제시되어 있는데, 음악치료사의 결정 혹은 판단을 저해할 수 있는 선물을 받아서는 안 된다고 권고한다. 기관에 소속되어 있는 경우 수수 가능한 선물의 범위에 대한 별도 규정이 있을 수 있고, 이러한 규정은 음악치료사가 따라야 할 추가적인 지침이 된다. 나아가, 음악치료사 스스로 선물에 대한 자신의 방침을 정하고 이를 내담자와 공유하기를 권장한다. 버나뎃은 이미 선물을 받은 상태에서 그 가족의 시간 변경 요청에 응할 것인지를 결정해야 하기 때문에 특히 어려운 상황에 있다. 이 상황에서 치료사의 판단이 저해될 수 있는가? 여러분이 이 상황에 있다면 어떻게 하겠는가? 대부분의 윤리적 딜레마와 마찬가지로 선물 수수 문제 역시 특정 상황의 맥락 내에서 평가되어야 한다.

첨단 기술

이제 임상실무 환경에서 새롭게 나타나는 영역에 있는 윤리적 쟁점에 대해 생각해보도록 하자.

테레사는 병원에서 일하는 음악치료사이고 실습 학생 지도도 겸하고 있다. 그녀는 몇몇 환자 및 학생과 페이스북 친구를 맺었고, 자신의 일상을 자주 트위터에 게시한다.

Herlihy와 Dufrene(2011)은 임상실무 환경에서 새롭거나 막 생겨나고 있는 영역과 관련된 지침이 필요할 때 윤리 강령들이 도움이 되지 않을 수 있다는 점에 주목한다. 미국 심리학회와 미국 상담학회의 윤리 강령과 같은 많은 조력적 전문인 단체의 윤리 강령들이 7~10년마다 개정되기 때문에, 현재 시류를 반영하는 것은 거의 불가능하다(Herlihy & Dufrene). 이에 대한 한 가지 이점은 새롭게 나타난 임상실무 환경이 보다 완전한 발달단계에 이를 때까지의 시간이 허용되기 때문에 보다 적합한 지침을 만들 수 있다는 것이다. AMTA 윤리 강령(AMTA, 2013a)은 지속적으로 갱신되는 문서로서 임상실무 환경의 변화를 반영하기 위해 지정된 절차를 통해 매년 개정될 수 있다. 그렇다고 하더라도, 새롭게 나타난 변화가 불확실하거나 불완전한 경우에는 개정된 내용이 해당 쟁점의 모든 면을 충분히 다룰 수 없을 것이기 때문에 윤리 규정이 항상 시류를 충실히 반영하기는 불가능하다. 가령 2003년에 AMTA 윤리 강령은 10.6항 서비스 공시 항목에 인터넷에 대한 내용을 포함하도록 개정되었다. 그 당시에는 웹사이트들의 내용과 디자인, 형식이 훨씬 단순했기 때문에 인터넷이라는 용어를 사용하는 것만으로 충분했다. 그러나 기술이 진보함에 따라, 차후 개정에서는 서비스 공시에 적합한 특정 인터넷 정보와 위치를 언급할 때 구체적으로 식별이 가능하도록 보완되어야 할 것이다. 첨단 기술 영역은 AMTA 윤리 강령에서 충분히 다루어지지 못한 새로운 영역으로서 이 장에서 이미 언급된 3.12.5항과 10.6항에 제시된 것이 전부이다(두 항 모두 이 장의 앞부분에 언급됨). 2010년에 세계음악치료연합회는 '인터넷 상에서의 음악치료 내담자에 대한 보고와 사생활 보호 문제(Reporting on Music Therapy Client on the Internet and Privacy Issues)'라는 제목의 문서를 승인했으나, 주로 대중적 발표에서 내담자의 공유 정보를 사용하는 문제에 초점이 맞춰져 있다.

첨단 기술은 광범위한 주제이고 각종 스위치, 아이패드, 소셜 미디어, 클라우드 컴퓨팅, 스카이프처럼 음악치료 과정에 사용되는 기기들도 이 주제에 포함될 수 있다. 이 장에서는 음악치료사가 다른 음악치료사, 대중, 내담자와 연결되기 위해 사용할 수 있는 디지털 수단에 국한하여 다루도록 한다. 소셜 미디어, 인터넷 전화, 화상 대화, 클라우드 컴퓨팅과 웹사이트를 이용한 광고는 음악치료사들이 사용하는 기술적 도구로서 새롭게 출현하였다. 기술적 진보는 많은 이점을 가져다주지만, 많은 윤리적 딜레마 역시 존재한다.

많은 음악치료사들이 페이스북을 통해 서로 연결되어 있다. 그런데 내담자가 친구 요청을 보낸다면 어떤가? 많은 사설 치료센터에서 경영상 페이스북 페이지를 개설하고 있고, 음악치료 홍보를 위해 트위터를 사용한다. 음악치료 세션이 끝난 직후에 트위터에 "방금 내가 담당하는 내담자가 대단한 진전을 이뤘다"는 게시물을 올린다면, 비밀 유지의 원칙에 위배될까? 스카이프는 종종 임상훈련 지도를 위해 사용되기도 하는데, 스카이프를 통해 음악치료를 제공하는 것은 어떤가? 드롭박스, 구글문서도구, 아이패드 애플리케이션을 이용하여 임상 기록을 저장할 수 있고, 내담자의 치료일정 관리에도 활용할 수 있다. 이러한 프로그램과 애플리케이션들은 음악치료사가 간편하게 접근할 수 있고 비용을 줄여주는 측면이 있으나 문서의 보안성 측면은 어떠한가?

음악치료 웹사이트들의 수와 디자인의 복잡성, 제공하는 정보의 양은 계속 증가되어왔다. 추천하는 글들을 비롯한 수많은 웹사이트상의 정보들은 AMTA 윤리 강령(AMTA, 2013a)의 서비스 공시 항목에 제시된 지침과 상충되지는 않는가? 기업적 음악치료사들은 웹사이트의 회원 전용 공간에서만 접근 가능한 중재아이디어나 창작곡을 만들어내기도 하고, 온라인상에서 상품을 판매하기도 한다. 이러한 행위는 내담자 및 동료에 대한 책임과 상충되는 상업적 활동에 종사하지 않는다는 AMTA 윤리 강령(AMTA, 2013a)에 부합하는가? 윤리적 쟁점들은 다양하고 복잡하다. 실무 환경에서 새롭게 생겨난 영역에서는 이점과 위험이 함께 고려되어야 한다. 다음으로는 소셜 미디어 및 컴퓨터 매개 음악치료와 관련된 윤리적 쟁점들을 간략히 살펴볼 것이다(이 장에서 다룬 정보들 역시 빠르게 뒤처질 것이라는 점도 인정해야 한다).

소셜 미디어

소셜 네트워크 서비스가 직업적, 개인적 용도로 광범위하게 사용되면서 새로운 형태의 전문성 개념이 생겨났다. 전자 전문성(e-professionalism)이란 "온라인 행동이 한 사람의 전문성에 미치는 영향"을 말한다(Bradt, 2010, para. 1). 소셜 네트워크 사이트에서는 음악치료사가 내담자, 학생, 인턴, 고용주, 다른 전문가, 일반 대중 등과 형성할 수 있는 수많은 관계적 상호작용이 존재한다. 윤리적 함의는 관계에 따라 약간씩 다를 수 있겠지만 소셜 미디어로 인해서 사생활, 비밀 유지, 경계 문제, 다중적 관계 등과 관련된 광범위한 윤리적 문제가 발생할 수 있다.

조력적 전문직에 종사하는 일부 임상전문가들은 소셜 미디어를 통한 비격식적 소통이 치료적 관계에 인간적인 면을 더하고, 대상자에 대한 임상실무자의 접근성을 높인다고 믿기도 하지만 온라인을 통한 관계와 관련되어 많은 문제가 발생하는 것이 사실이다(Reamer, 2013). 소셜 네트워킹이 일상화됨에 따라 내담자, 학생, 인턴 등은 이를 매개로 하여 치료사, 교육자, 감독

자 등과 소통하는 것이 부적절하다는 생각조차 하지 못할 수도 있다. 소셜 미디어라는 말에 들어 있는 '사교적(social)'이라는 말 때문에 소셜 미디어를 통한 관계에 대한 기대 수준이 달라지는 면도 있다. 소셜 네트워킹을 통한 상호작용은 직접 대면을 통한 상호작용에 비해 격식성과 전문성이 떨어지는 경우가 많다. 온라인 상호작용에서는 내담자, 학생, 음악치료사가 대면 상호작용에서라면 하지 않을 법한 문제적 자기공개 혹은 의도치 않은 자기공개를 하게 하는 익명적 특성이 존재하는데 이러한 특성은 "온라인 탈억제 효과(online disinhibition effect; Barros-Bailey & Saunders, 2010)"로 알려져 있다(Reamer, 2013; Tylor; McMinn, Bufford & Chang, 2010). 소셜 미디어 관계는 치료관계에서 벗어난 상호작용을 일으킬 수 있으며, 내담자(혹은 학생)의 치료가 우선이 되어야 하는 원칙을 흔들 수 있고, 치료사에게 친구 요청을 보내는 것이 자신의 익명성을 포기하는 행위일 수 있다는 것을 내담자가 인지하지 못하는 경우 비밀 유지 원칙도 위태로워질 수 있다(Guseh, Brendel, & Brendel, 2009).

시설이나 기관에서 페이스북이나 트위터, 블로그 등을 통한 소셜 네트워킹을 이용하는 것은 드문 일이 아니다. 그러나 음악치료사는 피고용인으로서 소셜 미디어의 개인적 사용과 관련된 기관의 규정을 알고 있어야 한다. 직장 내 문제를 게시하거나, 고용주에 대해 부정적인 언급을 하는 것은 피해야 한다. 비전문적 행동이라는 문제점 이외에도 소셜 미디어가 유행하는 가운데 부적절한 게시물로 인해 해고되는 사례가 늘고 있다(Greysen, Kind, & Chretien, 2010). 고용주가 지원자나 직원에 대해 알아보기 위해 인터넷 검색엔진을 사용하거나 개인 웹사이트 혹은 블로그를 읽어볼 수 있다는 점에도 주의를 기울여야 한다(Bradt, 2010). 또한 자신의 디지털 흔

적, 즉 온라인 상호작용 후에 남는 디지털 정보의 조각들이 검색 가능하며, 따라서 다른 사람에게 노출될 수 있다는 점을 분명히 인식해야 한다 (Greysen et al., 2010).

친구 요청 거부나 소셜 미디어 참여에 대한 대화에서 다루어질 내용에 대한 고려를 포함하여 음악치료사들은 자신이 친구 요청 수락과 같은 내담자, 학생, 인턴과의 소셜 미디어상 상호작용을 어떻게 관리할 것인지에 대해 사전에 고려해보는 것이 바람직하다. 개인 정보 설정 기능은 실수를 완벽히 방지하기 어려운 데다 자주 바뀌기는 하지만, 여전히 그러한 도구를 활용하는 것이 현명한 방법이다. 소셜 네트워크 사이트에 개인 정보를 입력하거나 게시할 때에는 신중을 기해야 한다(Guseh et al., 2009). 제한적 접근만 가능한 친구 그룹을 만드는 것도 의도치 않은 정보공유를 방지하는 데 도움이 될 수 있다(Taylor et al., 2010). 가명을 사용하거나(Guseh et al., 2009), 이름의 철자를 변형하거나(예 : Debbie Bates를 Ddebbie Bbates로 변형) 다른 이메일 주소를 사용하는 것도 온라인이나 소셜 네트워킹 검색엔진에서 일정 정도의 익명성을 부여할 수 있다.

결론

앞서 언급한 바와 같이, 특정 윤리 강령이 발생 가능한 모든 윤리적 딜레마를 다루는 것은 불가능하기 때문에, 윤리 강령이 윤리적 딜레마에 대해 적절한 지침을 제시해주지 않는 경우에 어떻게 이를 해결해나갈 것인지 진체적으로 고려해보는 것이 중요하다. 윤리 강령에 명확한 지침이 부재할 경우, 딜레마의 중심에 있는 윤리적 쟁점들을 분리해낼 수 있는 능력이 중요하다. 자신이 속한 전문인 단체의 윤리 강령을 철저하게 검토하고 적용될 수 있는 관련 항목을 찾아보자. 해당

강령이 문제를 명확히 다루고 있지 않을 수도 있지만, 관련 항목이 의사결정에 일부 지침을 제공해줄 수도 있다. 다른 조력적 전문직 분야에도 비슷한 문제가 존재한다면, 자신의 상황에 대한 통찰력을 얻기 위해 문헌을 검색해보자. 신뢰할 만하고 식견이 넓은 동료에게 자문을 구하자. 임상 지도 감독을 구하고, 신중하게 치료를 진행하자.

이 장에서는 음악치료사가 마주하게 되는 무수한 윤리적 쟁점들 중 일부에 초점을 맞추었다. 음악치료에서 윤리는 광범위하지만, 음악치료 실무의 기초가 되는 대단히 흥미로운 주제이다. 윤리적 의사결정이 복잡한 것은 윤리 원칙, 윤리 강령, 법, 기관 규정에 좌우되고 개인적 가치와 신념의 영향을 받기 때문이다. 윤리적 성찰은 개인적 가치와 직업적 가치에 대한 비판적 자기성찰에서 시작된다(Greenfield & Jenson, 2010). Calley(2009)는 "특정 상담 상황에서 윤리의 역할을 맥락적으로 이해하기로 한다"는 것은 상담사가 윤리에 대해 능동적인 접근 방식을 취하고, "절차적 사고(process thinking)에 많은 시간을 할애하며, 특정 윤리 쟁점이 실제 상황에 적용될 수 있는 다양한 방식을 탐색할 것을 요구한다(p. 478)"고 하였다. 이 장의 내용이 음악치료 윤리에 대한 인식을 높이고 윤리적 사고 기술을 향상시키고자 하는 열의를 심어주었기를 바란다. 우리의 음악적 기술과 마찬가지로 윤리적 기술 또한 훈련을 통해 더욱 다듬어질 수 있다.

참고문헌

American Music Therapy Association (AMTA). (2013a). *Code of ethics*. Retrieved from *www.musictherapy.org/about/ethics*.

American Music Therapy Association (AMTA). (2013b). *AMTA standards of clinical practice*. Retrieved from *www.musictherapy.org/about/standards*.

Barnett, J., Behnke, S., Rosenthal, S., & Koocher,

G. (2007). In case of ethical dilemma, break glass: Commentary on ethical decision making in practice. *Professional Psychology: Research and Practice, 38*(1), 7-12.

Barros-Bailey, M., & Saunders, J. (2010). Ethics and the use of technology in rehabilitation counseling. *Rehabilitation Counseling Bulletin, 53*(4), 255-259.

Bradt, J. (2010). E-professionalism. *Voices: A World Forum for Music Therapy*. Retrieved from http:// testvoices.uib.no/?q=colbradt250110.

Bruscia, K. E., & Grocke, D. E. (Eds.). (2002). *Guided Imagery and Music: The Bonny method and beyond*. Gilsum, NH: Barcelona.

Calley, N. (2009). Promoting a contextual perspective in the application of the ACA Code of Ethics: The ethics into action map. *Journal of Counseling and Development, 87*(4), 476-482.

Canadian Association of Music Therapy. (1999). *Code of ethics*. Retrieved from *www.musictherapy. ca/documents/official/codeofethics99.pdf*.

Certification Board for Music Therapists. (2010). *Scope of practice*. Retrieved from *www.cbmt.org*.

Dileo, C. (2000). *Ethical thinking in music therapy*. Cherry Hill, NJ: Jeffrey Books.

Ethics. (n.d.). In *Merriam-Webster.com*. Retrieved from *www.merriam-webster.com/dictionary/ethics*.

European Music Therapy Confederation. (2005). *Ethical code*. Retrieved from *http://emtc-eu.com/ ethical-code*.

Fisher, C., & Oransky, M. (2008). Informed consent to psychotherapy: Protecting the dignity and respecting the autonomy of patients. *Journal of Clinical Psychology: In Session, 64*(5), 576-588.

Fisher, M. (2008). Protecting confidentiality rights: The need for an ethical practice model. *American Psychologist, 63*(1), 1-13.

Forinash, M. (Ed.). (2011). *Music therapy supervision*. Gilsum, NH: Barcelona.

Greenfield, B., & Jenson, G. (2010). Beyond a code of ethics: Phenomenological ethics for everyday practice. *Physiotherapy Research International, 15*, 88-95.

Greysen, S., Kind, T., & Chretien, K. (2010). Online professionalism and the mirror of social media. *Journal of General Internal Medicine, 25*(11), 1227-1229.

Guseh, J., Brendel, R., & Brendel, D. (2009). Medical professionalism in the age of online social networking. *Journal of Medical Ethics, 35*, 584-586.

Gutheil, T., & Gabbard, G. (1993). The concept of boundaries in clinical practice: Theoretical and risk-management dimensions. *American Journal of Psychiatry, 150*(2), 188-196.

Hadley, S. (Ed.). (2007). *Feminist perspectives in music therapy*. Gilsum, NH: Barcelona.

Herlihy, B., & Corey, G. (2006). *Boundary issues in counseling: Multiple roles and responsibilities*. Alexandria, VA: ACA Press.

Herlihy, B., & Dufrene, R. (2011). Current and emerging ethical issues in counseling: A Delphi study of expert opinions. *Counseling and Values, 56*, 10-24.

Jain, S., & Roberts, L. (2009). Ethics in psychotherapy: A focus on professional boundaries and confidentiality practices. *Psychiatric Clinics of North America, 32*(2), 299-314.

Lee, K., Havens, P., Sato, T., Hoffman, G., & Leuthner, S. (2006). Assent for treatment: Clinician knowledge, attitudes, and practice. *Pediatrics, 118*(2), 723-730.

Pope, K., & Keith-Spiegel, P. (2008). A practical approach to boundaries in psychotherapy: Making decisions, bypassing blunders, and mending fences. *Journal of Clinical Psychology: In Session, 64*(5), 638-652.

Reamer, F. (2013). Social work in a digital age: ethical and risk management challenges. *Social Work, 58*(2), 163-172.

Ringstad, R. (2008). The ethics of dual relationships: Beliefs and behaviors of clinical practitioners. *Families in Society: The Journal of Contemporary Social Services, 89*(1), 69-77.

Taylor, L., McMinn, M., Bufford, R., & Chang, K. (2010). Psychologists' attitudes and ethical concerns regarding the use of social networking web sites. *Professional Psychology: Research and Practice, 41*(2), 153-159.

Wheeler, B. L. (Ed.). (2005). *Music therapy research* (2nd ed.). Gilsum, NH: Barcelona.

World Federation of Music Therapy. (2010). *Reporting on music therapy clients on the Internet and privacy issues*. Retrieved from *www.musictherapyworld.net/WFMT/Research_and_Ethics_files/ Internet%20and%20Privacy%20Issues%20related%20to%20Music%20Therapy.pdf*.

World Federation of Music Therapy. (2013). *Commission: Research and Ethics*. Retrieved from *www.musictherapyworld.net/WFMT/Research_ and_Ethics.html*.

Younggren, J., & Harris, E. (2008). Can you keep a secret?: Confidentiality in psychotherapy. *Journal of Clinical Psychology: In Session, 64*(5), 589-600.

제 7 장

음악치료 진단평가

Anne W. Lipe

순진이 역

음악치료사들은 흔히 음악(music)이라는 예술과 치료(therapy)라는 과학 사이의 창의적인 긴장 가운데 놓이게 되곤 한다. 치료사들은 어떻게 직업적인 면에서의 성장과 내담자들의 삶에서의 성과라는 두 가지 강점 사이에서 균형을 맞추는가? Feder와 Feder(1988)는 이 두 강점 모두가 예술치료 영역에서 필수적인 것임을 지적하면서 "과학이 없다면 치료는 모든 임상가들이 개인의 사적인 신화만을 옹호하는, 미신적인 전례의 실제로 퇴보할 수 있다. 예술이 없다면 이를 살펴보는 데 있어서 가장 인간적인 것을 잃을 수 있다"고 하였다(p. ix). 이러한 생각을 다른 각도에서 보자면, 과학이 배제된 음악치료는 종양학과의 서포트 그룹에서 병원 지원 중 한 사람이 선의로 플루트를 연주하는 것과 다르지 않은 것이 된다. 또한 음악이 있다고 해도 포괄적인 의미에서 예술이 없다면, 음악치료는 작업·언어 또는 물리치료의 이형에 불과하다. 잘 구성된 음악기반 진단평가 도구와 실시 요강(protocol)들은 음악치료사들이 이러한 창의적인 긴장 안에서 성공적으로 임상하도록 한다는 것이 나의 신념이다.

이 장은 전문적인 자료에 포함된 진단평가에 관한 지침들을 조사하고, 역사적 체계 안에서 이러한 지침들을 설정하는 것으로 시작한다. 주요 용어들이 정의되고, 음악성(musicality)에 대한 핵심 요지가 논의된다. 심리측정(psychometrics)과 연관된 핵심 용어들의 확장된 정의가 제공되고, 이러한 유형의 음악치료 진단평가 연구들이 탐색될 것이다. 최근의 음악치료 임상에서 선정된 진단평가 접근의 사례들이 제시되고 평가되며, 진단평가 도구나 실시 요강의 개발에 대한 지침이 제공된다. 이 장은 근거기반(evidence-based) 진단평가의 중요성과 견해들로 마무리된다.

왜 음악기반(music-based) 진단평가 절차인가? 일부 음악치료 전문가들은 음악경험이 대부분의 사람들에게 일반적으로 만족을 준다는 것, 이러한 경험들이 검사 상황과 관련한 불안을 감소시킬 수 있다는 것(Hanser, 1987)에 대하여 논쟁하였다. 음악기반 접근들은 비언어적이고 상징적인 의사소통에 있어 자기개방이 증가되는 기회를 제공할 수 있고, 내담자들이 '과정 중에(in process)' 있는 것을 관찰할 수 있다(Bruscia, 1988, p. 7). 이는 중요한 가정들이지만, 다른 질문들 또한 다루어질 필요가 있다. 음악적 행동들이 내담자의 기능상태에 관하여 제공하는 정보들은 어떤 것들인가? 음악적 행동들이 내담자에게 의미하는 것과 치료의 맥락 안에서 의미하는 것이 무엇인지 어떻게 이해할 수 있는가? 성공적인 치료계획을 수립하는 데 있어 이러한 정보들을 어떻게 정확히 해석할 수 있는가? 변화를 가능하게 하는 잠재력을 가진 음악경험에는 어떤 고유한 것이 있는가? 이러한 질문들에 대하여 윤리적이고, 과학적 근거에 기반을 둔 방식으로 답하는 것이 진단평가 과정의 역할이며 곧 전문가로서의 책임을 나타낸다.

전문자료에서의 음악치료 진단평가

음악치료 고유의 진단평가가 잠재적인 내담자 경험의 일부가 된 때가 언제인지 근대 음악치료 임상의 역사 안에서의 정확한 시점을 측정하는 것은 어렵다. Wheeler(2013)에 의해서 진단평가의 초기 발달에 대한 상세한 논의가 다루어졌는데, 음악치료 임상에서 진단평가가 중요한 부분으로 분명하게 자리 잡은 것은 1960년대 초반의 일이다.

전문적인 자료들의 내용을 검토하는 것은 진단평가 과정에서 음악치료사들이 갖는 책무를 이해하기 위한 출발점이 된다. Solomon(1985)에 따르면, 음악치료의 형성기(1950년대~1960년대)에 미국 근대사회의 한 전문분야로서 임상에 대한 전문가적 표준이 필요하다는 인식과, 의료사회에서 하나의 직업군을 만들고자 하는 신생 영역의 열망이 이러한 양식을 발달시키는 노력이 되었다. Bryan Hunter에 따르면, 작업치료사들에 의해 사용된 (임상)실제의 표준이 특별히 잘 만들어졌고, 음악치료사들의 작업을 안내하기에 유용했다(Bryan Hunter, 2012. 12. 6, 개인서신). 전미음악치료협회(NAMT) 최초의 임상실제 표준은 1982년 11월에 채택된 이래 여러 차례에 걸쳐 개정되었으며, 가장 최근의 개정은 2013년에 승인되었다. 이 실제 표준은 진단평가와 관련된 일곱 가지 항목들을 포함하며, 음악치료사들이 (1) 진단평가가 포함해야 하는 일반적인 범주들을 확인하도록, (2) 내담자의 문화적·인구학적 특성들에 민감하도록, (3) 내담자의 선호와 기능적 수준을 반영하는 진단평가의 방법들을 선정하도록, (4) 표준화 검사의 결과와 검사 상황의 다른 측면들을 적절하고 정확하게 해석하도록, (5) 내담자의 파일에 음악치료의 진단평가 결과를 포함하도록, (6) 음악치료 서비스의 적합성에 대한 최종 결정을 내리도록, (7) 필요하다면, 다른 전문분야에 적절하게 의뢰하도록, (8)과 (9)는 최근의 의학적 진단과, 여러 기능영역에서의 기술 수준을 평가하는 것을 포함하도록 지도한다(AMTA, 2013).

진단평가에 대한 부가적인 정보들은 적절하게 진단평가를 수행하고 그 결과들을 해석하는 데 있어 필요한 30가지의 특정한 기술들을 정의한 음악치료사 인증위원회(CBMT)의 (임상)실제의 범위에서 확인할 수 있다(CBMT, 2010). 이러한 문서들은 임상하는 음악치료사들이 전문적인 무결성(integrity)을 가지고 진단평가를 개발하는

데 있어 충분한 길잡이를 제공하고, 내담자와 임상환경에 대한 필요를 충족시킨다.

진단평가의 정의, 목적과 유형

진단평가의 정의는 그 용어가 사용되는 맥락에 따라 매우 다양하다. AMTA (임상)실제의 표준(AMTA Standards of Practice; AMTA, 2013)은 진단평가를 "내담자의 현재 기능수준을 판단하는 과정"이라고 정의하며, 표준 임상과정에는 의뢰(referral)와 치료계획의 수립이 따른다고 하였다. 또한 음악치료에서 진단평가의 정의는 내담자를 이해하는 방법으로서, 치료과정에서 드러나는 개인적인 필요와 자원이 무엇인지 판단하기 위해 음악적 참여를 강조한다(Bruscia, 1998). Meadows, Wheeler, Shultis와 Polen(2005)은 음악치료 진단평가는 형식적이거나 비형식적일 수 있으나, 정의된 목적이나 목표가 있어야 하고, 내담자의 기술과 능력에 대한 정보를 제공하기 위하여 적절하게 선정된 음악과제가 이용되어야 하며, 적절한 치료 팀과 소통하고 문서화해야 한다고 기록하였다(p. 28).

진단평가의 목적과 진단평가의 접근방식은 임상세팅에 따라 다양하다. 전통적으로, 음악치료 진단평가는 의학적 진단(diagnostic) 기능으로 시행되지 않았지만, 최근에는 이러한 방향으로 움직이고 있다(Magee, Siegert, Daveson, Lenton-Smith, & Taylor, 2013). Bruscia(1998)는 이론이나 다른 참조 틀의 측면에서 관찰을 설명하기 위한 시도가 있다면 음악치료 집단평가의 목적은 해석적(interpretive)일 수 있고, 관찰이 선정된 영역에서 내담자의 기능상태에 대한 전반적인 그림을 제공한다면 기술적(descriptive)이 될 수 있으며, 관찰이 치료목적이나 목표에 대한 방향을 시사한다면 처방적(prescriptive), 관찰이 치료중재의

효용성을 측정하기 위한 기저선으로서 역할을 수행한다면 평가적(evaluative)일 수 있다고 하였다. Wheeler(2013)는 이러한 각각의 목적을 반영하는 음악치료 진단평가의 특정한 사례들을 제공하였다.

대부분의 진단평가 상황에서는 면담과 질문지 같은 비형식적인 방법들과, 표준화 검사나 도구나 목록과 같은 형식적인 방법들을 모두 사용하여 정보를 수집하는 것이 일반적이다. 형식적인 방법들은 음악적 선호를 평가하거나 음악감상 또는 수행 과제에 대한 반응을 평가하기 위하여 Likert 척도를 사용하는 것을 포함하며, 이러한 방법들은 표준화 검사나 규준 참조 검사의 사용을 수반할 수 있다. 정보는 내담자나 가족구성원 또는 가까운 친구를 통해서 직접적으로 수집될 수 있다. 음악적 행동에 대한 체계적 관찰은 음악치료 진단평가에서 사용하는 또 다른 일반적인 방법이며, 채점 요강을 포함하거나 포함하지 않을 수 있다.

심리측정과 관련된 용어 및 개념

음악치료의 최대 관심사가 음악경험(music experience)과 그 의미에 있음은 분명하다. Radocy와 Boyle(1997)은 음악능력(music ability)이 음악으로 '무엇인가 하는' 능력과 관련이 있다고 하였다(p. 334). 이들은 더 나아가 음악성(musicality)을 "음악적 자극 내에서의 변화에 민감하게 되는, 다시 말해 '음악적'이 되는 상태"라고 정의한다(p. 335). 초기의 문헌에서 Radocy와 Boyle(1988)은 음악성을 재능, 역량, 적성과 같이 밀접하게 관련된 다른 용어들과 구분하였다. 재능(talent)은 유전적인 것과 성숙의 요인들을 포함하는 음악적 역량(capacity)과, 유전적인 것과 환경적 결정인자들 모두에 의해 형성되며, 음악

적 재능의 소인과 관련이 있는 적성(aptitude)이라는 두 가지 요인에 의해 결정된 뛰어난 음악적 능력을 함축한다(Radocy & Boyle, 1988, pp. 295~296). 음악치료사로서 우리는 일차적으로 음악성에 중심을 두고 구인들을 다루기 때문에 이러한 개념들은 모두 진단평가에서 중요하다. 구인(construct)은 직접적으로 측정할 수 없는, 가설적인 심리적 속성으로 정의되므로 관찰된 행동들을 통해 추론할 수 있어야만 한다(Crocker & Algina, 1986). 우리는 음악성을 직접적으로 관찰할 수 없기 때문에 가창, 리듬악기 연주나 음악에 맞추어 리듬적으로 움직이는 것과 같은 지정된 행동에 의해 그 존재를 추론한다. 진단평가 과정에서 어떤 것을 정의하기 위해 선택한 행동을 통해서 관심을 갖는 구인(the construct of interest)이 명확하게 나타나는 것은 중요하다. 특정한 임상상황의 맥락 안에서 명확하게 구인을 정의해야 구인을 더 잘 측정할 수 있게 되고, 관찰한 행동의 의미에 관하여 논리적인 추론을 할 수 있다.

목록(inventories), 도구(tools), 검사(tests)와 도구집(instruments)은 문헌에서 상호교환적으로 빈번하게 사용하는 용어들이며, 심리측정 연구에서 진행될 수 있는 절차들을 지칭한다. 이러한 유형의 연구들은 도구의 신뢰도(reliability)와 타당도(validity)를 측정할 수 있는 통계적인 방법들을 사용한다. 연구자가 신뢰도 연구를 수행할 때, 이 도구가 시간이 지나도 일관적이고 안정적인 결과를 제공하는지에 초점을 둔다. 신뢰도와 타당도, 이에 수반되는 통계적인 방법론에 대한 상세한 설명은 Wheeler(2013), Boyle과 Radocy(1987)의 문헌에 소개되어 있다. 또한 문헌들은 평정자 간 신뢰도(interrater reliability) 또는 일치도(agreement)에 대한 기록을 포함한다. 이 기록은 전형적으로 체계적 관찰에 기반하여

정보를 수집하는 도구에 사용된다. 통계는 다양한 관찰자들의 평정이나 도구의 항목들에 대한 연구참여자들의 점수가 얼마나 유사한지를 반영한다(Layman, Hussey, & Laing, 2002; Mahoney, 2010 참조). 음악치료 진단평가에서 사용되는 도구의 신뢰도는 중요하다. 측정될 수 있는 치료 중재의 효과성을 고려하여 기저선을 설정하는 데 사용되며, 치료적 변화가 단순히 평범한 도구의 산물이 아닌 진정한 변화임을 확인하는 것이 필요하기 때문이다.

심리측정 연구자가 타당도 연구를 수행할 때, 연구자는 이 도구가 측정하고자 한 것을 실제로 얼마나 잘 측정하는지에 관심이 있다. 내용 타당도(content validity) 검증은 전형적으로 도구의 개발 단계에서 이루어지고, 도구의 각 항목이 관심 영역을 얼마나 잘 나타내는가와 관련이 있다. 내용 타당도 검증 과정에 대한 설명은 Douglass(2006)와 York(1994)의 문헌에서 소개하고 있다. 다음으로, 연구자는 새로운 도구가 예측 행동을 얼마나 잘 평가하는지 또는 기존에 있던 안정적인 심리측정 도구에 의해 측정된 유사한 행동들을 얼마나 잘 반영하고 있는지와 관련이 있는 준거 타당도(criterion-related validity)를 고려한다. 치매를 가진 개인을 대상으로 새롭게 개발된 음악기반 인지기능평가(Music-Based Evaluation of Cognitive Functioning, MBECF)의 타당도를 검증하기 위하여, 나는 세 가지의 표준화 정신상태검사(mental status tests)를 선정하였다(Lipe, 1995) : 간이-정신상태검사(Mini-Mental State Examination, MMSE; Folstein, Folstein, & McHugh, 1975), 간이-인지평가척도(Brief Cognitive Rating Scale, BCRS; Reisberg, Schneck, Ferris, Schwartz, & DeLeon, 1983), 중증 치매 평가도구(Severe Impairment Battery, SIB; Saxton & Swihart, 1989). MBECF와 이 세

가지 척도들의 점수는 높은 상관관계가 있고, MBECF가 보다 안정적인 척도로서 유사한 기능을 수행한다는 것이 입증되었다.

구인 타당도(construct validity)는 도구가 내재된 심리적 속성, 이론적 기반을 얼마나 정확하게 반영하는지의 정도를 평가하는 것과 관련이 있다. 이는 관심이 있는 구인을 정확하게 정의하고, 구체화하는 과정을 필요로 한다. 관련 이론은 위에 기술한 연구에서 함축적으로 제시되었다(Lipe, 1995). 이러한 도구들 중 가장 오래된 MMSE는, Wechsler 성인 지능 검사(언어 및 동작 점수)를 사용하여 처음으로 타당화 작업이 이루어졌다. 이 검사는 지능을 "다면적인, 복잡하고 다양한, 수많은 요소들의 집합체"로 보는 Wechsler의 관점으로부터 탄생되었다(Wechsler, 1975, p. 135). 이후의 연구에서, 나와 동료들은 치매 노인들에게 사용할 목적으로 설계된 두 가지 음악 기반 평가도구들을 MMSE(Folstein et al., 1975)와 비교하여 높은 상관관계를 밝혔고, 이러한 도구들이 이 대상군(population)에서의 음악인지(music cognition)를 강하게 나타내는 도구들이라고 결론지었다(Lipe, York, & Jensen, 2007). 우리는 "'음악인지'가 고유하게 확인될 수 있지만 각각 독립적이지는 않은 리듬, 가창과 선율적 기술로 구성된 다차원적인 구인"이라고 결론지었다(p. 381).

음악치료 임상가들이 타당도를 이해하는 것은 왜 중요한가? 첫째, 진단평가 상황에서 개발된 도구를 사용하는 것은 우리의 삶을 더 쉽게 만들어준다. 예를 들어, 우리는 언어 또는 작업치료사들이 하는 것을 복제할 필요가 없지만, 유사한 기술들을 활용하는 음악기반 도구를 독창적으로 개발할 수 있다. 타당도 검증은 이러한 연계성을 나타낸다. 둘째, 타당도 검증이 없다면 우리는 내담자를 관찰한 반응에 바탕을 둔 음악 외적 추

론들을 이끌어내는 데 있어 강력한 기반을 갖추지 못한다.

심리측정 검증(psychometric testing)은 도구와 절차들을 표준화하여 사용하는 과정이다. 표준화 검사들은 진단평가 과정의 중요한 부분이 될 수 있다. 측정될 수 있는 목적 및 목표들의 성취(progress)와 비교하여 기저선 정보를 제공할 수 있기 때문이다. 치료목적을 성취하기 위해 치료가 이루어지는 동안 다양한 시점에서 동일한 도구를 사용할 수 있기에, 이러한 도구들의 사용은 Bruscia(1998)가 언급한 진단평가의 평가적 목적과 연결된다. 마찬가지로, 표준화 도구의 사용은 이론적 틀이 종종 타당화 과정의 일부가 되기 때문에 해석적 맥락에 있어서 더욱 강력한 사례를 만들어낼 수도 있다.

음악치료 임상에서 전형적으로 사용되지는 않지만, 음악능력이나 적성에 대한 규준 참조(norm-referenced) 검사들이 음악치료 문헌에 등장한 바 있다. 규준 참조 검사 도구는 개인의 점수를 지정된 모집단의 대표성을 띤 매우 큰 표본과 비교한다(Boyle & Radocy, 1987; Crocker & Algina, 1986). 이러한 도구들은 흔히 심리적·교육적 세팅에서 모두 사용되기 때문에 이 영역에서 임상하는 음악치료사들은 도구들을 어떻게 개발하고, 어떻게 점수를 해석하는지에 대한 작업 지식을 필요로 한다. 연구자들은 청각장애 아동들(Darrow, 1987)과 노인들(Gibbons, 1983a, 1983b)의 음악적성, 인공와우를 사용하는 성인들의 음악지각(Gfeller & Lansing, 1992)과 시각장애 학생들의 소리 개념화(Madsen & Darrow, 1989)를 설명하기 위하여 규준 참조 검사를 사용하였다. 음악치료 문헌에서 이러한 도구들의 사용은 흔지 않으며, 연구표본들은 크지 않다. 검사를 사용한 모든 사례들에서, 연구자들은 임상적 실제 방안에 대한 특정한 권고 사항이 있는

연구결과를 도출하였다.

음악치료 임상에서의 진단평가

여기에서는 문헌에서 추출한 음악치료 진단평가의 사례들(표 7.1)을 포함하고 있다. 이 사례들은 학술지나 문헌에서 선정된 것이고, 지난 20년 또는 1992년~2012년 이내에 출간되었다. 시대 범위가 다소 임의적으로 설정되었으나 1992년 이전의 진단평가 문헌은 한정적이며, 이러한 초기의 도구들이 현재에도 사용되고 있는지를 확인하는 것은 쉽지 않다. 두 가지 예외는 아래에서 논의될 즉흥연주 진단평가 프로파일(Improvisation Assessment Profiles, IAPs; Bruscia, 1987)과 노도프-로빈스 접근에서 아동의 음악적 반응을 평가하기 위해 개발되어 사용되는 세 가지 척도이다(Nordoff & Robbins, 1977, 2007).

진단평가의 사례들을 추출하기 위하여 *Journal of Music Therapy, Music Therapy Perspectives*와 여러 음악치료 문헌에 대한 수기 검색뿐 아니라 *Nordic Journal of Music Therapy*(2000~2012), *Canadian Journal of Music Therapy*(2009~2012), *Australian Journal of Music Therapy*(2003~2012)에 대한 컴퓨터 검색이 시행되었다. 여기에 포함된 자료들은 실제 평가도구나 과정들이 출판된 것들이다. 진단평가 절차들이 일반적인 방식으로 기술된 것이나 학술대회 발표, 박사학위 논문, 석사학위 논문 등에 제시된 것들은 제외되었다. 문헌에 나타난 여러 연구들은 다양한 대상자군 집단과 작업하는 임상가들의 진단평가 실제에 대한 조사 결과들을 제시하였는데(Cassity & Cassity, 1994; Chase, 2004; Codding, 2002; Silverman, 2007; Wilson & Smith, 2000) 이 또한 사례에서 제외되었다.

이 목록들을 조사한 결과, 몇 가지 결론들이 도출되었다. 첫째, 이 목록에 있는 진단평가의 50%는 행동체크리스트이다. 대부분의 사례에서, 체크리스트에 제시된 행동들의 선정에 대한 논거가 제공되었다. 일부 저자들이 음악치료 세션 형태에 따른 진단평가 수행을 제안했음에도 불구하고, 대부분의 도구에서 특정한 음악프로토콜의 선택은 치료사 개인에게 주어졌다.

둘째, 여러 도구들은 개별적으로 출판된 광범위한 진단평가이다. 특수교육 음악치료 진단평가 과정(Special Education Music Therapy Assessment Process, SEMTAP; Brunk & Coleman, 1999)은 종종 문헌에서 언급되며, 폭넓게 사용되는 것으로 나타난다. 이 도구에 대한 부록으로, 최근에 출판된 음악치료 특수교육 진단평가 척도(Music Therapy Special Education Assessment Scale, MT-SEAS)는 SEMTAP을 위한 채점 체계를 제공하고 발달적 지표를 사용하여 그 영역들을 체계화한다(Bradfield, Carlenius, Gold, & White, 2014). 개별화된 음악치료 진단평가 프로파일(Individualized Music Therapy Assessment Profile, IMTAP; Baxter et al., 2007)과, 노인의 필요와 처치를 위한 음악 진단평가(Musical Assessment of Gerontologic Needs and Treatment, MAGNET; Adler, 2001)는 여러 문헌에 등장하였다. 이는 광범위한 도구들이고, 일부는 어떤 임상적 상황에서나 특정한 목적에 있어 유용할 수 있다. 그럼에도 불구하고, 이러한 진단평가들은 앞에서 설명했던 것과 같은 방식으로 표준화되지 않았음을 임상가들이 인식해야 할 필요가 있다.

셋째, 여섯 가지 도구들에 대한 심리측정 자료가 보고되었다(Bruscia, 2000; Daveson, Magee, Crewe, Beaumont, & Kenealy, 2007; Jeong & Lesiuk, 2011; Layman et al., 2002; Lipe, 1995;

Lipe et al., 2007; Magee et al., 2013, Meadows, 2000; O'Kelly & Magee, 2013; York, 1994). Beech Brook 음악치료 진단평가(Beech Brook Music Therapy Assessment; Layman et al.)를 제외한 평가도구들은 모두 지정된 채점 체계와 특정한 음악요강을 포함한다. 이러한 도구들을 성공적으로 사용하기 위해서 임상가들은 제공된 심리측정적 정보를 어떻게 해석하는지, 내담자들의 반응과 후속 음악치료 계획 사이에서 유의한 결론을 도출하기 위하여 어떻게 정보를 사용할 것인지를 이해해야 할 필요가 있다. 이러한 도구들을 사용하는 임상가들은 도구의 심리측정적 무결성을 손상시키거나, 어떤 결과들로부터 위태로운 결론을 도출하지 않도록 임의로 항목들을 추가하거나, 삭제하거나, 변형하지 않도록 주의해야 한다.

노도프-로빈스 음악치료(NRMT)는 수십 년간 활용되어왔고, 미국과 해외에서 폭넓게 임상이 이루어졌다. Mahoney(2010)는 음악활동 척도(Musical Activity Scale)의 내담자-치료사 관계 항목에 대한 평정자 간 일치도에서 '건강의 범위'를 발견하였다(p. 27). 또한 NRMT는 신경발달장애를 위한 개별 음악중심 진단평가 프로파일(Individual Music-Centered Assessment Profile for Neurodevelopmental Disorders, IMCAPND; Carpente, 2013)에 대한 기반을 제공하였다. 이는 반응의 빈도, 필요한 지원의 수준, 내담자 반응에 대한 매개 등 세 가지의 개별적인 척도를 포함하며, 5점 채점 체계로 이루어졌다. 현재까지, 이 도구에 의하여 실시된 심리측정 검사는 없었다.

음악치료사가 다른 전문가들이 진단평가에 사용하는 도구들에 대해서 잘 아는 것 또한 매우 중요하다. Darrow(1989)는 청각장애 아동들의 청능 훈련, 말 산출 및 언어발달에 대한 진단평가의 상세한 절차를 제시하고, 이러한 유형의 진단평가에서 음악치료사들이 사용할 수 있는 아홉 가지 추가 검사들을 제안하고 있다. Hobson(2006)은 말-언어병리학자에 의해 사용되는 검사 절차들을 기술하고, 진단평가 과정에서 음악치료사들과 말-언어병리학자들이 협력할 수 있는 방법들을 추천한다. 또한 Hobson은 말-언어병리학자들의 진단평가가 전문화된 훈련을 필요로 하지만, 음악치료의 처치 목적을 설정하기 위해서 음악치료사들은 이러한 검사들의 결과를 해석하고 적용하는 방법을 이해해야 한다고 기록하고 있다(Hobson, 2006, p. 60). Weller와 Baker(2011)는 음악치료와 신체재활 분야의 문헌을 검토하고, 음악치료사들이 진단하도록 훈련될 수 있거나 그렇지 않은 기능영역들을 확인하였다. Groen(2007)은 완화치료 세팅에서 공인 간호사와 음악치료사 모두가 사용할 수 있는 여러 표준화된 통증 진단평가에 대한 정보를 제공하고 있다.

음악치료 진단평가 도구와 절차의 발달

위에서 제공된 기존의 정보들을 바탕으로, 만일 음악치료사가 자신의 임상적 필요를 위하여 진단평가를 개발할 필요가 있다면 어떻게 진행해야 하는가? 아래에 제시한 단계들은 나의 고유한 경험, 그리고 Benson과 Clark(1982)에 의해 제안된 지침에서 도출된 것이다.

- **1단계: 진단평기의 목직 구제와**
  가능한 구체적으로 만들어라. Isenberg-Grzeda(1988)는 진단평가 설계에 유용할 수 있는 다섯 가지 조건들로 음악, 내담자군, 기관의 요구, 치료사의 치료철학 및 개인적 기술을 제안하였다. 당신의 세팅에서 가장

표 7.1 선정된 진단평가 도구들 : 1992~2013

저자(들)	제목	목적	도구 유형	영역 수	음악요강	채점	심리측정적 정보
Ko & Moon (2014)	Korean Music-Based Evaluation of Cognitive Functioning (K-MBECF)	치매 노인들의 인지기능 평가	체계적 관찰	1	19가지의 특정한 가창, 언어, 선율, 리듬과제들	각 과제마다 0~3점	높은 구인 타당도 및 집단 비교 타당도, 높은 내적 일관성 및 평정자 간 신뢰도
Betz & Held (2013a)	Betz Held Strengths Inventory for Children with Disabilities	중증 복합장애 아동들의 행동 강점 확인	비디오 관찰 및 행동분석	4	잠재적 강점을 유발하는 음악자료 단서(cue)에 대한 제안들이 제공됨	단서와 반응 범주 모두에서 채점을 위해 상세한 설자들이 제공	없음
Betz & Held (2013b)	Betz Held Strengths Inventory for Infants and Toddlers	영유아 발달에서 발현되는 행동강점 확인	비디오 관찰 및 행동분석	5	35가지 잠재적 강점들을 유발하는 67가지 음악과 이음 단서에 대한 제안들이 제공	단서와 반응 범주 모두에서의 채점을 위해 상세한 설자들이 제공	없음
Norman (2012)	Music Therapy Assessment	요양시설 거주자들을 위한 기술적, 처방적	행동체크리스트	6	추천사항들이 제공	없음	없음
Jeong & Lesiuk (2011)	Music-Based Attention Assessment (MAA)	TBI 환자들의 주의집중 평가	체계적 관찰	1	49개의 항목, 3개의 하위검사, 다양한 선율 윤곽 (contours)	0~1	허용 가능한 항목 변별도 및 난이도, 높은 내적일관성, 수정된 검사(MAA-R)의 45항목에 대한 확인적 요인분석으로 밝혀진 다섯 가지 요인, 높은 내적일관성(Jeong, 2013)

저자(연도)	도구명	목적	유형	문항 수	내용	척도	신뢰도/타당도
Langan (2009)	Music Therapy Special Education Assessment Tool	교과과정의 목적과 관련된 치료과정 평가	행동체크리스트	8	음악치료 회기 내용을 반영하는 진단평가의 시도는 없음	없음	없음
Snow (2009)	Music Therapy Assessment Tool for Adults with DD	평가적	체계적 관찰	87가지	6가지 특정 과제들	척도 1~5	신뢰도 및 구인 타당도가 언급되었으나, 보고된 자료는 없음
Magee (2007)	Music Therapy Assessment Tool for Awareness in Disorders of Consciousness (MATADOC)	진단적 및 처방적 최소 의식상태의 환자들을 위한 교정 음악치료 처치	체계적 관찰	5	지정된 음악적 자극을 사용하는 3가지 하위척도 내의 14가지 항목, 1회 진단평가=10일 이내의 4회기	0~7 항목마다 평정이 다름	높은 구인 타당도(Daveson et al., 2007), 참조 표준이 있는 높은 진단적 일치도(O'Kelly & Magee, 2013), 하위척도 I: 높은 내적일관성, 평정자 간/내 신뢰도 및 강한 첫 번째 주성분(Magee et al., 2013)
Rohrbacher (2007)	Assessment of Functions of Music Therapy (AFMT)	지역사회 세팅에서의 노인을 위한 프로그램 설계	행동체크리스트	6	제공되지 않음	모든 영역에 걸쳐 1~5	없음
Baxter et al. (2007)	Individualized Music Therapy Assessment Profile (IMTAP)	아동·청소년을 위한 복합 수준의 진단평가	행동체크리스트	10	제공되지 않음, 주어진 회기에 대한 사례예시	관찰된 시간 반응에 대한 %에 기반을 둔 평정 척도	없음

표 7.1 선정된 진단평가 도구들 : 1992~2013 (계속)

저자(들)	제목	목적	도구 유형	영역 수	음악요강	채점	심리측정적 정보
Maue-Johnson & Tanguay (2006)	Hospice Music Therapy Assessment	기술적, 처방적	행동 체크 리스트	6	제공되지 않음	없음	없음
Douglass (2006)	Pediatric Inpatient Music Therapy Assessment Form(PIMTAF)	기술적, 처방적	행동 체크 리스트	6	제공되지 않음	없음	없음
Layman, Hussey, & Laing (2002)	Beech Brook Music Therapy Assessment	정서장애 아동의 평가	체계적 관찰	4	연령에 적합한 다양한 악기의 라이브 음악 제안	−2에서 +2	높은 평정자 간 신뢰도
Adler (2001)	Musical Assessment of Gerontologic Needs and Treatment (MAGNET)	기술적, 처방적, 최소 데이터 세트를 보완하도록 설계	행동 체크 리스트	13	모델 회기가 제공	없음	없음
Hintz (2000)	Geriatric Music Therapy Clinical Assessment	기술적, 처방적, 평가적	행동 체크 리스트	5	제공되지 않음	각 영역마다 0~3	없음
Loewy (2000)	Music Psychotherapy Assessment	처치를 위한 기저선의 제공을 위해 주제를 밝힘	기술적 분석	13 영역 연구	회기의 요소들이 기술 사례(예시)가 주어짐	없음	없음

저자(연도)	도구명	설명	방법	영역	내용	척도	신뢰도·타당도
Wolfe (2000)	Music Therapy Services, Relaxation, and Stress Management Assessment	치방적, 평가적	내담자 조사	7	제공되지 않음	없음	없음
Bruscia (2000)	GIM Responsiveness Scale(GIMR)	트레블러(내담자)의 경험을 체계적으로 관찰	체계적 관찰	5	표준 GIM 프로토콜	1~5	높은 평정자 간 신뢰도, 높은 내용 타당도, 제한된 구인 타당도(Meadows, 2000)
Brunk & Coleman (1999)	Special Education Music Therapy Assessment Process(SEMTAP)	IEP 목표들을 충족시키는 데 있어서 MT의 유용성을 측정	도구가 아닌 과정	아동의 IEP에 의해 측정	아동의 IEP 목표에 기반을 둔 MT 회기 형태	없음	없음
Lipe (1995)	Music-Based Evaluation of Cognitive Functioning (MBECF)	치매 노인의 인지기능 평가	체계적 관찰	1	19가지의 특정한 가창, 언어, 선율 및 리듬과제들	각 과제마다 0~3	높은 검사-재검사 신뢰도 및 내적일관성, 높은 집단 비교 및 준거 타당도(Lipe, 1995), 높은 구인 타당도(Lipe, York, & Jensen, 2007)
York (1994)	Residual Music Skills Test(RMST)	알츠하이머형 치매 성인의 잔존 음악기술 평가	체계적 관찰	6	11가지의 특정한 가창, 언어, 리듬 및 음직임 과제들	0~31, 과제마다 다양함	높은 평정자 간 신뢰도 및 준거 타당도(York, 1994), 높은 검사-재검사 신뢰도(York, 2000) 및 구인 타당도(Lipe, York, York, & Jensen, 2007)

주 : DD-이중 진단, MT-음악치료, TBI-외상성 뇌손상.

빈번하게 나타나는 하나 또는 두 가지 영역들에 초점을 두어라.

- **2단계 : 내용 타당화 단계**
이미 사용된 도구는 어떤 것들이 있는지 문헌을 고찰하라. 당신의 임상세팅에서 가장 적절한 치료적 목표들을 충족하는 데 성공적이었던 음악치료 기법들과 접근들에 주력하라. 임상에서 가장 성공적이었던 접근들은 어떤 것들인지 동료들에게 추천을 받아라. 당신의 세팅에서 다른 치료 팀 구성원들에 의해 사용된 표준화 도구들을 검토하라. 음악에 대한 반응 정보들이 어떻게 내담자의 프로파일에 고유한 혹은 부가적인 정보들을 더하는지 고려하라. 항목의 형태를 개발하기 시작하고(예 : 행동체크리스트, 체계적 관찰), 항목들이 채점되는 방법을 고려하라. 포함되어야만 하는 음악과제들을 결정하고, 과제의 여러 유형들이 적합한지 아닌지, 혹은 하나의 접근이 선호되는지 아닌지(예 : 리듬과제, 즉흥과제) 등을 결정하라. 일단 초안이 개발되면, 그것을 동료들과 공유하고 피드백을 요청하라. 각 항목들은 현재의 임상을 반영하는가? 채점 체계는 내담자의 다양한 반응을 반영하기에 충분한가? 소집단의 내담자들에게 도구에 대한 예비조사를 시행하고, 필요하다면 수정하라.

- **3단계 : 정량적 평가**
심리측정 검사의 첫 번째 단계는 위에서 기술한 바와 같이, 도구의 신뢰도 측정을 포함한다. 이 단계는 진단평가의 총점을 이루는 각 항목들로부터 획득된 정보들의 범위와, 각 항목들이 내담사의 반응들 사이에서 유용한 변량을 산출할 수 있는지의 여부를 측정하기 위한 항목 분석을 포함할 수 있다.

- **4단계 : 타당화 단계**
심리측정 검사의 두 번째 단계는 위에서 기술한 바와 같이, 도구의 타당도 측정을 포함한다. 심리측정 연구에서, 다수의 연구자들은 의도한 바를 도구가 제대로 평가하고 있는지 확신하기 위해 3단계와 4단계를 수차례 반복한다. 만일 정량적 평가가 특히 벅차다면, 연구지식과 경험을 가진 동료 전문가들을 찾아라. 진단평가 도구와 절차의 개발은 지속적이고 진화적이나, 흥미롭고 창의적인 과정이기도 하다!

음악치료에서의 근거기반 진단평가를 향하여

음악치료에서는 근거기반 임상(evidence-based practice, EBP)을 매우 강조한다. 미국음악치료협회(AMTA)의 이사회는 음악치료에서의 근거 기반 임상을 "이용 가능한 최상의 연구, 음악치료사들의 전문성, 개인의 필요, 가치관, 선호도"의 결합이라고 정의하였다(AMTA, 2013). 수용할 수 있는 근거가 어떤 것인지에 대해서는 음악치료 임상가들 사이에서 일부 논의가 있지만(Abrams, 2010; Kern, 2010; Wigram & Gold, 2012), 음악치료사들이 고용된 다수의 세팅에서 임상실제는 의학과 심리학에서 도출된 근거 위계의 영향을 받는다. Jensen-Doss(2011)는 양질의 서비스를 제공하기 위해서 근거기반 진단평가(evidence-based assessment, EBAs)에 초점을 둘 필요가 있다고 지적하였다. Jensen-Doss는 EBAs가 더욱 효과적인 근거기반 치료(EBT)를 위해서 수집된 모든 필수 정보들을 확증하는 잠재력을 가지고 있다고 하였다. EBAs를 개발하기 위한 도전들은 시간 및 비용과 관련이 있을 뿐 아니라, 임상가들 간 진단평가 기법들의 다양성 및 임상실제에 대한 표준화 도구의 적절성 문제를 포함한다(Jensen-Doss, 2011). Hunsley와 Mash(2008)는 "근거기반 치료의 검증은 전적으로 진단평가 도구가 제공하는 자료들에 달려 있으므로 이러한 도구들의 질을 무시하는 것은 근거기반 활동 전체를 위험에 빠뜨린다"고 하였다(p. 3). Hunsley와 Mash는 규준, 신뢰도, 타당도, 처치 민감성 및 임상적 유용성의 영역에 있어 적절한 것에서부터 훌륭한 것까지 연속적으로 진단평가 도구들을 평가하는 평정 준거를 제공한다.

분명한 것은, 다수의 진단평가 접근들과 도구들이 음악치료사들의 임상에서 이용 가능하다는 것이다. 한 접근에서 이어지는 선택은 내담자를 위해서 가장 정확한 치료목적과 목표들의 설정으로 이끌 수 있는 최선의 정보를 제공할 가능성이 가장 높고, 치료의 효과성을 평가하는 방법을 제공할 수 있다. 누군가의 고유한 임상상황에 대해 최선의 방안을 선정하는 것은 중요한 일이지만, 분야의 발전을 고려하는 것 또한 중요하다. 어떤 접근이 가장 일관적으로 최상의 실제를 위한 결정을 이끌어내는가? 심리측정적 근거를 제공하는 임상가들과 연구자들은 EBA로 가는 길을 닦아 표준화된 진단평가를 지향하는 분야로 이동할 것이다. 진단평가 연구는 음악치료사들이 상당한 기술들을 가지고 예술적 영역, 과학적 영역 모두와 협상할 수 있음을 보여준다. 완성되어야 할 많은 것들이 여전히 남아 있지만, 미래의 한 분야로서 성공적으로 나아가는 견고한 기반은 마련되어 있다.

감사의 글

AMTA 도서관을 이용할 수 있도록 해준 Jane Creagan과 AMTA 직원들에게, 역사적 사료들의 사본을 제공해준 Joy Schneck과 CBMT 직원들에게, 유용한 지도와 정보로 이메일 질문에 신속하게 답해준 수많은 동료들에게 감사의 말을 전한다.

참고문헌

Abrams, B. (2010). Evidence-based music therapy practice: An integral understanding. *Journal of Music Therapy, 47*(4), 351–379.

Adler, R. (2001). *Musical Assessment of Gerontologic Needs and Treatment: The MAGNET survey*. St. Louis, MO: MMB Music.

American Music Therapy Association (AMTA). (2010). *Definition: Evidence-based music therapy practice*. Retrieved from *www.musictherapy.org/research/strategic_priority_on_research/evidence-based_practice*.

American Music Therapy Association (AMTA). (2013). *AMTA standards of practice*. Retrieved from *www.musictherapy.org/about/standards*.

Baxter, H. T., Berghofer, J. A., MacEwan, L., Nelson, J., Peters, K., & Roberts, P. (2007). *The Individualized Music Therapy Assessment Profile*. London: Jessica Kingsley.

Benson, J., & Clark, F. (1982). A guide for instrument development and validation. *American Journal of Occupational Therapy, 36*(12), 789–801.

Betz, S., & Held, J. (2013a). *Betz–Held Strengths Inventory for Children with Disabilities*. Walnut Creek, CA: Walnut Creek Music Therapy.

Betz, S., & Held, J. (2013b). *Betz–Held Strengths Inventory for Infants and Toddlers: Assessing child development through early strengths finding*. Walnut Creek, CA: Walnut Creek Music Therapy.

Boyle, J. D., & Radocy, R. E. (1987). *Measurement and evaluation of musical experiences*. New York: Schirmer Books.

Bradfield, C., Carlenius, J., Gold, C., & White, M. (2014, April). *Music Therapy Special Education Assessment Scale: A scored assessment model*. A continuing music therapy education session conducted at the meeting of the American Music Therapy Association, Mid-Atlantic Region, Buffalo, New York.

Brunk, B. K., & Coleman, K. A. (1999). *Special Education Music Therapy Assessment Process handbook*. Grapevine, TX: Prelude Music Therapy.

Bruscia, K. E. (1987). *Improvisational models of music therapy*. Springfield, IL: Charles C Thomas.

Bruscia, K. E. (1988). Standards for clinical assessment in the arts therapies. *Arts in Psychotherapy,*

15, 5-10.

Bruscia, K. E. (1998). *Defining music therapy* (2nd ed.). Gilsum, NH: Barcelona.

Bruscia, K. E. (2000). A scale for assessing responsiveness to guided imagery and music. *Journal of the Association for Music and Imagery, 7,* 1-7.

Carpente, J. (2013). *The Individual Music-Centered Assessment Profile for Neurodevelopmental Disorders (IMCAP-ND): A clinical manual.* Baldwin, NY: Regina.

Cassity, M. D., & Cassity, J. E. (1994). Psychiatric music therapy assessment and treatment in clinical training facilities with adults, adolescents, and children. *Journal of Music Therapy, 31*(1), 2-30.

Chase, K. M. (2004). Music therapy assessment for children with developmental disabilities: A survey study. *Journal of Music Therapy, 41*(1), 28-54.

Codding, P. A. (2002). A comprehensive survey of music therapists practicing in correctional psychiatry: Demographics, conditions of employment, service provision, assessment, therapeutic objectives, and related values of the therapist. *Music Therapy Perspectives, 20*(2), 56-68.

Crocker, L., & Algina, J. (1986). *Introduction to classical and modern test theory.* Fort Worth, TX: Holt, Rinehart & Winston.

Darrow, A.-A. (1987). An investigative study: The effect of hearing impairment on musical aptitude. *Journal of Music Therapy, 24*(2), 88-96.

Darrow, A.-A. (1989). Music therapy in the treatment of the hearing-impaired. *Music Therapy Perspectives, 6,* 61-70.

Daveson, B. A., Magee, W. L., Crewe, L., Beaumont, G., & Kenealy, P. (2007). The Music Therapy Assessment Tool for Low Awareness States. *International Journal of Therapy and Rehabilitation, 14*(12), 545-549.

Douglass, E. T. (2006). The development of a music therapy assessment tool for hospitalized children. *Music Therapy Perspectives, 24*(2), 73-79.

Feder, B., & Feder, F. (1988). *The art and science of evaluation in the arts therapies.* Springfield, IL: Charles C Thomas.

Folstein, M. F., Folstein, S. E., & McHugh, P. R. (1975). "Mini-Mental State": A practical method for grading the cognitive state of patients for the clinician. *Journal of Psychiatric Research, 12,* 189-198.

Gfeller, K., & Lansing, C. (1992). Musical perception of cochlear implant users as measured by the Primary Measures of Music Audiation: An item analysis. *Journal of Music Therapy, 29*(1), 18-39.

Gibbons, A. C. (1983a). Primary Measures of Music Audiation scores in an institutionalized elderly population. *Journal of Music Therapy, 20*(1), 21-29.

Gibbons, A. C. (1983b). Item analysis of the Primary Measures of Music Audiation in elderly care home residents. *Journal of Music Therapy, 20*(4), 201-210.

Groen, K. M. (2007). Pain assessment and management in end of life care: A survey of assessment and treatment practices of hospice music therapy. *Journal of Music Therapy, 44*(2), 90-112.

Hanser, S. (1987). *Music therapist's handbook.* St. Louis, MO: Warren H. Green.

Hintz, M. (2000). Geriatric Music Therapy Clinical Assessment: Assessment of music skills and related behaviors. *Music Therapy Perspectives, 18*(1), 31-37.

Hobson, M. R. (2006). The collaboration of music therapy and speech-language pathology in the treatment of neurogenic communication disorders: Part I. Diagnosis, therapist roles, and rationale for music. *Music Therapy Perspectives, 24*(2), 58-67.

Hunsley, J., & Mash, E. J. (2008). Developing criteria for evidence-based assessment: An introduction to assessments that work. In J. Hunsley & E. J. Mash (Eds.), *A guide to assessments that work* (pp. 3-14). New York: Oxford University Press.

Isenberg-Grzeda, C. (1988). Music therapy assessment: A reflection of professional identity. *Journal of Music Therapy, 25*(3), 156-169.

Jensen-Doss, A. (2011). Practice involves more than treatment: How can evidence-based assessment catch up to evidence-based treatment? *Clinical Psychology Science and Practice, 18*(2), 173-177.

Jeong, E. (2013). Psychometric validation of a music-based attention assessment: Revised for patients with traumatic brain injury. *Journal of Music Therapy, 50*(2), 66-92.

Jeong, E., & Lesiuk, T. L. (2011). Development and preliminary evaluation of a music-based attention assessment for patients with traumatic brain injury. *Journal of Music Therapy, 48*(4), 551-572.

Kern, P. (2010). Evidence-based practice in early childhood music therapy: A decision-making process. *Music Therapy Perspectives, 28*(2), 116-123.

Langan, D. (2009). A music therapy assessment tool for special education: Incorporating education outcomes. *Australian Journal of Music Therapy, 20,* 78-98.

Layman, D. L., Hussey, D. L., & Laing, S. J. (2002). Music therapy assessment for severely emotionally disturbed children: A pilot study. *Journal of Music Therapy, 39*(3), 164-187.

Lipe, A. (1995). The use of music performance tasks in the assessment of cognitive functioning among older adults with dementia. *Journal of Music Therapy, 32*(3), 137–151.

Lipe, A., York, E., & Jensen, E. (2007). Construct validation of two music-based assessments for people with dementia. *Journal of Music Therapy, 44*(4), 369–387.

Loewy, J. (2000). Music psychotherapy assessment. *Music Therapy Perspectives, 18*(1), 47–58.

Madsen, C. K., & Darrow, A.-A. (1989). The relationship between music aptitude and sound conceptualization of the visually impaired. *Journal of Music Therapy, 26*(2), 71–78.

Magee, W. L. (2007). Development of a music therapy assessment tool for patients in low awareness states. *NeuroRehabilitation, 22*(4), 319–324.

Magee, W. L., Siegert, R. J., Daveson, B. A., Lenton-Smith, G., & Taylor, S. M. (2013). Music Therapy Assessment Tool for Awareness in Disorders of Consciousness (MATADOC): Standardisation of the principal subscale to assess awareness in patients with disorders of consciousness. *Neuropsychological Rehabilitation: An International Journal, 24*(1), 101–124.

Mahoney, J. (2010). Interrater agreement on the Nordoff-Robbins Evaluation Scale: I. Client-Therapist Relationship in Musical Activity. *Music and Medicine, 2*(1), 23–28.

Maue-Johnson, E. L., & Tanguay, C. L. (2006). Assessing the unique needs of hospice patients: A tool for music therapists. *Music Therapy Perspectives, 24*(1), 13–21.

Meadows, A. (2000). The validity and reliability of the Guided Imagery and Music Responsiveness Scale. *Journal of the Association for Music and Imagery, 7*, 8–33.

Meadows, A., Wheeler, B. L., Shultis, C. L., & Polen, D. W. (2005). Client assessment. In B. L. Wheeler, C. L. Shultis, & D. W. Polen (Eds.), *Clinical training guide for the student music therapist* (pp. 27–55). Gilsum, NH: Barcelona.

Moon, S., & Ko, B. (2014). The validity and reliability of the Korean version of the Music-Based Evaluation of Cognitive Functioning. *Korean Journal of Music Therapy, 16*(1), 49–63.

Nordoff, P., & Robbins, C. (1977). *Creative Music Therapy*. New York: John Day.

Nordoff, P., & Robbins, C. (2007). *Creative Music Therapy: A guide to fostering clinical musicianship* (2nd ed.). Gilsum, NH: Barcelona.

Norman, R. (2012). Music therapy assessment of older adults in nursing homes. *Music Therapy Perspectives, 30*(1), 8–16.

O'Kelly, J. W., & Magee, W. L. (2013). The complementary role of music therapy in the detection of awareness in disorders of consciousness: An audit of concurrent SMART and MATADOC assessments. *Neuropsychological Rehabilitation,*

23(2), 287–298.

Radocy, R. E., & Boyle, J. D. (1988). *Psychological foundations of musical behavior* (2nd ed.). Springfield, IL: Charles C Thomas.

Radocy, R. E., & Boyle, J. D. (1997). *Psychological foundations of musical behavior* (3rd ed.). Springfield, IL: Charles C Thomas.

Reisberg, B., Schneck, M. K., Ferris, S. H., Schwartz, G. E., & DeLeon, E. D. (1983). The Brief Cognitive Rating Sale (BCRS): Findings in primary degenerative dementia (PDD). *Psychopharmacology Bulletin, 139*, 1136–1139.

Rohrbacher, M. (2007). *Functions of music therapy for persons with Alzheimer's disease and related disorders: Model demonstration program in adult day healthcare* (Grant No. 90AM2638). Washington, DC: Administration on Aging, Department of Health and Human Services.

Saxton, J., & Swihart, A. (1989). Neuropsychological assessment of the severely impaired elderly patient. *Clinics in Geriatric Medicine, 5*(3), 531–543.

Silverman, M. (2007). Evaluating current trends in psychiatric music therapy: A descriptive analysis. *Journal of Music Therapy, 44*(4), 388–414.

Snow, S. (2009). The development of a music therapy assessment tool: A pilot study. In S. Snow & M. D'Amico (Eds.), *Assessment in the creative arts therapies* (pp. 47–98). Springfield, IL: Charles C Thomas.

Solomon, A. L. (1985). A historical study of the National Association for Music Therapy, 1960–1980 (Doctoral dissertation, University of Kansas, 1984). *Dissertation Abstracts International, 46*, 2957-A.

Wechsler, D. (1975, February). Intelligence defined and undefined: A relativistic appraisal. *American Psychologist, 30*, 135–139.

Weller, C. M., & Baker, F. A. (2011). The role of music therapy in physical rehabilitation: A systematic literature review. *Nordic Journal of Music Therapy, 14*(1), 15–32.

Wheeler, B. L. (2013). Music therapy assessment. In R. Cruz & B. Feder (Eds.), *Feder's the art and science of evaluation in the arts therapies* (2nd ed., pp. 344–382). Springfield, IL: Charles C Thomas.

Wigram, T., & Gold, C. (2012). The religion of evidence-based practice: Helpful or harmful to health and wellbeing? In R. Macdonald, G. Kreutz, & L. Mitchell (Eds.), *Music, health and wellbeing* (pp. 164–182). Oxford, UK: Oxford University Press.

Wilson, B. L., & Smith, D. S. (2000). Music therapy assessment in school settings: A preliminary investigation. *Journal of Music Therapy, 37*(2), 95–117.

Wolfe, D. (2000). Group music therapy in acute mental health care: Meeting the demands of effectiveness and efficiency. In D. S. Smith (Ed.), *Effectiveness of music therapy procedures: Documentation of research and clinical practice* (3rd ed., pp. 265-296). Silver Spring, MD: American Music Therapy Association.

York, E. (1994). The development of a quantitative music skills test for patients with Alzheimer's pp. 265-296). Silver Spring, MD: American Music Therapy Association.

York, E. (1994). The development of a quantitative music skills test for patients with Alzheimer's disease. *Journal of Music Therapy, 31*(4), 280-296.

York, E. (2000). A test-retest reliability study of the Residual Music Skills Test. *Psychology of Music, 28*, 174-180.

제 **8** 장

음악치료 연구

Debra S. Burns | Anthony Meadows

김진아 역

음악치료라는 전문분야에서 연구는 역사적 발전과 사건을 기록, 또는 임상현장에서 현재 발생하고 있는 일을 묘사하거나 개입 과정과 결과를 탐구하는 등 다양한 역할을 한다. 임상현장에서 연구가 중요한 이유는 (1) 자료근거가 충분한 음악적 개입방법을 증명하고, (2) 치료과정에 대한 묘사와 분석을 제공해서 전문분야에 대한 지식을 쌓으며, (3) 치료사와 내담자의 음악과 음악치료 경험을 고찰하게 하고, (4) 임상의 근거가 되는 이론에 대한 이해를 풍부하게 하고, (5) 후속연구에 대비한 새로운 질문을 만들어서 음악치료 분야를 발전시키기 때문이다. 다양한 연구방법으로부터 나온 다각도의 지식은 음악치료사와 음악치료 수요자로 하여금 음악치료가 왜, 어떻게 고통을 경감시키고 발전과 성장을 위해 사용될 수 있는지에 대한 정보를 제공한다. 대표적 음악치료 단체들은[예 : 전미음악치료협회

(NAMT), AAMT, 미국음악치료협회(AMTA), 세계음악치료연합회(WFMT)] 오랜 기간 음악치료의 유익성을 설명하고 임상기준을 정의하며, 음악치료 효과와 임상을 정의할 수 있는 증거를 제시하는 연구가 중요함을 강조해왔다. 연구과정은 연구자의 견해나 연구자가 관심을 가지는 현상에 따라 전형적이고 체계적인 단계를 거치게 된다. 예를 들면 (1) 문제나 관심 현상의 인식, (2) 가설설정 또는 연구문제 제시, (3) 연구문제나 가설로부터 도출된 연구방법 설계, (4) 자료수집, (5) 자료분석, (6) 결과 유포의 단계를 거친다. 이와 같은 체계적 연구방법은 연구로부터 얻어진 결과나 결론이 궁극적으로 임상가와 관련 분야 이해관계자들에게 신뢰받을 수 있는 정보를 제공하게 한다.

연구전망과 방법론에 대한 정의

음악치료 연구자들은 연구에 있어서 예술분야 고유의 설계방법과 함께 심리, 교육, 의학 등의 분야에서 발전된 체계적인 방법과 전략을 사용한다(Hillecke, Nickel, & Bolay, 2005; Ledger & Edwards, 2011). 대표적인 방법으로는 양적연구와 질적연구가 있고, 실용적 관점에서 출발한 비교적 새로운 혼합방법론(mixed methodologies)이 있는데, 연구방법과 전략은 연구의 관점에 따라 달라진다. 양적연구(quantitative research)의 방법론과 전략은 이론에 기반을 둔 변수의 적용을 강조하는 후기 실증주의적(postpositivistic) 관점을 따른다. 이론을 증명하고 변수 간 관계를 밝히며, 결과를 더 많은 대상에게 일반화시키기 위해 연역적으로 도출된 변수를 수치로 측정하고 통계과정을 거쳐 분석한다(Creswell, 2009). 이에 비해 질적연구(qualitative research)는 일반적으로 "연구대상을 그들이 속한 자연스런 환경 안에서 연구하고, 사람들이 부여하는 의미를 통해 특정 현상을 이해하고 해석하는 것"이라 할 수 있다(Denzin & Lincoln, 2011, p. 3). 마지막으로 혼합방법(하나의 연구에서 양적·질적연구의 전략적 통합)은 하나의 관점에 얽매이지 않는 실용적인(pragmatic) 관점을 따른다. 즉, 연구설계와 수행에 있어 다양한 연구방법의 강점과 가설을 취합하는 것이다(Creswell, 2009; Teddlie & Tashakkori, 2009).

음악치료 분야에서의 연구문제

광범위한 연구패러다임의 관점에서 볼 때 연구자는 보통 하나의 연구문제에서 시작하고, 시간이 지나면서 다음을 포함한 체계적 연구과정으로 연구를 발전시킨다—연구중점 분야(예 : 자

폐아동들의 사회성 기술 발전에 대한 음악치료 개입효과 검증), 정보수집 방법(예 : 사회성 기술을 확인할 수 있는 검사), 수집된 데이터의 분석방법(예 : 통계분석). 연구문제는 학문적 토대와 분야별 특이성, 전문적 초점에 따라 분류될 수 있다(Bruscia, 2005b).

토대연구(Foundational research)는 선임상연구(preclinical research), 또는 기초/벤치연구(basic/bench research)라 불리는데 특정 문제나 현상에 대해 깊은 고찰을 하기 위해 정보를 수집하는 것을 포함한다(Sidani & Braden, 2011). 예를 들면, 토대연구는 음악치료와 관련이 깊은 분야에서 음악치료 연구 외의 주제를 다룰 수 있다. 토대연구의 연구문제는 다양한 방법으로 발전할 수 있고 귀납적 혹은 연역적인 방법으로 답을 구하거나 공식화시킬 수 있으나, 가장 중요한 점은 문제나 현상에 대한 깊은 고찰을 하는 것이다. 이완할 때 사용하는 음악의 정신물리학적 요소와 선호도, 친숙도 간의 관련성에 대한 연구가 좋은 예이다(Tan, Yowler, Super, & Fratianne, 2012). 토대연구는 직접적인 음악치료 연구는 아니지만, 결과적으로 임상 관련성을 가지기 때문에 임상이나 후속연구의 기초 자료로 사용될 수 있다.

분야-특정 연구(discipline-specific research)는 음악치료 임상을 검증하는 것, 즉 문제나 임상현상을 이해하거나 정의하고(진단평가), 이론적 구조를 제공하고(치료중재의 진행), 궁극적으로는 개입을 평가(치료결과 평가)하는 것을 포함한다(Bruscia, 2005b; Sidani & Braden, 2011). 임상을 평가하는 연구문제는 서술적이거나 예측적일 수 있다. 일례로 환자중심의 음악치료를 목격한 보건의료 종사자가 말하는 음악치료의 성과를 바탕으로 근거이론을 발전시킨 연구도 있다(O'Callaghan & Magill, 2009). 무작위대조군연

구(randomized controlled trials, RCTs)는 치료성과에 집중하는 연구이므로 이 연구범주에 포함될 수 있다. 무작위대조군연구의 연구문제나 가설은 치료개입이 효과적인지 아닌지에 집중하기 때문이다.

직업-특정 연구(Profession-specific research)는 "음악치료사와 보건의료 서비스에서 음악치료를 전문직으로 확립하고 발전시키는 것과 관련된 모든 연구를 포함한다(Bruscia, 2005b, p. 81)." 음악치료라는 전문직에 관한 연구는 광범위한 주제를 망라하는데 고용 및 구직 경험, 학생과 전문 음악치료사의 이력사항, 교육과 훈련 관련 학문적 교과과정, 전문적 기준, 등록제도, 학문분야의 역사 및 문화, 음악치료 직종 등이 모두 포함된다(Bruscia). 일례로 음악치료를 전공하는 학생들의 단기 집단 음악치료 경험에 대한 연구는 다음의 두 가지를 집중적으로 다룰 수 있다. 집단 음악치료의 경험이 치료에 대한 이해를 얼마나 발전시키는지, 또 학생들의 교육과 훈련 과정에는 어떤 영향을 미치는지에 대해 조사하는 것이다(Jackson & Gardstrom, 2012). 이와 같은 연구들은 음악치료 교과과정에서의 개별치료의 적합성에 집중하기 때문에 전문적 교육과 훈련 범주에 속한다.

연구자의 견해와 경험

연구문제를 정하거나 개념을 결정하는 일은 한순간에 발생하지 않는다. 연구자들은 대부분 항상 자신의 개인경험이나 호기심에 기반을 둔 특정 분야나 주제에 집중하게 된다. 즉 연구자 자신들이 받은 교육이나 훈련, 음악과 치료, 또 치료적 변화에 대한 철학 등이 연구의 중심을 이루게 된다. 연구자의 인생경험도 자신들이 연구하기로 결정한 분야에 큰 영향을 미친다. 예를 들어

Anthony Meadows의 경우, 남성 치료사로서의 자신의 역할과 경험에 대한 탐색이 곧 남성과 여성 치료사가 여성과 남성 내담자에게 어떤 견해를 가지고 있는지를 연구하게 된 계기가 되었다. 다시 말해, 치료사가 자신의 내담자를 생각할 때 가지는 견해를 연구한 것이다(Meadows, 2002).

이와 비슷하게 연구자들에게는 연구를 어떻게 진행해야 하는지에 대한 각자의 신념이 있게 마련인데, 자신들이 받은 교육 또는 연구훈련만큼이나 연구에 대한 신념이 개개인의 연구방법에도 영향을 미친다. 더 나아가 심리치료, 인지행동치료, 인본주의, 음악심리학, 발달학 등의 훈련을 받았다면 이 같은 훈련이 연구자가 연구문제를 발전시키는 데 영향을 미치는 것은 당연할 것이다. 다양한 경험이 특정 연구문제를 해결하기 위한 단일연구로 이어질 수도 있고, 하나의 씨앗연구를 통해 다양한 후속연구를 개발시켜가는 종합적 연구프로그램으로 발전할 수도 있다. 각각의 연구는 특정 현상에 대한 복합적인 견해와 고찰을 발전시키는 과정에서 서로 관련되어 있는 연구일 수도 있다(Burns, Robb, & Haase, 2009; Burns, Robb, Phillips-Salimi, & Haase, 2010; Robb, 2003).

결국 음악치료 연구는 매우 다양한 요소에 의해 영향을 받으며, 이 요소들은 연구과정의 단계별 결정에 영향을 미친다. 이 같은 요소들을 정리하자면 연구자의 견해, 방법론적 구성, 연구자의 삶과 임상경험, 연구자가 받은 교육과 훈련이다.

연구과정

연구의 결과만큼이나 연구의 과정은 중요하다. 신참 연구자는 자신의 임상과 관련된 연구문제를 바탕으로 연구를 시작할 수 있는데, 대체로 대학교수나 멘토의 지도하에 연구를 설계하고

완성해간다. 그리고 심화 연구과정 훈련을 받았거나 선연구경험이 있는 사람들은 다양한 임상환경과 다수의 공동연구자가 참여하는 복합적 단계의 연구를 개발하게 된다.

연구자는 연구과정을 통해 질문을 할 수 있고, 특정 현상에 대한 심도 깊은 이해를 증진시킬 수 있는 개념이나 현상을 탐색할 수도 있으며, 이론이나 방법론적 발전을 증명할 수도 있다. 그러므로 연구프로그램을 발전시키는 것은 연구자로 하여금 연구하는 현상에 대한 깊이 있는 고찰을 가능케 할 뿐 아니라 연구과정에 대한 지식을 확장시킨다. 다른 모든 학문의 지식처럼, 연구자의 연구견해는 발전하고 변화해나간다. 예를 들어, 연구자는 특정 현상을 양적방법을 통해 탐색하다가 질적방법으로 전환할 수도 있고, 최종적으로는 혼합방법을 사용해서 연구지식의 깊이와 넓이를 발전시킬 수도 있다.

연구설계와 방법론

일단 연구자가 연구문제를 정하면, 그다음은 그 문제를 조사할 전략을 발전시켜야 한다. 이 같은 전략은 참여자 모집, 데이터 수집, 분석과정을 포함하며 일반적으로 연구방법(research method)이라 불린다. 연구를 진행하기 위한 다양한 방법은 대체로 양적, 질적, 혼합방법의 범주로 나눌 수 있다. 이어서 각각의 연구접근법을 묘사하고 연구방법의 예를 소개할 것이다. 연구방법에 대한 포괄적인 개관을 위하여 연구방법론에 대한 다양한 문헌을 참고하는 것도 좋을 것이다(Creswell & Plano Clark, 2011; Tashakkori & Teddlie, 2010; Wheeler, 2005).

양적접근법

양적연구 방법은 이론적 토대를 근거로 예상되는 변수의 수적 측정을 포함하고 있다. 때때로 연구자는 예비연구를 통해 변수를 검사해서 변수가 최적의 상태로 정의되었는지를 확인한다. 그리고 이렇게 수집된 자료를 통계로 조사하여 변수 간 관계, 예측성 및 차이점을 증명하게 된다. 통계조사의 결과는 연구문제나 가설 또는 선행연구를 토대로 해석한다. 양적연구 설계의 종류는 다음과 같이 나뉘는데, 우선 사례 접촉의 빈도에 따라 단면조사연구(cross-sectional), 사전/사후 검사(pretest/posttest), 종단연구(longitudinal), 조회 기간에 따라 전향적(prospective)·후향적 연구(retrospective), 조사의 본질에 따라 실험연구(experimental)·비실험연구(nonexperimental)·유사실험연구(quasi-experimental)로 분류한다(Kumar, 2005).

기술연구 설계

연구계획을 세우는 초기이거나 연구자가 새로운 관심 분야를 탐색하고자 할 때 가장 신중을 기해야 할 연구방법이나 설계는 현재 그 주제에서 알려진 바가 무엇인지, 즉 이론적 토대나 임상실제가 무엇인지 탐구하는 것이다. 기술적(descriptive), 상관관계적(correlational), 또는 조사연구(survey research) 방법이 다음과 같은 질문에 적합한 답을 할 수 있는 접근법이라 하겠다. 이 분야에서 현재 발생하고 있는 일은 무엇인가? 이것이 저것과 어떻게 관련이 있는가(또는 이들 사이에 연관성이 있기는 한 것인가)? 음악치료사들은 요즘 어떻게 임상을 하는가?

기술연구(관찰과 조사접근법)는 특정 현상, 집단, 프로그램, 서비스 등을 설명하고자 하는 데 목적이 있다(Kelley, Clark, Brown, & Sitzia, 2003; Kumar, 2005). 기술연구는 일회성일 수도 있고 또는 특정 시기의 한 순간에 시행되는 연구(단면조사연구)일 수도, 특정 기간에 걸쳐(종단

연구) 일어나는 현상에 대한 연구일 수도 있다. 이들 연구의 주목적은 연구하고 있는 당시 상황에서의 이슈나 문제가 가지는 일반적 공통점을 기술하는 데 있다. 인터넷 기술의 발전으로 인해 조사연구는 음악치료에서 매우 인기 있는 연구가 되었다(예 : Survey Monkey와 같은 온라인 설문조사 프로그램 활용). 조사연구는 다양한 이점이 있는데, 경험적 데이터를 수집할 수 있는 것을 포함해서 표본추출 계획만 잘 세우면 데이터가 큰 대규모 집단을 대표할 수 있기 때문에 연구결과를 일반화시키는 데 용이할 수 있다. 조사연구는 단시간 안에 방대한 자료를 산출할 수 있어서 실험연구보다 효율적이고 경제적인 방법일 수 있다(Kelley et al., 2003). Tanguay(2008)는 설문조사를 사용하여 음악치료 인턴십 감독자들의 관점에서의 일반적인 슈퍼비전의 실제와 태도를 탐구했다. 연구과정은 질문지 개발(연구대상으로부터의 피드백 포함), 질문지 배포(독촉장 포함), 현재 인턴십 감독관의 인적사항에 대한 수집된 자료의 분석, 그들이 슈퍼비전을 하는 태도와 실제를 포함했다.

후향적(retrospective) 또는 사후연구설계(ex post facto design)는 음악치료에서 보기 드물지만 과거에 수집된 자료를 바탕으로 임상특징을 조사한다거나 변수 간 관계성을 조사해볼 수 있는 장점이 있다. 보건서비스 연구에서는 후향적 설계가 서비스 전달을 설명하거나, 다양한 서비스를 받은 사람들의 결과를 비교하거나, 프로그램과 관련된 비용을 비교하는 데 사용되기도 한다. Hilliard(2004)는 노인 요양병원에서 호스피스 케어의 일환으로 음악치료를 받던 환자들에게 어떤 음악치료의 혜택이 있었는지를 탐색하고자 후향적 설계를 사용하였다. 주요 연구과정을 설명하자면, 먼저 전자의료기록을 통해 환자를 무작위로 선정하고 음악치료를 받은 기록이 있는

환자들을 집단으로 묶었다. 연구결과는 생존기간, 사회복지사나 음악치료사가 마지막 방문했던 시기를 고려한 임종 시간, 실제 케어가 발생한 횟수와 시간을 중심으로 공식화되었다. 이와 같은 연구는 비용 효율성이 높고, 통제실험에 비해 임상실제와의 직접적인 관련성도 높으며, 또한 인간 대상 연구 중 윤리위원회의 승인이 비교적 용이하게 이루어진다는 다양한 장점이 있다.

실험설계

음악치료 분야에서 실험설계는 종종 목표한 치료성과에 대한 음악적 개입의 효과를 판단하기 위해 사용된다. 실험설계의 전반에 걸쳐 공통적으로 나타나는 여섯 가지 특징은 (1) 통계적으로 무선할당 방식에 의해 서로 다른 집단에 속한 연구참여자의 속성이 동질해야 하며, (2) 2개 혹은 그 이상의 집단이나 조건을 비교하고, (3) 최소한 가지 독립변수나 치료변수를 직접 조작, (4) 각각의 종속변수나 성과를 측정하며, (5) 추리 통계의 사용, (6) 외적변수를 최대한 통제 가능하게 설계해야 하는 것이다(McMillan & Schumacher, 1989). 내적 및 외적 타당도를 무력화시킬 수 있는 요소들을 포함한 실험설계 특유의 특성은 타 문헌에서 더 자세히 다루고 있다(Shadish, Cook, & Campbell, 2002). 실험설계 과정은 연구자로 하여금 음악치료와 목표성과 내에서의 변화에는 인과관계가 존재한다는 것을 추론할 수 있게 한다. 실험연구의 다양한 설계는 연구를 적절히 구조화시켜 연구자가 인과관계를 추리할 수 있도록 해준다.

일반적인 실험설계는 사전-사후 통제집단 설계와 유일한 사후 통제집단 설계, 요인(factorial) 설계, 피험자 내 설계(within-subjects), 또는 반복측정 설계가 있다(Bradt, 2012; Shadish et al., 2002). 그중에서도 가장 일반적 실험설계는 피

험자들이 둘 또는 그 이상의 집단에 무작위로 할당되는 병행집단(parallel group) 사전-사후측정 설계일 것이다. 음악치료 문헌에는 다양한 사전-사후 설계연구의 예가 많다(예 : Burns et al., 2009; Goldbeck & Ellerkamp, 2012). Bradt(2012)가 음악치료 개입의 효율성과 효과를 검증하기 위한 무선통제 실험의 주요 요점과 설계 가능성을 자세히 설명하였으니 참고하기 바란다.

사후측정 통제집단 설계는 피험자 개개인을 무선할당하는 것이 어려울 때 유용한 설계이다. 예를 들어, Silverman(2013)은 사후측정 설계를 사용하여 심리교육적(psychoeducational) 노래 만들기 집단, 음악을 사용하지 않은 심리교육적 집단, 오락적 음악치료 집단의 효과를 검증하였다. 음악치료 세션의 내용은 무선할당되었지만, 피험자의 주요 특성의 결과를 비교해서 집단 간 동질성을 결정했기 때문에 피험자 개개인을 무선할당할 필요성은 감소했다. 피험자 개개인을 무선할당하지 않기로 결정한 것은 정신과 병원의 전형적인 일정을 고려할 때 필수불가결한 조치였다. 정신과 병원 기존의 일정 자체를 중단시키지 않고 피험자 개개인을 각각의 다른 집단에 무선할당해서 실험을 진행하기란 매우 힘든 일이었을 것이다. 이 실험설계는 정신과 환자들의 매일매일의 일정과 다른 집단치료 프로그램에 참여해야 되는 조건을 고려할 때, 전형적인 무선할당 실험에 비해 좀 더 현실에서 실행 가능한 것이었다.

요인설계는 한 가지 이상의 독립변수의 효과를 검증하는 좀 더 복잡한 실험설계이다. 예를 들어보면, McKinney, Tims, Kumar와 Kumar(1997)는 베타 엔돌핀(beta-endorphin) 수준에 미치는 음악과 심상(music and imagery)의 시너지 효과(상승작용 효과)에 관심이 있있다. 선행연구에서 음악감상과 심상이 베타 엔돌핀 수준에 긍정적 영향을 미치는 것이 확인되자, 음악과 심상을 결합한 효과를 분리하기 위해 2×2 요인설계를 선택했다. 이 설계는 세 가지 조건의 치료집단(음악, 음악과 심상, 심상)과 통제집단을 포함했다. 데이터 분석 결과는 가설을 증명해주었는데 음악과 심상 집단의 말초 베타 엔돌핀 점수가 다른 집단에 비해 현저히 낮았고, 음악과 심상을 결합했을 때 음악만 듣거나 심상만 실행했을 때보다 상승작용 효과가 나타났다(McKinney et al.). 이와 같은 설계로 세 가지 조건(음악, 심상, 음악과 심상) 중 가장 효과적인 개입이 어떤 것이었는지에 대한 답을 얻을 수 있었다.

음악치료에서 사용하는 또 다른 설계는 피험자 내 설계(within-subjects design; 반복측정 설계라고도 하며, 피험자를 자신의 통제군으로 사용; Elefant, Baker, Lotan, Lagesen, & Skeie, 2012)이다. 이 설계는 무선할당을 사용할 수도, 사용하지 않을 수도 있는데, 어떤 경우든지 간에 연구에 참여하는 피험자 모두가 모든 독립변수(예 : 치료)를 경험하게 되는 설계방법이다. 피험자 내 설계는 다양한 조건을 충족시키는 장점을 가지고 있다. 유용한 치료임을 알면서도 실험조건 때문에 치료를 보류하거나 받지 못하게 하는 것이 비윤리적일 경우, 개인이나 집단을 치료집단이나 비치료집단으로 무선할당하는 것이 가능하지 않을 경우(예 : 교실 상황 또는 기존의 치료집단들 대상으로) 유용하게 쓰인다. Robb과 동료들(2008)은 아동 암 환자들의 대처행동에 미치는 능동적 음악활동의 효과를 탐색하기 위해 피험자 내 설계를 사용했다. 구조와 자율성 지지, 관계성 등의 영향을 분리시키기 위해 각각의 실험조건이 설계되었고, 아동들은 모든 연구조건에 전원 참여했다. 전체 아동을 모든 조건에 참여시키는 것은 측정의 편차를 줄이는 것으로 궁극적으로 통계 검정력을 증가시킨다.

질적접근법

질적연구자들은 일반적으로 다음과 같은 다양한 연구문제를 던진다. (1) 사건, 행동, 상호작용 — 정의된 현실 여건에서 관찰 가능한 것(예 : 임상 즉흥연주 중 음악치료사가 내담자와 상호작용을 하는 방법을 조사하는 것), (2) 경험 — 사람들 (예 : 내담자, 치료사, 가족들)이 그것(예 : 내담자가 특정 음악치료 세션에 대해 어떻게 느꼈는가)에 대해 어떻게 이해하고, 인식하고, 느끼고, 생각하는지에 대한 조사, (3) 기록된 언어나 구술된 언어 — 사람들이 말과 문자의 수단으로 어떻게 소통하고 행동하는지에 대한 조사(예 : 음악인생회고 세션에 대해 치료사와 내담자가 토론한 내용을 필사한 후 분석), (4) 예술작품 — 음악치료 세션의 결과물로 나온 작품, 다시 말해 음악과 예술에 초점(예 : 내담자의 즉흥연주 분석), (5) 사람들 — 정의된 환경이나 여건에서의 개인이나 집단, 공동체, 또는 문화를 고찰하는 데 집중하는 것[예 : 음악치료사로서 내담자에게 충실 (being present)했던 경험에 대해 인터뷰하는 것] (Bruscia, 2005a).

이와 같은 문제의 목적은 다양할 수 있다. Bruscia(2005a)는 연구자, 임상가, 교육자였던 자신의 경험을 근거로 다음과 같이 목적을 분류하였다. (1) 전체적인 기술 — 특정 현상에 대한 포괄적인 묘사(예 : 자폐스펙트럼장애 아동 집단의 음악치료 세션에서 무슨 일이 발생하는지 전체적으로 묘사함), (2) 핵심의 정의 — 특정 현상의 요소들을 정의 내리고 핵심을 밝힘(예 : 내담자를 위해 함께 한다는 것의 의미가 무엇인지 치료사와의 면담을 통해 경험의 본질을 이해하고 정의함), (3) 분석 — 자료에서 나타나는 규칙, 주제, 관계성의 패턴을 밝히고 그것을 기반으로 연구현상에 대한 의미 있는 설명을 제공(예 : 음성상호작용에서 음악치료사가 말을 못하는 내담자

와 상호작용하는 방법을 분석하여 향후 임상 가이드라인을 개발함), (4) 이론의 확립 — 연구하는 현상을 어느 정도 설명할 수 있는 구성, 원리, 법칙, 개념적 도식 등을 공식화하는 것(예 : 내담자가 임상 즉흥연주를 하는 동안 어떻게 변화하는지에 대한 이론을 개발하기 위해 성인 내담자와 임상 즉흥연주 중에 나타나는 음악적 · 언어적 과정을 분석함), (5) 해석 — 연구자료로부터 의미를 도출하는 과정에서 쓰이는 연구자의 암묵적 지식과 이와 관련된 타당한 이론들 또는 타인에 의한 해석을 사용(예 : 장기치료 중인 정신과 환자 집단의 임상과정을 해석하는 데 정신역동이론을 사용함), (6) 자기성찰 — 연구자가 심도 깊은 자기인식에 도달하기 위해 자신의 행동, 상호작용, 경험, 언어를 숙고함(예 : 치료사는 음악치료 중에 중증 중복장애 아동들의 음악적 · 비음악적 행동을 자신이 어떻게 해석하는지 고찰. 즉 아동의 행동을 해석하면서 일어나는 자신의 심리과정과 그에 의한 영향을 이해하기 위함).

질적연구자들은 연구문제에 답하고 연구목표에 도달하기 위해 자료수집과 분석에 있어 일련의 방법을 사용한다(예 : 근거이론 또는 현상학). Creswell(2009, pp. 175~176)이 밝힌 바에 의하면, 질적연구자들은 각자 다양한 방법을 사용하지만 다음과 같은 특성을 공유한다.

1. 질적연구자들은 연구현상을 통제하지 않은 자연 그대로의 환경에서 조사한다. 자료수집도 통제된 환경이 아닌 현장에서 하기 때문에 자료는 항상 특정 현장 상황과 관련 있다.
2. 연구자는 연구과정의 주요 수단이다. 즉, 연구자료도 면담이나 관찰 또는 다른 형태의 자료수집을 통해서 자신이 직접 수집한다. 그들은 표준화된 질문지를 대체로 사용

하지 않는다.

3. 복수의 자료출처를 좋아한다. 예를 들면 면담과 관찰, 문서기록 등을 조합하는 것이다.

4. 귀납적인 자료분석이 일반화되어 있다. 질적연구자들은 자료분석을 밑에서부터 서서히 쌓아올라가는 경향이 있다. 패턴, 범주와 주제는 자료로부터 직접 추출한 것이지, 미리 결정된 모형으로부터 나온 것이 아니다.

5. 참여자의 의미를 존중하고 포함시킨다. 연구자가 자료를 해석한다 할지라도, 연구자가 부여하는 의미보다는 참여자가 문제나 이슈에 부여하는 의미를 이해하고자 하는 강한 의지가 있다.

6. 일반적으로 질적연구 설계는 연구과정에서 떠오르는 양상을 반영한다. 모든 연구과정 단계는 연구가 진행되는 특정 상황과 환경에 상응하여 변할 수 있다. 여기서 중요한 것은 연구현상을 종합적이고 신뢰할 만한 방식으로 갈무리할 수 있는 연구자의 능력이다.

7. 이론적 관점을 존중하고 인정한다. 질적연구자들은 자신들의 연구를 체계화할 특정 안목을 가지고 연구에 접근한다(예 : 문화, 성, 인종, 사회계급). 그리고 특정 사회, 정치, 또는 역사적 배경하에 연구를 구성할 수도 있다.

8. 해석은 질적연구에서 중추적인 역할을 한다. 질적연구자들은 자신들이 보고 들은 것을 이해하기 위해 다양한 형태의 해석을 사용한다. 그들의 해석은 자신들의 배경, 역사, 환경, 사전 지식으로부터 분리될 수 없다. 질적연구 고유의 특성 중 하나는 연구지와 참여자 또한 연구하고 있는 현상에 대한 해석을 한다는 사실을 이해하는 것이다.

따라서 연구는 연구상황-범위를 벗어날 수 없고 표의적(ideographic)인 특성을 갖는다.

9. 일반적으로 전체적인 설명에 가치를 두고 연구를 추구한다. 질적연구자들은 연구현상에 대한 복합적인 이해를 발전시켜가는 것을 추구한다. 즉, 다양한 견지에서 자료를 전체적으로 수집·해석·보고하는데, 이 같은 과정을 통해 광범위한 현상파악이 가능해진다.

위와 같이 질적연구에 대한 대략적인 가이드라인 안에서 각각의 목적을 가지고 특정 자료수집과 분석방법이 개발되었다. 예를 들어, 현상학적 조사(phenomenological inquiry)의 자료수집과 분석방법은 완전히 통합된 형태의 인간체험(lived human experiences)을 연구하는 것을 중시한다(Forinash & Grocke, 2005). 이와 대조적으로 근거이론(grounded theory)은 관심 있는 현상으로부터 체계적인 비교분석 과정을 사용하여 귀납적 이론을 산출하는 것을 중시한다(O'Callaghan, 2012). 이어서 현상학적 조사와 근거이론의 자료수집과 분석방법을 알아보고자 한다.

현상학적 조사

현상학자들은 체험(lived experience)을 연구한다(Forinash & Grocke, 2005). 인간으로서 우리가 장소, 사람, 사건을 체험한 것을 중시한다. 예를 들어, 현상학적 연구자들은 음악치료 세션에서의 경험에 초점을 맞추고 노래 부를 때의 슬픈 경험이나 즉흥연주 할 때의 성난 경험을 연구할 수 있다. 그들은 치료사의 경험에 집중할 수도 있다. 그 예로, 치료사의 직관적 경험에 대한 연구(Brescia, 2005)와 성인 통증환자들과 함께 한 음악치료시의 경험에 대한 연구(Kwan, 2010)는 둘 다 현상학의 원리와 과정을 사용하여 자료를 수집하고 분석했다.

방법론적으로 보면, 현상학은 경험의 본질에 대한 자료수집, 필사, 분석, 정의 내리기가 체계적으로 일련의 과정을 구성한다. 그리고 다수의 학자에 의해 여러 접근법이 개발되어왔다(예 : Colaizzi, 1978; Moustakas, 1994). Muller(2008)는 음악치료사들이 자신들의 내담자에게 충실한 것(being present)을 어떻게 경험하는지 알아보고자 했다. 그는 두 가지 연구문제를 세웠는데, (1) 음악치료사의 충실한 경험은 어떻게 전개되었는가 (2) 무엇이 음악치료사로서 충실하다는 것을 정의하는가이다. Muller는 8명의 음악치료사들을 면담했는데, 첫 번째 질문은 "당신이 내담자와 일하고 있을 당시 특별히 강한 인상이 남은 경험을 생각해낼 수 있나요? 예를 들면, 내담자와 연결되었다거나, 자신이 내담자를 위해 존재하고 있다고 느꼈던 경험, 또는 내담자가 한 말을 잘 듣고 깊이 이해했다고 느낀 경험이 있나요?"와 같은 것들이었다. 이어지는 면담은 음악치료사의 경험을 토대로 연구자와 음악치료사가 이 같은 경험을 순간순간 묘사할 수 있게 하였다.

자료분석은 다섯 단계에 걸쳐 전개되었다. 첫 번째 단계에서는 각각의 면담을 필사해서 전체적으로 읽으면서 연구자의 질문과 연구목적에 관련되지 않는 대화는 가려서 버렸다. 두 번째 단계에서는 필사본을 요약하고 의미 있는 단위(unit)로 나누었는데, 33개의 예비 자료코드(내담자 8, 음악치료사 12, 음악 13)가 드러났다. 세 번째 단계에서 Muller는 요약하지 않은 원자료로 돌아가서 코드의 근거를 세웠는데, 이것은 33개의 코드가 임상가들의 경험을 나타내는 정도를 확인하기 위한 것이었다. 그렇게 함으로써 최초의 코드를 다시 정의, 융합, 명료화시켜 최종 코드를 만들었다. 네 번째 단계에서는 각각의 면담을 다시 발췌해서 치료사 개개인 경험의 개요(일람표)를

만들었다. 마지막으로 다섯 번째 단계에서는 음악치료사의 충실했던 경험을 나타내는 주요 주제(major themes)를 발전시켰다. 그 결과는 Muller가 면담했던 치료사들의 '충실한 경험'의 특성을 전체적으로 묘사하는 것으로 제시됐다.

근거이론

근거이론 방법은 질적자료를 바탕으로 주로 귀납적 과정을 통해 이론을 생성하고 증명한다. O'Callaghan(2012)은 "근거이론은 자료를 비교하여 특정 개념을 구성하는 한편, 동시에 이 같은 개념을 자료에 엮는 것을 포함한다(p. 237)"라고 표현했다. 근거이론은 질적 음악치료 연구분야에서 오래되고 탁월한 역사를 가지고 있다. 음악치료에서의 근거이론 연구는 다양한 범위의 경험과 현상에 집중하였는데 예를 들면 통찰의 순간(Amir, 1996), 음악과 정체성(Ruud, 1997), 커뮤니티 음악치료 임상의 정체성과 범위(O'Grady & McFerran, 2007)가 있다.

방법론을 설명하자면, 근거이론은 자료를 수집하고, 분석하고, 코딩하는 여러 차례의 단계를 거친다. Amir(1996)는 근거이론 방법에 대한 좋은 예를 제시한다. 음악치료에서 음악치료사와 내담자가 어떻게 의미 있는 순간을 경험하는지를 이해하기 위해, Amir는 4명의 음악치료사와 4명의 내담자를 면담해서 15가지 의미 있는 순간과 의미 있는 순간이 발생하는 조건에 대한 근거이론을 개발하고, 이 같은 순간들이 참여자들의 인생에 기여한 바를 밝혔다. 면담내용은 9단계의 과정을 통해 필사하고 분석하였다. 1단계와 2단계에서는 면담을 말 그대로 필사하고, 연구자의 견해 · 생각 · 감정을 첨부하여 최초의 자료구성을 완성하였다. 3단계와 4단계에서는 필사본을 다시 읽고, 더 나아가 축 코딩을 하여 중심범주(core categories)와 하위범주(subcategories), 부

가범주(additional categories)를 개발하였다. 예를 들어 내담자의 영적·정서적·육체적 반응을 여러 범주로 구성했는데, 이중 다수의 범주는 치료사의 경험과도 관련이 있었다(예 : 내담자의 준비됨에 대한 인식, 내담자-치료사 관계성, 신뢰). 5단계와 6단계에서는 내담자의 인적사항을 작성하고 내담자와 치료사의 인적사항을 교차분석(cross analysis)하여 공통의 경험은 결합시키고, 중요한 개념은 강화시켰다. 7단계와 8단계에서는 공통 요소들(예 : 치료사와 내담자의 정서적 경험)을 교차분석하여 양쪽의 경험(치료사와 내담자)을 모두 아우르는 중심 개념을 세우고자 했다. 9단계에서는 모든 자료를 종합하여 전체를 아우르는 '의미 있는 경험' 이론을 제시했다.

그 밖의 질적방법론

현상학과 근거이론은 음악치료사들이 사용하는 질적연구 방법에서 두 가지 예에 불과하다. 다양하고 풍부한 질적연구의 전통이 음악치료 연구 문헌들에 등장하는데 자연주의적 조사(naturalistic inquiry; 통제하지 않은 있는 그대로의 환경에서 사람이나 사건, 또는 경험에 대해 연구하는 것), 자기연구[first-person research; 연구자가 자기반성 및 자기탐구 기법을 사용해서 자기 자신에 대한 자료를 수집분석하여 자기인식(self-awareness)을 풍성하게 하는 연구], 참여 행동 연구(participatory action research; 연구자와 연구참여자가 일부분 혹은 전체 과정에 공동으로 참여해서 공동의 지식을 개발하는 것), 내러티브 연구(narrative inquiry; 글로 표현된 자료, 예를 들어 관찰일지, 저널, 편지, 공식 및 비공식 문서 등을 분석해서 글에 대한 이해를 고양시키는 연구) 등이 있다. Wheeler(2005)의 '음악치료 연구(Music Therapy Research)'를 살펴보면 이들 방법에 대한 자세한 정보를 얻을 수 있다.

혼합방법

사회학과 보건의료 분야에서는 양적·질적연구 방법을 혼합하여 동시에 또는 순서대로 적용한 연구를 많이 배출해왔다(Plano Clark, 2010). 음악치료에서도 최근에는 혼합방법을 활용한 연구들이 나오고 있는데(Barry, O'Callaghan, Wheeler, & Grocke, 2010; Carr et al., 2012), 한 연구방법으로 얻은 자료가 다른 방법으로 얻은 자료들에 대한 부가적, 대조적, 상보적, 또는 설명적인 정보를 제공한다. 예를 들어, Barry와 동료들(2010)은 처음으로 방사선 치료를 받고 있는 소아 암 환자들을 대상으로 CD 만들기가 포함된 음악치료 개입의 효과를 연구했다. 협력적 삼각검증법(triangulation)을 사용하여 양적·질적 자료를 나란히 질문지와 면담(부모와 아동 면담), 음악치료사의 회상 일지(reflective journal)를 통해 수집하였다. 그런 다음 양적자료와 질적자료를 각각 분석한 다음 결과를 통합했다. 초기 분석단계에서는 각각의 연구방법의 장점을 살리고, 이후에는 각 연구방법의 결과를 비교통합할 수 있었다.

모범 연구기준

음악치료 연구분야는 다른 전문분야와 마찬가지로 연구에 엄격한 기준을 적용하고 있다. 연구를 수행하기 전, 인간 대상 연구 윤리위원회로부터 연구승인을 받는 것과 연구참여자에게 충분한 정보를 제공하고 자발적 동의서를 얻는 것뿐 아니라, 질적·양적연구 방법은 각 분야만의 엄격한 원칙을 가지고 있다. 예를 들어, 질적연구자들은 신뢰성(trustworthiness) 확립에 신중을 기하고, 양적연구자들은 내적·외적 타당도와 신뢰도를 중시한다. 혼합연구 방법은 질적·양적연구의 엄격성을 모두 요구하며, 혼합연구 자체의 자료통합과 발표에 대한 엄격한 기준을 가지고 있다.

결론

음악치료사들은 음악치료를 받는 환자와 가족들에게 최상의 치료를 제공하기 위해 연구를 중요하게 여겨왔다. 음악치료가 타 분야에 비해 비교적 작은 전문직이지만, 지금까지의 음악치료 연구지식은 음악치료를 다양한 임상에 적용할 수 있는 토대를 제공하고 있다. 음악치료의 임상적 용이 증가하고 보건의료 분야의 요구 기준 충족과 필요한 자금조달이 어려워질수록 앞으로의 연구가 보건의료계가 요구하는 엄격한 기준에 준하는 큰 규모의 연구여야 함은 피할 수 없는 음악치료계의 숙제이다. 다시 말하자면, 음악치료사들과 관련 분야 전문가들이 현대 과학 발전에 이바지할 기회는 많다.

참고문헌

Amir, D. (1996). Experiencing music therapy: Meaningful moments in the music therapy process. In M. Langenberg & K. Aigen (Eds.), *Qualitative music therapy research: Beginning dialogues* (pp. 109–130). Gilsum, NH: Barcelona.

Barry, P., O'Callaghan, C., Wheeler, G., & Grocke, D. (2010). Music therapy CD creation for initial pediatric radiation therapy: A mixed methods analysis. *Journal of Music Therapy, 47*(3), 233–263.

Bradt, J. (2012). Randomized controlled trials in music therapy: Guidelines for design and implementation. *Journal of Music Therapy, 49*(2), 120–149.

Brescia, T. (2005). A qualitative study of intuition as experienced and used by music therapists. *Qualitative Inquiries in Music Therapy, 2*, 62–112.

Bruscia, K. E. (2005a). Designing qualitative research. In B. L. Wheeler (Ed.), *Music therapy research* (2nd ed., pp. 129–137). Gilsum, NH:

Barcelona.

Bruscia, K. E. (2005b). Research topics and questions in music therapy. In B. L. Wheeler (Ed.), *Music therapy research* (2nd ed., pp. 81–93). Gilsum, NH: Barcelona.

Burns, D. S., Robb, S. L., & Haase, J. E. (2009). Exploring the feasibility of a therapeutic music video intervention in adolescents and young adults during stem-cell transplantation. *Cancer Nursing: An International Journal of Cancer Care, 32*(5), E8–E16.

Burns, D. S., Robb, S. L., Phillips-Salimi, C., & Haase, J. E. (2010). Parental perspectives of an adolescent/young adult stem cell transplant and a music video intervention. *Cancer Nursing: An International Journal of Cancer Care, 33*(4), E20–E27.

Carr, C., d'Ardenne, P., Sloboda, A., Scott, C., Wang, D., & Priebe, S. (2012). Group music therapy for patients with persistent post-traumatic stress disorder: An exploratory randomized controlled trial with mixed methods evaluation. *Psychology and Psychotherapy: Theory, Research, and Practice, 85*(2), 179–202.

Colaizzi, P. F. (1978). Psychological research as the phenomenologist views it. In R. S. Valle & M. King (Eds.), *Existential–phenomenological alternatives for psychology* (pp. 48–71). New York: Oxford University Press.

Creswell, J. W. (2009). *Research design: Qualitative, quantitative, and mixed methods approaches* (3rd ed.). Thousand Oaks, CA: Sage.

Creswell, J. W., & Plano Clark, V. L. (2011). *Designing and conducting mixed methods research* (3rd ed.). Thousand Oaks, CA: Sage.

Denzin, N. K., & Lincoln, Y. S. (Eds.). (2011). *The Sage handbook of qualitative research* (4th ed.). Thousand Oaks, CA: Sage.

Elefant, C., Baker, F. A., Lotan, M., Lagesen, S. K., & Skeie, G. O. (2012). The effect of group music therapy on mood, speech, and singing in individuals with Parkinson's disease: A feasibility study. *Journal of Music Therapy, 49*(3), 278–302.

Forinash, M., & Grocke, D. (2005). Phenomenological inquiry. In B. L. Wheeler (Ed.), *Music therapy research* (2nd ed., pp. 321–334). Gilsum, NH: Barcelona.

Goldbeck, L., & Ellerkamp, T. (2012). A randomized controlled trial of multimodal music therapy for children with anxiety disorders. *Journal of Music Therapy, 49*(4), 395–413.

Hillecke, T., Nickel, A., & Bolay, H. V. (2005). Scientific perspectives on music therapy. *Annals of the New York Academy of Sciences, 1060*, 271–282.

Hilliard, R. E. (2004). A post-hoc analysis of music therapy services for residents in nursing homes receiving hospice care. *Journal of Music Therapy,* *41*(4), 266–281.

Jackson, N. A., & Gardstrom, S. C. (2012). Undergraduate music therapy students' experiences as clients in short-term group music therapy. *Music Therapy Perspectives, 30*(1), 65–82.

Kelley, K., Clark, B., Brown, V., & Sitzia, J. (2003). Good practice in the conduct and reporting of survey research. *International Journal for Quality in Health Care, 15*(3), 261–266.

Kumar, R. (2005). *Research methodology: A step-by-step guide for beginners* (2nd ed.). Thousand Oaks, CA: Sage.

Kwan, M. (2010). Music therapists' experiences with adults in pain: Implications for clinical practice. *Qualitative Inquiries in Music Therapy, 5*, 43–85.

Ledger, A., & Edwards, J. (2011). Arts-based research practices in music therapy research: Existing and potential developments. *Arts in Psychotherapy, 38*(5), 312–317.

McKinney, C. H., Tims, F. C., Kumar, A. M., & Kumar, M. (1997). The effect of selected classical music and spontaneous imagery on plasma beta-endorphin. *Journal of Behavioral Medicine, 20*(1), 85–99.

McMillan, J. H., & Schumacher, S. (1989). *Research in education: A conceptual introduction* (2nd ed.). Glenview, IL: Scott Foresman.

Meadows, A. T. (2002). Gender implications in therapists' constructs of their clients. *Nordic Journal of Music Therapy, 11*(2), 127–141.

Moustakas, C. (1994). *Phenomenological research methods.* Thousand Oaks, CA: Sage.

Muller, B. (2008). Phenomenological investigation of the music therapist's experience of being present to clients. *Qualitative Inquiries in Music Therapy, 4*, 69–112.

O'Callaghan, C. (2012). Grounded theory in music therapy research. *Journal of Music Therapy, 49*(3), 236–277.

O'Callaghan, C., & Magill, L. (2009). Effect of music therapy on oncologic staff bystanders: A substantive grounded theory. *Palliative and Supportive Care, 7*(2), 219–228.

O'Grady, L., & McFerran, K. (2007). Community Music Therapy and its relationship to community music: Where does it end? *Nordic Journal of Music Therapy, 16*(1), 14–26.

Pereira, C. S., Teixeira, J., Figueiredo, P., Xavier, J., Castro, S. L., & Brattico, E. (2011). Music and emotions in the brain: Familiarity matters. *PLoS One, 6*(11).

Plano Clark, V. L. (2010). The adoption and practice of mixed methods: U.S. trends in federally funded health-related research. *Qualitative Inquiry, 16*(6), 428–440.

Robb, S. L. (2003). Designing music therapy interventions for hospitalized children and adolescents using a contextual support model of music therapy. *Music Therapy Perspectives, 21*, 27–40.

Robb, S. L., Clair, A. A., Watanabe, M., Monahan, P. O., Azzouz, F., Stouffer, J. W., et al. (2008). A non-randomized [corrected] controlled trial of the active music engagement (AME) intervention on children with cancer. *Psycho-Oncology, 17*(7), 699–708. [Erratum appears in *Psycho-Oncology,* 2008, *17*(9), 957.]

Ruud, E. (1997). Music and identity. *Nordic Journal of Music Therapy, 6*, 3–13.

Shadish, W. R., Cook, T. D., & Campbell, D. T. (2002). *Experimental and quasi-experimental designs for generlized causal inference.* Belmont, CA: Wadsworth, Cengage Learning.

Sidani, S., & Braden, C. J. (2011). *Design, evaluation, and translation of nursing interventions.* Chichester, UK: Wiley-Blackwell.

Silverman, M. J. (2013). Effects of group songwriting on depression and quality of life in acute psychiatric inpatients: A randomized three-group effectiveness study. *Nordic Journal of Music Therapy, 22*, 131–148.

Tan, X. L., Yowler, C. J., Super, D. M., & Fratianne, R. B. (2012). The interplay of preference, familiarity and psychophysical properties in defining relaxation music. *Journal of Music Therapy, 49*(2), 150–179.

Tanguay, C. L. (2008). Supervising music therapy interns: A survey of AMTA national roster internship directors. *Journal of Music Therapy, 45*(1), 52–74.

Tashakkori, A., & Teddlie, C. (2010). *Sage handbook of mixed methods in social and behavioral research* (2nd ed.). Thousand Oaks, CA: Sage.

Teddlie, C., & Tashakkori, A. (2009). *Foundations of mixed methods research: Integrating quantitative and qualitative approaches in the social and behavioral sciences.* Thousand Oaks, CA: Sage.

Wheeler, B. L. (Ed.). (2005). *Music therapy research* (2nd ed.). Gilsum, NH: Barcelona.

제 9 장

음악치료의 근거기반 실행

이드보라 역

음악치료사가 내담자와 만나면, 치료적 개입을 시작하기 이전에 먼저 진단평가를 하고 적절한 치료계획을 세워야 한다. 지난 20년간 근거기반 실행(evidence-based practice, EBP)은 의료서비스 분야에서 가장 선호되는 임상적 의사결정 방법으로 떠올랐다. 음악치료사 역시 다학제간 팀의 일원으로서 자신의 임상적 의사결정을 알리기 위해 EBP에 참여해야 한다. 이 장에서는 EBP의 개요 즉, 이 방법에 대한 최근의 논란을 포함하여 근거의 수준을 결정하는 요소들을 설명하고 EBP의 단계에 대해 간략하게 언급할 것이다. 또한 음악치료에서 이용할 수 있는 근거를 요약하여 제시할 것이다.

근거기반 실행이란 무엇인가?

EBP에서는 치료사가 가장 최신의 타당한 연구 결과들을 찾아내 평가한 후 임상적 결정을 위한 기준으로 사용한다. 여러 의료서비스 분야에서 EBP가 사용되기 이전에는 임상적 경험, 전문가 의견과 직관이 높이 평가받고 있었다(예 : 하임리히 응급처치요법; Howick, 2011). 이것은 임상 현장에서 선구자의 임상경험을 통해 시작된 음악치료 분야에서 특히 그랬다. 사실, 1990년대 신경재활 분야의 전문가로서 내 임상의 많은 부분은 음악치료사로 훈련받았던 과정에서뿐 아니라 훈련받은 내용들을 가지고 외상성 뇌손상을 가진 성인들의 치료에 적용하는 과정에서 얻은 내용과 밀접한 관련이 있다(Baker & Tamplin, 2006). Bradt, Magee, Dileo, Wheeler 그리고 McGilloway(2010)가 수행한 코크란 리뷰 결과에서도 언급되었듯이 1995년 이전에는 코크란 기준을 충족시키는 외상성 뇌손상 관련 음악치료 실험연구 또는 준실험적 연구는 없었고, 내가 이

대상자 그룹에 적용했던 치료방법을 발전시킨 것과 같은 몇 편의 사례만 존재했다.

EBP는 의료서비스 분야의 임상적 의사결정에 있어서 직관적이고 비체계적인 임상경험은 적합하지 않다는 것을 보여주면서 그 가치를 격하시키고 패러다임의 전환을 보여주었다. 대신에 근거기반 실행은 임상연구로부터 나온 결과들이 의사결정에 정보를 제공할 수 있어야 함을 강조하면서 이것이 윤리적이며 효과적인 치료를 진행하는 데 필수적이라고 주장한다(Howick, 2011). 가장 널리 인용되는 근거기반 실행 정의는 "근거기반 실행은 개별환자를 치료하기 위한 의사결정을 내릴 때 현재 상태에서 가장 훌륭한 근거를 양심적이고 명확하면서도 신중하게 사용하는 방법"이다(Sackett, Rosenberg, Gray, & Richardson, 1996, p. 71). EBP는 관련된 연구결과들을 묻고 찾고 평가한 다음, 얻어낸 정보들을 임상현장에 필요한 정보로 활용한다.

EBP 의사결정 과정

임상가는 EBP 의사결정 과정에서 아래의 6단계의 절차를 진행해야 한다.

1. **질문 제기.** 이 단계에서는 내담자를 철저하게 진단평가하고, 내담자와의 상호작용을 통해서 앞으로 다뤄져야 할 임상적인 문제나 의문점을 명확하게 한다. 치료방법의 선택(예 : 능동적 방법 혹은 수동적 방법, 즉 홍연주 혹은 노래 만들기), 치료적 상황(예 : 그룹·개인·가족치료, 기관·사회·가정중심치료), 치료철학(예 : 인지행동, 정신역동 혹은 신경학적 음악치료), 치료의 양(예 : 단일, 단기, 혹은 장기세션)에 대한 질문이 필요하다. 임상가는 내담자의 상황에

따른 문제제기를 해야 한다. 예를 들면 "심한 정신질환을 가진 성인의 우울 증상을 감소시키기 위해 얼마나 많은 음악치료 세션이 필요한가?"와 같은 문제제기가 필요하며, 이런 질문들은 해답을 찾을 수 있게 해주는 근거들을 찾는 데 안내 역할을 할 것이다.

2. **관련 연구지식 찾기.** 이 단계의 목적은 임상가가 임상에 관한 질문에 답하는 것을 도울 수 있는 연구문헌을 효율적으로 찾는 것이다. Sackett, Richardson, Rosenberg, 그리고 Haynes(1997)는 임상가가 검색할 정보를 결정할 때 도움이 되는 임상적 질문 모델을 제시하였다.

   (1) 연구 속 내담자 그룹의 특성 중 내 내담자의 특성과 가장 유사한 점은 무엇인가?
   (2) 내가 알고자 하는 중재방법은 무엇인가?
   (3) 이 중재방법의 주요 대안은 무엇인가?
   (4) 나와 내담자가 원하는 결과는 무엇인가? 어떤 상태를 결과라고 결정할 것인가?
   (5) 내가 묻고 있는 질문은 어떤 종류에 관한 것인가? 치료, 진단, 예방, 원인 또는 예후?

   여기서 중요한 것은 어떤 자료들을 검색해야 하는지에 대해 반드시 고려해야 한다는 점이다. 임상가는 내담자의 특별한 상황과 가장 근접한 정보를 찾을 때 적절한 경계를 설정해야 한다. 예를 들면, 자폐아동의 공동적인 관심을 증가시키기 위한 음악치료 중재에 대한 근거를 찾는다면, 검색의 범위를 설정할 때 다른 발달장애아동은 제외하고, 자폐아동과 관련된 다른 문제도 제외하고, 음악치료에 대한 것이 없는 연구도 제외해야 한다. 이와 동시에, 원하는 검색 결과가 없을 경우, 자폐증 성인에 관한 연

표 9.1 근거의 위계

단계	치료결과
1a	동일한 결과를 보여주는 여러 실험연구에 대한 체계적 문헌고찰
1b	치료의 결과가 치료를 안 한 것보다 더 나은 결과를 보여주는 근소한 신뢰 기간을 보여주는 개별 RCTs
2a	통제그룹 또는 회고적 통제그룹이 없고 동일한 결과를 보여주는 여러 준실험연구 또는 집단 연구의 체계적 문헌고찰
2b	단일집단 연구, 낮은 질의 RCT를 포함
2c	내담자의 회상에 기초한 성과연구 혹은 관찰연구, 무작위배치 부족
3a	동일한 결과를 가진 사례-통제연구의 체계적 문헌고찰
3b	단일사례-통제연구
4	사례 시리즈, 낮은 질의 그룹연구, 사례-통제연구
5	전문가 의견

주 : 옥스퍼드대학 근거기반 의학센터의 근거의 단계(2009). RCTs : 무작위대조군연구.

구처럼 비슷한 임상적 정보를 제공해줄 수 있는 관련 영역까지 검색범위를 확장할 수 있어야 한다. 체계적 문헌고찰(systematic literature reviews)을 참고하는 것은 관련 있는 문헌을 찾기 위해 과도한 에너지 소비와 불필요한 시간을 낭비하는 것을 예방하고 가장 연관된 문헌을 찾는 데 유용한 방법이다(Bradt & Dileo, 2005).

3. 찾아낸 정보의 질과 적용 가능성을 비판적으로 평가하기. EBP 검토의 다음 단계는 선택된 연구의 타당성(임상적 이슈에 알맞게 접근하는가), 중요성, 적용 가능성(임상적 실행에서의 유용성)을 평가하는 것이다. 어떤 점들이 근거들을 좀 더 정확하고 타당하게 만드는가? 좋은 근거, 또는 최고의 근거를 구성하는 문헌에 대한 논쟁은 많이 있어왔다. 여러 연구결과들은 대상에게 같은 변인을 측정했을 때 상반되는 결과들을 보여주

기도 한다. 상반되는 결과가 있는 경우, 임상가는 자신이 관심을 두는 임상적 이슈에 가장 적합한 근거가 무엇인지를 주의 깊게 평가해야 한다.

EBP의 초기 정의는 매우 엄격했는데, 무작위대조군연구(RCTs)들과 이에 대한 메타분석/체계적 문헌고찰이 최고의 근거들로 구성되면서 위계적으로 좋은 근거(good evidence)에 대한 순위가 매겨졌다(Howick, 2011). 최근 옥스퍼드대학의 근거기반 의학센터(2009)는 7단계의 위계를 만들었다(표 9.1). Else와 Wheeler(2010)는 이 위계에 대해 언급하였고, 그에 대한 내용을 아래에 기술하였는데, 여기에는 질적연구에 대한 언급이 어디에도 없다.

1단계로 분류된 연구만이 원인과 결과 간의 관련성을 믿을 만하게 결론 내릴 수 있다. 그렇더라도 3a나 3b단계의 연구에서

발견된 것들에 대해서 평가절하하지는 말아야 한다. 특별한 개인이나 소그룹에게 중재의 효과를 알아보기 위한 연구들은 사례연구나 탐색적 연구들로부터 시작되기도 한다. 이러한 연구들은 치료적 접근을 구성하는 데 도움을 준다. 기술연구와 상관관계연구는 치료의 효과를 감소시키거나 악영향을 주는 원인을 명확히 하는 데 도움을 준다(Drisko & Grady, 2012).

1단계의 통제연구와 관련된 또 다른 문제는 하나의 변인의 효과만을 실험하기 위해서 설계되었다는 것이다. 매우 통제된 연구들은 종종 동반장애, 복합적인 장애를 가진 개인을 제외시키고 매우 특별한 진단을 받은 참가자만 포함시켜서(효능연구), 실제 세계 조건을 기반으로(효과연구) 실시했다는 것이다. 동반장애를 가지고 있거나 매우 다양한 상황을 가진 개인을 연구에 포함시키면 내적타당도가 감소하지만, 실제로 동반장애를 가진 내담자와 일하는 임상가에게는 매우 가치 있는 자료가 될 수 있다(Drisko & Grady, 2012). 더 나아가 사회문화적인 기준이 엄격한 통제연구는 그 결과의 적용이 매우 제한적이다. 예를 들어 제한된 사회경제적, 사회문화적 또는 종교그룹의 참가자를 연구에 포함시킨 경우 치료의 효과는 다른 그룹에 일반화될 수 없다.

많은 무작위대조군연구들(RCTs)이 대체로 좋은 결과를 보고하고 있지만 연구의 프로토콜과 맥락은 임상가와 내담자의 상황과 크게 다를 수 있다. 예를 들면, 심각한 정신장애 대상의 음악치료에 대한 체계적 문헌고찰과 메타분석에서 Gold, Solli, Krüger 그리고 Lie(2009)는 16~51세션을 실시하였을 때 가장 큰 효과가 나타나는 수량-반응 상관관계가 있다는 것을, 즉 효과의 크기는 제공된 세션의 수와 관련 있다는 것을 발견하였다. 그러나 급성 입원 환자를 위한 기관에서 일하는 임상가에게 적용할 수 있는 가능성에는 제한이 따를 것이다. 요약하면 치료의 특정한 상황은 각 연구를 얼마나 적용할 수 있는지를 결정하는 데 고려사항이 된다. EBP에서 근거를 조사하는 과정에는 질문에 대해 한 가지 답만을 이끌어내는 것이 아니라 다양한 선택이 따를 수도 있음을 인식하는 것도 중요하다. 임상가는 내담자의 선호도, 문화 또는 종교적 고려사항, 시설에서 머무는 기간, 음악치료사가 내담자와 만나는 횟수, 시설의 제약과 자원 등 여러 가지 요소를 고려해야 한다. 임상가는 연구결과가 내담자의 고유한 상황에서 어떻게 이해될 수 있는지, 얼마나 많은 근거가 내담자에 따른 특정 표현방식과 치료상황에 기초하여 관련이 있는지도 고려할 필요가 있다.

4. 연구결과에 대해 내담자와 의논하고 내담자의 가치관과 목표에 대한 적합성 평가하기. 연구결과를 종합하고 요약하고 나면, 치료의 선택과정은 내담자와 함께 소통하며 이루어져야 한다. 내담자가 치료에 대해 알고 있고 기대하는 것이 무엇인지, 내담자들의 관점과 관심사항에 대해서 서로 교류하도록 한다. 때로는 강한 근거를 기반으로 치료방법을 선택했음에도 불구하고 그들의 문화적, 종교적 신념 또는 음악치료실에 오는 교통편과 같은 실질적 어려움에 대한 갈등 때문에 거절되기도 한다(Drisko & Grady, 2012).

5. 중재계획의 협력적 개발. 치료선택에 대한 내담자의 관점을 확인하고 나면, 최종적인

치료계획이 개발되어야 한다. 이 계획에는 치료적 접근의 목표와 기대하는 결과를 포함해야 한다. 서로 다른 치료적 접근은 서로 다른 결과를 초래할 수 있기 때문에 기대하는 결과에 대한 논의를 포함하는 것은 매우 중요하다. 예를 들면, 인지행동치료의 범위 안에서 시행된 음악치료는 정신역동적 음악치료와 일반적으로 다른 결과를 나타낼 것이다.

6. 중재의 시행. EBP 과정의 최종 단계는 내담자의 발전 혹은 퇴보를 문서화하면서 중재를 시행하는 것이다.

우리는 음악치료에 대한 어떤 근거를 가지고 있는가?

옥스퍼드대학 근거기반 의학센터(2009)의 근거 위계를 가지고 음악치료의 EBP를 설명한다면, 우리는 어떤 근거를 가지고 있는가? 체계적 문헌고찰을 위해 많은 연구들에 대한 철저한 검색이 이루어졌다. 표 9.2에서는 26편의 체계적 문헌고찰의 내용과 주요한 결과를 정리하였다. Bradt와 Dileo(2005)는 183편의 연구에 대한 메타분석을 수행하였다. 규모가 큰 이 메타분석에서는 통계적으로 유의미한 결과만을 표 9.2에 선택적으로 제시하여, 우리가 가지고 있지 않은 근거보다 우리가 가지고 있는 근거에 대한 감각을 얻을 수 있도록 했다.

표 9.2에 제시된 근거들로부터 몇 가지 경향성들을 볼 수 있다. 첫째, 음악감상이 수술 환자, 관상동맥성 심장병, 인공호흡기 착용 환자, 암, 에이즈, 말기 환자들에게 있어 심장박동수와 호흡을 줄일 수 있으며 그 효과가 여러 다른 임상집단에 걸쳐서 일반화될 수 있다는 것을 시사하고 있다. 마찬가지로 수술, 인공호흡기 착용 환자, 관상동맥성 심장병 환자의 혈압을 감소시키는 것을 볼 수 있다. 교차집단을 통한 근거는 음악감상과 음악치료가 수술, 관상동맥성 심장병, 대장내시경, 암, 에이즈 환자, 말기 환자 및 정신분열증을 포함한 심각한 정신질환이 있는 사람들에서 확인되는 바와 같이 (다양한 각도로) 불안을 감소시킨다는 것을 알 수 있다. 우울 증상

표 9.2 음악치료의 메타분석과 체계적 문헌고찰

저자	임상대상	연구 수	주요 결과
Bradt & Dileo(2005) (선택된 결과들)*	외과	51	음악감상은 심장박동수 감소, 호흡수에 긍정적인 영향, 혈압과 동맥 혈압의 완화, 진정제와 진통제 필요 감소, 오심/구토 감소, 불안 감소에 효과적임
	심장학/ICU	14	음악감상은 불안 감소, 호흡수에 긍정적인 영향, 심장박동수 감소에 효과적임
	암/말기/HIV	18	음악감상은 오심/구토 감소에 효과적임
Bradt & Dileo(2005) (선택된 결과들)*	신생아	17	음악감상은 심장박동수 정상화, 입원기간 감소, 통증 감소에 효과적임
	재활	18	능동적 음악치료는 정상적인 보행에 효과적임

표 9.2 (계속)

저자	임상대상	연구 수	주요 결과
	알츠하이머병	26	능동적 음악치료는 언어적 의사소통 증가, 사회적 상호작용 향상, 공격과 불안 감소, 착석행동 향상에 효과적임
	일반적 결과 (비특정 인구)		음악감상은 산소포화도 증가, 면역기능 향상에 효과적임. 음악치료는 우울 감소 및 환자의 기분 환기, 삶의 만족도와 행복에 효과적
Weller & Baker(2011)	신체재활	15	음악치료는 보행, 소근육, 대근육 재활에 효과적임. 음악치료는 기능적, 목적 지향적이며, 흥미가 있고, 반복적, 점진적인 복합성을 가짐
Bradt et al. (2010)[a]	인공호흡기 사용	8	녹음된 음악의 감상은 긴장이완 반응을 이끌어내고 심장박동수와 호흡수를 감소시킴. 혈압을 감소시키고 산소포화도를 증가시키는 데에는 증거가 약하며, 삶의 질(QoL), 퇴원 후 결과, 치사율, 비용-효율성 관련 근거는 없음
Bradt & Dileo(2009)[a]	관상동맥 심장질환	23	주된 중재방법인 녹음된 음악감상은 불안에 보통 수준의 효과를 보이나 연구결과에 일관성이 없고, 심리적인 고통을 감소시킨다는 근거는 없음. 음악감상은 심장박동수, 호흡수, 혈압을 감소시킴. 두 회기 또는 그 이상의 세션을 포함하는 연구는 통증 감소에 작지만 일관된 효과를 보임
de Dreu et al.(2012)[a]	파킨슨병	6	음악기반 동작은 균형, 보행, 보폭을 유의미하게 향상시키는 데 효과적. 파킨슨병의 평가척도, 보행, 삶의 질(QoL)은 일관되게 유의미한 효과는 없음
Wilson et al. (2008)[a]	대장내시경 검사	8	음악감상은 진정제의 양, 불안, 절차시간을 감소시키는 효과를 보임
Bechtold et al. (2009)[a]	대장내시경 검사	8	음악연주는 환자의 경험을 개선시킴. 환자가 선택한 음악부터 고전음악까지 다양한 음악을 사용함. 음악의 사용시간은 연구 전체에 걸쳐 일관성이 없음. 대부분의 연구에서 내시경학자는 맹검(blinded) 처리되지 않음
Bradt et al. (2010)[a]	뇌손상	7	리듬청각자극(RAS)은 뇌졸중 환자의 보행 특성 향상을 도움. 손의 기능, 의사소통, 기분/감정, 사회기술, 통증, 행동적 결과, 일상생활행동, 부정적인 사건에 관한 음악치료의 효과를 검증하기에는 자료가 불충분함
Hurkmans et al.(2012)	뇌손상 재활	15	모든 연구에서 향상이 보고되었지만 방법론적 질이 낮음. 멜로디 억양 치료(MIT) 방법이 공통적으로 사용됨
Vink et al. (2011)[a]	치매	10	방법론적 질이 낮음. 연구결과들은 심층분석을 위해 입증되거나 공유될 수 없음

표 9.2 (계속)

저자	임상대상	연구 수	주요 결과
Standley (2002)[a]	조산아	10	녹음된 자장가는 교정 28주 이상의 조산아 대상으로 산소포화도 증가, 스트레스 감소, 진정의 효과를 보임. 자장가는 잠들기 시작한 후 20~30분 동안, 스트레스가 많은 의학적/관리 절차 후에 즉시 들려줌. 32주부터는 자장가가 다양한 상황에서의 항상성 유지에 도움을 줌. 여성의 목소리로 녹음된 자장가는 비영양성흡입을 강화하는 데 효과적임
Klassen et al. (2008)	수술 아동	19	전체적으로 방법론적 질이 낮음. 음악치료가 통증과 불안을 감소시키는 데 유의미한 효과를 보임. 수동적인 음악치료가 능동 음악치료만큼 효과적. 대부분의 효과는 낮은 통증 한계점을 가진 아동, 매우 아픈 아동, 여자아이들에게서 나타남. 음악을 포함한 다면적 중재는 음악만 사용했을 때보다 더 효과적임
Mrázová et al. (2010)	소아과 환자 (넓은 범위)	28	대부분 낮은 질의 연구, 중재, 진단, 통제그룹, 기간 그리고 결과 특성에 있어 불균일함. 대부분 긍정적인 결과를 보고함
Treurnicht et al. (2011)	아동 (넓은 범위)	17	불균일 중재, 결과, 측정도구로 인해 메타분석 불가능. 방법론적 질은 낮음. 학습/발달장애 아동 대상의 연구가 혼합됨. 급성/만성적 질병 또는 삶의 사건에서 변화를 겪으면서 스트레스가 많은 아동들에게 유용할 것으로 보임. 음악치료가 기분장애 또는 다른 정신병리를 가진 청소년에게 효과가 있다는 증거는 없음
Whipple (2004)[a]	자폐스펙트럼장애	9	사용된 모든 음악은 치료계획, 연령, 사용된 음악, 치료방법 또는 음악공급자에 상관없이 높은 효과를 보임
Gold et al. (2010)[a]	자폐스펙트럼장애	3	음악치료는 제스처 그리고 언어적 의사소통보다 위약 효과(placebo)가 우수함. 행동적 결과에서는 유의미하지 않은 효과를 보임. 연구는 되었지만 실행 가능성은 제한적임
Bradt et al. (2011)[a]	암	30	13편은 능동적 음악치료가 사용되었고, 17편은 녹음된 음악이 사용됨. 두 가지 방식의 음악치료 모두 불안을 감소시키고 감정에 긍정적인 영향을 미쳤으나 우울의 변화는 없음. 심장박동수/호흡수/혈압에 작은 감소가 있음. 적절히 통증을 감소시키는 효과. 두 가지 경우의 합동분산결과 삶의 질 향상을 보임
Bradt & Dileo (2011)[a]	임종 환자	5	음악치료가 통증과 불안을 감소시킨다는 약한 증거. 연구들은 음악치료가 삶의 질에 이익을 줄 수 있다고 제안하지만, 결과들은 편견으로 비롯됨

표 9.2 (계속)

저자	임상대상	연구 수	주요 결과
Mössler et al. (2011)[a]	정신분열	8	표준 치료에 추가된 음악치료는 일반적인 상태 및 증상, 부정적 증상, 우울, 불안, 사회적 기능에 유의한 효과를 보임. 음악치료는 인지적 기능과 행동에 긍정적인 효과를 보임. 자격이 있는 음악치료사에 의해서 '충분한' 회기의 음악치료 세션이 제공되었을 때 더 좋은 효과가 발견됨
Gold et al. (2009)[a]	심각한 정신장애	15	표준 치료에 추가된 음악치료는 일반적인 상태 및 증상, 부정적 증상, 우울, 불안, 사회적 기능에 유의한 효과를 보임. 효과는 진단 또는 연구계획에 의존하지 않고 세션 회기 수에 의존함. 더 나은 효과를 위해서는 16 회기(우울 증상)에서 51회기(사회적 기능)의 세션이 필요함
Silverman (2003)[a]	정신질환	19	음악치료는 정신질환 증상을 억제하고 퇴치하는 데 효과가 있음. 녹음된 음악과 라이브 음악 사이의 결과 차이는 없음. 구조화된 그룹과 수동적 감상 사이의 차이는 없음. 선호하는 음악 또는 치료사가 선택한 음악을 사용함. 고전음악은 비고전음악만큼 효과적이지 않음
Maratos et al. (2009)[a]	우울증	5	메타분석은 부적절함(중재방법과 대상에 있어 불균일함). 4편의 RCTs에서 음악치료 참가자의 증상이 크게 감소된 것이 보고됨
Chan et al. (2011)	우울증	17	음악감상이 사용됨. 메타분석 불가능(감상 중재, 기간, 빈도, 형태의 불균일함). 2~3주 이상의 음악감상(특별히 환자가 선호하는)은 성인의 우울 증상을 감소시키는 데 도움. 단일세션보다는 다수의 세션이 효과적임
de Niet et al. (2009)[a]	수면	5	음악의 도움을 받은 긴장이완은 수면장애를 가진 환자의 수면의 질을 적절히 향상시킴. 부작용 없음
Pelletier (2004)[a]	스트레스	22	음악만 제공하거나, 음악에 의한 긴장이완은 유의미하게 각성을 감소시킴. 스트레스 감소의 정도는 연령, 스트레스의 형태, 음악적 선호도, 이전의 음악적 경험, 중재형태에 따라 다르게 나타남
Mays et al. (2008)	물질남용	19	표준 치료에 추가된 음악치료의 효과에 관해서는 합의 없음
Clark et al. (2012)[a]	노인 재활	12	낮은 것부터 중간 질의 연구들로 구성. 세션 내에서 신체적 활동은 증가되지 않았지만 몇 주간 지속된 음악프로그램으로 인한 누적된 이점이 있음

주 : 이 표에 제시된 자료를 정리하는 데 도움을 준 Wendy Chatterton에게 감사의 뜻을 전한다. RCTs : 무작위대조군 연구.

[a] 출판된 코크란 리뷰 또는 메타분석 연구.

들은 음악치료를 통해 완화되었으며, 수술을 기다리는 동안 활용된 음악감상은 암, 에이즈 또는 심각한 정신병이 있는 사람, 우울증 진단을 받은 사람, 말기 환자들을 대상으로 이루어졌다. 음악감상은 신생아들과 인공호흡기 착용 환자들의 산소포화도를 개선시켰다. 통증 감소는 수술을 받은 아동과 암 환자, 임종을 앞두고 있는 사람들에게서 확인할 수 있었고, 음악감상은 수술과 대장내시경 검사를 받는 환자들에게 진통제나 진정 약제들의 필요성을 감소시켰다.

재활 분야, 특히 보행에 관한 (일반적으로 파킨슨병과 뇌졸중 환자들에 대한 재활 중재에 관한) 능동적인 음악치료의 효과를 다룬 보고서와 메타분석 전반에 걸쳐 고무적이고 일관된 발견들이 있었다. 음악치료의 다른 효과들은 강하게 나타났지만 특정 집단에 한정되어 있었다. 예를 들어, 능동적인 음악치료는 사회적 상호작용과 알츠하이머병 또는 정신분열증 환자의 기능을 향상시켰다. 이와 마찬가지로 알츠하이머나 자폐범주성장애 환자들의 언어적 의사소통도 개선시켰다.

EBP에서 질적연구의 역할

표 9.1의 위계 구조 1~3단계가 최선의 근거를 구성하고 원인–결과 효과를 설명할 수 있음에도 불구하고, 여러 다른 유형의 연구와 질문들이 우리의 지식기반을 구성한다. 위계에서 상위 단계의 방법들은 어떤 치료적 접근이 비효과적인지, 어떻게 새로운 치료모델이 만들어질 수 있는지 등의 상황을 탐색할 수 없게 한다. 질적연구 방법은 임상가들로 하여금 음악치료 중재가 어떻게 그리고 왜 작용하는지 이해하게 하고, 질적연구로부터 도출된 예상하지 못한 결과들을 명확하게 하며, 음악치료에서의 내담자의 경험이

어떤 것인지 이해하는 것을 도와줌으로써 EBP를 향상시킬 수 있다(Drisko & Grady, 2012). 예를 들어, Schwantes(2011)는 혼합방법을 사용하는 RCT에서 사회적 고립의 감소와 우울과 불안 수준의 감소에 목표를 두고 멕시코 이주 농장 노동자에게 음악치료 프로그램을 시행하였다. 음악치료사의 역할이 참가자들 사이의 관계의 발전을 어떻게 촉진시키는가에 대한 정보를 분석하기 위하여 표적집단 인터뷰가 실시되었다. 참여한 사람들의 관점을 비롯하여 이러한 유형의 근거는 양적인 결과를 측정하는 연구에서는 이해할 수 없는 것들이다.

Abrams(2010)은 음악치료 실습·이론·연구에 관한 음악치료 문헌의 제한성(비록 성장하고는 있지만)으로 인해 근거들에 대한 "포괄적인 이해(inclusive understanding)"와 서로 다른 형태의 근거들을 "통합적으로 이해(integral understanding)"하는 것이 필요하다고 제안했다(pp. 351~352). 그는 근거에 있어 다양한 인식론적 영역이 있음을 언급하면서 근거의 위계 구조보다 더 포괄적인 정의를 제안했다. 그의 정의에 따르면 근거는 "신념과 판단 및 결론 도출에 필요한 충분한 기반을 제공하고, 주어진 현상에 대한 증거와 증언이 되며, 현상의 명확하고 특정한 면들을 구성하는 조짐과 징후, 신호이다(p. 352)." 현실 인식에 있어서 서로 다른 인식론적 관점을 확인하는 Wilber(2001)의 통합 모델을 인용하면서 Abrams은 근거가 외부(겉)로부터 관찰되어지거나 내부(안)로부터 경험될 수 있으며, 미시적(개인) 또는 거시적(일괄) 수준에서 이해될 수 있다고 하였다. 그리고 근거는 주관적, 객관적, 상호주관적 또는 상호객관적으로 판단될 수 있다고 제시한다. Abrams는 음악치료사가 과학자일 뿐만 아니라 예술가라고 주장한다. 왜냐하면 음악치료 실습에서는 주체성, 미적 감각,

창의성과 개성이 중요한 요소들이기 때문이다. 질적연구는 근거의 이러한 폭넓은 관점을 염두에 두고 연구참가자들의 개인적 또는 집단적 음악치료 경험을 이해하기 위한 가능성을 제공하는 것으로 볼 수 있다. 비록 그들만의 특정한 맥락이기는 하지만 자신의 내면세계와 음악치료 실습에 대한 개인적인 반응들이 근거의 형태를 구성하기 때문이다.

Abrams(2010)이 제안하는 것은 근거의 위계에 대한 것이 아니라, 오히려 근거의 다른 형태들(forms), 즉 인식론에 의한 특별한 역할들이다. Wilber(2001) 모델에 있는 주요 사분면에 의거하여, Abrams은 근거의 형태를 객관적, 상호객관적, 주관적, 상호주관적 차원의 경험으로 분류하였다(p. 364).

1. 근거의 객관적/개별적(objective/individual) 형태들은 중재의 결과가 신뢰할 만한지 또는 부당한지 증명할 수 있을 때, 타당하고 믿을 만한 도구를 이용하여 관찰 및 측정될 수 있을 때 존재한다.

2. 근거의 상호객관적/집단적(interobjective/ collective) 형태들은 중재의 결과가 역동적인 체계의 작동 안에서 관찰 가능한 증명을 통해 신뢰할 만한지 또는 부당한지 증명할 수 있을 때 존재한다.

3. 근거의 주관적/개인적(subjective/individual) 형태들은 중재가 얼마나 예술적으로 사실적으로, 의미 있게 만들어졌는지, 이 중재가 개인의 변화를 위해 적절하고 신뢰할 수 있도록 구성되었는지를 개인의 증언과 평가를 통해 타당성과 부당성을 증명한다. 근거는 연구자에 의해 구성되며, 삼각측량(다양한 형태의 자료를 얻음)과 구성원 확인(참가자들에게 연구자의 연구구성에 관한 언급을

요청)으로 구성될 수도 있다.

4. 근거의 상호주관적/집단적(intersubjective/ collective) 형태들은 공유된 증언과 평가를 통하여 맥락적으로 알려진 개인과 집단의 변화를 위해 얼마나 의미 있게 중재가 구성되었는지에 대한 상호주관적인 합의나 불일치가 있을 때 존재한다.

근거를 구축하는 수단으로서의 질적연구를 평가하기 위한 다양한 접근법이 있는데, 그 가운데 많은 부분이 Burns와 Meadows에 의해 자세하게 기술되어 있다(이 책의 제8장). 건강 분야, 특히 간호 분야에서 인정받는 두 접근법은 메타-합성(meta-synthesis; Kent, Fineout-Overhold, 2008; Zimmer, 2006)과 서술적 종합 접근법(narrative synthesis approaches; Rodgers et al., 2006)이다. 메타-합성은 연구자나 임상가가 특정 주제에 관한 일련의 연구들을 모으고 그것들 사이를 연결하기 위해 각 연구의 결과들을 이용하는 질적연구의 한 형태이다. Zimmer에 따르면, 메타-합성은 연구들을 단순히 모으는 것이 아니라, 연구자가 기존 연구들의 결과를 해석한 후 이를 모아서 통합해내는 것이다. 이 과정에서 새로운 해석이 만들어질 수 있다. 연구자의 과제는 "기존의 연구설계와 관련된 철학적, 이론적, 개념적 뼈대"가 진실로 남아 있는지를 확인하는 것이다(Kent & Fineout-Overhold, 2008, p. 160).

서술적 종합 접근법은 주제 영역에 대해 알려진 것을 확인하기 위해 질적연구들을 합성하는 것을 말한다. 메타-합성과는 달리 서술적 종합은 양적 및 질적연구를 모두 포함할 수 있다. 서술적(narrative)이라는 정의에서 알 수 있듯이 서술적 종합은 합성 과정에서 나온 결과들을 설명하고 묘사하는 데 필요한 용어들을 사용하여 체계적 문헌고찰을 하는 과정이며, 결과의 이야

기를 말하는 것이 목표가 된다(Rodgers et al., 2006).

출판되는 질적연구의 수가 증가하고 있기 때문에 메타-합성은 음악치료에서 특별히 유용하다. 규모가 크고, 유의미하고 권위가 있는 RCTs는 시행하는 데 비용이 많이 들지만 질적연구는 큰 예산이 필요하지 않다. 질적연구의 결과는 일반화되어질 수 없지만, 메타-합성과 같이 원래의 연구결과를 새로운 해석으로 만들어내기 위해 서로 비교하고 번역 및 분석하며 찾아낸 근거들에는 더욱 무게를 실을 수 있다. 그렇다고 이 방법에 도전 과제가 없는 것은 아니다. 연구자는 참가자와 연구자의 관점이 다른 연구들로 인해 혼란스러울 수 있다. 어떻게 연구자는 이러한 차이를 인정하면서도 합성된 결과를 만들어낼 수 있을까?

메타-합성 접근방식은 메타분석 및 체계적 문헌고찰과 유사한 점이 있다. 이 과정은 임상적 질문에 공식적으로 대답하기 시작한다. 질문은 내담자의 필요와 관련하여 효과, 효능, 실현 가능성 또는 중재의 적절성 문제에 초점을 맞출 수 있다(Rodgers et al., 2009). 질문을 안내하는 두 번째 단계는 관련된 연구를 검토하고 검색하는 것이다. 연구가 수집되고 나면, 세 번째 단계에서는 포함 혹은 제외시키는 기준을 바탕으로 포함할 연구와 제외시킬 연구를 결정하는 과정을 거친다(Walsh & Downe, 2005). 네 번째 단계는 연구의 방법론적 질을 평가한다. 포함된 연구가 방법론적으로 충분하지 않다면 이 단계에서 제외시킬 수 있다. 다섯 번째 단계는 연구를 분석한다. 메타-합성에서는 이 분석과정에 개인 연구 결과에 대한 연구자의 해석이 포함된다. 서술적 종합에서는 공통적인 주제를 분석(자료의 해석; Rodgers et al.)하거나 공통적인 설명을 구성하고(자료의 변환), 연구를 무리 지어 그룹으로 묶어서 원문을 설명하는 것을 포함한다. 여섯 번째이자, 마지막 단계는 연구 내의 그리고 연구 사이의 관계를 탐색하는 것이다.

근거를 형성하는 수단으로 메타-합성과 서술적 종합은 아직 음악치료 분야에 적용되지 않았지만 활용될 날은 머지않았다. McFerran, Lee, Steele 그리고 Bialocerkowski(2009)는 장애인 대상 음악치료의 기술적(descriptive) 문헌고찰(이야기 합성의 변형)을 실행하였다. 여기에서 중요한 것은 이 연구에서 저자들이 발견한 것들이 아니라, 음악치료 분야에 근거기반 실행 접근법이 소개되었다는 것이다.

결론

이 장에서는 임상가들이 내담자의 부정적인 증상을 완화하고 그들의 삶의 질을 향상시키는 방법을 찾을 때 사용하는 임상적 접근방법에 대한 근거가 점점 확장되고 있음을 보여주었다. 더 나아가 이러한 근거기반 결과들은 다양한 의료, 교육, 지역사회 세팅에서 음악치료를 활용하는 것과 국가적 인증을 신청하는 것(현재 유럽 국가와 호주에서의 관심 영역), 내담자가 자신의 의료보험을 통해 음악치료 서비스를 보상받는 것 등을 뒷받침할 수 있다. 우리의 근거기반 분야에서 여전히 부족한 것은 질적연구들의 체계적 문헌고찰인데, 이것은 우리의 내담자들이 음악치료 참여에서 얻을 수 있는 경험과 가치에 대한 근거의 엄격한 평가를 얻을 수 있다. 이 부족한 요소는 치료적 경험의 더 큰 그림을 이해하고, 치료 접근법과 전략을 수정하는 데 도움을 주며, 내담자의 웰빙뿐 아니라 의미 있는 치료경험을 제공하기 위한 치료방법을 각 내담자에 맞게 조정하고, 민감하고 적절하게 반응할 수 있게 해줄 것이다.

참고문헌

Abrams, B. (2010). Evidence-based music therapy practice: An integral understanding. *Journal of Music Therapy, 47*(4), 351–379.

Baker, F., & Tamplin, J. (2006). *Music therapy in neurorehabilitation: A clinician's manual.* London, UK: Jessica Kingsley.

Bechtold, M. L., Puli, S. R., Othman, M. O., Bartalos, C. R., Marshall, J. B., & Roy, P. K. (2009). Effect of music on patients undergoing colonoscopy: A meta-analysis of randomized controlled trials. *Digestive Diseases and Sciences, 54*(1), 19–24.

Bradt, J., & Dileo, C. (2005). *Medical music therapy: A meta-analysis and agenda for future research.* Cherry Hill, NJ: Jeffrey Books.

Bradt, J., & Dileo, C. (2009). Music for stress and anxiety reduction in coronary heart disease patients. *Cochrane Database of Systematic Reviews, 2009*(2), CD006577.

Bradt, J., & Dileo, C. (2010). Music therapy for end-of-life care. *Cochrane Database of Systematic Reviews, 2010*(1), CD007169.

Bradt, J., Dileo, C., & Grocke, D. (2010). Music interventions for mechanically ventilated patients. *Cochrane Database of Systematic Reviews, 2010*(12), CD006902.

Bradt, J., Dileo, C., Grocke, D., & Magill, L. (2011). Music interventions for improving psychological and physical outcomes in cancer patients. *Cochrane Database of Systematic Reviews, 2011*(8), CD006911.

Bradt, J., Magee, W. L., Dileo, C., Wheeler, B. L., & McGilloway, E. (2010). Music therapy for acquired brain injury. *Cochrane Database of Systematic Reviews, 2010*(7), CD006787.

Chan, M. F., Wong, Z. Y., & Thayala, N. V. (2011). The effectiveness of music listening in reducing depressive symptoms in adults: A systematic review. *Complementary Therapies in Medicine, 19*(6), 332–348.

Clark, I. N., Taylor, N. F., & Baker, F. (2012). Music interventions and habitual physical activity in older adults: A systematic literature review and meta-analysis. *Journal of Rehabilitation Medicine, 44*, 710–719.

de Dreu, M. J., van der Wilk, A. S. D., Poppe, E., Kwakkel, G., & van Wegen, E. E. H. (2012). Rehabilitation, exercise therapy and music in patients with Parkinson's disease: A meta-analysis of the effects of music-based movement therapy on walking ability, balance and quality of life. *Parkinsonism and Related Disorders, 18*(Suppl. 1), S114–S119.

de Niet, G., Tiemens, B., Lendemeijer, B., & Hutschemaekers, G. (2009). Music-assisted relaxation to improve sleep quality: Meta-analysis. *Journal of Advanced Nursing, 65*(7), 1356.

Drisko, J., & Grady, M. (2012). *Evidence-based practice in clinical social work.* New York: Springer-Verlag.

Else, B., & Wheeler, B. (2010). Music therapy practice: Relative perspectives in evidence-based reviews. *Nordic Journal of Music Therapy, 19*(1), 29–50.

Gold, C., Solli, H. P., Krüger, V., & Lie, S. A. (2009). Dose–response relationship in music therapy for people with serious mental disorders: Systematic review and meta-analysis. *Clinical Psychology Review, 29*(3), 193–207.

Gold, C., Wigram, T., & Elefant, C. (2010). Music therapy for autistic spectrum disorder. *Cochrane Database of Systematic Reviews, 2010*(2), CD004381.

Howick, J. (2011). *The philosophy of evidence-based medicine.* Oxford, UK: Blackwell-Wiley.

Hurkmans, J., de Bruijn, M., Boonstra, A., Jonkers, R., Bastiaanse, R., Arendzen, H., et al. (2012). Music in the treatment of neurological language and speech disorders: A systematic review. *Aphasiology, 26*(1), 1–19.

Kent, B., & Fineout-Overhold, E. (2008). Using meta-synthesis to facilitate evidence-based practice. *Worldviews on Evidence-Based Nursing, 5*, 160–162.

Klassen, T. P., Klassen, J. A., Liang, Y., Tjosvold, L., & Hartling, L. (2008). Music for pain and anxiety in children undergoing medical procedures: A systematic review of randomized controlled trials. *Acute Pain, 10*(2), 106–106.

Maratos, A. S., Gold, C., Wang, X., & Crawford, M. J. (2009). Music therapy for depression. *Cochrane Database of Systematic Reviews, 2009*(1), CD004517.

Mays, K. L., Clark, D. L., & Gordon, A. J. (2008). Treating addiction with tunes: A systematic review of music therapy for the treatment of patients with addictions. *Substance Abuse, 29*(4), 51–59.

McFerran, K., Lee, J. Y., Steele, M., & Bialocerkowski, A. (2009). A descriptive review of the literature (1990–2006) addressing music therapy with people who have disabilities. *Musica Humana, 1*(1), 45–80.

Mössler, K., Chen, X., Heldal, T. O., & Gold, C. (2011). Music therapy for people with schizophrenia and schizophrenia-like disorders. *Cochrane Database of Systematic Reviews, 2011*(12), CD004025.

Mrázová, M., & Celec, P. (2010). A systematic review of randomized controlled trials using music therapy for children. *Journal of Alternative and Complementary Medicine, 16*(10), 1089–1095.

Oxford University Centre for Evidence-Based Medicine. (2009, March). *Levels of evidence*. Retrieved from *www.cebm.net/index.aspx?o=1025*.

Pelletier, C. L. (2004). The effect of music on decreasing arousal due to stress: A meta-analysis. *Journal of Music Therapy, 41*(3), 192–214.

Rodgers, M., Sowden, A., Petticrew, M., Arai, L., Roberts, H., Britten, N., et al. (2009). Testing methodological guidance on the conduct of narrative synthesis in systematic reviews: Effectiveness of interventions to promote smoke alarm ownership and function. *Evaluation, 15*, 49–73.

Sackett, D. L., Richardson, W. S., Rosenberg, W., & Haynes, R. B. (1997). *Evidence-based medicine: How to practice and teach EBM*. New York: Churchill Livingstone.

Sackett, D. L., Rosenberg, W. M. C., Gray, J. A. M., & Richardson, W. S. (1996). Evidence based medicine: What it is and what it isn't. *British Medical Journal, 312*, 71–72.

Schwantes, M. (2011). *Music therapy's effects on Mexican migrant farmworkers' levels of depression, anxiety, and social isolation: A mixed methods randomized control trial utilizing participatory action research*. Aalborg University, Aalborg, Denmark.

Silverman, M. J. (2003). The influence of music on the symptoms of psychosis: A meta-analysis. *Journal of Music Therapy, 40*(1), 27–40.

Standley, J. M. (2002). A meta-analysis of the efficacy of music therapy for premature infants. *Journal of Pediatric Nursing, 17*(2), 107–113.

Treurnicht Naylor, K., Kingsnorth, S., Lamont, A., McKeever, P., & Macarthur, C. (2011). The effectiveness of music in pediatric healthcare: A systematic review of randomized controlled trials. *Evidence-Based Complementary and Alternative Medicine*, Article ID 464759, 1–18.

Vink, A. C., Bruinsma, M. S., & Scholten, R. J. P. M. (2011). Music therapy for people with dementia. *Cochrane Database of Systematic Reviews, 2003*(4), CD003477.

Walsh, D., & Downe, S. (2005). Meta-synthesis method for qualitative research: A literature review. *Journal of Advanced Nursing, 50*(2), 204–211.

Weller, C. M., & Baker, F. A. (2011). The role of music therapy in physical rehabilitation: A systematic literature review. *Nordic Journal of Music Therapy, 20*(1), 43–61.

Whipple, J. (2004). Music in intervention for children and adolescents with autism: A meta-analysis. *Journal of Music Therapy, 41*(2), 90–106.

Wilber, K. E. (2001). *A theory of everything*. Boston: Shambhala.

Wilson, T. W. S., Wong, E. L. Y., & Twinn, S. F. (2008). Effect of music on procedure time and sedation during colonoscopy: A meta-analysis. *World Journal of Gastroenterology, 14*(34), 5336–5343.

Zimmer, L. (2006). Qualitative meta-synthesis: A question of dialoguing with texts. *Journal of Advanced Nursing, 53*(3), 311–318.

제 10 장

음악치료 기법

Susan Gardstrom | Suzanne Sorel

이진형 역

때로 음악치료사는 세션 중 내담자와 무엇을 하는지에 대해 질문을 받곤 한다. 이완 경험을 위해 적절한 음악프로그램을 구성해주는지, 배우기 쉽게 고안된 악기를 가르쳐주는지, 또는 내담자의 즉각적인 감정표현을 위해 노래를 만들거나 타악기 연주를 하는지 등의 질문들을 받는다. 아마도 다수의 독자들은 이런 질문들에 대한 답변들이 모두 '그렇다'임을 알고 있을 것이다. 음악치료사는 위에서 언급된 기법들뿐 아니라 매우 다양한 방법들을 활용하기 때문이다.

간단히 설명하자면 치료사는 내담자의 필요를 채우기에 가장 적합한 음악경험을 제공하기 위해 많은 유형 중에서 선택하여 구성한다. 이러한 다양한 방법들을 음악치료 기법(methods)이라고 하는데 Bruscia는 음악치료 기법들을 수용적 기법(감상기법), 작곡기법, 즉흥기법, 재창조기법

(연주기법), 이렇게 네 가지로 분류했다(2014).[1] 이 기법들은 음악경험에서 치료사의 치료적 행위가 아니라 내담자가 무엇을 하는지를 기준으로 분류되었다. 예를 들어 노래토의를 하는 경우 치료사는 내담자에게 특정 음악을 감상하고 그 음악의 의미 또는 자신과의 연관성에 대해 토의를 하도록 돕는데 여기서 내담자의 주 참여방식은 감상이므로 노래토의는 수용적(receptive) 기법으로 분류된다.

네 종류의 기법마다 여러 가지 다양한 응용기법들이 있는데 이들은 음악경험(experience), 임상기법(intervention), 접근법(application) 등 다양한

---

1) 음악치료 상세기법들의 종합적 개관을 보고자 한다면 Bruscia의 *Defining Music Therapy*(2014)를 참고할 것을 권장한다.

명칭으로 불린다. 예를 들어 노래토의, 심상을 위한 감상(imaginal listening), 음악요법 모두 수용적 기법에 포함되는데 각 기법마다 다양하면서도 고유한 측면들이 있지만 내담자가 각 음악경험에 감상자로서 참여한다는 공통점을 가지고 있다. 이렇게 음악중심 명명법을 사용해서 치료사의 역할을 설명하게 되면 각 기법의 명칭이 지정하는 내담자군이 따로 없고 또한 기법이 특정 임상접근법에만 국한되지 않는다는 이점이 있다. 다시 말해, 위에 명시된 네 가지 음악치료 기법은 음악치료사가 모든 유형의 내담자들과 활용할 수 있으며, 치료사의 경험 정도나 별도의 고급임상훈련 여부와 상관없이, 치료사의 이론적 또는 철학적 관점과 무관하게, 그리고 치료의 차원[예 : 지지적(supportive), 재교육적(reeducative), 재구성적(reconstructive) 차원; Wheeler, 1983]과도 상관없이 사용할 수 있음을 말한다.

치료기법(method)은 치료과정이나 기술과는 상이하다. 간단하게 설명하면, 치료과정(procedure)은 치료사가 내담자에게 특정 경험을 제공하기 위해 구성하는 순차적인 절차나 단계들을 말한다. 반면에 치료기술(technique)은 치료사가 특정 순간에 사용하는 언어, 몸짓, 또는 음악적 기량이나 상호작용으로 내담자로부터 원하는 반응을 이끌어내거나 더욱 심오하고 보다 만족할 만한 경험을 가질 수 있도록 돕기 위한 치료적 과정의 일환이라 하겠다. 지금까지 언급된 개념들을 다음과 같은 예시를 통해 살펴볼 수 있다. 노래토의는 수용적 기법 중의 하나이다. 이 기법은 다음과 같이 치료사에 의해 시행되는 순차적 절차나 단계들을 포함한다. 단계별로 보면 (1) 집단의 필요에 의거하여 노래를 선택한다. (2) 내담자들에게 노래토의의 목적과 과정을 설명한다. (3) 내담자들의 반응을 예의주시하며 노래를 들려준다. (4) 노래를 감상하며 느낀 반응들에 대해 토의

할 수 있도록 이끈다. 이때 치료사는 특히 내향적인 내담자로부터 탐색(probing) 또는 자기개방(self-disclosure)과 같은 치료기술을 활용하여 반응을 유도한다.

각각의 음악치료 기법은, 다시 말해 음악을 통해 맺는 다양한 관계와 경험은 내담자에게 각 기법마다 내재되어 있는 고유한 도전적 과제와 기회를 함께 제공한다는 사실을 기억해야 한다. 예를 들어, 음악을 감상하는 경험은 작곡하는 경험과 다르며, 매 순간 즉흥적으로 연주하는 경험과도 상이하다. 각 경험마다 분명하게 다른 도전과제와 기회를 제공하기 때문에 개개인 내담자의 필요와 치료계획에 보다 적합한 임상접근을 구성할 수 있게 되는 것이다.

저자들은 이 단원에서 각 치료기법의 핵심적 내용들을 소개하고자 한다. 또한 각 기법 내 다양하며 고유한 파생기법들을 살펴보고 이 세부적인 방법들을 통해 어떠한 치료적 목적들을 도모할 수 있는지 제시할 것이다. 또한 각 기법의 도전과제와 기회들을 보다 상세히 묘사하기 위해 실제 임상사례들을 제시할 것이다.

수용적 기법

위에서 제시한 바와 같이 수용적 기법(receptive methods)에서 내담자의 역할은 감상자이다. 많은 이들의 생각과 다르게 이 역할은 수동적인 역할이 아니다. 물론 내담자가 음악을 능동적으로 만들지는 않지만 감상한 음악에 대해 외현적(overt) 또는 내현적(covert)인 방법으로 반응하게 되기 때문이다. 외현적 반응은 박자를 맞추는 동작이나 들리는 소리에 대해 대화를 나누는 등 관찰이 가능하며 명백한 반응들을 말한다. 내현적 반응은 감상을 하며 연상되거나 떠오르는 기억들, 또는 신체적 이완과 같이 관찰이 어려운 내

적 반응들을 일컫는다. 물론 다른 기법들 또한 위와 같은 반응들을 끌어낼 수 있지만 수용적 기법은 이러한 외현적이며 내현적인 반응들을 유도하기 위해 의도적으로 구성되고 계획된다는 점이 다르다. 세부적인 수용적 기법마다 내담자에게 제시하는 과제들이 다르지만 내담자들은 들을 수 있고 이에 반응할 수 있다는 전제하에 제공되는 부분은 공통점이라 할 수 있다.

수용적 기법의 경우 여느 기법보다 유독 많은 종류의 세부기법들이 개발되어 사용되고 있다. 자주 사용되는 기법 중 몇 가지는 이미 위 예시에서 소개하였다. 보편적으로 치료사들이 많이 사용하는 수용적 기법으로 노래/음악대화(song/music communication)[2], 유리드믹 감상과 음악을 통한 이완기법이 있다.

노래토의(song discussion; Bruscia, 2014)는 대화가 가능한 내담자를 위한 기법으로 내담자와 치료사는 노래를 함께 감상하고 해당 노래가 내담자의 삶과 어떠한 관련 또는 의미가 있는지 탐구하게 된다. 그룹치료 상황에서 노래 토의 기법은 치료적이며 지지적인 역할을 하는데 내담자들은 이를 통해 서로 대화를 나누고 의미 있는 관계를 형성하며, 고립된 상태로부터 벗어날 수 있는 기회를 갖게 된다. 재교육차원에서 (Wheeler, 1983) 노래토의는 내담자에게 선택된 노래가 불러일으킨 생각들과 감정의 인지 (identification), 탐색(exploration) 및 소통의 기회를 통해 자기 자신에 대한 통찰력을 기를 수 있도록 돕는다. 다음은 노래토의의 예시이다.

---

2) song communication을 직역하면 노래를 통한 대화 또는 소통이다. 하지만 이 기법의 핵심은 노래/음악 자체에 대한 대화가 아니라 노래와 연관하여 내담자나 치료사, 또는 그 관계에 대한 소재를 바탕으로 대화를 나누게 된다. ─역자 주

임상사례 : 집단 노래토의

19세였던 에밀리는 나(Susan Gardstrom)와 나의 제자들이 임상을 하던 여성 중독 치료기관에서 가장 어린 환자였다. 그녀는 지난 2회기의 음악치료 세션에 참여했었지만 이름을 이야기할 때를 제외하고는 단 한 번도 입을 열지 않았고 악기연주도 하지 않았는데, 음악을 함께 만드는 과정이나 혹은 자신보다 나이가 월등히 많은 환자들과 함께 있다는 것에 겁먹은 듯 보였다. 세 번째 세션을 위해 동료 치료사와 나는 켈리 클락슨의 'Addicted'라는 노래의 음원을 준비했고 참여한 내담자들에게 깊게·심호흡을 한 후 노랫말과 소리가 마음에 들어올 수 있도록 허용해보라고 제시했다. 에밀리는 머리를 숙이고 팔짱을 긴 상태로 앉아 있었는데 마치 자신을 보호하는 듯 보였다. 주로 단조로 이루어진 단조로운 반주와 공허한 느낌의 타악기 소리는 가수의 낮고 허스키한 목소리와 어우러져 도입부분을 연다. 클락슨의 목소리는 점차 강렬해지지만 목소리의 간절하고 연약한 감성은 이어지면서 노래는 후렴 부분에 이른다. 후렴 부분에서 그녀는 한 옥타브를 올려 부르며 분노의 메시지를 전달하기 시작하는데 기타의 날카로운 음색과 드럼의 휘몰아치는 리듬은 그 영향력을 키우며 듣는 이의 가슴까지 강한 울림을 전달한다.

노래의 후반부에서 에밀리는 고개를 들었는데 눈에는 눈물이 가득 고인 상태였다. 그룹구성원 중 나이가 많고 노련하며 에밀리 옆에 앉아 있던 카를라는 그녀에게 바로 휴지 한 장을 건넸다. 노래가 멈추자마자 에밀리는 최근 헤로인 과다복용으로 죽을 뻔했고 그 사건으로 인해 이곳에 입원하게 되었다는 이야기를 하였다. 이 과정에서 그녀의 방어적인 모습은 사라졌고 자신에게 얼마나 도움이 절실한지 깨닫는 듯 보였다. 이런 변화는 다른 참여자들도 자신의 중독 경험 및 연관된 감정들에 대해 대화를 나누게 하는 계기를 마련해주었다. 세션이 끝난 후 에밀리와 카를라는 다정한 모습으로 서로 팔짱을 긴 채 치료실을 나갔다.

에밀리는 이 가수와 노래의 메시지를 통해 큰 공감을 느꼈던 것으로 보인다. 이 음악은 가사의 내용과도 일치되는 음악적 특성으로 인해 감정적 반응을 효과적으로 일으키며 더 이상 억눌러 둘 수 없는 강한 감정들을 의식의 상태로 떠올리고 다룰 수 있도록 도왔다. 에밀리의 눈물은 서로 개인적인 이야기를 나눌 수 있도록 도왔고 이

를 통해 내담자들은 자신에 대한 통찰력의 확장 뿐 아니라 서로를 위한 진심 어린 지지를 나누게 되었음을 알 수 있다(노래토의에 대한 보다 자세한 설명은 Gardstrom & Hiller, 2010 참조).

노래토의와 관련 있는 기법으로 노래/음악대화와 노래나눔(song sharing)이 있다. 이 기법의 핵심은 내담자 또는 치료사가 다른 이에게 자신을 표현하거나 드러내기 위해 사용하기도 하고 때로는 치료적 관계나 과정에 대하여 속마음을 털어놓는 방법의 일환이라는 점이다(Bruscia, 2014). 필자(Susan Gardstrom)는 가출 청소년들과 노래대화기법을 사용하곤 하는데 이 기법은 음악치료 안에서 개인적인 나눔의 과정을 자연스럽게 시작할 수 있도록 도와주고 내담자에 대한 정보를 얻고 그들의 음악적 성향을 파악하는 데 용이한 도구로 작용한다. 또한 내담자들과의 초기 라포 형성에 효과적인데 치료사가 그들의 음악에 대해 관심이 있음을 인식하도록 돕기 때문이다(Gardstrom, 2013, p. 632).

심상을 위한 감상(imaginal listening)은 명칭이 암시하듯 내담자나 집단의 심상을 유도하기 위해 음악을 사용하는 방법을 말한다. 심상(imagery)이란 단어는 주로 시각적 이미지를 뜻하지만 음악에 의한 심상은 상상에 의해 떠오르는 소리, 냄새, 촉각 등 다양한 형태로 경험될 수 있다. 음악감상과 심상은 자기인식의 확장을 통한 심리적/신체적 이완(Houghton et al., 2005, p. 206), 웰빙의 도모(Short, 2007), 의식의 확장, 창의력 증진 및 다양한 내적측면들의 통합(Association for Music and Imagery, 2012), 영적 또는 종교적 깨달음의 도모(Maack & Nolan, 1999), 통증 또는 메스꺼움의 완화(Sahler, Hunter, & Liesveld, 2003), 수행불안의 완화(Kim, 2008) 등 다양한 목적에 사용되고 있다.

이 외에도 음악을 통해 심상경험을 제공하는

기법으로 다양한 것들이 있는데 대표적인 예로 음악과 심상(music imagery)과 BMGIM이 있다. 이러한 유형의 세부기법들은 임상방향, 치료사의 훈련배경과 역할(예 : 치료사의 지시수준), 내담자의 연령과 발달수준, 사용하는 음악의 길이와 유형 및 감상 도중 내담자의 의식상태 등에 따라 구분된다. 음악과 심상은 지지적 또는 재교육적 수준의 치료과정에서 사용될 수 있는데(Wheeler, 1983), Goldberg와 Dimiceli-Mitran(2012, n. p.)은 이를 가리켜 주의를 기울여 선곡한 음악의 지지와 치료사의 언어적 안내를 통해 유도하는 심상이라고 정의했다. 이 기법의 임상적 방향은 치료사가 정하거나 내담자와의 상의하에 결정한다. 내담자는 의자에 앉은 상태로 (때론 눈을 감고) 편안하게 이완된 상태에서 음악을 감상하며 심상경험을 하는데 주로 기악곡으로 이루어진 음원을 사용한다. 음악은 짧은 편이며 포용적 특성(contained)을 띠기에 단조롭고 반복적이며 변화나 긴장 관련 음악적 요소들이 적은 특성을 보인다. 음악감상 중에 치료사는 언어를 사용하여 사전에 함께 정한 심상으로 내담자를 안내하고, 내담자는 눈을 뜨고 음악을 계속 감상하며 심상과 함께 그림을 그리거나 글을 쓰기도 한다. 보편적으로 심상경험을 마친 후에 대화 작업을 하게 된다.

BMGIM(GIM; Bonny, 1975)은 재구성적 수준의 기법으로(Wheeler, 1983), 의식의 확장과 내적자원 및 강점들의 발굴을 목적으로 한다. GIM의 절차는 다음과 같다. (1) 성인 내담자는 눕거나 편히 기댄 상태로 시작한다. 치료사는 전환된 의식상태(altered state of consciousness)를 이끌어내기 위해 짧은 인덕션(induction)을 제공한다. (2) 내담자는 고전음악의 감상과 함께 심상경험을 하면서 그 내용에 대하여 치료사에게 보고한다. (3) 일반적인 의식상태로 돌아와 심상의 의미에 대해 대화를 나눈다. GIM에서 사용하는 음악은 어렵지 않게 생동감 있는 심상을 유발하고 지지한다. 여기서 나타나는 심상은 주로 미해결된, 무의식적이며 심리적인 이슈(예 : 기억, 갈등, 억압된 감정)들을 나타낸다고 여겨진다. 내담자는 치료사의 안내하에 자기 자신의 심상을 해석한다. 다음 사례에서 볼 수 있듯이 GIM 치료과정에서는 매우 복잡하고 무의식적인 이슈들이 표면에 드러나게 된다. 이러한 작업은 숙련된 치료기술을 바탕으로 즉각적이고 세심하게 반응하며 개입해야 하기 때문에 GIM 치료사는 필히 석사과정에 준하는 집중적인 임상훈련과 함께 슈퍼비전을 받아야만 한다.

임상사례 : GIM 개별세션

엘리샤는 54세 여성으로 모친의 치매에 대한 고통으로부터 자유로워지고 그녀의 복잡한 심경을 정리하고자 GIM 치료사인 마지에게 치료를 의뢰했다. 진단평가 기간 후 마지는 바버의 '현을 위한 아다지오(Adagio for Strings)'를 포함하여 이 곡과 같이 강한 감정들을 불러일으키는 세 곡의 교향곡들을 준비했다. 그녀는 엘리샤에게 편히 누운 상태에서 눈을 감고 천천히 호흡에 집중하도록 안내했다. 깊은 이완경험과 내적탐색을 할 수 있도록 돕기 위해 마지는 땅의 치유적 에너지가 천천히 엘리샤의 몸을 통해 위로 올라오는 심상을 가져보도록 유도했다. 이러한 인덕션은 다음의 문장으로 끝을 맺었다. "이제 긍정적인 에너지로 가득 찼습니다. 이제 음악이 엘리샤가 가야 하는 곳으로 데려가줄 겁니다."

첫 번째 곡이 시작되자마자 엘리샤는 커다란 느릅나무 두 그루가 있는, 그녀가 어릴 적 살던 집 뒷마당을 떠올렸다. 때는 그녀가 여덟 살 무렵의 여름으로 하늘은 매우 맑았다. 여기에서 그녀는 두 어린 남동생들도 보았다. 동생들과 푸른 수풀 속에서 술래잡기 놀이를 하는 광경을 묘사하며 엘리샤는 "보이지는 않지만 누군가가 우리를 보호하기 위해 지켜보고 있는 것이 느껴져요"라고 말했다. 음악이 바뀌었을 때에도 그녀의 어린 시절에 대한 심상이 이어졌는데 이번에는 어둡고 낯선 숲속에 혼자 앉아 있는 모습이 나타났다. 마찬가지로 누군가가 자신을 보호하고 있음을 느낀다고 했다. 그녀는 "혼자이지만 이렇게 으슥한 곳에서도

무서워하지 않고 있을 수 있어요"라고 말했다. 음악의 볼륨이 커지며 불협화음이 두드러졌을 때 엘리샤는 하나의 길을 발견하고는 어디로 가는지 알지 못한 채 그 길을 따라 걸어갔다. 이 길에서 그녀는 기괴하고 자신을 해칠 것 같은 신화 속 여러 괴물들과 마주쳤지만 여전히 두렵지 않다고 했다. 바버의 곡이 후반부에 이르렀을 때 엘리샤는 할머니가 주셨던 작은 목걸이용 갑(locket)을 들고 그 길에 평화롭게 앉아 있는 모습을 보았다. 치료사는 엘리샤가 일반적인 의식 상태로 돌아올 수 있도록 안내한 후에 그녀에게 자신의 심상여행 중 일부를 만다라(mandala; 원형 그림)로 그려보도록 했다. 엘리샤는 첫 장면에서 봤던 두 그루의 느릅나무를 그렸다. 치료사가 그녀의 그림을 어느 정도 거리를 두고 보여주자 엘리샤는 이 나무들이 어릴 적 그녀와 동생들을 아버지의 언어 및 신체적 학대로부터 보호해주던 그녀의 어머니와 할머니를 의미한다고 보고했다.

이와 동시에 엘리샤는 최근에 느끼는 고통의 이유 또한 깨닫게 되었다. 그녀의 할머니는 돌아가셨고 어머니는 치매로 인해 엘리샤의 어린 시절을 더 이상 기억하지 못하기 때문에 그동안의 감사함을 표현할 기회를 놓쳐 이에 대한 빚진 마음이 자신을 괴롭혔다는 것이다. 엘리샤는 울음을 터뜨렸고 수 분 동안 아무 말도 할 수 없었다. 마지는 침묵 속에 주의 깊고 관심 어린 눈빛으로 그녀를 지켜봤다. 엘리샤는 편안한 음악을 들려줄 것을 요청했고 마지는 Kobialka의 '끝이 없는 움직임(Timeless Motion)'이라는 앨범 중 짧은 곡 하나를 선택했다. 이 음악은 엘리샤가 울음을 멈출 때까지 그녀를 감싸주었고 곧 그녀의 가빴던 숨도 편안해졌다. 그녀와 마지는 새로이 얻게 된 통찰에 대해 대화를 나누었고 다음 세션부터 아버지의 학대와 관련된 감정들을 탐색해보기로 하고 세션을 마쳤다.

음악요법(music anesthesia)[3]은 만성 통증이나 시술 또는 수술로 인한 통증의 통각 및 불안감소를 위해 음악감상을 사용하는 수용적 기법이다. 통증완화를 위한 음악치료는 진단평가에 의해

---

3) music anesthesia를 직역하면 음악마취제가 되지만 이 기법은 music medicine으로도 불리며(Dileo, 1999) 이는 국내에서 음악요법으로 소개된 바 있다(Lee, 2013).
　─역자 주

파악된 내담자의 개인적 필요에 따라 방대한 유형의 기법들을 사용한다(Kirby, Oliva, & Sahler, 2010). 다수의 음악치료사들은 소아에서 성인에 이르기까지 다양한 진단군을 대상으로 통증완화를 위한 음악치료 임상 및 연구활동을 지속해 왔다(Dileo & Bradt, 2005; Standley & Whipple, 2003).

의료시술 지원(procedural support)은 통증완화를 위한 주요 음악치료 임상의 일환이다. 이러한 접근에서 치료사는 널리 알려진 통증의 관문통제이론에 근거하여(Melzack & Wall, 1965) 다양한 음악자극으로 신경통로를 충분히 채워서 통증신호를 대체함으로써 뇌가 통각신호를 처리하지 않도록 돕는다(Kirby et al., 2010; Krout, 2007). 예를 들어, 치료사는 주사와 같이 침습적이며 통증을 유발하는 의료시술을 받는 아동에게 조심스레 선곡한 노래에 맞춰 특정 동작이나 언어반응을 유도할 수 있다. 이와 같은 방법에서 치료사는 음악적 자극을 통해 내담자의 주의를 재전환시켜 통증인식 정도를 감소시키게 된다.

유리드믹 감상(eurhythmic listening)은 내담자의 성공적인 동작 활동을 보조하기 위해 음악감상을 사용한다. 이를 위해 다양한 유형의 음악들을 사용할 수 있는데 상황에 따라 라이브 음악 또는 음원을 제공한다. 예를 들면 댄스나 에어로빅과 같이 리드미컬한 안무의 보조를 위해 강한 비트를 유지하는 음악을 사용하기도 하고, 창의적이며 즉흥적인 무용 또는 동작을 돕기 위해 자유롭게 흘러가는 기악곡을 활용하기도 한다. 또한 뇌존중 환자의 보행훈련을 돕기 위한 재활치료의 일환으로 반복적이며 복합적인 동작을 지지하는 음악이 구성되기도 한다. 유리드믹 감상은 개인이나 집단에게 활동적인 방법을 통해 감정을 표출하고 신체이미지와 기능의 향상 및 동작의 여러 개념들을 익힐 수 있도록 돕는다. 뿐만 아니라 내담자의 체중조절을 위한 심폐지구력 운동을 위해 동작이 활용될 수도 있다. 다음의 예시는 한 학교에서 유리드믹 감상을 적용한 임상사례이다.

임상사례 : 남자 고등학생 댄스 그룹

한 고등학교 지적장애학급에 소속된 3명의 16세 남학생들이 체육교사의 의뢰로 음악치료를 받게 되었다. 3명의 진단명은 모두 다운증후군이었으며 모두 대화가 가능했고 보행에도 문제가 없었다. 이 중 브라이언과 토머스는 급격한 기분변화와 어른에 대한 반항적 태도 같은 사춘기 청소년들이 보이는 행동들을 보였다. 조나는 정서적으로 안정적이고 협조적인 태도를 보였지만 뇌성마비 진단도 받아 우측이 전반적으로 약했다. 3명 모두 각기 다른 어려움들을 보였는데 체육교사는 이들의 개별화교육프로그램(IEPs)에 명시된 대근육 운동기술의 증진을 위해 음악치료가 효과적인 도움을 줄 수 있을 것이라 생각하여 의뢰를 하게 되었다.

음악치료사는 학생들의 현 상태를 진단평가하고 현재 가능한 동작들과 앞으로의 목표치가 어느 정도인지 파악하기 위해 이 학생들의 IEPs를 참고하여 체육시간 동안 관찰을 한 다음, 선호하는 음악을 파악하기 위해 아이들과 대화를 나눴다. 음악치료사는 리드미컬한 동작에 적절한 린킨파크의 곡을 선택했다. 치료사는 선택한 노래에 스트릿댄스(street dance)를 변형한 안무를 구성했고 학생들은 몇 주에 걸쳐 음악치료 시간에 이 동작들을 익혔다. 학생들은 음악치료 시간을 선호했고 춤동작 역시 '멋지다(cool)'고 느꼈기에 3명 모두 열심히 연습을 했다.

춤 안무를 배우는 과정을 통해 학생들은 IEP에 명시된 치료목표들 중 (1) 무릎을 구부린 자세 또는 서 있는 상태로 균형감 유지하기, (2) 움직임의 속도 올리기, 내리기 및 방향 바꾸기, (3) 양팔을 몸 뒤로 젖히고 무릎을 굽히는 등 점프에 필요한 예비동작 익히기, (4) 양팔을 이용한 신체중심선(midline) 교차하기에 대한 성과를 보였다. 이 외에도 학생들은 설정한 규율들을 따르고 의견 차이를 조성하는 방법들을 익혔고 치료사와 그룹구성원 서로에게 긍정적인 태도로 도움을 요청하는 등 사회적 관계 측면에서 발전한 모습을 보였다. 조나가 주어진 박자 내에서 특정 동작을 잘 하지 못해 좌절하는 모습을 보였을 때 토머스가 이전에는 보이지 않던 부드러운 태도로 그에게 용기를 북돋아주기도 했다.

음악유도이완(music-assisted relaxation, MAR)은 내담자의 생리적, 신체적 또는 심리적 이완을 지지하기 위해 음악을 사용하는 것을 말한다. 음악적 자극에 대한 인간의 반응은 지극히 개인적이지만(Scartelli, 1987), 신중하게 구성하고 숙련된 기술을 바탕으로 개입하면 음악을 통해 의미 있는 진정효과를 불러올 수 있다. 특히 음악감상은 병원과 같은 곳에서 원치 않는 환경소음을 차단해줄 수 있고 스트레스성 자극으로부터 주의를 전환하거나 통증과 같은 신경자극들을 대체할 수 있는 경쟁자극으로 작용하기도 한다(Krout, 2007, p. 135). 또한 심상경험이나 이완을 위한 내레이션에 집중하는 과정과 같이, 음악감상을 통해 갖게 되는 인지적 과정은 우리 뇌에서 이완을 담당하는 영역에 긍정적 영향을 미치는 것으로 보인다(Krout, 2007).

Robb(2000)에 의하면 음악치료사는 음악유도이완을 일시적인 스트레스뿐 아니라 만성 스트레스의 감소를 위해서도 활용한다. 음악유도이완은 스트레스 혹은 불안이 높아 보이거나 내담자가 이와 같이 보고하는 경우에 적용할 수 있으며(Gardstrom, 2013, p. 633), 이완기법을 배우는 것이 자기돌봄(self-care)을 위해 긍정적 영향을 미칠 수 있을 때에도 사용된다. 그뿐 아니라 음악유도이완은 심상과 취침의 유도 및 통증과 불안의 감소를 위해서도 유용하다. 이 기법은 수용언어 기술에 어려움이 없고 장시간 편히 앉거나 누워 있을 수 있으며 주의가 산만하지 않은 내담자에게 최대효과를 가져올 수 있다. 이러한 연유로 음악유도이완은 어린아이들에게 적절한 도움을 주기는 어렵다.

음악치료 문헌을 보면 **자율이완기법**(autogenic relaxation, AR)과 **점진적 근육이완**(progressive muscle relaxation, PMR)이 MAR의 기본적인 유형으로 자주 언급된다. 자율이완기법은 자기제언(self-suggestion)을 통해 특정 신체지각(예 : 팔다리와 배의 무겁고 따뜻한 느낌, 호흡과 심장의 리듬 등)의 느낌들에 대해 수동적인 태도로 집중해보는 경험을 말한다(Stetter & Kupper, 2002, p. 45). 점진적 근육이완에서는 신체이완을 위해 다양한 근육군들을 돌아가며 수축시켰다가 이완시키는 과정을 반복하게 되는데 이를 통해 심리적인 안정 또한 도모할 수 있다(Jacobsen, 1938). 두 기법 모두 지속적으로 안정적인 상태를 유지하는 기악곡을 라이브 음악 또는 음원을 통해 제공하는데 이는 변화가 많은 음악은 자극제로서 감상자의 신체적 또는 감정적 반응을 강하게 일으킬 수 있기 때문이다. 점진적 근육이완을 위해 음악을 준비할 때에는 근육군의 수축과 이완기를 지지하기에 수월한 박자와 악구(phrase)를 고려하여 선곡한다.

작곡기법

기본적으로 작곡기법(compositional methods)과 수용적 기법은 내담자로부터 서로 다른 유형의 참여를 요구한다. 개별세션이나 집단세션에 상관없이 작곡기법에 참여하는 내담자는 개인적인 선택권, 생각, 상상 속 아이디어 등을 떠올리고 개선해가면서 음악 또는 가사의 구조를 만들어가게 된다. 작곡기법의 과정과 작품을 만드는 경험은 내담자의 구조화 능력, 문제해결력, 책임감 및 의사소통 기술들을 촉진할 수 있다(Bruscia, 2014). 이 과정에서 치료를 통해 다뤄야 하는 다른 주제들이 드러날 수 있으며 이에 대한 작업이 이어지게 된다.

작곡기법은 기악곡 작곡과 음악자서전(music audiobiography) 같은 기법들도 포함하지만 그 어떤 기법보다 가장 흔히 사용되는 기법은 노래 만들기(song writing)이다. 미국 문화의 중심에는 대중음악이 큰 자리를 차지하고 있고, 특히 라디오나 텔레비전 및 인터넷에서도 쉽게 접할 수 있기 때문에 연령대를 막론하고 많은 내담자들이 노래를 창의적인 매체로서 쉽게 받아들이는 것을 볼 수 있다(Baker & Wigram, 2005). 개인 또는 그룹세션에서 내담자는 노래를 백지에서부터 새로 쓰거나 노래변형기법(song transformation; Gardstrom & Hiller, 2010)을 통해 기존에 있는 노래의 구조에 노랫말을 새로 쓰거나 음악적 요소들을 바꿔 자기만의 노래로 만들게 된다(혹은 song parody; Bruscia, 2014). 치료사는 작곡의 과정 중에 내담자의 필요에 맞는 다양한 수준의 기술적, 대인관계적 또는 정서적 지원을 제공하는 역할을 맡는다. 그룹세션에서 치료사는 조력자(facilitator) 혹은 중재자(mediator)의 역할을 담당하며 내담자들이 서로 공통되는 목표를 찾거나 창의적 과정에서 나타나는 차이점들을 극복하고 의견을 모을 수 있도록 돕는다.

즉흥기법

즉흥연주(improvisation)란 단어를 생각하면 담배 연기가 자욱한 재즈클럽에 앉아 한 트럼펫 연주자와 그의 트리오가 연주하는 광경을 떠올릴 수 있을 것이다. 이와 같이 즉흥연주는 주로 공연을 위해 연주자가 최소한의 준비과정을 토대로 즉석에서 음악을 개발, 작곡 또는 만드는 것이라 설명할 수 있다(Free Dictionary, 2012). 음악치료 기법으로서의 즉흥연주는 즉흥적 공연과도 유사한 성격을 지니긴 하지만 음악의 창작과 연주에 대한 그 의미와 방법에는 확연한 차이가 있다.

음악치료에서 즉흥연주는 내담자가 치료사나 다른 그룹구성원과 함께 적극적 및 즉흥적으로 음악을 만들며 악기연주, 노래 또는 자신의 몸이나 물건으로 소리를 내는 과정을 말한다(Bruscia,

2014). 임상적 목표의 달성을 위해 시행되는 즉흥연주는 보편적으로 임상 즉흥연주(clinical improvisation)라 불린다. 즉흥적인 음악창작은 내담자가 신체움직임을 체계화하며 새로운 아이디어를 창출하고, 심미적 경험을 하며 타인과 관계를 형성 및 발전시키고, 여러 감정을 인식하고 탐구할 수 있도록 돕는다(Bruscia, 2014; Nordoff & Robbins, 2007; Wigram, 2004). 즉흥연주는 다양한 정서 및 신체적 필요를 즉각적으로 다루는 것이 특징인데 이는 즉흥연주기법이 왜 다양한 환경 및 내담자군과 성공적으로 널리 사용되고 있는지를 단적으로 보여준다. 개별치료 상황이라면 내담자는 혼자 연주할 수도 있고 치료사와 함께 할 수도 있다. 그룹치료에서도 마찬가지로 내담자는 혼자 연주하거나 치료사와 연주하기도 하지만 흔히 다른 내담자들과 함께 연주하기도 한다.

즉흥연주에서 음악은 소리를 내기 위해 연주자가 사용하는 매체에 따라 다른 형태를 띠게 된다. 앞에서 명시한 바와 같이 연주자는 악기와 목소리를 기본적으로 사용한다. 또한 신체를 사용하여 발 구르기나 손뼉치기와 같은 소리를 내거나 악기소리와 목소리 및 신체소리를 조합하여 소리를 낼 수도 있다. 치료사와 내담자는 특정 범위 안에서 리듬, 음색 및 표현에 관련된 다양한 요소들(예: 셈여림, 악센트, 악구 등)을 가지고 음악을 만든다. 이들은 이와 같은 요소들과 매체들을 매 연주마다 다르게 조합하며 즉흥연주를 발전시켜나간다. 즉흥연주는 내담자의 현상성과 신체상태 및 삼새 복표녕역의 방향을 내포한다.

즉흥연주는 비참조적 또는 참조적인 형태를 띤다. 비참조적인 즉흥연주(nonreferential improvisation) 시 연주자는 온전하게 음악과 소리에 의존하여 연주하며 음악 외부적인 것을 표현하거나 참조하지 않고 음악과 소리만으로 그 의미를 내비친다(Bruscia, 1987). 반면, 참조적인 즉흥연주(referential improvisation)는 주제가 있다. 따라서 연주자는 음악 자체가 아닌 심상, 이야기, 느낌 또는 미술작품을 참조하여 음악을 만들어간다(Gardstrom, 2007, p. 16). 다음은 참조적 즉흥연주의 임상사례로, 여기서 내담자는 음악을 통해 우주행성을 표현했다.

임상사례:
목소리와 악기를 사용한 개별 즉흥연주 세션

레바는 자폐스펙트럼장애 진단을 받은 4세 여아이다. 아동은 언어소통이 가능하여 자기 의사표현을 할 수 있으며 영리하다. 하지만 요구가 많고 제멋대로 하려고 하며 자폐스펙트럼장애 아이들의 특성으로 동일한 조건의 유지를 고집하거나 특정 행동패턴에 집착하는 경향을 보인다. 내담자는 첫 번째 세션 시작 후 약 10분이 지났을 때 심벌즈에 다가가더니 빙글빙글 돌리기 시작했다. 그러면서 작은 목소리로 "태양"이라고 말했다. "우주행성들은 태양의 주변을 돌지"라고도 말하며 계속 돌렸다. 텔레비전이나 영화에서 들었던 어절을 반복적으로 말하는 것처럼 보였다. 나(Suzanne Sorel)는 내담자가 반복하는 어절을 이용해서 선율을 만들고 노래하기 시작했다. "우주행성들은 태양 주변을 돌지, 그럼 그렇지." 레바는 실로폰, 핸드드럼, 콩가드럼들을 태양(심벌즈) 주변에 배치하기 시작했고 나는 하향 선율을 반복하여 노래하였다. 내가 이 노래를 다시 부르자 레바도 잠시 내 쪽을 바라보며 같은 음정의 다정한 목소리로 이 선율을 부르며 화답했는데, 얼굴에는 작은 미소도 보였다. 그런 다음 아이는 더욱 힘 있는 목소리로 "저기에 금성이 있어요"라고 말했고 나는 그 말의 느낌을 음악적으로 반영했다. 레바는 "저기에는 지구가 있어요"라고 말을 바꾸고 이를 상향식 멜로디로 즉흥노래를 부르며 드럼을 정박으로 연주했다. 나는 레바의 음색과 음질을 반영하여 이 새로운 악구를 따라 불러줬다.

레바는 가볍고 높은 목소리로 대화하듯 노래를 계속했고 우리는 이와 같은 형식으로 태양계의 거의 모든 행성에 대해 노래를 만들며 음악적 교류를 계속했다. 우리의 음악은 금성으로 가는 우주비행선에 탑승하는 부분에서 절정에 이르렀고 이 부분에서 나는 로켓 발사 전 카운트다운 장면을 즉흥음악을 통해 지

하여 더욱 그 효과를 극대화했다. 나는 경쾌한 느낌을 담아 태양과 행성들에 대한 음악을 만들었고 안정감 있는 리듬과 박자를 통해 레바의 환상과 음악놀이를 잘 지지할 수 있는 음악적 구조를 제공했다. 발사 장면에서의 음악은 감화음(diminished chords)과 상향하는 반음계 선율(chromatic lines)로 에너지가 넘치면서도 신비한 느낌을 줬다. 다른 장소였다면 레바는 이 문장들을 로봇처럼 딱딱하고 비상호적인 모습으로 중얼거렸겠지만 당시의 레바는 음악적 관계 안에서 역동적인 방법으로 보다 자연스럽게 발화하고 노래하며 악기연주를 통해 의사소통을 했고 자신의 창의력을 표현했다. 자기가 만든 문장들이 음악적 구조 안에서 그 의미가 확장되고 지지되는 과정을 인식하면서 내담자는 치료사에 대한 신뢰가 깊어지는 경험을 했을 것이다. 이와 같이 즉흥적인 음악적 교류를 통해 중요한 기초 작업을 했으므로 내담자는 앞으로 자신을 보다 쉽게 개방하고 치료적 과정에 보다 적극적으로 임할 수 있다.

때때로 내담자와 치료사는 세션 중에 즉흥적으로 선율과 가사를 만들어 부르는 과정을 통해 하나의 노래구조를 완성하기도 한다. 이런 노래들은 내담자의 다양한 모습들을 드러낸다. 또한 노래 또는 악기연주하는 그룹구성원들을 지휘하는 방법을 통해서도 즉흥연주를 할 수 있다.

노도프-로빈스 음악치료(NRMT)는 창조적 음악치료(Creative Music Therapy)라고도 불리는데 이 즉흥연주 기반의 접근법을 활용하려면 전문화된 훈련과정을 이수해야 한다. 이 접근법은 1959년에 Paul Nordoff와 Clive Robbins에 의해 개발되었으며 내담자의 반응을 이끌어내고 관계를 형성하며 정서적, 인지적, 사회적 및 음악적 목표달성을 위해 즉흥음악을 사용한다(Nordoff & Robbins, 2007; Sorel, 2010). 대부분의 NRMT 치료사들은 팀을 이뤄 임상활동을 하는데 여기서 주 치료사는 내담자의 즉각적인 필요와 치료목표를 고려한 음악을 즉흥적으로 연주하며 협력치료사(cotherapist)는 노래, 신체 및 음성적 신호(prompting)와 동작 경험을 이용해 내담자가

음악과의 관계를 형성하고 발전시켜나갈 수 있도록 돕는다. NRMT 치료사 양성과정은 인본주의와 음악중심적(music-centered) 접근으로 치료사가 피아노 또는 기타를 이용해 다양하게 즉흥음악을 연주할 수 있는 기술을 갖출 수 있도록 경험을 통한 종합적인 교육프로그램을 제공한다. NRMT는 음악 자체가 변화를 불러일으키는 주요 매체이기 때문에(Aigen, 2005), 기능의 향상 또는 비음악적 목표를 위해 음악을 사용하는 접근들과는 상반된다(Sorel, 2013). 다음은 NRMT 접근법의 임상사례이다.

> ### 임상사례 : 목소리와 악기연주를 통한 개별 즉흥연주 세션
>
> 애리는 키가 크고 마른, 자폐장애가 있는 16세 소년이다. 그는 대화가 거의 되지 않고 자주 손으로 귀를 덮으며 방어적인 자세를 취한다. 그는 자신의 머리를 때리거나 머리카락을 잡아 뜯는 등의 자해를 했던 기록이 있다. 특히 소리에 의해 과잉자극을 받는 경우 보호자들을 상대로 공격적인 돌발행동을 보인다고 했다.
>
> 애리는 첫 번째 NRMT 세션에 협력치료사인 제니의 안내를 받아 치료실로 들어왔다. 주 치료사로서 나(Suzanne Sorel)는 제일 먼저 애리의 걸음 속도와 심각한 표정을 주의 깊게 봤고, 또한 드럼 채를 잡고 자기만의 방법으로 연주하기 시작하는 모습을 유심히 관찰했다. 나는 애리의 느리지만 큰 소리의 연주에 가담하며 4도와 5도 간격의 근접한 음정을 기반으로 주제를 만들어가며 피아노를 연주했다. 나는 이러한 음정패턴이 지지(grounding)와 개방(openness)의 느낌을 만들어줄 수 있을 것이라 생각했다. 우리는 서로 음악적으로 알아가는 과정이었고 하나의 조성에 매이지 않은 많은 음들을 탐색하고 있었기 때문에 정해진 음악적 주제가 있지 않았다. 반면 위에서 언급한 화음은 품어주는(holding) 느낌을 주었고 특정 리듬 패턴과 악센트의 사용은 앞으로 나아가는 느낌을 더했다.
>
> 애리는 왼손으로 드럼을 크게 치면서 다른 손으로는 오른편 귀를 덮고 있는 자세를 유지했다. 제니와 나는 내가 연주하던 화음에 이울리는 히니의 선율을 만들어 노래했다. 음악이 전개되면서 우리가 더욱 힘 있게 노래를 부르자 애리는 고개를 들며 허밍을 하기

> 시작했고 귀를 막았던 손을 떼고 양손으로 돌아가며 더욱 강하게 드럼을 연주하기 시작했다. 내가 특정 리듬을 넣은 선율을 만들어 반복하자 애리는 즉각적으로 나의 아이디어를 반영하여 연주했으며, 악구의 시작 또는 끝 부분에서 화려하게 심벌즈를 치는 모습을 통해 자신 안에 내재된 음악성을 발휘하기 시작했다. 비록 애리가 자신이 만든 패턴을 반복할 수는 없었지만 목소리의 사용과 함께 자세를 바로 펴기 시작했으며, 잘 들을 수 있는 능력을 보여주듯 음악에 더욱 깊이 몰입하여 참여하는 모습을 보였다. 주로 고립된 상태로 반복적이거나 특정 절차에 집착하고 의미 있는 관계를 맺을 수 없었던 애리가 새로 만난 2명의 사람들과 함께 매우 창의적인 즉흥연주에 푹 빠져 있었다. 또한 그가 음악 속에서 보여준 집중력의 정도와 참여도는 매우 고무적이었다.

많은 이들이 즉흥연주를 자유로운, 그래서 구조가 없는 혼란한 상황과 결부 지어 치료사와 내담자가 마음이 이끄는 대로 연주하는 것이라 생각할 수 있다. 이와 다르게 NRMT 치료사는 일반적으로 임상적 방향과 직감을 기반으로 구조를 만들며 임상적 즉흥연주를 진행한다. 따라서 치료사는 음악을 만드는 과정에서 주도적으로 구체화하고 이끌 수 있는 기술을 갖춰야 한다.

재창조적 기법

재창조적 기법(re-creative methods)에서 내담자는 기존에 작곡되어 있는 음악적 자료를 활용하게 되는데 많은 자료는 공유재산의 일부이기에 필요한 자료를 찾는 것은 크게 어렵지 않다. 재창조과정에서 내담자는 노래·연주·음악게임에 참여하거나, 음악작품을 기획/제작, 음악자료를 사용하여 지휘하기도 한다(Bruscia, 2014). 겉으로 보기에 재창조적 경험은 공연, 함께 노래 부르기 또는 음악레슨처럼 보일 수 있다. 히지만 재창조적 음악치료는 청중을 위한 공연이라 할지라도 세부적인 임상적 목표를 중심으로

이뤄지게 되는데 Bruscia(2014)는 "감각운동기술의 향상, 집중력과 현실소재 인식의 강화, 기억력 증진, 상호교류 및 집단 참여기술의 향상(p. 132)"을 그 예로 들었다. 또한 내담자들은 음악 공연 또는 기획/제작 경험을 통해 자존감 및 성취감을 경험하기도 한다.

다른 기법들과 마찬가지로 재창조적 경험을 제시하는 음악치료사 역시 내담자들의 필요를 먼저 진단평가한 후에 내담자 개개인에게 도전되거나 성장 및 발달을 도모하는 기회를 제공하기에 적합한 음악적 경험을 선택하거나 구성하게 된다. 어떤 때는 결과물과 상관없이 음악을 재창조하는 과정(process) 자체가 내담자에게 도전과 성장의 기회가 되기도 하고, 어떤 때는 재창조를 통해 얻는 음악적 결과물(product)의 완성이 치료적 과제의 핵심이 되기도 한다. 내담자 또는 내담자군의 필요에 따라 두 가지 유형 모두 치료적 가치가 있으므로 한 가지를 선택하여 초점을 맞추거나 세션 중에 과정중심에서 결과물 중심으로 전환할 수도 있다.

음악적 자료를 선택하고 구성하는 데 있어 음악치료사는 음악적 요소와 구조, 가사의 내용과 음악적 정서 등 다양한 것들을 고려하게 된다. 치료사는 모델링, 교육(일반적 또는 수정된 악보의 사용 모두 포함) 및 연습과 공연 진행 등의 역할을 담당한다. 또한 치료사는 내담자의 음악을 감상하고 피드백을 나누며 반주를 하거나 함께 음악을 만드는 과정을 통해 내담자를 지지한다.

보컬 재창조(vocal re-creation) 기법은 다음의 임상사례와 같이 목소리를 이용해 이전에 작곡되어 있는 곡을 노래하는 것을 말한다.

임상사례 : 보컬 재창조

로잘리는 80세 여성으로 중기 알츠하이머병 진단을 받고 하루의 대부분을 혼돈과 불안한 상태에서 보내며 가까운 친구나 가족들도 알아보지 못하고 1차적인 환경의 인식도 어려운 상태이다. 음악치료사가 뮤지컬 My Pal Joey에서 나왔던 노래인 'I Could Write a Book'을 연주하고 노래하기 시작하면 로잘리는 곧바로 미소를 보이며 가사의 대부분을 기억하여 함께 노래 부르며 탬버린으로 기본 박을 연주한다. 이 노래의 기억만큼은 생생하고 손상되지 않았음을 볼 수 있다. 또한 그녀의 연주와 노래, 미소와 음악치료사와의 교류를 통해 알 수 있듯이 이 음악은 그녀를 음악적으로나 감정적으로 현 순간에 머무르게 한다. 로잘리가 대화를 나눌 수는 없지만 재창조적 경험을 통해 의미 있는 교류를 할 수 있었다는 사실은 과거부터 알고 있던 친숙한 음악을 사용하는 접근의 이점을 부각시켜준다. 로잘리를 돌보는 간호사들에 의하면 음악치료가 끝나고 나면 몇 시간 동안 로잘리는 음악치료 세션에 대해 기억을 하지는 못하지만 내내 웃으며 감정적으로 안정적이고 만족스러운 상태를 지속적으로 보인다고 한다.

반주에 맞춰 라이브로 노래를 부르는 것은 여러 보컬 재창조 기법 중 하나의 예시일 뿐이다. 이 외에도 내담자들은 찬팅(chanting), 랩핑(rapping), 음원에 맞춰 노래하기 등 다양한 보컬 작업을 할 수도 있다.

악기를 이용한 재창조(instrument re-creation) 기법에서 내담자들은 특정 음악의 전부 또는 일부를 연습하고 연주 및 공연을 하게 된다. 이를 위해 악보를 읽는 방법을 배워 사용하기도 하며 음원을 틀고 이에 맞춰 연주하기도 한다(Bruscia, 2014). 어떤 음악치료사들은 '노래제목 맞추기(Name That Tune)' 또는 '의자게임(Musical Chairs)'과 같은 음악게임을 한다. 임상적 상황에 따라 내담자들은 서로 지휘를 하거나 일반 오선악보 또는 내담자에 맞게 수정된 악보들을 사용하여 그룹연주를 하기도 한다(Bruscia, 2014, p. 133).

음악연출(musical productions)은 내담자가 하나의 쇼, 뮤지컬 또는 특정 공연을 계획하고 연습하며 연주하는 일련의 과정을 말한다(Bruscia,

2014). 공연 전 연습기간 동안 치료사는 내담자의 의사소통, 감각운동, 인지, 사회와 정서 등 다양한 영역의 기능에 초점을 맞추고 치료적 작업을 하게 된다. 대부분의 문화, 지역사회 또는 단체들은 음악을 타인과 나누는 매체라 여기기 때문에 음악연출의 사회적 의미도 크다. 이와 같이 음악연출을 통해 얻게 되는 이점들은 개인의 다양한 임상적 목표들과 연관이 있음을 알 수 있다. 다음은 재창조 기법 중 음악연출을 활용한 임상사례이다.

임상사례 : '휠체어와 보내는 연휴'를 제작 및 공연한 성인 집단

8명의 소아마비, 신체·정서 및 인지장애를 가진 내담자들로 구성된 한 성인 집단은 자신들의 주간보호 치료센터 프로그램의 일환인 음악치료 시간에 자신들만의 뮤지컬을 쓰고 공연하기로 결정했다. 이 프로젝트를 위해 뮤지컬을 쓰며 연습을 하고, 계획을 하며 공연을 하는 과정을 통해 여러 치료적 목표들을 다룰 수 있었다. 치료사(Suzanne Sorel)는 먼저 내담자들과 모임을 갖고 이 프로젝트에 대한 아이디어들을 나누었다. 내담자 중 라이언은 머지않아 다가올 겨울 연휴와 관련된 주제를 다루면서도 자신이 가진 능력을 최대한 보여줄 수 있는 공연을 원했다. 다른 내담자들도 이에 동의하며 뮤지컬의 배경은 연휴로 하자고 했고 이야기의 주인공들이 난관을 이겨 내거나 특정 목표를 이루기 위해 도전하는 내용으로 의견을 모았다. 평소 시를 쓰기 좋아하는 질은 '휠체어와 보내는 연휴'라는 노래의 가사를 쓰기 시작했는데 그 내용은 휠체어를 사용하여 연휴를 보내는 동안 이동성과 관련해 겪게 되는 여러 어려움들을 다루었다. 여러 주 동안 다양한 즉흥연주와 노래 만들기를 통해 이 뮤지컬은 점차 완성되었다. 내담자마다 이 이야기에서 자신이 맡은 고유한 역할과 이야기의 전개를 통해 갖게 되는 감정들을 음악과 언어를 통해 표현했다. 공연일이 다가오자 내담자들은 흥분을 감추지 못하며 긴장을 하기도 했다. 그들은 자신들이 만든 노래를 부르며 대사를 읊었고 이들은 우레와 같은 박수갈채를 받았다. 이러한 경험에서는 치료의 과정과 그 결과물이 모두 중요하게 여겨지며 내담자들은 이 고유하고 창의적인 작업에 적극적인 참여자로 임하게 된다.

결론

음악은 매우 고유하고 영향력 있는 매체로서 오랜 세월 동안 인간의 건강, 치유, 교육, 감정표현 및 사회적 단합을 위해 사용되어왔다. 음악치료사는 개별세션 또는 그룹세션 모두에서 내담자들의 필요를 항상 주의 깊게 평가하고 이러한 필요를 다루기에 적합한 치료적 계획을 구상한다. 여기에서 설명한 네 가지 음악치료 기법들과 세부적 응용 방법들은 견고한 치료적 관계 안에서 음악이 어떻게 치료적 목표들을 위해 다양하게 활용될 수 있는지를 보여준다.

한 가지 확실한 것은 치료과정에서 매우 광범위한 경험들이 제공될 수 있으므로 치료사는 깊이 있는 임상 및 음악적 기술들을 갖춰야 한다는 것이다. 감상, 작곡, 즉흥연주 및 음악을 공연하는 것 모두 결코 단순하지 않은 과제이며 치료사는 내담자들을 위한 접근법을 구상할 때 각각의 기법이 동반하는 도전과제와 발전의 기회들을 유심히 살펴보고 고려해야 한다. 마지막으로 각 음악경험의 진행에 대한 노하우는 치료사가 개개인의 치료적 발전에 대한 사명감을 갖고 음악의 잠재력을 굳게 믿을 때 최대효과를 발휘하게 된다.

참고문헌

Aigen, K. (2005). *Music-centered music therapy*. Gilsum, NH: Barcelona.

Association for Music and Imagery. (2012). Retrieved from *http://ami-bonnymethod.org*.

Baker, F., & Wigram, T. (2005). *Songwriting: Methods, techniques and clinical applications for music therapy clinicians, educators and students*. London: Jessica Kingsley.

Bonny, H. L. (1975). Music and consciousness. *Journal of Music Therapy, 12*(3), 121–135.

Bruscia, K. (1987). *Improvisational models of music therapy*. Springfield, IL: Charles C Thomas.

Bruscia, K. (2014). *Defining music therapy* (2nd ed.). Gilsum, NH: Barcelona.

Dileo, C., & Bradt, J. (2005). *Medical music therapy:*

A meta-analysis and agenda for future research. Cherry Hill, NJ: Jeffrey Books.

Free Dictionary, The. (2012). *Improvisation.* Retrieved from *www.thefreedictionary.com/improvisation.*

Gardstrom, S. (2007). *Music therapy improvisation for groups: Essential leadership competencies.* Gilsum, NH: Barcelona.

Gardstrom, S. (2013). Adjudicated adolescents. In L. Eyre (Ed.), *Guidelines for music therapy practice: Mental health of adolescents and adults* (pp. 622–657). Gilsum, NH: Barcelona.

Gardstrom, S., & Hiller, J. (2010). Song discussion as music psychotherapy. *Music Therapy Perspectives, 28*(2), 147–156.

Goldberg, F., & Dimiceli-Mitran, L. (2012). *Guided imagery and music–level I training* [handout]. St. Charles, IL: Conference of the American Music Therapy Association.

Houghton, B. A., Scovel, M. A., Smeltekop, R. A., Thaut, M. H., Unkefer, R. F., & Wilson, B. L. (2005). Taxonomy of clinical music therapy programs and techniques. In R. F. Unkefer & M. H. Thaut (Eds.), *Music therapy in the treatment of adults with mental disorders* (pp. 181–206). Gilsum, NH: Barcelona.

Jacobsen, E. (1938). *Progressive relaxation.* Chicago: University of Chicago Press.

Kim, Y. (2008). The effect of improvisation-assisted desensitization and music-assisted progressive muscle relaxation and imagery on reducing pianists' music performance anxiety. *Journal of Music Therapy, 45*(2), 165–191.

Kirby, L. A., Oliva, R., & Sahler, O. J. Z. (2010). Music therapy and pain management in pediatric patients undergoing painful procedures: A review of the literature and a call for research. *Journal of Alternative Medicine Research, 2*(1), 7–16.

Krout, R. (2007). Music listening to facilitate relaxation and promote wellness: Integrated aspects of our neurophysiological responses to music. *Arts in Psychotherapy, 34*, 134–141.

Maack, C., & Nolan, P. (1999). The effects of guided imagery and music therapy on reported change in normal adults. *Journal of Music Therapy, 36*(1), 39–55.

Melzack, R., & Wall, P. (1965). Pain mechanisms: A new theory. *Science, 150*(3699), 971–979.

Nordoff, P., & Robbins, C. (2007). *Creative music therapy: A guide to fostering clinical musicianship.* Gilsum, NH: Barcelona.

Robb, S. L. (2000). Music assisted progressive muscle relaxation, progressive muscle relaxation, music listening, and silence: A comparison of relaxation techniques. *Journal of Music Therapy, 37*(1), 2–21.

Sahler, O. J., Hunter, B. C., & Liesveld, J. L. (2003). The effect of using music therapy with relaxation imagery in the management of patients undergoing bone marrow transplantation: A pilot feasibility study. *Alternative Therapies in Health and Medicine, 9*(6), 70–74.

Scartelli, J. P. (1987). *Music and self-management methods: A physiological model.* St. Louis, MO: MMB Music.

Short, A. (2007). Theme and variations on quietness: Relaxation focused music and imagery in aged care. *Australian Journal of Music Therapy, 18*, 39–61.

Sorel, S. (2010). Presenting Carly and Elliot: Exploring roles and relationships in a mother–son dyad in Nordoff–Robbins Music Therapy. *Qualitative Inquiries in Music Therapy, 5*, 173–238.

Sorel, S. (2013). Musicing as therapy in Nordoff–Robbins training. In K. Bruscia (Ed.), *Self-experience in music therapy training* (pp. 315–338). Gilsum, NH: Barcelona.

Standley, J. M., & Whipple, J. (2003). Music therapy with pediatric patients: A meta-analysis. In S. Robb (Ed.), *Music therapy in pediatric healthcare: Research and evidence-based practice* (pp. 1–18). Silver Spring, MD: American Music Therapy Association.

Stetter, F., & Kupper, S. (2002). Autogenic training: A meta-analysis of clinical outcome studies. *Applied Psychophysiology and Biofeedback, 27*(1), 45–98.

Wheeler, B. (1983). A psychotherapeutic classification of music therapy practices: A continuum of procedures. *Music Therapy Perspectives, 1*(2), 8–12.

Wigram, T. (2004). *Improvisation: Methods and techniques for music therapy clinicians, educators and students.* London: Jessica Kingsley.

제2부
치료철학과 접근법

도입

많은 음악치료사들은 다양한 접근법에서 치료적 요소를 가져와 임상에 접목하며 활용하는 반면 일부 음악치료사들은 특정 음악치료 모델을 고수한다. 치료사들은 심리역동, 인본주의, 인지-행동주의와 같은 심리치료 체계로부터 치료적 접근법을 취하기도 한다. 어떤 모델들은 노도프-로빈스 또는 창조적 음악치료, 심상음악치료, 분석적 음악치료, 신경학적 음악치료와 같이 음악치료를 위해 특별하게 발전되어온 것들도 있다. 두 심리치료 유형 모두 음악치료와 음악치료 임상모델의 발전에 큰 영향을 주었기에 제2부에서 함께 다룰 것이다.

제2부의 처음 세 장은 음악치료의 기초를 제공할 수 있는 심리치료적 접근법을 설명한다. 실존주의나 생의학적 관점과 같은 접근법들도 포함할 수 있었으나 여기서는 다루지 않았다. 각 장마다 음악치료로의 응용을 중요하게 다루었다.

제11장의 '정신역동적 접근'에서는 자아심리학, 대상관계이론, 자기심리학과 같은 Freud 이론에 기원을 두고 발달해온 정신역동이론으로부터 영향을 받은 음악치료를 설명한다. 저자는 정신역동 심리치료로서의 음악치료에서 악기 즉흥연주가 전이와 역전이를 통해 드러나는 자유연상과 내담자-치료사 관계를 이해할 수 있는 방법이라고 소개한다.

음악치료의 인본주의 접근(제12장)은 인본주의를 기본 원리로 따른다. 이 접근법에 의하면 모든 인간은 주어진 적절한 기회 안에서 자신의 고유한 잠재력을 실현시켜 건강과 안녕(well-being)을 추구한다. 이러한 접근을 지향하는 치료사들은 인본주의적 원리와 수칙에 따라 설명될 수 있다면 사실상 어떤 치료법이든 활용할 수 있다. 이 장은 이러한 접근을 음악치료에 적용하는 방법에 대해 자세히 설명한다.

행동주의와 인지치료의 역사와 시작을 같이하는 인지행동적 접근은 제13장에서 언급된다. 이 장은 음악치료 안에서 오랜 전통을 지닌 행동주의 음악치료와 인지-행동적 기법을 사용하는 최근의 경향까지 모두 제시한다. 두 가지 접근법 모두 정신건강, 의학, 약물의존 세팅에서의 다양한 적용이 소개되어 있다.

제14장의 '발달적 접근'은 생애 초기 자아감 및 타인과의 애착을 형성하는 과업과 연관된 발달모델과 음악적 기능의 발달모델을 제시한다. 음악이 가지고 있는 생물학적 요소들—리듬, 음색, 음고, 셈여림, 악구, 관계성—은 인간이 어떻게 애착형성, 조율 및 소통을 하는지에 대한 현대적 모델의 핵심이 된다. 이 장의 초점은 어떻게 인간발달 모델과 음악에 대한 연구들이 음악치료 임상현장에 도움을 줄 수 있는지에 있다.

이어지는 장들은 음악치료에서 중요한 모델과 치료철학들을 소개한다. 이 모델들은 음악치료 선구자들에 의해 개발되었고 현재의 전문가들을 통해 계속하여 발전되고 있다.

제15장은 노도프-로빈스 음악치료로 알려진 창조적 음악치료를 설명하는데, 이것은 1960년대에 Paul Nordoff와 Clive Robbins가 시작한 치료적 작업에 기원을 둔다. 창조적 음악치료는 내담자의 주도하에 즉흥적으로 연주하며, 임상적으로 효과적인 음악이 특징인데, 치료의 어떤 순간에서든 인사 노래와 활동 노래들과 같은 구조화된 형식도 활용할 수 있다. Nordoff와 Robbins가 특수한 필요를 가진 아이들의 음악적 반응들을 관찰하고 기록하면서 음악아동에 대한 가설을 세우게 되었는데, 여기서 '음악아동'이란 모두가 선천적으로 가지고 태어나는 음악적 능력과 반응으로 '음악아동'의 활성화는 개인의 발달과정을 시작하거나 재개할 수 있게 돕는다.

GIM이라고도 불리는 'Bonny method of GIM(제16장)'은 1970년대에 Helen Bonny에 의해 시작되었다. GIM에서 내담자 또는 여행자는 전환된 의식상태로 진입하기 위해 의식에 집중하도록 도움을 받는다. 특별히 선택된 고전음악은 여행자의 자기탐색을 지지하기 위해 치료사 또는 안내자의 보조와 함께 사용된다. GIM의 전통적인 방식은 개별치료이지만, 그룹치료나 음악심상 접근법들이 개발되어왔다.

제17장에서 다루고 있는 분석적 음악치료(AMT)는 영국의 음악치료사 Mary Priestley의 작업을 기반으로 한다. AMT는 자유즉흥연주를 무의식의 이슈나 내담자가 다루기 주저하는 작업들을 인식하고 개인적인 성장을 촉진하기 위해 사용한다. 즉흥연주는 그 이슈들을 의식수준으로 가져와 언어적으로 처리할 수 있게 한다. 저자는 여러 임상가들로부터 시행된 기법의 적용과 연구뿐 아니라, AMT 훈련과정에 대한 정보를 제공한다.

제18장의 주제인 신경학적 음악치료(NMT)는 음악을 감각운동, 발화와 언어, 인지훈련을 위해 사용하는 표준화된 임상기술의 연구기반 체계이다. 전환적 설계 모델은 내담자의 기능적인 필요와 목적에 기반을 둔 최상의 치료적 음악중재를 선택하기 위한 NMT 임상가의 사고처리 과정을 안내하는 임상적 모델이나. 치료적 목표와 중재는 재활, 발달, 기능적 행동의 유지를 다룬다. NMT에서의 임상적 적용은 현재의 기본적인 과학과 임상적 연구를 바탕으로 시행하며, NMT 기법은 일관성 있고 기능적인

결과를 가져온다.

제19장에서는 '커뮤니티 음악치료(CoMT)'에 대해 다루는데 이 접근법은 참여적, 생태학적, 때로는 활동가적 특성으로 인해 전통적인 음악치료와 구별된다. 여기에서는 음악치료가 일반적이고 전통적인 치료영역의 밖에서 어떻게 개인적인 변화뿐 아니라, 사회적 변화를 이끌 수 있는지에 대한 것도 논의를 한다. 저자는 CoMT가 "음악적 활동 참여와 사회통합을 도우며, 현대사회에서의 건강과 안녕을 위한 협력을 독려한다"고 말한다. CoMT에서는 사회적 맥락에 대한 감각에 대해 높이 평가하며, 전 세계적으로 다양한 방식으로 실행되고 있다.

제20장의 '표현예술에서의 음악치료'는 시각예술, 음악, 춤/동작, 드라마, 사진/영화제작, 글쓰기, 문예, 기타 창조적 과정이 심리치료와 사회복지 및 지역사회 사업과 결합된 다차원적 접근에 대해 소개한다. 저자는 이를 가리켜 **음악중심 표현예술치료**라고 명명한다. 이 접근들의 공통적인 기반은 정신-신체 연관성의 특징이 되는 경험, 정서, 행동, 신체적 건강의 상호작용이다.

다른 중요한 음악치료 모델들도 있다. 라틴아메리카와 남유럽의 일부 지역에 굉장한 영향을 끼친 Rolando Benenzon(1981)의 모델이 그 예이다. Carolyn Kenny(1989)가 음악치료의 이론적인 기초를 제공하고 자신이 목격한 긍정적인 여러 사례들을 저술한 *The Field of Play, Music and Life in the Field of Play*(2006) 역시도 추가적인 예가 될 수 있다. 이 책의 여러 장에서 저자들은 놀이의 장(The Field of Play)에 대해 소개하고 있다. 또 다른 중요한 치료기법에는 Diane Austin(2009)의 성악심리치료가 있다.

다른 여러 치료철학들도 포함될 수 있었다. Aigen(2014)은 이러한 치료철학들이 치료모델이라기보다는 '사고의 경향성'이라고 언급하며, 이들은 "현존하는 음악치료의 실제와 그 가치를 다양하게 경험하고, 묘사하며, 설명할 수 있는 차원을 제공(p. 223)"한다고 하였다. 그리고 "특정 중재방법이나 절차, 목적(p. 223)"을 포함하고 있지 않기 때문에 음악치료 모델들과는 구분된다고 말한다. 이러한 치료철학에는 생의학적 음악치료(Taylor, 2010), 문화중심 음악치료(Stige, 2002), 미학적 음악치료(Lee, 2003), 복잡성기반(Complexity-Based) 음악치료(Crowe, 2004), 음악중심 음악치료(Aigen, 2005), 유추기반(Analogy-Based) 음악치료(Smeijsters, 2005), 페미니스트 음악치료(Hadley, 2006; Curtis, 2000; 이 책의 제33장 참고), 대화(Dialogical) 음악치료(Garred, 2006), 자원중심 음악치료(Rolvsjord, 2010)가 있다. 이들의 일부는 시간이 흐름에 따라 보다 중요한 것으로 입증되어 미래에 발간될 책에서는 전체를 아우를 수 있을지도 모른다. 물론 이러한 치료철학들에 대해 보다 많은 정보를 얻기 원하는 독자들은 관련 문서 자료들을 살펴보면 된다.

보다시피, 제2부는 음악치료사가 무엇을 하는지에 대한 내용뿐 아니라, 책의 다른 부분에 포함된 많은 주제들의 기본적 바탕을 제공한다. 그러므로 제2부는 내용 면에 있어 더욱 깊이 있고 풍부한 임상작업이 이뤄질 수 있도록 도울 것이다. ▐▐▐▐

참고문헌

Aigen, K. (2005). *Music-centered music therapy*. Gilsum, NH: Barcelona.
Aigen, K. S. (2014). *The study of music therapy: Current issues and concepts*. New York: Routledge.
Austin, D. (2009). *The theory and practice of vocal psychotherapy: Songs of the self*. London: Jessica Kingsley.

Benenzon, R. O. (1981). *Music therapy manual*. Springfield, IL: Charles C Thomas.

Crowe, B. (2004). *Music and soulmaking: Toward a new theory of music therapy*. Lanham, MD: Scarecrow Press.

Curtis, S. L. (2000). Singing subversion, singing soul: Women's voices in feminist music therapy (Doctoral dissertation, Concordia University, 1997). *Dissertation Abstracts International, 60*, (12-A), 4240.

Garred, R. (2006). *Music as therapy: A dialogical perspective*. Gilsum, NH: Barcelona.

Hadley, S. (Ed.). (2006). *Feminist perspectives in music therapy*. Gilsum, NH: Barcelona.

Kenny, C. B. (1989). *The Field of Play: A guide for the theory and practice of music therapy*. Atascadero, CA: Ridgeview.

Kenny, C. B. (2006). *Music and life in the Field of Play: An anthology*. Gilsum, NH: Barcelona.

Lee, C. (2003). *The architecture of music therapy*. Gilsum, NH: Barcelona.

Rolvsjord, R. (2010). *Resource-oriented music therapy*. Gilsum, NH: Barcelona.

Smeijsters, H. (2005). *Sounding the self: Analogy in improvisational music therapy*. Gilsum, NH: Barcelona.

Stige, B. (2002). *Culture-centered music therapy*. Gilsum, NH: Barcelona.

Taylor, D. B. (2010). *Biomedical foundations of music as therapy* (2nd ed.). Eau Claire, WI: Barton.

제11장 정신역동적 접근법

𝄢 Connie Isenberg

정현주 역

19세기 말 '대화치료(talking cure)'라는 표현의 사용과 함께 정신분석의 시대가 도래하였다. 대화치료란 개념은 일반적으로 Sigmund Freud에게서 비롯된 것으로 알려져 있으나 실제로는 Josef Breuer(1893~1895/2001)의 첫 히스테리 사례연구 대상인 Bertha Pappenheim(가명 안나 오)에 의해 처음 사용되었다. Freud의 정신분석학파에서 정신역동적 심리치료가 파생되었기 때문에, 이와 관련된 주제들은 음악심리치료 영역 내에서 정신역동 음악치료와도 밀접한 관련이 있다.

초기 Freud 정신역동 심리치료에 입각한 음악심리치료 과정은 음악적 참여 또는 치료사와 내담자 관계에 기반을 둔 반면(Schneider, Unkefer, & Gaston, 1968), 현재의 정신역동적 접근은 더욱 구체적으로 음악과 언어가 지닌 상대적 중요성(비중)에 대하여 논한다(Ahonen & Lee, 2011; Erkkilä, 2004; Sekeles, 2011). 정신분석이 대화

치료의 형태이며, 여기에서 정신역동 치료가 비롯된 것이라면 우리는 어떻게 비언어적 매개(modality)인 음악을 언어에 기반을 둔 정신역동 이론과 조화시킬 수 있을까? 이 같은 쟁점은 음악치료가 기존의 정신역동에 기반을 두어야 하는지 또는 음악치료 고유의 이론에 기반을 두어야 하는지에 대한 질문을 제기하게 하며, 음악치료 문헌 내에서도 논쟁되어지고 있다.

Isenberg, Goldberg와 Dvorkin(2008)은 음악치료가 고유 치료이론에만 근거해야 하는지에 대하여 심도 있게 논의하였다. 저자들은 심리치료 이론에 기반을 둘 것을 강조한 대표적 학자들로 Ruud(1980)와 Wheeler(1981)를 언급하였는데, Ruud는 음악과 인간의 음악적 관계를 규명(identify)하는 것을 음악치료의 본질적 요소(main contributor)로 간주하였고 Wheeler는 음악치료를 심리치료 이론에 근거하는 것이 임상적 실제

에 필요한 개념적 틀을 구성할 수 있고, 정신건강 영역 내에서 음악치료의 전문성 수립에 기여할 수 있다고 하였다.

이 장에서는 정신역동적 음악치료를 설명하고자 한다. 이 주제는 결코 단순한 주제가 아니다. 이 주제의 복잡성은 Silverman(2007)의 연구에서 밝혀졌는데, 정신의학 분야에서 종사하는 음악치료사 중 49.2%가 정신역동적 접근법을 사용한다고 보고되었다. 그러나 그중 5.7%만이 정신역동적 이론을 이들의 주요 치료철학(orientation)으로 꼽는다는 결과가 보고되었다. 이 장에서는 이러한 모순을 해결하기보다는 정신역동적 음악치료를 현존하는 메타심리학적인 관점 그리고 학문의 시대적 관점에서 살펴보고자 한다.

역사와 이론적 원리

정신역동적 음악치료의 역사적 발달을 살펴보기 위해서는 정신역동이론의 발달에 대한 역사적 고찰이 먼저 선행되어야 하며, 관련된 개념 용어 역시 다루어져야 한다. 이 절에서는 정신역동적 심리치료의 발달근원이 되는 Freud의 추동이론(drive theory)에서부터 자아심리학, 대상관계이론, 자기심리학 그리고 근래의 상호주관성 이론까지 살펴볼 것이다. Carl Jung이 음악치료 문헌에서 자주 인용되긴 하나, Jung의 분석적 심리학은 Freud의 이론과는 많은 부분에서 벗어나므로 정신역동적 이론 내에 포함하지 않는다. 이 장에서는 여러 정신역동적 이론에서 치료를 지칭하는 다양한 용어들(*psychoanalytic psychotherapy, psychodynamic psychotherapy, insight-oriented psychotherapy*)을 통용하여 사용한다.

Freud 이론(추동/갈등이론)

Freud 이론은 정신기능과 발달에 대한 포괄적인 이론적 틀을 제시하므로 메타심리학이라고 한다. 이는 정신의 정상적 기능과 병리학적 기능을 모두 아우르는 모델과 더불어 인간의 마음을 분석할 수 있는 장치를 제공하였으며, 정신분석의 이론적·기술적·임상적 측면을 위한 토대가 되었다. 이 장에서는 Freud 이론의 방대함을 감안하여, 일부 선택된 이론적 틀을 중점적으로 소개한다.

Freud의 가장 중요한 2개의 가설(Brenner, 2006)은 심리결정론(psychic determinism)과 무의식적 과정(unconscious mental process)이다. 먼저, 심리결정론은 심리적 기능이 지닌 인과성을 의미한다. 즉, 심리적 사건(psychic events)들은 이전의 사건에 영향을 받으며, 모든 사건들은 무의미하고 무작위적인 것이 아닌 중요한 의도가 있음을 뜻한다. 인과성에 대한 이 같은 신념은 정신분석가들로 하여금 임상에서 모든 심리적 현상들, 심지어 사소해보이는 행동이 지닌 의미까지 이해하도록 하였다. 심리결정론의 시각에서는 일상생활에서 말실수를 하거나 물건을 제자리에 두지 않았을 때 이를 단순한 사고로 보기보다는 이와 같은 현상을 초래하게 한 동기, 갈망 또는 숨겨진 의도를 탐색한다. 또한 꿈 역시 우연한 심리적 사건의 연속이 아니며, 내면의 심리적 이슈들이 꿈의 이미지로 나타나기에 그 꿈에 특별한 의미를 부여한다. 우리는 이같이 매일 일어나는 사건들로부터 정신병리학적 상태를 추정할 수 있다. 한 예로 증상(symptom) 또한 의미를 가지는 것으로 보는데, 이러한 증상은 '들리긴' 하지만 '이해'가 안 되는 외국어로 비유될 수 있다.

위에서 소개한 심리적 결정론 예시들에서 무의식적인 처리과정의 중요성을 볼 수 있다. 말실수, 꿈 또는 증상에 대한 인과적 관계가 규명되지 않는 것은 이들이 의식적 정신과정이 아닌 무의식적 정신과정과 연결되어 있기 때문이다. 한 예로, 꿈은 숨겨진 무의식적 갈망을 꿈을 통해 탐색 또는 표출하는 것으로 볼 수 있다. 무의식적 과정은 직접적으로 관찰할 수 없기 때문에 간접적으로 연구되어야 한다. Freud에 의해 개발된 정신분석 기법을 통해 무의식에서 일어나는 과정을 탐색할 수 있다.

추동(drives)의 개념은 Freud 이론의 기본 바탕이 된다. Freud는 인간이 본질적으로 성적이고, 공격적인 추동에 좌우되며, 이들이 서로 대립될 때 갈등이 일어난다고 믿었다. Freud는 이 같은 대립되는 힘의 갈등이 인간본성의 한 부분임을 이론으로 제시하였다. 다시 말해 내적갈등이 무의식에서 일어난다는 것은 정신역동적 이론을 정의하는 핵심 본질이라 할 수 있다.

Freud는 정신구조에 대한 2개의 주요 모델을 개념화하였다. 첫 번째 모델은 지형학적 모델(topographic model)로 의식체계를 의식, 전의식, 무의식으로 구분하여 심리적 기제를 설명하였다. 반면 두 번째 구조모델(structural model)은 기능적으로 관련된 정신적 과정들을 원초아, 자아, 초자아 3개의 구조로 분류하였다. 원초아는 추동의 심리적 대리인(psychic representatives)으로 구성되고, 자아는 환경과의 관계를, 초자아는 (우리의) 도덕적 기능과 이상을 향한 갈망을 조율한다. 발달적 관점에서 자아와 초자아는 시간이 지남에 따라 점차적으로 원초아와 분리된다. 현실원칙(reality principle)이 점차적으로 쾌락원칙(pleasure principle)을 대체하고, 자아는 점차적으로 원초아의 충동을 길들인다. 자아는 외부환경의 조건을 부응하여 원초아의 충동적 요구와 초자아의 도덕적 압박 및 현실의 요구 등을 조율하여 균형을 도모하는 기능을 한다.

이 전통적 모델의 치료목표는 무의식적 갈등을 해결하는 것이다. 무의식을 의식화하기 위해 내담자는 자신의 생각 또는 꿈을 제한 없이 (without censoring) 자유롭게 묘사하는 자유연상을 사용한다. 정신분석가는 보완적 방식으로서 중립적인 태도 및 자유롭고 개방적인 비평가적 자세를 유지하며, 내담자의 자유연상과 꿈 및 방어기제를 분석한다. 불안을 감소시키기 위한 무의식적인 방어기제는 치료과정을 방해하므로 이러한 저항 또한 분석되어야 한다.

정신분석가에 대한 내담자의 태도에는 투사와 더불어 과거 내담자에게 의미 있었던 다른 이에 대한 회피가 담겨 있다. 이 과정을 전이라고 하며, 이는 정신분석과 정신역동적 심리치료의 대표적 개념이다. "전이는 정신분석에서 근본적 문제가 발현되는 영역(terrain)으로 간주된다. 전이의 발현, 양식, 해석 및 해결이 치유를 규정한다(Laplanche & Pontalis, 1967/1973, p. 455)." 다시 말해 Freud 모형의 치료목표는 전이로 표현되는 무의식적 갈등의 해결이라고 할 수 있겠다. 분석가 또한 내담자를 상대로 전이를 나타내는데, 이를 역전이라고 한다. Freud 이론에서 역전이는 분석적 작업의 방해요인이며, 분석가가 해결해야 하는 문제라고 하였으나, 점차 역전이의 개념이 발달하면서 근래에는 내담자에 대한 이해를 도모할 수 있는 치료도구(tool)로 인식되고 있다.

요약하자면, Freud 이론은 무의식과 심리적 갈등의 보편성, 무의식 차원에서 과거가 현재에 미치는 영향, 과거 어린 시절의 경험으로 인한 현재의 행동, 영아기와 유아기의 성적·공격적 충동과 갈망에서 오는 무의식의 영향을 주요 개념으로 정립한다.

자아심리학

자아심리학은 전통적 Freud 이론에서 파생한 정신분석의 대표적 이론 중 하나로 특히 인간의 마음을 자아, 원초아, 초자아의 3개의 요소로 구성한 구조이론에 기반을 둔다. 구조이론은 추동이론과 달리 원초아와 초자아 그리고 이들 간의 갈등에 관여하는 자아의 기능에 초점을 두며, 주로 자아 그 자체와 자아의 적응기능(adapted function)에 중점을 둔다. 자아심리학은 Heinz Hartmann, Kris, Lowenstein, Arlow, Brenner와 같은 대표적인 미국 학파의 학자들에 의해 연구되었다.

앞서 언급한 바와 같이, 추동이론이 내적갈등과 갈망을, 뒤에서 다루어질 대상관계이론이 내적관계에 초점을 둔다면, 자아심리학에서는 현실검증력(reality testing), 저항(defense) 및 적응(adjustment), 특히 자아의 기능에 중점을 둔다고 할 수 있다. Hartmann(1938/1958)은 무갈등차원(conflict-free sphere)의 존재를 가정하며, 자아가 성공적으로 기능하기 위해서는 추동으로부터 자유로워야 한다고 믿었다. 기억·인식과 같은 자아기능들은 환경 적응을 위해 필수적이며, 본능의 추동에서 유래된 것이 아닌 각각 고유의 에너지를 가진다고 본다. 부, 지위 및 직업적 성공과 같은 자아의 관심사 또한 자율적 동기(autonomous motivation)로 간주한다.

반면 추동이론에서는 개인의 심리적 현실(psychic reality)에 주안점을 둔다. Hartmann은 환경 그 자체의 중요성을 강조하였는데, 그가 사용한 '평균적 기대 환경(average expectable environment)'이란 용어는 물리적·심리적 발달을 위한 충분한 생계유지(sustenance), 양육 및 물리적·심리적 위험으로부터의 보호와 같은 환경적 조건을 말한다. Guntrip(1973)은 Hartmann의 말을 인용하여 "우리는 이같이 생산성, 인생을 즐길 수 있는 능력, 평정심을 유지할 때 적응력(well-adapted)이 있다고 이야기한다…. 하지만 이 적응력의 정도는 환경의 상황과 조건에 따라 결정될 수 있다(p. 105)."

임상적 관점에서 자아심리학은 자아와 방어

기제를 포함한 그 기능들에만 관심을 둔다. 자아심리학 모델에서 분석가의 목표는 원초아, 자아, 초자아, 즉, 마음의 구성요인들과 외부세계의 조화로운 관계형성을 돕는 것이다. 추동이론에서의 분석가의 역할도 동일하게 해석을 돕는 역할을 수행한다.

대상관계이론

대상관계이론은 Freud의 전통적 추동이론에서 파생한 또 하나의 대표적 이론이며, 일반적으로 정신역동 학파 중 Melanie Klein, Donald Winnicott 그리고 Fairbairn과 Guntrip을 포함한 영국 대상관계 학파가 주축이 된다. 미국의 대상관계 학파는 Jacobson, Mahler, Kernberg 등의 이론가들을 포함한다.

대상관계이론은 인간의 일차적 행동의 동기를 관계확립으로 본다. Freud 이론과 달리, 인간을 하나의 대상으로 간주하며 경험과 쾌락을 추구하기보다는 대상과 관계 맺는 동기를 추구한다고 전제한다. 대상관계이론이라는 용어를 만든 사람은 Fairbairn(1943)이지만, 대상에 대한 개념화, 즉 대상을 내면화하는 개념은 주로 Klein의 이론에서 다루어졌다. 이 개념은 대상관계이론을 이해하는 데 있어 필수적이다. 다시 말하자면, 대상관계는 개인 간 상호작용이 아닌 내면화된 '자기와 대상'의 표상(internalized self and object representations)들과 이들 간의 '상호작용 표상'을 다룬다.

Klein은 정신건강 영역에 강력한 영향을 끼친 여러 개념을 소개하였는데 그중 하나가 부분대상(part objects)이다. 유아의 의식세계에서 대상은 그 기능과 관련하여 존재하는데, 좋은 엄마(good breast)는 배고픈 유아에게 젖을 주는 대상인 반면, 나쁜 엄마(bad breast)는 그렇지 않은 대상을 의미한다. 이 같은 분리(splitting)는 대상뿐 아니라 자신에게도 적용된다. 아동 또는 성인은 너무 고통스럽거나 불안을 야기하는 자신의 일부분을 다른 대상에게 투사함으로써 그 고통을 감소하려고 한다. 또한 아동은 문제의 원인을 자신에게 부과하며 나쁜 사람(bad one)이라는 비난을 수용하는데, 학대받은 아동에게서 이러한 예를 흔히 볼 수 있다. 그러므로 분리는 아동이 보다 나은 대우를 희망하게 하고, 극심한 고통과 절망으로부터 보호하며, 불가능한 상황에서 애착을 유지하게 한다.

Winnicott은 음악치료사들에게 자주 인용되는 영국의 대상관계이론가이다. 그는 발달과 치료 모두에서 놀이와 창조적 과정의 중요성을 강조하였는데, 이는 창조적 예술치료와 매우 밀접한 관련성을 지닌다. Winnicott(1958)의 이론은 전형적인 관계이론(relational theory)이며, 그는 "세상에 아기와 같은 존재는 없다(There is no such thing as a baby)"라고 말하면서, "만약 당신이 나에게 아기를 보여준다면, 나는 아기를 통해서 그 아기를 보살피는 양육자를 볼 수 있다. 이 둘은 '양육적 커플(nursing couple)'이다(p. 99)"라고 했다. Winnicott은 유아의 심리적 발달이 양육자, 즉 엄마가 제공하는 보살핌의 질에 따라 좌우된다고 하였다. **충분히 좋은 엄마**(good-enough mother)는 유아의 원시적이고, 통합되지 않은 심리상태를 위한 **지지적 환경**(holding environment)을 제공한다. 유아에 대한 엄마의 반응성은 착각의 순간(moment of illusion)을 형성시켜주는데 이는 유아가 자신의 필요를 충족시켜주는 엄마의 형상을 확인받는 순간이라고 볼 수 있다. 이 같은 착각은 유아의 자아를 강화시키고, **참자기**(true self)가 형성되는 데 중요한 영향을 미친다. 반면, 엄마가 자기중심적으로 유아의 필요에 부응하지 못하는 경우 유아의 전능감(omnipotence)은 지지되지 않고, "유아는 순응을 강요받게 되

어(Winnicott, 1965, p. 146)", 거짓 자기(false self)를 발달시킨다.

대상관계 치료목표는 내담자가 현재의 대인관계에서 반복적으로 어려움을 느끼는 내면화된 대상과의 관계를 이해하는 것이다. 해석과정에서는 내담자와 분석가 간의 관계에 특별한 중점을 두게 된다. Winnicott은 분석가의 해석 그 자체가 치료목표를 달성하는 것이 아니라, 분석가가 얼마만큼 내담자에게 자신의 발달적 욕구와 자기(self)를 표현할 수 있고 허용시켜주는 환경을 제공해주는 역량을 가졌느냐에 따라서 달라진다고 하였다. 부모가 양육과정에서 실패한 부분과 이로 인한 적응의 어려움을 수용하는 것, 분석가의 신뢰적 지지, 관심과 반영(mirroring)은 내담자의 정서적 표현을 '안아주는(holding)' 환경을 제공한다. 충분히 좋은 엄마(good-enough mother)와 유사한 방식으로, 내담자의 취약성을 감당하는 분석가의 능력이 매우 결정적인 역할을 한다.

근래 들어 Klein에게 분석을 받은 다작의 이론가 Wilfred Bion의 글에 많은 관심이 집중되었다. 그는 매우 독창적인 정신분석 사상가로 초기 정서경험의 중요성을 인간의 사고역량에 미치는 주요 요인으로 규명하였다. 이러한 새로운 시각과 관련된 몇몇 개념을 간단하게 소개하고자 한다.

Bion은 사고이론(theory of thinking)이란 개념을 처음으로 소개한 글에서(Bion, 1967) 사고하기(thinking)의 인지적 장치가 개발되기 전, 대체적 마음(mind)과 생존(psychic survival)을 위한 생각(thoughts)이 먼저 작동한다고 하였다. 그는 유아의 길들여지지 않은 원초적인 정서를 **베타요소**(beta-elements)라 명명하였다. 이는 위협적이고 충동적이라 이를 다루기 위해서 유아가 엄마를 통해서 덜 위협적인 정서적 형태로 변환시키는데 이러한 생존적 기능을 **알파기능**(alpha-function)이라고 하였고, 이 과정에 수용적으로

순화된 정서를 알파요소(alpha-elements)라고 하였다. 다시 말해서, 모성적인 엄마는 유아의 부적인 투사(projections)와 정서적 과정(processes)을 감당해주는 수용자(container)로 기능함으로써 유아의 정서를 수용 가능한 형태로 조율해준다 (1962/1984).

이와 유사한 방식으로 치료에서 분석가는 내담자의 가장 불편한 투사들과 이를 처리하는 과정을 받아들이는 안전한 수용자와 같은 역할(containing)을 수행한다. 이때, 분석가는 내담자의 심리적 현실이 외부현실에서 기인된 것임을 숙지해야 한다(Oliner, 2013).

자기심리학

Heinz Kohut의 자기심리학은 다른 이론들과는 뚜렷이 구분되는 정신분석이론으로 대상관계이론이 발전된 것으로 볼 수 있다(Bacal & Newman, 1990). 그러나 Kohut 자신은 자기발달과 자기대상 간의 관계에 중점을 두지는 않았다. Kohut(1971)에 따르면 정신병은 자기구조의 결함, 자기왜곡, 또는 자기의 나약함과 같은 자기의 결함을 통해 야기된다. 자기-결함은 그 유형에 상관없이 초기 아동기에 '의미 있는 타자(significant others)'와의 자기-자기대상 관계의 실패에서 기인한다고 보았다. 자기대상은 유아의 관점에서 '의미 있는 타자'는 자율적 대상이 아닌 자기의 일부분으로 간주한다.

Kohut은 세 가지의 주요 자기대상(selfobject) 욕구를 구분하였는데, 이는 반영(mirroring) 욕구, 이상화(idealization) 욕구, 동반(twinship)의 욕구를 포함한다. 이 욕구들이 충족되면, 자기통합을 발달시킬 수 있다. 반영 자기대상(mirroring selfobject)은 아동의 능력과 가치에 대한 확신적인 반응성(affirming responsiveness), 인식(recognition), 확인(confirmation)을 제공하여 본

성적 자질과 성과를 인정받고자 하는 아동의 욕구를 충족시킨다. 이 같은 확신은 아동으로 하여금 스스로에게 자부심을 느끼게 한다. 또한 아동들은 의미 있는 타자를 이상화하고, 그들이 가진 훌륭한 자질들을 분별하고 닮아가고자 하는 욕구를 가지고 있다. 이때 아동은 이상화된 자기대상(idealization selfobject)과 통합하는 경험을 할 수 있고, 이는 아동이 더욱 안전함을 느끼고, 더욱 높은 목표를 설정하게 한다. 아동들이 가지는 세 번째 욕구는 부모와 닮고, 관계형성, 관계에 속하고 싶어 하는 욕구이다. Kohut 학파 용어로 이를 동반 자기대상(twinship selfobject) 욕구라고 한다. 동반 욕구가 충족되면 아동은 그 대상과 더욱 친밀한(connected) 느낌을 공감할 수 있으며, 더 나은 사회기술과 관계형성기술을 갖게 된다. 자기대상 욕구가 충족될 때 아동은 자기에 대한 통합적 의미와 자기조절력을 발달시키고, 타인과의 관계에서 보다 독립적인 양상을 보이면서 타인을 통해 자기대상 기능을 충족시키려는 필요가 해결된다. 이 같은 변형적 내면화(transmuting internalization) 과정은 더욱 자기의존적인 태도(self-reliant stance)로 이르게 한다.

Kohut(1984)은 자기심리학에서 치유적 분석과정을 세 단계로 나누어 정의한다. 첫 번째 단계는 저항을, 두 번째 단계는 전이를 규명하는 것을 포함한다. 세 번째 단계에서는 "성숙한 성인 수준에서 자기와 자기대상 간의 공감적 조율(empathic in-tuneness)을 확립(p. 66)"하게 한다. 분석가의 공감이 실패하면, 이는 내담자의 전이를 방해하고, 이전의 초기 자기대상 관계로 후퇴하게 한다. 이때 분석가는 공감 실패로 인한 내담자의 퇴행과 이에 따른 역동을 해석함으로써 공감의 흐름을 다시 회복할 수 있다.

요약하자면, 대상관계이론과 자기심리학 모두 관계형성과 대상관계를 잇는 정신분석(relational

psychoanalysis)의 한 형태로 분류할 수 있다 (Greenberg & Mitchell, 1983).

정신역동적 이론의 발달에 대한 역사적 고찰을 마무리하기에 앞서, 관련 이론을 한 가지 더 소개하고자 한다. 상호주관성 이론(intersubjective theory)은 분석적 중립성을 강조한 Freud 이론과는 대조적으로 내담자와 분석가의 주관성이 서로 영향을 미치는 과정을 인정한다(Stolorow, Brandschaft, & Atwood, 1987). 이 같은 관점에서 변화는 내담자와 분석가에 의해 만들어진 상호주관적 매트릭스 안에서 발생한다고 볼 수 있다. 분석가는 내담자의 실질적인 반응을 분석 내용의 주요 쟁점으로 다룬다.

정신역동 음악치료

지금까지 Freud 이론부터 현재까지의 정신역동 심리치료의 발달을 살펴보았다면, 이제는 정신역동 음악치료를 살펴보고자 한다. 여기서 정신역동 음악치료는 정신역동이론에 이론적 바탕을 둔 음악치료 철학으로 정의할 수 있다. 그러나이미 살펴보았듯 각기 다른 이론적, 임상적 주안점을 가진 다양한 정신역동이론 모델이 있다. 그렇다면 대부분의 정신역동 음악치료사들이 행하는 정신역동 음악치료에 고유한 기본 신념이 있는지에 대한 의문점이 생긴다. 정신역동 음악치료는 심층치료(depth therapy)이므로 치료사들에게 다음의 항목들을 숙지하여 치료를 진행하기를 제안한다.

- 기법의 중요성을 강조하며 과정에 중점을 둔다.
- 의미에 대한 질문을 제시한다.
- 과거 경험이 현재에 미치는 영향을 인정한다.
- 의식이 내담자와 치료사 모두의 행동, 생각

및 감정에 미치는 강력한 힘을 믿는다.
- 치료적 맥락 내에서의 전이와 역전이의 중요성을 믿고, 이를 개념화하여 내담자의 이해와 변화를 도모하기 위해 사용한다.
- 치료과정 내에서 발생하는 저항은 내담자의 노력에도 불구하고 내담자의 변화를 이끌기 위해서는 반드시 극복되어야 한다는 점을 인식한다.
- 정신역동적 이론과 개념에 확고한 기반을 두고, 다양한 형태의 음악활동을 사용하여 내담자를 음악중심의 치료과정에 참여하게 한다.

위와 같이 정신역동 음악치료의 특성을 열거하였음에도 불구하고 음악이 지닌 본질이 무엇인지 등의 추가적 의문점들이 제기되었다. 음악이 오랜 기간 정신분석학자와 정신의학자들의 관심을 끈 것은 주목할 만하며, 이 같은 관심은 문헌에서도 어느 정도 찾아볼 수 있다. 흥미롭게도 이러한 개념이 정신역동적 음악치료가 정립되기 전에 다른 학자들에 의해 먼저 규명되었다는 점이 더욱더 정신역동적 음악치료의 기반을 지지한다고 볼 수 있다. 이제 문헌들을 간단하게 살펴보자.

이스라엘의 정신분석학자인 Pinchas Noy (1966, 1967a, 1967b, 1967c, 1967d)는 *Journal of Music Therapy*에 다섯 편의 시리즈로 '음악의 정신역동적 의미(The Psychodynamic Meaning of Music)'를 발표하였다. 그는 음악의 심리적 기능에 대한 정신분석학자들의 이해를 다룬 역사적 고찰에서 음악의 기능을 열거했는데 음악은 차단(또는 검열; censors)을 약화시킴으로써 무의식에 내재된 판타지 표출을 위협적이지 않은 수준에서 촉진하며, 내담자의 참여를 증진시킨다고 하였다. 정신의학자인 Ira Altshuler(1953)는 음악의 효과를 "원초아, 자아, 초자아와 이들의 상호관계에 따라(p. 4)" 설명하였다. 또한, Heinz Kohut은 자기심리학을 발달시키기 전 임상환경에서의 음악사용에 대한 글을 쓴 적이 있는데, 음악감상을 통해 유도되는 기쁨의 원천과 음악의 심리적 기능을 분석하였다(Kohut & Levarie, 1950). 이를 통해 갈등을 작업할 수 있는 매체로서의 음악의 잠재적 중요성을 강조하였으며(Kohut, 1957), 음악이 지닌 "억압된 소망, 외상을 위협하는 요인들을 통제할 수 있는 힘, 규율에 순응할 수 있는 즐거움, 정서적 카타르시스"를 촉진하는 측면을 서술하였다(p. 406). 그는 감상자가 경험하는 불협화음으로 인한 내적긴장감을 하나의 트라우마로 보았는데 이는 과거 영아기의 원초적 자아를 압도하는 혼란스럽고 위협적인 소리에 대한 공포 반응과 유사한 체험이라고 하였다. 음악의 구조적 명료함은 무질서한 전언어적 상태의 불협화음이 협화음으로 해결되며, 불안감을 상쇄하여 내담자에게 안도감과 성취감(mastery)을 제공한다.

음악은 지금까지도 정신분석학자들의 관심의 대상으로 남아 있다. 한 예로, Abella(2010)는 음악의 심리[1]기능을 분석하였고, Rusbridger(2008)는 정신분석적 시각에서 음악을 분석하였다. 위의 문헌들은 정신역동을 다루기는 하나, 정신역동 음악치료의 범주 안에 직접적으로 속하지는 않고, 정신역동 음악치료 맥락 내에서의 음악사용에 대한 설명과 해석을 제공한다. 정신분석학자들의 음악의 치료적 사용과 정신역동 음악치료를 연결 짓는 과정에서 음악의 심리기능

에 대한 연구에 관심을 보이는 음악치료사들이 생겨났다. 한 예로 음악치료사이자 정신분석가인 Edith Lecourt(2004)는 음악적 구조를 내면적(psychic) 구조의 표상으로 보았다. 수직적 구조는 정신(psyche)의 집단적 차원(group dimension)을 나타낸다. 반면 Lehtonen(1997)은 음악을 "내면을 외현화하는(externalizes the internal; p. 50)", "심리적 통합 과정(psychic integration process; p. 49)"으로 묘사하며 꿈과 음악의 심리적 유사성을 강조하였다. Erkkilä(2004)는 즉흥음악을 의미를 지닌 비언어적 매체로 설명하였다.

지금까지 정신역동 음악치료와 정신분석학자와 음악치료사가 해석한 음악의 심리적 기능의 일부를 살펴보았다. 이제 앞에서 설명된 여러 정신역동이론들이 각기 어떤 방식으로 정신역동 음악치료의 사상과 실제에 영향을 주었는지 알아보고자 한다. 위에서 설명된 각 이론은 초기 이론(예 : Freud 이론 또는 Klein 이론)에서 발달한 것이며, 그 과정에서 새로운 이론 구조가 발전하였다. 정신역동 개념의 특수성을 살펴보기 위해, Freud를 포함하여 음악치료 문헌에서 자주 인용이 되는 이론가들을 소개하고자 한다.

앞서 Freud 정신분석 모델에서 사용되는 자유연상의 중요성을 설명한 바 있다. 즉흥연주(Ahonen & Lee, 2011)와 자유연상 노래하기(free associative singing; Austin, 2008)와 같은 음악치료 기법은 음악의 대상요인과 소재(musical counterparts)들을 활용하여 내담자의 무의식을 표현하게 하는 기법이다. 전이와 역전이 개념은 내담자와 분석가의 관계를 해석하는 Freud 이론의 주축으로 음악치료 문헌에서 매우 널리 인용된다. 한 예로, Gardstrom과 Hiller(2010)는 치료 내에서 치료사의 잠재적 역전이가 노래선곡과 토론에 부정적인 영향을 미칠 수 있다고 하였고, Isenberg-Grzeda(1998)는 치료에서 보여질 수 있

---

1) Psychic은 다양한 용어로 번역되는데 이에는 심리, 정신, 내면 등이 포함된다. 이 장에서는 본문의 내용에 따라 '심리(적)' 또는 '정신(적)'으로 번역되었다. -역자 주

는 전이적 저항(transference resistances)을 상세히 설명하였다. Bruscia(1998)는 더 나아가 정신역동 음악치료 맥락 내에서의 전이와 역전이를 심도 있게 다룬 책을 집필하였다(Klein이 정신역동 음악치료에 큰 영향을 미쳤음에도 불구하고 그녀의 이론은 아래 분석적 음악치료에서 소개된다).

대상관계 모델의 대표 이론가인 Winnicott은 아마도 음악치료 문헌에서 가장 많이 인용되는 정신역동이론가 중 하나일 것이다(Ahonen-Eerikäinen, 2007; De Backer & Van Camp, 2003; Dvorkin, 2013; Sutton, 2011). 다음에 제시되는 인용구(Winnicott, 1971)는 모든 예술치료사(creative art therapist), 특히 그중 음악치료사들이 왜 그의 이론에 공감하는지를 설명해줄 수 있을 것이다.

> 보편적으로 심리치료가 내담자와 치료사 두 사람의 영역(play area)이 겹쳐지는 데에서 행해진다는 원리는 매우 설득력이 있다. 만약 치료사가 놀이를 할 수 없다면, 그는 치료를 행하기에 적합하지 않다. 반면 내담자가 놀이를 할 수 없다면, 내담자가 놀이를 할 수 있도록 하는 무언가가 선행되어야 하며, 이후 심리치료를 시작할 수 있다. 놀이가 중요한 이유는 내담자가 놀이 내에서 창조성을 발현할 수 있기 때문이다. 이에 아동 또는 성인 개인이 창조성을 발현하고 전인격(whole personality)을 사용할 수 있는 곳은 오직 놀이 내에서이며, 인간은 창조적 경험 내에서만 자기 자신을 발견할 수 있다(p. 63, 원문 강조).

위에서 설명된 이론은 음악적 상호작용을 통해 내담자가 내재된 창조성(core creativity), 인격 및 무의식적 내면의 자기(unconscious inner self)에 다가가게 하는 음악치료의 근본적 본질과 상통한다. Winnicott은 놀이영역(play area)을 내적 심리적 현실(internal psychic reality)도 외부세계도 아닌 잠재적 공간(potential space)으로 묘사하였다. 그는 놀이에 몰두하고 있는 아동을 마치 성인기에 보이는 깊은 몰입 상태, 즉 무언가에 깊이 있게 집중하고 있는 상태와 유사하다고 하였다. 과도한 흥분과 불안 등의 본능적 에너지는 놀이에 몰입하는 것을 방해할 수 있다. 이러한 맥락에서 Winnicott(1971)이 이야기한 중간대상(transitional object) 개념은 불안해결의 수단을 지칭하는 것으로 음악치료사들이 특별한 관심을 갖는 개념이다. 이 용어는 생명이 없는 대상(사물)이 양육자 대신 위안의 역할을 대체하며 양육자로부터의 분리를 돕는 과정을 가리킨다. Dvorkin(2013)은 노래가 자기위안의 도구인 중간대상으로 기능할 수 있다고 설명하였다.

Bion의 이론 역시 전언어적 발달단계인 초기 영아기 발달에 기반을 둔다. 특히, 음악치료사들 중 음악을 비언어적 의사소통 매개로 활용하는 음악치료사는 이 이론에 더욱 관심을 둔다(Ahonen-Eerikäinen, 2007; Robarts, 2003; Sutton, 2011). 게다가 Bion은 내담자가 자기 자신이 되는 것에서 벗어나려고 할 때 분석자가 연결성(link)을 유지하는 것의 중요함을 강조하였다. 그는 내담자가 초점을 현재에서 과거 기억으로 옮겨가거나 현재에서 미래로 옮겨가려고 할 때 분석가가 흔들리지 말고, 계속 연결성을 유지할 것을 강조하였다. 필자는 이 개념이 곧 음악치료사가 추구하는 내담자와의 일치감(experience-near), 즉 음악적 상호작용을 통한 '지금 여기'에 존재하는 개념과 일맥상통한다고 생각한다.

자기심리학의 창시자인 Kohut 또한 음악치료사들에게 자주 인용되는 정신분석이론가이다(Ahonen-Eerikäinen, 2007; Nirensztein, 2003).

음악치료사들이 그에게 느끼는 밀접한 관련성은 두 가지 방식으로 설명될 수 있다. 첫째, Kohut은 음악치료에 적절한 언어를 사용한다. 그의 이론에서 가장 필수적인 두 가지 개념은 반영(mirroring)과 공감(empathy)인데, 이는 음악치료에서 즉흥연주와 수용적 음악치료에 적용되는 주요 개념이다. 즉흥연주 기법은 치료사가 내담자의 내면을 음악으로 외현화하도록 반영해주는 기법이다. 여기서의 반영은 내담자에 대한 치료사의 공감적 반응(empathic response)을 의미한다. 수용적 음악치료(예 : 음악감상)에서 섬세한 음악선곡은 치료사의 공감적 반응으로 여겨질 수 있는 반면, 부적합한 선곡은 공감의 실패로 해석할 수 있다. 섬세한 선곡을 통해 내담자는 이해받는 느낌을 받고 그렇지 않은 경우 이해받지 못한다는 느낌을 받는다.

음악치료사와 밀접한 관련성을 가지는 두 번째 자료는 음악이 지니는 치료적 기능을 이해하려는 Kohut의 개인적 관심사에서 찾아볼 수 있다(1957). 그는 일찍이 갈등을 작업할 수 있는 매체로서 음악사용의 잠재적 중요성을 언급하였다. 권위 있는 심리분석가로부터의 이 같은 해석은 절대로 과대평가된 것이 아니다.

이제 특정 정신역동 음악치료 모델을 살펴보자. 역사적 관점에서 **정신역동 음악치료**라는 용어를 사용한 음악치료 모델들이 생긴 것은 그리 오래된 일이 아니다. 미국의 Florence Tyson과 Juliette Alvin, 영국의 Mary Priestley는 정신역동 음악치료의 초기 지지자들이었다. Tyson은 정신과에서의 임상적 적용을 설명하였고, Priestley는 음악치료 모델인 분석적 음악치료(AMT)를 창시하였다. AMT는 무의식의 생각과 감정을 상징적으로 표현하게 하는 즉흥연주 기법을 기반으로 수년에 걸쳐 발달하였으며, 현재는 유럽과 북미로 번창하였다. AMT는 Klein 이론에서 유래가

되었으나, Priestley(1975, 1994)는 전이와 역전이 개념을 탐색하면서 치료사와 내담자의 관계적 역동을 설명하였고, 정신분석과의 차이점을 주장하였다(Priestley & Eschen, 2002). 정신분석에서 분석가가 의식적으로 자제하는 것과 달리 AMT에서는 치료사와 함께 악기를 연주하는 공유 경험은 친밀감을 원하는 내담자에게 진정한 만족감을 제공한다. Priestley에 의하면 언어사용과는 달리 음악치료사는 음악 내에서 내담자에게 더 개방적이고, 자신의 개인성을 보여준다.

치료사와 내담자 간의 관계가 발전하면서 세션의 구조와 기법들이 채택된다고 한다면 AMT 또한 정신역동이론에 근거한다고 볼 수 있다. 전형적인 AMT 세션은 내담자가 자신이 느끼는 감정을 이야기하는 것으로 시작하는데, 이때 음악치료사는 "언어의 이면에 담긴 음악과 만나는(Priestley, 1994, p. 10)" 방식으로 내담자의 이야기를 듣는다. 음악적으로 탐색할 주제를 같이 규명하면서, 치료사와 내담자는 악기를 선택한다. 이때 내담자는 다양한 악기 중에서 선택할 수 있고, 치료사는 주로 피아노를 사용한다. 가끔 내담자가 연주 주제를 선택하나, 치료사가 내담자와 다루어진 내용 중에서 직접 주제를 선택한다. Priestley는 치료사가 연주 동안 내담자의 감정을 담아주는 동시에 역전이를 통해 내담자의 무의식적 감정을 명료화하고 음악적으로 재생산하는 이중 역할을 설명한다. 즉흥연주 후, 내담자는 연주 경험에 대하여 이야기를 하고, 치료사 또한 자신의 경험을 언어적으로 공유한다. 연주를 녹음한 후, 언어적 프로세스를 진행하고 녹음된 연주를 다시 들어본다. 이후 음악경험에 대한 더 깊은 언어화 시간을 가질 수 있다.

AMT 기법은 다양한 즉흥연주에서 사용될 수 있다. Priestley(1975)에 의하면 내담자가 내면상태에 대한 심상(picture)을 이야기할 때 치료사는 자

신의 마음에서 이 심상을 형성한다. 이 심상을 기반으로 치료사는 사용할 기법을 선택한다. 예를 들어 안아주기(holding) 또는 담아주기(containing) 기법은 내담자의 감정표현을 촉진하는 동시에 상징적인 안정적 틀(symbolic safe container)을 제공하여 치료사의 음악적 지지를 얻는다. 분리기법은 내담자가 자신의 일부를 타인에게 투사하거나 두 사람, 하나는 좋은 그리고 하나는 나쁜 사람으로 분리하는 경우 활용될 수 있다. 치료사와 내담자는 두 측면 모두를 연주할 수 있으며, 이를 통해 내담자의 투사된 정서의 재통합을 촉진하고, 분리를 해결한다. 또한 즉흥연주는 전이를 탐색하는 데 사용될 수 있다. 내담자가 치료사의 역할을 연주하고, 치료사가 내담자를 연주한다. 이와 같은 방식으로 내담자가 가진 치료사에 대한 감정과 환상을 표출하도록 한다. 내면세계에 접근하는 데 어려움이 있는 일부 내담자를 위해 심상을 사용할 수 있는데, 예를 들어 동굴의 입구 또는 산을 오르는 심상이 활용될 수 있다.

심상은 또 다른 음악치료 기법인 GIM의 기본 개념이다. 이 기법은 창시자인 Helen Bonny에 의해 인본주의적/초월주의적(transpersonal) 모델로 개념화되었으나, 최근 그녀의 몇 제자들이 GIM을 정신역동적 측면에서 활용하였다(Bruscia, 1998; Isenberg-Grzeda, 1998). GIM에 대한 설명은 정신역동 음악치료사의 역할에 대해서 보다 심화된 이해를 제공한다.

GIM은 음악심리치료 기법의 하나로 서양 고전음악을 사용하여 전환된 의식상태에서 심상을 유도하여 보다 나은 자기이해(self understanding), 갈등해결(conflict resolution), 전환(transformation)과 변화(change)를 도모한다. Bonny는 원래 그녀의 이론을 Assagioli의 정신통합(psychosynthesis)기법 등에서 가져왔으나, 정신역동이론을 포함시키면서 크게 확장되었다. 구조적-기술적 측면에서

GIM 세션은 들어가기(prelude), 도입(induction), 심상유도(guiding), 마무리(postlude)의 네 부분으로 나뉜다. 도입에서는 언어심리치료와 유사한 수준의 언어적 교류가 이루어진 후, 음악감상을 수용할 준비가 될 수 있도록 신체 및 정신적 이완과정(mental induction)이 제공된다. 내담자는 눈을 감고 누워 전환된 의식상태에서 치료사에 의해 선택된 Bonny의 프로그램을 감상하고, 전개단계마다 경험에 대한 모든 내용을 치료사와 공유한다. 이 부분은 정신분석 치료에서의 자유연상과 유사하다. 음악에 의해 유도된 심상은 치료사와 함께 언어 또는 다른 예술형태로 풀어내며, 이에 관련된 통찰 과정을 거쳐 내담자의 현재 문제와 관련짓는다.

초반에 심층치료(depth therapy)를 설명할 때 정신역동 음악치료를 언급한 바 있다. 이 정의를 다시 살펴보자면, 크게 두 가지 요소로 구성된다. (1) 기법과 과정을 중요시하며, (2) 과연 무슨 의미가 있는가를 질문한다. GIM을 이해하는 데 있어 이 정의가 내포하는 의미는 무엇인가? 일반적인 음악치료사 입장에서는 음악선곡이 내담자에 미치는 영향(Isenberg-Grzeda, 1996), 언어적 중재의 사용과 이것이 내담자에 미치는 영향, 심상이 유도되는 현상 등에 관심을 둘 것이다. 하지만 정신역동 음악치료사라면, 초점은 이와 관련된 과정과 의미로 바뀔 것이며, 그에 따른 다른 질문을 갖게 될 것이다. 이제 과정의 세부절차(part processes)에서 더 나아가 기술적 차원에서 전체적인 메타과정(metaprocess)을 살펴보자(Isenberg-Grzeda, 1998).

음악선곡, 내담자의 정서, 유도된 심상 간 관계를 살펴볼 필요성이 있는데 이를 위해서는 내담자에게 음악을 제공하는 것과 관련 있는 전체적 상호교류, 즉 메타상호교류(metainteraction)를 살펴볼 필요가 있다. 내담자는 치료사가 제공

하는 음악을 어떻게 생각하는가? 음악을 철회하는 것은 무엇을 의미하는가? 치료사는 음악을 제시해주는 것과 철회하는 것에 대하여 어떻게 생각하는가? 그렇다면 이 모든 메타적 과정은 치료사, 내담자에게 무엇을 의미하는가? 정신분석적 틀에서 강조하는 과정과 의미에 초점을 두면 자연적으로 정신역동적 과정이 지닌 의미로 이어진다. 말과 생각은 분리될 수 없기 때문이다

여기서 고려되어야 할 개념은 무엇이 있을까? 먼저 공감에서 시작해보고자 한다. 음악치료사는 내담자의 필요에 대한 자신의 이해를 바탕으로 음악을 선곡하고 이때 선곡은 공감의 정도를 반영한다. 내담자는 적합한 음악선곡에는 공감적 반응으로 경험하는 반면, 음악이 적합하지 않은 경우 공감의 실패와 함께 실망을 체험한다. 우리는 음악제공 그 자체가 양육(nourishing)의 자원으로 작용할 수 있는지, 음악을 철회하는 것이 불만의 원인으로 작용하지는 않는지에 대한 고민을 해볼 필요가 있다(Isenberg-Grzeda, 1996).

여러 GIM 세션을 받은 한 내담자가 음악의 원리를 조직화하고 내적경험을 조율하는 것을 이야기한 적이 있다. 그녀는 음악이 심상과 정서상태의 만남을 도모하는 매핑(mapping)을 형성하게 해준다고 하였고 이 만남은 내적프로세스와 정서 간의 공간적 구조화를 구성하는데 이를 정서-심상 지도(affective-imaginal map)라고 하였다. 우리는 이 같은 매핑의 이점을 잘 이해할 수 있긴 하지만, 내적혼란이 치료적으로 필요할 때가 있지는 않을까라는 질문 또한 하게 된다. 이 같이 인식되는 매핑이 내담자의 성장과정에 미치는 영향은 무엇인가? 이 매핑을 치료사에 대한 의존 욕구가 음악으로 전이되는 현상으로 해석할 수 있을까? 이 경우 매핑 개념은 자기 내면의 지도가 부재한 내담자의 소망을 넘어 충족시켜 고통과 불안에 대한 취약함을 다루는 것을 저

항하도록 활용된 것은 아닌가? 과거 타인과의 상호작용에서 기인된 내재화가 음악과의 상호작용을 통해서 다시 내재화될 수 있을까?

타인들과 같이 있는 상황에서 혼자 되는 것(느낌)과 침묵을 경험할 수 있을까? Winnicott(1965)은 타인이 있는 상황에 외부요인이 개인을 침해하지 않는 상태에서 혼자 있기를 배우는 것이 중요함을 강조하였다. 만약 이때 음악이 연주되면, 음악은 내담자를 침해하고, 자극하며, 각성을 유발하고, 내면의 충동을 듣는 것을 방해한다. 그렇다면 음악은 혼자 있을 수 있는 역량을 기르는 것을 방해하는 요인인가?

많은 질문들이 제기될 수 있다. 담아주기(con-taining) 기능과 전이의 분리에 관한 추가적인 질문들이 다른 곳에서도 다루어졌다(Isenberg-Grzeda, 1998). 우리는 이제 이 기법이 무의식뿐만 아니라 개인내면의 세계에서 일어나는 현상에 대해 심오하게 탐색하도록 안내하고 있음을 알 수 있다.

정신분석치료의 실제가 1950~1960년대와 같이 큰 인기를 끌고 있지는 못하지만, 정신역동의 전문용어는 음악치료 문헌 내에서 많이 사용되고 있다. 전이와 역전이와 같은 개념은 음악치료계에서 널리 통용되고 있으며, 또한 정신역동 접근만을 다루는 많은 책들이 소개되고 있다. 한 예로 Bruscia(1998)의 책인 음악심리치료의 역동성(The Dynamics of Music Psychotherapy)은 음악심리치료의 관계 안에서의 전이와 역전이 현상을 중점적으로 다루었다. Hadley(2003)는 정신역동 음악치료의 여러 사례연구를 소개하였고, Ahonen-Eerikäinen(2007)은 정신역동집단 음악프로세스를 다루는 Group Analytic Music Therapy를 집필하였다. 정신역동 음악치료는 근래 출판된 책에서도 소개되어 있는데, 이 책은 현재 음악치료 임상의 전반적 개관을 설명한다(Meadows, 2011).

또 다른 책은 정신과 환경에서의 음악치료에 초점을 둔다(Eyre, 2013). 치료사의 임상적 사고는 음악치료 접근법이 아닌 개념적 틀에 의해 결정되는데, 여기서 임상적 사고는 치료사가 치료과정과 변화를 이해하는 방식을 의미한다. 음악치료 기법은 목소리와 악기즉흥연주기법, 노래 만들기, 음악감상기법 등을 포함하는데 특정 접근 방법론에 국한되지 않으며, 정신역동이 아니더라도 다른 접근법을 활용하는 모든 음악치료사들에 의해 사용된다. 따라서 정신역동 철학을 추구하지 않는 음악치료사들도 AMT 또는 GIM과 같은 정신역동 사고체계와 관련성이 높은 기법을 사용할 수 있다. 그렇다면 이러한 사용이 그들을 정신역동 음악치료사로 만드는 것일까? 필자는 아니라고 생각한다. 이는 앞에서 소개된 Silverman(2007)의 연구결과에서 보여진 사실, 즉 많은 음악치료사들이 정신역동 접근법을 사용하지만 정신역동 이론적 사고를 지향하지는 않는다는 결과를 부분적으로 보여준다.

정신역동은 '의미'를 제공하는 이론적 틀을 제고한다. 우리는 우리가 무엇을 해야 하는지 묻기보다는 다음을 질문해야 한다 — 우리가 내담자에게 행하는 영향력은 무엇인가? 우리가 행하는 것이 실제 내담자의 내면세계에 대한 이해를 돕는다는 사실을 어떻게 알 수 있나? 내담자와 치료사 간의 관계와 상호심리성(intrapsychic)은 치료적 프로세스에 어떠한 영향을 미치는가? 내담자의 행동, 사고, 감정이 우리에게 어떻게 영향을 미치는가?

결론

음악치료가 하나의 학문으로 성장함에 따라 많은 문헌들이 음악치료 발전에 기여하였다는 것을 볼 수 있다. 저자 간 많은 차이가 있지만, 정신

역동 음악치료의 근간이 되는 공통의 신념이 존재한다. 일반적으로 과거 경험이 현재에 영향을 미치고, 무의식이 행동·사고·감정을 지배한다고 인정한다. 전이와 역전이 개념은 정신역동이론의 전형적 특징으로 전이를 작업하는 과정은 치료적 변화의 핵심 요인으로 알려져 있다. 누구에게나 방어와 저항이 있고, 치료사의 역할이 내담자가 저항을 극복하는 데 도움을 준다는 사실은 일반적으로 받아들여진 신념이다. 한편, 음악치료에서는 음악에 참여하기를 거부하는 행동역시 저항의 하나임을 숙지할 필요가 있다.

치료의 주요 목표는 어떤 형태이건 장애물을 극복하며 현재의 기능을 최대화하는 것이다. 병리학과 증상에 따른 설명 모델은 차이가 있으나, 공통적인 신념은 이런 해결과정을 통해서 변화가 도모된다는 것이다. 또한, 음악으로 중재해야 하는지 언어를 사용해야 하는지에 대한 논쟁이 있어온 만큼 기본적인 통찰력을 지녀야 하는 점에 대해 대부분의 정신역동 음악치료사가 모두 동의한다.

음악과 언어의 상대적 중요성에 대한 질문은 매우 오래전에 해결되었다. 근래 Sekeles(2011)는 언어 없이 치료가 가능한지에 대한 질문을 제기하였다. "음악이 치료의 언어일 수 있지만, 언어 없이 치료를 할 수 있을까?(p. 314)" Pavlicevic(1997)이 이 질문의 복잡성을 언급하며, 이 질문에 대해 음악경험 자체만으로 더욱 의미가 있을 때와 언어적 교류를 통해 치료적 경험을 더 풍성하게 할 수 있을 때가 있다고 답변하였다.

정신역동 음악치료와 관련하여, 우리는 음악치료사가 정신역동적 접근을 지향하는지, 그렇다면 훈련을 받았는지 물어볼 필요성이 있다. Priestley(1994)와 Bonny(2002) 모두 심리치료 훈련을 지지하지 않았으나, 수련생에게 임상의 전제 조건으로 개인치료를 요구하였다. 훈련 과정

의 필수요소 중 하나로 개인치료는 수련생이 자신이 훈련받는 기법을 통해 자신의 내면세계에 대하여 탐색하고 이해하게 해준다.

내면의 문제를 외현화하여 치료하는 이 모델은 정신분석에서 유래하였다. Freud는 분석가가 "스스로 깊이 있는 분석을 받아봄으로써 분석된 내용을 편견 없이 수용할 수 있게 해야 할 (1926/2001, p. 220)" 책임이 있다고 하였다. 훈련과정에서 분석은 필수과정의 하나이다. 필자는 정신역동 음악치료가 음악적 그리고 언어적 심리치료 기술 모두를 다루며, 고급 훈련을 통해 습득한 높은 수준의 기술을 요하는 복잡성을 지닌 심층치료라고 본다.

참고문헌

Abella, A. (2010). Contemporary art and Hanna Segal's thinking on aesthetics. *International Journal of Psychoanalysis, 91*, 163–181.

Ahonen, H., & Lee, C. A. (2011). The meta-musical experiences of a professional string quartet in music-centered psychotherapy. In A. Meadows (Ed.), *Developments in music therapy practice: Case study perspectives* (pp. 518–541). Gilsum, NH: Barcelona.

Ahonen-Eerikäinen, H. (2007). *Group analytic music therapy*. Gilsum, NH: Barcelona.

Altshuler, I. M. (1953). Music therapy: Retrospect and perspective. In E. G. Gilliland (Ed.), *Music therapy 1952* (pp. 3–18). Lawrence, KS: National Association for Music Therapy.

Austin, D. (2008). *The theory and practice of vocal psychotherapy: Songs of the self*. London: Jessica Kingsley.

Bacal, H. A., & Newman, K. M. (1990). *Theories of object relations: Bridges to self psychology*. New York: Columbia University Press.

Bion, W. (1967). *Second thoughts*. London: Jason Aronson.

Bion, W. (1984). *Learning from experience*. London: Karnac Books. (Original work published 1962)

Bonny, H. (2002). Guided imagery and music (GIM): Mirror of consciousness. In H. Bonny & L. Summer (Eds.), *Music and consciousness: The evolution of guided imagery and music* (pp. 93–102). Gilsum, NH: Barcelona.

Brenner, I. (2006). *Psychoanalysis or mind and meaning*. New York: Psychoanalytic Quarterly.

Breuer, J., & Freud, S. (2001). Studies on hysteria. In J. Strachey (Ed. & Trans.), *The standard edition of the complete psychological works of Sigmund Freud* (Vol. 2, pp. 20–47). London: Hogarth Press. (Original work published 1893–1895)

Bruscia, K. (Ed.). (1998). *The dynamics of music psychotherapy*. Gilsum, NH: Barcelona.

De Backer, J., & Van Camp, J. (2003). The case of Marianne: Repetition and musical form in psychosis. In S. Hadley (Ed.), *Psychodynamic music therapy: Case studies* (pp. 273–297). Gilsum, NH: Barcelona.

Dvorkin, J. (2013). Adults and adolescents with borderline personality disorder. In L. Eyre (Ed.), *Guidelines for music therapy practice in mental health* (pp. 511–541). University Park, IL: Barcelona.

Erkkilä, J. (2004). From signs to symbols, from symbols to words: About the relationship between music and language, music therapy and psychotherapy. *Voices: A World Forum for Music Therapy, 4*(2). Available online at *https://voices.no/index.php/voices/article/view/176*.

Eyre, L. (Ed.). (2013). *Guidelines for music therapy practice in mental health*. University Park, IL: Barcelona.

Fairbairn, W. R. D. (1943). The repression and the return of bad objects. In *Psychoanalytic studies of the personality* (pp. 59–81). London: Routledge & Kegan Paul.

Freud, S. (2001). The question of lay analysis. In J. Strachey (Ed. & Trans.), *The standard edition of the complete psychological works of Sigmund Freud* (Vol. 20, pp. 177–250). London: Hogarth Press. (Original work published 1926)

Gardstrom, S. C., & Hiller, J. (2010). Song discussion as music psychotherapy. *Music Therapy Perspectives, 28*, 147–156.

Greenberg, J. R., & Mitchell, S. A. (1983). *Object relations in psychoanalytic theory*. Cambridge, MA: Harvard University Press.

Guntrip, H. (1973). *Psychoanalytic theory, therapy, and the self*. New York: Basic Books.

Hadley, S. (Ed.). (2003). *Psychodynamic music therapy: Case studies*. Gilsum, NH: Barcelona.

Hartmann, H. (1958). *Ego psychology and the problem of adaptation* (D. Rapaport, Trans.). New York: International Universities Press. (Original work published 1939)

Isenberg, C., Goldberg, F., & Dvorkin, J. (2008). Psychodynamic approach to music therapy. In A.-A. Darrow (Ed.), *Introduction to approaches in music therapy* (2nd ed., pp. 79–104). Silver Spring, MD: American Music Therapy Association.

Isenberg-Grzeda, C. (1996, July). *Transference and transference resistance in guided imagery and music training*. Paper presented at the meeting of the International Congress of the World Federation of Music Therapy, Hamburg, Germany.

Isenberg-Grzeda, C. (1998). Transference structures in guided imagery and music. In K. Bruscia (Ed.), *The dynamics of music psychotherapy* (pp. 461–479). Gilsum, NH: Barcelona.

Kohut, H. (1957). Observations on the psychological functions of music. *Journal of the American Psychoanalytic Association, 5*, 389–407.

Kohut, H. (1971). *The analysis of the self*. New York: International Universities Press.

Kohut, H. (1984). *How does analysis cure?* Chicago: University of Chicago Press.

Kohut, H., & Levarie, S. (1950). On the enjoyment of listening to music. *Psychoanalytic Quarterly, 19*, 64–87.

Laplanche, J., & Pontalis, J. B. (1973). *The language of psycho-analysis* (D. Nicholson-Smith, Trans.). London: Hogarth Press. (Original work published 1967)

Lecourt, E. (2004). The psychic functions of music. *Nordic Journal of Music Therapy, 13*, 154–160.

Lehtonen, K. (1997). Is there correspondence between the structures of music and the psyche? *Nordic Journal of Music Therapy, 6*, 43–52.

Meadows, A. (Ed.). (2011). *Developments in music therapy practice: Case study perspectives*. Gilsum, NH: Barcelona.

Nirensztein, S. (2003). The knight inside the armor: Music therapy with a deprived teenager. In S. Hadley (Ed.), *Psychodynamic music therapy: Case studies* (pp. 225–240). Gilsum, NH: Barcelona.

Noy, P. (1966). The psychodynamic meaning of music: Part I. A critical review of the psychoanalytic and related literature. *Journal of Music Therapy, 3*, 126–135.

Noy, P. (1967a). The psychodynamic meaning of music: Part II. A critical review of the psychoanalytic and related literature. *Journal of Music Therapy, 4*, 7–23.

Noy, P. (1967b). The psychodynamic meaning of music: Part III. A critical review of the psychoanalytic and related literature. *Journal of Music Therapy, 4*, 45–51.

Noy, P. (1967c). The psychodynamic meaning of music: Part IV. A critical review of the psychoanalytic and related literature. *Journal of Music Therapy, 4*, 85–94.

Noy, P. (1967d). The psychodynamic meaning of music: Part V. A critical review of the psychoanalytic and related literature. *Journal of Music Therapy, 4*, 117–125.

Oliner, M. (2013). An essay on Bion's beta function. *Psychoanalytic Review, 100*, 167–183.

Pavlicevic, M. (1997). *Music therapy in context: Music, meaning and relationship*. London: Jessica Kingsley.

Priestley, M. (1975). *Music therapy in action*. London: Constable.

Priestley, M. (1994). *Essays on analytical music therapy*. Gilsum, NH: Barcelona.

Priestley, M., & Eschen, J. T. (2002). Analytical music therapy: Origin and development. In J. T. Eschen (Ed.), *Analytical music therapy* (pp. 11–16). London: Jessica Kingsley.

Robarts, J. (2003). The healing function of improvised songs in music therapy with a child survivor of early trauma and sexual abuse. In S. Hadley (Ed.), *Psychodynamic music therapy: Case studies* (pp. 141–182). Gilsum, NH: Barcelona.

Rusbridger, R. (2008). The internal world of *Don Giovanni*. *International Journal of Psychoanalysis, 89*, 181–194.

Ruud, E. (1980). *Music therapy and its relationship to current treatment theories*. Gilsum, NH: Barcelona.

Schneider, E. H., Unkefer, R., & Gaston, E. T. (1968). Introduction. In E. T. Gaston (Ed.), *Music in therapy* (pp. 1–4). New York: Macmillan.

Sekeles, C. (2011). From the highest height to the lowest depth: Music therapy with a paraplegic soldier. In A. Meadows (Ed.), *Developments in music therapy practice: Case study perspectives* (pp. 315–333). Gilsum, NH: Barcelona.

Silverman, M. J. (2007). Evaluating current trends in psychiatric music therapy: A descriptive analysis. *Journal of Music Therapy, 44*, 388–414.

Stolorow, R., Atwood, G., & Brandshaft, B. (Eds.). (1987). *Psychoanalytic treatment: An intersubjective approach*. Hillsdale, NJ: Analytic Press.

Sutton, J. (2011). A flash of the obvious: Music therapy and trauma. In A. Meadows (Ed.), *Developments in music therapy practice: Case study perspectives* (pp. 368–384). Gilsum, NH: Barcelona.

Wheeler, B. (1981). The relationship between music therapy and theories of psychotherapy. *Music Therapy, 1*, 9–16.

Winnicott, D. W. (1958). Anxiety associated with insecurity. In *Collected papers: Through paediatrics to psycho-analysis* (pp. 97–100). London: Tavistock.

Winnicott, D. W. (1965a). Ego distortion in terms of true and false self. In *The maturational processes and the facilitating environment* (pp. 140–152). London: Hogarth Press.

Winnicott, D. W. (1965b). The capacity to be alone. In *The maturational processes and the facilitating environment* (pp. 29–36). London: Hogarth Press.

Winnicott, D. W. (1971). *Playing and reality*. New York: Penguin Books.

제 12 장

인본주의적 접근

Brain Abrams

송인령 역

인본주의적(humanistic) 음악치료 접근법의 요소와 과정은 인본주의(humanism)의 기본 원리에 기초한다. 인본주의에서는 모든 사람이 자신의 고유한 잠재력을 실현시켜 건강과 안녕을 추구할 수 있는 내재적인 역량을 가지고 있고, 주어진 환경을 통해 그런 변화의 기회를 적절히 제공할 수 있다고 여긴다. 인본주의 철학을 따르는 음악치료사는 방법론에 있어서는 다양한 입장을 선택하더라도 궁극적으로 인본주의적인 기준과 원칙을 따른다. 이 장에서는 (1) 인본주의의 역사와 음악치료 학문분야 내에서의 발전과정, (2) 인본주의적 음악치료의 이론적 근거, (3) 인본주의 음악치료의 한 사례에 대한 자세한 설명과 함께 인본주의적 음악치료의 적용방법에 대해 문헌자료들을 근거로 하여 자세하게 기술할 것이다.

역사

인본주의

인본주의는 아시아의 불교, 도교, 유교, 중동의 조로아스터교, 그리스의 소크라테스 이전 이오니아 철학에 그 뿌리를 두고 있다. 서양, 즉 유럽 세계의 14세기는 인본주의의 발전에 있어 중요한 시기였는데, 과학 · 기술 · 예술의 주된 발전과 함께 고대 그리스와 로마의 지식이 재발견되는 시기였다. 이 시기에 살았던 인본주의의 주요한 선구자는 서정시인이자 학자, 외교관이었던 Francesco Petrarca(혹은 Petrarch, 1304~1374)이다. Petrarca의 작품은 개인의 정체성, 개성, 인간성을 강조했는데(Highet, 1949; Pfeiffer, 1976), 이 작품들은 그가 암흑기(Dark Age)라고 명명한(Mommsen, 1942), 시민의 참정권이 박탈당했던 긴 시기를 지나 르네상스로 넘어갈 수 있도록 촉진하는 역할을 했다. 르네상스와 뒤이은 세기 동안 인본주의는 그 영향력을 넓혀가면서 사회적, 정치적 이념에 수많은 변화를 촉발시켰다. 이러한 변화에는 Jean-Jacques Rousseau(1712~1778)와 Thomas Paine(1737~1809)으로 대표되는 18세기의 혁명이론, 19세기의 Ralph Waldo Emerson(1803~1882)과 Henry David Thoreau(1817~1862)의 초월주의가 포함된다.

20세기에 들어와 1930년대 후반이 되면서 인본주의는 심리학계에 중요한 영향을 끼쳤다. 당시는 19세기 후반에 Freud와 여러 학자들이 제시한 이후 주류를 이루고 있던 정신분석적 접근과 John Watson에서 B. F. Skinner까지 이어지면서 대중적 인기가 더해가던 행동주의적 접근으로부터 완전히 분리된 이론적·임상적 관점에 대한 관심이 높던 시기였다. 정신분석과 행동주의적 접근이 인간의 원시적이고 생리적인 욕구 혹은 행동의 조건화를 강조했던 것과 달리, 새롭게 대두된 인본주의적 접근은 인간존재의 의미와 가치에 가장 큰 관심을 둔 고유한 개념들을 내세웠다. 이러한 개념에는 존재, 자아, 소망, 자존감, 사랑, 창조성, 개성, 진정성이 포함되는데, 이 모든 것은 인간의 안녕에 있어서 가장 필수적이며, 인간은 위의 개념들을 추구할 수 있는 역량을 타고난다고 설명하고 있다(Schneider & Krug, 2010).

인본주의 심리학의 선구자 중에는 Carl Rogers(1902~1987)가 있다. Rogers(1939)는 그의 첫 번째 저서에서 추후 내담자-중심치료(Rogers, 1951)로, 인간-중심이라고도 알려진 접근법의 토대에 대해 명료하게 설명하고 있다. 내담자-중심치료에서는 의학적으로 질병을 치료하는 것과 같은 방식으로 내담자의 심리적 장애를 다루는 대신, 본질적인 치유와 치료적인 관계, 공감적인(내담자의 입장에서 삶을 경험) 환경, 무조

건적인 긍정적 관심(무비판적인 존중과 수용), 진실성(투명성과 신뢰감)을 확립하는 치료사라는 개념을 도입했다(Corey, 2009; Corsini & Wedding, 1995).

인본주의적 심리학의 또 다른 선구자는 Abraham Maslow(1908~1970)이다. Maslow(1943)는 기본적 생존에 대한 원시적 욕구에서부터 자아실현이라는 상위 욕구에 이르는 인간욕구까지 단계를 나눔으로써 인본주의적 심리학의 이론적 차원을 발전시켰다. 자아실현이라는 고차원적 욕구는 인간고유의 행복을 실현하는 단계로서 당시에 관습적으로 심리적 건강이라고 여겨졌던 단순한 정상 상태이거나 장애가 없는 상태를 초월하는 것이었다. 정신분석학자이자 임상가(그의 경력 초기의 수년간 Freud의 제자이자 친한 동료)였던 Carl Jung(1875~1961) 역시 정신과 심리적인 안녕이라는 초월적 개념을 가지고 심리학계 내 인본주의적 흐름에 중요한 기여를 했다(Jung, 1963/1989). 인본주의적 심리학의 수많은 선구자들의 노력은 1960년대 초 인본주의 심리학회(Association for Humanistic Psychology)의 창설과 학술지 Journal of Humanistic Psychology의 발간으로 이어졌다. 이러한 발전은 결과적으로 1960년대와 1970년대에 교육과 자녀양육과 같은 영역에 영향을 미쳤던 인간잠재력운동(human potential movement)을 일으키는 데 공헌했다(Leonard, 1987).

인본주의 심리학에 지대한 공헌을 한 철학들은 Edmund Husserl과 Maurice Merleau-Ponty의 현상학, Søren Kierkegaard, Friedrich Nietzsche, Martin Heidegger, Jean-Paul Sartre, Karl Jaspers, Martin Buber의 실존주의와 같은 20세기 철학들이다. 1950년대와 1960년대에 인본주의 심리학과 인간잠재력운동이 큰 영향력을 끼쳤던 것과 맞물려 Rollo May, Ludwig Binswanger,

Victor Frankl, R. D. Laing, Irvin Yalom과 같은 심리학자들과 임상가들은 실존주의에 뿌리를 둔 심리학 이론과 임상작업의 기틀을 마련하였다(Schneider & Krug, 2010). 실존주의와 인본주의 심리학 간의 관련성과 유사성으로 인해, 많은 사람들이 단일의 접근보다는 포괄적인 접근법을 지칭하기 위해 하이픈을 사용해 실존적-인간중심(existential-humanistic)이라는 용어를 사용하기 시작하였다(Schneider & Krug). 실존주의와 인본주의 심리학 모두에 근거하고 있는 이론과 임상영역에는 개인이 이미 가지고 있는 강점과 건강을 추구하는 성향을 강조하는 긍정심리학(positive psychology; Seligman & Csikszentmihalyi, 2000), 영성과 자기감각의 초월성 및 비일상적인 의식상태를 다루는 초월심리학(transpersonal psychology; Walsh & Vaughan, 1993), 인간의 변형(transformation)을 촉진시키는 창조성과 예술적 매체의 역할에 근거를 두고 있으며 Carl Rogers의 딸인 Natalie Rogers가 고안한 인간중심 표현예술치료(person-centered expressive art therapy) 등이 있다(Rogers, 1993; Sommers-Flanagan, 2007).

음악치료에서의 인본주의

음악치료는 인본주의 심리학이 광범위하게 받아들여지기 이전, 행동주의 심리학에 대한 대중적인 관심이 정점에 이른 1950년대에 전문영역으로 성장했다. 음악치료는 그 역사가 시작된 이래 음악이라는 인간고유의 현상을 통해 이미 폭넓은 인간중심의 필요를 다루어왔다. 이는 인본주의적 치료가 지향하는 바를 추구한다는 점에서 시대에 앞서 있었음을 의미하기도 한다. 사실 인본주의적 가치는 음악치료가 전문분야로서 공식적으로 대두되기 훨씬 이전부터 의료, 정신과 치료에서의 음악의 역할을 발전시켜왔다(Bunt,

1994).

음악치료의 많은 선구자들은 인본주의의 이상을 구현시켰다. 그중 한 사람은 영국의 음악치료사 Juliette Alvin(1897~1982)이다. Alvin의 업적은 전반적으로 정신분석적 이론과 연관되어 있지만, 그 안에 있는 많은 관점은 인본주의의 원리를 구현시킨 것이었다. Alvin은 자유즉흥연주치료의 창시자로 자기해방(self-liberation), 긍정적인 관계와 더불어 신체적·지적·사회정서적 성장과 같은 결과를 목표로 했고 이 모든 것은 정해진 규칙이나 구조나 주제 없이 내담자가 자신의 고유한 음악적 방법을 찾게 함으로써 가능하게 했다(Bruscia, 1988). 인본주의와 관련하여 중요한 역할을 한 다른 두 선구자는 창조적 음악치료 모델을 창시한 Paul Nordoff(1909~1977)와 Clive Robbins(1927~2011)이다. 창조적 음악치료에서는 내담자가 음악중심의 관계(주로 즉흥적인)를 바탕으로 음악적 지지와 도전을 통해 제한된 상태를 초월하고, 자신의 음악적 잠재성을 실현시킴으로써 발현되는 안녕의 상태를 위해 필요한 창조적 자원을 활용한다(Kim, 2004). 또 다른 선구자로 음악치료사 Helen Lindquist Bonny(1921~2010)가 있는데, 그녀는 메릴랜드 정신의학 연구센터(Maryland Psychiatric Research Center)에서 인본주의에 입각한 연구에 참여했던 경험을 바탕으로 이후 내담자가 가이드(예 : 치료사; Clark, 2002)와 상호적으로 대화하면서 녹음된 여러 고전음악을 차례로 듣고 음악에 반응함으로써 심상을 경험하게 된다는 BMGIM을 개발하였다.

1980년대에 이르러 인본주의적 음악치료의 정의가 문헌에서 나타나기 시작했다. 예를 들어 Wheeler(1981)는 음악치료에 대해 심리치료이론과 관련하여 논의하면서 인본주의적 음악치료 접근법(보다 구체적으로는 인간중심/Rogers 이론)에 대해 다음과 같이 설명했다. "인본주의 음악치료는 내담자가 내적경험에 대한 지각을 명료하게 할 수 있도록 치료사가 도와주어 내담자가 성장할 수 있게 하는 관계이다. 이 철학은 다양한 음악치료 사례에 적용될 수 있다. 치료사는 음악적이든 비음악적이든 내담자가 선택한 시도를 수용해주고, 내담자가 자신의 내적경험을 음악적·언어적으로 표현할 수 있도록 돕는다(p. 12)."

Polit(1993)은 이후 다음과 같은 정의를 내렸다. "인본주의적 음악치료는 존중과 수용, 공감과 일치 등을 강조하는 접근법을 취함으로써 소리와 음악을 통한 한 개인의 개인적·초월적 성장을 촉진시키는 심리치료적인 공간을 의미한다(p. 366)."

이론적 원리

인본주의적 음악치료는 많은 부분 인본주의 심리학의 일반적인 원리의 영향을 받았다. Bugental(1964)에 따르면 다음의 다섯 가지 핵심 원칙 혹은 가정이 인본주의 심리학에 근거를 둔 치료임상에서 안내 역할을 한다. 인간은 (1) 부분의 합 이상이며, 구성요소로 환원될 수 없고, (2) 인간고유의 맥락 안에 존재하고, (3) 다른 사람의 맥락에서(즉, 관계적으로) 깨어 있음에 대해 자각하고 의식하며, (4) 선택권과 책임을 모두 가지고 있고, (5) 의도와 목표를 가지며, 미래의 사건에 대한 역할이 있다는 것을 의식하고 의미와 가지 및 창조성을 추구한다.

이처럼 인본주의 음악치료는 인본주의 심리학의 이론적 원리와 관련되어 있지만, 음악치료 임상만의 고유한(예: 언어적 의사소통을 초월하는 치료적 매체라는 점, 관습적인 의미에 대해 인지적으로 자각할 수 없는 내담자와의 작업이 가능

하다는 점 등) 특성과 구성체계를 가지고 있다. 따라서 여기에서는 인본주의 음악치료를 설명하기 위한 기초로서 음악치료의 네 가지 본질적인 구성요소인 (1) 내담자, (2) 음악, (3) 치료목표, (4) 치료과정을 선택하여 살펴볼 것이다. 이 각각의 구성요소를 차례로 (1) 존재, (2) 전체주의, (3) 행동권, (4) 관계라는 네 가지 인본주의 구성 개념과 관련하여 논의하고자 한다.

내담자

인본주의적 음악치료 접근법에서는 내담자를 한 개인이자, 하나의 존재 자체로 여긴다. 여기에서 존재란 구체화된 생물학적 혹은 심리학적 대상도, 측정 가능한 시공간 안에 있는 구체적인 실체를 지닌 비생물적인 과학적 실제도 아니다. 여기서의 존재(being)란 존재하는 방식(way)을 말하는 것으로(Abrams, 2012), 인간성(humanity)의 하나인 정체성과 고유하게 구별된다. 따라서 인본주의 철학에 근거를 둔 음악치료는 대상 자체보다는 존재 방식과 관련된 부분이 많고, 내담자의 필요가 무엇(what)인지보다는 그 내담자가 누구(who)인지에 보다 큰 관심을 둔다.

인본주의적 관점에서 음악치료 내담자는 환원될 수도 분리될 수도 없는 통합적(whole)인 존재로서 뇌, 신경학적 과정, 사고와 감정과 같은 생물심리학적인 부분의 총합을 뛰어넘는다(Bugental, 1964). 비슷한 맥락으로, 인간은 신체부위, 신경학적 활동성, 인지와 같은 특정한 생리학적 혹은 심리학적 기준으로 존재하는 것도 아니나. 따라서 보는 내담자는 자신의 고유한 인간성을 유지하고 있고, 따라서 생물 행동적인 지위와 관계없이 기본적인 존엄성과 존중에 대한 윤리적 권리를 가지고 있다.

인본주의적 음악치료 관점에서는 모든 내담자가 기본적인 행동권(agency), 즉 "행동하거나 힘

을 행사할 수 있는 역량, 조건 혹은 상태(*Webster's Ninth New Collegiate Dictionary*, 1990)"를 가지고 있다. '힘을 행사한다는 것'은 가장 기본적이고도 인간적인 의미에서 한 개인으로서 존재할 수 있는 힘을 말한다. Kant(1785/1996)가 주장하는 바에 따르면 인간은 힘이 행사되는 대상이 아니라 힘을 행사하는 주체이고, 이러한 개념은 음악치료 분야에서 Rudd(1998)와 같은 학자들에 의해 지지받았다. 행동권은 단순히 의식적인 수준에 있는 의도성, 인지적 차원의 의지적 행동이나 선택적 행동이 아니라 정신상태와 상관없이 항상 인간성의 가장 근본적인 차원에서 인정되는 것이다. 더욱이 행동권은 물리학, 화학, 생물학, 행동주의 심리학 분야에서 이야기되는 결정론적인 인과관계에 달려 있지 않다. 결정론은 한 개인의 부분[무엇(what)이라고 말하는 부분]에는 적용될 수는 있지만, 한 개인의 전체[누구(who)라고 말하는 부분]에는 적용되지 못하는데, 행동권은 이 전체라는 부분에 존재하는 것이다. Frankl(1984)은 자신의 저서에서 의미치료(logotherapy)라고 알려진 실존주의적 심리치료 모델을 설명하면서 "인간존재는 타인 사이에 존재하는 것이 아니다. 사물(things)은 서로를 결정하지만, 인간(man)은 궁극적으로 자기결정적인 존재이다(p. 135)"라고 기술했다.

또한 인본주의적 음악치료 관점에서 한 인간으로서 내담자의 존재 자체는 관계적인 것으로 대인관계, 사회문화적, 역사적 맥락 안에 있다. 인간은 관계적 맥락에서 생리적, 심리적 환경과 상관없이 한 인간으로서 존재한다. 마찬가지로 관계적 맥락 밖에서는 아무리 기능수준이 높은 개인이라도 인간다움이 없으면 생물물리학적 대상에 그치게 될 것이다. Heidegger(1962)는 존재(being; *Da-Sein*)는 근본적으로 함께 하는 존재(being-with; *Mit-Sein*)로, 관계적인 측면에서 인간성을 가진 존재라고 설명했다. 이는 인본주의적 관점에서는 어떠한 내담자도 인간성이라는 기본적인 차원에서 타인(예 : 치료사)과 함께 있을 수 있고, 내담자의 인간성을 치유함으로써 치료로부터 혜택을 받을 수 있는 잠재성을 가지고 있음(내담자가 이러한 혜택에 대해 명확하게 인지하고 있든지 아니든지 간에)을 시사한다. 따라서 한 내담자를 치료한다는 것은 관계적 맥락 안에서 그 내담자의 인간성(어떤 면에서는 인간성 자체)을 치유하는 것이다.

음악

인본주의적 관점에서는 한 개인과 마찬가지로 음악 역시 대상이나 사물이 아닌 존재하는 방식이다. 특히, 음악은 시간 안에 있는 미적 존재 방식일 수 있다는 것이 그 핵심이다(Abrams, 2011). 물리적인 소리는 음악을 표현하는 도구가 될 수 있지만, 이야기가 사건을 기록하는 물리적 (혹은 전자적인) 매체 이상인 것처럼 음악 역시 소리 안에서만 존재하는 것은 아니다. 인간성과 마찬가지로 음악도 인간다움에 속한 것이다. 따라서 인본적인 음악치료 접근법에서는 음악을 객관적인 대상으로만 이해하는 것은 문제가 있다(Garred, 2006; Ruud, 1998, 2010).

인간의 경우와 같이 음악도 부분의 총합을 뛰어넘는 전체이다. 음악의 어떤 개별요소(리듬, 선율, 화성 등)도 그 자체가 음악으로만 존재할 수는 없다. 더욱이 음악은 시간 안에서(사전에 작곡된 것이든지, 즉흥적인 것이든지 간에) 경험되는 것이기 때문에, 들리는 소리를 기반으로 진행방향에 대한 정보를 제시하는 동시에 음악이 만들어진다(Zuckerkandl, 1956). 음악의 어떠한 특정 부분 혹은 어느 한 순간이든지 간에, 보다 크고 통합적인 음악석 경험 안에서 어디에 위치하고 어떠한 역할을 하는지에 따라 그 의미와 가치를 가지게 된다. 따라서 인본주의적 음악치료사는 내담자를 영혼이 분리된 대상으로 여기지 않는 것처럼, 음악 역시 전체 음악적 예술양식에서 차지하는 위치에 대한 이해 없이 피상적인 음향적 특성(예 : 60bpm의 음악) 혹은 특정한 한 순간(예 : 일부 음악클립)으로만 여기지 않는다.

인본주의적 관점에서 음악은 인간행동권(human agency)의 전형적인 형태이고 동사 형태인 음악하기(musicing)와 마찬가지로 한 개인이 가지는 미적 행동권의 표현으로 이해된다(Elliott, 1995). 이러한 관점에서 음악은 그것(it)이 어떤 작용을 하거나 결정론적인 영향력을 가지고 있기 때문에 사용되는 객체는 아니다. 그보다는 치료목표를 달성하기 위해 내담자와 치료사가 함께 일하는 방식이다[즉, 우리(we)가 일하는 방식]. 음악을 규정하는 것은 그 독립적인 힘, 결국에는 인간성을 부인하는 것으로 근본적으로는 예술모독과 비인간화라는 미묘한 형태를 만드는 것이 된다.

인본주의적 음악치료 접근법에서 음악은 본질적으로 관계적이다. 예술로서의 음악은 (1) 다양한 요소가 서로 어떻게 연관되었는지, (2) 하나의 작품 전체가 다른 작품과 어떻게 연관되었는지, (3) 특정한 작곡가, 연주가, 즉흥연주자, 감상자의 삶에서 어떠한 중요성을 지니는지, (4) 지역사회, 사회, 문화, 역사에서 어떤 중요성을 지니는지와 상관없이 고정된 의미를 갖고 있지는 않는다. 음악치료에서 이러한 음악의 다양한 관계적 차원은 한 내담자가 고유한 음악적 정체성(musical identity)을 형성하는 데 기여하고(Ruud, 1998), 또한 인간다움의 맥락에서 존재하는 음악의 근본적 속성을 구성한다. 나아가 음악은 대화(dialogical)과정을 수반하는데, 그 과정 안에서 연관된 맥락적 요소들이 내담자와 치료사의 음악경험 참여를 통해 역동적으로 상호영향을 끼치

고, 조율하고, 또 재조정된다(Garred, 2006). 따라서 인본주의적 음악치료 관점에서 예측적이거나 일반화된 의미와 가치(예 : 특정한 신체적 상태에 적절한 장르, 내재적으로 이완적이거나 행복한 음악 등)에 근거해서 일반화 혹은 정형화된 방식으로 음악을 사용하는 것은 터무니없는 개념이다.

치료목표

인본주의적 음악치료에서는 내담자의 자기실현에 대한 끊임없는 추구 혹은 인간잠재성의 최대 발현을 주요 치료목표로 한다(Rogers, 1961). 어떤 건강상의 필요들은 인간과 다른 생명체가 공통적으로 갖고 있는 부분인 데 반해, 자기실현은 내담자의 존재 방식과 관련하여 인간에게만 존재하는 특징적인 요소이다.

자기실현의 목표는 위에서 언급한 것처럼 인간을 통합적인, 전후 상황에 따라 고려되어야 하는 존재로 이해하는 데 근거한다. 생물행동학적 관점에서 중요한 이슈로 여겨지는 주요 신체증상이 인본주의적으로 내담자가 자기실현을 추구하는 데 있어서 늘 의미 있는 것은 아니다. 예를 들어, 내담자의 한쪽 팔 가동범위의 증가라는 목표를 세웠다면, 이 목표는 단순히 팔의 기능을 교정하는 것에 중점을 두는 것이 아니라, 가동범위가 내담자의 인간성 실현과 어떻게 연관되는지에 관해 관심을 둔다. 때로 자기실현은 인본주의적 치료에서 가치 있는 성과라고 할 수 있는 자아-충족(self-sufficiency)과 독립심(Frankl, 1984; Yalom, 1983)을 갖도록 고무시키면서 치료 외 상황에서 내담자가 겪게 되는 기본적인 삶의 도전들을 스스로 헤쳐나갈 수 있는 기초를 마련해주기도 한다(Scovel & Gardstrom, 2005). Sorel(2011)은 이러한 음악치료 목표에 대한 이해는 여러 건강 관련 영역에 걸쳐 궁극적으로 전인

적인 인간에 관한 것이라고 설명했다.

자기실현은 종종 인간행동권을 표현할 수 있는 최대한의 잠재력을 발현시키기도 한다. 내담자의 행동권을 존중하는 것의 일환으로 목표설정 과정에 내담자가 적극적으로 참여하게 하는 것이 중요하다. 음악치료의 고유한 특징으로서 행동권의 발현은 음악적 자유, 표현적인 음악선택권의 극대화, 미적 깊이가 있는 순간에의 참여 등을 포함한다. 음악중심의 자기실현은 그 자체로 보다 건강한 존재 방식으로 여겨지기 때문에, 인본주의적 음악치료에서 사용되는 음악은 항상 비음악적 목표를 달성하기 위한 수단으로만 여길 필요는 없다(Abrams, 2011; Aigen, 2005). 그 좋은 예는 음악에서의 놀이라는 현상이다. 놀이와 유희의 능력은 단지 더 큰 안녕을 성취하기 위한 수단이 아니라, 그 자체로 이미 보다 나은 건강상태와 인간행동권이 표현된 상태이다. 또한 이러한 음악치료 목표는 1회 세션에서 단 한 번 표현이 되었다 하더라도 이미 근본적인 변화를 뜻하는 행동권의 실현을 의미하기 때문에 치료상황 밖에서 구체적으로 일반화되지 않더라도 음악적 목표는 충족될 수 있다.

인간의 생득적인 목표로서의 자기실현은 관계적인 것이다. 내담자가 타인, 커뮤니티, 사회, 인간성 자체에 대해 (또한 이러한 요소들과 함께) 맺고 있는 관계는 내담자의 자기실현에 있어 내재되어 있는 부분이다. 음악(음악하기)은 자기실현과 관련된 목표를 지향하면서 내담자가 관계를 발전해나가는 방식으로 타인과 함께 할 수 있는 기회를 만들어준다. 예를 들어, 지역사회에서의 음악공연을 준비하고 공연에 참여하는 경험은 지역사회 내 다른 구성원과 관계를 맺게 하여 내담자가 자부심을 갖도록 하고, 공개적인 미적 결과물의 질에 대한 책임을 받아들일 수 있도록 도전하게 한다(Scovel & Gardstrom, 2005).

치료과정

인본주의적 음악치료에서 내담자와 치료사는 자기실현을 도모하기 위해 다양한 존재 방식에 대해 음악적으로 참여한다. 특정 기법이 이러한 과정을 정의하진 않지만, 인본주의적 접근법에서도 기법이라는 것이 유용할 수 있다는 점을 인정하는 것은 중요하다(Frankl, 1967). 궁극적으로 인본주의적 목적에 기여한다고 하면, 그 어떤 기법도 타당하다고 할 수 있다(Scovel & Gardstrom, 2005). 예를 들어, Dimaio(2010)가 설명한 것처럼 동조화(entrainment) 기제(그 속성에 있어 일정한 주기를 갖는 현상이 서로 일치하게 되는 경향성)는 개인 간에, 그리고 음악의 건강하고 창의적인 특성 간에 서로 맞추어가고 일치되어가는 과정을 장려함으로써 자기실현을 위한 음악적 기초로 의미 있게 적용될 수 있다.

인본주의적 음악치료 과정에서 치료적 중재는 결코 개별적인 단일결과를 달성하고자 하는 기법이 아니다. 그보다는 내담자의 통합적 존재라는 보다 큰 맥락 안에서 이해되어야 한다. 소리자극이라는 생리학적 결과물과 같은 음악의 구체적인 속성은 이러한 맥락의 일부분이지만, 궁극적으로는 이러한 속성이 내담자의 통합적인 인간으로서의 정체성과 어떠한 관련이 있는지에 따라 평가되어야 한다.

또한 인본주의적 관점에서 음악치료 과정에서의 치료적 중재는 약물이 어떤 질환에 대해 통계적으로 예측 가능한 효과를 내는 것과 같은 방식으로 예측 가능한 결정론적인 성과를 낼 수 있는 기술적인 조작 과정이 아니다. 오히려 인본주의적 중재는 내담자가 그의 행동권을 사용하면서 자신의 자기실현을 도모하기 위해 행동할 수 있는 근본적인 기회라고 이해하는 것이 가장 적절할 수 있다. Rolvsjord(2010)의 경우, DeNora(2000, 2003)와 같은 학자들의 음악사회학 이론을 근거로 음악치료에서의 음악을 내담자가 (자신의 행동권을 통해) 자신의 잠재성을 실현하기 위해 사용할 수 있는 사회적 자본, 행동유도성(affordance) 형태의 자원으로 이해하였다. 이러한 관점에서 보면 근거중심의 음악치료 임상도 인과관계적인 메커니즘[혹은 정확한 용량과 반응(dose-response) 관계]에 기초를 둔 것이 아니라 내담자가 자신이 누구인지를 이해하고 주어진 음악적 기회를 고려해 자신의 행동권을 실현할 수 있는 가장 좋은 방법이 무엇인지 이해하는 것에 관한 것이다(Abrams, 2010).

인본주의적 음악치료에서는 치료과정 역시 관계적이다. 주어진 치료과정의 가치는 어떤 치료적 중재에 내담자가 어떻게 반응하는지보다는 그 치료가 사회적 혹은 환경적 맥락을 완화시켜 내담자가 자신의 인간화(예 : 보다 많은 권한을 행사하고, 보다 많이 존중되며, 보다 많은 의미를 갖게 되는)를 강화시킬 수 있도록 돕는 데 충분한가에 있다. 또한 인본주의적인 치료과정에서의 관계는 단지 치료요인이나 치료요소로서가 아니라 그 자체가 치료이고 변화의 기초이다. Rogers(1951)가 치료사의 관계적 기질 특성으로 언급한 일치성/진실성, 무조건적인 긍정적 존중/무비판적인 수용, 공감은 인본주의적 치료과정에 있어 필수불가결한 요소이다. Garred(2006)는 인본주의적 기질이 특히 음악치료에서 중요하다

표 12.1 인본주의적 음악치료 접근법이 적용된 사례연구

발달단계	내담자의 필요와 상태	음악경험의 유형
• 아동기 : Aigen(1991), Burke(1991), Carpente(2011), Robbins & Robbins(1991a), Salas & Gonzalez(1991)	• 감각장애 : Salas & Gonzalez(1991)	• 음악감상과 심상 : Bruscia(1991b), Bunt(2011), Clark(1991), Pickett(1991), Summer(2011)
• 청소년기 : MeFerran(2011), Robbins & Robbins(1991b)	• 뇌손상 : Robbins & Robbins(1991b)	• 노래재창조 혹은 편집 : Martin(1991), Stige(2011), Wittall(1991)
• 성인기 : Bruscia(1991b), Bunt(2011), Clark(1991), Martin(1991), Pickett(1991), Stige(2011), Summer(2011), Trondalen(2011), Van Den Hurk & Smeijsters(1991), Wittall(1991)	• 중복장애 : Robbins & Robbins(1991a)	• 즉흥연주 : Aigen(1991), Carpente(2011), MeFerran(2011), Robbins & Robbins (1991a, 1991b), Salas & Gonzalez(1991), Stige(2011), Trondalen(2011), Van Den Hurk & Smeijsters(1991)

표 12.1 (계속)

발달단계	내담자의 필요와 상태	음악경험의 유형
• 노년기 : Hilliard & Justice(2011)	• 자폐 : Carpente(2011) • 행동적 이슈 : Aigen(1991) • 주요 정신장애 : Pickett(1991), Stige(2011), Summer(2011) • 불안 및 공황장애 : Bruscia(1991b), Van Den Hurk & Smeijsters(1991) • 약물중독 : McFerran(2011), Pickett(1991) • 식이장애 : Pickett(1991), Trondalen(2011) • 정서적 외상 및 사별 : Bruscia(1991b), Bunt(2011), Burke(1991), Clark(1991) • 생명을 위협하는 질환 혹은 생애 말기 이슈 : Bruscia(1991b), Hilliard & Justice(2011), Martin(1991), Wittall(1991)	• 노래 만들기 : Burke(1991), Hilliard & Justice(2011), McFerran(2011)

출처 : Bruscia(1991a)와 Meadows(2011)임.

고 강조했다. 그의 주장은 Buber(2004)의 이론에 근거하고 있는데, Buber는 인간의 만남(human encounter)이 상호 간, 통합적인, 맥락 안에서 의미를 갖는 행동하는 주체 간의 만남이라고 이해하며, 그 안에서 한 사람은 나(I)로, 다른 사람은 너(thou)가 되고(다른 사람의 관점에서는 그 반대의 관점) 그 누구도 그것(it)으로는 여겨지지 않는다고 하였다. Garred는 거기에 더해 음악의 개념을 음악치료를 구성하는 삼각관계 안에 있는 또다른 나와 너로 설명하고 있다.

음악치료 적용

인본주의적 관점은 치료(Bruscia, 1991a; Meadows, 2011)뿐만 아니라 진단평가(Scovel & Gardstrom, 2005; Wigram, 1999)에도 적용되어왔다. 현재 인본주의적 음악치료에 대해 보고되고 있는 가장 풍부한 자원은 사례연구 문헌이다. 다양한 철학과 접근법에 걸쳐 문서로 기록된 각양각색의 사례는 Bruscia(1991a)와 Meadows(2011)의 사례집에서 찾아볼 수 있다. 이 두 권은 출판연도에 있어서 20년의 차이가 있지만 두 권 모두 여러 인본주의적 음악치료 사례들을 소개하고 있다. 이제 이어서 이 사례들을 요약하여 제시할 것이다(출판일로 두 저서 중 어디에 속했는지 구분할 수 있다. 자료인용을 위한 가이드로 표 12.1을 참조). 표 12.1의 목록에서 볼 수 있는 것처럼 인본주의적 음악치료 임상사례에는 삶의 다양한 단계에 있는 내담자들이 포함되는 것이 특징이며, 내담자가 보이는 광범위한 필요와 상태를 다루고 다양한 음악경험을 사용하고 있다.

이러한 사례 중 몇몇 작업에서 서술하고 있는 이론적 토대는 Yalom(Trondalen, 2011), Rogers(Stige, 2011), Maslow(McFerran, 2011)와 같은 인본주의 심리학 문헌에 그 근거를 두고 있다는 점이 주목할 만하다. 마찬가지로 어떤 사례들은 특별히 Bonny의 GIM 모델(Bruscia, 1991b; Bunt, 2011; Clark, 1991; Pickett, 1991; Summer, 2011), 혹은 노도프-로빈스 모델의

창조적 음악치료(Carpente, 2011; Robbins & Robbins, 1991a, 1991b)와 같이 인본주의 철학에 기반을 둔 음악치료 문헌에서 발견되는 모델의 영향을 받았다.

Abrams[부분적으로는 Abrams & Kasayka(2005)[1]에 요약되어 있다]은 암 치료센터에 고용된 치료사가 생명을 위협받는 전이성 유방암으로 인해 치료를 받고 있던 리사에게 적용한 BMGIM의 사례 연구를 보여주었다. 저자(Abrams)의 1인칭 시점으로 이 사례를 간단하게 소개하고자 한다.

임상사례

내가 음악치료사로 일하고 있던 암센터에서 리사를 처음 만났을 때, 내가 마주했던 그녀는 아주 현실적인 40대 여성이었다. 당시 리사는 양측 유방절제술과 혈관 조직의 손상을 막기 위한 항암치료를 위해 중심정맥의 외과적 삽입 수술을 받은 상태였다. 이러한 상태에서도 리사는 에너지가 넘치고 열정적인 태도를 보였고, 매우 짧은 머리를 포함해 소위 '전쟁의 상처'를 당당하게 보여주었다. 어떤 면에서는 긴장되어 있는 그녀의 대화 스타일에서 방어적인 태도를 즉각적으로 알아차릴 수 있었는데, 그것은 그러한 상황이라면 지극히 정상적일 수 있는, 상처받기 쉬울 수 있는 경험을 보호하는 벽과 같은 것이었다. 나는 조심스럽게 다가갈 필요가 있다는 것을 바로 알았고, 그녀에게 충분히 공감함으로써 그녀가 자신의 고통과 상처에 다가설 수 있도록 나 자신을 준비할 필요가 있다는 것을 느꼈다.

리사는 자신이 의료계에 있기 때문에 자신의 정체성에 있어 매우 중요한 의미가 있다고 하였다. 그런데 지금, 그 부분이 심하게 손상되어 있었다. 동시에 그녀가 받았던 훈련으로 인해 의료적으로 진행되고 있는 것들에 대해 그녀 자신도 잘 알고 있기 때문에 객관화되거나 대상화된 치료의 영향을 경감시키는 데는 전혀 소용이 없어 보였다.

리사 자신이 말한 바에 따르면 그녀가 초기 진단을 받기 전 몇 년 동안 가족들, 특히 그녀의 아들과 관계가 멀어졌던 경험으로 인하여, 그녀에게 새롭게 나타난 심리적 취약성과 애정과 지지에 대한 욕구를 볼 때

그러한 경험은 지금의 리사에게 중대한 영향을 끼치고 있었다. 다른 관점에서 보면 병이 진행되는 동안 리사는 입원을 하거나 여러 요양 시설에 머물거나 다시 집으로 돌아가 홀로 자기 자신을 돌보는 것 때문에 자신이 속한 안전하고 안정된 장소 없이 '떠돌아다닌다'는 느낌이 들었다. 리사는 자신을 도전적인 상황을 만난 '투사'로 규정했음에도 불구하고 현재는 고립감, 무기력함, 그녀의 통제를 벗어나는 수많은 내적·외적 힘에 의한 희생만이 남겨진 채 삶의 무거운 어두움에 '갇혀 있다'는 느낌이 들었다. 리사는 이 모든 것들에 대해 암센터에서 나에게 음악치료를 받기로 한 요인이 되었음을 털어놓았고 GIM을 통해서 그녀에게 절박하게 필요했던 내적자원을 규명하게 되었다.

인본주의의 이론적 전제를 따르는 치료사(안내자)로서 나는 주로 감상, 반영, 가능한 한 지지적으로 그녀와 함께 있어줌을 통해 리사의 경험을 인정하는 것부터 시작했다. 리사와 내가 신뢰감과 함께 초기 라포 형성, 치료적 관계를 쌓을 수 있게 되면서부터 우리는 치료 진단평가 과정에 들어갔다. 이때 우리는 GIM 음원에 속한 고전작품에 대한 창의적인 이미지를 통해, 그리고 음악의 미적 깊이 안에 구현된 인간성에 의지함으로써 다양한 '존재 방식'을 탐색하는 리사의 방식을 사용했다. 이러한 초기 과정을 통해 리사와 나는 협력적 관계로 그녀의 정서적 힘을 키우고, 그녀의 (아들을 포함한) 가족 및 타인과 관련된 관계적 이슈를 다루고 통제할 수 있는 내적자원을 규명하는 것을 목표로 설정하였다.

이후 리사는 나와 함께 매주 일련의 GIM 세션을 진행했다. 이러한 과정을 엄격하게 지키면서 그녀는 가능한 창의적으로 음악 안에 몰두하기 위해 힘겹게 투쟁했고, 종종 여러 면에서 그녀가 '갇혀' 있거나 '짓눌려' 있다고 느끼기도 했다. 안내자로서 나 자신도 그녀와 함께 분투하는 것을 느꼈고, 나 자신이 꼼짝 못함을 느끼거나 내담자와 함께 있어주고 지지해주는 데 영향을 줄 만큼 그녀의 투쟁을 '함께 느끼면서' 그 존재적 무게가 무겁다고 느껴질 때마다 슈퍼비전을 받고자 했다. 리사의 이미지에서 반복적으로 나타나는 상징에는 친근한 검은 새(그녀가 정체성을 느꼈던), 구부러진 나무와 그녀를 끌어당기곤 했던 이상한 트랙터(리사와 나 모두 다소 위협적으로 느꼈다), 편안함과 용기를 주던 빛나는 금색 상자가 있었다. 리사와 나는 이러한 상징이 가진 정신역동적 해석을 강조하기보다는 특별히 도전적인 상황에서 그녀의 인간성을 해방시키기 위해 결정적으로 취할 수 있고 그녀가 활용할 수 있는 잠재적 자원이 표현된 것으로 보았다. 이것은 리사의 필요를 해결할 수 있는 가장 적

---

1) Jeffrey Books 허락하에 사용.

절한 방법이기도 했다.

10번째 세션과 마지막 세션에서 리사는 그녀에게 친숙한 여러 상징을 다시 만났는데, 이때는 그 상징들이 새로운 맥락에서 나타났다. 이 세션에서 우리가 특별히 사용한 음악은 제시 노먼이 연주한 리하르트 슈트라우스의 *4개의 마지막 노래(Vier Letzte Lieder)* 중 '저녁노을(Im Abendrot)'이다. 심상에서 그녀는 빛나는 금색 상자를 들고 걷는 자신을 발견했다. 걷다가 그녀는 산을 만났는데, 거기에서 친근한 검은 새가 머리 위로 날면서 그녀와 동행했다. 소나무의 상쾌한 향(건강과 삶에 대한 확인으로서)을 감사히 여기면서 시간을 보내다가 그녀는 산을 오르기 시작했다. 어느 지점에서 산이 점점 가팔라지면서 그녀는 보다 힘겹게 애쓰기 시작했다. 나는 그녀에게 그녀를 도울 만한 무언가를 찾을 수 있는지 물었다. 리사는 '재미있게 구부러진 지팡이'를 찾아냈다. 이 지팡이는 불길한 느낌의 구부러진 나무를 연상시키는 것이지만, 이러한 형태는 그녀를 어떠한 방향으로 움직이게 하는 유용한 것으로, 그녀의 의지에 반해 그녀를 끌어당기는 것이 아니라(대상으로서) 이 안에서 그녀의 의지로 이미 움직이고 있었다(주체로서). 사실 세션 동안 그녀는 전체 신체부위와 전 존재를 거의 떠올라 있는 것처럼 가볍게 경험하기 시작하였고, 치료사로서 나도 그녀와 함께 이러한 가벼움을 경험했다. 정상에 거의 도달했을 때, 그녀의 금빛 상자는 보다 밝게 빛나기 시작하여 정상에서는 눈부시게 하얀 빛을 발했다. 리사의 새는 그녀의 머리 위에서 원을 그리며 여러 번 돈 후에(마치 작별 인사를 하듯이) 떠나갔다. 해가 지자, 금빛 상자가 밤을 밝혔다. 나는 그녀에게 이 순간 필요한 건 없는지 물었다. 리사는 빛이 충분해 더 이상 필요한 건 없었으며, 그녀는 괜찮다고 말했다.

음악치료 세션을 하는 동안 리사의 암은 상당히 진행되었지만, 그럼에도 불구하고 리사는 끝까지 음악에 몰두할 수 있는 자신만의 새로운 방법을 찾았다. 그녀에게 있어 이것은 새롭게 경험하는 **가벼움**이었는데, 신체적으로도 몸이 가벼워진 느낌이기도 하고, 시각적으로도 정서적으로도 밝아졌다는 측면에서 그렇다. 그녀의 상징적 자원인 새는 그녀가 어디에 (그리고 어떻게) 있어야 할지 그 길을 찾게 해주는 내면의 안내자였다. 리사는 상징을 통해 무언가 조종하려고 하거

나 위협하려고 하는 나무 이미지를 자신이 직접 사용할 수 있는 힘을 가진 무언가로 변형시켰고, 그것을 자신의 고유한 힘으로 통합시켰다. 날이 저물 때 그녀의 고유한 빛으로 덮인 채로 산의 정상에 오르는 이미지는 말 그대로도, 상징적으로도 절정 경험(Maslow, 1964)이었으며 리사만의 자기실현을 나타내는 일종의 지표였다. 이후에 어떤 일이 일어났는지는 상관없이 그녀의 존재감은 새로운 차원으로 계속될 것이며, 그 과정 중에 리사는 현재의 삶을 경험하고, 직면하고, 대처하고, 끌어안는 방식을 덜 고통스럽게 만들어갈 수 있을 것이다.

결론

인본주의적 음악치료 접근법은 음악치료 분야 내의 광범위한 모델·기법·임상실제를 통해 보고되어왔고, 이 분야가 처음 발전하기 시작한 시기부터 존재해왔다. 인본주의 철학의 모든 원리를 필수적으로 포함하고 있는 단일 접근법의 예는 없지만, 그 원리 자체는 다양한 형태와 방법으로 내담자들의 필요를 충족시켜주고 있음을 이론적, 임상적 문헌을 통해 확인할 수 있었다. 선행 문헌이 있긴 하지만, 계속해서 인본주의 음악치료 원리와 실제 및 연구에 쏟을 자원을 개발해야 할 필요는 여전히 존재한다.

참고문헌

Abrams, B. (2010). Evidence-based music therapy practice: An integral understanding. *Journal of Music Therapy, 47*(4), 351–379.

Abrams, B. (2011). Understanding music as a temporal-aesthetic way of being: Implications for a general theory of music therapy. *Arts in Psychotherapy, 38*(2), 114–119.

Abrams, B. (2012). A relationship-based theory of music therapy: Understanding processes and goals as being-together-musically. In K. E. Bruscia (Ed.), *Readings in music therapy theory* (pp. 58-76). New Braunfels, TX: Barcelona.

Abrams, B., & Kasayka, R. (2005). Music imaging for persons at the end of life. In C. Dileo & J. V. Loewy (Eds.), *Music therapy at the end of life* (pp. 159-170). Cherry Hill, NJ: Jeffrey Books.

Aigen, K. (1991). Creative fantasy, music and lyric improvisation with a gifted, acting-out boy. In K. E. Bruscia (Ed.), *Case studies in music therapy* (pp. 109-126). New Braunfels, TX: Barcelona.

Aigen, K. (2005). *Music-centered music therapy*. New Braunfels, TX: Barcelona.

Bruscia, K. E. (1988). A survey of treatment procedures in improvisational music therapy. *Psychology of Music, 16*, 10-24.

Bruscia, K. E. (Ed.). (1991a). *Case studies in music therapy*. New Braunfels, TX: Barcelona.

Bruscia, K. E. (1991b). Embracing life with AIDS: Psychotherapy through Guided Imagery and Music (GIM). In K. E. Bruscia (Ed.), *Case studies in music therapy* (pp. 581-602). New Braunfels, TX: Barcelona.

Buber, M. (2004). *I and thou*. London: Continuum International.

Bugental, J. (1964). The third force in psychology. *Journal of Humanistic Psychology, 4*(1), 19-26.

Bunt, L. (1994). *Music therapy: An art beyond words*. London: Routledge.

Bunt, L. (2011). Bringing light into darkness: Guided Imagery and Music, bereavement, loss, and working through trauma. In A. Meadows (Ed.), *Developments in music therapy practice: Case study perspectives* (pp. 501-517). New Braunfels, TX: Barcelona.

Burke, K. (1991). Music therapy in working through a preschooler's grief: Expressing rage and confusion. In K. E. Bruscia (Ed.), *Case studies in music therapy* (pp. 127-135). New Braunfels, TX: Barcelona.

Carpente, J. A. (2011). Addressing core features of autism: Integrating Nordoff-Robbins music therapy within the Developmental, Individual-Difference, Relationship-Based (DIR)®/Floortime™ model. In A. Meadows (Ed.), *Developments in music therapy practice: Case study perspectives* (pp. 134-149). New Braunfels, TX: Barcelona.

Clark, M. F. (1991). Emergence of the adult self in Guided Imagery and Music (GIM) therapy. In K. E. Bruscia (Ed.), *Case studies in music therapy* (pp. 321-331). New Braunfels, TX: Barcelona.

Clark, M. F. (2002). The evolution of the Bonny Method of Guided Imagery and Music (BMGIM).

In K. E. Bruscia & D. E. Grocke (Eds.), *Guided imagery and music: The Bonny method and beyond* (pp. 5-27). New Braunfels, TX: Barcelona.

Corey, G. (2009). *Theory and practice of counseling and psychotherapy* (8th ed.). Belmont, CA: Thomson/Brooks/Cole.

Corsini, R. J., & Wedding, D. (1995). *Current psychotherapies* (5th ed.). Itasca, IL: F. E. Peacock.

DeNora, T. (2000). *Music in everyday life*. Cambridge, UK: Cambridge University Press.

DeNora, T. (2003). *After Adorno: Rethinking music sociology*. Cambridge, UK: Cambridge University Press.

Dimaio, L. (2010). Music therapy entrainment: A humanistic music therapist's perspective of using music therapy entrainment with hospice clients experiencing pain. *Music Therapy Perspectives, 28*(2), 106-115.

Elliott, D. J. (1995). *Music matters: A new philosophy of music education*. New York: Oxford University Press.

Frankl, V. E. (1967). *Psychotherapy and existentialism*. New York: Washington Square Press.

Frankl, V. E. (1984). *Man's search for meaning: An introduction to logotherapy* (3rd ed.). New York: Washington Square Press.

Garred, R. (2006). *Music as therapy: A dialogical perspective*. New Braunfels, TX: Barcelona.

Heidegger, M. (1962). *Being and time* (rev. ed.). New York: Harper & Row.

Highet, G. (1949). *The classical tradition: Greek and Roman influences on Western literature*. New York: Oxford University Press.

Hilliard, R., & Justice, J. (2011). Songs of faith in end of life care. In A. Meadows (Ed.), *Developments in music therapy practice: Case study perspectives* (pp. 582-594). New Braunfels, TX: Barcelona.

Jung, C. G. (1989). *Memories, dreams, reflections* (A. Jaffe, Ed.; C. Winston & R. Winston, Trans.). New York: Vintage Books. (Original work published 1963)

Kant, I. (1996). *The metaphysics of morals* (M. Gregor, Trans.). Cambridge, UK: Cambridge University Press. (Original work published 1785)

Kim, Y. (2004). The early beginnings of Nordoff-Robbins music therapy. *Journal of Music Therapy, 41*(4), 321-339.

Leonard, G. B. (1987). *The transformation: A guide to the inevitable changes in humankind*. New York: J. P. Tarcher.

Martin, J. A. (1991). Music therapy at the end of a life. In K. E. Bruscia (Ed.), *Case studies in music therapy* (pp. 617-632). New Braunfels, TX: Barcelona.

Maslow, A. H. (1943). A theory of human motiva-
tion. *Psychological Review, 50*(4), 370-396.

Maslow, A. H. (1964). *Religion, values and peak expe-
riences.* New York: Viking.

McFerran, K. (2011). Moving out of your comfort
zone: Group music therapy with adolescents
who have misused drugs. In A. Meadows (Ed.),
*Developments in music therapy practice: Case study
perspectives* (pp. 248-267). New Braunfels, TX:
Barcelona.

Meadows, A. (Ed.). (2011). *Developments in music
therapy practice: Case study perspectives.* New
Braunfels, TX: Barcelona.

Mommsen, T. E. (1942). Petrarch's conception of
the "Dark Ages." *Speculum, 17*(2), 226-242.

Pfeiffer, R. (1976). *History of classical scholarship:
From 1300 to 1850.* New York: Oxford University
Press.

Pickett, E. (1991). Guided imagery and music
(BMGIM) with a dually diagnosed woman hav-
ing multiple addictions. In K. E. Bruscia (Ed.),
Case studies in music therapy (pp. 497-512). New
Braunfels, TX: Barcelona.

Polit, V. (1993). Music therapy in Mexico. In C.
Dileo Maranto (Ed.), *Music therapy: International
perspectives* (pp. 365-383). Pipersville, PA: Jef-
frey Books.

Robbins, C., & Robbins, C. (1991a). Self-
communications in creative music therapy. In
K. E. Bruscia (Ed.), *Case studies in music therapy*
(pp. 55-72). New Braunfels, TX: Barcelona.

Robbins, C., & Robbins, C. (1991b). Creative music
therapy in bringing order, change and commu-
nicativeness to the life of a brain-injured adoles-
cent. In K. E. Bruscia (Ed.), *Case studies in music
therapy* (pp. 231-249). New Braunfels, TX: Bar-
celona.

Rogers, C. (1939). *The clinical treatment of the prob-
lem child.* Boston: Houghton Mifflin.

Rogers, C. (1951). *Client-centered therapy: Its current
practice, implications and theory.* London: Con-
stable.

Rogers, C. (1961). *On becoming a person.* Boston:
Houghton Mifflin.

Rogers, N. (1993). *The creative connection: Expressive
arts as healing.* Palo Alto, CA: Science & Behav-
ior Books.

Rolvsjord, R. (2010). *Resource-oriented music therapy
in mental health care.* New Braunfels, TX: Barce-
lona.

Ruud, E. (1998). *Music therapy: Improvisation, com-
munication, and culture.* New Braunfels, TX: Bar-
celona.

Ruud, E. (2010). *Music therapy: A perspective from the
humanities.* New Braunfels, TX: Barcelona.

Salas, J., & Gonzalez, D. (1991). Like singing with

a bird: Improvisational Music Therapy with a
blind four-year-old. In K. E. Bruscia (Ed.), *Case
studies in music therapy* (pp. 17-28). New
Braunfels, TX: Barcelona.

Schneider, K. J., & Krug, O. T. (2010). *Existential-
humanistic therapy.* Washington, DC: American
Psychological Association.

Scovel, M., & Gardstrom, S. (2005). Music therapy
within the context of psychotherapeutic mod-
els. In R. Unkefer & M. Thaut (Eds.), *Music
therapy in the treatment of adults with mental dis-
orders: Theoretical bases and clinical applications*
(2nd ed., pp. 117-132). New Braunfels, TX: Bar-
celona.

Seligman, M. E. P., & Csikszentmihalyi, M. (2000).
Positive psychology: An introduction. *American
Psychologist, 55*(1), 5-14.

Sommers-Flanagan, J. (2007). Development and
evolution of person-centered expressive art
therapy: A conversation with Natalie Rogers.
Journal of Counseling and Development, 85(1),
120-125.

Sorel, S. (2011, November 17). *Writing humanistic
music therapy goals in an evidenced-based world.*
Continuing Music Therapy Education Course
presented at the annual meeting of the Ameri-
can Music Therapy Association, Atlanta, GA.

Stige, B. (2011). The doors and windows of the
dressing room: Culture-centered music therapy
in a mental health setting. In A. Meadows (Ed.),
*Developments in music therapy practice: Case study
perspectives* (pp. 416-433). New Braunfels, TX:
Barcelona.

Summer, L. (2011). Music therapy and depression:
Uncovering resources in music and imagery In
A. Meadows (Ed.), *Developments in music therapy
practice: Case study perspectives* (pp. 486-500).
New Braunfels, TX: Barcelona.

Trondalen, G. (2011). Music therapy is about feel-
ings: Music therapy with a young man suffering
from anorexia nervosa. In A. Meadows (Ed.),
*Developments in music therapy practice: Case study
perspectives* (pp. 434-452). New Braunfels, TX:
Barcelona.

Van Den Hurk, J., & Smeijsters, H. (1991). Musical
improvisation in the treatment of a man with
obsessive-compulsive personality disorder. In
K. E. Bruscia (Ed.), *Case studies in music therapy*
(pp. 387-402). New Braunfels, TX: Barcelona.

Walsh, R., & Vaughan, F. (1993). On transpersonal
definitions. *Journal of Transpersonal Psychology,
25*(2), 125-182.

Webster's Ninth New Collegiate Dictionary. (1990).
Agency. Springfield, MA: Merriam-Webster.

Wheeler, B. (1981). The relationship between
music therapy and theories of psychotherapy.

Music Therapy, 1(1), 9-16.

Wigram, T. (1999). Assessment methods in music therapy: A humanistic or natural science framework? *Nordic Journal of Music Therapy, 8*(1), 6-24.

Wittall, J. (1991). Songs in palliative care: A spouse's last gift. In K. E. Bruscia (Ed.), *Case studies in music therapy* (pp. 603-610). New Braunfels, TX: Barcelona.

Yalom, I. D. (1983). *Inpatient group psychotherapy.* New York: Basic Books.

Zuckerkandl, V. (1956). *Sound and symbol.* New York: Pantheon Books.

제 13 장

인지행동적 접근

Suzanne Hanser

강경선 역

생각한다. 고로 나는 존재한다.　　　　　　　　　　－ 데카르트(1637/1910)

인지행동치료는 사고, 견해, 감정, 행동들이 불가분하게 연결되어 있으며 이러한 요소들이 우리의 개인적인 통제하에 있다는 인지치료와 행동치료의 기본 전제를 인정하고 중요시하는 현대적 심리치료 접근법이다. 이 두 현대 심리치료의 병합은 비교적 최근이지만, 인지행동치료의 특징이 되는 기법들은 고대의 가르침과 초기 철학에 그 기원을 두고 있다. 사실 열거하기엔 너무나 많은 사색적 지혜의 전통―불교, 무속, 베다, 유대 카발라, 중국 의약 및 많은 고대의 수법들에 관련된 전통―에서 명상, 마음챙김, 만트라/기도와 같이 사고를 통한 자기통제의 방법을 강조하고 있다. 이러한 방법들은 종교적 신념으로 깨달음을 찾는 과정에 있는 요가 수행자들과 많은 교파에 속한 구도자들에게 도움이 되었고 이제는 일상생활의 일부가 된 과부하와 스트레스 자극을 다루는 방법을 찾는 현대 사회

의 심리학적 용어로 등장했다. 명상, 마음챙김, 만트라는 현대적 관점의 새로운 용어로 변형되어 오늘날 인지행동치료의 핵심을 이루고 있다. 더욱이, 통합의료분야는 서양의료의 실천에 있어서 동양적 사고를 기꺼이 받아들이고 있으며, 표준화된 치료에 고대의 치료법들을 융합하는 것을 장려하고 있다. 전통적인 접근들 가운데서 이러한 비전통적 접근의 확산은 21세기의 잠재적 내담자들에게도 그 방법들이 손쉽게 받아들여질 수 있게 하였다. 이러한 개방성으로 인해, 음악치료 역시 이 돌봄의 통합적 모델 안에서 번창하고 있다.

　음악치료는 인지행동치료의 발전으로부터 큰 수혜를 받았다. 왜냐하면 음악은 많은 신구(新舊)의 인지행동적 방법론과 적용에 쉽게 융화될 수 있기 때문이다. 행동적, 인지적 접근이 20세기 중반의 심리치료 임상에 확고히 자리를 잡고

있었던 것처럼, 같은 시기에 미국에서의 음악치료 역시 그 분야를 확고히 하고 있었다.

역사

초기

현재 인지행동치료의 원칙들로 알려져 있는 것들은 역사의 전반에 걸쳐 다양한 형태로 출현과 재출현을 거듭해왔다. 그리스의 황금시대(기원전 500년~300년) 동안, 철학자들은 그들의 논문을 **명상록(meditations)**이라 부르는 경향이 있었으며, 로마 스토아주의(stoicism)는 살아가는 법을 다루는 철학의 한 학파로 발달했었다. 스토아 철학자 가운데 에픽테토스(1877)가 지향하는 철학은 특히나 인지행동적이었다. 그는 "인간은 일어난 사건에 의해서가 아니라, 그 사건에 대한 의견들에 의해서 방해받는다(p. 381)", "너에게 사건이 일어날 때마다, 스스로 돌이켜 네가 그것을 이용할 어떤 힘을 가졌는지 물어볼 것을 기억하라"고 말하였다(p. 383). 스토아 철학자들은 스스로와의 대화, 여기-현재에 대한 집중, 활발한 자기질의, 매일의 과제에 대한 반성, 소크라테스적 산파술 등 모두 현재 인지행동적 치료실천의 요소들을 지지하는 자들이었다. 스토아학파는 공자가 그랬듯 인간의 덕을 강조하고, 인도적 전통의 만트라와 매우 유사하게 특정한 신조들을 암송할 것을 주장했다. 이러한 실천은 자기 대화, 긍정적 확언, 자기암시 등과 같이 현대 모든 인지행동치료사들이 치료적 중재로 사용하는 것들의 전신(前身)이었다(Robertson, 2010).

소피스트들(sophists)은 기원전 450년에서 400년 사이에 존재했던 철학자들 집단으로 그중 프로타고라스는 최초의 철학자였다. 일반적으로, 소피스트들은 사람들에게 그들의 지혜를 알려주고 요금을 청구하는 지식인들로(소크라테스는 그의 가르침을 무료로 제공했지만), 설득력 있는 주장을 위해 수사학을 사용하는 것으로 알려져 있다. 수사학은 논쟁자들이 자신의 입지를 지키기 위한 설득의 방법으로 갈등을 다루는 데 사용되었다. 소피스트들의 수사학과 논리는 현대 인지행동치료 임상의 일부 기틀을 만들었다. 가장 대표적인 예로 집단치료에서 집단구성원들이 경쟁적인 게임과 토론에 참여하는 형태의 치료접근을 들 수 있다.

행동주의의 역사

개에게 반복적으로 종소리를 들려준 다음 음식을 제공하면 이후 종소리만으로도 개의 침이 분비된다는 유명한 Ivan Pavlov의 고전적 조건화 실험은 사실 첫 번째 행동실험은 아니었다. Pavlov는 행동이론의 창시자들 가운데 1명으로 잘 알려져 있지만 심리학자가 아니었다(Pavlov, 1927). 이미 그의 연구가 발표되기 수십 년 전인 1860년대에 러시아 생리학자 Ivan Sechenov는 정신적인 삶과 행동을 결정하는 외부요인들에 대해 연구한 바 있다. 그는 생물학적 반사작용(reflexes), 신호(signals), 중추성 억제(central inhibition)를 밝혀내면서 정신작용과 행동에 관한 연구를 계속했다(Sechenov, 1863/1965). 그의 이러한 주요 작업은 정신신경면역학과 행동주의의 고전적 조건화 이론에서 보다 완성도 높게 발전하였다(Greenwood, 2009). 이후 19세기 말까지는 또 다른 초기 행동주의 심리학자 Edward L. Thorndike가 새로 나타난 행동주의의 체계에 중대한 영향을 미친 조작적 조건형성의 이론을 발전시키고 있었다. Thorndike는 새끼 고양이, 강아지, 병아리들의 행동을 일련의 실험에서 관찰하여 **효과의 법칙(law of effect)**을 고안해내기에 이르렀다. 효과의 법칙은 즐겁거나 바람직한 결과(일종의 보상)를 산출하는 행동은 반복될 것이며, 그러한 효과를 만드는 데 실패한 행동은 그 강도와 빈도가 감소할 것이라는 개념이다. Thorndike는 동물의 지능에 관한 논문을 출판하면서 행동수정이라는 용어를 처음 사용한 사람들 중 1명이다(Thorndike, 1898). John B. Watson(1913)은 이러한 Thorndike의 생각들 중 일부를 인간행동에 대한 이론으로 바꾸어, 주변 환경의 변화에 대한 인간의 반응에 관한 이해를 높였다.

아마도 행동주의의 선도자로 가장 잘 알려진 인물은 분석적, 방법론적, 심리학적 행동주의의 새로운 이론들을 결합하여 급진적 행동주의를 내놓은 Burrhus Frederic Skinner일 것이다. Skinner는 그의 첫 번째 주요 논문에서 어떤 행동의 선행사건과 결과, 즉 행동의 수반관계가 그 행동의 강도와 빈도를 어떻게 결정하는지를 상술한 조작적 조건화 모델을 제시했다(Skinner, 1938). Skinner는 왕성한 저술과 강의에서 행동에 대한 실험적 분석을 통해 행동변화를 분명하게 나타내는 방법들에 주목한 인간행동의 과학을 밝혀냈다. 그는 사고를 정신적 행동으로 특징짓고, 정신의 내적활동을 더 명백히 관찰 가능한 다른 행동들과 같이 이해할 수 있는 사적 사건으로 해석하였다. Skinner는 심리학과 행동과학에서 중대한 생명력을 얻은 용어와 패러다임을 개발했다(Skinner, 1957).

영국에서는 Hans Eysenck(1967)가 뇌를 행동에 결부시키는 체계를 고안하기 위해 Hull(1943)의 학습이론과 Pavlov의 신경계에 관한 작업을 이용하였다. 그는 성격과 인지, 감정, 행동, 환경 간의 상호관계를 탐구함으로써 인간성격에 대한 이해에 큰 공헌을 했다. Eysenck는 당시 영국에서 보편적이던 정신분석적 치료에 대한 대안으로 행동요법을 옹호했다.

응용행동분석은 많은 행동이론들로부터 비롯된 움직임으로 다양한 기법들—예를 들어 변별

자극, 조건자극, 강화자극의 조작, 정적/부적-강화/처벌, 기능분석, 수반성 관리, 다른 행동원칙 등—을 치료와 교육의 일부로 활용하였다. 한편 남아프리카에서는 Joseph Wolpe가 불안장애를 치료하고 있던 심리치료사들을 위해 행동적 임상기법 개론을 확대하였다(Wolpe & Lazarus, 1966). Wolpe는 상호억제(reciprocal inhibition)라 불리는 방법을 개발했는데 기존의 자극과 공존할 수 없는 진정시키는 자극을 도입하여 불안을 줄이는 데 효과적인 것으로 입증되었다. 체계적 둔감화(systematic desensitization)는 Wolpe와 Lazarus가 완성한 것으로 두려움과 공포증을 다루는 또 다른 중요한 임상적 도구가 되었다.

인지치료의 역사

20세기를 거치며 심리치료 분야가 진보하면서 Alfred Adler(1931)는 Freud의 추종자들 가운데 처음으로 전통적인 정신분석의 구속으로부터 벗어난 사람이었다. 그의 이론은 열등감과 우월감에 대한 생각의 강조, 인류에 대한 낙관적인 관점 등으로 일반 대중들이 접근하기 용이한 것이었다. 그리고 그것은 Adler의 명예를 기리기 위해 이름 붙여져 Adler 심리치료(Adlerian Psychotherapy)라는 새로운 학파의 형성으로 이어졌다. 이후 Adler 심리치료 기법들은 인지치료의 전신인 합리적 정서행동치료[Rational Emotive Behavior Therapy, REBT; 이전에는 '합리적 치료(Rational Therapy)', 이후 '합리적 정서치료(Rational Emotive Therapy)'로도 불림]를 탄생시킨 Albert Ellis에게 깊은 영향을 미쳤다(Ellis, 1962). 특히 '지금 여기'에 대한 강조와 인지적 도식과 그것이 다른 성격유형들에 어떻게 영향을 미치는지에 대한 기법들이 그러하다.

합리적 정서행동치료는 선행사건과 그 정서적 반응 사이에 끼워진 신념을 내담자가 논박

하도록 유도하는 매우 적극적인 접근이다. Ellis의 치료에서 ABCD 모형은, 선행사건(Activating Event) 혹은 역경(Adversity)을 뜻하는 'A', 신념(Belief) 혹은 A에 의해 형성된 자동적이고 가치평가적인 사고인 'B', 경험에 대한 정서적 또는 행동적 결과(Consequences)인 'C', 마지막으로 신념에 대한 논박(Disputations) 'D'를 확인하는 것으로 구성된다. 논박하기는 기능적인 대안을 발전시킬 뿐 아니라 파괴적 혹은 비합리적 사고를 발견하고 그것에 이의를 제기하는 다양한 기술의 학습을 필요로 한다.

Aaron Beck은 고전적 인지치료가 발달했던 60년대에 인지치료의 주요 지지자 중 하나였다. 정신과 의사이자 **자동적 사고**(automatic thoughts) 개념의 창시자인 Beck은 생각, 행동, 태도, 판단, 신념에 대한 조사를 통하여 부정적 사고와 역기능적 가정에 도전하는 혁신적인 기법을 제시하였다. Beck은 또한 치료사와 내담자 사이에서 치료사뿐만 아니라 내담자로부터도 통찰력을 불러일으키는 치료적 동맹 작업을 위해 **협력적 경험주의**(collaborative empiricism)를 도입하기도 했다. Beck의 문제해결 접근은 단기적이고 목표지향적이며, 부정적인 감정적 결과와 역기능적 행동으로 이어지는 사고패턴에 초점을 맞추고 있다(Beck, 2005).

인지행동치료(CBT)의 출현

시간이 흐름에 따라 인지 및 행동치료가 발전하면서 사고, 감정, 행동 사이의 상호상관관계가 인식되었다. 최근의 용어 중 몇몇은 임상적 **행동분석**(Clinical Behavior Analysis, CBA)을 포함하는데(Kohlenberg, Tsai, & Dougher, 1993), 이는 다른 것들 중에서도 더 행동적인 기반을 둔 변증법적 행동치료, 행동활성화치료, 기능분석 심리치료, 수용전념치료(acceptance and commitment therapy, ACT), 통합적인 행동적 부부치료와 전통적인 행동적 부부치료, 행동소아학, 공동체 강화와 가족훈련을 포함한 다양한 접근들의 통합을 위해 개념적인 골조를 제공한다. 인지적인 측면에서는 상위인지(metacognitive)치료와 마음챙김에 근거한 인지치료가 가장 일반적이고 대중적인 치료방법들이다. 현재 인지행동치료는 심리치료에서 제3의 물결로 알려져 있다. 임상에서 다양한 문제와 병을 효과적으로 치료했다는 광범위한 증거로 인해 인지행동치료는 인정받는 중요한 치료법이 되었다.

현황

2000년대에 이르면서 제3세대의 치료사와 치료법들은 면밀한 조사를 받게 되었다. 현재까지 인지행동치료의 이질적인 형태들은 잘 연구되었고 또 높은 평가를 받아왔다. 500개가 넘는 광범위한 연구결과 목록들은 인지행동중재의 성공적인 적용을 보여준다(Chambliss & Ollendick, 2001). 영국의 국립보건임상연구원(National Institute for Health and Care Excellence, NICE)은 다양한 정신건강 문제에 대한 효과적인 치료로서 인지행동치료를 추천한다(Department of Health, 1999). 연구원의 보고에 따르면 인지행동치료가 권고되는 사람은 우울증, 불안장애, 강박신경증(obsessive-compulsive disorder, OCD), 외상후 스트레스 장애(posttraumatic stress disorder, PTSD) 등을 겪는 사람이며, 또 (1) 항우울제의 필요, (2) 2차 진료 서비스로의 의뢰, (3) 증상의 심각성과 악화, (4) 자살 위험과 같은 것들을 감소시킬 수 있다는 이점을 권고의 이유로 들고 있다(NICE, 2008). 미국 국립정신보건원(2012)은 아동과 청소년의 우울증 및 불안장애, 조울증, 섭식장애, 정신분열증, 외상 관련 장애에 대하여 인지행동치료의 긍정적인 영향을 열거하고 있다.

2008년 Ost는 심리치료의 제3의 물결인 인지
행동치료의 메타연구에서 인지행동치료 중재가
강력한 효과성이 있음을 알아냈다. 이후 Kahl,
Winter와 Schweiger(2012)는 Ost의 연구를 재검
토하고 2007년 이후 행해진 무작위대조군연구까
지 포함하여 지금까지의 연구를 갱신하고 확장
시켰다. 그들은 상당한 양의 연구결과 분석을 통
해 이러한 현대적 접근들이 경험에 기인하여 뒷
받침되고 있다는 것을 확인했다. 저자들은 다음
과 같은 결론을 내렸다.

> 행동적 심리치료의 제3의 물결은 현대 심리치
> 료 발전의 중요한 장이다. 이는 정신질환에 대
> 해 경험적으로 입증된 치료의 범주를 상당히 넓
> 혔다. 제시된 방법들은 새로운 기법들의 다양성
> 을 포괄하고 과거에는 조금의 세부적인 관심밖
> 에 받지 못했던 일반적인 불안장애, 만성적인
> 우울증, 경계선 성격장애와 같은 환자군에 대한
> 가능성을 열었다(p. 527).

인지행동적 음악치료의 역사

Science 저널에서 언급한 대로, 아마도 Jeffrey
(1955)는 아동에 대한 음악의 조건부 사용에 관
하여 처음으로 문서를 출판한 사람일 것이다. 그
는 논문에서 새롭고 잠재적으로 효과적인 형태
의 강화제로서 음악을 강조하면서 사탕이나 장
난감과 비교했을 때 음악은 더 자연스럽고 교
육적으로 만족스러운 부가적 효과를 나타낸다
고 하였다. 1970년대에는 Clifford K. Madsen과
Charles H. Madsen, Jr. 형제가 2개의 중요한 저
서를 공저하였다(1970a, 1970b). 그리고 그들
의 개념 논문과 연구는 임상적 실무와 연구에
있어 음악치료사 세대들에게 영향을 미쳐왔다.
Madsen과 그 동료들이 45년 전에 남긴 소견은
행동주의 음악치료의 발전에 대한 미래를 내다

보는 것이었다.

우리의 기본적인 관심사는 관련된 행동과 도구
들의 통제와 조정에 기반을 둔 실험에 관한 것
이어야 한다. 이 실험 이후에, 성공적인 것으로
입증될 음악치료의 적용이 더 광범위한 양의 행
동기법들에 통합될 수 있을 것이다. 그러고 나
서 더욱 과학적으로 체계화된 정보를 진행시키
는 것이 가능해질 것이다. 그와 같은 실험은 둔
감화, 최면, 특정한 조건화를 위한 음악의 사용,
적절한 행동에 대한 보상으로서의 음악의 사용,
바람직한 행동의 모든 양상을 형성하기 위하여
음악을 조건적으로 사용하는 것을 포함할 수 있
다. 이것들은 예측 가능한 미래에 있다. 우리는
음악이 우리가 이전에 가능하리라 생각했던 것
보다 훨씬 더 많은 것을 할 수 있음을 알게 될 것
이다(Madsen, Cotter, & Madsen, 1968, p. 71).

Standley(1996)는 현존하는 문헌들 중 음악을
강화제로 보는 문헌에 관한 획기적인 분석을 하
였다. 그는 음악을 수반성(contingency)으로—어
쩌면 조작적 조건화 패러다임의 가장 명백한 방
법으로—적용하는 98개의 연구에서 208개의 변
인을 조사했다. 분석결과 조건적인 음악의 사용
은 2.90의 효과크기를 드러냈는데 이것은 음악을
사용했을 때의 효과가 기초선 또는 통제군과 비
교하면 거의 3 표준편차 이상의 차이였음을 의미
한다. Standley는 음악이 학습을 위한 자원으로서
교육적인 혜택뿐만 아니라, 강화에 있어서 굉장
히 효과적인 수단임을 명시했다. 또한 강화된 행
동의 맥락에서 발생한 학술적, 사회적 행동들이
개선되었음을 알아냈다. 음악은 부정적 영향에
대한 징후 없이 강력한 동기요인의 역할을 한다.

Gregory(2002)는 음악치료 문헌에서의 행동연
구 설계의 유행을 밝히기 위해서, *Journal of Music*

*Therapy*에서 1964년부터 1999년 사이에 출판된 607개의 논문에 대한 내용분석을 실시하였다. 내용분석 결과 행동연구접근의 기준을 충족시키는 논문의 수는 이 기간 동안 증가했으며(총 15.8%, 96편), 훨씬 더 다양한 임상대상군들이 지난 20년간의 표본에서 나타났다.

행동주의 음악치료는 임상대상군들의 과잉 속에서 대표적인 음악치료 방법으로 자리 잡고 있으며 이에 따라 많은 행동연구 설계가 사용되고 있다. 최근 정신과에서 근무하는 음악치료사들을 대상으로 한 조사에서 응답자의 83.1%가 행동적 접근을 사용한다고 답하였다(Silverman, 2007). 음악치료사들은 하나의 접근방법을 선택해야 할 경우에 영향을 끼치는 자신의 주된 철학적 성향에 대해 39.3%가 절충적 치료사라고 밝혔고 뒤따라 21.3%가 인지행동적, 16.3%가 행동적, 14.2%가 인본주의적 치료사라고 대답했으며 소수 의견으로는 정신역동적, 인지적, 생체의학적 치료사라고 밝혔다.

Silverman은 정신과에서 인지-행동적 음악치료(Cognitive-Behavioral Music Therapy, CBMT)를 사용하는 것에 대한 옹호자로서 이와 관련된 주제에 대해 엄밀한 조사연구와 빈틈없는 개념논문을 저술해왔다. 그의 임상적인 사례와 연구에 대한 분석은 동료 음악치료사들에게 실질적 도움을 주었을 뿐만 아니라, 인지행동적 치료에 있어서 최고의 실행을 바탕으로 하여 연구주제들을 상세하게 기술했다(Silverman, 2008).

이론적인 신조들

인지행동치료의 목적은 보다 적응적인 학습경험과 행동을 제공하는 한편, 역기능적인 학습과 사고패턴을 무효화하는 것이다. 고전적인 인지행동치료의 요소는 (1) 내담자가 적극적으로 참가하는 강력한 치료동맹, 치료사와 내담자 간의 협력, (2) 계속 발전하는 체계에서 각 내담자의 문제에 대하여 개인적으로 개념화하기, (3) 목표와 문제지향적인 초점, (4) 현재에 대한 집중, (5) 내담자가 스스로의 치료사가 되는 것을 최종적인 목표로 하는 교육적인 철학, (6) 재발 방지, (7) 단기 및 한시적 과정, (8) 구조적 치료세션, (9) 비합리적이고 역기능적 사고와 신념을 발견하고, 평가하며, 이의를 제기하는 내담자, (10) 생각, 기분, 행동을 변화시키는 기법, (11) 소크라테스적 산파술(questioning)이 있다.

치료는 개인의 적응성에 대한 긍정적인 측면을 강조하는 한편, 역기능적 사고와 행동을 확인하고 그것에 반응하는 행동을 구조화된 세션을 통해 진행한다. 세션과 세션 사이에 치료사는 내담자에게 숙제를 내주는데 이는 내담자의 인지적 및 행동적 변화의 촉진을 돕는다. 치료의 내용은 각 개인의 핵심 신념(규칙, 방식, 가정)과 자동적 사고를 야기하는 상황들, 감정적·행동적·생리적 반응과 결과에 그 중심을 둔다.

인지행동치료의 전형적인 세션은 내담자의 기분확인으로 시작해서 내담자가 가지고 있는 문제확인 그리고 치료목표를 설정하는 순서로 이어진다. 각각의 문제에 관련한 ABCD들ㅡ선행사건(A), 신념(B), 결과(C), 잠재적인 논박(D)ㅡ을 확인하기 위하여 내담자와 치료사가 함께 치료작업을 하는 과정에서 안내된 발견[1]과 토론이 뒤따른다. 또한 신념에 대한 자세한 상술을 통해

---

[1] 안내된 발견(guided discovery)은 교육심리학에서 쓰이는 용어로 교사가 패턴(지식)이 발견될 수 있도록 자료 또는 예들을 배열하여, 질문을 통해 패턴(지식)에 대한 탐색을 안내하는 수업 방식을 의미한다. 인지행동치료에서 안내된 발견 역시 유사한 의미로 치료사가 내담자에게 질문을 줌으로써 내담자 스스로가 깨달음과 통찰을 얻게 하는 방법을 의미한다. ㅡ역자 주

내담자가 가지고 있는 사고가 비합리적이고 역기능적이라는 것을 인식하게 한다. 치료과정의 일부로 행동의 활성화와 실험은 숙제를 통해 이루어진다. 내담자는 숙제를 통해 감정으로 가득한 선행사건을 다른 방식으로의 반응으로 시도해보는 기회를 가진다. 내담자는 그들의 일상활동에 대해 자료를 기록하고, 유쾌한 사건에 대한 그들의 반응을 차트로 만들거나 혹은 고통스러운 감정에 직면했을 때 그들 자신의 ABCD를 완성할 것을 요청받는다. 내담자는 마음속으로 심상을 통해 문제적인 상황을 상상해보고, 보다 건설적인 태도로 문제를 해결하거나 또는 더 안정적인 정신상태에서 혐오스러운 상황에 접근하는 스스로를 관찰해본다.

더 고전적인 변증법적 행동치료 모형(Linehan & Koerner, 2012)은 이 과정에 다른 기법들을 더한다. 고통을 더 잘 이겨내기 위해, 처한 상황을 철저히 수용하고 대항하는 진술들―예를 들어, "나는 오직 현재만을 통제할 수 있다" 혹은 "과거는 변할 수 없다. 그러나 나는 나의 반응을 바꿀 수 있다"와 같은 표현―을 스트레스 요인에 대한 역기능적인 반응을 대체하는 새 용어로 도입한다. 마음챙김(mindfulness) 훈련은 과거나 미래에 대한 걱정을 피하고 현재의 순간에 머물 수 있게 하면서 동시에 무엇인가를 바꾸려는 시도 없이, 편협하지 않게 자신의 행동을 관찰할 수 있는 기회를 제공한다. 정서조절(emotion regulation)은 과잉으로 반응하거나 압도되지 않고 감정을 관찰하는 것에 집중한다. 내담자들은 또한 경계를 설정하는 것, 그들 자신을 표현하고 문제에 대한 해결방안을 교섭하는 것을 훈련함으로써 대인관계의 효율성 개선을 학습한다. 또 다른 기법에는 감정에 동반되는 신체언어를 알아차리는 것, 반대되는 행동을 선택하는 것, 그것을 실험해보는 것 등이 포함된다.

여기에서 개요가 서술된 접근들은 인지행동치료의 실무에서 흔히 관찰할 수 있지만, 인지행동치료가 이러한 기법들에 제한되는 것은 결코 아니다. 전략과 체계의 다양성은 인지행동치료의 주요 신조들과 일치하며, 의심의 여지없이 이행(implementation)이라는 제4의 물결로 진화해나갈 것이다.

음악치료 적용

음악치료는 인지행동치료의 자연스러운 동반자이다(Luce, 2001). 본질적으로 긍정적인 우리의 삶에 접근하면서 음악치료는 능력과 재능을 강조한다. 음악치료 참여를 통한 음악적 경험은 내담자의 음악치료 환경 밖에서의 행동을 유추하고 비교할 수 있는 은유(metaphor)로서 음악치료는 내담자에게 새로운 방법으로 행동하고 반응하는 시도를 할 수 있는 안전한 기회를 제공한다. 정적 강화의 형태로서의 다양한 음악의 형식과 음악활동들, 발달에 필요한 새로운 행동을 자극하는 음악, 유쾌한 사건으로서의 음악의 접근 용이성, 기분전환을 일으키는 음악의 영향력은 치료에서 귀중한 자원이다. 음악치료사들은 인지행동치료 기법을 향상시키기 위해 음악을 적용해왔고, 인지행동치료 접근과 일치하는 특정한 음악치료 기법을 개발해왔으며, 철저한 연구를 통해 그 영향을 조사해왔다.

인지행동 음악치료사들은 다른 학파의 음악치료사들이 보통 사용하는 노래 만들기, 가사 바꾸기, 즉흥연주와 같은 음악치료 활동들을 활용한다. 그러나 인지행동 음악치료사들이 제시하는 음악활동의 의도와 활동들이 수행되는 방식은 인지적이고 행동적인 철학의 명확한 가치를 나타낸다. 여기에서 기술된 음악치료의 적용은 임상적이고 과학적인 증거에 의해 뒷받침되면서도 널리 알려진 인지행동적 음악치료 전략의 일부를 설명한 것이다.

정신건강

Stoudenmire(1975)는 불안치료에 음악을 보완적으로 이용해 근육이완훈련을 하는 발상을 처음으로 기록한 사람이다. 점진적 근육이완(progressive muscle relaxation, PMR)은 불안과 공포의 체계적인 둔감화에 중요한 부분임과 동시에 널리 알려진 방법으로, 진정시키는 음악을 동반할 경우 더욱 효과적일 수 있다(Scheufele, 2000). 이때 음악과 심상유도(guided imagery)를 조합하면, 음악은 내담자의 생체리듬의 변화와 스트레스 호르몬의 일종인 부신피질 스테로이드의 방출에까지 영향을 미칠 수 있다(Rider, Floyd, & Kirkpatrick, 1985). 그러나 Robb(2000)은 음악이 스트레스 감소에 미치는 영향을 알아보기 위한 실험에서 유의한 차이를 발견하지 못했다. 실험결과 점진적 근육이완 단독으로, 음악과 점진적 근육이완, 음악감상, 침묵 각각 4개의 조건에서 모두 스트레스 감소에 동등하게 효과적이었다고 한다. 그녀는 개인적인 선호가 치료효과를 결정하는 데 있어서 중요한 요소이며, 직접적인 지시가 음악감상 경험을 향상시키는 데 필요하다고 제언한다. 음악은 뚜렷이 구별되는 이완의 두 가지 상태인 정신의 명료함과 진정을 이끌어내는 데 성공적이다. 그리고 음악의 선택은 내담자의 특정한 요구를 만족시키는 데 적합해야만 한다.

저술과 CD, 음악을 통해 당신의 스트레스와 고통을 다루세요(Manage Your Stress and Pain through Music)에 나와 있듯이 나와 내 동료인 Susan Mandel은 이완반응을 조건화하는 몇 가지 연구를 수행하여 다양한 근거기반의 기법들을 지지하였다(Hanser & Mandel, 2010). 이러한 전략들은 다양한 선곡의 음악을 들으면서 가벼운 운동하기, 얼굴 마사지, 점진적 근육이완, 몸과 마음의 긴장유도 촉진을 위한 심상유도를 포함한다. 우리는 참가자들에게 특별한 의미, 연상, 혹은 기억이 있는 음악을 알아내게 하고 그들이 그것을 가장 필요로 할 때 듣기를 권한다. 우리는 긍정적인 확언을 확고히 하는, 개인적인 '징글(라디오텔레비전의 광고음악처럼 반복적으로 나와 외우기 쉬운 선율로 구성되는 곡)'을 만들 것을 제안한다. 예를 들어, 무력하거나 실패한 느낌이 들 때는 "난 할 수 있어" 또는 "나는 내가 되고 싶은 사람이 될 수 있어"를 조용히 혹은 크게 노래하는 것이다. 우리는 즐거운 음악적 활동에 관련하여 더 많은 시간을 보내면서 새로운 악기를 배우고 음악합주단에 가입하며, 혹은 노래를 작곡하는 것을 통해 자기 자신에 대한 느낌을 변화시킬 수 있도록 역량을 강화한다. 음악이 명상을 유도하는 것처럼 때로는 침묵도 나타난다.

Kerr, Walsh와 Marshall(2001)은 불안을 다루는 인지적 전략으로서 음악을 보조적으로 활용하여 관점을 전환시키는 방법을 사용하였다. 이 연구에 참여한 대상자들은 불안을 유발하는 시나리오를 시각화하고 그것을 둘러싼 생각, 감각, 감정에 주목하도록 요청받는다. 그리고 나서 치료사들은 불안한 기분에 어울리는 Offenbach의 호프만의 이야기(The Tales of Hoffman) 중 '뱃노래(Barcarolle)'의 일부분을, 이어서 다음에는 좀 더 낙관적인 기분이 환기되도록 그리그의 페르귄트(Peer Gynt) 중 '아침(Morning)'을 들려주었다. 연구결과, 음악은 보다 긍정적인 장면을 시각화하여 부정적인 경험을 상쇄시키고 힘을 북돋는 감각적 경험을 하게 하였다. 이 전략에서 "음악은 대상의 레퍼토리에 이미 있는 정서도식을 자극하는 기능을 한다. 정서와 인지를 통합하는 이 도식들은 불안을 유발하는 상황에 대한 (정서적이며 인지적인) 새로운 이해와 경험으로 의식에서 재조직 및 통합된다(Kerr et al. p. 206)."

인지행동적 음악치료는 섭식장애를 지닌 여성에게 효과적으로 사용되어왔다. Hilliard(2001b)는 음악과 점진적 이완, 호흡기법, 움직임, 심상을 함께 사용했을 때 어떻게 스트레스 감소를 촉진시키는지 입증하였다. 식사 중에 노래를 듣는 것(그리고 몇몇 경우에는 노래하는 것)은 식사하고 있는 사람을 둘러싼 환경에 대한 불안감을 감소시키고 식사에 집중할 수 있도록 돕는다. 식사 직후의 음악게임, 노래 따라 부르기, 노래 만들기는 인지작업의 활성화와 함께 식후 섭식장애 증상으로 인해 흔히 일어나는 신체 및 감정적 고통과 양립 불가능한 기능적 활동으로 작용한다. 참여자의 경험을 상기시키는 주제의 노래 가사를 분석하는 것 역시 매우 유용하다. 예를 들어 잭슨 브라운의 'Running on Empty'는 감정을 확인해줄 수 있고, 캐론 휠러의 'Don't Quit'은 희망을 불어넣을 수 있다. 현대의 노래들은 섭식장애의 기저를 이루는 감정에 대해 진실한 공유의 과정을 격려할 수 있는 모든 종류의 정서적인 주제들로 충만하다. 마지막으로, 노래와 랩을 만드는 것은 즐겁게, 때로는 익살스러운 방법으로 치료를 통해 얻어진 통찰력과 미래에 대한 낙관적인 느낌을 표현하게 한다. 특히 이 작품들이 힘을 돋우는 말들과 아름다운 선율로 가득 찬 고무적인 후렴을 포함할 때 더 그러하다. Hilliard(2001a)는 가족과 사별한 아이들에게 아이들 대상으로 개작된 노래와 음악을 사용하여 죽음과 상실, 비통의 주제를 다루는 데 이와 유사한 기법들을 사용하였다.

Dileo Maranto(1996)는 인지-행동적 틀 안에서 즉흥연주의 사용을 지지하는데, 그 이유는 음악적 즉흥연주가 대화요법에서는 쉽게 접근할 수 없거나 반응하지 않을 수 있는 감정들과 인지의 방출을 가능하게 하기 때문이다. 즉흥연주는 개별 또는 2명 또는 전체 그룹에서 실행될 수 있으며, 자유로운 형식으로 주제에 기반을 두어 시행될 수 있는 융통성 있는 방법이다. 이 중 어떠한 양식으로든 즉흥연주는 기존의 핵심 신념을 조사하고 새로운 신념을 재구축하는 것을 위한 안전한 컨테이너를 제공할 수 있다. 그러므로 표준화된 인지행동 모형 안에서 즉흥연주는 개인의 경험을 음악을 통해 탐색하고 분석할 수 있게 한다.

Slotoroff(1994)는 트라우마 생존자들과의 치료작업에서 분노를 다루는 방법으로 드럼 즉흥연주를 설계하였다. 이 방법은 치료사와 내담자 사이의 친밀관계(rapport)가 형성되면 내담자의 개인적인 분노 혹은 자기주장을 알아차리게 하고 이후 치료사는 분노를 불러일으키기 위해 설계된 드럼 즉흥연주 방법을 사용한다. 최종적으로 치료사는 드럼 즉흥연주가 내담자가 자신의 분노를 이해하고 통제할 수 있도록 하기 위해 설계되었다고 설명한다. 활동의 도입부에서 치료사는 내담자에게 언제 치료사가 드럼연주를 시작하고 끝마칠 수 있는지에 대한 통제권을 넘긴다. 또한 치료사는 반드시, 언제나 연주에 대한 허가를 요청해야 한다. 치료과정은 활발한 상호작용과 구조화된 드럼연습을 통해 분석된다. 한 예로 치료사들은 내담자에 의해 시작된 패턴을 매우 방해하는 리듬을 연주하고 내담자에게 질문을 하는데, 예를 들면 그것을 어떻게 느꼈는지, 그러한 느낌이 언제 시작되었는지, 또 내담자를 성가시게 하는 것은 무엇인지 등이다. 드럼연주는 분노의 생성, 진행, 잠재적인 통제에 대해 철저한 인지적 분석을 할 수 있는 맥락을 제공한다. 자기주장하기에 대한 가르침도 드럼연주를 통해 유사하게 이루어질 수 있다.

Silverman(2011)은 단일세션에서 실행되는 보다 차별화된 자기주장훈련 프로그램을 개발했다. 그의 연구에서 밥 말리의 'Get Up, Stand Up'은 자기주장 훈련에 집중한 접근법으로 사용되는데 이와 관련된 활동은 가사 분석하기, 노래하기, 집단 록 오페라(Rock Opera) 만들기이다. 집단 록 오페라의 형식은 집단 전체가 밥 말리의 노래에서 후렴구를 부르도록 배치하고, 집단구성원들은 역할극 상황에서 확신에 찬 자기주장을 표현할 기회를 가진다. 음악적 부분은 그룹토론, 치료사의 지도, 적절한 주장행동을 위한 정적 강화, 집단의 건설적인 피드백, 경험에 대한 언어화 과정(verbal processing)으로 마무리된다.

Maultsby(1977)는 인지행동치료의 모델 중 하나인 합리적 정서행동치료에서 어떻게 음악을 통한 감정의 환기가 경험에 대한 생각들과 상황을 탐색할 수 있게 하는지 기술하였다. 그에 따르면 개인적인 의미를 지닌 가사는 가사에 내재된 사고과정과 음악 사이의 연결을 조건화하기 위해 반복적으로 불릴 수 있다고 한다.[2] 가사는 또한 합리적 정서행동치료의 메시지를 반영하고 그 과정을 강화할 수 있다. 사실 Ellis(1987)는 사람들에게 치료적 과정에 대해 가르치기 위해 몸소 몇몇의 익살스러운 노래를 작곡한 적이 있다. Bryant(1987)는 완벽주의 플루트 연주자를 대상으로 Ellis의 ABCD 모형을 이용해 치료작업을 진행하였다. 청중 앞에서 플루트를 연주하는 것(A)은 내담자로 하여금 "나는 반드시 플루트를 잘 연주해야만 한다" 그리고 "나는 플루트를 계속해서 연주해야 한다"는 역기능적 사고를 갖게 하고(B) 이러한 생각들은 불안과 신경과민으로 이어지며(C) 음악 치료사가 그녀의 반드시(must)와 해야만 한다(should)는 표현에 대한 대안을 제시하도록 하였다(D).

Cheek, Bradley, Parr와 Lam(2003)은 간략한 인지행동적 음악치료 중재를 통해 교사의 소진(burn out)을 주제로 다루었다. 연구자들은 교사들에게 첫 세션에서 소개되었던 소진 양상과 관련되어 있고 의미 있는 음악을 고르도록 요청했다. 그들은 그들의 음악을 집단구성원들과 공유하고 집에서 듣는 음악의 영향에 대해 토론했다. 인지적인 재구성과 이완기법은 토론을 촉진시키기 위해 사용되었다.

의료환경

질병이 있는 사람들은 고통스러운 치료와 증상에 대처해야 하는 것뿐만 아니라 질환을 둘러싼 심리적 고통까지 감당해야만 한다. Ghetti(2013)는 심장 카테터 장착(cardiac catheterization)을 앞두고 있는 환자들을 위한 감정접근 다루기(Emotion

---

2) Maultsby는 그의 논문 「Combining music therapy and rational behavior therapy」에서 음악(보다 엄격히 말하여 리듬, 선율과 같은 음악적 요소들)은 새로운 학습을 위한 강한 긍정적 정서반응을 일으키는 강화제라고 주장한다. 그의 이론을 요약하면 다음과 같다. 우리는 일반적으로 좋아하는 노래를 회상할 때 리듬보다는 가사를 먼저 떠올린다고 생각한다. 그러나 리듬은 가사보다 더 강력한 정서자극으로 작용한다. 좋아하는 노래를 반복하는 것은 강한 긍정적 정서감정을 일으키는 리듬 회상을 자극한다. 그리고 이러한 강한 긍정적 정서적 반응은 다시 가사를 통해 강화된다. Maultsby는 가사와 리듬의 상호영향력을 학습주기로 보고 가사는 실제 삶에서 논리적 감정과 (육체적) 행동을 위한 것이어야 한다고 강조한다. 즉 그는 노래에서 가사를 제외한 음악 자체가 주는 긍정적 정서의 영향력이 가사를 반복하고 기억하게 하는 요소이며 음악을 선호하게 되는 조건이라고 주장한다. 우리가 노래를 반복할수록 조건에 대한 긍정적 반응이 강화되는데 이는 다시 가사에 대한 새로운 학습을 강화시킨다. 우리가 선호하는 노래를 반복함으로써 그 내용이 음악에 대한 긍정적 감정에 조건화되어 학습된다는 것이다. 음악적 요소는 긍정적 조건이고 노래가사는 이 조건하에 새로운 학습을 용이하게 하는 자극제인 것이다. 그러므로 치료에서는 합리적인 노래가사만 사용되어야 내담자의 변화 또는 내담자에게 새로운 학습을 가능케 한다. -역자 주

Approach Coping, EAC)를 음악치료 프로토콜에 통합시켰다. 다른 인지-행동적 기법과 유사하게 이 스트레스 관리전략은 개인이 마음에 담고 있는 감정을 인정하고 표현하며 조사하는 것을 필요로 한다. 37명의 환자를 대상으로 한 무작위대조군연구에서 Ghetti는 감정접근 다루기와 합쳐진 음악치료가 감정접근 다루기와 대화요법을 실시한 통제집단에 비해 긍정적인 정서를 향상시키는 데 더 효과적임을 알아냈다. 이 연구결과는 통계적으로 유의한 수준은 아니었지만, 음악치료 조건하에 있었던 사람들은 수술 절차에 더 짧은 시간이 걸리고 더 적은 불안완화제를 사용했다.

약물의존

가사 분석[3]과 노래 만들기는 약물의존증 환자를 위한 집단 음악치료의 중재로 사용된다. Jones(2005)는 한 중독치료시설에서 집단의 공통된 감정을 이끌어내기 위해 가스 브룩스의 'Victim of the Game'을 사용하였다. 그리고 그는 노래 만들기 중 개사작업에서 존 레논의 'Yesterday'를 사용하여 집단구성원들에게 '어제(yesterday)'에 들어갈 단어를 '오늘'과 '내일'로 바꾸게 하였는데, 이는 그들에게 독창적이고 창의적인 방식으로 현재와 미래를 정의할 기회를 제공했다고 밝히고 있다. 연구결과, 전체의 4분의 3에 해당하는 참여자들에게서 음악치료가 그들의 회복에 있어 중요한 역할을 했음을 증명해주는 중요한 감정적 변화가 나타났다고 한다.

가사 분석과 노래 만들기는 오하이오의 클리블랜드 음악학교 복지시설(Cleveland Music School Settlement)의 약물남용과 정신질환

(Substance Abuse, SA; Mental Illness, MI) 프로그램에서 필수적이다. 이 지역사회 시설은 광범위한 임상적 음악치료 서비스를 위한 연구설계와 행동적 기법 사용에 대하여 확고한 역사를 지니고 있다(Steele, 1977). 특히 인지행동적 음악치료는 이중진단을 받은 사람들에게 효과적인 모형이다(Gallagher & Steele, 2002). 그들의 음악치료 작업에서 집단구성원들은 함께 악기를 연주하고, 음악을 통한 이완, 음악게임, 동영상 만들기에 참여하였다.

Dingle, Gleadhill과 Baker(2008)는 해독과 급성단계 치료시설에서의 인지행동적 음악치료 프로그램에 인지행동적 상담과 치료에서 동시에 언급되고 있는 주제들에 집중한다. 문제해결, 소통의 방식, 감정탐구하기, 하루를 계획하기, 우울, 분노, 불안을 탐구하기, 자기존중을 향상시키기, 자아정체성을 발달시키기 등이 그 주제들이다. 참여자들은 가사 분석, 노래패러디, 노래하기/감상하기에서 그들이 선호하는 좋아하는 음반을 내놓는다. 인기 있는 선곡으로는 존 레논의 'Imagine', 푸 파이터스의 'Best of You', 펄잼의 'Better Man'이 있다. 이 연구의 결과에는 높은 수준의 참여, 참가하려는 동기부여, 즐거움이 포함되어 있다.

Cevasco, Kennedy와 Generally(2005)는 집단 궤변(sophistry) 중재를 늘리기 위해서 음악을 사용한다. 그 이름이 암시하듯이, 이 접근은 그리스 소피스트(궤변론자)들과 Zimpfer(1992)의 적응에 귀를 기울인다. 여기서 내담자들은 행동에 대한 숨겨진 이유[4]들이 포함된 노래가사에 반응

---

3)   이 연구에서 가사 분석은 연구자가 선택한 노래가사의 복사본을 주고 음악을 들려주면서 자신의 과거, 현재, 희망하는 미래와 관련된 가사 내용에 줄을 긋고 그것에 대해 이야기하는 방식으로 진행된다. ─역자 주

4)   여기서 숨겨진 이유(hidden reasons)는 자신의 행동을 정당화하는 인지적 오류를 의미한다. 예를 들어, 특정 진술 또는 노래가사에서 "나는 문제를 직면하기보다는 피해야만 한다"에 담긴 숨겨진 이유가 있는지 찾음으로써 인지적 오류를 발견하는 것이다. ─역자 주

하도록 요구되는 경쟁적인 게임에 참가한다. 한 팀이 이 숨겨진 이유들에 대해서 그 이유를 설명하고 다른 팀은 그들에 대항해서 말한다. 집단 구성원들끼리 보고하기는 그들 행동에 대한 숨겨진 이유를 이해하게 할 뿐 아니라, 이 경험으로 인해 촉발된 감정의 상태를 명확히 하도록 도와준다.

결론

인지행동적 음악치료는 광범위한 임상적 환경에서 단단한 기반을 다지면서 잘 연구되었고, 적용되었다. 이 장에서는 인지행동 음악치료를 지지하는 방대한 문헌들이 발췌되었다. 이는 근거에 기초하여 발전하는 접근법으로서 인지행동 음악치료를 넓은 범위에서 바라보고 다양한 치료적 실천에 소개하기 위함이다.

참고문헌

Adler, A. (1931). *What life could mean to you.* Center City, MN: Hazelden.

Beck, A. T. (2005). The current state of cognitive therapy: A 40-year retrospective. *Archives of General Psychiatry, 62,* 953–959.

Bryant, D. R. (1987). A cognitive approach to therapy through music. *Journal of Music Therapy, 24*(1), 27–34.

Cevasco, A., Kennedy, R., & Generally, N. R. (2005). Comparison of movement-to-music, rhythmic activities, and competitive games on depression, stress, anxiety, and anger of females in substance abuse rehabilitation. *Journal of Music Therapy, 42*(1), 64–80.

Chambliss, D., & Ollendick, T. H. (2001). Empirically supported psychological interventions. *Annual Review of Psychology, 52,* 685–716.

Cheek, J. R., Bradley, L. J., Parr, G., & Lam, W. (2003). Using music therapy techniques to treat teacher burnout. *Journal of Mental Health Counseling, 25*(3), 204–217.

Department of Health, National Health Service Executive. (1999). *National service framework for mental health.* Wetherhy, UK: Author.

Descartes, R. (1910). *Discourse on the method of rightly conducting the reason and seeking of the truth in the sciences.* In C. W. Eliot (Ed.), *The Harvard classics* (Vol. 34, Pt. 1). New York: Collier. (Original work published 1637)

Dileo Maranto, C. (1996). A cognitive model of music in medicine. In R. R. Pratt & R. Spintge (Eds.), *Music medicine* (Vol. 2, pp. 327–332). St. Louis, MO: MMB Music.

Dingle, G. A., Gleadhill, L., & Baker, F. A. (2008). Can music therapy engage patients in group cognitive behaviour therapy for substance abuse treatment? *Drug and Alcohol Review, 27*(2), 190–196.

Ellis, A. (1962). *Reason and emotion in psychotherapy.* Oxford, UK: Lyle Stuart.

Ellis, A. (1987). The use of rational humorous songs in psychotherapy. In W. F. Fry, Jr., & W. A. Salameh (Eds.), *Handbook of humor and psychotherapy* (pp. 265–285). Sarasota, FL: Professional Resource Exchange.

Epictetus. (1877). *The discourses of Epictetus: Encheiridion and fragments* (G. Long, Trans.). London: George Bell.

Eysenck, H. J. (1967). *The biological basis of personality.* Springfield, IL: Charles C Thomas.

Gallagher, L. M., & Steele, A. L. (2002). Music therapy with offenders in a substance abuse/mental illness treatment program. *Music Therapy Perspectives, 20*(2), 117–122.

Ghetti, C. M. (2013). Effect of music therapy with emotional-approach coping on preprocedural anxiety in cardiac catheterization: A randomized controlled trial. *Journal of Music Therapy, 50*(2), 93–122.

Greenwood, J. D. (2009). *A conceptual history of psychology.* New York: McGraw-Hill Higher Education.

Gregory, D. (2002). Four decades of music therapy behavioral research designs: A content analysis of *Journal of Music Therapy* articles. *Journal of Music Therapy, 39*(1), 56–71.

Hanser, S. B., & Mandel, S. E. (2010). *Manage your stress and pain through music.* Boston: Berklee Press.

Hilliard, R. E. (2001a). The effects of music therapy-based bereavement groups on mood and behavior of grieving children: A pilot study. *Journal of Music Therapy, 38*(4), 291–306.

Hilliard, R. E. (2001b). The use of cognitive-behavioral music therapy in the treatment of women with eating disorders. *Music Therapy Perspectives, 19*(2), 109–113.

Hull, C. L. (1943). *Principles of behavior: An introduction to behavior theory.* Oxford, UK: Appleton-Century.

Jeffrey, W. E. (1955). New technique for motivating and reinforcing children. *Science, 121*(3141), 371.

Jones, J. D. (2005). A comparison of songwriting and lyric analysis techniques to evoke emotional change in a single session with people who are chemically dependent. *Journal of Music Therapy, 42*(2), 94–110.

Kahl, K. G., Winter, L., & Schweiger, U. (2012). The third wave of cognitive behavioural therapies. *Current Opinion in Psychiatry, 25*(6), 522–528.

Kerr, T., Walsh, J., & Marshall, A. (2001). Emotional change processes in music-assisted reframing. *Journal of Music Therapy, 38*(3), 193–211.

Kohlenberg, R. J., Tsai, M., & Dougher, M. J. (1993). The dimensions of clinical behavior analysis. *Behavior Analyst, 16*(2), 271–282.

Linehan, M. M., & Koerner, K. (2012). *Doing dialectical behavior therapy.* New York: Guilford Press.

Luce, D. W. (2001). Cognitive therapy and music therapy. *Music Therapy Perspectives, 19*(2), 96–103.

Madsen, C. K., Cotter, V., & Madsen, C. H. (1968). A behavioral approach to music therapy. *Journal of Music Therapy, 5*(3), 69–71.

Madsen, C. H., & Madsen, C. K. (1970a). *Teaching/discipline: Behavioral principles toward a positive approach.* Boston: Allyn & Bacon.

Madsen, C. K., & Madsen, C. H. (1970b). *Experimental research in music: Workbook in design and statistical tests.* Princeton, NJ: Prentice Hall.

Maultsby, M. (1977). Combining music therapy and rational behavior therapy. *Journal of Music Therapy, 14*(1), 89–97.

National Institute for Health and Care Excellence. (2008). *Cognitive behavioural therapy for the management of common mental health problems.* Retrieved from *www.nice.org.uk/media/878/f7/cbtcommissioningguide.pdf.*

National Institute of Mental Health. (2012). *Psychotherapies.* Retrieved from *www.nimh.nih.gov/health/topics/psychotherapies/index.shtml.*

Ost, L. G. (2008). Efficacy of the third wave of behavioral therapies: A systematic review and meta-analysis. *Behavioral Research and Therapy, 46*, 296–321.

Pavlov, I. P. (1927). *Conditioned reflexes.* London: Oxford University Press.

Rider, M. B., Floyd, J. W., & Kirkpatrick, J. (1985). The effect of music, imagery, and relaxation on adrenal corticosteroids and the re-entrainment of circadian rhythms. *Journal of Music Therapy, 22*(2), 46–58.

Robb, S. (2000). Music assisted progressive muscle relaxation, progressive muscle relaxation, music listening, and silence: A comparison of relaxation techniques. *Journal of Music Therapy, 37*(1), 2–21.

Robertson, D. (2010). *The philosophy of cognitive-behavioural therapy (CBT): Stoic philosophy as rational and cognitive psychotherapy.* London: Karnac Books.

Scheufele, P. M. (2000). Effects of progressive relaxation and classical music on measurements of attention, relaxation, and stress responses. *Journal of Behavioral Medicine, 23*, 207–228.

Sechenov, I. M. (1965). *Reflexes of the brain.* Cambridge, MA: MIT Press. (Original work published 1863)

Silverman, M. J. (2007). Evaluating current trends in psychiatric music therapy: A descriptive analysis. *Journal of Music Therapy, 41*(4), 388–414.

Silverman, M. J. (2008). Quantitative comparison of cognitive behavioral therapy and music therapy research: A methodological best-practices analysis to guide future investigation for adult psychiatric patients. *Journal of Music Therapy, 45*(4), 457–506.

Silverman, M. J. (2011). Effects of a single-session assertiveness music therapy role playing protocol for psychiatric inpatients. *Journal of Music Therapy, 48*(3), 370–394.

Skinner, B. F. (1938). *The behavior of organisms: An experimental analysis.* Oxford, UK: Appleton-Century.

Skinner, B. F. (1957). *Verbal behavior.* Cambridge, MA: Prentice Hall.

Slotoroff, C. (1994). Drumming technique for assertiveness and anger management in the short-term psychiatric setting for adult and adolescent survivors of trauma. *Music Therapy Perspectives, 12*(2), 111–116.

Standley, J. M. (1996). A meta-analysis on the effects of music as reinforcement for education/therapy objectives. *Journal of Research in Music Education, 44*(2), 105–133.

Steele, A. L. (1977). The application of behavioral research techniques to community music therapy. *Journal of Music Therapy, 14*(3), 102–115.

Stoudenmire, J. (1975). A comparison of muscle relaxation training and music in the reduction of state and trait anxiety. *Journal of Clinical Psychology, 3*, 490–492.

Thorndike, E. L. (1898). Animal intelligence: An experimental study of the associative processes in animals (*Psychological Review,* Monograph Supplements, No. 8). New York: Macmillan.

Watson, J. B. (1913). Psychology as the behaviorist views it. *Psychological Review, 20*, 158–177.

Wolpe, J., & Lazarus. A. (1966). *Behavior therapy techniques.* Oxford, UK: Pergamon Press.

Zimpfer, D. G. (1992). Group work with adult offenders: An overview. *Journal for Specialists in Group Work, 17*, 54–61.

제 14 장

발달적 접근

Cynthia A. Briggs

곽은미 역

치료사가 내담자와 처음 만났을 때, 치료사가 진단평가와 치료계획의 수립을 위해서 가장 먼저 확인해야 할 문제는 "내담자는 지금 현재 발달단계상 어떤 상태에 있을까?"이다. 음악치료사는 신체와 정신의 일반적인 발달과정이 어떻게 진행되는지에 관한 다양한 모델에 대한 지식이 있어야 하며, 음악적 기술은 언제 어떻게 발전되는지, 연령에 따른 발달단계와 음악기술의 발달 사이의 관계도 함께 이해하고 있어야 한다.

치료 팀의 일원으로서 음악치료사의 내담자에 대한 발달단계 평가능력은 치료 팀의 정보수집에 기여하게 된다. 물리치료사가 내담자의 신체적 기능에 대해서 이야기할 수 있고, 혹은 미술치료사가 내담자의 미술발달에 대해서 이야기할 수 있듯이, 음악치료사는 내담자의 음악적 기능이 발달단계상 어디에 있는지 치료 팀에게 설명할 수 있어야 한다. 음악적 발달단계는 내담자가 어떤 수준에 있는지에 대해 아직 타 영역에서 관찰되지 않은 단서를 제공하기도 한다. 개인이 발달과정에서의 장애를 가지고 있을 경우, 모든 영역의 발달이 균형 있게 이루어지지는 않는다. 정확한 진단평가는 개인의 현재 발달단계를 규명하여 목적을 설정하고, 내담자의 장점을 파악하는 데 도움이 된다.

Barbara Wheeler와 Sylvia Stultz(2008)는 발달장애 아동을 이해하기 위해서 일반 유아의 발달에 관한 이해의 중요성을 설명하였다. 그들은 Stanley Greenspan의 심리사회적 발달모델(Psychosocial development; Greenspan & Weider, 1998)을 바탕으로 정상 발달을 보이는 아동과 발달에 장애가 있는 아동을 대상으로 한 세션 동영상을 분석하였다. 그들은 Greenspan의 모델이 치료사가 신체연령보다는 발달적 기능에 따라 내담자를 이해할 수 있는 기본 틀을 제공하고, 내담자의 발전을 촉진할 수 있는 방향을 안내한다고 설명하였다.

이 장에서는 영유아 발달시기의 발달과제인 자아감(sense of self) 발달, 애착형성, 음악기술 발달에 관한 모델을 살펴볼 것이다. 인간이 어떻게 애착, 조율(attunement), 의사소통을 습득하는지에 관한 현재의 모델은 음악이 가지고 있는 리듬, 음색, 음정, 셈여림, 악구, 관계성의 저변에 있는 생물학적인 요소들과 핵심 요소에 있어서 많은 부분 일치한다. 관계성(relatedness) 안에 음악이 존재하며, 음악 안에는 관계성이 있다. 발달 음악치료 모델도 이 장에서 설명될 것이다. 이 장에서는 아동발달과 음악에 관련된 인간발달 모델과 연구들이 어떻게 음악치료 임상현장에 영향을 미치는지에 대해 집중적으로 논의할 것이다.

인간발달

많은 인간발달 모델들이 전 생애에 걸친 인간발달의 요소를 설명하고 있다. 모델들은 전통적으로 인지적, 심리적, 사회적, 신체적 발달에 초점을 맞추고 대개 연령에 따른 발달과 관련지어 설명한다. 몇몇 현대적 모델은 사회문화 환경도 발달에 영향을 주는 것으로 포함시킨다. 많은 모델들이 개인의 행동과 동작, 정보처리 방식의 변화가 생기는 시기의 전환에 따라 단계의 개념을 도입하였다. 예를 들면 Jean Piaget(Beins, 2012)와 Robert Kegan(1982)의 인지발달 모델과 Erik Erikson(1968)의 정신발달 모델이 여기에 포함된다. 이와 같은 모델들의 탄탄한 이론적 토대가 인간발달에 대하여 생각할 수 있는 체계를 제공하기는 하지만, 관련 연구들이 진행됨에 따라 발달에 대한 우리의 지식 역시 꾸준히 변화해가고 있음을 아는 것도 중요하다.

생물심리학적인 체계는 생물학적, 심리학적, 사회문화적 영역에 걸친 정보를 수집하여 발달을 이해하는 한 가지 방법이다. 각각의 영역에서 수집된 정보는 다른 영역의 정보에도 영향을 미치며, 인간발달의 전체적인 맥락에서의 이해를 가능하게 한다. 발달은 특정 영역에서 발생한 사건에 의해 극적으로 영향을 받을 수 있으며, 이 사건은 개인의 발달과정을 일시적으로 혹은 평생(permanently)에 걸쳐 바꿀 수 있다(Bronfenbrenner, 1989).

Erikson(1968)과 Matilda Riley(1979)가 제시한 것과 같이 전 생애에 걸친 모델은 발달을 인간이 일생에 걸쳐 변화하는 과정으로 본다. 생물심리학적 체계에서 발달을 이해하기 위해서는 성숙과 시간을 발달의 주요한 요소로 생각하면서 발달의 이정표상의 전후 관계에 대해서 이해해야 한다. 사람의 지식, 도덕관념, 관점은 발달의 영향을 받으면서 시간이 지나면서 지속적으로 변화한다. 따라서 같은 행동도 발달의 단계에 따라 다르게 해석될 수 있다.

지난 20년 동안 신경학적 연구방법은 행동을 관찰하는 것밖에 없었던 때에서부터 뇌를 직접 관찰할 수 있는 기술의 발달에 이르기까지 엄청난 발전을 이루었고, 이로 인하여 신경발달에 대한 지식은 엄청나게 변했다. 뇌의 기능을 연구할 수 있는 능력이 발달함에 따라 유아와 아동의 발달, 특히 음악적 발달에 관한 우리의 지식도 빠르게 발전하고 있다. 이로 인해 신경과학에서의 음악의 위치도 중요한 부분으로 옮겨졌다. 신경과학 기술은 인간의 관계와 애착에 관한 신경학 그리고 이러한 능력들이 어떻게 발전되고 변화하는지에 관한 이해를 높여주었다(Schore, 2003; Stern, 2010a). 우리는 발달을 새로운 맥락 안에서도 이해할 수 있도록 항상 적극적으로 노력해야 한다. 우리가 발달을 어떻게 이해할 수 있는지에 대한 새로운 지식이 전해지면, 우리는 기꺼이 새로운 모델을 배우고 수용할 수 있어야 한다.

애착, 조율, 자아감의 발달

임상사례 :
시각장애를 가진 아동의 음악발달 진단평가

로비는 0세부터 3세까지 시각장애를 가진 아동들과 부모 대상의 프로그램에 참여하는 만 2년 6개월 된 활발한 남아이다. 로비는 태아기의 시각기관 부상으로 전맹상태로 태어났다. 아동과 만난 지 몇 분이 안되었을 때, 공식적인 검사 없이도 로비가 매우 영리하며, 정보를 빠르게 처리하고 공간과 소리를 경험하는 데 두려움이 없다는 것을 알 수 있었다. 아이는 그룹 안에 있는 다른 아이들을 즐거워했지만, 정상 발달을 보이는 같은 연령대의 아이들과는 달리 엄마 곁에서 떠나지 않았다. 로비는 작은 드럼을 잡고 가사의 리듬에 맞추어 매우 적극적으로 연주하였다. 어떤 노래든지 몇 번 들은 후에는 따라 부를 수 있었으며, 노래를 반복할수록 점차 정확도를 높이면서 대부분의 가사와 음악적 악구의 윤곽을 노래할 수 있었다. 아이는 곡의 마지막 부분을 인지하고는 열광적인 드럼연주로 마무리할 수도 있었다. 함께 부르는 노래들이 대부분 같은 순서로 진행됨에 따라, 아이는 다음 곡이 무엇인지 곡의 일부를 말하거나, 노래의 첫 가사 부분을 예측하여 불렀다. 아이는 30분의 세션 동안 대부분 잘 집중하였고, 활동으로 주의를 돌리게끔 아이의 어머니가 주의를 주는 일은 거의 발생하지 않았다.

로비는 감각장애를 가지고 있지만 인지발달은 정상이며, 음악발달은 평균 이상이다. 이와 같은 특성은 어떻게 알 수 있으며, 어떻게 활용할 수 있을까? 로비의 담당 음악치료사는 공식적인 인지검사, 의료적 평가를 비롯한 여러 평가도구 등을 이용할 수 있을 것이다. 그러나 음악능력의 정상 발달 그리고 음악발달 이정표와 아동 발달이론과의 관계에 대한 음악치료사의 이해는 내담자의 발달단계를 판단하는 데 매우 중요한 평가방법 중 하나가 된다. 아동이 발달단계상 어떤 수준에서 행동하는지를 아는 것은 아동이 현재 어떻

게 기능하며, 어디에서부터 치료를 시작해야 하는지 알려준다. 발달평가는 아동이 발전시켜야 하는 기능이 어떤 것이며, 따라서 발달적으로 적절한 목적과 목표는 무엇인지 알게 한다.

로비의 치료그룹에 아동과 부모가 함께 하는 것은 우연한 일이 아니다. Margaret Mahler와 동료들(Mahler, Pine, & Bergman, 1975)은 생애 첫 3년을 가리켜 심리적 출생을 예고하는 분리-개별화의 단계(separation-individuation process)로 명명하였다. Mahler는 아동이 3세 이전에 부모와의 강력한 연결과 아동의 개별화 능력을 발전시키는 것이 심리적으로 매우 중요한 과제라고 여겼다. 이와 같은 작업은 부모와는 아직 연결되어 있지만, 자기인식이 증가하면서 자율성을 가지고 세상을 볼 수 있는 능력이 늘어나는 것을 의미한다.

John Bowlby와 Mary Ainsworth는 Mahler와 동시대의 학자들이다. 그들은 유아와 부모와의 애착관계에 대한 애착이론(attachment theory)의 선구자들이다(Bretherton, 1992). 처음부터 애착이론가들은 발성(vocalization)이 유아와 부모 혹은 양육자와의 상호교류적인 소통의 방법 중 하나라고 판단했다. 유아는 울음과 옹알이를 시작으로 발성을 통해 주변의 다른 사람들과 교류하는 방법을 배우게 된다. Mahler와 동료들(1975)은 부모와 아동이 신체적, 감정적으로 연결되기 위해 사용하는 발성의 종류를 구분하였다. Bowlby와 Ainsworth의 연구는 유아가 처음에는 대상에 대한 구별 없이 자신들의 불안, 기쁨, 불쾌함, 정서, 다른 감정에 대한 신호를 무작위로 보내지만 시간이 갈수록 양육자에게 초점을 맞추고 신호를 보내는 것을 보여주었다(Bretherton, 1992).

로비는 음악을 매우 즐겼으나, 엄마 곁에서 머물러 있었으며, 엄마 쪽을 향하면서 엄마가 있는지 계속 확인했다. 아이의 엄마는 아이가 볼 수 없기 때문에 목소

리로 혹은 촉각적으로 로비가 활동에 참여할 수 있도록 도왔다.

Daniel Stern과 그의 동료들의 어머니-유아 간 발성에 관한 연구에 의하면 어머니-유아 간에는 함께 하기(unison)와 교대로 하기의 두 가지 종류의 발성이 있다(Stern, Jaffe, Beebe, & Bennett, 1974). 두 가지 발성은 구조적, 기능적인 측면에서 서로 다르다. Stern, Spieker, MacKain(1982)도 어머니-유아 간 발성의 패턴에 대해 연구했다. 그 결과, 어머니에 의해서 사용되는 음고 윤곽을 벨형(bell), 사인파형(sinusoidal), 오른쪽 벨형(bell-right), 오르기형(rise), 내리기형(fall)의 다섯 가지 종류로 분류하였다. 그들의 연구에서는 전달하고자 하는 내용에 따라 어머니의 발성의 종류는 결정되며 이에 따라 유아는 음고의 윤곽에 반응하는 법을 배운다는 것을 보여주었다. 청각영역의 의사소통 방법에서 가장 먼저, 가장 기본적으로 배우게 되는 것이 아마도 음고의 구조일 것이다. 영유아와 양육자는 음악의 기본 구성요소인 리듬, 악구, 음율, 강도로부터 시작된 잘 다듬어진 비언어적 소통에 의지하고 있다.

Stern(1985)은 그의 저서인 유아의 대인관계 세상(The Interpersonal World of the Infant)에서 애착과 분리가 어떻게 진행되는지에 관한 새로운 관점을 제시하였다. Mahler나 동시대의 다른 학자들과는 달리, 그는 공생관계와 유사한 단계(symbiotic-like phase)는 존재하지 않는다고 보았다. 각각의 단계는 다음 단계로 가기 위한 기초를 제공하고 이 단계들은 전 생애에 걸쳐 존재한다고 제안했다. 첫 번째 단계인 자아발현(emergent self)에서 영유아는 생애 첫 2개월 동안 다른 사람과의 관계형성에 대한 감각을 익히기 시작한다. 2개월에서 6개월까지는 핵심 지아(core self)라고 명명한 단계로 자기에 대해, 그리고 다른 사람과 자기와의 관계에 대해 경험한다. 7개월에서 15개월 사이의 주관적 자아(subjective self) 단계에서는 상호주관적인 관계의 가능성에 대해서 알아가기 시작하며, 다른 사람들의 감정을 느끼고 공유하기 시작한다. Stern이 제시한 마지막 단계인 언어적 자아(verbal self)는 언어가 시작되고 다른 사람들과 정보를 언어적으로 교환하기 시작하는 단계로, 의미를 나누고 자신을 성찰할 수 있는 능력이 발전되는 단계이다. 몇몇 자아와 관련된 개념들은 언어발달과 자기성찰 능력이 형성되기 이전에 존재하며, 전 생애에 걸쳐 발달이 진행된다. 각각의 자아감 단계는 동시에 자기경험이 되는 연속적인 단계 안에서 지속적으로 성장해간다.

임상사례 : 아동이 자신의 행동과 감정을 경험하도록 도움

매기는 로비와 같은 그룹에 있는 2세 여아이다. 아이는 자신의 움직임을 인식하지 못한 채, 음악에 맞추어 몸을 움직였다. 음악치료사가 "어! 매기가 춤을 추네" 하고 이야기했을 때, 아이는 자신이 춤을 추고 있었음을 깨닫고 미소를 지었다. 아이는 계속 관중들을 즐기면서 춤을 추었다.

Antonio Damasio(1999, 2012)는 자아감(sense of self)을 감정에 대한 이해라고 서술하였다. 인간은 자신에 대한 감각 없이는 자신이 경험하고 있는 감정을 만들어내거나 이해할 수 없다. Damasio는 자아감 발달에 관한 신경학을 제시하면서 감정을 어떻게 느끼는지와 느끼고 있는 감각을 어떻게 인식하고 있는가에 대해서 설명하였다. 발달의 후반부로 가면서 인간은 다른 사람의 감정을 인식할 수 있는 능력을 가지게 된다.

자아감은 감정을 이해하고, 다른 사람들이 같은 감정을 느낄 수 있도록 감정을 공유하기 위한 신호들을 보내는 데 필요하다. 자신의 신경학적 기저를 이해하는 것은 서로 다르지만 밀접하게 연관되어 있는 세 가지 다른 생물학적 현상인 감정, 감정에 대한 느낌, 감정을 느끼고 있음에 대한 인식을 도와준다(Damasio, 1999).

인식과 감정은 분리될 수 없다. 뇌의 각기 다른 체계가 다른 감정들과 연관되어 있다. 감정을 이해하는 우리의 능력은 오랜 기간에 걸쳐 발전해왔다. Damasio(1999)는 인간이 원형적 자아, 핵심 자아, 자서전적 자아라는 세 가지 자아를 발전시킨다고 제시했다. 그는 **원형적 자아**(protoself)를 **핵심 인식**(core consciousness)을 발달시키기 이전의 무의식의 상태라고 보았다. 원형적 자아의 뇌는 대뇌피질하 영역에 해당되므로 뇌에 지속적으로 신호를 보내는 신체기능(예 : 호흡, 맥박)과 연관되어 있다. 원형적 자아는 우리 몸의 상태를 유지시켜주고, 보다 높은 의식적 작업을 하는 동안 배경에서 지속적으로 일을 한다. 뇌간 영역에서 시작되는 원형적 자아는 현재의 몸 상태를 반영하는 가장 원시적인 느낌을 전해준다.

핵심 자아는 개인이 외부와의 관계를 형성하는 과정을 거치며 변화한다. 핵심 자아는 핵심 의식을 형성하는 것을 돕는데 핵심 의식을 통해 개인은 순간순간 자신의 존재에 대한 자기감을 경험하게 된다. 핵심 의식을 형성하기 위해서는 우리가 사건과 주변의 감각을 경험하는 동안 우리 자신에 대해서 생각할 수 있는 주관성이 습득되어야 한다. 우리는 유아가 신체감각에 대해서 원시적으로 반응하는 것에서 원형적 자아를 관찰할 수 있다. 그리고 양육자와의 관계성 안에서 핵심 자아를 확인할 수 있다. 유아는 그 순간 혹은 관계 안에서 주관적 감각을 발달시키기 시작한다. 양육자는 정서적 조율과 감각적 경험의 공유를 통해서 유아의 경험을 향상시킬 수 있다.

정서적인 경험은 자서전적 자아(autobiogra-phical self)로 발전된다. 우리가 보고, 듣고, 만지는 것에 대한 느낌은 조직화되고 기억되어 이미지(image)의 일부가 되며 자아감을 안내하는 자서전적 자아로 발전되는 것이다. 자서전적 자아는 과거와 예상되는 미래를 포함하는 조직화된 기억이다. 각각의 인식단계는 전 생애를 통해서 지속된다. 자서전적 자아는 아동이 현재의 기억을 유지할 수 있을 때부터 시작된다. 언어의 발달은 감각과 이미지에 대해 의미를 부여하는 능력을 향상시켜 아동 스스로 경험하는 느낌을 인식하고, 식별하고, 조직화할 수 있게 해주어 자서전적 자아의 발달을 촉진시킨다. 세 가지 자아는 지속적으로 우리에게 영향을 미치고, 다른 자아들에게 정보를 제공하며, 매일의 경험에 복잡한 감정들을 만들어간다.

임상사례 :
어머니와 아동 간의 정서상태 나누기

제이슨은 15개월 된 남아로 바닥에 앉아 장난감을 가지고 놀고 있었다. 그러다가 새로운 장난감을 보더니 즉시 장난감을 향해 기기 시작했다. 아이가 새로운 장난감을 잡았을 때 까르르 소리를 내고, 흥분하여 소리를 지르며 웃었다. 아이의 어머니는 함께 웃어주며 눈썹과 손을 같이 올리면서 기쁜 목소리로 "와우!" 하고 소리를 질렀다.

Stern(1985)은 관계성에 대한 이해가 커지면서 자아감도 성장한다고 제안하였다. 그가 제시하는 자아감 발달에서 중요한 두 가지 구성요소는 음악의 구조와 매우 밀접하게 연관되어 있다. 첫 번째 구성요소는 성급한(rushing), 열성적인(bursting), 밀려오는(surging) 등으로 표현되는 느낌으로 **활력감정**(vitality affects)이다. 이것은 정서와는 다른 개념으로 위와 같은 단어들이 활력 있는 감정들을 대표적으로 표현하고 있다. 활력감정들은 우리의 가장 기초적인 경험인 움직임과

관련되어 있으며, 주관적인 내면(inner)의 상태를 표현한다. 이런 과장된 표현들은 유아의 각성상태를 조절하는 것에 도움을 줄 수 있으며, 발달단계에서 후반으로 갈수록 감정의 역동성을 표현하는 데 사용될 수 있다.

두 번째 구성요소는 Stern(1985)에 의해서 "동일한 감정을 다른 방식으로 표현하는 것"[1]으로 정의된 감정조율(affect attunement)이다(p. 142). 조율은 전이음(vocal glides)이나 마찰음, 점점 커지거나 작게 하는 강도의 변화, 리듬적인 변화나 패턴을 이용하는 목소리의 변화로 표현된다. 감정조율은 다양한 유형의 활력에 표현을 맞추는 것에 기초하여 다른 사람과 연결되고 각자의 감정의 상태를 이해하고 교류하는 상호주관적 관계성이 기본적인 구성요소이다. 감정조율은 인식된 타인의 감정을 표현하기 위한 강도, 시기 선택, 표현의 형태를 포함한다. 활력감정은 조율된 표현이 포함된 감정이다. 제이슨의 어머니는 아이의 장난감에 대한 즐거움을 활기찬 "와우"로 반응하여 조율해주었다.

Stern(2004, 2010a, 2010b)의 보다 최근의 연구에서는 활력감정을 감정교류의 역동성의 표시로서 언급하면서 그 중요성을 더욱 확대시켰다. 음악에서는 악보의 음표가 어떤 음을 연주할지를 알려주는 한편, 크레셴도 · 스타카토 · 레가토 등의 표시가 어떠한 표현 혹은 감정을 나타내는지 알려준다. 활력감정은 다른 사람과의 정서공유에서 필수요소이다. 이것은 언어보다 선행하여 존재하면서 감정을 교류하는 주요 수단이 된다. 역동적인 형식 혹은 활력의 형식은 움직임,

---

힘, 공간, 의도, 시간에 의해서 만들어지고 조직화된다. 몸짓을 표현하기 위해 공간 안에서 움직이고, 움직임이나 몸짓에 힘을 더하고, 이것들을 시간에 따라 조직화하여 감정을 비언어적으로 표현한다. 이러한 종류의 활력표현은 모든 비언어적 의사소통의 기초로 사용된다. 유아로서 우리가 처음 움직임을 시작할 때는 공간 안에서 단순한 움직임만 있지만, 성장해가면서 우리는 무엇을 하는지 강조하기 위해서 어떻게 움직임에 힘과 의도를 더하는지 이해하고 이러한 행동들은 시간 안에서 조직화되어간다. 우리가 활력감정을 사용하는 것에 대한 이해는 느낌을 전달하기 위해 활력감정을 어떻게 이용하는지 깨닫고 다른 사람의 느낌을 공감하는 조율과정으로부터 온다.

> 매기의 어머니는 "집에 가야 하는 시간이야"라고 말했다. 매기는 얼굴을 찡그리며 머리를 흔들면서 "아니야"라고 말하면서 발을 조금 찼다. 어머니는 "그래, 좀 더 있고 싶어 하는 것 알아. 음악은 재미있지"라고 반응해주었다.

Alan Schore(1994)는 정서발달의 신경생물학에 관한 방대한 분량의 연구자료를 출판하였다. 그의 연구는 유아의 감정조절능력의 발달을 위해서는 양육자로부터의 사회정서적 자극이 중요하다는 것에 중점을 두었다. 그는 "모든 행동의 기저를 이루는 대부분의 축색(axon), 수상돌기(dendrites), 시냅스 연결(synaptic connections)의 발달은 유아기 초기와 후반기에 이루어진다(2001, p. 12)"라고 언급하면서 생후 1년까지를 감정조절능력 발달의 결정적 시기로 간주한다. 아동이 이 결정적 시기에 조율기능과 양육자와의 애착을 발달시키지 못하면, 중요한 발달기술들이 습득되지 않을 수 있다.

---

1) 원문은 "the performance of behaviors that express the quality of feeling of a shared affect state without imitating the exact behavioral expression of the inner state"이나 의미전달의 용이성을 위해 의역함. —역자 주

음악발달

광범위한 선행연구들은 유아와 아동이 어떻게 음악과 음악의 요소에 반응하는지에 대한 이해를 돕는다. 유아들은 음악의 컨투어(Trehub, Bull, & Thorpe, 1984), 일치와 불일치(Trainor & Heinmiller, 1998), 음고 변화(Trehub, 1993)에 민감하다. 어머니의 노래는 유아의 각성 상태를 조절할 수 있으며(Shenfield, Trehub, & Nakata, 2003), 자장가는 전 세계에서 발견되는 공통 현상이다. 자장가는 문화의 차이를 넘어 생물학적으로 내재되어 있는 감정적 의미를 전달하는 자연발생적인 원형(prototype)으로서 기능한다(Trehub & Unyk, 1991, p. 79). 유아는 자장가를 들을 때 자기 자신에게 더 집중하고, 놀이동요를 들을 때는 외부의 세상에 보다 집중한다(Rock, Trainor, & Addison, 1999).

De L'Etoile(2006)는 유아기의 음악기술에 관련된 연구에서 유아 노래(infant-directed singing)와 관련된 내용들을 요약하였다. 그 결과, 유아기의 노래는 네 가지 기능이 있다고 결론지었는데 그것은 유아의 주의 끌기와 유지하기, 노래를 통한 정서의 전달, 유아의 감정조율 돕기, 유대감 형성을 위한 어머니-유아 간 정서의 조화이다.

Gooding과 Standley(2011)는 연령에 따른 구체적인 음악적 기술의 발달과 학습특성에 관한 차트를 만들기 위해 대규모의 문헌연구를 진행했다. 차트는 출생 이전에 관한 내용부터 시작하여 20세까지의 상세한 음악적 기술에 관한 정보를 포함하였다. 자료는 아래의 여덟 가지 항목으로 구성되었다.

1. 소리/청각에 대한 반응학습 특성
2. 음악에 대한 반응
3. 음고, 음색, 화성 기술
4. 리듬기술
5. 움직임 능력
6. 노래 부르기 기술
7. 악기연주 기술
8. 다른 음악적 기술 및 관련 요소

차트는 음악적 기술의 발달과 관련된 막대한 분량의 연구자료들에 대한 요약된 내용을 제공하였다.

초기 음악치료의 발달적 모델

Paul Nordoff와 Clive Robbins는 그들의 기념비적인 저서인 창조적 음악치료(1977)에서 발달장애 아동과의 작업을 "형식과 분위기로 함께 만드는 음악공간이자, (아동이) 친밀감을 느낄 수 있도록 만드는 음악 정서환경(p. 93)"이라고 표현하였다. 음악치료사는 아동의 표현, 움직임, 분위기에 맞추어 "마치 아동 그 자신인 것처럼(p. 93)" 아동에게 반응하여 소통한다. Nordoff와 Robbins는 아동이 치료사 및 음악과 연결되는 수준과 참여하는 정도를 파악하기 위하여 두 가지 평가척도를 만들었는데, 척도 1은 음악활동 안에서의 아동-치료사 관계이며, 척도 2는 음악적 교류 능력이다. 척도 1은 의식 없음(total obliviousness)을 1로 시작하여, 그룹작업 안에서의 독립성 성취(establishment of functional independence in group work; p. 182)를 10으로 하는 10점 척도를 사용한다. 척도 2도 유사하게 10점 척도를 사용하는데, 교류적 반응 없음(no communicative responsiveness)을 1로 시작하여, 그룹작업 안에서 음악적 목표에 전념함(commitment to musical objectives in group work)이 10점이다. 막 출생한 신생아는 Nordoff와 Robbins가 치료한 환자들처럼 아주 심하게 거리를 두고 있지는 않지만 매우 제한적 범위에서 관계를 맺고 교류할 수 있다. 그러나 결과적으로 아동은 그들의 발달단계를 거치면서 활동적으로 집중하고, 자율적으로 음악활동에 참여할 수 있게 된다.

Juliette Alvin은 발달적 맥락에서 자폐 아동의 치료를 진행했다(Alvin & Warwick, 1991). Alvin은 아동의 치료를 각 아동이 관계성을 발달시키는 능력을 바탕으로 개념화하였고, 이후 음악적 독립성과 연관 지었다. Alvin의 음악치료에서의 첫 번째 단계 혹은 첫발은 안전한 환경을 제공하는 것이었다. 아동이 음악과 비언어적 관계를 맺고 음악적 환경을 만드는 것을 돕는 것은 아동이 음악치료사와의 관계에 보다 열린 마음을 가질 수 있도록 한다. Alvin은 먼저 소리에 집중하게 하고, 점점 함께 만드는 다른 소리들과 관계를 맺게 했다. 그 첫 단계에서는 아동에게 인지적인 부분은 요구되지 않는다.

두 번째 단계에서는 치료사를 받아들이기 시작하고 자신을 표현하기 위한 목소리의 사용이 특징이다. 이 단계에서 만들어지는 음악은 점점 더 구조를 갖추게 되고 음악을 연주하는 것에 기쁨이 함께 하기 시작한다. 몇몇 아동은 다른 아동에 비교하여 좀 더 진행되기도 하나, Alvin의 목적은 사회적 통합에 있다. Alvin은 각각의 발달단계에서 리듬과 선율의 발달적 요소를 생각하고, 이와 같은 음악적 요소들을 아동의 치료과정을 촉진하기 위하여 어떻게 사용할지 고려했다.

Briggs(1991)는 아동발달의 인지 및 심리적 기본 체계와 아동의 음악능력 발달을 통합하여 모델을 만드는 데 기여했다. Briggs의 아동기 음악발달의 기본 체계는 반사(reflex; 0~9개월), 의도(intention; 9~18개월), 통제(control; 18~36개월), 통합(integration; 36~72개월)의 4단계로 구성된다(Briggs & Bruscia, 1985). 각 단계는 아동

이 성장하면서 변화하는 인지적·심리적·음악적 발달과정을 반영하여 청각·노래 부르기/음조·리듬요소가 포함되었고, 통합의 단계부터는 인지적 음악능력까지 포함되었다. Briggs-Bruscia 모델은 음악치료사가 다양한 내담자 그룹에게 적용할 수 있는 통합적인 발달모형을 제시한다.

Bruscia(1991, 2012)는 각각의 발달단계의 일부로서 음악의 요소에 중점을 두고 인간발달의 모델과 음악발달을 통합하였다. 아동이 태어나기 전인 태아기부터 자아초월(transpersonal) 단계까지 이르는 전 생애에 걸쳐 음악의 요소와 발달의 요소를 통합하였다. 그는 발달단계에서 나타나는 병적인 측면에 대해서도 언급하면서 통합된 발달모델이 어떻게 음악치료사가 발달을 촉진하는 일에 도움이 될 수 있는지, 어떻게 발달장애를 치료할 수 있는지, 어떻게 하면 내담자의 발달적 문제로부터 해결을 촉진할 수 있을지에 대해 논의하였다.

Schwartz(2008)는 Briggs-Bruscia의 모델로부터 발전된 발달모델을 제시하였다. 그녀는 발달장애 아동과의 치료경험을 통해 발달모델을 인식(awareness), 신뢰(trust), 독립(independence), 통제(control), 책임(responsibility)이라는 다섯 가지의 발달단계로 확장하여 구성하였다. 그녀는 음악적 기술이 어느 시기에 발달하는지 식별하기 위해 이론과 연구들을 통합하여 각 단계별로 정리하였다. 그녀는 단계에 따른 적절한 목적과 중재를 결정하는 것의 중요성에 대해서 강조하였다. 인식의 단계에 있는 아동을 대상으로 하는 목적은 "소리가 나는 방향으로 쳐다보기" 혹은 "친숙한 선율에 진정되기"가 될 수 있을 것이다. 또한 음악치료에서 각 단계에 달성해야 하는 발달과제들과 행동이 제시되었다. Schwartz는 아동의 장애가 발달과제 달성에 어떻게 영향을 미치는지, 그리고 이와 같은 경우 어떻게 중재해야

하는지 설명하였다.

Elmer(2011)는 아동의 노래 부르기 기술 발달에 관한 이론을 구성하였는데, 노래 부르기와 관련된 현재의 지식을 7단계로 개념화하였다.

1단계. 사회환경 안에서 내재된 표현 성향의 발전 : 유아와 양육자 간의 교류와 대화를 위한 발성을 이용하는 것이 특징임

2단계. 지연된 모방과 의식(ritual)의 출현, 확장된 발성 : 발성 패턴의 상호작용적인 모방, 만들어진 규칙과 의식의 사용, 발성 패턴과 대화의 시작으로 특징지어짐

3단계. 노래 부르기 혹은 말하는 것과 유사한 발성 만들기 시도 : 구별이 가능한 일정한 선율, 리듬패턴, 움직임을 이용하여 노래 부르기 혹은 말하는 것과 유사한 발성을 만들려고 의도하는 것으로 특징지어짐

4단계. 감각운동기 전략 — 노래의 부분 혹은 전체를 부르기 위한 청각-발성 조화 : 선율의 일부분 혹은 전체를 비교적 정확하게 모방하는 것으로 특징지어짐. 아동은 다른 사람의 노래 부르기에 음고, 음절, 시간적 간격을 조정함. 전통적인 규칙에서 벗어나서 노래 부르는 것이 염려스러운 상황은 아니며, 규칙에 대한 개념과는 관련이 없음. 다양한 소리의 패턴을 만들어내는 모방은 매우 전형적인 특징임

5단계. 노래의 일반화, 아동만의 노래목록, 특유의 노래 부르기 규칙 : 습득된 패턴이 고정되고 이전 단계에서 습득된 감각운동기 전략과의 연합으로 특징지어짐. 아동은 악구의 반복이나 노래의 끝을 으뜸음으로 마치기 등 안정되고 일반화된 패턴을 만들어 자신만의 독특한 그리고 일정한 규칙을 사용함

6단계. 노래 부르기에 대한 전통적인 규칙의 내재적 통합 : 노래목록의 확장, 음악의 전통적 규칙이 자신이 만드는 노래를 포함하여 다양한 맥락에서 사용되는 것을 특징으로 함. 아동은 노래 부르기가 사회적으로 공유하는 활동이라는 것을 이해하게 되고, 자발적인 노래 부르기를 자제하려는 노력이 시작됨. 사회구성원에 의해서 영향을 받은 선호도는 개인 그리고 사회적 정체성에 영향을 미치는 것이 특징임

7단계. 행동, 의미, 상징성, 개념에 대해 반응하기 시작 : 내재되어 있던 구조적 지식이 점차 의식수준의 반응으로 변함. 전통적인 방식과 문화적 규칙을 초월한 사고와 규칙들이 시작됨. 일반적인 감정패턴들을 인식할 수 있고, 노래 부르기는 상호 간 혹은 자신의 감정상태를 표현하기 위해서 사용됨. 문화적 상징들이 많이 이용되기 시작함

Elmer의 모델은 애착과 자율성에 관한 개념을 반영하고 있다. 발달의 후기 단계에서 음악에 관해서 보다 추상적인 사고가 가능해지는 것이 특징이다.

임상사례 : 발달장애를 가진 성인 남성의 음악발달 진단평가

손은 심각한 발달장애를 가진 3명의 다른 성인과 함께 생활하는 28세의 남성이다. 손은 인지기능평가에서 중등도의 인지장애를 나타냈다. 그는 정서적으로 불안정했으며, 매우 민감하게 기분이 전환되어 예측할 수 없었다. 그런 그의 기분에 따라 행동도 빠르게 변했다. 기분이 나쁠 때는 활동에 참여하는 것을 매우 어려워하였다. 그는 합창 음악치료 프로그램에 주

1회씩 3년 동안 참여하였다. 그룹치료의 목적은 긍정적인 사회기술의 향상과 충동조절 능력의 향상에 있었다. 숀은 그룹활동을 즐거워하였으며, 대부분의 활동에 적극적으로 참여하였다. 음악적 측면에서 보면, 그는 음정을 맞추거나 조성을 유지할 수 없었고, 간단한 리듬패턴도 유지할 수 없었다. 익숙한 곡들을 인식할 수는 있으나, 가사를 기억하는 것은 제한적이었다. 그의 목소리 강도는 한 가지로 큰 소리만 낼 수 있었다. 그의 움직임을 통해 흥분되어 있음을 알 수 있을 때에도 얼굴은 대개 무표정한 상태였다.

숀의 예는 발달장애가 어떻게 인지적, 음악적, 행동적 측면에 영향을 줄 수 있는지 보여주고 있다. 숀은 자기보다 어린 수준의 능력을 가지고 있다. 조성 유지 능력·음정 맞추기 능력·리듬 능력 등을 습득하지 못했으며, 사회적 기술은 그의 신체적 나이에 비해 훨씬 어리다. 음악치료사는 숀의 발달단계를 평가하여 어떤 능력 수준과 단계에 맞춰 음악치료의 목적을 설정할지 결정할 수 있다.

임상을 위한 발달모델의 통합

Pearce와 Rohrmeier(2012)는 음악을 개별적이고 구별된 인지적 영역이 아닌 인지과학의 일부로 생각해야 한다고 제시하였다.

인간의 마음을 연구하는 관점에서, 음악을 처리하는 인지과정은 개념적·인지적·감정적 과정을 동시다발적으로 사용한다. 따라서 (인지과학자 그리고 신경과학자로서) 우리들은 음악이 영역과 관련 없이 시간적, 정서적인 정보의 처리과정, 신체움직임과의 관계성에 관한 연구를 하기에 매우 적합한 주제라고 생각한다(p. 470).

임상사례 :
애착과 관계성 성립을 위한 음악치료

안드레는 2세 때 입양된 11세 남아이다. 입양 전 그는 위탁 가정에서 살았다. 그는 입양 가족과 적응하는 과정에서 별다른 문제가 없었으나, 그의 양부모는 처음 그들이 안드레를 집에 데려왔을 때 매우 거리감이 있었고, 대부분의 시간 동안 감정표현이 없었다고 보고하였다. 부모는 시간이 지남에 따라 안드레의 표현능력이나 가족들과 함께 하는 능력이 향상되었다고 보고하였다. 안드레는 4세가 되었을 때, 태어나자마자 입양된 여동생이 생겼다. 안드레는 여동생이 처음 집에 왔을 때 매우 질투를 느꼈으나, 부모는 안드레가 안정될 수 있도록 도와주었고, 가끔씩 여동생이 그보다 더 많은 관심을 받을 때에만 질투를 느끼게 됐다.

현재 안드레는 집 근처에 있는 중학교 1학년에 재학 중이다. 학교에서는 교우 관계에 어려움이 있으며, 그의 담임교사는 안드레가 필요하지 않을 때에도 관심을 받기 위해 다른 친구들과 경쟁을 벌인다고 보았다. 친구들과 비교했을 때, 그의 행동은 약간 미숙했고 친구들은 이런 이유로 그를 놀렸다.

안드레의 입양 과정을 담당했던 사회복지사는 안드레의 사회적 기술과 관계형성 기술의 발달을 위하여 음악치료를 권유했다. 안드레는 기타를 배웠고 잘 알려진 노래를 부르는 것을 좋아했으며, 부모에게 음악치료사가 자신을 좋아하고 치료시간에는 그와 치료사만 함께 하기 때문에 음악치료를 좋아한다고 이야기했다.

안드레에게는 부모와 애착을 형성하는 시기가 늦어졌다. 자신에 대한 감정과 타인의 감정을 이해하는 작업에 필요한 감정조율과 자아감의 발달은 생애 초기의 2년 동안 가족환경이 바뀌면서 방해를 받았다. 이러한 애착형성 지연의 여파는 그가 자신의 감정을 가족이나 친구들에게 전하려 할 때, 다른 친구들의 감정을 이해하려 할 때 나타났으며 이럴 때마다 친구들에 비해 미숙함을 드러냈다.

안드레를 위한 음악치료는 음악의 요소를 사용하여 필요한 사회적 기술들을 발전시킬 수 있도록 기회를 제공하였다. 조성, 리듬, 악구, 악센트와 같이 음악을 만드는 요소이자 감정을 표현할 수 있게 하는 요소는 삶에서의 정서를 표현하는 요소와 같다. 더 나아가 가사와 음악적 표현을 통한 정서는 안드레에게 자신의 느낌을 경험하고 표현할 수 있는 기회와 다른 사람의 감정을 이해하는 기회를 제공하였다. 또한 음악치료는 치료사와의 치료적 관계를 통하여 그가 애착기술을 연습할 수 있는 환경을 제공하였다.

결론

인간발달과 음악발달에 관한 모델의 심도 있는 이해는 음악치료의 다양한 영역을 발전시킬 수 있다. 생물심리사회적(biopsychosocial) 관점에서 내담자를 충분히 이해한다는 것은 다양한 발달 영역에서 내담자를 이해할 수 있고, 발달의 여러 요소들을 볼 수 있게 하며, 내담자의 발달에 영향을 줄 수 있다는 것이다. 발달 진단평가는 치료사로 하여금 내담자가 보이는 행동이 발달의 맥락에서 어느 단계에 존재하는지 판단할 수 있도록 도와준다. 또한 발달이 진행됨에 따라 치료의 목적과 목표를 적절히 설정할 수 있도록 정보를 제공한다.

음악치료사가 다양한 발달적 관점에 대한 이해가 있으면 음악치료와 다른 학문과의 통합에 도움이 된다. 음악적 기술과 음악 처리과정이 발달단계와 어떤 연관을 가지는지 분명하게 설명할 수 있다면 타 영역 전문가들이 음악치료 중재가 특정 치료적 목적과 목표를 달성하기 위해 사용될 수 있음을 알게 할 수 있다. Stern(2008)이 언급했듯이, 발달모델은 한 사람의 심리학(one-person psychology)에서 두 사람 이상의 심리학(two-or-more-person psychology)으로 변화되었다. 이에 따라 우리가 인지와 정서발달 모델을 이해하는 관점에도 완전한 변화가 있어왔다. 초기의 관계를 형성하는 것이 목적이든, 감정을 인식하는 것이 목적이든 음악치료의 음악적·비언어적 특징은 이와 같은 발달능력을 향상시키는 데 가장 적절한 중재가 될 것이다.

결국 우리에게 애착, 조율, 관계성에 관한 과학적 정보가 풍부해질수록 보다 숙련되고 노련한 치료사가 될 수 있는 기량을 연마할 수 있다. 효과적이고 통찰력 있는 치료사가 되기 위해서는 상호연관성과 상호주관성, 감정조율과 활력감정, 공감에 관한 기술이 필요하다.

참고문헌

Alvin, J., & Warwick, A. (1991). *Music therapy for the autistic child* (2nd ed.). Oxford, UK: Oxford University Press.

Beins, B. C. (2012). Jean Piaget. In W. E. Pickren, D. A. Dewsbury, & M. Wertheimer (Eds.), *Portraits of pioneers in developmental psychology* (pp. 89–107). New York: Psychology Press.

Bretherton, I. (1992). The origins of attachment theory: John Bowlby and Mary Ainsworth. *Developmental Psychology, 28*(5), 759–775.

Briggs, C. A. (1991). A model for understanding musical development. *Music Therapy, 10*(1), 1–21.

Briggs, C. A., & Bruscia, K. (1985, November). *Developmental models for understanding musical behavior*. Paper presented at the Joint Conference on the Creative Art Therapies, National Coalition of Arts Therapy Associations, New York.

Bronfenbrenner, U. (1989). Ecological systems theory. In R. Vasta (Ed.), *Annals of child development: Vol. 6. Six theories of child development: Revised formulations and current issues* (pp. 187–250). Greenwich, CT: JAI Press.

Bruscia, K. E. (1991, May 1). *Musical origins: Developmental foundations for music therapy*. Paper presented at the annual conference of the Canadian Music Therapy Association, Regina, Saskatchewan, Canada.

Bruscia, K. E. (2012). Musical origins: Developmental foundations for music therapy. In K. E. Bruscia (Ed.), *Readings in music therapy theory* (Reading No. 8). Gilsum, NH: Barcelona.

Damasio, A. (1999). *The feeling of what happens*. New York: Harcourt.

Damasio, A. (2012). *Self comes to mind*. New York: Vintage Books.

De L'Etoile, S. (2006). Infant-directed singing: A

theory for clinical intervention. *Music Therapy Perspectives, 24*, 22–29.

Elmer, S. (2011). Human singing: Towards a developmental theory. *Psychomusicology: Music, Mind and Brain, 21*(1–2), 13–30.

Erikson, E. H. (1968). *Identity: Youth and crisis*. New York: Norton.

Gooding, L., & Standley, J. (2011). Musical development and learning characteristics of students: A compilation of key points from the research literature organized by age. *Update: Applications of Research in Music Education*. Retrieved from *http://upd.sagepub.com/content/early/2011/09/01/8755123311418481.*

Greenspan, S. I., & Weider, S. (1998). *The child with special needs*. Reading, MA: Addison-Wesley.

Kegan, R. (1982). *The evolving self: Problem and process in human development*. Cambridge, MA: Harvard University Press.

Mahler, M. S., Pine, F., & Bergman, A. (1975). *The psychological birth of the human infant*. New York: Basic Books.

Nordoff, P., & Robbins, C. (1977). *Creative music therapy: Individualized treatment for the handicapped child*. New York: John Day.

Pearce, M., & Rohrmeier, M. (2012). Music cognition and the cognitive sciences. *Topics in Cognitive Science, 4*, 468–484.

Riley, M. W. (1979). Introduction. In M. W. Riley (Ed.), *Aging from birth to death: Interdisciplinary perspectives* (pp. 3–13). Boulder, CO: Westview.

Rock, A. M. L., Trainor, L. J., & Addison, T. L. (1999). Distinctive messages in infant-directed lullabies and play songs. *Developmental Psychology, 35*, 527–534.

Schore, A. N. (1994). *Affect regulation and the origin of the self*. Hillsdale, NJ: Erlbaum.

Schore, A. N. (2001). Effects of a secure attachment relationship on right brain development, affect regulation, and infant mental health. *Infant Mental Health Journal, 22*(1/2), 7–66.

Schore, A. N. (2003). *Affect regulation and the repair of the self*. New York: Norton.

Schwartz, E. (2008). *Music, therapy and early childhood: A developmental approach*. Gilsum, NH:

Barcelona.

Shenfield, T., Trehub, S. E., & Nakata, T. (2003). Maternal singing modulates infant arousal. *Psychology of Music, 31*, 365–375.

Stern, D. N. (1985). *The interpersonal world of the infant*. New York: Basic Books.

Stern, D. N. (2004). *The present moment in psychotherapy and everyday life*. New York: Norton.

Stern, D. N. (2008). The clinical relevance of infancy: A progress report. *Infant Mental Health Journal, 29*(3), 177–188.

Stern, D. N. (2010a). *Forms of vitality*. Oxford, UK: Oxford University Press.

Stern, D. N. (2010b). The issue of vitality. *Nordic Journal of Music Therapy, 19*(2), 88–102.

Stern, D. N., Jaffe, J., Beebe, B., & Bennett, S. L. (1974). Vocalizing in unison and alternation: Two modes of communication within the mother–infant dyad. *Annals of the New York Academy of Science, 263*, 89–100.

Stern, D. N., Spieker, S., & MacKain, K. (1982). Intonation contours as signals in maternal speech to prelinguistic infants. *Developmental Psychology, 18*(5), 727–735.

Trainor, L. J., & Heinmiller, B. M. (1998). The development of evaluative responses to music: Infants prefer to listen to consonance over dissonance. *Infant Behavior and Development, 21*, 77–88.

Trehub, S. E. (1993). The music listening skills of infants and young children. In T. J. Tighe & W. J. Dowling (Eds.), *Psychology and music: The understanding of melody and rhythm* (pp. 161–176). Hillsdale, NJ: Erlbaum.

Trehub, S. E., Bull, D., & Thorpe, L. A. (1984). Infants' perception of timbre: Classification of complex tones by spectral nature. *Journal of Experimental Child Psychology, 49*, 300–313.

Trehub, S. E., & Unyk, A. M. (1991). Music prototypes in developmental perspective. *Psychomusicology, 10*, 73–87.

Wheeler, B., & Stultz, S. (2008). Using typical infant development to inform music therapy with children with disabilities. *Early Childhood Education Journal, 35*, 585–591.

제 15 장

노도프-로빈스 음악치료

Nina Guerrero | David Marcus | Alan Turry

김동민 역

1959년을 시작으로 광범위한 영역에서 확장되어온 노도프-로빈스(Nordoff-Robbins) 음악치료는 음악에 대한 직접적인 참여가 가지는 힘에 근거한 이론적 핵심을 유지해왔다(Robbins, 2011, p. 65). 이때, 음악에 대한 직접적인 참여는 다양한 기능영역에서 '스스로 창조할 수 있는 인간의 고유한 능력'을 촉진한다. 이 방법은 다른 임상실제나 이론을 따르기보다는 다양한 내담자들과의 음악연주 안에서 '응용된 실제적 창조성(applied practical creativity)'의 고유하고도 지속적인 과정을 통하여 발전해왔다(Robbins, 2011, p. 67). 창조적 융통성이라는 정신(soul)에 충실하며, 노도프-로빈스 음악치료사들은 다양한 내담자군과의 작업에 있어 '통합적(interdisciplinary) 의사소통과 협력을 위한 언어를 점진적으로 발전'시켜왔다. 그럼에도 불구하고, Robbins는 "이 작업의 중심인 자기(self)의 음악경험"은 "인간표현과 상호작용의 비음악적 방식에서 유래한 개념으로는 온전하거나 충분히 얻을 수 없다"고 강조한다(p. 68). 이 접근법의 과정과 결과를 이해하려면 그 기반이 "음악연주 자체의 의미(p. 66)"에 있음을 알아야 하며, 치료적 목적들이 추구되는 통로인 음악적 상호작용을 심층적으로 탐색해야 한다. 이 장에서는 이 접근법을 설명하기 위해 그 역사와 2개의 임상사례(Paul Nordoff와 Clive Robbins의 아동 내담자 사례와 최근의 자가의뢰 성인 내담자 사례)를 소개한다.

역사

노도프-로빈스 음악치료의 초기 발전은 Rudolf Steiner(1861~1925)의 철학에서 많은 영향을 받았는데, 그의 인지학적(anthroposophical) 가르침은 인간의식의 역사와 미래에 대한 수많은 주제를 포괄한다(Steiner, 1977, 1998). 의사와 교육자들을 대상으로 한 '치유적 교육'에 관한 강의(Steiner, 1998)에서, Steiner는 그가 "영혼을 위한 특별한 욕구를 가진 아동들"로 묘사했던 장애 아동들의 교육을 위한 다양한 기법들을 제안했다(p. vi). 장애 아동들의 발달적 잠재력 배양에 대한 그의 역설은 주류 문화의 가설 및 태도들과 매우 다른 것이었다.

서로 처음 만나기 수년 전부터 미국인 Paul Nordoff, 영국인 Clive Robbins와 그의 가족들은 인지학적 가치를 가진 공동체 안에서 생활해왔다. 그들이 깊이 공감하던 인지학의 핵심 신조는 장애 아동들과 함께 일하는 것이 보편적인 인간발달에 대한 풍부한 의미를 부여한다는 것이었다. 인지학적 세계관은 그들의 "인간의 숙명(destiny)이 지닌 의미에 대한 존중적 태도"와 "그들이 함께 일했던 각 아동의 내면세계에 대한 심오한 존경"에 영감을 주었다(Robbins, 2011, p. 65). Nordoff는 필라델피아 음악학교(Philadelphia Conservatory of Music)와 줄리어드음악대학원(Juilliard Graduate School) 재학시절부터 바드대학교(Bard College)의 교수 시절에 이르기까지 피아니스트와 작곡가로서 아동들을 대상으로 한 음악의 치료적 사용에 강한 관심을 가지고 있었다. 1958년 바드대학의 연구년 기간 동안, 그는 아동들을 대상으로 상호적이며 창조적으로 음악을 사용하고 있는 다양한 유럽의 기관들을 방문하였는데, 그중 한 곳이 영국 우스터셔 주에 있는 인지학적 기숙시설인 선필드 아동의 집(Sunfield Children's Homes)이었다.

선필드에서의 동반자 관계 설립

Nordoff는 처음으로 선필드를 방문했을 때 그곳에서 1954년부터 교육자로 일하던 Clive Robbins를 잠시 만났다. 당시 교과정은 "음악, 율동운동(eurythmy), 회화, 모형제작, 음악극, 인형극, 공예, 다양한 과외활동들을 포함하고 있었다"(Robbins, 2011, p. 65). 그 이후 유럽에 있는 다른 인지학 관련 시설들을 방문하면서 Nordoff는 다른 방식으로는 다가가기가 어려웠던 아동들에게 음악이 불러일으키는 반응들을 보며 깊은 감동을 받았다. 미국으로 돌아온 그는 이러한 음악적 작업에 대하여 계속 연구하기 위하여 바드대학에 연구년 연장을 요청하였다. 그러나 연장이 거절되자 그는 모든 에너지를 음악치료에 대한 탐험에 헌신하기 위하여 그의 학문적, 그리고 연주경력을 포기하고 교수직에서 사퇴하였다.

그는 선필드에 돌아와서 Clive Robbins와의 동반자 관계를 시작하였다. Robbins는 수년에 걸친 특수교육자로서의 경험과 통찰을, Nordoff는 작곡과 즉흥연주의 전문역량을 그들의 공동작업에 사용하였다. 그들이 각자 수행한 특징적 역할들은 노도프-로빈스 음악치료 팀워크에 있어 전형적인 모형이 되었다. 이러한 모형에서 한 치료사는 세션을 위하여 피아노나 다른 화성악기들을 사용한 음악적 틀을 제공하는데, 이것은 주로 내담자 내면에서의 새로운 발달을 지지하거나 자극하기 위하여 창조된 즉흥음악으로 이루어진다. 다른 치료사는 내담자의 음악활동과 상호작용을 물리적으로 안내함으로써 음악적 관계형성을 용이하게 하는 것을 돕는데, 이 역할의 비중은 내담자의 필요에 따라 증가 또는 감소될 수 있다. 각 세션에서 음악적 틀을 창조하는 치료사가 주치료사이며, 다른 치료사는 협력치료사로 참여한다. 집단세션에서는 두 치료사가 주도권을 공유한다.

선필드의 환경은 아동들에게 양육적이었을 뿐만 아니라, Nordoff와 Robbins의 창조적인 음악치료 접근에서도 수용적이었다. 선필드의 의사, 교사, 조무사 등 모든 직원들은 아이들에 대한 연민뿐 아니라 상상력, 민감성, 즐거운 열정을 가지고 있었다. 각 아동은 독특한 개인으로 존중되었고, 장애로 인한 어려움들은 긍정적 발달의 기회로 간주되었다. Nordoff와 Robbins는 그들의 접근법에 대한 아동들의 수용력이 선필드 공동체에 의해 아동들이 가지게 된 믿음과 신뢰가 반영된 결과라 생각했다.

아동들은 발달지연, 자폐증, 정서장해, 학습장애, 실어증, 시각 및 청각장애, 중증 신체장애, 중복장애 등과 같은 광범위한 증상들을 보였다. Nordoff와 Robbins는 아동들의 필요와 강점들을 다루기 위하여 음악 안에 내재된 구조적이고도 표현적인 힘의 잠재성을 탐색하였다. 선필드에서의 노도프-로빈스 음악치료 첫 개인세션에서 극적인 변화가 아동의 감정표현에서 관찰되었는데, 이러한 감정변화는 중국 오음계로 시작하여 불협화적 성격의 일본 오음계로 변환되는, 즉 2개의 상반적 오음계가 교차적으로 연주되는 즉흥음악에 대한 직접적인 반응으로 간주되었다. 이후의 각 치료과정은 음악요소에 내재된 감정적 기능들에 대한 생산적 확인을 바탕으로 확장되어갔다.

필라델피아 프로젝트

선필드에서 1년간 함께 일한 후, Nordoff와 Robbins는 미국으로 이주하여 펜실베이니아 의과대학 정신과의 아동정신과 낮병동에서 일을 시작하게 되었다. 그들과 함께 일했던 연구책임자의 주도하에 1962년부터 5년간 "정신질환을 가진 7세 이하 아동들을 위한 음악치료 프로젝트"를 지원하는 연구비 100만 달러(2012년 기준 약 768만 달러에 해당)를 국립정신건강기구(National Institute of Mental Health)로부터 수혜받았는데, 이 사업에는 치료·훈련·연구가 포함되었다. 이는 음악치료 연구를 위하여 국립정

신건강기구에서 수여한 첫 번째 연구비였다. 같은 기간 Nordoff와 Robbins는 필라델피아공립학교 지역과 그 근처 교외에 위치한 주거시설인 데브뢰(Devereux)에서 발달장애 아동들을 위한 음악치료 프로그램을 개발하였다. 필라델피아 지역에서의 작업들은 대부분 노도프-로빈스 음악치료 접근법 교육에 활용되는 임상사례의 기반이 되었다(Aigen, 1998; Nordoff & Robbins, 1977/2007).

이 기간 동안 그들은 장애 아동들을 위한 음악치료(Nordoff & Robbins, 1971)와 노래, 연주 및 악기활동을 위한 악보집들(Nordoff & Robbins, 1962~1968, 1983)을 출판하였는데, 이 책들은 현재까지도 음악치료의 소중한 자산이다. 또한 그들은 미국에서 많은 강의와 워크숍을 제공하였으며, 1977년에는 창조적 음악치료(Nordoff & Robbins, 1977/2007)를 출판하였다. 당시 이 책은 음악치료 세션에 대한 상세한 서술과 함께 오디오 임상사례들이 첨부된 선구자적인 업적이었으며, 최근에는 5시간에 달하는 오디오 임상사례가 포함된 개정판(2007)이 출간되었다.

지속된 확장과 확산

1975년에 노도프-로빈스 음악치료센터가 런던에 설립되었으며, 현재까지 지속되고 있는 노도프-로빈스 음악치료에 대한 공식적 훈련이 시작되었다. 같은 해 Clive Robbins는 그의 아내 Carol과 새로운 음악치료 팀을 구성하였다. Robbins 부부는 청각장애인을 위한 뉴욕주정부학교(New York State School for the Deaf)에서 청력장애 아동들을 위한 음악프로그램을 처음으로 시작하였고(Robbins & Robbins, 1980), 텍사스와 호주에서 중복장애 아동들을 위한 음악치료를 제공하였다. 1989년에 그들은 뉴욕대학교(New York University)에 노도프-로빈스 음악치료센터를 설

립하였는데, 이 센터는 그들에게 직업적인 둥지와도 같은 곳이었다. 노도프-로빈스 음악치료센터와 훈련프로그램은 영국과 미국에 이어 독일, 호주, 스코틀랜드와 한국에도 설립되었다. 일본에서는 노도프-로빈스 음악치료에 대한 연구를 목적으로 하는 협회가 설립되었고, 남아프리카에도 노도프-로빈스 음악치료가 도입되었다. 노도프-로빈스 치료사들이 다양한 임상시설에 고용되면서 이 접근법은 의학적 환자, 정신과 내담자, 정서장애 청소년, 자가의뢰 성인 등 다양한 내담자군에 성공적으로 적용되었다.

이론적 핵심

음악아동

노도프-로빈스 음악치료의 중추적인 개념은 음악아동(music child)이다. 음악아동은 아동과 어른을 포함하여 모든 인간이 생래적으로 소유하는 음악적 지각과 반응에 대한 능력으로서, "음과 리듬적 움직임의 구조와 관계를 이해하는 복잡하고도 예민한 민감성"이라는 보편적인 인간본성과 각 개인의 음악적 반응성에 대한 "고유한 개인적 가치"를 모두 반영한다(Nordoff & Robbins, 1977/2007, p. 3). 음악아동은 장애의 정도와 상관없이 개인에게 내재된 성장과 발달을 위한 건강한 핵심 잠재능력을 의미한다. 함께 연주하는 즉흥음악은 내담자와 치료사 모두의 음악아동을 활성화시키며, 내담자와 치료사가 동등한 파트너로서 창조적인 시도 안에서 만나게 한다(Guerrero & Turry, 2012). Nordoff와 Robbins는 음악적 만남이 내담자에게 심도 있게 다가갈 수 있게 하며, 내담자들로 하여금 많은 어려움에도 불구하고 다음 단계로 발달하게 하는 동기를 부여한다는 것을 발견하였다. 자발적인 창조적 참여를 통한 내담자의 발달적 역치(developmental threshold)에서

의 작업은 긍정적이고 만족스러운 발견들에 대한 희망을 바탕으로 "소통적 의미가 증가된 새로운 활동들로 나아가기 위한 내담자들의 준비됨(readiness)"을 배양하는 것이다(Robbins, 2008, p. 1). 이러한 작업은 다양한 내담자군을 대상으로 하는 노도프-로빈스 음악치료의 핵심 원리로 남아 있다.

임상적 음악성 : 치료관계의 기반이 되는 음악적 상호작용

이 치료적 접근법에서 음악은 의사소통 및 상호작용의 필수적 매개체 역할을 한다. 장애 아동들을 위한 음악치료(Nordoff & Robbins, 1971)의 서문에서 작곡가 Benjamin Britten은 "예술적 의사소통에 대한 유효성"에 의문을 표한 주류 현대 미학과는 대조적으로, "순수하고도 단순하게도 의사소통 그 자체에만 집중된 음악적 접근이 존재한다(p. 9)"는 것에 주목했다. Nordoff와 Robbins가 함께 작업했던 많은 아동들은 다음에서 서술하는 바와 같이 의사소통과 상호관계에서 심각한 결손을 가지고 있었다.

너무도 다른 방식으로 살고 있기에 그 삶에 대한 경험과 의미를 파악하기 어려운 아동들이 있다. 이 아동들은… 어떤 일상생활의 맥락에서도 의미를 찾을 수 없고, 정상적인 삶의 형태나 방식 혹은 표현에도 동화될 수 없다. 그들의 심각한 특이성은 소통 가능한 인간감정의 유의미한 경험으로부터 그들을 소외시킨다. 그들의 평소 정서상태는 그들이 살아가도록 운명적으로 부여받은 황량한 풍경의 이미지를 불러일으킨다. 어떤 아동은 격렬한 태풍의 한가운데에 살고 있고 다른 아동은 얼음으로 뒤덮인 버려진 땅에 살고 있으며, 또 다른 아동은 황량하고 쉴 곳 없는 사막을 혼자서 외로이 걷고 있다. 이런 아동

을 위하여 음악은 흔하지 않은, 무언가 다른, 또는 위안을 주는 무엇이 될 수 있다. 음악은 그 아동으로 하여금 자신의 존재가 가진 한계보다 많은 것을 발견할 수 있게 하는 다른 환경이 될 수 있다(Nordoff & Robbins, 1971, p. 55).

Nordoff와 Robbins는 아동들을 주의집중, 적극적 경청, 상호성을 점화하는 음악적 상호작용으로 이끌었다. 아동들은 자신을 표현하고, 좌절을 극복하고자 하는 향상된 능력과 동기를 보였고, 다른 사람들과 관계를 맺고 소속감을 유지하는 것에 대한 관심을 키웠다.

음악을 매 순간 반응적이며 예술적으로 만들어내는 Nordoff의 능력은 오랫동안 아동들과 함께 일해온 Robbins의 풍부한 경험과 합해져 각 아동의 정서상태와 표현적 잠재성에 신속하게 조화되는 능력으로 발휘되었다. 전형적으로, 그들은 창조적 탐색으로 아동들을 초대하기 위한 음악적-정서적 환경을 제공하는 즉흥음악으로 세션을 시작하였다. 아동의 자기표현 능력을 구성하는 다양한 면모들을 즉흥연주에 포함시킴으로써 그들은 아동의 인지와 반응을 유도하는 음악적 초상화(musical portrait)를 창조하고자 하였다(Nordoff & Robbins, 1977/2007). 그 후로도 수십 년간 노도프-로빈스 치료사들은 내담자의 내면세계로 들어가고 내담자들에게 자기에 대한 새로운 경험(new experience of themselves)을 가져다줄 수 있도록 치료사 자신의 음악적 폭과 깊이를 배양하여왔다.

치료적 작곡 및 즉흥연주

치료목적을 위하여 특정 음악형식을 사용하는 다양한 유형의 임상적 작곡과 즉흥연주는 노도프-로빈스 음악치료의 핵심 구성요소이다. 작곡된 악기연주곡들과 노래들, 그리고 악기와 목소리를 사용한 즉흥연주에 있어서 음악적 형식은 내담자의 반응을 유발하기 위해 사용되는 동시에 내담자의 반응으로부터 구성된다. 이는 내담자가 음악에 중요한 역할을 하도록 한다. 이 접근법에서 즉흥연주는 작곡적 즉흥연주(compositional improvisation)로 간주되는데, 이는 이 접근법에서의 즉흥연주가 조성, 선율주제, 박(meter)을 형성하는 악구로 구조화되기 때문이다(Guerrero & Turry, 2012). 소통적 상호작용은 돌아가며 연주하기(turn taking)와 주고받으며 연주하기(call-and-response) 등과 같은 구조적 요소들을 통해 중요히 다뤄진다.

상세한 세션분석

Nordoff와 Robbins는 치료과정에 대한 면밀한 연구를 통해 즉흥음악연주가 가지는 창의적 자발성(creative spontaneity)의 균형을 맞추었다. 이를 위해서 그들은 그다음 세션에 앞서 실행된 세션을 검토하기 위하여 모든 세션을 고음질 오디오로 녹음하였다. Nordoff와 Robbins는 각 세션을 검토하는 과정에서 중요한 순간들을 자세히 고찰하기 위해 자주 음악을 멈추고 치료적 중재에 대한 아동의 반응을 기록하거나 발전시키길 만한 주요 음악들을 기보하였다. 세션의 세부적 사항들에 대한 그들의 진지한 집중은 대상에 대한 과학적 탐구에 사랑과 열정을 가져야 한다는 괴테의 원칙과 부합한다(Ansdell & Pavlicevic, 2010). 괴테의 작품들의 첫 편집자로서 스타이너는 괴테의 자연주의적 탐구(naturalistic inquiry) 철학으로부터 많은 영향을 받았다(Ansdell, 2012). 세션녹음에 대한 면밀한 분석은 다음 세션을 위하여 각 세션의 주요 사건들을 시간순으로 기록하는 인덱스(index) 과정으로 생성되며 노도프-로빈스 음악치료 접근법의 표준 절차(standard procedure)가 되었다. 초기 세션들은 오디오로 녹음되었으나, 기술이 발전함에 따라 곧 비디오로 녹화되기 시작했다.

음악치료 적용

아동들과의 초기 작업

음악적 상호작용을 통한 치료적 관계에 대한 예들은 Nordoff와 Robbins의 초기 사례 녹음 기록을 통해 생생히 들을 수 있다. 이러한 초기 사례들은 다양한 음악요소들, 즉흥기법의 자연발생적 적용, 음악적 상호작용을 유도하고 향상하는 방법을 설명한다. 음악을 통한 만남에서 공유되는 아동들의 즐거움은 특히 자연적으로 발생한 성악적 교환연주(vocal exchange)에서 명백히 나타난다. 많은 사례들 중 이 접근법의 핵심 원리를 가르치기 위해 Nordoff와 Robbins가 선택했던 것은 애드워드의 사례였다.

임상사례

애드워드 사례는 *창조적 음악치료*의 2장(Nordoff & Robbins, 1977/2007, pp. 21~48)에 오디오 발췌본과 함께 자세히 제시되어 있다. 우리가 이 시점에서 *창조적 음악치료*에 포함된 녹음 발췌들과 이에 포함되어 있지 않은 전체 세션 녹음본(세션 9)의 발췌들 중 일부를 바탕으로 애드워드의 사례를 검토하는 이유는 이 사례가 앞서 언급했던 원리들과 연관되기 때문이다.[1]

애드워드는 만 5세 반부터 정신질환을 가진 아동들을 위한 낮병동에 다니기 시작했는데, 이 병동은 Nordoff와 Robbins가 4년째 근무하고 있던 펜실베이니아대학 의료센터의 부설로 운영되고 있었다. 낮병동을 다닌 지 2주 후, 애드워드는 음악치료를 시작했다. 애드워드는 정서장애 및 인지지연(cognitive delay)으로 진단받았으며, 자폐성향을 나타내고 있었다. 그가 관계를 맺을 수 있는 사람은 그의 어머니뿐이었다. 애드워드는 공황반응을 나타낸 적이 있으며, 몸을 앞뒤로 계속 움직이거나 머리를 세차게 위아래로 흔드는 상동행동을 가지고 있었다. 애드워드는 먹여주고, 씻겨주고, 입혀줘야 했으며, 용변을 보는 것도 도움을 받아야 했다. 프로그램 중에 초조함으로 인

한 심리적 장해가 나타나기도 했다. 화가 나면 울고, 소리 지르고, 달리고, 높이 뛰다가 결국엔 바닥에서 굴러다녔다. 이러한 행동들은 끊임없이 지속될 수 있었다.

세션 1

- *발췌 1.*[2] 본 문단(아래의 발췌본 끝까지)에 묘사된 사건들은 애드워드의 첫 세션의 발췌 1에 담겨 있다. Nordoff가 피아노에서 즉흥연주하는 동안, 애드워드로부터 작고, 예민하고, 조성적인 음성(vocalization)이 들린다. Robbins가 애드워드에게 드럼과 피아노를 제시하자, 애드워드는 피아노를 잠깐 연주한다. 그는 Paul의 노랫소리와 부합하는 짧은 음성구(vocal phrase)를 만들며 방 안을 돌아다닌다. 그의 울음소리가 점점 강렬해지고 높아지지만, 음악의 조성과 여전히 연관적이다. 그는 소리를 내며 높이 뛰어다니기 시작한다. Paul은 애드워드의 신체적, 음성적 활동을 음악적으로 동행한다(발췌본의 끝).

세션이 계속되면서 애드워드의 울음소리는 여전히 조성적임과 동시에 점점 더 커졌고, 애드워드는 바닥에 몸을 던지고 구르기 시작했다. 분노발작을 시작하고 있었지만 음악이 그의 본격적인 분노발작을 방해했다. 치료사들은 그들이 애드워드와 정서적으로 함께 하고 있다는 것과 그의 행동 때문에 불쾌하지 않다는 것을 전달하며, 애드워드의 신체활동들을 지지하였다. Paul과 Clive는 애드워드가 흥분한 상태임에도 불구하고, 실제로 눈물을 흘리는 것이 아니라 울음소리만 내고 있다는 것을 알고 있었다.

---

1) 녹음 발췌들은 Barcelona Publishers와 International Trust for Nordoff-Robbins Music Therapy(노도프-로빈스 음악치료 국제 신탁기구)의 허가를 받아 재생산되었다. 모든 녹음에 대한 권리는 International Trust for Nordoff-Robbins Music Therapy가 소유하며 허가를 받아 사용되어야 한다. 허가되지 않은 녹음의 복제나 재생산은 금지한다.

2) 녹음본은 *www.guilford.com/wheeler-materials*에서 찾아볼 수 있다.

- *발췌 2.*[3] 첫 세션의 후반부에서 애드워드는 높낮이 없는 비명(unpitched screaming), 조성적 울음, 더욱 작은 소리의 조성적 음성 등을 통해 스스로를 표현한다. Paul은 오른손으로 드럼과 심벌즈를 연주하는 동시에 왼손으로는 피아노를 연주한다. 애드워드는 리듬에 맞추어 짧게 운다. 애드워드의 반응과 Paul의 연주가 가지는 강약(dynamic)은 명백히 서로 연관되어 있다(발췌본의 끝).

이 시점에서 Cilve는 애드워드를 출입문으로 안내함으로써 세션을 마무리하려 했다. Paul은 애드워드를 다시 데려오도록 요청했다. 세션이 끝날 것으로 예상하고 조용해졌던 애드워드는 다시 높이 뛰며 소리지르기 시작했다. Paul은 이런 애드워드의 행동에 음악적으로 함께 했다. 문을 향해 가다가 되돌아오는 이러한 과정이 두 번 더 반복되었다. 세 번째 돌아오는 과정에서 애드워드가 피아노 곁으로 인도되었다. 치료사들이 애드워드의 손을 양쪽에서 각각 잡고 함께 음집단(cluster)을 연주하였다. 그런 뒤에 Paul은 북채를 애드워드의 손 안에 끼워넣고 핸드오버핸드 기법(hand over hand technique)으로 드럼과 심벌즈를 번갈아 연주함으로써 그를 더욱 격앙시켰다. 마침내 애드워드는 병동으로 돌려보내졌다. 방을 떠날 때, 그는 조용했다.

11분간 지속된 격정적인 첫 번째 세션에서 많은 소통이 있었다. 애드워드는 이 세션에서 매우 민감한 그의 음악성을 알려주었다. 조성, 악구, 리듬에 대한 그의 내재적 반응성은 그가 세션 시작부터 치료사들에게 명백히 인지되었다. 애드워드가 화를 내거나 불만을 표현하는 것조차도 그와 치료사 간의 음악적 연관성이 얼마나 깊은지를 보여주었다. 치료사들은 스스로를 표현하려는 애드워드의 노력에 대한 근본적인 감사함을 어떠한 방식으로든 그에게 전달하고자 하였고, 행동이 얼마나 과격하고 도발적이었든지 간에 그의 어떠한 행동도 치료사들에게 혐오감을 주거나 거리를 두도록 하지 않았음을 확인시켜주고자 하였다. 치료사들은 음악이 그의 표현적 영역과 강도를 모두 담아낼 수 있음과 음악이 상호교류와 소통의 기반을 만들 수 있음을 보여주었다. 세션을 종료할 즈음에 있었던 일들은 치료사들이 확신적으로 세션을 이끌고 있었다는 것과 애드워드가 그 어떠한 것으로도 치료사들을 제압할 수 없음을 확증하였다.

세션 2

4주 후에 진행된 이 세션은 "굿모닝, 애드워드, 좋은 아침"이란 인사노래와 함께 시작되었다. 애드워드는 그 인사노래의 조성으로 노래 부르며 Paul의 음악적 중재에 반응하였다. 애드워드는 다양한 악기를 연주하도록 유도하기 위한 Clive의 노력에 처음에는 저항했지만, 곧 자진해서 연주하기 시작했다. 애드워드가 혼자 피아노를 치기 시작했을 때, 치료사들은 그의 노력을 칭찬했다. 치료사들이 그로부터 연필을 가져가자, 그는 목소리 높여 항의했다. 그의 음성적 특성을 Paul이 노래하는 '인사노래'의 리듬 및 선율과 매우 깊이 연관되어 있었다.

이러한 짧은 음악적 간주 후에, 애드워드는 치료사들에게 차례로 다가가 그의 코를 치료사들의 얼굴에 가까이 가져갔다. 이렇듯 좋은 분위기를 유지하기 위해 두 번째 세션은 시작한 지 5분 만에 마무리되었다. 짧긴 했지만, 이 세션은 음악이 애드워드에게 다가가서 그로 하여금 자신의 불안을 담아낼 수 있도록 해주었음을 확인하였다. 이러한 확인은 의사소통의 발전을 조성할 수 있는 생산적인 음악관계 형성에 대한 가능성을 시사하였다.

세션 3

애드워드의 다음 세션은 두 번째 세션으로부터 일주일 후에 이루어졌다. 이제까지는 '애드워드'가 세션에 앞서 화가 나 있거나 울고 있었으나, 이번 세션에서는 조용히 들어왔다. Paul이 직전 세션에서 연주했던 힘찬 피아노곡을 연주하자, 애드워드는 그 조성으로 노래했다. 이어서 Paul이 좀 더 조용하고 단순하게 연주했다. Paul을 바라보며 방의 다른 끝에 위치해 있던 애드워드는 조성 안에서 울음소리로 노래하였는데, 이는 명백히 치료사를 향한 음악적 응답이었다.

- *발췌 3.*[4] 드라마틱하고 리듬적으로 두드러진 음악 주제가 피아노로부터 들려온다. 애드워드가 반응을 보이는데, 이때 그는 의도적으로 악구가 끝날 때까지 기다려서 악구들 사이에 노래를 부르려는 듯하다. Paul은 음악적으로 모방함과 동시에 애드워드의 표현에 정서적으로 반응하는 방식으로 노래하

---

3) 녹음본은 *www.guilford.comhwheeler-materials*에서 찾아볼 수 있다.

4) 녹음본은 *www.guilford.comhwheeler-materials*에서 찾아볼 수 있다.

고 있다. 애드워드는 묘한 선행음(anticipation)과 침묵을 포함하는 다양한 리듬적 발전을 통해 Paul을 따라간다. 치료사와 아동은 각자 개인적 표현의 강렬함으로 서로를 고무시키면서 함께 매력적인 음악을 연주하고 있다(발췌본의 끝).

이 세션은 7분 동안 지속되었다. 치료사들은 애드워드의 음성적(vocal)/감성적 표현이 조성, 강약, 악구처리에 있어 명백하게 음악적으로 변하고 있음에 주목하였다. 또한 치료사들은 애드워드의 음악성에 지속적으로 감탄하였다. 무엇보다 그가 이전까지 음악에 전혀 흥미를 보이지 않았던 사실을 고려했을 때, 이는 놀라운 일이었다. 애드워드는 그간 단 한 번도 동요나 이제까지 들어보았을 만한 음악들을 노래한 바 없다. 그저, 음악이 "그를 진정시켰다"는 것이 관찰되었을 뿐이었다.

세션 4

네 번째 세션은 애드워드가 Clive의 핸드오버핸드 도움으로 북을 연주할 수 있는 '굿모닝, 애드워드'라는 노래와 함께 시작되었다. 그런 다음, Clive는 애드워드가 자신의 특기인 높이뛰기를 하도록 장려했다. Paul이 '높이 뛰어 애드워드'를 즉흥으로 연주하는 동안 Clive는 애드워드와 함께 높이 뛰었다. 그들은 애드워드의 즐거움에 맞추어 손을 맞잡고 같이 뛰기도 하였고, 때로는 떨어져서 함께 뛰기도 하였다.

그렇게 뛰어다닌 후에 애드워드는 다시 북으로 안내되었고, 그는 잠시 북을 쳤다. 그리고는 '높이 뛰어 애드워드!'가 반복되었고 자연스럽게 '춤을 춰 애드워드'라는 노래로 이어졌다. 이 노래 안에서 Clive는 우아하고 춤과 유사한 애드워드의 몸짓에 주목하고 애드워드가 그와 함께 자유로운 춤을 추도록 이끌었다.

이 세션은 6.5분 후에 마무리되었다. 치료사들은 애드워드가 자발적으로 참여할 만한 활동들을 의도적으로 선택하였고, 이러한 활동들을 음악적 맥락으로 가져왔다. 음악은 애드워드가 가진 성격의 활동적인 본질을 반영하면서 춤과 유사한 그의 움직임에 반응하였다.

세션 4는 여름방학 전 마지막 세션이었다. 여름방학 동안 애드워드는 병동에 적응하고, 다른 아동들과 더 잘 지내며, 덜 소심해지는 모습을 보여주었다. 그러나 그의 분노발작은 여전히 자주 나타났다.

세션 5

애드워드는 치료사들과 다시 만나는 것을 진심으로 기뻐하는 모습이었고, 세션에 의욕적으로 참여했다. 그는 심벌즈를 연주하였고 춤을 추었으며, Paul의 노래에 여전히 조성적인 음성으로 응답하였다.

세션 6

세션에 들어오자마자, 애드워드는 음악연주에 조용히 집중하는 듯 보였다. 애드워드는 몇 개의 악기와 사물들을 두드리기 위해 북채를 사용했다. Paul은 두드리는 소리에 친근한 음악으로 함께 했다. 세션의 중간 즈음에 애드워드는 무릎 꿇고 있던 Clive에게 다가가서 그의 손을 Clive의 목에 두르고는 그의 얼굴을 가까이서 응시하였다. 이러한 상호적 교류에서 새로운 교감이 감지되었다. 몇 분 후, 음악이 보다 활동적이고 자극적으로 변하였고, 높이뛰기에 대한 노래에 맞추어 애드워드와 Clive는 함께 뛰고 춤을 췄다. 이후 애드워드가 다시 높이뛰기를 멈추고는 Clive에게 친근한 태도로 다가왔다.

- *발췌 4.*[5] Paul은 왈츠 버전의 '굿모닝, 애드워드, 좋은 아침'을 연주한다. Clive는 그를 멈추게 하려는 애드워드의 노력에 저항하며 음악에 맞추어 북을 연주한다. 애드워드는 Clive의 북채를 빼앗는다. Paul은 계속해서 피아노를 연주하고 있고, Clive는 한쪽 무릎을 꿇고 앉는 자세로 바꾼다. Paul의 연주가 지속됨에 따라, 애드워드는 Clive에게 다가와서 무릎 위에 앉는다. 그리고는 애드워드가 대화같이 들리는 비언어적 발화로 치료사들에게 무언가를 '말한다.' 동의를 표하는 말과 소리로 Clive가 응답한다(발췌본의 끝).

치료사와 애드워드 간의 대화적 상호작용은 세션이 끝날 때까지 지속되었다. 애드워드는 Clive와 소통하며 또다시 비언어적으로 말했다. Paul은 연주하며 비언어적인 소리로 노래하였다. 세션에 대한 추후 사정(assessment)에서 치료사들은 애드워드가 보다 과

---

5) 녹음본은 *www.guilford.com/wheeler-materials*에서 찾아볼 수 있다.

감하고 가깝게 접근하며 Clive와 더욱 가까이 접촉하려는 것을 알아차렸다.

세션 7

세션이 시작된 직후, 애드워드는 Clive를 긴 의자로 이끌고는 의자로 기어 올라가서 Clive의 가슴에 지탱하여 그의 팔을 타고 올라 거꾸로 매달렸다. 애드워드는 Clive의 왼쪽 어깨너머로 Paul을 바라봤다. 그는 세션 동안 내내 이런 자세로 있었고, Clive가 애드워드를 내려놓을 때마다 다시 그 자세로 돌아왔다. 이런 자세로, 애드워드는 다양한 방식의 음악적 표현을 했으며 그 대부분이 조성적이었다.

- 발췌 5.[6] Clive는 애드워드를 높게 들고는 음악으로 이끌었다. 이런 자세로 애드워드는 다양한 음과 리듬으로 목소리를 내고 있었다. 이러한 소리에는 '아으~'('안녕/Hello'라고 들림)라는 소리가 포함되었다. 치료사들은 피아노를 연주하거나 또는 연주하지 않으며 그와 소통적으로 노래하고자 시도했다(발췌본의 끝).

세션이 진행되면서 산발적인 음성들이 나타났다. Clive는 계속해서 애드워드를 높게 안고 있었고, Paul은 여전히 애드워드와 목소리를 사용하여 직접적인 소통을 시도했다. 치료사들은 세션 6에서부터 시작되었던 친밀한 관계를 향한 애드워드의 노력에 주목하였다. 애드워드가 안기려고 고집을 부리는 것을 그의 조종(manipulation)이라고 생각하기도 하였다. 그가 목소리를 내는 횟수와 방식이 늘어났는데, 그의 발성은 대부분 음악적 반응이었지만 소통적인 경우는 거의 없었다.

세션 8

애드워드는 방에 들어오자마자 Clive에 기어 올라가서 다양한 목소리를 냈다. 또한, 지난번처럼 'hello' 비슷한 소리를 냈다. 7분 후, Clive는 애드워드를 내려놨고, 다시 안아주길 거부했다. Paul이 단조 음악을 보다 천천히 연주하였고, 이에 저항하는 애드워드의 반응은 강렬한 신체반응이었다. 급기야 애드워드는 (조성적으로) 울기 시작했다. 그러나 치료사들이 밖으로 내보내주려고 하자 세션을 끝내고 싶어 하지는 않았다.

세션을 검토하는 과정에서 치료사들은 애드워드의 새로운 음성들에 주목하였다. 그들은 애드워드가 보인 강렬한 물리적인 저항에 의하여 그들의 음악적 지각이 제대로 작동되지 못하였음을 알아차렸다. 그들은 애드워드와의 음성작업을 계속하는 동시에 애드워드가 안기는 것을 허용하기로 결정했다.

세션 9

이번 세션은 16분 동안 지속적으로 반응적인 음성교류(vocal interaction)가 담겨 있다. 따라서 이 세션은 애드워드의 치료에 있어 중대 시점으로 간주되므로 세션 전체를 모두 소개하고자 한다.

- 발췌 6 : 세션 전체.[7] 애드워드는 음악실에 오면서 이미 노래를 부르고 있었다. 그는 도착하자마자 Clive에게 올라탔다. 곧 그는 'hello'를 Paul과 번갈아 가면서 반복하기 시작했고, 지난 발췌에서는 보이지 않았던 상호적 음성을 시작했다. 이런 방식으로 그는 조성에 맞추어 노래를 부르다가 화음의 변화에 따라 노래를 변경하기 시작했다. 그는 음성적 놀이인 '이-이-이'를 시작했다. 이 놀이는 자발적인 리듬적 음성교류(rhythmic vocal interplay)의 기초가 되었으며 계속 반복되고 발전되면서 점점 선율적이 되어갔다(Nordoff & Robbins, 1977/2007, p. 38).

세션이 끝난 후 애드워드가 병동으로 돌아가도록 안내될 때, 3분 정도 'goodbye'를 교차적으로 노래하는 종지(coda)가 나타났다.

치료에 대한 검토 : 세션 1~9

지금까지 있었던 애드워드의 음악치료를 검토하는 과정에서 치료사들은 중요한 발전이 있었던 두 영역을 짚어냈다. 구체적으로 보면, 그중 첫 번째는 음악적 영역이다. 애드워드의 두서없이 혼란스러웠던 기존의 행동에 대한 음악의 정렬 효과(ordering effect)가 바로 그것이다. 아홉 세션이 진행되는 동안 애드워드에 내재되어 있던 음, 리듬, 악구에 대한 감각과 같

---

6) 녹음본은 *www.guilford.com/wheeler-materials*에서 찾아볼 수 있다.

7) 녹음본은 *www.guilford.com/wheeler-materials*에서 찾아볼 수 있다.

은 그의 생래적 음악성은 치료사들이 제공했던 즉흥적 음악경험의 다양한 형식 및 유형과 함께 발전했다. 첫 세션의 조성적 울음소리에서부터 아홉 번째 세션의 상호-반응적이며 소통적이었던 노래에 이르기까지, 애드워드는 축적된 발달과정을 통해 변화해갔다. 음의 높낮이·음계·선율·화성 등으로 구성된 조성, 총체적인 음악적 셈여림, 리듬과 박이 가지는 역동성, 시간예술로서의 음악적 흐름(flow)에 대한 조절과 같은 음악의 정렬적 성질은 애드워드가 치료사들과 직접적으로 관계 맺는 것을 가능하게 했다.

두 번째 발달영역은 개인적 관계의 촉진이다. 치료사들이 애드워드와 관계를 형성했던 방식은 그의 자기인식을 일깨워주었는데, 이러한 자기인식은 그로 하여금 상호-반응적으로 자기를 표현하도록 하였을 뿐만 아니라, 감정·정서·감수성과 같은 발달된 상호교류 내용을 형성하도록 하였다. 두려움과 분노로 시작하여, 점진적 접근과 재확인적인 신체접촉을 통해 유쾌하고 확신적인 음성적 교류로 이어진 이 여정은 수용적이고 지지적이면서도 단호했던 치료사들의 태도 덕분에 가능하였다. 애드워드가 진정 표현하고자 했던 것은 새로이 형성된 인간관계에 대한 순전한 즐거움이었다.

세션 9 이후에 있었던 일들

세션 9에서 있었던 상호적 음성 연주 이후에 치료사들은 애드워드의 자연스런 음악적 반응성이 치료사들에게 응답하리란 희망을 가지고 애드워드에게 다른 가사의 노래를 불러주면서 언어적 작업을 시작하였다. 세션 10에서 코(nose)와 손가락(finger)과 같은 단어들에 대한 모방성의 음성적 반응들이 다소 있었지만, 대부분의 경우 애드워드는 그 자신의 방법으로 만들어낸 음절로 응답하였다. 강렬했던 아홉 번째 세션 이후, 애드워드가 점점 분주해지는 것을 볼 수 있었는데, 이러한 분주함은 세션에서의 순수한 자극에 대한 반응이었을 수 있다. 또한, 심층적이고 밀접한 관계로의 빠른 변화에 대한 반응이었을 수도 있다(Nordoff & Robbins, 1977/2007, pp. 46~47). 그럼에도 불구하고, "근본적인 변화는 병동에서 나타난 구어(spoken language)에 대한 그의 태도에서 일어났다." "그는 일상에서 보다 동등한 분량의 소리와 단어들을 모방했다(p. 46)." 그다음 해에는 동사와 짧은 구를 포함하여 총 120개의 단어를 사용했다(p. 47). 더 나아가, 음악치료가 지속되면서 "학습상황을 받아들이는" 애드워드의 능력도 향상되었다(p. 47).

음악치료가 시작된 지 1년 반이 흘러 그가 7세가 되었을 때, 애드워드의 음악치료 세션은 인턴 치료사들에 의해 이루어졌다. 그는 9세가 되면서 아동 정신과 주간보호소에서 퇴소하고 특수교육 프로그램에 등록하였다.

성인과의 현시대적 작업

Nordoff와 Robbins가 함께 작업했던 소수의 성인들은 모두 중증 발달장애를 가지고 있었다. 이와는 달리, 의학적 문제를 가지고 있거나 전통적인 언어적 심리치료의 대안을 원하는 성인 대상을 위한 노도프-로빈스 기법의 발전은 차세대 노도프-로빈스 음악치료사들에게 맡겨졌다. 이러한 성인 내담자를 대상으로 상당수의 임상실습과 연구가 독일의 비텐-헤르데케(Witten-Herdecke) 대학병원에서 이루어졌다. 노도프-로빈스 음악치료의 선구적인 적용이 이 대학병원에서 심각한 외상성 뇌손상, 혼수상태, 알츠하이머 및 다른 형태의 치매 환자들을 위한 치료계획에 포함되었다(Aldridge, 1996, 1998, 2000, 2005). 이와 유사하게, 영국 런던에 위치한 노도프-로빈스 음악치료센터에서도 다양한 성인 내담자군에게 음악치료를 제공하고 있었으며, 이들 중에는 HIV 환자도 포함되어 있었다(Ansdell, 1995; Lee, 1996). 보다 최근에는, 노도프-로빈스 음악치료가 저명한 대외지원 프로그램(outreach program)에 의해 영국 전역의 의료시설, 정신병동 및 양로원 등과 같은 다양한 환경에서 성공적으로 적용되었다. 뉴욕대학교(NYU)에 위치한 노도프-로빈스 음악치료센터의 치료사들은 소규모로 구성된 뇌졸중 생존자 집단들을 위해 통합적 재활치료를 제공하는 동시에 신체적, 심리적, 사회적 차원의 웰빙을 중점적으로 다루기 위하여 뉴욕대학교 랑곤의학센터(NYU Langone Medical Center) 부설 러스크 재활기관

(Rusk Rehabilitation Institute) 소속 작업치료사들과 협력적으로 일했다.

전통적인 심리치료의 대안으로 노도프-로빈스 음악치료를 택한 자가의뢰 성인 내담자들은 이 기법에 많은 발전을 가져왔는데 이는 그들이 자신의 필요, 생각, 감정, 심상들을 정확하게 표현할 수 있었기 때문이다. 치료관계와 그들에게 영향을 주는 무의식적 역동을 반영할 수 있는 성인 내담자들은 노도프-로빈스 치료사들과 연구자들이 내담자의 입장에서 이 기법을 이해할 수 있도록 도왔다. 이러한 새로운 내담자군은 치료사들로 하여금 정신역동적 이해와 음악적 인식을 보다 높은 수준에서 통합하도록 도왔다. 이러한 통합은 아동들과 작업하며 그들에 대한 주의 깊은 경청과 민감한 음악적 반응에 중점을 두었던 본래의 노도프-로빈스 음악치료와는 다른 것이었다(Turry, 1998, 2009).

재즈음악가와 기타연주자들이 이 기법에 대한 훈련을 거치면서 노도프-로빈스 치료사들에 의해 활용되는 음악유형의 종류가 다양해졌다. 특히, 현시대적(contemporary) 음악유형들은 성인 내담자들의 음악적 선호와 부합하는 즉흥연주나 작곡에 중요한 자원으로 사용된다. 다양한 음악적 장르를 활용함에 있어, 그리고 정신역동적 이론이나 다른 이론적 영향들을 통합함에 있어 내담자와 함께 치료사가 진정으로 음악에 참여하는 것이 무엇보다 중요하다. 다음은 뉴욕대학교 부설 노도프-로빈스 음악치료센터에서 성인 내담자를 대상으로 시행한 현시대의 음악치료 사례이다.

성인 임상사례

마리아는 그녀가 경험한 노도프-로빈스의 음악치료를 출판물, 공연, 그녀의 개인 웹사이트를 통해 공유하였다. 그리고 몇몇 음악치료사들이 그녀의 사례에 대해 논한 바 있다(예: Turry, 2009; Aigen, 2004, 2012; Stige & Aarø, 2012). 아래에 제시된 사례에

는 세션에서 이용된 즉흥연주들에 대한 링크가 포함되어 있으며, 이 링크자료들은 치료사와 마리아의 개인 홈페이지에서도 찾아볼 수 있다.[8] 음악적 상호작용을 위한 협력치료사의 도움이 필요치 않은 다른 내담자들의 경우처럼, 마리아는 주치료사 1명과 치료를 진행했다.

뉴욕에 살고 있는 성공적인 중년의 미혼 여성인 마리아는 4기(말기) 비 호지킨스 림프종 진단을 받았다. 음악치료가 시작되었을 때, 마리아는 자신의 상황에 맞서 고군분투하고 있었고, 자신을 절망감, 마비감, 두려움으로 인한 둔감함 등의 단어들로 설명했다. 그녀는 과거에 심리치료를 받은 적이 있었으나, 그녀의 강력한 직감은 이 시점에서 무언가 다른 여정을 찾아보도록 인도했다. 위기로 인한 그녀의 절실함이 그녀를 노도프-로빈스 음악치료의 창조적 과정을 시작하도록 했다. 첫 세션에서 다양한 악기로 즉흥연주를 하며, 마리아는 자신이 묘사했던 마비된 상태를 풀어내기 시작했다. 2개월 반 전에 진단을 받은 이후로 그녀는 처음으로 마음껏 웃었다. 마리아는 계속되는 세션들을 통해 자신의 목소리 사용에 대해 탐색하였는데, 처음에는 비언어적이었으나 이후에는 단어들을 사용하였고, 이 단어들은 추후 즉흥노래의 가사가 되었다. 그녀는 아래와 같이 회고했다.

> 나는 내가 가진 그 공포를 단어와 소리를 통해 해소했다. Alan은 시끄러운 소리, 비명, 신음 등 어떤 소리든 만들어보도록 나를 장려했다. 나는 내 표현들을 통제하지 않았다. 그냥 쏟아냈다. 단어들은 단순했지만, 할 수 있는 말이 없음에 대한 내 감정들을 선율이 표현했다(Logis, 2004, p. 25; www.alanturry.com 웹사이트 내 "진실을 말하다/Tell the Truth").

마리아는 스스로를 논리정연하게 소통하는 사람이라 여겼다. 그러나 음악치료에서는 자신에 대해 이렇게 말했다. "나는 내 두려움과 비통함을 느꼈어요. 내 입속의 단어들은 나 자신을 놀라게 했어요. 난 단 한 번도, 그 누구에게도 이러한 내 감정을 이 정도로 깊게 표현해본 적이 없어요(Logis, 2002, p. 5)."

마리아와 치료사 간의 상호과정은 자유연상적이었

---

8) 모든 녹음에 대한 권리는 International Trust for Nordoff-Robbins Music Therapy가 소유하며 허가를 받아 사용되어야 한다. 허가되지 않은 녹음의 복제나 재생산은 금지한다.

음에도 불구하고, 심미적 음악형식들을 생산하였다. 마리아는 객관적으로 절망적인 순간들 동안 치료사가 그녀의 정서적 상태에 맞추고자, 그리고 더 많은 표현을 유도하고자 창조해내던 피아노 음악에 스스로 빠져들려 했음을 털어놓았다. 이는 그녀가 자신의 언어적 표현을 지원하는 선율적 영감으로 즉흥연주할 수 있는 계기가 되었다. 슬픔과 절망을 경험하고 있을 때에도 그녀는 여전히 선율을 창조하는 것에 대해 만족감을 느꼈다. 그녀는 선율이 그녀에게 자유감을 주며, 자기표현을 자주 방해하던 내면의 비판을 완화시킨다고 설명했다.

그녀가 탐색하기 시작한 자기비판적 성향은 그녀의 평생에 걸친 이슈들 중 하나다. 또 다른 이슈는 자신을 표현할 수 없는 느낌과 질식할 것 같은 느낌이었다. 지금에 와서야 그녀는 오랫동안 지속되어온 심리학적인 문제를 음악치료 안에서 즉흥적인 가사와 선율을 통해 직접적으로 다룰 수 있었다. 음악은 그녀를 안정시켰고, 그녀가 정서적으로 이해받고 있다고 느낄 수 있도록 했다. 그러나 또한 고통스러운 감정들에 대한 탐색을 견디기 어렵게 하기도 했다(*www. alanturry.com* 웹사이트 내 "오, 나의 아이야/Oh, My Child"). 마리아는 때때로 포기하고 싶었으나, 음악이 그녀로 하여금 계속하도록 도왔다.

마리아는 이런 과정을 "내 깊은 마음속으로의 여정"이라고 반추했는데, 그 여정으로부터 "난 달라져서 돌아왔다"고도 말한 바 있다. 그녀는 오랫동안 자신의 심리적인 갈등에 대해 인지하고 있었으며, 이에 대해 심리치료에서 다루어왔다. 그러나 음악치료에서의 경험은 전혀 다른 것이었는데, 이 경험은 그녀 자신이 정서적으로 몰입하는 것이었으며 음악적 탐색을 통해 정서가 전환됨을 발견하는 것이었다.

> (치료사) 내 슬픔의 깊은 울부짖음을 들을 수 있었어요. 그는 단지 내 언어에 반응하기만 한 것이 아니고, 나의 정서적 인식과 인지를 탐색되지 못한 영역으로 확장했어요. 절망감(*www. alanturry.com* 웹사이트 내 "내 팔을 벌려/ Open Up My Arms" 클립 1), 실없음, 즐거움(*www.alanturry.com* 웹사이트 내 "두렵고 마비되어/Scared and Paralyzed"), 두려움(*www.alanturry.com* 웹사이트 내 "미지의 바다/Uncharted Waters")들은 내 밖으로 뿜어져 나왔어요. 때로는 그가 드센 불협화음 덩어리로 내게 응답하기도 했고, 때로는 경쾌한 선율로 내 눈물과 한숨에 공감해주었죠. 내가 큰 소리로 말을 내뱉는 동안 그는 멋진 재즈 블루스를 연주했고, 때로는 온음계나 무조음악을 통

해 우리가 기묘한 세계로 들어가도록 했어요(Logis, 2002, p. 7).

그녀 스스로 정서적인 과정에 대해 유례없이 깊게 탐구함에 따라 마리아의 발달적 역치(developmental threshold)는 지속적으로 넓어지고 있었다. 아마도 그것은 치료사에 의해 즉흥연주된 음악이 그녀 안에서 온전히 의식화되지 못했던 감정들에 공감하는 특성들을 담고 있었기 때문일 것이다. 마리아가 자신을 표현하기 위해 노력할 때에도 음악경험은 이러한 방식으로 그녀가 자신의 감정을 발견하도록 도왔다. 노래형식에서의 반복된 음악적 주제는 마리아가 자신의 감정상태를 반추할 수 있게 했다.

마리아가 자신의 음악적 아이디어를 시도하고 자신을 신뢰하기 시작하면서, 그녀는 이것이야말로 어머니와의 힘들었던 관계로부터 기인한 그녀의 자기-상실감을 극복하는 도구임을 강렬하게 느꼈다. 마리아는 숨 막히고, 억압되고, 끊임없이 스스로를 비판하는 상태로 남아 있지 않고, 자기표현을 위해 사용할 자신의 고유한 목소리를 마침내 소유하게 되었음을 믿기 시작했다(*www.alanturry.com* 웹사이트 내 "여자여, 왜 울고 있나요?/Woman, Why Are You Weeping?").

자발적인 음악연주가 그녀를 자유롭게 하였고, 이를 통해 그녀는 자신의 창조적 잠재성을 탐색할 수 있었다. 그녀는 이를 가능하게 한 과정에 대해 다음과 같이 시적으로 표현했다.

> 치료사는 피아노를 연주하며 푸른 잔디와 크로커스(crocus) 꽃을 창조해요. 그리고 나는 그 들판을 맨발로 뛰어다니게 되죠. 나는 팔짝팔짝 뛰고, 날아다니고, 걷고, 달리고, 잔디 위를 구르죠. 노랫말과 선율이 나로부터 쏟아져 나와요. 나는 자유롭고 대담하죠. 나는 실수를 할 방법이 없다고 생각하게 되죠(Logis, 2002, p. 8).

노래형식의 즉흥연주(*www.alanturry.com* 웹사이트 내 "나의 인생 전부/All My Life")는 마리아가 창조적 산물에 대한 자부심을 가질 수 있는 기회를 제공하였다. 그녀는 즉흥노래에 대해 배우고 싶어 했고 결국엔 그 노래들을 연주하였다. 처음에는 가까운 가족들과 친구들 앞에서, 그 이후로는 더 넓은 범위의 관객들 앞에서 연주하였다. 이러한 측면에서, 이 작업은 커뮤니티 음악치료(community music therapy)의 관점으로 바라볼 수도 있다(Aigen, 2004, 2012; Ansdell, 2010; Ansdell & DeNora, 2012; Stige & Aarø, 2012). 마리아는 노래를 부를 때, 그리고

그녀를 이해하고 지지해주는 사람들과 함께 그녀의 이야기와 음악을 나눌 때 느끼는 완전함(sense of completion)에 대해 설명하였다. 그녀는 어려움에 직면했을 때 희망을 가질 수 있도록 다른 사람들에게 영감을 주는 것에 대해 대단한 만족감을 얻었다.

마리아는 돌아가신 그녀의 어머니가 지금의 모습, 즉 어릴 적 어머니가 피아노 교습을 받도록 권유했지만 끈질기게 거부했던 마리아가 지금은 음악을 만드는 데 푹 빠져 있는 모습을 보면 무슨 생각을 하실지 궁금해하기 시작했다(www.alanturry.com 웹사이트 내 "내가 감히 상상조차 할 수 있을까?/Do I Dare Imagine?"). 어머니 말을 듣지 않았던 그녀를 용서하실까? 어머니가 그런 그녀의 모습에 행복해하는 모습을 그녀는 상상할 수 있을까? 치료과정 후반에, 그녀는 어머니와 나누었던 긍정적인 경험들에 대해 감사하는 내용의 노래를 즉흥으로 불렀다. 마리아는 장애물들을 만들어냈던 어머니를 용서하노라 노래했으며 "어머니 사랑해요/Mamma, I Love you"라는 노래를 부르던 도중 눈물을 흘렸다(www.marialogis.com/video/watch/3 웹사이트 내 "고마워요, 어머니/Thank You, Mother"). 이런 방법으로 마리아는 어머니가 돌아가신 지 몇 년이 지나서야 그녀와 어머니 사이의 관계를 치유하는 작업을 했으며, 동시에 자신을 더욱 수용하고 사랑하고자 노력했다.

마리아가 자기표현을 위해 음악적 수단을 사용하는 것에 더욱 자신감을 가지게 되면서, 자신을 창조적인 예술가로 인식하기 시작했다. 이는 탄탄한 회사의 중역이라는 예전의 정체성 위에 확장된 새로운 정체성이었다. 마리아는 여전히 내재된 비판적인 목소리와 힘겹게 싸우고 있었지만 그러한 비판적 목소리는 예전에 비해 약해졌다. 그리고 그녀는 전반적 삶에 대한 자신의 참여적 역할에 더욱 만족했다. 마리아는 덜 고립되었다고 느꼈고 자신의 창의적 잠재력을 인식함으로써 더욱 완전해졌다고 느끼게 되었다.

결론

종합해보면, 애드워드와 마리아의 사례―이제 막 관계와 기능적 언어를 시작하게 된 소년과 표현적이고 성취적인 여성의 사례―는 노도프-로빈스 음악치료의 핵심적인 원리들을 설명한다. 두 사례 모두에서 내담자의 강점과 필요가 창조적 파트너십을 통해 다루어지는데, 이러한 파트너십은 내담자와 치료사 모두의 음악적 민감성을 필요로 한다. 치료목표는 "즉흥연주와 미리 작곡된 음악의 구조적이고도 표현적인 요소들의 면밀한 활용"을 통해 달성되었다(Guerrero & Turry, 2012, p. 131). Ansdell(1995)이 주목한 바와 같이, 이 음악치료 기법은 "음악 그 자체가 작용하는 것과 같은 방식으로 작용한다(p. 5)."

전언어적(preverbal), 그리고 언어적 내담자들 모두에게 있어 노도프-로빈스 음악치료는 인간 소통의 기본이 되는 상호적 호혜(reciprocity)와 정서적 표현을 배양하도록 작용한다. 노도프-로빈스 음악치료사들은 넓은 범위의 음악요소, 조성, 이디엄, 유형들을 융통성과 유창성을 가지고 사용하려 노력한다. 다양한 음악적 자원의 적용은 처방적이 아니라 창조적이며, 매 순간 내담자와 치료사의 상호작용으로부터 유래한다. 음성언어와 마찬가지로, 음악의 다양성은 의미에 대한 특정 사회문화와 역사적 전통으로부터 파생되지만, 음악 안의 의미들은 새롭게 만들어진다. 그 이유는 음악 안의 의미들이 고유하면서도 반복 불가능한 시간적 환경에 의해 전달되기 때문이다. 그러므로 음악적 소통에서의 유창성(fluency)은 음악연주에 참여하는 연주자들 간의 관계에서 발생하는 흐름(flow) 안에 존재한다. 다양한 유형과 이디엄에서의 음악구조를 지배하는 구체적인 역동이 존재함에도 불구하고, 미리 결정된 음악적 의미의 목록이 존재하는 건 아니다. 오히려, 자신을 음악에 기여하도록 하고 음악의 힘에 스스로를 개방함으로써 내담자는 치료사와 함께 음악적 의미를 창조해낸다.

참고문헌

Aigen, K. (1998). *Paths of development in Nordoff-Robbins Music Therapy*. Gilsum, NH: Barcelona.

Aigen, K. (2004). Conversations on creating community. In M. Pavlicevic & G. Ansdell (Eds.), *Community music therapy* (pp. 186–213). London: Jessica Kingsley.

Aigen, K. (2012). Community music therapy. In G. E. McPherson & G. F. Welch (Eds.), *The Oxford handbook of music education* (Vol. 2, pp. 138–154). New York: Oxford University Press.

Aldridge, D. (1996). *Music therapy research and practice in medicine: From out of the silence.* London: Jessica Kingsley.

Aldridge, D. (Ed.). (1998). *Music therapy in palliative care: New voices.* London: Jessica Kingsley.

Aldridge, D. (Ed.). (2000). *Music therapy in dementia.* London: Jessica Kingsley.

Aldridge, D. (Ed.). (2005). *Music therapy and neurological rehabilitation: Performing healthy.* London: Jessica Kingsley.

Ansdell, G. (1995). *Music for life: Aspects of creative music therapy with adult clients.* London: Jessica Kingsley.

Ansdell, G. (2010). Where performing helps: Processes and affordances of performance in community music therapy. In B. Stige, G. Ansdell, C. Elefant, & M. Pavlicevic (Eds.), *Where music helps: Community music therapy in action and reflection* (pp. 161–186). Aldershot, UK: Ashgate.

Ansdell, G. (2012). Steps toward an ecology of music therapy: A readers' guide to various theoretical wanderings 1990-2011. In K. E. Bruscia (Ed.), *Readings in music therapy theory* (n. p., Reading No. 7). Gilsum, NH: Barcelona.

Ansdell, G., & DeNora, T. (2012). Musical flourishing: Community music therapy, controversy, and the cultivation of wellbeing. In R. MacDonald, G. Kreutz, & L. Mitchell (Eds.), *Music, health and wellbeing* (pp. 97–112). Oxford, UK: Oxford University Press.

Ansdell, G., & Pavlicevic, M. (2010). Practicing "gentle empiricism": The Nordoff-Robbins research heritage. *Music Therapy Perspectives, 28*(2), 131–138.

Guerrero, N., & Turry, A. (2012). Nordoff–Robbins music therapy: An expressive and dynamic approach for young children on the autism spectrum. In P. Kern & M. Humpal (Eds.), *Early childhood music therapy and autism spectrum disorders: Developing potential in young children and their families* (pp. 130–144). London: Jessica Kingsley.

Lee, C. (1996). *Music at the edge: The music therapy experience of a musician with AIDS.* London: Routledge.

Logis, M. (2002). *Maria's story.* Retrieved from *www.marialogis.com/media/pdf/Marias_Story.pdf.*

Logis, M. (2004). *Singing my way through it.* Unpublished manuscript, New York.

Nordoff, P., & Robbins, C. (1962–1968). *Children's play-songs: Books 1-5.* Bryn Mawr, PA: Theodore Presser.

Nordoff, P., & Robbins, C. (1971). *Therapy in music for handicapped children.* London: Victor Gollancz.

Nordoff, P., & Robbins, C. (1983). *Music therapy in special education* (2nd ed.). St. Louis, MO: MMB Music.

Nordoff, P., & Robbins, C. (2007). *Creative music therapy: A guide to fostering clinical musicianship* (2nd ed.). Gilsum, NH: Barcelona. (Original work published 1977)

Robbins, C. (2008). *Defining the developmental threshold.* Unpublished document, Nordoff-Robbins Center for Music Therapy, New York University, New York.

Robbins, C. (2011). On the connections between the Nordoff-Robbins practice of creative music therapy, Steiner's anthroposophy, Maslow's humanistic psychology, and other psychological and philosophical considerations. In Nordoff-Robbins Center Staff (Eds.), *Clinical improvisation: Expanding musical resources* (pp. 64–68). Unpublished document, Nordoff-Robbins Center for Music Therapy, New York University, New York.

Robbins, C., & Robbins, C. (1980). *Music for the hearing-impaired and other special groups.* St. Louis, MO: MMB Music.

Steiner, R. (1977). *Eurythmy as visible music* (2nd ed.). London: Rudolf Steiner Press.

Steiner, R. (1998). *Education for special needs: The curative education course–twelve lectures by Rudolf Steiner.* London: Rudolf Steiner Press.

Stige, B., & Aarø, L. E. (2012). *Invitation to community music therapy.* New York: Routledge.

Turry, A. (1998). Transference and countertransference in Nordoff-Robbins Music Therapy. In K. E. Bruscia (Ed.), *The dynamics of music psychotherapy* (pp. 161–212). Gilsum, NH: Barcelona.

Turry, A. (2009). Integrating musical and psychological thinking: The relationship between music and words in clinically improvised songs. *Music and Medicine, 1*(2), 106–116.

제 16 장

BMGIM

Madelaine Ventre | Cathy H. McKinney

이난복 역

Bonny Method of Guided Imagery and Music(이하 GIM)은 자기탐구, 심리치료, 영적 성장에 관한 접근법이다. GIM은 엄선된 고전음악의 힘과 인간의 상상력을 결합한 것으로 문헌에서 BMGIM 또는 Bonny Method라고 짧게 줄여 쓰기도 한다. 훈련된 GIM 치료사는 음악을 사용해 내담자가 전환된 의식상태(Altered State of Consciousness, ASC)에 도달하고 유지하도록 도와준다. GIM 세션 중에 떠오르는 심상은 인간적인 경험과 초월적인 경험을 하게 한다. GIM이 여러 가지 측면에서 서로 다른 임상적 필요를 가진 대상자들에게 다양한 심리학적, 생리학적 변화를 이끌어내는 효과적인 접근법임을 점점 더 많은 문헌에서 지속적으로 보여주고 있다.

역사

GIM은 Helen Bonny 박사의 삶과 수고의 결실이다. 그녀는 1921년 피아니스트인 어머니와 목사인 아버지에게서 태어났다. 음악과 영성은 그녀의 인생 초기에 중요한 영향을 주었고 음악치료에서의 그녀의 선구적인 업적의 토대가 되었다. 그녀는 학생 시절에 바이올린에 뛰어났으며, 후에 바이올린 연주 전공으로 오벌린음악원(Oberlin Conservatory of Music)을 졸업했다. 그녀는 목사와 결혼해서 목사의 아내이자 어머니로서의 삶을 시작했다(Bonny, 2002a).

1948년, Bonny는 Frank Laubach 박사가 기도문을 말하기로 되어 있는 집회에 갔다. 그날 밤 Laubach 박사는 그녀에게 모인 분들을 위해 바이올린을 연주해달라고 부탁했는데 이것은 그녀의 인생을 바꾸는 사건이 되었다. 그녀는 나중에 말하기를, 연주하는 동안 음악이 그 자체로 생명력을 가졌었는데, 그녀가 정확하게 음악적으로 연주한 것은 사실이었지만, 그 바이올린에서 나온 음악은 절묘하게 매우 아름답고 장엄하고 기품이 있었으며, 그녀가 내는 소리가 아니라 마치 음악이 그녀 자신과 바이올린을 통해서 흐르는 것처럼 느껴졌고, 그녀의 기교와 상관없이 바이올린에서 나오는 소리는 영광스러웠다고 하였다. Bonny가 어떻게 하면 이 경험을 지속할 수 있겠느냐고 묻자, Laubach 박사는 매일 명상을 하고 기도모임에서 일해보길 권유했다(Bonny, 2002a).

그의 권유를 따르면서 그녀는 신앙이 깊어졌으나 한편 개인적인 어려운 문제에 부딪히게 되었다. 그녀는 Kenneth Godfrey 박사에게 치료를 받으며, 최면을 통해 어린 시절의 트라우마를 밝혀내고 다루어 치유할 수 있었다(Bonny, 1995). 그녀는 내적심상화의 틀을 사용해서 그 일을 해냈다. 이런 방식으로 사용하는 심상화에는 시각, 청각, 후각, 미각, 신체, 운동감각 등 모든 감각과 맞물리는 경험들이 포함된다. 어떤 문제나 이슈, 기억을 온전히 경험하거나 재경험하려면 단순히 말로 토의하는 것을 넘어서야 한다. '전환된 의식상태(ASC)' 동안 치료에서 사용된 심상의 중요성은 그녀가 GIM에 한 걸음 더 가까워지게 하였다.

1960년, 39세이던 Bonny는 교육을 더 받아야겠다고 결심했다. 바이올린 연주로 석사학위를 취득할까도 고려해보았지만, 이것은 치료목적으로 음악을 사용하려는 그녀의 바람에 도움이 되지 않을 것이라고 생각했다. 캔자스대학에 음악치료 석사학위 과정이 있다는 것을 알게 된 그녀는 거기서 E. Thayer Gaston 박사와 공부를 시작했다. Gaston 박사의 지도 아래 그녀는 음악치료에 적용할 수 있는 기술과 연구의 가치를 배웠

다. 그녀는 개인적으로 ASC에서의 심상이 치료목적을 위한 탐구를 돕고 지지하는 능력이 있다는 것을 경험했다. 또한 음악의 힘이 영적 또는 초월적 경험을 활발하게 해주는 것도 느꼈다. 이와 함께 1969년에는 메릴랜드 정신의학연구소(Maryland Psychiatric Research Center)에서 근무해달라는 연락을 받았는데, 이곳의 연구원들은 향정신성 약물의 효과, 심층심리학, ASC에 대한 선구적인 일을 하고 있었다. Bonny가 맡은 일은 8~10시간 지속되는 LSD 약물치료 세션 사이에 사용할 음악을 선택하고 연구하는 것이었다. 그녀가 연구진들과 합류하기 전에 연구진들은 세션 전체에 걸쳐 다양한 종류의 음악을 사용해왔다. Bonny는 관찰을 바탕으로, 약효가 나기 전과 약효가 떨어질 때 내담자가 선호하는 음악을 계속 사용하였다. 그리고 그녀는 세션의 심장부, 즉 내담자의 의식이 가장 깊이 전환되는 때에 고전음악이 가장 효과가 있음을 발견했다(Bonny, 2002a). 그녀는 주의 깊은 관찰과 해박한 음악지식을 결합하여, 대규모의 LP 음악도서관에서 내담자의 서로 다른 경험의 유형들을 지원해주는 데 적합한 다양한 특성을 가진 음악들을 선곡했다(Bonny, 1976, 1978/2002e).

1970년대 초, 정부는 환각제를 치료에 사용하는 연구의 자금지원을 중단했다. Bonny는 이미 고전음악이 정신세계에 미치는 영향을 탐구하기 시작하고 있던 중이었다. 그녀는 마약재활프로그램의 직원들, 대학생들, 종교집단의 수녀들, 의식에 관한 국제학술대회의 연구자들 등 다양하고 비교적 건강한 집단들을 대상으로 하여 연구한 것을 토대로 Louis Savary와 *Music and Your Mind*(Bonny & Savary, 1973)를 공동 출판하였다. 그녀는 요청되는 질문들에 대답하고 이 일을 성장시키기 위해서 Sr. Trinitas Bochini와 음악과 의식 연구소(Institute for Consciousness and

Music)를 설립했고, GIM의 발전을 위해 사람들을 훈련시키기 시작했다(Bonny, 1976). 얼마 지나지 않아 그녀는 유니온대학원에서 박사과정을 마쳤는데 박사논문에서는 개인세션을 용이하게 촉진하기 위한 지침이 포함된 GIM 과정 및 GIM에서의 음악의 역할에 대해 설명하고, GIM을 위해 고안된 최초의 8개의 고전음악 프로그램을 발표했다(Bonny, 1976).

또한 Bonny(1976)는 박사논문에서 개인 GIM 세션 시리즈들 중 첫 번째로 대상을 무작위로 선정하여 연구를 실시하고, 그 결과를 경도에서 중등도의 비정신병적 정신장애가 있는 24명의 성인을 샘플로 하여 단기간 집중심리치료 시리즈의 결과와 비교하였다. 그녀는 GIM 세션을 받은 사람들이 목표를 달성하는 데 더 적은 시간이 들었음을 확인하였다. 더욱이 그 후 6개월간의 추적관찰에서 언어심리치료 참가자들이 절반 가까이 재치료에 들어간 반면에 GIM 참가자들은 아무도 재치료를 받지 않은 것으로 확인되었다. 그녀는 그 박사논문으로부터 3개의 전공 소논문을 게재하고, 그녀의 저작물 모음집에 재게재하였다(Bonny, 2002d).

2010년에 그녀가 타계할 때까지 GIM 훈련은 전 세계적으로 확산되었고, 전환된 의식상태에서 음악을 선정하고 사용하는 것에 대한 훈련에 개인 GIM 세션 시리즈를 포함하는 학위 후 3년 과정의 교육프로그램이 만들어졌다. 또한 치료사들은 집중 세미나와 임상 슈퍼비전을 통해 GIM에서의 음악과 심상과정을 촉진하고, 정신 역동과정을 이해하고, 개별 GIM에 대한 내용과 더불어 GIM에서 초월적 경험을 지원하는 방법을 훈련을 통해 교육받았다. Bonny는 많은 사람들이 그녀의 변형적인 작업을 새로운 적용으로 이어나가도록 영감을 주었다.

이론적 배경 및 신념

GIM의 발전에 영향을 끼친 주요 이론은 인본주의, Jung 심리학, 초월이론 등이다. Bonny(1976, 1995, 2002a)는 Abraham Maslow의 업적, 특히 그의 자기실현 모델과 절정 경험(peak experience)의 개념이 자신의 철학 및 개인적인 경험과 일치하는 것을 발견했다. 또한 Carl Rogers의 내담자 중심 치료모델이 GIM 임상적 관계의 기본 원리들에 큰 영향을 주었음을 인정하였다. 모든 사람은 각자 온전하고 지혜롭고 건강한 부분이 있다는 믿음이 GIM 치료의 핵심이다. 이러한 관점에서, GIM 치료사는 내담자가 자신의 내면에 모든 해답을 가지고 있음을 발견하도록 도울 수 있다. 아마도 해답을 발견할 지혜는 내담자의 과거와 예전의 사건들이나 현재의 상황에 가려져 있었을 것이다. 음악의 인도와 지지 및 도움으로 내담자는 심상을 통해 자신의 삶의 경험에 대한 깊이를 탐구할 힘과 권한을 부여받게 된다. 심상들이 펼쳐짐에 따라 내담자의 내적지혜는 그들이 보다 더 높은 잠재력에 도달하고 보다 더 건강한 선택을 하도록 내담자의 가능성과 능력을 안내하고 이끈다.

Bonny(1976, 2002a)는 Carl Jung의 심리학 분야에서 특히 집단무의식에 대한 설명, 적극적 상상기법, 인간존재의 초월적 양상을 고려한 것들이 GIM 발전에 도움을 주었다고 인정하였다. 이후에 GIM 학자들(예 : Ward, 2002)도 뒤이어 Jung의 관점에서 GIM을 탐구했다.

Bonny(1976, 2002c)는 또한 Roberto Assagioli의 초월모델과 Charles Tart의 ASC에 대한 연구결과가 GIM의 초기 발전에 유익한 영향을 끼쳤음을 인정하였다. 현대 심리학 이론들이 인간에게 더 높은 측면들이 있다는 것을 도외시했으며 초월적 자기(transpersonal self)의 관점이 전체 자기를 의식화하고 통합할 수 있는 기회를 제공한다는 Assagioli의 주장에 동의했다(Bonny, 1976). 최근에는 Ken Wilber(Kasayka, 2002; Lewis, 1998~1999)와 Frances Vaughan(1991)의 초월이론들이 GIM 과정의 초월적인 특성을 더 잘 이해할 수 있게 해주고 있다.

GIM 치료사들은 계속하여 기법을 발전시키고 있다. 그 결과, 정신분석 측면의 이론(Bruscia, 1998), Gestalt 접근법(Clarkson, 2002), 영적 치료철학(Kasayka, 2002) 등이 이론적 관점에 추가되었다.

음악치료 적용

GIM은 의식을 탐구하고 확대하기 위한 과정으로서 시작되었다(Bonny, 1976). 절정 및 초월적 경험들을 추구했고, 그런 경험들이 자신 안에서 스스로를 치유하는 것으로 믿었다. GIM 훈련을 받은 치료사들이 GIM 과정을 통해 심리적인 이슈들을 다루는 것에 치료적 잠재력이 있음을 인식하게 되면서, GIM은 더욱 널리 확대되어 적용되고 있다.

세션 형식

전형적인 GIM 세션의 과정은 도입(prelude), 전환된 의식상태 유도(induction), 음악(music), 토의(postlude)의 네 부분으로 구성된다(Bonny, 1976, 1978/2002b; Ventre, 2002).

도입

세션이 시작되면 내담자는 지난 세션 이후 어떻게 지냈으며 무슨 일이 있었는지, 그날 다루고 싶은 관심사에 대해 치료사에게 이야기한다. 치료사는 내담자가 가장 중요한 것에 초점을 맞출 수 있도록 도와준다. 치료사는 어떤 전환된 의식상태 유도 방법과 어떤 음악이 그 작업에 가장 도움이 될지를 결정한다. 이 단계는 대개 20~30분이 걸린다.

전환된 의식상태 유도

내담자가 편안한 자세가 된 것 같으면 치료사는 내담자가 더 깊이 집중하고 음악에 대해 준비가 되도록 이끌어준다. 전환된 의식상태 유도 방법은 내담자의 필요에 따라 몸과 마음을 연결시켜 긴장이 이완되도록 하거나, 신체나 호흡에 집중하게 하기 등의 다양한 방법을 사용할 수 있다. 시작할 때 치료사는 어떤 심상(종종 도입과정에서 가져옴)을 제안하는데, 내담자가 그 심상과 여러 감각을 연결하도록 돕는다. 이 과정은 내담자가 외부현실의 영향을 받는 것을 감소시키고 내부에 주의를 돌리는 것에 집중하게 하기 위한 것이다. 내담자가 더 깊게 전환된 의식상태에 도달하게 되면 음악이 시작된다고 말해준다. 이 과정은 몇 초에서 몇 분이 걸린다.

음악

음악은 GIM 세션의 핵심이다. 치료사는 미리 녹음된 서양의 고전음악 중에서 Helen Bonny(Grocke, 2002)나 다른 훈련된 GIM 치료사들(Bruscia & Grocke, 2002의 부록 B-I 참조)이 개발한 35~45분가량의 음악프로그램들 중 하나를 선정할 수 있다. 또는 세션이 전개되어감에 따라 내담자의 정서, 에너지, 떠오르는 심상에 따라 음악프로그램들 중에서 적절한 곡들을 선택할 수도 있다. 세션이 진행될수록 내담자의 이야기들이 전개되면, 내담자는 치료사에게 그 경험에 대해 말해줄 수 있다. 이때 치료사는 대화를 통해 내담자의 경험 과정을 지지해준다. 내담자는 광경, 소리 또는 냄새들과 같은 감각들, 따뜻함·따끔거림·압박·불편감 같은 신체감각, 날아다니거나 춤추는 것 같은 동작의 감각들, 또는 깊숙이

자리하고 있는 기쁨이나 경외감에서부터 깊은 슬픔이나 강렬한 분노에 이르기까지 인간이 느끼는 감정들 중에서 인상적인 것들에 대해 치료사에게 이야기할 수 있다. 음악은 그 이야기를 통해 움직임을 지지하고 자극하여, 내담자가 필요한 것을 음악에서 가져올 수 있게 해준다. 음악프로그램은 자연스러운 시작·중간·끝이 있도록 구성되어 있으며 긴장과 이완, 갈등과 해결의 기회를 음악 안에서 제공하도록 프로그램 되어 있다. 치료사는 내담자가 되고 싶거나 해야 할 필요가 있는 것은 무엇이든 지지해주며 진행과정을 돕는다. 음악이 끝나면 치료사는 내담자에게 음악이 끝났음을 알려주고 외부현실로 돌아오도록 도와준다. 음악과정은 대략 35~50분이 소요된다.

토의

내담자가 정상적인 일상의 의식상태로 돌아오면, 치료사는 내담자가 자신의 경험을 되돌아보도록 하는데 이때 내담자는 음악을 통해 경험했던 것들을 가지고 작업할 수 있다. 이러한 토의과정은 진행을 계속하기 위한 시간이지 해석을 위한 시간은 아니다(Bonny, 1999/2002b). 심상들은 다양한 수준에서 내담자에게 중요한 것일 수 있지만, 그것들 전부가 그 자리에서 명확해지는 것은 아니다. 내담자는 이 과정에서 그들 자신에게 가장 유용한 해석 및 이해를 통합하게 된다. 토의과정은 대개 30분쯤 소요되며, 전체 GIM 세션은 각 과정이 다음 과정으로 순조롭게 흘러갈 경우 2시간가량 걸린다.

임상사례 : 자기표현과 자기가치 찾기

40세의 남성 J는 자기표현을 할 때 왜 항상 비난받거나, 무가치하거나, 잘못되었다는 느낌을 받는지 알아보기 위해 GIM을 시작하였다. 다음은 J의 세션 중 3회에 걸친 내용을 발췌한 것이다.

초기 세션의 도입과정에서 J는 자신의 어린 시절을 탐구하러 왔다고 했다. 그는 냉정하고 비판적인 부모가 자기를 지지하지 않았으며 눈에 보이지 않는 듯이 대한다고 느꼈고, 이러한 느낌들은 그의 인생 내내 영향을 미쳤다고 말했다. 치료사는 J가 초기 어린 시절의 심상을 떠올릴 수 있도록 아기에게 초점을 맞춘 인덕션을 제공했다. 선정된 음악은 양육의 이슈를 탐색할 수 있게 하는 프로그램으로 단순한 구조와 화성을 사용하고, 반복적이며, 불협화음이 없고, 남성과 여성의 목소리가 함께 포함된 음악들이었다. J는 그 음악을 아기였을 때 받지 못했던 모든 것으로 받아들였다. 음악 속에서 동시에 뒤섞인 메시지들이 왔다가 사라지는 것을 느꼈는데 한 시점에서 그는 자신이 요람에서 스스로 흔들리는 아기인 것처럼 느꼈다. 그는 토의에서 음악이 자신의 고통을 표현하고 치유에 대한 필요를 표현할 수 있게 도와주었다고 말했다.

이후의 세션에서 같은 이슈로 작업을 하면서, J는 자기가 하고 싶었던 것은 춤추는 것이었는데 강제로 피아노를 연주해야 했다고 설명했다. 부모는 J가 성공하기를 기대했지만 만족한 적이 한 번도 없었다. 부모는 J가 개인적인 욕구를 표현하도록 허용하지 않았고 그는 화가 났다. 그는 GIM이 생각을 멈추고 그저 느낄 수 있도록 허용했다고 말했다. 전환된 의식상태로 유도하기에서는 그의 호흡리듬과 신체의 느낌에 중점을 두었다. 선택된 음악은 강렬하고, 화성적으로 복잡하고, 다소 난해했으며, 리듬은 집요하게 지속되었으며 강력했다. 피아노 협주곡이 들리는 동안, 그는 피아노를 연주하고 있는 심상을 경험했다. 피아노를 연주하면서 그는 잘못된 음에 대한 어떠한 비판도 받아들이지 않는데 그것은 자유롭게 음악을 만들기 위한 것이었다. J는 피아노의 음들을 차갑고 적대적인 것으로 경험했는데 그는 그 심상과 부모, 음악에 반항하기 시작했다. 그가 자기욕구를 표현하는 목소리를 낼 수 있도록 지지 받는 것이 필요하여 치료사는 좀 더 부드러운 화음과 리듬이 있으면서 더욱더 지지해주고 힘이 되는 곡으로 음악을 바꿔주었는데 J는 이것이 자기가 필요로 했던 것임을 부모에게 보여주는 것으로 반응했다. 토의에서 J는 그때 음악이 바뀌기를 바랐으나 자기 말이 또다시 무시될까 봐 요청하기가 두려웠다고 말했다. 그는 그 음악을 따라가지 않음으로써 큰 걸음을 내디뎠다고 느꼈는데 그렇게 한 것이 자신을 강하다고 느끼게 하고, 필요한 것을 위해 싸울 수 있게 했기 때문이다.

위 세션의 예에서, J는 그날의 이슈를 정하기 위해 대화를 하는 도입과정에서 자신이 "싫어(no)"라고 좀 더 자주 말하는 것은 어린아이가 하는 것 같은 "싫어"가 아니라 확신 있고, 불안이 감소한 것이었다고 말했다. 그는 완벽하지 않기를 배우기 시작했다. 전환된 의식상태 유도하기에서 제시한 것은 어린아이로서 노는 것이었다. 선택된 음악은 Dohnányi의 피아노곡 'Variations on a Nursery Theme'로 시작했다. 그 곡의 부제는 "유쾌한 사람을 즐겁게, 다른 사람은 짜증나게(For the enjoyment of humorous people and for the annoyance of others)"이다. 모차르트 또한 같은 주제인 '반짝반짝 작은 별'의 변주곡을 썼다. 내담자는 심상 속에서 모차르트였는데, 피아노를 연주하지 않고 아이로서 놀고 웃으며 어른들을 조롱하고 있었다. 한 권위 있는 인물이 J를 야단치며 얌전히 행동하라고 했다. 그 어른은 몹시 화가 나 있었다. 여전히 모차르트인 J는 자신이 원했던 그대로 발레곡 전체를 창작함으로써 아무도 자기를 통제하지 못하게 했다. 그리고 그 음악을 지휘하기 시작했다. 그는 자신의 과거 양육자의 무릎 위에서 갓 구운 과자를 먹으며 이 세션의 그 음악부분을 마쳤다. 토의에서 J는 만면에 미소를 띠며 "정말 재미있었어요!"라고 말했다.

비록 이 문제가 완전히 해결되지는 않았어도, J는 많은 진전을 했는데 심지어 춤에 대한 소원도 성취했다. 고통은 그 힘을 잃었으며 치유가 시작된 것이다.

임상적 적용

GIM은 대부분 건강한 성인들(McKinney, Antoni, Kumar, Tims, & McCabe, 1997)과, 기분장애 및 불안장애 같은 비정신병적 정신상태인 사람들(Körlin & Wrangsjö, 2002)에게 적용된다. 사람들이 대개 GIM을 하려는 목적은 좀 더 생산적이고 창조적으로 사는 방법을 배우기 위해서, 내적원천으로부터 보다 더 온전하고 직접적으로 지식과 영감을 끌어내기 위해서다. 또는 이혼, 실직, 사랑하는 사람을 잃는 등의 상황적 위기 때문이기도 하다. GIM이 건강한 성인에게서 우울한 기분을 개선하고 스트레스와 질병에 관련된 호르몬 수준을 정상화한다는 사실은 두 실험연구에서 입증되었다(McKinney, Antoni, Kumar, & Kumar, 1995; McKinney et al., 1997).

임상사례 : 원가족 관계를 재정립하기

로라는 30대 초반의 전문직 여성으로서 첫 세션 2개월 전에 두 번째 결혼을 했다. 부모는 그녀가 어렸을 때 이혼했고, 어른이 되어서야 자기 아버지가 알코올 중독자였음을 알았는데, 이는 가족 내에서 계속 부인되어왔던 사실이었다. GIM에서 그녀의 목표는 원가족에 관련된 이슈들을 해결하기 위한 것이었다.

그녀의 첫 번째 세션에서, Pierné의 Concerts-tück for Harp and Orchestra의 음악에 따라 한 작은 소년이 그녀를 숲속으로 이끌었다. 앞으로 나아갈수록 뒤에 있던 길은 사라졌고, 그녀는 슬픔을 느끼며, "그 길은 내가 뒤에 남겨뒀어야 하는 건데"라고 말했다. 소년은 그녀를 한 정원으로 데려가서 그녀에게 정원을 돌봐달라고 하며 "이제 때가 되었고, 네가 그 사람이야"라고 말없이 침묵으로 교감하며 그녀에게 알려주었다.

다음 세션에서 하이든의 Cello Concerto in C 'Adagio' 음악에서, 그녀는 부활절에 조부모 집에서 붓꽃 사이에 있는 부활절 달걀을 찾아낸다. 중압감이 가슴에 온다. "소프트볼 크기의 덩어리 같아. 딱딱하지는 않지만 무겁고 회색이야." 그녀는 그 덩어리를 "상관이 없는 듯 혼자인 느낌, 회색이고 버림받은 느낌"으로 묘사했다. 그녀가 그 덩어리 안으로 음악을 가져가자 위로받고 달램을 받는 느낌이 든다. 세션 후반에 그녀는 오두막집에 있는데, 누군가 나무들 사이로 다가오고 있고, 동시에 옹이 같고 매듭 같은 고통이 왼쪽 어깨에서 자라나고 있었다. 바흐의 Concerto for Two Violins 중 'Largo ma non troppo'의 도움을 받아, 그녀는 그 고통이 "책임, 의무, 책무같이 느껴진다. 그것에 주의할수록 그것은 더 조여오는데…… 손잡이와 끝이 뾰족한 잭나이프 같다"고 하였다.

네 번째 세션에서, 로라는 원가족과의 여행을 예상하며 염려했다. 바흐의 Passacaglia and Fugue in C Minor가 시작될 때, 그녀는 두 길이 갈라지는 지점에 있다. 엄마가 그녀와 함께 있는데, 그녀에게 '물건들'을 날라달라고 한다. 엄마는 다른 길로 가려는 그녀의 계획에 찬성하지 않는다. 그녀는 자기가 느끼는 죄의식을 "역겨운 녹갈색 얼룩이 내 어깨와 목을 두르고 있다…… 무겁고, 숨 막히고, 두껍고, 불투명한 느낌이다"라고 묘사하였다. 직접 없애버리고 싶지만 어떻게 해야 할지 모르겠다고 하였다.

푸가(fugue)가 시작되자, 비가 오기 시작하고 그 얼룩이 천천히 녹는다. 그녀는 처음엔 엄마 때문에 슬픔을 느끼다가, 엄마가 자기를 엄마의 길로 가도록 하고 싶어 한다는 것에 화가 난다. 곧 이 분노는 그녀가 "이것은 엄마가 스스로 할 수 없는 일이야"라고 깨달으며 동정으로 변한다. 그녀는 찢겨진다. 그녀는 자신의 길을 가야 하는데도 엄마가 짐을 나르는 걸 도와주어야 한다고 느낀다.

치료사가 그녀에게 "도움이 될 만한 것이 주변에 있나요?"라고 묻자 그녀는 빨간 짐수레가 있는 것을 인식한다. 스토코프스키의 orchestration of Bach's chorale prelude인 'Come, Sweet Death'의 느리고 부드러운 흐름에 맞추어, 그녀는 엄마를 도와 '물건들'을 짐수레에 싣는다. 그러고 나서 엄마는 짐수레를 가지고 로라의 길로 내려가겠다고 하니 그녀는 혼란스럽다. "엄마는 (오래된 패턴이) 바뀌는 걸 싫어하는데"라고 그녀는 말한다.

로라는 엄마가 변하고 '성장하기'를 원한다는 것을 시인한다. 브람스의 Violin Concerto 'Adagio'에서 대화를 하도록 초대해 엄마가 성장하기를 원한다고 그녀가 말하니까, 엄마는 부끄러움을 느끼며 운다. 로라는 자신의 몸 안에 새 한 마리가 생기는 것을 알아차리면서 가슴이 무거워지는 것과 어깨가 조이는 것을 느낀다. 새의 몸은 그녀의 가슴속에 있고, 그 날개는 그녀의 어깨 위로 펼쳐져 있다.

바흐의 Concerto for Two Violins 중 'Largo ma no troppo'가 시작되면서, 그녀는 "(이 새를) 보내주어야만 하겠구나. 그러면 엄마를 바꾸려는 내 모든 욕망이 떠나갈 거야"라고 말한다. 새가 날아가자, 그녀의 태도는 바뀐다. "나는 내 길을 가야 한다는 걸 알아. 엄마가 같이 가고 싶으면 그렇게 할 거고, 아니면 안 하겠지. 나는 내 자신의 여정을 떠나야 해"라고 말하고 자신의 길을 내려가기 시작하자, 그녀는 가슴속이 비워짐을 알아차리고 가벼움을 느끼는데, 그 빈 공간은 나무들 · 별들 · 산들 · 석양들로 채워지기 시작한다. 토의에서 그녀는 엄마가 변했으면 하는 그녀의 욕구가 이 세션에서 얻은 새로운 깨달음이었다고 밝혔다.

4회의 세션만으로도 로라는 자기의 원가족 안에서의 관계에서 발생하는 문제들에 대한 통찰을 얻었다. 그녀는 엄마로부터 떨어져 어린 시절의 상처를 치유하기 시작하는 중대한 발걸음을 내디뎠다. 그녀는 자기의 책임인 것과 아닌 것에 대한 판단이 더욱 명확해졌고, 비현실적이라고 느껴지는 엄마의 요구에 보다 확신 있게 자기주장을 하며 대응하는 것이 증가하였다.

중독이나 트라우마에서 회복 중인 사람들도

개인 GIM 세션을 연속적으로 받는 것이 유익하다고 보고되고 있다. GIM에 내재된 창조적 과정 덕분에 한 중독 여성은 자신의 잃어버린 측면들을 찾아 다시 연결할 수 있었다(Pickett, 1991). 그 내담자는 음악을 통해서 자신의 취약성, 슬픔, 낮은 자존감을 탐색할 수 있었다. 힘든 작업과 때로는 고통스런 정직함을 통해 그녀는 마약을 끊고 이런 감정들을 다룰 새로운 방법들을 찾기 시작할 수 있었으며, 자신의 부드럽고 긍정적인 부분들을 다시 회복할 수 있게 되었다.

GIM은 트라우마에 관련된 문제들을 다루는 강력한 방법이라는 것이 증명되어왔다. 여러 사례연구들은 어린 시절의 신체적 또는 성적 학대에서 비롯된 상처를 해결하는 데 GIM이 효과적이라고 보고했다(Bunt, 2011; Körlin, 2007~2008; Moffitt & Hall, 2003~2004; Ventre, 1994). Maack(2012)은 GIM이나 정신역동 심상적 트라우마 치료(psychodynamic imaginative trauma therapy)를 받고 있는 136명의 여성들에 관한 연구에서 어린 시절의 학대에 대해 치료 중인 여성들의 해리증상과 그 외 복합적인 외상후 스트레스 장애(PTSD) 증상을 감소시키는 데 GIM이 매우 효과적임을 확인했다. 또 다른 GIM 치료사들은 GIM이 기억력을 회복하고 전쟁에서 생긴 PTSD(Blake & Bishop, 1994)와 외상성 뇌손상(Pickett, 1996~1997)의 증상들을 완화하는 데 효과적이라고 보고했다.

임상사례 :
어린 시절 트라우마의 상처 치유하기

40대의 여성 S는 성적, 신체적 학대를 받은 기억의 혼란스러움 때문에 치료를 받고자 왔는데 그녀는 그때의 기억들과 느낌에 접근하는 것이 목표라고 하였다. 그녀는 장기적인 정서적, 언어적 학대를 인식하고 있었다. 그녀는 스스로를 무력하고, 방어적이고, 의심이 많다고 느꼈으며, 개인적인 경계가 약했고 관계유지에 어려움을 갖고 있었다. 추가적인 목표는 개인적인 능력에 대한 감각, 힘, 신뢰를 되찾고 트라우마의 상처를 치유하는 것이었다.

S는 놀랄 만큼 명확하게 어린 시절의 성적 학대에 관한 신체적, 정서적 느낌들을 포함해 오랫동안 묻혀있던 기억들을 발견하기 시작했다. 그녀는 분노했고, 슬펐으며, 배신당해 버려졌다고 느꼈다. 그녀는 음악을 사용하여 이런 힘든 느낌, 감정들을 표현할 수 있도록 도움을 받았다. 그녀는 음악이 그녀를 위해 항상 거기에 있으며, 결코 자기를 판단하거나 버리지 않는다고 느꼈다. 처음에는 잠시 자신의 몸과 경계, 감정들을, 그리고 결국에는 자신의 개인적 능력에 대한 감각을 탐구하기 시작했다.

이렇게 새로 발견한 힘과 자기신뢰로 그녀는 GIM 치료를 받으려온 목표인 그 기억들과 느낌들을 탐구하고 경험할 수 있게 되었다. 초기 세션들에서 그녀는 무력감, 두려움, 분노를 경험했다. 후기 세션들에서는 언어적, 정서적 학대에 관한 기억들을 회복하고 현재의 신체적 증상들을 성적 학대와 연결시켰다.

S가 그 트라우마를 받아들이면서 치유가 시작되었다. 본 윌리암스의 'Fantasia on a Theme by Thomas Tallis' 중에 그녀는 몸이 기형인 소녀와 마주쳤고, 다음 곡인 말러의 Symphony No. 4(Ruhevoll)에서 그녀는 그 소녀와 이야기할 수 있게 되었는데 소녀는 S에게 실제로 무슨 일이 일어났는지를 그녀가 이해하도록 도와주었다. 말러 악보의 해설문에서 Redlich(1966)는 "이 협주곡의 개념적 독창성은 작곡가가 한 아이의 영혼과 신(神)을 추구하고 마침내 신을 찾는 그 경험과 성공적으로 하나가 되는 데 있다"고 말했다(p. 101).

뒤이은 세션들에서 그녀는 자신의 어두운 부분인 '그림자'를 받아들이는 법을 배웠다(Jung, von Franz, Henderson, Jacobi, & Jaffé, 1974). 그녀는 과거의 상처를 씻어내고 그 영향을 시인했으며, 더욱 강해졌고, 자신을 보살피고 양육해주는 자신의 내적지혜와 능력을 더욱 신뢰하게 되었다.

여러 연구들은 의학적 질환을 가진 개인들의 심리적 필요를 충족시키는 데 GIM이 효과가 있다고 기록했다. 이 연구들은 GIM이 건강문제를 가진 개인들의 심리적 상태에 영향을 미칠 뿐 아니라 신체적 상태도 향상시킬 수 있다는 것을 보여주고 있다. 이러한 연구들이 보고한 신체적 효과로는 본태성 고혈압 환자의 확장기 혈압과 수축기 혈압을 낮추어주고(McDonald, 1990), 임신에 적응하기 위한 도전에 대처하기(Short, 1993), 류마티스성 관절염 환자의 아픈 관절 수와 고통의 감소 및 보행속도 향상(Jacobi & Eisenburg, 2001~2002), 암 환자의 삶의 질 향상(Burns, 2001) 등이 있다.

말기 진단을 받은 사람들뿐 아니라 사랑하는 사람을 잃은 사람들도 GIM의 혜택을 받은 것으로 나타났다. Kirkland(2007~2008)는 GIM이 어머니를 죽은 아이와 함께 있게 해줌으로써 슬픔을 초월하도록 도와주는 의미 있는 역할을 했다고 하였다. Creagh(2004) 또한 배우자와 사별한 사람들과 작업하면서 GIM이 애도과정을 잘 촉진하도록 돕는 데 효과적인 것을 발견했다. 다른 GIM 치료사들도 불치병 환자들이 삶의 끝에 이르러 죽어가는 동안, 그동안 마치지 못했던 일과 업무를 해결하고 두려움 없이 평온한 죽음을 준비할 수 있도록 GIM이 도왔다고 보고했다(Cadrin, 2005~2006).

그룹과 특별한 인구집단에 대한 적용

GIM은 다양한 상황과 대상, 환경에 적용되어왔다. Bonny(Bonny & Savary, 1973)는 성인 그룹에 GIM 경험을 제공하는 것에 대해 설명했는데, 그룹세션에서는 대체로 더 짧은 시간 동안 음악을 들려주면서 그룹구성원들은 침묵 속에서 자신의 심상에 집중하게 되고, 음악이 끝난 뒤에는 경험들을 서로 나누게 된다. GIM의 과정은 어린이들과 청소년, 성인들(Wesley, 2002 참조), 다양한 정신건강 문제를 가진 사람들(Eyre, 2013), 장기치료 중인 노인들(Short, 2002)의 필요에 맞추어 수정되기도 한다. GIM은 다양한 장소와 기간 및 시기에 적용될 수 있고, 명칭도 그룹 GIM 또는 음악과 심상 등으로 다양하게 부를 수 있지만, 기본 원칙들은 동일하다.

결론

GIM은 사람들로 하여금 자신의 정신세계의 명암과 깊이, 높이를 발견하도록 돕는 음악의 능력에 관한 개인적이고 과학적인 탐구로부터 시작되었고 계속하여 발전되고 있다. GIM은 음악의 경이로움을 통해 몸과 마음, 영적세계를 통합한다. GIM은 각 개인의 가장 건강하고 창조적이며 지혜로운 부분이 확장되고 중심이 되도록 도와주어 자신 및 타인, 그리고 우리 모두를 넘어선 것과 관계를 가질 수 있도록 해준다.

참고문헌

Blake, R., & Bishop, S. R. (1994). The Bonny Method of Guided Imagery and Music (GIM) in the treatment of post-traumatic stress disorder (PTSD) with adults in the psychiatric setting. *Music Therapy Perspectives, 12,* 125–129.

Bonny, H. L. (1976). *Music and psychotherapy: A handbook and guide accompanied by eight music tapes to be used by practitioners of guided imagery and music.* Unpublished doctoral dissertation, Union Graduate School of the Union of Experimenting Colleges and Universities, Baltimore, MD.

Bonny, H. L. (1995). *The story of GIM: The beginnings of the Bonny method of guided imagery and music: As told by Helen L. Bonny* [Videorecording]. Blaine, WA: Association for Music and Imagery.

Bonny, H. L. (2002a). Autobiographical essay. In H. L. Bonny (L. Summer, Ed.), *Music and consciousness: The evolution of guided imagery and music* (pp. 1–18). Gilsum, NH: Barcelona.

Bonny, H. L. (2002b). Facilitating guided imagery and music (GIM) sessions. In H. L. Bonny (L. Summer, Ed.), *Music and consciousness: The evolution of guided imagery and music* (pp. 269–297). Gilsum, NH: Barcelona. (Original work published 1978)

Bonny, H. L. (2002c). Guided imagery and music (GIM): Discovery of the method. In H. L. Bonny (L. Summer, Ed.) *Music and consciousness: The evolution of guided imagery and music* (pp. 42–52). Gilsum, NH: Barcelona.

Bonny, H. L. (2002d). *Music and consciousness: The evolution of guided imagery and music* (L. Summer, Ed.). Gilsum, NH: Barcelona.

Bonny, H. L. (2002e). The role of taped music programs in the guided imagery and music (GIM) process. In H. L. Bonny (L. Summer, Ed.), *Music and consciousness: The evolution of guided imagery and music* (pp. 299–324). Gilsum, NH: Barcelona. (Original work published 1978)

Bonny, H. L., & Savary, L. M. (1973). *Music and your mind: Listening with a new consciousness.* New York: Harper & Row.

Bruscia, K. E. (Ed.). (1998). *The dynamics of music psychotherapy.* Gilsum, NH: Barcelona.

Bruscia, K. E., & Grocke, D. E. (Eds.). (2002). *Guided imagery and music: The Bonny method and beyond.* Gilsum, NH: Barcelona.

Bunt, L. (2011). Bringing light into darkness: Guided imagery and music, bereavement, loss, and working through trauma. In A. Meadows (Ed.), *Developments in music therapy practice: Case perspectives* (pp. 501–517). Gilsum, NH: Barcelona.

Burns, D. (2001). The effect of the Bonny method of guided imagery and music on the mood and life quality of cancer patients. *Journal of Music Therapy, 38,* 51–65.

Cadrin, L. (2005–2006). Dying well: The Bonny method of guided imagery and music at the end of life. *Journal of the Association for Music and Imagery, 10,* 1–25.

Clarkson, G. (2002). Combining Gestalt dreamwork and the Bonny method. In K. E. Bruscia & D. E. Grocke (Eds.), *Guided imagery and music: The Bonny method and beyond* (pp. 245–256). Gilsum, NH: Barcelona.

Creagh, B. A. (2004). *Transformative mourning: The Bonny method of guided imagery and music for widowed persons.* Unpublished doctoral dissertation, Union Institute and University, Cincinnati, OH.

Eyre, L. (Ed.). (2013). *Guidelines for music therapy practice in mental health.* University Park, IL: Barcelona.

Grocke, D. E. (2002). The Bonny music programs. In K. E. Bruscia & D. E. Grocke (Eds.), *Guided imagery and music: The Bonny method and beyond* (pp. 99–133). Gilsum, NH: Barcelona.

Jacobi, E. M., & Eisenburg, G. M. (2001–2002). The efficacy of guided imagery and music (GIM) in the treatment of rheumatoid arthritis. *Journal of the Association for Music and Imagery, 8,* 57–74.

Jung, C. G., von Franz, M. L., Henderson, J. L., Jacobi, J., & Jaffé, A. (1974). *Man and his symbols.* New York: Dell.

Kasayka, R. (2002). A spiritual orientation to the Bonny method: To walk the mystical path on practical feet. In K. E. Bruscia & D. E. Grocke (Eds.), *Guided imagery and music: The Bonny method and beyond* (pp. 257–270). Gilsum, NH: Barcelona.

Kirkland, K. (2007–2008). Suffering and the sub-lime: A case study of music, metaphor, and meaning. *Journal of the Association for Music and Imagery, 11,* 17–38.

Körlin, D. (2007–2008). Music breathing: Breath grounding and modulation of the Bonny method of guided imagery and music (BMGIM): Theory, method, and consecutive cases. *Journal of the Association for Music and Imagery, 11,* 37–113.

Körlin, D., & Wrangsjö, B. (2002). Treatment effects in GIM. *Nordic Journal of Music Therapy, 11*(2), 3–12.

Lewis, K. (1998–1999). The Bonny method of GIM: Matrix for transpersonal experience. *Journal of the Association for Music and Imagery, 6,* 63–80.

Maack, C. (2012). *Outcomes and processes of the Bonny method of guided imagery and music (GIM) and its adaptations and psychodynamic imaginative trauma therapy (PITT) for women with complex PTSD.* Unpublished doctoral dissertation, Aalborg University, Aalborg, Denmark.

McDonald, R. G. (1990). *The efficacy of guided imagery and music as a strategy of self-concept and blood pressure change among adults with essential hypertension.* Unpublished doctoral dissertation, Walden University, Minneapolis, MN.

McKinney, C. H., Antoni, M. H., Kumar, A., & Kumar, M. (1995). The effects of guided imagery and music on depression and beta-endorphin levels. *Journal of the Association for Music and Imagery, 4,* 67–78.

McKinney, C. H., Antoni, M. H., Kumar, M., Tims, F. C., & McCabe, P. M. (1997). Effects of guided imagery and music (GIM) therapy on mood and cortisol in healthy adults. *Health Psychology, 16,* 1–12.

Moffitt, E., & Hall, A. (2003–2004). "New Grown with Pleasant Pain" (Keats): Recovering from sexual abuse with the use of the Bonny method of guided imagery and music and the use of poetry. *Journal of the Association for Music and Imag-ery, 9,* 59–77.

Pickett, E. (1991). Guided imagery and music (GIM) with a dually diagnosed woman having multiple addictions. In K. E. Bruscia (Ed.), *Case studies in music therapy* (pp. 497–512). Gilsum, NH: Barcelona.

Pickett, E. (1996–1997). Guided imagery and music in head trauma rehabilitation. *Journal of the Association for Music and Imagery, 5,* 51–59.

Redlich, H. (1966). *Program notes for G. Mahler, Symphony No. 4 (Ruhevoll).* London: E. Eulenburg.

Short, A. E. (1993). GIM during pregnancy: Anticipation and resolution. *Journal of the Association for Music and Imagery, 2,* 73–86.

Short, A. E. (2002). Guided imagery and music in medical care. In K. E. Bruscia & D. E. Grocke (Eds.), *Guided imagery and music: The Bonny method and beyond* (pp. 151–170). Gilsum, NH: Barcelona.

Vaughan, F. (1991). Spiritual issues in psychotherapy. *Journal of Transpersonal Psychology, 23*(2), 105–119.

Ventre, M. E. (1994). Healing the wounds of childhood abuse: A guided imagery and music case study. *Music Therapy Perspectives, 12,* 98–104. [Errata in Vol. 13, p. 55]

Ventre, M. E. (2002). The individual form of the Bonny method of guided imagery and music. In K. E. Bruscia & D. E. Grocke (Eds.), *Guided imagery and music: The Bonny method and beyond* (pp. 29–35). Gilsum, NH: Barcelona.

Ward, K. M. (2002). A Jungian orientation to the Bonny method. In K. E. Bruscia & D. E. Grocke (Eds.), *Guided imagery and music: The Bonny method and beyond* (pp. 207–243). Gilsum, NH: Barcelona.

Wesley, S. B. (2002). Guided imagery and music with children and adolescents. In K. E. Bruscia & D. E. Grocke (Eds.), *Guided imagery and music: The Bonny method and beyond* (pp. 137–170). Gilsum, NH: Barcelona.

제 17 장

분석적 음악치료

Benedikte B. Scheiby

김진아 역

분석적 음악치료(Analytical Music Therapy, AMT)는 음악과 정신분석을 결합시킨 심층적 접근법이다. AMT의 창시자 Mary Priestley(1980)는 다음과 같이 AMT를 정의했다.

> 치료사와 내담자가 함께 내담자의 내면세계를 탐색하고 성장을 촉진하고자 즉흥음악을 상징적으로 사용하는 것이다. 내담자에게 직접적으로 좋은 경험을 제공하기보다는 성장을 저해하는 요소를 제거하려는 목적으로 사용되지만, 이 과정에서 내담자에게 최적의 경험이 발생할 수도 있다(p. 18).

Priestley는 내담자가 언어로 표현할 수 없는 감정이나 심상, 생각 또는 신체적 지각 등을 어떻게 의식적으로 또는 무의식적으로 음악과 연결하고 상징화시키는지를 설명했다. 음악은 음악 외적인 것을 상징하거나 표현할 수 있다. 이 같은 상징은 내담자의 내면과 외부 현실 세계를 잇는 교량 역할을 한다. 음악은 개인의 성찰을 촉진시키고, 관계를 확립하며, 세션의 흐름을 유지하고, 정신적인 변화를 촉진하는 수단이 될 수 있다.

AMT는 현재 국제적으로 인정받는 주요 음악치료 모델 중 하나이다. AMT 훈련을 받은 음악치료 임상가와 교육자 및 연구자들이 유럽, 미국, 캐나다, 일본과 이스라엘에서 활동하고 있다.

역사

AMT는 1970년대 초반부터 시작되었다. 런던의 성 버나드 병원(St. Bernard's Hospital)에서 함께 일하던 3명의 음악치료 선구자들인 Mary Priestley, Peter Wright, Marjorie Wardle이 창시하고 발전시켰다. 그들은 상호치료(intertherapy)

라 이름 붙인 96회기의 자기실험적 세션을 통해 AMT를 개발했다. Priestley가 그녀의 저서인 *Music Therapy in Action*(1975)에서 이 모델을 설명하는 주도적 역할을 했기 때문에 현재까지 그녀가 AMT 창시자로 알려져 있다.

Priestley는 1925년에 작가 J. B. Priestley의 딸로 태어났다. 그녀는 런던에 있는 왕립음악대학(Royal College of Music)과 스위스의 제네바 음악원(Geneva Conservatoire)에서 바이올린, 작곡, 피아노를 전공했다. Priestley는 1968년부터 10년 간 E. G. Wooster 박사에게서 Klein 학파(Kleinian) 정신분석을 받았다. 이 시기의 자기분석 경험은 후에 분석적 음악치료를 개념화하는 데 지대한 역할을 했다. 1969년에는 런던의 길드홀 음악원(Guildhall School of Music and Drama)에서 음악치료 석사학위(LGSM)를 취득했는데, 이때의 주 전공 악기는 바이올린과 피아노였다. 그녀는 졸업 후, 주 이틀 성 버나드 병원의 정신과 소속 음악치료사로 개별 및 집단 음악치료를 진행했다. 나머지 요일에는 개인 클리닉과 음악치료사를 위한 AMT 석사 훈련과정을 운영했다(필자는 그녀의 제자였다). Priestley는 동료들과 함께 했던 상호치료와 내담자와의 임상경험을 바탕으로 음악치료사를 위한 AMT 훈련과정을 개발했다. 동시에 자기 임상에 대한 Jung 학파 분석심리학 슈퍼비전을 11년간 받았다. Priestley는 11년간 10개국의 50여 명의 음악치료사를 양성했으며, 현재 그녀의 제자들은 대부분 AMT 임상가와 교육자로 활동 중이다.

AMT 훈련과정에서 중요한 것은 치료사들이 개별 AMT 심리치료 세션을 받아야 한다는 것이다. Priestley는 치료사 자신이 음악치료의 치료적 효과를 직접 경험해봐야 AMT의 기법을 더 잘 이해할 수 있다고 믿었다. Priestley는 자신의 정신분석 훈련과정에서 많은 영향을 받았는데,

정신분석 훈련과정에서는 임상과 이론의 토대에 대해 배우는 것과 동시에 수년간의 자기치료를 거쳐야 했다. Hadley(1998)는 Priestley를 인용하면서 다음과 같이 언급했다. "그들이 정신분석가가 되기 위해 정신분석을 받아야 한다면, 우리도 음악치료를 받아야 한다. 그렇지 않으면 치료사가 음악치료의 영향력을 모를 것이기 때문이다. 지금도 나는 그렇게 해야 한다고 생각한다(p. 27)."

독일 헤르데케에서 처음으로 AMT 석사 훈련과정이 개설될 때 Priestley는 교과과정에 중추적 역할을 했는데, 필자는 1979년 헤르데케에서 그녀를 처음 만났다. 독일에서의 AMT 훈련과정은 개별 및 집단 AMT 세션과 상호치료 훈련, 개별 및 집단 AMT 슈퍼비전으로 구성되었다. 이곳에서의 AMT 훈련경험은 내 인생의 전환점이 되었고 깊은 인상을 남겼다. 그래서 필자는 AMT를 대학에서 가르치고 정신과(Scheiby, 1999, 2005), 의료현장(Scheiby, 2002a, 2013), 호스피스 케어(Scheiby, 2005; Stewart et al., 2005), 아동 분야(Scheiby, 1988), 외상 환자들(Scheiby, 2002b, 2010), 교육과 슈퍼비전(Scheiby, 1998, 2001) 등의 다양한 임상분야에서 활동하는 AMT 전문가로 내 삶을 바쳤다. 1982년에 Inge N. Pedersen 교수와 나는 AMT에 영감을 받은 자기치료과정을 덴마크 알보그대학교의 5년제 음악치료 교육과정에서 전 학생들이 반드시 이수해야 하는 필수 훈련과정으로 개설하였다. 덴마크 음악치료 교육과정에서는 개별, 집단, 상호치료를 음악치료 교육과 슈퍼비전의 일부로 학부와 석사과정에서 실시하고 있다.

이론적 배경

AMT는 정신분석이론과 음악치료가 융합된 학

문으로서 Sigmund Freud, Melanie Klein, Carl Jung과 정신분석적 신체-심리치료사 Alexander Lowen의 이론을 바탕으로 하고 있다. AMT가 치료사의 정신분석적 훈련분파에 따라 다양하게 발전해왔기 때문에 AMT 임상가들의 이론적 범주에는 다수의 분파가 존재한다. AMT에서는 음악적·언어적 과정을 사용하고 치료과정의 특성상 내담자의 문제나 주제, 자원, 힘든 일에 대한 표현을 다루게 된다. 즉흥연주는 의식적·무의식적 정신세계에서 통찰력을 얻는 주요 수단이 된다.

Hadley(2002)는 Priestley 접근법의 세 가지 주요 개념을 소개했다.[1] 그중 첫 번째는 개인내적(intrapersonal)인 개념들이다. Priestley의 자아 개념은 Freud의 자아구조 모델, 즉 도덕적 초자아(moral superego), 사고하는 자아(thinking ego), 본능적인 원초아(instinctual id)에 근거하고 있다. 이 세 가지 자아유형이 균형을 이룰 때 인간으로서의 기능을 원만히 수행하며 행복할 수 있으며, 이들의 불균형은 곧 정신병리를 의미한다고 믿었다. Priestley는 무의식적 요소가 개인에게 해가 될 수도 있기 때문에 이를 의식화해서 개인에게 그 상황을 잘 인식하고 반응할 수 있는 자유를 주어야 한다고 했다. 그녀는 즉흥연주가 곧 무의식으로 가는 왕도라고 여겼다. Klein의 영향을 받은 Priestley는 사람들이 연약한 자아를 가지고 있기 때문에 보호받아야 한다고 했다. 자아를 보호하는 방법 중 하나는 어머니를 좋은 부분과 나쁜 부분으로 분리하는 것이다. 완전히 건강해지기 위해서는 사람들이 자신의 투사를 인식하고, 쪼개진 두 가지 부분을 자아로 통합할 수 있어야

한다. Priestley는 그림자(shadow)가 잃어버린 기억이나 받아들일 수 없어서 억압되는 충동이나 생각을 포함한 정신의 일부분이라는 Jung의 그림자 개념도 신뢰했다. 그녀는 개인이 자신의 잠재력을 최대한 발휘하기 위해서는 자신의 그림자를 반드시 인식하고 인정해야 한다고 생각했다. 이들 이론의 공통점은, 고차원적 경지에 도달하기 위해서는 자신의 무의식적 측면을 충분히 인식하고, 다루고, 의식의 세계에 통합해야 한다는 것이다.

Priestley 접근법의 두 번째 개념은 대인관계(interpersonal)로 무의식에 존재하는 이전의 관계가 개개인의 기능에 영향을 끼친다고 보는 것이다. Priestley는 성인이 되어 겪게 되는 관계에서의 많은 문제들이 자기 자신의 미성숙한 측면을 타인에게 투사하는 데서 기인한다고 보았다. 그러므로 치료는 AMT를 통해 제공되는 온전한 정서적 경험을 통해 틀에 박힌 행동패턴을 깨는 데서 시작한다.

Priestley는 세 번째 개념을 말로 표현할 수 없는(ineffable)이라고 했는데, Hadley(2002)는 이를 가리켜 초개인적(transpersonal)이라고 설명하면서 "우리가 가만히 서서 경탄할 만큼 시간 감각이 변하는 순간(p. 37)"이라고 표현했다. Priestley는 이 같은 순간을 즉흥연주의 산물이라 여겼지만, 그 같은 순간에 반드시 치료가 이루어지는 것은 아니라고 믿었다.

AMT는 정신분석적 신체작업 심리치료사 Lowen의 영향도 받았다. Priestley(1994, Essay 3)는 Lowen의 징시적 범주를 징시기능을 평가하는 수단으로 사용했다. 필자와 Pedersen(1989)은 Lowen의 작업을 바탕으로 정신역동적 동작(psychodynamic movement)을 개발해서 음악치료 학생들이 자신의 신체신호에 민감하게 반응할 수 있게 하는 기초 훈련방법으로 사용했다.

---

1) 여기서 소개되는 내용은 Freud, Klein과 Jung으로부터 주요 개념을 도입한 Priestley(1975, 1994)의 저서에 대한 Hadley(2002)의 분석과 요약을 바탕으로 하고 있다.

즉 치료사들이 자신의 개인적 신체감각과 신체 지각 능력을 치료사와 내담자 사이에서 일어나는 전이와 역전이, 강도, 형태, 방향, 정위 등을 이해할 수 있는 경로로 사용하게끔 훈련하는 것이다. 정신역동적 동작은 사람들로 하여금 신체적 감각을 통해 자신의 감정을 인식하게 하고 감정과 표현을 이어주는 역할을 한다.

음악치료 적용

AMT 음악적 기술

음악치료사의 가장 근본적인 역할은 고도로 숙련된 경청자가 되는 것이다. 이에 대한 두 가지 기본 지침은 (1) 무비판적 견지에서 경청해야 한다는 것이고 (2) 관찰할 수 있는 모든 것에 집중해야 한다는 것이다. 내담자의 목소리, 말하는 내용, 신체언어 그리고 음악 등 모든 것에는 의미가 있다. 치료사는 현재 말하고, 노래하고, 연주하는 것 이상의 것을 들을 수 있어야 한다. 여기서 찾아낸 의미가 치료기술을 선택할 수 있게 하기 때문이다. 기술(technique)이란 음악치료사가 하는 행동이나 개입을 의미한다. 기술은 내담자의 특정 음악·신체·언어/음성의 반응을 이끌어내거나, 내담자의 자발적 음악경험을 구체화시키기 위해 쓰인다. 여기서 기술은 한 가지 개입전략으로 쓰이거나, 다른 기술과 병합되어 쓰이기도 한다. 치료사가 내담자와 함께 연주하느냐, 아니냐는 내담자에게 가장 적합한 것이 무엇인가에 대한 치료사의 임상적 판단에 달려 있다. 치료사가 연주를 하지 않을 때는 적극적인 경청자의 역할을 한다. Priestley는 자신의 기술을 개별(individual) 기술, 두 사람(dyad)을 위한 기술과 집단(group) 기술로 구분했다. 이 같은 범주에서 각각의 기술을 인도하는 네 가지의 방법적 목

표는 (1) 의식적 요소 탐색, (2) 무의식적 요소에 대한 접근, (3) 자아강화, (4) 신체적으로 내면화된 요소에 대한 접근이다.

의식적 요소를 탐색하는 개별기술 소개

다음에 소개하는 기술들은 개별 AMT 작업의 주요 요소이다.

- 안아주기(holding). 음악치료사는 내담자가 안겨 있다고 느낄 만한 음악적 기반을 제공함으로써, 내담자에게 정서적 안아주기나 담아주기(containing)를 제공하는데 마치 부모가 아기를 안아주는 이미지에 비유할 수 있다. 안아주기는 내담자에게 안전하게 구조화된 환경을 제공한다. 리듬, 반복되는 화성 진행, 선율 동기, 박, 특정 음색, 또는 조성과 같은 음악요소와 형태들이 안아주기의 구성요소로 쓰일 수 있다. 이 기술에서는 침묵도 음악과 중재의 요소로 일부분 쓰인다.

- 분열(splitting). 어머니를 좋은 부분과 나쁜 부분으로 분리된 형태로 경험하는 아기를 묘사한 Klein(1932)의 분열 개념에 근거한 것으로, 내담자가 상반되는 것으로 인한 갈등 혹은 극과 극의 다양한 경험을 하고 있을 때 사용하는 기술이다. 이 기술은 내담자가 분열된 자신의 일부를 타인에게 투사할 때 특히 유용하게 사용할 수 있다. 이 기술의 목적은 내담자의 내면에서 충돌하고 있는 상반된 부분들의 갈등을 해결하고 통합을 촉진시키는 것이다. 예를 들어, 내담자가 폭행이나 학대의 피해자라면, 자신의 삶에서 빈번하게 피해자 역할을 경험하고 있을 수도 있다. 음악치료에서는 치료사의 도움으로 내담자가 음악을 통해 번갈아 가며 두 가지 역할을 다 경험해볼 수 있다. 이때 내

담자의 안내를 통해 치료사는 반대되는 역할을 맡을 수 있다. 특정 내담자는 아동-부모의 역동에 종종 고착되어 있기도 한다. 이같은 패턴을 인식하기 위해서는 내담자가 음악에서 부모와 아동의 역할을 모두 경험해봐야 하는데, 이때 치료사는 내담자에 대응되는 역할을 맡게 된다. 어떤 내담자는 심리적으로 표현되는 자신의 남성성과 여성성이 불균형하다고 느끼는 경우도 있다. 내담자는 음악에서 분리를 통해 남성성과 여성성을 모두 경험해볼 수 있으며 자신의 삶에서 남성과 여성적인 면을 통합시킬 수 있다.

- **자유연상(free association).** 이 기술은 내담자가 자신의 문제를 미처 말로 표현하지 못할 때 유용하다. 억압된 이미지나 정서는 즉흥연주를 통해 표면화시킬 수 있다. 음악치료사의 역할은 즉흥연주를 통해 이미 표면화된 소리를 반주해주거나 더 강화시키는 것이다. 이때 표면화된 요소를 내담자가 목소리로 표현(흥얼거림)할 수 있게 격려하면 종종 전에 말하지 못했던 것을 말할 수 있게 된다.
- **계획된 또는 자발적 퇴행(programmed or spontaneous regression).** 내담자는 음악을 통하여 미해결된 갈등이나 상처, 문제가 발생했던 과거의 시점으로 자발적으로 돌아가거나 그렇게 하도록 권유받는다. 그 과정을 통해 안전하고 창조적인 음악이라는 환경에서 자신의 미해결된 역경을 치료사가 함께 하는 가운데 재경험할 수 있다. 음악치료사는 음악적인 무대를 마련하고 즉흥연주를 통한 내담자의 정서적 표현을 음악적으로 지지해준다. Priestley는 내면의 아이(inner child)와 이어주는 것의 중요성을 강조했다. 이 기술은 종종 내담자로 하여금 건강한 내면의 아

이와 만나는 것을 가능하게 한다.
- **신체화 소통(somatic communication)으로 들어가기.** 이 기술은 내담자의 정서와 갈등이 신체화 증상으로 나타날 때 사용한다. 이 경우, 내담자는 증상 자체를 연주하고 음악치료사는 내담자가 회피하거나 무시했던 정서를 음악적으로 표현한다.

두 사람을 위한 기술

두 사람을 위한 기술(dyadic techniques)은 부부나 연인, 2명의 형제자매, 또는 부모와 자식을 위해 사용할 수 있다. 두 사람의 문제가 무엇인가에 따라, 음악치료사는 그들이 경험하는 문제에 접근하기 위해 즉흥연주의 주제나 규칙을 고안한다. Priestley(1975)는 이러한 연합 세션의 일반적인 목적과 결과를 "성장과 발전이 가능한, 보다 창조적인 상호작용이 나타나도록 두 사람의 관계와 관련된 정서를 탐색하고 표현하는 것과 동시에 협력관계를 유지하는 것(p. 154)"이라고 정의하였다. 치료를 시작하면, 두 사람 각각의 필요를 확인해야 한다. 종종 두 사람 사이의 문제는 한 사람이 말을 하는데 상대방은 듣지 않거나, 상대방이 말하거나 행한 것을 잘못 해석하는 데 있다. 이 경우 음악치료사는 두 사람으로 하여금 음악을 통해 소통을 할 수 있도록 음악적 대화를 제안하고 자신은 제3의 경청자이자 목격자 역할을 한다. 때로 음악치료사와 두 사람 간의 즉흥연주는 전에 언급하지 않았던 새로운 주제를 불러올 수도 있다. 음악치료사는 음악 안에서 자기표현을 모델링하여 보여줄 수 있는데, 예를 들면 한 사람이 상대방에게 어떻게 느끼는지에 대한 표현을 두 사람에게 보여줄 수 있다. 음악치료사는 두 사람의 관계성 속에서 상대적인 리듬에 초점을 맞추고 다룰 수도 있다. 리듬이 존재하는가? 표현의 스타일이 존재하는가? 박

자? 스타카토? 너무 느리거나 너무 빠르지는 않은가? 두 사람이 함께 놀거나 창조적이기를 잊은 건 아닌가? 즉흥연주는 독주이거나, 두 사람 간의 이중주이거나, 각 내담자와 음악치료사의 이중주이거나, 세 사람의 삼중주 형태로 나타날 수 있다.

집단기술

Priestley(1994)는 집단구성원을 위한 일반적 치료목적으로 감정에 대한 인식의 고양, 감정의 표현, 정체성 확인 및 확립, 집단에서 자신의 정체성을 방어할 능력의 고양, 인간관계 기술의 확립을 꼽았다. 개인을 위한 기술이 집단에서도 사용될 수 있다. 집단의 목적에 따라 음악치료 개입이 달라지기 때문에 목적을 분명히 하는 것이 무엇보다 중요하다.

일반적으로 집단의 리더가 구성원들에게 집단의 목적을 소개하고, 구성원들은 각자가 집단에서 다루고 싶은 것을 말한다. 그런 다음에 집단구성원들은 함께 즉흥연주를 시작하는데, 이때 음악은 그 세션의 주제를 확인하는 데 사용된다. 보통 음악을 연주한 후에는 언어적 과정이 뒤따르며, 집단구성원들은 연주를 통해 떠오른 요소를 어떻게 진행할지에 대해 결정한다. 리더는 집단 전체 혹은 특정 구성원들의 필요를 다루는 즉흥연주의 주제, 심상 또는 규칙 등을 인식할 수 있게 도와주는 역할을 한다.

리더는 집단치료 단계의 중반부에서 그룹응집력을 촉진시킬 필요가 있을 수도 있다. 예를 들어, 음악치료사는 집단 전원에게 비가 내리고, 빗물이 모여 시내를 이루고, 시내가 강으로 흐르고, 강은 마침내 바다를 이루는 원형적 심상을 함께 연주하자는 제안을 할 수도 있고, 집단 전체에게 함께 연수하면서 공동의 리듬이나 박을 찾아보자고 할 수도 있다. 리듬이나 박이 확립되

고 나면, 음악치료사는 두 사람을 초대해서 듀오로 연주하도록 하고 나머지 구성원들은 경청하게 하다가, 마지막에 전원이 함께 연주하는 형태로 끝낼 수도 있다.

음악치료사는 언어적·분석적 집단 심리치료의 과정과 기술을 음악 안에서 사용할 수도 있다. 여기에서 주의할 점은 언어보다 즉흥연주가 치료과정의 주요 매체가 된다는 사실이다. 예를 들어, 한 집단구성원이 자신의 꿈에 대해 이야기할 경우, 이것을 즉흥연주로 표현하는 것이다. 꿈을 꾼 구성원이 꿈속에 나타난 다양한 역할이나 상징을 다른 구성원들에게 맡기면서 즉흥연주로 표현하도록 할 수 있다. 이때 꿈은 음악 안에서 시간순으로 표현된다. 꿈을 꾼 사람은 독주로 연주했지만, 집단구성원이 그의 연주를 함께 동조해주는 것이다. 연주 후에는 집단 전체가 이 경험을 언어로 표현한다. 집단은 가족작업을 하는 데 있어서도 가족역동 재현의 뛰어난 장을 제공한다. 즉 즉흥연주를 통해 가족의 역할과 패턴을 투사하게 되는 것이다.

요약하자면, 리더는 분석적인 태도로 집단구성원들에게 무엇이 중요한 작업인지 찾아내 결정하고, 책임지며 기다리는 역할을 담당한다. 다시 말하면, 즉흥연주가 어떻게 구성되어야 하는지, 짧게 연주할지 길게 연주할지, 누가 어떤 역할을 맡는지 등에 대한 판단을 의미한다. 음악치료사는 내담자의 언어표현 중 주요 단어·상징·비유를 골라내 창조적인 주제를 정할 수 있게 하거나, 집단구성원이 즉흥연주를 시작할 수 있게 동기를 부여한다. 가끔은 집단공동의 주제나 이슈, 제목 같은 것이 필요하지 않을 때도 있다. 집단구성원들이 주제를 정하기 전에 이미 연주를 시작할 수도 있는데, 이때 음악치료사는 집단에게 즉흥연주를 위한 공동의 주제·이슈·제목이 필요한지 아닌지에 대한 임상적인 판단을

해야 한다. 제목은 즉흥연주를 시작할 때 내담자가 좀 더 안전하게 느낄 수 있도록 하는 구조기반 초점을 제공한다. 머리가 좋고 지적으로 분석하려는 경향이 있는 내담자에게는 즉흥연주를 시작할 때 주제를 정하는 것이 도움이 되지 않는다. 지적인 내담자들은 음악을 깊이 경청하여 감정과 신체적 감각을 체험하기보다는 지적 개념에 빠지는 경향이 있기 때문이다. 리더는 일종의 음악통역자 역할을 수행한다고 할 수 있는데, 음악에서 대인관계적(interpersonal), 개인내적인(intrapersonal) 소통을 촉진시키기 때문이다.

개별, 두 사람, 집단세션에서 무의식에 접근하는 기술

음악을 통해 무의식적 요인에 접근할 수 있게 해주는 방법은 내담자가 연주나 명상을 통해 내면의 세계에서 경험한 상징이나 안내된 심상, 꿈, 신화, 이미지에 집중하는 것이다. 이러한 중재 유형을 통해 얻어진 통찰은 내담자의 치료적 작업내용과 관련이 있다. 종종 주제 없이 즉흥연주를 할 때면, 내담자가 스스로 이해하기 힘든 심상이 떠오르곤 한다. 이 같은 심상은 더욱더 즉흥연주로 탐색해보면서 그 의미와 연관성을 찾아보아야 할 내용이 된다. 음악적 경험을 말로 풀어내지 못하거나, 말하지 않는 내담자에게는 (음악에서 나온 상징을 표현하기 위해) 그림 그리기나 점토활동과 같은 시각예술매체 또는 신체화 작업(예 : 정신역동적 움직임)을 통해 음악에서 경험한 것을 좀 더 심도 깊게 풀어낼 수 있다.

개별, 두 사람, 집단세션에서의 자아강화 기술

자아강도가 약한 내담자들이 많이 있다. 다음의 기술은 내담자의 자아강도를 강화시킬 수 있도록 고안된 것이다.

- 현실 예행연습(reality rehearsal). 내담자는 음악을 통해 자신의 인생에서 필요한 단계에 가본다(예 : 직장 면접에 가거나, 부모로부터 독립하거나, 개학 첫날에 등교하는 등). 즉흥연주를 할 때 내담자는 두려움, 불안, 양가감정, 파괴적 충동 등과 같이 자신의 삶에 방해가 되는 내면의 걸림돌을 음악으로 탐색해본다.

- 관계탐색(exploring relationships). 내담자는 음악치료사, 배우자, 또는 다른 집단구성원과 같이 자신의 인생에서 중요한 사람과 관련된 감정을 음악적으로 탐색해본다.

- 확인과 축하(affirmations and celebrations). 타인으로부터 인정받는 것에 의존하려는 내담자의 경향성을 예방하기 위해서 음악치료사는 인정하는 말을 거의 하지 않는다. 하지만 자신의 삶에서 긍정적인 일을 축하하는 내담자를 지지해주는 것은 중요하다.

- 비언어적 의사소통(subverbal communication). 내담자와 음악치료사는 특정 지침 없이 함께 즉흥연주를 하고, 연주 전후에 언어과정을 거치지 않는다. 이 기술은 내담자의 언어가 방어적이거나, 의미가 없다고 느껴질 때, 내담자와 음악치료사 사이에 관계적 어려움이 있을 때 매우 유용하다.

- 의미심장한 패턴(patterns of significance). 내담자는 사망, 탄생, 결혼, 상실과 같이 자신의 삶에서 의미심장한 사건들과 관련된 감정을 즉흥연주한다. 음악치료사는 안아주기 기술을 사용하여 내담자를 반주해준다.

- 계획된 퇴행(programmed regression). 이 기술은 내담자로 하여금 음악을 통해 인생의 특정 시기로 되돌아가게 함으로써, 과거 억제되었던 감정에 접근할 수 있게 한다. 내담자의 특정 행동이나 두려움, 또는 상처를 설명할 수 있는 통찰력이 생길 수 있다.

정보수집 및 목적 정하기

필자는 AMT 훈련생들에게 기관의 다른 전문가가 작성한 기록을 너무 집중해서 검토하지는 말라고 가르친다. 음악치료 진단평가가 다른 사람의 의견으로 인해 영향을 받지 않게 하려는 것이다. Priestley(1975)는 음악치료사가 일반적인 치료목적을 가지고 있어야 한다고 제안한 반면, AMT에는 목적 자체가 있어서는 안 된다고 하였다.

> 내담자에 대해 외부의 목적을 부여하면, 치료를 제한하는 것과 같다. 그 같은 목적을 달성하기 위해서 목적 외에 존재하는 가치를 발전시키는 것은 간과될 것이고, 특정 증상을 없애는 등의 치료목적은 내담자에게 위협이 될 것이기 때문이다. 그러므로 치료에는 목적이 없어야 한다는 최우선적 목적으로부터 내담자와 치료사가 함께 공동의 목적을 만들어내는 방향으로, 즉 치료사가 치료의 주된 방향을 설정하고 내담자가 부수적인 방향을 설정하는 것으로 나의 의견을 변경한다(pp. 194~195).

인지적 결함이 심각한 경우(예 : 발달장애, 실어증, 심각한 뇌손상, 자폐증, 혼수상태), 치료팀이나 보호자가 정한 목적과 함께 내담자의 음악적 · 언어적, 몸동작 소통을 통해 치료목적을 정한다.

절차단계

일반적으로 각각의 AMT 세션은 그림 17.1에서 보여주는 것과 같은 순환주기를 가지고 있다.

어떻게 이 순환모델을 사용할지는 매우 유동적이다. 한 세션에서 이 순환주기를 반복할 수 있는가 하면, 어떤 세션에서는 말은 한마디도 하지 않고 음악만 사용할 수도 있고, 그 반대의 경우도 있을 수 있다. 현재의 필요성이 규칙보다

우선시되는 경우에는 전체 세션이 하나의 긴 즉흥연주로 이루어질 수도 있다. 연주하거나 노래부르기를 회피하는 내담자가 있을 수 있다. 지적으로 분석하려는 경향이 있는 내담자의 경우에 이런 일이 자주 발생하고, 음악에서 일어난 일을 말로 표현하지 못하거나, 말로 표현하기를 꺼리는 경우도 나타난다. 이와 같은 경우에 추천할 수 있는 치료기법적 단계는 다음과 같다.

이슈, 과제, 주제의 규명

치료적 초점은 내담자가 가진 문제, 고민, 해결해야 할 과제, 또는 내담자가 고군분투하고 있는 내적 또는 외적갈등일 수 있다. 내담자가 치료받고자 하는 자신의 내면이나 관계에서 발생하는 성가신 감정이나 밤에 꾸는 꿈, 환상, 또는 망상이 될 수도 있다. 치료에서 찾고자 하는 내적 자원일 수도 있다. 어떤 작업을 해야 할지 바로 떠오르지 않는다면, 음악치료사와 내담자는 한동안 주제나 제목 없이 같이 즉흥연주를 할 수도 있고, 그렇게 해서 음악에서 힌트를 얻을 수도 있다. 음악을 연주하면 문제나 주제가 종종 빠르게 떠올라 확인되며 치료작업을 진행할 요인으로 사용된다.

즉흥연주의 초점을 확인할 수 있는 또 다른 방법은 내담자의 몸짓을 관찰하는 것이다. 비언어 단계의 내담자와 작업할 때에는 몸짓이나 소리가 즉흥연주를 하는 데 있어서 주요 단서가 된다. 몸짓에 어떤 리듬이 있는가? 숨 쉬는 박자는? 얼굴과 눈빛에 나타나는 정서는? 신체가 긴장을 하고 있는지, 무거운지, 떨고 있는지, 아니면 생기가 없는지? 내담자의 자세나 몸짓도 즉흥연주의 단서가 된다.

내담자의 문제나 주제를 확인한 다음에는, 음악치료사와 내담자가 함께 내담자가 가진 문제의 핵심이나 작업의 초점을 갈무리하는 즉흥연주의 주제를 합의해서 정한다. 즉흥연주의 제목

그림 17.1 AMT에서의 절차단계

은 충분히 연상 작용이 가능한 것으로 정하는 것이 치료과정의 요점이다. 제목이 너무 한정적이거나 고정되어 있을 경우, 내담자의 감정이나 연상 작용 또는 통찰을 일으키는 과정이 중단되기 때문이다. 기능이 높은 내담자와 일할 때는 내담자가 스스로 즉흥연주의 제목을 정하게 하는 것도 중요하다. 치료사가 내담자를 구제하거나 책임을 지는 것보다 내담자 스스로가 치료과정에 책임감을 느끼게 하려는 의도이다. 치료를 시작한 지 10분 정도 지나면 의식적이든 무의식적이든, 말했거나 말하지 않았거나 어떤 작업을 진행해야 하는지 분명해진다.

즉흥연주에서의 역할 정의

이 단계에서는 내담자가 자신과 음악치료사의 역할을 정하게 되는데, 이 같은 책임을 내담자에게 맡기는 것은 내담자가 치료실 밖의 삶에서 회피할 수 없는 선택과 주요 결정에 책임을 질 수 있게 돕는다. 치료세션에서 역할이 명확하지 않으면 혼란을 야기하고, 내담자가 음악에서나 말을 하는 과정에서 불안을 느낄 수 있다. 음악치료사는 "제가 당신과 함께 연주할까요, 아니면 적극적으로 듣기만 할까요?", "제가 당신의 소리를 보강해드릴까요? 아니면 제 마음이 이끄는 대로 연주해도 될까요?"와 같이 즉흥연주에서 자신의 역할을 단도직입적으로 질문해야 한다. 만약 꿈의 일부분을 음악적으로 극화해서 표현하고 재경험한다면, 음악치료사나 내담자가 특정 상징을 맡아서 표현해야 한다. 꿈에 대한 즉흥연주를 할 때도 내담자가 자유연상의 필요성을 느끼고, 자유즉흥연주에서 어떤 일이 발생하는지를 탐색하고 싶을 때는 역할을 정하지 않아도 된다. 제목을 정하지 않아도 되는 또 하나의 경우는 내담자가 삶에서의 불확실성과 미지의 요소를 다룰 수 있는 능력을 고양시키고 싶을 때이다.

주제 연주하기

이 단계에서 내담자는 제목, 주제, 또는 합의된

역할을 음악치료사와 함께 또는 음악치료사를
제외하고 혼자 연주한다. 여기서 중요한 것은 어
떤 악기를 선택했는가로 악기의 종류(타악기, 관
악기, 현악기, 성악), 악기의 크기, 악기의 재질
(나무, 금속)에 관한 것이다. 또한 어디서 어떻게
악기를 배열했는가, 내담자에게 가깝게 또는 멀
리 배열했는가? 내담자는 음악치료사와 눈을 마
주칠 수 있는가? 내담자가 악기 뒤에 숨어 있지
는 않은가? 내담자는 음악치료사가 선택해준 악
기를 연주하는가? 내담자가 악기 또는 목소리를
어떻게 사용하는가? 매 세션마다 내담자가 똑같
은 악기를 사용하는가, 또는 세션별로 다른 악기
를 선택하는가? 연주하거나 노래할 때 내담자의
움직임은 어떠한가?

　이 같은 관찰은 음악치료 진단평가의 과정이
며 음악적 요소를 중심으로 관찰할 수 있다. 이
같은 요소들은 정서적, 관계적, 발달적, 인지적,
운동감각적, 창조적, 활동적, 미적, 영적, 창의적
영역으로 범주화할 수 있다. 첫 번째 단계는 리
듬, 선율, 화성, 박자, 악구, 주제(theme) 또는 동
기(motif), 역동, 악기와 목소리의 선택과 사용,
음악작풍, 범위, 분절법(articulation), 음색과 같
은 요소들의 쓰임새를 확인하고 묘사하는 것이
다. 이러한 음악적 정보들은 언어적 정보, 내담
자의 진단명, 개인사, 문화적 배경, 지금까지 다
루어온 주제나 이슈, 치료 순환주기상의 현재 위
치, 내담자가 제시한 치료목적 등의 외적요소들
과 통합된다. 위에 언급한 모든 요소와 범주는
정확한 진단평가를 위한 정보를 제공해서 치료
목적과 목표를 세우게 한다. 치료목적을 명확히
밝히는 것은 Priestley의 의도와 거리를 두는 것을
의미한다. 하지만 실제 임상현장에서는 Priestley
또한 치료 시 목적지향적인 사고를 보이곤 했다.
진단평가 과정에서는 음악과 관련해서 나타나는
내담자의 언어적 또는 비언어적 의견을 우선적

으로 다룬다. 연주나 노래를 할 때, 음악치료사
는 내적수준에서 즉흥연주에 대한 분석을 한다.
AMT 진단평가에 대해서는 이전 저서에서 좀 더
자세히 다루었다(Scheiby, 2002b).

언어화 과정(음악을 언어로 해석함)

AMT 철학은 언어화를 유용한 과정으로 보는데,
비언어적 · 음악적 · 신체적 경험을 인지와 연결
시켜 통합을 도와주는 과정이기 때문이다. 만약
개인이 자신의 감정을 인식하지 못한다면, 행동
은 충동적이고 자신으로부터 단절된 채로 남을
것이다. 언어화는 연주나 발성 또는 동작을 통해
얻은 개인내적 경험과 대인관계 경험의 통합을
촉진할 수 있다. 언어화는 내적 · 외적 현실의 조
화를 강화시키고, 자신의 감정을 인식하여 그 감
정의 근원을 깊이 이해할 수 있게 한다. 음악적
패턴을 말로 확인하는 것은 내담자로 하여금 삶
에 대한 통찰을 얻게 하거나 스스로 변화하기를
원하는 행동패턴을 인식할 수 있게 도울 수 있다.

훈련

필자는 Mary Priestley에게서 받은 훈련을 바탕
으로 4년 과정의 학위 후 전문 훈련프로그램을
개발했다. 첫해에는 개별 AMT를 훈련생들에
게 제공하여 각자의 도전과제, 자원, 심상, 꿈,
필요, 야망, 정서에 대한 작업에 집중하게 했
다. Abrams(2013)은 훈련생의 관점에서 이 첫 단
계의 훈련이 개인과 전문직에 미친 영향에 대
해 잘 기록한 바 있다. 2년 차에는 **상호음악치료**
(inter music therapy, IMT)라고 명명한 상호치료
(intertherapy) 훈련에 집중한다. 3년 차에는 개
별 AMT 슈퍼비전을, 4년 차에는 집단 AMT 슈
퍼비전에 집중한다. 개별과 집단 AMT 슈퍼비
전 훈련의 구성요소는 훈련생의 음악치료 임상
에 기반을 둔다. 슈퍼비전은 음악과 언어적 과정

을 통해 진행되는데, 훈련생이 슈퍼비전에 가져오는 임상사례를 바탕으로 이루어진다. 훈련의 이론적 부분은 일지 작성, 임상과 관련된 독서가 포함되어 있다. 또한 훈련생에게 AMT 문헌목록을 제공하여 훈련생이 문헌들을 잘 익히도록 교육한다. AMT 치료방법을 소통하는 것에 익숙해지게 하기 위해, 훈련생들에게 AMT에 관한 논문을 출간하거나, AMT를 주제로 발표하도록 장려한다. 훈련생들은 모든 훈련과정을 마친 후에도 숙련된 분석적 음악치료사에게서 매주 슈퍼비전을 받아야 한다.

AMT 임상가들의 예

AMT는 현재 유럽, 미국, 캐나다, 이스라엘과 일본에서 성인·청소년·소아 정신과, 의료기관 및 재활기관, 아동을 위한 특수교육, 정신지체 성인, 호스피스와 완화치료, 사설 치료센터에서의 성인·청소년·아동·부부 대상의 치료, 재소자, 청소년 정신과 주간병동 프로그램, 직무웰니스, 성장과 예방, 커뮤니티 음악치료, 음악치료 학생과 훈련생과 같이 다양한 대상군과 환경에서 실시되고 있다. 다음의 예는 현재 AMT 치료사로 활동 중인 2명의 음악치료사와의 개인서신을 바탕으로 한 것인데, 하나는 개인 슈퍼비전에 관한 것을, 다른 하나는 정신과 병동에서의 작업을 다루고 있다.

AMT 개인 슈퍼비전

AMT 슈퍼비전에서는 어떤 주제나 이슈든 음악이나 시각예술, 또는 신체화 작업을 거쳐 슈퍼비전이 진행된다. AMT 훈련생이자, 독자적으로 활동하는 음악치료사인 Suzannah Scott-Moncrieff는 즉흥연주를 이용한 AMT 슈퍼비전에 대한 그녀의 경험을 다음과 같이 언급하고 있다(S. Scott-Moncrieff, 2012. 6. 30, 개인서신). 그녀는 슈

퍼비전에서의 음악적 개입이 언제나 "안아주기(holding) 혹은 반영하기(reflecting)"는 아니었고, 때로는 "과감하고 맞서는(bold and confronting)" 경험이기도 했다고 표현했다. 슈퍼바이저와 함께 연주할 때면, 음악은 종종 현실의 자신보다 더 용감한 임상가인 자신을 상상하게 만들었다고 한다. 내담자와 음악치료를 할 때, Suzannah는 자신이 슈퍼비전에서 경험했던 것을 충분히 활용했다. 즉 지지적이고 잘 발전된 음악적 개입을 쉽게 활용할 수 있었던 것이다. 훈련생의 음악이 슈퍼바이저의 음악과 다를 때는 힘들긴 하지만, 그 경험이 훈련생으로 하여금 자신의 내담자와 다른 음악을 연주할 수 있게 한다는 사실을 깨닫게 했다. 슈퍼비전에서 생생한 즉흥음악을 사용하는 것은 유희성과 자발성을 촉진시키는 결과를 가져오기도 한다. Suzannah는 임상을 할 때 밝은 기분을 가지고, 자신의 유희성을 적절히 활용했다. 슈퍼비전 세션에서 창조된 음악은 훈련생으로 하여금 내담자의 입장이 되어보게 하였고, 동시에 좀 더 깊이 있게 음악치료사의 역할을 경험하게 했던 것이다. 슈퍼비전은 여전히 Suzannah의 임상을 "생기 있는 음악중심의" 작업으로 유지하는 데 지극히 중요한 역할을 하고 있다.

정신과에서의 AMT 집단 음악치료

Audrey Morse(2013. 1. 29, 개인서신)는 정신병원에서 다섯 팀의 AMT 집단 음악치료를 진행하고 있다. 드럼서클, 즉흥연주와 신체인식을 사용하는 음악적 긴장완화 집단, 노래 만들기 집단, 2개의 음악감상 집단이 그것이다. Audrey는 "나의 임상이 AMT적이라는 것은 명백하다. 나는 환자로 하여금 음악과 삶의 다양한 면에서 목적을 이룰 수 있게 돕고 있고, 언어적 소통이 어려운 환자(예: 정신병 또는 기분장애)와는 상징적·음악적 소통을 가능하게 한다"고 했다. AMT 집단

에서 개인적 표현에 대한 관용은 필수적이다. 분석적 방법에 근거한 집단(analytically informed group)의 목적 중에는 '음악적 무질서'를 인내하고 수용할 수 있는 능력을 기르는 것도 포함되어 있는데, 이 두 가지 특성(인내와 수용)은 내담자로 하여금 자신의 정신질환 증상을 수용하고 인내할 수 있게 한다. 치료집단에는 고기능과 저기능 환자들이 섞여 있다. Audrey Morse는 집단이 시작할 때, 각각의 환자로 하여금 치료실 중앙에 미리 준비해놓은 악기모음에서 악기를 고르게 한다. 세션 초반의 음악적 선택활동은 진단평가의 도구 역할을 하는데, 특별히 환자의 리듬구성 능력과 대인관계 능력에 관해서 관찰하게 된다. 치료세션 동안, 치료사는 집단구성원들이 악기나 목소리를 통해 감정을 교류하도록 격려한다. 음악적 소통을 강조하면서 비언어적 소통의 장을 만드는 것인데, 여기서 환자들은 비언어적으로 자신을 관리하는 것을 배울 수 있다. 드럼서클 집단에서는 음악적 진단평가를 짧게 가지는데, 집단구성원들에게 순서대로 음악적 리더가 될 기회를 제공하는 것에 집중하기 위함이다. "집단통솔의 경험은 자신의 힘과 상황에 대한 통제력을 느끼게 하고, 자신이 말한 것을 사람들이 중시하는 경험을 가능하게 한다. 즉 집단구성원들은 자신들의 소통이 중시되고 있음을 느끼게 된다."

연구

AMT 개별 및 집단 음악치료 개입과 의미 있는 결과를 다루고 있는 다양한 재구성적인 사례연구(Kowski, 2003; Pedersen, 2002, 2003)와 몇 편의 질적연구, 그리고 한 편의 양적연구가 출판되었고, 두 편의 혼합연구(mixed methods studies)가 현재 신행 중이다.

질적연구 중 누적된 정신적 외상(trauma)을 가진 내담자와의 AMT 치료에서 대인관계 리듬(interpersonal rhythm)에 관한 Auf der Heyde(2012)의 연구를 소개하고자 한다. 이 연구는 즉흥연주에서의 리듬 상호작용이 리듬연주에서 나타나는 파열현상을 어떻게 회복시킬 수 있는가를 탐구했다. Auf der Heyde는 치료사와 내담자의 즉흥연주 상호작용에서 나타나는 리듬을 분석했는데, 이 분석은 음악치료사들로 하여금 내담자의 정신적 외상에 대해 정확한 평가와 개입을 할 수 있게 했다. 누적된 정신적 외상의 개인사가 있는 내담자들의 경우 고각성상태(hyperarousal)나 저각성상태(hypoarousal)에서 반복적인 리듬연주를 자주 했는데, 이때 치료사들은 내담자가 이와 같은 연주상태에서 빠져나올 수 있도록 음악적 개입을 하였다.

Cooper(2011)는 템플대학교의 기록보관소에 있는 Priestley의 작업(*www.temple.edu/musictherapy/home/dbs/amt_priestley.htm*)을 사용해서 Priestley가 어떻게 AMT 기술을 이용하여 의식적, 무의식적 요인을 탐색하고 자아를 강화했는지 조사했다. 이 연구의 결과는 분석적 음악치료사가 AMT 기술과 임상적·음악적 목적을 적용하려 할 때 반드시 숙고해야 할 사항들을 소개하고 있다.

Pedersen(2007)은 역전이에 대한 현상학적 연구를 했는데, 성인 정신과에서 즉흥연주를 통해 치료작업을 진행하는 4명의 음악치료사를 심층면담한 자료가 바탕이 되었다. 그녀의 연구결과 중 몇 가지를 소개한다. (1) 역전이 경험은 놀라운 순간에 발생한다. (2) 중증 정신질환자들과 일할 때는 치료사와 내담자의 관계성이 주요 치료수단이 된다. (3) 음악치료사는 역전이 순간에 충실히 집중한다. (4) 동시에 음악을 같이 연주하는 경험은 음악치료사로 하여금 그 순간에 충실히 집중하게 한다.

Eyre(2007)는 Bruscia(1987)의 즉흥연주 평가

프로파일(Improvisation Assessment Profiles)을 이용해서 Priestley가 조현병 환자와 진행했던 5개의 개인세션 즉흥연주를 분석해 재구성적 사례연구를 발표했다. Eyre는 이들 즉흥연주 분석에서 주요 변화가 일어났는지, 변화가 내담자의 심상이나 삶의 사건 및 음악 즉흥연주에서 어떻게 나타났는지를 기록하고자 했다.

Hadley(2001)는 다양한 방식의 현상학적 조사를 통해 Priestley의 실제 체험과 삶이 AMT와 어떻게 관련이 있고, AMT에 어떻게 반영되었는지를 고찰하였다. Hadley는 Priestley만의 독창적인 음악치료 접근법이 그녀의 개인적 경험과 배경에서 비롯된 것임을 강조하였다.

Kim(2013)은 사례연구에서 뉴욕 시에 거주하는 6명의 노년층 한인 여성 이민자들을 다루었다. 이 여성들은 주 1회 집단 음악치료를 6개월간 받았는데, Kim은 AMT 훈련을 받은 치료사였으므로 AMT 집단치료를 진행했다. 이들은 네 가지 범주의 하위문화권 집단(한국인, 이민자, 노년층, 여성)에 속했는데, 이 문화가 치료과정과 집단역동에 미치는 영향을 주의해서 다루었다. 자료들은 다양한 질적방법을 이용해 분석했다. Kim은 이 연구의 결과를 바탕으로 음악치료사들이 더 나은 서비스를 제공하기 위해서는 내담자의 문화적 배경과 성별에 따른 역할을 고려해야 된다고 주장했다.

Langenberg와 동료들(Langenberg, Frommer, & Tress, 1993)은 AMT에 대해 많은 연구를 진행했다. 예를 들어, 그들은 질적 · 해석학적 연구방법을 사용하여 AMT에 근거한 음악 치료에서 공명 기능(resonator function) 현상이 어떻게 작동해서 임상 즉흥연주에서의 의미를 도출해내는지를 조사하고 묘사했다. 그들은 공명 기능이 발생하는 몇 가지 상황을 발견하고, 음악치료사가 내담자의 음악과 즉흥연주자와도 공명한다는 증거도

제시했다. 이에 추가적으로 Mahns(1998)는 아동 대상 AMT에서의 상징 발달에 관한 연구에서 학령기 아동들과의 음악치료에서의 즉흥연주의 의미에 대해 연구했다. Marom(2004)은 호스피스에서 일하는 AMT 훈련을 받은 음악치료사들을 포함하여 음악치료사들의 영적 경험에 대한 질적조사를 수행했다.

필자와 동료들은 초기와 중기 단계 치매 환자들을 대상으로 하는 집단 음악치료가 이들의 우울, 불안, 초조와 삶의 질에 어떤 영향을 미치는지를 질적연구와 무선통제연구를 통해 살펴보았다(Scheiby et al., 1999). 이 연구에서는 집단 AMT 치료기법을 사용했다. 치료의 결과로 집단 음악치료 참가자들의 우울, 불안, 초조 증세의 뚜렷한 감소와 삶의 질에서의 유의미한 향상이 나타났다.

현재 필자는 소규모의 혼합연구를 진행 중인데, 의학적 외상에서 회복 중인 환자들의 불안과 동기에 미치는 집단 AMT 음악치료 중재의 영향을 조사하고 있다. 연구가설은 음악심리치료를 받는 동안에 궁극적으로 의학적 · 정신적 외상의 회복을 도와줄 신경망이 세워지고 강화된다는 것이다. AMT 치료 도중과 치료 후에 양적자료를 수집하려는 목적으로 자발적인 신경가소성과 관련된 휴대용 뇌 스캐너가 현재 개발되고 있다. 그림 17.2는 AMT 내담자가 자료를 수집하기 위한 헤드셋을 쓰고 있는 장면이며, 그림 17.3은 헤드셋에서 출력되는 자료를 보여주고 있다. 한 치료실에서 항상 동일한 치료적 환경과 악기 구성으로도 지표가 진행된다. 전자악기 인터페이스(MIDI)를 바탕으로 하는 적절한 음향학적 환경(예 : 상호작용이 가능한 MIDI 하드웨어 및 소프트웨어 시스템인 사운드 빔이나 아이패드 2)도 제공되었다. 필자가 진행 중인 또 다른 혼합연구는 AMT 슈퍼비전의 영향을 조사하는 것이다.

이 연구에서는 양적척도와 질적조사 방법이 함께 사용될 것이다.

결론

AMT는 정신역동적 음악치료의 한 형태로 주된 변화의 매체는 즉흥연주이며, 내담자가 말을 할 능력이 있을 경우 언어적 과정도 함께 사용된다. AMT는 즉흥적으로 만들어가는 음악이 내담자와 음악치료사 간의 치료적 관계 안에서 사용될 경우, 무의식에 저장된 것을 표출시키고 변화를 촉진시킬 수 있다는 믿음을 근거로 결성되었다. 치료과정에서 의미를 찾는 것이 필수적이며, 주 목적은 몸과 마음, 영혼의 통합, 과거와 현재 간의 통합과 같이 무의식과 의식의 통합을 촉진하는 것이다. 또한 음악에서 표현하고 정서적으로 경험한 것을 인지와 영적 수준의 의식과 통합하는 것이다. 그러므로 AMT 접근법은 다양한 대상군과 다양한 임상환경에 적용할 수 있다.

AMT 훈련은 고급 학문수준에서 시작할 수 있고, 반드시 음악 안에서 진행되는 개인 및 집단 자기분석과 더불어 직·간접적인 개별 및 집단 슈퍼비전을 포함한다. 또한 심리치료 기술의 개발, 즉흥연주 기술의 개발, 다양한 작품을 조성과 무조 표현기법으로 개발, AMT 훈련을 받은 음악치료사와의 자기경험적 훈련이 의무적이다. 세션을 오디오 녹음이나 비디오 녹화하는 것은 AMT의 중요한 방법인데, 녹음/녹화 자료가 세

그림 17.3   헤드셋으로부터 출력되는 데이터

션 안과 밖에서 치료과정에 대한 이해를 높이는 데 사용되기 때문이다. 종종 AMT 작업에서는 신체동작이나 시각예술 표현이 음악과 함께 사용된다.

무의식으로 가는 왕도는 즉흥음악이다. AMT 치료사는 내담자의 무의식이 음악치료사의 무의식에 영향을 미친다는 것을 알고 있다. 그러므로 음악적 전이와 역전이, 음악 외적 전이와 역전이가 모두 주요 정보의 원천이고 치료방향을 가리키는 수단이 된다. 세션에는 다양한 악기가 필요한데, 매 순간 내담자의 마음에 드는 소리와 자료를 가진 악기를 고를 수 있게 하기 위함이다. 악기와 즉흥음악 모두 종종 중간대상(transitional object)이나 투사 도구(projection tool)로 쓰인다.

감사의 글

편집을 도와준 Katie Colton에게 감사를 전한다.

참고문헌

Abrams, B. (2013). A perspective on the role of personal therapy in analytical music therapy training. In K. E. Bruscia (Ed.), *Self-experiences in music therapy education, training, and supervision* (pp. 304–314). Gilsum, NH: Barcelona.

Auf der Heyde, T. M. C. (2012). *Interpersonal rhythms disrupted by a history of trauma: An in-depth case study of analytical music therapy* (Doctoral dissertation, City University of New York). ProQuest, UMI Dissertations Publishing, 3499217.

Bruscia, K. E. (1987). *Improvisational models of music*

그림 17.2   AMT 세션에서 내담자가 데이터를 수집하는 헤드셋을 착용하고 있다.

therapy. Springfield, IL: Charles C Thomas.

Cooper, M. L. (2011). *A musical analysis of how Mary Priestley implemented the techniques she developed for analytical music therapy* (Doctoral dissertation, Temple University, Philadelphia). ProQuest, UMI Dissertations Publishing, 3509047.

Eyre, L. (2007). Changes in images, life events and music in analytical music therapy: A reconstruction of Mary Priestley's case study of "Curtis." *Qualitative Inquiries in Music Therapy, 3*, 1-31.

Hadley, S. (1998). Exploring relationships between life and work in music therapy: The stories of Mary Priestley and Clive Robbins (Doctoral dissertation, Temple University, Philadelphia). *Dissertation Abstracts International, 59*(10), 3690A.

Hadley, S. (2001). Exploring relationships between Mary Priestley's life and work. *Nordic Journal of Music Therapy, 10*(2), 116-131.

Hadley, S. (2002). Theoretical bases of analytical music therapy. In J. T. Eschen (Ed.), *Analytical music therapy* (pp. 34-48). London: Jessica Kingsley.

Kim, S. A. (2013). Re-discovering voice: Korean immigrant women in group music therapy. *Arts in Psychotherapy, 40*, 428-435.

Klein, M. (1932). *The psycho-analysis of children.* London: Hogarth Press.

Kowski, J. (2003). Growing up alone: AMT therapy with children of parents treated within a drug and substance abuse program. In S. Hadley (Ed.), *Psychodynamic music therapy: Case studies* (pp. 87-104). Gilsum, NH: Barcelona.

Langenberg, M., Frommer, J., & Tress, W. (1993). A qualitative research approach to analytical music therapy. *Music Therapy, 12*(1), 59-84.

Mahns, W. (1998). *Symbolbildungen in der analytischen Kindermusiktherapie: Eine qualitative Studie über die Bedeutung der musikalischen Improvisation in der Musiktherapie mit Schulkindern* [Symbol development in analytical music therapy with children: A qualitative study of the meaning of improvisation in music therapy with school children]. Unpublished doctoral dissertation, Aalborg University, Aalborg, Denmark.

Marom, M. K. (2004). Spiritual moments in music therapy: A qualitative study of the music therapist's experience. *Qualitative Inquiries in Music Therapy, 1*, 37-76.

Pedersen, I. N. (2002). *Opbygning af alliance. Musikterapi med en teenagepige fra børnepsykiatrien med diagnosen infantile autism* [Building up alliance: Music therapy with a teenage girl from child psychiatry with diagnosis of infantile autism]. *Musikterapi I Psykiatrien. Årsskrift 3.* Aalborg: Musikterapiklinikken 7-21.

Pedersen, I. N. (2003). The revival of the frozen sea urchin: Music therapy with a psychiatric patient. In S. Hadley (Ed.), *Psychodynamic music therapy: Case studies* (pp. 375-388). Gilsum, NH: Barcelona.

Pedersen, I. N. (2007). *Countertransference in music therapy: A phenomenological study on countertransference used as a clinical concept by music therapists working with musical improvisation in adult psychiatry* (Doctoral dissertation, Aalborg University, Aalborg, Denmark). Retrieved from *www.mt-phd. aau.dk/phd-theses/Alfabetical+list+of+PhD+theses.*

Priestley, M. (1975). *Music therapy in action.* London: Constable.

Priestley, M. (1980). *The Herdecke analytical music therapy lectures* [Analytische Musiktherapie] (B. Stein, Trans.). Stuttgart, Germany: Klett-Cotta.

Priestley, M. (1994). *Essays on analytical music therapy.* Gilsum, NH: Barcelona.

Scheiby, B. B. (1988). *Musikterapi: psykoterapi som kunstnerisk erkendelsesmetode og akademisk disciplin* [Music therapy: Psychotherapy as artistic method of insight and academic discipline]. *Matrix, Journal for Psychotherapy, 5*(3), 37-84.

Scheiby, B. B. (1998). The role of musical countertransference in analytical music therapy. In K. E. Bruscia (Ed.), *The dynamics of music psychotherapy* (pp. 213-247). Gilsum, NH: Barcelona.

Scheiby, B. B. (1999). Music as symbolic expression: Analytical music therapy. In D. J. Wiener (Ed.), *Beyond talk therapy* (pp. 263-285). Washington, DC: American Psychological Association.

Scheiby, B. B. (2001). Forming an identity as a music psychotherapist through analytical music therapy supervision. In M. Forinash (Ed.), *Music therapy supervision* (pp. 299-335). Gilsum, NH: Barcelona.

Scheiby, B. B. (2002a). Improvisation as a musical healing tool and life approach: Theoretical and clinical applications of analytical music therapy improvisation in a short- and long-term rehabilitation facility. In J. T. Eschen (Ed.), *Analytical music therapy* (pp. 115-153). London: Jessica Kingsley.

Scheiby, B. B. (2002b). Caring for the caregiver: Trauma training in music and transfer of terror into meaning through community music therapy training. In J. V. Loewy & A. F. Hara (Eds.), *Caring for the caregiver: The use of music and music therapy in grief and trauma* (pp. 92-105). Silver Spring, MD: American Music Therapy Association.

Scheiby, B. B. (2005). An intersubjective approach to music therapy: Identification and processing of musical countertransference in music psychotherapeutic context. *Music Therapy Perspectives, 23*, 8-17. Audio excerpts to accompany the article available at *www.wmich.edu/musictherapy/mtp.html*.

Scheiby, B. B. (2010). Analytical music therapy and integrative medicine: The impact of medical trauma on the psyche. In K. Stewart (Ed.), *Music therapy and trauma: Bridging theory and clinical practice* (pp. 74–87). New York: Satchnote Press.

Scheiby, B. B. (2013). Analytical music therapy for pain management and reinforcement of self-directed neuroplasticity in patients recovering from medical trauma. In J. Mondanaro & G. Sara (Eds.), *Music and medicine: Integrative models in pain medicine* (pp. 149–179). New York: Satchnote Press.

Scheiby, B. B., & Pedersen, I. N. (1989). *Psychodynamische Bewegung innerhalb eines musiktherapeutischen Konzepts* [Psychodynamic movement in a music therapeutic context]. In H.-H. Decker-Voigt (Ed.), *Diplom-Aufbaustudium Musiktherapie, 3* (pp. 70–74). Lilienthal/Bremen, Germany: Eres.

Scheiby, B. B., Tomaino, C., Ramsey, D., Asmussen, S. M., Shah, V., & Goldstein, A. (1999). *The effects of a music therapy intervention on the levels of depression, anxiety/agitation, and quality of life experienced by individuals diagnosed with early and middle stage dementias: A controlled study.* Unpublished document, Institute for Music and Neurologic Function, Beth Abraham Health Services, Bronx, NY.

Stewart, K., Silberman, R. J., Loewy, J., Schneider, S., Scheiby, B. B., Scott-Moncrieff, S., et al. (2005). The role of music therapy in care for the caregivers of the terminally ill. In C. Dileo & J. V. Loewy (Eds.), *Music therapy at the end of life* (pp. 239–250). Cherry Hill, NJ: Jeffrey Books.

제 18 장

신경학적 음악치료

 Corene P. Hurt-Thaut | Sarah B. Johnson

김수지 역

음악이 인간행동에 미치는 치료적 효과는 여러 문화권에 걸쳐 널리 알려져 있다. 1950년대에 들어 음악치료가 전문분야로 정착하면서 치료도구로써의 음악의 사용이 공식화되었다. 다양한 임상군을 대상으로 음악의 치료적 효과에 대한 임상연구 결과들이 보고되어왔으나, 기능적, 목표지향적, 치료적 중재계획 수립 시 음악인지나 음악연주 등 음악과제 수행에서 요구되는 기본적인 원리들에 대한 충분한 이해를 바탕으로 하지 않는다면 그 중재안은 반복해서 적용했을 때 일관된 결과들을 기대하기 어렵다. 1999년, Michael Thaut가 소개한 신경학적 음악치료(Neurologic Music Therapy, NMT)는 연구에 기반을 둔 표준화된 임상기법으로서 개별환자의 진단명과 기능적 치료목표에 따른 감각운동, 말하기와 언어, 인지훈련을 위한 음악의 치료적 적용을 다루고 있다. NMT의 임상적용안들은 현

재 진행되고 있는 기초과학 및 임상연구들에 기반을 두기 때문에 일관성 있는 기능개선의 효과들을 보여준다.

Thaut는 음악경험이 치료적 경험으로 전환되기 위해서는 우선 다음과 같은 질문에 대한 답이 필요하다고 생각했다. 음악이 치료적이고 예측 가능한 방식으로 인간행동에 영향을 미치는 데 기본이 되는 심리학적이고 생리학적 원리들은 무엇인가? 음악치료사들은 타당한 양적연구 결과들을 도출할 수 있는 임상연구들을 시도함으로써 치료 내 음악의 효과에 대한 복잡한 질문에 답하고자 하였다. 하지만 연구결과들은 훌륭한 음악치료 연구나 임상실제의 선행조건이라 할 수 있는, 음악이 치료에 어떻게 적용될 수 있는지에 대한 충분한 정보를 제공하지 못하고 있었다. Thaut(2000)는 음악치료가 과학적, 의학적 치료분야로 성장하기 위한 모델 개발의 필요

성을 강조하였는데 이러한 모델은 (1) 과학적 근거기반으로 인간행동에 대한 음악의 치료적 효과를 설명하고, (2) 음악반응을 치료적 반응으로 변환시키기 위한 체계적이고 창의적인 기본 틀을 제공하고, (3) 치료적 결과와 음악치료의 혜택을 예측하여 적절한 중재안을 선택할 수 있는 체계적인 임상연구방법의 개발을 유도한다. 콜로라도 포트콜린스에 위치한 음악생의학 연구센터(Center for Biomedical Research in Music)에서 Thaut의 연구팀이 진행한 연구들은 전 세계에 있는 신경과학자들과 치료사들의 협업에 의해 진행되었으며 이를 통해 그의 질문들에 대한 답을 얻을 수 있었다. 또한 이러한 과학적 기본 작업들은 음악치료사와 타 분야 치료사들 간의 협력을 통해서도 이루어져 현재의 NMT로 자리 잡게 되었으며, 최신의 정보들은 *www.cbrm.colostate.edu*에서 확인할 수 있다.

역사

1968년, Gaston은 치료에서의 음악을 구성하는 중요한 기본 개념을 규정하였다. 그는 "에너지를 불러일으키고 질서를 부여하는 리듬의 특별한 잠재성(p. 17)"에 대해 언급하였다. 1991년에 콜로라도주립대의 Thaut와 그의 연구팀은 정상군과 신경학적 질환을 가진 대상군의 상지 및 하지 움직임에 대한 리듬적용의 근간이 되는 중요한 연구들 중 첫 번째 논문을 발표하였다. Thaut, Schleiffers와 Davis(1991)는 대근육을 움직일 때 청각적으로 제공되는 리듬이 이두근(biceps)과 삼두근(triceps)의 EMG 패턴에서 시작점, 지속시간, 변이성을 조정하는 시간조절자 역할을 할 수 있는지에 대해 연구하였다. 연구결과, 보다 효율적인 근육사용을 돕는 청각리듬을 제공하면 운동과제 수행 중 근육움직임의 변이성이 감소하고, 근육사용의 효율성이 증가하였으며 과제를 지속적으로 정확하게 수행하는 능력에 도움을 줄 수 있는 것으로 밝혀졌다.

이와 유사한 연구로 Thaut, McIntosh, Prassas와 Rice(1992)는 정상보행의 보행주기 동안 측정되는 시간적 지표들과 근활성화에 미치는 리드믹 청각자극(Rhythmic Auditory Stimulation, RAS)의 효과에 대해 연구하였다. 본 연구에서는 리듬을 제공할 때, 연구참여자들에게서 좌우 하지의 리드믹한 움직임의 향상, 비장근(gastrocnemius muscle)의 활동반응 시작의 지연 및 반응주기의 감소, 비장근의 EMG 폭의 합산 비율의 증가가 확인되었다. 이러한 결과들은 척추 내 운동단위들의 효율적인 사용으로 이어지는 점화효과(priming effect)로 인한 것으로 보행 시 RAS가 제공되면 추진기(push-off)동안 좀 더 집중적이고 일관된 근육의 움직임이 유도된다는 주장의 근거가 된다. 본 연구의 결론을 바탕으로 편마비 뇌졸중 환자의 보행시간지표와 근활성화 등에 미치는 RAS의 효과와 관련된 후속연구들이 이루어졌으며 이러한 연구들 또한 유사한 결과들이 나타났다(Thaut, Rice, McIntosh, & Prassas, 1993).

신경학적 질환을 가진 환자들의 상지와 하지 움직임의 재활에서 음악을 사용하는 것에 대한 근거를 제공하는 기초과학과 임상연구들은 20여 년이 넘는 기간 동안 지속적으로 성장하고 있다. 보행훈련 시 RAS를 사용한 최근의 연구들을 살펴보면 파킨슨병 환자(de Dreu, van der Wilk, Poppe, Kwakkel, & van Wegen, 2012; Kadivar, Corcos, Foto, & Hondzinski, 2011), 외상성 뇌손상 환자(Hurt, Rice, McIntosh, & Thaut, 1998), 다발성 경화증 환자(Baram & Miller, 2007; Conklyn et al., 2010), 척추손상 환자(de l'Etoile, 2008), 뇌성마비 환자(Baram & Lenger, 2012;

Kim et al., 2011)들을 대상으로 리듬을 적용했을 때 보행의 운동역학적 움직임 향상을 통한 보행자세, 보행비율(분속수), 보폭주기의 개선과 효율적이고 대칭적인 하지근육 움직임이 유도되는 것을 알 수 있다. 후천적 뇌손상 대상 음악치료에 대한 코크란 리뷰(Bradt, Magee, Dileo, Wheeler, & McGilloway, 2010)에서는 NMT 기법의 하나인 RAS를 적용한 연구결과들을 분석하여 RAS가 뇌졸중 환자의 보행속도, 분속수, 보폭주기, 보행의 대칭성 등을 포함한 보행지표를 향상시킨다고 보고하였다.

이론적 전제

합리적 과학적 중재 모델(Rational Scientific Mediating Model, R-SMM)은 비음악적 반응을 관장하는 두뇌와 행동기능에 영향을 주는 음악지각과 음악산출과정에 관여하는 신경학적, 생리학적, 심리학적 근거의 기본 전제에 대해 소개한다(Thaut, 2000). R-SMM은 음악적 행동과 비음악적 행동을 의미 있게 연결하는 뇌구조 체계가 어떻게 음악을 인지하고 반응하며 어떻게 음악과 관련되는지에 대한 이해를 높이기 위해 고안되었다. 이러한 연결성은 오직 일관성 있는 치료중재안을 통해 음악이 만들어지는 과정에서만 가능하다. R-SMM은 인지적, 정서적, 감각운동적 영역에서 음악의 치료적 사용에 대한 타당한 모델을 구성하기 위한 네 단계의 과정으로 되어 있다.

- 1단계 : 음악적 반응모델(musical response models)은 미학적 대상인 음악에 대해 이해할 수 있도록 음악자극의 인지과정 혹은 산출과정 중 발생하는 심리학적, 생리학적 반응들에 대한 기초과학 연구들로 구성된다.

Berlyne(1971)은 감각자극의 충족을 위해 미학적 자극을 추구하는 각성-추구(arousal-seeking) 시스템으로서의 중추신경계에 대해 설명하였다. 미학적 도구인 음악은 인지, 정서, 운동수행 영역에서 원하는 반응처럼 보이는 보조적 반응을 일으키는 치료매체로 사용될 수 있다. 음악자극의 심리학적·집단적·생태학적 자원들은 주의집중을 돕고, 동기유발과 감각자극의 활성화를 유도하는 구조를 제공하며, 이를 통해 필요한 수준의 각성을 유발한다.

예 : Thaut, Rice와 McIntosh(1997)는 RAS가 제공되었을 때 움직임의 시작 및 종료시점이 리듬·박에 맞춰질 뿐 아니라 움직임의 전체 기간과 궤적에 대한 리듬동조화를 통해 개개인의 시간적 안정성이 증진된다고 보고하였다. 따라서 우리가 음악에 맞춰 몸을 움직일 때 우리의 몸이 박에 따라 움직이는 것이 아니라 박과 박의 간격에 움직임을 맞추는 것이다.

- 2단계 : 비음악적 병행모델(nonmusical parallel models)은 비음악적 움직임에 관여하는 행동과 뇌영역을 규명하고 치료적 관심사에 따라 음악적, 비음악적 인지와 행동에서 발생하는 유사한 과정에 대해 기초과학 연구들을 시행하는 것이다. 이 단계는 음악적·비음악적 행동과 지각에 관여하는 정서, 인지, 감각운동 과정에 병행관계가 있는지를 확인하는 단계이다.

예 : 걷기는 내재적으로 리드믹한 움직임으로써 완성된 형태의 목표 움직임이며, 움직임의 시작과 끝 지점에서 발생하는 운동학적 패턴과 동작을 근거로 일어난다.

- 3단계 : 중재모델(mediating models)은 2단계에서의 정서, 인지, 감각운동 영역에 있어서

음악적·비음악적 과정의 유사성과 병행관
계를 근거로 중재방안을 개발한다. 이 단계
중재모델의 목표는 행동과 뇌기능에 대한
음악의 영향을 치료적으로 의미 있게 연구
할 수 있도록 차후의 연구들의 가설을 수립
하는 데 적절한 이론과 논거를 제공하는 것
이다(Thaut, 2000).

예 : Thaut와 동료들(1992)은 정상보행에서
RAS가 근육활성화와 보폭에 미치는 영향
을 연구하였고 그 결과, RAS를 사용하는 경
우에 (1) 좌우 하지의 보폭 움직임의 리듬성
이 향상되고 (2) 비장근 근육활성화 반응 시
작이 지연되고 활성화 지속시간이 감소되며
(3) 비장근 근육의 합산된 반응폭 비율의 증
가가 나타났다.

- 4단계 : 임상연구모델(clinical research models)
  은 임상대상군에게 사용하는 음악에 대한
  근거를 탐색한다. 훌륭한 임상연구들을 통
  해 치료에 적용했을 때 일관된 결과를 산출
  할 수 있는 임상기법을 개발할 수 있다.

예 : 보행재활에 효과적인 RAS의 사용에 관
한 근거들이 다양한 임상군 대상 연구들을
통해 확인되었는데, 그 대상 진단명에는 뇌
손상(Hurt et al., 1998), 파킨슨병(McIntosh,
Brown, Rice, & Thaut, 1997), 뇌졸중(Thaut
et al., 1993), 뇌성마비(Thaut, Hurt, Dragan,
& McIntosh, 1998), 헌팅턴병(Thaut, 2005)
이 포함된다.

지난 20여 년간 기초과학과 임상연구들을 통
해 감각운동, 말하기와 의사소통, 인지, 사회정
서 재활을 위한 치료적 음악중재안 사용과 관련
하여 R-SMM의 단계적 적용근거가 명확해졌다.
특히 R-SMM의 두 번째 단계의 경우 비음악적
인지, 운동, 언어기능을 매개하는 음악정보를 처

리하는 신경계 관련 음악과 뇌연구의 주요 결과
를 기반으로 한다. 최근에는 여러 대학에서 학생
들에게 음악적, 비음악적 과제에 관여하는 뇌에
어떤 일들이 일어나는지에 대해 가르치고 있으
며 궁극적으로 최상의 임상기준에 근거하여 일
관된 연구결과들을 도출하기 위해 어떻게 음악
이 치료에 사용될 수 있는가에 대한 이해를 증진
시킬 수 있도록 R-SMM을 교육과정의 필수적인
부분으로 포함시키고 있다.

초기 음악치료 선구자들의 아이디어가 반영된
미국 내 초창기 음악치료 교육과정의 과목명들
을 통해 R-SMM과의 연결점을 찾을 수 있다.

- 치료에서의 음악기본원리(1단계)
- 음악심리학(1, 2단계)
- 음악이 인간행동에 미치는 영향(3단계)
- 치료 내 음악(4단계)

음악치료 적용

NMT는 인간의 신경계 내 신경학적 질환으로
인해 발생하는 감각운동, 언어, 인지기능 문제
개선을 위한 치료적 음악중재 기법이다. 많은 사
람들이 NMT를 이해할 때 우선적으로 뇌신경계
질환(CVAs), 뇌손상 및 파킨슨병과 같은 전형적
인 신경재활 환자들을 떠올린다. 하지만 NMT는
이러한 대상군에 국한되지 않고 소아신경질환,
신경정신질환, 노인신경질환, 신경발달치료 등
에 광범위하게 적용된다. 또한 기능적 행동의 재
활, 발달, 유지를 포함한 다양한 치료적 목표와
중재안이 있다(Thaut, 2005).

NMT는 감각운동, 말하기와 언어, 인지훈련
을 위한 20개의 표준화된 임상기법의 연구기반
체계를 일컫는다. 중재의 구성은 각 환자 개인의
진단적, 기능적 목표를 근거로 한다. 치료사들은

세션을 진행하는 동안 여러 개의 기능적 목표를 다루게 되는데 각 목표는 표준화된 NMT 기법을 바탕으로 각각의 치료적 음악중재를 통해 다루어진다(Thaut & Hoemberg, 2014).

전환적 설계모델(Transformational Design Model, TDM; Thaut, 2005)은 내담자의 기능평가를 통해 확인된 필요와 목표를 근거로 최상의 치료적 음악중재안을 선택하기 위한 안내 역할을 하는 임상적 모델이다. TDM은 5단계로 구성되어 있다.

1. 진단평가 : 현재의 기능적 필요를 평가하고 진단정보를 수집한다.
2. 기능적 목표와 목적 : 즉각적, 장기적 변화의 지향점을 규명한다.
3. 비음악적 치료경험과 연습 : 음악 외적으로 시행되는 활동의 기능적 목표를 규명한다.
4. 치료적 음악경험 : 위의 3단계를 기능적, 치료적 음악중재로 변환한다.
   (1) 과학적 논리(현재의 이론과 모델들)
   (2) 음악적 논리(창의성, 미학, 훌륭한 음악양식들)
   (3) 치료적 논리(구조와 기능의 동형화)
5. 전이 : 기능적 행동을 내담자의 일상생활로 전이시킨다.

모든 음악치료사들이 내담자의 필요를 진단평가하고(1단계), 관찰 및 측정 가능한 내담자의 치료목표와 목적을 설정(2단계)하도록 훈련받는다. 또한 치료사들은 기능적 목표행동과의 관계 혹은 작업치료사, 물리치료사, 언어치료사들이 치료목표의 성취를 위해 사용하는 중재내용 등 비음악적 용어로도 고려해야 한다(3단계). 이러한 지식은 적절한 치료중재 방법의 선택과 성공적이고 치료적인 음악경험의 증진에 매우 중요

하다(4단계). 이와 마찬가지로 치료경험을 내담자의 일상생활과 연관된 의미 있는 경험으로 전환 혹은 변화시키는 것도 중요하다(5단계).

이 장의 다음 부분에서는 임상적 예시를 통해 다양한 진단명과 연령대에 TDM을 활용함으로써 활동중심의 치료에서 기능적 결과와 치료적 효율성 증진으로 나아가고자 하는 재활치료사들 간의 협력적 노력에 대해 설명하고자 한다. 다음의 모든 예들은 이 장의 저자 중 1명인 Sarah B. Johnson과 작업치료사, 물리치료사, 언어치료사들 간 협력을 통해 진행된 치료세션에 기반한 자료이며 급성 성인 재활, 외래 환자와 소아 재활, 지역사회중심의 NMT 운동교실 참여자의 기록을 포함하고 있다.

감각운동 재활

NMT에서의 감각운동 영역은 보행과 이동성, 근력과 근지구력, 협응력, 균형과 자세, 관절가동범위 등과 같은 기능적 운동기술을 향상시키기 위해 제공되는 다양한 음악중재와 음악경험을 포함한다. 이러한 목표들은 리드믹 청각자극(RAS), 패턴화된 감각증진(PSE), 치료적 악기연주(TIMP)의 세 가지 기법을 통해 중재된다.

리드믹 청각자극

리드믹 청각자극(Rhythmic Auditory Stimulation, RAS)은 내재화되고 생리적이며 리드믹한 움직임에 적용되는 신경학적 기법으로 가장 대표적으로 적용되는 신체움직임은 보행이다. RAS는 움직임 동안 리드믹 큐(rhythmic cues)를 제공함으로써 즉각적인 동조화(entrainment)를 이끌어내는 자극과 좀 더 기능적인 보행패턴으로 개선시키기 위한 훈련에 사용되는 촉진 자극 모두를 포함한다(Thaut, 2005).

임상사례 :
뇌졸중 환자의 보행훈련에서의 RAS 적용

- *1단계 : 진단평가*. 존은 우측 중대뇌동맥의 허혈성 뇌졸중 진단을 받은 56세 남자 환자로 신체 왼편의 전반적인 약화와 신체움직임의 불협응, 충동성과 극심한 주의집중의 어려움을 보였다. 존은 혼자 살고 있으며 이동, 보행에 도움이 필요하고 전반적인 일상생활 기능의 독립적 수행에 어려움이 있다.
- *2단계 : 치료목표 설정*. 최소한의 보조도구를 사용한 독립적이고 안전한 보행
- *3단계 : 비음악적 치료훈련*. 보행 및 균형에서의 사전운동, 전방에 바퀴가 달린 워커를 이용한 보행훈련, 가능한 경우 네발지팡이(quad cane) 사용이 가능하도록 훈련하였다.
- *4단계 : 치료적 음악중재*. 사전 보행훈련, 심화된 수준의 보행훈련, 좀 더 정상에 가까운 보행지표에 도달하기 위해 RAS를 적용하였다.
- *5단계 : 전이*. 존은 일상생활과 외래방문치료를 위해 이동할 때 도움을 줄 수 있는 딸과 함께 퇴원하였다.

그는 정기적인 물리치료에서 충동적이고 불안정한 모습을 보였으며 보행의 대칭성이 결여되고 발뒤꿈치가 땅에 닿지 않는 보행패턴을 보였다. 물리치료 세션에서의 균형감 향상 및 보행훈련을 지원하기 위해 RAS 기법이 적용되었다. RAS를 적용한 걷기훈련 외에도 리드믹한 음악적 큐를 사용하여 사전보행(예 : 서서 체중 이동하기와 양발을 앞뒤로 교대로 움직이기)과 심화된 보행(예 : 장애물 주변 걷기, 보행속도 조절하기, 걸음 시작과 멈춤) 등이 실시되었다. 타분야 치료상황에서 관찰되던 심한 주의산만이 가끔 관찰되기는 하였으나 NMT 중재 동안에는 제공되는 음악적 큐로 인해 집중을 유도할 수 있었다. 그의 즉각적인 리듬동조화는 움직임을 조화롭게 만들고 자세의 향상과 안정화된 분속수(cadence)의 유지, 지면으로부터의 발뒤꿈치 접지(heel strike)와 활보장의 대칭성(stride symmetry) 향상을 유도하였다. 또한 RAS와 함께 친숙한 노래가 제공되었을 때 노래를 따라 부르는 모습과 더불어 보행의 운동역학적 패턴에서의 개선이 좀 더 분명하게 나타났다.

패턴화된 감각증진

패턴화된 감각증신(Patterned Sensory Enhancement, PSE)은 리듬, 선율, 화성, 다이내믹을 포함한 음악의 음향학적 요소들을 사용하여 일상생활 활동 및 기능개선을 위한 운동 시 움직임의 시간적, 공간적, 힘에 대한 신호를 제공하는 것이다(Thaut et al., 1991).

임상사례 : 파킨슨병 환자를 위한 그룹운동

- *1단계 : 진단평가*. 파킨슨병이나 파킨슨증후군을 가진 58세에서 80세 사이의 환자 그룹으로, 구성원 모두가 보행은 가능하지만 체간의 운동성 저하, 자세 불안정, 상하지의 관절가동범위와 근력감소 등 심각한 운동기능 상실을 보인다.
- *2단계 : 치료목표 설정*. 최대한의 안전과 이동성 보장을 통해 움직임의 독립성 확보를 위한 움직임에서의 균형감, 근력과 협응의 유지 및 향상
- *3단계 : 비음악적 치료훈련*. 체간의 이동성과 신체 중심부의 근력을 중심으로 하는 상지 및 하지 운동을 실시한다.
- *4단계 : 치료적 음악중재*. 움직임을 증진하기 위해 PSE를 적용한다.
- *5단계 : 전이*. 일상생활과 보행에서 자신감 및 안전감 증진, 체력 증가를 보인다.

이 그룹의 운동시간에는 물리치료사와 신경학적 음악치료사가 함께 중재하고, 파킨슨병을 가진 내담자들에게 이동성과 독립성을 유지할 수 있는 기회를 제공하였다. 다리신전(leg extension), 앞뒤로 뻗기, 이두근 운동하기(biceps curls), 어깨와 손목의 굴곡과 신전(flexion and extension), 체간 돌리기(trunk rotation)와 같은 기본적인 신체운동을 앉은 상태에서 실시한다. 이러한 운동을 실시할 때 손에 무게감을 주기 위해 운동치료용 공, 저항운동밴드, 운동용 막대(dowel rods) 등을 사용한다. 모든 세션에서는 NMT 음악치료사가 오토하프나 피아노 중 하나를 이용해서 PSE 기법을 적용하게 되는데 이러한 악기들이 가지는 음악적 유연성과 풍부한 화성을 활용하여 다양한 음악적 자극을 제공한다. 물리치료사는 기능개선을 위한 적절한 움직임을 선택하고 NMT 음악치료사는 이러한 움직임에 적합한 음악적 촉진 신호를 제공한다. 일반적으로 이러한 그룹세팅에서는 구성원들이 지속적으로 참여할 수 있도록 동기부여와 참여유발을 위한 노래를 사용하여 세션에 대한 참여도를 높인다. 음악은 시간적(temporal), 공간적(spatial), 역동적(dynamic)/힘(force)의 신호(cue)를 통해 움직임을 자극하는데 목표 움직임을 촉진하기 위해 음악적 구조를 제공하고 이상적인 움직임을 청각적으로 재현한다.

치료적 악기연주

치료적 악기연주(Therapeutic Instrumental Music Performance, TIMP)는 기능적 움직임 패턴의 촉진 및 운동을 위해 사용한다. 사용되는 악기는 관절가동범위, 근지구력, 근력, 기능적 손 움직임, 손가락 기민성, 사지의 협응력 등을 향상시킬 수 있도록 치료적 측면에서 선택된다(Thaut, 2005).

임상사례 :
외상성 뇌손상 환자를 위한 동적균형 증진

- *1단계 : 진단평가.* 줄리는 32세 여자 환자로 외상성 뇌손상으로 인한 중환자실 입원기간이 길어지면서 근력에서의 전반적인 약화를 보였다. 재활병동에 왔을 때 그녀는 보조기를 이용해 걸을 수 있었고 자조기술을 어느 정도 갖고 있었으나, 움직임 이상으로 인한 운동실행증을 보였고 보행훈련과 서서 균형잡기 훈련에서 큰 어려움이 관찰되었다. 물리치료사가 균형능력을 평가한 결과, 집에서 머무는 경우 안전에 위험이 우려될 정도의 낙상 고위험군으로 평가되었다.
- *2단계 : 치료목표 설정.* 동적 선 자세 균형 증진
- *3단계 : 비음악적 치료훈련.* 서기와 균형을 위한 바닥으로 손 뻗기, 고르지 않은 땅 위에 서 있기를 훈련한다.
- *4단계 : 치료적 음악중재.* 동적 뻗기(reaching)와 발디딤(stepping) 유도를 위한 TIMP 훈련을 적용한다.
- *5단계 : 전이.* 줄리는 혼자 부엌에서 안전하게 서고 뻗을 수 있기를 원했고, 집에서 간단한 음식을 요리할 수 있게 되었다.

줄리의 세션은 안전을 위해 평행봉을 이용하여 진행되었으며 선 상태에서 먼저 한쪽 봉에서 손을 놓고 그다음 나머지 한 손도 놓고 나면 짧은 시간 동안 균형을 유지하는 순서로 진행되었다. NMT 음악치료사는 줄리의 근력 및 안정성 회복을 위해 물리치료를 시작할 때부터 함께 세션에 참여하였다. 치료사들은 그녀가 안전하고 편안하게 느끼는 범위에서 연주할 악기의 위치를 조금씩 멀리 이동해가면서 움직임의 범위를 넓혀주었다. 그녀가 두 발을 서로 가깝게 하여 서 있는 동안 콩가드럼을 앞쪽에 놓고 손을 뻗어 연주하는 등 TIMP를 통한 동적 균형 향상도 함께 도모하였다.

매 세션마다 NMT 음악치료사는 줄리에게 악기가 시각적 목표지점 역할을 하며 연주를 통해 감각계에 청각과 운동학적 피드백이 제공됨을 설명해주었다. 노래의 강하고 동적이며 리드믹한 신호는 시간적 구조와 함께 제공되어 그녀가 좀 더 협응감 있게 움직일 수 있도록 하여 움직임을 구조화하는 데 도움을 주었다. 그녀의 기능이 향상됨에 따라, 치료사들은 TIMP 중재를 진행하는 동안 다른 형태의 지면에 서 있도록 하였고 악기연주를 위한 손 뻗기 시 10cm 정도로 발을 들 수 있도록 구조화하였다. TIMP가 악기 고유의 연주방식이 아닌 응용된 방식으로 악기를 연주하는 것뿐만 아니라 구조화된 음악적 경험 안에서 기능적인 움직임을 재현하는 기법이라는 것에 대한 줄리의 이해 정도가 이 세션에서 매우 중요한 요소로 작용했다.

언어재활

NMT는 비언어적, 언어적 의사소통 기술의 발달과 관련 기능의 재활에 큰 역할을 한다. 이 영역에서의 NMT 기법은 말실행증, 말더듬이나 속화증(빠른말증)과 같은 유창성 장애, 실어증, 그리고 비정상적인 음고, 말소리 크기, 음색, 호흡조절, 음성장애, 말의 운율 등에 영향을 미치는 음성장애 등의 증상개선을 위해 적용된다. 치료목표로는 기능적이고 자발적인 말하기, 언어발달, 말 이해, 말소리의 순서화, 조음, 호흡기능, 음성산출, 말의 유창성, 말의 속도와 명료도 등과 같은 운동기능 조절과 협응에 관련된 문제점들이 다루어진다. 이러한 치료목표들은 음악적 말하기 자극법(MUSTIM), 멜로디 억양치료(MIT), 리드믹 말하기 큐 제공법(RSC), 음성억양치료(VIT), 치료적 노래 부르기(TS), 구강운동과 호흡운동(OMREX), 음악을 통한 발달언어와 말하기 훈련(DSLM), 음악을 통한 상징적 의사소통 훈련(SYCOM)을 통해 개선될 수 있으며 이 모든 기법들은 최근의 연구결과들을 근거로 적용된다.

음악적 말하기 자극법

음악적 말하기 자극법(Musical Speech Stimulation, MUSTIM)은 노래, 라임, 찬트, 음악구와 같은 음악적 형태와 함께 운율적 말하기를 사용함으로써, 먼저 비명제적(nonpropositional) 말하기를 자극하고 궁극적으로는 명제적(propositional) 말하기를 유도하는 것이다(Thaut, 2005).

멜로디 억양치료

멜로디 억양치료(Melodic Intonation Therapy, MIT)는 표현실어증의 재활을 위해 개발된 기법으로 주로 언어치료사에 의해 진행된다. MIT는 실제의 자연스러운 구어억양패턴과 유사하게 찬트화된 선율이나 노래를 통해 자발적이고 수의적인 말하기를 촉진하기 위해 손상되지 않은 노래 부르기 기능을 활용하는 것이다(Sparks, Helm, & Albert, 1974; Thaut, 2005).

임상사례 : 표현실어증을 가진 뇌졸중 환자를 위한 MUSTIM 적용 및 MIT로의 전환

- *1단계 : 진단평가.* 42세 남자 환자인 에릭은 좌측 CVA 진단을 받았으며 심각한 표현실어증과 말실행증을 가지고 있다. 또한 뇌졸중(우쪽 편마비)으로 인해 대근육 및 소근육 운동기능의 문제를 보이는 신체장애를 가지고 있으며, 가족과의 의사소통이나 자신의 기본적인 필요사항에 대한 의사표현도 불가능했다.
- *2단계 : 치료목표 설정.* 환자 스스로 자신의 기본적인 필요사항에 대해 간호인력이나 가족에게 표현할 수 있는 의사소통 능력의 증진
- *3단계 : 비음악적 치료훈련.* 자동화된 구어반응을 촉진하기 위한 구조화된 말하기 연습을 한다.
- *4단계 : 치료적 음악중재.* 자발적인 음성반응을 위한 MUSTIM을 적용한다.
- *5단계 : 전이.* 에릭은 간호인력에게 화장실을 가고 싶을 때 구어를 사용하여 요청할 수 있게 되었고 부인에게 "사랑해요"라는 말을 하였으며 자신의 두 자녀에게 "오늘 학교에서 어떻게 지냈니?"라는 질문을 할 수 있었다.

치료 초기에는 언어치료에서 시도한 호흡조절과 음

성과 관련된 모든 시도들이 성공적이지 못했다. NMT 음악치료사가 언어치료 세션에 함께 하면서, 잘 알려진 가사가 들어 있는 몇 가지 친숙한 노래들을 가지고 MUSTIM을 적용하여 친숙한 음악구를 자신의 목소리를 사용해서 완성하도록 하였다(예 : "country road, take me home to the place…"). 이 접근법은 점차 에릭이 자신의 목소리를 발견하게 되는 시작점이 되었다.

후반부 세션에서는 기능적인 음악구를 사용한 MIT를 적용하여 스스로 구어를 사용할 수 있도록 유도하였다. 언어치료사, 환자, 가족들은 에릭과의 의사소통에 필수적이라고 판단되는 문장들을 선택하였다. 예를 들면, "내 이름은 에릭 스미스입니다", "화장실에 가고 싶어요", "당신을 사랑해요" 등이 이에 포함된다. 각 구절마다 NMT 음악치료사는 일반적인 운율을 음악적으로 재현했는데 이는 일상적이고 자연스러운 말하기의 선율과 리듬요소를 강조하여 만든 것이다. 언어치료사가 시각적 큐를 제공하면서 에릭의 왼손을 사용해서 악구에 적절한 리듬을 두드리도록 도왔고, 이 단계에서는 MIT 프로토콜이 시행되었다. 에릭은 뇌졸중으로 인한 신체장애로부터 빠르게 회복되었고 퇴원 후 외래방문을 통해 치료를 지속하였다. 언어치료사와 NMT 음악치료사는 치료에 사용된 기능적 구절들을 DVD로 만들어서 환자가 집에서도 연습을 계속할 수 있도록 하였다.

리드믹 말하기 큐 제공법

리드믹 말하기 큐 제공법(Rhythmic Speech Cuing, RSC)은 큐와 속도조절을 통해 말하기 시작과 음절 길이의 비율을 조절하도록 리드믹 큐를 사용한다. 치료사는 메트로놈을 사용하여 말하기 패턴과 말하기 속도의 조절이 원활하도록 유도한다. 이 기법은 실행증 환자들의 운동계획을 촉진하는 데 유용하며 마비말장애의 말 근육 협응을 자극하거나 유창성 장애의 속도조절을 돕는 데 사용된다(Thaut, 2005).

음성억양치료

음성억양치료(Vocal Intonation Therapy, VIT)는 정상구어의 말 운율, 어조, 속도를 조절하기 위해 억양이 있는 구절을 사용하여 억양, 음고, 호

흡조절, 음색, 음성의 다이내믹 등을 개선한다(Thaut, 2005).

치료적 노래 부르기

치료적 노래 부르기(Therapeutic Singing, TS)는 말하기와 언어의 발화시작, 발달, 조음의 촉진과 호흡기관의 기능향상을 위한 다양한 범위의 노래 부르기를 의미한다(Thaut, 2005).

> **임상사례:**
> **다발성 경화증을 가진 환자의 음성산출지표의 전반적 향상을 위한 치료적 노래 부르기**
> - *1단계 : 진단평가.* 제니퍼는 36세 여자 환자로 7년 전에 다발성 경화증 진단을 받고 전반적인 신체기능에 영향을 미치는 증상 악화에 대처하기 위해 병원에 입원하였다. 그녀는 매우 쇠약하였으며 휠체어에 상체를 똑바로 세우고 앉아 있기도 어려운 상황이었고, 다른 사람이 분명하게 알아들을 정도로 말하는 데 어려움이 있었다.
> - *2단계 : 치료목표 설정.* 폐활량의 증가와 의사소통 기능 향상을 위한 음성 및 언어산출
> - *3단계 : 비음악적 치료훈련.* 자세와 호흡운동을 실시하고 휠체어에서 지지 없이 앉아 있는 시간을 증가시킨다.
> - *4단계 : 치료적 음악중재.* 휠체어에 앉은 자세로 치료적 노래 부르기 중재를 수행한다.
> - *5단계 : 전이.* 휠체어 생활을 하는 제니퍼의 삶의 질이 향상되고 친구나 가족들과의 의사소통을 통한 사회적 상호작용이 가능하게 되었다.
>
> 제니퍼는 다발성 경화증 증상의 악화로 인해 심폐기능이 매우 저하되었고 지쳐 있었으며, 기능적 치료목표를 위해 수행되는 다른 치료시간에 제대로 과제를 수행하거나 참여하기가 어려웠다. 음성산출의 특정 단계를 촉진하기 위한 VIT나 말 명료도 향상을 위한 OMREX의 적용은 시도되지 않았다. NMT 음악치료사는 제니퍼가 레게음악을 매우 좋아하는 점에 주목하고 'No woman, no cry'라는 곡을 한숨에 길게 부르는 것을 목표로 정하였다. 운동지속능력이 낮고 호흡조절능력이 감소되어 있던 그녀에게는 노래 부르기를 시작하는 것이나 하나의 악구를 완성하여 노래 부르기 등 노래 부르기의 구조화가 매우 중요했으므로, 치료사가 제니퍼가 부른 부분의 나머지 부분을 불렀다. 노래 부르기에 대한 그녀의 동기는 그녀로 하여

> 금 치료시간 동안 휠체어에 상체를 세우고 앉아 있을 수 있게 하였으며, 점차적으로 치료중재의 모든 부분에 적극적으로 참여할 수 있게 하였다.

구강운동과 호흡훈련

구강운동과 호흡운동(Oral Motor and Respiratory Exercises, OMREX)은 음악적 자원과 반복연습을 적용한 기법으로 주로 음성을 사용한 소리 내기와 관악기 불기를 통해 조음운동 조절기능, 호흡과 관련된 근력, 말산출 관련 부위의 기능향상을 목적으로 한다(Haas, Distenfield, & Axen, 1986).

음악을 통한 발달언어와 말하기 훈련

음악을 통한 발달언어와 말하기 훈련(Develop-mental Speech and Language Training through Music, DSLM)은 발달학적으로 적절한 음악자원과 경험들을 사용하여 말산출 및 언어발달을 증진시키는 것으로 노래 부르기, 찬트하기, 악기연주하기, 음악·말하기·움직임을 함께 적용하는 것 등을 포함한다(Thaut, 2005).

음악을 통한 상징적 의사소통 훈련

음악을 통한 상징적 의사소통 훈련(Symbolic Co-mmunication Training through Music, SYCOM)은 구조화된 악기연주나 음성즉흥연주를 사용하여 의사소통 행동, 화용적 언어사용, 적절한 말 제스처 사용, 비언어적 체계에서 감정을 의사소통하는 능력 등을 훈련시킨다(Thaut, 2005).

인지재활

몇몇 NMT 중재들은 인지와 학습을 목표로 개발되었으며 이는 기억, 주의, 집행기능훈련, 정서수정, 인지적 재교육을 돕는 음악의 역할에 대한 연구근거를 바탕으로 임상에 적용된다. NMT 영역 내 인지훈련기법들은 음악적 감각재구성 훈

련(MSOT), 음악적 무시훈련(MNT), 청각인지훈련(APT), 음악적 주의조절 훈련(MACT), 음악적 기억술 훈련(MMT), 연관된 기분과 기억훈련(AMMT), 음악적 집행기능 훈련(MEFT), 음악을 사용한 심리사회적 훈련과 상담(MPC) 등이 포함된다.

음악적 감각재구성 훈련

음악적 감각재구성 훈련(Musical Sensory Orientation Training, MSOT)은 지남력과 의미 있는 반응을 촉진하기 위해 라이브 혹은 녹음된 음악을 사용하여 각성상태를 자극하거나 각성상태로의 회복을 돕는다. 좀 더 진전된 상태의 회복단계에서는 반응의 질적인 측면보다는 양적인 측면에 초점을 맞추어 경계(vigilance) 상태의 향상과 기초적인 주의유지 훈련을 위해 단순한 음악자원을 활용한 훈련을 적극적으로 시행한다(Thaut, 2005).

음악적 무시훈련

음악적 무시훈련(Musical Neglect Training, MNT)은 적극적인 형태의 악기연주를 포함하는데 연주의 시간, 빠르기, 리듬을 구조화하고 시각적 무시, 부주의 영역을 고려하여 적절하게 악기의 공간을 배치한다. MNT에는 시각적 무시나 부주의 개선을 위한 훈련을 하는 동안 뇌반구의 각성을 자극하기 위하여 수용적 음악듣기가 포함된다(Frasinetti, Pavani, & Ladavos, 2002).

임상사례 :
우측 뇌졸중을 가진 환자와의 MNT
- *1단계 : 진단평가.* 낸시는 69세 여자 환자로 오른쪽 뇌의 CVA로 인해 좌측 마비와 좌측 편측무시 증상을 가지고 있다. 낸시는 자신의 왼편 팔이나 다리를 의식하지 못한 채 오른편만 지속적으로 응시하고 있으며 일상생활 과제수행 시 몸의 왼편에

대한 부주의 증상이 있다. 작업치료에서 시행한 시각평가에서 왼편의 시야가 줄어든 것을 확인하였다.
- *2단계 : 치료목표 설정.* 왼편에 대한 의식의 증가와 보상전략의 증가
- *3단계 : 비음악적 치료훈련.* 왼편으로 기능적 과제를 수행한다.
- *4단계 : 치료적 음악중재.* 낸시의 몸 왼편을 사용하는 음악과제가 요구되는 MNT를 적용한다.
- *5단계 : 전이.* 일상생활 관리와 안전을 위해 낸시가 휠체어로 이동할 때 왼편 시야의 감소에 대한 보상과 왼편의 약화된 기능으로 인한 부상을 방지하는 것이 필요했다.

치료 초기에 낸시는 마비가 되지 않은 오른손을 사용해서 패들드럼을 연주했다. 패들드럼은 그녀의 앞쪽에 놓여 있었고 NMT 음악치료사가 노래를 부르거나 오토하프로 하나의 노래를 처음부터 끝까지 부르는 동안 그녀는 패들드럼을 연주할 수 있었다. 이러한 과제를 지속할 수 있게 되자 작업치료에서는 점차적으로 드럼을 시야의 다른 범주에 놓고 연주하여 그녀의 시각추적능력을 촉진하였다. 치료사들은 드럼을 그녀의 몸 중심선보다 약간 왼쪽과 그녀의 앞쪽에 하나씩 배치하였고, 점차적으로 두 드럼의 간격을 넓혀 나갔는데 이것은 왼쪽과 몸의 중심을 번갈아 쳐다보며 시각을 유지하기 위해서였다. 음악적 촉진은 악기들을 목표시각 자극제로 적절히 활용하여 낸시의 주의가 왼편 시야로 유도되도록 반복적인 기회를 제공하였다. 드럼을 두드릴 때 발생하는 청각적 그리고 운동학적 피드백은 낸시가 주의를 충분히 기울이지 못하는 왼편에 대한 보상을 제공함으로써 연주수행을 도왔다.

청각인지훈련

청각인지훈련(Auditory Perception Training, APT)은 시간, 빠르기, 음길이, 음고, 음색, 리듬패턴, 말하는 소리와 같은 서로 다른 음악적 요소를 규명하고 구분하는 것을 활용한 기법이다. 시각, 촉각, 운동감각의 수용을 포함한 서로 다른 감각의 통합은 음을 상징적이거나 그래픽화하여 연주하기와 같이 적극적인 음악훈련을 하는 동안 사용되거나, 촉각소리전달 혹은 음악에 맞춘 움

직임의 통합 등에 적용된다(Gfeller, Woodworth, Robin, Witt, & Knutson, 1997).

임상사례 : 인공와우이식 아동

- *1단계 : 진단평가.* 사무엘은 6세 아동으로 최근 인공와우이식 수술을 받았으며 환경음에 대한 청각인지발달을 위해 언어치료를 받고 있다.
- *2단계 : 치료목표 설정.* 환경 내 청각음의 인식 증진
- *3단계 : 비음악적 치료훈련.* 다양한 환경소음에 대한 음원을 틀어주고 어떤 소리인지 맞추게 한다.
- *4단계 : 치료적 음악중재.* 악기소리 구분하기를 이용한 APT 훈련을 진행한다.
- *5단계 : 전이.* 사무엘은 환경음과 사람 목소리에 대한 반응과 인식수준이 증가하였고 그룹환경에서 자신의 이름이 불릴 때마다 반응하였다.

사무엘은 언어치료 세션에서는 청각정보의 처리에 대한 거부감을 보였으나 아동 음악그룹에서는 타악기를 사용하여 즐겁게 참여하는 모습이 관찰되었다. 언어치료사는 APT에 사무엘을 참여시키기 위해 NMT 음악치료사와의 협력치료를 제안하였다. NMT 음악치료사는 맨 처음 그가 구분할 수 있는 악기소리가 무엇인지 평가하였고 인공와우를 통해 들을 때 어떤 소리에 불쾌한 반응을 보이는지 평가하였다. NMT 음악치료사는 2개의 악기그림을 보여주었다. 하나는 그의 뒤에서 연주된 악기 중 하나의 그림이었는데 사무엘은 자신이 들은 소리의 악기그림을 선택하였다. 다른 방법으로는 치료사가 악기를 연주하거나 하지 않음으로써 소리를 얼마나 들을 수 있는지를 알아보고자 하였다. 치료사는 그에게 소리가 들릴 경우 "네" 또는 "아니요"로 대답하게 하였다.

음악적 주의조절 훈련

음악적 주의조절 훈련(Musical Attention Control Training, MACT)은 구조화된 적극적 혹은 수용적 음악훈련 방법으로 즉흥연주 또는 사전에 미리 만들어진 악기연주를 사용하는데 음악적 요소들은 지속주의, 선택주의, 분할주의, 교대주의에 대한 연습을 할 수 있도록 서로 다른 음악반응에 대한 큐를 제공한다(Thaut, 2005).

음악적 기억술 훈련

음악적 기억술 훈련(Musical Mnemonics Training, MMT)은 다양한 기억의 부호화, 해석/회상기능들을 촉진하기 위한 음악훈련이다. 소리나 노래에 사용된 가사에 대한 즉각적 회상에서 음향기억을 향상하기 위해 음악적 자극을 사용한다. 음악자극은 기억술이나 기억의 틀로 노래, 라임, 혹은 찬트 등을 사용하거나 정보의 순서화나 구조화에 의한 비음악적 정보학습을 촉진하기 위해 일시적으로 구조화된 패턴을 만들거나 덩이짓기를 하는 것이다(Groussard et al., 2010; Maeller, 1996).

연관된 기분과 기억훈련

연관된 기분과 기억훈련(Associative Mood and Memory Training, AMMT)은 음악적 기분의 유도 기법으로 (1) 기억회상을 촉진하기 위해 기분과 일치된 상태를 만들거나 (2) 학습과 회상과정에서 긍정적인 감정상태를 유도하여 연관된 기분과 기억의 기능을 평가하는 것이다(Dolan, 2002; Thaut & de l'Etoile, 1993).

음악적 집행기능 훈련

음악적 집행기능 훈련(Musical Executive Function Training, MEFT)은 그룹 혹은 개별로 즉흥연주나 음악 만들기를 시행하여 사회적 맥락에서의 집행기능 기술(예 : 구조화, 문제해결, 의사결정, 논리화, 이해)을 훈련하는 것으로 연주결과에 대한 실시간 경험, 시간적 구조화, 창의적 과정, 정서내용, 감각구조, 사회적 교류패턴 등과 같은 주요한 치료요소들을 제공한다(Dolan, 2002).

음악을 사용한 심리사회적 훈련과 상담

음악을 사용한 심리사회적 훈련과 상담(Music in Psychosocial Training and Counseling, MPC)은 인지훈련, 정서표현, 적절한 사회적 상호작용의

문제를 해결하기 위해 심리사회적 기능 촉진을 위한 음악적 자극을 사용하는 기법이다.

결론

지난 20여 년간 신경학적 음악치료는 과학적 근거기반 임상을 통해 기초과학과 음악치료 임상 사이의 새로운 연결점들을 발견해 왔다. 최상의 임상기준에 따르면 치료중재는 반드시 (1) 선택 가능한 최상의 평가절차와 (2) 최상의 객관적 근거산출을 기반으로 시행되어야 한다. 이는 최상의 치료중재가 가능할 때만 인간행동에 대한 음악의 치료적 효과를 설명하는 과학적 근거를 제공할 수 있으며 체계적이고 창의적인 방식을 통해 음악적 반응을 치료적 결과물로 전환시키는 기본 체계가 확립된다.

참고문헌

Baram, Y., & Lenger, R. (2012). Gait improvement in patients with cerebral palsy by visual and auditory feedback. *Neuromodulation, 15*(1), 48–52.

Baram, Y., & Miller, A. (2007). Auditory feedback control for improvement of gait in patients with multiple sclerosis. *Neurological Sciences, 254*, 90–94.

Berlyne, D. E. (1971). *Aesthetics and psychobiology.* New York: Appleton-Century-Crofts.

Bradt, J., Magee, W. L., Dileo, C., Wheeler, B. L., & McGilloway, E. (2010). Music therapy for acquired brain injury. *Cochrane Database of Systematic Reviews, 2010*(7), CD006787.

Conklyn, D., Stough, D., Novak, E., Paczak, S., Chemali, K., & Bethoux, F. (2010). A home-based walking program using rhythmic auditory stimulation improves gait performance in patients with multiple sclerosis: A pilot study. *Neurorehabilitation and Neural Repair, 24*(9), 835–842.

de Dreu, M. J., van der Wilk, A. S. D., Poppe, E., Kwakkel, G., & van Wegen, E. E. H. (2012). Rehabilitation, exercise therapy and music in patients with Parkinson's disease: A meta-analysis of the effects of music-based movement therapy on walking ability, balance and quality of life. *Parkinsonism and Related Disorders, 18*(Suppl. 1), S114–S119.

de l'Etoile, S. K. (2008). The effect of rhythmic auditory stimulation on the gait parameters of patients with incomplete spinal cord injury: An exploratory pilot study. *International Journal of Rehabilitation Research, 31*(2), 155–157.

Dolan, R. J. (2002). Emotion, cognition, and behavior. *Science, 298*, 1191–1194.

Frasinetti, F., Pavani, F., & Ladavos, E. (2002). Acoustical vision of neglected stimuli: Interaction among spatially convergent audio-visual inputs in neglect patients. *Journal of Cognitive Neuroscience, 14*, 62–69.

Gaston, E. T. (1968). Man and music. In E. T. Gaston (Ed.), *Music in therapy* (pp. 7–29). New York: Macmillan.

Gfeller, K., Woodworth, G., Robin, D. A., Witt, S., & Knutson, J. F. (1997). Perception of rhythmic and sequential pitch patterns by normally hearing adults and adult cochlear implant users. *Ear and Hearing, 18*, 252–260.

Groussard, M., Viader, F., Hubert, V., Landeau, B., Abbas, A., Desgranges, B., et al. (2010). Musical and verbal semantic memory: Two distinct neural networks? *NeuroImage, 49*(3), 2764–2773.

Haas, F., Distenfeld, S., & Axen, K. (1986). Effects of perceived music rhythm on respiratory patterns. *Journal of Applied Physiology, 61*, 1185–1191.

Hurt, C. P., Rice, R. R., McIntosh, G. C., & Thaut, M. H. (1998). Rhythmic auditory stimulation in gait training for patients with traumatic brain injury. *Journal of Music Therapy, 35*, 228–241.

Kadivar, Z., Corcos, D. M., Foto, J., & Hondzinski, J. M. (2011). Effect of step training and rhythmic auditory stimulation on functional performance in Parkinson patients. *Neurorehabilitation and Neural Repair, 25*(7), 626–635.

Kim, S. J., Kwak, E. E., Park, E. S., Lee, D. S., Kim, K. J., Song, J. E., et al. (2011). Changes in gait patterns with rhythmic auditory stimulation in adults with cerebral palsy. *NeuroRehabilitation, 29*(3), 233–241.

Maeller, D. H. (1996). *Rehearsal strategies and verbal working memory in multiple sclerosis* (Unpublished master's thesis). Colorado State University, Ft. Collins, CO.

McIntosh, G. C., Brown, S. H., Rice, R. R., & Thaut, M. H. (1997). Rhythmic auditory–motor facilitation of gait patterns in patients with Parkinson's disease. *Journal of Neurology, Neurosurgery, and Psychiatry, 62*, 22–26.

Neurologic Music Therapy. (n.d.). Available at *www.cbrm.colostate.edu.*

Sparks, R. W., Helm, N., & Albert, M. (1974). Aphasia rehabilitation resulting from melodic intonation therapy. *Cortex, 10*, 313–316.

Thaut, M. H. (2000). *A scientific model of music in therapy and medicine*. St. Louis, MO: MMB Music.

Thaut, M. H. (2005). *Rhythm, music and the brain*. London: Routledge.

Thaut, M. H., & de l'Etoile, S. K. (1993). The effects of music on mood state-dependent recall. *Journal of Music Therapy, 30*, 70–80.

Thaut, M. H., & Hoemberg, V. (Eds.). (2014). *The Oxford handbook of neurologic music therapy*. Oxford, UK: Oxford University Press.

Thaut, M. H., Hurt, C. P., Dragan, D., & McIntosh, G. C. (1998). Rhythmic entrainment of gait patterns in children with cerebral zpalsy. *Developmental Medicine and Child Neurology, 40*(78), 15.

Thaut, M. H., McIntosh, G. C., Prassas, S. G., & Rice, R. R. (1992). Effects of auditory rhythmic pacing on normal gait and gait in stroke, cerebellar disorder, and transverse myelitis. In M. Woollacott & F. Horak (Eds.), *Posture and gait: Control mechanisms* (Vol. 2, pp. 437-440). Eugene: University of Oregon Books.

Thaut, M. H., Rice, R. R., & McIntosh, G. C. (1997). Rhythmic facilitation of gait training in hemiparetic stroke rehabilitation. *Journal of Neurological Sciences, 151*, 207–212.

Thaut, M. H., Rice, R. R., McIntosh, G. C., & Prassas, S. G. (1993). The effect of auditory rhythmic cuing on stride and EMG patterns in hemiparetic gait of stroke patients. *Physical Therapy, 73*, 107.

Thaut, M. H., Schleiffers, S., & Davis, W. B. (1991). Analysis of EMG activity in biceps and triceps muscle in a gross motor task under the influence of auditory rhythm. *Journal of Music Therapy, 28*, 64–88.

제19장

커뮤니티 음악치료

𝄢 Brynjulf Stige

황성하 역

커뮤니티 음악치료(Community Music Therapy, CoMT)는 사회적 취약계층을 대상으로 협동음악 만들기를 중점으로 하는 사회적 맥락 의존적(context-sensitive)이고 지역사회 자원 중심적인 분야이다. 그래서 커뮤니티 음악치료에서는 사회기능적 장애(disability)와 불평등이 신체적 장애(impairment)만큼이나 큰 차별과 소외의 대상이라고 여긴다. 커뮤니티 음악치료는 비교적 새로운 치료철학이다. 2000년도 이후에서야 관련 서적이 처음으로 출간되었고, 연구결과들을 바탕으로 국제학술대회가 개최됐다. 이제 곧 살펴보겠지만, 커뮤니티 음악치료는 다양한 뿌리와 역사를 가지고 있다. 개인적으로는 커뮤니티 음악치료가 음악치료 학문과 정체성의 발전에 중요한 역할을 담당할 것이라고 본다.

2000년대 초에 커뮤니티 음악치료 국제학술 대회가 열린 이후 다양한 반응들이 나타났다. 커뮤니티 음악치료를 지향하는 사람들은 "이것이 야말로 우리 학계의 미래입니다!", 또는 "뭔가 새로울 게 없어요. 몇 년 동안 이미 해왔던 것들이거든요", 심지어 "이것은 음악치료사 직업에 대한 자살 행위입니다. 우리는 의학적 모델을 따라야 해요"와 같은 여러 의견들을 받곤 했다. 다시 말하면, 어떤 이들은 매우 열렬한 반응을 보이며 커뮤니티 음악치료가 시대에 적절하게 발전할 것이라고 판단한 반면, 다른 이들은 매우 회의적 이었고, 비전문적이며 잘못된 방향으로 가고 있는 것이라고 주장했다. 어떤 것이 커뮤니티 음악 치료를 제대로 평가하는 것인가, 혹은 잘못된 것 인가? 커뮤니티 음악치료의 어떤 점이 흥미로운 것이고, 어떤 점이 위험한 것인가? 이 질문들에 관해서는 커뮤니티 음악치료에 대해 한층 더 이해하게 될 이 장의 후반부에서 논의할 것이다.

커뮤니티, 음악, 치료 이 단어들은 각각 다양한 의미를 가진다. 그러므로 먼저 커뮤니티 음악치료라는 용어를 명확하게 정의해야 한다. 나를 포함한 많은 학자들이 시도해왔지만, 이런 용어를 정의 내린다는 것은 어렵고, 논란이 따르는 과정이기 마련이다(Stige, 2012). 사물이나 특정 현상이 아닌 다면적이고 변화하는 사회적 실제를 정의하는 것은 정의를 내릴 수 있는 수준도 이 정도일 수밖에 없을 것이다. 때로는 중요한 특징들만을 간단히 묘사하는 것이 더 도움이 되기도 한다. 다음은 그렇게 내린 정의이다. "커뮤니티 음악치료는 사람들의 음악적 활동참여와 사회통합을 도우며, 사회적 자원에 공평하게 접근하는 것과 현대사회에서의 건강과 안녕을 위한 협력을 독려한다(Stige & Aarø, 2012, p. 5)." 이 정의를 부연 설명한다면, 가족 안에서 구성원 서로를 알아가는 과정이라고 예를 들어볼 수 있다. 가족 구성원은 모두 똑같이 생기지 않았다. 서로 닮지 않은 면도 물론 있지만, 대개는 한 가족이라는 것을 인식할 만한 특징들이 다양하게 섞여 있다. 이 장의 후반부에서는 커뮤니티 음악치료에서 가족을 구성하는 특징들이라고 말하는 것을 *PREPARE*라는 약어를 사용하여 소개할 것이다.

역사

2000년대에 들어와서야 커뮤니티 음악치료를 주제로 하는 국제학술대회가 열렸지만, 이미 이론과 실제 분야에서는 여러 선구자들이 있었다. 이 장에서는 선행연구들을 바탕으로 미국, 영국, 스칸디나비아에서의 커뮤니티 음악치료 발전과정 및 역사에 대해 중점적으로 논의하고(Stige, 2012), 다른 여러 나라들에 대해서는 전반적인 내용을 소개할 것이다(Stige & Aarø, 2012).

커뮤니티 음악치료의 역사에 대한 여정을 시작하기 전에 숙고해야 할 세 가지가 있다. 첫째, 커뮤니티 음악치료는 이제 막 시작된 운동이자 치료철학이다. 물론 음악치료와 공동체 사이의 관계에 대한 논의는 지난 수십 년 동안 문헌들을 통해 언급되어왔으며 커뮤니티 음악치료라는 용어도 종종 사용되었다. 그러나 국제적으로 통용되는 명확한 개념으로 사용되기 시작한 것은 2000년대에 들어오면서부터다. 둘째, 공동체(community)라는 단어와 관련된 개념과 실제가 발전되어온 아르헨티나, 브라질, 독일, 일본, 노르웨이와 같은 국가들이 사용하는 용어들은 직역하지 않을 것이다. 그럼에도 불구하고 그 의미를 공유해야 하는 것은 매우 어려운 과정일 수 있다. 셋째, 커뮤니티 음악치료의 중심 원리는 지역적 맥락 안에서 실행되어야 한다. 지역적이라는 것은 단 하나의 측면이 아니라, 역사와 관련된 다양한 측면에서 생각해야 함을 의미한다.

따라서 커뮤니티 음악치료의 역사를 조명할 때는 유의해서 비유해야 한다. 예를 들어, 역사에 대한 관례적인 비유인 뿌리(roots)를 공동 조상(shared ancestry)에 빗대어 해석하는 것은 오해의 소지가 있다. 오히려 공기뿌리(aerial roots)에 대한 구체적인 이미지가 더 도움이 될 것이다. 공기뿌리를 가진 식물은 성장할 때 가지로부터 새 뿌리가 내려와서 땅속에 들어가고, 이로부터 새로운 줄기를 형성한다. 이 이미지는 커뮤니티 음악치료가 역사적으로 다양하게 뻗어나간 것과 지금도 펼쳐나가고 있음을 보여준다. 이와 비슷하게 커뮤니티 음악치료를 여러 작은 시냇물이 모인 강이나 (위에서 제시한 바와 같이) 가족으로 생각해볼 수 있다. 강에 대한 비유를 통해서는 커뮤니티 음악치료의 개념과 실제의 조합이 주변 환경의 변화에 따라 변하는 것을 보여주며, 가족에 대한 비유를 통해서는 가족관계가 형성될 때 수반되는 휴먼 에이전시(human agency; 의도를 가지고 해낼 수 있는 인간의 힘)에 대해서도 수긍한다(Stige & Aarø, 2012, pp. 49~52).

초기 음악치료 문헌에서 공동체와 관련된 개념은 전미음악치료협회(NAMT)의 다섯 번째 학술대회 자료집(Book of Proceedings)에 실린 미국 민족음악학자 Bruno Nettl(1956)의 평론에서 찾아볼 수 있다. Nettl은 전통문화의 치유의식에 관한 민족지학 연구를 통해 전문 음악치료를 발전시킬 만한 가치가 있음을 확인할 수 있다고 했다. 그가 조사한 전통적인 실제에서 음악은 사회적, 의식적(ritual) 환경에 통합된다. Nettl은 이를 가지고 행동에 대한 음악의 직접적 효과로 보던 당시의 현대적 음악치료의 제한된 초점과 대비시켰다.

Nettl의 평론은 대단히 적절했지만, 공동체 관련 이슈는 새로운 전문분야의 발전을 이루는 초반 몇십 년 동안 완전히 무시되지 않는 수준 정도에 그쳤다. 1960년대와 1970년대 Juliette Alvin, Paul Nordoff와 Clive Robbins, Mary Priestley 같은 유럽의 여러 음악치료 선구자들은 자신들이 제안한 개념 전반에 걸쳐 공동체를 지향하는 견해를 발전시켰다(Stige & Aarø, 2012, pp. 34~36). 미국 Gaston(1968)의 *Music in Therapy*에는 공동체 안의 음악치료에 대한 섹션이 있다. Florence Tyson은 공동체와 음악과의 관계에 대해 통찰한 미국의 선구자 중 1명이다. 1950년대에서 70년대에 이르기까지 Tyson은 당시 음악치료 서비스의 탈시설화와 관련하여 외래 환자 음악치료와 같은 이슈에 집중한 책들을 출간했다(McGuire, 2004). Tyson은 커뮤니티 음악치료라는 용어를 가끔 사용했지만, 오늘날 이 분야를 형성하는 이론적 시각을 발전시키지는 않았다. 그의 관점은 공동체 안에서의 음악치료(music therapy in the community)로 설명될 수 있는 반면, 현대

의 커뮤니티 음악치료는 공동체로서의 음악치료(music therapy as community) 또는 공동체를 위한 음악치료(music therapy for community)로 설명될 수 있다.

보다 현대적인 개념은 1980년대 음악치료 이론의 선구자인 Even Ruud와 Carolyn Kenny 같은 학자들이 발전시켰다. 1980년대에 Kenny(2006)는 (비록 자신의 저서에 이 용어를 사용하지 않았지만) 현대의 커뮤니티 음악치료와 분명히 관련된 음악치료 이론에 대한 사회적 개념과 체계 중심적인(system-oriented) 개념을 발전시켰다. Kenny는 어떻게 음악치료 실제가 폭넓은 사회문화적 체계의 부분으로 이해되어야 하는가를 이야기했다. 더불어 음악치료에서 체계이론[1]의 적합성을 논의했고, 음악치료 과정에서 상관적이고 맥락적인 양상을 강조한 놀이의 장(Field of Play) 이론을 발전시켰다. 마찬가지로 Even Ruud도 이미 1980년에 보다 사회적인 지향점을 가진 음악치료 접근에 대해 논의했다. 그는 일반적으로 개별화된 치료목표의 범위를 벗어나 음악치료가 공동체의 음악활동에서 제외된 사람들에게도 음악을 전해주는 역할을 한다고 했다. 나아가 건강에 대한 생의학적이고 심리적인 관점이 우리의 삶에서 사회적, 문화적 차원을 등한시했다고 주장했다. 음악치료에서 개인이 경험하는 문제와 도전은 단지 개인의 수준에서 이해될 수 있는 것이 아니다. 이것은 다양한 사회문화적 조건과 맞물려 있기 때문이다. 그래서 Ruud는 음악치료가 내담자가 처한 상황으로 향할 수밖에 없다고 보았다(Ruud, 1998).

1980년대에는 실제와 밀접한 관점을 더 명

---

1) 하나의 체계는 단순히 각 요소들의 집합체나 추상적 집합체가 아니라, 각 요소들이 상호적으로 연관되어 구성된 통일체라고 보는 이론.－역자 주

확히 설명하고자 하는 경향이 있었다. 예를 들어, Marcia Broucek(1987)는 음악치료가 역사적으로 시설화(institutionalized practice)되었으며, 더 많은 대상자들의 필요충족을 위해 탈시설화(deinstitutionalization of practice)할 필요가 있다고 주장했다. 비슷한 시기에 Edith Boxill(1988)은 평화를 위한 음악치료사(Music Therapists for Peace)라는 단체를 통해 활동가들의 시야를 확장했다. 동시에 노르웨이에서는 참여 인권에 기반을 둔 관점과 사회문화적 관점에 입각한 음악치료사들이 음악치료가 포괄적인 지역공동체를 어떻게 성장시킬 수 있는지를 연구하기 시작했다(Kleive & Stige, 1988).

1990년대 음악치료 문헌에서는 음악, 건강, 공동체의 관계에 대한 관심이 증가했다. 이 시기 주요 문헌들의 생태학적이고 공동체를 지향하는 관점을 통해 이런 경향성을 볼 수 있다. Leslie Bunt(1994)의 저서 *Music Therapy: An Art Beyond Words*에는 공동체를 위한 자원으로서의 음악치료에 대해 연구한 내용이 포함되어 있다. 그는 다른 분야 학자와 전문가들과의 작업적 연계와 연구에서의 동반자 모델을 장려했다. Kenneth Bruscia(1998)의 주요 저서인 *Defining Music Therapy*(2판)에서는 커뮤니티 음악치료를 생태학적 실제에 대한 폭넓은 분야로 설명하며 비중 있게 다루었다.

이처럼 공동체를 지향하는 경향성은 1990년대의 주요 출판물들을 통해 다루어지기는 했지만, 21세기 초반까지도 음악치료의 일반적인 개념으로 보기는 이려있다. 그리니 관련 협회들과 맥락의 규제를 벗어나 완전히 새로운 환경에서 논의와 토론을 진행할 수 있는 인터넷에 새로운 출판물이 소개되었다. 2001년에 개설된 *Voices: A World Forum for Music Therapy*(www.voices.no)는 국제적인 토론을 진행할 수 있는 매체가 되었

다. 특히 2002년에는 새로운 국제적 의식과 관심이 강력한 전환점을 만들어내기도 했다. 또한 Ansdell(2002)의 「Community Music Therapy and the Winds of Change」를 필두로 커뮤니티 음악치료에 집중된 여러 논문들이 출간되었다. 커뮤니티 음악치료를 깊이 있게 다룬 서적도 두 권(Kenny & Stige, 2002; Stige, 2002) 출간되었다. 2002년, 영국 옥스퍼드에서 열린 제10차 세계음악치료대회에서 커뮤니티 음악치료는 논의의 중심에 있었다. 2년 뒤에는 커뮤니티 음악치료에 특별히 집중한 첫 번째 공편서(edited book)가 발표되었다(Pavlicevic & Ansdell, 2004).

이런 전환점 이후에 더욱 다양한 문헌과 사례보고, 연구논문, 석사논문, 박사논문 등의 꾸준한 흐름이 이어지고 있다. 이처럼 갑작스럽게 관심이 지속된 것은 주요 출판물과 이론적 논의, 또는 이와 관련된 참고문헌들 때문은 아니었을 것이다. 오히려 실행에 대한 도전이 이 같은 관심을 끌어냈다고 하는 것이 타당할 것이다. 이제는 커뮤니티 음악치료 문헌이 부각되어 세계 음악치료사들의 관심이 늘어나고 있는데, 이는 사회의 변화와 함께 인권과 욕구 변화에 민감해지고 있기 때문이다. 커뮤니티 음악치료는 이미 많은 치료사들이 어느 정도 친숙한, 혁신적이며 포괄적인 실제를 다루고 있다. 이들은 언어적으로 그 실행을 논의하고 발전시킬 수 있는 기회를 갈망해왔다. 이것이 지금 고찰하고자 하는 이슈이다. 오늘날 커뮤니티 음악치료에 영향을 미치는 원리는 무엇인가!

이론적 원리

커뮤니티 음악치료에서 보통 인권에 기반을 둔 원리와 문화중심 원리는 윤리적이고 정책적인 이론과 관련되지만, 한편으론 생태학적 인생 전

반에 대한 관점에서 발달이론과 관련된 치료철학을 반영한다. 따라서 이 두 가지 원리에 대해 이야기하고, 커뮤니티 음악치료를 특징지을 수 있는 약어 PREPARE에 대해 살펴보자.

인권에 기반을 둔 원리

커뮤니티 음악치료는 장애와 불평등이 개인의 장해만큼이나 큰 차별과 소외의 산물이라고 여긴다. 개인의 자유로운 행동력은 정치적 자유뿐만 아니라 기본적인 욕구를 충족해줄 수 있는 최소한의 환경에 달려 있다. 인권에 대한 학제간 연구들은 사회의 평등과 결속을 위해 최소로 요구되는 자유와 안녕의 관계를 설명한다. 커뮤니티 음악치료가 인권에 기반을 둔 실행이라는 논의(Stige & Aarø, 2012, pp. 177~183)를 살펴보고, 욕구와 권리가 얼마나 상호의존적인가를 명확하게 설명하고자 한다.

2차 세계대전의 잔학한 행위를 명확하게 규명하기 위해 1948년 유엔총회에서 세계인권선언문이 통과되었다. 비록 이 선언이 매일같이 거의 모든 지역에서 다양하게 위반되고 있지만, 우리가 인간으로서 짊어져야 할 인권과 책임에 대해 세계적으로 합의한 이 선언문의 가치는 매우 중요하다. 일반적으로 인권에는 제1세대 인권부터 제3세대 인권까지 있는데, 이것을 커뮤니티 음악치료와 관련하여 간단히 설명하고자 한다.

제1세대 인권은 평등권과 참정권으로 불린다. 이것은 개인의 자유에 대한 권리인데 시민권과 사회에 자유롭게 참여할 권리, 법 앞에서의 평등, 종교와 자기표현의 자유 및 기타 여러 가지가 포함된다. 이 권리는 법률을 통해 보호되어야 한다. 많은 사람들은 이 권리가 사회에서 어떻게 보장되는가에 대해 생각할 때 이를 음악치료보다 법적인 전문성으로 여긴다. 그러나 음악치료 전문성이 이 권리와 어떤 관련이 있는지 숙고하지 않는 것은 잘못된 것이다. 교도소에서의 음악치료를 생각해보라. 형사사법제도에서는 사건에 대한 명백한 근거가 없어도 범죄자들은 자유에 대한 권리와 여러 권리들을 포함해 인권을 잃는다(Connolly & Ward, 2008, pp. 81~95). Tuastad와 O'Grady(2013)는 음악치료가 자유를 향하는 경험과 길을 만들어 보다 인도적인 형사사법제도에 얼마나 기여할 수 있는지를 조사했다.

제2세대 인권은 경제적·사회적·문화적 권리인데 합리적 임금에 의한 고용, 주택, 충분한 식량, 의류, 교육, 의료서비스, 사회보장, 기타의 권리를 포함한다. 제1세대가 개인의 자유에 초점을 둔다면, 제2세대는 안녕과 행복에 집중되어 있다. 이 권리는 모든 사람에게 적절한 환경과 서비스를 제공하기 위해 공공의 적극적인 역할이 필요하다. 남아프리카공화국의 음악치료사인 Helen Oosthuizen은 제2세대 인권과 관련된 음악치료의 중요성을 예로 들며 빈곤과 전문직종의 우선 사항에 대해 말했다. 그녀는 서비스 비용을 지불하기 좋은 지위에 있는 부유층과의 견고한 문화적 이해가 있는 자신의 배경을 통해 이를 설명했다. 부유층과의 작업을 우선적으로 한다는 것은 현실적인 측면에서 분명히 가장 쉬울 것이다. 그러나 이것이 과연 윤리적 측면이나 정책적 측면에서 가장 좋은 해결책일까? "나는 내가 속한 공동체와 비슷한 부유하고 재원이 있는 공동체 안에서만 일해왔으므로 빈부격차를 강조하는 것일지도 모른다는 것을 깊이 생각해봐야 했다. 이런 식으로 나는 우리나라의 사회적 불평등에 대한 투쟁을 하고 있다(Oosthuizen, 2006)."

제3세대 인권은 보다 집합적·환경적 권리인데 평화로운 사회에서 살 권리와 청정 공기, 깨끗한 물, 자연에 접근할 권리 등이 포함된다. 이와 관련된 커뮤니티 음악치료의 실제는 변화하는 갈등에 대한 것을 포함한다(Vaillancourt, 2009). 독일 음악치료사 Christine Simon(2013)은 현대사회에서 자연에 대한 무시를 안녕 및 사회적 정당성과 분리할 수 없다고 주장했다. 이런 관점은 커뮤니티 음악치료가 인권과 어떻게 관련되었는지 그 이해의 폭과 깊이를 넓혀준다.

인권에 기반을 둔 실행으로서의 음악치료 개념은 음악치료가 소규모 직종에 속해 있다는 것을 고려할 때, 초기엔 다소 엄청난 것이었을 것이다. 그러나 본문 초반에 있는 내용과 같이 인권에 대해 더 크게 생각한다면 막강한 힘을 가질 것이다. 인권은 우연히 만들어진 것이 아니다. 또한 단지 법률이나 정치적 결정만으로 이룰 수 있는 것도 아니다. 권리는 반드시 적극적으로 보호되어야 하고 구체적인 상황에 대비해야 한다.

인권은 사회적 책무와 윤리적 책임도 내포하고 있다. 우리는 권리를 가지면서 의무를 다해야 하는 공동체에 속해 있기 때문이다(Gewirth, 1996). Connolly와 Ward(2008)는 Gewirth의 철학을 바탕으로 인권은 이상 세계라기보다 삶의 존엄성을 위해 가장 작은 기준을 마련한 것이라고 했다. 건강, 사회돌봄, 범죄 심리분석과 같은 일을 하는 전문가들은 권리에 대한 인식을 관리해야 하므로 **휴먼 에이전시**에 특히 관심을 가져야 한다. 문화는 휴먼 에이전시를 위한 주요 자원이다. 이제 커뮤니티 음악치료의 문화중심 원리로 넘어가고자 한다.

문화중심 원리

문화중심 원리는 휴먼 에이전시가 음악공동체 내에서 이떻게 발전할 수 있있는지에 대힌 이해의 틀을 제공한다. 음악치료에서 문화중심 관점은 인간의 삶이 사회적 맥락과 문화적 맥락에서 어떻게 발전하는지, 인간과 환경이 상호적으로 어떤 영향을 미치는지에 주목한다. 기본 개념은 사람이 환경의 산물이 아니라 생태학적으로 진

보하고 있다는 점이며, 성장을 위해 모두가 환경을 적극적으로 함께 만들어가고 있다는 것이다(Stige, 2002). 따라서 문화중심 원리는 문화 집단의 차이에 따른 실행 조절(adjustment of practice)보다도 훨씬 많은 것들을 내포한다. 여기에서는 휴먼 에이전시의 생태를 분명히 보여주는 이 원리에 초점을 둘 것이다.

인간은 스스로 행동할 수 있는 능력이 내재되어 있지만, 그 형식과 변화의 촉진 정도는 변화하는 환경과 흐름의 상호작용에 따라 다르다. 행동은 자원에 대한 접근이 필요하기 때문에 제한적으로 발생하지만, 제한은 항상 일정한 것이 아니다. 휴먼 에이전시는 자원의 재분배뿐만 아니라 생산도 가능하게 한다(Giddens, 1984). 커뮤니티 음악치료는 이런 변화를 위한 상태를 만들기 위해 음악공동체를 탐구한다. 예컨대 Gary Ansdell(2010a)은 음악공동체에 대한 경험이 시간이 흐르면서 어떻게 사람들이 함께 무언가를 배우고 함께 무언가를 하는 **실행공동체**로 발전할 수 있는지 설명한다.

휴먼 에이전시로의 변화를 만들어낸다는 것은 생태학적 제한 속에서 우리가 속해 있는 관계에 어떤 지배력을 행사할 수 있다는 것을 의미한다. 휴먼 에이전시는 새로운 방식으로 개인과 공동체가 공동으로 자원을 집결하고 분배할 때 발달한다. 우리 사회에서 다면적 자원인 음악은 휴먼 에이전시를 위한 상당한 잠재력을 지니고 있다. 긍정적 자원으로서 휴먼 에이전시가 작동하는지 여부는 이용하는 사람과 장소, 방식에 따라 달라진나.

따라서 휴먼 에이전시 개념은 Bronfenbrenner(1979)를 비롯하여 여러 사회문화적 지향점을 가진 심리학자들의 주장처럼 인간발달 기반의 생태학적인 관점과 연계할 수밖에 없다. Bronfenbrenner는 인간의 복지와 관련된 전문분

야들이 여러 작은 체계(microsystem; *mesosystem*; Bronfenbrenner의 용어)들의 상호작용을 포함해서, 치료실 내의 고립된 작은 체계에서의 발달에만 너무 많이 몰두하고, 다른 체계에서의 발달에는 그렇지 않은 것에 관심을 기울인다.

이제 커뮤니티 음악치료가 개인과 집단의 자유와 안녕에 얼마나 공헌할 수 있는지를 강조하기 위해 설명되는 약자 PREPARE의 의미를 살펴보자.

PREPARE :
커뮤니티 음악치료에 대한 가설들의 통합

약자 PREPARE는 커뮤니티 음악치료의 일곱 가지 특질과 특성을 설명하기 위한 용어로 다음과 같다(Sitge & Aarø, 2012, p. 16~24).

Participatory	참여적인
Resource-oriented	자원중심적인
Ecological	생태학적인
Performative	수행적인
Activist	활동가
Reflective	반영적인
Ethics-driven	윤리적인

이 특징들은 위에서 개략적으로 설명한 이론적 원리와 관련되어 있기도 하지만, 실제를 기반으로 한 연구들로부터 발전된 것이다. 이 논의를 기반으로 커뮤니티 음악치료의 일곱 가지 특성에 대해 간단히 요약하면 다음과 같다(Stige & Aarø, 2012).

1. **참여적인** 특성은 커뮤니티 음악치료가 민주적인 과정에 가치를 부여한다는 것을 의미한다. 커뮤니티 음악치료에서는 사람들이 다양한 차이들을 만들어내며 참여할 수 있도록 격려한다. 이 특징은 참여자들이 가지고 있는 전문지식의 가치를 높이 평가함을 의미한다. 음악치료사들의 전문지식도 중요하겠지만, 커뮤니티 음악치료는 전문가를 기반으로 하는 실행은 아니다. 흔쾌히 경청하고 타협하며 참여적으로 접근하는 것은 커뮤니티 음악치료의 특징이다.

2. **자원중심적인** 특성은 커뮤니티 음악치료가 개개인의 힘을 양성하는 것, 그 이상을 포함하는 것을 의미한다. 사회적·문화적·물질적 자원을 동원하고, 이에 접근하도록 해주며, 재분배하는 것은 앞으로도 논의되어야 할 부분이다. 또한 자원중심적 특성은 문제상황 또는 도전과 관련이 있거나 이를 다룬다는 것을 내포한다. 우리는 문제를 다루고 가능성을 찾기 위해 일상에 적절한 예비 인력들과 같은 자원들에 대해 생각해볼 수 있다.

3. **생태학적인** 특성은 커뮤니티 음악치료가 사회적 맥락에서 개인과 집단 그리고 네트워크 사이의 상호적 관계를 다루는 것을 포함한다. 커뮤니티 음악치료의 생태학적인 특성은 실행에 있어 체계적인 관점을 탐색함을 시사한다.

4. **수행적인** 특성은 커뮤니티 음악치료가 맥락 내 관계에서의 행동과 수행을 통해 인간발달에 집중하는 것을 뜻한다. 이는 음악적 수행을 의미할 수도 있겠지만, 그 이상으로 자신과 공동체의 수행까지도 포함할 수 있다.

5. **활동가** 특성은 소외나 불공평과 같은 사회적 제한과 관련된 문제를 인식하는 커뮤니티 음악치료를 설명한다. 이것은 흔쾌히 행동하는 것을 의미하기도 한다. 따라서 사회적 변화는 종종 커뮤니티 음악지료의 논의 대상이 된다. 활동가 특성은 다른 특성들보

다 더 논란이 있을 수 있지만, 앞서 논의했던 인권에 기반을 둔 실행이라는 개념이 논리적으로 비슷하다.

6. 반영적인 특성은 실행의 과정, 결과, 그리고 그것이 미칠 더 큰 폭의 영향을 이해하기 위한 공동의 노력을 말한다. 반영은 항상 그렇지는 않지만 종종 언어적 토론을 의미한다. 주어진 상황에서의 행위(action), 상호작용(interaction), 반응(reaction)은 인간에 대한 이해를 돕는다.

7. 윤리적인 특성은 커뮤니티 음악치료의 실행, 이론, 연구가 인권에 기반을 두고 있다는 것을 의미한다. 인간의 욕구와 한계가 고려사항으로 다루어진다. 그러나 커뮤니티 음악치료는 진단과 치료적 계획에 중점을 두는 의학적 모델로는 설명되지 않는다. 주어진 상황에서 인권을 숙지하려는 가치와 권리를 실현하려는 의지는 행위로 이어진다.

PREPARE로 설명한 특징들은 음악뿐만 아니라 부차적인 음악[2] 양상과도 관련이 있는데, 이때 음악적 과정들은 주어진 상황에서의 인간행동 요소들로 이해될 수 있다(Stige, Ansdell, Elefant, & Pavlicevic, 2010, pp. 298~300). 위의 일곱 가지 특징들은 커뮤니티 음악치료의 실제 사례를 통해 더 잘 이해될 수 있을 것이다. 현재로써는 커뮤니티 음악치료의 사례들은 두 권의 출판물을 통해 확인할 수 있다. 먼저, Pavlicevic과 Ansdell(2004)은 "커뮤니티 음악지료, 합의된 모델에 대한 도전인가?", "그런데 이것이 음악치료

인가?", "문화는 이것과 함께 하지 않으면 안 되는가?", "맥락은 이것과 함께 하지 않으면 안 되는가?"와 같은 주제로 구성된 선집을 엮었다. 몇 년 후 4개국에서의 연구를 기반으로 8개의 사례를 엮어 출판했는데, 여기서는 제기되고 있는 필요나 인권과 관련된 다양한 상황들을 보여준다(Stige, Ansdell, Elefant, & Pavlicevic, 2010). 연구를 기반으로 구성된 이 자료집은 위에서 설명한 일곱 가지 특징을 표현한 주요 자료이다. 또 하나의 책(Stige & Aarø, 2012)은 다양한 사례를 요약하고 있는데, 각양각색의 지역과 사회문화적 맥락 안에서 사람들의 전 생애에 걸친 커뮤니티 음악치료의 실제를 보여준다.

실제 사례의 재구성

여기에서는 정신의료기관인 노르웨이 클리닉에서 음악치료사로 활동했던 저자의 이전 경험을 기반으로 커뮤니티 음악치료의 사례들을 재구성하여 제시할 것이다. 요한나와 친구들의 사례를 소개하기 위해 여러 사례들로부터 일부를 가져와 덧붙였는데, 이는 사례의 익명성을 보장하고 보다 유익한 자료로 제시하기 위한 것이었다.

> **요한나의 환영**
>
> "우리는 그것을 부정하려고 안간힘을 썼지만, 여기에 옴짝달싹 못 하게 앉아 있어요", "무슨 뜻이죠?", "반대쪽 위층에서 불빛이 깜박거려요. 이 방에는 열 파이프(heat pipe)가 그저 딱딱 소리만 내고 있고요." 음악치료사는 상당히 혼란스러워졌다. 곧 노래가사를 인용했다는 것을 깨달았지만, 무엇을 말하려고 한 것인지는 알 수 없었다. 요한나는 음악치료사에게 도움이 필요하다고 여겼다. "이거 '요한나의 환영(Visions of Johanna)'의 가사인데, 모르세요?", "아, 음... 그래요! 밥 딜런인가요?", "아니요! 전 마리안느 페이스풀의 버전을 정말 좋아해요. 그녀가 노래하면 모든 게 명확해지면서 동시에 복잡해져요. 그게 삶인가 봐요. 그렇죠?"

---

2) paramusical, 손뼉이나 물소리와 같이 주변에서 들리는 음악과 비슷한 소리나 전통적이지 않은 방식으로 연주하는 악기소리 등-역자 주

요한나의 첫 세션에서 일련의 흐름을 통해 그녀의 성격을 알게 되었다. 치료사는 가끔 요한나와 의사소통이 수수께끼 같다고 느꼈지만, 세션에 대한 그녀의 참여 동기는 아주 분명했다. 두 번째로 클리닉에 온 요한나는 치료사에게 질문했다. "저는 목소리를 되찾고 싶어요." 치료기관의 정신의학과장은 요한나가 의미했던 바를 명확히 알 수 없었지만 음악치료가 적절할 수 있다는 것에는 동의했다. 그가 음악치료사를 인정했는지 여부는 확실치 않았지만 말이다. 요한나는 심각한 자해로 기관에 막 도착한 상태로, 아직 진단받지는 않았다. 의사는 "음, 요한나가 음악치료를 우선적으로 요청한 증거가 있는지 어떻게 알죠?"라고 질문했다.

치료사는 어떻게 대답해야 할지 잘 몰랐다. 몇 년간 그는 음악치료의 필요가 내담자의 동기에 의해 본질적으로 나타나야지 진단으로 이어진다는 명제가 항상 타당한 것은 아니라고 주장해왔다. 동료들은 이 관점을 직접적으로 지지하지는 않았지만, 최소한 이 기관에서 발전해온 음악치료 서비스가 광범위한 치료철학을 가지며 단지 개인의 치료에만 국한된 것이 아니라는 것을 인정했다. 음악치료사는 통상적인 음악치료 세션뿐만 아니라 병동에서 열린 음악회를 준비하고, 때로는 지역주민들을 손님으로 초대하기도 했다. 그는 또 내담자들이 기관을 떠날 때 일상에서 어떻게 음악을 자원으로 이용할 수 있는지 도움이 되고자 애쓰는 데 상당한 시간을 보냈다.

요한나 친구들의 목소리

요한나와의 네 번째 세션이 막 시작되려고 했을 때, 치료사는 조금 놀랐다. 그녀는 혼자 오지 않았다. "저랑 노래하고 싶은 친구랑 같이 왔어요. 괜찮죠?" 음악치료사는 이에 대해 뭐라고 대답해야 할지 몰랐다. 그는 커뮤니티 음악치료 문헌들로 고무되어 있었고, 음악치료 실제의 넓고 유연한 관념을 지지했다. 병동의 개방과 공동체 행사는 그 일환 중 하나였지만 그래도 음악치료 세션은 다른 것이라고 생각했다. 모호한 경계를 설정하는 것이 멋진 생각이라는 확신이 서지 않았다. 그러나 그 요청을 거절하는 것이 잘하는 것일까?

그는 기억을 더듬어 슈퍼바이저와 치료과정의 경계에 대해 논의했던 것을 떠올렸다. 슈퍼바이저가 말했듯이, 경계 침해와 경계 교차 사이를 구분 짓는 것은 치료에 유익한 과정이다. 경계 침해는 종종 착취적이며 내담자에게 항상 위해하지만, 경계 교차는 치료사와 내담자가 일반적인 체계로부터 빠져나오는 것을

시사한다. 경계 교차는 반드시 해로운 것은 아니다. 때로는 치료적 동맹과 치료과정에 힘을 더하기도 한다. "내가 주저했던 것은 다른 어떤 것보다 나의 안전을 더 지켜야 했기 때문이었을지도 모른다"고 음악치료사가 말했다. 그는 요한나와 함께 이번 선택을 숙고해볼 수 있는 기회로 여기고 함께 하기로 결정했다.

요한나와 함께 온 두 친구는 치료실에 바로 도착했다. 그들은 전날 밤 이야기를 조금 나누는 중에 함께 노래해보는 것이 재밌을 것 같아 그렇게 해보기로 결정한 것이었다. 음악치료사는 그들에게 노래 만들기를 원하는지 물었다. "그러죠!"라고 요한나가 대답했지만, 이내 자제하는 모습을 보였다. 음악치료사가 세 사람에게 노래가사에 대한 생각을 적도록 하자 그녀는 어떤 의견도 내지 않았다. 그녀의 친구들이 먼저 쓰기 시작했고, 잠시 후 그중에 1명은 자신이 쓴 가사를 당당하게 읽었다. "오, 의사 선생님, 제발 내 말을 듣지 말아요. 나는 지금 소고기가 필요 없어요, 자유를 원해요." 친구들은 큰 소리로 껄껄대며 웃었다. 치료사는 이 치료과정이 어떻게 끝날지 궁금해졌다.

이후 요한나의 음악치료 세션은 친구들이 매우 적극적인 역할을 하는 노래 만들기 워크숍(songwriting workshops)으로 바뀌었다. 치료사는 요한나의 언어적 소통이 상당히 수수께끼 같고, 노래가사를 많이 쓰지 않는다는 것을 알았다. 그렇지만 그녀는 간절하게 노래를 불렀고, 친구들이 그녀에 대한 상당히 의미 있는 정보들을 표현했다. 그녀는 이처럼 말했다. "우리는 싱어송라이터예요", "어... 그래요, 뭐랄까......", "그리고 우리는 우리를 위한 이름을 지어야 해요." 그래서 우리는 많은 논의 끝에 그룹의 이름을 Free Therapy라고 정하기로 했다. "그러니까 이건 치료 같은(like therapy) 게 아니라 치료적인(therapeutic) 거예요. Free Therapy는 좋은 이름이에요"라고 요한나가 분명하게 말했다.

몇 주 후 그들은 마음에 들어 한 노래 몇 개를 더 썼고, 음악치료사는 Free Therapy에게 곡을 함께 나누고 싶은지, 혹시 병동에서 작은 연주회를 하고 싶은지 물었다. 그들은 잠시 이야기를 나누며 그것을 해낼 준비가 되었는지, 직원들이 노래가사를 좋아할지에 대해 상의했다. 그리고는 한번 해보기로 결정했다.

치료사는 기쁘기도 했지만, 조금 걱정이 되기도 했다. 어떤 노래들은 재미있기도 했지만, 다소 비판적이었고, 치료기관과 직원들이 노래의 표적이 된 것 같기도 했기 때문이다. 그리고 여러 곡의 가사들이 이해하기 쉽지만은 않아서 결정하기 어려웠다. 조금 망설인 후에 수수께끼 같은 가사들은 명확성이 결여되었다기보다 시적 표현을 한 것이라는 결론에 도달했다.

요한나의 여정의 길

요한나의 음악치료 여정은 개인세션으로만 진행된 건 아니었고, 치료사가 예상한 것처럼 일련의 노래 만들기 워크숍, 리허설, 연주회가 함께 진행되었다. 치료의 여정은 많은 우여곡절을 겪었다. Free Therapy의 몇몇 연주회는 상당히 순조롭게 진행되었다. 청중들은 진지하게 경청했고, 이후의 노래 만들기와 연주회를 향한 그룹의 동기는 커졌다. 그러나 한편으로는 명확하지 않은 것들도 있었다. 청중들은 단순히 정중한 것이었을까? 그들은 이 노래들을 어떻게 생각했을까? 요한나는 왜 자꾸 다른 사람들이 준비되었는지 확인하지도 않은 채 바로 노래를 불렀을까? 이것은 그룹의 연주회 전후에 던져볼 수 있는 질문이었다.

치료사는 이 같은 과정이 혼란스러웠다. 음악치료에 대해 대학에서 배운 것으로는 거의 이해할 수 없었다. 더 이상 내담자의 강점과 문제를 진단하고 적절한 개입을 권하는 전문가가 아니었다. 이 과정은 공동의 노력이 필요했고, 어느 정도는 예측할 수도 없었다. 자의적이기는 했지만 자신의 전문역량을 지지하도록 주장할 수도 있었다. Free Therapy는 자신들이 늘 해왔던 것을 평가하고, 그에 따라 방법들을 조절했다. 많은 고충이 있었지만, 축하할 만한 것도 많았다.

이 여정에 대한 긍정적인 소식은 정신의학과장이 이 그룹을 매우 지지한다는 점이었다. 음악치료사는 이 의미를 몰랐지만, 정신의학과장은 이전보다도 회복지향(recovery-oriented)의 실행에 더 집중해야 할 필요가 있다고 설명했다. "자기주도적이고, 보다 나은 삶을 향한 창조적 여행에 집중하는 Free Therapy보다 더 좋은 예가 있을까요? 노래가 가끔 체제에 다소 비판적인 것은 자연스러운 일이에요." 치료사는 Free Therapy와 다시 작업하면서 뭐라고 해야 할지 모르는 상황에 빠졌다. 그룹의 연주회는 동료들로 하여금 치료사의 전문적인 역할에 대해 이해할 수 있도록 해주었을까? 너무 좋아서 믿어지지 않을 정도일까? 이 모든 것을 어떻게 이해해야 할까? 아마도 치료사는 개인적이고 사회적인 회복에 대한 이해가 더 필요했을 것이다.

워크숍과 연주회 발표 몇 주 후 요한니는 개별세션을 요구했다. "곧 기관을 떠날 거예요. 이곳에 오기 전의 공허한 삶을 생각하니 겁이 나네요. 지금까지 함께 해온 음악과의 연결고리를 잃고 싶지 않아요." 개별세션은 요한나가 자신의 삶으로 되돌아갔을 때 음악과의 연결을 얼마나 성공적으로 유지시킬 수 있는가에 집중했고, 음악을 사용하여 다른 사람들과의 연결점

을 만드는 것에도 중점을 두었다. 치료사는 요한나의 집 근처에 지역사회 음악연극부가 있다는 것을 알았고, 거기에 참여할 기회를 살펴보기로 했다.

위의 사례에서는 치료과정이 전문가 주도라기보다 공동의 작업이었다는 것을 알 수 있다. 참여자와 치료사의 전문기술 둘 다 이 과정에서는 없어서는 안 될 요소였다. 치료사는 이를 이해하기 위해 상당히 고군분투했다. 커뮤니티 음악치료 실행에 있어서 성장하기 위해서는 전문적으로 배운 것을 잊고, 다시 배우기 위한 도전이 필요하며(Stige, 2014), 실행가들에게는 협력적이고, 다차원적이며, 열려 있는 과정을 반영하기 위한 언어가 필요하다. 커뮤니티 음악치료 과정에 대한 모델을 발전시키기 위한 노력으로 다음과 같이 제안한다(Stige & Aarø, 2012).

커뮤니티 음악치료 과정은 여섯 가지 변화의 상호작용을 통해 건강, 안녕, 사회-음악적 변화를 향한 운동으로 설명할 수 있다. 그 여섯 가지의 운동에는 비평적 인식 만들기(creating critical awareness; 폭넓은 맥락적 정보를 발전시키고 이념에 도전하기), 할 수 있는 것을 평가하기(appraising affordances; 여러 단계로 분석하고, 다차원적 실행에 대한 문제와 자원 평가를 통해 주어진 상황 안에서 할 수 있는 것을 계획하기), 결합하고 연결하기(bonding and bridging; 동질적 공동체와 이질적 공동체에서 사람들을 연결하는 사회-음악적 과정을 지지하기), 어려움에 대처하기(dealing with predicaments; 개인에서 집단으로, 더 큰 공동체 범위에 이르기까지 다차원적 분석을 통해 갈등을 변화시키기), 평가하고 조절하기(evaluating and adjusting; 참여 과정과 실행을 향상시키는 목적을 행하는 모든 변화의 강점과 약점을 검토하기), 소통하고 축하하기

(communicating and celebrating; 더 많은 청중을 위해 공연하고, 공동체의 즐거움을 만들고 환영하기)가 있다(pp. 230~231).

커뮤니티 음악치료의 과정은 치료사가 관계를 성장시키고 관계에 대해 심사숙고할 수 있는 이론적 이해를 갖지 않으면 도움이 되지 않는다는 점은 분명하다. 위의 사례는 음악치료 실행을 위한 맥락의 확장과 연관된 문제와 그 가능성(Turry, 2005), 그리고 치료과정에서 통합된 형태인 공연(Ansdell, 2005, 2010b)과 같이 이론적 반영이 필요한 여러 이슈들에 대해 설명하고 있다. 다음 단계에서는 음악치료 맥락에서 두 가지 이슈에 대한 이론적, 메타이론적 반영이 필요하다(Rolvsjord & Stige, 2013).

위의 사례는 커뮤니티 음악치료가 학제간 이론(interdisciplinary theories)과 관련이 있다는 것을 말해준다. 음악치료사들이 경계 침해와 경계 교차에 대해 심사숙고하는 것은 심리치료 이론의 영향을 받았다(Gutheil & Brodsky, 2008). 중요한 것은 음악연구와 사회과학이 커뮤니티 음악치료와 밀접한 관련이 있다는 점이다. 음악은 자극제(또는 개인적 경험) 그 이상이다. 이것은 Small(1998)이 음악하기(musicking)로 설명한 것과 같이 맥락 안에서의 사회적 활동으로 이해될 수 있다. 사회적 활동으로서의 음악은 그룹 내에서 유대감을 형성하고, 그룹구성원 사이를 연결하여 사회적 자원을 만들어낸다(Putnam, 2000).

또한 최근 정신의료영역에서의 회복접근(reco-very approach; Solli, Rolvsjord, & Borg, 2013)의 원리가 커뮤니티 음악치료의 과정과 여러 면에서 관련지어 이해될 수 있다. 그러나 이 관련성이 회복모델에만 국한된 것은 아니다. Ansdell(2014)은 음악치료가 치료상황과 일상에서 어떻게 도움이 되는지에 관한 생태학적 관점

을 발전시켰다. 여기에서는 회복모델 대신 음악적 세계, 음악적 경험, 음악적 개성, 음악적 관계, 음악적 공동체, 음악적 초월에 중점을 둔 음악적 번영과 인간의 건강에 대한 폭넓은 생각들을 적용했다.

결론

사회공동의 가능성과 사회적 책임에 중점을 둔 커뮤니티 음악치료는 음악치료가 무엇인지, 무엇이어야 하는지에 대해 보다 일반적인 관점과 대비되는 점을 보여준다. 미국음악치료협회(AMTA, 2005)가 음악치료를 "치료적인 관계 안에서 개인적인 목적을 달성하기 위해 임상적 증거에 근거해 음악중재를 사용하는 것"이라고 정의한 것을 생각해보자. 이 정의와 본 장에서 제시한 개념에는 차이가 있다. 커뮤니티 음악치료는 관련 용어를 아무리 동원해도 대부분 임상적이지는 않다. 목적은 개별화되어 있지만 반드시 그래야 하는 것은 아니며, 목적에 대한 추구는 치료적 관점에서 작업하는 것을 제한하지 않는다. 치료과정은 대단히 참여적이어서 중재(intervention)와 같은 용어가 참여(involvement)나 진척(initiative)과 같은 확장된 용어로 대체되어야 할 것이다. 커뮤니티 음악치료 연구는 증거기반(evidence-based)이라는 표현이 암시하는 것보다도 더욱 다면적(multifaceted)이다.

재구성된 사례에서도 볼 수 있듯이 일반적인 음악치료와 차이점만 있는 것이 아니라 연관성도 있다. 종종 커뮤니티 음악치료의 실제는 보다 전통적인 접근을 확장하여 발전하지만 항상 그런 것은 아니다. 커뮤니티 음악치료의 음악적이고 사회적인 출발점은 우리가 흔히 치료라고 생각했던 것과는 달리 생태학적 지향점을 요구할지도 모른다. Bruscia(1998)는 커뮤니티 음악치료

와 같은 생태학적 실제와 전통적 그룹치료를 비교하여 논평했다.

> 전통적 그룹 음악치료의 목적은 구성원 개개인의 치료적 변화이다. 반면 생태학적 그룹의 목적은 생태학적 체계와 그 부분을 통한 개인의 치료적 변화이다. 전통적 그룹치료에서 개별구성원들의 변화는 그룹과 상관없이 각 개인이 각자가 처한 생태학적 맥락에 적응하거나 일반화되는 것을 의미한다. 그러나 생태학적 그룹에서는 이러한 일반화가 반드시 필요한 것은 아니다. 즉 전통적인 그룹치료에서 내담자는 그룹 그 자체라기보다는 각각의 개별화된 구성원이다. 반면 생태학적 작업에서의 내담자는 각 개인과 공동체, 둘 다를 포함한다(p. 230).

치료의 차이점과 연관성 사이의 복잡한 패턴은 음악치료에서 커뮤니티 음악치료가 가지는 논란의 원인으로 작용했을 것이다. 그러나 커뮤니티 음악치료는 이미 강력한 운동으로 성장했고 많은 논란들은 이제 지나갔다. 그럼에도 불구하고 커뮤니티 음악치료와 관련된 논란을 이해하기 위해 추가적인 논의가 이어질 수도 있다. 우리 사회는 개별치료 전략과 대중의 건강전략 사이에서 지속적으로 고군분투하고 있다. 20세기의 눈부신 의학의 발전은 개별치료에 대한 전문적 효과와 정책들을 확실히 이끌어냈다. 그러나 안녕의 다차원적인 본성, 공평, 공정함을 특히 고려하면 이와 같은 전략들은 불충분하다고 할 수 있다(Stige & Aarø, 2012).

그러므로 개별치료와 대중의 건강전략 중에 어떤 것이 더 우선되어야 하는가에 대한 논란은 사회문화, 물질, 정치적 현실에 따라 새로운 형태로 계속 재현될 것이다. 인권에 기반하고 문화 중심인 커뮤니티 음악치료는 분명히 대중의 건강전략의 일환으로서 음악치료를 이끌어낸다. 물론 이상적으로는 개별치료와 사회적 건강장려 및 대중의 건강을 위한 작업 사이에 모순이 없어야 하지만 모든 사회를 특징짓는 재원의 한계는 각 전략의 우열에 대한 정책적 논란을 지속시킬 것이다.

음악치료 훈련과 직업에 대해 시사하는 내용은 여러 가지이다. 첫째, 커뮤니티 음악치료에 도전하게 하기 위해서 학생들을 음악적, 이론적, 윤리적으로 어떻게 준비시켜야 할지 연구해야 한다. 둘째, 전문가에 대한 개념을 재고하여 더욱 협력적이고 사회적인 역할을 발전시키는 방법을 배워야 한다. 셋째, 커뮤니티 음악치료를 통해 음악치료의 사회적 위치와 기여에 대해 지속적으로 되돌아볼 수 있는 기회를 만들어야 한다.

참고문헌

American Music Therapy Association. (2005). *What is music therapy?* (American Music Therapy Association definition, 2005). Retrieved from *www.musictherapy.org*.

Ansdell, G. (2002). Community music therapy and the winds of change: A discussion paper. *Voices: A World Forum for Music Therapy, 2*(2). Retrieved from *https://normt.uib.no/index.php/voices/article/view/83/65*.

Ansdell, G. (2005). Being who you aren't; doing what you can't: Community music therapy and the paradoxes of performance. *Voices: A World Forum for Music Therapy*. Retrieved from *https://normt.uib.no/index.php/voices/article/view/229/173*.

Ansdell, G. (2010a). Belonging through musicing: Explorations of musical community. In B. Stige, G. Ansdell, C. Elefant, & M. Pavlicevic (Eds.), *Where music helps: Community music therapy in action and reflection* (pp. 41–62). Aldershot, UK: Ashgate.

Ansdell, G. (2010b). Where performing helps: Processes and affordances of performance in community music therapy. In B. Stige, G. Ansdell, C. Elefant, & M. Pavlicevic (Eds.), *Where music helps: Community music therapy in action and reflection* (pp. 161–186). Aldershot, UK: Ashgate.

Ansdell, G. (2014). *How music helps in music therapy and everyday life*. Aldershot, UK: Ashgate.

Boxill, E. H. (1988). Continuing notes: Worldwide networking for peace [Editorial]. *Music Therapy, 7*(1), 80-81.

Bronfenbrenner, U. (1979). *The ecology of human development: Experiments by nature and design*. Cambridge, MA: Harvard University Press.

Broucek, M. (1987). Beyond healing to "wholeing": A voice for the deinstitutionalization of music therapy. *Music Therapy, 6*(2), 50-58.

Bruscia, K. (1998). *Defining music therapy* (2nd ed.). Gilsum, NH: Barcelona.

Bunt, L. (1994). *Music therapy: An art beyond words*. London: Routledge.

Connolly, M., & Ward, T. (2008). *Morals, rights and practice in the human services: Effective and fair decision-making in health, social care and criminal justice*. London: Jessica Kingsley.

Gaston, E. T. (Ed.). (1968). *Music in therapy*. New York: Macmillan.

Gewirth, A. (1996). *The community of rights*. Chicago: University of Chicago Press.

Giddens, A. (1984). *The constitution of society: Outline of the theory of structuration*. Cambridge, UK: Cambridge University Press.

Gutheil, T. G., & Brodsky, A. (2008). *Preventing boundary violations in clinical practice*. New York: Guilford Press.

Kenny, C. B. (2006). *Music and life in the Field of Play*. Gilsum, NH: Barcelona.

Kenny, C. B., & Stige, B. (Eds.). (2002). *Contemporary Voices of music therapy: Communication, culture, and community*. Oslo, Norway: Unipub forlag.

Kleive, M., & Stige, B. (1988). *Med lengting, liv og song* [With longing, life, and song.] Oslo, Norway: Samlaget.

McGuire, M. G. (Ed.). (2004). *Psychiatric music therapy in the community: The legacy of Florence Tyson*. Gilsum, NH: Barcelona.

Nettl, B. (1956). Aspects of primitive and folk music relevant to music therapy. In E. T. Gaston (Ed.), *Music therapy 1955. Fifth book of proceedings of the National Association for Music Therapy* (pp. 36-39). Lawrence, KS: National Association for Music Therapy.

Oosthuizen, H. (2006). Diversity and community: Finding and forming a South African music therapy. *Voices: A World Forum for Music Therapy*. Retrieved from *https://normt.uib.no/index.php/voices/article/view/277/202*.

Pavlicevic, M., & Ansdell, G. (Eds.). (2004). *Community music therapy*. London: Jessica Kingsley.

Putnam, R. (2000). *Bowling alone: The collapse and revival of American community*. New York: Simon & Schuster.

Rolvsjord, R., & Stige, B. (2013). Concepts of context in music therapy. *Nordic Journal of Music Therapy*.

Ruud, E. (1998). *Music therapy: Improvisation, communication and culture*. Gilsum, NH: Barcelona.

Simon, C. (2013). *Community music therapy: Musik stiftet Gemeinschaft* [Community music therapy: Music creates community]. Klein Jasedow, Germany: Drachen Verlag.

Small, C. (1998). *Musicking: The meanings of performing and listening*. Hanover, NH: Wesleyan University Press.

Solli, H. P., Rolvsjord, R., & Borg, M. (2013). Toward understanding music therapy as a recovery-oriented practice within mental health care: A meta-synthesis of service users' experiences. *Journal of Music Therapy, 50*(4), 244-273.

Stige, B. (2002). *Culture-centered music therapy*. Gilsum, NH: Barcelona.

Stige, B. (2012). *Elaborations towards a notion of Community Music Therapy*. Gilsum NH: Barcelona. (Original work published 2003)

Stige, B. (2014). Community music therapy and the process of learning about and struggling for openness. *International Journal of Community Music, 7*(1), 47-56.

Stige, B., & Aarø, L. E. (2012). *Invitation to community music therapy*. New York: Routledge.

Stige, B., Ansdell, G., Elefant, C., & Pavlicevic, M. (2010). *Where music helps: Community music therapy in action and reflection*. Farnham, UK: Ashgate.

Tuastad, L., & O'Grady, L. (2013). Music therapy inside and outside prison: A freedom practice? *Nordic Journal of Music Therapy, 22*(3), 210-232.

Turry, A. (2005). Music psychotherapy and community music therapy: Questions and considerations. *Voices: A World Forum for Music Therapy*. Retrieved from *https://normt.uib.no/index.php/voices/article/view/208/152*.

Vaillancourt, G. (2009). *Mentoring apprentice music therapists for peace and social justice through community music therapy: An arts-based study*. Doctoral dissertation, Antioch University, Santa Barbara, CA. Available at *http://etd.ohiolink.edu/view.cgi?acc_num=antioch1255546013*.

제 20 장

표현예술에서의 음악치료

Margareta Wärja

김동민 역

역사를 통틀어 인간은 내적 즐거움, 고취 (empowerment), 치유 등을 위하여 예술활동을 이어왔다. 예술은 알려진 혹은 미지의 길로 가는 관문이며, 설명할 수 없는 인간신화와 역사의 세계로 우리를 이끈다. 예술언어들은 생존감(sense of life)을 형성하는 생동성(living fibers)을 제공한다. 예술 안에서 우리는 희망, 꿈, 고난의 이야기들을 나눈다. 음악, 춤, 그림, 시, 연극을 통해 우리는 서로에게 그리고 공동체에게 스스로의 이야기를 할 수 있고, 보여줄 수 있다. 이렇게 이야기를 말하고 드러내는 과정에서 우리는 변화한다. 경험은 이렇게 만들어지는 이야기의 바탕이 되는 재료다. 예술을 통한 표현은 그 자체로서 필수적이고 독특한 우리 인간들의 속성이다.

예술의 다양한 형태들과 언어들은 마치 크고 서로 연결된 중요한 수계(水界, river system)와 같이 서로 교차한다(intersect). 각 표현방식은 심리치료나 그 외의 치유적 수단으로 간주되는 고유한 특성들을 가진다. 음악, 춤과 같은 일부 예술은 시간제한적 양식(temporal mode)에 속한다. 이들은 순간적으로 출현하고, 사라지고, 지나가고 변형된다. 그에 반해 시각예술이나 조소와 같은 다른 형태의 예술들은 공간 안에서 물체, 사물, 장치 등을 조형하는데 이런 것들은 이야기를 담고 있으며 시간이 지나도 볼 수 있고, 탐색할 수 있고, 다시 찾아볼 수 있다. 심리치료에서 예술적인 활동에 참여할 때, 우리는 소통과 표현을 증진시키는 심미적 접촉에 더욱 개방적이 된다. 이는 정신적, 육체적, 정서적, 인지적, 사회적 기능을 향상시키고 건강과 웰빙을 증진한다. 예술은 변화를 지원하는 창조적이고 상호적인 과정을 제공하며, 우리가 더욱 풍요로운 삶을 살 수 있도록 한다. 음악, 춤, 미술, 드라마와 같이 이와 관련된 수많은 직종들이 예술을 치료에 접목시킨다. 창조적 예술치료란 용어가 예술치료(arts therapy)의 각 분야를 포함한다.

이 장에서는 표현예술치료(Expressive Arts Therapy)와 관련된 분야를 다루고 있는데 이러한 표현예술치료는 심리치료, 사회복지, 지역사회 사업에서의 시각예술, 음악, 춤/움직임, 드라마, 사진/영화 제작, 글쓰기, 문예, 기타 창조적 과정을 결합한다. 좀 더 구체적으로, 나는 보다 확장된 표현예술의 틀 안에서 음악의 사용에 대해 설명한다. 나는 이러한 접근법을 '음악중심의 표현예술치료(music-centered expressive arts therapy)'라 부른다. 다양한 심리학적 문제, 갈등, 외상경험들은 상상이나 창의적 표현들을 통해서 다뤄질 수 있다. 표현예술치료에서 예술형식들을 결합하는 방법, 작업유형, 심리학적 틀은 다양하다. 이러한 작업의 공통적 기반은 경험, 정서, 행동 및 신체적인 건강의 상호작용이며, 그 특징은 마음-신체 간의 연결이다(Damasio, 2010).

지난 25년간 나는 스웨덴에서 표현예술 프로그램의 개발과 교육에 참여해왔다. 오늘날 이 방법은 정신건강, 심리치료, 의료, 재활, 노인 병동, 호스피스, 사회단체, 특수교육, 임상감독, 조직발달 등에 적용되고 있다. 나의 음악치료 여정은 30년 전, 롱비치에 위치한 캘리포니아주립대학교에서 음악치료를 공부하던 학생일 때 시작되었다. 당시 스웨덴 출신 유학생이었던 나는 치유적 예술에서의 음악이 가지는 힘에 대해 알고 싶고, 배우고 싶었다. 그 이후, 여러 사람들의 영향으로 지금껏 이 여정에 몸담고 있다. 그중 몇 사람의 관점과 지혜는 무척이나 중요하다.

초기부터, 심미학에 의한 총체적인 체계의 접근법으로서의 음악치료에 대한 Carolyn Kenny(2006)의 이론적, 철학적 집필은 나의 생각에 영향을 미쳤다. 영감을 주는 강의들을 비롯

하여, BMGIM에 대한 Frances Smith Goldberg, Lisa Summer와 Helen Bonny의 공동작업은 내 임상적 방법론의 기본을 형성하였고, 내가 음악치료를 양도(surrender), 고취, 심미(beauty), 초월(transcendence)의 공간으로 이해하는 방식의 기초가 되었다. 표현예술 분야에서 존경받는 동료들인 Paolo Knill, Margo Fuchs, Markus Alexander, Steve Levine, Ellen Levine과의 다년간에 걸친 공동작업은 나에게 예술 및 자발적 연주가 가지는 능력과 힘에 대해 가르쳐주었다. 마찬가지로, 노르웨이 표현예술 커뮤니케이션학교(Norwegian Institute of Expressive Arts and Communication)의 책임자인 Melinda Meyer와의 20년에 걸친 공동작업도 나에게 같은 영감을 전해주었다. Melinda Meyer는 고문이나 정신적 외상 생존자들을 위하여 진술(testimony)과 통합적 심리극을 활용하는 예술작업 그 자체가 가지는 치유력을 보여준 바 있다(Meyer, 2007). 성인 정신과와 최근의 종양학에 대한 나의 이력(background)은 광범위한 심리학적 문제들과 존재적 딜레마에 대해 다루는 작업을 포함하며 이는 현상학, 실존주의, 신체지향 체제(body oriented frame)에 대한 문헌들에 그 철학적 바탕을 둔다. 이 모든 것들이 음악중심 표현예술치료의 임상수행에 도움이 되어왔다.

이 장은 이 기법의 기반이 되는 표현예술과 심리치료적 체제에 대한 배경지식과 이론적 기초를 소개하며, 더 나아가 이 분야에서 음악치료가 적용되는 방식을 보여주는 짧은 사례들도 제시한다.

역사

표현예술치료는 관련 예술분야의 선구자들이 심리치료 작업과 사회교육 분야에서의 그들의

경험을 공유하고 예술 관련 학문들을 융합하기 위해 보스턴에 위치한 레슬리대학교(Lesley University)에서 함께 모였던 1970년에 시작되었다. 결국 표현예술(Expressive Arts)이라고 불리는 치료적 학교가 만들어졌고, 그곳에서 각기 다른 예술적 표현들과 학문들이 통합되었다. 미술치료사 Shaun McNiff, 음악치료사 및 행위예술가 Paolo Knill, 무용치료사 Norma Canner, 시인 Elisabeth Mckim 등이 이 학교의 설립자들이다(McNiff, 2009). 이 새로운 학문의 초기에, 자기표현 방법으로 내부의 느낌과 경험을 적극적으로 표현하는 것에 대한 개념이 존재했다. 그 이후 현상학적 접근에 의하여 이러한 기본적 핵심은 예술과 심미적 경험이 가지는 힘으로 옮겨갔다. 이 분야는 전통적인 심리치료에서 출현했지만 조직 발달, 교육, 미디어와 커뮤니케이션, 사회변화, 지역사회 통합, 평화구축, 갈등전환 등을 포함하는 다양한 영역으로 확장되었다. 현재 미국, 캐나다, 남아프리카공화국, 이스라엘 및 유럽의 다양한 대학교와 기관에서 이 분야에 대한 교육프로그램이 진행되고 있다.

1970년대 Knill에 의해서 소개된 가장 중요한 개념 중 하나는 감각능력을 기반으로 한 표현예술의 통합적 특성에 대한 관념이다(Knill, Nienhaus Barba, & Fuchs, 1995). 우리는 이 세계를 시각, 미각, 촉각, 후각, 청각, 신체감 등과 같은 감각을 통해 인지한다. 이러한 통합적 양식의 개념은 각 예술분야가 기본적으로 인간의 특정 감각에 의존한다는 것에 대한 이해와 연관된다(예 : 음악과 청각, 시각예술과 시각). 그러나 특정 감각들은 모두 신체의 감각 수용력으로부터 파생되었고, 이 수용력에는 모든 감각들이 연관되어 있다(Levine & Levine, 2005). 즉, 그림을 그리고, 음악을 연주하고, 공연하고, 춤을 추는 주체는 바로 신체라는 것이다.

예술작업에서 감각 간의 상호연계를 이해하는 것은 표현예술치료 임상에 필수적이며, 이는 주어진 상황에서의 임상방법에 영향을 미친다. 각 예술분야에서 그 외에 예술양식들은 잠재적 자원으로서 배경에 남아 있다. 각 예술형식은 고유한 진행 과정을 제공하는 내적특징들을 가진다. 예를 들면, 치료를 받고 있는 내담자가 그림을 그리고, 내담자와 치료사는 자유롭고 비지시적이고 비환원적(non-reductive)인 방식으로 그 그림/심상에 대해 대화를 나눌 수 있다. 그 심상의 심미성은 최대한 많은 것을 알려준다. 시각적 심상은 리듬감과 조성적(tonal) 공간을 가지기도 한다. 그 심상은 이야기 전개, 문자, 또는 연극적 행위를 수반할 수 있다. 그런 심상은 아마도 신체 움직임과 춤에 대한 지시를 줄 수도 있다. 치료 과정에서 치료사는 주의를 기울이고 과정을 면밀히 따라간다. 그리고 때가 되면 그 과정이 또 다른 양식에 기반을 둔 예술형식의 사용으로 전환된다. 언제 어떻게 통합적 양식의 전환이 발생하는가는 내용, 치료동맹, 주어진 이슈에 따른 문제이다. 치료사의 심미적 민감성은 세션을 구체화하는 역할을 하며, 이는 내담자에게 영향을 미치기 위해서이다.

심리치료에서 예술을 사용하는 우선적 목적은 비단 내적경험, 감정, 관계를 표현하고 형상화하는 것이 아니다. 오히려 그것의 반대이다. 창조 과정과 예술작품 그 자체가 탐색의 여정을 제공하는데, 이때 탐색의 과정은 내담자가 구체화의 과정으로 나아가는 동시에 자신의 감정, 감각, 심상에 가까이 머무름으로써 성장, 정서해소, 자기이해를 할 수 있도록 이끈다. 놀라움과 기대치 못한 변화를 불러오는 역치적 공간(liminal spaces)을 지나가는 것이 바로 여정(journey)이다. 역치성(liminality)이라는 개념은 처음 인류학자인 Arnold van Gennep(1960)와 Victor Turner(1995)

가 문화적 변화와 의식(rituals)의 양상을 묘사하기 위해 소개한 것이다. 이 개념은 평범함/일상을 떠나 가능한 변화와 중요한 변환이 발견될 수 있는 중간(in-between) 공간들을 경험하기 위해 자신의 한계를 넘어 미지의 경계로 들어가는 경험을 말한다.

이론적 원리

표현예술의 이론적인 토대는 인본주의–실존주의 철학에 기반을 둔다. 이러한 철학에서는 의도성, 자발성, 창조성, 인간잠재성, 반응성 등의 개념이 강조된다. 예술이 가지는 힘 그 자체가 이 작업의 바탕이다. 우리의 세계를 형성하기 위해 상상력을 다루고 인간이 가진 능력을 사용하는 것이 임상의 중심이 된다. 이론적인 틀을 개발하는 과정에서 철학적인 기반을 찾기 위해 우리는 Edmund Husserl(1960)과 Martin Heidegger(1953/1996)의 작업에 주목하였다. 현상학의 시초라고 알려진 Husserl은 20세기 초에 활동하였는데, 세계에 대한 직접적/즉각적인 경험을 바탕으로 하는 과학을 주장하며 그 당시에 만연했던 심리학을 비판하였다. 그는 Descartes의 정신과 물질의 이원론으로부터 등을 돌렸고, 의식과 본성의 분리에 큰 문제점이 있다고 주장했다. Husserl(1970)의 현상학은 직관에 대한 이론이며, 경험의 본질에 대한 탐구를 바탕으로 하는 실제로의 접근이다. 무엇이 존재하는지 주의를 기울임으로써 사건이나 사물 그 자체가 명확해진다. 가장 기본적인 가정은 의식이 방향성을 가진다고 주장하는 의도성(intentionality)의 원리이다. 이 의도성은 세상을 향할 수도 있고, 우리 스스로를 향할 수도 있으며, 의도성 스스로를 향할 수도 있다. 그렇다면 여기서 우리가 말하는 현상이란 무엇인가? 현상이란 그 스스로를 우리에게 보여주는 것이다. 현상은 내게 지각의 형태로서 즉각적으로 주어진다. 나는 실제로 무엇이 존재하는지 지각하기 위해서 과거 경험을 분리시키고 내게 주어진 현상을 최대한 경험하기 위해 노력한다.

Heidegger(1953/1996)는 실존현상학을 주창하였고, 그 안에서 존재(Dasein)에 대한 의문에 집중했다. 그에 따르면 우리는 진정한 삶을 살 것인지, 진정하지 않은 삶을 살 것인지 선택할 수 있다. 그는 우리가 진정한 삶을 살기 위해서는 우리 자신의 존재를 받아들이고 책임져야 한다고 주장했다. Heidegger는 진실은 예술 안에서 잠재적으로 형성된다고 하였다. 그는 고대 그리스어로부터 유래한 *poiesis*(포에이시스)란 단어를 사용했다. 이 단어는 만들기(making)란 뜻으로 해석이 되며, 주로 작품 활동을 지칭할 때 사용된다. 하지만 이 단어는 이 세상으로 새로운 것을 가져온다는 의미도 가지고 있다. 현상은 다중적(multiple) 서술들을 내포한다. 즉, 현상은 다양한 이야기와 묘사를 담아낼 수 있다(Levine & Levine, 2005, 2009).

표현예술은 실존적 현상학 및 심리치료와 밀접한 연관을 가진다. 창조한다는 것은 경험에 대한 환경을 형성하는 것이다. 실존적 심리치료는 실존주의 철학의 영향을 받았으며 우리가 어떻게 의미를 창조하는가, 어떻게 우리의 삶에서 동질감과 신뢰를 발전시키는가와 같은 주제들을 다룬다. 태어나서부터 일련의 상황들은 유전적 요인과 환경적 요인의 조합으로서 생래적으로 주어지는데, 이는 어떻게 살 것인가에 대한 우리의 결정에 영향을 줌으로써, 우리의 존재와 일상에 영향을 미친다. 우리는 되어감(becoming)의 지속적인 과정 안에 존재한다. 우리의 삶과 인격이 어떻게 발달할 것인가를 ㅓ제화함에 있어, 우리는 공동의 창조자들이다. 우리가 창조할 때,

우리는 무형태(formless)로부터 출발해야 하며, 우리 삶의 경험들을 살아 움직이도록 해야 한다 (Levine & Levine, 2009; van Deurzen, 2010).

예술을 통한 실존 심리치료에서는 몸에 대한 인식이 필수적이다. 내담자들은 그들의 신체 감각들과 호흡, 몸을 안정화하는 것에 대해 인식하도록 장려된다. Levine(2011)은 Heidegger의 글에서 신체적 경험이 전혀 언급되지 않음을 지적했으며, Merleau-Ponty와 그의 관념인 "생동적으로 경험되는 신체(lived body), 즉 의식(consciousness)의 기저선인 일반화된 신체의 인식"으로 관심을 돌렸다. 이러한 관념은 그의 임상에 대한 철학적 깨달음이 되었다(Levine, p. 40). 신경심리학, 애착, 뇌의 기능에 대한 최근의 연구를 보면 이러한 시각에 대한 실증적인 증거들과 몸을 통한 심리치료 작업의 필요성을 찾아볼 수 있다. 몸은 기억, 가정(assumption), 과거의 이야기들을 모두 가지고 있다. Stern(2010)은 정동과 감정에 관련된 우리 몸의 활력이 가지는 역학적인 형태에 대해 언급했다. 움직임, 시간, 힘, 공간, 의도(intention)/방향성(directionality) 등 5개의 각기 다른 역동적인 현상들이 존재한다. 이러한 역동적 현상들은 활력의 경험과 살아 있음에 대한 경험을 부각시킨다. Stern은 음악, 움직임과 같은 시간예술에서 이러한 형태의 활력들이 중요한 기초를 형성한다고 강조했다. 동반되는 감정들과 더불어, 이야기는 신체를 통해 펼쳐지고 전개되며 심화되고 변화될 수 있다.

감정과 의식에 관한 신경생물학적 연구는 우리들에게 이러한 현상들에 대한 보다 깊은 이해를 가져왔다. Damasio(2010)는 마음(자기)이라는 개념에 대한 신경심리학적 이론을 형성했다. 그는 우리가 몸에서 만들어진 정동들만을 기반으로 하는 전언어적 마음(preverbal mind)을 가지고 있다고 주장했다. 고도의 발달적 수준에서, 자전

적 기억들과 추억들은 생각과 언어로 연결될 수 있다. 그러므로 우리는 몇몇의 병행적(parallel) 의식들을 가지고 있다. 다른 연구자들(Schore, 2009, Stern, 2004, 2010)은 뇌와 중추 신경계에 관한 연구에 기여했다. 이들은 미래에 우리가 심리치료를 수행할 때, 표현(예술을 기반으로 한)과 몸을 중심으로 하는 방법론들을 사용하여 감정에 대해 직접적으로 작업할 것이라고 예상했다. 추론적인 언어에 대한 관심은 감소하고, 관계나 감정에 대한 즉각적인 경험들이 치료의 시작점이 될 것이다. 통합적 표현예술과 기타 다른 예술치료에서와 같이, 언어적 반영과 통합은 오로지 지금-여기(here and now)에서의 경험을 가진 후에야 가능하다. 만들기(poiesis)를 수행함으로써, 우리는 심상들이 주의 깊은 마음을 통하여 지각(perception)을 향해 마치 꿈의 연속처럼 흐르도록 한다. 치료실은 발현되어 구체화되고 탐색될 심상들에게 개방적 공간이 된다. 우리가 우리의 이야기들이 펼쳐지도록 허용할 때 이야기들은 우리를 변환하고 형성한다. 자연스럽게 만들어진 몸짓, 조각된 형체, 거칠게 칠해진 표면, 음악과 움직임의 역동성, 이 모든 것들은 우리가 우리 스스로를 만날 수 있는 값진 심상적 융단(imaginal tapestry)이 된다. 심상과 이야기들이 우리를 돕는 방식은 주의 깊은 태도와 보살핌으로 탐색되어져야 한다.

애착을 형성하는 능력과 신뢰의 창조는 성장과 상호적 관계를 위한 선제조건이다. 현재 애착(attachment)에 대한 연구는 심리치료 임상과 이론에 영향을 주는 가장 중요한 영역이며, 뇌발달에 대한 신경심리학 분야의 최신 연구들과 관련된다(Shore, 2009). 심리치료에서 신뢰 관계의 발전은 가장 기본이 된다. 소통이 관계로 발전하는 방식에 주의를 기울이는 것이 바로 이 작업의 관건이다. 신뢰가 구축되면, 상대방에 대한 양도감

(sense of surrender)도 존재한다. 경험을 주고받을 준비는 다양한 정동 상태에 대한 소통과 같은 상호관계를 증진하고 심화한다. Winnicott(1971)에 의해 형성된 개념인 전환적 공간 또는 놀이공간은 애착과 상호주관성 발달에 대한 새로운 이론들과 함께, 심리치료에 대한 타당성을 가진다. 상호주관성 발달은 생생한 경험을 나누는 인간의 관계적, 발달적 과정이다. 상호주관성은 암시적(비언어적) 관계영역 안에서 발생하는데, 언어발달에서와 같이 명시적 형태를 가지기도 한다. 여기에서 주의(attention), 의도, 감정이 공유된다(Stern, 2004). 공통적이고 상호적인 소통은 각 개인보다 광범위하다. 정신화 개념(concept of mentalization)이 이와 연관되는데 이 개념은 인간행동, 자신과 타인의 의도를 파악하는 정신적 과정의 전의식적인 능력을 말한다. 상호주관성, 정신화, 경험의 공유에 대한 개념들은 심리치료 작업을 이해하는 데 있어 중요하다. 그 이유는 심리치료가 타인과의 관계 안에서의 존재의 중요성을 다루며 우리가 어떻게 인간이 되어가며 우리의 의식이 어떻게 발달하는가에 주목하기 때문이다. 심리치료에서의 관계적 관점(relational perspective)은 건강함을 향한 변화(change)와 변환(transformation)이 상호주관성, 정신화, 치료관계에서의 애착에 대한 내담자의 능력에 기반한다는 가정 위에서 형성된다(Stern, 2004).

이제 동작, 음악, 그림 그리기가 통일성을 가진 창조적 과정에서 함께 사용된 통합적 방법의 치료사례를 제시한다. 이 사례는 현재시제로 서술되었는데, 이는 다양한 예술양식들을 사용한 표현예술치료 세션의 특성인 지금-여기에 대한 느낌을 잘 담아내기 위해서다.

임상사례 : 상상의 잠재적 공간에 대한 탐색

본문은 외래 진료기관으로부터 의뢰된 젊은 여성 환자 마야와 함께 작업했던 세션의 발췌이다. 그녀는 외로움, 고립감, 우울증, 의존감, 자존감 결여와 같은 이슈들을 작업하기 위해 방문한다. 대략 1년 전 사고로 갑작스럽게 아버지가 돌아가신 사건은 그녀로 하여금 도움을 요청하도록 한다. 입 밖으로 꺼내지 못한 질문이 허공에 머물러 있다. 아버지는 자살했을까? 마야는 신체적 통증과 고통, 감정의 소실에 대해 말한다.

그녀와의 만남에서 두 가지 심상이 내 인식에 출현한다. 꽁꽁 얼어 있는 거센 해류(current), 그늘을 걷고 있는 겁에 질린 작은 동물이다. 나는 내가 서두르지 않아야 한다는 것과 신뢰를 쌓아야 한다는 것을 알아차린다. 초기 치료과정인 이 세션을 우리는 짧은 대화로 시작한다. 이 대화에서 마야는 뻣뻣한 그녀의 몸에 대해, 선생님이 되기 위해 다니고 있던 대학교에서 학업을 제대로 완수할 수 없는 것에 대해 불평한다. 그녀는 뱅뱅 돌다가 결국 실제 문제들을 이야기하기 시작한다. 그녀의 이야기는 짧은 선율적 단편들이 계속 반복되는 찬트와도 같다. 이제 시작할 시간이다. 우리가 일어선다.

나는 그녀에게 자신의 호흡과 몸의 감각들에 집중할 것을 요구한다. 그녀가 심상을 인식할 때, 스스로 알아차릴 수 있을까? 그녀는 신체감각에 대해서 이야기한다. 무거운 머리, 등의 긴장, 약하게 느껴지는 다리들에 대한 작업의 일환으로 나는 그녀에게 몸이 움직여야 하는 대로 자유롭게 움직이도록 제안한다. 나는 그녀의 움직임이 가지는 역동을 반영한다. 마야는 스트레칭을 하고, 발차기를 하고 하품을 한다. 나는 그녀가 온전히 현존하고 있지 않음을 느낀다. 그녀가 양팔을 들어올리자, 어떤 일이 일어난다. 그녀는 멈추고, 마치 보호하려는 행위처럼 양손으로 머리를 잡으며 단단한 오렌지색 헬멧의 심상을 언급한다. 우리는 대화를 통해 그녀가 언급한 오렌지색 헬멧의 심상에 대해 한동안 탐색하고는, 짧고 수용적인 음악경험으로 탐색을 계속하는 것에 동의한다(KMR-짧은 음악 여행들/Brief Music Journeys). 마야는 뒤로 젖혀지는 의자에 기대어 긴장을 풀고, 나는 그녀가 안정을 찾도록 돕는다. 음악이 시작되기 전 그녀에게 오렌지색 헬멧을 주의로 가져오도록 제안한다. 스웨덴 지휘자 Stefan Nilsson의 단곡(短曲), 'Mot den nya världen(신세계를 향하여)'이 방 안을 채운다. 이 음악은 피아노에서 시작되어 오보에로 옮겨간 뒤 현악기들로 연주되는 부드럽고 작은 소리의 선율을 가지고 있다. 선율은 조심스러운 크레센도(점점 커지기)로 움직이다가 사라진다. 음악이 끝나고 나는 다음과 같이 말한다. "느낌이든, 생각이든, 심상이든 무엇이 떠오르든지 그것을 마음에 두고 있으세요. 그리고 당신이 준비가 되었을 때, 미술용품이 있는 곳으로 다가가서 마음에 드는 색깔과 붓을 고르시고 그저 그림을 그리시면 됩니다. 리듬과 색깔과 함께 움직이세요. 당신의 경험을 '그리기' 위한 어떠한 노력도 하지 마세요. 머물러 있으면서 자연스럽게 이뤄지도록 허용하세요."

마야는 상당히 큰 종이에 그림을 그리는 와중에 일어선다. 나는 그녀가 파랑, 그리고 회색의 투명한 겹을 색칠하는 것을 바라본다. 그 모양들은 개구리나 안개, 조용한 비와 같이 종이 위에서 떠다니고 떨어지고 변형한다. 어두운 구석에서 날개와 발톱을 가진 외계인과 같은 생물체의 탄생을 지켜본다. 나는 그녀가 큰 붓들로 물감을 치고 두드리는 모습에서 그녀의 긴장을 알아차린다. 그 두드림은 폭풍처럼 격해지다가 돌연 멈춘다. 그녀는 몸을 구부리고 무겁게 탄식한다. 침묵. 기다림. 나는 그녀의 작업을 보면서 내 몸 안의 긴장과 고통을 느낀다. 그녀는 재빨리 다시 몸을 세우고 아직 젖어서 바닥으로 뚝뚝 떨어지는 물감 위로 덧칠을 한다. 종이는 해져서 녹고 들쑥날쑥한 끝자락의 구멍을 남긴다. 그녀는 그림을 멈춘다. 기뻐 보인다.

우리가 앉아 이야기할 때, 마야는 음악 안에서의 그녀의 경험을 처음으로 말한다. "공사장에 있는 내 모습을 봤어요. 나는 높은 철봉 위에서 중심을 잡고 있었어요. 나는 그런 것들이 조금 생경하고, 무섭다고 인정해야만 했어요. 완전히 멍한 느낌이었어요. 멀리 있던 또 다른 봉 위에 누군지 모를 사람이 서 있다는 것을 알았어요. 갑자기 그 사람은 떨어졌고 거꾸로 곤두박질쳤어요. 그 직후 내 머리가 갑자기 너무 아프기 시작했어요. 그 부드럽고 다정한 음악이 흐르고 있음에도 불구하고요. 그리고는 매우 큰 새가 날기 위해 몸부림치는 모습을 생각하게 되었어요."

이 세션은 마야의 치료여정에 있어 중요한 변화를 제시하였다. 우리가 계속 치료를 진행하면서, 그녀는 아버지와 그녀 사이의 관계에 대한 양가감정의 층들을 벗겨냈다. 그리고 여성으로서의 불확실한 정체성에 대해서도 알아가다 요. 약하자면, 이 세션은 하나의 심상이 나타난 신체적 움직임으로 시작되었다. 그 심상은 짧은 음악 감상 경험으로 이어졌고, 더 나아가 그림을 그리는 것으로 진전되었다. 세션의 마지막 부분에 대화와 탐색이 있었다. 이러한 통합적 접근에서

의 다양한 단계들은 출현하는 요소들을 위협적이지 않은 방식에서 개방하고, 형성하고, 탐색하고 심화한다. 경험은 반드시 그 순간 안에서 느낌과 행위와 함께 생생하게 존재해야 한다. 변화는 상호적 경험과 과정으로부터의 비선형적(nonlinear) 단계 및 자극 안에서 일어난다.

표현예술치료에서의 음악

우리는 이제 음악적 언어에 대해 이야기하려고 한다. 음악치료 임상에 있어 창의적인 예술기법이 사용될 수 있는 방법은 다양하다. 여기에서는 표현예술에서의 음악중심의 접근법을 집중적으로 다룬다. 이는 전통적인 즉흥음악치료(Wigram, 2004), GIM(Bonny, 1980; Bruscia & Grocke, 2002), 표현예술의 이론적·방법론적 기반(Levine & Levine, 2005, 2009)으로부터 유래한다. 통합적 양식의 관점, 창의적인 과정, 현상적이고도 실존적 관점을 통한 심상과의 대화가 핵심을 이룬다. 여러 방법으로 신체를 이완하는 것이 가장 흔한 세션의 시작이다. 임상에 있어서, 이 접근법은 음악치료의 적극적인 그리고 수용적인 모델로 구성되어 있다.

현재까지 제시된 일련의 생각, 전개되는 시각적 심상, 소용돌이치는 춤사위, 펼쳐지는 극적인 이야기, 시적인 상징들은 모두 음악 속에 녹아 있다. 우리를 우리의 몸으로 인도하는 직관적 지식에 대한 감지의 형태로서 음악을 경험하는 것이 이 방법론의 토대이다. 음악의 가장 중요한 기능 중 하나는 우리를 심상의 세계로 개방하고 그 심상의 내용에 담겨 있는 느낌들과 연결시켜 주는 것이다.

음악중심적 표현예술의 중요한 원리는 아래와 같다.

- 놀이공간과 심상으로의 관문으로서 음악을 사용하는 것
- 몸에 대한 인식을 통해 작업을 시작하는 것 (숨쉬기, 안정화, 심상들)
- 음악치료의 적극적 그리고 수용적 방법을 활용하는 것
  - 즉흥연주
  - GIM을 적용한 짧은 음악여행(KMR)
- 음악의 통합양식적(intermodal) 잠재성을 포괄하는 것
- 탈중심화 양식(model of decentering)을 차용하는 것
- 현상학적 그리고 실존적인 틀을 통해 심상과 대화하는 것
- 심상들을 탐색하는 방법으로서 다른 예술 언어로 이동하기 위해 통합양식적 전환을 사용하는 것
- 치료사와 내담자 간의 암시적인 상호관계 영역을 변화가 발생하는 공간으로 인지하는 것

탈중심화 : 예술을 통해 변화에 대해 작업하기

탈중심화(decentering)로 불리는 양식은 표현예술 안에서 변화에 접근하는 방식에 대한 구조를 제시한다(Levine & Levine, 2005). 내가 이 구조를 여기에 소개하는 이유는 이것이 음악중심적 접근법에 연관되기 때문이다. 탈중심화는 체계이론(systems theory)과 해결중심적 방법론에 그 이론적 뿌리를 두며, 개인과 집단 및 조직과 지역사회(community)를 위한 치료에서 모두 활용될 수 있다. 또한 조직이나 지역사회에도 적용될 수 있다. 탈중심화란 일상의 습관에서 벗어나고 일상 세계의 대안을 경험하는 것으로, 놀이나 창조성에 의해 유도될 수 있다. 우리가 예술을 통해 예측할 수 없는 곳으로 옮겨감에 따라, 놀이의

범위가 확장된다. 갈등은 그 갈등을 만들어낸 생각이나 행위들로 해결될 수 없다. 고정된 양식과 습관들이 해제되어야 한다. 그럼으로써 새로운 가능성이 생겨난다. 탈중심화 경험의 구조는 아래와 같이 요약될 수 있다.

1. **내포(containment)** : 다뤄지는 이슈에 관한 대화에서 치료사는 개방적이고 반영적인 태도를 유지하고, 이슈를 심화하고, 담아내고, 집중하기 위한 질문을 하고 견해를 말한다. 세션에서 집중해야 할 부분에 대한 합의가 존재한다.

2. **준비(warm up)** : 대부분 이 과정에서 일어서고, 몸을 풀고, 본인의 몸에 대해 인식한다. 상징적으로, 이는 다른 영역으로 발을 들이는 전환점이다. 이것은 대부분 경도의 전치된 의식상태를 가져온다. 예를 들어 심상의 사용을 통해 유도하고, 안정화하고, 호흡에 주의를 집중한다.

3. **놀이공간(play space)** : 치료사는 예술활동으로 내담자를 초대한다. 내담자는 그림 그리기, 찰흙놀이, 조각, 춤, 즉흥연주 또는 이완상태에서의 음악감상 등과 같은 활동을 시작하는 주체가 될 수 있다. 그 과정은 전치된 의식상태와 연관된다. 당면 문제나 이슈는 배경에 존재하지만 명시적으로 다뤄지지는 않는다. 오히려 이곳은 상상, 놀이, 자유, 자연발생적 창조성을 위한 공간이다.

4. **심미적 반영(aesthetic reflection)** : 세션에서 창조적인 부분이 마무리되면, 심미적 경험 그 자체에 대해 개방적으로 대화를 나눌 수 있는 시간이 마련된다. 그 경험이 당신에게 어떻게 이야기하는가? 당신의 심상은 무엇을 이야기하는가? ㄱ 작업이 당신에게 무엇을 가져다주는가? 이 과정은 심상의 실

제 경험 안에서 머물게 하는 목적이 있다. 심상은 어떠한가? 어떻게 느껴지며, 지금은 어떻게 느껴지는가? 생각하지 못한 것들이 있는가?

5. **수확(harvest)**: 이제는 다시 예술경험에 참여함으로써 얻어진 풍요로움을 주의 깊게 수집하며, 이러한 경험이 내담자의 필요에 가장 도움이 되도록 반영할 시간이다. 무엇이 발견되었는가? 이 부분에서는 주의가 필요하다. 이해하고 분석하고자 할 때에는 시적, 다면적 언어를 손실할 위험이 있다. 소통에서 언어적 수준과 명시적 수준 사이를 옮겨다닐 때에는 민감성이 요구된다. 침묵과 공감적 안아주기(holding)가 심리치료에서 가장 효과적인 경우가 많다.

소리와 리듬 그리고 심상을 이용한 놀이와 구체화

독주, 이중주, 소규모 앙상블, 큰 규모의 집단연주 등 즉흥연주의 방법은 수없이 많다. 타악기, 징, 실로폰, 목소리가 이러한 접근법에서 가장 흔하게 쓰인다. 예를 들면, 내담자에게 1~2개의 악기를 주고 탐색하도록 한다. 연주와 즉흥연주가 끝난 뒤, 치료사는 내담자가 자신에게 가장 영향을 준 소리ㅡ듣기 좋았거나 조화로운 소리 아니면 불협적인 소리ㅡ를 찾도록 도울 수 있다. 다수의 테이크(take; 순환적 음악구에서 나타나는 다양한 소리유형의 반복)가 나타날 수 있다. 그 결과는 내담자의 내적성험에 와 닿고 새로운 무언가를 가져오는 간단한 작곡물이 될 수 있다. 반영 또는 **심미적 분석**이 뒤따르는데, 여기에서는 시각적 과정과 음악예술의 창작과정에 대한 현상학적 관점에서의 반영과 분석이 포함된다. 그런 다음 치료사는 제시된 문제에 대한

논의로 돌아가서, 세션에서 있었던 일과 내담자가 처음 치료로 가져왔던 내용들 간의 연결을 찾아낸다. 우리는 이러한 작업을 '치료에서의 예술(arts in therapy)'을 위한 **작업중심적 접근법(work-oriented approach)**이라고 부르는데, 이 작업에서는 내담자에게 의미 있는 예술작업의 출현이 치료목표이기 때문이다. 음악을 사용한 적극적이며 표현적인 방식의 예들은 다음과 같다.

- **소리 그림 그리기**: 내담자 단독 또는 치료사와 함께 하는 이중주 또는 특히 소리와 음색을 탐색하는 집단형식의 자유연상적 즉흥연주. 동작을 통한 몸풀기를 하는 동안, 그 순간의 감정상태와 연결하기 위하여 색깔의 시각적 심상이 제시된다. 음악은 공감적인 캔버스 위에 악기와 목소리를 사용하여 그려지는 표현적 그림과 같다.
- **구조화된 즉흥연주**: 세도막 형식, 론도, 주제와 변주, 또는 블루스와 같은 기존의 음악적 형식의 적용. 지휘자는 음악을 구조화하는 것에 익숙해야 한다.
- **지휘와 노래 만들기**: 작곡을 실현하기 위한 악보가 되는 시, 이야기, 혹은 심상으로 시작. 곡을 구체화하고 명료화하기 위한 다양한 테이크 작업. 연주형식을 사용하기도 한다.
- **통합적 양식의 음악심리극**: Meyer와의 공동작업에서 개발된 심리극의 적용으로, 여기에서 음악은 삶의 환경이나 심상을 탐색하는 주요 양식이 된다. 무대 위에서, 시간은 파서도도 혹은 미래로노 움직일 수 있다. 그러나 연극은 현재에서 경험된다. 이런 작업은 집단으로 진행할 때 가장 좋으며, 명확한 구조·기술·감독(director)/치료사의 역할이 요구된다. 이러한 작업의 목적은 집단참여, 악기·목소리 등을 이용한 연극적인 행

위를 통해 내담자가 떠오르는 심상을 탐색, 표현 및 구체화하도록 돕는 것이다. 마침내 발견들에 대한 수확 작업이 뒤따른다.

본 작업의 기반이 되는 대상관계이론의 틀은 치료사와 내담자 사이에서 예상치 못한 3차 공간이 열릴 가능성에 주시한다. 이러한 공간에서는 심상들이 생생하게 느껴지고 상상이 소리와 움직임으로 나타난다. 그러므로 세션의 가장 핵심은 음악에 참여할 때 나타난다. 창조적 단계는 적극적 또는 수용적 음악치료 방법으로 본인의 몸에 집중하고 음악에 맞추어 움직이는 준비과정을 통해 시작된다. 심상, 이야기, 발견들이 출현한다. 그러고는 다른 예술적 양식을 통해 형상화 과정으로 이어진다. 이 통합양식적 전환 과정은 다른 크기의 종이, 구아슈 물감(gouache paints), 목탄(coal), 캔버스 위의 아크릴 물감, 찰흙, 설치예술, 동작, 신체표현, 즉흥음악연주, 연극, 역할극, 시, 스토리 창작 등을 포함한다. 심상과 함께 머무르고, 공존하고, 이를 외부세계로 구체화하는 것은 확장된 운동감각적(kinesthetic) 심상용기(container)를 창조한다.

두 사람이 심리치료적인 맥락에서 만날 때, 특정 양식의 심리학적 만남이 현재의 상호주관적 영역에 의한 기저의 흐름 안에서 발생한다. 이는 우리가 함께 음악을 연주하거나 경청할 때 일어나는 일이다. 공유는 언어화(verbalizing) 없이도 이루어진다. Kenny(2006)는 이러한 음악의 특성을 소위 연주/놀이의 장(field of play), 즉 음악치료에서의 현상학적 접근법을 제시하는 것에 대한 직접적인 경험이라고 했다. 두 사람이 함께 음악을 연주할 때, 그들은 심미적 환경을 만들어내는데 이러한 심미적 환경은 그들 자신, 그리고 그들이 서로를 어떻게 품어내는가에 대한 잠재성으로 구성된다. 이 창조적인 과정의 목표는 안녕감(sense of wellbeing)으로, 그리고 될 수 있는(becoming) 모든 것으로 나아가는 것이다. Kenny는 창조적 과정이 "사랑, 마음의 지식, 따라서 자기조직 체계에 대한 지식에 근거한다. 창조성, 안전한 환경 및 적절한 자원들이 외상 후에 주어진다면 인간은 자연스럽게 재조직과 재통합을 장려하는 창조적 과정을 사용할 것이다(p. 102)"라고 하였다. 연주/놀이의 장은 Winnicott(1971)의 전환 공간 개념과 유사하다. 이 전환 공간에서 내담자는 탐색하고, 놀이하고, 자신감을 얻고, 성장하고, 유능해지고 독립적으로 변할 수 있다. 놀이하는 행위 그 자체는 아동의 발달에 매우 중요하다. 건전한 엄마와 아이의 상호작용 안에서 아동이 반영되고 확인됨으로써 그의 기본적인 신뢰와 자신감이 발달된다. 직접적인 경험을 부여하는 예술의 힘은 표현예술치료에서의 음악활용을 가능하게 하는 기본 원리들 중 하나다. 치료를 원하는 내담자들은 종종 이런 측면에서 어려움을 가진다. 치료사는 유쾌한 태도를 먼저 가져야 하며, 자신의 자발성에 다가갈 수 있어야 한다. 이러한 자세는 내담자가 삶과 죽음의 의미, 정체성, 소속감, 의존성, 사랑, 성, 친밀감 등과 같은 광범위한 실존적 문제들에 대한 감각을 형성하고 마주하도록 도울 수 있다.

수용적 음악치료 KMR-짧은 음악여행들

어떤 종류의 수용적인 음악치료 방법을 사용할 것인가에 대한 특정 제약은 없지만, KMR-짧은 음악여행이라는 방법은 Swedish/Norwegian institutes의 음악중심의 표현예술 접근법에 있어 가장 괄목할 만한 것들 중 하나이다(Kaestele & Müller, 2013; Wärja, 2010, 2015). KMR은 Bonny의 GIM 방법론의 적용으로, 이는 주의 깊게 선택된 짧은 음악을 경청하는 것을 포함한다. 이 작업의 목표는 실존적 문제들과 다양한 심리학적 어려움들에 대해 작업하는 것이다. KMR은 GIM 임상가인 나의 경력으로부터 파생되었으며, 지난 15년간 표현예술의 맥락에서 탐색되어왔다. KMR 작업에서 내담자는 현재의 사건을 탐구할 수 있으며, 관계에 대한 문제에 깊게 들어갈 수 있고, 다양한 정도의 문제들에 대해 작업할 수 있다. 꿈의 심상으로 들어가고, 증상을 탐구하며, 위기 혹은 외상적 상황에 대해 다루고, 일상의 구체적인 상황을 직면할 수도 있다(Wärja, 2013). KMR 작업에서, 심상들이 치료사에 의해 주의 깊게 선택된 음악에 대한 반응으로 유발될 수 있다(Wärja & Bonde, 2014). 삶의 작고 큰 사건들, 그리고 이와 연관된 감정들이 모두 나타난다. 음악은 자원이나 내부조력자(inner helpers)로 작용하는 심상들을 유발할 수도 있다. 갈등이나 아름다움에 관한 경험들은 모두 우리의 삶이 통합되도록 돕는다(Wärja, 2010). 이 방법은 세션에서 집중할 영역, 긴장이완을 포함하는 도입(induction), 짧은 음악(대부분 고전음악이 아님)에 대한 개방적 청취, 통합적 예술작업, 경험에 대한 진술 동의로 시작할 수 있다. 시각미술은 특히나 유용한데, 이는 미술작품들이 여러 번 재고될 수 있기 때문이다. 치료사와 함께 음악이나 예술에 대한 경험을 반영하는 것은 위에서 언급한 현상적인 방식으로 시행될 수 있다. 치료사는 음악에서의 경험을 유지하고 머물게 하기 위해 현존한다(present).

음악은 일차적인 생동적 이동자(energetic mover)로, 심상을 생산하는 과정에 참여한다. 음악은 홀딩 완싱, 공닝식 현쫀, 생넝턱을 세공한나. 닝시석이거나 암시적인 산물, 상징화된 심상, 몸으로 느끼는 감각이 존재할 수 있다. 개인을 온전히 만나고, 개인의 성격이 가진 부정적·긍정적 면모들을 모두 경험하는 기회가 존재한다. 음악은 보통 2분에서 6분 정도의 길이로, 개인의 감정상태를 품

어내고 담아내기에 충분히 안전하도록 선택된다. 하지만 동시에 탐색을 지원하는 어느 정도의 역동적 움직임을 제공하기 위해 선택된다. 음악의 미적 수용력은 주의 깊게 고려된다. KMR의 목적은 내담자가 음악의 청각적 현존에 자신을 양도하고(surrender) 자연발생적인 심상의 출현을 허용하도록 돕는 것이다.

여성 내담자 안나와의 KMR을 이용한 치료과정 발췌가 아래에 제시된다. 우리는 총 15번의 세션을 통해 만났으며 두 번의 후속 만남을 가졌다. 안나는 일기를 쓰고 있었고, 우리는 그녀의 글들을 치료에 반영했다. 그녀 자신의 글과 그림들을 여기에 공유하도록 허락하였다. 이 사례는 무선통제 실험연구를 위한 예비연구의 일부로, 그 실험연구는 부인과적 암을 치료 중인 여성을 대상으로 하는 음악치료의 효과를 검증하는 것이었다. 암 진단은 일반적으로 대단히 심각한 사회적, 심리적 스트레스를 유발한다. 많은 암 환자들은 반복되는 공포를 경험하며, 이러한 걱정을 다루기 위한 책략들을 찾고자 한다.

부인과적 암과 관련된 치료들은 질병, 죽음, 성 정체성, 여성성 등에 대한 사회문화적 가치로부터 영향을 받는다. 이러한 질병에 대한 치료를 받고 있는 여성들은 다양한 부작용들, 신체적 변화, 성기능, 건강 및 웰빙에 대한 문제들로 고통받는다. 그들은 암으로 인한 사망위협뿐만 아니라 강력한 상징적 의미를 가지는 여성적 신체부분의 손실도 견뎌내야 한다. 흔히 자존감이 흔들리고, 죄책감과 수치심이 경험된다. 이러한 경험들은 외상적일 수 있으며, 여성의 자기개념과 정체성에 영향을 미친다(Stead, Fallowfield, Selby, & Brown, 2007). 성 정체성은 다양한 측면을 가지고 있다. 성욕과 성적 자극 및 만족 경험이 가장 두드러지는 면이다. 하지만 친밀감, 신체적 접촉, 확인 등과 같은 또 다른 중요한 성

정체성의 측면들이 존재한다. 암 치료 후 발견될 수 있는 성적 기능장애의 유병률은 측정하기 어렵다. 선행연구들은 대략 40~100%의 환자가 성기능 장애를 경험한다고 보고하고 있다(National Cancer Institute, n.d.). 성 정체성과 암은 다루기를 기피하는 주제이다. 의료진들은 이런 민감한 부분에 대한 문제를 논의하기 주저하며, 환자들은 이러한 질문과 걱정들을 스스로 해결해야 하는 상황에 놓여진다.

임상사례 : 감각적인 몸을 되찾기

안나와 나는 과거, 현재, 미래가 하나의 풍요로운 융단으로 짜여진 것 같은 확장된 시간 속에서 만났다. 이는 평탄하지 않은 여정이었다. 감춰지고 더욱 무의식적인 부분들에 연결되었을 때 우리는 화, 분노, 증오, 질투, 복수, 욕망, 성적 열정과 같은 감정을 접하게 된다. 우리가 마주하고 싶지 않은 것들은 우리를 뒤에서 낚아챈다.

암과 같이 생명에 위협이 되는 질병에 대한 진단과 치료는 복잡한 과정이다. 이를 어떻게 겪어내는가는 개인마다 다르고, 현재 삶이 처한 상황과 과거 경험 그리고 기존의 회상사건들과 같은 여러 관련 요인들의 영향을 받는다. 암 진단의 종류, 치료, 예후는 개인의 스트레스 극복능력에 명백히 영향을 미친다. 암이 성적 쾌락과 관련이 있는 신체부위에 위치하는 경우, 개인이 가지는 성 정체성의 핵심에 대한 공격으로 느껴질 수 있다. 안나의 경우, 이는 자신을 자신의 몸으로부터 분리하는 의미의 경험이었다.

그녀는 첫 만남에서 내 사무실의 의자에 웅크려 앉아 어린 소녀처럼 다리를 의자 아래로 밀어넣었다. 이런 그녀의 모습은 나로 하여금 얕은 호흡을 하고 있는 연약한 새를 연상하게 했다. 안나는 자궁암 진단과 그 치료에 관해 이야기했다. 그리고 그녀의 삶이 어떻게 변했는지와 어떻게 자기 자신을 잃어버리게 되었는지 이야기했다. 수술, 화학요법, 방사선 치료를 포함한 의학적 치료들은 1년 전에 마무리되었다. 그녀의 자궁과 난소들은 완전히 제거되었다. 그녀는 머리가 빠지고, 피로함을 느꼈으며, 종종 가벼운 우울증을 경험했다. 그녀의 암은 조기에 처치되었으며 그녀의 예후는 양호했다. 안나는 결혼한 상태였으나 아이는 없었고, 창조성이 요구되는 직업을 가지고 있었다. 그녀는 이전에 심리치료를 받았던 경험을 가지고 있고, 그녀의 내력(history)과 내면세계의 모습을 반영

하는 데 익숙했다. 심리치료 과정에는 동시적이고 병행적으로 일어나는 일들이 자주 존재한다. 여기에서 나는 여성성과 성 정체성에 관련된 주제만을 다루려 한다.

안나는 10대 때부터 여성이 된다는 것이 어떤 의미를 가지는지에 대한 의문이 있었다. 그녀의 어머니는 이 질문에 큰 도움이 되지 못했다. 그녀는 어머니를 부재하고(absent), 여리고, 불안하다고 표현했다. 암 치료 후, 안나는 자신의 신체에 대한 신뢰를 잃었으며, 앞으로 어떻게 살아가야 할지 알지 못했다. 그녀가 성인기 동안 발전시켜왔던 유능하고 강한 신체는 그녀를 배신했다. 그녀는 약하고, 아프고, 상처받기 쉽게 느껴졌다. 남편과의 관계는 부자연스럽고 무감각했다. 예전엔 성관계가 그들 사이의 중요한 활력이자 결합이었지만, 이제는 더 이상 그렇지 않았다. 그녀는 다음과 같이 적었다. "나는 내 질(vagina)을 꿰매진 관이라 생각한다. 나의 내부로부터 잘려진 부분. 예전엔 내 질이 나의 내부, 자궁으로의 관문이었기에 언제나 내게 특별했다. 새로운 몸을 가진 것처럼 느껴진다. 인생의 신비는 더 이상 없다. 내면의 방은 사라졌다."

치료의 첫 단계는 안전함을 형성하고 절망과 낙심의 감정들이 표면으로 떠오르도록 허용하는 것에 대한 작업이었다. 내가 택한 접근법은 공포와 비통함의 파도를 받아주고, 허용하며, 담아주는 것이었다. 나는 그녀를 KMR과 자연발생적(spontaneous) 그림 그리기(이 통합적 접근법은 KMR에 포함되어 있음)로 초대했다. 안나는 Benny Andersson의 '2층으로부터의 노래들(Songs from the Second Floor)'을 감상했고, 상상 속에서 그녀의 침대에 깔린 붉은 침대보 아래의 안전한 장소를 찾았다. 그 음악으로부터 외할머니는 한 번도 만나보지 못한 외할머니를 만났다. 외할머니는 불법 낙태로 인해 안나의 엄마가 어렸을 때 돌아가셨다. 안나는 외할머니의 운명, 그리고 그녀가 가졌던 운명의 무거움에 대한 감정들과 연결되었다. 그녀 역시 언젠가는 죽을 것이다. "나는 그런 비극이 찾아오리란 것을 언제나 알고 있었어요. 암으로 진단받았을 때, 나는 알고 있었죠. 나는 스스로 준비했죠. 죽을 시간이 되었던 거죠. 나는 오히려 안도했어요. 아마도 엄마와 외할머니의 공포가 내게 부담이었던 것 같아요."

그 후 이어진 세션들에서, 우리는 그녀의 두려움과 여성으로서의 고군분투에 대해 다루었다. 안나는 그녀 가족들 중, 여성들의 세대 간을 분리하는 심리학적 경계를 형성하는 것에 대한 도움이 필요했다. 이러한 작업은 음악청취, 신체의 안정화, 경험의 반영, 일기쓰기를 통해 이뤄졌다. 네 번째 세션에서 우리는 광

활하고 황량한 상실의 황무지로 들어갔다. 이러한 상실은 아이를 가지지 못하는 것, 성 정체성, 예전과 같은 남편과의 관계, 즐거운 성적 에너지, 생동감 있는 삶의 활력, 창조성 등에 대한 것이었다. 애도작업을 시작하기 전에 우리는 상실한 것을 명명하고, 분류하고, 마주하기 위해서 다소의 시간이 필요했다. 음악으로 들어가기 전, 안나는 바닷가에 위치한 어린 시절의 특별했던 장소를 골랐다. 그 장소는 그녀의 부모님이 이혼하기 전부터 그녀가 알고 있던 장소였다. 음악(Stefan Nilsson의 'Arons dröm')은 가장 먼저 따듯한 태양, 평화, 아름다움의 심상을 불러왔다. 하지만 곧이어 어두운 구름, 천둥, 거센 비가 밀려왔고 지속되었다. 빠져나갈 곳은 없었다. 안나는 그녀가 상실한 것들의 공허함 속에서 그곳에 앉아 있었다.

음악이 끝난 후, 그녀는 그녀의 성 정체성과 욕망으로 돌아왔다. "나는 외부세계를 느끼고 덤불 속으로 숨었어요. 암을 진단받기 전에는 남편과 나는 좋은 성생활을 가지고 있었어요. 하지만 이제는 더 이상 아니에요. 내 질에는 피가 흐르지 않아요. 우리 부부는 2개의 평행선 같은 삶을 살고 있어요. 나는 그걸 원하지 않아요. 나는 아직도 쾌락과 욕망을 가지고 있어요." 안나의 성적 에너지와 열정은 그녀의 보편적인 창의성과도 연결되어 있었다. 건강한 분노가 시작되고 있었다.

하강, 추락, 그리고 어둠의 시간 즉, 희망과 새로운 종류의 힘이 발견되는 작업의 단계로 들어섰다. 우선 우리는 암에 대한 압도적인 공포와 대면할 필요가 있었으며, 이 질병이 기존의 고통스런 경험들과 어떻게 뒤섞이게 되었는가에 대해서도 직면해야 했다. 공포는 삶에 대한 그녀의 의지를 빼앗아갔다. 그녀에게는 남아 있는 에너지가 없었고, 성적 욕망도 없었다. 나는 전통 재즈로 연주된 스웨덴의 짧은 민속음악을 선택했다. 안나는 명료한 베이스 선율, 반복적이고 당겨진(syncopated) 리듬, 유쾌하고 단순한 선율에 편안함을 느꼈다. 가족들 중 대부분의 여성들에게 운명이었던 것을 본인도 무의식적으로 가지고 있음을 인지하게 되면서 그녀가 탄식을 내뱉었다. 이런 운명은 고통받고, 견디고, 의존하고, 매달리는 성향들이다. 그녀는 언제나 자신이 급진적이고 창조적이고 자유로운 사고를 지닌 사람이라 생각해왔다. 우리는 몸을 안정화하고, 긴장을 풀고, 심호흡을 하는 작업을 했다. 우리는 무게감과 그녀의 몸의 실체를 지지해주는 음악을 들었다. 그녀는 좀 더 편안히 느꼈고, 그녀의 몸은 좀 더 부드러워졌다. 가정에서는 처음으로 남편에게 다가가려는 시도들이 있었다.

일곱 번째 세션에서의 음악인 Fläskkvartetten의 '순전함(innocent)'이 가지는 아름답고 우아한 선율

이 새로운 것을 이끌어냈다. 안나는 "이 음악은 슬프지만 편안함을 주네요"라고 말했다. "그것은 긴 길이 있는 아련한 풍경이에요. 내가 거기서 걷고 있는 것이 보이네요. 천국과 잔디. 나는 희망과 안전감을 찾을 수 있어요. 견뎌내야 할 뿐이에요. 그 길을 따라 걸으면 나 자신을 찾아요. 나는 반드시 죽음과 공포의 방을 찾아야 해요. 나는 그럴 용기가 있다는 걸 알아요." 우리가 치료를 진행함에 따라, 안나는 자신이 무엇을 해야 하는지와 그녀를 도와주고 견디게 해줄 아름다움을 찾아냈다. 우리는 죽고 싶은 마음과 살고 싶은 마음, 이 두 가지의 서로 다른 힘에 대해서 다루었다. 안나는 그 두 힘들 사이의 단단한 막을 묘사했고 그림으로 그렸다. 부드럽고 탐색적인 Dobrogosz의 소곡, '휴식처(Resting Place)'는 그 심상 안으로 그녀를 이끌었다. 이 음악에는 두 악기들 간 지속되는 대화 안에 다소의 긴장과 불협화음들이 있다. 이러한 음악적 대화는 공존하기 위한 상이힘(differences)을 허용한다. 안나는 양쪽 모두에서 "좋거나 나쁜 부분과 특징"이 존재함을 발견했다. 하나는 더 많은 분노와 파괴적인 에너지를 가지고 있는 반면, 다른 것은 밝음을 가지고 있으면서 동시에 모호했다. 분노의 강도가 처음에는 그녀를 두렵게 했다. 다른 쪽이 좀 더 친숙했다. 어느 날 세션이 끝나고 나서, 그녀는 내 치료실에 있는 크레용을 어디서 구할 수 있는지 물어봤다. 나는 "그냥 내 크레용을 가지고 가세요. 사용하시고 나서 다시 가져다주세요"라고 말했다. 그녀는 매우 행복해보였다. 안나의 예술작업 여정과 치료과정의 새로운 통합적 국면이 시작되었다.

하루는 안나가 한 무더기의 그림을 가지고 와서 바닥에 두고 정리했다. 그녀는 집중된 에너지를 가지고 움직였고, 어떻게 그림들을 정리해야 할지 정확히 알고 있었다. 그림들은 마치 샘에서 뿜어져나오는 물같이 그녀로부터 쏟아져나왔다. 그림들은 그 자체의 생명력을 가지고 있었다. 다채로운 색의 그림들은 삶을 품고 있었고, 희망·공포·절망·욕망들을 표현했다. 그 그림들은 그녀의 어머니, 아버지, 남편, 암, 성 정체성, 친밀감도 이야기했다. 그림의 일부는 그녀 몸의 내부로부터 기인한 것이었다. 수술대, 치유에 대한 욕망, 그녀의 장기와 그녀 자신에 대한 보호, 암과의 사투, 정체성 탐색, 죽음과의 직면(그림 20.1 참조)이 바로 그것이다. 대부분의 그림은 제목과 뒷면의 짧은 설명들을 가지고 있었다. 어려운 변화가 수치심과 성적 배반을 다룬 두어 개의 그림들로부터 시작되었다. 이는 죽음과 그녀의 상실감에 대한 이해를 더했다. 이 상실감은 암으로부터 영향받은 그녀의 신체와 성 정체성에 대한 것이었다.

얼마 후, 그녀는 실제 크기로 자신의 몸을 그렸다.

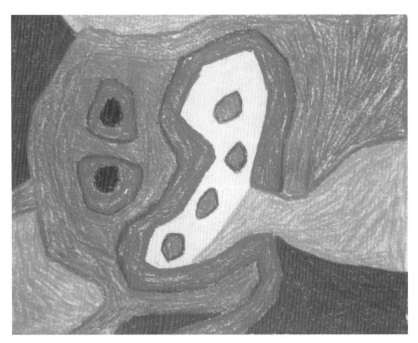

그림 20.1 안나의 그림, '내 자궁 안의 죽음'

시크릿 가든의 '비밀 정원으로부터의 노래들(Songs from a Secret Garden)'이란 곡의 도움으로, 그녀는 자신의 몸 안에서 안면이 없는 여자 조상들(female ancestors)의 지혜와 지식을 발견했다. 이러한 발견은 우리의 작업에 있어 변화시점이 되었다. 깊은 고통의 한가운데라고 할지언정 그것 역시 삶이며, 그 나름으로의 의미와 힘 그리고 아름다움을 가진다. 우리의 관계는 강화된 자존감과 중요한 관계들에 대한 통찰의 단계로 접어들었다. 몇 심상은 음악으로의 관문이 되었다. 심상들은 통합적 양식이며 소리, 복잡한 리듬, 활기찬 움직임과 이야기를 포함한다. 안나는 심호흡을 하고 그녀의 몸 안에 더욱 충실히 현존했다. 작고 연약한 새는 떠났다. 그녀는 감각적인 몸을 되찾고, 여성으로 존재하는 것이 그녀에게 무엇을 의미하는가를 발견하고, 새로운 방식으로 성 정체성을 받아들이고 있는 중이다.

결론

이 장에서는 음악중심적 표현예술치료법을 소개하였다. 이때 음악은 치료에서의 변화와 변형의 과정을 위한 관문이다. 적극적 음악치료 기법과 수용적 음악치료 기법이 다른 예술양식들과 함께 사용되었다. 음악은 치유과정으로의 입구이다. 음악은 가슴에게 말하고, 감정들로 연결하며, 의미와 아름다움 그리고 미스터리를 전달한다. 예술은 무한한 가능성을 가지고 있으며 서로 섞이고, 융합되고, 합쳐지고, 분리되고, 분쇄될 수 있다. 또한 다양한 방식으로 다뤄질 수 있다. 음악연주하기, 그림 그리기, 글쓰기, 연기하기, 춤추기 등은 우리의 감각들과 관련된다. 음악이 치료에서 활용될 때, 감정을 유발하는 음악의 능력은 가장 필수적인 기능일 것이다. 이러한 작업에서는 심미적 개념이 가장 중요하다. 심미는 이러한 작업의 활력적 에너지이다. 아름다움은 몰입, 우아함, 영혼, 그리고 중요한 의미에 대해 말한다. 치유작업에서 우리가 아름다움을 존중하는 것은 곧 총체적 개인을 존중하는 것이다.

참고문헌

Bonny, H. L. (1980). *GIM therapy: Past, present and future implications*. Salina, KS: Bonny Foundation.

Bruscia, K., & Grocke, D. (Eds.). (2002). *Guided imagery and music: The Bonny method and beyond*. Gilsum, NH: Barcelona.

Damasio, A. (2010). *Self comes to mind: Constructing the conscious brain*. New York: Pantheon Books.

Heidegger, M. (1996). *Being and time* (J. Stambaugh, Trans.). Albany: State University of New York Press. (Original work published 1953 by Max Niemeyer Verlag, Tübingen, Germany)

Husserl, E. (1960). *Cartesian meditations*. The Hague: Martinus Nijhoff.

Husserl, E. (1970). *The crisis of European sciences and transcendental phenomenology*. Evanston, IL: Northwestern University Press.

Kaestele, G., & Müller, D. (2013). *Kurze Musik-Reisen (KMR): Ein Tor Zur Innenwelt*. In I. Frohne-Hargeman (Ed.), *Guided imagery and Music Konzepte und klinische Anwendungen* (pp. 108-125). Wiesbaden, Germany: Ludwig Reichert Verlag.

Kenny, C (2006). *Music and life in the field of play: An anthology*. Gilsum, NH: Barcelona.

Knill, P., Nienhaus Barba, H., & Fuchs, M. (1995). *Minstrels of soul: Intermodal expressive therapy*. Toronto: Palmerston Press.

Levine, S. (2011). *Trauma tragedy and suffering: The arts and human suffering*. London: Jessica Kingsley.

Levine, S., & Levine, E. (Eds.). (2005). *Principles and practice of expressive arts therapy: Towards a therapeutic aesthetics*. London: Jessica Kingsley.

Levine S., & Levine E. (Eds.). (2009). *Art in action: Expressive arts therapy and social change*. London: Jessica Kingsley.

McNiff, S. (2009). *Integrating the arts in therapy: History, theory, and practice*. Springfield, IL: Charles C Thomas.

Meyer, M. (2007). *Repatriation and testimony: Expressive arts therapy*. Unpublished doctoral dissertation, European Graduate School, Saas-Fee, Switzerland.

National Cancer Institute. (n.d.). Retrieved from *www.cancer.gov/cancertopics/pdq/supportivecare/sexuality/HealthProfessional*.

Schore, A. N. (2009). Attachment trauma and the development of the right brain: Origins of pathological dissociation. In P. F. Dell & J. A. O'Neil (Eds.), *Dissociation and the dissociative disorders: DSM-V and beyond* (pp. 107-141). New York: Routledge.

Stead, M. L., Fallowfield, L., Selby, P., & Brown, J. M. (2007). Psychosexual function and impact of gynaecological cancer. *Best Practice and Research Clinical Obstetrics and Gynaecology, 21*(2), 309-320.

Stern, D. (2004). *The present moment in psychotherapy and everyday life*. New York: Norton.

Stern, D. (2010). *Forms of vitality: Exploring dynamic expression in psychology, the arts, psychotherapy and development*. Oxford, UK: Oxford University Press.

Turner, V. (1995). *The ritual process: Structure and anti-structure*. Piscataway, NJ: Aldine.

van Deurzen, E. (2010). *Everyday mysteries: A handbook of existential psychotherapy*. London: Routledge.

van Gennep, A. (1960). *The rites of passage*. London: Routledge.

Wärja, M. (2010). *Korta musikresor (KMR): På väg mot en teori om KMR som musikterapeutisk metod* [KMR-Brief Music Journeys: Towards a theory of KMR as a music therapy method]. Stockholm: Kungl. Musikhögskolan.

Wärja, M. (2013). Konstnärlig metodik: Handledning i psykoterapi och utbildning [Arts-based methods: Supervision in psychotherapy and education]. In I. N. Pedersen (Ed.), *Kunstneriske medier i supervision af psykoterapi: Indsigt og vitalitet* [Art modalities in suprvision and psychotherapy: Insight and vitality] (pp. 85-110). Aalborg, Denmark: Aalborg Universitetsforlag.

Wärja, M. (2015). KMR-Brief Music Journeys. In D. Grocke & T. Moe (Eds.), *Guided imgaery and music spectrum: A continuum of practice*. London: Jessica Kingsley

Wärja, M., & Bonde, L. O. (2014). Music as co-therapist: Towards a taxonomy of music in therapeutic music and imagery work. *Music and Medicine, 6*(2).

Wigram, T. (2004). *Improvisation: Methods and techniques for music therapy clinicians, educators, and students*. London: Jessica Kingsley

Winnicott, D. (1971). *Playing and reality*. London: Tavistock.

제3부
임상에서의 적용

도입

음악치료는 병원, 학교, 정신건강시설, 감옥, 사설기관을 비롯한 다양한 세팅에서 출생 이전부터 노년기에 이르기까지 적용될 수 있다. 그리고 신체적, 정서적, 의학적, 학습적 문제를 포함한다. 제3부에서는 이러한 영역들 중 일부를 다룬다. 이 책은 편집된 책이므로 각 장에 다양한 관점들이 제시되어 있다. 저자들은 각 주제에 대해 다양한 관점과 풍부한 경험을 갖고 있으며, 뿐만 아니라 무엇을 우선적으로 다뤄야 하는지에 대한 관점 역시 다르기에 각 장마다 유사하지만 다른 내용들도 있을 것이다. 제3부는 크게 아동과 청소년, 성인, 그리고 의료환경 내 적용이라는 세 부분으로 나누어진다.

음악치료사가 활동하는 주요 영역 중 하나이지만 여기에서 다루지 못한 것들도 있다. 지적장애, 자폐장애, 감각장애가 있는 성인이 하나의 예시이다. 어떤 주제를 포함 또는 미포함시킬지, 책 안에서의 배치와 길이는 어떻게 해야 할지에 대한 많은 고민과 논의가 있었다. 아이들이 음악치료로부터 도움을 받을 수 있는 영역이라면 같은 장애를 가진 어른들에게도 동일하게 적용될 수 있으며, 음악치료사는 사실상 모든 경우에서 아동과 성인을 모두 다룰 수 있다. 따라서 여기서 소개하는 내용들은 다양한 연령대의 내담자들을 대상으로 적용할 수 있다. 물론 일부 이슈들은 다를 수 있겠지만 말이다(예 : 성인은 일반적으로 학교 체계에 속해 있지 않으므로 아동 대상 치료에서처럼 교육적인 목적을 두지 않는다). 마찬가지로, 성인을 대상으로 논의된 영역들 역시 아동들에게도 적용될 수 있다. 정신질환이나 외상사건 트라우마를 지닌 아동과 같이 말이다.

제11장에서 언급된 기법들(수용적, 작곡, 즉흥, 재창조)은 음악치료 세션에서 무엇을 하는가에 대한

바탕이 되는 반면, 제2부에서 다루는 치료철학들(예 : 정신역동, 인본주의, 인지-행동주의)과 접근법(예 : 노도프-로빈스 음악치료, GIM, 분석적 음악치료, 신경학적 음악치료, 커뮤니티 음악치료)은 임상기법의 기반을 제공하고, 음악치료 임상작업에 영향을 준다. 독자들이 이 책의 제1~2부에서 이러한 치료철학, 접근법, 기법들에 대한 지식을 확보할 수 있었다면, 제3부에서는 임상적 응용에 대한 이해를 더 깊고 풍부하게 할 수 있을 것이다.

이 단원에서 제공하는 임상적 적용 및 응용법은 독자들로 하여금 자신의 임상현장에 적용해볼 수 있는 풍부한 정보들을 담고 있다. 저자들은 또한 자신들이 경험했던 내담자들과의 임상 관련 소재들을 종종 공유하기도 했다(실제 임상사례 또는 내담자가 게시를 허가하지 않은 경우에는 변형하거나 여러 사례를 혼합하여 재구성했다). 제3부에 소개된 이러한 사례들은 보다 생생하고 현장감 있는 음악치료를 소개할 수 있도록 돕는다. ▐▌▐▌

아동과 청소년을 위한 음악치료

제 21 장

유아기의 발달이슈를 위한 음악치료

Marcia Humpal

순진이 역

아기가 태어나면, 가족은 아기가 자연스러운 성장단계들을 통해 독립적인 성인기에 이를 것을 기대한다. 의학과 과학의 발전은 전형적인 발달에 영향을 미칠 수 있는 문제적 조건들을 조기에 확인하는 것을 가능하게 만들었다. 불행히도 정확한 진단과 발생원인, 문제적 조건들이 쉽게 교정되거나 치료될 것이라는 확신은 항상 존재하지 않을 수도 있다. 현실을 부정할 수도 있다. 가족들은 괴로워하며, 어디에서 조력을 구해야 할지 모를 수도 있다.

조기중재는 영유아들의 최대 잠재력을 발달시킬 수 있도록 돕는 핵심 수단을 제공한다. 음악치료는 이러한 내담자군과 가족들에게 효과적이며, 발달에 매우 적합한 치료양식이다.

내담자군

정의

유아기

유아기는 이제 고유한 특정 지표와 학습 양식을 가진 발달의 시기로 대부분 인식된다. 전미유아교육협회(National Association for the Education of Young Children, NAEYC)는 유아에 대한 연구를 수행하고 광범위한 문헌들을 출간한다. 문헌들은 유아기를 출생부터 8세까지로 기술하고 있음에도 불구하고(Copple & Bredekamp, 2009), 유아교육의 원칙은 아동이 초등학교에 입학하게 되면 덜 엄격하게 적용될 수도 있는데, 미국에서의 교육적 책임과 검증에 대한 수요 증가에 부분적으로 기인하기 때문일 수도 있다.

조기중재

전미장애인교육법(Individuals with Disabilities Education Act, IDEA)으로 알려져 있는 미국 연방 법령에 따라, 장애 아동은 자신의 고유한 필요를 충족시킬 수 있도록 설계된 특수교육 서비스를 이용할 자격이 있다. 1975년에 제정된 공법 94~142는 이후 여러 차례에 걸쳐 개정되었다. 최근의 개정안은 아주 어린 유아부터 학령기 아동에 이르기까지 이용할 수 있는 서비스를 안내하고 있다. 전미장애인교육법의 교육부 법안 B(2006)는 3세에서 21세의 아동과 청소년을 위한 서비스들을 언급하고 있으며, 법안 C(2011)는 신생아와 2세 미만의 유아에게 초점을 두고 있다.

조기중재 서비스는 장애를 가진 3세 미만의 영유아와 가족을 위해 주정부 차원에서 제공된다. 학령기 아동과 청소년(3세~21세)의 경우, 특수교육과 관련 서비스들이 학교 체계를 통하여 제공된다. 이러한 서비스들은 장애 아동 및 청소년의 발달과 학습이 학교와 다른 세팅에서 연속되도록 도울 수 있다(U.S. Office of Special Education, 2012).

음악치료는 전미장애인교육법(IDEA)에 구체적으로 위임되어 있는 서비스는 아니지만, 장애 아동이 적합한 교육을 받기 위해 필요하다면 관련 서비스(related service)로 고려될 수 있다. 미국 교육부의 웹사이트에는 음악치료를 포함하는 관련 서비스들을 명시하는 Q&A 문서가 게시되어 있다. 이 문서들은 '조기중재 프로그램에서의 음악치료 통합'이라는 글에 포함되어 있으며, 이에 대하여 논의하고 있다(Simpson, 2011).

발달장애

발달장애(developmental disability)는 정신적 · 신체석 손상이나, 이러한 두 가지 유형의 손상이 결합된 것이 원인이 되는 상태를 의미하는 것으로 22세 이전에 명백히 나타나며, 모호하게 지속되는 경향이 있다. 전미장애인교육법은 3세~21세가 이용할 수 있는 서비스로 다음의 열세 가지 장애 범주를 목록화하고 있다(U.S. Office of Special Education, 2012).

- 자폐(autism)
- 청각-시각장애(deaf-blindness)
- 청각장애(deafness)
- 발달지연(developmental delay)
- 정서장애(emotional disturbance)
- 청각손상(hearing impairment)
- 지적장애(intellectual disability)
- 복합장애(multiple disabilities)
- 정형외과적 손상(orthopedic impairment)
- 기타 건강상의 문제(other health impairment)
- 특정 학습장애(specific learning disability)
- 말-언어장애(speech or language impairment)
- 외상성 뇌손상(traumatic brain injury)
- (전맹을 포함하는) 시각장애[visual impairment(including blindness)]

발달지연

발달지연이라는 용어는 출생 후 9세까지의 아동에게 적용된다. 이는 이 연령대의 아동을 위한 IDEA의 발달장애에 대한 특정 범주 중 하나로 고려되며, IDEA의 법안 C에 출생 이후 2세까지 연령의 아동을 대상으로 주정부 차원에서 제공되는 조기중재 서비스를 위한 준거들 중 하나로 구체화되어 있다. 법령 C는 발달지연의 위험이 있는 정신적 또는 신체적 상태로 진단된 매우 어린 아동을 위한 서비스 제공 규정을 포함한다.

IDEA에 따라, 장애 영유아(infants and toddlers with disabilities)는 인지, 신체, 의사소통, 사회나

정서, 적응발달 중 하나 또는 그 이상의 영역에서 적절하게 진단된 도구와 절차에 의해 측정된 발달지연으로 인해 조기중재 서비스를 필요로 하는 3세 이하의 개인 또는 발달지연으로 귀결될 가능성이 높은 신체적·정신적 상태를 가진 것으로 진단된 개인으로 정의되어 있다. 이 용어는 만일 조기중재 서비스가 제공되지 않을 경우 "잠재적인 발달지연을 경험할 위험이 있는" 3세 이하의 아동을 포함할 수도 있다.

발달에 적합한 실제

유아가 고유한 방식으로 학습하고 성취하는 것을 인지하고 있는 NAEYC는 어린 유아들과 작업할 때 효과적인 실제를 지도하는 기본적인 요소들을 설명하였다. 이러한 철학은 아동 발달이론들에 근거를 두었으며, 유아의―놀이를 통한―학습에 대한 연구들에 의해 지도되었다. NAEYC는 나아가 성인 및 또래들과의 상호적인 놀이와 연령에 적합한 자료를 통한 학습을 촉진하는 환경을 계획하는 보육교사(성인)에 의해 지도된, 다양한 단계의 놀이를 통한 유아의 성취를 강조한다. 발달에 적합한 실제(developmentally appropriate practice, DAP; Bredekamp, 1987)라는 원칙은 이러한 요소들에 의해 발현되었다.

DAP의 초기 버전이 아동 발달의 전 영역에 걸쳐 제공되고, 아동이 다양한 관심범위와 능력을 가진 것으로 인식되었음에도 불구하고 다수의 사람들은 발달지연이나 장애 유아의 학습양식이나 요구를 적절하게 설명하지 못한다고 느꼈다. 2009년 개정된 DAP(Copple & Bredekamp, 2009)는 다음의 사항에 부응하였다.

- 아동이 아직 이루지 못했으나 도달할 수 있는 목적들에 도전할 수 있도록 아동이 있는 곳에서 아동을 만나라.

- 아동의 학습과 발달에 대한 지식에 기반을 두고 학습경험 및 교과과정에 관련된 결정들을 하라.
- 성취의 격차를 줄여라.
- 포괄적이고 효과적인 교과과정을 사용하라.
- 교수 및 학습을 개선하라.

이러한 지침들은 발달지연이나 장애 유아의 고유한 필요를 인정한다. 그러나 다양하게 조정되거나 명시된 전략들은 종종 아동과 작업할 때 이들의 특정한 필요에 따라[예 : 자폐스펙트럼장애(ASD) 아동의 경우; Humpal & Kern, 2012] 발달적 접근을 채택하거나 결합할 필요가 있다.

유아기 발달
일반적 발달

일반적 발달에 대해서 이야기할 때 우리는 대근육과 소근육, 언어, 인지 및 사회적 기술과 같은 영역들에 대하여 이야기한다. 설정된 발달의 지표나 연령 특정적인 기능적 기술들을 가지는 이러한 영역들에서 단계를 거친 아동의 성취는 대개 주어진 연령 범위 내에서 이루어진다.

아기는 머리부터 말초의 순으로(예 : 위에서 아래로, 중심에서 바깥으로) 발달된다. 아기는 시각적·청각적으로 물체와 대상, 거울에 비친 자신을 추적하는 것을 학습한다. 아기는 미소 짓고, 웃는 것을 배운다. 좋아하는 것과 싫어하는 것을 표현하고, 옹알이를 한다. 자신의 이름과 특별한 사람들을 알고 애정을 표현한다. 신체발달 영역에서 이들은 밀고 자고, 뻗고, 지고, 버티고, 쥐고, 물체를 탐색한다(주로 입으로). 영아는 만지기, 문지르기, 흔들기, 무릎에 앉기, 성인과 함께 움직이기 등에 반응하며 이후에 독립적으로 이동하게 된다.

걸음마기의 유아는 활동적이다. 유아는 점점

더 기능적으로 소근육 통제를 할 수 있게 되며
(예 : 엄지손가락 분리, 쌓아올리기, 떨어뜨리기,
던지기 등), 단순한 지시에 따를 수 있다. 유아는
몸짓을 사용하며, 모방하고, 억양을 가지고 음성
화하며, 단어를 사용하기 시작한다. 유아는 위-
아래, 안-밖, 큰-작은 등과 같은 개념을 이해하
기 시작한다. 이에 덧붙여, 유아는 다양한 감정
들(예 : 좌절, 질투, 공감 등)을 나타낸다.

유치원기 아동(preschoolers)은 대근육과 소근
육 운동기술, 말과 언어능력이 지속적으로 정교
해지며 이전보다 더욱 사회적이 된다. 아동은 아
직까지 구체적으로 조작하지만, 폭넓은 범위의
정서를 경험하기 시작하며, 타인의 감정을 더욱
잘 이해할 수 있게 된다. 유아기 동안 이들은 이
전보다 더욱 독립적이 되며, 강한 자아개념이 발
달하게 된다. 이들은 능동적 상상을 하면서 지식
을 탐색한다. 상상놀이를 즐기며, 큰 호기심과
지적 성장을 보이고, 추론하기 시작한다.

모든 아동이 삶의 정확히 동일한 지점에서 이
러한 지표들을 획득하는 것은 아니다 ─ 어떤 아
동은 더 일찍, 어떤 아동은 더 늦게 획득하겠지
만 모두 정상 발달의 범위에 속한다. 음악치료사
들이 규준으로부터의 편차나 지연을 상징할 수
있는 '경고 신호' 혹은 지표와 마찬가지로 전형적
인 발달의 지표들을 인지하는 것은 매우 중요하
다. 발달지표가 발달의 전형적 단계에 대한 지침
으로서 매우 유용함에도 불구하고, 이것이 일반
화된 것임을 기억하는 것이 도움이 된다. 지표를
아는 것은 우리가 발달의 진행을 이해하는 것과
발생할 수 있는 특정한 행동을 예측하는 대략적
인 시간을 예상하는 것을 돕는다. 필요한 경우,
우리는 함께 작업하는 유아들 각각의 발달과정
을 발전시키거나 교정하도록 단계적 계획을 수
립하는 것을 돕는다.

전형적 발달에 영향을 미치는 요인들

다양한 요인들이 아동의 발달에 영향을 미칠 수
있고, 조기중재가 필요한지 결정함에 있어 역할
을 수행할 수 있다. 기능의 현재 수준을 진단할
때, 아동을 둘러싼 환경과 마찬가지로 아동의 발
달력에 대하여 다음의 측면들을 참작해야 한다.

- 미성숙 : 37주의 임신기간 이전에 출생한
  아동은 미숙아로 여겨지고, 실제 생활연령
  보다는 교정연령(실제 출생일이 아닌 출산
  예정일 기준 연령)에 따라 진단되어야 한다.
  아동들은 대개 2세와 3세 사이에 자신들의
  생활연령을 따라잡지만, 이는 아동마다 다
  양할 수 있다(Standley, 2003).
- 저체중
- 유전
- 임신 중 모체 약물중독
- 부모/양육자 고려사항(가용성[1], 용어의 이
  해, 인지적 · 정신적 · 신체적 건강의 이슈들)
- 자극 결핍
- 의학적 문제들

어린 유아들과의 치료에서 진단평가와 치료
과정에 가족이나 양육자들을 포함시키는 것은
매우 중요하다. 아동을 직접적으로 대하는 다른
사람들(예 : 물리 · 작업 · 언어치료사들, 의료직
원들)과는 정보와 통찰을 공유할 수 있다.

놀이기술 발달

유아는 각기 다른 방법으로 학습하는데, 이는 연
령과 발달수준을 나타낸다. 20세기 후반까지는
유아기에 대한 관심이 극히 적었으며, 학령기

---

1) 가용성(availability)은 아이가 필요로 할 때 곁에서 돌
   볼 수 있는 가능성을 의미한다. ─역자 주

가 단순히 아래로 확장된 것으로 여겼다. 대부분의 학습이론가들은 유아가 스스로 성인기 및 상위 수준의 사고과정으로 발전하면서 성장해가는 과정을 다양한 단계로 지칭하였다. 그러나 DAP의 원칙이 수용될 때까지 학습의 초기 단계들은 교육계열에서 주된 초점이 되지 못했다. DAP는 Piaget(1962)와 Vygotsky(1967)에 의해 시작된 인지발달이론들을 바탕으로 하여 유아기 발달과 학습에서 놀이의 중요성을 강조한다(Humpal & Tweedle, 2006).

실제로, 유아의 놀이는 놀라운 보상을 가져온다. 유아는 놀이를 통하여 자신들을 둘러싸고 있는 세계의 모든 측면들에 대해 학습한다. 모래상자에서 유아들의 놀이를 생각해보라. 이 활동은 사실상 순수하게 오락적인 것만이 아니다. 다양한 용기에 모래가 부어지고, 거기에 물이 더해지면 모래가 진흙으로 변하면서, 혹은 두 명의 유아들이 같은 모래놀이 바구니를 잡아당겨가며 분석하고 숙고하며 조사한다. 심지어 협상이 일어나기도 한다. 유아는 놀이를 통해 학습한다.

그러나 일부 유아들은 자발적으로 놀이하지 않는다. 또 다른 유아들은 완고하고, 반복적인 방식으로 놀이한다. 어떤 아동들의 놀이가 발달지연이나 장애로 인해 제한적이라면, 남은 일생 동안의 학습능력에 영향을 줄 것이다. 이러한 유아들에게 놀이는 그냥 발생하는 것이 아니다. 놀이는 촉진되어야 할 필요가 있으며, 이러한 촉진은 조기중재의 큰 부분이다.

음악치료는 유아에게 유쾌하면서도 매우 효과적인 치료가 될 수 있다. 유아들은 종종 놀이의 발달단계에 따라 성장이 허용될 수 있는 구조화되고 체계적인 놀이환경을 필요로 한다. 이들의 기술은 한 단계에서 다음 단계로의 도약을 필요로 할 수도 있다. 놀이의 다양한 수준과 다양한 범주를 인지하는 것은, 우리가 발달적으로 현실

적인 치료계획과 세션을 설계하고, 그에 따라 더욱 적절하게 각 유아들의 필요에 초점을 맞추는 데 유용하다.

놀이수준은 놀이가 이용되는 방법과 목적에 따라서 범주화될 수 있다. Piaget 학파의 접근(Piaget, 1962)은 유아가 어떤 목적으로 놀이하는가와 유아가 어떻게 놀이하는가의 두 가지 영역 모두에 초점을 둔다. 유아는 가장 기초적인 수준의 기능적(functional) 놀이단계(예 : 드럼을 마구 두드리는)에 있을 수 있다. 구성적(constructive) 놀이단계(예 : 드럼으로 탑을 쌓는)는 다음의 상징적(symbolic) 놀이단계(예 : 긴 리본 테이프를 가지고 음악에 맞춰 움직이는)처럼 약간 더 복잡할 수 있다. 유아기의 놀이에 있어 가장 복잡한 단계는 규칙이 있는 게임(games with rules; 예 : 음악 의자 게임)으로 유아가 학령기 초기에 이를 때까지 대개 완전히 구체화되지 않는 단계이다. 다른 이론가들은 놀이를 분석하고 이를 수반하는 사회적 상호작용의 수준에 따라 범주화하였다. 가장 기본적인 유아기의 사회적 놀이범주들은 일반적으로 비참여(unoccupied) 행동에서 혼자(solitary) 놀이, 다음에는 방관자(onlooker) 놀이, 병행(parallel) 놀이, 연합(associative) 놀이, 최종적으로는 협동(cooperative) 놀이로 이어진다(Linder, 1990; Parten, 1932).

놀이기술의 전형적인 발달진행에 대한 확고한 이해를 갖는 것은 우리가 각 유아의 기능수준에 대하여 보다 정확한 그림을 형성하는 데 유용할 수 있다. 아직까지 일부 유아(예 : 자폐스펙트럼강에 유아)들에게 있어서는 여기에 주목하는 것이 중요하며, 발달과 학습의 순서와 비율은 불규칙할 수도 균등할 수도 그렇지 않을 수도 있는데 한 영역에서는 표준 이하이면서, 다른 영역에서는 매우 진보적일 수도 있다(Humpal & Kern, 2012; Sandall, Schwartz, & Joseph, 2001).

음악적 발달

음악기술 또한 연속적으로 발달한다. 음악의 요소들은 실제로 출생 이전부터 지각되며, 청각적 자극에 대한 일관적인 반응은 임신 28주에 이르러 분명하게 나타난다(Whipple, 2005). 연구자들은 특정한 음악적 기술과 능력의 발달이 임신기, 영아기, 유아기를 포함하는 발달의 시기 동안에 나타난다는 것에 합의하는 경향이 있다. 이 범위는 청소년기까지 상향될 수 있다(Gooding & Standley, 2011).

영아기 때부터, 아주 어린 유아는 다음의 음악적 발달단계들을 통해 전형적으로 발달한다(Briggs, 1991).

- 반사(0~9개월) : 음악적 요소들의 변화에 반응한다. 음성을 사용하여 소리에 따라 연주한다. 음악에 맞추어 몸을 움직인다.
- 의도(9~18개월) : 소리의 근원을 찾아낸다. 익숙한 노래를 재인한다. 음악에 맞추어 몸의 각 부분들을 움직인다.
- 통제(18~36개월) : 더욱 정확한 음정 지각을 나타낸다. 인지할 수 있는 음고 윤곽(pitch contour)으로 노래하기 시작한다. 가사를 기억한다. 리듬과 운동통제에서 큰 변화를 나타낸다.

유아가 음악적 자극을 처리하고 음악적 기술을 시연하는 방법은 구별되는 패턴에 따르는 것으로 보인다. 유아는 다양한 음악의 질에 다르게 반응하면서(예 : 조용한 자장가를 듣고 잠잠해지는 것) 음악에 대한 인식을 드러내기 시작한다. 다음에는 익숙한 선율들을 재인하고, 반응하면서 신뢰를 나타낸다. 유아는 음악과 리듬자극에 따라 리듬적으로 움직이면서 독립성의 감각을 나타내고, 익숙한 악구의 선율 윤곽, 소리, 노래

(예 : 보편적인 유아의 찬트인 솔, 미, 라, 솔, 미에 억양을 붙이는 것)를 따라 하거나 시연하면서 음악적 기술에 대한 통제를 발달시킨다. 그 후에, 이들은 지속적인 박(Schwartz, 2008)을 유지할 수 있게 되면서 음악적 기술에 대한 책임감을 가정할 수 있다. 더 나아가, 유아의 음악기술 발달패턴은 소리에 대한 반응과 청각적 학습특성, 음악에 대한 반응, 음고와 조성능력, 리듬능력, 움직임 능력, 가창 능력, 악기연주와 다른 음악적 요소들(예 : 셈여림)과 같은 하위단위로 분할될 수 있다(Gooding & Standley, 2011).

도전과제

발달이슈를 가진 유아와 작업하는 사람들은 발달지연이나 발달장애 유아에 대해서 아는 것보다 훨씬 더 많은 여러 요인들에 의해 난관을 겪는다. 특히 더 도전이 되는 것은 무엇보다 중요한 다음의 측면들이다.

다수의 다양한 발달적 진단들

이전에 언급한 바와 같이, 발달장애에 관한 열세 가지의 광의적 범주와 출생 시부터 유아기(때로는 그 이상의 시기)의 아동들이 해당되는 발달지연과 관련된 다섯 가지의 특정한 영역들이 있다. 이는 각각 고유한 진단적 준거와 더불어 다수의 하위범주들을 포함한다. 게다가, 진단평가는 각 개인의 고유한 측면들과 마찬가지로 기능의 정도와 심각도를 다양하게 산출한다. 이러한 모든 요인들은 우리가 치료 및 세션 계획을 수립하는 방식에 영향을 미친다.

치료방안의 다양성

발달이슈와 관련 영역에만 폭넓은 다양성이 있는 것이 아니라, 각각에 대한 셀 수 없이 많은 일반적인 치료접근들[예 : 응용행동분석(ABA), 발

달적(접근), 개인차(접근), 자폐스펙트럼장애를 위한 관계기반접근(DIR®/Floortime™]이 있다 (National Autism Network, 2013). 효과적인 치료는 가장 최신의 정보를 계속해서 유지해야 하고, 어떤 특정 분야의 안팎에서 모두 근거기반임상을 필요로 한다. 하나의 규격에 모두 들어맞는 것은 없으나, 치료는 특정한 발달이슈에 반드시 부합해야 하고, 다른 전문가들과 가족들에 의해 아동에게 제공되는 다른 서비스들과 양립 가능한 것이어야만 한다. 더 나아가 포괄적인 치료체제 안에서 작업이 이루어졌을 때, 음악치료사는 견고한 근거기반 임상을 토대로 특정 음악치료 중재를 시작해야 한다(Kern, 2011). 이는 임상전문가, 가장 유용한 연구근거, 내담자의 개인적 요인이라는 세 가지 요소들을 고려함으로써 성취될 수 있다(Sackett, Rosenberg, Gray, & Richardson, 1996).

법적인 측면

미국 연방정부와 주정부의 법령은 개인의 보험 관련 정책과 마찬가지로, 유아에게 제공되는 서비스의 자금이 어떻게 지원되어야 하는지를 안내한다. 기초 교육과 몇 가지 치료들(예 : 물리치료, 작업치료, 언어치료 등)은 특정하게 위임되고 처리된다. 음악치료는 가능한 관련 서비스로 언급되지만(Simpson, 2011), 자금을 받는 것은 매우 어려운 과정이 될 수 있다. 음악치료가 흔히 아이들이 가장 잘 반응하는 치료이지만, 음악치료사는 음악이 아이들을 위한 목적설정을 효과적으로 다룬다는 점, 혹은 음악진단이 사용되었을 때 아이들이 더욱 효과적으로 학습한다는 점에 대하여 문서화할 수 있어야 한다. 가족들은 자녀들을 위해 음악치료 옹호(advocacy)에 애쓰고 있으며, 이들의 주장은 종종 음악치료 서비스의 보장 범위 획득에 도움이 된다.

가족개입

가족구성원이나 지정된 양육자는 유아의 (협력)팀에서 통합적이고 필수적인 역할을 맡으며, 유아의 교육적 계획과 치료와 관련한 결정을 내리는 데 있어서 역할을 수행해야 한다. 가족보다 아동에 대해서 잘 아는 사람은 아무도 없다. 가정에서 어떤 방식으로 행동하고, 다른 세팅에서 완전히 다른 방식으로 행동하는 유아는 흔히 볼 수 있다. 그러므로 가족과 좋은 신뢰관계를 형성하는 것은 아동의 발달을 도울 수 있는 교육적 프로그램의 편성과 최적의 경험 지속에 있어 중요하다.

가족구성원이 아동에 대해서 중요한 통찰을 제공하더라도, 이들은 흔히 자녀가 가진 문제와 초기의 예측하지 못한 소식으로 인해 종종 압도되곤 한다. 현실을 부인하는 상태에 있을 수 있고, 진단에 대처하지 못할 수도 있다. 가족들은 두렵고, 화가 나며, 우울하고, 과도하게 참거나, 어떤 행동도 취할 수 없는 상태일 수 있다. 계속해서 치료방법을 찾을 수도 있고, 어떠한 제안도 위협적인 것으로 받아들일 수 있다.

음악치료사들은 아동만을 치료하는 것이 아니라 가족구성원도 치료하게 될 것이다. 가족의 문화에 대해서 인식하게 되고, 가족구성원들이 궁극적으로 아동을 위해서 내린 선택을 수용하는 것은 좋은 협력관계의 닻을 내리는 데 유용하다(Morris, 2013). 우리는 재량에 따라 모든 수준의 능력에 주목할 수 있는 훌륭한 도구를 가지고 있으며, 정보와 전략뿐 아니라 대처기술과 치유, 영혼의 양식을 공급하는 서비스를 제공한다.

임상작업

발달이슈를 가진 유아들에게 음악치료를 사용하는 것은 많은 이유에서 유익하다. 음악은 아동

과 관련된 많은 세팅에서 자연스럽게 발생하므
로 아이들에게 있어 첫 번째 자극이 될 수 있고,
사회적으로 적합한 활동이다. 음악치료는 놀이
기반 접근과 대단히 잘 어울리며, 통합의 이점을
갖는다. 음악치료사들은 다른 여러 목적영역과
방법론에 맞게 음악을 적용하고 사용하도록 훈
련된다.

- 아동의 능력 수준에서 참여할 수 있는 기회
  를 제공한다.
- 긍정적이고 흥미로운 매체를 이용해서 아동
  의 여러 욕구를 표현한다.
- 성공을 촉진할 수 있는 즐거운 학습경험들
  을 설계한다.
- 모든 측면에서 아동의 교육적 경험과 필요
  들을 지지한다.

세팅

유아기에 발달이슈를 가진 아동들에게 있어 무
엇보다 중요한 것은, 이들이 어린 아동이라는 점
이다. 이들이 서비스를 받는 환경은 발달지연이
나 장애를 다루며, 이들의 또래 집단을 위해 설
립된 임상모델들에 의해 지도된다. 전형적인 서
비스 제공은 팀 지향적인 것으로, 중복되고 공
유되며 지지적인 목적을 갖는다. 서비스는 가급
적 자연스러운 것으로 고려되는 세팅(예 : 다수
의 유아들에게 전형적인 세팅)에서 제공된다. 그
러므로 음악치료사들은 발달이슈를 가진 유아
에게 가정이나 도서관, 지역 레크리에이션 센터,
학교 등에서 음악치료 서비스를 제공할 수 있다.
일부 유아들의 경우, 장기적으로 보았을 때 전
문적이거나 더 심화된 치료접근들이 보다 유용
하다는 것을 입증할 수도 있으므로, 아동의 고유
한 필요를 나타내기 위해서 최소제한환경(Least
Restrictive Environment, LRE)의 취지를 충족할

수도 있다. 가족들은 유아에게 적합하고 가장 유
익한 치료환경과 접근을 결정하는 데 있어 주요
한 역할을 수행한다. 이제 우리는 발달이슈를 가
진 유아들과 주로 작업하는 음악치료사들이 있
는 특정한 유형의 임상적 세팅에서 일어나는 몇
가지 짧은 이야기들을 살펴보고자 한다. 개인의
이름은 익명성을 보장하기 위하여 변형되었다.

가정

소피는 평범한 임신기 이후에 태어났으나, 출생 후 얼
마 지나지 않아 다운증후군으로 진단받았다. 소피의
어머니는 출산 후 퇴원하기 전에 발달전문가에게 의
뢰되었다. 발달전문가였던 서비스 코디네이터가 소피
의 집에서 가족을 만났고, 진단평가를 준비하였으며,
가족들과 함께 소피의 발달이슈에 대한 작업계획을
세우고자 하였다. 소피를 위한 협력 팀은 부모, 발달
전문가, 작업치료사 및 물리치료사로 구성되었다.
　소피가 6개월이 되었을 때, 어머니는 소피가 음악
을 들으면 차분해지고 미소 지으며 머리를 움직인다
는 것을 알게 되었다. 어머니는 작업치료사에게 다음
가정방문 시 음악치료사가 동행해줄 것을 요청하였
다. 개인임상을 하는 음악치료사들은 흔히 자신이 속
한 지역에서 다양한 조기중재 팀의 자문위원으로 일
하고, 방문 일정을 잡는다. 작업치료사는 음악치료사
에게 소피의 개별화가족서비스계획안(IFSP)을 공유
하였고, 소피가 의도적으로 두 손을 사용하는 시간의
양을 늘릴 수 있는 전략들을 제공할 것을 요청하였
다. 음악치료사는 가정방문 시 소피의 생활연령과 발
달연령을 고려하여 악기들을 지참하였다. 다양한 감
각자극을 수용하는 내성(tolerance)과 소근육 운동
기술을 진단평가하고 나서, 음악치료사는 목표로 삼
은 발달영역을 위하여 특정한 악기를 이용하는 제안
이 포함된 보고를 준비하였다. 음악치료사는 악기사
용법(예 : 탬버린을 치고, 작은 마라카스를 잡고 흔드
는 것)을 시연하기 위해서 한 번 더 가정을 방문하였
다. 음악치료사는 영아들에게 적합한 노래를 가족 및
작업치료사들과 공유하였다.

지역사회기반 환경

"저는 선생님의 수업을 알게 되어 매우 기쁩니다. 제
아들은 초기 면담이 끝나기도 전에 도서관의 이야기

수업에서 쫓겨났어요. 저는 우리가 다른 아이들처럼 어떤 수업에라도 갈 수 있을지 확신할 수 없었습니다. 하지만 지금 아이는 음악그룹에 속해 있고, 심지어 차례를 기다릴 수도 있습니다." 이것은 아들과 함께 지역 YMCA에서 열린 유아-부모 음악수업에 참여한 한 부모가 음악치료사에게 전달한 기분 좋은 관찰 소감이다.

강좌는 모든 능력 수준의 유아들을 위한 특별 수업으로 제공되었고, 양육자들이 함께 음악을 만들었다. 이 시간은 21개월에서 30개월의 유아들과 가족들이 다양한 감각을 통해서 음악을 경험하고, 듣고, 리듬악기를 연주하고, 움직이고, 노래를 부르거나 목소리를 사용할 수 있는 기회들을 제공하였다. 수업 등록을 위한 정보는 발달이슈를 가진 영유아들과 일하는 지역기관으로 전달되었다. 지역사회기반 환경에 있다는 것은 폭넓은 범위의 강좌들을 제공받는다는 것이고, 수업은 전형적으로 발달하는 아동들을 끌어들였다.

프로그램은 비음악적 기술들을 위해 음악을 이용한다. 매 세션에서 동일한 인사노래와 헤어짐의 노래를 사용하는 것은 반복적인 루틴을 만드는 것을 돕는다. 익숙한 활동들을 반복하는 것에 더하여 매주 새로운 노래들을 보완하는 것은 아동들을 더 편안하게 하며, 주의집중 시간을 확장시킨다. 그림 단서와 전이를 위한 노래[2]는 다음에 무슨 일이 일어날 것인지에 대한 예고를 제시하고, 직접적이지 않은 방법(예 : 'Skip to My Lou' 노래에 맞춰, "스틱과 셰이커들은 상자 안에 넣어요. 스틱과 셰이커들은 상자 안에 넣어요. 스틱과 셰이커들은 상자 안에 넣어요. 그다음에 우리는 낙하산을 가지고 춤을 출 거예요")으로 지시를 제공한다. 차례 지키기를 격려하기 위해서 음악치료사가 기타로 반주를 하자, 부모들이 드럼을 잡고, 아이들이 말렛으로 드럼을 연주하였다. 음악치료사가 음악을 잠시 멈추었을 때, 드럼연주도 멈추어진다. 그 이후에, 짝을 지은 두 사람은 서로 가진 것을 맞바꾼다. 연습을 많이 한 다음에, 이 중재는 순서를 주고받는(back and forth) 연주로 확장된다. 한 사람이 두 손으로 말렛과 드럼을 잡고, 다른 사람이 기다리기도 하는 것이다. 이 수업을 통해서 음악중재는 각 아동의 고유한 필요를 다루는 것만이 아니라, 모두가 음악 만들기에 능동적으로 그리고 성공적으로 참여하도록 한다는 것을 확증한다.

세션들은 재미있었고, 가족들에게 대단한 자원들을 제공하였다. 그러나 이 시간들은 매우 상세하게 계획된 것이며, 아동의 성공은 그냥 일어난 것이 아니었다. 음악치료사들은 이러한 유형의 수업을 진행하는 데 매우 적합하다. 이들은 고유한 훈련을 통해서 기술과 전문성을 가지고 있고, 모든 유아들의 필요를 충족시키기 위해서 음악경험을 조정하고 적용할 수 있다. 오랫동안의 연구들과 최신의 음악치료 연구들은 특별한 필요를 가진 유아들이 전형적으로 발달하는 또래들과 함께 하는 음악수업에서 유익을 얻음을 입증하였다(Humpal, 1991; Walworth, 2009). 또한 소그룹 음악치료 경험들은 임상에서 더 많은 모델링과 기회들을 제공하고 가족들을 지지하며, 인형 놀이를 할 때 더 많은 사회적 참여를 이끌어낸다(Hanson-Abromeit, 2011; LaGasse, 2011). 다양한 능력 수준의 유아들을 위한 수업 설계에는 안정적인 유아기 임상이 따른다. 최근의 뇌연구들(Molenberghs, Cunnington, & Mattingley, 2009; Wan, Demaine, Zipse, Norton, & Schlaug, 2010)은 이러한 전제에 타당성을 더한다. 연구들은 뇌의 거울 뉴런 체계(mirror neuron system, MNS)가 자신과 다른 사람들에 반응하는 뉴런들로 이루어져 있음을 나타낸다. 이 체계는 마치 관찰자들 스스로가 행동을 수행하는 것처럼 다른 사람들의 행동을 반영한다. 다른 사람과 함께 음악 만들기(예 : 악기 연주하기, 노래하기 또는 다른 사람들이 이러한 것들을 하는 것을 지켜보기)는 MNS와 중첩되는 뇌의 넝쿨를 활성화시키는 다중양식 활동(multimodal activity)의 층위를 추가한다.

지역사회 환경에서 음악치료 수업을 제공하는 것은 가족들에게 예상치 못한 다른 이익들을 가져다줄 수 있다. 어른들 간에 새로운 우정이 생겨나고, 아이들은 차이를 수용하는 것을 학습하

---

2) 전이를 위한 노래(transition song)는 유아들의 활동이 각 단계 또는 상황별로 전이될 때 사용할 수 있는 노래를 의미한다. -역자 주

며 연민을 발달시킨다. 때때로 음악치료사들은 부모들이 간과할 수도 있는 경고 신호, 자녀들의 근육긴장이 낮거나 높은 것, 눈맞춤의 부족, 지연된 언어나 활동의 전이에 극도로 어려움을 느끼는 것 등을 놓치지 않는다. 음악치료사들은 조기중재─평생의 이슈가 되기 전에 발달지연을 다루는 기회─로 이끌 수 있는 추가적 평가를 위한 의뢰를 제안하는 첫 번째 전문가가 될 수도 있다.

위에서 언급한 시나리오는 올해 후반에, ASD로 진단받은 남아를 묘사한 것이다. 어머니는 음악치료 세션에서 아이가 이루어낸 성취와 어머니가 받았던 지지가 진단(diagnosis)을 수용하고, 발달이슈에 대한 부정적인 측면들에 머물러 있기보다 아들의 능력과 성공들을 살펴볼 수 있게 했음을 보고하였다.

학교 또는 교육적 환경

발달이슈를 가진 3세 이상의 유아들은 유치원, 학교나 다른 교육적 환경을 이용할 수도 있다. 이러한 시설들의 프로그램은(아마도 특수교육 지원과 함께) 정규학급과 통합학급, 또는 특수교육 학급에서 실시될 수도 있다. 음악치료사는 아동들을 정규학습 세팅에서 분리하여 데려오거나(분리모델; pull-out model), 학급 내에서 아동들을 개별적으로 만나거나, 소그룹으로 만나서 작업할 수도 있다. 특수학급은 정기적으로 예정된 음악치료 세션이나 자문 서비스를 받을 수도 있다.

음악치료 서비스 제공은 프로그램의 일부로 편성되거나, 개별화교육계획안(IEP)에 기반을 둔 것일 수 있다. 프로그램 모델에서 음악치료사들은 음악적 경험을 사용하거나 적용하고, 엔지니어들은 음악적 환경이 보편적인 목적과 특정한 아동의 필요를 충족시키며, 교과과정이나 학급의 구세로서 이러한 영역들을 지지할 수 있도록 한다. IEP 기반 음악치료는 특정한 아동을 위

해서 확인된 목적과 목표들을 나타낸다. 또한 음악치료사들은 자문위원의 역할로서 조기 중재 전문가들이나 음악교사들과 작업할 수 있으며, 아동 개인의 필요를 충족시키기 위하여 교수전략, 교과과정 또는 환경을 조정할 수 있다 (Adamek & Darrow, 2010; Furman & Humpal, 2006).

목표영역

가족은 유아의 협력 팀으로부터 추천을 받아 치료의 목표영역들을 결정한다. 물론 발달지연이나 발달장애의 특성도 이러한 결정에 영향을 미칠 것이다. 다양한 주정부와 기관들이 각기 다른 용어들을 사용할 수 있음에도 불구하고, 다음의 영역들은 발달이슈를 가진 유아들을 위해 초점을 두는 대표적인 영역들이다─신체/운동, 의사소통, 사회, 정서/놀이, 인지 및 감각영역.

음악중재는 이러한 모든 영역들에 걸친 치료를 지지하기 위하여 설계될 수 있고, 차례 지키기를 격려하는 사회적 루틴의 형태로서 사용될 수도 있다. 유아는 반복을 통해 학습하고, 음악은 예측 가능한 반복적 놀이형태를 제공할 수 있으며, 인과관계를 가르친다. 언어와 음악은 모두 다양한 악센트·리듬·음의 패턴을 가지며, 유아는 말 이전에 리듬과 억양에 반응한다. 그러므로 음악은 말하기의 전조와 마찬가지로 움직임의 동기부여가 될 수 있다. 음악에 참여하는 것은 언어적이거나 비언어적인 것 모두가 될 수 있으며, 정서적 표현의 놀라운 수단이 될 수 있다. 음악치료 연구는 모든 유형의 발달이슈를 가진 유아들과 모든 영역에 걸쳐 음악을 이용하기 위한 다양한 실증적 근거를 제공한다(Swaney, 2006). 표 21.1은 발달이슈를 가진 유아를 대상으로 하여 의미있는 음악 만들기를 위한 제안들을 제공한다.

표 21.1   발달이슈를 가진 유아를 대상으로 유의미한 음악 만들기를 위한 비결

- 환경을 구성할 때 유아의 필요를 고려하라.
- 단순하게 하라. 너무 많이 선택하게 하지 말고, 너무 많이 이야기하지 마라.
- 이야기할 때와 매끄러운 전이 단계에서 음악을 이용하라.
- **반응**을 할 수 있는 기회를 제공하라.
- 질문하라 : "또?" 어떤 유형의 의사소통이라도 지속하도록 격려하라.
- 반복, 반복, 반복, 그리고 반복하라. 유아들은 반복을 통해 학습한다.
- 유아들의 주의를 사로잡고, 기대하게 하라.
- 목소리의 톤을 다양하게 하라. **표현적이 되어라.**
- 속도를 늦추라.
- 가까이 다가가서 유아의 수준에 맞추어라.
- 속도를 조절하고, 음악적인 기다림을 이용하라…**기다려라!** 유아가 반응할 수 있는 충분한 시간을 주어라.
- 연령 및 발달에 적합한 악기와 자료를 사용하라.
  - 상업적으로 이용 가능한 작은 크기의 악기들(예 : 마라카스)
  - 두 개의 머리 부분이 있는 말렛들
  - 반으로 축소한 리듬스틱(잡기에 더 쉽고, 우연히 옆 사람을 칠 가능성이 적다)
  - 전통적인 물체들을 **자유로운** 방식으로 사용하라(예 : 끝을 제거한 진동 펜은 쥐기를 격려하며 추가적인 감각입력을 주는 변형된 말렛으로 만들 수 있고, 책상에 고무로 된 선반 라이너(liner)를 두는 것이나 휠체어용 접이식 테이블은 드럼이나 탬버린을 고정시켜 보다 쉽게 연주할 수 있도록 해준다.
- 동일한 악기와 보조도구들을 충분히 준비해서 병행놀이(parallel play)가 평화롭게 이루어지도록 하라.
- 함께 연주할 수 있는 악기들을 준비하라(예 : 말렛 여러 개로 연주할 수 있는 자일로폰, 여러 아동들이 동시에 함께 할 수 있는 커다란 드럼).
- 필요하다면 노래, 악기, 보조도구 등을 조정하거나 수정하라.
- 의사소통을 격려하고, 주의를 놓치지 않거나 증가시키고, 소근육 운동기술을 향상하고, 개념들을 고정시킬 수 있도록 기술을 격려하라(수많은 무료 또는 저가의 음악 애플리케이션들이 온라인에서 이용 가능하다).
- 라이브 음악 또는 반주가 없거나 간단한 반주를 사용하라(이는 연결되는 정보를 덜 헷갈리게 한다).
- 움직임의 탐색을 향상시키기 위해서 녹음된 연주음악을 재생하라.
- 반복적인 말과 소리 효과를 사용하라.
- 대조를 이용하라(예 : 연주-멈춤, 크게-작게, 빠르게-느리게).
- 다문화적 예시들을 포함하라.
- 영유아들(및 그들의 가족들)과 함께 흔들고, 간질이고, 튕기며 전래동요를 공유하라.
- 현실적인 수준에서 기대를 유지하라. 유아가 손가락과 엄지를 분리할 수 없다면, 트라이앵글과 막대를 주지 마라. 대신에 **조정**하거나 **수정**하라(예 : 당신이 트라이앵글을 잡고 유아가 막대기를 잡는다).
- 더 높은 수준의 연주로 올라갈 수 있는 구체적인 경험들을 제시하라.
- 유아들과 함께 음악의 즐거움과 이점을 공유하는 동안 스스로 즐기라. 유아들의 열광적인 반응은 당신의 노력에 대한 보상이 될 것이다.

다른 분야에서의 적용

발달이슈를 가진 유아나 위기(at risk) 유아는 모든 계층에서 발견될 수 있다. 음악은 유아기의 상당한 부분을 차지하기 때문에, 치료적 효용성은 환경의 전 범위에 걸쳐 어디로든 확장될 수 있다. 유아기 발달, 음악발달과 발달이슈의 다양한 유형 및 특성에 대해 견고한 이해를 가지고 있는 음악치료사는 다양한 세팅과 분야에서 가족 및 전문가들과 함께 연대할 수 있다(Humpal, Kaplan, & Furman, 2013).

음악치료는 위기 가족들의 필요를 나타내는 프로그램의 중심이 될 수 있으며, 더욱 적절하고 효과적으로 유아들의 양육을 도울 수 있다(Abad & Williams, 2007). 음악치료사는 인공와우 이식 수용자가 유아 세계의 일부인 음악적 자극을 지각하고 이해할 수 있도록 하기 위해서 청각학자나 말-언어병리학자와 같은 전문가들과 함께 협력하여 일할 수 있다(Gfeller, Driscoll, Kenworthy, & Van Voorst, 2011). 다음의 장들은 음악치료의 임상적용으로 이익을 얻을 수 있는 발달이슈를 가진 유아들이 있는 더 많은 세팅에 대해 독자들에게 소개하고 있다.

결론

유아기는 고유한 시기이다. 삶에서 다시 오지 않을 그때에 우리는 매우 빠르게 변화하고 학습한다. 발달의 과정은 수많은 단계들을 통해 진행되며, 보다 발달된 기술 획득을 향한 각 단계들은 특별한 특질과 토대를 지닌다. 유아는 자신들을 둘러싸고 있는 세계에 대하여 이해하기 위해 다양한 방법으로 학습한다. 발달의 표석(milestone)에 대해 인식하게 되는 것은 유아들과 함께 살아가고, 작업하는 사람들을 돕는 다양한 범위의 전략 및 상호작용과 마찬가지로, 모든 유형의 학습을 지원함에 있어서 더욱 효과적이다.

발달이슈를 가진 유아는 자신과 가족들을 두렵게 할 수도 있는 장애물과 직면한다. 다행스럽게도, 조기중재는 이러한 다수의 유아들에게 장애의 영향을 줄이거나 문제를 교정할 수 있도록 지지의 경로를 제공한다. 음악치료는 특별히 조기중재에 적합한 유형으로 제공될 수 있다[3].

발달과 학습은 유아가 현재 숙달된 이상의 수준으로 성취하는 것에 도전받을 때, 새롭게 획득한 기술들을 연습할 수 있는 다수의 기회들을 가질 때 촉진된다. 음악적 중재는 매우 동기부여적일 수 있고, 다양한 발달수준과 놀이의 단계에서 또한 다양한 환경 내에서 향유될 수 있다. 음악은 아동의 하루 전반에 걸쳐서 수많은 방법으로 사용될 수 있다. 음악치료는 모든 다른 치료와 처치들의 목적을 지지하고 고양시키는 치료가 될 수 있다. 음악의 치료적 이점과 전략들은 발전될 수 있고, 촉진될 수 있기에 자신의 세계를 공유하는 이들과 마찬가지로 전인적 아동(whole child)을 향상시킬 수 있다.

참고문헌

Abad, V., & Williams, K. (2007). Early intervention music therapy: Reporting on a 3-year project to address needs with at-risk families. *Music Therapy Perspectives, 25*(1), 52–58.

Adamek, M., & Darrow, A.-A. (2010). *Music in special education* (2nd ed.) Silver Spring, MD: American Music Therapy Association.

Bredekamp, S. (1987). *Developmentally appropriate practice in early childhood programs serving*

---

3) 독자들은 유아 음악치료 온라인 잡지인 *imagine*의 웹사이트(*http://imagine.musictherapy.biz/ Imagine/home.html*)에 접속하여 유아를 위한 음악치료의 다양한 측면들에 관해 더 많은 것을 배울 수 있다.

children from birth through age 8. Washington, DC: National Association for the Education of Young Children.

Briggs, C. (1991). A model for understanding musical development. *Music Therapy, 10*(1), 1–21.

Copple, C., & Bredekamp, S. (2009). *Developmentally appropriate practice in early childhood programs serving children from birth through age 8* (3rd ed.). Washington, DC: National Association for the Education of Young Children.

Furman, A., & Humpal, M. (2006). Goals and treatment objectives, setting, and service delivery models in early childhood and early interventions settings. In M. Humpal & C. Colwell (Eds.), *Effective clinical practice in music therapy: Early childhood and school age educational settings* (pp. 82–96). Silver Spring, MD: American Music Therapy Association.

Gfeller, K., Driscoll, V., Kenworthy, M., & Van Voorst, T. (2011). Music therapy for preschool cochlear implant recipients. *Music Therapy Perspectives, 29*(1), 39–49.

Gooding, L., & Standley, J. (2011). Musical development and learning characteristics of students: A compilation of key points from the research literature organized by age. *Update: Applications of Research in Music Education, 30*(1), 32–45.

Hanson-Abromeit, D. (2011). Early music therapy intervention for language development with at-risk infants. *imagine, 2*. Retrieved from *http://imagine.musictherapy.biz/Imagine/archive_files/imagine%202%281%29%202011.pdf*.

Humpal, M. (1991). The effects of an integrated early childhood music program on social interaction among children with handicaps and their typical peers. *Journal of Music Therapy, 28*(3), 161–177.

Humpal, M., Kaplan, R., & Furman, A. (2013). *E course: Music therapy in early childhood: Meaningful music from infancy to kindergarten*. Silver Spring, MD: American Music Therapy Association. Available at *www.musictherapy.org*.

Humpal, M., & Kern, P. (2012). Strategies and techniques: Making it happen for young children with autism spectrum disorders. In P. Kern & M. Humpal (Eds.), *Early childhood music therapy and autism spectrum disorders* (pp. 162–180). Philadelphia: Jessica Kingsley.

Humpal, M., & Tweedle, R. (2006). Learning through play: A method for reaching young children. In M. Humpal & C. Colwell (Eds.), *Effective clinical practice in music therapy: Early childhood and school age educational settings* (pp. 152–173). Silver Spring, MD: American Music Therapy Association.

Kern, P. (2011). Evidence-based practice in early childhood music therapy: A decision-making process. *Music Therapy Perspectives, 29*(1), 91–98.

LaGasse, B. (2011). Research snapshots 2011: Music and early childhood development. *imagine, 2*. Retrieved from *http://imagine.musictherapy.biz/Imagine/archive_files/imagine%202%281%29%202011.pdf*.

Linder, T. (1990). *Transdisciplinary play-based assessment: A functional approach for working with young children*. Baltimore: Brookes.

Molenberghs, P., Cunnington, R., & Mattingley, J. B. (2009). Is the mirror neuron system involved in imitation?: A short review and meta-analysis. *Neuroscience and Biobehavioral Reviews, 33*, 975–980.

Morris, I. (2013). Culture matters: Latin American cultural attitudes toward disability and their implications for music therapists working with young children. *imagine, 4*. Retrieved from *http://imagine.musictherapy.biz/Imagine/home.html*.

National Autism Network. (2013). *Treatment specific resources*. Retrieved from *http://nationalautismnetwork.com/index.html*.

Parten, M. (1932). Social play among preschool children. *Journal of Abnormal and Social Psychology, 27*, 243–269.

Piaget, J. (1962). *Play, dreams, and imitation in childhood*. New York: Norton.

Sackett, D. L., Rosenberg, W. M. C., Gray, J. A. M., & Richardson, W. S. (1996). Evidence based medicine: What it is and what it isn't. *British Medical Journal, 312*, 71–72.

Sandall, S., Schwartz, I., & Joseph, G. (2001). A building blocks model for effective instruction in inclusive early childhood settings. *Young Exceptional Children, 4*(3), 3–9.

Schwartz, E. (2008). *Music, therapy, and early childhood: A developmental approach*. Gilsum, NH: Barcelona.

Simpson, J. (2011). Inclusion of music therapy in early intervention programs. *imagine, 2*. Retrieved from *http://issuu.com/ecmt_imagine/docs/imagine-2-1-2011/15*.

Standley, J. (2003). *Music therapy with premature infants: Research and developmental interventions*. Silver Spring, MD: American Music Therapy Association.

Swaney, B. (2006). Articles published in music therapy journals through 2005 categorized by special education topics. In M. Humpal & C. Colwell (Eds.), *Effective clinical practice in music therapy: Early childhood and school age educational settings* (pp. 207–215). Silver Spring, MD: American Music Therapy Association.

U.S. Department of Education. (2006, August 14). Rules and regulations. *Federal Register, 71*(156). Retrieved from *http://idea.ed.gov/download/finalregulations.pdf.*

U.S. Department of Education. (2011, September 28). Early intervention programs for infants and toddlers with disabilities. *Federal Register, 76*(60139). Retrieved from *www.federalregister.gov/articles/2011/09/28/2011-22783/early-intervention-program-for-infants-and-toddlers-with-disabilities.*

U.S. Office of Special Education. (2012). Categories of disability under IDEA. Retrieved from *www.parentcenterhub.org/repository/categories/#dd.*

Vygotsky, L. (1967). Play and its role in the mental development of the child. *Soviet Developmental Psychology, 12*, 62–76.

Walworth, D. (2009). Effects of developmental music groups for parents and premature or typical infants under two years on parent responsiveness and infant social development. *Journal of Music Therapy, 46*(1), 32–52.

Wan, C. Y., Demaine, K., Zipse, L., Norton, A., & Schlaug, G. (2010). From music making to speaking: Engaging the mirror neuron system in autism. *Brain Research Bulletin, 82*, 161–168.

Whipple, J. (2005). Music and multimodal stimulation as developmental intervention to neonatal intensive care. *Music Therapy Perspectives, 23*, 100–105.

제22장

지적장애 아동을 위한 음악치료

Beth McLaughlin | Ruthlee Figlure Adler

강수경 역

음악은 아주 오래전부터 지적장애(Intellectual Disabilities, ID)인을 돕는 중요한 치료와 교육의 수단으로 생각되어왔다. 19세기 후반에 대형시설에 입소된 학령기 지적장애 학생들이 교육훈련의 일환으로 음악활동에 참여했다는 기록이 있다(Farnan, 2002). 당시 유명한 교육학자였던 Edouard Seguin은 "듣기와 말하기 기술을 가르치고, 대근육과 소근육 운동기술을 발달시키는 데 음악을 사용할 것을 주장하였다(Davis & Farnan, 2008, p. 81)." 1940년대에는 사회기술을 가르치고 그룹구성원들이 적극적으로 참여할 수 있는 환경을 제공하고 음악경험을 통해서 사회적 관계를 만들어내는 데 음악치료가 중요한 수단으로 사용되었다. 오늘날 지적장애인은 우리 사회에 기여하는 구성원으로 존중되지만 의사소통, 사회기술, 적응행동 등의 제한으로 인하여 많은 어려움에 직면하고 있다. 이 장에서는 지적장애인들의 이러한 결함이 성장과 발달에 어떻게 영향을 미치는지, 그리고 음악치료가 학습과 자립을 증진시키는 기본적 기술을 돕는데 어떻게 통합적인 역할을 하는지에 대해서 살펴볼 것이다.

내담자군

정의

2010년 이전에 지적장애인은 흔히 발달적 장애 또는 정신적인 지체를 가진 것으로 간주되었다. 2010년 10월, 미국의 버락 오바마 대통령은 정신지체(mental retardation)라는 용어를 지적장애(intellectual disability)로 바꾸는 내용의 법률안에 서명하였다. 로사법(Rosa's Law)으로 알려져 있는 이 법은 연방정부의 모든 보건과 교육정책에서 보다 긍정적인 용어 사용을 위하여 정신지체라는 용어의 사용을 금지하도록 하였다. 이러한 용어 변화의 의미에 대한 공식적인 논의를 통해서 대중들이 가지고 있는 낙인과 이로 인하여 지적장애인이 느끼는 낙인감의 문제에 대한 대중들의 이해를 높일 수 있게 되었다.

미국 지적장애 및 발달장애 협회(American Association of Intellectual and Developmental Disabilities, AAIDD, 2010)는 지적장애는 18세 이전에 발생하며, "지적기능과 개념적, 사회적, 실용적 기술 등의 적응행동 양 측면에서 심각한 제한이 있는 것으로 특징지어진다"고 설명하였다. 지적장애인은 지능지수(IQ)가 70~75 또는 그 이하이고, 다음과 같은 적응행동 영역에서 제한성을 보인다.

- 개념적 기술 : 언어를 이해하고 이에 적절하게 반응하는 의사소통, 개념발달(숫자, 돈, 시간), 읽고 쓰기, 자기지시
- 사회적 기술 : 가족이나 또래와의 대인관계, 사회적 책임감, 자아존중감, 규칙 지키기, 부당함을 피하기와 선택하기
- 실용적 기술 : 먹기, 옷 입기, 화장실 가기, 이동, 식사준비하기, 약 먹기, 교통수단 이용하기, 안전한 환경 유지하기 등의 일상생활 기술, 직업수행 기술(Farnan, 2007, p. 81)

이러한 제한들로 인해 지적장애 아동의 발달 정도나 학습능력은 또래 일반 아동에 비해 지연된다. 그들은 새로운 기술을 습득하거나 정보를 새로운 환경에서 일반화하는 데 어려움을 겪는다. 앉기, 기기, 걷기, 말하기 등의 중요한 발달의 시점에서 일반 아동보다 늦어진다. 예를 들어 생후 9개월이 되면 일반 아동은 좋아하는 장난감을 선호하는 행동을 보이며, 관심 있는 사물에 반응을 보이고, 까꿍 놀이를 하게 된다. 그들은 양손을 동시에 사용할 수 있으며, 도움 없이 혼자 앉을 수 있고, 기어갈 수 있다. 이 연령의 지적장애 아동은 도움 없이 서는 것이 어려운 경우가 많고, 보호자와 상호작용할 때 반응정도가 낮으며, 자신의 이름을 불러도 반응하지 못하는 경우가 많다. 아동이 3세가 되어서도 모방 기술을 익히지 못하면 이후의 발달에 어려움이 생긴다. 이 나이에 눈맞춤을 하지 못하면 지적장애로 볼 수 있는 발달지연이 동반될 가능성이 높다. 지적장애 아동이 학습·사회·직업기술을 얼마나 발달시킬 수 있는가, 지적장애 아동의 성공을 위해서 얼마나 많은 지원이 필요한가는 손상의 정도에 따라 다르다.

IQ 점수는 사람의 인지능력의 단지 일부를 측정한 값이지만, 이 점수의 범위는 기능의 일반 수준과 직접적으로 관련되어 있으며 지적장애 아동의 도전과제를 확인하는 데 유용한 정보가 될 수 있다. IQ 35 이하는 중증의 지적장애를 가지고 있다는 지표 중의 하나이다. 이 범위의 지능지수를 보이는 지적장애인이 가족, 교사, 기타 자신에게 중요한 사람들과 강한 관계를 형성할 수도 있지만, 이들은 매우 제한된 수준으로 의사소통할 것이며, 따라서 개인의 욕구를 충족하고 지역사회에 접근하기 위해서는 별도의 지원을 필요로 한다. IQ 35~50인 경우는 중간정도의 지적장애를 가진 것으로 간주되고, 항상 일정 수준의 지원을 필요로 하지만 기능적 의사소통, 개인적인 선택, 지역사회나 가족행사 참여 등이 가능하며, 일정한 자립생활기술의 획득도 가능하다. 경도의 지적장애인은 IQ 50~70 정도를 보이며 읽기와 쓰기, 직업기술 배우기, 자립적으로 생활하기, 지역사회에 기여하기 등이 가능할 수 있다(Davis & Farnan, 2008).

원인

지적장애의 원인은 매우 다양하지만 일반적으로 언급되는 네 가지 요소는 유전적 조건, 임신기간의 문제, 분만과 출산 시의 문제, 건강의 이슈 등이다. 유전적 조건으로 인한 문제는 다운 증후군, 취약한 X염색체 증후군, 자폐증, 엔젤만 증후군, 윌리엄스 증후군 등을 포함한다. 임신기간 동안의 문제는 영양결핍, 과도한 음주, 풍진 감염, 척추파열과 같은 비정상적 태아 발달 등의 원인으로 발생할 수 있다. 분만과 출산과정에서 생기는 문제는 산소결핍, 조산, 뇌수막염이나 뇌염 감염 등이다. 건강상의 이슈는 유아의 영양결핍, 백일해나 홍역 등의 유아기 질환, 납이나 수은과 같은 중독물질에 노출, 심각한 머리 손상을 야기하는 사고 등이다(Harris, 2010).

임산부 간호 분야의 발전과 신생아의 위험요인에 대한 검사절차의 강화로 최근에 지적장애 아동의 출현은 낮아지고 있다(Harris, 2010). 그리고 조기개입 프로그램은 가족에 대한 지원과 어린 아동에 대한 조기교육을 제공하는 데 중요한 역할을 하고 있다. 이러한 서비스들은 발달상의 문제를 다루는 데 자원을 최대한 사용할 수 있게 해주고, 그로 인해 이후 학령기에 특수교육 서비스의 필요성을 낮추는 데 기여하고 있다.

도전과제

2010년, 미국 교육부의 보고에 따르면 6세부터 21세의 지적장애인 가운데 54만 5,000명 이상이 특수교육 서비스를 받았다. 이 서비스는 상애와 관계없이 각 아동의 구체적인 욕구를 해결하기 위하여 개별화되어 있고, 가장 통합된 세팅에서 최적의 자립을 유지하는 데 필요한 기술을 배울 수 있는 능력을 개발하는 것을 다루고 있다. 이 아동들의 상황은 매우 다양하지만 교육에서 가장 우선적으로 강조되고 있는 분야는 의사소통과 개념적 기술, 사회기술의 획득, 일상생활을 영위하는 기술 등이다. 이런 적응기술에 초점을 두고 있는 교육프로그램의 장기목표는 지적장애인이 지역사회에 기여하는 구성원으로서 독립적이고 생산적인 성인이 되도록 하는 것이다. 이런 아동들의 다양한 욕구를 고려할 때, 효과적인 프로그램이 되기 위해서는 적극적인 행동지원과 최선의 임상에 근거한 교수전략을 제공하는 협력적인 환경이어야 한다(Farnan, 2007).

목표와 필요영역들

의사소통과 개념적 기술 발달

지적장애 아동은 전반적인 인지적 발달의 지연으로 언어발달이 늦어지게 되므로 조기에 집중적인 중재가 필요하다. 언어습득과 욕구충족을 위해 효과적으로 의사소통할 수 있는 능력은 성공적으로 세상을 살아가는 데 꼭 필요하다. 언어가 지연되는 정도는 장애정도에 따라 다르다. 효과적인 의사소통 체계를 갖지 못한 아동들은 자신의 욕구를 충족하거나 표현하기 위해 부적절한 행동양상을 보이는 경우가 많다. 공격적 행동, 짜증 내기, 자기자극, 기물의 파괴 등이 이러한 행동의 예들이다. 아동들에게 의사소통할 수 있는 수단이 주어지게 되면 자신들의 욕구를 해결할 수 있는 역량을 갖게 되고, 자신의 행동을 관리할 수 있게 되며, 의미 있고 사회적으로 적합하게 다른 사람과 상호작용할 수 있게 된다. 의사소통 기술 확립의 중요한 측면은 일반화를 위한 기회를 제공하는 것이다. 장애영역이 광범위하고 장애정도가 심할수록 서로 다른 상황에서도 발휘될 수 있는 성공적이고 잘 기능하는 의사소통 방법을 확립해야 하는 과제의 중요성도 더 커진다.

사회적 기술

적절한 학습과 적응적인 사회기술은 모든 사람들에게 중요하지만 지적장애를 가진 사람들에게는 특별히 중요한 과제가 된다. 대화, 인사, 신체접촉, 옷 입기, 눈맞춤 등에서 공유되어 있는 규칙과 기대를 이해하는 것은 학교·직장·지역사회에서 다른 사람들과 상호작용하는 데 꼭 필요한 기술이다. 이런 기술이 없으면 지적장애인은 고립되어 살게 될 것이며 의미 있고 생산적인 삶을 영위하기 어렵게 된다. 유아기에 나타날 수 있는 발달지연으로 지적장애 아동들은 놀이를 통해서 또래로부터 배우는 기회를 갖지 못하게 되고, 또래들과 친밀함을 형성하지 못하게 되거나 자연스러운 상황에서 적절한 사회적 행동을 보고 모방할 수 있는 기회를 갖기 어려울 것이다. 실제로 지적장애를 가진 많은 청소년들은 지적장애인들의 과제에 대한 이해를 잘 못하고 있는 다른 사람들로부터 거부와 놀림을 당하는 경험을 하고, 이로 인해 사회적 상황으로부터 철회하게 되며 낮은 자아존중감을 갖는다.

일상생활 활동과 기타 실용적 기술

일상생활 활동(activities of daily living, ADLs)은 옷 입기, 이 닦기, 화장실 가기, 소유물 관리하기, 간단한 식사준비하기, 적절한 도구를 사용해서 식사하기 등을 포함하는 광범위한 활동을 지칭한다. 실용적 기술에는 대중교통 이용하기, 직업기술 개발하기, 안전한 환경 유지하기 등이 포함된다. 독립적으로 이러한 활동에 참여할 수 있게 되면 지적장애인의 삶의 질이 높아질 뿐만 아니라 성인이 되었을 때 가장 통합적인 환경에서 지역사회 서비스와 고용 서비스를 이용할 수 있는 가능성이 높아지게 된다. 지적장애를 가진 사람들은 이러한 높은 자립적 단계의 과제들을 수행할 수 있는 능력을 방해하는 몇 가지 요인들에 도전을 받는다. 예를 들어, 과제를 완성하거나 요구에 대한 절차를 이해하는 데 어려움을 갖는다. 책상들을 배치할 때 열을 맞추거나 지역사회에서 낯선 사람들에게 적절하게 반응하는 데 조심해야 하는 것과 같은 개념적 기술이 부족하며, 신발을 신거나 이를 닦는 데 필요한 동작 계획과 협응에 어려움을 가질 수도 있다.

임상작업

음악치료사의 역할

학교세팅에서 지적장애를 가진 아동이나 청소년의 욕구를 지원하는 음악치료사는 학생들을 지원하는 프로그램 목표와 개입을 실행하는 데 상호협력하는 부모, 전문가, 준전문가 등으로 구성되는 통합적인 팀의 일원이 된다(Adler et al., 2006). 앞에서 서술한 기능적 기술들의 획득을 지원하는 데 음악치료가 많은 기여를 할 수 있다. 그러나 적절한 행동이나 기술을 순서에 맞게 습득하도록 돕는 것을 목적으로 구조화된 개입을 하기 위해서는 교사, 사회복지사, 작업치료사, 물리치료사, 언어치료사, 가족 등과의 협력을 통하여 계획이 수립되어야 한다. 이들은 함께 교육 팀 또는 치료 팀의 주된 관심을 공유하여 학습을 위한 과제를 찾도록 돕는다. 음악치료사는 학교가 아닌 영역에서 가정에서의 활동과 관련된 구체적인 영역에 초점을 두는 음악적 개입을 개발하기 위하여 가족과 협력하여 역할을 수행한다. 이러한 활동에는 자립의 향상, 주위 변화로 인한 불안에 대한 대처기술의 개발, 집이나 지역사회에서 이루어지는 문화행사에 소외되지 않도록 돕기 등이 포함된다.

의사소통과 개념기술 발달을 위한 음악치료

개인이 의미 있고 적절한 경험을 통해서 세상과

성공적으로 상호작용할 수 있게 되면 언어와 인지는 자연스럽고 상호적인 방식으로 발달하게 된다. 음악은 우리 세계의 자연스러운 부분이다. 노래하고 음악에 맞추어 움직이는 것은 모든 연령의 사람들이 자발적으로 참여할 수 있는 활동이며, 이를 통해서 표현·탐색·자아발견을 하도록 한다. 음악은 함께 듣기, 춤추기, 또는 함께 음악 만들기 등의 즐거움을 통해서 참여하도록 한다. 언어가 사람들과의 의미 있는 상호작용을 통해서 학습하는 것이라면, 음악은 학습이 일어나는 자연스러운 환경이라고 할 수 있다. 음악치료사는 그들의 역량과 학습을 자극하는 수단을 통해서 아동들이 적극적으로 참여할 수 있도록 환경을 구조화할 수 있게 훈련되어 있다. 음악치료사는 아동들의 동작하기, 노래하기, 악기연주하기, 듣기 등을 촉진시킴으로써 의사소통 시작하기, 듣기, 순서화(sequencing), 개념 익히기, 어휘 익히기, 목소리로 표현하기 등을 포함하는 의사소통 기술의 다양한 측면들을 강화시킬 수 있다(Adler, 1988).

미소 짓기, 찡그리기, 놀라기, 웃는 표정 짓기와 같은 서로 다른 감정을 표현하는 시각적 수단을 사용함으로써 지적장애 아동들이 노래하는 동안 시각적, 수용적, 청각적으로 스스로를 표현하도록 도울 수 있다. 다음의 사례는 느낌에 대한 이해를 가르치기 위한 다감각적인 접근방법이 어떻게 학생들로 하여금 다양한 환경에서 자신들의 감정을 느끼고 의사소통할 수 있도록 도울 수 있는지를 잘 보여준다.

Ruthlee Figlure Adler의 임상사례

케이티는 10세의 지적장애를 가진 아동이다. 이 아동은 표현언어 능력이 부족해서 자신의 생각과 감정을 다른 사람에게 전하는 데 어려움을 겪고 있다. 음악치료 세션에서 우리는 행복, 슬픔, 두려움, 졸림, 분노 등의 감정을 얼굴표정으로 보여주는 몇 가지 시각적 정보의 세트를 사용하였다. 이런 세트는 Mayer-Johnson Boardmaker®(Mayer-Johnson, 2004) 프로그램에서도 사용되었다. 우리는 'If You're Happy and You Know It'과 그 원곡을 가지고 감정을 표현하는 노래를 불렀다. 우리는 또한 감정을 전달하기 위해서 악기를 연주했다. 케이티가 감정을 표현하는 시각적 그림들을 짝지을 수 있게 되었을 때 그 아동의 감정에 대한 이야기를 노래로 만들기 시작했다. 그리고 그 아동을 위해서 몇 장의 감정 카드를 만들었다. 이 카드는 교사, 치료사, 가족들에게 제공되어 음악치료 상황이 아닌 지역사회에서의 다양한 상황에서 그 아동이 느끼는 감정을 스스로 표현하는 데 사용되도록 하였다.

노래는 표현언어와 수용언어를 촉진하고, 자기이미지를 강화하며, 신체인식을 발달시키고, 정서적 이완의 경험을 제공한다. 또한 지시에 따르는 능력을 강화시키고 노래에 포함되어 있는 과제의 순서를 기억하게 함으로써 자조기술을 가르칠 수 있으며, 어휘를 습득하면서 발성·발화·억양을 도울 수 있다. 더 나아가 목적이 있는 노래 부르기는 비위협적이고 즐거운 활동상황에서 말하기 속도를 천천히 하고, 반복적으로 발음을 익히고, 호흡에 대한 인식을 높이며, 목소리 산출을 증가시킴으로써 특수한 언어적 손상을 치료하는 데 도움이 될 수 있다. 또래들의 목소리뿐만 아니라 치료사의 목소리도 격려와 지지를 제공한다. 언어적 즉흥, 모방, 개방적 챈트, 가사 채우기, 노래를 통한 묻고 답하기 등은 목소리의 자발적인 사용을 촉진한다. 이때 강력한 리듬을 가진 음악, 적절한 단어, 사용 가능한 목소리의 범위를 선택하는 것이 중요하다. 시각적인 보조수단을 함께 사용하면 촉진을 강화하는 데 도움이 된다. 학생들이 높은-낮은, 빠른-느린, 시끄러운-조용한, 행복한-슬픈 등의 대조적인 소리를 목소리로 완전하게 탐색할 수 있게 되면 그들은 이러한 개념들을 더 잘 이해하고 내재화하게 된다. 신체동작은 언어지시를 더 강화하는 데 도움이 된다. 카주 또는 하모니카는 불기, 발성과 허밍을 자극하여 노래 부르기 어려운 사람들을 위해서 사용될 수 있다. 이러한 경험을 개발하는 데 언어치료사와 함께 일하는 것은 학습과 발달을 극대화하는 데 중요하다.

동작과 악기연주하기 등의 활동은 역동적 개념(시끄러운-조용한, 빠른-느린 등), 위치개념(위-아래, 안-바깥, 왼쪽-오른쪽 등), 언어개념(색깔, 크기, 길이, 형태 등) 등을 가르치는 자연스러우면서도 적극적인 수단으로 활용될 수 있다. 음악치료사는 가르치는 정보를 내재화하도록 돕는 동작에 학생들이 적극적으로 참여함으로써 이러한 기본적 개념들을 통합적으로 이해할 수 있도록 활동내용을 구성한다. 예를 들어 날씨에 대한 노래에 스키 타기, 수영하기, 자전거 타기 등과 같은 여가활동과 관련된 대근육 운동기술을 흉내 내는 단순한 동작을 추가함으로써 언어와 인지발달을 도울 수 있다. 계절별 활동에 대한 여러 가지 그림들을 그림판으로 제시하거나 아이패드에 입력하여 보여주거나 다이나복스(DynaVox)와 같은 보완대체 의사소통 장치를 통하여 보도록 할 수 있다. 수화와 같은 활동도 어휘습득을 도울 수 있는 시각적 자극을 제공하는 수단으로 활용될 수 있다. 레인스틱과 실로폰의 반복적인 글리산도 연주를 통하여 폭풍우에 대한 노래를 구성할 수 있다. 처음에는 조용하게 비 내리는 소리에서 시작하여, 그다음으로 징소리와 같은 소리로 점점 크게 하다가, 마지막에는 썬더튜브를 조용히 흔들면서 끝내는 것으로 구성될 수 있다.

음악치료 문헌들은 언어발달을 촉진하는 데 사용되는 음악의 다양한 사례를 보여준다. LaGasse(2011)는 6세 다운증후군 아동의 언어능력과 기능적 의사소통을 향상시키기 위하여 신경학적 음악치료(NMT) 기법을 사용하였다. 음악치료는 이 아동이 기능적 표현을 배우고, 이를 환경에 일반화하고, 이를 통해 언어능력을 향상시키고 보다 다양하게 의사소통하도록 돕는 데 활용되었다.

Wheeler(2013)는 음악 속에 일정한 여백을 두고, 이에 대해서 말로 반응하게 하는 노래를 사용하여 의사소통을 시작하게 하고, 자발적인 언어표현의 빈도와 다양성을 증가시키고, 특정한 신호에 따라 단순한 단어와 소리를 반복하게 함으로써 아동들이 다양한 기술과 다양한 목표를 성취하도록 도울 수 있다고 제안하였다.

Perry(2003)는 지적장애 아동의 의도적 의사소통을 개발하기 위하여 즉흥음악치료를 사용하는 방법에 대해서 연구하였다. 일관되게 상징적 의사소통을 보이지 않는 10명의 학령기 아동에 대한 질적연구에서 그녀는 "초기 의도적 의사소통에서 다양한 수준을 보이는 아동들의 의사소통 패턴을 묘사할 수 있었으며, 장애가 어떻게 의사소통에 영향을 미치는지에 대해서 알 수 있었다(p. 231)." 이 연구결과를 통해서 아동들의 의사소통 수준을 묘사하고, 이를 음악치료 환경에서 보이는 상호작용과 관련해서 설명할 수 있었다. 이러한 발견은 "일반적인 의사소통 발달의 체계 내에서의 음악적 상호작용"을 설정하여 초보적인 수준의 의사소통을 보이는 아동들을 더 잘 이해할 수 있도록 해준다는 의미에서 매우 중요하다(p. 242).

사회적 기술을 위한 음악치료

음악치료는 사회적 기술을 가르치고 일반화하도록 돕는 환경을 제공하는 데 매우 중요한 역할을 한다. 구조화된 그룹 음악치료 세션을 통해서 참여자들은 자신들의 동료들을 알아가는 것을 배우고, 순서를 지키고, 함께 음악을 만들며 협동적으로 일함으로써 사회적 행동을 발달시킨다.

그들은 "행동하기 위해서뿐만 아니라, 함께 행동하기 위해서" 배운다(Gaston, 1968, p. 19). 그들은 또한 악기연주를 위한 음악적 신호를 기다리거나 음악의 박자나 역동성에 맞게 자신들의 움직임과 반응을 조절하는 등의 중요한 관리 기술을 배운다. 또한 훈련이 되어 있는 음악치료사는 음악치료 과정에서 각 구성원들이 성공적으로 통합되도록 돕기 위하여 개입을 융통성 있게 조절해나가는 기술을 가지고 있다.

새로운 환경으로의 전이는 지적장애 학생들에게 혼란스러운 경험이 될 수 있으며, 불안을 야기시키고 부정적인 행동을 유발할 수 있다(Adler et al., 2006, pp. 192~193에서 제시된 McLaughlin의 사례를 보라). 음악치료 세션의 시작과 끝맺는 부분에서 조용한 음악과 약간 어두운 조명을 사용하면 학생들이 이완을 경험하고 다음 수업으로 이동하는 준비를 돕는 데 효과적일 수 있다. 다음에 어떤 일이 생길지에 대한 정보를 포함하는 세션 후반의 헤어짐 노래는 새로운 환경으로의 전이를 쉽게 해준다.

학생들이 자신과 동료들을 알아볼 수 있도록 돕는 세션에서 노래가사에 그룹세션 구성원들의 이름을 넣어서 노래를 부르는 것은 아주 유익한 방법이다. 노래로 이름이 불리는 순간에 그 학생의 어깨를 가볍게 만지게 하거나 중요한 순간에 학생들이 자신들의 모습을 볼 수 있도록 거울을 사용하는 등의 방법도 학생들이 동료 학생들을 잘 알아가는 데 유익하다. 노래로 자신의 이름이 불리면 스스로를 가리키게 하거나 다른 학생이 불리면 다른 학생을 가리키게 하는 방법은 상호작용을 확장시키고 사회적 상호성을 증진시키는 데 도움이 된다.

악기를 다른 학생들에게 건네주는 등의 도움활동에 학생들을 참여하게 하는 것은 학생들이 동료를 알아보게 하고 이름으로 동료를 알게 하

는 데 좋은 수단이 될 수 있다(예 : "여기 있어, 수지", "네 차례야, 조"). 상호적인 사회적 교류(예 : "고마워", "아니야")를 가르치는 기회는 각 개인들이 악기를 주고받으면서 일어날 수 있다. 마지막으로 돕는 학생은 자신의 악기를 마지막에 받게 될 것이기 때문에 만족을 지연시키는 것을 배울 수 있게 되고, 기다릴 수 있는 능력을 익히게 된다.

그룹구조 내에서 악기를 연주하는 것은 음악적 신호에 맞추어 연주하기, 쉬기, 박자 맞추기 등의 자극에 대한 반응을 유지하면서 치료사나 동료와 눈맞춤을 유지하거나, 집단과 함께 연주함으로써 또래 인식을 높이는 등 광범위한 영역의 사회적 기술을 가르치는 데 유익하다. 많은 노래에 내재되어 있는 chorus-verse-chorus 구조를 활용하는 방법은 중요한 사회적 기술을 가르치는 데 적용할 수 있는 예측 가능한 형식을 제공할 수 있다.

Boxill(1985)은 구성원들이 서로 이름을 알고 다양한 방식으로 참여하는 시작노래를 활용하였다. 그녀는 'Our Contact Song'을 "최초 상호적 음악표현, 최초의 양방향 음악의사소통, 다른 사람의 존재에 대한 내담자의 지각에 의해서 시작되는 최초의 분명한 음악적 지표"라고 설명하였다(p. 80). Bitcon(2000)은 심리사회적 역동에 초점을 두는 몇 가지 오르프-슐베르크(Orff-Schulwerk) 기술을 제안하였다. 그녀는 말로 설명하지 않고 참여자의 기여를 받아들이는 것이 매우 중요하다고 강조하였다. Bitcon은 서로 친해지기, 감성표현하기, 정체성 형성하기, 새로운 소식 나누기, 규칙 다루기, 영성과 신뢰 증가시키기 등을 위해 오르프-슐베르크 접근을 사용하는 다양한 가능성을 제시하였다.

Robbins와 Robbins(1991)는 뇌손상이 있으면서 정서적 불안을 보이는 중등도(moderate) 지적

장애 여학생을 대상으로 한 활동을 소개하였다. 치료사는 여학생의 자아감과 의사소통 능력을 개발하기 위해 몇 가지 연주곡과 기술을 사용하였고, The Children's Christmas Play를 만드는 데 그녀를 참여시켰다(Nordoff & Robbins, 1970). 음악치료 참여를 통하여 그 여학생은 자신감, 자긍심, 사회적 기술이 향상되었으며 이런 성과는 학교와 가정에 일반화되었다.

Ruthlee Figlure Adler의 임상사례

중추신경계(central nervous system, CNS)장애로 진단되었고, 다중뇌기능장애를 가지고 있으며, 사회적 언어와 표현언어 수준이 낮은 상태에 있는 벤은 고등학교 재학시절에 나와 함께 개별 음악치료 세션을 시작했다. 처음부터 그는 악보를 보지 않고 피아노를 연주했다. 그러나 노래가 시작되기 전이나 끝난 후에 다른 사람들과 언어적 또는 사회적으로 상호작용하지 않았다. 50분의 개별 음악치료 세션을 통해서 그는 악보를 읽는 방법을 배웠고, 곡이나 악보집에 대한 간단한 질문에 대답하기 시작했다. 그러나 연주가 틀리게 되면 그는 즉시 연주하기를 멈추고 도입부의 음악을 반복하였다. (이러한 집착적 반복행동은 학교에서 필기하는 과정에서도 일어나고 있었다. 필기하는 동안에 종이에 구멍이 날 때까지 글자나 단어를 반복적으로 덮어썼으며, 다음 단계의 과제로 넘어가는 데 어려움을 겪고 있었다.) 음악치료를 통하여 벤은 '틀린음'에 개의치 않고 곡을 계속해서 연주하는 것을 배웠다. 그는 또한 지시를 따르고, 발전적 비판과 정직한 칭찬을 받아들이고, 곡의 템포·악상기호·강약 등에 대해 결정하는 것을 배웠다. 그는 그가 좋아하는 곡과 작곡가에 대한 간단한 정보를 나뿐만 아니라 다른 사람들과도 언어적으로 공유할 수 있게 되었다. 이런 새로운 기술과 향상된 자아존중감은 교실에서도 발휘되었고, 이후에는 일터에까지도 확장되었다. 이렇게 하여 벤은 직장에서 과업을 성공적으로 완수하면서 우리 사회에 기여하는 구성원으로 살 수 있게 되었다.

일상생활활동(ADL)과 기타 실용적 기술을 위한 음악치료

음악치료사는 아동이 학습환경에 적극적으로 참여하도록 격려하는 활동을 제공함으로써 일상생활 기술의 획득을 도울 수 있다. 혼자서 손과 발을 움직이는 춤활동은 옷 입기에 필요한 신체부분을 자각하고 구별할 수 있도록 하는 데 도움이 된다. 타악기를 연주하는 것은 손 씻기에 필요한 양손협응기술을 발전시키는 데 도움이 될 수 있다. 단계적인 순서에 따라 학습이 이루어지는 노래 부르기는 특정한 과제에 아동이 집중할 수 있도록 격려할 수 있다.

Keith(2013)는 대근육 운동, 소근육 운동, 언어적 반응하기, ADL 등과 같은 특정 행동을 하도록 하는 단서를 위해 노래듣기 활동의 사용을 제안하였다. 목표에는 수용적 및 표현적 언어기술의 향상, 스스로 돌보는 능력의 개선, 지시 따르기 등이 포함될 수 있다.

기능적 운동기술들은 음식물을 치우기 위해 손을 뻗기, 무언가를 잡기 위해 구부리기 또는 화장실을 이용한 후 위생과제를 수행하기 위해 몸을 비틀기와 같은 기본 과제를 수행하는 데 필요하다. 양측협응은 지필과제(paper-and-pencil task), 전화사용, 또는 병 열기 등에 필요하다. 동작을 계획하고 수행하는 능력(motor planning)과 균형을 유지하는 것은 일어서고, 싱크대로 가서 그릇을 닦는 것과 같은 다단계 지시를 따르기 위해 환경을 평가하고 조정하는 데 필수요소이다(Case-Smith et al., 2010). 기능적 운동발달에 초점을 맞추어 협력하는 것은 가장 기본적인 운동기술의 일부를 몸에 익히고 일반화하는 어려운 과제에 직면한 개인의 욕구를 해결하기 위한 효과적인 접근법이다. 2000년에는 물리치료사, 작업치료사, 특수체육교육을 포함하는 초학문적 전문가 그룹이 구성되었고, Beth McLaughlin이 일하는 와일드우드 스쿨(Wildwood School)의 청소년 프로그램에서 가장 기본적인 운동기술을 습득하는 데 약간의 진전이 있거나 진전이 없는 5명을 선별했다. 이 학생들은 운동활동 또는 일

표 22.1 기능적 운동기술과 음악치료 중재지원

기능적 운동기술	음악치료 중재지원
밀고 당기기	• 밀고 당기는 동작을 수행하는 동안 도구 또는 악기잡기를 유지하기
잡기 유지하기와 옮기기	• 밀고 당기는 동작을 수행하는 동안 도구 또는 악기잡기를 유지하기 • 원의 안 또는 밖에서 걷거나 움직이는 동안 도구(늘어나는 밴드 또는 낙하산) 잡기를 유지하기
구부리기, 웅크리기, 펴기	• 악기를 가지고 또는 악기 없이 웅크리기와 펴기가 포함된 연결 동작 수행 • 팔 전체를 펴 악기연주하기 또는 동작하기
동작(motor tasks)을 시작하기와 유지하기	• 음악이 연주되는 동안 계속 낙하산을 흔들기
신체인식 증진	• 음악적 신호에 따라 몸을 앞뒤로 그리고 좌우로 움직이기 • 동작 활동하는 동안 공간 내의 신체방향 유지하기(원의 중심을 향해, 파트너를 향해, 선 따라 걷기) • 악기를 연주하는 동안 의도한 방향으로 걷기 • 다른 신체부위로 악기연주하기 • 다른 자세로 악기연주하기(무릎 굽히고, 옆에 앉아, 서서, 다리를 펴고 앉아, 다리를 포개고)
지구력 증진	• 음악이 연주되는 동안 계속 낙하산을 흔들기 • 한 악절이 세 번 반복되는 동안 투스텝 동작 수행하기
동작계획 증진	• 동작 수행이나 반주하기에 적절한 단계적 변화를 주기 • 춤활동에서 몸의 방향을 바꾸기 • 반대 손으로 악기연주하는 동안 한 손으로 악기를 잡고 있기
오락게임과 동작	• 위의 모든 사항

상활동을 위한 일반적 운동기술을 지속할 수 없었고, 지구력과 주의집중력이 결핍되어 있으며, 매우 구조화된 기능적 과제들의 반복이 필요했다. 매일 30분의 통합프로그램은 이 학생들이 밀고 당기기, 잡고 옮기기, 구부리기, 웅크리기와 펴기, 운동과세늘 시삭하기와 유지하기, 신제인식 증진, 지구력 증가, 운동계획하기 향상, 오락게임과 운동에 참여하기 등의 운동기술 발달을 촉진하는 데 초점을 맞추었다.

음악을 통해 이러한 기술들을 더욱 일반화하기 위한 환경을 제공하기 위해 음악치료사는 물리치료사, 작업치료사, 특수체육교육과 함께 하는 중재를 설계하였다. 기능적 운동기술을 목표로 정했으며, 음악치료가 지원하는 것들은 표 22.1에 설명되어 있다.

익숙한 선율에 과제를 차례로 배열하여 끼워 넣는 것은 간단한 기술을 가르치는 데 효과적인 방법이 될 수 있다(Kern, Wakeford, & Aldridge, 2007). 동요 'Here We Go Round the Mulberry Bush'의 선율을 사용했는데, 가사는 신발을 신거나 이를 닦는 것으로 바꿀 수 있다. 이러한 구성 이후에 지적장애 아동이 이 일상생활 기술을 숙

달하도록 가르칠 수 있다. 중요한 일상생활 기술들을 성취하는 데 필요한 단계들이 진행되는 동안 가사와 선율을 기억하기 위해 친근한 선율을 팀의 다른 구성원, 또한 가족구성원에게도 허용하여 통합하도록 하였다.

Polen(2013)은 목표한 적응행동의 발달을 지원하기 위해서 임상적 레퍼토리에 포함되어 있는 사전에 만든 노래를 사용할 것을 제안한다. 그녀는 내담자들의 구체적 목적과 과정을 다루는 Nordoff와 Robbins의 *Children's Play Song*에 수록된 노래를 추천한다. 'Shoe-Tying Song'은 신발 끈을 묶는 일련의 동작을 가르친다. 'Penny-Nickel-Dime-Quarter-Dollar Song'은 돈의 가치를 가르친다. 'A Rainy Day' 같이 빈칸을 채우는 노래들은 내담자가 날씨에 따라 적절한 옷 또는 활동으로 가사의 절을 완성할 수 있는 기회를 제공한다.

Beth McLaughlin의 임상사례

카일은 와일드우드 스쿨에 5세부터 다닌 8세의 남아이다. 그는 언어적 의사소통의 제한으로 지적장애 판정을 받았다. 그의 언어는 우선 반향적(echolalic)이었고 이해력이 낮았다. 카일은 약을 복용하고 있어서 학교에 있는 동안 몇 차례 혈압을 관찰하는 것이 필요했다. 그는 혈압기 커프(혈압 측정을 위해 팔에 채우는 부분)를 무서워했고 팔에 그것을 채우는 것에 저항했다.

언어적 의사소통이 결핍되어 있음에도 불구하고 카일은 학급에서 이야기 읽기를 위해 반주에 맞추어 불렀던 노래가사를 말하는 데 매우 잘 참여했다. 그의 선생님은 카일이 혈압을 재는 동안 참도록 도울 수 있는 노래중재를 개발하여 시도한 것을 가지고 나에게 왔다. 학교 간호사와 함께 우리는 그가 하게 될 일련의 일을 과제분석(task-analysis)했고, 나는 그가 선호하는 곡 중 한 곡인 'Turkey in the Straw'로 노래를 만들었다. 나는 그것을 카세트테이프에 녹음하여 그의 선생님에게 주었다. 그녀는 그녀 자신의 혈압을 재는 동안 그를 위해 녹음 테이프를 재생시켰고, 이후 그는 그것을 듣고 음악이 제공하는 단계에 따라 스스로 완벽하게 따를 수 있었다. 그는 저항을 보이지 않았고 그 이후로 녹음기에 이끌려서 약속된 시간에 양호실로 혼자서 갔다.

다른 분야에서의 적용

앞서 언급했던 바와 같이 지적장애를 가진 사람들을 돕는 음악치료사는 내담자를 위하여 다양한 분야 사람들과 함께 일한다. 미국음악치료협회(AMTA)는 전문적 활동과 관련된 문서에서 "다른 서비스 제공자들이 팀 구성원들과의 협력을 촉진하는 전문적 임상실제의 중요성"을 명확히 선언하고 있다(Allgood, 2006, p. 111). 볼티모어 카운티의 공립학교들은 교사, 음악치료사, 미술치료사 등을 포함하여 지적장애 학생에게 교육서비스를 제공하는 전문가들에 의해 공유되는 협력적 활동의 장점을 확인하였다. 이러한 장점들에는 교실을 구조화하는 아이디어, 행동의 관리, 자원의 공유, 다면적 환경에서의 교수전략의 지원 등이 포함된다(Ritter-Cantesanu & Kauffman, 2012). 교사, 사회복지사, 작업치료사, 물리치료사, 언어치료사 등과의 협력은 구체적인 기술의 습득을 돕는 음악치료 중재에 필수적이다. 다른 전문분야에서의 훌륭한 임상을 통해서 개발된 과제분석 결과들은 음악치료 임상에서의 통합성을 증진시키는 데 필요한 자료들이다.

다음의 예는 지적장애를 가진 사람들을 돕는 음악치료사들에게 가족이 얼마나 중요한 자원인지를 보여준다.

Beth McLaughlin의 임상사례

티나는 와일드우드에 사는 뇌 발육부전을 보이는 소녀이다. 출생 시부터 보인 신경학적인 결함으로 인해 전반적인 발달에 심각한 영향을 받고 있다. 그녀는 발작장애, 자극에 대한 빈약한 반응, 언어발달 지연, 특정 운동과제 수행의 어려움 등을 보이고 있다. 만 5세였던 티나는 여전히 기저귀를 사용하고 있었고, 부모의 배변훈련은 거의 효과가 없었다. 티나는 책을 좋아했고 음악치료사가 만든, 그녀에게 익숙한 이야기로 구성되는 노래를 특히 좋아했다. 그녀는 음악치료 그룹에서 긴 시간 앉아 있었으며, 노래에 집중하는 모습을 보였다. 이에 대한 기록들은 집에서 사용할 수 있도록 가족들에게도 제공되었다. 티나는 음악을 접하는 시간에만 앉아 있었기 때문에 그녀의 어머니는 음악치료사인 나에게 배변훈련을 위하여 가족들이 사용할 수 있는 음악을 만들어달라고 요청하였다. 가족들은 사용하고 있는 특수한 언어, 가족들이 하는 동작 등에 대한 정보를 나에게 제공하였다. 티나는 화장실에 가서 앉을 수는 있지만 일정시간 앉아 있지는 못했다. 그녀는 일차적 보상뿐만 아니라 사회적 강화를 즐겼다. 음악을 통한 중재는 가르치고자 하는 단계의 순서를 알려주는 목적뿐만 아니라 주기적으로 강화를 제공하는 동시에 앉아 있는 시간을 연장시키는 목적으로 만들어졌다. 2주 후에 가족들은 티나가 완벽하게 배변훈련을 완수하였다고 알려왔다.

이러한 중재의 성공은 치료사와 가족의 협력 덕분이었다. 이 기술은 과제분석을 통해 구체적 단계를 수행하도록 가르치지는 않았지만, 노래를 만들 때 부모와 협력하여 만들었으며 아동에게 적합한 행동적 기대와 언어를 포함할 수 있도록 개별화의 관점을 포함하였다. 음악은 주의집중을 유지하도록 하였으며, 일련의 단계를 순서대로 따르도록 격려함으로써 그녀의 성공을 이끌었다.

음악치료사들은 교사·가족·기타 관련 분야 서비스 제공자들로부터 긴장이완을 촉진시키고, 상황 변화에 따른 전이를 돕고, 사회적 이야기를 수반하며, 교실에서 가르치는 기본적 개념을 상화시키는 데 사용할 수 있는 음악을 알려줄 것을 자주 요청받는다. 음악치료사들은 지적장애를 가진 학생들이 일반 학생들과 음악수업에서 성공적으로 통합할 수 있도록 돕는 전략을 개발하고 지원을 제공하는 일에 대하여 음악교사들에게 컨설

팅을 제공하기도 한다. 가족지원 단체에서 일하는 사회복지사들은 가족들이 자녀들을 위하여 커뮤니티 음악치료 서비스에 접근할 수 있도록 돕는 역할을 할 때 음악치료사와 협력한다.

결론

선율, 리듬, 형식, 화음, 음색 등의 음악요소들은 지적 또는 발달적 도전과제들을 가지고 있는 사람들이 자신의 내면을 성장시키는 동기를 부여하는 환경을 만드는 데 사용될 수 있다. 선율은 스트레스 상황에 있는 아동들을 편안하게 해줄 수 있다. 리듬은 그룹을 하나로 만드는 자극을 제공할 수 있다. 형식은 예측 가능하고 안전한 환경을 만드는 시간적 구조를 가진다. 화음은 긴장과 해결을 통하여 음악의 분위기를 만들어낸다. 음색은 각각의 목소리와 악기 고유의 독특한 음조(tone)이다. 음악치료사는 인지발달, 사회적 상호작용, 기술 습득 등을 증진시키는 동작·노래·연주경험을 만들어내는 수단으로 이러한 음악적 요소들을 활용하도록 훈련받은 사람이다. 동작을 통하여 아동은 자기인식, 운동통제, 자기신뢰 등을 발달시키게 된다. 노래 부르기를 통해서 듣기, 언어개념, 순서 따르기, 의사소통 기술 등을 배울 수 있다. 악기연주를 통해서 순서를 지키고, 지시를 따르고, 눈과 손의 협응을 높이고, 행동통제를 연습할 수 있다. 이러한 경험들을 통해서 개발된 기본적인 기술들은 지적장애를 가진 사람들이 인생을 살아가는 데 필요한 기술과 적응행동을 보유한 능력 있는 성인이 되도록 도울 수 있다.

Farnan(2007)은 지적 또는 발달장애를 가진 사람들을 위한 서비스는 사람중심(person centered)이어야 하며, 긍정적 행동지원을 제공해야 하고, 근거에 기반한 실행이 이루어져야 하며, 자기결

정과 사회통합 그리고 완전한 참여를 만들어내
는 것이어야 한다는 점을 주장한다(p. 85). 음악
치료사는 의미 있는 음악경험을 통하여 삶의 질
을 향상시키고 사회통합을 증진시키는 서비스와
지원을 제공하는 데 중요한 역할을 수행한다. 앞
서 논의했던 것처럼, 음악치료는 본질적으로 통
합적인, 성공을 위하여 구조화된, 각 개인의 능
동적인 참여를 극대화하도록 개별화된 환경을
제공한다. 지적장애를 가진 학생들은 여러 가지
노력을 통하여 성공과 만족을 경험하면서 자아
에 대한 긍정적인 느낌을 개발하게 된다.

Esteem Builders라는 저서에서 Borba(1989)는
높은 자아존중감을 보이는 사람들에게서 발견
되는 다섯 가지 본질적 구성요소를 제시했다. 이
요소들은 안전감, 개별성, 소속감, 사명감(목적
성), 역량 등이다. 음악치료는 이런 요소들을 만
들어나가는 데 긍정적이고 의미 있는 방식으로
기여할 수 있는 가능성을 가지고 있다. 제대로
잘 설계된 음악치료의 경우 분명한 기대, 성공
을 보장하기 위해 응용된 경험을 포함하는 일관
적이고 안정적인 구조를 제공한다. 학생들은 음
악적 경험의 범위 내에서 스스로를 표현하는 자
유를 누리면서 안정감을 느끼고 양육을 경험한
다. 그들은 활동과 기술의 영역에서 성공적으로
완수하고 능력을 확장해가면서 그룹과정에 긍정
적으로 기여할 수 있는 역량을 높이고 스스로에
대한 인식을 발전시키게 된다. 학생들이 노래 만
들기 활동이나 그룹과 함께 하는 활동에 기여하
는 경험을 하게 될 때, 이를 통해 어른들과 동료
들에게 인식되고 인정받음으로써 소속감을 발
전시키게 된다. 새로운 일을 기꺼이 시도하려는
의지와 새로운 음악에 대한 시도는 음악과 그룹
에 대한 목적성과 책임감을 얻게 되면서 더 높아
지게 된다. 그들의 아이디어들이 그룹과정에 수
용되고 통합됨으로써 주인의식과 효능감을 얻게

되고, 새로운 기술과 새로운 관계를 발전시킬 수
있는 자신감을 준다. 학생들이 성공을 경험하게
되는 경우 그들은 적절한 행동적 선택을 하는 데
더 높은 자신감을 가지게 되고, 도전을 받아들이
고, 학교 · 가정 · 지역사회에 기여하게 된다.

참고문헌

Adler, R. F. (1988). *Target on music: Activities to en-hance learning through music.* Rockville, MD: Ivy-mount School.

Adler, R. F. (2006). Goals and treatment objec-tives, settings, and service delivery models for the school age years. In M. Humpal & C. Colwell (Eds.), *Effective clinical practice in music therapy: Early childhood and school age educational settings* (pp. 68–81). Silver Spring, MD: American Music Therapy Association.

Adler, R. F., Allgood, N., Furman, A., Humpal, M., Kaplan, R., McLaughlin, B., et al. (2006). Note-worthy examples. In M. Humpal & C. Colwell (Eds.), *Effective clinical practice in music therapy: Early childhood and school age educational settings* (pp. 192–206). Silver Spring, MD: American Music Therapy Association.

Allgood, N. (2006). Collaboration: Being a team player. In M. Humpal & C. Colwell (Eds.), *Effec-tive clinical practice in music therapy: Early child-hood and school age educational settings* (pp. 110–119). Silver Spring, MD: American Music Therapy Association.

American Association of Intellectual and Develop-mental Disabilities. (2010). *Intellectual disability: Definitions, classifications and systems of support* (11th ed.). Washington, DC: Author.

Bitcon, C. H. (2000). *Alike and different* (2nd ed.). Gilsum, NH: Barcelona.

Borba, M. (1989). *Esteem builders: A K-8 self-esteem curriculum for improving student achievement, be-havior and school climate.* Fawnskin, CA: Jalmar Press.

Boxill, E. H. (1985). *Music therapy for the de-velopmentally disabled.* Rockville, MD: Aspen Systems.

Case-Smith, J., & O'Brien, J. C. (2010). *Occupa-tional therapy for children* (6th ed.). St. Louis, MO: Mosby.

Davis, W. B., & Farnan, L. A. (2008). Music therapy with children and adults with intellectual dis-abling conditions. In W. B. Davis, K. E. Gfeller, & M. H. Thaut (Eds.), *An introduction to music* therapy: Theory and practice (3rd ed., pp. 79-115). Silver Spring, MD: American Music Therapy Association.

Farnan, L. A. (2002). Music therapy for learners with profound disabilities in a residential setting. In B. Wilson (Ed.), Models of music therapy interventions in school settings (2nd ed., p. 165). Silver Spring, MD: American Music Therapy Association.

Farnan, L. A. (2007). Music therapy and developmental disabilities: A glance back and a look forward. Music Therapy Perspectives, 25(2), 80-85.

Gaston, E. T. (1968). Man and music. In E. T. Gaston (Ed.), Music in therapy (pp. 7-29). New York: Macmillan.

Harris, J. (2010). Intellectual disability: A guide for families and professionals. New York: Oxford University Press.

Keith, D. R. (2013). Mild-moderate intellectual disability. In M. Hintz (Ed.), Guidelines for music therapy practice: Developmental health (pp. 305-334). Gilsum, NH: Barcelona.

Kern, P., Wakeford, L., & Aldridge, D. (2007). Improving the performance of a young child with autism during self-care tasks using embedded song interventions: A case study. Music Therapy Perspectives, 25(1), 43-51.

LaGasse, A. B. (2011). Developing speech with music: A neurodevelopmental approach. In A. Meadows (Ed.), Developments in music therapy practice: Case study perspectives (pp. 166-181). Gilsum, NH: Barcelona.

Mayer-Johnson, Inc. (2004). The picture communication symbols (PCS). Solana Beach, CA: Author.

Nordoff, P., & Robbins, C. (1970). The children's Christmas play. Bryn Mawr, PA: Theodore Presser.

Perry, M. R. (2003). Relating improvisational music therapy with severely and multiply disabled children to communication development. Journal of Music Therapy, 40(3), 227-246.

Polen, D. W. (2013). Severe to profound intellectual and developmental disabilities. In M. Hintz (Ed.), Guidelines for music therapy practice: Developmental health (pp. 335-370). Gilsum, NH: Barcelona.

Ritter-Cantesanu, G., & Kauffman, B. (2012). Elementary CALS best practices: Related service collaborative opportunities, music and art therapy. Unpublished document.

Robbins, C. M., & Robbins, C. (1991). Self-communications in creative music therapy. In K. E. Bruscia (Ed.), Case studies in music therapy (pp. 55-72). Gilsum, NH: Barcelona.

U.S. Department of Education. (2010). 29th annual report to Congress on the implementation of the Individuals with Disabilities Education Act, 2007 (Vol. 2). Washington, DC: Author. Available at www2.ed.gov/about/reports/annual/osep/index.html.

Wheeler, B. L. (2013). Individuals with severe and multiple disabilities. In M. Hintz (Ed.), Guidelines for music therapy practice: Developmental health (pp. 399-440). Gilsum, NH: Barcelona.

제23장

자폐스펙트럼 아동을 위한 음악치료

John A. Carpente | A. Blythe LaGasse

강경선 역

Leo Kanner는 1943년에 비정상적인 행동과 사회기술을 보이는 소규모의 아동 집단을 묘사하면서 처음으로 자폐증이라는 용어를 사용하였다. 자폐증(autism)이라는 단어는 자신(self)을 의미하는 그리스 어원 autos 때문에 선택되었으며, 이전에는 내향적인 행동을 보이는 정신건강장애 성인을 말할 때 사용되었다. 1년 후 1944년, Hans Asperger 역시 자폐증이라는 용어를 아동에게 사용하였으나(Asperger, 1944/1991), Asperger의 연구는 풍부한 어휘를 지닌 아동에 관한 것이었다. 자폐장애에 관한 첫 언급은 1940년대에 나타나지만, 소아자폐증 진단은 1980년대 정신건강통계요람 3편(Diagnostic and Statistical Manual of Mental Disorders-III, DSM-3)에서야 포함되었다(Volkmar, Reichow & McPartland, 2012). 처음 DSM에 포함된 이후로, 자폐증의 진단은 그 안에서 계속 발전하여 현재의 자폐스펙트럼장애 (Autism Spectrum Disorder, ASD) 진단에 이르게 되었다.

ASD의 발생률은 지난 20년간 급격히 증가하여, 현재는 88명의 아동 가운데 1명꼴의 유병률을 보인다(Center for Disease Control and Prevention, CDC, 2013). 이러한 증가의 이유는 명확하지 않으며, 연구자들은 몇몇 요인들—높아진 대중의 인식, 넓어진 진단상의 기준, 진단치환 등—에 의한 것으로 추정한다(Lord & Bishop, 2010). 또한 증가하는 발생률은 환경적 요인, 유전학, 자가면역, 이러한 요인들의 상호작용에 의한 것일 수 있다. 급격히 증가하는 자폐증의 발생률은 정책 방침에 영향을 미쳐, 증거에 기초한 치료의 필요성에 대한 인식을 고조시켰다(Lord & Bishop, 2010). 이 장에서 우리는 자폐스펙트럼장애의 일반적인 특징과, 음악치료가 자폐스펙트럼장애 아동의 치료에 미치는 영향을 검토하고자 한다.

내담자군

특징

그 원인은 밝혀지지 않았지만, 일반적으로 ASD는 선천적인 신경질환으로 받아들여지고 있다(미국 정신의학회, 2013). *DSM* 5판은 ASD를 진단하는 임상안내서로 사용되고 있다(DSM-5; 미국 정신의학회, 2013). ASD를 가진 사람들은 맥락에 맞게 반응하고 대화를 시작하는 데 어려움을 겪으며, 비언어적 신호와 상호작용들을 오독하고, 해당 연령에 적절한 관계를 형성하고 발전시키는 것 등 다른 사람들과 관계를 맺고 소통하는 능력에 있어 어려움을 보인다. 이에 더해, ASD를 가진 사람들은 대개 환경의 변화에 매우 민감하고, 정례적인 일들(routine)과 반복에 과도하게 의존적이다. ASD의 증상은 경미한 것에서 심각한 것까지 진단의 범주는 광범위하다.

　　ASD는 여러 요인들이 혼합된 질환으로서 이해하기 쉽지 않으며, 개인의 생활연령과 발달수준에 따라 다양한 방식으로 나타난다. ASD의 진단기준에는 2개의 핵심적인 특징이 있는데(미국 정신의학회, 2013), (1) 사회적 소통과 상호작용의 장애와 (2) 제한된 흥미와 반복적인 행동이 그것이다. 제한된 흥미 및 반복적 행동의 범주에는 입력된 감각에 대한 반응성 수준[민감(hyper)/둔감(hypo)]이 포함된다(미국 정신의학회; Wing, Gould, & Gillberg, 2011).

사회적 소통과 사회적 상호작용의 장애

DSM-5(미국 정신의학회, 2013)에 따르면, 사회적 소통과 사회적 상호작용의 장애는 다음 3개의 주요 영역에서의 결여에 근거하여 정의된다. 3개의 주요 영역은 (1) 사회적 상황에 대한 서투른 접근, 일상적으로 주고받는 대화의 곤란, 흥미와 감정을 공유하는 능력의 문제(예 : 공감, 동조)를 포함하는 사회적-정서적 상호관계, 사회적 상호관계에 반응하거나 그것을 시작하는 능력의 문제, (2) 몸짓, 시선의 마주침, 얼굴표정과 같은 언어적 및 비언어적 신호에 대한 소통, 이해, 통합의 어려움(혹은 결여), (3) 관계의 시작, 유지, 발전, 이해의 능력을 포함하는 관계형성에 대한 장애이다.

반복적이고 제한된 행동들

DSM-5(미국 정신의학회, 2013)는 4개의 영역에서 반복적이며 제한된 행동들을 규정한다. 그 영역은 (1) 상동적 또는 반복적인 운동동작으로 같은 행위에 계속하여 참여하기, 같은 구절을 반복하여 말하기, 똑같은 관례에 대한 고집, 익숙한 주제에 대한 강박, 여기에 더해 반복적인 운동동작(예 : 손 펄럭거리기, 발끝으로 걷기, 흔들거리기, 흐늘거리기, 서성거림)이 포함되며, (2) 개인의 붕괴를 야기할 수도 있는(예 : 성질부림, 때리기, 물기) 동일성에 대한 고집으로 정례(定例)와 의식(정례, 의식, 자기자극 행동을 중단시키는), 언어적·비언어적 행동의 의식화된 패턴에 대한 의존, (3) 고착된 흥미로 사물에 대한 집착, 강렬하거나 이상한 초점의 흥미, 반복적인 흥미(예 : 언어적 혹은 비언어적 행동들), (4) 입력된 감각에 대한 과반응(민감반응) 혹은 저반응(둔감반응)으로 기후, 소리, 질감, 접촉, 냄새, 시각적 입력에 대한 과다/과소대응하는 것이다.

병인학

일반적으로 자폐증은 유전 및 환경적인 요소들의 복합적인 상호작용을 수반하는 신경발달장애로 이해된다(Thurm & Swedo, 2012). 신경학적 연구에서는 자폐증을 가진 사람의 뇌는 일반인과 비교해서 행동에 영향을 미치는 뇌구조와 신경학적 기능에 있어서 관찰할 수 있는 식별 가능한 차이가 있음을 보여준다(Thrum & Swedo). 연구자들은 이 질환에 있어서 유전자, 호르몬, 자가면역, 환경의 역할에 대하여 조사하고 있지만 자폐의 원인은 아직 설명되지 않고 있다. 자폐 원인을 규명하는 데 있어서 연구자들을 곤란하게 만드는 것은 스펙트럼장애의 특성으로 인해 연구에 참여한 아동들이 각기 다른 요인들에 의해서 영향을 받는 혼종적인 대상으로 나타나는 것이다. ASD의 증가하는 비율을 고려할 때, Lord와 Bishop(2010)은 이 복잡한 장애를 더 잘 이해하기 위하여 좋은 방법론을 연구하는 것이 필요하다고 제안한다. 그뿐 아니라, 이 장애의 원인에 관계없이 성공적 치료와 자립을 도와줄 수 있는 효과적인 치료방법의 필요성을 제창하였다.

임상작업

ASD를 위한 음악치료는 이들 내담자들에게 임상적인 목적을 가진 즉흥연주, 수용적 음악(음악감상), 작곡된 음악, 노래 만들기와 같은 음악적 경험을 제공하여 자폐증의 핵심적인 특징인 관계, 소통, 교제, 감각통합, 운동기능 및 인지기능의 발달을 목적으로 한다. 여기서는 ASD를 가진 사람들을 치료하는 데 사용되는 음악치료의 방법과 기법을 몇 가지 보여줄 것이다.

음악치료 임상에서 자폐증 아동의 치료는 오랜 역사를 가지고 있고(Alvin & Warwick, 1991; Hintz, 2013; Kaplan & Steele, 2005; Kern, Wolery, & Aldridge, 2007; Kim, Wigram, & Gold, 2008, 2009; Nordoff & Robbins, 2007) 이 주제를 다루는 임상연구와 저술에 관한 많은 문헌들이 있다. 임상저술들은 음악치료에 대해 얼마나 다양한 접근—예를 들어 발달적(Schwartz, 2008), 개인적 차이들, 관계-기반 접근(DIR®/Floortime™; Carpente, 2012; Greenspan & Weider, 2006), 상호작용적(Oldfield, 2006), 창조적 음악치료(Nordoff & Robbins, 2007), 가족

중심적(Thompson, 2012), 응용행동분석(Martin, 2012), 즉흥연주(Kim, Wigram, & Gold, 2008, 2009; Robarts, 1996), 정신분석적(Lecourt, 1991)—이 ASD가 있는 사람들의 음악적 및 대인관계적 관련성, 감각적 통합, 자기인식, 행동조절, 사회화, 비언어적 표현 및 소통을 발전시키기 위해 사용되어져왔는지 보여준다.

게다가, 실증적 연구들에서 ASD가 있는 사람들이 갖고 있는 음악에 대한 친밀감뿐 아니라, 특별한 음악적 능력—특히 음높이의 지각에 대한 능력(Heaton, 2004; Thaut, 1988)—이 증명되었다. 더 나아가 음악치료가 ASD 아동들의 사회화와 의사소통을 강화시키고(Finnigan & Starr, 2010; Kern et al., 2007) 반복적인 행동을 감소시킨다는(Brownell, 2002) 음악치료의 효과를 보여주고 있다.

음악치료 목적과 중재에 관한 치료과정과 임상의 방향성은 치료사가 어떤 훈련을 받은 사람인지 그리고 어떤 접근법을 치료에 적용하는지에 따라 상당히 달라진다. 어떤 음악치료사들은 의사소통, 인지, 언어 등의 영역에서 비음악적인 목적을 세운다. 반면 다른 음악치료사들은 관계의 맥락 안에서 음악적 관계, 음악적 상호관계 등 음악에 중심을 둔 목적에 따라 음악치료를 시행한다.

이 부분에서는 우리는 (1) 관계에 기반을 둔 임상작업과 (2) 신경학적 음악치료(NMT)라는 두 가지 관점에서 음악치료 기법과 중재를 소개하고자 한다.

관계기반 음악치료 체계

우리는 여기에서 관계기반 체계 안에서 음악적 관계, 의사소통, 사고의 영역을 중심으로 아동의 음악직-사회직-징서직 기술을 발진시키는 데 주력하는 음악치료의 방법, 기법, 중재에 대해서

토의하고자 한다. 그러므로 진단평가와 중재는 아동의 음악적 연주와 음악적 상호관계성을 통해 어떻게 아동이 음악적으로 참여하고, 관계를 맺고, 적응하며, 상호관계를 맺는지에 대한 능력을 중심으로 한다(Carpente, 2012, 2013).

관계 중심의 음악치료에서 치료사는 ASD의 핵심적인 특징들(관계하기와 소통하기)을 즉흥연주, 작곡, 재창조연주와 같은 음악적 경험을 함께 함으로써 직접적으로 다룬다. 평가와 중재를 포함한 치료의 과정은 아동과 치료사 사이의 협력적인 음악적 경험(음악적 연주) 내에서 치료의 과정을 인도하는 역할, 관계, 그리고 다이내믹들과 함께 생겨난다.

즉흥연주 경험

임상적 즉흥으로도 알려진 음악 즉흥연주 경험은 ASD 아동들의 관계, 의사소통, 공동관심, 사회-정서적 기술 향상을 목적으로 하는 치료에 효과적인 방법이다(Carpente, 2009; Kim et al., 2008; Nordoff & Robbins, 2007). 즉흥연주 접근에서 치료사들은 일반적으로 비지시적인 접근법을 사용하는데 자기-표현, 의사소통, 신체지각, 불안 및 공격성, 감각의 통합, 사회화와 관련된 영역을 다루기 위해서 다양한 악기와 음악과 동작을 사용한다(Carpente, 2013; Nordoff & Robbins, 2007).

즉흥연주 중심의 음악치료에서 치료사들은 대부분 아동의 음악적/비음악적 반응을 즉흥적으로 음악으로 만들면서 아동의 음악적 주도에 따라간다. 치료사는 치료사-아동 간의 고유하고 특이한 관계에서 서로 상호작용하고, 또 그것을 발전시킬 수 있도록 하면서, 아동이 음악 안에서 보이는 모든 반응을 임상적 즉흥연주에 포함한다(Carpente, 2013). 즉흥연주 중심의 임상 음악치료에서 치료사는 관계 맺기, 소통하기, 생각

하기에 관련된 아동의 음악적-정서적 강점과 어려움에 대한 통찰력을 얻게 된다. 또한 아동의 음악적 상호작용 발달을 저해하는 아동 개개인의 기술적 차이를 고려하고 보조할 수 있게 된다(Carpente, 2012, 2013).

임상사례

메리는 ASD 진단을 받은 8세의 소녀이다. 그녀는 스스로를 조절하고, 감각정보를 처리하고, 움직임을 계획하는(예 : 운동근육의 계획) 능력에 장애를 보인다. 그녀는 관계적이고 소통하는 방식으로 음악연주에 참여하는 것을 어려워하는데, 이것은 생물학적 요인에 의한 것으로 보인다. 게다가, 그녀의 감각체계는 둔하게 그리고 동시에 과민하게 반응하는 혼합된 반응성을 나타내는데, 자기 자신에 완전히 몰입하거나(저-반응성) 혹은 감각자극을 끊임없이 추구하는 계속적인 움직임, 감각자극 행동, 소리 지르기 행동(과-반응적)을 보인다.

즉흥연주는 메리에게 상호적이고 의도적인 음악적 연주로 발전하는 데 필요한 감각적인 지지를 제공하면서 메리의 음악적 그리고 정서적 유도에 따르는 데 중점을 둔다.

메리가 아홉 번째 세션을 시작하기 위해 치료실로 걸어 들어온다. 기타를 연주하며 노래하면서 치료사는 메리가 걸어서 이동하는 박자뿐만 아니라, 그녀의 정서적 '존재'를 반영하는 음악을 즉흥연주한다. 이 음악은 화성적으로 E♭과 F장조 사이를 움직이는 F 믹소리디안 선법의 단순한 선율로 구성되어 있다. 메리가 천천히 스네어 드럼으로 향해 걸어갈 때 치료사는 그녀의 움직임을 음악으로 반영하고 있었으나 메리는 알아차리지 못하는 것처럼 보인다. 메리는 명확한 이유 없이 걸음을 멈춘다. 치료사는 그녀의 멈춤을 반영하는 A디미니쉬(Adim) 코드를 즉석으로 반주한다. 치료사는 E♭ 음을 노래하면서 기타로 3화음을 핑거 피킹으로 반복하면서 메리가 어떤 방식으로든 반응하거나 응답하기를 기다린다. 메리는 치료사를 사교적으로 부르며 웃어 보인다. 치료사는 선율과 화성이 F로 해결되는 음악을 계속하면서, 미소로 응답한다. 메리가 눈길을 돌리고, 다시 음악은 메리가 이끄는 대로 따르다가 이번에는 멈춰서 그녀의 반응을 기다린다. 메리는 그녀가 음악을 통제하고 있다는 것을 깨달을까? 치료사와 음악이 그녀를 연주에 참여시키기 위해 있다는 것을 깨달을까? 치료사가 그녀가 이끄는 대로 따르고 있다는 것을 깨달을까?

주제 음악이 지속되고 B 부분으로 이동할 때 메리

는 음악적 변화를 알아차리고 치료사를 쳐다보고 웃는다. 다시 한 번 원활한 소통이 이루어지는 순간이다(Greenspan & Weider, 2006). 이 순간적인 상호작용은 메리가 양손에 말렛을 집어들고 원래 주제의 기본 박자를 치면서 스네어 드럼연주 시도로 이어진다. 메리는 그녀가 스스로 기본 박자로 들어섰다는 것을 깨달을까? 그녀가 치료사와 관계적 음악적 경험에 참여하게 되었다는 것을 깨달을 수 있을까? 치료사는 메리의 연주를 빠르게 알아차리고, 감정적으로 강렬하고 리드미컬한 종류의 즉흥연주를 도입하기로 임상적 결정을 내린다. 그러면서 치료사는 목소리의 음색을 바꾸면서 초연한 태도로 D마이너(Dm)의 화성진행─Dm, Gm/B♭, Em 7♭5/B♭, A7을 포함─으로 전조한다. 치료사는 가사 없는 노래를 하면서, 메리의 박자를 선율 음으로 모방하면서, 메리의 드럼연주에 맞춰 모티브를 즉흥으로 연주한다.

서너 마디 후에 메리는 치료사와의 상호작용을 그만둔다. 그러나 치료사는 주제 선율을 목소리로 계속 흥얼거리면서 드럼 앞으로 다가간다. 노래 부르는 동안 치료사는 메리에게 드럼 앞에서 모델링과 몸짓을 통해 드럼연주에 대한 시각적 도움을 준다. 메리는 말렛을 집어들고 다시 연주하며, 반응하는 것처럼 보인다. 치료사는 노래하면서 다른 말렛으로 그녀와 같은 드럼을 연주하기 시작한다. 치료사는 음악연주에서 메리의 참여와 관계성을 발전시켜 그녀에게 감정적으로 격렬한 음악적 경험을 주기 위해 모델링을 한다.

8에서 10마디 후에 메리의 드럼연주 박은 조직화되어 있지 않고 아무렇게나 치는 것 같았으며 그녀의 발성은 현재의 음악과 관련 없는 시끄러운 소리였다. 이것은 그녀가 과도한 자극을 받았다는 것을 의미한다. 치료사는 즉흥연주의 빠르기를 느리게 하고 다이나믹한 역동성을 줄이는 한편 노래 부르기의 목소리를 가성 범주로 바꾸고 치료사의 드럼연주가 시각적인 자극으로 주입되지 않도록 하였다. 메리는 자기조절 능력을 회복하고 치료사와 집중을 함께 하는 것에 계속하여 어려움을 보인다. 그래서 치료사는 노래를 하며 그녀의 팔뚝에 센 압력과 같은 감각적 입력을 한다. 노래하는 선율은 감각적 입력을 반주로 한다[1]. 이 조합은 메리의 자기조절 능력을 돕고 음악적 주의력을 회복하도록 하는 것처럼 보인다. 메리는 천천히 돌아 치료사를 마주 보고 원래 주제의 변주를 노래하며 치료사의 노래에 참여한다. 그녀의 노래는 음

높이, 박자, 다이내믹, 감정에 관한 즉흥연주의 정서적 특징을 포착하는 듯 보인다. 대략 25마디 후에 치료사는 메리로 하여금 음악적 경험이 결말부로 향할 수 있음을 알게 하면서, 빠르기를 줄이기 시작한다. 메리는 음악적 변화를 따라 온다. 음악의 빠르기는 점차 느려지면서 노래의 다이내믹 범위가 줄어들고 그리고 결국에는 D코드의 으뜸음(1도)으로 노래함으로써 즉흥연주가 끝난다.

재창조적 경험

재창조적 음악경험은 아동이 목소리로든 악기로든 음악의 한 형태를 재생산하거나 연주하고 학습하는 것을 포함한다(Bruscia, 1998). 이 경험은 아동에게 음악적 구조, 예측성, 규정된 음악적 역할을 이해할 수 있는 창구를 제공한다. 재창조적인 경험은 특정한 내담자를 위해 작곡된 음악뿐 아니라, 오케스트라용으로 편곡되었거나 미리 만들어진 작품들을 포함할 수 있다. 선곡은 내담자의 문제, 장점, 개인적 차이, 발달능력에 기반을 두어 이루어진다. 임상적 목표는 자기-조절, 관심의 공유, 음악적 지각, 문제해결, 소통, 아이디어 공유 등의 영역들을 아우를 수 있다.

임상사례

에릭은 자폐스펙트럼장애를 가진 9세의 소년으로 네 번의 음악치료 세션에 참여했다. 음악연주 동안 에릭은 자기조절과 참여하는 능력을 보여주지만, 그의 상호작용은 분열적이고 간헐적이다. 음악적으로 참여할 때, 에릭은 움직임의 힘을 가늠하는 것과 깊이지각[2]에 있어 어려움을 보이며, 이로 인해 북과 심벌즈를 연속적으로 매우 큰 소리로 연주하게 된다. 비록 에릭은 리듬감을 가지고 있지만, 그의 연주는 대부분 반사적이다. 에릭은 또한 의도성과 관계의 영역에서 어려움

---

1) 치료사는 선율의 흐름에 규칙적으로 아동의 신체의 일부를 두드리거나, 누르거나 함으로써 감각적 자극을 준다. ─역자 주

2) 깊이지각(depth perception)은 망막에 맺힌 이차원의 상을 삼차원의 실제 정보로 지각하기 위해 대상의 크기와 거리에 대한 정보를 처리하는 과정을 말한다. 예를 들어, 소나무는 나와 가까울수록 망막에 크게 맺히고 거리가 멀수록 작게 맺힌다. ─역자 주

을 드러낸다.

기존에 만들어진 노래인 'Fun for Four Drums (Nordoff & Robbins, 1968)'은 에릭이 (1) 긴 시간 동안 집중하고 참여하며, (2) 서로 관계가 있는 음악 경험들의 연속적인 흐름에 참여하고, (3) 빠르기와 셈여림의 범위를 탐구하고 통합하는 능력을 갖출 수 있게 도울 것이다. 이 음악활동의 주안점은 각각 4개의 북이 구별되는 피아노 반주에 신호를 받는 것이다. 정확한 북 연주, 리듬, 빠르기, 셈여림에 맞춰 연주하기 위해서 에릭은 반드시 4개의 피아노 반주 각각을 듣고 구별해야만 한다. 치료사는 앞서 이은 세 번의 세션에서 이 노래를 사용하였는데 그때마다 에릭의 각성, 공유, 음악지각, 변화에 대한 전체적인 반응을 유지하기 위해 북 연주 부분과 피아노 반주를 고치고 변주하였다. 다시 말해, 치료사는 예측 가능한 구조 안에서 북이 음악적으로 나타나는 순서뿐만 아니라 빠르기와 셈여림 범위를 변화시키면서 즉흥연주하는 것이다. 그러므로 에릭은 익숙한 음악적 형태와 구조 안에서 음악적 변화와 차이를 구별하는 것이다. 이 노래를 활용한 여덟 번의 음악치료 세션 후, 에릭은 연속적인 흐름에서 관계하고 몰두하는 능력에 있어 호전을 보였으며, 북을 연주할 때 빠르기와 셈여림의 범위 역시 늘어났다.

작곡 경험

치료사와 아동은 노래, 가사, 기악곡 만들기 과정에 참여함으로써 작곡 또는 노래 만들기 경험을 한다. 일반적으로 치료사는 아동의 상호작용, 참여, 관계의 역동성, 발달능력에 기반을 두고 노래 만들기 경험/과정을 촉진한다.

대화에 참여하는 능력뿐 아니라 표현언어 기술을 보유했으면서도 ASD 진단을 받은 아동들은 추상적으로 생각하는 능력—예를 들면 느낌, 감정이입, 마음이론—등에 있어 어려움을 보일 수 있다. 이들의 상호작용의 기초는 구체적인 화제나 기억에 기반을 둔 사고에 있을 수 있다. 노래 만들기 경험은 아동이 상징적·추상적 사고력을 개발하고, 문제해결을 위한 공유능력과 협력적 경험의 기회를 제공할 수 있으며, 또 인생의 주제들과 내면세계의 경험을 탐색하게 한다.

일반적으로 노래 만들기 경험에 참여하는 ASD 아동들은 어떤 형태를 갖춘 대화에 참여할 수 있을 뿐 아니라, 말과 생각을 표현하는 능력을 보여주어야만 한다.

임상사례

12세의 소년 데릭은 타인과 상호적인 방식의 음악적 연주를 할 수 있다. 그는 또한 대화에 참가하고 생각을 나누는 능력을 갖고 있다. 그러나 데릭의 대화의 초점은 구체적이고 일상적인 화제—예를 들면 영화, 텔레비전 프로그램, 현재의 사건—인 경향이 있다. 그는 감정이나 느낌과 관련된 생각을 발안하는 데 어려움이 있으며, 또 세션 동안 일어나는 예상치 못했던 사건들에 반응하는 데 있어 제한적인 능력을 보인다. 이에 더해, 그는 세션 동안 치료사와 아이디어를 교류하는 데 제한적이었다. 추상적이고 익숙하지 못한 화제에 직면했을 때, 데릭은 익숙한 영화나 노래로 화제를 돌리거나 화를 내는 행동을 보이거나 주의를 다른 곳으로 돌리는 경향이 있다.

노래 만들기는 데릭에게 추상적이고 상징적인 사고를 촉진시킬 창의적인 기회를 제공하는 한편, 치료사의 생각과 그의 생각을 연결하고 조직화할 수단으로서 데릭에게 소개되었다. 아래에 요약된 노래는 어떻게 이러한 종류의 음악적 경험이 치료사에게 아동의 생각, 발상, 느낌, 통찰력에 대한 창을 제공하는 한편, 자기-표현이 용이하도록 도와주었는지 설명한다.

35번째 세션에서 데릭은 무언가에 사로잡혀 불안한 듯이 보였다. 치료사는 무엇이 데릭을 성가시게 하고 있는지 물었다. 이에 대해 데릭은 "아니! 음, 네, 그런 것 같아요. 아니요! 잊어버려요"라고 대답하였다. 그러고 나서 데릭은 그들이 음악을 연주할 수 있는지 묻고, 치료사는 이에 대해서 "그럼 당연하지. 네가 하거나 연주하고 싶은 게 뭐니?"라고 하였다. 여전히 불안해보이는 데릭은 치료사의 개방형 질문에 답하는 데 어려움을 겪는다. 데릭이 참여하고 대답하는 데 어려움을 겪고 있다는 것을 알아차린 치료사는 데릭에게 노래를 만들고 싶은지 묻는다. 데릭은 "좋아요, 우리가 무엇에 대해 써야 하죠?"라고 답한다. 치료사는 이때 데릭에게 노래에 대한 음악적 선택권—예를 들면 화음, 음량, 박자, 형식—을 주면서 대화에 참여시킨다. 대화가 형태를 갖추기 시작한다. 그리고 데릭이 다른 주로 이사 가는 학교 친구에 대해서 얼마나 속상한지 이야기하기 시작하면서, 그의 버려지고 외로운 느낌을 다루는 주제가 나타난다. 치료사는 데릭의 느낌에 공감하고 또 그것을 반영하면서, 데릭이 자신

의 생각들을 노래의 형태로 표현하도록 돕는다. 이것
은 데릭이 자신의 생각을 연속적이고 흐르는 방식으
로 나타내는 것—곧 등장하는 노래의 가사—으로 이
어진다.

1절
나는 어젯밤 혼자서 널 그리워하며 깨어 있었네
우리가 함께 이야기한 지 너무나 오래되었어
그거 아니
그리고 넌 네가 너무나 멀리 떨어져 있다는 것을
알지
일상에 정신이 팔려
커질 작은 것들은 그냥 잊어버리고

전-후렴
그것은 내 생각들 속에 깊이 있었지
마치 거친 상처같이

후렴
시간은 지나가고 나는 아직 흔들리지 않았네
그러나 좌절했을 뿐
그리고 생각을 멈출 수 없네
그것이 원래 어땠었는지

2절
나는 성당으로 달려갔어
새 사제단으로부터 메시지가 나에게 오네
나는 밖으로 발을 헛디디고 기분은 다르지 않네

전-후렴
그것은 내 생각들 속에 깊이 있었지
마치 거친 상처같이

후렴
시간은 지나가고 나는 아직 흔들리지 않았네
그러나 좌절했을 뿐
그리고 생각을 멈출 수 없네
그것이 원래 어땠었는지

신경학적 음악치료

두 번째 체계는 신경학적 음악치료(NMT) 모델
이다. NMT는 인지, 소통, 감각운동 기술의 기
능적 변화를 촉진시키기 위해 음악적 자극을 체

계적으로 적용하는 음악치료 방법이다(Thaut,
2005). NMT는 현재의 음악치료 연구문헌들을
고려해 치료의 결정을 내리는 근거기반 음악치
료 접근이다. NMT가 기반을 두는 연구들은 음
악치료와 관련 분야의 기초 음악신경과학 연구
(음악지각과 산출)부터 임상적 모형들까지 포괄
한다. 이 방법론의 임상가는 전환적 설계모델
(TDM)을 활용하여 개인의 핵심적인 요구를 다
루는 기능적이고 보편적인 음악치료 중재를 개
발한다. TDM은 내담자의 진단평가를 완성하
고 치료목적을 세우는 것으로 시작한다. 그러
고 나서 치료사는 목표에 도달하기 위해 활용
할 수 있는 기능적, 비음악적 활동을 고려한다.
이는 비음악적 활동에 동형의 변형(isomorphic
translation)[3]을 주어, 음악이 직접적으로 필요한
영역을 촉진시켜 바꾸는 것으로 이어진다. 마지
막 단계는 음악적 경험에서 일반적 환경으로의
일반화이다. 그러므로 음악치료사는 TDM을 통
해 아동의 요구를 사려 깊게 고려하고 확인된 요
구들을 직접적으로 다룰 음악자극을 발전시킨
다. NMT를 실행하는 임상가들은 보통 치료계획
이 일반적인 요구를 다루도록 발전시킬 것이지
만, 높은 수준의 음악-만들기 경험들이 이 방법
의 초석이다. 이 장은 NMT 기법 3개와 그것의
기능적인 적용을 설명할 것이다.

청지각훈련

NMT의 감각조절에서는 청지각훈련 기법의 사
용이 다뤄진다. 이 기법은 두 가지의 목적에 부

---

3) 신경학적 음악치료에서 동형의 변형은 치료적 음악경
험이 반드시 일반 치료에서도 같은 치료적 구조와 기
능을 해야만 한다는 것을 의미한다. 예를 들어 악기연
주를 통해 팔의 가동범위를 증가시키기 위한 훈련은
타 치료에서 목적으로 하는 내담자의 기능적 움직임
의 목적과 같아야 한다. —역자 주

합한다. (1) 이 기법은 아동들이 그들의 환경 내에서 최적의 청감각적 기능을 달성하도록 도우며, (2) 환경적 자극에 대한 아동들의 민감성을 감소시킨다. 연구자들은 ASD 아동들이 반복, 감각추구 행동, 회피행동이든 빈약한 주의력이든 환경적 자극에 다르게 반응한다는 것을 입증했다(Liss, Saulnier, Fein, & Kinsbourne, 2006). 이러한 반응들은 그들이 자극을 신경생리학적으로 처리하는 데 있어 생기는 차이 —소리에 대한 좋지 않은 습관화와 새로운 자극에 대한 비전형적인 반응— 때문일 수 있다(Guiraud et al., 2011). 이러한 연구들은 음악자극을 ASD 아동들의 민감성을 감소시키고, 조절능력을 향상시키며, 청각적 과민증을 감소시키는 방법으로 활용하는 데 그 기초가 된다. 아동은 예측 가능한 다감각의 자극을 받아들이거나(리듬적으로 강한 압력) 혹은 아동에게 상관없는 자극이 있을 때 관련한 자극을 처리하는 연습을 할 기회를 제공받는 다양한 경험을 통해서 변화를 보여준다. 아동이 통제된 환경에서 감소된 과민증을 보일 때, 새로운 환경은 대체행동의 일반화를 위해 사용된다.

임상사례

패트릭은 ASD와 감각처리장애 진단을 받은 9세 소년이다. '소음'이 있는 환경에서 헤드폰이 그의 귀와 그가 지르는 소리 모두를 감춘다고 해도, 패트릭은 정기적으로 소리 감축 헤드폰을 썼다. 익숙한 환경에서 익숙하지 않은 자극을 들으면 그는 손에 있는 일을 멈추고 반복적으로 "난 무서워"라고 소리를 지른다. 이 행동은 에어컨을 켰을 때, 차가 지나갈 때, 사람들이 밤에 들어갈(보이지 않더라도) 관찰되었다. 그의 청각적 과민증은 일상적인 환경에서 가족과 함께 장 보러 가는 것조차 어렵게 한다. 이 민감성은 또한 학교생활에도 지장을 준다.

처음에 아동은 음악치료에서 예측 가능한 음악자극에 노출되는 경험을 하였다. 2주 후에 패트릭은 음악치료 세션에서 그의 귀를 덮는 귀 덮개를 제거할 수 있었다. 청각적 과민증을 지닌 아동들에게서 자주 보

이듯, 그는 소리를 통제할 수 있게 되자 어떠한 괴로움 없이 극도로 시끄러워질 수 있었다. 그리고 나서 패트릭은 익숙하고 조용한 환경을 돌아다니는 동안, (음악치료사가 기타를 연주하는 것과 같은) 음악적 자극에 그의 주의를 집중하도록 요구받았다. 일단 패트릭이 이 기술에 통달하자 (안전요원의 도움을 받아) 눈가리개를 쓰거나, 후드로 눈을 덮음으로써 그의 시각자극을 제거하였다. 아동은 다시 상충되는 자극이 없는 상황에서 선별된 음원(기타와 같은)을 따라다니는 것을 연습했다. 그리고 나서는 피아노나 다른 악기가 연주되는 것과 같이 상충되는 자극과 함께 실행하여, 아동이 다른 상충되는 자극은 무시하고 선별된 자극에 집중해야만 하도록 했다. 아동이 이 기술에 통달하자 활동은 진료실 건물의 복도, 바깥, 음악연습실 복도를 포함한 새로운 환경에서 반복되었다. 아동은 관련 있는 자극에 집중하고 다른 모든 상관없는 자극들을 무시할 것을 요구받았다. 치료사는 패트릭에게 그가 지금 하고 있는 일을 멈추고 주변 자극에 집중하여 그것이 무엇인지 밝히도록 요청하였다. 이때 패트릭의 눈가리개/후드를 제거하고 그가 들었던 것과 본 것을 시각적으로 짝을 맞추어보도록 하였다. 결과적으로 이 연습은 눈가리개 없이 끝났으며 음악적 음원의 대체물은 점진적으로 도입되었고(그의 다리를 리듬적으로 두드리는 것), 이는 음악치료사가 없는 다른 새로운 환경에서 이 실습이 일어날 것을 감안한 것이다. 이 과정은 패트릭이 귀 덮개에 의존하는 것을 감소시켰으며, 그가 행동적 폭발 없이 시끄러운 환경을 지나 걸어갈 수 있도록 했고, 또 그가 선별된 자극에 대한 집중을 유지하는 것을 도와주었다.

말과 언어의 발달성 훈련

음악을 통한 말과 언어의 발달성 훈련(Develop-mental Speech and Language Training through Music, DSLM)은 말과 언어기술 발달을 목표로 연령대에 적합한 음악적 경험을 사용하는 방법이다. 이 기법은 전언어적, 수용 및 표현언어 기술을 포함하여 목표로 하는 말과 관련된 문제영역을 직접적으로 발달시키기 위해 음악을 사용한다. 일단 문제영역이 확인되면, 비음악적 혹은 기능적 기술이 고려된다. 예를 들어 표현적인 소통에 있어, 기능적인 실제-세계 기술은 원하는

것 또는 필요한 것을 요청하는 것일 수 있다. 음악치료사는 이 실제-세계의 대화를 가지고 기능적인 기술―요구/필요를 위한 소통의 시작―을 목표로 하는 음악적 경험을 창조할 것이다. 음악을 반응에 대한 예측 가능한 신호로, 의사소통 경험에 있어 참여를 증가시킬 매개체로 사용함으로써 아동은 음악이 제공하는 구조 안에서 이 기술을 숙련한다.

DSLM 기법은 아동의 참여, 언어학습 그리고 ASD 아동이 음악을 언어보다 더 잘 처리한다는 것을 입증한 연구들을 바탕으로 한다(Lai, Pantazatos, Schneider, & Hirsch, 2012). DSLM 임상 초기 효과는 다음과 같다. Lim(2010)은 ASD 아동의 의사소통 결함이 심각할수록 DSLM 기술을 통해 더 큰 개선을 보였음을 입증했다. Wan과 동료들(2011)은 음정이 조율된 북 연주와 함께 한 리듬과 선율이 비언어적 ASD 아동에 있어 말산출을 호전시켰음을 보고했다. 이러한 초기의 근거는 ASD 아동들의 소통을 위한 음악적 자료의 사용을 뒷받침한다.

임상사례

키스는 6세의 소년으로 자폐스펙트럼장애를 갖고 있으며, 다른 형태의 의사소통 없이 제한된 말산출만 한다. 진단평가 동안 키스는 카바사, 북, 세이커와 같은 악기들을 선호하였다. 의사소통적으로 말을 사용하게 하기 위해, 음악적 활동은 아동이 원하는 것에 대해 표현적 언어소통으로 반응하는 것을 목표로 만들어졌다. 노래구조는 키스에게 소통의 기회를 제공하는 보상적 음악경험에 참여하도록 만들어졌다. 키스가 몇몇 악기에 선호를 보이기 때문에 그 악기들이 사용될 것이며 여기에 더 나아가 음악적 탐구를 고취시키기 위한 새로운 악기도 함께 할 것이다.

노래구조는 ABA 형식으로 만들어졌다(A 부분들의 음악적 자료는 같고 B 부분에서 변화함). A 부분에서 치료사는 피아노나 기타를 연주하고 경험에 관련되어 있는 연령에 적합한 노래를 부르는 동안 키스에게는 악기를 연주할 기회를 제공했다. A 부분은 키스에게 노래를 통해 악기를 제자리에 놓을 것을 지시하는

것으로 마무리된다. B 부분에서 키스는 새로운 악기를 선택할 기회를 갖는다. 이 부분에서 음악은 반응에 대한 명확한 예측을 위한 신호로 제공되며, 리듬은 말산출을 보조하는 반응 기간을 통해서 활용될 것이다. 기능적인 문장이 발화될 수도 있지만(예 : "나는 저것을 원해"), 말하려는 시도와 선택에 대해 명확히 의사소통하는 어떤 문장도 용인된다. 왜냐하면 목표는 구절을 가르치는 것이 아니라, 오히려 주어진 일을 위한 적절한 소통을 촉진시키는 것이기 때문이다. 키스가 카바사를 연주하고 싶다고 반응하자마자 A 부분은 반복되고 키스는 선택한 악기를 연주할 기회를 갖는다. 소통에 기반을 둔 활동은 다른 자극, 그리고 조작들과 함께 반복된다. 결국 반응하는 동안의 음악적 지원은 감소할 것이며, 키스는 비음악적 환경에서 같은 기술을 숙련시킬 기회를 가질 것이다.

사회적 능력 훈련

ASD 아동의 또 다른 문제영역은 읽기와 사회적 신호에 대해 반응하기이다. 사회적 능력 훈련은 차례 지키기, 화제에 관련된 반응, 공동주의 기술, 신체언어/표현 읽어내기 등 필수적인 사회 기술을 훈련할 기회를 제공한다. 음악치료 경험이 사회적 기술 습득에 유익하다는 것은 몇몇 연구를 통해 입증되었다(Finnigan & Starr, 2010; Kern & Aldridge, 2006; Kern et al., 2007). 사회적 능력 훈련을 위해서는 개인의 우선적인 요구와 이러한 사회적 기술들이 실행될 수 있는 상황을 먼저 고려해야 한다. 음악적 경험은 사실상 완전히 사회적 경험이다. 예를 들어 함께 악기를 연주하는 행위는 여러 사람이 음악이라는 흐름에 함께 주목하는 공동주의를 갖게 한다. 또한 음악이 시선을 따라가는 신호로 사용될 때 사회적 기술의 연습으로 이어진다. 일단 기술이 음악적 과제 내에서 실행되면, 음악은 서서히 사라지고 기술은 비음악적 맥락에서 훈련된다.

임상사례

마리골드는 ASD 진단을 받은 10세의 소녀이다. 아

동의 진단평가에서 공동주의 기술을 포함한 사회적 능력이 가장 우선적인 문제로 확인되었다. 세 사람이 함께 주목하기 작업을 위해(예 : 한 사람이 처음에 시선을 통해 사물을 언급한 후, 2명이 사물에 주목하는 것), 전형적인 환경에서 일어나는 경험을 고려하고 공동주의 기술을 강조하는 음악적 환경을 만든다. 마리골드에게 있어 음악경험은 치료사와 악기를 연주하는 것부터 그들이 다음에 무엇을 연주할지 결정하기 위해 치료사의 눈을 쳐다보는 것, 혹은 그녀가 다음에 무엇을 연주할지 결정하기 위해 동료의 눈을 보는 것까지 연속적인 단계를 포함한다. 음악경험 안에서 대상을 보고, 시선으로 의미를 전달하고 그리고 그 대상을 사용하는 활동에 적극적으로 함께 참여하는 행동이 완성된다. 음악은 가사를 통해 지시로 시작한다. 기술의 다른 요소들은 음악 내에서의 구조를 사용하여 이행한다. 결국 이 기술은 공동주의가 비언어적 사회적 소통을 위해 사용되는 비음악적 맥락에서 훈련될 것이다.

다른 학문에서의 적용

ASD 아동을 치료하는 데 있어서 작업치료사나 언어치료사와 같은 다른 영역의 전문가들과의 협력 작업은 임상에서 음악의 효과적인 사용 기회를 제공할 수 있다. 음악치료사는 아동과 다른 영역의 전문가 사이의 상호작용 향상을 위해 즉흥적 음악을 제공할 수 있다(Carpente, 2012). 또 다른 협력적인 기법에는 음악을 어떻게 임상적 목적과 의도를 가지고 작업할지에 대해 다른 전문가들의 업무영역 범위 내에서 지도하는 것을 포함한다(Carpente). 이것은 아동의 정서, 민감성, 반응, 움직임, 발성을 바탕으로 음악을 만들거나 마주보는 다른 전문가를 지도하는 것을 포함한다.

NMT의 방법론 내에서는 다른 학문들과의 협력 작업을 권장한다. 치료의 협력 작업은 내담자에게 최고의 치료로 원하는 결과에 도달하는 것을 목표로 각기 다른 관점, 전문성 그리고 연구에 대한 지식을 고려한다. ASD 아동들과의 치료 작업을 할 때, NMT 임상가는 다른 치료사와 교사들을 포함한 해당 아동의 치료 팀 구성원과 함께 협력할 수 있다. 치료 팀이 문제영역을 결정하면, 음악치료사들은 비음악적 기술이나 필요성을 충족시키는 것을 촉진시키는 음악치료 경험을 만들기 위해 TDM을 활용할 수 있다.

음악치료사는 치료 팀에 생생한 상호작용적 음악치료의 적용을 알려주는 것뿐만 아니라 음악치료사의 부재 시에 전체 치료 팀에서 사용할 수 있는 자료와 조절 방법을 개발할 수도 있다. 예를 들어, 만일 아동이 말을 시작하는 데 어려움을 보이고 있다면, 말-시작 훈련을 위해 음악치료 세션에서는 리듬훈련을 첫 번째로 시행한다. 말산출을 시도하는 동안 리듬의 사용은 내담자의 다리를 두드리거나 다른 리듬적 몸의 움직임으로 전환할 수 있다. 이것은 내담자가 더 독립적으로 소통하도록 돕기 위해 학교환경 또는 치료세션 외의 영역에서 활용될 수 있는 단순한 방법이다.

학문의 전문영역을 모두 아울러 사용할 수 있는 또 다른 예는 간단한 노래의 사용이다. 노래는 일상적이거나, 과도기 상황이나 행동적/사회적 순응을 돕는다. 예를 들어, 아동이 코를 풀고 휴지를 버릴 때 따라 하기에 적합한 단계들을 기억하도록 돕는 노래를 들 수 있다. 또한 음악치료사는 아동을 한 활동에서 다른 활동으로 이동시키는 것을 돕도록 사용할 수 있는 이행 노래를 만들어, 치료 팀이 활용할 수 있도록 할 수 있다. 이러한 방법들은 치료 팀의 일부 구성원이 노래하는 것을 원하지 않거나, 편안하게 생각하지 않을 수 있으므로, 치료 팀이 음악을 편안하게 생각할 때 가능하다. 활용 방법에는 리듬과 선율, 리드미컬한 찬트, 그리고 녹음 음악을 모두 사용할 수 있다.

결론

ASD의 발생률이 최근 몇 년간 증가하면서 이 질환을 가진 아동들의 핵심적인 요구를 다룰 증거에 기초한 치료방법론이 지속적으로 요구되어 왔다(Lord & Bishop, 2010). ASD 아동들은 흔히 음악에 대한 특별한 흥미나 향상된 음악적 능력을 가지고 있다(Heaton, 2004; Thaut, 1988). 또한 ASD 아동들은 말자극보다 음악에 노출되었을 때 더 호의적인 반응을 보인다. 이러한 반응은 ASD 아동들이 음악적 자극 처리에 있어서 증가된 피질 활성화를 보이며 이례적인 처리를 한다는 연구를 통해 밝혀졌다(Lai et al., 2012). ASD 아동들의 음악에 대한 특별한 관심이나 능력은 ASD의 핵심 요소를 다루는 데 있어 음악이 특별히 효과적인 방법임을 의미한다. 음악치료 분야의 연구자들은 사회적 그리고 소통적 기술의 습득을 촉진시키는 중재로서 음악치료의 초기 효능을 입증했다. 비록 음악치료의 분야에 여러 다른 접근들이 있지만, 각각의 방법론과 접근을 가지고 일하는 치료사들은 ASD 아동들이 온전한 발달잠재력에 도달하도록 돕기 위해서 음악을 사용하여 작업하는 것에 집중하고 있다. 이러한 음악치료 중재들은 ASD 아동들의 매일의 삶과 기능적인 기술들을 향상시키기 위해서, 그들이 세계를 다른 방식으로 경험하게 해준다.

참고문헌

Alvin, J., & Warwick, A. (1991). *Music therapy for the autistic child* (2nd ed.). Oxford, UK: Oxford University Press.

American Psychiatric Association. (2013). *Diagnostic and statistical manual of mental disorders* (5th ed.). Arlington, VA: Author.

Asperger, H. (1991). "Autistic psychopathy" in childhood. In U. Frith (Ed.), *Autism and Asperger syndrome* (pp. 37-92). Cambridge, UK: Cambridge University Press. (Original work published 1944)

Brownell, M. D. (2002). Musically adapted social stories to modify behaviors in students with autism: Four case studies. *Journal of Music Therapy, 39*(2), 117-144.

Bruscia, K. E. (1998). *Defining music therapy* (2nd ed.). Gilsum, NH: Barcelona.

Carpente, J. (2009). *Contributions of Nordoff-Robbins music therapy within the developmental, individual-differences, relationship (DIR)-based model in the treatment of children with autism: Four case studies* (Unpublished doctoral dissertation). Temple University, Philadelphia, PA. Available from ProQuest Dissertations and Theses database (UMI No. AAT 3359621).

Carpente, J. (2012). DIR®/Floortime™ model: Introduction and considerations for improvisational music therapy. In P. Kern & M. Humpal (Eds.), *Early childhood music therapy and autism spectrum disorders: Developing potential in young children and their families* (pp. 145-161). Philadelphia: Jessica Kingsley.

Carpente, J. (2013). *The Individual Music-Centered Assessment Profile for Neurodevelopmental Disorders (IMCAP-ND): A clinical manual*. Baldwin, NY: Regina.

Centers for Disease Control and Prevention. (2013). Data and statistics. In *Autism spectrum disorders*. Retrieved from *www.cdc.gov/ncbddd/autism/data.html*.

Finnigan, D., & Starr, E. (2010). Increasing social responsiveness in a child with autism: A comparison of music and nonmusic interventions. *Autism, 14*(4), 321-348.

Greenspan, S. I., & Weider, S. (2006). *Infant and early childhood mental health: A comprehensive developmental approach to assessment and intervention*. Washington, DC: American Psychiatric Association.

Guiraud, J. A., Kushnerenko, E., Tomalski, P., Davies, K., Ribeiro, H., & Johnson, M. H. (2011). Differential habituation to repeated sounds in infants at high risk for autism. *NeuroReport, 22*(16), 845-849.

Heaton, P. (2004). Interval and contour processing in autism. *Journal of Autism and Developmental Disorders, 35*(6), 787-793.

Hintz, M. (2013). Autism. In M. Hintz (Ed.), *Guidelines for music therapy practice in developmental health* (pp. 50-86). University Park, IL: Barcelona.

Kanner, L. (1943). Autistic disturbances of affective contact. *Nervous Child, 2*, 217-250.

Kaplan, R., & Steele, A. L. (2005). An analysis of music therapy program goals and outcomes for clients with diagnoses on the autism spectrum. *Journal of Music Therapy, 42*(1), 2-19.

Kern, P., & Aldridge, D. (2006). Using embedded music therapy interventions to support outdoor play of young children with autism in an inclusive community-based child care program. *Journal of Music Therapy, 43*(4), 270-294.

Kern, P., Wolery, M., & Aldridge, D. (2007). Use of songs to promote independence in morning greeting routines for young children with autism. *Journal of Autism and Developmental Disorders, 37*, 1264-1271.

Kim, J., Wigram, T., & Gold, C. (2008). The effects of improvisational music therapy on joint attention behaviors in autistic children: A randomized controlled study. *Journal of Autism and Developmental Disorders, 38*, 1758-1766.

Kim, J., Wigram, T., & Gold, C. (2009). Emotional, motivational, and interpersonal responsiveness of children with autism in improvisational music therapy. *Autism, 13*(4), 389-409.

Lai, G., Pantazatos, S. P., Schneider, H., & Hirsch, J. (2012). Neural systems for speech and song in autism. *Brain, 135*(Pt. 3), 961-975.

Lecourt, E. (1991). Off-beat music therapy: A psychoanalytic approach to autism. In K. E. Bruscia (Ed.), *Case studies in music therapy* (pp. 73-98). Gilsum, NH: Barcelona.

Lim, H. A. (2010). Effect of "developmental speech and language training through music" on speech production in children with autism spectrum disorders. *Journal of Music Therapy, 47*(1), 2-26.

Liss, M., Saulnier, C., Fein, D., & Kinsbourne, M. (2006). Sensory and attention abnormalities in autistic spectrum disorders. *Autism, 10*(2), 155-172.

Lord, C., & Bishop, S. L. (2010). Autism spectrum disorders: Diagnosis, prevalence, and services for children and families. *Social Policy Report, 24*(2), 1-27.

Martin, L. (2012). Applied behavior analysis: Introduction and practical application in music therapy for young children with autism spectrum disorders. In P. Kern & M. Humpal (Eds.), *Early childhood music therapy and autism spectrum disorders: Developing potential in young children and their families* (pp. 101-116). Philadelphia: Jessica Kingsley.

Nordoff, P., & Robbins, C. (1968). *Fun for four drums: A rhythmic game for children with four drums, piano and a song.* Bryn Mawr, PA: Theodore Presser.

Nordoff, P., & Robbins, C. (2007). *Creative music therapy: A guide to fostering clinical musicianship* (2nd ed). Gilsum, NH: Barcelona.

Oldfield, A. (2006). *Interactive music therapy in child and family psychiatry: Clinical practice, research and teaching.* London: Jessica Kingsley.

Robarts, J. (1996). Music therapy for children with autism. In C. Trevarthen, K. Aitken, D. Papoudi, & J. Robarts (Eds.), *Children with autism: Diagnosis and intervention to meet their needs* (pp. 134-160). London: Jessica Kingsley.

Schwartz, E. (2008). *Music, therapy, and early childhood: A developmental approach.* Gilsum, NH: Barcelona.

Thaut, M. H. (1988). Measuring musical responsiveness in autistic children: A comparative analysis of improvised musical tone sequences of autistic, normal, and mentally retarded individuals. *Journal of Autism and Developmental Disorders, 18*(4), 561-571.

Thaut, M. H. (2005). *Rhythm, music and the brain.* London: Routledge.

Thompson, G. (2012). Family-centered music therapy in the home environment: Promoting interpersonal engagement between children with autism spectrum disorder and their parents. *Music Therapy Perspectives, 30*(2), 109-116.

Thurm, A., & Swedo, S. E. (2012). The importance of autism research. *Dialogues in Clinical Neuroscience, 14*(3), 219-222.

Volkmar, F. R., Reichow, B., & McPartland, J. (2012). Classification of autism and related conditions: Progress, challenges, and opportunities. *Dialogues in Clinical Neuroscience, 14*(3), 229-237.

Wan, C. Y., Bazen, L., Baars, R., Libenson, A., Zipse, L., Zuk, J., et al. (2011). Auditory–motor mapping training as an intervention to facilitate speech output in non-verbal children with autism: A proof of concept study. *PLoS One, 6*(9), e25505.

Wing, L., Gould, J., & Gillberg, C. (2011). Autism spectrum disorders in the DSM-V: Better or worse than the DSM-IV? *Research in Developmental Disabilities, 32*, 768-773.

제24장

말과 언어장애 아동을 위한 음악치료

Kathleen M. Howland

이드보라 역

아동의 말과 언어능력의 발달은 인간의 천성과 양육 모두의 놀라운 업적이다. 아동의 언어발달은 매우 복잡하며, 이를 방해하는 요소가 나타나기 전까지는 가장 쉽게 큰 발전을 보인다.

과거에 학자들은 유아를 백지상태(tabula rasa), 즉 언어와 문화를 쓰는 빈 석판이라고 생각했었다. 아기가 많은 기술을 가지고 있다는 사실은 이미 잘 알려진 사실인데, 그중 대표적인 것이 음악과 언어지각이다. 예를 들어, 임신 마지막 3개월 기간의 자궁에 있는 태아는 새로운 음악과 이야기와 비교할 때 이전에 들었던 음악과 이야기에 차별적으로 반응한다(DeCasper & Spence, 1986; James, Spencer, & Stepsis, 2002). 만 6주밖에 안 된 영아가 자기 문화의 음악의 박자와 다른 문화의 음악의 박자의 변화(Hannon & Trehub, 2005; Soley & Hannon, 2010), 세상 언어의 모든 소리를 구별할 수 있다(Dehaene-Lambertz & Dehaene, 1994).

음악과 초기 언어습득에 관한 최근 연구에서 Brandt, Gebrian과 Slevc(2012)은 신생아의 뇌와 음악이 언어를 학습하는 데 기초가 된다고 하였다. 그들은 유아가 언어의 음악적 측면을 사용한다고 가정하였다. 즉, 구문론(문법)과 의미론(단어의 의미)의 후기 발달을 위한 기반으로 리듬, 음색의 대조 그리고 선율 윤곽를 사용한다는 것이다.

노래와 말 사이의 공통적인 특성 때문에 신경과학자들은 언어장애인을 치료하기 위해 노래를 사용하는 것을 연구하기 시작하였다(Wan, Ruber, Hohmann, & Schlaug, 2010). 이 영역에 대한 많은 연구는 초기에는 신경장애를 가진 성인(예 : 뇌졸중, 파킨슨병)을 대상으로 시작하였고 최근에는 자폐 아동을 대상으로 하고 있다. 이 장의 목적은 음악치료사와 음악치료에 관심을 가지고 있는 다른 분야의 치료사들에게 임상적 중재로서의 음악을 발달적 말과 언어장애인 치료를 위한 가장 최신의 방법을 제공하는 데 있다. 음악은 아동에게 아주 자연스럽게 동기를 부여하고 비위협적이면서 즐거움을 제공하는 중간매체로서 치료사에게 제공될 수 있다. 음악치료는 리듬과 음고와 같은 음악의 요소를 지각하고 만들 수 있는, 거의 모든 아동의 타고난 능력을 기반으로 한다. 음악의 다양성은 치료사에게 동일한 작업, 특별히 숙달하기 위해 수많은 반복을 요구하는 과제를 해결하는 수많은 방법을 제공한다.

말(speech)과 언어(language)라는 용어는 말-언어병리학자(speech-language pathologist, SLP)라는 직함에서 종종 함께 나타난다. 그러나 말과 언어는 서로 매우 다른 윤곽을 나타내고 다른 치료접근법을 요구한다는 점에서 서로 다르게 정의 내려질 필요가 있는 두 가지 다른 기술이라고 할 수 있다. 이 장은 말장애를 설명하는 것으로 시작해서 언어장애로 이동할 것이다.

현재까지 소아 말-언어장애에 대한 문헌은 제한적이다. 이러한 제한의 일부는 진단기준에 따른 논쟁(Morgan & Vogel, 2008a)과 장애의 원인이 되는 다양한 병인에서 기인한 것이다. 예를 들면, 구음장애(dysarthria, 낮은 말명료도)는 선천적인 조건(예 : 뇌성마비, 다운증후군)뿐만 아니라 후천적인 조건(예 : 외상성 뇌손상) 때문에 발생할 수 있다. 연구를 위한 대상 그룹을 좀 더 세분화하자면 구음장애의 다른 유형(예 : 운동저하증, 운동과잉증, 운동실조증)도 있다. 따라서 장애의 이질성은 연구활동에 혼돈을 가져올 수 있다. 마지막으로 공식적인 연구조사에 필요한 아동의 수는 어느 한 영역에서만 모집하기가 매우 어려울 수 있다.

미국 말-언어-청각협회에는 근거기반 조직 평가를 위한 국립센터가 있다(www.asha.org/members/ebp/EBSRs). 평가는 증거기반 실행 지침을 알려주기 위해 실시된다. 이 장에서는 진단 범주를 위한 제한적인 검토를 설명하였다. 확인된 장애들(구어실행장애, 구음장애, 어용장애)은 효과적인 임상에 기반을 둔 연구의 결핍, 진단유형에 대한 정의의 결핍, 부실하게 통제된 연구, 제한된 수의 대상자를 보고하고 있다(Gerber, Brice, Capone, Fujiki, & Timler, 2012; Morgan & Vogel, 2008a, 2008b).

음악을 사용하여 말과 언어장애를 치료하기 위한 많은 문헌은 파킨슨병, 뇌졸중, 뇌손상과 같은 후천적 신경장애를 가진 성인들에게 실시한 결과이다. 아동을 대상으로 하는 음악치료사들은 말-언어병리학뿐만 아니라 음악치료에 있어서 아동과 성인을 위해 출판된 연구도 읽어야 한다. 그들은 합리적 과학적 중재모델에 기초한 유망한 임상적 접근과 진단의 신경학적 기초와 발표된 진단의 특성을 이해해야만 한다(Thaut, 2005). 임상가들은 가능성이 높은 실행을 되풀이하기 위한 기준을 가지고 아동을 위한 실행의 효과를 향상시킬 적용법을 만들고, 이전에 시도되었던 것에 기초한 새로운 접근법을 만들어낼 것이다.

내담자군

영아에서부터 청소년 시기에는 선천적 또는 후천적으로 발생되는 다양한 말과 언어장애가 나타날 수 있다. 이 장애들은 유선적이거나 비성상적으로 발생되는데 경도·중도·중등도로 나뉘기도 하고, 의사소통을 심각하게 또는 가볍게 방해하기도 한다. 말-언어병리학자(자격증명 CCC-SLP)는 진단을 확인하고 의사소통 상태가 어떻게 영향을 주는지 설명하기 위해 진단평가를 실시하여야 한다. 그리고 말-언어병리학자에 의한 치료목표의 확인은 음악치료사에게 매우 중요하다.

임상작업

말

말은 호흡(숨), 발성(목소리), 발음의 협력을 포함하는 운동행동이다. 한 단계 또는 한 단계 이상의 장애는 말-명료도와 성공적인 의사소통에 부정적인 영향을 미칠 수 있다. 말의 명료도는 청자가 듣고 이해할 수 있는 발화를 백분율로 계산하여 나타낸다. 예를 들어, 익숙하지 않은 청자가 50% 이하의 명료도로 아동이 말을 하는지 판단하는 것이다. 기본적으로 청자는 아동의 의도를 추측함으로써 가끔 명료한 단어를 이해할 수도 있다. 말의 명료도를 알아보는 가장 좋은 방법은 익숙하지 않은 청자가 3세 아동이 얼마나 명료하게 말을 하는지 측정하는 것이다.

말-언어병리학자는 일반적으로 근본적인 원인을 확인하기 위해 운동기능의 네 가지 단계를 고려해야 하고 운동말장애의 치료목표를 설정해야 한다.

1. **호흡장애.** 빈약한 호흡유지는 성대의 효율적인 진동을 방해하는데, 이는 발생된 소리의 양과 질을 감소시킨다. 청자는 말을 이해하기 어렵게 만드는 무기음이나 조용한 목소리를 듣게 된다. 말하거나 노래할 때 너무 빈번한 호흡이 관찰될 수 있다.
2. **발성장애.** 성대의 빈약한 폐쇄는 무기음이나 끽끽거리는 목소리를 야기할 수 있다. 이는 운동에 있어서 성대를 혹사시키는 빈약한 호흡통제 또는 성대의 병리적인 원인에 기인한 것이다. 말-언어병리학자들은 장

애의 원인으로 암이나 다른 질병의 과정을 제외하여 평가하기 위해서 내담자가 음성장애를 가지고 있는지 이비인후과 의사들(귀, 코, 목의 전문가)에게 문의해야 한다. 음악치료사들 또한 치료를 시작하기 전에 이러한 과정을 거쳐야 한다.

3. **조음장애.** 빈약한 협응 또는 약한 근육은 말소리의 불명료하고 빈약한 명료도를 만들어낼 수 있다. 예를 들면 입술을 적절하게 다물지 못한다면, /p/ 소리를 낼 때 적절하게 터지는 소리를 만들 수 없다.
4. **공명장애.** 비강에서 연구개로의 연결은 영어의 *music*에서 /m/, *none*에서 /n/, *sing*에서 /ŋ/에서만 나타난다. 연구개가 약해져 있을 때 또는 연구개와 비강의 연결이 빈약한 협응을 보일 때, 목소리는 사람이 감기에 걸렸을 때처럼 심한 비강 소리나 코가 막힌 것 같은 소리가 날 것이다.

주요한 말장애는 구음장애, 조음장애, 음운장애, 구어실행장애, 말더듬과 같은 진단분류를 포함한다. 각 장애에 대한 특성과 음악에서 추천된 활동과 치료를 참고할 수 있도록 아래에 기술해 놓았다.

구음장애

구음장애(dysarthria)의 특성은 빈약한 목소리의 질(쉰 목소리 또는 무기음)과 적은 조음 명확도(불분명한 또는 중얼거리는 말소리)를 포함한다. 이는 중추신경계(뇌와 척수) 또는 말초신경계(척추 또는 뇌신경) 단계에서의 손상이나 기능장애에 의해 발생되는 운동음성장애이다. 대개의 경우 말의 명확도가 떨어진다.

구음장애에는 이완(다운증후군과 관련된), 경련, 뇌성마비, 운동실조 등 여러 가지 유형이 있

다. 다운증후군 아동에게서 흔히 나타나는 이완 구음장애(flaccid dysarthria)는 혀, 입술, 연구개 근육의 긴장저하와 두꺼운 혀에 의한 것이다. 목소리의 질은 답답한 소리(비성)로 설명될 수 있고 발성은 부정확하고 둔하다. 경련 구음장애(spastic dysarthria)는 거칠고, 긴장되고, 또는 억압된 목소리가 특징이다. 뇌성마비 구음장애(dyskinetic dysarthria)는 운동과잉증 또는 운동저하증(도달하지 않거나 지나친 목표를 초래하는 너무 많은 또는 너무 적은 운동)의 원인이 될 수 있다. 운동실조언어(ataxic speech)는 거친 목소리와 불명료하고 분명하지 않은 발음이 특징이다. 부족한 운동통제와 기관은 이러한 하위유형의 형태이다. 전문적인 말-언어병리학자는 아동이 가지고 있는 하위유형을 파악할 수 있다.

최근 몇 년 동안 구음장애 성인의 치료, 특히 파킨슨병을 가진 성인의 치료는 호흡과 발성을 향상시키는 것에 중점을 두고 있다. 이 프로토콜은 *think loud*라고도 알려진 *Lee Silverman voice treatment(www.lsvtglobal.com)* 프로그램이다. 신경학적 음악치료에서의 프로토콜은 목소리 억양치료(Vocal Intonation Therapy, VIT; Thaut, 2005)로 알려져 있다. 이 두 가지 접근법에서 주요한 초점은 큰 소리(소음계로 측정)를 내게 하는 것과 지속적인 발성(모음, /s/와 같이 저항을 나타내는 자음)을 하게 하는 것이다. 지속된 발성은 스톱워치를 사용하여 시간을 재어서 측정한다. 몇몇 조사연구에서는 발성과 호흡 치료가 자음 생산(Dromey, Ramig, & Johnson, 1995), 혀의 힘과 자동력(Ward, Theodoros, Murdoch, & Silburn, 2000), 말속도(Ramig, Countryman, Thompson, & Horii, 1995)의 향상에 도움이 되었다고 보고하고 있다. 이 접근법은 점차적 단계, 즉 음의 분리로 시작하여 음절, 구, 문장, 그리고 마지막에 대화로 말소리를 내도록 하는 전통적인 조음치료 방법과 대조적이다. 이런 전통적인 접근은 지루하기도 하고, 일반적으로 제한된 성공을 이룬다. 호흡으로 하는 치료의 가장 인상적인 부분은 조음을 향상시킬 수 있다는 것이다. 이는 구음장애가 운동말장애이지, 음운장애와는 다르다는 근본적인 이론을 강화시킨다.

노래는 지속적인 발성과 소리의 강도에 긍정적인 영향을 준다. 미리 작곡한 곡이나 기존의 노래는 음악치료사가 아동의 흥미를 유지시킬 수 있는 다양한 재료를 제공한다. 이러한 녹음된 노래는 그들의 가족이 집에서 아동과 함께 할 때 긍정적인 결과를 얻을 수 있다.

전통적인 구강운동 훈련(oral motor exercises, OMEs)은 혀, 입술, 볼 등의 언어체계의 근육들을 강화시키는 데 사용되었다. McCauley, Strand, Lof, Schooling과 Frymark(2009)는 언어에 있어서 비언어관계 OMEs의 근거기반 체계 평가를 하였는데, 이는 언어기능 향상을 위한 OMEs의 사용을 반박하거나 지지하기 위한 불충분한 근거를 보고한다. 만약 음악치료사가 OMEs가 효과적일 것이라고 생각하는 언어치료사와 협력하여 일한다면 설득력 있고 동기부여가 될 수 있는 음악적 맥락에서 이 훈련을 통합할 수 있을 것이다. Thaut(2005)는 구강운동과 호흡훈련의 설명에서 입술과 볼 근육의 힘과 호흡통제를 향상시키기 위한 음악적 방법으로 관악기(플루트, 카주, 리코더, 슬라이드 휘슬, 주석 피리)의 사용을 추천하였다. 응답 형태에 있어서 텅잉(tonguing) 주법을 이용하여 악기를 연주하는 것은 언어소음에 있어서 숭요한 혀끝의 빠른 운동을 용이하게 할 수 있다. 아동이 힘을 향상시킬 수 있게 더 많은 저항을 제공하도록 눈금이 매겨져 있는 휘슬도 있다(이 장의 마지막에 있는 웹자료 목록 참조).

음악치료는 즐거움과 의미를 가지고 반복적인

작업을 하기 때문에 구음장애를 위한 이상적인 임상중재이다. 또한 지속적인 발성과 강한 소리를 내는 것에 의미를 부여한다.

메트로놈은 좀 더 높은 성공률을 위해 노래의 빠르기를 느리게 하는 데 사용될 수 있다. 아동의 발음이 향상될 때마다 메트로놈의 빠르기를 5% 정도 증가시킨다. 발음의 변화는 거의 눈에 띄지 않을 정도이지만 운동시스템을 협력해서 크게 변화시킴으로 증가될 수 있다. 또 다른 방법은 음절의 연장이다. 이는 음절을 많이 생산하지 않아도 될 때, 잘 협응되지 않은 운동시스템이 체계화될 시간을 더 줄 수 있다. 즉, 내고자 하는 소리나 단어 앞에 쉼표를 주거나, 긴 음절로 노래하거나(I feel^^^fine), 'music'에서 /z/ 소리의 운동조직을 유지하기 위해서 모음을 길게 노래(muuuusic)하는 것이다. 다음 시도에서 쉼과 연장은 운동시스템이 더 좋은 수행을 하게 될 때 감소시키거나 제거될 수 있다.

좋은 호흡통제는 노래에서 구의 길이를 증가시키는 방법으로 강화되거나 습득될 수 있다. 이러한 기술은 음악활동에서 자연스럽게 사용될 수 있고 언어치료사나 가족과 의사소통하는 상황에서 일반화될 수 있다.

조음과 음운장애

아동은 언어발달 과정에서 자연스럽게 언어적 실수를 한다. 예를 들면, 2세 아동은 2개의 자음을 함께 발음하는 것이 어렵기 때문에 play라는 단어를 pay라고 말할 때가 있다. 대조적으로 5세 아동은 이러한 실수를 일상적으로 하지는 않을 것이다. 자연적으로 발생하는 실수가 너무 오랫동안 지속되면 장애가 된다.

전형적으로 운동시스템은 인지-언어시스템(단어놀이에 대한 지식과 대화 속에서 그 지식을 사용하고자 하는 욕구)의 발달에 뒤처져 있다.

언어적 소리가 발생하는 연령은 발달적 척도로 정의되어 있다(참고문헌의 웹자료 부분 참조). 장애 아동을 치료하는 음악치료사는 아동의 말과 언어의 연령에 따른 발달적 표준과 순서를 완전히 잘 알고 있어야 한다.

아동이 연령에 맞는 발음을 하기 어려울 경우, 또는 발달적으로 적절한 언어실수가 지속적으로 일어날 경우 이 아동을 말-언어병리학자(SLP)에게 의뢰하여 평가받아야 한다. 실수의 수는 전반적으로 명료함에 영향을 미칠 수도 있고 미치지 않을 수도 있을 만큼 최소한이 될 수도 있다. 실수가 말의 전체적인 명료함을 감소시킬 만큼 많고 규칙적이라면 아동은 음운장애로 진단될 수도 있다. 이러한 장애분류에 속한 아동은 다양한 실수를 만들어낸다. 예를 들면, 아동은 말을 하기 쉽게 만들기 위해 단어의 음정 구조를 무너지게 하거나, helicopter를 heter로, 또는 ambulance를 amblance라고 말하는 것이다. 실수의 더 심각한 형태는 마지막 자음을 삭제하는 것이다. 예를 들면, be라고 말하는 아동은 beat, beach, beef, beak, beam, bean 등을 의미할 수도 있다. 다른 음운장애는 sat의 /s/, she의 /ʃ/, zoo의 /z/와 같은 마찰음(예: 치찰음을 내기 위해서 기류를 억제해서 만드는 자음)을 다른 음으로 대신하거나 삭제하는 경우와 같이, 전체 소리를 누락시키는 형태로 나타난다. 아동은 sat를 tat, she를 tee, zoo를 do라고 말할 수도 있다. 마지막 두 가지 실수의 형태는 말-명료도에 있어서 유의미하고 부정적인 영향을 미친다. 그 실수들은 원래 발음하고자 했던 단어와 굉장히 동떨어진 발음으로, 청자에게 특히 아동에게 익숙하지 않은 이들이 이해하기 어렵다. 이를 평가하는 언어치료사는 음운 과정의 명확한 순서를 가지고 하나 이상의 목표 음에 대한 상세한 치료계획을 세울 것이다. 많은 생각이 치료계획에 들어가고 음악적 중재가 내담자의 발전을 최상으로 지원해주기 위해서는 말-언어병리학자(SLP)의 전문적인 지식을 따르는 것이 중요하다.

언어치료사는 단어의 다양한 음절에서 내담자가 말하고자 하는 단어를 잘 말할 수 있도록 돕는다. 예를 들어, 아동이 /P/ 소리를 수정하여야 할 경우, 초성 /p/에 대한 훈련은 *pat*, *Pete*, *pick* 등을 포함할 것이다. 중성을 훈련할 때에는 *apple*, *supper*, *tapping* 등을 포함한다. 종성은 *tap*, *stop*, *cap* 같은 단어를 연습한다. 음악치료사가 언어치료사와 밀접하게 협력하여 말소리의 초점을 아는 것은 중요하다. 음악치료사는 말-언어병리학자(SLP)가 사용하는 동일한 형태의 단서를 채택하는 것이 좋다. 운동신호는 조음을 배치하는 데 매우 효과적이다. 예를 들면, *hush*에서 /ʃ/ 소리를 말하기 위해서 아동이 지켜보는 가운데 손가락으로 입술을 둥글게 해야 한다.

발음하고자 하는 목표 음이 말-언어병리학자(SLP)에 의해 확인되고 나면, 음악치료사는 실용단어와 원시단어(스캣 창법과 같이 의미 없는 소리를 만들어서 발음하는 것)의 소리를 포함하는 노래와 활동을 만들 수 있다. 가사는 목표 음을 새로운 단어에 적용하여 발음할 수 있는지 알아보기 위해서 이전에 연습하지 않은 다른 단어를 포함할 수 있다. 연습하지 않은 단어를 발음하는 것은 주목할 만한 진전을 나타내는 것이다. 대중적인 노래 중에서도 조음치료에 사용하기에 적절한 곡들이 있다. 한 가지 예는 John Denver의 'Sunshine on My Shoulders'이다. 이 노래는 *sun*의 /s/, *shine*의 /ʃ/와 같이 마찰음을 연습하기에 좋은 노래이다. 또한 빈주가 있는 곡은 내담자의 참여를 돕는다.

말소리와 유사한 소리를 만드는 악기는 분리된 음절을 소리 낼 수 있도록 하는 데 사용될 수 있다. 오션드럼의 /ʃ/ 소리는 매우 훌륭하다. 반대편의 드럼 헤드는 손이나 채로 두드리면서 *pa*

ta ka, *pa pa pa* 그리고 *pa ta pa*와 같은 파열음(구강정지; 공기가 통과할 수 없도록 입의 일부를 차단하여 만든 상태)을 내는 데 사용할 수 있다. 카바사는 *sshhh*처럼 /ʃ/ 소리, *cha cha cha*처럼 /tʃ/ 소리를 유지하고, 파찰음(정지로 시작하는 자음 [t] 또는 [d], 하지만 마찰음으로 시작하는 [s] 또는 [z])을 짧게 터뜨리는 데 도움을 줄 수 있다. 어떤 소리는 길게 유지될 수 있고, 다른 어떤 소리는 그렇지 않다. 음성학에 대한 지식은 치료를 위한 활동을 구조화하는 방법을 아는 데 있어서 중요하다.

작곡된 노래는 다양하고 집중적이며, 필요한 발음만으로 구성하여 연습을 위한 기회를 제공하는 데 중요한 역할을 한다. 노래의 초점은 치료의 필요와 언어기능 수준을 고려한 단어, 구, 문장이 될 수 있다. 응답 노래는 많은 언어발달장애인을 위한 기술로 사용될 수 있다. 매우 어린 아동과 함께 할 때는 부모가 참여하여 도와줄 수 있는데 아동과 부모가 서로 역할을 바꾸어서 할 수 있다. 이러한 방법은 자폐스펙트럼장애로 진단받은 아동에게 특히 도움이 될 수 있다.

구어실행장애

부자연스럽거나 더듬거리거나 성공적이지 못한 언어시도는 구어실행장애의 가장 큰 특징이다. **구어실행장애**(apraxia)는 행동을 뜻하는 그리스어 *praxis*에서 유래하였다. 이는 뇌의 실행 단계에서 말하는 행동에 장애가 있는 경우이다. 뇌기능의 취약함, 마비, 감각손상, 또는 말에 대한 이해 부족으로 야기된 것이 아니라 뇌가 제대로 계획되고 배열된 명령을 언어체계로 보낼 수 없는 것이다. 언어는 복잡한 음성 조합과 반복을 거치면서 점차적으로 더 나빠지게 된다(이러한 경우는 연습으로 극복하기 어렵다).

구어실행장애와 구음장애의 주요한 차이는 전

자는 부자연스러운 조음이고, 후자는 느리고 부적절한 발화에 있다. 이러한 장애의 주요한 특징을 확인하고 임상적 기술을 발전시키는 데 도움을 줄 수 있는 동영상은 온라인을 이용할 수 있다(예 : 유튜브). 임상가는 전문성을 발달시키기 위해서 이러한 동영상을 사용하는 것이 좋다.

Strand(1995)는 발달적 구어실행장애의 치료에 있어서 가장 많이 제시되는 원리를 다음과 같이 보고하고 있다.

1. 청각과 시각자극을 짝지어서 집중적으로 사용하는 것은 매우 도움이 된다[예 : *Sunshine on My Shoulders*(Denver & Canyon, 2003)와 같은 노래책].
2. 독립 음소를 연습하는 것과 소리를 결합하여 생산하는 것을 구분하라.
3. 움직임 활동 훈련에 초점을 맞추라(반복은 음악활동에서 쉽게 구성된다).
4. 체계적인 훈련 안에서 음의 생산을 반복하라(응답 노래는 아동을 반복적인 시도에 참여시키는 좋은 방법이다).
5. 잘 계획된 계층적 자극을 사용하라(SPL에 의해서 확인되어야 한다).
6. 고유수용 감시 장치의 속도를 감소시키도록 하라(메트로놈은 속도를 감소시키고 천천히 발화를 시작하도록 돕는다).
7. 운반구를 사용하라(예 : "나는 _____를 볼 수 있다", "나는 _____를 원한다", "나는 _____를 가지고 있다"). 운반구는 블루스와 같이 반복적인 음악이 매우 알맞다.
8. 강세, 억양, 리듬과 같은 초분절적인 요소는 연속되는 동작과 짝지어서 사용하라(이런 요소는 언어와 음악에 모두 있고 무한히 다양하게 사용될 수 있다(예 : "나는 쿠키 '두' 개를 원한다"와 "나는 '쿠키' 두 개를

원한다"를 구분하는 것이 있을 수 있다).
9. 아동에게 기능적이고 의미 있는 핵심 단어를 확립하라(노래 만들기를 위한 좋은 기회이다).

성인 실어증 환자들을 위해서 처음 개발된 멜로디억양치료(Melodic Intonation Therapy, MIT)는 구어실행장애 아동을 위해서 프로그램된 프로토콜이다. 아동에 대한 이 프로토콜의 적용이 아직 문서로 기록되진 않았지만, 위에 언급된 Strand(1995)가 제시한 가이드라인을 지키기 때문에 나는 이 기법을 가리켜 유망하다(promising)라는 단어를 사용한다. Roper(2003)의 구어실행장애 아동을 위한 체계적인 연구평가에서 MIT의 효과는 "기껏해야 미흡한(p. 4)" 수준이라고 평가되었다. 이것은 적은 수의 연구, 대상 그리고 프로토콜의 개인적인 수정, 평가방법의 혼동에 기인한 것이다. 구어실행장애에 MIT를 사용하는 것을 고려하는 음악치료사는 이러한 혼란스러운 변수를 잘 이해하기 위해서 이 연구를 재검토해야 한다.

이것은 MIT의 치료방법에 대한 좋은 이론적 기초를 가지며, 개인적으로 내담자에게 효과적으로 적용하기 위해서 연구되어야만 하는 이유이다. 다음은 고려되어야 하는 중요한 요소이다.

1. 리듬의 사용은 조음 생산을 위한 선행 신호를 제공한다. 리듬은 특히 내부에서 발생하는 자극이 부적절할 때 움직임의 속도를 통제하는 효과적인 외부 조직자 역할을 한다. 단어 *music*을 예로 들면, 리듬을 느리게 할 때(*muuuusic*) 뇌와 조음기관에 두 번째 음절을 최대한 정확하게 할 수 있도록 첫 음절에 시간을 추가적으로 제공하는 것이나.
2. 프로토콜은 내담자가 듣고 보는 모델링을

제공함으로써 청각-운동시스템의 훈련을 도울 수 있고, 그렇게 함으로써 발음이나 청각적 처리과정을 거치려는 노력 없이 체내에서 연습을 하도록 한다. 그들은 겉으로 소리를 내는 부담 없이 지각에만 초점을 맞출 수 있다.

3. 이것은 거울 뉴런 시스템(mirror neuron system; 우리가 다른 사람을 보면서 뭔가를 배울 수 있도록 돕는 시스템)을 작동시키는 기회, 즉 얼굴과 얼굴이 마주하는 기회를 제공한다.

4. 일상에서 성공적인 의사소통을 이용할 수 있도록 속한 상황과 관련 있는 구와 높은 주파수를 사용한다. 예를 들면, 학습된 구는 "내 이름은 _____ 이다" 또는 "나는 지금 배가 고프다"와 같다. 이 접근법은 조음치료의 전통적인 방법인 소리와 단어의 단계에 따른 상향적 작업과 대조를 이룬다.

5. 음절을 소리 내는 것은 말보다 음악에서 매우 느리게 일어나는데, 이는 말이 일반적으로 무질서한 운동시스템의 기능을 최대화하는 데 더 많은 시간을 소요하기 때문이다.

6. 억양 패턴은 일반적으로 좌반구에서 프로그램화되어 조음을 지원하는 우반구를 참여시킨다.

7. 음악에서 지속적인 발성은 음절과 단어 사이의 연결을 증가시킨다.

8. MIT는 2개의 음고를 사용한다. 단어의 강세 음절을 강조하는 것은 2개의 음고 중에서 높은 음고이다. 아동은 그것을 조직히는 운동시스템을 위한 더 많은 시간을 제공하는 말소리 또는 어려운 음절의 지속시간을 연장하는 데 도움을 받을 수 있다. 위에서 언급된 예와 같이 *ambulance*라는 단어는 세 음절로 이루어져 있어서 활용하기 좋다. 첫

번째 음절 *ammm*과 같이 길게 늘이는 연습을, *BU*와 같이 강세를 주는 연습을, 음절 2개의 음고를 높이거나 세기를 강하게 하는 연습이 가능하다.

9. 좌반구는 구의 리듬을 가볍게 두드리는 데 사용될 수 있다. Thaut(2005)는 운동통제를 최적화시키도록 하는 방법으로 리듬의 사용을 설명하였다.

10. 단위 음절의 길이를 증가시키고 임상가의 도움과 모델링에 대한 의존성을 감소시키는 훈련은 단계적으로 실행하여야 한다. 그후, 임상가가 떠나고 내담자가 혼자 독립적으로 실행하도록 한다.

Zipse, Norton, Marchina 그리고 Schlaug(2012)는 광범위한 좌반구 뇌졸중을 경험한 청소년에 대한 사례연구를 발표하였다. 이 아동은 MIT 훈련을 집중적으로 80회기의 세션(주 5일)을 받았다. 뇌영상은 궁상얼기(arcuate fasciculus, AF)의 부피가 증가된 것을 보여주었다. 측두엽과 전두엽 사이에 위치한 궁상얼기는 청각-운동위치에서 일차적인 책임이 있는 중요한 기관이다. 궁상얼기는 전두엽의 말-영역에서 측두엽의 언어영역을 연결시킨다. 궁상얼기의 신경학적 변화에 대한 다른 증거는 가수들을 대상으로 한 연구에서 찾아볼 수 있다. Halwani, Loui, Ruber 그리고 Schlaug(2011)는 고도로 훈련된 가수(예술학교에 다니는 사람 그리고 전문가)는 악기연주자나 가수가 아닌 사람과 비교해서 궁상얼기의 부피가 증가되어 있다고 보고하였다. 궁상얼기의 부피와 섬유질의 수는 뇌졸중 후에 브로카 실어증(Broca's aphasia)을 가진 성인이 집중적인 MIT 훈련을 받은 후에 유의미하게 증가되었다(Schlaug, Marchinga, & Norton, 2009).

발달적 구어실행장애와 궁상얼기의 손상에 관

한 상관관계는 알려지지 않아서 나는 MIT를 사용한 성공적인 내 임상경험과 위에 언급한 신경과학 연구에 기초한 치료가설을 제시하고자 한다. MIT와 노래 부르기가 독립적으로 궁상얼기와 손상을 입은 발달적 구어실행장애인의 궁상얼기의 크기를 증가시키는 데 효과적이라는 사실이 증명된다면, 임상가는 치료에 있어 치료적 노래 부르기(therapeutic singing, TS; Thaut, 2005)의 NMT 프로토콜과 MIT 모두를 포함하고 싶어 할 것이다. 이 프로토콜은 아동이 노래를 할 수 있는 능력과 음악활동에 참여하고자 하는 자연스러운 욕구를 강점으로 사용한다. 말하면서 힘들었거나 좌절감을 느꼈을 때 노래의 용이성은 중요하다. 두 가지 프로토콜(MIT와 TS)은 말하는 것을 일반화시키기 위한 청각-운동결합을 향상시키는 잠재력을 가지고 있다. 보험회사와 가족의 예산으로 인한 임상적 방문의 제한을 고려할 때 잠재적으로 임상적 시간을 적게 하면서 성공적인 생산을 증가시키기 위해서는 하나 또는 다른 하나만 사용하기보다는 치료활동에 두 가지를 모두 포함하는 것이 중요할 것이다. TS는 가정에서도 쉽게 사용할 수 있어 더 많은 연습을 할 수 있다. 아동의 치료에 사용된 치료사의 음성이 있는 노래와 없는 노래를 녹음해서 가족 중 한 사람이 함께 노래할 수 있도록 만드는 것이다. Norton, Zipse, Marchina와 Schlaug(2009)의 연구에서 MIT의 방법과 이론적인 근거에 대해서 자세하게 배우는 것이 매우 도움이 될 수 있다.

말더듬

말더듬의 잘 알려진 특성은 반복(*w-w-w-what are you doing?*), 연장(*sssso what?*), 차단(말소리가 없음), 또는 우회적 표현(단어 중 하나를 정확히 발음할 수 없어서 다른 단어로 대체)이다.

말더듬은 의사소통의 붕괴를 만들어내고 말의 흐름을 방해해서 말의 유창성에 영향을 준다. 또한 말더듬이 된 요인에는 강한 심리적인 요소가 있다. 특히 아동이 장애로 인해서 괴롭힘을 당하거나 사회적으로 배척을 당했다면 아동의 자존감 발달에 부정적인 영향을 줄 수 있다.

일반적으로 7세 이하의 어린 아동일 때, 언어치료사는 의사소통하려는 아동의 노력을 이끌어내기 위해 가족을 격려하고 아동을 지지해줌으로써 가족과 함께 일할 수 있다. 빠른 것을 선호하는 가족 내 분위기는 때때로 발달적 말더듬을 악화시킬 수 있다. 가족은 아동에게 말할 수 있는 기회를 제공하기 위해서 느린 속도로 의사소통하도록 하는 것이 좋다. 7세 이후에 아동과의 말더듬 치료는 유창하게 말더듬기, 긴장이완 기법, 전반적으로 유창함을 증가시키는 데 초점을 맞출 수 있다. 유창한 말더듬이란 화자가 더듬게 될 단어를 미리 알고 그것을 쉽게 만드는 것이다. 이것은 말더듬을 모두 제거하려는 것과는 다른 접근법이다. 치료사는 아동이 말더듬에 저항하려고 하는 것보다 말더듬과 함께 하도록 교육해야 한다.

발성의 시작을 쉽게 하는 것(easy onset of voicing)은 유창한 말더듬에 달성하기 위한 접근법이다. 말더듬 장애인들은 발성의 시작을 갑작스럽고 거칠게 할 수 있다. 좋은 공기의 흐름은 발음을 쉽게 시작하도록 하는 데 매우 중요하다. 아동은 입을 벌린 자세에서 이완을 유지하기 위해서 깊이 흡입하고 천천히 내쉬는 것을 배울 필요가 있다. 쉽게 호흡하는 것을 여러 번 반복한 후에 이완된 구강 자세를 유지하면서 그들은 *father*에서와 같이 열린 /a/를 추가한다. 아동이 이 단계를 만족스럽게 수행할 때, 큰 소리로 발성하는 단계를 시작하고 음절, 단어, 구와 의사소통 언어로 차츰 변화시킨다. 이러한 초기 단계는 합창단이 전통적인 준비 연습을 하는 것처럼 하면 된다. 어린 아동은 음고와 강도의 변화를 따라서 그림을 그리도록 하는 것이 도움이 될 수 있다. 나는 음고와 강도를 나타내는 물결치는 선뿐만 아니라 크레센도와 디크레센도 기호와 비슷해보이는 그림을 사용한다. 아동들은 선을 따라 자신의 손가락이나 장난감 자동차를 사용하는 것을 좋아한다. 종이에 그들 자신의 선을 만들거나 슬라이딩 레버로 그림을 지울 수 있는 스크린에 장난감으로 그림을 그리는 것을 매우 즐긴다. 음악연습을 통해서 그들은 운동시스템의 통제를 점점 더 잘할 수 있게 된다.

불안을 감소시키고 긴장이완을 유도하는 것은 말더듬 아동에게 매우 도움이 된다. 치료사는 아동에게 말을 하는 긴장된 상황(이런 상황에 대하여 세션 전에 먼저 안내하도록 한다)에 대한 이미지를 떠올리도록 하고, 음악으로 점진적 긴장이완을 경험하도록 이끌 수 있다. 아동이 남아있는 유창함을 이미지화하는 동안 긴장이완 단계를 관찰하기 위해 이미지를 촉발하는 것은 매우 중요하다. 말더듬은 운동언어장애이지 심리사회학적인 장애가 아니라는 점을 기억하여야 한다. 긴장이완은 일차적 치료방법의 보조적인 방법으로 사용한다.

앞서 언급한 것처럼, 치료적 가창(TS; Thaut, 2005)은 유창한 언어생산을 위한 해부학과 생리학적 기능 모두를 향상시키는 데 유용할 수 있다. 말할 때 어렵고 성공적이지 못하지만 노래는 할 수 있는 아동의 강점을 이용하는 것을 강조하고 있다.

언어

언어는 의미를 전달하고 받는 엄격한 체계하에 사용되는 일종의 약속(말소리, 문자, 신호, 기호)이다. 언어의 영역은 수용과 표현형식을 모두 포함하고 구두와 문어의 의사소통을 모두 포함한다. 언어의 요소(단어와 문법)는 우리가 말할 때

마다 새롭고 독특한 표현을 만들어내는 훌륭한 인간의 기술을 사용할 수 있게 한다. 이것은 명제적 말하기(propositional speech)라고 알려져 있다.

수용적 어휘(receptive vocabulary)는 다른 사람의 의사소통을 이해하도록 하는 것을 가능하게 한다. 청자는 다른 사람이 말하는 것을 이해하기 위해 그 사람이 말한 단어를 해독한다. 수용언어 기술은 지시를 따르는 것과 비유적이고 문학적인 표현을 이해하는 것을 포함한다. 이해도는 아동이 이해한 것을 직접 표현할 수 없다면 평가하기 어려울 수 있다. 수용언어에 문제를 가진 아동을 치료할 때 치료를 시작하기 전에 청력검사를 하는 것이 가장 중요하다. 또한 아동이 지적결함을 가지고 있을 가능성을 고려하는 것도 중요하다. 후자의 경우는 반드시 신경심리학자에게 의뢰되어야 한다.

말-언어병리학자는 구문론, 의미론, 형태학, 음운론 그리고 어용론 등 언어에 사용되는 다섯 가지 다른 기술 또는 영역을 설명한다. 각 영역은 아래의 설명과 같다.

구문론(syntax)은 우리가 일반적으로 문법이라고 생각하는 규칙-지배 시스템을 말한다. 이것은 명사, 대명사, 동사, 형용사, 부사 및 상호 관련적 배치와 사용을 위한 규칙으로 분류된다. 예를 들어, 영어의 구문론은 *white three mice* 대신에 *three white mice*라고 말하도록 지시한다. 일반적으로 언어를 습득하는 동안 형용사 배열 규칙은 문법의 많은 다른 측면과 함께 배우게 된다. 일반적으로 구문론의 장애는 표현에 있어서 복잡함의 결핍을 나타내게 된다. 자폐증 아동은 종종 일반적으로 대명사 또는 형용사 그리고 부사를 사용하지 않는 구문론의 실수를 보인다. 지적결함을 가진 아동 또한 정교한 구문론을 사용하지 못한다.

의미론(semantics)은 단어의 의미를 말하는 것

이다. 목장에서 다리가 4개인 동물은 개(아동에게 익숙한 다리가 4개인 동물)가 아니라 염소라는 것을 배우는 능력이다. 또한 *dogs*라는 단어는 하나보다 더 많은 것을 의미한다는 것을 배우는 것이다. 자폐증의 언어발달은 느린 습득과 단어품사의 제한된 사용으로 특징지어질 수 있다(Schopler & Mesibov, 2010). 예를 들면, 단어 *dog*은 단지 아동의 개를 의미하거나 집에 있는 친근한 개를 의미할 수도 있다. 아동은 단어 *dog*을 전체 개들로 일반화하지 못한다. 의미론의 장애는 어휘의 제한과 마지막 예에서 지적한 것처럼 일반화의 부족과 관련될 수 있다. 예를 들면 단어 슬픈(sad)의 동의어는 침울한(glum), 우울한(melancholy), 의기소침한(depressed), 기운이 없는(down), 울적한(blue), 낙심한(despondent), 쓸쓸한(forlorn), 슬픔에 잠긴(heartbroken) 등을 포함한다. 광범위한 언어는 우리가 의사소통할 때 우리의 사고, 욕구, 의견, 기분의 미묘한 차이를 표현할 수 있도록 한다. 의미론의 장애를 가진 사람은 단지 단어 sad만 사용할 수 있다.

형태학(morphology)은 의미를 표현하는 언어의 가장 작은 단위를 말하는 것이다. 이런 문법적 단위를 형태학이라고 말한다. 형태학은 복수 -s, 접두사 a-(*atypical*에서 아니다를 의미한다), 동사에서 과거시제를 나타내는 접미사 -ed(예를 들면, *played*)를 포함한다. 언어치료사는 아동이 이야기를 말하는 언어견본을 녹음한 후에 형태소를 계산한다. 예를 들면, 문장 *The boys are fishing*은 4개의 단어에 복수 -s와 현재진행형 -ing을 더해서 6점을 받게 된다.

음운론(phonology)은 언어의 소리 시스템이다. 각 언어는 독특한 소리 시스템을 가지고 있다. 예를 들면, 영어는 *lice*와 *rice*에서 음소 *l*과 *r*을 포함하고 아시아 언어는 이런 음소(phonemes)를 사용하지 않는다. 따라서 아시아 언어권인 사람들은 영어를 배울 때 이런 음소를 구별하는 것에 어려움을 가지게 된다. 말-언어치료사는 말소리를 묘사하기 위해 국제음성기호(International Phonetic Alphabet, IPA)를 사용한다. 이 시스템은 우리가 글을 쓰기 위해 사용하는 철자가 바른 표현(알파벳의 문자)과는 다른 것이다. 예를 들면, 단어 *ought*를 음성학적으로 기록하면 /ɔt/이다. 이것은 두 가지 소리로 만들어졌지만 다섯 가지 글자로 쓰인다. 문자 *w*는 쓰여진 문자를 나타내는 음소의 순서로 기술하면 /dʌbəlju/로 기록된다. 음성의 발음 표기는 치료사에게 아동이 말하는 것과 비교해서 아동이 의미하는 것을 기록할 수 있도록 한다. *ambulance*에 대한 위의 예는 /æmblæns/로 음성기호로 표기할 수 있다. 이것은 두 음절 생산을 대표하지만 세 음절 참조를 의도하지 않는다. 국제음성기호는 아동이 말한 것을 기록하는 것을 반전시키기 위해서 음악치료사에게 중요한 기술이다. 예를 들면, 의도한 단어는 *play*인데 발성하는 데 있어서 /pe/나 /ple/로 할 수 있다. 이것은 특히 비언어적 발성을 기록하는 데 도움이 될 수 있다.

어용론(pragmatics)은 언어의 사회적 사용에 대한 것이다. 이것은 사회적 적정성, 신체언어, 눈맞춤, 의식, 교대로 말하기, 대화에서 주제의 종료 등과 같은 언어 이외의 많은 요소를 포함한다. 사회적 비적절성의 예는 동료에게 말하는 것처럼 격의 없이 어른이나 선생님께 말을 하는 것이다. 신체언어(body language)는 얼굴표정과 몸짓을 사용하고 하나에서 다른 하나로의 접근을 말한다. 자폐스펙트럼은 부족한 눈맞춤과 교대로 대화에 참여하지 못하는 무능력으로 인해 일반적으로 어용론 장애를 가지고 있다고 여겨진다.

노래 만들기는 아동에게 의미 있는 언어를 사용하게 하기 위해 동기를 부여하는 활동을 제공하기 때문에 언어장애를 가진 아동을 위한 가장 효과적인 중재이다. 이 방법은 문자적으로, 비유적으로 새로운 어휘를 늘리기 위해 아동에게 언어를 사용하도록 하는 다목적적인 중재이다. 모든 상황에 있어서 가장 좋은 것은 세트, 의상, 화장, 다른 사람과 상호작용하는 연극 상황에서 노래 만들기를 확장하는 것이다. 연극 환경에서 치료하는 것은 아동이 다른 아동과 언어사용의 사회적 규범을 경험하게 하고 언어를 사용하게 하고 상호작용하고 관계를 맺도록 허락한다. 문법과 단어 선택을 희생시키는 것이 노래 만들기의 관습이라면 언어장애를 가진 아동과 노래 만들기를 할 때는 이러한 것이 연습되어져서는 안 된다. 올바른 문법과 적절한 단어선택이 목표가 되어져야 한다. 가사의 과잉은 형태론적 또는 의미론적 언어의 목표된 관점을 이해하는 것을 강화할 수 있다.

일반적인 노래는 여러 가지 방법에서 언어를 배우는 데 도움을 줄 수 있다. Schon과 동료들(2007)은 흥미와 집중력을 불러일으킬 수 있는 노래의 감정적인 측면을 말한 바 있다. 선율은 음고 변화가 음절 구조와 상관관계가 있는 것처럼 음운론적 변별을 향상시킬 수 있다. 신호를 번역하고 정확하게 인식하는 데 더 많은 시간이 들도록 부족하게 발달된 언어이해 시스템보다 음악에 있어서 청각적 신호의 변화는 더 느리다. 최근, Schon과 동료들은 언어의 구조에 있어서 음악의 지속적인 할당을 통해 체제를 최대한으로 배울 수 있도록 해야 한다고 하였다. *School-house Rock!*(Yohe & Newall, 1996)의 노래들은 이런 요소를 적용하기에 이상적인 모델이다. 이 노래들은 재미있고 반복을 통해시 학습적 개념을 강화시키는 잘 작곡된 곡조를 가지고 있다.

다른 분야에서의 적용

모든 아동기 장애의 치료에서 음악의 사용은 어떤 치료사들에게 있어서 중요한 이점이 될 수 있다. 불안, 공포, 저항을 극복하는 데 중요하고 강한 치료적 관계를 빨리 형성할 수 있도록 한다. 나는 지금껏 언어치료에서 동료에게 접근하라고 음악치료사들에게 많이 권고하는 동안, 이제는 다른 치료사들이 음악치료사의 전문성을 찾는 시대가 시작되었다고 강하게 믿는다. 음악의 힘에 대한 책과 영화는 우리 문화와 미디어에서 매우 대중적이다. 아동과 일하는 치료사와 의사들은 자연스럽게 이러한 자원을 가지고 그들의 치료를 향상시키기를 원하고 있다. 재활에서 음악의 힘을 보여주는 연구는 아동이 사회에 적응할 수 있도록 훈련하는 데 사용할 수 있다고 한다.

나는 신경병리학자, 아동 생활 전문가, 작업치료사, 말-언어병리학자, 의사와 같은 동료들에게 그들의 영역에서 상담과 협력치료의 기회를 제공하기 위해 음악치료사와 협력적인 네트워크를 조직할 것을 권하고 있다. 전문적인 상담은 내담자의 특별한 요구에 대한 일반적이거나 특별한 음악적 접근을 동료에게 제공할 수 있다. 협력치료 세션은 임상적 중재로서 음악적 사용을 배우고 관찰할 수 있는 기회를 동료에게 제공하고 내담자에게 특별한 상호작용을 제공할 수 있도록 한다. 자신의 분야에서 음악치료사를 찾기 위해서는 아래에 있는 웹자료 목록을 활용하면 된다. 음악치료사들 사이에도 전문분야가 있다는 것(예 : 신경학적 음악치료, 노도프-로빈스 음악치료)과 다른 하나는 찾고자 하는 전문지식이 명확해야 한다는 점은 매우 중요하다.

결론

말과 언어발달은 아동의 삶에 있어서 온 힘을 기울여 만드는 작품이다. 일반적으로 언어발달은 아동의 아주 조그만 노력만으로도 이루어진다.

자연적인 발달 단계에서 벗어났을 때 아동과 그의 가족들은 아동이 연령에 적절한 기술을 발달시키기 위해서 많은 노력을 기울여야 한다. 음악치료사는 반복·변화·성장을 돕는 창조적 활동을 활발히 참여하게 하는 이러한 과정이 가능하도록 특별하게 훈련되었다. 이러한 치료과정에서 이상적인 것은 언어치료사와 음악치료사가 아동을 발전시키기 위해서 치료의 목적을 자주 바꾸고 구체화해서 협력치료를 하는 것이다.

진단이 치료를 안내하기는 하지만 이것이 치료기술 또는 도구와 진단평가에 혼란을 주지 않아야 한다. 예를 들어 실행증 아동이 말을 시작하는 데 어려움을 겪는 경우, 말더듬에서 쉽게 사용하는 시작 연습이 유용할 수 있다. 응답과 요청 노래는 조음과 음운장애 아래에 나열되어 있지만 다양한 조건에서 유용하게 사용될 수 있다. 말과 언어장애를 치료하는 음악치료사를 위한 다음 권장사항은 이 분야의 전문적인 개발을 촉진하기 위한 것이다.

- 일반적인 말과 언어의 발달에 대해서 알아야 한다. 나는 음악치료사들이 장애를 가진 아동들과 일하는 데 있어서의 실력을 쌓는 방법으로 정상 아동들과 일하거나 노는 경험을 하는 것이 중요하다고 믿는다.
- 소아장애를 치료하는 해당 지역의 말-언어병리학자(SLP)와 좋은 협력관계를 유지할 수 있다. 긍정적인 작업관계를 육성하고 추천하기 위한 과정을 만들 수 있다. 동료들과 함께 배울 수 있는 말-언어병리학자(SLP) 회의에 참석하는 것이 좋다.
- 말-언어병리학의 용어를 공부해야 한다. 말-언어병리학에서 사용하는 정확한 용어를 알면 유능하게 될 수 있다(예 : 의미론, 음운론). 아래의 웹자료를 보라.

- 현장에서 좋은 실행을 확인하기 위해서 음악치료 및 언어치료 연구간행물과 사례연구를 읽어라.
- 인간성장과 발달에 대한 수업이나 말-언어 발달에 관한 수업을 수강하라.
- 음악치료와 언어치료 회의에서 언어치료사와 함께 발표를 하라.
- 사용했던 프로토콜에 대한 이론적 근거를 적어두었다가 사례연구를 출판하라.
- 공식적인 연구방법을 가진 임상적 프로토콜을 조사하기 위한 기회를 고려하라.
- 치료에서 효과가 증명된 노래와 활동을 출판하라.
- 아동의 발성을 정확한 음성기호로 표기하기 위해서 국제음성기호(IPA)를 배워라. 예를 들면, *gonna go*를 *going to go*로 기록하지 않는다. /gʌnə go/라는 발음을 옮겨 쓰기 위해서는 음성기호를 사용해야 한다.
- 임상적 작업에서 내담자가 학교와 집에서 자신의 욕구, 필요, 의견을 표현할 수 있는 권리를 가질 수 있도록 상황에 맞는 타당한 언어생산에 초점을 맞추어야 한다.
- 가정중심 활동을 제공하기 위해 과학기술을 사용하라. 노래의 녹음은 이월을 위한 핵심적인 중요한 도구이다.

참고문헌

Brandt, A., Gebrian, M., & Slevc, L. R. (2012). Music and early language acquisition. *Frontiers in Psychology, 3*, 327.

DeCasper, A. J., & Spence, M. J. (1986). Prenatal maternal speech influences newborns' perception of speech sounds. *Infant Behavior and Development, 9*, 133–150.

Dehaene-Lambertz, G., & Dehaene, S. (1994). Speed and cerebral correlates of syllable discrimination in infants. *Nature, 370*, 292–295.

Denver, J., & Canyon, C. (2003). *Sunshine on my*

shoulders. Nevada City, CA: Dawn.

Dromey, C., Ramig, L., & Johnson, A. B. (1995). Phonatory and articulatory changes associated with increased vocal intensity in Parkinson disease: A case study. *Journal of Speech and Hearing Research, 38*, 751-764.

Gerber, S., Brice, A., Capone, N., Fujiki, M., & Timler, G. (2012). Language use in social interactions of school-age children with language impairments: An evidence-based systematic review of treatment. *Language, Speech and Hearing Services in Schools, 43*(2), 235-249.

Halwani, G. F., Loui, P., Ruber, T., & Schlaug, G. (2011). Effects of practice and experience on the arcuate fasciculus: Comparing singers, instrumentalists, and non-musicians. *Frontiers in Psychology, 2*, 156.

Hannon, E. E., & Trehub, S. E. (2005). Tuning in to musical rhythms: Infants learn more readily than adults. *Proceedings of the National Academy of Sciences, 102*, 12639-12643.

James, D. K., Spencer, C. J., & Stepsis, B. W. (2002). Fetal learning: A prospective randomized controlled study. *Ultrasound in Obstetrics and Gynecology, 20*(5), 431-438.

Johnson, A. F., & Holcomb Jacobson, B. (1998). *Medical speech-language pathology*. London: Thieme.

McCauley, R. J., Strand, E., Lof, G. L., Schooling, T., & Frymark, T. (2009). Evidence-based systematic review: Effects of nonspeech motor exercises on speech. *American Journal of Speech-Language Pathology, 18*, 343-360.

Morgan, A. T., & Vogel, A. P. (2008a). Intervention for childhood apraxia of speech. *Cochrane Database of Systematic Reviews, 2008*(3), CD006278.

Morgan, A. T., & Vogel, A. P. (2008b). Intervention for dysarthria associated with acquired brain injury in children and adolescents. *Cochrane Database of Systematic Reviews, 2008*(3), CD006279.

Norton, A., Zipse, L., Marchina, S., & Schlaug, G. (2009). Melodic intonation therapy: Shared insights on how it is done and why it might help. *Annals of the New York Academy of Science, 169*, 431-436.

Ramig, L. O., Countryman, S., Thompson, L. L., & Horii, Y. (1995). Comparison of two forms of intensive speech treatment for Parkinson disease. *Journal of Speech and Hearing Research, 38*(6), 1232-1251.

Roper, N. (2003). Melodic intonation therapy with young children with apraxia. *Bridges: Practice-Based Research Synthesis, 1*(3), 1-7.

Schlaug, G., Marchinga, S., & Norton, A. (2009). Evidence for plasticity in white-matter tracts of patients with chronic Broca's aphasia undergoing intense intonation-based speech therapy. *Annals of the New York Academy of Sciences, 1169*, 385-394.

Schon, D., Boyer, M., Moreno, S., Besson, M., Peretz, I., & Kolinsky, R. (2007). Songs as an aid for language acquisition. *Cognition, 106*, 975-983.

Schopler, E., & Mesibov, G. B. (2010). *Communication problems in autism*. New York: Plenum Press.

Soley, G., & Hannon, E. E. (2010). Infants prefer the musical meter of their own culture: A cross-cultural comparison. *Developmental Psychology, 46*, 286-292.

Strand, E. (1995). Treatment of motor speech disorders in children. *Seminars in Speech and Language, 16*(2), 126-139.

Thaut, M. (2005). *Rhythm, music and the brain*. New York: Routledge.

Wan, C., Ruber, T., Hohmann, A., & Schlaug, G. (2010). The therapeutic effects of singing in neurological disorders. *Music Perception, 27*(4), 287-295.

Ward, E. C., Theodoros, D. G., Murdoch, B. E., & Silburn, P. (2000). Changes in maximum capacity tongue function following the Lee Silverman voice treatment program. *Journal of Medical Speech Language Pathology, 8*(4), 331-335.

Yohe, T., & Newall, G. (1996). *Schoolhouse Rock!: The official guide*. New York: Hyperion Books.

Zipse, L., Norton, A., Marchina, S., & Schlaug, G. (2012). When right is all that is left: Plasticity of right-hemisphere tracts in a young aphasic patient. *Annals of the New York Academy of Sciences, 1252*, 237-245.

웹자료

American Speech-Language-Hearing Association: *www.asha.org*.

Apraxia information: *www.apraxia-kids.org*.

Center for Biomedical Research in Music: *http://colostate.edu/depts/cbrm*.

International Phonetic Alphabet: *www.langsci. ucl.ac.uk/ipa*.

Kinesthetic cuing for articulation: *www. promptinstitute.com*.

Music and Neuroimaging Laboratory at Beth Israel Hospital: *www.musicianbrain.com*.

National Institute on Deafness and Other Communication Disorders: *www.nidcd.nih.gov/ Pages/default.aspx*.

Whistles: *www.therapro.com*.

제25장

감각장애 아동을 위한 음악치료

Greta E. Gillmeister | Paige A. Robbins Elwafi

문소영 역

감각장애는 아동이 하나 혹은 그 이상의 감각에 손상이나 손실을 입은 경우를 일컫는다. 이 장은 청각 혹은 시각 또는 양쪽 모두에 손상을 진단받은 감각장애 아동을 다룬다. 청각이나 시각에 손상을 입은 아이들을 담당하는 음악치료사는 각각의 아동이 지닌 장애의 특성과 그것이 아동의 삶에 미치는 영향에 대해 공부할 필요가 있다. 음악치료는 이러한 필요를 충족시킬 수 있도록 설계되어야 한다.

들기와 보기는 우리의 발달에 있어서 기초적인 역할을 한다. 태어나면서부터 아동은 주변 환경을 관찰하고 배우는 데 그들의 감각을 활용한다. 청각이나 시각손상을 입은 아동은 들리는 그대로와 다른 것을 듣고, 보이는 그대로와 다른 것을 본다. 그들에게 세상은 고요하고 어둡거나 외로운 곳이 아니라 다른 감각들의 조합을 통해 그들 나름대로 배울 수 있는 곳이다. 음악치료사는 이렇듯 다른 방식으로 배우는 것을 존중하려고 노력해야 하며, 판단이나 두려움 없이 그 세계로 기꺼이 들어가야 한다.

우리는 감각장애 아동의 요구와 능력의 다양성에 대해 끊임없이 놀란다. 우리가 근무하는 시설에는 감각장애를 지닌 직원이 몇 명 있다. 이들의 전문적인 경험을 통해 우리는 음악치료에 있어서 아동을 대하는 태도를 바로잡게 되었다. 우리는 매일 감각장애를 통해 느낄 수 있는 기쁨과 도전과 독특함에 관해서 보고 듣는다. 우리가 동료들과의 관계가 깊어질수록 장애에 대한 존중과 그들로부터 받는 영향이 증대된다. 이것은 전체 아동의 요구를 다루는 필수적인 근거가 되며 그것을 발견하는 데 도움을 줄 것이다.

청각장애인이거나 난청인 아동

몇 년 동안 나(Greta E. Gillmeister)는 청각장애인이거나 난청인 아동을 대상으로 음악치료 임상을 해오며 아동의 청각발달에 중요한 사항을 발견한 적이 여러 번 있다. 그 첫 번째 사례는 청각장애인이거나 난청인 유치원생을 대상으로 한 나의 연구 첫해에 발생했다. 나는 청각장애인이면서 지적장애를 지닌 4세의 소녀를 연구하고 있었다. 교실상황에서 연구를 할 때 그 아동의 주목을 얻거나 집중하게 하는 데 어려움을 겪었다. 아동은 단조롭게 반응했고, 교사나 보조교사가 유도하지 않는 한 최소한으로 참여했다. 그러나 음악치료 세션 동안에 그 아동은 과제에 쉽게 참여했고, 얼굴에 미소까지 띠었다. 그 아동은 보통 그룹으로 음악치료에 참여했는데, 사건이 발생한 그날에는 교실에 혼자 있었다. 그래서 나는 그 아동을 개별적으로 연구했다. 이 아동은 최근 와우이식 수술을 받았고, 활성화 세션으로 알려진 첫 번째 계획(mapping) 세션에서 청능사가 소리의 정도를 편안하게 설정하는 데 곤란을 겪었다. 아동은 소리를 '듣는다'고 여겨지는 어떠한 조짐도 보이지 않았다. 이후, 그 아동은 음악치료를 받으러 와서 평소에 하듯이 행동했다. 그런데 바닥에 놓인 커다란 북을 나무망치로 세게 연주하자마자 두 손으로 귀를 막고 울기 시작했다. 그 당시 나는 첫 번째 계획 세션 때 일어난 일을 알지 못한 채, '학생을 울게 만들었다'는 사실에 심각함을 느꼈다. 반면에 교사는 흥분했다. 그녀는 즉시 학생을 달래며, 손가락으로 OK를 만들어 괜찮다고 학생에게 알려준 뒤, "굉장하지 않니? 네가 북소리를 들었구나"라고 말했다. 그리고 곧바로 그 아동을 청능사에게 데리고 갔다. 이것이 그 학생에게는 무언가 들었다는 것을 보여주는 첫 번째 사건이었고, 청력 테스트 수준이 너무 높게 설정되었음을 보여준 것이다.

그날의 경험은 나에게 여러 가지로 충격을 주었다. 내가 한 학생이 청력을 회복했음을 보여주는 첫 번째 사례의 증인이 되었다는 것뿐만 아니라, 아동의 필요를 충족시켜주기 위해 함께 일하는 팀의 일원이 된 것이다. 후에 교사가 돌아와 특별하고 가치 있는 치료를 해준 것에 대해 감사를 표했다.

음악치료사가 청각장애인이거나 난청(deaf or hard-of-hearing, D/HH)인 아동을 다룰 때, 그러한 아동을 전인격적으로 대하고 의미 있는 방식의 치료세션으로 이끌기 위해 장애, 청각을 상실한 원인, 개인의 문화, 현재의 기술에 관한 기초적인 이해를 가지는 것이 유익하다. 아동은 음악과 노래 부르기를 즐기기 위해 반드시 일반적인 방식으로 들을 필요가 없다. 모든 아동은 어느 정도 음악적 소질을 타고난다(Barton, 2006). 음악치료사의 역할은 청각장애인이거나 난청(D/HH)인 아동이 음악활동에 참여한 기쁨과 성과가 강화될 수 있도록 보살피는 것이다. 아동이 배울 때 그들에게 단지 들리고, 보이고, 만져지는 것뿐만이 아닌 듣고, 보고, 느끼는 것이 중요하다(Estabrooks & Birkenshaw-Fleming, 2006). 음악은 모든 감각이 맞물리고, 아동의 학습과 의사소통 기술을 향상시킬 수 있는 다차원적인 도구다.

내담자군

청각상실 혹은 장애는 부분적이거나 전체적으로 듣기 불능의 상태를 뜻하는데, 태어나면서부터(선천적) 증상이 있거나 살면서 후에 눈에 띄는(후천적) 경우가 있다. 선천적 청각장애와 후천적 청각장애의 차이는 단지 청각장애가 발현되는 시기에만 달려 있다. 청각장애의 원인이 유전(세대 전승)에 달려 있는지는 분명하지 않다. 후천적 청각장애도 그 근원이 유전적일 수도 있고 그렇지 않을 수도 있다. 예를 들어 후천적 청각장애는 유전적 청각장애가 지연 발현된 형태이거나, 소음 혹은 질병이나 질환으로 귀에 손상을 입어 발생한 것일 수도 있다. 마찬가지로, 선천적 청각장애도 유전적 질환으로 인해 발생할 수도 있고 유전적 원인이 아닌 조산 혹은 출산 후 감염이나 내이중독성 약물에 의한 것일 수도 있다. 부가적인 원인으로는 임신 중 산모가 감염에 노출된 경우도 있다(American Speech-Language-Hearing Association, 2014).

청각장애는 단일한 이상 증세가 아니다. 청

각상실은 사람에 따라 형태나 심각성이 다르다(Barton, 2010; Estabrooks & Birkenshaw-Fleming, 2006). 청각상실에는 네 가지 유형이 있는데 전도성 청각장애, 지각신경 청각장애, 혼합 청각장애, 중앙 청각장애이다. 미국의 질병통제예방본부(Centers for Disease Control and Prevention, 2011)는 각각의 유형을 다음과 같이 설명한다. 전도성 청각장애는 외이 혹은 중이의 질병 또는 폐색으로 인해 발생하는 증상으로, 대체로 모든 가청 주파수에 영향을 주는데 심각한 손상이 발생하지 않는다. 지각신경 청각장애는 내이의 민감한 청각유모세포에 손상을 입거나 청각신경의 문제로 발생한다. 이 유형의 청각상실은 가벼운 증상에서부터 심각한 청각장애까지 포괄한다. 이 증상은 특정한 주파수에 영향을 끼치는 경우가 많다. 혼합 청각장애는 외이 혹은 중이와 내이의 증세가 함께 발생한 경우다. 중앙 청각장애는 중앙신경체계의 신경이나 세포핵에 손상을 입거나, 뇌로 연결된 통로 혹은 뇌 자체의 장애로 인해 발생한다.

아동이 청각상실 진단을 받은 후 첫 번째 논쟁거리 중 하나는 청력보조기구를 사용할지 아닐지 결정하는 것이고, 두 번째 논쟁거리는 수화를 사용하는 아동으로 양육할지 또는 구화를 사용하는 아이로 양육할지 결정하는 것이다(Darrow & Grohe, 2002). 청력보조기구를 사용하기로 결심한 아동에게는 소리를 인지하는 다양한 수준의 차이에 따라 여러 가지 유형이 존재한다. 상실의 형태와 정도에 따라 개인에게 가장 효과적인 청력보조기구의 유형을 결정해야 한다. 그러한 장치 중 하나가 보청기다. 전통적인 보청기는 외부에 착용하며, 사용자에게 맞게 소리를 증폭하고 조절한다. 뼈고정보청기는 두개골의 뼈를 통해 내이에 소리가 전도되는 것에 기반을 둔 것인데, 소리를 증폭시키기 위해 청골 가까이에 전도체

를 설치한다. 전도성 청각장애나 단독 청각장애 혹은 혼합 청각장애를 지닌 개인 중 귀 안이나 귀 뒤에 보청기를 착용할 방법이 달리 없는 경우, 이러한 유형의 청력보조기구를 통해 혜택을 받을 수 있다. 끝으로, 와우이식(Cochlear Implant, CI)을 할 수 있다. 와우이식은 외과 수술을 통해 이루어지는데, (보통 좌우동형이라고 부르는) 극도로 심각한 상실이 있어서 전통적인 보청기로는 아무런 혜택을 받지 못할 정도로 미미한 소리를 듣는 사람을 위해 고안되었다. 와우이식은 청각 프로세서가 소릿값과 유사한 디지털 신호를 직접적으로 청각신경에 보내는 것인데, 내이가 손상되었거나 온전치 못한 개인을 위해 사용된다.

청각장애인이거나 난청인 사람들은 의사소통을 위해 다양한 방법과 장치를 사용한다. 청각장애인이거나 난청인 개인들에게 있어 의사소통의 유형은 각기 다른 철학, 방법론, 문화적 신념의 결과다. 의사소통 방법의 유형에는 (1) 미식수화, (2) 지화, (3) 방법론적 수화, (4) 구화, (5) 구화·수화 조합, (6) 동시 의사소통 (7) 총체적 의사소통이 있다(Gfeller & Darrow, 2008). 미식수화(American Sign Language, ASL)는 고유의 문법과 통사론을 가진 자연 언어로 미국에서 널리 쓰인다. 지화(fingerspelling conversation)를 사용하는 대화에서는 손으로 한 글자 한 글자씩 각 단어의 철자를 말하는데, 손으로 알파벳의 모양을 만들어 사용한다. 표현력 있고 수용적인 의사소통을 위해 수화영어와 지화를 조합한 방식이 방법론적 수화다. 방법론적 수화에는 네 가지 중요한 체계가 있다. 시각필수영어(Seeing Essential English, SEE), 수화정밀영어(Signing Exact English, SEE II), 시각언어학영어(Linguistics of Visual English, LOVE), 수화영어(Sign English)가 그것이다. 구화는 청각장애인이거나 난청(D/HH)인 사람들의 생각이나 발상을 전달하는 기본적인 수단으로서 말을 하

고 읽는 것을 말한다. 구화가 필요하다고 믿는 교육자들은 말하기와 말읽기를 함께 가르치는 것을 확대하라고 강조한다. **동시 의사소통**은 말하기, 수화, 지화를 동시에 조합해 사용하는 것을 뜻한다. **총체적 의사소통**은 청각장애인이거나 난청(D/HH)인 아동의 언어습득을 돕기 위한 수용, 이해, 의사소통에 관한 모든 방법의 사용을 의미한다.

청각에 이상이 없는 대다수의 부모는 그들의 아이들에게서 청각장애를 발견하는 순간, 그 아동들이 절대 음악을 즐길 수 없을 거라는 생각에 낙담한다. 청각을 상실한 사람들은 음악을 즐길 수 없거나 못할 것이라는 생각은 흔한 오해다. 청각을 상실한 아동들도 충분히 음악을 배우고, 즐기고, 연주할 수 있다(Barton, 2006; Chen et al., 2010). 아동들의 반응과 선호도는 청각상실의 심각성과 유형 (혹은 착용한) 청력보조기구의 종류에 달려 있다(Gfeller & Darrow, 2008). 보청기는 소리를 증폭해 와우이식보다 음악으로 간주되는 좀 더 자연스러운 신호를 제공한다. 그러나 보청기의 전기 회로망은 발화에 있어 중요한 진동수 대역을 강조하게 되어 있어서, 결과적으로 쾌적하거나 자연스러운 음악소리를 만들지 못할 수 있다. 와우이식(CI)은 종종 전체 소리 파형 중 일부만을 전도하는데, 이것은 음악을 다르게 인식하게 한다. Chen은 언어습득 이전에 청각을 상실해 와우이식을 한 아동들의 음악훈련 지속 기간이 음악인식과 상관관계가 있음을 발견했다(Chen et al., 2010). 이식을 한 아동 중 더 오랜 시간 봉안 훈련을 받은 아동들이 음성 인식 수행에서 더 높은 점수를 기록했다. 그뿐만 아니라 청각상실의 심각도와 유형, 청력보조기구, 음악에 노출된 양이 음악적인 **선호도**나 성과에 영향을 끼친다. 내가 경험한 바로는, 청각장애인이거나 난청(D/DH)인 아동들과 음악치료를 함에 있어 음악에 대한 아동의 반응과 선호도는 각각의 아동에 따라 매우 복잡하다(Greta E. Gillmeister). 또한 치료세션을 위한 효과적인 치료계획과 적용을 개발함에 있어서 아동이 중심 역할을 하고 있다는 것을 배웠다.

임상작업

청각장애인이거나 난청인 학생들을 대상으로 학교에서 프로그램을 진행하는 음악치료사들은 전반적인 프로그램의 목표와 목적을 수립할 때 유연하고 민감할 필요가 있다(Darrow & Grohe, 2002). 치료의 목표와 목적은 대체로 청각장애인 교육에 관한 학교의 철학에 달려 있다. 또한 음악치료사들은 학생들이 청각장애인 문화에서 차지하는 위치를 인식하고 이해해야 하는데, 그것이 프로그램과 학생들의 필요를 계획하고 접근하는 데 도움을 주기 때문이다. 그러한 인식은 대문자 **청각장애인**(Deaf)과 소문자 **청각장애인**(deaf) 사이의 차이를 이해할 때 시작된다. 대문자 청각장애인은 그들의 문화와 관련된다. 그들 스스로를 청각장애인으로 확인하는 개인들은 미식수화(ASL)를 공통으로 사용해 형성된 집단의 일원이다. 그들은 그들 자신의 역사, 사회적 믿음, 전통, 가치들을 공유한다. 이에 비해 소문자 청각장애인은 의학적인 청각장애와 관련된다. 이것은 개인의 문화보다는 청각상실에 관한 병리학적인 정의다.

교육에 관한 세팅을 할 때 나는 아동의 개별화 교육계획(IEP), 관찰, 교실에서 아동과 함께 하는 교사와 다른 전문가들과의 상담으로부터 얻은 정보를 조합해 목표와 목적을 정한다. 활동적 또는 수용적인 음악참여를 활용하는 것은 아동의 음악에 대한 반응과 선호도를 볼 수 있는 기회를 제공한다. 종종 청각장애인이거나 난청(D/HH)인 아동들에 관한 음악치료 중재의 주안점이 언어적인 목표인 경우가 있다. 그러나 다른 치료목표들도 음악활용에 참여함으로써 지원받을 수 있다. 이러한 목표는 행동·학문·운동에 관한 기술들을 포함하는데, 사회적 상호작용과 자아개념뿐만 아니라 간접적으로 청취·듣기·의사소통 기술들을 다루며 고안할 수 있다.

청각장애 아동을 위한 음악치료의 목표는 종종 언어학과 언어, 청각훈련, 말하기를 포함한 의사소통적 필요에 집중한다. 청각개발에 있어서 듣기와 청취는 같지 않다(Berkowitz, 2012). 듣기(hearing)는 단순히 소리를 인지하는 행동이다. 그러나 청취(listening)는 들은 말과 문장의 의미를 알기 위한 정신집중과 의식적인 노력을 요구한다. 유아들은 많은 언어에 수동적으로 노출된다. 영아의 경우, 그들의 어머니가 그들을 달래기 위해 자장가를 불러줄 수도 있다. 그들은 그들의 부모나 형제자매의 말이나, 배경에서 들리는 텔레비전과 라디오 소리, 혹은 심지어 공공장소에서 지나가는 낯선 사람의 말에도 귀 기울인다. 이러한 청취는 학습으로 연결된다. 이러한 언어의 투입과 학습이 청각장애인이거나 난청(D/HH)으로 태어난 유아들이 종종 방치되는 지점이다.

청취기술은 가장 단순한 것부터 고도로 복잡한 것까지 개발될 필요가 있다. 청각기술 과제는 청각기술 개발의 계층에 기반을 두고 탐지로부터 시작한다. 즉, 소리의 부재와 존재를 알아차리는 것이다(Berkowitz, 2012; Darrow & Grohe, 2002). 그리고 난 후 소리 사이의 식별과 구별로 나아가는 것이다. 그것은 소리의 확인과 인식으로 이끌며, 소리에 의미를 연관 짓는 가장 복잡한 기술 설정인 이해로 종결된다.

언어입력은 언어출력에 선행한다(Darrow & Grohe, 2002). 음악은 아동의 구두 의사소통과 언어학적 목표들에 도움을 주는 도구로 사용할 수 있다. 그들은 주의를 집중한 청취를 통해 그들의 음운론적인 의식, 음소론적인 의식, 전반적인 유창함을 기르는 기술을 배운다(Hachmeister, 2010). 책과 함께 노래를 사용하는 것은 청각과 시각의 식별, 눈-운동 협응, 시각 순차기억, 언어수용 능력을 키워주며, 가장 중요한 것은 이해와 대화능력을 향상시킨다는 것에 있다(Wiggins, 2007). Berkowitz는 자연스러운 청취상황이 발생하는 것과 청각장애인이거나 난청(D/HH)인 아동들 간에 상호작용을 위한 기회를 만드는 것의 중요성에 대해 논했다(Berkowitz, 2012). 음악참여는 아동들이 그들의 청각적인 신호에 주의를 집중하고 상호작용을 하도록 변화할 필요를 느끼는 환경을 제공하는 것을 통해 의사소통 기술을 주고받는 연습을 할 기회를 만드는 것에 용이하다. 음악중재에 참여하는 것은 수용적이고 표현적인 의사소통 기술 모두를 사용하도록 격려받는 과정이다.

음악참여는 목소리의 억양, 발화, 말하는 속도, 유창성의 기술 영역들을 나타내기 위해 아동을 격려함으로써 동기를 부여하는 방법을 보여준다. 노래 부르기는 목소리의 억양을 조절하는 데 도움을 주는데, 리듬활동이 말하기의 음율 체계를 강화하는 것을 돕기 때문이다. 정상적인 리듬으로 진행된 불충분한 말하기가 비정상적인 리듬으로 불완전하게 발음된 말하기보다 훨씬 쉽게 이해된다는 것이 알려진 지는 오래되었다(Estabrooks & Birkenshaw-Fleming, 2006). 운동발달은 모든 영아들에게 유용한 것처럼 청각장애인이거나 난청(D/HH)인 아동들에게 운동활동은 청취, 말하기, 언어를 통한 의사소통 목표들을 향상시키는 데 사용될 수 있다. 운동활동은 언어적인 지시들이 있거나 없거나 음악적인 신호를 주의 깊게 청취하는 것을 요구한다(Gfeller, Driscoll, Kenworthy, & Van Vorst, 2011). 게다가 언어학적인 목적에 있어서, 음악치료 중재는 청각장애 아동의 전반적인 개발을 향상시킬 수도 있다.

청각장애 아동은 연령에 따른 학문적 기술들을 배운다. 노래들을 반복하는 것이 학문적인 개념들을 강화하도록 돕고, 음악을 사용하는 것이 과제에 주의를 집중하도록 도울 수 있다. 또한 그룹 음악치료는 학생들이 악기와 소리들을 탐색함으로써 그들에게 발산의 기회를 제공하고, 개인적인 선호를 개발하도록 돕는다. 음악 만들기는 양육 환경 안에서 자아개념을 발달시키는 기회를 제공한다. 심지어 구조적인 음악활동은 가장 기본적인 사회적 욕구들을 연습할 수 있는 기회를 제공할 수 있다. 음악은 종종 세션에서 차례대로 하기, 의사소통, 원하는 것과 필요를 표현하기와 같은 상호작용을 향상시키는 협력 집단행사가 된다.

교육적인 세팅에서, 아동의 행동에 관한 필요를 파악하는 것은 중요하다. 그들의 교실에서 유사한 환경이 제공될 거라는 일관성에 대한 기대는 음악치료 세션에서 전이와 예측 가능성을 도울 것이다. 내가 운영하는 시설의 많은 아이들이 2차적인 진단을 받았고, 몇몇 경우에 있어서 증후군이 청각장애를 일으켰으며, 또한 행동에도 영향을 끼치는 것으로 보인다. 자폐증을 포함해 다운증후군, 스미스마제니스증후군, 그리고 신생아금단증후군이 그러한 진단들이다. 치료그룹 세팅에 일관성을 유지하기 위해, 각각 아동의 진단에 따라 특성화된 필요의 분야를 다루어야 한다는 의견이 제기되었다. 종종 음악치료사는 전문가가 마련한 행동계획에 따라야 할 필요가 있다. 또한 음악치료 환경은 아동의 연령대에 맞는 행동을 강화시킬 수 있도록 도와야 한다. 차례 지키기를 포함하여 지시 따르기, 명령받은 행동에 참여하기, 나누기, 응하기, 학습에 대한 동기

를 개발하기가 그 기술들이다.

> 청각장애인 구화학교에 있는 유치원생들의 졸업식 날, 나는 5~6세로 이루어진 나의 학급 아동들이 가족들을 위해 그해의 마지막 노래를 부르는 것을 보았다. 그 노래는 'What a Wonderful World'였다. 그들은 모두 노래 부르고, 웃으며, 기타로 반주하는 나에게 집중하고 있었다. 몇몇 아이들은 노래 부르고, 다른 아이들은 수화정밀영어(SEE II)와 노래를 조합해 사용하고 있었는데, 모두 함께 노래를 불렀다. 그날 일찍 학생들은 학교전통에 따라 화장지로 날개를 만들고 파이프 청소기로 더듬이를 만들어 나비로 분장해 가두 행진을 했다. 나비는 변태의 상징이다. 애벌레에서 나비가 되듯이, 이 새로운 졸업생들이 자라고 발전하고 세상을 향해 날개를 펼치고 날아오르는 여정을 보여주는 것 같았다. 그들의 학창 시절 내내 학생들은 단지 학문적이고 사회적인 기술들만 배운 것이 아니라, 경청하고 의사소통하는 법 또한 배웠다. 음악치료의 목표는 음악적 환경을 통해 그러한 기술들을 개발하고 강화시키는 것이다. 학생들의 노래 중 마지막 곡을 발표할 때에는 그러한 기술들을 모두 조합해 보여주었다. 졸업식의 마지막 순서로 학부모회 회장이 자신의 아들이 3년 동안 학교에 다니면서 향상된 점에 대해 이야기하는 것을 들었다. 그녀의 연설은 다음과 같은 말로 시작되었다. "제 아들이 노래할 수 있도록 해주셔서 감사드립니다."

맹증이나 시각장애를 가진 아동[1]

> 브래디는 처음 몇 번의 음악치료 세션 동안 소리 지르고 울었다. 당시 치료환경에서는 특정 소리나 악기가 그의 감정을 롤러코스터처럼 요동치게 했다. 브래디는 매우 제한적으로만 손을 사용했다. 처음에 그는 신체적 촉진을 유발하기 위해 제공된 어떠한 악기에

---

1) 시각장애인이거나 시각장애를 가진 아동들을 가리키는 다양한 용어가 있다. 전문가들은 접근방식에 따라 용어를 달리 사용하는데, 용어의 선택은 대체로 각자 편안하게 느끼는 수준이나 전문적인 경험들을 바탕으로 한다.

도 손대는 것을 거절했다. 브래디는 대뇌피질성 시각장애와 뇌성마비를 앓고 있었다. 그의 시각장애는 상당히 심각해 아무것도 볼 수 없었다. 그의 부모는 브래디가 시각장애인이며 앞으로 다시는 볼 수 없다고 말했다. 기관에 근무하는 시력전문가들과 나(Paige Robbins Elwafi)는 브래디에 대해 연구하기 시작했는데 부모가 언급한 것과 반대의 사실을 발견했다. 브래디는 약간의 시력을 가지고 있었고, 그의 시력은 실제로 적합한 자극을 통해 향상될 가능성이 있었다. 불행하게도 브래디는 학교에서 시력을 위한 서비스를 받지 못했으므로, 나는 개인적인 세션 동안 시력에 대한 목표를 가지고 라이트 박스를 이용해 악기에 다가가고 만질 수 있도록 하는 방법을 사용해 최선을 다했다. 라이트 박스로 빛을 비추자 그가 처음으로 시력을 사용해 트리 차임을 바라보는 것을 보고 그의 어머니와 내가 느꼈던 기쁨을 나는 아직도 기억한다. 브래디 역시 행복했다! 시간이 지나면서 천천히 브래디는 악기에 손을 대거나 기타의 줄을 튕기는 것을 점점 더 편안하게 여겼다. 이러한 목표를 향해 노력한 지 2년 후, 브래디는 공동체 발표회에 참여해 그가 가장 좋아하는 노래를 부르는 동안 나는 기타를 연주할 수 있게 되었다. 그는 인기를 독차지했다.

내담자군

맹증이나 시각장애를 가진 아동들은 많은 장애와 도전들을 마주하게 되는데, 그들을 돌보는 사람과 함께 극복해야 한다. 현실은 우선 그들이 아동이라는 것이고, 따라서 일반적인 아동의 발달에 따른 기본적인 필요와 바람들을 똑같이 가지고 있다는 것이다. 시각장애의 범위와 맹증의 원인들을 넓게 보면, 이러한 증상을 가진 아동들의 능력은 다양하다. 음악치료사는 아동의 장애나 손상보다는 그 아동 자체에 집중해야 한다. 이러한 접근은 아동 전반에 있어서 독립심을 개발할 수 있는 커다란 기회를 제공한다.

시각체계와 시각손상

정상적인 시력의 기능에 관한 기본적인 이해는 음악치료사가 시각장애나 맹증을 가진 개인들을 다루게 되는 데 있어서 유용하다. 시각체계는 안구, 시신경, 뇌로 구성되었다(Clark, 2012). 시력은 안구에서 출발하여 빛과 형상을 망막과 시신경들을 거쳐 뇌로 정보를 전달하는 과정이다. 추가적인 보호 구조로 안와(orbit), 눈꺼풀, 눈물과 같은 것들이 부상으로부터 안구를 보호하는 것을 돕는 중요한 기능들을 한다(Codding, 1984). Clark는 뇌의 다른 부분들이 시력에 관여하는 것을 설명했는데 안구, 시신경, 뇌가 시각체계를 통해 복잡한 감각입력을 받아들이고 처리하기 위해 함께 작용한다.

시각장애를 가진 개인들 중 완전한 시각장애인이거나 눈을 통해서 아무것도 볼 수 없는 경우는 매우 드물다(American Foundation for the Blind, AFB, 2008). 많은 아동이 사용 가능한 시력이나 기능적 시력을 가지고 있다. 시력상실은 콘택트렌즈나 안경을 착용했을 때에도 보는 데 어려움을 겪는 상태를 가리킨다(Elwafi, 2013). 법적 시각상실은 "맨눈이나 교정시력으로 중앙시력이 20/200이거나 그 이하인 경우, 시야가 20등급이거나 그 이하인 경우다(AFB)." 저시력인 사람은 맨눈이나 교정시력으로 20/70에서 20/200인 경우다(Clark, 2012).

시각장애는 안구, 시신경이나 뇌에 문제가 생긴 경우 발생한다. 문제는 시각체계에 있어서 한 기관, 두 기관, 혹은 세 기관 모두에서 생길 수 있다(Clark, 2012). 시각장애는 (1) 시력상실, (2) 시계상실, (3) 정보처리장애의 원인으로 분류할 수 있다. 시각장애의 효과는 매우 거대한데, 시각체계의 다른 부분에도 문제를 일으킬 수 있기 때문이다.

시력상실은 안구문제라고도 불리는데 형상의 선예도와 선명도에 영향을 미쳐서, 보통 안경이나 콘택트렌즈의 처방을 통해 올바른 형상으로 교정할 수 있다(Clark, 2012). 시계상실은 시계의 일정 부분에 발생하는 것으로, 광각상실의 경우처럼 중앙을 포함해 부분 혹은 전체 시계상실이 일어날 수 있다. 시각상실의 세 번째 범주는 시각정보처리과정장애다. Roman-Lantzy(2007)는 대뇌피질성 시각장애를 시각정보처리센터와 뇌로 전달하는 통로에 손상을 입은 결과로 설명한다. 이러한 유형의 손상은 출생 전, 출산 과정 중, 혹은 출생 후 발생할 수 있는데 심각성이 다양하다.

시각장애는 시각체계처럼 다양하고 역동적이다. 그것은 안경을 쓰는 정도에서부터 높은 수준의 개입을 요구하는 복합적인 신경학적인 문제들까지 문제의 범위가 다양하다. 또한 다른 유형의 시각장애가 동시에 발생할 수도 있다. 어떤 유형의 시각장애는 시간이 경과함에 따라 증세가 달라져 개선되거나 악화될 수도 있다.

시신경 손상을 공통으로 하는 세 가지 시각장애에는 시신경발육부전(optic nerve hypoplasia, ONH)을 포함해, 중격시신경형성이상(septo-optic dysplasia, SOD), 시신경위축이 있다(Clark, 2012). 시신경발육부전(ONH)은 한쪽 혹은 양쪽 안구에 발생하는데, 대체로 시력과 시계의 결손을 동반한다(Simmons & Stout, 1993). 시신경발육부전(ONH)과 중격시신경형성이상(SOD)은 모두 시신경이 충분히 발육되지 않은 결과다. 그러나 중격시신경형성이상(SOD)은 복합적인 의학적 문제와 뇌의 정중선 기형을 동반한다(Simmons & Stout). 시신경발육부전(ONH)이나 중격시신경형성이상(SOD)인 사람들은 자폐증이 보이는 이상 증세의 스펙트럼과 유사한 행동을 보인다고 알려져 있다. 이러한 증세의 행동에는 감각의 예민함을 포함해 반향언어, 다른 사람들과의 관계의 곤란함, 언어지체가 있다.

대뇌피질성(또는 뇌) 시각장애(Cortical Visual Impairment, CVI)는 뇌가 수반되는 주요한 시각장애다. 대뇌피질성 시각장애(CVI)는 복합적이고 종종 부가적인 신경이나 신체의 문제들을 동반하는데 감각의 예민함, 뇌성마비, 발작장애, 인지장애와 같은 증상이 그것이다(Roman-Lantzy, 2007). 몇몇 보고서에는 대뇌피질성 시각장애(CVI)가 구조적인 기형을 포함해 뇌혈관장애, 두부손상의 원인으로 거론되었다(Roman-Lantzy).

대뇌피질성 시각장애(CVI)를 가진 사람들은 강한 기본색 선호도를 가지고, 빛을 응시하는 것을 즐기며, 시각적 복잡성에 곤란을 느끼고, 선호된 영역으로 알려진 시계상실을 경험할 수도 있다(Roman-Lantzy, 2007). 물체를 동시에 보고 만지는 것이나 시각적으로 인도해 도달하는 것은 대뇌피질성 시각장애(CVI)를 가진 아동에게 복잡한 과제다. 대뇌피질성 시각장애(CVI)를 지닌 아동은 시력보다 청각에 더욱 쉽게 반응하는 것으로 보인다. 이것은 음악치료사가 주목해야 하는 것인데, 대뇌피질성 시각장애(CVI)를 가진 아동에게 최소화된 청각자극으로 추적 관찰할 수 있는 음악치료 세팅을 할 수 있기 때문이다(Elwafi, 2013). 음악치료사들은 시각적인 목표를 가지고 대뇌피질성 시각장애(CVI)를 가진 아동을 시각적으로 인도해 악기에 도달하고 그것을 응시할 수 있는 것과 같은 기회를 제공하기 위해 음악을 사용할 때, 창조적으로 정적과 공간을 활용할 수 있다.

우리는 시각적인 세계에 살고 있다. 우리가 배우는 것 중 거의 85%가 우리의 눈을 통해서 혹은 우연 학습을 통해 일어난다(Robb, 2003). 시각장애를 가진 아동의 발달은 일반적인 아동의 발달과 매우 유사한데, Codding(1984)은 아동의 시력 혹은 시력결핍이 곧바로 그 아동의 발달에 영향을 준다고 했다.

맹증이나 시각장애를 가진 아동에게 있어서 외부세계는 시각이 정상인 아동에 비해 접속하거나 탐험하기 더욱 곤란한 대상일 수밖에 없다 (Elwafi, 2013). 맹증이나 시각장애는 널리 오해 받고 있고, 많은 고정관념이 뒤따른다. Darrow 와 Johnson(1994)은 시각장애를 지닌 아동의 부모, 가족구성원, 교사들이 그들에게 가장 중요한 영향을 미치는 사람들이라고 설명한다. Codding(1984)은 아동에게 자립을 연습할 기회를 제공하고, 자부심을 느끼도록 격려하는 것이 중요함을 강조한다. 또한 이러한 기회는 돌보는 사람들이 아동이 자연스러운 발달을 한다는 확신을 가지도록 격려한다.

비록 시각장애가 낮은 발생 빈도의 장애라고 할지라도(LaVenture & Allman, 2007), 시각장애로 야기되는 필요의 다양성은 아주 다채롭다. 아동의 장래 자립에 영향을 미치는 요인들을 숙고해야 한다. Darrow와 Johnson(1994)은 699명의 고등학교 2~3학년 학생들에게 설문 조사를 했는데, 10가지 장애와 의학적 조건들 가운데 맹증이 가장 기피되는 것으로 순위에 오른 것을 알아냈다. 또한 시각장애나 맹증을 가진 사람 사이에 높은 실업률도 중요한 문제였다. 교육, 감각인식, 사회적 개발, 이동성 기술이 이러한 도전들을 다루는 중요한 요소다.

교육

시각장애 아동의 교육은 아동의 필요 전체를 충족시킬 수 있도록 설계되어야 한다. LaVenture와 Allman(2007)은 이러한 것이 아동, 돌보는 사람, 교육 팀에게 도전이 될 수 있다고 설명하는데 왜냐하면 아동이 다른 감각들을 이용해 정보를 획득하는 방법을 배워야만 하기 때문이다. 이것은 점자를 읽고 쓰는 법, 화면 읽기 소프트웨어와 확대 장치의 사용법, 안전하게 여행하는 법을 배우는 것을 통해 성취될 수 있다. 이러한 필수적인 삶의 기술들을 배우기 위해서는 시각장애 교

사(Teacher of the Visually Impaired, TVI)를 포함해, 방향 이동 강사, 보조공학 전문가, 안과 의사와 같은 전문가들의 다양한 투입이 요구된다 (LaVenture & Allman).

기능적 시력평가는 교육적인 세팅이나 의학적인 세팅을 발전시킬 수 있는 중요한 도구인데 (LaVenture & Allman, 2007), 훈련받은 전문가들이 아동의 남아 있거나 사용 가능한 시력과 아동이 그 시력을 사용하려면 어떻게 해야 하는지를 가능할 수 있도록 안내한다. 예를 들어, 기능적 시력평가는 선호되는 시계가 있는지, 확대경이 유용한지, 이상적인 빛이 유용한지, (만약 가능하다면) 아동의 기능적 시력을 개선하는 데 도움을 줄 수 있는 기술이 있는지 확인할 수 있다. 시각장애 아동을 다루는 음악치료사는 기능적 시력평가에서 음악치료 환경에 적용할 수 있는 정보를 얻을 수 있다(Elwafi, 2013).

감각인식

아동의 미래를 준비시키기 위해 청각과 촉각기술을 개발하는 것은 중요하지만, 사려 깊고 주의 깊은 방법으로 이루어져야 한다. 보기가 감각의 민감성을 증가시키는 것도 마찬가지인데, 특히 만지기가 주변 환경을 탐색하는 것과 비슷하다. 음악치료사는 시각장애를 지닌 영아가 탐색하거나 배울 수 있도록 동기를 부여하면서도 전혀 위협적이지 않은 풍부한 촉각환경을 제공할 수 있다. 이러한 것은 악기의 다양함, 선호되는 질감, 자극이 되는 음악경험들에 의해 이루어질 수 있다.

청각적인 환경은 맹증이나 시각장애를 가진 사람이 처리하기에 매우 자극적이고, 너무 많은 정보를 생산할 수 있다. 청각정보를 처리하는 능력은 복합적인 장애를 동반하면서 극적으로 손상될 수 있다. 특히 음악치료 세션에서 시각장애나 맹증을 가진 아동들에게 최소한의 배경 소음

으로 된 간소화한 청각환경을 제공하는 것이 이상적일 수 있다. 또한 음악에 있어 정적(silence)과 공간을 사용하는 것이 청각처리를 돕는 데 유용할 수 있다.

사회적 개발

시각장애나 맹증을 가진 아동들은 종종 사회적 기술들을 배우기 위해 몸부림친다. 우리는 다른 사람을 관찰하는 것, 즉 우연 학습을 통해 사회적 기술들을 배운다. 시각장애나 맹증을 가진 아동들은 그러한 시각적 배움의 기회들을 놓치기 때문에, 대신에 어떻게 다른 사람들과 소통하고 놀아야 하는지를 배워야만 한다. Gourgey(1998)는 시각장애가 초기 애착을 일으킬 수 있고, 나중에 또래들이 시각신호에 반응하지 않는 아동을 피할 수 있다고 경고한다. 대체로, 시각장애를 지닌 사람들에게 영향을 미치는 이러한 사회적 도전들은 그들에게 발달지체를 일으킬 수도 있다.

Codding(1984)은 시각장애나 맹증을 가진 아동들이 발달에 있어서 중대한 지체를 피할 수 있도록 구조적인 사회적 학습기회들을 공급해야 한다고 권장한다. Gourgey(1998)는 사회적 인식을 가르칠 수 있도록 세팅하기 위해 그룹에서 인사하기 연습을 하는 방법인 음악으로 이야기하기와 노래 부르기와 같은 음악치료 경험을 사용할 것을 제안한다. 또한 소리의 위치 판단과 청각적 식별은 특별한 악기의 소리를 들을 때 아동들에게 직접적으로 다가갈 수 있도록 그룹세팅에서 다룰 수 있다(Gourgey).

일부 시각장애 아동들은 이상한 행동들을 보이거나 타성에 빠져 있을 수 있다. 이러한 행동들은 자기자극이거나 기능적일 수 있는데, 그 아동과 행동의 기능에 달려 있다. 눈을 깜박이고, 고개를 바로 세우며, 안진증과 같은 시각적인 행동들은 신경에 정보입력을 제공할 수 있거나, 아동이 기능적인 시력에 접속할 수 있도록 도울 수 있다(Jan & Groenveld, 1995). 빛을 응시하고, 눈을 누르며, 손가락을 튕기는 것과 같은 몇몇 행동들은 신경에 정보입력을 도울 수는 있으나, 불필요한 사회적 주목을 받거나 해로울 수 있다(Jan & Groenveld). 시선을 마주치는 것이 부족하거나 고개를 끄덕이는 것과 같은 몇몇 행동들은 시각장애를 가진 아동을 자폐증을 가진 아동이 보이는 스펙트럼의 증세 특징과 유사하게 보이게 하거나 오해받게 만들 수 있다. 맹증이나 시각장애를 가진 사람들은 움직일 필요가 있을 때 고개를 심하게 흔들고, 끄덕이며, 손을 퍼덕일 수 있다(Jan & Groenveld).

이러한 행동들의 기능을 구별하는 것은 중요한데, 특히 시각장애를 가진 아동과 성인에게 있어서 그렇다. 이러한 행동들을 변화시키기로 결심할 때, Hughes와 Fazzi(1993)는 개인의 학습능력이 방해받고 있다면 감각적인 자극에 더 적합한 대체행동들을 추천한다. Codding(2000)은 시각장애를 가진 개인에게 자기자극 행동을 감소시키기 위한 음악치료의 사용을 보고했다. Gourgey(1998)는 고개를 끄덕이는 행동을 교정하기 위해 즉흥음악을 사용하는 것과 반향언어를 교정하기 위해 노래구절 완성을 사용할 것을 제안한다. 이와 더불어 사회적인 뉘앙스, 몸짓, 그리고 비음성언어를 이해하거나 사용하는 것은 어려울 수 있다. 이러한 기술들은 배우고 연습해야 하기 때문이다.

이동성 기술

시각장애나 맹증을 가진 사람을 대상으로 한 나의 연구에서 가장 도움이 되는 경험 중 하나는 내가 눈가리개를 하고 복도 끝까지 나 혼자 걸어가도록 요청받았던 것이다. 복도를 걷는 짧은 여행이었지만 시력을 사용하지 않으니 훨씬 긴 시간이 걸렸고, 방향성과 이동성의 중요함에 대한 감각을 일깨워주었다. Martinez와 Moss(1998)는 **방향성**(orientation)을 가리켜 자신의 공간상 위치와 가고 싶어 하는 방향을 아는 것으로 정의한다. 이동성(mobility)은 이동 계획을 수행하는 것으로 정의한다.

개별화교육프로그램(IEP)에 기여하고 공공을 대상으로 교육하며 방향지도에 특화된 전문가들을 **방향성과 이동성**(O&M) 강사들이라고 한다(Elwafi, 2013). 방향성과 이동성(O&M) 강사들은 시각장애나 맹증을 가진 사람들이 안전하고 독립적으로 여행할 수 있는 능력을 개발하는 데 초점을 맞춘다. 몇몇 O&M 강사들은 지팡이 기술들을 포함해 공간개념, 감각인식, 대중교통을 이용해 독립적으로 여행하기까지를 목표로 삼는 듯하다(Martinez & Moss, 1998). 음악치료사들은 내담자들과 관련된 O&M을 다룰 때 O&M 강사들과 치료에 대해 상의할 수 있다. 음악치료사들이 시력과 시력장애의 영향에 관해 배울 때 O&M 강사들은 좋은 자료의 원천이 될 수 있다.

나는 다양한 장애와 시각장애를 가진 아동들을 대상으로 하는 소그룹 음악치료 세션을 이끈 적이 있다. 동료 치료사와 나는 그룹에 함께 참여하는 부모들에게 우리가 그들의 아이들에게 무엇을 해주기를 바라는지 몇 가지 제안을 해달라고 부탁했다. 한 부모는 그녀의 아이가 음악을 들을 때, 무엇이 음악을 만들어내는지 볼 수가 없다는 점을 지적했다. 그녀는 우리가 아이에게 유의미한 방식으로 악기를 배울 기회와 같은 음악경험을 제공할 수 있는지 문의했다. 나는 그녀의 요구에 충격을 받았는데, 내가 얼마나 내 시력을 당연하게 생각했는지 깨닫게 됐다. 이어지는 세션에서, 우리는 아동들이 각각의 그룹세션에서 '악기만나기'에 도달할 수 있도록 음악경험을 계획했다. 그 세션에서 아동들은 그들의 손으로 악기들을 만지고 경험하면서 녹음된 연주와 현장 연주를 듣는 것을 통해 새로운 악기를 탐험했다. 아동들은 트롬본, 첼로, 바이올린, 플루트, 콘트라베이스와 같은 악기의 다양성을 배울 수 있었다. 손으로 직접 경험하는 것이 아동들에게 유의미한 방식으로 배울 수 있는 기회를 제공했다.

임상작업

시각장애나 맹증을 가진 아동들을 다루는 음악치료사들은 시력, 시각장애의 기본 유형들, 그리고 가장 중요한 것으로 이러한 장애가 내담자들의 삶에 어떠한 영향을 끼치는지에 대해 공부하는 임상훈련을 받는 것이 도움이 될 것이다. 아동의 발달과 학습에 있어서 음악치료가 어떠한 역할을 할지 결정하는 것은 중요하다.

종합적인 음악치료 평가는 아동의 인지적, 사회적, 행동적, 시각적, 이동성, 감각적 발달에 관해 조사해야 한다. 나는 평가에 있어서 음악적 반응만큼이나 의학적, 교육적 정보를 함께 다룰 것을 추천한다(Elwafi, 2013). 청각장애나 맹증을 가진 아동들 대부분의 발달이 시각적 학습의 부수적인 역할에 그치기 때문에 지체될 가능성이 높다는 점을 염두에 두는 것도 중요하다.

종합 평가에 이어 음악치료사는 음악치료가 아동의 요구들을 다룰 때, 아동의 요구에 따른 구체적인 방법들을 결정해야 한다. 목표와 목적의 다양성이 더 개발되면 아동을 위해 계획된 치료가 더욱 가능해진다. 시각장애를 가진 사람의 임상실무에 있어서는 의사소통 개선을 포함하여 촉각기술 개발, 자립심 격려와 같은 몇몇 공통목표들이 있다. 또한 Codding(1984)은 인지, 감각지각 기술, 운동과 같은 목표분야를 제안했다. 음악치료사는 점자 악보를 소개하며 적응 가능한 음악지도를 통해 음악적 기술들을 다루고 개발할 수 있다(Elwafi, 2013). 각각 아동의 구체적인 요구들을 위한 목표와 목적에 부응하도록 계획된 음악치료 경험은 다감각적인 접근을 망라해야 한다. 몇몇의 경우에는 노래 만들기를 포함해 구조적인 음악놀이, 즉흥연주와 같은 음악치료 경험이 요구된다(Elwafi, 2013). 요구의 다양성을 다룰 수 있는 상세한 음악치료 경험과 동반되는 절차들은 나의 이전 책에서 맹증과 시각장애를 가진 아동들을 위해 쓰인 장에 나와 있다 (Elwafi).

영아들의 발달은 지역사회 기관을 통한 조기 중재와 시력전문가들의 관여로 보완될 수 있다. 시력전문가들은 아동의 시력을 개발하거나 기능적 시력을 작동하게 하는 방안을 제안할 수 있다. 음악치료사가 그들의 내담자들을 위한 적절한 적응에 관해 배우기 위해 시력전문가들과 상담하는 것이 도움이 될 수 있다. 이제 나는 음악치료 세팅에 사용될 수 있는 공통의 시각적이고 청각적인 제안들에 관해 논의하려 한다.

전형적으로 음악치료실에서 사용하는 빛과 사물들의 배치를 포함한 시각적인 환경은 시력이 낮은 아동의 시각적 요구들에 부합하도록 조정되고 고려되어야 한다. 시각장애를 지닌 몇몇의 아동들은 채광이 좋은 방과 추가적인 작업 조명의 도움을 받을 수 있다. 다른 아동들은 조명이 어두운 방에서 시각적으로나 감각적으로 더 잘 반응할 수 있다. 대뇌피질성 시각장애(CVI) 아동들은 어두운 조명의 방에서 잘 반응한다. 반면에 색소성 망막염을 지닌 아동은 어두운 조명에서는 보는 데 어려움을 느낄지도 모른다. 아동이나 돌보는 사람에게 아동이 선호하는 것이나 기능적 시력보고서로 상담받은 내용을 물어보는 것이 최선이다. 이동성에 관한 중요한 고려사항으로 환경이 어수선하지 않고 방향을 찾기 좋아야 한다는 것은 확실하다. 책, 그림, 혹은 악보와 같은 시각적인 물건을 제공할 때 음악치료사는 시각적으로 어수선하거나 복잡한 모양과 색깔을 사용한 물건들은 피해야 한다. 치료사는 확대 인쇄된 물건이거나 큰 활자를 제공하는 것이 내담자에게 도움이 되는지 고려해야 한다.

청각환경은 음악치료사에게 저시력이나 시력이 없는 경우가 청각처리 과정에 미치는 영향들에 대해 공부할 수 있는 기회를 제공한다. 음악치료 세팅에서 관련 없는 소리나 배경 음악은 시각장애나 맹증을 가진 사람들이 갈피를 못 잡게 하거나 산만하게 만들 수 있다(Elwafi, 2013). 음악치료 세팅에서 특히 가사 토론에 참여할 때 외부 소음이나 대화가 들리는지 점검해야 한다.

음악치료사에게 또 다른 중요한 청각도구는 이야기서술이다. 여기서 이야기서술은 시각장애를 가진 사람과 함께 있는 시력이 정상인 사람이 시각적인 환경에 대해 묘사할 때 누가 혹은 무엇이 방에 있는지, 무슨 일이 발생했는지, 또는 다른 관련된 시각정보를 제공하는 것을 말한다 (Elwafi, 2013). 매우 저시력이거나 시력이 없는 아동을 다룰 때 이야기서술을 사용하는 것은 특히 아동을 만지거나 악기를 주거나 아동으로부터 무언가 대화를 이끌어내려고 할 때 아주 중요하다. 이야기서술은 시각장애나 맹증을 가진 전 연령대의 아동들에게 사용이 가능한데, 심지어 영아도 포함된다. 이야기서술은 학습기회와 듣기 기술 개선, 아동의 환경에 관한 정보들을 제공한다(Elwafi, 2013).

다른 분야에서의 적용

감각결손인 아동을 수용할 때 몇몇 특별한 고려사항들이 있다. 청각장애인이거나 난청인 아동의 경우, 음향학적으로 적절한 학습환경을 유지하는 것이 중요하다(Berkowitz, 2012). 카펫, 커튼, 벽을 부드럽게 처리하는 것과 같은 음향학적인 조치들이 잔향을 최소화하도록 도울 수 있다. 문을 닫고 환풍기를 세거하는 것이 배경 소음이나 주변 소음을 제한할 수 있다. 교실의 소음도는 30~35데시벨을 초과하지 않을 것이 요구된다 (Cochlear Americas, 2004).

청각상실 아동들과 그들의 형제자매는 다른 사람들과 함께 경험과 공통성을 공유할 필요가 있다(Paticoff, 2012). 청각상실 아동과 그들의 형제자매에게 적합하고 유의미한 지원 그룹이 되도록 조직화하고 촉진하며, 지속적으로 유지하는 것은 모든 관련자들에게 매우 귀중한 보상을 제공하는 완전한 가족지원 그룹으로서의 성공을 보장한다. 마찬가지로, 시각장애를 가진 아동에게 감정적인 지원을 하는 것은 그 아동의 발달을 좌우하는 열쇠가 된다. Darrow와 Johnson(1994)의 보고서에 따르면, 고립의 충격은 아동과 부모를 압도한다. 감각결손을 가진 다른 사람들과 만나고 친구가 될 수 있는 기회가 그들의 가족에 끼치는 영향은 매우 의미 있다. 가족과 아동에게 건강하고 균형 잡힌 도움을 주는 것은 정체성에 대한 감각과 아동이 감각결손을 수용하는 것에 기여한다.

시각장애 아동은 교실세팅에 있어서 성공을 위한 수준의 다양성이 요구된다. 우선 아동의 시각장애에 대한 안과 의사의 소견서와 개별화교육프로그램(IEP)에 관한 기록, 혹은 그에 상당한 자료가 필수적이다. 훈련받은 전문가, 일반적으로 방향성과 이동성(O&M) 강사나 시각장애 담당교사는 아동에게 계획되고 시행되는 시력서비스를 평가해야 한다. 시각장애인을 위한 학교들은 거주 시설이라 차이가 있지만, 아동에게 적절한 서비스가 제공되고 있는지 평가하는 데 도움이 될 수 있다. 부모와 보호자들은 그들의 아동들에게 지지자로서의 역할을 해야 하는데, 아동들이 그 역할에 너무 많은 도움을 바라지 않도록 주의해야 한다.

학교에서 지지와 조정의 과정을 겪을 때, 이러한 노력이 공동의 산물임을 유념하는 것이 중요하다. 가정, 학교, 그리고 다른 공급자들 사이의 의사소통은 감각결손 아동을 위한 균형 잡히고 조화로운 서비스를 만드는 데 필수적이다. 수류인 감각결손 아동은 교실에 들어가기 전에 준비를 시작해야 한다. 담당교사가 감각장애 아동을 다뤄본 적이 없어서 준비가 되어 있지 않다고 느낄 수 있다. 의사소통적인 질문들은 그러한 우려들을 다루는 데 빨리 그리고 자주 도움을 준다. 또한 준비에 급우들을 포함하는 것도 중요하다. 교사가 감각장애 아동에 대해 다른 점과 특별한 도움이 필요함을 이야기할 수 있다. 감각결손에 특화된 전문가가 방문했을 때 질문하거나 감각결손을 가진 '멋진' 어른과 교실에서 대화를 하게 하면 선생님과 급우들에게 감각결손에 대해 교육하고 익숙하게 만들 수 있다. 마지막으로 감각결손을 가진 아동을 돕기 위한 보조공학에 대해 이야기하는 것은 또래의 질문들과 관심을 다루는 데 도움이 될 수 있다.

결론

아동이 감각결손으로 확인되면, 아동의 삶은 변한다. 갑자기 아동에게 전문가, 치료사, 의사들과의 예약들이 쏟아진다. 나(Greta E. Gillmeister)는 어머니들이 아이들과 함께 노는 시간이 줄어든 것에 대해 죄책감을 가지고 지난 경험들을 이야기하는 것을 들었는데, 그것은 언어치료나 작업치료, 물리치료나 청능치료 예약, 또는 다른 수많은 전문가들을 방문하는 시간과 겹쳤기 때문이다. 감각결손을 가진 아동의 요구들을 다루기 위해 사용한 그 시간들은 그 아동이 다른 발달을 할 수 있는 기회들을 위해 사용할 시간을 감소시킨다. 또한 감각결손은 그 자체로 몇몇 지체가 나타나게 할 수 있다. 치료의 여정 동안 종종 아동 자체보다 결손에만 집중하는 경우도 있다. 음악치료에서 아동들은 그들의 요구들을 통합하고 기술들을 연습하는 유의미한 기회에 참여할 수 있지만, 그것은 아동들이 창조적일 수 있는 자유로운 공간에서 동기가 부여되고 즐길 만한 세팅으로 이양되어야 한다. 그러한 진전은 목표와 목적들과 비교해 측정될 수 있지만, 그들의 웃음을 보고, "인기를 독차지한" 그들을 바라보는 것이나, 부모로부터 "제 아이가 노래할 수 있도록 해주셔서 감사하다"는 말을 듣는 것의 기쁨은 헤아릴 수 없다.

참고문헌

American Foundation for the Blind. (2008). *Key definitions of statistical terms.* Retrieved from *www.afb.org/section.aspx?SectionID=15&DocumentID=1280.*

American Speech–Language–Hearing Association. (2014). *Causes of hearing loss.* Retrieved from *www.asha.org/public/hearing/Causes-of-Hearing-Loss.*

Barton, C. A. (2006). Bringing music to their bionic ears: Nurturing music development in children with cochlear implants. *Loud and Clear, 1.* Valencia, CA: Advanced Bionics.

Barton, C. A. (2010). *Music, spoken language, and children with hearing loss: Definitions and development.* Retrieved from *www.speechpathology.com.*

Berkowitz, L. (2012). Auditory learning in preschoolers: Tips for professionals. *Volta Voices, 19*(3), 36–39.

Centers for Disease Control and Prevention. (2011). *Types of hearing loss.* Retrieved from *www.cdc.gov/ncbddd/hearingloss/types.html.*

Chen, J. K., Chuang, A. Y., McMahon, C., Hsieh, J. C., Tung, T. H., & Li, L. P. (2010). Music training improves pitch perception in prelingually deafened children with cochlear implants. *Pediatrics, 125*(4), e793–e800.

Clark, K. (2012, June). *"Fingering" it out!: Emergent literacy for infants and toddlers, including those who are blind or visually impaired.* Cincinnati, OH: Bureau of Early Intervention Services Training.

Cochlear Americas. (2004). *Cochlear implant resource guide: Meeting children's needs at school.* Englewood, CO: Cochlear Americas.

Codding, P. (1984). Music therapy for visually impaired children. In W. B. Lathom & C. T. Eagle (Eds.), *Music therapy for handicapped children: Vol. I. For the hearing impaired, visually impaired, deaf–blind* (pp. 43–96). Washington, DC: National Association for Music Therapy.

Codding, P. (2000). Music therapy literature and clinical applications for blind and severely visually impaired persons: 1940–2000. In C.

Furman (Ed.), *Effectiveness of music therapy procedures: Documentation of research and clinical practice* (pp. 159–198). Silver Spring, MD: American Music Therapy Association.

Darrow, A., & Grohe, H. S. (2002). Music therapy for learners who are deaf or hard-of-hearing. In B. L. Wilson (Ed.), *Models of music therapy interventions in school settings* (2nd ed., pp. 291–317). Silver Spring, MD: American Music Therapy Association.

Darrow, A., & Johnson, C. (1994). Junior and senior high school music students' attitudes toward individuals with a disability. *Journal of Music Therapy, 31*(4), 266–279.

Elwafi, P. (2013). Visually impaired school children. In M. Hintz (Ed.), *Guidelines for music therapy practice in developmental health* (Vol. 3, pp. 270–304). University Park, IL: Barcelona.

Estabrooks, W. E., & Birkenshaw-Fleming, L. (2006). *Hear and listen! Talk and sing!: Songs for young children who are deaf or hard of hearing and others who need help learning to talk.* Washington, DC: Alexander Graham Bell Association for the Deaf and Hard of Hearing.

Gfeller, K. E., & Darrow, A. (2008). Music therapy in the treatment of sensory disorders. In W. B. Davis, K. E. Gfeller, & M. H. Thaut (Eds.), *An introduction to music therapy and practice* (3rd ed., pp. 365–404). Silver Spring, MD: American Music Therapy Association.

Gfeller, K. E., Driscoll, V., Kenworthy, M., & Van Vorst, T. (2011). Music therapy for preschool cochlear implant recipients. *Music Therapy Perspectives, 29*(1), 39–49.

Gourgey, C. (1998). Music therapy in the treatment of social isolation in visually impaired children. *ReView, 29*(4), 157–162.

Hachmeister, J. C. (2010). Learning through singing: How music helps children with hearing loss. *Volta Voices, 17*(4), 20–23.

Hughes, M., & Fazzi, D. (1993). Chapter five: Behavior management. In *First steps: A handbook for teaching young children who are visually impaired* (pp. 57–68). Los Angeles: Blind Children's Center.

Jan, J., & Groenveld, M. (1995). Visual behaviors and adaptations associated with cortical and ocular impairment in children. *National Newspatch, 2–9.*

LaVenture, S., & Allman, C. (2007). Special education services: What parents need to know. In S. LaVenture (Ed.), *A parents' guide to special education for children with visual impairments* (pp. 3–35). New York: AFB Press.

Martinez, C., & Moss, K. (1998). Orientation and mobility training: The way to go. *See/Hear, 3*(4). Retrieved from *www.tsbvi.edu/seehear/fall98/way-*

togo.htm.

Paticoff, M. (2012). Creating a successful support group program for children. *Volta Voices, 19*(3), 24-27.

Robb, S. (2003). Music interventions and group participation skills of preschoolers with visual impairments: Raising questions about music, arousal, and attention. *Journal of Music Therapy, 40*(4), 266-282.

Roman-Lantzy, C. (2007). *Cortical visual impair-ment: An approach to assessment and intervention.* New York: AFB Press.

Simmons, S., & Stout, A. (1993). Chapter three: The eye. In *First steps: A handbook for teaching young children who are visually impaired* (pp. 23-34). Los Angeles: Blind Children's Center.

Wiggins, D. G. (2007). PreK music and the emer-gent reader: Promoting literacy in a music en-hanced environment. *Early Child Childhood, 35*(1), 55-61.

제26장

학교현장에서의 음악치료

Katrina Skewes McFerran

신정희 역

음악치료에 대한 개인과 그룹의 필요 그리고 그들의 요구에 부합하는 음악프로그램을 설계한다는 것은 음악치료사들이 학교에서 특별하게 기여함을 뜻한다. 학교에서의 음악치료는 전통적으로 목적과 세부목표 그리고 프로그램 진행을 했던 세션기록이 모두 문서화되어 프로그램을 주기적으로 평가했다. 이러한 치료방법(Gfeller & Davis, 2008)은 행동주의 치료철학으로 운영하던 학교들에서 유용하게 사용되었었다. 하지만 요즘은 시대가 바뀌었다(Dylan, 1964).

내담자군 : 일반 학교의 학생들

현재의 교육학은 대부분 개인의 학습에 중점을 맞추기 시작하였고 그것은 학생들이 자신들의 맥락 안에서 학습함을 의미한다(Karpov, 2003).

그리고 학생들 개개인의 특별한 학습환경을 만들어주는 것이 커리큘럼을 정하고 가르치는 것보다 유용함을 뜻한다. 이 사상은 많은 것에 의해 지지되었는데 그중 하나는 지식을 습득하는 나이이다. 요즘의 학생들은 인터넷으로 정보를 찾아낼 수 있으며 교사들은 더 이상 지식을 가지고 있는 유일한 사람이 아니라는 것이 교사들에게 큰 영향을 주었다. 영국의 전문가인 Sir Ken Robinson(Robinson & Aronica, 2008)은 이러한 맥락에서 **교육적 혁명**(learning revolution)이라고 표현했으며, 이것은 창의력과 열정에 더 크게 강조를 하는 반면 암기학습과 배운 것을 생각하는 것에는 더 적게 초점을 맞추는 것이라고 하였다. 미국의 교육철학자 Maxine Greene(1995)은 오랫동안 학습에 있어서 창의력의 중요성에 대해서 강조해왔다. 그리고 그녀는 사회의 변화가 교육에서 시작된다고 강력하게 주장해왔으며, 정보는 쉽게 그냥 받아들일 수 없으며 비판적으로 고려되어야 한다고 말했다.

이런 교육에 대한 강한 흐름은 정부가 정해놓은 학습목표에 대해 학교, 학습자 그리고 교사들까지 모두 고려하여 강력하게 논의되어야 하며 이 상황을 무시할 수 없다. 미국에서는 이러한 학습목표에 대한 비교가 조지 부시 정권 때 실제로 처음 이루어졌으며 증거에 기초하여 교육을 재개정하고, 국가 전체적으로 낮은 성적을 받는 것에 대한 보완책을 마련하였다(No Child Left Behind; U.S. Government, 2001). 이것은 현재 세계적으로 이루어지고 있는 움직임과 같으며 주요과목과 커리큘럼의 방향에 대하여 서로 다른 초점을 갖게 만들었다. 이것은 또한 가르침에 중점을 두었던 예전의 관점과 교육환경이 잘 마련되어 있으면 학습능력이 올라간다는 관점의 충돌이기도 했다. 건강, 안전, 행복함, 성취감 그리고 기여함은 영국 교육정책의 새로운 경향으로 나타나는 가장 중요하고 명확한 가치이며 영국과 웨일스(UK Government, 2005) 그리고 스코틀랜드의 정책(Scottish Government, 2006)에서 볼 수 있다. 이와 비슷하게 양분된 환경이 정책적 구상 형태로서 호주에서도 나타나는데, 그중 하나는 개개인의 학습에 중점을 두며 다른 하나는 학습에 대한 표준화된 평가에서 좋은 점수를 획득하는 데 중점을 둔다. 이 두 가지 환경은 음악치료사가 학교에서 일할 때 고려해야 하는 것들이다.

이론적 배경

음악치료는 현재 교육정책 환경보다 절대 덜 복잡하지 않다(Rickson & McFerran, 2014). 위에서 말한 것과 같이 서로 다른 견해로 인한 갈등이 여러 문헌상에 충분히 이야기되고 있지는 않지만 음악치료에서도 존재한다. 대신에 어떻게 음악치료를 특정 그룹의 사람들에게 시행해야 하는지에 대해서 논의하지만, 왜 그래야만 하는지 이론적으로 강력하게 설명되지는 않고 있다. 서로 다른 이론적인 쟁점이 치료작업상에 어떤 영향을 주는지 명백하게 아는 것은 특정 그룹의 사람들에게 어떤 방식으로 접근해야 하는지 이해하도록 도움을 준다. 이러한 접근은 "지금 이 순간, 청소년들에게 최선의 것이 무엇인지에 따라 안내하는 것(McFerran, 2010a, p. 57)"을 포함하는 것이며, 정신적 문제를 지닌 학생들에게 한 방법을 고수하는 것보다 서로 다른 접근법으로 유연하게 제공하는 것이 보다 효과적이라는 것이 연구를 통해 지지된 바 있다(Gold, Wigram, & Voracek, 2007).

음악치료사가 학교에서 일을 할 때 서로 다른 결정을 하게 되는 네 가지의 이론적 기반에는 인본주의, 정신역동, 발달적 관점, 생태학이다(McFerran, 2010a). 이 각각의 이론적인 요소들은 음악이 내담자의 안녕에 이익을 줄 수 있는 방법에 대한 서로 다른 신념을 가지며, 음악치료사가 취할 수 있는 다양한 방법과 역할을 만들어낸다. 표 26.1에서는 각각의 특정한 접근으로 치료를 이끌어낼 경우 일어나는 타당한 순리에 대하여 자세하게 묘사하였다.

인본주의적 접근

인본주의에 영향을 받은 음악치료사들은 학생들에게 그들 자신을 음악으로 표현하는 것을 격려하며, 학생들이 참여하여 음악을 만들었을 때 긍정적인 피드백을 주는 것에 중점을 둔다. 많은 음악치료사들이 학교에서 치료를 시행할 때 인본주의 방식을 택하지만 놀랍게도 많은 저자들이 그들의 치료가 인본주의적이라고 명백하게 밝히는 것은 드물다. Derrington(2012)은 "음악을 이

표 26.1 학교 음악치료의 기본 네 가지 이론적 접근방법. Jessica Kingsley 출판사의 허락하에 McFerran(2010a, p. 55)의 자료를 인용함.

이론적 틀	인본주의	정신역동	발달	생태학
음악의 역할	정체성 표현	내면세계 반영	행동유도	교감 발전
치료사의 의도	수용	이해	학습촉진	참여유도
치료사의 입장	참여	분석	구조화	지지

용하여 교감하는 것이 항상 나의 첫 번째 목표(p. 209)"라고 하면서 학습의 사회정서적 차원에서의 즉흥연주를 포함하여 어떻게 다른 목표들이 설정될 수 있는지 설명한다. 학교에서의 치료작업의 기본은 아이들의 음악적 흥미에 따라 이루어지는 것이었다. 이것은 아이들이 학습장애가 있건(McFerran, 2009), 상실과 슬픔 상태에 있건 (McFerran & Teggelove, 2011) 동일했다. Nöcker-Ribaupierre와 Wölfl(2010)에 따르면 공동으로 음악을 만드는 긍정적인 경험은 다양한 그룹의 친구들과 친해질 수 있는 기회를 제공하여 다문화 가정 자녀들에 대한 분노표현을 예방할 수 있다. 각각의 경우에서 치료사들은 어린 학생들의 음악에 대한 표현방식을 받아들이고 같이 경험할 수 있음을 배운다는 점에서 인본주의의 이론적인 전제를 따른다는 것을 알 수 있다.

정신역동적 접근

정신역동적 접근은 음악치료사로 하여금 아이들이 음악에 참여하는 방식의 의미에 대해 분석적 입장을 취하게 하며, 그 의미에 대해 보다 큰 이해를 갖게 한다. 학교에서 일하는 음악치료사가 자신의 일을 분석하는 것이라고 말하는 사람은 없겠지만, 많은 음악치료사들이 학교에서 이행하는 음악치료가 학생들 스스로 경험과 행동에 대한 깊은 이해를 시도하는 것이라고 해석하였다. Mahns(2003)가 시행한 연구에서는 독일의 학교에서 선택적 함묵증 남자아이들에게 이행된 음악치료가 아이들로 하여금 자신의 분노와 가족갈등에 대해서 이해하여 결국 목소리 표현을 다시 할 수 있게 해주었다. 내가 실제로 가족을 잃은 10대 청소년과 일을 하였을 때 나는 종종 정신역학의 관점으로 학생들이 감정을 표현하고 슬픔과 가족을 잃은 것으로 인한 자신의 정체성 혼란에 대해 표현할 수 있도록 도왔다(McFerran, 2010b). Bosco(2002)는 정신역동적 접근으로 9·11에 대한 반응을 다루었으며 일반 학교에서 이야기 노래를 만들어 이해하고 다룰 수 있도록 도와주었다. 음악적 표현을 통해 내면세계를 이해하는 것은 정신역동적 접근에서 매우 중요하며, 학교 음악치료에서는 이 기법이 절묘하게 포함된다.

발달적 접근

음악치료사가 발달적 접근을 취하게 되면 설정된 목적하에 특정 기술을 습득하기 위해 세션의 구조화를 사용하며, 성취에 대한 긍정적인 보상과 마찬가지로 동기를 부여하기 위한 체계로서 음악을 사용한다. 연구자들은 이러한 작업을 문화적 맥락에 따라 **교육적 음악치료** 또는 **행동적 음악치료**라고 언급한다. 예를 들어, Register의 연구를 보면 음악치료가 학습장애를 가진 학생들의 글을 읽고 쓰는 능력을 효과적으로 향상시킨 것을 알 수 있다(Register, Darrow,

Standley, & Swedberg, 2007). 비슷하게 Kennedy
와 Scott(2005)의 연구에서는 영어가 두 번째 언
어인 중학생들에게 12주의 음악치료를 시행한
결과 그들의 스토리텔링과 말하는 실력이 현저
히 향상되었다. Baker와 Jones(2005)의 난민 학
생들을 대상으로 한 연구에서는 음악을 이용하
여 그들의 급격한 환경변화에 대한 행동을 안정
시킬 수 있었다고 보고한다. 이 모든 연구자들이
설명하기를 효과적으로 구조화되고 지속적으로
진행된 음악치료 기법은 학습목표를 이룰 수 있
게 도와주는 것을 여러 연구들을 통해 알 수 있
다고 하였다. 이 연구들의 성취들은 모두 겉으로
봐도 결과가 뚜렷이 나타났으며 목적을 이룬 것
이 측정 가능하였다.

생태학적 접근

생태학적 접근의 의미는 어린 학생들의 존재 그
리고 그들과의 교감의 중요성에 대한 것을 좀 더
큰 의미로 해석하여 실제 치료에 이용하는 것이
다. 이 방법은 최근의 연구에 자주 등장하며, 음
악치료사들의 음악을 이용한 치료가 치료실에
서만 일어나는 것이 아니라 더 큰 의미로 행해지
도록 초점을 두어야 한다고 설명한다. 이러한 접
근의 이론적 기반은 커뮤니티 음악치료의 과정
으로 설명될 수 있으며 Elefant(2010)가 일반 학
교의 장애아동을 대상으로 한 음악프로그램 사
례연구에서 명확하게 설명되었다. 그녀는 학생
들이 서로 다른 다양한 재능을 가진 그룹에 참
여할 수 있는 권리가 있으며 이것이 음악치료에
서 중요하다고 하였다. Oosthuizen(2006)은 남아
프리카에서 시행되는 혁신적인 학교에서 일어나
는 음악치료들이 그녀에게 새로운 질문을 가지
게 하였는데, 그 결과 다양성과 인간의 권리 그
리고 치료사인 그녀의 결단력이 음악치료가 부
유한 서양국가에서보다 더 큰 가치가 있음을 발

견하였다. Rickson(2009)의 연구에서는 2개의 언
어를 사용하는 태국의 학교에서 선생들이 계획
적으로 음악을 교수활동에 사용한 결과 긍정적
인 효과를 가져왔다. 그렇다고 생태학적인 방법
으로 음악치료를 사용하는 것이 아주 멀리 떨어
진 지역에서만 유용하다고 생각하는 것은 잘못
된 것이다. 하지만 왜 음악치료사들이 개인에게
초점을 맞추는 것 이상으로 가족과 교사들을 음
악적 경험 안에 포함시키는지에 대한 이해를 높
일 수 있는 여러 지역별 연구결과는 셀 수 없이
많다(Jacobsen & Wigram, 2007; kern, Wolery, &
Aldridge, 2007).

현대의 절충주의적 접근

이 장에서 이야기하는 절충적인 방법(McFerran,
2013)은 지금까지 이야기한 다른 이론적인 방법
을 모두 통합하여 음악치료사들이 학교에서 사
용하는 데 쓰는 최근의 기법을 말한다. 이 통합
된 방법은 왜 특정한 음악경험이 학교 안에서의
다양한 학생들에게 권유될 수 있는지에 대해 생
각해볼 수 있게 한다. 또한 이러한 접근은 서로
다른 학교의 다양한 학생들에게 특정한 **활동**이
특정 결과들에 대해 얼마나 효과적인지 증명해
내는 것보다는 음악치료 세션에서 어떤 일이 일
어나고 있는지에 대해 학교 교직원들에게 정보
를 제공해야 하는 사람의 입장에서 근거들을 설
명할 수 있게 한다. 실제로 대부분의 학교에서
일하는 음악치료사들은 치료 당일에 어린 학생
들이 필요로 하는 것 그리고 그들이 음악치료에
서 흥미를 찾을 것에 대한 것을 바탕으로 치료사
들 자신의 이론적인 기법을 섞어서 치료를 진행
한다. 하지만 절충적 기법을 적용한다는 것은 음
악치료사가 능동적으로 인본주의 혹은 정신역동
적 기법을 사용하더라도 자신이 사용하고 있는
치료모델에 대해 암시하지 않는 것을 말한다. 이

것은 어린 학생들이 음악치료 세션에 흥미를 보이지 않거나 더 좋은 방식이 제안되거나 또는 그날 학생의 필요가 원래 시행되어야 하는 기준과 달라질 때에 치료사의 계획을 바꾸는 데에도 유용한 방식이다. 이렇게 탄력적인 방식은 세션의 계획된 구조를 고수하려 하거나, 학생의 흥미보다 치료사가 잘 아는 노래에 참여시키기를 요구하는 것과 같은 융통성 없음과 반대된다. 미리 준비된 치료계획이나 다른 환경에서 증명된 방법에 중점을 두는 대신에, 현대의 절충적 방안은 특정 내담자들에게 어떻게 하면 최고의 음악을 맞출 수 있는지 지속적으로 검토를 하는 데 중점을 두게 한다. 그리고 이것은 어린 학생들이 보이는 즉흥성에 부합할 수 있다.

전문가가 알려준 치료모델에서 벗어나 생각하면 어린 학생들에게 어떻게 하면 음악치료의 목적이 가장 도움이 될 수 있을지에 대해 생각하게 해준다. 대신에 절충적 접근은 치료사와 학생이 서로 동의하는 공동의 협상을 요구하며 Small(1998)이 음악을 **명사**가 아닌 **동사**라고 표현한 것처럼 최대한 다양한 방식으로 음악에 참여할 수 있게 한다. 이러한 치료적 관계는 어린 학생들의 음악적 관심과 가능성을 제일 우선으로 하여 Rolvsjord(2010)가 정신질환을 가진 환자들에게 사용하는 음악과 관련된 자료를 기준으로 시행한 음악치료와 같은 방식으로 사용될 수 있다. 예를 들어 만약 어린 학생들이 힙합에 관심이 있다면, 그들의 선호도가 치료의 초점을 맞추는 시작점으로 사용될 수 있다. 마찬가지로 음악치료사들은 어떻게 하면 학생들의 흥미를 활용하여 그들의 이해를 이끌어내고, 치료를 받아들이며, 비음악적 행동을 달성하고, 그들의 참여를 북돋을 수 있는지에 대해 자신의 모든 지식을 사용해야 할 것이다. 이 방식은 치료의 결과와 치료 자체에 중점을 두는 것이 아니라 치료의 과정

과 공동작업에 중점을 두며, 가르치는 것보다 개개인의 학습에 중점을 두는 교육철학의 변화와 맞물려진다. 절충적 기법은 치료사로서의 우리의 전문성을 포기하는 것이 아니라 음악치료사로서 어린 내담자들이 자신들의 정신건강에 도움이 되거나 그렇지 않은 음악을 사용할 때 이를 의식할 수 있다는 것이 중요한 것이다(McFerran & Saarikallio, 2013).

임상작업

일반 학교에서 프로그램을 만드는 것은 특수학교, 병원 또는 지역 정신건강센터에서 하는 것과는 다르다. 학교에서 하는 서비스는 병리적이거나 문제가 있는 사람들을 위한 것이 아니다. 모든 학생들은 사회에 기여하는 인물이 되도록 학교에 출석하여 공부를 한다. 비록 '웰빙 서비스'가 모든 학교에 있더라도, 이러한 것들은 회복력을 촉진시키고 학습에 방해가 되는 장애물을 제거하는 데 목적이 있다. 음악치료 프로그램은 이와 같은 방향으로 설정되고 음악치료사들은 이러한 가치로 학교에 공헌해야 한다. 가장 문제가 있고 연약한 학생들에게만 집중하는 것은 음악치료를 매우 제한적이게 만든다(Rickson & McFerran, 2014).

병리적인 문제들은 이러한 접근의 주된 초점이 아니기 때문에, 음악치료 프로그램을 개발하는 첫 번째 단계는 학교 자체의 체계에 따르는 진단평가를 포함한다. 전통적인 평가방법으로는 관찰과 듣기가 요구된다. 그러나 개인을 관찰하는 대신에 음악치료사들은 학교운영진이나 웰빙 관련 직원들로부터 수집한 학교문화에 초점을 두어야 한다. 학교에 왕따 문제가 있을 수 있고, 지역사회에 높은 수준의 빈곤으로 건강과 위생의 문제가 있을 수 있다. 많은 수의 학생들이 사

별을 경험했을 수 있고, 교사들에게 만족을 못하고 있을 수도 있다.

임상사례 : 학교체계 평가

새로운 학교의 교직원들과의 만남은 언제나 어느 정도의 두려움을 준다. 나는 능동적인 음악 만들기를 포함하는 것을 좋아하는데 왜냐하면 그 방법이 학교에서 내가 무엇을 할 수 있는지 사람들에게 경험시켜 줄 수 있는 가장 쉬운 방법이기 때문이다. 그러나 이 것이 포함된 음악은 교직원들이 자신들의 음악적 능력을 준비하고 많은 일을 해야 하기 때문에 저항을 불러일으킬 수 있다. 한번은 내가 부르고 답하기(call-and-response) 활동을 위해 작곡한 찬트를 부르기 시작하면서, 그들이 나에게 답하여 노래를 부를까 아니면 단지 조용히 앉아 있을까 하는 염려로 불안했다. 그러나 현실에서의 그들은 항상 참여했고, 오늘날에도 마찬가지이다. 나는 그들에게 1, 2, 3 리듬을 발로 가볍게 두드리도록 요청하였고 그들은 'Army Rap'의 첫 번째 구절을 부르기 시작하였다.

나는 몰라요. 그러나 나는 말했어요. (화답하기)
학교의 교직원들은 금의 심장을 가졌어요. (화답하기)
학교의 선생님들은 많은 신뢰를 가졌어요.
나는 잘 모르겠지만 그것은 확실해요.
우리는 더 많이 받아야 해요.
가장 중요한 직업이거든요.
우리나라가 발전하도록 돕는 것이기도 하지요.
1, 2
1, 2, 3, 4
1, 2, 3, 4!

익살스러운 짧은 노래가 완성되었고, 그들은 내가 만든 실수에 웃었다. 그리고 그것은 그들이 참여한 기쁨이 되었다. 그들은 자신의 수줍음을 극복할 때 참여와 성취에 이르게 되는 것을 느꼈다. 나는 그 경험이 교실에서였다면 어떻게 공부에 연결될 수 있는지를 설명하였다.

학교 교직원 중 중심이 되는 연주자에게 지역사회 내에서 음악활동을 만드는 능력을 개발시키는 것은 중요하다. 이것은 점심시간에 워크숍을 제공하게 할 수도 있고 학생들은 와서 음악지료사가 무엇을 제공하는지 볼 수 있다. 다른 전략은 원하는 교사들의 수업에 참여하여 음악이 어떻게 학생들이 활동하도록 독려하고, 어떻게 작용하는지, 그리하여 점점 활동에 이르는 것을 보여주는 것이다.

임상사례 : 학교에서의 음악능력 평가

"그 후에 여기서 무엇을 할 건가요?" 15세 학생 마리아가 혼란스러워하며 물었다. 2개의 힙합 워크숍에 참여하고 있던 그녀는 왜 내가 그들을 아무것도 '가르치지' 않는지 궁금해했다. 나는 그 질문에 전율을 느꼈다. 왜냐하면 그녀는 그룹에서 막강한 영향력을 끼치고 있었고, 그녀의 동요상태가 모든 참가자들에게 영향을 미쳤기 때문이다. "나는 네가 힙합 음악을 만드는 걸 도우려고 왔단다." 내가 말했다. "나는 너를 대신하거나 가르치지 않을 거야. 나는 네가 이런 종류의 음악을 좋아하는 줄 알아. 그리고 나는 네가 그것을 발견하고 표현할 공간을 주려고 해. 나는 네가 이미 그것을 성취할 능력이 있다는 걸 알고서 놀랄 것이라는 것도 알고 있단다." 모든 그룹구성원들은 끄덕였고, 마리아는 만족해 보였다.

몇 달이 흐른 후, 마리아는 학교 내의 작은 힙합 공연단의 리더가 되었다. 그녀는 모두가 힙합을 '패배자들'만 한다고 생각하는 학교에서 힙합 문화를 만들어내기를 원했다. 그리고 학생들은 그 장르에 대해 관심을 갖게 되었다. 그것은 어려운 일이지만, 그녀는 다른 사람들에게 춤동작을 가르쳐주기 위해 자신을 낮출 줄 아는 걸 배워야 했으며, 학생들이 점심시간 워크숍에 나오지 않았을 때, 궁극적으로는 구성원들이 아예 공연을 하지 않을 때 어떻게 대처해야 할지도 배워야 했다. 나는 그녀와 정기적으로 대화를 지속했고, 그녀가 그룹에 관여하기 위하여 무엇을 원하는지 분명해졌다. 비록 그것이 그녀에게는 자연스러운 일이 아니더라도 그녀는 많은 음악과 동작들을 공유하기 위하여 준비하였다.

그러는 사이에 마리아는 학교에 보다 정기적으로 출석하였고, 많은 교직원들이 학교에 안 나오려던 그녀가 다시 학교사회에 막 참여하려 한다고 말했다. 일 년 후에 그녀는 비록 그녀 자신이 참여할 기회를 많이 갖지 못했어도 어떤 워크숍에서 제공하는 힙합 성가대에 참여할 수 있게 된 것에 기뻐했다. 내 생각엔 그녀는 그런 기회를 가진 것에 대해 여전히 놀라워했고 그녀 자신을 아직도 믿지 못하는 것 같았으나, 이 경험은 그녀의 정체감과 앞으로의 생애에서 결정할 것들에 영향을 줄 것이다. 마리아와의 면담에서 그녀는 그 과정이 어렵기는 했지만 나의 격려가 그녀로 하여금 앞으로 나아갈 수 있도록 배우고 인내심을 갖는 데 도움을 주었다고 하였다. 그녀는 이전에 그러한 경험을 전혀 못했기 때문에 학교 안에서뿐만 아니라 학교 밖에서도 다른 학생들과 이것을 나누기 원하였다. 그녀는 이 프로그램이 학생들 스스로가 독립적이 될 기회를 주었기 때문에 "그것이 우리를 더 나은 리더로 만들어주었어요"라며 감사하다고 하였다.

학교그룹에 있는 다양한 연주자들은 음악치료사들이 어떻게 일하는지에 대해 경험하고 나면, 왜 그 일에 대한 이해가 도움이 되는지 알 수 있다. 위에서 언급한 대로, 음악치료사들은 학교에서 보여지는 음악적 재능을 보다 훌륭한 웰빙과 삶으로의 연결을 위해 쓰일 수 있도록 프로그램을 설계하는 데 큰 공헌을 한다. 교직원들과 학생들에 의해 규명된 이슈들을 음악프로그램에 결합시킴으로써 학교 안에서 강력한 변화를 이끌어낼 수 있다.

임상사례 :
학교의 필요를 만족시키는 프로그램 계획

학교 내 몇몇 교사들은 학생의 나이에 따라 구별하는 것을 좋아하지 않는다. 그들은 어린 학생들이 학교사회에 진지하게 받아들여지지 않아서 학교의 활동에서 참여의 기회를 많이 얻지 못한다고 생각한다. 나는 저학년을 맡은 교사 중 1명이 매우 음악적이어서 그 교실이 노래로 가득 차 있는 것을 발견했다. 그리고 이와는 별도로 고학년 학생들은 가볍게 두드리기, 박수 치기, 발 구르기와 같은 신체타악기 활동을 배우고 있었다. 나는 고학년 학생들 그룹을 저학년 교실에 데리고 가서 활동하는 것을 제안했고, 학교 측에서는 다른 연령대의 그룹이 나눔과 창의적인 활동을 통해서 소통하는 능력을 기르길 원했다. 이 활동은 다문화 배경의 학생들이 서로 문화적 차이로 그룹이 나누어져 있는 경우에도 도움을 주었다.

이 프로그램은 성공적이었고, 어린 학생들은 보다 나이 많은 학생들이 이끄는 음악적 게임에 흥미로워했다. 그리고 나는 음악치료사로서 매 회기 전에 그들이 어떻게 활동의 구조를 세울 수 있을지 이야기해주었다. 세션의 초기에는 내가 게임들을 이끌었으나, 회차가 증가할수록 관여의 정도를 줄여나갔다. 공연 기

회가 있을 때, 우리는 가장 어린 학생에게 행사의 시작무대를 맡아주도록 요청했고, 아이들은 신체타악기 공연으로 학교 전체에 깊은 인상을 주었다. 처음에 고학년 학생들은 무대에 오르기를 부끄러워했으나, 몇 달 후에 다른 공연할 기회가 주어졌을 때는 더 복잡한 공연으로 또래 학생들에게 열광적인 박수갈채를 받았다.

학교현장에서 프로그램을 실시하는 동안 저학년과 고학년 학생들 간의 상호교류가 많이 이루어졌다. 서로 이름을 부르며 인사하기도 했고, 말하고 답하기 식의 빠른 타악기 연주를 만들어내기도 했다. 게다가 선생님들은 저학년 학생들이 학교행사에서 공적인 목격자가 되고 더욱 많이 참여해가는 것을 느꼈다. 사실, 어린 학생들의 어색함이 적어질수록 더 나은 공연을 할 수 있었고, 그들은 단순히 '귀여움'을 담당하는 역할에 머무르지 않았다. 고학년 학생들은 리더십을 기르고, 음악적 참여 능력에 자신감을 가졌다. 선생님들은 고학년 학생그룹 중 1명이 자신의 기분을 더 잘 조절하는 것을 발견했다고도 하였다. 이런 식으로, 음악 만들기는 음악적인 것뿐만 아니라 연주자로서도 공동체 안에서 다른 예상치 못한 잠재력을 발견하게 해주고, 그들의 능력을 감탄하게 해준다.

학교에서는 일부 학생들이 자격을 갖춘 음악치료사에 의해 보다 전문적인 기술을 배울 수도 있다. 정신적 질환과 사별에 대한 이해를 갖는 것은 학교가 활용하기 원하는 것들이다. 학생들에게 비탄과 상실은 공통된 경험이다. 사별은 몇 년 전에 일어난 일이라 하더라도 학생들이 학교생활에 성실히 참여하는 데 어려움을 준다. 이와 유사하게, 불안과 우울을 경험하는 학생들에 대한 조기개입은 큰 도움이 될 수 있다. 특별히 학교집단에서 취약그룹으로 분류되는 어린 친구들은 학교 맥락에서 다양한 이론적 접근이 필요하다.

임상사례 : 치료서비스 제공

학교의 사회복지사는 그해에 많은 학생들이 사별로 인해 고통받고 있다고 말하였다. 그래서 음악치료 그룹에 참여하기 원하는 학생들과 음악을 이용하여 새로운 아이디어를 얻기 원하는 사회복지사를 위해 사별 지지 그룹을 계획하였다. 학생들은 첫 번째 회기에

서 고인이 된 사람과 어떻게든 관련이 있는 의미 있는 노래를 가져왔다. 가벼운 게임을 진행한 후, 학생들은 휴대폰이나 컴퓨터를 사용하여 각자 가져온 노래를 재생시켰고, 다른 학생들은 둘러앉아서 같이 들었다. 나는 사회복지사와 학생들을 포함하여 그룹멤버들에게 가장 중요한 것은 듣는 것이라고 말하였고, 몇몇의 노래를 들은 후에 우리는 조용하게 앉아서 편안하게, 충분히 음악을 들을 수 있을 정도로 성장하였다. 각각의 노래 후에, 나는 각각에게 왜 그 노래를 나누었고 개인적 의미가 있는지를 설명해달라고 하였다. 그에 대한 대답들은 의미가 강력했고, 눈물이 있었는데 그것은 사회복지사와 학생들을 불편하게 하였다. 왜냐하면 그 학생들은 그룹활동 후에 학급으로 돌아가야 했고 자신들의 연약함이 눈에 띄길 원하지 않았기 때문이다. 우리는 조심스럽게 그들의 나눔이 중요함을 알게 할 필요가 있었고, 그것은 도전이었다. 주마다 돌아오는 시간에 말하기를 꺼리고 울었기 때문에, 우리는 전략을 세우는 것을 강화하였지만, 그들의 이야기와 상황을 듣는 것은 중요했다. 사회복지사에 대한 그들의 믿음은 이 사실을 받아들이는 데 도움을 주었고, 이해하는 사람들에 의하여 지지되는 느낌을 받는 것은 그들로 하여금 계속해서 치료그룹에 오도록 도전을 주었다.

그다음 주에 우리는 그들을 얼마나 걱정하고, 모든 일이 잘 되기를 바란다는 것을 그들이 정말로 알아주기를 원하는 동료가 그룹을 시작했다. 그리고 나는 모든 학생들이 슬픔과 관련이 있다고 선택한 곡을 가지고 음악쓰기 과정을 이끌었다. 우리의 이야기로 단어를 바꾸는 작업을 하였다. 그 그룹은 'I'll be Missing You(Puff Daddy, 1997)'라는 오래된 R&B 음악을 골랐고, 사회복지사는 Police가 부른 'Every Breath You Take(1983)' 음악과 반복악절이 비슷하고 소리가 비슷함에 놀랐다. 그룹구성원 중 1명은 그녀의 핸드폰으로 노래연습용 반주 버전을 찾았고, 그 음악을 배경음악으로 하여 우리는 브레인스토밍을 하였다.

우리는 다음 두 회기에서도 계속 그 음악으로 작업을 하였고, 나는 느낌으로부터 안정을 얻는 것을 표현하는 방법으로 즉흥 그룹 악기연주를 알려주었다. 우리는 행복, 화남, 슬픔, 그리고 다음 세션에서 행복함을 다시 즉흥으로 표현하였고, 더 이상의 눈물은 없었지만 그룹멤버들은 그 활동에 진지하게 참여하였다. 우리는 다른 사람들에게 상처를 주지 않는 나눔과 감정표현의 중요성에 대해 말하였다. 또한 사회복지사는 그룹원들과 관련된 것들에 대해 느꼈던 이슈들을 토론하는 과정을 이끌었다. 마지막 회기에 우리는 노래들을 나누었고, 즉흥적으로 가사를 완성하였다. 그리고 그룹노래를 녹음했고, 마무리 활동으로 복사본 CD를 주고는 노래에 따라 톡톡 손가락을 두들겼다. 우리는 과정 전후의 우울감을 척도로 측정하여 비교하였는데 그룹원 중에 가장 갈등이 심했던 2명이 위험상태에서 연약함이 적음으로 평가되어 기뻤다. 모든 그룹멤버들은 서로 간에 연결됨을 느꼈고, 그것은 그들이 서로의 이야기를 나누고, 정직하게 감정을 표현하고, 음악을 함께 만드는 것을 가능하게 하였다.

다른 분야에서의 적용

학교생활 측면에서 작용하는 음악치료의 또 다른 중요한 역할은 학습을 촉진한다는 것이다. 학생들의 나이는 학습동기를 불러일으키기에 적합한 여러 종류의 음악치료 경험들에 중요한 영향을 미친다. 또한 음악치료사들은 치료적인 면을 고려할 수 있는 여러 범위의 의미 있는 훈련들을 통해 발전되었다. 작곡과 작사는 주로 교사들에게 가장 편안한 활동이 되는데, 대부분의 사람들이 교사 스스로의 사춘기 시절이나 아니면 때때로 그들의 학생들로부터 친근하게 느끼는 어떠한 음악적 양식이 있기 때문이다. 광범위하게 이용 가능한 다양한 기술들은 교사들이 그들 스스로 유튜브 웹사이트를 통해 쉽게 음악을 찾는 것과 그것들을 충분히 해낼 수 있다고 느끼는 격려의 필요를 가능하게 한다. 그 주제가 교양 혹은 건강, 복지이든지 간에 작사 프로젝트 그룹으로서의 작업은 많은 형식들을 받아들이게 한다. 이것은 노래가사의 대체를 간단하게 할 것이고, 연주자들과 작업 인력들 그리고 잘라낸 과거 영상들을 포함한 모든 영상 작업을 확장한다. 음악치료사들은 음악과 관련 있는 활동들이 어떻게 전환되어 치료결과를 얻게 되는지를 보여준다. 교사들의 학문적 지식과 음악치료사들의 연합은 매우 성공적일 것이다.

임상사례 : 작사 기술의 공유

학교 전반에서 나의 음악을 경험한 교사들과 사회복지사들은 어떻게 음악교실 내에서 사용되고 있을지에 궁금증을 표현한다. 어떤 영문학 교사는 내가 수업에 학생으로 참여하는 기회를 제공하였는데, 그 교사는 어떻게 한 구절의 가사를 쓰는지에 대해 가르쳐주었다. 그녀는 내가 수업을 듣도록 강요하였고 내가 소네트에 대해 알고 있는지를 물었다. 나는 정직하게 모른다고 대답했고 그녀는 나에게 그것들을 설명하기 시작하고 수업을 진행하였다. 소네트들은 자연적으로 강한 리듬이 있고 랩 노래의 기초가 되는 형식임이 분명하다. 나는 교사에게 이것을 설명했고 몇몇 학생들은 그들이 음악을 만들지 않을 거라는 것에 즉시 안도함을 표현했다. 나는 다음 주에 다시 올 것과 우리가 함께 작업할 것이라는 것에 동의하였다.

내가 다시 돌아왔을 때 많은 토론들이 이미 이루어지고 있었고, 교사들은 소네트 파트로 기타를 연주하는 3명의 학생들로부터 격려와 위안을 얻었다. 이것은 랩보다는 찬트가 되었고, 그다음 작은 그룹들을 통과시키기 전에 다른 그룹들은 크게 소리 지르는 다양한 소절들을 부르는 데 책임감을 갖게 되었다. 나는 이미 교사가 학생들과 함께 가사를 만들어두기 때문에, 한 수업당 최소 15분만을 필요로 했다. 그래서 나는 초급 단계 음악가들과 여유 시간들을 보내는데, 그들의 노래가 애도가로 넘어가지 않도록 책임감을 가지고 연주할 수 있는 코드 진행을 선택하는 것을 도왔다.

나는 리허설을 위해 3회 이상 더 교실에 방문하였다. 거기에는 여러 많은 학생 그룹 사이에 역동적인 면이 많았다. 영어를 잘 말할 수 없는 아시아 배경의 여러 새로운 학생들과 큰 웃음과 농담을 공유하는 아랍 지역의 그룹, 호주 백인들을 포함하는 다른 문화권의 사람들이 있었다. 사실 연주자들은 부끄러움 때문에 공공장소 부근에서는 연주하지 않기로 마음먹기도 한다. 또한 음악가들은 많은 즐거움을 가지고 있지만 그럴듯한 공연을 만들어내야 한다는 무언의 압박에는 반응하지 않기도 한다. 교사는 그들이 음악활동 부분에 있어 이해 관계적인 팀으로서 함께 잘 작업하였고 소네트에 흥미를 너욱 넓혔다는 점에서 이 경험에 매우 만족한다고 답했다. 그녀는 올해의 경험을 바탕으로 그녀의 가르침을 다시 음악으로 사용할 자신감을 보였고, 나도 그녀의 능력에 동일한 자신감이 있다.

결론

이러한 예시들에서 볼 수 있듯이, 학교에서는 연주자들의 필요와 흥미에 따라 각각의 프로그램들에 접근하는 방법들이 다르다. 정신역학적 차원에서는 내 자신을 특정화되는 상황에 두고 안전을 제공하며, 분석할 만한 공간을 마련해두었다. 연결성과 관계성을 중요하게 다루게 되면, 나는 나의 역할이 조금 덜 중심화되어야 한다고 확신한다. 또한 연주자들이 특정한 필요를 확인하고 그들 스스로의 음악적 자원들을 그려볼 수 있는 음악적 경험을 이끌어감에 있어, 연주자들은 책임의식을 가져야 한다. 나 또한 타악기 워크숍을 운영하기 위한 음악적 자원들이 발달할 수 있는 기회들이 보장되어야 하는 것에 기여할 수 있다. 그리고 그 후에 지역적으로 만들어진 소년소녀 힙합 단원들과 함께 학교를 연결시키기 위해 학교 안으로 음악가들을 데리고 오는 자금을 적절하게 신청하는 것이 명백하게 이루어져야 한다고 본다. 개인의 발전과 개성의 표현이 중요한 것처럼 보일 때, 나는 젊은 사람들이 그들의 음악적 가능성을 발견할 수 있는 방법들을 알 수 있는 긍정적인 경험들에 초점을 둔다. 그리고 객관성이 우선시되어야 한다고 배울 때, 나는 연령에 적합한 음악적 양식을 사용하는 것에 전문성을 나누고, 교사와 사회복지사들 또한 음악을 이용할 수 있다는 가능성에 자부심을 느끼도록 돕는다.

일반 학교들에서 일하는 것은 전통적인 치료 모델과 다른 설명을 요구하는데, 전통적인 모델은 음악치료사들을 문제가 있는 사람을 고칠 수 있는 전문가로서 간주한다. 학교들은 성장과 발전을 목표로 하며, 점차 기계적인 암기나 복종보다 개인별로 맞춘 교육을 제공하기를 요구받고 있다. 음악치료사들은 주요 학교들의 프로그램을 발전시키기 위해 혼합되고 절충된 이론적 접근을 적용할 수 있는 권리를 가졌다(McFerran, 2012). 학교에서 연주자들이 표현한 필요에 알맞은 음악적 기회들을 개념화하기 위한 우리의 역량에 접근하여 볼 때, 또한 우리의 분석적인 기술들을 비평적으로 관찰하여 볼 때 우리는 독특하고 유일한 음악적 기여를 만들 수 있다. 학교들은 다양한 그룹의 학생들과 교사들 사이의 관계를 만들 수 있는 기회들을 필요로 한다. 리더십은 정부로부터 오는 경쟁의 요구들로 변질되어 있다. 학생들은 많은 경우에 그들의 학문적인 결과물보다 그들의 개인적인 세계에 더욱 중심을 둔다. 음악치료사들은 의미 있는 참여와 진정한 자기표현을 격려하는 음악적 문화를 건설함으로써, 일반 학교 내에 수용적이고 지지적인 차별성을 만들어낼 것이다. 이러한 목표들을 실현하는 것은 서로 간에 음악적 리더십을 증진시키면서 잠시 우리의 자아를 문 앞에 내려놓고 변화를 추구하는 협력작업에 개방된 마음을 필요로 한다.

참고문헌

Baker, F., & Jones, C. (2005). Holding a steady beat: The effects of a music therapy program on stabilising behaviours of newly arrived refugee students. *British Journal of Music Therapy, 19*(2), 67–74.

Bosco, J. (2002). From chaos to creative expression: The New York City Music Therapy Relief Project (in response to 9-11). *Early Childhood Connections: Journal of Music- and Movement-Based Learning, 8,* 7–18.

Derrington, P. (2012). "Yeah, I'll do music!": Working with secondary-aged students who have complex emotional and behavioural difficulties. In J. Tomlinson, P. Derrington, & A. Oldfield (Eds.), *Music therapy in schools: Working with children of all ages in mainstream and special education* (pp. 195–211). London: Jessica Kingsley.

Dylan, B. (1964). *The times, they are a-changin'*. New York: Columbia.

Elefant, C. (2010). Whose voice is heard?: Performances and voices of the Renanim Choir in Is-rael. In B. Stige, G. Ansdell, C. Elefant, & M. Pavlicevic (Eds.), *Where music helps: Community music therapy in action and reflection* (pp. 189–218). Farnham, UK: Ashgate.

Gfeller, K. E., & Davis, W. B. (2008). The music therapy treatment process. In W. B. Davis, K. E. Gfeller, & M. H. Thaut (Eds.), *An introduction to music therapy: Theory and practice* (3rd ed., pp. 429–486). Silver Spring, MD: American Music Therapy Association.

Gold, C., Wigram, T., & Voracek, M. (2007). Effectiveness of music therapy for children and adolescents with psychopathology: A quasi-experimental study. *Psychotherapy Research, 17*(3), 292–300.

Greene, M. (1995). *Releasing the imagination: Essays on education, the arts and social change.* San Francisco: Wiley.

Jacobsen, S. L., & Wigram, T. (2007). Music therapy for the assessment of parental competences for children in need of care. *Nordic Journal of Music Therapy, 16*(2), 129–143.

Karpov, Y. V. (2003). Development through the lifespan: A neo-Vygotskian approach. In A. Kozulin, B. Gindis, V. S. Ageyev, & S. M. Miller (Eds.), *Vygotsky's educational theory in cultural context* (pp. 138–157). Cambridge, UK: Cambridge University Press.

Kennedy, R., & Scott, A. (2005). A pilot study: The effects of music therapy interventions on middle school students' ESL skills. *Journal of Music Therapy, 42*(2), 244–261.

Kern, P., Wolery, M., & Aldridge, D. (2007). Use of songs to promote independence in morning greeting routines for young children with autism. *Journal of Autism and Developmental Disorders, 37,* 1264–1271.

Mahns, W. (2003). Speaking without talking: Fifty analytical music therapy sessions with a boy with selective mutism. In S. Hadley (Ed.), *Psychodynamic music therapy* (pp. 53–72). Gilsum, NH: Barcelona.

McFerran, K. S. (2009). Quenching a desire for power: The role of music therapy for adolescents with behavioural disorders. *Australasian Journal of Special Education, 33*(1), 72–83.

McFerran, K. S. (2010a). *Adolescents, music and music therapy: Methods and techniques for clinicians, educators and students.* London: Jessica Kingsley.

McFerran, K. S. (2010b). Tipping the scales: A substantive theory on the value of group music therapy for supporting grieving teenagers. *Qualitative Inquiries in Music Therapy, 5,* 2–49.

McFerran, K. S. (2012). Commentary: Music therapy in schools: An expansion of traditional practice. In G. McPherson & G. Welch (Eds.), *The Oxford handbook of music education* (pp. 667–

670). New York: Oxford University Press.

McFerran, K. S. (2013). Adolescents and substance use disorders. In L. Eyre (Ed.), *Guidelines for music therapy practice in mental health* (pp. 167–189). University Park, IL: Barcelona.

McFerran, K. S., & Saarikallio, S. (2013). Depending on music to feel better: Being conscious of responsibility when appropriating the power of music. *Arts in Psychotherapy, 41*(1), 89–97.

McFerran, K. S., & Teggelove, K. (2011). Music therapy with young people in schools: After the Black Saturday fires. *Voices: A World Forum For Music Therapy, 11*(1). Retrieved from *https://normt.uib.no/index.php/voices/article/view/285/442*.

Nöcker-Ribaupierre, M., & Wölfl, A. (2010). Music to counter violence: A preventative approach for working with adolescents in schools. *Nordic Journal of Music Therapy, 19*(2), 151–161.

Oosthuizen, H. (2006). Diversity and community: Finding and forming South African music therapy. *Voices: A World Forum for Music Therapy, 6*(3). Retrieved from *https://normt.uib.no/index.php/voices/article/view/277/202*.

Register, D., Darrow, A., Standley, J., & Swedberg, O. (2007). The use of music to enhance reading skills of second grade students and students with reading disabilities. *Journal of Music Therapy, 44*(1), 23–37.

Rickson, D. (2009). The use of music to facilitate learning and development in a school in Thailand: An exploratory case study. *New Zealand Journal of Music Therapy, 7,* 61–85.

Rickson, D., & McFerran, K. (2014). *Creating music cultures in the schools: A perspective from Community Music Therapy.* Gilsum, NH: Barcelona.

Robinson, K., & Aronica, L. (2008). *The element: How finding your passion changes everything.* New York: Penguin.

Rolvsjord, R. (2010). *Resource-oriented music therapy in mental health care.* Gilsum, NH: Barcelona.

Scottish Government, Education Department. (2006). *Getting it right for every child.* Retrieved from *www.scotland.gov.uk/Resource/Doc/161343/0043786.pdf*.

Small, C. (1998). *Musicking: The meanings of performing and listening.* Hanover, NH: Wesleyan University Press.

UK Government, Department of Education. (2005). *Every child matters: Youth matters.* Retrieved from *www.education.gov.uk/consultations/downloadableDocs/EveryChildMattersSummary.pdf*.

U.S. Government, Department of Education. (2001). *No child left behind: A desktop reference.* Retrieved from *www.ed.gov/admins/lead/account/nclbreference/reference.pdf*.

성인을 위한
음악치료

제 27 장

성인 정신질환을 위한 음악치료

𝄢 Gillian Stephens Langdon

정현주 역

임상사례:
"I'll Be Good to You(내가 잘해줄게)"
– 음악치료를 통한 바깥세상으로의 여정

나는 에드거가 어떤 고통으로 인해 지구인이 아닌 외계인(Jordo 1호)으로 변신하는지 알 수 없었지만 그가 그 자신으로 돌아왔을 때는 알아볼 수 있었다.

그는 내가 그를 돕는 '지구의 치료사'이며 그를 에드거라고 부르겠다고 했을 때 이를 수락했다. 그러나 사실 마음 깊은 곳에서는 내가 그를 어느 선까지 수용할 수 있을지 자신이 없었기에, 그의 외계 이름을 사용하지 않았다. 그의 얼굴에는 씁쓸한 미소가 보였다. 먼저 에드거와 처음 만난 시점에서부터 이야기를 시작해보겠다.

나는 음악치료사이자 병원 밴드의 리더인 David와 함께 장기입원 병동에서 에드거를 처음 만났다. David는 "지미 핸드릭스가 된 것처럼 연주해봐요"라고 이야기하며 에드거에게 기타를 건넸다. 에드거는 줄을 전혀 누르지 않은 채 프렛 위에서 연주하듯 손가락을 움직이는 시늉을 했다. 그는 마치 멋진 기타 연주자와 같은 모습을 보였지만, 실제 연주된 소리는

무질서하고 모호했다. 이후 그는 내가 진행하는 음악치료 그룹에 참여하기 시작했고, 내가 기타를 연주할 때마다 매번 같은 방식으로 기타 연주 시늉을 했다. 이런 에드거의 행동이 다소 거슬리기는 했으나, 나는 그의 의욕을 꺾고 싶지는 않았다. 연주 '시늉'을 하는 것이 그가 음악치료에 참여하도록 도울 수 있다면 그 것만으로도 괜찮다고 생각했다.

몇 주가 지난 후, 에드거는 실제 기타의 줄을 누르기 시작했고, 조금 더 조화로운 소리를 내기 시작했다. 어느 날 나는 그에게 "에드거, 내가 오늘의 첫 곡을 연주할 거예요. 내 연주 후에 당신의 곡을 연주해 줄 수 있어요? A 코드로 연주할 거예요"라고 이야기했다. 그는 "A 코드?" 하고 묻고, 몇 초간 나의 코드를 띄괴 했다. 그리고 더 이상 집중하지 못하고 또 다시 혼자 자신의 연주를 했다. 그 뒤 몇 주에 걸쳐, 그는 손가락으로 점점 세게 기타 줄을 누르며 분별이 가능한 소리를 만들기 시작했다. 음악도 구조를 갖추기 시작했고, 노래 부르기도 시도했으나 목소리가 너무 작아 어떤 노래를 부르는지 분간하기는 어려웠다. 그룹원 1명이 "노래제목이 무엇인가요?" 하고 묻자 그는 "브라더스 존슨의 'I'll Be Good to You'"라고

제목을 알려주었다.

David는 에드거를 병원 밴드에 합류시켰고, 그는 병원 내 공연에서도 몇 차례 연주했다. 키가 매우 큰 편인 그는 일어나서 다소 어색한 모습으로 전자 기타를 메고 짤막한 리드(lead)를 연주했다. 때로는 David가 알려준 "B♭, Gm…"를 연주하기도 했고, 때로는 자신만의 연주를 하기도 했다.

에드거를 아는 사람들은 그에게 변화가 일어나고 있다는 것을 조금씩 알아차리기 시작했다. 어느 날 에드거는 그룹 음악치료에 와서 "아래층에서 저녁 먹었어요"라고 했고, "어디서요?"라고 되물었더니 그는 소년같이 활짝 웃으며 "아래층… 담배도 피울 수 있어요!"라고 이야기했다. "아, 퇴원 전에 머무는 중간 거주 병동(transitional residence) 말씀이시군요"라고 묻자, "네, 맞아요"라고 답했다. 중간 거주 병동은 입원실과 분리되어 외부로 연결된 병동으로 사회복지사가 그를 그곳으로 옮기기로 결정했다는 것이다.

나는 에드거가 병동을 옮긴다는 소식을 듣고 매우 기뻤다. 그는 매우 오랜 기간 보호시설에 있었기 때문에 바로 퇴원하여 외부세계에 노출되는 것이 두려울 수 있으므로 이 과정이 필요했다. 중간 거주 병동은 병동에 머무는 느낌을 갖지만 열려 있는 공간이라 외부환경에도 익숙해지도록 해주는 곳이었다. 한 그룹원이 그에게 "여기를 떠나나요?" 하고 물었다. "네, 곧 떠납니다"라고 했고 그룹원들은 깊은 감동을 받았다. 장기입원 병동을 퇴원하는 환자는 거의 없었기 때문이다.

나는 에드거가 음악치료를 받으며 보인 변화와 그가 중간 거주 병동에 대하여 항상 이야기하고 있음을 사회복지사에게 알렸다. 그녀는 매우 놀라며 "진짜예요? 나는 그가 싫어하는 줄 알았어요"라고 이야기했다. 나는 "아니요, 그는 모든 그룹에서 (거주 병동에 대한) 이야기를 해요!"라고 대답했다. 그녀는 "그렇다면 다시 시도해봐야겠네요. 면접이 잘 안 됐어요. 면접관 중 큰 목소리를 가진 어떤 여성이 사람들 앞에서 에드거에게 그의 차림에 대해서 소리를 질렀거든요. '여기에는 그런 모습으로 들어올 수 없어요! 비누로 샤워를 해야만 해요!' 그 후 에드거는 다시는 돌아오고 싶지 않다고 했어요"라고 했다. 하지만 나는 에드거가 언제나 "아래층(중간 거주 병동)은 매우 좋아요. 담배도 피울 수 있고, 음식이 맛있어요"라고 이야기했음을 전했다. 그녀는 에드거를 다시 거주 병동으로 옮기는 것을 시도하기로 했다. 그녀는 그가 옷을 챙기고, 면접 전 샤워를 하는 것 등을 도왔고, 마침내 거주 병동에 받아들여지게 되었다.

그 후, 사회복지사는 에드거가 지역 내 외래 낮 병동으로 옮기게 되었다는 소식을 전해주었는데, 그곳은 매주 금요일마다 우리가 밴드 연습을 진행하고 있는 곳이었다. 그녀는 "음악은 그의 인생이에요! 그가 관심 있어 하는 유일한 것이에요"라고 이야기했다. 그러나 그다음 주 예기치 않게 입원 병동 내 음악치료 그룹에서 아무 변화가 없었던 듯이 기타를 잡고 앉아 있는 에드거를 만났다. 지난주에 어떻게 지냈는지 물어보았을 때 그가 아무렇지 않은 듯 행동하기에 나는 더 이상 아무것도 묻지 않았고 그룹원들 역시 자연스럽게 행동했다. 나는 치료실 안의 긴장감을 느낄 수 있었다.

세션이 끝난 후, 에드거를 제외한 모두가 치료실을 떠났을 때, 나는 에드거에게 "참 힘든 한 주였네요"라고 이야기를 건넸다. 장신의 그는 팔을 양옆으로 축 늘어뜨리고 고개를 아래로 떨구고 문 앞에 서서 "저는 예전처럼 강하지 않아요… 매우 힘들어요… 바깥 세상은 매우 힘들어요. 전 그렇게 강하지 않아요"라고 이야기하고는 축 늘어진 채로 느릿느릿 다른 그룹원들이 있는 곳으로 이동했다. 나중에서야 에드거가 병원으로 다시 오게 된 이유가 그가 클리닉에 있을 당시, 의사에게 자신을 죽이라는 목소리가 들린다고 했기 때문이라는 이야기를 전해 들었다. 이로 인해 병원에서 다시는 그를 내보내지 않을 것이라는 생각에 매우 안타까웠다.

그럼에도 불구하고, 몇 주 후에 사회복지사에게서 연락이 왔고, 그녀는 "에드거를 위해 다시 한 번 시도해보기로 했어요. 그리고 제가 지역 클리닉까지 에드거와 함께 이동할 거예요. 밴드는 그의 모든 것이잖아요"라고 했다.

머지않아 에드거는 아래층의 중간 거주 병동에 기거하면서, 매일 혼자서 셔틀을 타고 외래 클리닉으로 방문했다. 그는 외래 음악치료 그룹에 정기적으로 참여하는 동시에 금요일마다 열리는 밴드 리허설에도 참여를 했다. 그는 종종 'I'll Be Good to You'를 연주했고, 이를 위해 밴드는 이 곡을 훌륭하게 편곡했다. 어느 날 병원에서 밴드 공연이 있었는데, 에드거는 완벽하게 연주했다! 그는 매우 명료한 소리로 처음의 선율 두 소절에 해당하는 기타 솔로 연주를 시작했고, 딸림 7화음(dominant seventh, V7) 코드로 그의 솔로 연주가 끝나자 다른 동료들의 타악기, 베이스, 피아노, 기타 연주가 더해졌으며, 보컬이 "I Wanna Know"라는 가사로 노래를 시작하였다. 곡은 계속 진행되었고, 중간에 에드거의 솔로 파트가 다시 한 번 연주되었다. 최근 에드거가 보컬에 관심을 갖게 되면서 노래 파트에도 참여하기 시작하였다. 연주의 음악적인 부분이 다소 약해지기는 했지만, 그의 목소리를 들을 수 있어 감동적이었다.

하지만 여기까지 오는 것은 매우 긴 여정이었다. 그는 자신의 세계를 스스로 탐험하고, 자신의 인생을 살 수 있게 되었다. 한번은 지하철역 승강장에 서 있는 그를 만났다. 놀랍고 반가운 마음에 그에게 말을 걸었다. "에드거, 잘 지내요?" 그는 다소 불편해보이는 듯, 자세를 이리저리 바꾸며 "잘 지내요"라고 했다. 우리는 다음 날 있을 밴드 리허설에 대하여 몇 마디 나눈 후 헤어졌다. 그러나 그다음 주, 다른 발표를 위해 밴드 멤버들을 인터뷰하는 자리에서 그는 나에 대하여 "그녀(필자)는 괜찮긴 한데, 너무 참견이 심해요"라고 이야기했다고 한다. 나는 지하철역에서 그와 마주쳤을 때 갑작스럽게 그의 세계를 침범한 것 같은 나의 행동이 매우 어리석었다는 생각이 들었다. 이후에 그와 마주쳤을 때, 나는 그를 모른 척했다. 그에게 음악치료사 또는 밴드의 키보드 주자로서의 맥락에서만 그를 대하는 것이 나을 수 있겠다는 생각에서였다.

한번은 치료실에서 에드거가 몰입해서 하수구 틈에 작은 종잇조각들을 던지는 모습을 보았다. 나는 참견하는 것 같은 인상을 주지 않기 위해 그를 못 본 척했다. 또 한번은 치료실 앞에서 담배를 피우고 있는 그를 마주쳤을 때, 나는 "리허설이 곧 시작할 텐데, 오시죠?"라고 물었고, 그는 "아, 지금인가요? 지금 가요"라고 이야기하며 채비를 하기도 했다.

이후 그는 외래 음악치료 그룹에서 'I'll Be Good to You'를 즐겁게 연주했다. 그룹도 그가 연주하는 모습을 보는 것을 즐겼다! 그룹에 새로 들어온 에드거와 비슷한 연령의 여성 참여자는 에드거가 연주할 때, 반대편에 앉아서 행복한 모습으로 그를 바라보았다. 마치 자신의 동생을 보는 듯 미소를 지으며 함께 노래를 부르기 시작했다. "weather, whether good or bad, happy or sad(날씨가 좋든 나쁘든, 기쁘든 슬프든)." 그녀가 노래를 부를 때 에드거는 미소를 지었다. 세션 말미에 나는 그녀가 노래를 하는 것을 들었는지 물었다. 그는 "네, 매우 좋았어요! 아주요!"라고 이야기하며, "내가 부른 노래와는 달랐지만 괜찮아요"라고 덧붙였다.

추수감사절 때 있었던 음악치료 세션에서 그룹원이 각자 감사하는 것에 대한 노래를 만들었다. 에드거는 자신의 차례에서 "미누에 고마움을 느껴요"라고 했다.

에드거와 같이 장기치료를 거친 내담자들의 이러한 변화는 가장 큰 보람이라고 할 수 있다. 음악치료는 다른 치료접근과 함께 제시되었을 때 내재된 힘과 자유로움을 만날 수 있도록 안내해준다.

음악치료사가 에드거와 같은 정신질환을 가진 대상군과 작업하는 것은 매우 의미 있는 일이다. 수년간 음악치료사들은 생동감을 주는 음악의 효과를 목격했고, 음악을 통해 건강한 자신을 만나게 되었다는 이야기를 들어왔다. 타 분야의 전문가들은 음악치료 세션 내에서 보여지는 내담자들의 에너지와 그들이 즐거워하는 모습에 매우 놀라는 경우가 많다. 그럼에도 불구하고 이들에게 음악치료의 당위성에 대하여 물을 때, 음악치료사의 각고의 노력은 고려하지 않은 채 "네, 모두들 음악을 좋아해요" 또는 "환자들이 재미있어 해요"라고 보편화해버리는 경우가 많다.

과학기술의 발전과 함께 현대에는 뇌영상을 통해 뇌에서 음악이 처리될 때 신체적·정서적·지각적 부위에서 나타나는, 위에서 설명한 것과 같은 생동감을 주는(enlivening) 효과를 볼 수 있게 되었으며(Levitin, 2006) 이와 관련하여 다음과 같은 연구도 소개되었다.

> 뇌는 사고와 활성화(activity)를 통해 그 구조와 기능을 변화시킬 수 있다…. 신경가소성(neuroplastic revolution)은 사랑, 성, 슬픔, 관계, 학습, 중독, 문화, 과학기술, 심리치료 등이 뇌를 어떻게 변화시킬 수 있는지 여러 근거들을 토대로 설명해준다(Doidge, 2007, pp. xix-xx).

향후에는 음악치료의 심리학적 효과뿐 아니라, 뇌에 미치는 지속적인 영향 또한 볼 수 있을 것이다.

내담자군

성인 정신과에서의 음악치료 목표영역은 넓은 범위를 포괄하고 있으며, 그 방법은 목표영역 내 내담자의 개별기능에 따라 달라진다. 필자는 대도시에 위치한 주립 정신과 장기입원 병원에서 근무했으며 주로 조현병, 분열정동장애, 일부 우울증 및 조울증 환자를 포함한 장기간에 걸쳐 정신과 치료를 받는 환자들을 대상으로 치료를 맡았다. 진단명에 대한 정보는 정신질환의 진단 및 통계편람 제5판(DSM-5, 미국 정신의학회, 2013)에서 찾아볼 수 있다. 먼저 언급한 조현병과 분열정동장애의 특징은 "망상, 환각, 와해된 언어(예: 빈번한 탈선 또는 지리멸렬), 심하게 와해된 또는 긴장성 행동, 음성 증상(즉, 감소된 정서표현 또는 행동유발 저하)"이다(미국 정신의학회, p. 99). 분열정동장애는 "연속된 기간 동안 조현병 증상과 함께 주요 기분삽화(우울증 또는 조증)가 동시에 나타나는" 특징을 가진다(미국 정신의학회, p. 105). 우울장애에는 여러 유형이 있는데, 일반적으로 "우울한 기분, 공허한 기분 및 예민한 기분과 함께 개인이 기능하기 위한 능력에 영향을 미치는 신체(somatic) 및 인지변화"의 특징을 나타낸다(미국 정신의학회, p. 155). 양극성 및 관련 장애는 일반적으로 알려진 조울증(양극성 장애 1형)과 어떤 시점에 조증삽화와 우울증삽화를 동시에 경험하는 주기성 장애(cyclic disorders)를 일부 포함한다(미국 정신의학회, pp. 123~154).

필자가 주로 만난 내담자들은 경제적으로 취약한 환경 또는 붕괴된 가정환경의 배경을 가지고 있거나 위탁가정 또는 양부모 밑에서 아동기를 보낸 사람들이 많다. 농촌 지역에서 도시 지역으로 보내진 이민자의 자녀도 있었으며, 마약 및 알코올 문제 또는 법적 문제를 가지고 있거나, 교도소에 수감이 되었던 이도 많았다. 이 같은 이유로 충분한 교육을 받지 못한 이들이 많았던 반면 고등교육을 받고 자신을 지지해주는 가족과 넉넉한 성세적 환경에도 불구하고, 징신질환으로 어려움을 겪는 이들도 있었다. 표현이 없는 사람, 분노하거나 불안한 사람들도 있고, 비예측적이고 대화가 힘든(unreachable) 이들도 있었다.

음악선호도는 연령과 문화에 따라 매우 상이할 수 있다. 음악치료를 제공받는 내담자는 장르(살사, R&B, 레게, 록, 랩, 클래식 또는 최신 가요)를 불문하고 음악에 편안함을 느낄 수 있어야 한다. 음악치료 안에서의 음악은 즉흥연주, 노래 채우기, 선호곡, 노래 만들기 및 노래와 언어의 통합 등 다양한 방법을 통해 활용된다. 이 같은 내담자들의 필요는 커뮤니티 음악치료(Ansdell, 2002; Stige & Aarø, 2012), 치료적 연주(therapeutic performance; Jampel, 2006), 목소리 작업(vocal work; Austin, 2008) 또는 여러 다른 중재(Crowe & Colwell, 2007; Eyre, 2013; Wheeler, Shultis, & Polen, 2005)들을 통해 다루어질 수 있다. 치료를 적용할 수 있는 임상세팅은 입원 정신과 병동, 외래 클리닉 및 사설 치료 센터를 포함할 수 있다.

임상작업

이 장에서는 대도시 정신과 병원에서 경험한 세 가지 임상사례를 통해 음악치료사의 세계를 소개하고자 한다. 다양한 유형의 음악치료가 있지만, 이 세 사례를 통해 정신질환 대상군을 위한 음악치료가 어떻게 행해지는지에 대한 이해를 조금이나마 도울 수 있을 것이다. 먼저, 이 장의 시작에서 수년의 입원 기간을 거친 미분류형 조현병 환자를 소개했다. 입원 병동에서 외래 클리닉으로 옮겨가는 과정에서 그는 자신의 음악적 정체성을 찾아나갔다. 두 번째 소개할 사례는 아동기에 장기간의 극심한 트라우마를 겪은 분열정동장애 진단을 가진 초기 성인을 다룬다. 세 번째로는 입원 병동에 있던 극심한 분노와 두려움을 보인 급성 편집형 조현병으로 진단받은 남성의 사례를 소개하고자 한다.

처음 소개한 에드거의 사례에서 우리는 생기를 회복하고(enlivening), 공동체 구축 및 재통합을 도모하는 음악치료의 유익한 측면을 볼 수 있었다. 기반잡기(grounding) 작업은 에드거가 기타 프렛을 누르지 못하던 초반에 일어났다. 에드거는 자신의 내면 정신세계에서 길을 잃어 자신의 음악세계를 외부세계로 소통할 수 없었고, 더 나아가 언어적으로도 이를 표현하지 못했다. 치료사와 그룹에게 수용되는 경험을 통해 그는 타인을 신뢰하기 시작했다. 치료사는 그의 내부세계와 외부세계(치료사)를 구분할 수 있도록 먼저 치료사의 음악을 따르도록 이끈 후, 에드거가 자신의 음악을 연주하게 했다. 그제야 그룹은 그의 음악을 집중하여 들을 수 있게 되었다. 그의 음악이 명료해질수록, 그는 타인과 함께 존재하는 현실세계에서 점차 자신의 기반을 다져갔다. 에드거가 성장해감에 따라 그는 밴드 멤버로서의 정체성과 자신감을 찾게 되었다. 밴드가 그의 공동체로 자리 잡았으며, 입원 병동에서 외래로 옮겨가는 과정에서도 중요한 지표가 되었다.

에드거의 사례에서 우리는 성인 정신질환을 위한 음악치료의 두 가지 측면을 살펴볼 수 있다. 첫 번째 측면은 에드거가 음악치료 그룹에 참여하던 첫 세션에서 일어났는데 음악가와 비음악가 모두가 참여하는 사회화 경험과 충동조절 및 자기표현의 기회를 갖는 것이다. 이때 음악치료사가 주로 사용하는 기법은 즉흥연주, 노래 채우기, 노래 만들기 및 기존 곡이 사용이다. 이와 같은 맥락에서 즉흥연주가 어떻게 사용되는지에 대해서 정확히 짚고 넘어갈 필요성이 있다. Bruscia(1987)는 즉흥연주를 다음과 같이 설명한다.

즉흥연주는 기존의 내적자원을 활용하여(resour-ceful) 창조와 연주를 독창적, 자발적, 즉흥적으로 체험할 수 있는 행위이다. 이는 항상 '예술적'이지만은 않으며, '음악적'이라고 할 수도 없다. 예를 들면, 매우 단순한 '소리 형태'를 만들어내는 과정이라고 할 수 있다. 음악치료사들은 즉흥연주가 최고의 예술적 질과 심미성을 가지도록 노력하는 반면, 어떠한 수준에서 연주되든지 간에 내담자의 연주를 그대로 수용하도록 한다(pp. 5~6).

정신질환 진단을 받은 성인들은 자기개념을 상실하고, 사회 내 타인과의 관계에 어려움이 있는 경우가 많다. 즉흥연주는 다음과 같이 정신질환을 가진 내담자를 도울 수 있다.

즉흥연주는 내담자가 타인과의 관계 안에서의 자신을 실제적 그리고 상징적 수준 모두에서 경험할 수 있게 한다. 실제적 수준은 타인의 음악과 내담자 자신의 음악 사이의 실제적인 음악적 소통과 관련이 있고, 상징적 수준은 음악에 담긴 정서·사고·기억의 표현과 관련이 있다(Stephens, 1983, p. 29).

음악치료의 두 번째 측면은 에드거가 연주자로 병원 밴드에 입단하는 과정에서 살펴볼 수 있다. 음악치료는 에드거가 음악가로서의 자신의 정체성을 재발견하고, 음악적 결과물(노래)을 만들어가며 타인과 함께 있는 것에 대한 인식을 발달해나가는 과정을 지지한다. 이는 커뮤니티 음악치료에서 전형적으로 일어나는 과정이다. "커뮤니티 음악치료의 목표는 내담자들이 다양한 음악환경에 접근할 수 있도록 돕고, '치료환경'에서 보다 넓은 사회적 상황에서의 음악하기(musicing)로 옮겨가는 과정을 함께(accompany)

하는 것이다(Ansdell, 2002, n. p.)."

하지만 음악치료에서 만나는 정신질환을 가진 내담자들이 모두 음악가적 배경을 가진 것은 아니다. 다수가 비음악가이며, 장기간의 극심한 트라우마를 겪은 생존자들이다. 정신질환 대상군에서 매우 높은 비율이 트라우마 경험을 가지고 있다는 연구결과가 여러 차례 소개된 바 있다(Muenzenmaier et al., 2005; Muenzenmaier, Schneeberger, Castille, Battaglia, Seixas, & Link, 2014). 실제 조현병이라는 진단명에 집중하는 것에서 벗어나, 환청과 같은 조현병 증상을 유발시킨 근원인 트라우마를 다루려는 움직임이 점점 커지고 있다(Romme, Escher, Dillon, Corsteins, & Morris, 2009; Longden, 2013).

트라우마 경험이 있는 내담자를 다룰 때는 뇌 연구와 관련된 다음 사항들을 이해하는 것이 중요하다.

> 트라우마 경험을 상기시키는 것은 강렬한 정서를 관장하는 뇌영역을 활성화시키고, 중추신경계 영역의 활성화를 감소시킨다. 이때 중추신경계는 (1) 감각자극 수용과 운동반응 산출(motor output), (2) 생리적 각성조절 (3) 경험을 언어로 소통할 수 있는 능력을 포함한다(van der Kolk, 2006, p. 277).

다시 말해 트라우마의 생존 기제로 인하여 언어화, 사고처리(process) 및 치유능력이 상실되고, 자기조절 능력이 손상되는 것이다.

트라우마 협회에서는 해리, 정서조절 장애, 플래시백(flashbacks) 또는 악몽과 같은 트라우마 증상을 다루는 모델을 개발했다. 이 모델은 매일 직면하는 어려움에 대처하기 위한 토론의 장(forum for discussing tools)을 제공한다(Borczon, Jampel, & Langdon, 2010). 다음 사례에서는 장기간의 극심한 아동기 트라우마 경험을 겪은 내담자를 위한 음악과 언어를 결합한 '트라우마 음악-언어 심리치료 그룹(music-verbal therapy trauma group)'을 소개한다.

임상사례 : "더 이상의 고통은 원치 않아요"

나는 오랜 기간 동안 베스를 만나왔다. 그녀가 20세 때 병원에 이송되어 오면서 처음 만났다. 베스가 병원에 이송될 당시 치료진들이 부상당한 섬뜩한 이야기는 병원 내에 빠르게 퍼져나갔다. 이송 당시 4명의 치료진이 그녀를 옮기기 위해 붙잡았으나, 그녀는 이를 벗어나고자 계속 몸부림을 치며 치료진들을 때리고 애를 먹었다고 한다.

베스의 치료진은 나에게 음악치료에 대해서 자문을 구했다. 나는 두려움을 느꼈지만, 치료진이 그녀를 위해 나의 도움을 요청한 것이기에 기뻤다.

그녀와의 첫 세션은 신중히 계획되었다. 병동 전체가 다른 프로그램에 참가하는 시간에 세션 일정을 정해 최대한 그녀가 자극되지 않는 환경을 조성하고자 했다. 상담 시 다른 치료진도 함께 자리했다.

나는 악기선택에 신중을 기했다. 콩가드럼은 그녀를 진정시키는 데(ground) 도움을 줄 수 있을 것이라고 생각했다. 세게 내리치며 연주를 하면 자신의 분노도 표현할 수 있을 것이다. 기타 또는 피아노를 선택한다면 반주로 박자 구조를 제시하여 하나의 음악적 선율을 만들 수 있을 것이라 예상했다. 연주의 용이함과 악기를 던질 시의 위험성을 고려하여 가벼운 탬버린도 준비했다. 다음으로 자이림바(xylimba; 6음의 나무건반으로 이루어짐)를 선택했는데, 아름다운 5음 펜타토닉 음계를 가지기 때문에 어떤 음을 연주하든지 조화로운 소리가 난다. 이 악기의 연주는 건반의 '정확한' 음을 연주해야 한다는 강박적 사고에서 벗어나게 해줄 수 있을 것이라 판단했다. 또한 나는 기타로 그녀에게 익숙한 기타 음색을 들려주었고, 노래와 즉흥연주를 반주해주었다. 세션이 진행되기로 한 공간에는 다행히 피아노도 구비되어 있었다. 대중가요를 포함한 노래책 또한 준비했다.

내가 치료실 안으로 들어가자 베스는 다소 어색한 듯 작은 소파 위에 조용히 앉아 있었고, 옆에는 참관하는 치료진이 자리하고 있었다. 나는 속으로는 약간의 긴장감을 느꼈지만 이를 숨기기 위해 애써 미소를 지어 보였다. 자이림바와 말렛을 의자 위에 올려두며, 그녀에게 우리가 같이 연주 하거나 노래 부를 수 있다고 이야기했다. 그녀는 바로 말렛을 들어 자이림바를 연주하기 시작했다. 나는 바로 기타를 꺼내 그녀의 선율에 맞춘 화음을 제공하여 연주를 지지했다. 리드미컬한 선율과 기타의 반주가 아름답게 어우러지자, 그녀는 미소와 웃음을 짓기 시작했다.

베스는 내가 가져온 노래책들을 넘겨보았다. "노래를 함께 연주할 수 있을까요?"라고 이야기하자, 그녀는 노래를 선곡했고, 나는 피아노를 연주했다. 베스는 피아노 앞 나의 옆자리에 앉아서 음악적이지는 않지만 창의적으로 크고 즐겁게 노래했다. 나는 내 안에 더 이상 긴장감이 존재하지 않는다는 것을 깨달았다. 참관한 치료진도 같이 웃고 있었다.

베스는 분명 음악을 그녀가 즐겁게 놀 수 있는 공간, 자신이 통제할 수 있고 자신감을 찾을 수 있고, 자신을 들려주고, 관계(공동체)를 이룰 수 있는 안전한 공간으로 생각하고 있었다. 음악은 이후 그녀의 어려운 시기, 호전되고 퇴보되는 수년 동안 우리의 관계를 이어갈 수 있는 기반이 되었다.

그녀는 춤추는 것 또한 즐겼다. 나는 리드미컬하고 아름답게 몸을 점점 땅에 가깝도록 빙빙 돌아 내려가는 그녀의 모습과 그녀가 어떻게 자신의 몸을 움직이는지 볼 수 있었다. 그러나 그녀의 움직임은 지나치게 개방(open)되어 있었고, 이는 마치 아무런 경계 없이 자신의 몸을 전혀 통제하지 않은 채 자유롭게 움직이는 것 같이 보였다. 그러다가 갑자기 웃으면서 춤을 멈추기도 했다.

베스는 세션에서 습관적으로 몸을 의자에 기대었다. 하지만 음악을 연주하기 시작하면 두 발을 바닥에 대고 의자를 당겨 몸을 앞으로 기울이며 집중했다. 그녀는 콩가도 자주 연주했는데, 콩가는 그녀를 진정시켜주는 악기였다. 콩가는 지면에 닿아 있고, 작게 또는 크게 연주할 수 있어 다양한 표현을 가능하게 했다. 이러한 표현은 그녀에게 매우 필요한 것이었다.

베스는 종종 연말행사에서 노래하기를 원했다. 언제나 'Lean on Me'를 불렀는데 음정이 맞지 않아 모노톤으로 부르곤 했다. 그녀는 관중 앞에서 노래 부르는 것을 수줍어하여 자주 나와 같이 부르기를 원했고, 때로는 노래를 부르는 도중에 멈추기도 했다. 그러나 관중들은 그녀의 편이었다. 사람들은 그녀를 두려워하기는 했지만, 모두 마음속으로 그녀를 응원하고 있었다.

베스는 이후 트라우마 음악-언어 심리치료 그룹(이하 트라우마 그룹)에 참여하게 되었다. 트라우마 그룹은 트라우마 생존자들의 다양한 필요를 통합하여 충족시키기 위해 언어와 음악을 같이 사용했다. 이 그룹은 그녀의 특별한 경험에 대하여 탐색하고 이야기할 수 있으며, 트라우마 증상을 도울 수 있는 방법을 찾고, 매일 직면하는 어려움을 나눌 수 있는 기회를 제공했다. 여기서 그녀는 그룹을 형성하고, 혹독한 트라우마를 겪은 동료들과 관계를 맺었다. 베스는 언제나 몇 년 전부터 해오던 여는 노래(opening song)를 고집했다. 음악은 그녀가 어떠한 말도 할 수 없는 힘든 시기에 접점이 되어주었고, 상태가 호전되어 즐거움을 되찾은 시기에도 음악은 그녀의 마음 깊이 있는 문제들을 표현해주었다. 음악은 그녀 감정의 평정심(grounding)과 균형을 제공해주었다. 음악을 연주한 후 그녀의 얼굴에 퍼지는 미소와 웃음소리는 음악을 통해 즐거워함을 알 수 있었다.

시간이 흐르면서, 베스는 그룹에 새로 들어오는 젊은 내담자들의 롤모델이 되었다. 그녀는 한 젊은 여성에게 삼촌의 학대를 알린 것에 대하여 죄책감을 느끼지 말라고 하며 위로했다. "당신이 말을 한 것은 잘한 일이에요. 누군가는 당신을 도와야 해요. 당신은 옳은 일을 한 거예요." 또 한번은 "더 이상 당신 자신을 다치게 하면 안 돼요. 그것은 아무런 도움이 되질 못해요. 저도 자해를 하곤 했지만 전혀 제 자신에게 도움이 되지 않았어요. 그래서 멈추었어요"라고 조언했다. 그녀가 스스로도 그러한 조언을 들으면 좋았을 것이라는 생각이 들었다.

어느 날 그룹에서 로라라는 다른 그룹원이 자신이 다른 병원에서 배운 트라우마 증상에 대한 대처방법을 적극적으로 그룹원들에게 나누고 있었다. 이 그룹에서 우리는 많은 이야기를 했고, 나는 이야기를 나누며 드는 생각과 느껴지는 감정들을 통합하기 위해 음악연주가 필요하다고 생각했다. 음악이라는 말을 꺼내자마자 베스는 자신의 손으로 북을 세게 두드렸다. 로라도 즉각적으로 그녀의 옆에 있던 북을 손으로 세게 두드렸다. 나는 재빨리 피아노로 그들의 감정의 강도에 맞춘 코드를 연주하여, 그들의 분노와 강한 감정이 수용되고 인정받는다는 느낌을 제공하고자 했다. 그들의 연주를 담을 수 있는 기본 박을 제시하는 구조를 제공한 후, 선율 구절을 만들고, 피아노로 이를 지지할 수 있는 화성을 제공했다. 그들은 나의 연주가 자신들을 진정시켜준다고 느끼는 것 같이 보였다. 이 같은 느낌은 그들이 언어로 표현할 수 없는 감정들을 안전한 음악구조 내에서 감당하고 표현할 수 있게 해준다. 이성적 차원에서 이해하는 트라우마와 통제할 수 없는 내면의 분노 간의 분리를 음악 안에서 통합하고자 했다.

베스는 상당히 호전되어 병원 외부의 거주지에 머물게 되었고, 매주 트라우마 그룹에 참여하기 위해 병원에 왔다. 몇 주가 지난 후, 그녀는 자신 속에 갇힌 듯 완전히 침묵한 상태로 그룹에 돌아왔고, 이 같은 변화는 몇 주간 지속되었다. 그녀는 그룹에서 계속 침묵하는 모습을 보였다. 셋째 주에 나는 아래층에서 그녀를 맞이했고, 그녀는 여전히 침묵하고 있었다. 공식적으로 세션이 시작하기 전에 그녀는 피아노 앞에 앉았고, 손을 뻗어 한 음을 연주했다. 나는 말없이 그녀에게 답하듯 한 음을 연주했다. 그녀가 또 한 음을 연주하고, 우리는 서로 음을 교대로 주고받았다. 그녀는 이내 웃음을 터뜨렸고, 나도 같이 웃었다. 음악은 그녀를 침묵의 감옥에서 해방시켜주었으며, 우리가 있는 현실로 돌아오게 해주었다.

세션이 진행됨에 따라 그녀는 자신의 삶에서 일어나는 일들, 그녀가 느끼는 어려움과 분노에 대하여 이야기하기 시작했다. 그녀는 자신의 절망을 파괴적인 방법으로 다루어왔던 양상을 이제는 달리하겠다고 했다. 자신의 이러한 결단을 나누면서 실제 잠재적 학대자들에게 "그만(NO!)"이라고 외치고 있음을 확인시켜주었다. 이 열띤 나눔 후에 그녀는 즉흥연주를 하고자 했으며 나는 연주를 시작했다. 연주는 그룹 전체에게 해방감을 제공한 듯 보였으며, 모두가 적극적으로 연주에 참여했다.

베스의 상태는 매우 좋아졌으며 적극적으로 변했다. 그녀가 연말행사를 위해 준비하는 노래를 우리에게 불러주었을 때, 불현듯 그녀가 안정된 음정으로 노래하고 있다는 것을 알아차렸다. 그녀의 음역은 넓어졌고, 가슴에서 우러나는 소리를 자유롭게 내고 있었다. 나는 그녀의 목소리에 너무 익숙해진 나머지 그녀의 음정에는 주의를 기울이지 않았었다. 하지만 그녀는 훌륭히 'The Greatest Love of All'을 부르고 있었다. "나는 내 안에서 가장 큰 사랑을 찾았어요." 그녀는 모든 가사를 암기했고, 완벽하진 않지만 훌륭한 음정으로 노래했다. 이는 깊은 치유를 상징했다. 무엇인가가 변화하고 있었다.

또 한번의 세션에서 우리는 'Don't Want No More'라는 노래를 불렀다. 이 노래는 내가 오래된 흑인 영가를 Am, Dm, E[1]화음을 사용하여 편곡한 것이다. 이 곡이 가진 단조 화성은 열린 느낌을 주고, 약간 경쾌한 선율은 억제된 슬픔을 전달한다. 더 높은 에너지를 가지고 연주할 때에는 더 강한 감정과 분노를 전달할 수 있다. 이 노래는 느리게도 부를 수 있고 꾸준히 진행되는 리듬감도 느낄 수 있다. 베스는 "Don't want no more suffering(더 이상의 고통은 원치 않아요)…" 구절을 노래했다. 그룹 또한 노래에 동참하여 "Don't want no more suffering(더 이상의 고통은 원치 않아요)"을 노래했으며, 그녀는 "I want to be happy(나는 대신 행복해지고 싶어요)"로 노래를 맺었다. 그다음 베스는 다른 가사를 시작했다. "Don't want no more tears(더 이상의 눈물은 원치 않아요)…." 우리는 그녀를 따라 노래하며 이 감정을 확장했고, 베스는 "I want Jesus to be happy(나는 예수님도 행복하기를 원해요)"로 마무리 지었다. 나는 예수님이 십자가에 못 박히기 전 마리아의 품에 안겨 있는 피에타(Pieta) 작품과 동시에 구유 안의 아기예수의 이미지도 떠올렸다. 베스의 세계에서는 '위대한 위로자'마저도 보살핌이 필요했던 것이다.

세션을 마칠 즈음, 나는 그룹에게 어떤 노래로 세션을 마무리할지 물었다. 평소 조용한 한 그룹원이 나지막이 중얼거렸다. "뭐라고 하셨나요?" 그녀는 "La Bamba"라고 대답했다. 나는 이 제안을 받아들였다. 이 곡의 익숙함과 신나는 리듬은 이제까지의 내면적 작업에서 환기할 수 있도록 돕는 아주 적합한 곡이었다. 익숙한 가사와 예측 가능한 후렴구는 심리적인 안정감을 제공할 수 있었다. 이 곡은 그룹이 하나가 되어 세션을 마무리하고, 다시 외부의 공동체로 나갈 수 있도록 준비시켜주는 곡이었다. "Para bailar la bamba…. La bamba를 춤추기 위해서는 약간의 우아함이 조금 필요해요, 나를 위해서, 당신을 위해서, arriba, arriba!"

우리는 수년에 걸쳐 음악이 트라우마 생존자의 치료에 도움을 줄 수 있다는 것을 목격해왔다. 위의 사례를 통해 다양한 트라우마 증상과 장기간의 극심한 트라우마를 겪은 내담자를 위해 음악이 어떻게 사용될 수 있는지 볼 수 있었다.

음악치료사와의 첫 대면은 면담에서 이루어진다. 여기서 음악치료사는 내담자의 강점과 필요를 평가하고, 관계 맺음을 시작할 수 있다. 진단평가 세션에서 음악치료사가 할 일은 다음과 같다.

내담자가 자신에게 유효한 음악매체를 어떤 방식으로 사용하는지 관찰하고 이해하는 동시에 음악매체 안에서의 치료목표를 규명한다. 다음으로 치료사는 내담자에게 가장 적합한 음악치료 경험을 결정한다(Meadows, Wheeler, Shultis, & Polen, 2005, p. 29).

---

1) Am, Dm, E는 코드 조성의 의미가 아닌 악곡 내 화성을 의미하여 표기 통일함. -역자 주

"(회복의) 첫 단계에서 가장 중요한 과제는 안전함을 제공하는 것이다(Herman, 1992, p. 155)." 베스와 처음 만난 음악치료 세션에서 안전함은 치료진의 참관, 악기선택, 그녀의 음악연주를 지지하는 과정, 치료사의 기타 코드 반주 제공과 예측적 리듬패턴을 통해 제공되었다. 안전함은 그룹세팅에서도 (1) 여는 노래(check-in song)와 같은 규칙적인 반복, (2) 2명의 공동리더(내담자가 어려움을 겪는 경우 1명이 개별적인 도움을 제공), (3) 트라우마에 대한 구체적 이야기는 준비된 경우에 개별적으로 다루는 것, (4) 마침 노래(closing song) 만들기, (5) 치료사의 지지를 기반으로 한 즉흥연주를 통한 감정인식의 기회가 제공되었다. Herman(1992) 또한 치유적 과정에서 치료적 관계의 역할을 다음과 같이 강조했다.

회복은 격리된 상태가 아닌 관계의 맥락 내에서만 일어날 수 있다. 타인들과 다시 맺은 관계 내에서 생존자는 트라우마에 의해 손상되고 변형된 심리적 기능을 회복하는데 여기에는 신뢰, 자율성, 주도성, 자신감, 정체성 및 친밀감에 대한 기본 능력들이 포함된다(Erikson). 이 같은 능력들은 본래 타인과의 관계에서 형성이 되기 때문에 관계 내에서만 수정이 가능하다(p. 133).

첫 음악치료 세션에서 우리는 음악적 상호작용을 통한 건강한 관계의 시작을 볼 수 있었다. 처음의 베스는 물리적인 제어가 필요할 정도로 자신은 통제하지 못하는 모습을 보였으나, 이후 음악치료를 통해 이전의 방식 대신 노래와 연주를 통해 타인과 관계 맺는 방식을 터득했다. 트라우마 그룹 안에서 내담자는 다른 동료 트라우마 생존자들과 함께 음악과 언어를 사용하여 이와 같은 작업을 계속해나갈 수 있었다. 안전함

과 함께 음악의 예측 가능한 리듬, 구절 및 구조(예 : 노래구절 및 후렴)는 생존자들이 과각성상태에서 자신의 감정을 조절할 수 있게 도와주었다. 악기연주와 노래하기는 내담자들을 신체적으로 진정시키는 데 도움을 주었다. 이때 음악치료사는 내담자의 무감각함과 플래시백을 감소시켜 해리된 상태에서 현재로 돌아올 수 있도록 도움을 준다. 언어는 트라우마 생존자가 현재 겪는 구체적 상황에 대한 이야기를 나누고, 파괴적 행동양식을 인식하고 변화를 위한 전략을 규명하는 데 사용되며, 동료 그룹원들의 격려는 미래에 대한 희망을 가지는 데 도움을 준다.

베스는 퇴원 후 몇 차례 다시 병원에 입원하였고 가끔 해리와 유사한 증상을 보이기도 했다. 이때 음악치료 그룹에서는 그녀에게 음악 놀이(play)를 통해서 절망감을 극복하고 자기내적 힘을 경험하도록 했다. 먼저 음악을 체험하게 한 후, 그다음 외부세계에서 그녀가 어떤 갈등과 도전을 겪는지를 언어적으로 나누도록 했다. 그다음 그룹의 동료들과 리더는 그녀의 이야기와 감정을 음악 즉흥연주로 승화시켰다.

이 작업은 베스가 언어적으로는 표현적이지만 감정적으로는 단절되어 있는 자신의 내면을 어떻게 통합하는지를 보여주었다. Sutton(2002)은 그 과정을 다음과 같이 설명한다.

내담자는 치료사와 깊은 음악체험을 통해 자신의 신체 안에서 진정될 수 있고, 트라우마 경험으로 인한 정서적 충격을 다루어낼 수 있다…. 음악은 침묵과 소리 형태를 통해 우리 자신을 인식할 수 있게 도와준다…. 이러한 과정에서 음악은 트라우마를 겪은 내담자들에게 즉각적이면서도 보호된 환경을 제공하는 매개로 사용된다(p. 35).

베스의 노래하는 목소리에서도 이 같은 진정

효과를 볼 수 있었다. 이와 관련하여 Austin(2008)은 다음과 같이 언급했다. "자신의 진실된 목소리를 회복하기 위해서는 몸을 재적응(re-inhabiting)해야 한다…. 목, 가슴 또는 배를 조여 호흡을 차단하는 것은 자신의 감정과의 연결을 단절시키고, 말하고 노래하는 목소리의 질에 지대한 영향을 미친다(pp. 24~25)." 그리고 "자신의 목소리와 소리를 찾는 과정은 자기 자신을 찾는 과정으로 비유된다(p. 21)."

우리는 베스의 트라우마 그룹 사례에서 음악과 언어가 어떻게 결합되어 사용되었는지 볼 수 있었다. Nolan(2005)은 음악과 언어의 가치를 다음과 같이 설명했다. "언어작업은 내담자가 외부의 사건 또는 관계에 대하여 느끼는 내면의 느낌·감정·생각을 인식하는 것을 돕고, 치료사와 함께 음악경험에서 표면화된 정서적·인지적·관계적 문제를 이해하는 데 도움을 준다(p. 8)."

"Don't Want No More Suffering(더 이상의 고통은 원치 않아요)"의 마지막 부분에서 우리는 가사, 즉 음악 안에서 사용되는 언어가 언어 이상의 의미와 표현을 가지며, 특별한 설명 또는 묘사 없이 언어가 가진 의미의 본질을 표현할 수 있음을 보았다. 베스와 같이 그룹원들도 이 같은 표현에 동참함에 따라 의미의 본질과 해방감을 함께 경험할 수 있었다. 가장 중요한 점은 음악이 언어로 표현하기 어려운 것을 표현할 수 있도록 소리를 부여해줄 수 있다는 것이다.

(음악은) 자주 내면세계와 외부현실을 유일하게 연결해주는 다리를 제공한다. 이는 내면의 감정을 안전하게 표현할 수 있는 유일한 수단이라 할 수 있다…. 치료사는 음악매체가 가지는 예술성과 형식보다는 내면세계를 표면화시키고, 안전한 공간에서 자신을 들려주고 경험하며 탐색하는 매개체로서의 기능에 중점을 둔다(Tyson, 2004, p. 250).

마지막으로, 베스가 "Don't Want No More Suffering(더 이상의 고통은 원치 않아요)"을 불렀을 때, 해결에 대한 필요와 중요성을 볼 수 있었다. Borczon(1997)의 말을 빌리자면 "모든 세션의 종결은 갑자기 이루어지면 안 된다. 내담자들은 다양한 수준의 여러 정서를 경험하기 때문에 세션 종료 전에 반드시 이 같은 경험에 대한 종결(해결)이 필요하다(p. 27)."

임상사례 : Critical Improvisation – 급성상태의 환자와 관계 맺기

나는 입원 프로그램 안내실(admissions programming area)에서 그룹세션을 시작하기 위해 그룹원들과 복도에서 만나고 있었다. 마침 복도에서 한 남성이 소리 지르는 것을 들었다. 그는 매우 격앙된 상태로 병동에 들어와서는 텅 빈 방에 혼자 앉아 병동 전체가 떠나가라 소리를 지르고 있었다. "안 돼! 안 돼! 아니야! 할 수 없어! 할 수 없어! 할 수 없어! 갇혔어! 갇혔어! 화나! 화나! 화나!"

그의 목소리 때문에 등이 오싹해짐을 느꼈다. 나는 그의 눈에 띄지 않기 위해 최대한 빨리 음악치료실의 문을 닫았다. 치료실 안의 그룹원들은 이미 콩가와 평상시에 사용하던 악기(탬버린, 마라카스, 카바사, 자이림바 및 작은 북)들이 놓인 테이블 주위에 앉아 있었다. 나는 기타를 들고, 그룹과 마주했다. 나의 뒤에는 피아노가 놓여 있었고, 여는 노래(check-in song)를 부르며 시작했다. 그룹원들에게 인사를 한 후 어떻게 지냈는지 개별적으로 묻고, 답하며 노래하였다.

이때 남성 트라우마 그룹에 정기적으로 참여하는 오마르가 치료실의 문 앞에 도착했고, 그의 뒤에는 "안 돼! 안 돼! 아니야! 화나! 화나! 화나!" 소리를 지르고 있는 그 남성이 서 있었다. 오마르는 "이 사람은 음악치료가 필요해요!"라고 크게 이야기했다. 난 마음을 진정시키기 위해 몇 번 숨을 가다듬고, 그를 설득할 수 있기를 마음속으로 바라며 문으로 걸어갔다. 나는 "그는 아직 그룹에 참여할 준비가 안 된 것 같아요"라고 했다. 그러나 오마르는 "선생님께서 그를 도와주셔야 해요. 그는 음악치료가 필요해요"라고 계속해서 주장했다. 나는 생각했다. '이건 멋진 일이야! 이러한 부담스러운 상황만 아니라면.' 나는 오마르의 뜻을 받아들였다. "알았어요, 오마르. 그와 일해보도록 할게요. 대신 당신이 그룹에 있으면서 나를 도와주어야 해요." 오마르는 축구선수와 같은 체격을 가졌다. 그는 오늘 음악치료에 참여할 계획이 없었기 때문에 어리둥절하며 조금 당황했지만, 이내 동의하고 나의 뜻을 따랐다. 오마르는 로버트를 방으로 안내했다. 로버트는 계속 소리를 지르고 있었고, 그 와중에 이야기를 전달하려고 했다. "우리는 그룹에서 가끔 노래를 불러요. 'Here Comes the Sun' 또는 'I Can See Clearly'를 불러볼까요?"라고 하며 기타 코드를 튕겼다. 나는 그의 관심을 기타 소리와 리듬으로 유도하기 위해 적절한 곡을 생각해보고자 했다. 그가 젊은 시절에 들어본 곡이면서 명료한 박자를 가진, 그의 흥분을 가라앉힐 수 있는 그런 곡이 필요했다. 나는 그의 불안을 음악에 반영시키기보다는 안정시키는 방식을 선택하기로 결정했다. 음악에 그의 불안을 반영시키는 것은 그의 현재 고통을 더욱 가중시킨다고 보았기 때문이다.

로버트는 다시 소리 지르기 시작했지만, 중간중간 "이제 알 수 있을 것 같아요(can see clearly)"라고 이야기했다. 나는 그가 소리치는 동안 연주를 시작했고, 그는 온 힘을 다하여 북을 세게 내리쳤다. 마치 북을 부수거나 들어서 던질 것 같은 기세였다. 그때 그는 다시 북을 세게 내리쳤다. 결국 나는 "드럼을 부수면 안 돼"라고 했다. 내 말에 따라 오마르는 그의 팔을 북 위에 올려놓았다. 이를 보지 못한 로버트는 오마르의 팔이 올라가 있는 북을 연주하려다 순간 상황을 알아차리고는 북 연주를 멈추었다. 그리고 잠시 안정을 취한 뒤 이야기했다. "그들이 나를 따라오고 있어요! 안전하지 않아요. 나는 지금 곤란한 상황에 처해 있어요. 매우 곤란한 상황이에요." 그래서 나는 이야기했다. "우리는 이 공간을 당신을 위해 안전하게 만들어줄 거예요. 이 공간은 안전하답니다." 그러자 로버트는 말했다. "어떻게 안전할 수 있어요? 나는 안전하지 않아요." 그래서 내가 이야기했다. "이 공간에 규칙이 있기 때문에 안전해요. 세 가지 규칙이 있어요. 던지기 않기, 다른 사람을 때리지 않기, 모두를 존중해주기." 그러자 로버트는 순간 안도하고 있음을 느꼈다. 그리고는 더 이상 소리 지르지 않았다. 다른 내담자인 페드로는 그에게 가까이 가서 이야기했다. "그거 알아요? 오늘은 당신에게 남은 삶을 시작하는 첫날이에요." 그제야 나는 다른 내담자들을 의식하게 되었고, "오늘 어떤 음악을 하고 싶나요?" 하고 물었다. 페드로는 "'Lady Sings the Blues'에 나오는 노래를 연주해줄 수 있나요?"라고 물었다. 나는 연주를 마친 후,

현재 힘든 상황에 있는 로버트를 도와주기 위한 그들의 배려와 노력에 감사하다고 이야기했다.

이후의 세션에서도 로버트가 흥분하여 주먹으로 자이림바를 내리치려고 했을 때, 그룹원들은 그에게 말렛을 제공해주었다. 나는 재빨리 기타를 꺼내 그의 격양된 소리를 음악으로 동조화시켰다. 그의 연주에 다른 멤버들이 기타와 피아노, 그리고 다른 악기로 같이 지지하며 합주를 시작하게 되자 그는 그 소리에 매료된 듯, 더욱 창의적인 즉흥연주를 시도했다. 그는 연주가 끝나자 미소를 지었으며, 음악이 그를 진정시키고 표현하게 할 수 있는 공간이 될 수 있음을 인식하기 시작하게 되었다. 어느 날 그는 나에게 "선생님은 공감할 줄 아는 사람이에요!"라고 했고, 이에 다른 내담자는 "선생님은 당신의 적이 *아니에요*"라고 덧붙였다.

로버트와 같은 급성상태의 내담자를 다룰 때 음악치료사는 언어보다는 음악으로 더 소통하려는 노력을 해야 한다. 음악은 종종 기분 또는 감정에 대한 접근, 분노적 상호작용 등을 변화시키거나 변형시켜 치료사가 그룹리듬 또는 규칙을 세우고 만들 기회를 제공한다. 로버트의 사례와 관련하여 급성상태의 내담자를 다룰 때 음악치료에서 필수적인 관계를 다시 살펴보고자 한다. Stewart(2002)가 제시한 음악치료 목표는 다음과 같다.

- 일관성, 신뢰, 구조와 경계의 경험 제공
- 비언어적 소통, 놀이 및 관계형성의 기회 제공
- 함께 하는 음악연주를 통해 나의 변화와 나와 타인과의 관계변화의 경험 제공
- 신뢰, 화합 및 소속감 촉진
- 자신을 들려주고 이에 따른 반응을 유도하며, 생각하게 하는 기회 제공(p. 32)

로버트는 구조화된 음악활동 내에서 타인이 자신을 인식하고 있음을 느꼈고, 동시에 자신도 타인을 경청하고 인식할 수 있게 되었으며 이

를 통해 그룹의 일원으로 수용되고 존중받는 경험을 했다. 음악이 극심한 고통을 감당해야 하는 그 순간에 안도감과 안정감을 제공하고 의미 있는 변화를 가져다주었다.

다른 분야에서의 적용

음악치료를 제공하는 데 있어 가장 중요한 점은 공동작업의 가치를 인식하는 것이다. 에드거의 사례에서 나는 사회복지사와 각기 다른 관점에서 퇴원과 관련한 에드거의 반응과 감정에 대하여 긴밀한 의사소통을 나누었다. 퇴원 계획은 그의 감정적·창조적·내적역량(empowerment)의 필요에 따라 세워졌고, 결과적으로 장기간 입원을 지속했던 이 내담자의 퇴원은 성공적이었다.

트라우마 그룹에서는 2명의 리더(음악치료사와 심리치료사)의 공동작업을 볼 수 있었다. 여기서는 음악과 언어를 효과적으로 결합하여 안전한 공간을 만들고 각 분야의 기법을 공유했다. 이 같은 공동작업은 다른 전문가와의 작업을 넘어, 창조적 예술치료와 같은 더욱 다양한 치료접근을 적용한 팀 공동작업으로 확장되어 내담자에게 표현이 어려운 감정을 표현할 수 있고, 깊은 트라우마에서 치유될 수 있도록 돕는다 (Muenzenmaier, Margolis et al., 출판 중).

로버트의 경우 그는 이례적으로 트라우마 그룹에서 다른 내담자인 오마르를 통해 음악의 힘을 알게 되었다. 오마르는 내가 음악치료사로서 로버트를 도와야 한다고 주장했고, 로버트는 음악적 공간에서 자기내면의 폭풍을 진정시키고 안정감을 찾을 수 있었다.

트라우마 그룹의 공동치료사이며 심리학자인 Faye Margolis는 공동작업에 대해 장님과 코끼리의 이야기로 비유하여 설명하였다. 각각의 장님은 코끼리의 일부분만 만지면서 모두 코끼리

에 대하여 안다고 생각한다. 언어를 사용하는 치료사와 비언어적 매체를 사용하는 치료사가 각자의 지식과 기법을 통합할 수 있으면, 정신질환 진단을 받은 내담자를 더욱 이해하고 그들의 필요를 충족시킬 수 있는 치료를 제공할 수 있을 것이라고 하였다(Faye Margolis, 2012. 11. 15, 개인대화).

결론

위에서 소개한 세 사례는 성인 정신질환 대상군에 대한 음악치료 접근을 보여준다. 음악은 위와 같이 다양한 방식으로 사용되고 있다. 에드거의 경우는 그의 세계와 외부현실 세계를 연결시키는 데 기타에 대한 그의 특별한 열정이 매우 효율적으로 사용되었으며, 밴드에서의 연주 또한 그 자신에게 자존감과 목적의식을 갖게 해주었다. 베스의 사례에서는 음악의 예측 가능한 리듬과 선율을 통해 그녀 자신에 대한 이해, 안정감 형성, 정서조절 등 트라우마 증상 완화를 볼 수 있었다. 로버트의 사례에서는 장기치료가 어려운 급성상태의 환자를 대상으로 한 단기 음악치료의 예를 볼 수 있었다. 이 같은 환경에서 음악치료사는 극단적인 행동을 다루는 데 있어 음악을 지지적으로 사용할 수 있었다. 또한 음악은 불안상태에 있는 내담자를 진정시키고 지지하면서 안정된 구조를 제공했다.

음악치료사로 일해온 기간 동안 극심한 고통과 절망을 겪는 많은 내담자들을 만나왔지만, 나는 내담자뿐만 아니라 나 자신에게 미치는 음악의 치료적 힘을 경험한다. 음악치료에서 치료사는 스스로 음악에 몰입해야 하기 때문에 세션마다 내 자신이 치유되는 경험을 한다. "(음악은) 내면상태와 감정표현에 대한 특별한 힘을 지닌다… 그리고 궁극적으로 음악에는 아주 신비스

럽고 심오한 역설이 존재하는데 고통과 애도의 심화를 체험하게 함과 동시에 위안과 위로를 가져다준다(Sacks, 2007, pp. 300~301)."

참고문헌

American Psychiatric Association. (2013). *Diagnostic and statistical manual of mental disorders* (5th ed.). Arlington, VA: Author.

Ansdell, G. (2002). Community music therapy and the winds of change. *Voices: A World Forum for Music Therapy, 2*(2). Retrieved from *https://normt.uib.no/index.php/voices/article/view/83/65*.

Austin, D. (2008). *The theory and practice of of vocal psychotherapy: Songs of self.* London: Jessica Kingsley.

Borczon, R. M. (1997). *Music therapy: Group vignettes.* Gilsum, NH: Barcelona.

Borczon, R., Jampel, P., & Langdon, G. (2010). Music therapy with adult survivors of trauma. In K. Stewart (Ed.), *Music therapy and trauma: Bridging theory and clinical practice* (pp. 101-127). New York: Satchnote Press.

Bruscia, K. (1987). *Improvisational models of music therapy.* Springfield, IL: Charles C Thomas.

Crowe, B. J., & Colwell, C. (2007). *Music therapy for children, adolescents, and adults with mental disorders.* Silver Spring, MD: American Music Therapy Association.

Doidge, N. (2007). *The brain that changes itself.* New York: Penguin Books.

Eyre, L. (Ed.). (2013). *Guidelines for music therapy practice: Mental health of adolescents and adults.* Gilsum, NH: Barcelona.

Herman, J. (1992). *Trauma and recovery.* New York: Basic Books.

Jampel, P. (2006). *Performance in music therapy with mentally ill adults* (Doctoral dissertation). Available from ProQuest Dissertations and Theses database (UMI No. 3235696).

Levitin, D. J. (2006). *This is your brain on music.* New York: Penguin Books.

Longden, E. (2013). Listening to voices. *Scientific American Mind, 24*(4), 34-39.

Meadows, T., Wheeler, B. L., Shultis, C. L., & Polen, D. W. (2005). Client assessment. In B. L. Wheeler, C. L. Shultis, & D. W. Polen (Eds.), *Clinical training guide for the student music therapist* (pp. 27-56). Gilsum, NH: Barcelona.

Muenzenmaier, K., Castille, D. M., Shelley, A.-M., Jamison, A., Battaglia, J., Opler, L. A., et al. (2005). Comorbid posttraumatic stress disorder and schizophrenia. *Psychiatric Annals, 35*(1), 51-56.

Muenzenmaier, K., Margolis, F., Langdon, G. S., Kobayashi, T., Rhodes, D., & Rifkin, L. (in press). Transcending bias in diagnosis and treatment for women with serious mental illness. *Women and Therapy.*

Muenzenmaier, K., Schneeberger, A., Castille, D., Battaglia, J., Seixas, A., & Link, B. (2014). Stressful childhood experiences and clinical outcomes in people with serious mental illness: A gender comparison in a clinical psychiatric sample. *Journal of Family Violence, 29*, 419-429.

Nolan, P. (2005). Verbal processing within the music therapy relationship. *Music Therapy Perspectives, 23*(1), 18-28.

Romme, M., Escher, S., Dillon, J., Corstens, D., & Morris, M. (2009). *Living with voices: 50 stories of recovery.* Herefordshire, UK: PCCS Books.

Sacks, O. (2007). *Musicophilia.* New York: Knopf.

Stephens, G. (1983). The use of improvisation for developing relatedness in the adult client. *Music Therapy, 3*(1), 29-42.

Stewart, D. (2002). Sound company: Psychodynamic group music therapy as facilitating environment, transformational object and therapeutic playground. In A. Davies & E. Richards (Eds.), *Music therapy and group work: Sound company* (pp. 27-42). London: Jessica Kingsley.

Stige, B., & Aarø, L. E. (2012). *Invitation to community music therapy.* New York: Routledge.

Sutton, J. P. (2002). Trauma: Trauma in context. In J. P. Sutton (Ed.), *Music, music therapy and trauma* (pp. 21-39). London: Jessica Kingsley.

Tyson, F. (2004). Guidelines toward the organization of clinical music therapy programs in the community. In M. McGuire (Ed.), *Psychiatric music therapy in the community: The legacy of Florence Tyson* (pp. 243-252). Gilsum, NH: Barcelona.

van der Kolk, B. A. (2006). Clinical implications of neuroscience research in PTSD. *Annals of the New York Academy of Sciences, 1071*, 277-293.

Wheeler, B. L., Shultis, C. L., & Polen, D. W. (2005). *Clinical training guide for the student music therapist.* Gilsum, NH: Barcelona.

제28장

중독치료에서의 음악치료

Kathleen M. Murphy

김동민 역

중독이란 만성적, 재발성의 뇌질환으로 정의되며, 해로운 영향에도 불구하고 강박적인 약물의 추구와 사용으로 특징지어진다(National Institute on Drug Abuse, 2012, p. 5). 지속된 약물 및 알코올 사용은 뇌의 구조적, 기능적 변화를 유발하는 것으로 알려져 있다. 행동을 조절하고 억제하기 위한 주요 뇌구조의 상호작용 기작을 방해하는 이러한 변화들은 장기간 지속될 수 있으며, 중독과 관련된 영속적 · 반복적 · 자기손상적인 행동을 유발하는 것으로 간주된다(National Institute on Drug Abuse, 2012).

알코올 또는 약물사용에 대한 개인의 강렬한 욕구가 점차적으로 삶을 잠식해가는 경우 물질 관련 장애의 진단이 내려진다(미국 정신의학회, 2013). 가장 최근의 추산에 의하면, 12세 이상의 미국인 2,220만 명이 물질의존이나 남용 장애로 분류된다(Substance Abuse and Mental Health Services Administration, 2012). 열 종류의 물질들이 이러한 종류의 장애에 포함되며, 이러한 종류의 장애는 물질사용장애와 물질유발장애라는 두 하위범주로 나뉜다(미국 정신의학회, 2013). 물질사용장애의 진단은 만성적, 반복적, 충동적 물질복용 상태를 설명하기 위해 사용된다(미국 정신의학회, 2013). 물질사용장애들은 경증에서 중증의 범위를 가진다. 물질유발장애는 "중독, 금단 및 기타 물질/약물-유발성 정신질환"을 포함한다(미국 정신의학회, 2013, p. 227). 전체적인 물질 관련 장애 목록은 표 28.1에 소개되어 있다.

내담자군

물질남용에 대한 치료를 시작한 개인들 중 많은 수가 신체적, 정신적, 감정적, 영적으로 쇠약한 상태이다. 가족, 학교, 직장, 지역사회 등 삶

표 28.1 DSM-5의 분류에 따른 물질 관련 장애들

- 알코올 관련 장애들
- 카페인 관련 장애들
- 마리화나 관련 장애들
- 환각제 관련 장애들
- 아편 관련 장애들
- 진정제, 수면제, 또는 안정제 관련 장애들
- 흥분제 관련 장애들
- 담배 관련 장애들

의 모든 면에서 영향을 받게 되며, 더 나아가 실직·노숙·범죄의 삶으로 이어지는 경우가 많다. 어느 순간, 물질을 남용하는 사람들은 바닥으로 추락하고, 아프고 피곤한 상태를 지긋지긋하게 여기게 되면서 치료를 받으러 오게 된다(이는 치료를 받는 물질남용자들이 흔히 진술하는 내용이다). 그럼에도 불구하고, 더 많은 물질남용자들이 자의로 치료를 의뢰하지 않는다. 오히려 더 많은 경우가 가족, 고용주, 친구 혹은 법의 중재에 따라서 치료받도록 강권된다(Straussner, 2004). 약물중단(절제)의 기간 후 다시 약에 빠져드는, 즉 재발의 경우도 물질남용자들이 치료를 시작하는 동기가 된다.

물질남용의 치료는 해독단계로 시작하여 각 단계마다 치료변화에 집중하며 지속하는 방식으로 이루어진다. 해독은 "급성중독 및 금단증상을 관리하기 위한 일련의 중재들"로 정의된다 (Center for Substance Abuse Treatment, 2006, p. 4). 이러한 회복의 단계에서 개인은 극심한 우울증, 증가된 초조감과 불안정감, 메스꺼움, 발한, 불안 등과 같은 불편한 금단증상들을 경험할 수 있다. 이러한 증상들은 남용물질의 중단이나 급격한 감소에 따른 뇌의 반응에 기인한다(National Institute on Drug Abuse, 2012). 이러한 신체적인 증상 외에 물질에 의해 억제되어 있던 불쾌감 등

도 표출되거나 악화될 수 있다.

해독단계에서 출발하여 중독자들은 입원, 외래 치료형태의 재활단계로 진행하게 된다. 이 단계에서는 (1) 중독과 관련된 질환의 경로에 대한 교육, (2) 건강한 대처/극복 기술 개발, (3) 알코올중독자 익명 모임(Alcoholics Anonymous, AA), 약물중독자 익명 모임(Narcotics Anonymous, NA) 혹은 다른 자조집단들(self-help groups)의 중요성, (4) 개인적 돌봄(personal care)의 중요성에 대해 초점을 맞춘다. 치료의 마지막 단계는 재발예방으로, 내담자가 구조화된 치료환경에서 비구조화된 외래 치료환경으로 진행할 수 있도록 돕는다. 이 단계에서 치료의 중점은 치료과정에서 경험했었던 탈중독적 생활(sober living)을 위한 원칙과 기술들을 적용하는 것이다. 여기에는 재발 경고 징후들에 대한 고취된 인식, 갈망과 촉발에 대한 관리, 지지자원의 파악과 이용 등이 포함된다(Gray & Gibson, 2004).

임상작업

목표

중독이 초래하는 다양한 영향들로 인하여 치료는 다각적으로 이루어져야 하며, (1) 중독 과정, (2) 사회적 지원 네트워크 개발, (3) 회복과 관련된 신체적, 인지적, 정신적, 영적이슈들, (4) 중독의 생리적인 영향, (5) 신체와 마음의 치유와 같은 사항에 집중되어야 한다(Borling, 2011). 음악치료사들은 물질남용 치료현장에서 일할 때 이러한 영역들을 고려해야 한다. Borling은 회복과 관련된 생체물리학적, 심리정서적, 심리영적 이슈들을 다루는 치료적 접근을 권장한다. 여기서 주목할 점은, 선형적 방식(linear fashion)으로 논의된 이러한 영역들이 치료의 실제에서는 선형적으로 진행되지 않을 수 있다는 것이다. 음악치

료의 경험을 계획할 때, 음악치료사는 항상 "오늘 내담자가 음악으로부터 필요한 것이 무엇일까?"란 질문을 가져야 한다. 회복 말기 단계의 내담자는 이완 또는 신체적 긴장을 다루는 방법들에 집중할 필요가 있을 수 있다. 반대로, 회복 초기 단계의 내담자는 영적이슈들에 대한 작업이 필요할 수 있다.

생체물리학적 이슈들

중독치료에서 첫 번째 장애물은 신체적인 회복이다. 뇌와 신체는 지속된 물질남용으로부터 치유되어야 한다. 물질로 인한 금단은 일반적으로 불편한 신체적, 감정적 증상들을 동반한다(표 28.2 참조). 이 증상들은 물질을 사용하였을 때 나타나는 증상들과 정반대의 것들이며, 물질에 대한 갈망과 재발을 초래한다(미국 정신의학

표 28.2 신체적, 정서적 금단증상

신체적 증상
- 발한
- 급히 뛰는 심장
- 심계항진
- 근육긴장
- 가슴경직
- 호흡곤란
- 떨림
- 메스꺼움, 구토, 설사

정서적 증상
- 불안
- 불안정/초조
- 과민
- 불면증
- 두통
- 집중력 저하
- 우울
- 사회적 고립

표 28.3 장기적인 금단 관련 증상

- 불안
- 수면곤란
- 단기기억 관련 문제
- 알코올 또는 약물에 대한 갈망
- 조절력 손상
- 쾌감 상실
- 작업 집중력 장해
- 과민
- 불명확한 신체적 불편
- 성에 대한 관심 감소

주 : Center for Substance Abuse Treatment, 2010, p. 4.

회, 2013). 대부분의 급성 금단증상은 14일 이내로 해결이 된다. 하지만 많은 물질남용자들이 그보다 연장된 금단증상들을 경험하는데, 이는 급성 후 금단(postacute withdrawal)이라고도 알려져 있다. 오랫동안 지속되는 금단증상들에는 기존의 금단 증상들뿐만 아니라 "비-물질 특수성 신호들과 지속적, 진화적인 증상들이 포함된다. 또는 이미 잘 견뎌냈던 급성 금단단계의 증상들도 포함된다(Center for Substance Abuse Treatment, 2010, p. 2; 표 28.3 참조)."

신체적 회복을 위한 음악치료의 전형적인 목적들은 금단증상 관리전략, 이완, 스트레스 관리기술, 그리고 이러한 기술들을 일상생활에 적용하는 것의 중요성에 대한 교육을 포함한다(Borling, 2011). 상승된 통증 지각 및 불면증 또한 일반적인 금단증상인데, 이는 남용된 물질의 종류와 무관하게 나타난다. 통증 및 수면곤란을 관리하기 위한 비약리적 방법, 수면건강 향상 기술에 대한 교육 또한 다루어져야 한다(Murphy, 2010).

심리정서적 이슈들

해독이 마무리되면, 약물의 사용으로 인해 억

제되었던 감성적인 이슈들이 표출되기 시작한다. 우울, 초조, 분노 및 기타 일상에서 나타나는 문제들을 포함하는 증상들이 기저의 정신질환을 암시할 수 있다(Center for Substance Abuse Treatment, 2010). 중독으로부터 벗어나기 위해 사용했던 부정, 합리화, 최소화 등과 같은 인지전략들(cognitive strategies)이 회복과정에서 나타날 수 있다(Borling, 2011). 이러한 회복단계에서의 치료목표는 잘못된 사고의 인식 및 변화, 부정(denial) 작업, 자존감 향상, 선택, 행동변화, 조절력 결핍 및 무력함에 대한 수용, 고립 완화, 정서탐색 및 표현향상, 지지체계 활용능력, 진정성 및 정직함 향상을 포함한다(Borling, 2011, 2012).

심리영적 이슈들

중독은 마음, 몸, 영혼의 질병이다. 하지만 지속적인 회복의 중심에는 **영적치유와 영적원리의 적용**이 존재한다(Alcoholics Anonymous World Services, 2001). 중독의 치료에서의 영성(spirituality)은 의미를 찾는 것과 연관된다. Jung은 습관이 영적중심을 대체할 때 중독이 발생한다고 믿었으며, 영성이 약물이나 알코올중독자들에게 최선의 해결책이라 했다(Sandoz, 2001).

영성은 12단계 회복 프로그램의 주춧돌이다. 알코올중독자 익명 모임에서는 영적 각성이 변화의 기전이라 간주한다(Alcoholics Anonymous World Services, 2001). 회복은 변환(transformation)을 수반한다. 이러한 단계를 통한 치료는 변환적 과정을 통해 발전하는데 이는 회복단계의 개인이 (1) 그들의 삶을 더욱 강력한 이해력으로 변환시키고, (2) 성격적 결함을 소거하고, (3) 기도와 명상을 통해 자신의 강력한 의지력을 인지하고 실행하고자 노력하는 것을 말한다. 여기에서 중요한 것은, 더욱 강력한 개인의 힘이 모두에게 '교회

의 신'일 필요는 없다는 것이다(Borling, 2011, p. 345). AA는 회복기의 내담자들에게 "신에 대한 다른 사람의 개념을 고려"할 필요가 없음을 상기한다(Alcoholics Anonymous World Services, 2001, p. 46). 개인이 자기보다 더 대단한 어떤 존재를 믿고자 하는 의지가 중요하다. 음악치료사들은 내담자에게 개방적이고, 수용적이어야 한다. 또한 내담자가 그들보다 강력한 존재를 정의하기 위해 스스로의 영적신념을 탐색할 수 있도록 장려해야 한다. 그 밖에 음악치료에서 다루어지는 심리영적 목표들은 삶의 의미 창조, 용서, 자기수용, 진정한 자유에 대한 이해를 포함한다.

요약

위의 목표들은 물질남용으로부터 탈피하기 위한 치료의 처방 수단으로 설명된 것이 아니라, 물질남용 치료에서의 음악치료 목표를 설명하고자 기술된 것이다. 음악은 신체, 마음, 영에 동시적인 영향을 미칠 수 있다. 내담자는 신체긴장을 감소하거나 지역사회를 형성하기 위한 수단으로 선택된 북 연주를 경험하는 동안 **영적각성** 또는 불안감소를 경험할 수 있다. 음악치료사들은 음악이 가져다줄 수 있는 그 어떤 것에 대해서도 작업할 수 있도록 열린 마음을 가져야 한다. 음악치료사들은 AA와 NA의 원칙과 단계들에 대해 숙지함으로써 내담자들이 진정한 회복에 대한 보다 깊은 인식과 이해를 장려하는 음악경험에 참여할 수 있도록 도와야 한다.

음악치료 방법론

재창조적 방법론

미리 작곡된 음악을 연주하는 것은 문헌에 언급된 가장 초기의 음악치료이다. 이러한 초기 보고들은 물질남용 치료를 받고 있는 내담자들로 이

뤄진 연주집단의 유익성에 대해 기술하고 있다 (Miller, 1970). 재창조적 방법들(Bruscia, 1998a; 기존의 작곡된 노래나 기악의 사용)은 생체물리적(예 : 물리적 긴장에 부응하거나 이를 해소하는 수단으로 음악연주를 사용하는 것), 혹은 심리정서적(예 : 물질에 취하지 않은 상태에 대한 즐거움, 기분상승, 사회적 교류) 목적들을 위해 사용되었다. 회복과 관련된 주제를 목표로 하거나 중심으로 하는 치료적 노래집단은 집단의 응집성과 타인에 대한 관용을 함양하기 위해 초기의 회복단계에서 자주 사용되었다. 이후 단계에서 치료적 노래집단은 정서를 확인하고 소통하는 수단으로 사용될 수 있다(Murphy, 2013).

임상사례

내가 단기거주 요양 프로그램에서 지휘했던 '영혼을 위한 노래(Singing for the Soul)'는 치료를 위한 성악연주집단(vocal re-creation group)으로, 그 목표는 (1) 지지적 환경 안에서 창조적 경험에 참여하는 기회를 내담자에게 제공하고, (2) 타인의 음악적 선호에 대한 관용을 증진하고, (3) 기분이나 태도를 개선하고, (4) 집단으로 노래하는 것의 유익함을 경험하는 것이었다. 참여자들은 집단이 연주하게 될 긍정적이고 희망적인 주제의 노래를 돌아가며 선택했다. 음악가인 내담자나 내가 반주를 했다. 모든 집단원들이 편안한 방식으로 참여하도록 장려되었다. 참여의 수준은 듣기, 손으로 들 수 있는 작은 타악기 연주하기, 노래 부르기, 춤추기를 포함하였다. 집단은 참여자들이 경험을 공유하고 음악경험과 관련된 신체적, 정신적, 정서적, 영적인 효과들에 대해서 묘사하는 것으로 마무리되었다. 다음으로는 회복단계에서 노래하기가 가지는 유익성에 대한 짧은 심리교육적 논의가 이어졌다.

수용적 방법론

수용적인 방법들은 라이브 음악 혹은 이미 녹음된 음악을 듣고, 이에 대해 언어적 · 비언어적 또는 다른 예술적 방식으로 반응하는 것을 말한다(Bruscia, 1998a). 이러한 방법은 물질남용 치료

전반에 걸친 생체물리적, 심리정서적, 심리영적 목표를 달성하기 위해 사용된다. 물질남용 치료에서 가장 자주 활용되는 수용적 방법들이 아래에 제시된다.

음악을 통한 이완

음악을 통한 이완(MAR)은 심상을 동반하기도 하며, 스트레스 감소, 불안관리, 명상, 영적개발을 위해 이용된다. MAR(예 : 점진적 근육이완이나 스트레칭을 동반한 음악감상)은 신체긴장이나 스트레스 감소 등 회복과 관련된 생체물리적 목표를 다루기 위해 흔히 사용된다. 음악은 3~7분 정도의 길이, 서정적 선율, 예측 가능한 화성, 최소한의 세기 변화, 58에서 78bpm(beats per minute) 사이의 빠르기를 가져야 한다. 일반적으로, 뉴에이지 혹은 환경예술적(environmental) 음악들이 해독 또는 초기 회복단계의 내담자들에게 가장 효과적이다.

동작

신체긴장 해소 및 자신의 몸에 대한 내담자의 교감 등 회복과 관련된 생체물리적 목표를 달성하기 위해 구조적이거나 즉흥적인 동작이 모두 사용된다(Borling, 2012; Gardstrom, Carlini, Josefczyk, & Love, 2013). 구조화된 동작(예 : 라인 댄스[線舞], 치료사가 만든 연속적 동작)을 내담자가 실행할 때, 치료에 쾌활함과 명랑함이 더해질 수 있다(Gardstrom et al.). 부정적인 감정들의 무게들을 신체적으로 느끼는 것과 원하지 않는 감정들을 떨쳐버리는 것과 같은 심리정서적 목표들 또한 이러한 동작의 경험들을 통해 달성될 수 있다(Gardstrom et al.). 초기의 회복단계의 내담자들은 감소된 에너지 수준, 증가된 피로감, 근육통 등으로 인해 움직이는 것을 반기지 않을 수 있다. 음악치료사들은 이러한 가능성을 염두

에 두어야 하며, 내담자의 에너지와 가능한 수준
등에 맞추어진 동작경험을 활용해야 한다.

토의

노래에 대한 토의(song discussion)는 심리정서
적, 심리영적 목표들을 다루기 위해 사용된다.
Bruscia(1998b)가 언급했던 바와 같이, 노래는
"우리가 누구인지 그리고 어떻게 느끼는지를 표
현하고 우리의 믿음과 가치를 밝힌다(p. 9)." 삶
의 경험들을 인지적, 정서적으로 묘사하는 노래
는 회복의 단계에서 유용하다. 노래는 감정을 녹
일 수 있고, 자기표현에 인색한 내담자들을 눈
물짓게 한다. 이러한 감정적인 반응은 내담자가
가사, 정서상태, 또는 추억에 부여하는 개인적
의미와 연관될 것이다. 노래 이후의 언어적 과
정은 내담자들이 자신의 감정과 다시 연결되고
그 감정에 대해 깨달을 수 있도록 돕는다. 사고
(thought)와는 달리, 감정과 신체에 관한 개방형
질문들은 자신의 정서적 세계로 이어지는 경험
들 안으로 내담자가 더욱 깊이 들어갈 수 있도록
돕는다.

초기 회복단계에서, 노래는 내담자와 치료사
간 또는 집단원들 간의 치료적 관계를 형성하기
위해 사용될 수 있다. 집단에서 음악을 감상하는
것은 최소한의 참여를 요구하지만, 관계형성을
위한 새로운 가능성을 열어주기도 한다. 노래에
대한 토의는 집단원들이 자신의 이야기를 공유
할 수 있는 기회와 회복과정의 자신이 혼자가 아
님을 인식할 수 있는 기회를 제공한다.

회복의 모든 난계에서 노래는 아래에 세시된
12단계(표 28.4 참조)의 무력감, 통제 불능, 양도
(surrender) 등과 같은 개념에 대한 새로운 시각을
탐색하거나 획득하는 데 사용될 수 있다. 부정,
변화, 능력부여(empowerment), 자존감, 수치심,
죄책감 등과 같이 회복과 관련된 이슈들이 노래

에 대한 토의를 통하여 다뤄질 수 있다. 가장 강
력한 노래는 그 음악이 가사의 감정적 음색에 잘
부합하는 것이다. 예를 들어, Kelly Clarkson의 노
래 '중독된(Addicted)'은 중독의 핵심적 특징인
통제 불능과 무기력에 대한 음악적, 서정적 묘사
로 간주될 수 있다. 그 노래의 각 연(stanza; 4행
이상의 각운이 있는 시구)은 통제 불능과 무기력
의 다양한 양상에 집중한다. 물질에 대한 강렬한
갈망을 경험한 내담자들은 종종 무기력 경험의
원인이 되는 끊임없이 침범적인 생각들을 묘사
하는 가사들을 선택한다. 다른 내담자들은 자신
또는 타인들과 맺었던 치료에 대한, 물질남용 중
단에 대한 거짓약속을 상징하는 연결부(bridge)
의 가사를 선택한다.

궁극적으로, 노래 'Addicted'를 들은 이후 내담
자들은 종종 치료를 받는다거나 물질남용을 멈
추겠다던 거짓말과 거짓약속들을 상기한다.

회복은 파괴적인 삶의 방식으로부터 건강하
고 충만한 삶의 방식으로의 전환을 요구한다.
노래는 내담자들이 변화를 생각하는 단계로부
터 실행하는 단계로 이동하도록 돕기 위해 사용
될 수 있다. '여정에서(In the Journey—Martin
Sexton)'는 상실될 수 있는 모든 것들에 대한 음
악적 재고(recounting)로, 변화하지 않으면 경험
하게 될 후회감과 절망감을 담고 있다. 한편, '나
는 선택한다(I Choose—Indie Arie)'는 고취와 동
기를 부여하는 노래로, 그 가사는 긍정적 변화를
생성하는 결정에 대해 묘사하고 있다. 차례로 사
용될 경우, 이 노래들은 내담자들이 인지적 수
순와 성서적 수순 양자 모두에서 내려지는 선택
의 결과를 이해하도록 도움으로써 결정적 균형
(decisional balance)을 제공할 수 있다.

노래의 헌정(dedication)은 특히 내담자들 간의
관계가 형성되기 시작했던 장기 프로그램(90일
이상)에서의 치료종결을 유도하기 위해 사용될

표 28.4   AA의 12단계

1. 우리는 알코올에 대해 무력했다는 것과, 그로 인해 우리의 삶이 걷잡을 수 없이 변했음을 인정한다.
2. 우리 자신들보다 강력한 힘이 우리의 맑은 정신을 회복시키리라 믿게 되었다.
3. 신에 대해 이해한 바와 같이, 우리는 우리의 의지와 삶을 신의 보살핌에 위탁하기로 결정하였다.
4. 우리 자신에 대한 탐색적이고 두려움이 없는 도덕적 목록을 만들었다.
5. 신과 우리 자신, 그리고 다른 사람에게 우리의 정확한 잘못을 인정했다.
6. 신이 인격의 모든 결점을 제거하시도록 하는 것에 완전히 준비되어 있었다.
7. 신이 우리의 부족함을 제거하시도록 겸손하게 구했다.
8. 우리가 해를 가한 모든 사람의 명단을 만들고, 그들 모두에게 변상하기를 원했다.
9. 변상하는 것이 그들이나 다른 사람들에게 상처를 주지 않는다면, 가능한 한 직접 변상했다.
10. 계속해서 개인적 목록을 만들고 우리가 잘못하면 즉각적으로 인정했다.
11. 신을 이해함에 따라, 우리에 대한 신의 의지와 이를 실행하는 힘에 대해 알게 되기만을 구하며, 신과 의 의식적 접촉을 향상할 수 있도록 기도와 명상을 하였다.
12. 이 단계들의 결과로 영적각성을 가짐에 따라, 알코올중독자들에게 이 메시지를 전하고 만사에 이 원리들을 실천하려 노력하였다.

출처 : *www.aa.org/en_pdfs/smf-121_en.pdf* 저작권을 소지한 AA World Services, Inc.의 허락을 받아 게재함.

수 있다. 내담자들은 퇴원을 앞두고 있는 집단 원들에게 희망과 격려를 전하는 노래들을 가져 오도록 요청받는다. 음악감상 뒤에 이어지는 언 어적 토의는 곧 집단을 떠나게 될 내담자에 대한 희망과 두려움을 진정성 있게 공유할 기회를 모 든 집단원들에게 제공한다. 또한, 집단원들은 그 동안 받았던 지지와 격려에 대한 감사함을 전달 할 수 있다.

노래는 내담자들이 자신보다 강력한 존재와 의 관계를 탐색하도록 돕기 위해 사용될 수 있 다. 예를 들어, Don McLean의 노래 '교차로 (Crossroads)'의 가사와 귓가에 맴도는 선율은 내 담자들이 강력한 존재와의 관계를 갈망하고 용 서를 구하는 그들 자신과 접촉하도록 돕는다.

이 노래를 감상한 다음, 내담자들은 종종 그 가사가 그들의 기도를 반영한다고 언급하는데, 그들의 기도는 강력한 존재가 그들을 치유하고 고통을 없애주도록 간구하는 것이다. 다른 내담 자들은 영적치유를 위해 강력한 존재에 귀의하 는 것을 방해해온 수치심과 죄책감에 대해 토의

하고자 이 가사들을 반추한다.

이제까지의 예들은 심리정서적, 심리영적 목 적을 위해 어떻게 노래가 사용될 수 있는가에 대 한 소수의 자료일 뿐이다. 물질남용 치료프로그 램에서 일하는 음악치료사들은 12단계의 원칙과 개념을 반영하는 다양한 장르와 유형의 음악이 포함된 노래목록을 개발하는 것이 좋겠다.

심상

심상은 다양한 수용적 음악청취 경험들에서 사 용된다(Murphy, 2013 참조). 심상은 심리정서 적, 심리영적인 목표들이 다뤄질 때 나타날 수 있다. 심상은 내담자들이 "내적과정에 대해 좀 더 직접적이고 비분석적으로 직면할" 준비가 되 었을 때 사용되어야 한다(Borling, 2012, p. 158). 초기 회복단계에서의 심상은 지극히 구조적이어 야 하며, 치료사가 주도해야 하고, 목표지향적으 로 사용되어야 한다. 이 경우에는 내담자들을 너 무 깊은 역동적 세계로 데려가지 않도록 지지적 인 음악이 사용되어야 한다(Borling, 2011).

심상은 종종 MAR 경험에서도 나타난다. 이때 심상은 내담자의 주의(attention)를 유지하는 역할을 한다. 예를 들어, 장기회복 프로그램의 여성 내담자들을 위한 음악치료에서 나는 종종 그들로 하여금 이불을 두르고 편안한 장소에 앉거나 누워 있는 상상을 하며, 음악이 그들의 마음·몸·영혼을 채울 수 있도록 허용하기를 요청했다. 이러한 양육적 심상경험은 내담자들이 자기-돌봄을 연습하도록 하는 수단이었다. 처음에는 많은 여성들이 죄책감과 자기-관대함(self-indulgent)을 경험하였다. 그러나 이러한 반응들은 그들이 자기-돌봄과 절주(sobriety) 간의 관계를 이해하게 됨에 따라 서서히 변모했다.

구조화된 심상

구조화된 심상은 심리정서적, 심리영적 목표를 다루기 위해 사용된다. 이런 종류의 경험을 위한 심상에 대한 지시들은 명확하고 직접적이어야 하며, 집단이나 내담자의 필요와 관련되어야 한다. 심상의 암시들은 향상된 자기인식, 정서탐색, 혹은 더 강력한 존재와의 관계와 관련될 것이다. 이를 위한 음악은 지지적이고 안정적이어야 하며, 심상을 활성화할 수 있는 다양한 빠르기와 세기를 가져야 한다. 심상경험 후에는 내담자가 자신의 경험을 통합할 수 있도록 만다라를 그리거나 글을 쓰기도 한다. 그 후에 이어지는 언어적 토의는 내담자가 개인적 의미를 발견하고, 심상을 자신의 회복여정과 연결하도록 돕는다.

임상사례

내가 진행했던 어느 한 세션에서 내담자는 "회복에 도움이 될 만한 당신 자신의 특성을 보여주는 심상을 음악이 가져올 수 있도록 허용하세요"라는 심상적 지시에 따라 그녀의 반려견 심상이 나타난 이유를 이해할 수 없었다. 그녀는 술에 취했을 때나 깨어 있을 때나 항상 그녀를 사랑해준 반려견에 대해 언급하면서, 혹시 반려견 심상이 그녀 자신도 스스로를 무비판적

으로 사랑할 필요가 있음을 의미하는 것이 아닌가 생각했다.

더 강력한 존재에 대해 집중하기로 했던 또 다른 세션에서 내담자는 그와 강력한 존재와의 관계가 일방적인 것이었음을 깨닫게 되었다. 그는 항상 말하기만 하고 듣고자 하지는 않았던 것이다. 그다음 세션에서 그는 기도하는 방식이 달라졌다고 이야기했다. 기도할 때 듣기 위한 시간을 가지며 보다 강력한 존재 안에서 머무르기 시작한 것이다. 말하는 것에서 머무르는 것으로의 변화는 AA의 11번째 단계에 대한 이해의 깊이가 달라졌음을 의미한다. 그는 이러한 변화가 회복과정의 일상생활에 미친 영향을 공유할 수 있었다.

심상작업이 모든 내담자들에게 적합한 것은 아니다. 이는 심상이 비일반적, 또는 전치된 의식상태와 연관되기 때문이다. 물질남용 치료를 받고 있는 모든 내담자들이 심상작업을 할 수 있을 만큼의 자아내구성(ego strength) 또는 인지능력을 가지고 있는 것은 아니다. 심상을 사용하기 원하는 음악치료사들은 반드시 자격을 갖춘 슈퍼바이저로부터 슈퍼비전을 받아야 한다. 적절한 훈련을 완수하고 슈퍼비전을 받고 있는 음악치료사들만이 BMGIM(혹은 GIM)을 포함한 고급 심상기법들을 사용할 수 있다.

즉흥연주 방법론

타악기 또는 목소리를 이용한 즉흥연주는 심리감정적, 심리영적 이슈들을 다루기 위해 사용된다. 이에 대한 전형적인 목적은 (1) 느낌/감정탐색과 소통, (2) 관계, 지지, 창조적 자기표현의 기회 형성이다. 즉흥연주는 음악적 고려들에 따라 구현되는 비주제적인(non-referential) 것일 수도 있고, 주어진 주제를 음악이 구현하는 주제적인(referential) 것일 수도 있다(Bruscia, 1987). 비주제적인 즉흥연주는 주로 기본박으로 시작된다. 기본박이 형성되면, 내담자 1명이 솔로를 담당하고 나머지 집단원들이 이를 지지한다. 리듬, 세

기, 빠르기에 속한 음악요소들은 치료사에 의해
이끌어지거나 내담자들에 의해 자연발생적으로
추가될 수 있다. 주제적 즉흥연주는 수용, 슬픔/
상실, 통제 불능, '나의 회복여정' 등과 같은 주제
를 반영할 수 있다.

즉흥연주는 주시하고, 듣고, 반응하고, 피드
백을 교환하는 등 중독상태에서는 보기 힘들지
만 장기 회복단계에서는 반드시 필요한 행동들
을 내담자들에게 요구한다. 즉흥연주는 치료적
이슈들을 확인하거나 이에 대해 작업하기 위해
사용된다. 예를 들어, 집단원들이 지금-여기에
서 일어나고 있는 것들을 언어적으로 공유하는
것에 적극적이지 않을 때, 자유즉흥연주로 세션
이 시작될 수 있다. 음악이 자연스럽게 끝나면,
치료사는 내담자들이 연주 · 집단소리 · 느낌 ·
심상에 대해 피드백을 하도록 요청할 수도 있고,
즉흥연주에 어울리는 제목을 부여하도록 요청할
수도 있다. 토의 과정에서 치료사는 내담자가 자
신의 경험들을 12단계 개념들과 연결할 수 있도
록 도와야 한다.

즉흥연주는 내담자가 다양한 감정들을 탐색하
는 데 도움을 주기 위해 사용될 수 있다. 이러한
목적에 성공적으로 부합했던 어떤 즉흥연주에서
는 시(poetry)가 활용되었다. 디아망트 작업(그림
28.1 참조)이 효과적이었는데, 이러한 시적 형식
은 긴장이완된, 스트레스를 받는, 평온, 긴장 등과 같
이 시의 연작 과정에서 나타나는 단어들로 시작
하고 끝난다. 시가 마무리되었을 때, 내담자 1명
이 그 시를 낭독하고, 동시에 다른 참여자들은 시
작 단어에서 마지막 단어까지의 변화를 반영하는
즉흥연주를 할 수 있다.

북 연주는 초기 회복단계에서 초조감과 민감
한 불안감 등과 같은 금단증상들의 완화를 돕기
위해 사용된다. 북 연주는 내담자들이 에너지를
분출하고 자신의 신체와 연결되도록 돕기 위해

모든 회복의 단계에서 사용될 수 있다(Borling,
2011). 북 연주경험은 치료사들에 의해 고도로
구조화된 것(예 : 교차적 연주, 지속박의 변형
등)일 수도 있고, 구조가 없는 것(예 : 내담자의
음악적 판단에 따라 참여하고, 연주하고, 멈추며
자유롭게 연주하는 것)일 수도 있다. 예를 들어,
Dijkstra와 Hakvoort(2010)는 내담자들의 대처기
술 발달을 진단하기 위해 극도로 구조화된 북 연
주 음악구를 이용했다. 반대로, 드럼서클은 상대
적으로 덜 구조화되어 있다. 드럼서클은 내담자
가 지지를 주고받고, 느낌과 감정을 표현하는 음
악창조의 기회를 제공한다. 각 내담자의 음악적
참여가 수용되는데, 이는 AA 모임에서 각 개인
의 회복방식이 수용되는 현상과 유사하다.

내담자가 북 연주를 할 때 '절정'을 경험하거
나 영적경험을 가지는 일은 드물지 않게 일어
난다. 중독자들은 자신의 의식적 경험을 변화
시키기 위해 약이나 알코올을 남용한다(Frye,
1990). 북 연주(그리고 구조화된 심상경험과 같
은 다른 음악치료 방법들)는 금지된 물질(illicit
substances)을 복용하는 것과 유사한 영향을 의식
경험에 미친다. 이러한 음악치료 경험들은 치료
사가 내담자에게 의식을 변화하고 긴장 및 스트
레스를 이완하는 건강한 방식을 알려줄 수 있는
계기를 제공한다.

작곡적 방법론

내담자가 노래를 위한 가사와 같은 음악적 산물
을 창조하는 작곡적 방법들은 심리정서적, 심리
영적인 목표를 다루기 위해 사용된다. 노래 만들
기는 창조적인 자기표현, 치료적 이슈에 대한 확
인과 탐색, 협업과 협력, 분노 인내, 참을성(예 :
작곡을 끝까지 수행하는 것)과 같은 목적을 다루
기 위해 사용된다. 노래 만들기를 촉진하는 주
요 방법들로는 가사 바꾸기, 새로운 가사 절 만

디아망트(diamante)란 다이아몬드 문양으로 배열된 7행시를 말한다. 이것은 대조(contrast)와 대극(opposite)을 탐색하고, 문제에 대한 해결을 확인하기 위한 창조적 방법이다. 치료사는 내담자들이 가장 일반적으로 경험했던 회복에 대한 장애물과 그 대극을 확인하는 디아망트를 창조하기 위해 내담자들과 함께 작업하게 된다. 집단의 디아망트를 창조함에 있어 다음에 제시된 형식을 사용하라.

1행 : 장애물을 묘사하는 단어 1개
2행 : 1행에서 확인된 장애물을 묘사하는 생생한 형용사 2개
3행 : 1행의 장애물을 묘사하는 흥미로운 *현재진행형* 동사 3개
4행 : 장애물에 관한 구체적 명사 2개, 장애물의 대극에 관한 구체적 명사 2개
5행 : 장애물의 대극을 묘사하는 흥미로운 *현재진행형* 동사 3개
6행 : 장애물의 대극을 묘사하는 생생한 형용사 2개
7행 : 장애물의 대극을 묘사하는 단어 1개

디아망트에 사용된 단어들로 장애물과 해결책을 연결하는 문장 1~2개를 창조하라.

예 :
스트레스
쓸데없고, 끈덕진
침범하는, 방해하는, 분노발작하는
수레바퀴, 나선형, 하늘, 바다
평온한, 확신하는, 활력을 부여하는
유용한, 안정적인
평온함

문장 :
끊임없이 스트레스를 받는 것은 쓸데없는 일이다. 그것은 침범하고 방해하는 분노발작과도 같이 내 생각들이 통제를 잃고 빙빙 도는 수레바퀴처럼 느껴지게 한다. 하늘과 바다에 집중하는 것은 나 자신을 확신하고, 활력 있게 하고, 안정적이게 함으로써 평온함으로 이끈다.

그림 28.1 디아망트에 대한 지침

들기, 기존 노래에 새로운 가사 붙이기, 혹은 가사와 음악 모두 새로 만들기 등이 있다. 어떤 방법을 사용하든 내담자들이 그들의 회복여정과 연관된 가사를 만들도록, 그리고 이를 집단 안에서 공유하도록 장려해야 한다. 아래에 제시된 사례에서 집단원들은 상실, 비탄, 중독행동유형(고립), 두려움(재발) 등과 관련된 생체물리적(봄살증상) · 심리정서적(혼돈감과 상실감) 증상들을 확인하였다.

나는 상실감을 느껴요, 마치 내가 누구에게도 쓸모가 없는 것처럼.

내 몸이 아파요, 그리고 너무 혼란스러워요.
나는 고립되었어요, 너무도 아파서요.
나는 비탄에 빠져 있어요, 다시 중독생활로 돌아갈까 두려워요.

노래를 만들고 이를 공유하는 것은 내담자들이 생각과 감정을 진정성 있게 소통하도록 도우며, 이를 통해 정직함과 지지적 환경 안에서 도전을 받아들이는 훈련을 제공한다(Borling, 2011).

종합하기
음악치료의 집단 내에서 각 집단원의 회복단계

가 다르므로, 방법론들 또한 각 집단원의 필요에 근거하여 선택되어야 한다. 집단의 시작에서 체크인을 활용하는 것은 내담자에게 가장 유효한 음악경험이 무엇인가를 음악치료사에게 알려줄 수 있다. 가장 많이 사용되는 체크인 절차는 내담자들에게 (1) 지금-여기에서 신체적, 심적, 정서적, 감정적, 영적으로 느끼고 있는 것들, (2) 회복과정에서 방해가 되는 것들을 확인하도록 요청하는 것이다. 내담자들은 어떤 종류의 음악경험이 가장 도움이 될 것인가를 질문받기도 하며 (예 : "오늘은 어떤 음악이 가장 도움이 될 거라 생각하시나요? 노래 만들기인가요? 아니면 음악과 심상인가요?") 자신 혹은 집단의 기분을 반영하는 노래 하나를 선택하도록 요청받기도 한다. 그 순간 집단에게 가장 유효한 음악치료 방법을 선택하는 것은 치료사의 책임이다. 미리 계획된 접근법이나 매뉴얼로 만들어진 접근법이 연구에서는 유용할지 모르나, 실제 상황에서는 비결정적 모델(decision-tree model)의 사용을 권장하는데(Eyre, 2008; Thompson, 2013), 이는 이 모델이 집단의 즉각적인 필요를 효과적으로 지원하며 내담자-중심 치료에 부합하기 때문이다.

임상사례

나는 즉흥적 북 연주(즉흥연주), 재창조적 노래 부르기(재창조적), 작곡적인 가사 쓰기가 포함된 음악치료를 시행하였다. 집단원들은 다른 고민들 때문에 치료에 잘 집중하지 못하고 있었다. 집단원들의 주의를 지금-여기로 가져오기 위해, 그리고 불안정한 에너지에 집중하기 위해 북 연주가 사용되었다. 집단원들이 음악의 박에 몸을 싣기 시작했을 때, Bob Marley의 노래 '작은 새 세 마리(Three Little Birds)'가 흘러나왔고 집단원들이 이 노래를 함께 따라 불렀다. 그리고는 마침내 '나는 _____ 을 걱정하지 않아요'의 가사를 한 사람씩 돌아가며 완성하도록 요청받았다. 이 뒤에 이어지는 '왜냐면 다 잘 될 거니까'라는 가사는 모든 집단원들이 함께 불렀다. 이 노래는 집단원들의 환호성으로 끝났다. 이 경험의 마무리에서 집단원들은 그들의 기분이 훨씬 나아졌다고 말했으며, "그처럼 단순한 노래"가 그들의 기분을 전환한다는 것에 대한 놀라움을 표현했다.

음악경험에 대한 언어과정은 내담자들의 경험을 12단계의 회복원칙 또는 주제들과 통합시키기 위해 활용된다. 이 과정은 내담자의 기능적 수준과 치료사의 전문적 수준에 의해 달라지는 세 가지 수준에서 진행될 수 있다. 첫 수준에서는 음악경험 자체에 집중한다. 이 수준에서는 내담자들이 그들에게 인상 깊었던 것은 무엇이었는지에 대해 이야기하도록 요청받는다. 또한 이 수준에서는 내담자들이 신체적 긴장, 기분, 또는 정서적 변화를 알아차리도록 요청받는다. 두 번째 수준에서는 음악경험과 관련하여 내담자가 발견한 개인적인 의미와 연관성에 집중한다. 마지막 세 번째 수준에서는 음악경험에서 나타난 생각·느낌·행동을 건강한 행동 또는 중독행동, 그리고/또는 12단계의 원칙과 연결한다.

다른 분야에서의 적용

물질남용 치료를 받는 개인들은 라이브 음악과 녹음된 음악 둘 다 선호한다. 물질남용을 위한 요양 치료시설의 환자들에게는 음악을 듣고 창조할 수 있는 기회가 주어져야 한다. 재창조적 음악에 대한 소극적, 적극적 참여는 스트레스를 감소시키고 정서를 개선시킨다. 회복단계의 환자들이 치료과정에서 건강한 극복기술을 연습하는 것은 매우 중요하며, 오락 목적의 음악연주를 위한 정기적인 프로그램이 이러한 기회를 제공한다. 중독 상담전문가들이 이완과 스트레스 관리 세션에서 어떻게 음악을 접목시킬 수 있을지 음악치료사와 논의하면 좋을 것이다. 추가적으로, 음악치료사들은 이완, 수면, 운동, 또는 오락을 위한 음악들이 포함된 음악감상 편람을 개발하는 일에 도움을 줄 수 있다.

다른 임상현장들과 마찬가지로, 음악치료사들은 다양한 학제적 조합으로 이루어진 팀의 구성원으로서 기능하며 다른 구성원들과 유사한 목적들에 대해 작업한다. 이는 협업과 협진의 기회를 제공한다. 음악치료사들에 의해 제공된 음악경험은 중독 상담가 혹은 사회사업가에 의해 사후 집단에서 언어적으로 다뤄질 수 있는 중독과 회복 관련 이슈들을 규명 및 탐색하도록 고안될 수 있다. 반대의 경우도 가능하다. 내 경험에 의하면, 사후 음악치료에서 탐색될 수 있는 이슈들을 집단치료사들이 언어적 치료집단에서 먼저 다룰 수 있다. 마지막으로, 집단은 음악치료사와 동료에 의해 협력적으로 운영될 수 있다. 이런 형식의 집단에서는 음악경험과 언어적 과정이 내담자들의 필요에 최적화되도록 사용된다. 예를 들어, 내가 사회복지사와 협력하여 집단을 운영했을 당시 몇몇의 집단원들이 '자기-돌봄'의 어려움을 가지고 있다는 것을 확인한 바 있는데, 이때 나는 '돌봄 경험'으로 내담자를 이끌 수 있는 구조적 심상경험을 촉진하였다. 그런 다음 나는 사회복지사와 협력하여 그 심상경험에 대한 토의를 이끌었다.

결론

위에서 논의된 바와 같이, 음악치료는 물질남용 질환들의 치료에 있어서 중요한 역할을 한다. 그러나 음악은 동시에 부정적인 영향을 미칠 수도 있으며 재발로 이끌 수도 있다(Horesch, 2010). 음악은 실제 약물사용, 부정적 경험과 감정, 혹은 중독에서의 희열적 기억(euphoric recall) 등과 관련된 감정적·신체적 반응들을 유발한다(Horesch). 회복단계에 있는 내담자들에게 있어

서 이러한 반응들은 약물에 대한 열망, 수치심, 죄책감, 우울증을 유발할 수 있다. 또는 희열적 기억의 경우에 있어서 이러한 반응들은 물질사용이 궁극적으로 그렇게까지 해롭지만은 않았다고 느끼게 만들기도 한다.

음악감상은 회복을 돕기보다는 자기-고립과 사회적 관계로부터의 철회로 인도하기도 한다. 최근의 연구들(Baker, Dingle, & Gleadhill, 2012)은 물질남용 질환을 가진 개인들이 음악감상을 개인의 사적 경험으로 간주하는 경향을 가지고 있다고 제언했다. 음악감상을 타인과의 유의미한 연결을 방해하는 장애물 또는 수단으로 사용하는 것은 부정적 감정과 정서에 의존하도록 유도하거나 물질에 대한 갈망을 촉발할 수 있다. 두 경우 모두 잠재적으로 중독의 재발로 이어질 수 있다.

따라서, 치료과정에서 음악과 중독 재발 간의 관계가 치료 안에서 다루어져야 하며, 음악감상의 습관들 또한 재활(rehabilitated)되어야 한다(Horesch, 2010). Horesch는 회복기에 있는 환자들이 자신이 듣고 있는 음악들에 주의를 기울여야 하는데, 이는 그들의 음악적 선택이 재발의 신호가 될 수 있기 때문이라고 제언하였다.

경험적 치료인 음악치료는 물질사용장애를 가진 개인들에게 몸, 마음, 영혼과 자신을 연결하는 수단을 제공한다. 이를 위해서 음악치료사들은 내담자들의 현시적 필요에 근거하여 모든 영역에서의 치료적 필요를 다룰 준비가 되어 있어야 한다. 또한 각 개인의 회복여정이 고유하다는 이해를 가지고 있어야 한다. AA/NA, 그리고 12단계들과의 유사성은 음악치료사들이 신체적, 정서적, 영적 수준에서의 회복촉진을 위한 음악경험을 개발할 수 있는 토대를 제공한다.

참고문헌

Alcoholics Anonymous World Services. (2001). *Alcoholics Anonymous* (4th ed.). New York: Author.

American Psychiatric Association. (2013). *Diagnostic and statistical manual of mental disorders* (5th ed.). Arlington, VA: Author.

Baker, F. A., Dingle, G. A., & Gleadhill, L. (2012). *Music preferences and music listening experiences of people with substance use disorders.* Unpublished manuscript.

Borling, J. (2011). Music therapy and addiction: Addressing essential components in the recovery process. In A. Meadows (Ed.), *Developments in music therapy practice: Case study perspectives* (pp. 334–349). Gilsum, NH: Barcelona.

Borling, J. (2012). Considerations in treatment planning for addictions. In A. L. Gadberry (Ed.), *Treatment planning for music therapy cases* (pp. 144–163). Denton, TX: Sarsen.

Bruscia, K. E. (1987). *Improvisational models of music therapy.* Springfield, IL: Charles C Thomas.

Bruscia, K. E. (1998a). *Defining music therapy* (2nd ed.). Gilsum, NH: Barcelona.

Bruscia, K. E. (1998b). An introduction to music psychotherapy. In K. E. Bruscia (Ed.), *The dynamics of music psychotherapy* (pp. 1–15). Gilsum, NH: Barcelona.

Center for Substance Abuse Treatment. (2006). *Detoxification and substance abuse treatment* (Treatment improvement protocol [TIP] series, Number 45, DHHS Pub. No. [SMA] 06-4131). Rockville, MD: Substance Abuse and Mental Health Services Administration.

Center for Substance Abuse Treatment. (2010). Protracted withdrawal. *Substance Abuse Treatment Advisory, 9*(1). Available at *www.kap.samhsa. gov/products/manuals/advisory/pdfs/SATA_Protracted_Withdrawal.pdf.*

Dijkstra, T. F., & Hakvoort, L. G. (2010). "How to deal music"?: Music therapy with clients suffering from addiction problems: Enhancing coping strategies. In D. Aldridge & J. Fachner (Eds.), *Music therapy and addictions* (pp. 88–102). Philadelphia: Jessica Kingsley.

Eyre, L. (2008). Medical music therapy and kidney disease: The development of a clinical method for persons receiving haemodialysis. *Canadian Journal of Music Therapy, 14*(1), 55–87.

Frye, R. V. (1990). Affective modes in multimodality addiction treatment. In H. B. Milkman & L. I. Sederer (Eds.), *Treatment choices for alcoholism and substance abuse* (pp. 287–307). Lexington, MA: Lexington Books.

Gardstrom, S. C., Carlini, M., Josefczyk, J., & Love, A. (2013). Women with addictions: Music therapy clinical postures and interventions. *Music Therapy Perspectives, 31*, 95–104.

Gray, M., & Gibson, S. (2004). Relapse prevention. In S. L. A. Straussner (Ed.), *Clinical work with substance-abusing clients* (2nd ed., pp. 146–168). New York: Guilford Press.

Horesch, T. (2010). Drug addicts and their music: A story of a complex relationship. In D. Aldridge & J. Fachner (Eds.), *Music therapy and addictions* (pp. 57–74). Philadelphia: Jessica Kingsley.

Miller, A. S. (1970). Music therapy for alcoholics at a Salvation Army Center. *Journal of Music Therapy, 7*, 136–138.

Murphy, K. M. (2010, November). *The role of music therapy in substance abuse detoxification services.* Paper presented at the annual conference of the American Music Therapy Association, Cleveland, OH.

Murphy, K. M. (2013). Adults with substance use disorders. In L. Eyre (Ed.), *Guidelines for music therapy practice: Mental health for adolescents and adults* (pp. 449–501). University Park, IL: Barcelona.

National Institute on Drug Abuse. (2012). *Drugs, brains, and behavior: The science of addiction.* Bethesda, MD: National Institutes of Health.

Sandoz, J. (2001). The spiritual secret to alcoholism recovery. *Annals of the American Psychotherapy Association, 4*(5), 12–14.

Straussner, S. L. A. (2004). Assessment and treatment of clients with alcohol and other drug abuse problems. In S. L. A. Straussner (Ed.), *Clinical work with substance-abusing clients* (2nd ed., pp. 3–35). New York: Guilford Press.

Substance Abuse and Mental Health Services Administration. (2012). *Overview of findings from the 2011 National Survey on Drug Use and Health* (Office of Applied Studies, NSDUH Series H-32, DHHS Publication No. SMA 07-4293). Rockville, MD: Author.

Thompson, S. (2013). Decision making in music therapy: The use of a decision tree. *Australian Journal of Music Therapy, 24*, 48–64.

제 29 장

노인을 위한 음악치료

Hanne Mette Ridder | Barbara L. Wheeler

김수지 역

나이가 든다는 것은 진단명이 아니다. 정상 노화에 따라 신경계의 변화, 감각기관과 주의에 변화가 일어나지만, 노년기는 건강하고 성공적인 노화를 맞이할 잠재성을 가진 삶의 한 시기이다. 이 장의 초점은 어떻게 음악이 건강한 노화를 촉진할 수 있는가에 있으며, 노화과정 중 질병으로 인해 치매와 같은 진단명을 갖게 될 때 음악치료의 적용 관점을 주로 다루고자 한다.

학문분야의 하나인 노인학(gerontology)에서는 다양한 분야의 전문가들이 나이 듦이 무엇인가에 대한 지식을 모으고 접목시킨다. geron이라는 단어는 늙은 사람이라는 뜻이다. 노인학은 노화의 생리학적, 심리학적, 사회적 측면에 대한 광범위한 학제간 관점을 보여주며 정상 노화와 병리학적 노화과정에 대한 이해를 돕는다. 노인학자들은 생의 주기적 발달측면에서 노년기에 해당되는 지식을 발달심리학 분야에 접목시키는 데 관심을

갖는다. 초기 노년학자들 중 하나인 Stanley Hall은 1922년에 발행된 그의 책 나이 듦: 삶의 남은 절반에서 노년기는 생리학적 노화와 죽음에 직면하기는 해도 삶에 대한 이별을 고하는 시기가 아니라 위엄과 사랑으로 삶을 포용하는 기회의 시기라는 주장을 피력하였다. 노인의학이라는 용어는 노인학과 관련이 있다. 이는 노화의 과학적 측면을 의미하는 말로 나이에 관련된 질병을 예방하고 의학적으로 치료하는 것에 초점을 맞춘 용어이다.

내담자군

2000년을 기해 전 세계 인구 중 60세 이상 인구가 6억 명에 이르게 되었다. 세계보건기구(2011)에서는 2050년이 되면 이 비중이 20억 명에 이를 것으로 예상하고 있다. 다시 말해 2050년이 되면

5명 중 1명이 60세 이상이라는 뜻이다. 정상 노화과정에서 사람들은 신체의 노화와 함께 시력, 청력, 이동성의 여러 문제들뿐 아니라 심장질환, 관절염 등과 같은 신체기능의 소실을 경험하게 된다. 때때로 사회적 기능도 상실하게 되는데 배우자나 친구의 죽음 등으로 인한 사회적 고립을 경험하거나 은퇴 이후 사회적 지위 상실 혹은 고독감으로 인한 새로운 심리문제들을 경험하기도 한다.

세계보건기구(2011)에 따르면, 노인인구의 증가는 매우 큰 도전이면서 동시에 커다란 기회가 될 수 있다. 수명의 연장은 커다란 승리임에도 불구하고 질병과 쇠약에 대한 도전이기도 하다. 초고령 노인은 쇠약뿐 아니라 사회적 고립, 제한된 이동성, 신체 및 인지기능 감소로 인해 장기요양이 필요하게 된다. 사회적 고립으로 인해 발생하는 유해한 결과들을 예방하기 위해 세계보건기구는 적극적인 노화에 대해 정책적 틀을 구성하였는데, 이는 정신건강과 사회적 참여를 신체건강상태의 향상 못지않게 중요한 요소로 보고 있었기 때문이다. 이러한 사회활동의 유지는 단지 좋은 기분상태의 유지뿐 아니라 신경퇴화와 치매발병의 위험감소와도 관련이 있다.

치매와 인지기능의 보존

노년기 인지저하의 주요 원인 중 하나는 치매이다. 치매를 가진 사람은 약 3,600만 명으로 추산되며(Alzheimer's Disease International, 2011), 장기요양기관에 거주하는 노인들의 다수(61.5%)가 치매를 가지고 있다(Huber et al., 2012). 미국 정신의학회(2013)에서 발행한 *DSM*-5와 세계보건기구에서 수정 발행한 *ICD*-10에 따르면 치매의 주요 증상(DSM-5에서는 신경인지장애로 명명됨)은 기억기능의 저하와 집행기능의 변화를 포함하는 다발성 인지저하의 점진적 악화이다.

가장 빈번히 발생하는 치매 진단유형은 알츠하이머형 치매, 혈관성/혼합형 치매, 루이체 치매, 전두엽 치매를 포함하며 정확한 진단을 위해서는 사후부검을 통해서만 확인될 수 있다. 연구자들은 뇌영상 검사가 치매의 초기 진단 혹은 질병의 심각성을 밝히는 데 도움이 된다고 제안하였으며 진단기술이 더욱 발전할 것으로 예측하고 있다. 역학연구 결과 인지기능의 유지가 잘된 사람은 성인기 과제복잡성과 교육, 사회적 관계, 복잡한 여가활동과 관련이 있으며 이는 치매를 유발하는 뇌 이상의 보상과 관련이 있다(Meng & D'Arcy, 2012). 또 다른 연구자들은 인지기능의 유지가 뇌손상에 대한 보상을 위해 뇌가 구조적인 변화를 적극적으로 만들어낸 결과이거나 뇌의 보존 용량이 인지기능의 유지를 가능하게 한다고 주장한다.

연구를 통해 비활동성(inactivity)이 치매의 위험요인이라고 밝혀졌는데 생의 주기에 걸쳐 뇌기능의 변화가 일어나며 여가활동의 참여가 작업기억에 영향을 주는 것으로 보고되고 있다. 인지자극의 긍정적인 영향은 생의 초기 학습이나 뇌자극 수준에 의해 특정 뇌영역의 용량이 증가하는 것으로 알려졌다(Robertson, 2013). 또한 인지자극은 고등교육, 복잡한 수준의 과제, 사회적 상호작용을 유발하는 여가활동 시 활발히 이루어지는데 이는 뇌 정보처리 과정에서 손상된 뇌부위를 대신하거나 우회하는 뇌전달경로를 만들어내는 과정에 직접적으로 영향을 미친다. 인지기능 유지의 요소들은 교육/IQ, 정신활동, 이전에 학습된 기술들뿐 아니라 풍부하고 새로운 환경과 사회적 상호작용을 포함하는 인지자극이 있다. 이러한 이해를 바탕으로, 우리는 생애 전반에 걸쳐 긍정적이고 건강한 인지노화의 목표를 가지고 삶의 전반에 걸쳐 어떻게 인지보존이 잘 이루어지는지 알아볼 필요가 있다.

마지막으로, 또 다른 연구들을 보면 적은 인지 자극과 빈약한 사회적 상호작용이 치매로 이어지는 퇴행에 직접적으로 영향을 미칠 뿐 아니라 질병에 대한 보완이 이루어질 수 있는 뇌의 용량에도 영향을 미친다. 결과적으로 사회활동 참여와 더불어 신체운동과 인지자극이 생애 전반에 걸쳐 이루어질 때 치매의 예방이나 발병시기가 지연될 수 있을 것이다. 주요한 인지자극은 다양한 자원을 통해 가능하며 사회적 상호작용을 동반한다.

치매는 기억장애, 실어증, 실행증, 실인증, 집행기능의 변화, 사회적 상호작용의 어려움을 유발한다. 따라서 치매발병 이전이나 이미 발병한 사람의 인지기능을 적절히 활용할 수 있는 사회적 상호작용의 증진 방법을 찾는 것은 매우 중요하다. 연구결과들을 보면 초조하고 불안해하는 요양원 거주 치매 노인들에게 활동적인 프로그램들이 삶의 질을 향상시키고 이들의 적극적인 참여가 긍정적인 정서, 흥미, 즐거움을 유발함을 알 수 있다(Cohen-Mansfield, Dakheel-Ali, Jensen, Marx, & Thein, 2012). 치매진단을 받은 사람들은 스스로를 표현할 수 있고 인지저하의 수준에 상관없이 사회적 상호작용에 반응할 수 있으며, 음악은 활동 참여시간을 유의미하게 증가시키는 것으로 알려져 있다. 다른 심리사회적 중재들과 비교해볼 때, 음악은 적극적인 참여를 보장하는 최상의 기법이다(Ferrero-Arias et al., 2011). 우리는 노인들이 사회적으로 다른 사람들과 함께 하거나 혹은 다시 활동에 참여하게 하는데 어떻게 음악이 도움을 주는지에 대해 설명하고자 한다.

음악과 건강한 노화

임상근거들을 살펴보면 합창단에서 노래 부르기 혹은 집단 노래활동의 참여는 노인들의 건강과 삶의 질을 향상시키는데, 합창은 긍정적인 생리학적 변화를 가져왔으며 합창단 참여를 통해 유대감을 경험하는 기회를 갖게 하고 사회적 관계를 맺게 한다(Clift, 2012 참조). 음악에의 적극적인 참여는 음악의 동기유발적 요인과 정서적인 측면 때문에 개인의 건강과 삶의 질에 강력한 영향을 미친다. 신경과학자들은 음악으로부터 얻을 수 있는 건강상의 긍정적인 효과는 음악경험을 통해 얻을 수 있는 매우 자연스러운 보상이며 긍정적인 사회적 상호작용은 기분을 좋게 만드는 신경전달물질인 도파민 생성과정을 자극한다고 말한다(Altenmüller & Schlaug, 2012).

사회적 참여를 동반한 적극적인 음악 만들기나 음악감상에의 참여는 음악을 좋아하는 노인들에게 매우 중요한데 이는 사회적 참여욕구에 대한 동기를 유발하게 한다. 여전히 인지기능과 이에 수반되는 치매의 연장 혹은 예방에 영향을 미치는 음악의 기능에 대해서는 매우 적은 부분만 알려져 있다. 그럼에도 불구하고 문화이벤트의 가치를 이해하고 음악활동에 참여하는 노인들과 사회적 활동에 참여를 즐기는 노인들의 긍정적인 삶의 질에 대한 연구결과들이 보고되고 있다(Theorell & Kreutz, 2012). 반면에 음악에 대한 가치를 높게 갖고 있지 않거나 음악경험이 없는 노인들에 대해서는 많이 알려져 있지 않다. 후속연구를 통해 이러한 관계에 대해 이해할 필요가 있다.

음악과 치매

전반적으로 음악활동은 건강한 노화의 일부로서 긍정적인 경험을 보장하지만, 신경퇴화나 치매와 같은 인지저하를 겪고 있는 사람들의 음악인지나 경험에 대해서는 거의 알려져 있지 않다. 초기 치매단계의 사람들은 음악기술을 포함하여 삶의 초반에 배운 기술들을 여전히 사용할 수 있지만, 말기 치매단계에서는 절차기억을 상실하게 되고 이로 인해 이전에 습득된 기술을 상실하게 된다. 결과적으로 일생 동안 악기를 연주했던 사람도 연주하는 능력을 상실하게 된다.

이 장의 초반에 언급되었듯이, 다양한 치매진단이 있으며 진단에 따라 매우 다른 증상을 보이게 된다. 예를 들면, 어떤 사람들은 초기 치매단계에서 친숙한 노래의 제목을 기억하지 못하는 반면, 어떤 사람들은 말기 치매단계에서도 노래의 제목이나 기본적인 선율과 음정을 기억하여 노래 부르기 활동이나 리듬연주를 적극적으로 할 수 있다(Clair & Memmott, 2008; Johnson et al., 2011).

임상작업

치매 관련 음악치료 문헌

치매관리에서 음악치료의 적용에 대해 여러 문헌들이 있다. Bright(1997), Aldridge(2000), Clair와 Memmott(2008), 그리고 Belgrave, Darrow, Walworth와 Wlodarczyk(2011)의 저술들은 치매관리를 위한 음악치료의 임상적용에 대한 정보를 제공한다. Abbott(2013)은 요양시설에 거주하는 노인들에 대한 광범위한 정보를 제공하였으며, Young(2013)은 알츠하이머와 다른 치매진단을 가진 사람들을 대상으로 유사한 내용의 책을 발표하였다. 또한, 몇몇 연구문헌 고찰들을 살펴보면 치매 노인들의 음악치료 임상혜택의 근거를 제공하고 있다.

치매 노인의 행동문제 개선을 위한 음악치료의 영향을 알아보기 위해 *British Journal of Nursing*이라는 학술지에 종합적 고찰연구가 게재되었다(Wall & Duffy, 2010). 13개의 음악치료 연구들이 선택되어 분석되었으며, 연구자들은 특별히 의사소통과 초조, 불안행동에 대한 음악치료의

긍정적인 효과를 강조하였다.

> 음악치료는 보호자와 치매 환자 간의 의사소통을 향상시키며 특히 초조행동의 감소, 불안 및 공격행동의 감소, 인지 및 운동기능의 회복과 전반적인 삶의 질 향상 등이 연구결과들에서 강조되었다(p. 113).

연구자들은 대부분의 양적연구 방법을 사용한 연구들을 주로 분석하였으며 이후 질적연구 결과의 분석들을 통해 음악치료 효과에 대한 전문영역 간 통합적인 관점의 필요성을 주장하였다.

International Journal of Geriatric Psychiatry 학술지에 게재된 메타고찰(고찰연구들의 고찰)에서는 33편의 체계적 고찰연구들을 선택하여 고찰하였으며 이 중 최소한 하나의 '비약물적 중재'에 대한 무작위통제군연구(RCT)를 분석하였다. 고찰의 목적은 가족 및 보호자들에게 일상생활에서 사용할 수 있는 기법들의 임상근거 자료들을 제공하는 것이었다(Hulme, Wright, Crocker, Oluboyede, & House, 2010). 연구결과 음악과 음악치료를 포함한 10개의 체계적 고찰연구들이 비약물적 중재에 포함되었다. 음악중재와 음악치료가 음식섭취량의 증가와 불안, 공격성, 배회, 초조함, 불편함, 사회적·정서적 어려움 등을 포함하는 치매심리행동 증상의 감소에 효과가 있음을 보고하였다. 선호음악은 특히 초조행동의 감소에 효과적이었다. 하지만 전반적으로 소수의 연구 참여자 등 연구방법론적 약점이 있었다. 연구자들은 비치료, 신체운동, 동물보조치료, 아로마치료, 마사지/접촉, 회상치료 등과 같은 중재에 관해서도 고찰을 함께 진행하였는데 특정 중재들에 대해서는 훈련이나 구체적인 진행내용이 필요하다고 하였다. "그룹 음악치료와 그룹 운동활동의 제공은 치매 환자와 보호자 모두의 필요에 맞추

는 것(p. 756)"이라고 제안하였다.

　이러한 고찰이 이루어진 이래로 Vink와 그의 동료들에 의해 최근 업데이트 된 코크란 리뷰에서는 10개의 RCT 연구를 분석하였으며(Vink, Bruinsma, & Scholten, 2011), McDermott이 그녀의 박사학위 논문의 일부로 실시한 체계적 고찰의 한 형태인 서술적 통합연구를 *International Journal of Geriatric Psychiatry*에 게재하였다(McDermott, Crellin, Ridder, & Orrell, 2013). 이전의 고찰연구들이 음악치료와 다른 종류의 음악중재들을 혼합하여 실시한 반면 본 연구는 음악치료에 초점을 맞추었다. 음악중재와 음악치료를 구분하기 위해 McDermott과 그의 동료들은 (1) 이론, (2) 임상적/조작적 정의, (3) 임상근거를 포함한 음악치료에 대한 분명한 정의를 따른 연구들을 선택하였다. 70개 연구들 중에서 15개의 양적연구와 3개의 질적연구 혹은 혼합연구들이 본 기준에 따라 선택되었다. 연구들은 (1) 행동적 · 심리적 측면(8개 연구), (2) 호르몬이나 생리학적 측면(5개 연구), (3) 사회적 · 관계적 측면(5개 연구)의 세 부분으로 나누어져 있다. 본 연구들은 그룹 음악치료의 적용효과에 대한 연구들이었다. 이는 즉흥기반 그룹 음악치료나 노래 부르기 혹은 잘 알려진 노래감상하기, 라이브 음악감상하기, 혹은 적극적 회상이나 노래요청하기 등과 같은 다양한 음악활동의 조합에 기반을 둔 그룹 음악치료로 나뉘었다. 개별적인 적극적 혹은 수용적 음악치료를 연구한 논문은 3개였다. 전반적으로 노래 부르기가 변화의 중요한 매체임이 밝혀졌다(McDermott et al., 2013).

치매관리를 위한 음악치료 임상중재안

Beth Abraham 병원의 치매환자를 위한 음악치료 중재안 내용을 살펴보면, 신경학자로 더 많이 알려진 Oliver Sacks가 "음악은 환자들에게 사치가 아니라 필요이다(Sacks, 2007, p. 347)"라고 제안하였다. 그럼에도 불구하고 음악치료는 치매 환자 케어에서 일차적 치료중재로 고려되지 않고 있지만 치료분야에 서서히 입지를 세우고 있는 중이다. 우리는 건강 노인과 치매 노인의 인지저하 예방에 대한 바람과 삶의 질에 매우 중요한 사회적 참여에 초점을 맞춘 음악사용의 근거와 긍정적 효과에 대해 기술하였다. 여기서는 음악이 치매관리에서 얼마나 긍정적인 효과를 얻을 수 있는가에 초점을 맞추고자 한다. 많은 선행연구와 고찰들을 살펴보면 최상의 임상중재에 대한 합의와 치매관리에서의 음악치료를 어떻게 시행할 것인가에 대한 가이드라인이 제시되지 않고 있다. 개별 혹은 그룹 음악치료가 얼마나 도움을 줄 수 있는가, 혹은 음악치료사가 노래 부르기, 악기 즉흥연주, 좋아하는 노래듣기 중 우선순위를 어떻게 결정할 것인가, 내담자 개인의 필요와 선호도에 따라 어떻게 중재하는 것이 최상인가에 대한 후속연구가 필요하다. 또한 최상의 임상연구가 빠른 시일 내에 이루어질 것으로 기대한다. 최근 몇몇 연구들에서는 음악치료 임상중재안에 대한 새로운 정보를 주고 있다.

　Ridder(2005)는 문헌고찰을 통해 치매관리에서 음악과 음악치료에 대한 임상사용 관련 정보를 수집하였다. 임상전략에 대한 고찰을 보면 92개의 출판물이 포함되었고 이 자료들을 통해 18개의 치료적 계획들을 규명하였는데, 사교춤 추기, 노래 만들기, 음악듣기, 음악을 사용한 치료적 관리, 평가, 진동촉각치료(큰 음량을 가진 스피커 혹은 사운드보드를 통해 음악진동에서 소리진동파를 몸으로 전달하는 것) 등이 있다. 이 중 몇몇 임상전략들은 전문 음악치료사들에 의해서만 수행되어야 하며, 어떤 것들은 타 전문가들이나 보호자 혹은 친척들에 의해서 시행될 수 있다. 본 고찰연구를 바탕으로 비음악치료사들이 이러한 중재들을 시행할 때는 전문 음악치료사가 교수자로 참여하거나 전략사용의 확인을 위한 슈퍼바이저 역할을 할 것을 권고하는데 이는 지나친 자극이나 사회적 고립이 일어나지 않도록 하기 위함이다.

McDermott과 그의 동료들(2013)은 음악치료 방법을 아래와 같이 구분하였다.

- 노래요청하기, 잘 알려진 노래 부르기, 라이브 음악감상하기를 포함한 그룹 음악치료
- 즉흥기반 그룹 음악치료
- 내담자의 무릎 위에 드럼을 놓고 연주하기를 통해 진동촉각반응을 이끌어내는 Clair와 Bernstein이 제안한 프로토콜에 기반을 둔 그룹 음악치료
- 음악감상
- 개별 악기연주
- 음악회상
- 개별 음악치료
- 보호자 참여 그룹 음악치료

위의 음악치료 적용에 대한 다양한 방법을 기술하기보다는 이 장의 후반부에서 개인중심 케어(person-centered care, PCC) 접근에 기반하고 인간성이론(theory of personhood; Edvardsson, Winblad, & Sandman, 2008)을 포함한 치매관리에서의 음악의 치료적 사용에 대한 이론적 이해에 대해 설명하고자 한다. 치매와 치료에 대한 이해는 인본주의적이고 심리역동적 전통에 기반을 두고 있지만, 본 저자들의 관점은 보다 통합적 이해를 바탕으로 한다. PCC는 전 세계적으로 치매관리에 널리 적용되고 있으며 의사소통과 사회적 상호작용의 중요한 역할을 하는 인지능력의 소실을 경험하는 치매 노인들에게 왜 음악이 중요한 치료매체인지에 대한 이론적 기반을 제공한다.

인간성이론과 PCC

치매관리 세팅에서 일하는 음악치료사는 자신이 치매를 어떻게 이해하고 있는지에 대해 인지하는 것이 필요하다. 이 장의 앞부분에서 다음과 같은 질문들에 대해 다루었다. 치매는 모든 노인들에게 해당되는가? 혹은 치매는 질병인가? 인간은 건강한 노화를 맞이할 수 있는가? 또 다른 핵심적인 질문은 중증치매에 걸린 사람은 자기개념의 상실과 같은 인간성을 상실하게 되는가, 말하자면 종국에는 빈 껍질만 남게 되는가. PCC 이론을 바탕으로 접근하는 사람은 아마 '아니요'라고 답할 것이다. 인간성이론을 바탕으로 보면 말기 치매에 걸린 사람도 개인성을 유지할 수 있다. 이 이론에 따르면, 개인성은 사회적 구성요소의 하나로 비록 짧은 순간이라도 치매 환자들이 정서와 의식을 보여주는 것을 의미한다(Edvardsson et al., 2008).

치매관리 시 심리행동과 관련된 증상들은 일반적으로 방해행동을 뜻하는데 주로 약물처치를 포함해서 광범위한 중재를 통해 다루어진다. 인간중심적 이해를 바탕으로 볼 때 이러한 행동들은 개인의 필요와 관련이 있는 것으로 해석된다. 치매전문 연구자인 Kitwood(1997)는 편안함, 애착, 소속, 직업, 정체성, 사랑과 같은 심리사회적 필요가 결합된 이러한 필요들은 과거를 기반으로 점진적으로 변화되며 기초신경계 기능에 의해 중재된다고 하였다. 만약 심리사회적 필요들이 충족되면, 개인은 "공포, 슬픔, 분노로부터 벗어날 수 있게 되며 긍정적인 경험으로 변화될 수 있다(Kitwood, p. 20)." 초조와 같은 행동적이며 심리적인 증상들은 심리사회적 필요가 충족되지 않아 나타나는 반응이며 이러한 필요를 알리기 위한 의사소통의 수단으로 해석될 수 있다.

Kitwood는 보호자와 치료사들이 치매 환자의 심리사회적 필요를 충족시키기 위해 개인성의 경험을 증진하는 데 사용할 수 있는 긍정적인 상호작용을 12가지 유형으로 구분하였다. 이러한 상호작용에는 인지, 절충, 협조, 놀이, 자극[1], 축하, 이완, 창조, 제공, 인정, 안아주기, 촉진이 포함된다. Kitwood는 뒤에 열거한 인정, 안아주기, 촉진의 상호작용을 심리치료적 기법이라고 정의하였다. 음악치료는 교환할 수 있는 의미 있는 도구로서 음악을 사용하여 이러한 긍정적인 상호작용이나 기법에 적용할 수 있는 풍부한 가능성을 가지고 있다.

음악치료와 심리사회적 필요

PCC의 이론적 이해에 근거해볼 때 치매관리에서 음악치료는 심리사회적 필요를 충족시키거나 치매 환자의 기분상태의 이해를 목표로 할 수 있다. 어떻게 이것이 가능한가에 대한 질문은 음악치료의 진행에 대해 잘 인지하지 못하거나 치료세팅에 적절한 어떤 치료적 의도와 목표를 이해하지 못하는 중증치매 환자에게 해당된다고 할 수 있다. 이를 위해 어떤 일이 일어날 것인가에 대해 이해시키거나 상호작용에 집중할 수 있도록 안전한 환경을 만들 책임감이 필요하다.

청각적 큐 제공은 치매 환자의 주의를 끄는 데 효과적인 방법이다. 치료사는 단어나 설명보다 무엇이 진행되고 있는가에 대해 음악이나 신호를 주기 위한 음성을 사용한다. 음악적 큐는 기억을 불러일으키는데, 이는 광고에 사용된 시그널이나 주제노래와 같이 특징 음악과 연관된 특정 경험과 연결시켜준다. 기억과 큐 제공에 대한

인지적인 이해를 바탕으로 PCC 접근에 결합해보면 음악치료사는 음악치료 세션구조를 다양한 방법으로 사용할 수 있다(Ridder, 2011).

심각한 기억결함을 가진 사람의 경우 세션구조에 대한 신호를 제공하는 큐와 친숙해지고 이를 이해하기 시작하게 되면서 음악치료사는 치매 환자의 각성수준을 조절하고자 하는 목표로 음악을 사용하게 된다. 심리생리학적으로 높은 각성수준을 가진 사람은 치료세션 내에서 발생하는 상호작용에 주의를 기울이기 어렵다. 음악적 동조화를 통해 치료사는 셈여림, 빠르기, 음고와 같은 음악적 요소들과 몸의 생리학적 리듬이 일치되도록 치료과정을 진행하게 된다(Ridder, 2011). 사람들은 음악에 대해 다양한 반응 및 선호도를 보인다. 따라서 음악치료사는 반응을 관찰하고 음악을 매우 신중하게 선택해야 한다. 각성수준의 조절을 목적으로 한 음악사용과 더불어 적극적으로 악기를 연주하거나 음악감상을 하는 경우 치료사는 사회적 상호작용을 바탕으로 세션을 진행한다. 결과적으로 자신의 눈맞춤, 신체거리 유지, 얼굴표정, 몸짓, 음성톤 등에 대해 인지하게 되고 이는 치매 환자의 생리학적 상태에 영향을 미친다.

음향적 큐 제공과 각성조절을 하는 동안 치료사는 안전한 환경을 조성하게 되고 이를 바탕으로 치매 노인이 개인적 수준에서 활동에 참여할 수 있도록 개인의 사회적 의사소통의 참여수준을 이끌어낸다. 치료사는 긍정적인 상호작용을 사용하는데 인정 · 안아주기 · 촉진이 특히 유용하며, 이는 치매 환자의 심리사회적 필요를 충족시키게 된다. 음악경험의 공유와 의사소통적 음악성을 통한 상호교류적 이해는 부정적인 경험에서 벗어나고 개인성을 증진할 수 있다. 이러한 PCC와 음악치료의 통합적 이해는 목소리 작업이나(Ridder, 2011) 이전에 기술된 음악치료 기법들에

---

1) 티멀레이션(timalation)은 개인이 감각자극을 접했을 때 일어나며 사람들이 경험할 수 있는 감각자극 범위 내에서 제공된 다감각환경을 통해 제공될 수 있다.

도 적용되며(McDermott et al., 2013 참조), 음악치료사들은 인지심리 · 심리생리학 · 심리역동적 이론들을 기반으로 이론적 관점통합에 도전하게 된다. 이러한 접근은 Ridder, Stige, Qvale, 그리고 Gold(2013)에 의해 응용되었으며 초조 · 불안과 약물처방에 긍정적인 효과를 이끌어낸다. 다음에는 인정, 즉흥연주, 생동감 형성[Daniel Stern은 생동감 형성을 일화적 기억의 일부(2010, p. 11)이며 "다른 사람들이 동적인 상태에 있을 때 겪게 되는 경험들의 가장 기본(2010, p. 8)"이라고 설명하였다]에 초점을 맞추는 심리사회적 필요들을 충족하기 위해 어떻게 노래 부르기를 적용하는가에 대한 예를 제공하고자 한다.

치료적 노래 부르기

노래 부르기는 개인의 주의를 돌리는 데 유용하며 좋은 분위기와 즐거움을 제공할 수 있다. 노래는 기억을 불러일으키고 그룹응집력을 높일 수 있다. 그러나 노래 부르기에는 그 이상의 것이 포함된다. 음성을 사용한 소리의 표현은 의사소통의 기본적 도구이다. 이러한 기초 의사소통적 음악성은 언어를 사용한 의사소통 능력을 상실함에도 불구하고 중증치매 환자가 참여할 수 있게 하는 기반이 된다. 그들은 타인이 하는 말을 이해하는 데 어려움을 겪을 수 있지만, 음성 표현을 통해 교류되는 의도나 감정이 무엇인지에 대해서는 알 수 있다. 감정에 대한 집중적인 공유는 단순한 선율의 공유를 통해서 만들어낼 수 있다. 친숙한 노래의 인지는 안전함과 구조화를 가져올 수 있다.

치매 노인과의 의사소통에서 사용되는 인정기법의 창시자인 Naomi Feil(Feil, 2012)과 글래디스 윌슨 간의 상호교류는 어떻게 치료적으로 노래 부르기를 할 수 있는가에 대한 좋은 예를 보여준다(Feil, 2009). 인정치료의 초점은 치매 환자가 자신의 행동을 통해 표현하고자 하는 것을 이해하고자 함이며 방해하는 것처럼 보여지는 대신 개인의 행동에 가치를 부여하는 것이다. 이는 음악치료 세션에서 온 예는 아니며 음악치료사는 언어적 상호작용을 음악적 상호작용으로 대체할 수 있다. 하지만 이는 음악을 개인성 증진의 방식으로 사용하는 것에 대해 설명하며 심리사회적 필요를 충족시킬 수 있는 치료적 작업의 핵심을 보여준다.

임상사례 :
자신만의 세상에서 나오도록 도움을 주는 치료적 노래 부르기

윌슨 부인은 의자에 앉아 눈을 감고 있었으며 Feil은 그녀 앞에 앉아 있다. Feil은 사람들이 나이가 들고 기능이 쇠퇴하면 자신이 속한 세상에 들어가지 못하게 되며 내면의 세계로 점점 더 고립되게 된다고 설명한다. 즉 개인 간 연결과 친밀성을 갈망하고 이에 대한 간절함을 갖고 있다. Feil에 의하면 윌슨이 움직임을 통해 자신의 필요를 표현하며 표현하고자 하는 것에 의식하고 있다는 것을 보여준다. 윌슨이 울며 눈물이 뺨 위에 흘러내리고 있을 때 Feil은 자신이 보는 것을 단어로 옮긴다. Feil은 내담자가 통증이 있는지 혹시 두려움이 있는지 물어본다. 답을 하기까지 시간이 걸리므로, 윌슨의 대답을 기다린다. Feil은 엄마가 자신의 아이를 만지듯이 윌슨의 뺨을 어루만지고, 후에 이러한 접촉은 의사소통을 시작하기 위함이었다고 설명하였다. 윌슨은 종교노래와 친숙하였고 특히 교회음악과 정서 및 안전에 대한 유대를 형성하고 있었다. Feil은 거의 즉각적으로 '예수 사랑하심은'이라는 노래를 부르기 시작했으며, 윌슨은 자신의 팔걸이에 올려놓은 손을 노래에 맞춰 두드렸다. 그녀는 눈을 뜨고 Feil을 똑바로 쳐다보았다. 윌슨의 손 탭핑은 빠르기와 셈여림에 맞춰 증가하였고 Feil은 노래 안에서 그녀를 따라갔다. Feil은 자신의 음성강도를 윌슨의 움직임에 맞춰 강도를 맞췄으며 그들이 이러한 방식으로 음악을 공유하자 1명이 노래하는 것처럼 느껴졌다. 이후 윌슨은 평화로워 보였고 호흡은 느려졌다. 그녀는 Feil을 부드럽게 잡고 두 눈을 감았다. 둘은 이마를 서로 맞대었다. Feil은 이 순간 자신이 윌슨의 어머니의 상징이었다고 믿었다.

이 예는 Feil이 어떻게 윌슨의 현실을 인지하고 자신의 음성과 내담자의 노래 부르기에서 표현되는 음성강도, 빠르기, 음량 등을 그에 맞춰 사용하는지를 보여준다. Feil은 윌슨에 공감적으로 경청하며 내담자가 무엇을 소통하고자 하는지를 이해하려고 노력하는 모습을 보여준다. 따라서 의사소통을 유도하기 위해 치료사가 집중하고 경청하는 것이 필요하다고 제안한다. 이러한 유형의 비언어적 의사소통과 상호주관적 교류는 Wigram(2004)이 기술한 반영하기(mirroring)라는 표현과 같은 맥락으로 쓰이며 이는 치료사가 내담자의 활력양식(vitality form; Stern, 2010), 리듬, 혹은 선율을 내담자가 하는 방식으로 모방하는 것을 의미한다. 위의 사례를 보면 Feil은 윌슨을 반영(mirror)한다. 치료사는 음악적으로 감정을 조율하는 것처럼 세션 내에서 윌슨이 만들어내는 다이내믹의 특성을 유지한다. 이는 Wigram(2004)에 의하면 "치료에 적용될 수 있는 즉흥연주 기법 중 가장 가치 있는 기법의 하나(p. 83)"이며, 즉흥연주하는 방식은 유명한 노래 부르기의 중요한 특성 중 하나이다. 선율과 같은 특정 요소는 노래의 구조 내에서 규명되고 고정된다. Feil은 내담자의 움직임에 표현과 다이내믹을 맞추었으며 이러한 방식은 내담자와 치료사 간 "관련성의 속성에 맞춰진" 것이다(Stern, 2010, p. 138).

> Feil은 하나 이상의 노래를 부르고 윌슨은 노래 부르기에 참여한다. 비디오 장면들을 통해 어떻게 순서를 주고받는지 보여주며, 번갈아 가면서 노래 부르기를 하며 어떻게 노래를 함께 부르는지 알 수 있다. 마지막으로 Feil은 내담자에게 안전함을 느끼는지 물어보고 그녀는 "네"라고 작게 대답한다.

노래 부르기는 사전에 규정된 음악적 패턴을 재생산할 뿐 아니라, 상호보완적 의사소통을 시작하기 위해 빠르기와 같은 특정 요소를 변형할 수 있다. 이러한 즉흥적인 기법들은 사회적 고립을 탈피하는 데 매우 중요한 수단이다. 치료적 노래 부르기 기법과 함께 기본적인 심리사회적 필요들이 표현되고 충족되는데 개인은 안전감을 느끼게 되고 이해를 할 수 있게 된다. 인정기법은 심리치료적 기법으로 "개인감정과 기분의 현실을 인정하는 주요 방법이며 기분수준에 맞는 반응을 제공하는 것(Kitwood, 1997, p. 91)"이다. 음악적 의사소통은 공유되고 상호교류적인 경험에 기반을 둔 하나의 활력양식이다(Stern, 2010).

악기연주, 움직임, 음악감상을 포함한 짧은 3개의 음악치료 임상사례를 제시하면서 본 장을 마무리하고자 한다.

악기연주

치매 노인 대상 연구를 진행한 Clair와 Bernstein(1990)의 연구결과를 바탕으로 한 본 임상사례는 진동촉각(무릎 위에 드럼을 놓고 소리와 신체감각을 일치시키는)을 이용하여 비진동촉각 반응보다 더 많은 반응을 유도한다. 이는 본 저자(Barbara Wheeler)가 낮 프로그램에서 알츠하이머 환자들과 임상을 할 때의 예이다. 사람들은 센터에서 하루를 보내고 그동안 보호자들은 일상생활에서 필요한 시간을 보내게 된다. 음악치료 그룹은 참여를 원하는 사람을 최대한 포함시켰으며 일반적으로 약 20명 정도가 참여하였다.

> **임상사례 :**
> **악기유형에 따른 다양한 연주의 효과**
>
> 약 85세 정도였던 한 노인은 그룹에 열성적으로 참여했다. 하지만 치매가 어느 정도 진전되어 혼란을 경험하고 있으며, 지정된 순서에 악기를 연주하기 위해서는 타인의 도움이 필요하다. 악기연주 음악활동의 순서가 진행되는 동안, 두 악기에 대해 전혀 다른 반응을 보여주었다. 노래가 제시되었을 때 레조네이터 벨을 연주하는 활동에서 치료사는 친숙한 선율을 벨

과 음정을 매칭해서 연주할 수 있도록 1명씩 큐를 주
었는데, 그는 벨을 한 번에 연주하는 데 어려움이 있
었다. 직원들의 도움을 받으면서 연주할 때도 벨을 치
는 행동을 고집하고 있었다. 그는 노래 안에서 자신
의 파트에 대한 이해가 없는 것으로 판단되었으며 그
가 선율과 관계없이 한 음을 반복적으로 연주함으로
써 다른 그룹구성원들에게도 혼란을 주고 있었다.

　이와 대조적으로 음악앙상블에서 핸드드럼을 연주
하게 되었을 때 자신이 무엇을 하고 있는지에 대한
이해가 있는 것으로 보였다. 하지만 그는 개별 음을
연주하거나 그룹 안에서 타이밍에 맞게 다른 사람들
과 함께 연주하는 것에는 여전히 남의 도움을 필요로
한다.

움직이기/춤추기

움직임은 다양한 범위에 해당되는데 이완 시 깊
은 호흡을 할 때 횡격막의 움직임으로부터 앉은
자세에서 몸을 양쪽으로 흔들거나 리드미컬한
몸짓을 서로 공유하는 것과 댄스플로어에서 사
교춤을 추는 것까지를 포함한다. 이 예는 중증의
혈관성 치매를 앓고 있는 C의 예로 그녀는 요양
원에 거주하며 그룹 음악치료 활동과 개별 음악
치료 활동에 모두 참여하고 있다.

임상사례 :
그룹참여를 돕기 위한 리드믹 움직임

C 여사는 여러 활동들에 참여하는데 앉아서 눈을 감
고 있거나 실제 있지도 않은 사람한테 끊임없이 무언
가를 말하는 것처럼 중얼거리고 있었다. 그녀는 어떤
활동에도 참여하지 않았으며 노래 부르거나 악기연주
에도 마찬가지였다. 그녀는 자신만의 세상에 있는 것
처럼 보였다. 하지만 이러한 모습은 그녀가 일주일에
한 번 있는 포크댄스그룹에서는 완전히 다르게 보였
다. 어떤 사람이 그녀의 손을 잡고 댄스플로어에서 그
녀를 이끌면 웃음을 짓고 리듬에 맞춰 몸을 움직이고
몸짓과 눈맞춤을 하였다. 이러한 패턴은 개별 음악치
료 세션에서도 관찰되었다. 치료사는 손을 잡거나 그
녀 주변에 팔을 둘러 음악의 리듬을 분명하게 느낄
수 있게 도와주었다. 이는 그녀를 깨우는 역할을 하였
고 몇 분 동안 음악 안에 참여하게 도왔으며 리드미

컬한 몸 흔들기나 앉은 자세에서 춤추기가 중단되면
그녀는 다시 자신만의 세계로 돌아갔다.

음악감상

음악감상은 중요한 연관성이 있거나 개인의 정
체성과 관련된 기억들을 불러일으키는 풍부한
경험이 될 수 있다. 아래의 예는 요양원 내 정신
과 환자 거주공간에 있는 24명의 거주자들을 위
한 Ridder의 임상작업 기록에서 가지고 왔다.

임상사례 :
치매 환자를 진정시키기 위한 음악감상

K 여사는 중증치매로 고통받고 있으며 환각을 경험
하는 것으로 보였다. 그녀는 밖에 자신의 자녀들이 있
는 것으로 착각하고 엄청난 공포에 질려 소리를 질렀
다. 그녀는 불이 난 것을 보거나 그녀의 자녀들이 화
상을 입고 있는 것으로 생각하였다. K는 극도의 고
통을 호소하였으며 그녀를 진정시키기 위해서는 오
랜 시간이 걸렸다. 치료사(Hanne Mette Ridder)는
그녀에게 노래를 불러주고 그녀의 공포를 이해한다
고 말해주면서 천천히 조용하고 안전한 장소로 안내
하였다. 그녀가 진정이 되면 치료사들은 테너 가수인
플라시도 도밍고의 음반을 듣는데 특히 The Three
Tenors를 함께 들었다. 그녀는 눈을 감고 의자 뒤에
등을 기대고 안전함을 느끼며 깊은 한숨을 내쉬었다.
도밍고의 목소리가 오래전 사별한 그녀의 남편에 대
한 기억을 떠올리게 하는 것 같았다. 그는 그녀에게
축음기를 선물하였고 자녀들과 함께 레코드를 감상한
것으로 보였다.

다른 분야에서의 적용

음악은 건강 노인뿐 아니라 치매 노인들의 사회
적 참여를 확신시키고 적극적인 활동참여를 유
도할 수 있다. 음악치료사는 기관 내 활동, 주간
케어, 치료중재에 음악을 적용하는 중요한 역할
을 한다. 음악치료사는 사회적 응집력의 촉진,
음악의 개별성, 기억을 불러일으키기 위해 음악

이 어떤 기능을 하는가 그리고 동조화 기능에 대해 알고 있다. 이러한 지식들은 노인들의 사회적 고립을 예방하기 위해 통합적으로 사용되는데 보호자와 친척들을 안내하고 교육하기 위한 PCC 접근법과 함께 적용하기도 한다.

현재의 치매관리에서 음악감상 활동, 라이브 콘서트 참석, 노래 부르기 활동, 사교춤, 음악그룹들은 좋은 의도로 기관에서 제공되고 있으며 상당히 긍정적인 결과들을 보이는 것으로 나타나고 있지만, 종종 전문성의 부족으로 인해 지나친 자극이 제공되거나 오히려 사회적 고립을 유발하기도 한다. 몇 가지 새로운 시도들은 전문 음악치료사들에 의해 진행되지만, 타 전문가나 비전문가인 보호자나 친척들에 의해서도 제공되는 경우가 있다. 전문 음악치료사들은 반드시 다양한 형태의 음악중재 사용에 익숙해야 하며 비전문가인 보호자나 친척들이 그들이 적용 가능한 범위 내에서 음악을 쓸 수 있도록 훈련, 교육, 혹은 안내할 수 있어야 한다. 이상적으로는 음악치료사들이 통합적 접근 팀에서 함께 일하며 다른 스태프들과 보호자들에게 일상생활이나 환자 케어 시 음악을 통해 의사소통하고 함께 음악을 나눌 수 있도록 최상의 방법을 훈련시키거나 가이드 혹은 슈퍼바이저 역할을 하는 것이다. 또한 음악치료사들은 음악치료에 의뢰된 사람들에게 필요한 치료중재를 제공할 수 있는 임상적 유능감을 갖추고 있어야 한다.

결론

노년기는 기능의 감소와 여러 가지 어려움이 발생하기는 하지만 반드시 질병으로 고통받으며 보낼 필요는 없다. 음악을 사치스러운 매체가 아니라 매우 필수적인 요소로 바라본다면, 음악치료사들은 매우 높은 수준의 전문적 케어를 제공

하는 역할을 해야 한다. 이러한 역할과 함께, 음악치료사들은 치매 노인의 신경정신적 증상을 개선시키거나 예방하기 위한 활동이나 치료절차를 제공하는 개별 또는 그룹중재를 수행하기 위해 자질을 갖추어야 한다.

음악치료 연구는 계속되어야 한다. 음악치료를 지지하는 부가적인 연구들은 근거중심의 중재, 최상의 임상, 임상적 통찰력, 고학력의 전문가 집단으로부터 인정받는 PCC 접근 내에서 그리고 노인학 분야에서 음악치료사들의 공헌에 대한 인식을 증진시키게 된다.

감사의 글

이 장의 작성에 도움과 피드백을 주신 Alicia Ann Clair와 Shannon Bowles에게 큰 감사의 말을 전한다.

참고문헌

Abbott, E. A. (2013). Elderly residents in nursing facilities. In L. Eyre (Ed.), *Guidelines for music therapy practice in mental health* (pp. 685–717). University Park, IL: Barcelona.

Aldridge, D. (Ed.). (2000). *Music therapy in dementia care*. London: Jessica Kingsley.

Altenmüller, E., & Schlaug, G. (2012). Music, brain, and health: Exploring biological foundation of music's health effects. In R. MacDonald, G. Kreutz, & L. Mitchell (Eds.), *Music, health, and wellbeing* (pp. 12–24). New York: Oxford University Press.

Alzheimer's Disease International. (2011). *World Alzheimer report: The global economic impact of dementia*. Alzheimer's Disease International (ADI). Retrieved from *www.alz.co.uk/research/world-report-2011*.

American Psychiatric Association. (2013). *Diagnostic and statistical manual of mental disorders* (5th ed.). Arlington, VA: Author.

Belgrave, M., Darrow, A.-A., Walworth, D., & Wlodarczyk, N. (2011). *Music therapy and geriatric populations: A handbook for practicing music thera-*

pists and healthcare professionals. Silver Spring, MD: American Music Therapy Association.

Bright, R. (1997). *Music therapy and the dementias: Improving the quality of life*. St. Louis, MO: MMB.

Clair, A. A., & Bernstein, B. (1990). A comparison of singing, vibrotactile and nonvibrotactile instrumental playing responses in severely regressed persons with dementia of the Alzheimer's type. *Journal of Music Therapy, 27*(3), 119–125.

Clair, A. A., & Memmott, J. (2008). *Therapeutic uses of music for older adults* (2nd ed.). Silver Spring, MD: American Music Therapy Association.

Clift, S. (2012). Singing, wellbeing, and health. In R. MacDonald, G. Kreutz, & L. Mitchell (Eds.), *Music, health, and wellbeing* (pp. 113–124). New York: Oxford University Press.

Cohen-Mansfield, J., Dakheel-Ali, M., Jensen, B., Marx, M. S., & Thein, K. (2012). An analysis of the relationships among engagement, agitated behavior, and affect in nursing home residents with dementia. *International Psychogeriatrics, 24*(5), 742–752.

Edvardsson, D., Winblad, B., & Sandman, P. (2008). Person-centred care of people with severe Alzheimer's disease: Current status and ways forward. *Lancet Neurology, 7*(4), 362–367.

Feil, N. (2009). *There is a bridge: Naomi Feil and Gladys Wilson share a breakthrough moment in communication*. Retrieved from *www.memorybridge.org/video9.php*

Feil, N. (2012). *The validation breakthrough: Simple techniques for communicating with people with Alzheimer's-type dementia* (3rd ed.). Baltimore: Health Professions Press.

Ferrero-Arias, J., Goñi-Imízcoz, M., González-Bernal, J., Lara-Ortega, F., da Silva-González, A., & Díez-Lopez, M. (2011). The efficacy of nonpharmacological treatment for dementia-related apathy. *Alzheimer Disease and Associated Disorders, 25*(3), 213–219.

Hall, G. S. (1922). *Senescence: The last half of life*. New York: Appleton.

Huber, M., Kölzsch, M., Rapp, M. A., Wulff, I., Kalinowski, S., Bolbrinker, J., et al. (2012). Antipsychotic drugs predominate in pharmacotherapy of nursing home residents with dementia. *Pharmacopsychiatry, 45*(5), 182–188.

Hulme, C., Wright. J., Crocker, T., Oluboyede, Y., & House, A. (2010). Non-pharmacological approaches for dementia that informal carers might try or access: A systematic review. *International Journal of Geriatric Psychiatry, 25*, 756–763.

Johnson, J. K., Chang, C.-C., Brambati, S. M., Migliaccio, R., Gorno-Tempini, M. L., Miller, B. L., et al. (2011). Music recognition in frontotemporal lobar degeneration and Alzheimer disease. *Cognitive and Behavioral Neurology, 24*(2), 74–84.

Kitwood, T. (1997). *Dementia reconsidered: The person comes first*. Buckingham, UK: Open University Press.

McDermott, O., Crellin, N., Ridder, H. M., & Orrell, M. (2013). Music therapy in dementia: A narrative synthesis systematic review. *International Journal of Geriatric Psychiatry, 28*(8), 781–794.

Meng, X., & D'Arcy, C. (2012). Education and dementia in the context of cognitive reserve hypothesis: A systematic review with meta-analyses and qualitative analyses. *PloS One, 7*(6).

Ridder, H. M. O. (2005). An overview of therapeutic initiatives when working with people suffering from dementia. In D. Aldridge (Ed.), *Music therapy and neurological rehabilitation: Performing health* (pp. 61–82). London: Jessica Kingsley.

Ridder, H. M. O. (2011). How can singing in music therapy influence social engagement for people with dementia?: Insights from the polyvagal theory. In F. Baker & S. Uhlig (Eds.), *Voice work in music therapy* (pp. 130–145). London: Jessica Kingsley.

Ridder, H. M. O., Stige, B., Qvale, L. G., & Gold, C. (2013). Individual music therapy for agitation in dementia: An exploratory randomized controlled trial. *Aging and Mental Health, 17*(6), 667–678.

Robertson, I. H. (2013). A noradrenergic theory of cognitive reserve: Implications for Alzheimer's disease. *Neurobiology of Aging, 34*(1), 298–308.

Sacks, O. (2007). *Musicophilia: Tales of music and the brain*. New York: Knopf.

Stern, D. N. (2010). *Forms of vitality: Exploring dynamic experience in psychology, the arts, psychotherapy and development*. Oxford, UK: Oxford University Press.

Theorell, T., & Kreutz, G. (2012). Epidemiological studies of the relationship between musical experiences and public health. In R. MacDonald, G. Kreutz, & L. Mitchell (Eds.), *Music, health, and wellbeing* (pp. 424–435). New York: Oxford University Press.

Vink, A. C., Bruinsma, M. S., & Scholten, R. J. P. M. (2011). Music therapy for people with dementia. *Cochrane Database of Systematic Reviews, 2003*(4), CD003477.

Wall, M., & Duffy, A. (2010). The effects of music therapy for older people with dementia. *British Journal of Nursing, 19*(2), 108–113.

Wigram, T. (2004). *Improvisation: Methods and techniques for music therapy clinicians, educators, and students*. London: Jessica Kingsley.

World Health Organization. (1992). *International*

classification of diseases (10th rev.). Geneva, Switzerland: Author.

World Health Organization. (2011). *Global health and aging*. National Institute on Aging. Retrieved from *www.who.int/ageing/publications/global_health/en/index.html*.

Young, L. (2013). Persons with Alzheimer's and other dementias. In L. Eyre (Ed.), *Guidelines for music therapy practice in mental health* (pp. 718–766). University Park, IL: Barcelona.

제 30 장

가정폭력피해 여성을 위한 음악치료

Elizabeth York | Sandra L. Curtis

이난복 역

북미의 가정폭력피해 여성에 대한 음악치료는 음악치료 문헌에 이따금씩만 보이고 있다(Cassity & Theobold, 1990; Curtis, 2000, 2006, 2008, 2013b; Curtis & Harrison, 2008; Fesler, 2007; Hahn, 2004; Whipple & Lindsey, 1999; York, 2006). 이것은 놀라운 일이 아니다. 미국음악치료협회(AMTA)의 회원 조사(AMTA, 2013)에 보고된 최근 노동인구 통계에 따르면, 학대나 성적 학대를 받은 내담자와 작업해본 전문가 회원은 1,184명 중 24명(2%)뿐이었고, PTSD(Post Traumatic Stress Disorder) 진단을 받은 사람들과 작업해본 음악치료사는 79명뿐이었기 때문이다. 다른 응답자들은 지역사회기반 서비스나 지역사회 정신건강센터, 종합병원에서 근무했다. 가정폭력피해자를 위한 서비스는 (법적 시스템, 쉼터, 병원을 포함한) 지역사회기반 기관들을 통해 제공되는 경우가 많으므로 학대피해자를 치료해본

음악치료사는 AMTA에 보고된 것보다 훨씬 더 많을 것이라고 추측할 수 있다.

가정폭력피해자와의 음악치료에 대한 미국음악치료협회(AMTA)의 음악치료 임상실습 기준 또는 미국 음악치료사 인증위원회(CBMT)의 실무 범위에는 구체적인 표준이나 정보가 들어 있지 않다. 이 분야의 임상실제는 최근에야 대두되고 있으며, 여성 문제와 관련된 임상 음악치료 모델들, 구체적으로 페미니스트 모델들은 이제 겨우 정체성을 갖추고 전파되기 시작하고 있다(Curtis, 2013a; Hadley, 2006). Purdon(2006)은 가정폭력을 둘러싼 지식이나 학대와 관련된 문제에 대한 기본적인 이해가 부족하기 때문에 가정폭력이라는 주제가 음악치료 분야에서 큰 흥미나 연구를 불러일으키지 못했다고 하고 있다. 따라서 음악치료사들은 여성 내담자에 대한 (과거나 현재의) 학대의 실상을 간과함으로써, 자신들도 모르는

사이에 이미 취약한 여성들을 다시 희생자로 만드는 데 일조할 수도 있다.

가혹한 현실은 여성에 대한 폭력이 널리 퍼지고 있다는 것으로(Curtis, 2013b) 학대신고 여성의 85%가 중요한 사람들, 즉 배우자나 연인으로부터 학대를 당하고 있다고 보고하고 있다(National Coalition against Domestic Violence, 2012). 미국에서 4명의 여성 중 1명은 가정폭력의 희생자가 되고, 하루 평균 3명이 배우자나 연인에게 살해당하고 있다(Black et al., 2011). 가정폭력 통계를 보면 세계적으로 9초마다 여성이 매를 맞거나, 강제적으로 성관계를 갖거나, 남편이나 연인에게 살해된다(Domestic Violence Statistics, 2012). 동일한 웹사이트에서 조사한 여성 중 92%는 그들의 제1관심사가 가정폭력과 성폭력을 줄이는 것이라고 밝혔다. Purdon(2006)에 의하면 "학대행위의 목격자, 희생자나 가해자, 또는 조력자의 경험이 없는 음악치료사는 거의 상상할 수 없다(p. 210)"라고 할 만큼 폭력적, 지배적 행동이 너무나 만연하고 있다.

여성 폭력에 대한 높은 유병률을 고려하면, 음악치료사는 꼭 피해자와 작업하지 않더라도 피해 여성을 도와줄 최상의 음악치료 못지않게 여성 폭력을 둘러싼 문제에 대해 잘 알고 있어야 하는 것은 자명하다. 이 장에서는 이러한 것에 대한 필수적인 정보를 제공한다. 여성들의 학대받은 경험을 그들의 힘(강점) 및 도전과 함께 서술하고, 이 분야의 음악치료 현황을 살펴보며, 임상 및 연구분야의 사례를 제시한다.

학대피해 여성들의 경험

친밀한 관계폭력(intimate partner violence)이라고도 부르는 가정폭력을 경험하게 되는 데는 다양한 요인이 작용한다. 친밀한 관계폭력이라는 용어는 이성 및 동성 데이트 관계 내에서 발생하는 폭력뿐 아니라 배우자(또는 전 배우자) 간의 신체적, 성적 폭력을 포함하는 데까지 확대되었다(Friedman & Loue, 2008). Cascardi, O'Leary, Schlee, 그리고 Lawrence(1995)는 배우자에게 신체적으로 학대받는 여성들의 특징을 설명했는데 이 중에는 (1) 낮은 자존감, (2) 학대와 그에 따르는 수치심으로 인해 자신을 비난하는 성향, (3) 학대로부터 벗어날 수 없다는 무력감과 감정을 인식하는 것 등이 있다. 사회문화적 요인 또한 피해 여성들에게 영향을 줄 수 있다. 많은 피해 여성이 (1) 결혼에 대한 전통적인 견해가 강하고, (2) 남성 배우자에 대한 정서적, 경제적 의존성을 갖고 있고, (3) 여성의 수동성을 강조하는 전통적인 성 역할을 보이며, 그에 따라 (4) 자신의 필요보다는 타인의 필요를 우선하게 되고, (5) 학대가 중단될 것이라는 비현실적인 희망을 품는다. Rubenstein(2004)은 학대 순환의 3단계를 규정하였는데 (1) 문제나 규칙위반을 둘러싼 긴장상태 구축, (2) 극심한 폭력 발생, (3) 여성에게 폭력이 다시는 일어나지 않을 것이라는 희망을 심어주는 학대 후의 허니문 단계이다.

미국 정신의학회의 정신질환 진단 및 통계편람 제5판(DSM-5; 미국 정신의학회, 2013)은 PTSD 아래 "성별 관련 진단문제"라는 부제를 붙였는데 이것은 PTSD가 여성에게 더 많다는 것을 말해준다. "여성들에게 PTSD의 위험이 증가하는 이유 중 적어도 일부는 강간이나 기타 형태의 폭력 등 충격적인 사건에 노출될 가능성이 더 크기 때문인 것 같다(미국 정신의학회, p. 278)." PTSD 진단은 폭력적인 배우자를 살해한 여성을 변호하는 데 사용되기도 한다. DSM 기준을 사용하여 가정폭력과 관련된 트라우마를 병리학적으로 간주하는 것은 페미니스트적 관점에서 볼 때 그 자체가 문제가 있다.

이런 '증상들'은 문화적 배경 및 트라우마의 역사와 특성으로 쉽게 설명되고 이해될 수 있다. 이러한 관점에서 보면 내담자의 '증상들'이 실제로는 문화적 (및 상황적인) 환경에 적절하고 비병리학적인 방법으로 대처한 결과로 나타난 것일 수 있다(Morrow, Hawxhurst, Montes de Vegas, Abousleman, & Castaneda, 2006, p. 240).

학대피해 여성들을 위한 음악치료

폭력에 대한 피학대 여성들의 반응이 병리학적인 정신질환이 아니라는 이해를 갖고, 이제 그 피해에서의 회복을 위해 어떻게 음악치료에서 세심하게 도움을 받을 수 있는지 보도록 하자. 이 새로운 분야에서는 대개 다양한 음악치료 중재를 병합하여 다양한 접근법의 임상에 적용하고 있다(Cassity & Theobold, 1990; Curtis, 2000, 2006, 2008, 2013b; Curtis & Harrison, 2008; Fesler, 2007; Hahna, 2004; Whipple & Lindsey, 1999; York, 2006). 이러한 중재는 대부분 감상적(수용적), 즉흥연주, 재창조적(re-creative/performance), 작곡적 음악치료 방법이라는 네 가지 범주 중 하나다(Curtis, 2013b). 피학대 여성의 감상적 음악치료에는 음악중심 이완, 가사 분석, BMGIM 등의 기법들이 있다. 즉흥연주 음악치료에는 개인 및 그룹 즉흥연주(보컬 및 악기-정해진 주제 유무와 무관) 등의 기법들이 있다. 재창조 음악치료에는 (치료그룹 또는 다수의 청중을 위한) 반영적 노래와 음악연주 기법들이 있다. 작곡적 음악치료에는 노래 만들기와 녹음(녹화)하는 기법들이 있다(내담자 혼자, 치료사와 함께, 또는 치료사 혼자). 이들 각각에 미술품, 시, 극장, 무용/동작 요소 같은 다른 미디어를 더하면 더 발전시킬 수 있다(Curtis, 2013b; Hahna, 2004; York, 2006).

이러한 음악치료 방법들은 피학대 여성과의

다양한 음악치료에 공통적이고 일반적인 것이기는 하지만, 여성 학대에 대한 다른 이해와 목적을 가지고 적용한다는 점에서 다른 접근법과 구별된다. 음악치료 분야에서는 비교적 생소하지만, 페미니스트 접근법은 사회문화적 맥락에서 여성을 대상으로 발생하는 폭력의 복잡성을 더 잘 이해하기 위한 인식을 증가시키고 있다(Curtis, 2000, 2006, 2008, 2013a, 2013b; York, 2006). 페미니스트 음악치료 접근법은 우리가 내담자와의 작업에서 치료효과를 내는 데 필수적인 요소로 확인되었다. 그러므로 이 작업을 설명하기 전에 우선 피학대 여성들의 작업과 관련 있는 페미니스트 접근법을 알아보도록 하겠다.

페미니스트 치료는 1970년대 미국에서 페미니스트 행동주의의 두 번째 파도를 타고 성장했는데, 전체 목적은 두 가지였다. 대인 및 사회적 지배관계가 어떻게 자기의 웰빙에 영향을 주는가에 대한 인식을 높이기 위해 정치 분석에 참여시키고, 이런 유해한 지배관계 역동에 일조하는 사회구조를 바꾸는 데 여성을 동원하는 것이었다(Ballou & Gabalac, 1985). Worrell과 Remer(2003)가 밝힌 그다음 목적은 (1) 내담자가 자신의 경험과 직관을 신뢰하도록 돕고, (2) 내담자가 여성 관련 가치의 진가를 알아차리게 하고, (3) 여성이 스스로 자신을 돌보도록 격려하고, (4) 여성이 자신의 성적 욕구에 따라 규정하고 행동할 수 있도록 돕고, (5) 여성이 자신의 몸을 받아들이고 좋아하도록 돕는 것이었다.

페미니스트 음악치료는 이러한 페미니스트 치료의 목적과 원칙들을 음악치료에 직접 적용한다. 페미니스트 음악치료는 비교적 최근에 발전된 것으로, 그 치료로 내담자에게 유익을 준 사례들이 있다(Curtis, 2000, 2006; Hadley, 2006; Hahna, 2004; York, 2006을 보라). 이 접근법에 더 큰 통찰력을 갖기 위해서 이러한 접근법들이 피학대 여성과의 작업에서 어떻게 펼쳐지는지 살펴보겠다.

학대피해자와의 임상작업

공동저자 중의 1명인 나(Sandra L., Curtis)는 1993년부터 임상 및 연구분야에서 폭력피해 여성 및 10대와 일하고 있다. 폭력의 (신체적, 정서적) 피해로부터 회복하는 여정에 있던 이 강하고 용감한 여성들과 함께 하게 된 것은 영광이었다. 나는 믿기 힘든 역경에 직면하여 인간정신의 회복력을 보여준 이 여성들에게서 많은 것을 배웠다. 지난 19년간 나는 어린 시절의 성적 학대 피해자인 여성들과 10대들, 배우자나 연인 폭력의 피해여성들과 작업해왔다. 이 장이 가정폭력 피해자들을 다루는 것이긴 하지만, 폭력을 용인하는 오랜 전통을 가진 사회문화적 환경에 뿌리를 두고 여성과 소녀에 대한 모든 형태의 폭력이 관련되어 있음을 이해하는 것이 중요하다(Curtis, 2000, 2008; Curtis & Harrison, 2006). 결국 이런 유형의 폭력 지지기반인 개인적, 가족적, 전문적, 제도적 반응 등 타인의 반응들은 여성이 직면하는 도전들처럼 공통점이 많다. 동시에 여성들의 경험은 인종차별, 계급차별, 연령차별, 능력차별 같은 요인들의 상호작용에 따라 달라지기도 하는데 이런 요인들은 개인적 자원, 사회적 지지, 대처전략에 따라 또 세분화된다(Curtis, 2000).

이와 비슷하게, 피학대 여성을 위한 페미니스트 음악치료도 공통점들과 차이점들이 있다. 각 치료사가 페미니즘, 그리고 치료환경 속의 페미니즘의 의미를 어떻게 이해하고 있느냐에 따라 치료도 영향을 받는다(Curtis, 2000; Hadley, 2006; York, 2006). 따라서 피학대 여성과의 나의 작업에 대해 이야기하기 전에, 먼저 페미니스트 음악치료사로서 나의 접근법을 간단히 설명하겠

다. 나는 1997년에 페미니스트 음악치료를 시작해서 최초로 페미니스트 음악치료 모델을 개발하고(Curtis, 2000) 꾸준히 피학대 여성과 작업하며 발전시켜 왔다.

> 페미니스트 음악치료는 가부장적 문화 속에 구축된 남녀의 삶을 사회정치적으로 이해하는 페미니스트 믿음체계에 근거한 중재에 대한 접근법이다. 이러한 이해를 갖고 있다는 점, 그리고 개인의 삶 속에서의 개인적인 변화와 지역사회 내에서의 사회정치적 변화의 달성이라는 두 가지 목표를 갖고 있다는 점에서 페미니스트 음악치료는 독특한 음악치료 접근법이다(Curtis, 2007, p. 199).

이러한 이해를 몇 가지 구체적이고 특징적인 목적으로 표현하면 여성의 역량을 강화하기, 여성의 경험을 사회정치적으로 이해할 수 있도록 하기, 폭력의 피해에서 회복하도록 도와주기, 필요한 사회변화를 가져오기(Curtis, 2007, 2008)이다. 이러한 목적에는 치료 안팎에서 내담자와 치료사 양측의 작업이 필요하다.

피학대 여성과의 임상에서 나는 단독으로, 때로는 다른 사람들, 주로 사회복지사들과 공동으로 작업했다(Curtis & Harrison, 2006). 이러한 공동작업은 특히 페미니스트 음악치료의 목표인 평등관계에 필수적인 쌍방양보 및 주고받기뿐 아니라 힘의 효과적 공유를 보여줄 절호의 기회였기에 특별히 보람이 있었다. 또 내담자들은 치료사가 전문가이자 학습자의 역할을 하는 것을 볼 수 있어서, 모든 것이 여성의 역량강화를 위한 기초작업이 되었다.

단독이든 공동이든, 음악치료는 항상 그룹치료 환경에서 이루어졌다. 그룹작업은 피학대 여성에게 극히 중요한데, 가해자가 세운 사회적 고

립을 깨뜨리는 것을 가능하게 해주기 때문이다. 다른 여성이 비슷한 경험에 직면하는 것을 보고 도전과 성공 이야기를 공유하면서 그들은 서로 공통점을 인식하고, 학대가 개인적 현상이라기보다는 광범위한 사회정치적 지지기반을 가진 것임을 인식하게 된다.

세션

세션은 대개 2시간 걸리며, 지역사회 센터(예 : 가정폭력피해 여성 쉼터, 성폭력 위기관리 센터)나 음악치료 센터에서 나 혼자서 또는 사회복지사와 함께 주 1~2회 진행했다. 이 장소들은 모두 위험에 처한 피해 여성들과 소녀들이 안전성과 익명성을 보장받는 곳이었다. 그룹은 대개 5~7명의 참가자로 구성되며, 장소의 제약에 따라 같은 그룹이 8~15주 동안 정기적으로 모임을 가졌다. 일찍 탈퇴하거나 나중에 들어오는 참가자들도 가끔 있었는데, 이들 대상 집단의 일시적인 특성으로 볼 때 특수한 경우는 아니다. 모든 참가자는 음악치료를 받은 기간의 길고 짧음과 상관없이, 해당 시설/지역의 연구 및 임상윤리를 따르겠다는 동의를 했다.

페미니스트 작업방식

내가 이 작업에서 사용한 기법들은 페미니스트 음악치료와 그 구체적인 목표들에 대한 나 자신의 이해로부터 발전된 것이다. 페미니스트 음악치료만이 가지고 있는 이 기법들로는 (1) 성 역할, 권력, 폭력과 그 사회문화적 근원에 대한 페미니스트 분석, (2) 여성의 역량강화와 목소리 내기, (3) 여성의 자기양육이 있다(Curtis, 2007, 2008). 이런 독특한 목표들을 성취하고자 전통적인 음악치료 기법들을 페미니스트 틀 안에서 변형해 사용하였다.

페미니스트 분석은 노래가사 분석을 통해 성취될 수 있다. 처음에 음반을 듣고 나서 라이브로 연주를 들으면, 여성들은 다른 사람의 목소리로 자기 이야기를 듣고 나서 이 이야기를 자신의 체험과 이해의 일부로 내면화하게 된다. 여성이 작사, 작곡하고 녹음한 음악은 참가자가 음악 속에 반영된 자신을 더 쉽게 볼 수 있게 한다는 점에서 특히 효과적이다. 이 페미니스트 분석에서는 여성의 폭력경험을 넘어서 사랑, 관계, 권력, 성 역할 사회화, 치유, 힘, 역량강화 같은 이슈들을 검토하게 되면서 전 영역의 주제를 탐구하게 되므로 활용할 수 있는 음반은 충분히 많다. 내가 치료에 사용한 150곡이 넘는 곡은 (팝, 컨트리, 록에서 인디까지) 수년간 많은 참가자의 의견을 받고 스스로 들어보고 하면서 정리한 것이다. 자기가 만든 음악을 가지고 오는 여성은 음악의 전문가, 궁극적으로 자신의 삶의 전문가인 자신을 경험할 기회를 갖게 된다. 이러한 음악의 샘플로는 'Singing Subversion, Singing Soul(Curtis, 2000)'과 'Women Survivors of Abuse and Developmental Trauma(Curtis, 2013b)'에서 찾아볼 수 있다. 이 중에는 Tracy Chapman의 'Behind the Wall'과 'Telling Stories', Mary Chapin Carpenter의 'He Thinks He'll Keep Her', Saffire, The Uppity Blues Women의 'Bitch with a Bad Attitude', Cowboy Junkies의 'Sun Comes Up', 'It's Tuesday Morning', Ani Difranco의 'Not a Pretty Girl', Dixie Chicks의 'Goodbye Earl' 등 인디부터 주류 아티스트에 이르는 다양한 노래들이 있다.

여성의 역량강화는 노래 만들기, 연주하기, 녹음을 통해 성취될 수 있다. 녹음에는 최종 제작과 CD 커버(직접 그린 그림이나 웹상의 무료삽화)가 포함된다. 많은 피학대 여성 및 소녀에게 공통된 경험은 침묵해야 하는, 즉 들어주지도 믿어주지도 가치를 인정해주지도 않는 경험이다

(Curtis, 2008). 노래 만들기나 녹음으로 자신의 이야기를 하고 자신의 목소리를 되찾을 기회를 가짐으로써 큰 힘을 받을 수 있다. 노래 만들기를 하는 과정은, 여성들이 각자 다른 수준의 (학대로 크게 손상된) 자존감을 갖고 치료에 임한다는 점에서 매우 조심해서 진행해야 한다. 나의 음악치료에서는 많은 참가자가 노래에서 자신의 목소리를 듣고 그것을 자기 지지자뿐 아니라 가해자와 공유하는 것에 큰 기쁨을 느꼈다. 이러한 과정을 통해 그들은 진실 말하기와 사회행동에서 그들 자신의 여정을 시작한다.

여성의 자기양육은 음악중심의 휴식과 심상 작업을 통해 성취될 수 있다. 그러나 참가자들이 여성의 폭력경험에 대한 페미니스트적 이해, 즉 아이들의 안전과 안녕을 위해서는 본인의 안전과 자기양육이 꼭 필요하다는 이해를 갖게 되는 것은 먼저 가사분석을 통해서이다.

페미니스트 음악치료의 독특하고 중요한 구성 요소인 사회적 행동주의를 다루지 않고서는 피학대 여성과의 기법 탐구는 어려울 것이다. 사회적 행동주의는 내담자와 치료자 양쪽 모두에 요구되는 것이고, 치료 안팎에서 그리고 음악적 또는 비음악적 환경에서 일어나는 것이다. 우선 치료에서 진실을 말하는 것부터 시작해서, 녹음과 공연의 현장에 서고, 바깥세상에서 사회행동에 참가하는 것으로 확대된다. 자신의 목소리를 되찾고, 소리를 내지 못하는 다른 사람들을 대변하면서 여성은 크게 자신을 치유하고 역량을 강화할 수 있다. 페미니스트 음악치료사는 치료실을 넘어 외부세계에서도 여성과 소녀에 대한 폭력을 없애기 위한 변화와 작업을 주장할 책임이 있다.

여성들의 목소리

연구와 임상에서 19년 넘게 이 작업을 하면서

나는 양적, 질적 치료결과를 측정하는 도구들을 모았다. 이 중에는 참가자 면담이나 노래가사 분석뿐 아니라 표준화된 테네시 자아개념척도(Tennessee Self-Concept Scale; Curtis, 2000) 및 PTSD 체크리스트(Curtis & Harrison, 2006)와 같이 펜과 종이를 사용하는 검사들이 있다. 이 척도들은 피학대 여성 및 소녀에 대한 페미니스트 음악치료의 효과를 놀라우리만큼 일관성 있게 보여준다(Curtis, 2000, 2007, 2008; Curtis & Harrison, 2006). 그러나 여성 자신의 말과 그들이 쓴 음악보다 더 강력하게 이것을 반영해주는 것은 없다. 나는 그러한 피해에서 회복하는 것이 어떻게 가능할까, 그리고 경험이나 문화 같은 장애물을 넘어 이런 여성들과 어떻게 연결될 수 있을까를 생각한 적이 있었다. 그럴 때 음악은 강력한 치료사의 역할을 하며 변화를 위한 촉매제가 되어주었다. 노래 만들기를 통해 여성들이 불안정함이나, 때로는 음악치료에 대한 의심으로부터 놀라운 변화의 장소로 이동하는 것을 보면 정말 경이롭다. 수년 동안의 노래 만들기를 통해 반항, 인내, 변화, 희망에 관한 강력한 노래들이 추가로 포함되었다.

학대피해자와의 연구

목소리 찾기(Finding Voice)[1]라는 작업은 페미니스트, 음악치료사, 연주가로서 공동저자 중의 1명인 내(Elizabeth York)가 경험하고, 1980년대 여성 음악계에서 작가, 작곡가, 연주자로 일하면서 나온 내용이나. (나 또한 페미니스트 치료사에게 심리치료를 받으면서 개인으로서, 전문가로서

---

1) 'Finding Voice'는 '자아발견하기' 혹은 '자신의 목소리 찾기'로 해석될 수 있을 것이다. 이 장에서는 목소리 찾기로 번역하였다. —역자 주

성장한 바 있다.) 목소리 찾기는 또한 임상과정에 많은 예술양식(음악, 시각미술, 무용, 시)이 들어가기 때문에 예술기반 연구라고 할 수 있다. 나아가 이 프로젝트는 참가자들이 연구과정을 이끌어가고 세션에 새로운 요소들을 도입하며, 가정폭력의 영향에 대해 참석자들을 교육하고 알려주는 공연으로 끝마치기 때문에 참가활동연구라고 정의할 수 있다.

2002년에 나는 지역사회 기관에서 돌봄을 받고 있는 가정폭력피해 여성들과 임상연구 프로젝트를 시작했다. 목소리 찾기 : 가정폭력피해 여성들의 음악(York, 2004) CD는 해당 위원회와 기관들의 검토와 승인을 받았다. York(2006)는 이 프로젝트 전체를 설명해놓았다. 이 질적연구의 중요한 목적은 가정폭력피해 여성에 대한 음악치료와 창조적/표현적 예술접근법의 효능을 페미니스트 렌즈를 통해 살펴보는 것이었다. 두 번째 목적은 자료에 대한 근거이론 접근법을 통해 최근에 나오는 작업주제들을 살펴보고, 여성들이 어떻게 창조적 과정으로 들어가는지 기록하는 것이었다. 목소리 찾기라는 은유는 창조적인 예술과 음악적 예술을 역량강화와 창조적 표현을 위한 도구로 사용하여 여성이 자신의 경험에 대해 목소리를 내도록 격려하는 과정을 설명하는 데 사용되었다. 세션이 진행되면서 여성들은 본인들의 창조적 작품을 더 많은 청중과 공유해야겠다고 결정하였고, (녹음대본 및 기획을 포함한) 민족지학적(ethnographic) 공연작품이 만들어졌다.

참가자

지역사회 기관 내의 지원그룹 멤버인 40명의 여성이 총 30회의 음악치료 및 표현예술 세션에 참여했다. 사례관리자들이 참가자들에게 프로젝트에 대한 모든 것을 알려주었고, 모두 참가 동의서에 서명했다. 참가 여성들의 연령은 18~58세였고 쉼터와 법률지원, 상담, 육아, 수시지원 팀 등의 부가 서비스를 받고 있었다. 모두 백인이었고, 대부분 자신을 말일성도 예수그리스도 교인이라고 밝혔다. 그들 중 많은 여성이 PTSD 증상, 심한 우울증, 의존적인 성격, 약물남용이 있었다. 가장 많이 보이는 증상은 낮은 자존감, 빈약한 신체이미지, 과다각성/불안, 우울증이었다.

절차

주 1회 2시간짜리 세션이 시설 안에 있는 집단실에서 열렸다. 연구조교이자 공동치료사로 일하는 MT-BC인 Maureen Hearns가 세션들을 녹음하고 필사했다(York & Hearns, 2005 참조). 그룹 진행자인 Barbara Scott이 여성들의 신뢰를 얻고 점차적으로 음악자료와 창조예술 중재들을 도입할 수 있도록 초기 단계에 나를 그 그룹에 참여관찰자로 데려갔다. 그룹에서는 이미 일기쓰기와 일기내용 공유하기를 진행하고 있었다. 멤버들의 사전동의를 얻어, 나는 여성들이 원의 중앙에 잘 보이게 배치된 바구니에 넣은 글들을 가지고 작업할 수 있었다.

페미니스트 작업방식

목소리 찾기(York, 2006)에 사용된 방법과 중재는 공동진행자들과의 협의 및 주 1회 모임을 진행하면서 발전된 것이다. 처음에는 기존의 커리큘럼에 있던 주제에 맞추거나 보완하여 중재하며 진행하였다. 그리고 여성 참가자들에게 얻은 힌트나 그들이 표현하는 필요와 아이디어에 맞추어가며 중재를 구체화시켰다. 첫 번째 세션에서 나는 참가자 겸 관찰자로서 그 여성들을 알아갈 수 있기 위해 그들의 창조적 열망을 확인하고, 음악치료라는 직업에 대한 질문에 대답하고, 음악과 창조적 예술을 치유도구로 사용하는 것에 대한 그들의 생각을 들을 수 있는 시간을 제공했다.

그룹에 처음 연결되었을 때 나는 또한 자기소개의 수단으로 '변형들(transformations)'이라는 이름을 붙인 자작 악기연주곡의 녹음을 들려주었다. 이 곡을 감상한 다음에 그 여성들은 내가 음악적으로 표현하려던 것에 대한 생각을 글로 쓰고 말해주었다. 글쓰기와 짝을 이룬 이러한 수용적 음악감상의 경험은 참가자들에게 익숙한 일기쓰기가 세션에서 음악과 통합하여 새로운 경험이 되도록 연결해주었다. 나 자신의 음악을 제공하면서 나는 이 그룹에 들어오기 위한 허락을 구하는 측면에서 그들만큼 취약한 상태가 되었다. 내 음악을 공유함으로써 나는 그들에게 신입멤버를 평가하고 내 의도에 대해 합의를 이룰 기회를 제공하였다. 내 관점에서 이 제스처는 권력공유(power sharing)라는 의도적인 행동이었는데, 이것은 계층적 접근법에 비해 평등주의를 나타내는 페미니스트 개념이었다.

참가자들은 나와 다른 그룹원들과 공유하겠다는 표시로 각자가 쓴 글들을 바구니 안에 넣음으로써, 그룹에 자신의 창조적인 생각들을 제공하였다. 그 생각들은 합창낭독(choral readings), 시, 노래 등 다양한 시적형태로 변형되었다. 여성들은 서로의 글을 읽고 창조적 과정에 참가하기로 하였다.

보컬작업

나는 그룹경험의 음악적 창조적인 부분의 지속시간을 연장해서 점차로 호흡(breath work), 보컬연습, 임밍엽을 세션에 포함시켰다. 도닝연습 시 귀에 손을 대고 연습하면서 참가자들은 남의 시선을 의식하지 않고 자신의 목소리를 들을 수 있게 되었다. 참가자들은 점차로 톤을 추가하고 호흡을 확장하며 자신의 목소리를 들었다. 곧 내면의 비평가(inner critic)가 주제가 되었다. 처음에는

경험에서 목소리의 질에 대한 판단이 우선시되다가, 비판받는 언어폭력의 경험, 무시되고, 승인되고 가치인정을 받는 경험과 그런 메시지들이 어떻게 내면화되는지를 말로 표현하고 통찰하기 시작했다. 전통적인 보컬워밍업을 세션에 도입해 여성들이 각자 자기 페이스에 맞추어 들어갈 기회를 제공했다. 보컬작업의 두 번째 단계를 확장하여 긍정적인 가사를 가진 간단한 찬트도 세션에 포함시켰다. 그룹 노래 부르기를 통해 참가자들은 부정적인 자기평가와 비판들을 드러내고 그 보답으로 지지와 호의를 받으면서, 목소리를 높이기 위한 두 번째 발걸음을 내디뎠다.

가사분석과 노래 만들기는 전통적인 성 역할과 남녀 간의 불평등한 권력분배에 의문을 던지는 수단이었다. 성별 관습을 따르는 것을 영속화하는 가사들과 의도적으로 여성의 역량을 강화하고 위로하는 여성 음악장르의 가사들을 비교하고 난 다음에는 역할기대에 대한 토론이 이어졌다. 여성들이 다른 대중가요들을 가져와 토의하고 분석하면서, 다른 사람들의 필요를 우선하는 것과 자기돌봄, 자기개념, 아름다움의 구성요소에 대한 초기 메시지들이 나오게 되었다.

이후의 세션들에서는 미국 전래영가 'Sometimes I Feel Like a Motherless Child'를 사용해서, 맞고 사는 여자라는 꼬리표를 단 느낌을 표현해보도록 격려했다(예 : "내가 폭풍우 치는 날인 것처럼 느껴질 때도 있다"). 블루스 형식은 여성들이 학대관계에서 치유되어가는 매일의 삶에 대한 가사를 쓸 수 있게 해주는 통로였다. 여성들은 지배관계에 도전하는 시들을 완성해 바구니에 넣었다. 어떤 시는 배우자의 이기주의와 항상 그 자리에서 그녀가 자기 뜻대로 따라야 한다는 배우자의 기대 자기중심성을 묘사했다. 어떤 시는 여성의 관점에서, 그녀가 사실은 자기 배우자가 '문제'를 보기를 희망했다고 말했다. 참가자들과 내가 공동으로 쓴

시는 "당신은 어떻게 여기 왔는가?"라는 질문으로 시작해서 "나는 이런 일이 나에게 일어나고 있다니 믿을 수 없다. 내 인생이 이렇게 꼬이고, 그가 그렇게 아프게 나에게 상처를 줄 수 있었다니 믿을 수 없다"는 선언으로 끝났다(York, 2004). 원 가사들은 노래로 완성되어 분석, 처리, 학습되고 나중에는 다 같이 불렀다.

변형적 타악기 작업

목소리 찾기에서 음악치료 중재는 대개 보컬작업과 시/창조적 글쓰기 위주지만, 치료적 드럼연주도 점차적으로 도입되었다. 여기에는 중요한 모순이 들어가 있다. 드럼을 연주하는 행위는 공격받거나 맞거나 그 외에 학대받은 과거의 기억들을 유발한다. 드럼의 역동적인 소리는 (특히 큰 소리로 과격하게 칠 때) 언어적 학대, 고함 소리, 우는 소리를 생각나게 할 수 있다. 드럼을 맨손으로 연주할지 북채를 사용해 연주할지에 대한 선택도 조심스럽게 제시해야 한다. 드럼연주 중재작업 시에는 여성들이 통제 및 개인적 힘에 대한 감각을 유지할 수 있도록, 요소들을 점차적이고 단계적으로 제시하기를 권한다.

먼저, 작은 틀이 있는 드럼을 돌려가며 각자 원하는 대로 악기를 탐구해보도록 할 수 있다. 처음에는 드럼을 잡아보기만 하거나, 드럼헤드를 손이나 손가락으로 문질러보거나, 잠시 동안 살살 치며 연주해보게 하는 등 시험적으로 접촉할 수 있다. 외부물체를 치겠다는 선택이 갖는 은유와 아이러니, 힘이 갖는 은유를 피해 여성들이 모르고 넘어갈 수는 없다. 여성들은 드럼을 부드럽게 연주해 달라고 부탁하거나, 유아노래를 부를 수도 있다. 레인스틱 같은 덜 타악기적인 악기를 선택해서 더 부드럽고 불규칙적인 반주를 해볼 수도 있다.

그룹이 성숙해지고 작업이 깊어지면, 좀 더 어려운 감정들을 처리할 용기(container)로 개더링 드럼을 세션에 가져올 수 있다. 커다란 개더링 드럼은 양자 간의 대화, 개별작업, 드럼의 네 방향에서의 사중주 등을 통해 분노 또는 그룹멤버 간의 권력차이를 쉽게 표현할 수 있도록 해줄 수 있다. 심장박동을 연상시키는 드럼비트를 통해 드럼을 모든 감정을 담는 그릇으로, 자궁으로, 보육자로, 생명의 창조자인 여성에 대한 연결로 경험하도록 재구성하게 해준다. 천사의 감정, 즉 여성에 대한 폭력의 처리와 폭력 전반에 대해 자연적인 감정들이 일어날 때 드럼작업의 안전성이 가장 중요해진다.

개인적 틀이 있는 북의 구성은 은유적으로 계급적인 (그리고 피해를 줄 수 있는) 지배권력에서 (내가 역량강화라고 생각하는) 개인권력을 요구하는 것으로 변형시킨다는 주제 위에 세워진다. 정사각형 틀은 철물점에서 쉽게 구입해 조립할 수 있다. 여성들에게 틀 안쪽에 개인적 힘의 상징들을 그리도록 한다. 바깥쪽에는 개인의 힘을 어떻게 타인, 즉 가족과 공동체와 공유하는지를 나타내는 상징들을 그리도록 한다. 각자 상대방의 도움을 받아 북의 틀을 투명 포장테이프로 싼다. 함께 할 때 서로의 창조적 과정을 긍정하고 힘을 재정립할 수 있다. 악기와 긍정확언(예 : "나는 아름답고 강하다")을 타악기 앙상블에 포함시킬 때 개인 역량강화의 정의가 강화되고 재구성된다. 분노의 주제에 근거한 시를 만들어서 타악기 반주에 맞추어 읽을 수도 있다.

음악과 병행하는 창조예술 중재

드럼 만들기 외에 시각 및 공연예술도 다양한 방식으로 음악과 병행할 수 있다. 참가 여성들은 훈련된 치료사가 제공하는 BMGIM 프로토콜에 근거한 기악음악에 따라 만다라를 그릴 수 있다. 바느질 기술이 있는 여성들은 만다라를 천에 옮겨 정사각형 퀼트를 만들어 쉼터에 선물로 줄 수도 있다. 치유과정을 나타내는 숄을 만들어서 공연 중 댄스 부분에서 두르거나 착용할 수도 있다. 반사하기(mirroring), 스트레칭, 호흡연습, 안무를 리허설 전 워밍업에 포함할 수 있다. 개인 악기를 정하고 연주기술을 되찾은 여성들은 그 음악요소를 가져와 반주할 수도 있다.

결과

음악치료와 창조적 예술중재는 가정폭력피해 여성들의 역량강화와 창조적 표현을 위한 강력한 도구가 될 수 있다. 중재의 수준은 개인적 상황, 그룹에 있었던 기간, 안전성에 따라 다를 수 있다. 세션기간에 사용되는 창조예술 중재를 통해 여성들은 대체언어를 사용하여 자신의 학대에 이름을 붙이고 식별할 수 있게 되었다. 그들은 이러한 창조적 도구를 사용해 치유과정 안으로 들어와 다루고 치유했다. 목소리 찾기 프로젝트에 참가한 40명의 여성은 모두 자신의 창조적 자료들을 대본, 비디오, CD, 시집에 넣는 것에 동의했다. 12명은 아홉 곳에서 창작품 목소리 찾기의 배역을 맡아 공연했다. 출구조사에서 수집한 치료적인 결과로는 (1) 창작열 발견, (2) 개인적인 음악기술 개발과 발전, (3) 자존감 증가, (4) 긍정적 자기평가, (5) 가족구성원과의 관계개선, (6) 피해자에서 생존자로, 번창하는 사람으로, 지역사회 지지자 등으로 인식의 전환이 있었다.

결론

전 세계적으로 여성을 대상으로 하는 폭력이 광범위하게 확장되는 것을 볼 때, 음악치료사가 어느 곳에서 치료를 하든지 간에 내담자 중 학대피해자가 많을 것이므로, 가정폭력피해자와의 임상이 증가할 것이라고 본다. 우리의 경험으로 미

루어볼 때 페미니스트 관점에서 신중히 선택하여 제공된 음악치료 중재는 여성에게 학대환경으로부터의 해방을 도와줄 수 있는 창조적 자기표현의 기회를 줄 뿐 아니라, 특히 피해 여성의 자기평가·자기주장·자기존중을 향상시킴으로써 역량강화의 수단을 제공해줄 수 있다. 음악치료사들은 여성과 자녀들을 위한 지원그룹에 예술적인 요소를 더함으로써 피해 여성 담당 전문가 팀의 수준을 높일 수 있는 잠재력을 갖고 있다.

Purdon(2006)의 주장처럼, 우리 사회에서 폭력과 타협하고 그 지식을 음악치료에 결합시키는 것은 간단한 문제가 아니다. 우리는 다만 이 분야에서 하나의 임상작업을 완전히 인식하는 것이 왜 이렇게 오래 걸렸는지 추론해볼 수 있을 뿐이다. 그러다 보면 계속되는 임상 슈퍼비전, 개인치료 수행, 여성의 위상, 즉 억압과 희생을 무시할 수 없다는 점진적인 인식을 통해 내적성찰을 하게 된다. 여러 문헌에서 페미니스트 음악치료가 발전하고 있음을 볼 수 있다(Hadley, 2006). 교육자들이 이 주제를 교육과정에 포함시키는 것이 중요하다는 것을 이해하길 바란다. 또한 음악치료 전문기관들에서 피해 여성들과 그 외 트라우마 및 폭력에서 살아남은 피해자들과의 작업을 포함하는 임상표준을 채택할 것을 권하고 싶다.

참고문헌

American Music Therapy Association. (2013). *A descriptive statistical profile of the AMTA membership*. Retrieved from *www.musictherapy.org/assets/1/1/13WorkforceAnalysis.pdf*.

American Psychiatric Association. (2013). *Diagnostic and statistical manual of mental disorders* (5th ed.). Arlington, VA: Author.

Ballou, M., & Gabalac, N. W. (1985). *A feminist position on mental health*. Springfield, IL: Charles C Thomas.

Black, M. C., Basile, K. C., Breiding, M. J., Smith, S. G., Walters, M. L., Merrick, M. T., et al. (2011).

The national intimate partner and sexual violence survey (NISVS): 2012 summary report. National Center for Injury Prevention and Control, Centers for Disease Control and Prevention, Atlanta, GA.

Cascardi, M., O'Leary, K. D., Schlee, K. A., & Lawrence, E. E. (1995). Characteristics of women physically abused by their spouses who seek treatment regarding marital conflict. *Journal of Consulting and Clinical Psychology, 63*, 616–623.

Cassity, M. D., & Theobold, K. K. (1990). Domestic violence: Assessments and treatments employed by music therapists. *Journal of Music Therapy, 27*, 179–194.

Curtis, S. L. (2000). Singing subversion, singing soul: Women's voices in feminist music therapy (Doctoral dissertation, Concordia University, 1997). *Dissertation Abstracts International, 60*(12-A), 4240.

Curtis, S. L. (2006). Feminist music therapy: Transforming theory, transforming lives. In S. Hadley (Ed.), *Feminist perspectives in music therapy* (pp. 227–244). Gilsum, NH: Barcelona.

Curtis, S. L. (2007). Claiming voice: Music therapy for childhood sexual abuse survivors. In S. L. Brooke (Ed.), *Use of creative arts therapies with sexual abuse survivors* (pp. 196–206). Springfield, IL: Charles C Thomas.

Curtis, S. L. (2008) Gathering voices: Music therapy for abused women. In S. L. Brooke (Ed.), *Creative arts therapies and domestic violence* (pp. 121–135). Springfield, IL: Charles C Thomas.

Curtis, S. L. (2013a). Sorry it has taken so long: Continuing feminist dialogues in music therapy. *Voices: A World Forum for Music Therapy.* Retrieved from *https://normt.uib.no/index.php/voices/article/viewArticle/688/572.*

Curtis, S. L. (2013b). Women survivors of abuse and developmental trauma. In L. Eyre (Ed.), *Guidelines for music therapy practice: Mental health* (pp. 263–268). Gilsum, NH: Barcelona.

Curtis, S. L., & Harrison, G. (2006). Empowering women survivors of violence: A collaborative music therapy–social work approach. In S. L. Brooke (Ed.), *Creative modalities for therapy with children and adults* (pp. 195–204). Springfield, IL: Charles C Thomas.

Domestic Violence Statistics. (2012). *Domestic violence statistics: Let's put a stop to domestic violence and abuse.* Retrieved from *http://domesticviolencestatistics.org.*

Fesler, M. M. (2007). *The effect of music therapy on depression and post-traumatic disorder in a shelter for victims of domestic violence.* Unpublished manuscript, Radford University, Radford, VA.

Friedman, S. H., & Loue, S. (2008). *Intimate partner violence among women with severe mental illness.* Retrieved from *www.psychiatrictimes.com/display/article 10168/1152781#.*

Hadley, S. (Ed.). (2006). *Feminist perspectives in music therapy.* Gilsum, NH: Barcelona.

Hahna, N. D. (2004). *Empowering women: A feminist perspective of the Bonny Method of Guided Imagery and Music and intimate partner violence.* Unpublished master's thesis, Radford University, Radford, VA.

Jacobson, N., & Gottman, J. (1998). *When men batter women: New insights into ending abusive relationships.* New York: Simon & Schuster.

Morrow, S. L., Hawxhurst, D. M., Montes de Vegas, A. Y., Abousleman, T. M., & Castaneda, C. L. (2006). Toward a radical feminist multicultural therapy: Renewing a commitment to activism. In R. L. Toporek, L. H. Gerstein, N. A. Fouad, G. Roysircar, & T. Israel (Eds.), *Handbook for social justice in counseling psychology: Leadership, vision and action* (pp. 231–247). Thousand Oaks, CA: Sage.

National Coalition against Domestic Violence. (2012). *Domestic violence facts.* Retrieved from *www.ncadv.org.*

Purdon, C. (2006). Feminist music therapy with abused teen girls. In S. Hadley (Ed.), *Feminist perspectives in music therapy* (pp. 205–226). Gilsum, NH: Barcelona.

Rubenstein, L. S. (2004). *DivorceNet. What is battered women's syndrome?* Available at *www.divorcenet.com/States/Oregon/or_art02.*

United States Department of Justice. (2012). *Office on Violence Against Women.* Retrieved from *www.ovw.usdoj.gov/index.html.*

Whipple, J., & Lindsey, R. (1999). Music for the soul: A music therapy program for battered women. *Music Therapy Perspectives, 17*, 61–68.

Worrell, J., & Remer, P. (2003). *Feminist perspectives in therapy: Empowering diverse women.* New York: Wiley.

York, E. (2004). *Finding voice: The music of Utah battered women* [CD]. Logan, UT: Fast Forward Productions.

York, E. (2006). Finding voice: Feminist music therapy and research with women survivors of domestic violence. In S. Hadley (Ed.), *Feminist perspectives in music therapy* (pp. 245–265). Gilsum NH: Barcelona.

York, E., & Hearns, M. (2005, July). *A music therapy research protocol with women victims of intimate partner violence.* Paper presented at the 11th World Congress of Music Therapy, Brisbane, Australia.

제31장

외상사건 생존자들을 위한 음악치료

9: Ronald M. Borczon

조혜진 역

사람이나 공동체는 한순간에 영원히 바뀔 수 있다. 자연의 힘이나 인간의 행동이 삶의 파괴나 손실을 야기할 때, 공통된 결과는 사람/공동체와 지구 또는 동료 인간들 사이에 신뢰가 깨지는 것이다. 사람들이 매일 존재할 수 있게 도와주는 사회적 통념(myth)들이 산산이 부서진다. 이런 사회적 통념 중 일부에는 아동들이 학교에서 안전해야 한다는 것, 바람이 너무 심하게 불어서는 안 된다는 것, 지구가 흔들려서는 안 된다는 것, 강이나 바닷물이 너무 높게 상승하면 안 된다는 것 등이 포함된다. 아주 많은 사회적 통념들이 하나의 주요한 사건에 의해 산산이 부서질 수 있다. 이런 사회적 통념 파괴의 결과로 생존자들이 외상후 스트레스 장애(PTSD)가 생길 수 있고, 한때 정상적인 환경이자 삶이었던 것이 이제는 사람들이 각기 다른 수많은 차원에서 고통을 겪는 장소가 되는 것이다. 이 외상(trauma)은 사람들의 내면세계에 들어가서 그들의 삶을 파괴하기 시작하면서 이전의 정상 생활의 경험들을 영원히 변화시키게 된다. 사람들이 앞으로 나아가기 위해서는 삶이 새로운 의미의 정상적인(normal) 모습을 갖추는 방향으로 극복하고 살아갈 수 있는 새로운 방법을 찾아야 할 뿐만 아니라 자신에게 일어났던 것을 표현해야 한다.

우리는 많은 유형의 외상을 경험할 수 있다. 사람들은 화재, 지진, 허리케인, 쓰나미, 홍수, 토네이도 같은 자연 재앙에서 살아남는다. 사건(accident)과 관련된 일부 외상에는 자동차, 산업 현장, 사랑하는 사람을 잃는 것 등이 포함될 수 있다. (신체적, 정서적 학대와 전쟁 같은 사건들은 이번 장의 초점이 아니다.) 물론 이런 유형들이 모두 PTSD를 유도할 수 있지만, 음악치료 기술을 그렇게 광범위한 원인으로 일반화시키는 것을 이 글에서는 다루기 힘들 것 같다. 그러나 논의했던 기술들 가운데 몇 가지를 다양한 수준의 내담자 필요에 맞춰 조정하는 것은 가능하다.

내담자군

PTSD는 삶의 질과 개인의 전반적인 기능에 극적인 영향을 끼칠 수 있다.

> PTSD에서 외상사건은 기억되지 않고 다른 삶의 사건들과 같은 방식으로 과거로 밀리게 된다. 외상은 희생자의 삶의 시각적, 청각적, 또는 다른 신체적 현실을 계속 방해한다. 계속해서 그것들은 자신들이 겪은 이런 삶을 위협하는 경험을 다시 하게 되고, 그런 사건들이 여전히 일어나고 있는 것처럼 마음과 몸에서 반응하게 된다(Rothschild, 2000, p. 6).

정신장애의 진단 및 통계편람 제5판(DSM-5; 미국 정신의학회, 2013)은 되풀이되고 무의식적이고 거슬리는 외상사건 기억들을 가지고 있는 것, 반복적으로 그 사건과 관련해 괴로운 꿈을 꾸는 것, 재발하는 외상사건과의 분리 반응, 그 사건을 상기시켜주는 것들로 인해 일어나는 심리적 반응 등을 포함한 증상들을 언급했다. 그 사건의 의미 때문에 두려움, 무기력함, 슬픔, 죄책감, 절망(hopelessness), 무심함(detachment), 다른 사람과의 관계형성 어려움 등의 느낌들이 남을 수 있다. 종종 외상사건 이후 자신이 정상적으로 기능을 하고 있다고 생각하는 기간이 있지만, 더 깊은 측면에서 봤을 때 자신이 이해하지 못하는 무언가가 잘못되고 있다는 의식이 있다. 그들은 불안한 감정들이 재발하는 이유를 이해할 수 없다. 외상을 겪은 공동체라는 측면에서 봤을 때, 공동체 전체가 개인적인 차원에서도 이런 것들을 느낄 수 있다. 하지만 사람들은 극복할 수 없는 무능력함을 노출시키는 것이 두려워서 그것에 대해 말하지 않는 것이다. 이것을 보여주는 예로는, 1994년의 노스리지 지진 사건으로부터 4개월 후에 캘리포니아주립대학교의 한 강의실에서 일어난 일로 당시 나는 강사로서 학생들에게 수업 시간마다 얼마나 많은 사람들이 지진에 대해 어떻게 생각하고 있는지에 대해서 물어보았다. 모든 학생들은 손을 들었고, 우리 모두 자신이 그것을 느끼고 있는 유일한 사람이라고 생각했었다는 것에 대해 이야기하곤 했다.

외상사건이 발생할 때 영향을 크게 받은 사람들은 **생존 모드**를 취할 수 있는데 이 모드는 육체적으로 정서적으로 일어난 일로부터 말 그대로 살아남을 수 있는 수단이 된다. 생존 모드는 종종 그 사건과 관련해 무감각이나 충격을 동반하기도 한다. 왜냐하면 그것은 때때로 어떤 사람이 살아남기 위해 변경된 현실감에 놓이게 만들기 때문이다. 그 외상과 관련된 특별한 감정, 이미지, 감각, 근육반응 등이 그들의 마음에 깊숙이 각인되기 때문에 그 사건은 신체적으로든 정서적으로든 생존자 안에서 **굳어질 수 있다**(van der Kolk & Fisler, 1995). 그 사건의 스트레스는 혈압 상승, 빠른 호흡, 심장박동 증가, 면역기능 손상, 근육긴장 증가, 각성상태 증가, 불면 등의 형태로 신체에 나타나게 된다(Mitchell, 2007). 이런 증상들 중 다수는 외상생존자가 그 사건을 떠올릴 때도 나타날 수 있다. 왜냐하면 그것들은 몸에 각인된 신체적 증상들이기 때문이다.

대규모의 사건이 발생하면, 생존자들은 종종 외상의 즉각적인 영향을 해결하기 위해서 심리상담을 제공받는다. 하지만 이후의 삶에서 PTSD가 나타나는 경우에는 음악치료가 효과적인 중재가 될 수 있다. 본능적인 생존 본능이 약해지고 내면에 갖고 있는 모든 것을 가지고 해야 할 것에 마주할 때, 음악치료는 가장 강력해질 수 있다. 일어난 일에 대한 두려움, 슬픔, 현실이 자리 잡고 한 사람의 삶의 관점을 변화시키기 시작한다. 생존자의 내면에 존재하는 이런 정서적 구성요소들이 여러 다양한 측면에서 그 또는 그녀에게 영향을 끼치기 시작한다. 음악을 통해 발견한 것을 처리하고, 또한 발견된 것이 희망과 치유를 북돋울 수 있다.

임상작업

나는 1990년대 초에 외상연구 전문가인 Carolyn Braddock(*www.braddock-bodyprocess.com*)과 함께 그룹의 공동리더로서 PTSD를 가진 사람들과 처음 일하기 시작했다. 이 공동연구를 통해서 나는 여러 비음악 관련 기술들을 배웠으며, 이후 이 기술들을 음악중재에 통합시켰다. 나는 위에서 노스리지 지진을 언급했었다. 노스리지 지진은 규모 6.7이었으며, 대학 캠퍼스와 주변 지역을 파괴시켰다. 나는 대규모 외상과 그것이 공동체에 끼치는 영향을 직접 배우게 되었다. 학생들과 나는 그 사건을 해결하고, 음악에서 좋은 시간을 가지며, 스트레스 상황에서 사용할 이완전략을 배우는 것을 돕기 위해 초등학생들을 고려한 음악중재를 개발했다.

외상에서 살아남은 사람들과의 음악치료 경험을 통해 많은 목표를 해결할 수 있다. 결정한 목표와 경험은 음악치료사의 임상경험 범위 내에 속해야 한다. 외상사건을 경험한 사람들과 일하는 모든 상황에서 음악치료사는 자신의 자의식에 분명히 중심을 두어야 한다. 음악치료 범위를 벗어나는 기술뿐만 아니라 역전이 문제들을 아는 것은 필수다. 음악치료사는 "이차적인 외상 스트레스(Figley, 1995, p. 53)"를 반드시 알아차려야 하는데 이것은 외상을 겪은 사람을 도와주고 싶은 마음으로 인해 치료사에게 외상증상들이 발현되는 것이다. 만약 음악치료 경험을 제공하는 음악치료사가 대규모 외상사건에 영향을 받았다면, 치료사는 외상과 관련된 자신의 느낌과 외상과의 개인적 관계를 훨씬 더 예리하게 인지해야 한다. 슈퍼비전이 항상 제공되기는 하지만, 덜 숙련된 음악치료사는 슈퍼비전과 외부지원을 적극적으로 찾아야 한다.

북 연주경험

집단 북 연주경험은 다양한 긍정적 파생물을 만들 뿐만 아니라 많은 목표를 해결해줄 수 있다. 사람들이 자신만의 독특한 경험이라고 생각했던 것을 표현할 때, 많은 사람들이 비슷한 느낌을 보고하게 되면 결합에 대한 의식이 발달할 수 있다. 또한 북을 치는 물리적 행동은 긴장감을, 그리고 종종 불안감을 감소시킬 수 있다(Borczon, 2013). 드럼서클을 만들 때 좋은 기초 리더십 기술을 갖는 것은 도움이 된다. 왜냐하면 드럼서클이 치료중재를 통합시킬 수 있는 근본적인 토대가 되기 때문이다. Braddock(1995)은 호흡, 소리, 동작 중재전략을 사용하는 것의 초점이 치유의 핵심 부분이라고 언급했다. 내담자를 북 연주에 참여시킴으로써 음악치료사는 호흡에 관심을 가지게 하여 호흡을 조절하도록 도와주고 호흡 주기에 대한 의식을 증가시켜줄 수 있다. 찬트에서 목소리를 사용하는 것은 긍정적인 확언이 자리 잡는 데 도움이 될 수 있다. 그리고 북 연주로 이동하는 것은 외상 후 몸에 있던 긴장감을 덜어주는 데 도움이 될 수 있다.

북 연주경험을 이끌 때, 음악치료사는 집단의 소리가 갖는 힘을 인지해야 한다. 북 연주의 역동적인 수준과 그것이 참가자들에게 어떠한 영향을 끼치는지를 지속적으로 관찰해야 한다. 때때로 큰 소리는 외상과 관련이 있으며, 북 연주에 처음 노출되면 외상장면을 재경험하는 느낌을 받을 수도 있다. 매우 에너지가 큰 소리를 만들 때는 해제반응(abreactions)과 관련해서 참가자들을 조심스럽게 관찰해야 한다.

나는 개인뿐만 아니라 소집단과 대집단 둘 다에 치료적인 북 연주를 통합시키는 데 성공했다. 북 연주세션을 통해서 해결할 수 있는 목표에는 느낌 표현, 집단응집력 개발, 공동체 의식 증가, 긴장 및 불안 감소, 희망 증가, 긍정적 확언 창출 등이 포함된다.

나는 일반적으로 원의 중앙에 위치하고 있는 큰 북(gathering drum) 위에 14인치 자수정 토닝볼(toning bowl)을 놓는다. 세션을 시작하면서 나는 그 볼의 소리를 집단에게 소개하고, 구성원들을 3~4명씩 나오게 하여 북 헤드에서 진동을 느끼고 볼 중앙에서 2인치 정도 떨어진 곳에 손바닥을 놓게 한다. 여기서 그들은 볼의 진동을 느낄수 있으며, 이 경험은 그 방 안에서 참가자들 사이에 만들어지는 진동뿐만 아니라 그 방을 넘어서 사람들 사이에 존재하는 진동에 대한 비유로 사용될 수 있다. 이러한 초기 경험 이후, 나는 그들이 리듬감을 느낄 수 있도록 콜 앤 리스폰스(call-and-response)를 했다. 콜 앤 리스폰스를 통해서 기본 박 안에 여러 박이 존재한다는 것을 보여주었다. 나는 **심장박동**(heartbeat; 박자감 없는 일정한 박)을 그들에게 제시했다. 그리고 그들이 편안함을 느끼는 순간에 그들은 그 비트 내에서 자신만의 리듬을 찾는다. 거기서부터 취할 수 있는 몇 가지 방안이 있다.

1. 북 연주를 멈출 때, 참가자들에게 자신의 호흡을 살피게 한다. 호흡이 빨라지면, 참가자들에게 호흡을 늦추라고 지시한다. 또한 긴장이나 이완의 조짐을 일기 위해서 참가자들에게 자신의 몸을 살피게 한다.

2. 사람들이 정서적 표현에 집중하는 것을 도와줄 때, 우선 그들이 지난주에 스트레스를 받았던 일에 대해 말하게 한다. 그들이 스트레스 요인을 설명할 수 있는 단어 하나를 찾게 하고, 그 단어의 리듬을 알려준다. 그런 다음, 그들이 소리를 통해 그 단어의 에너지를 집단으로 배출시키는 데 집중하면서, 각각 주어진 리듬 내에서 그들의 단어를 연주할 수 있게 한다. 그러고 나면 그들이 자신의 감정과 관련된 한 가지 단어에 집중하게 하고, 그들에게 그 단어의 리듬을 가르쳐준다. 그 집단구성원들이 그 단어의 느낌에 의해 지지를 받아 단어 각각의 리듬으로 자신의 단어를 북으로 연주하게 한다. 그들이 두 단어의 음악적 표현 사이에 존재하는 각기 다른 느낌에 대해 논의하게 한다. 그들이 느끼고 싶어 하는 것을 아우르는 찬트를 만들 수도 있다. 느린 북 비트에 맞춰 리드미컬하게 호흡하는 것은 찬트 경험을 증진시킬 수 있다.

3. 참가자들에게 2에 적힌 내용을 반복하게 하고, 단어 대신 그들에게 그 비트에 맞춰 몸동작을 만들라고 요청한다. 찬트는 그들이 느끼고 싶은 몸동작으로 끝난다. 이런 의식적인 노력은 몸으로 하여금 긍정적인 움직임이 리듬을 통해 그 사람의 신체적 상태(physicality)로 변하게 된다는 것을 알게 하는 데 도움이 된다.

4. 그 집단에서 나온 긍정적인 단어들을 통해서 홈베이스(home base)를 만들 수 있다. 그 단어들의 리듬은 참가자들의 마음(psyche)에 통합될 뿐만 아니라 근본적인 음보(metrical) 경험이 된다. 1음절(1박) 단어로 끝나는 것을 권장한다. 기쁨(joy), 안락(comfort), 휴식(rest), 평온한(peaceful), 활

기찬(energizing), 향상(lifted), 강한(strong)
과 같은 단어들의 리듬에 대해 생각해보자.

세션은 모든 사람이 하나의 박을 함께 연주하면서, 그리고 만들어진 찬트를 함께 부르고 머릿속으로만 들을 수 있는 곳으로 그 찬트를 천천히 가져가면서 끝낸다. 다음의 임상사례는 이런 프로토콜을 각색한 것이다.

임상사례

9·11 이후, 미국 내 상당부분이 그 사건의 희생자들을 도와줄 방법에 대해서 무기력함을 느꼈다. 게다가, 사람들은 얼마나 많은 사람들이 목숨을 잃었는지를 알게 되면서 정신적 충격을 받았을 뿐 아니라, TV에서 그 사건을 보면서 느낀 것들을 가지고 무엇을 해야 할지 몰랐다. 9·11이 발생하고 일주일 뒤, 나는 Christine Stevens와 레모사와 공동체 북 연주 이벤트를 실시했다. 그 이벤트는 노스리지의 캘리포니아주립대학교 캠퍼스 곳곳뿐만 아니라 지역신문에 광고했다.

그 이벤트는 사람들에게 북으로 연주하는 리듬을 그냥 느껴보라고 요구하면서 시작됐다. 그리고 나서 그들에게 가까이 있는 2~3명의 사람들과 리듬을 연주하라고 요청했다. 한 번 하고 나서, 레모사의 테이블 드럼이 소개되고, 전 세계적인 공동체 의식을 상징하기 위해 다양한 문화배경의 사람들에게 와서 북을 연주해보라고 요구했다. 잠시 후, 북 연주가 끝나고 나는 다음 경험을 소개했다. 나는 참가자들이 그들의 연주에서 훨씬 더 큰 의미를 느낄 수 있도록 북을 연주하는 사람들과 9·11에 목숨을 잃은 사람들을 연관짓고 싶었다. 매우 많은 사람들이 목숨을 잃었기 때문에, 희생자들을 개별적으로 기억하는 것은 어려울 것이다. 그래서 나는 캘리포니아 출신 사람들에게 초점을 맞추기로 결정했다. 나는 9·11 테러 공격을 통해서 목숨을 잃은 모든 캘리포니아 사람들의 목록을 확보했다. 각각의 이름을 작은 종이에 인쇄를 하고, 참가자들에게 무작위로 나눠주었다. 참가자들에게 그들이 받은 이름의 리듬을 연주하는 방법을 가르쳐주었다. 그 이름과 그 사람의 에너지가 이 리듬을 통해 구현될 것이다. 이것이 그날의 가장 감동적인 부분이었다. 이름의 리듬을 북으로 치는 시간 다음에, 참가자들에게 북 연주를 점점 줄이고 조용하게 말하고 그 이름에 초점을 맞추라고 지시했다. 그런 다음 참가자

들에게 다음 주까지 자신이 리듬으로 연주한 이름의 사람에 관해 가능한 많은 것을 찾아보라고 격려했다. 그 세션은 내가 Shruti box(하모늄과 비슷한 악기)를 연주하고, Christine Stevens가 그 공동체를 이끌고 'Amazing Grace'를 부르면서 끝난다. 나는 지금까지도 내가 받았던 그 사람의 이름을 사무실 창가에 액자로 해놓았다.

즉흥연주

북 연주는 선율과 비선율의 다양한 타악기들과 즉흥연주를 하기 위한 서곡이 될 수 있다. Limb와 Braun(2008)은 재즈음악가들과 즉흥연주를 하는 동안, 전전두피질이 차단되어 즉흥연주곡이 "전형적으로 자기감독과 의식적인 의지조절을 중재하는 중앙처리과정의 부재상태로서 자극과 무관하게 내적으로 동기부여 되는 행동들이 펼쳐지는 심리적 과정의 조합(p. 1)"으로 발생한다고 보았다. 이것은 즉흥연주된 음악이 의식적으로 관찰하지 못하는 깊은 곳에서 나오고, 그 사람의 정서적인 측면들을 자유롭게 느낄 수 있게 해준다는 의미를 내포하고 있기 때문에 중요하다. Volkman(1993)은 다음과 같이 말했다.

> 악기/음악은 이행대상(transitional object) 역할을 하고, 과거와 현재뿐만 아니라 내부와 외부 세계를 연결해준다. 비록 과거의 상황들이 변하지 않았을지라도, 새로운 관계형성 방법이 발견되는 것이다. 음악적 즉흥연주는 반응할 수 있는 힘을 제공한다. 그 힘은 본래 외상을 입은 사람으로부터 기혜거니 환경이 빼앗은 것이다(p. 250).

북 연주와 관련해서 위에서 언급했던 목표들 중 다수는 즉흥연주를 통해서도 해결할 수 있다. 언어가 실패할 경우 즉흥연주에서 만들어진 음

악을 통해서 성공적인 표현이 가능하다. 그 표현을 통해서 사람들은 자신의 느낌을 이해하고 처리하기 시작한다.

만약 그룹구성원들이 악기에 친숙하지 않다면, 그 악기들을 연주하는 방법과 악기들의 소리에 대한 안내가 필요하다. 나는 종종 콜 앤 리스폰스를 이용해서 집단 북 연주를 시작하는 방식과 유사하게 시작한다. 일단 구성원들이 악기와 그들의 리듬에 편안함을 느끼면 각기 다른 여러 시나리오가 생길 수 있다.

1. 그들은 외상이 발생했을 때 자신이 어떻게 느꼈는지, 현재 어떻게 느끼는지, 미래에 무엇을 느끼고 싶은지를 표현하는 하나의 방식으로 악기를 사용한다. 이런 경험을 처리할 때, 똑같은 느낌을 공유하는 그룹구성원들 사이에서 연관관계가 만들어질 수 있다.

2. 사람들은 외상 그 자체, 외상과 관련된 감정·좌절·영감 등과 같은 수많은 시나리오들을 묘사하는 즉흥연주곡으로 집단을 지휘할 수 있다. 만약 즉흥연주를 녹음한다면, 그것은 나중에 듣고 처리할 수 있다. 그 처리는 지휘자뿐만 아니라 그들이 지휘자를 따르는 것이 어떠했는지를 묘사하는 참가자들에 의해서도 이루어질 수 있다.

3. Carol Bitcon의 강력한 즉흥연주 경험은 간단한 찬트를 이용한다. "나에게는 두 가지 측면이 있어요. 그중 하나는 내면에 있고, 다른 하나는 외면에 있어요. 여기 나의 ＿＿＿가 있어요(Bitcon, 1989, p. 22)." 이 즉흥연주를 하는 동안, 참가자들은 차례대로 이 찬트를 말하고 그 집단과 관련해서 자신의 내면이나 외면을 연주한다. 이 경험은 두세 가지 방법으로 처리할 수 있다. 듣는 사람은 그 즉흥연주에서 자신이 들은 것

에 대해 생각하고, 즉흥연주자에게 피드백을 제공한다. 즉흥연주를 하는 사람은 자신이 그 즉흥연주에서 묘사하고 싶었던 것을 처리할 수 있다. 녹음하고 녹음한 것을 검토하는 것은 또 다른 처리방법을 제공할 수 있다.

4. 감정이입 즉흥연주(empathic improvisation)는 참가자들에게 서로의 노래를 듣고 음악을 통해 서로를 지지하라고 요청할 때 일어날 수 있다. 이것은 소집단이나 브레이크아웃(breakout) 세션에서 가장 잘 이루어질 수 있다. 집단구성원들을 지지하는 것은 한결같은(sustained) 박을 제공하는 것이며, 구성원들 가운데 1명이 주어진 박보다 상위 박을 연주하게 한다. 이것은 참조적인(referential) 경험 또는 비참조적(nonreferential) 경험이 될 수 있다. 참조적인 경험에서는 독주자(soloist)에게 어떤 생각이나 느낌에 초점을 맞추고 자신이 선택한 악기를 이용해서 그것을 묘사해보라고 요청한다. 비참조적 경험에서는 독주자가 어떤 외부생각이나 감정을 참조하지 않고 연주를 하고, 음악에 초점을 맞추며 그런 생각들을 실제 경험으로 전이하면서 그 경험을 처리한다. 음악을 통해 또 다른 사람에 대한 진정한 지지의 근원이 되는 것이 어떤 것인지에 대해 생각하면서, 지지자의 역할도 처리가 된다.

임상사례

이번 임상사례의 배경은 PTSD를 가진 사람들을 위한 3일짜리 워크숍의 둘째 날이다. 그 집단은 10명의 여성과 2명의 남성으로 구성되어 있었다. 나는 악기와 간단한 리듬 즉흥연주를 소개하면서 시작했다. 잠시 후, 나는 그들 모두에게 악기를 테이블에 반납하라고 요청했다. 그리고 나서 우리는 때때로 말로 표현하

기 힘든 느낌을 설명하기 위해서 언어치료를 사용하는 것에 대해 논의했다. 나는 그들에게 (앞에서 언급한) Bitcon의 경험과 그들이 악기를 이용해서 내면과 외면의 감정을 어떻게 표현했는지를 설명했다. 그리고 나서 그들은 악기를 하나씩 선택해서 이런 느낌을 표현하는 데 자신의 목소리로 사용했다.

우리는 모두 바닥에 앉아서 느리고 안정적인 리듬으로 즉흥연주를 시작했다. 어떤 사람이 연주를 하고 싶을 때, 그 또는 그녀는 큰 소리로 "나는 두 가지 면이 있어요. 그중 하나는 내면에 있고, 다른 하나는 외면에 있어요. 여기 나의 ＿＿＿가 있어요"라고 말하면서 그 집단에 신호를 주었다. 그 사람이 끝마쳤을 때, 그 또는 그녀는 "1-2-3-4-연주"라고 말하면서 그 집단을 다시 리듬으로 끌어들인다. 모든 사람이 연주를 끝냈을 때, 나는 즉흥연주를 마치고 처리할 시간을 갖는다. 참가자들은 단순히 그 악기를 자신의 목소리로 연주했던 것이 어땠는지에 대해 설명을 하고, 그들이 표현한 것이 무엇인지를 이야기했다. 참가자들은 악기를 자신의 목소리로 사용할 수 있었을 때 자신이 느낀 정서적 배출과 경험의 힘에 대해 말했다. 이것은 우리가 말로 표현할 수 없는 것을 음악을 통해 표현할 수 있다는 생각과 일치한다.

스토리텔링

나는 1990년대 초반 이후로 음악과 함께 스토리텔링 기술을 사용했으며, 그것이 나의 업무에 중요한 방법이 된다는 것을 발견했다. 스토리텔링의 이유는 Carl Jung(1972)의 글에서 찾아볼 수 있다. 이 글에서 그는 동화와 신화의 중요성에 대해 "동화와 신화에서 마음(psyche)은 꿈에서처럼 자신의 이야기를 말하고, 원형들(archetypes)의 상호작용은 자연스러운 환경에서 드러난다(p. 217)"라고 말했다. Clarissa Pinkola Estés(1992)는 *Women Who Run with the Wolves: Myths and Stories of the Wild Woman Archetype*(늑대와 함께 달리는 여인들)에서 이야기가 약으로서 힘을 갖고 있으며, 치유방법이 이야기 속에 있다고 말했다. PTSD를 가진 사람에게 이야기를 말할 때, 내담자들과 이야기의 기호 및 이미지 사이에서 일어나는 관계가 그들에게 드러날 수 있다. 그들은 종종 이야기의 캐릭터와 도덕에 대해 해석하고 논의할 때 느낌을 투영할 것이다. 그때 음악치료사의 임무는 내담자가 그 투영과 기호, 그리고 자아 사이에 존재하는 연관관계를 알 수 있도록 도와주는 것이다.

스토리텔링에는 음악적 지속적인 단조로운 소리(musical drone), 이야기를 말하는 것, 그리고 이야기라는 세 가지 구성요소가 있다. 음악적 단조로운 소리는 D-E-G#-A-B에 맞춘 치터(zither)나 하프, D-A-D-F#-A-D나 D-A-D-G-A-D 같은 오픈 튜닝(open tuning)에 맞춘 기타, 단순한 조합의 핸드 드럼(hand drum) 소리, 탬부라(tamboura), 또는 목소리가 말할 수 있도록 배경음을 제공해주는 악기 등이 될 수 있다. 음악의 기능은 말에 대한 지지를 제공하고, 분위기를 만들고, 듣는 사람을 즐겁게 하는 것이다.

이야기 말하기는 편안해질 때까지 말할 이야기를 연습하고 또 연습해야 한다. 듣는 사람이 마음속에 그릴 수 있을 정도로 캐릭터와 상황을 설명해야 한다. 듣는 사람에게 이미지가 분명하면 분명할수록 듣는 사람이 그 이야기에 공감하는 것은 더 쉬워진다. 각기 다른 캐릭터가 이야기할 때 목소리 음색이 바뀔 수 있다. 목소리의 리듬은 듣는 사람이 장면을 이해할 수 있을 정도로 느려야 한다. 하지만 이야기 진행을 방해할 정도로 너무 느려서는 안 된다. PTSD를 겪는 사람들에게 이야기 그 자체는, 어떤 일이 삶에서 일어난 이유를 찾으면서 역경을 극복할 때 표현되는 교훈[도덕(moral)], 힘, 또는 이런 주제들을 둘러싸고 있는 무언가를 가지고 있어야 한다.

이야기의 두 가지 관점(level)을 처리할 수 있다. 첫 번째 관점, 즉 이야기의 교훈과 관련해서 내담자는 자신이 그 이야기에서 배웠다고 생각하는 것을 처리한다. 나는 종종 이런 처리와 고대 문명이 공동체의 가치와 교훈을 가르치기 위해 이야기를 사용했다는 생각을 연관시킨다. 두 번째 관점은 내담자가 그 이야기의 다양한 상징들에 어떻게 공감하는가이다. 더 심층적인 이 관점에서 이야기의 상징적 속성이 활기를 띠게 된다. Jung(1969)은 "마음이 사회적 통념이 생기게 만든 모든 이미지들을 포함하고 있다(p. 7)"라고 말했다. 음악치료사는 내담자와 이야기에서 나온 상징의 관계를 어떻게 탐색할 수 있는지를 이해해야 하며, 꿈·상징 그리고 Jung이 마음속 중요한 창으로서 이런 것들을 어떻게 봤는지 등에 대해 어느 정도 지식을 가지고 있어야 한다. 그러나 두 번째 논의 관점은 내담자가 잘 만들어진 이야기를 듣는 것에서 음악으로 번성하는 데 필요하지 않다.

나는 치료세션에서 수많은 이야기들을 사용한다. 하지만 내가 PTSD를 가진 사람들에게 가장 자주 사용하는 두 가지 이야기는 '카디르와 모스(Borczon, 1998)' 이야기와 '할머니의 이야기'이다. '카디르와 모스' 이야기는 그들이 함께 걸어가면서 카디르가 모스에게 그날 무슨 일이 일어나도 질문하지 말라고 요구한다. 왜냐하면 카디르가 공동체와 어떤 사람에게 파괴적인 세 가지 행동을 외관상 부추기는 것처럼 행동했기 때문이다. 각각의 사건 후, 모스는 그의 약속을 깨고 카디르에게 질문을 한다. 카디르는 모스에게 "내가 하는 것들을 너는 이해하지 못할지도 모르지만, 너는 나에게 질문하지 않기로 약속했잖아"라는 가사의 노래를 불러준다. 그러나 처음 두 사건 이후 카디르는 약속이 깨졌음에도 불구하고 모스가 그와 함께 걸어가는 것을 허락해준다. 모스가 그의 약속을 세 번째 깼을 때, 카디르는 그에게 그들이 더 이상 함께 걸어갈 수 없다는 것을 알려준다. 기디르기 떠나기 전, 그는 모스에게 겉으로는 파괴적인 것처럼 보이는 각 사건들

로부터 더 좋은 일이 생길 것이라고 말한다. 이야기를 처리하는 과정에서 내담자들은 종종 좋은 무언가가 외상으로부터 나올 수 있다는 것을 받아들이는 지점, 또는 "모든 것에는 다 이유가 있다"라는 주제에 도달하게 된다. 그 이야기는 느린 네 박자 드럼비트를 동반하며, 각 비트에 각기 다른 어택(attack)을 이용하고 세 번째 비트는 2분 음표이다.

나는 내가 내담자들과 했던 다양한 이야기 창작 경험을 통해서 '할머니의 이야기'를 개발했다. 그 이야기는 어떤 할머니가 2명의 손자들에게, 평범하지 않은 일을 겪고도 서로에 대한 신뢰를 바탕으로 그 사건에서 살아남는 한 젊은 연인에 대한 이야기를 해주는 것이다. 그 이야기에서는 종이를 젊은 남자에게 주는 장면이 나온다. 하지만 이야기를 듣는 사람에게는 그 종이 위에 무엇이 있는지 말해주지 않는다. 할머니는 아이들에게 해변으로 내려가서 모든 조개껍데기 안을 살펴보고 그 종이를 찾으라고 말한다. 종이에는 많은 사람들이 믿는 중국의 속담인 위기는 곧 기회라는 중국어가 적혀 있다.

危机

각각의 참가자는 그 종이를 본다. 그리고 거기서부터 이야기 처리가 시작된다. 음악배경은 앞서 언급한 음계에 맞춘 치터의 소리이다. 이 두 가지 이야기들에 대한 완벽한 연주는 웹사이트(*http://mstcman.wix.com/story-page*)에서 들을 수 있다.

이미 만들어진 이야기를 말하는 것에서 더 나이가 집단에서 세 곡의 음악을 들은 후 나온 이미지를 토대로 새로운 이야기를 만드는 방법이

있다. 첫 번째 음악은 W. A. Mathieu의 'Unseen Rain'이다. 집단에게 그 음악을 들려준 후 어떤 이미지든 마음속에 떠올려보라고 요구한다. 짧은 이완활동 후에 음악을 들려준다. 그런 다음 각 구성원들에게 무엇을 상상했었는지 물어보고, 음악치료사는 각 구성원들이 상상한 이미지의 주요 부분들을 적는다. 그런 다음 음악치료사는 각 구성원의 이미지의 특정 부분을 능숙하게 이용하여 이야기 만들기를 시작한다.

예를 들어 만약 소집단 세션에서 떠오른 주요 이미지가 어린 소년과 소녀, 나이 든 부부(연인), 들판, 피아노, 댄서, 누군가가 떠나는 것, 누군가가 말을 타는 것이라면 그로부터 나올 수 있는 이야기는 나이 든 부부가 자신들의 어렸을 때를 회상하는 것에서부터 시작될 수 있을 것이다. 이야기는 피아노를 연주하는 소년과 댄서인 소녀가 종종 들판에서 말을 타는 것으로 이어질 수 있다. 그런 다음, 이야기에는 두 번째 음악이 나올 수 있는 전환점이 있어야 한다. 그 전환점은 무언가가 일어나고 여행이 시작되는 것이다. 이런 경우, 젊은 연인은 그들이 함께 하는 것을 원하지 않는 부모들과 가족이 있다. 그래서 그들은 말을 가지고 도망쳤다. 이 사건은 두 번째 음악인 마누엘 데 파야의 'Fire Dance'로부터 시작된다. 그 집단에게 똑같이 말을 타고 부모로부터 도망치는 젊은 연인의 이미지를 가지고 시작하라고 지시한다. 선택이 끝날 무렵, 각 구성원은 그 젊은 연인에게 무슨 일이 있었는지 말을 하고 음악치료사는 거기서 나온 제안들을 이야기로 만든다. 이 세션의 끝 부분은 등장인물들이 무언가로 인해 위험에 처하는 것이 되어야 한다. 그 집단에게 똑같은 장소에서 다시 시작하라고 지시한다. 이제 그곳에서는 등장인물들이 위험에 처해 있다. 마지막 세 번째 음악은 앤드류 로이드 웨버의 'Overture to Jesus Christ, Superstar'

이다. 이 음악은 매우 강렬한 부분을 가지고 있지만, 영광스러운 마무리처럼 들리는 주된 음악적 주제와 함께 끝난다. 일단 모든 참가자들이 그 이야기가 어떻게 끝날 것인지에 대한 자신의 생각을 제시하면, 음악치료사는 전체 이야기를 마치 오래된 신화인 것처럼 다시 말한다. 나는 이것을 치터를 가지고 진행한다. 이야기를 말하는 것이 끝날 무렵, 그 이야기에서 나온 상징과의 관계뿐만 아니라 이야기의 교훈에 대해서도 논의할 수 있다. 'Overture to Jesus Christ, Superstar'에서 마지막 주제는 세 번 반복하여 들려줌으로써 진짜 끝나는 느낌을 줄 수 있도록 편집했다는 점에 주목해야 한다.

임상사례

나는 음악과 외상 워크숍을 진행하고 있었는데, 워크숍 이후에 극단적인 외상사건에서 살아남은 환자 침대 곁에서 일하게 되었다. 이것은 외상사건이 일어난 지 3주 후였으며, 그녀는 여러 다른 분야의 치료사들을 봤지만, 병원에 있는 음악치료사와 음악치료에 끌렸다. 나는 그녀와 이틀 동안 두 번에 걸쳐 만날 수 있었다. 첫 번째 만남에서 나는 그녀에게 '카디르와 모스'의 이야기를 말해주었다. 그녀는 내가 그 이야기를 하면서 함께 연주했던 북 연주의 패턴에 시선을 고정시켰다. 내가 그 이야기를 끝냈을 때, 나는 그녀에게 그것이 어떤 교훈을 주었느냐고 물어보았다. 그녀는 말을 찾느라 힘들어했지만, 결국 "사건이 일어났고, 우리는 그 이유를 몰라요"라는 말을 내뱉었다. 그 순간, 그녀는 웃고 있었지만 눈물이 흐르고 있었다. 나는 그녀에게 눈물이 어디에서 비롯된 것인지 물었다. 그녀는 자신이 울고 있는 것이 아니라고 말했다. 이 일이 일어날 때 함께 있었던 병원 음악치료사는 단순히 그녀의 눈물이 '새고 있는 것'이라고 표현했다. 비록 우리는 언어로 그 이야기를 처리하지 못했고, 그 이야기가 그녀에게 어떤 영향을 끼쳤는지는 몰랐지만, 나는 3주 후 그녀로부터 그림과 편지를 받았다. 이 편지에는 우리의 상호작용을 통해서 그녀가 마치 새로운 인생을 사는 것처럼 느꼈다고 적혀 있었다.

노래 만들기

노래 만들기는 집단참가자들이 서로 유대관계를 형성하고 창의적이 될 수 있는 좋은 방법이다. 나는 종종 기타로 다음과 같은 진행(progression)을 사용했다.

A(A major)

3프렛 Am(A minor)

5프렛 Am(A minor)

3프렛 Am(A minor)로 내려간 다음

A(A major)로 다시 간다.

4/4박자의 이 간단한 진행은 선율진행에 있어서 많은 가능성을 열어놓을 수 있다. 일단 당신이 자신의 선율과 가사에 얼마나 많은 음절이 들어 있는지에 대해 정의해야 하는 장소에 왔다면, 당신은 집단에서 작곡할 수 있게 그것을 공개해야 한다. 나는 각각 4개의 단으로 이루어진 3개의 절(verse)을 자주 사용한다. 나는 우선 집단에게 그 외상이 그들에게 처음에 어떤 영향을 끼쳤는지에 대해서 1개의 절로 작곡해보라고 한다. 두 번째 절은 그들이 현재 무엇을 겪고 있는지에 대한 것이다. 그리고 마지막 절은 그들이 앞으로 무엇이 일어나길 바라는지에 대한 것이다. 곡을 쓴 후, 악기를 연주하고 싶어 하는 사람들과 그 곡을 함께 연주하고 녹음했으며, 각 구성원은 녹음한 곡의 사본을 받았다. 그리고 곡의 가사와 의미를 처리할 수 있는 시간이 주어진다.

임상사례

다음의 노래는 외상을 겪은 사람들에게 초점을 맞춘 1주일 과정에서 주치료사와 함께 자신의 외상을 처리하느라 힘든 시간을 보낸 작은 집단에서 나왔다. 이 세션은 외상의 근원으로 다양한 초기 사건을 겪은 사람들과 함께 했다. 일부 참가자들은 커다란 외상사건을 겪었고, 다른 사람들은 정서적 또는 신체적 학대 형태의 외상사건(이 장의 초점과는 거리가 있는)에서 살아남았다. 그 집단은 3개의 절을 함께 만들었고, 참가자들 가운데 1명이 그 노래를 불렀다. 또 다른 참가자는 건반으로 합성음을 연주하는 아이패드 프로그램을 실행하여 5음 음계(pentatonic scale)로 만들었다. 이 참가자는 두 번째와 세 번째 절 사이에서 독주를 했으며, 세 번째 절에서도 연주를 했다. 참가자들의 상호작용은 매우 긍정적이었다. 왜냐하면 그들이 서로의 생각을 지지해주었기 때문이다. 연주는 녹음되었으며, 각 구성원들에게 CD로 배부되었다. 녹음 후 가사처리가 전혀 없었고, 지지하는 시간과 그룹의 성취감밖에 없었다는 것에 주목해야 한다.

긴 하루의 일몰
태양이 서쪽으로 지고 있어
색깔은 말한다, 나의 심장에
매일의 날이 아름다울 거야
하늘의 그림은 한 폭의 예술 같다

별이 나오려고 하고 있어
그들은 하늘의 강에서 흐르는 것 같다
매우 긴 하루의 완벽한 마침이다
나의 두 눈에 즐거운 눈물을 흐르게 하네

달은 금빛으로 밝게 떠오르네
나의 미래가 아직 오지 않은 것처럼
유성은 밤하늘을 가로지르네
유성은 나를 집과 평온함으로 데려가네

다른 분야에서의 적용

커다란 외상경험을 한 개인 및 집단과 일할 때 음악치료사는 종종 다른 외상치료 팀의 구성원들과 접촉을 하게 된다. 때때로 외상경험의 영향을 받은 사람들은 음악치료와 같은 새로운 시도를 꺼린다. 하지만 팀 구성원들의 지지로 그들의 불안은 완화될 수 있다. 다른 팀 구성원들과 협력하는 것은 보다 큰 집단에서 더 많은 관심(주목)이 가능하게 한다. 그리고 세션 중에 문제가 발생했을 때 특히나 그렇다. 음악적 능력을 가지고 있는 치료사는 앞에서 기술한 경험들 중 일부를 시행할 수 있다.

북 연주는 지난 10년 동안 사람들이 교류할 수 있는 방법으로 사용되어왔으며, 드럼조력자(drum facilitator)를 양성하는 교육프로그램이 여러 나라에서 열리고 있다. 많은 드럼조력자들은 재난의 여파를 깨우는 데 도움이 되고 싶어 한다. 하지만 그들은 집단 북 연주경험에서 생존자들을 리드할 수는 있지만, 그들은 참가자들의 치료필요성을 알아차리고 처리하는 데 익숙하지 않을 수도 있다. 드럼서클은 많은 목표를 달성할 수 있다. 하지만 음악치료사가 실시했을 때 그것은 다른 톤을 띤다. 외상사건을 다룰 때 드럼조력자들과 함께 일하는 것은, 커다란 집단 내에서 사람들에게 관심을 기울이면서 북과 같은 물리적 자원들을 결합시키는 방법으로 도움이 될 수 있다.

주치료사와 함께 이끄는 즉흥연주 경험들은 매우 효과적일 수 있다. 나는 처리를 위한 좋은 환경을 추가하면서 공동치료사와 "There Are Two Sides of Me(나에게는 두 가지 면이 있다)"를 해본 적이 있다.

스토리텔링은 음악치료에만 있는 것은 아니다. 수많은 스토리텔러들은 젊은 사람들이나 나이 든 사람들 모두에게 즐거움을 제공한다. 치료목표를 염두에 두고 이야기를 말하는 것은 널리 시행되고 있지 않다. 그리고 음악적 요소를 가지고 이야기를 말하는 것은 훨씬 덜 보편적이다. 치료사들은 스토리텔링을 유도하는 분위기를 만드는 것을 도와주는 몇 가지 아이패드 응용프로그램, 하프, 치터 등을 이용해서 이야기를 강화시키기 위한 기본적인 배경음악을 사용할 수 있다.

작곡은 창의적인 과정이면서 기타, 피아노 등의 악기들과 목소리를 조합할 수 있는 능력을 필요로 한다. 많은 비음악치료사들도 이런 음악적 능력을 가지고 있으며, 작곡(작사) 세션을 이끌

수 있다. 창작과정에서 집단을 관리하는 것은 어려울 수 있으며, 많은 집단구성원들이 노래 만들기 과정에서 맡게 되는 능력에 대한 민첩함을 필요로 한다. 그래서 노래 만들기 경험의 기본적인 요건은 노래를 만들 수 있는 음악적 능력, 치료 음색을 가진 노래를 만드는 방법에 대한 이해, 창작과정에서 집단을 이끌 수 있는 능력 등이 있다.

결론

사람들은 종종 세상이 빠르게 변하고 있다고 말하지만, 아직 여러 가지 측면에서 볼 때 사실이 아니다. 사람들이 사는 방식과 땅의 모습을 바꾸어놓는 자연의 작용들이 언제나 존재할 것이며, 1명에서 수천 명에게까지 영향을 끼칠 수 있는 폭력도 존재할 것이다. 그리고 어떤 규모가 되었든 공동체에 영향을 끼칠 수 있는 예기치 못한 사건과 사고가 있을 것이다. 이런 것들이 발생했을 때, 영향을 받는 사람들 중 일부는 그 사건을 극복하고 정상적인 생활로 돌아올 수 있을 것이다. 왜냐하면 모든 사람이 똑같이 영향을 받는 것은 아니기 때문이다. 하지만 고통을 겪기 시작하는 사람들이 있을 것이고, 그들이 다르다거나 그들이 상황을 처리할 수 없다는 것을 모를 정도로 그 고통은 종종 조용히 발생할 것이다. 외상의 후유증은 인생의 가벼운 혼란(mild disruption)부터 삶 전체를 아우르고 쇠약하게 만드는 두려움에 이르기까지 다양하다. 영향을 받은 사람들이 이런 내면의 전쟁과 느낌을 표현할 방법을 찾아야 할 때, 그들은 종종 언어치료 양식(verbal therapy modality)에 의지할 것이며, 이것은 그들에게 도움이 될 수 있다. 그러나 음악과 음악의 요소들은 인간존재의 핵심에 있기 때문에, 자신의 내면세계를 표현하기 위해서 목소리를 찾으려고 애쓰는 사람들은 음악경험을 통해서 이 목

소리를 찾을 수 있을지도 모른다. 즉흥연주, 작곡, 청취, 다양한 음악 관련 창작경험을 통해서 생존자는 자신이 말로 표현할 수 없는 것과 연관시킬 수 있고 삶에서 정상적인 감각을 다시 구축할 수 있다.

참고문헌

American Psychiatric Association. (2013). *Diagnostic and statistical manual of mental disorders* (5th ed.). Arlington, VA: Author.

Bitcon, C. (1989). *Risk it: Express*. St. Louis, MO: MMB Music.

Borczon, R. (1998). *Music therapy: Group vignettes*. Gilsum, NH: Barcelona.

Borczon, R. (2013). Survivors of catastrophic event trauma. In L. Eyre (Ed.), *Guidelines for music therapy practice in mental health* (pp. 237–262). Gilsum, NH: Barcelona.

Braddock, C. (1995). *Body voices: Using the power of breath, sound and movement to heal and create new boundaries*. Berkeley, CA: Page Mill Press.

Estés, C. P. (1992). *Women who run with the wolves: Myths and stories of the wild woman archetype*. New York: Ballantine Books.

Figley, C. R. (Ed.). (1995). *Passion fatigue: Coping with secondary traumatic stress disorder and those who treat the traumatized*. New York: Brunner/Mazel.

Jung, C. G. (1969). *The collected works of C. G. Jung: Vol. 9i. Archetypes and the collective unconscious* (R. F. C. Hull, Trans.). Princeton, NJ: Princeton University Press.

Jung, C. G. (1972). *Four archetypes*. New York: Routledge.

Limb, C., & Braun, A. (2008). Neural substrates of spontaneous musical performance: An fMRI study of jazz improvisation. *PLoS ONE, 3*(2), e1679.

Mitchell, J. (2007). The psychological aftermath of large- and small-scale fires. In E. K. Carll (Ed.), *Trauma psychology: Issues in violence, disaster, health and illness* (pp. 231–254). Westport, CT: Praeger.

Rothschild, B. (2000). *The body remembers: The psychophysiology of trauma and trauma treatment*. New York: Norton.

van der Kolk, B., & Fisler, R. (1995). Dissociation and the fragmentary nature of traumatic memories: Overview and exploratory study. *Journal of Traumatic Stress, 8*(4), 505–525.

Volkman, S. (1993). Music therapy in the treatment of trauma-induced dissociative disorders. *Arts in Psychotherapy, 20*, 243–251.

제 32 장

애도와 사별 경험을 위한 음악치료

9: Robert E. Krout

정현주 역

필리스는 72세의 여성 내담자로, 8개월 전 지역 호스피스 기관의 도움을 받아오던 남편을 폐암으로 여의었다. 그녀는 연말 연휴를 앞두고 정서적 어려움을 겪게 되면서 필자가 근무하는 기관에 사별로 인한 심리지원을 요청했다. 사별을 경험한 이들에게 가족과 모이게 되는 전통 명절을 직면하는 것은 매우 어려운 일이다. 특히, 사별 후 맞이하는 첫 명절은 더욱 그러하다. 필리스와 처음 만났을 때, 그녀는 다가오는 명절에 대한 불안을 감당하는 데 도움을 줄 수 있는 노래를 듣고 싶어 했다. 필자는 이 주제를 탐색할 수 있는 '여행의 시작에서 함께 걷자(Walking Together as Our Journey Starts)'라는 노래를 나누고 싶다고 이야기했다(이와 관련된 자세한 내용은 뒷부분에서 다루어질 것이다). 필리스에게 노래의 가사가 적힌 종이를 주고, 필자가 연주하고 노래할 때, 천천히 감상하면서 가사를 읽어내려가기를 청했다. 느리지만 규칙적인 박자로 노래를 시작했다. "명절이 다가오네/온 가족이 모이는/우리는 기억하네/어려운 고비를 함께 헤쳐온 그날들을." 필리스는 노래를 진지하게 경청하며, 수용하듯 수차례 고개를 끄덕였다. 노래가 끝난 후, 필리스는 "이 곡은 정확히 제 이야기를 하는

것 같아요. 저는 이번 해 처음으로 프레드(남편)가 없는 크리스마스를 맞게 되어 제 인생에서 가장 어려운 시간을 보내고 있어요"라고 말했다. 우리는 첫 회기에서 이 같은 불안과 어려움을 극복하기 위해 가족 또는 친구의 도움을 받을 수 있는 방안들을 탐색해보았다. 노래와 음악은 필리스가 안전한 구조 안에서 자신의 애도를 나눌 수 있는 기회를 제공했다.

내담자군

이 장에서는 상실로 인해 삶의 큰 타격을 입은 성인을 위한 사별 지지 프로그램을 소개하고자 한다. 사별 내담자가 음악치료사를 찾아오게 되는 것은 상실 자체가 가지는 의미 때문이라기보다는 상실이 내담자의 삶에 미치는 영향 때문이다. 후기 청소년과 초기 성인의 애도과정은 성인의 애도과정과 많은 유사점을 가지지만, 이 장에

서는 아동과 청소년의 애도와 상실은 다루지 않기로 한다(Dalton & Krout, 2014).

정의

상실

다양한 유형의 개인적 상실은 개인의 삶을 크게 변화시킬 수 있다(Attig, 2010). 또한 새로운 상실은 이전의 상실경험, 기억 및 애도를 상기시킬 수 있다(Apollon, 2012). 애도경험으로 이어지는 상실은 가족구성원, 사랑하는 이, 혹은 배우자의 죽음을 일컫는다. 유족(bereaved)이라는 용어는 일반적으로 가족구성원 또는 배우자를 포함한 사랑하는 이의 죽음으로 애도를 경험하는 사람을 의미한다(Diamond, Llewelyn, Relf, & Bruce, 2012). 일반적으로 사랑하는 이 또는 배우자의 죽음 이후가 애도과정이 시작되는 시점이라고 볼 수 있으나, 이러한 상실이 일어나기 전에도 애도, 곧 예기된 애도(anticipatory grief)가 수반될 수 있다(Johansson & Grimby, 2012).

애도와 애도하기

애도는 때로 별개의 사건으로 간주되기도 하지만, 이는 하나의 사건보다는 일련의 과정으로 볼 수 있다. 음악치료사의 중재는 이러한 애도과정 중에 이루어질 수 있다. 애도는 상실에 대한 그리고 상실에 따른 충격에서 현재의 현실에 적응하기 위한 능동적인 대처방식으로 설명된다(Friedman, 2013). 특별한 대상을 사별한 후, 사람은 자신의 존재와 삶의 의미와 가치에 대하여 의문을 제기하게 된다(Attig, 2010). 사별한 사람의 애도경험은 고유한 것이고, 상실에 대한 반응은 개인마다 차이가 있음을 고려해야 한다. 그러나 일부 공통적인 애도과정의 과제, 측면, 단계에 내한 설명은 사별 관련 문헌에서 많이 찾아볼 수 있다(Hirsch, 2010).

O'Toole(1987)이 제안한 이래로 지금까지 빈번히 사용되고 있는 애도의 기본 모델은 애도 과정을 동적 상태에 있는 하나의 바퀴(륜)로 비유했다. 이 모델은 사별 후 애도과정을 다섯 단계로 설명하는데, 사별 이전의 삶부터 사별 후에 새롭게 적응되는 삶으로 전환하는 과정까지를 포함한다. O'Toole의 애도겪기(grief wheel) 과정은 상실(loss), 충격(shock), 항의(protest), 혼란(disorganization), 재조직(reorganization)의 단계를 포함한다. 이와 함께 자주 사용되는 Worden(2001)의 모델은 사별 경험에 네 가지 주요 과제가 있다고 설명했다. 여기에는 (1) 상실 수용하기, (2) 애도의 고통 경험하기, (3) 사별 이후 고인이 없는 환경에 적응하기, (4) 고인과 맺었던 감정적 관계를 철회하고 죄책감 없이 새로운 관계형성에 사용하기가 포함된다. 세 번째로 소개할 Rando(1993)의 모델은 애도과정을 '6R'로 설명했는데, (1) recognizing―상실 인식하기, 죽음을 인정하고 이로 인한 파장을 이해하기, (2) reacting―일차적 상실과 이에 따른 이차적 상실 모두에 따른 이별에 반응하기, (3) recollecting ―고인과 고인과의 관계를 회상하고 재경험하기, (4) relinquishing―고인과 과거 시간에 대한 애착 버리기, (5) readjusting―고인을 잊지 않고, 새로운 삶에 재적응하기, (6) reinvesting―자유로워진 에너지를 새로운 삶과 정체성에 사용하기이다.

위와 같이 다양한 애도모델들은 사별을 겪는 사람이 자연스럽고 건강한 방식으로 애도하면서 자연스럽게 사별을 극복해나가는 과정을 설명한다. 그러나 사별한 사람들이 언제나 다른 사람의 도움 없이 또는 가족과 친구의 지지와 함께 이 같은 과정을 겪고, 경험하며, 극복할 수 있는 것은 아니다. 이들은 자신의 애도감정에 갇히게 될 수 있고, 절망과 체념을 경험할 수 있으며,

건강하지 않고, 비순응적 방식으로 삶을 지속할 수 없게 될 수도 있다. 이 같은 상태를 복합애도(complicated) 또는 박탈애도(disenfranchised grief)라고 한다(Doka, 2008; Wlodarczyk, 2013). 이러한 경우, 음악치료를 포함한 애도상담 또는 지지 프로그램이 필요하다.

도전과제

애도과정을 겪는 성인에게 음악치료를 제공하는 데는 몇 가지 독특한 도전과제가 있다. 첫째, 상실 경험이 지닌 본질과 이로 인한 고인과의 다양한 관계와 관련이 있다. 내담자가 성인인 경우 상실의 대상은 부모, 배우자, 형제자매, 자녀, 손주 또는 다른 의미 있는 이를 포함할 수 있다. 또는 상실의 대상이 친구나 동료의 죽음일 수도 있지만 음악치료 내담자의 경우 상실의 대상이 가족인 경우가 대부분이다.

두 번째 도전과제는 예견된 죽음이었는지와 관련이 있다. 필자가 호스피스 기관에서 일한 경험에 의하면 가족구성원이 고인과 소통할 수 있을 때 다가올 죽음과 애도를 다루는 것이 매우 효과적이었다. 이 같은 경우 음악치료는 죽음에 임박한 환자에게도 상태 악화와 다가올 죽음에 따른 애도과정에 도움을 줄 수 있었다. 이와 반대로, 심장마비와 같은 의료사건, 사고, 자살, 살인 등의 예견되지 않은 갑작스러운 죽음을 대면할 때와 같은 더욱 힘든 사례도 있다. 갑작스러운 죽음과 사랑하는 고인에게 작별을 고하지 못하는 것은 앞서 언급한 복합애도 또는 박탈애도로 이어질 수 있다(Doka, 2008).

세 번째 도전과제는 부모가 유산, 사산, 암과 같은 질병, 사고, 갑작스러운 유아의 죽음(유아 돌연사; Sudden Infant Death Syndrome, SIDS)과 같은 자녀의 죽음을 경험하는 경우다. 자녀의 죽음은 성인이 겪을 수 있는 가장 어려운 상실 중 하나이다. 자녀가 말기 암과 같은 불치병을 앓고, 죽음이 예견된 경우에도 자녀의 죽음이 닥쳤을 때 대처를 할 수 있는 부모는 매우 드물다. 이러한 경우 부모들은 자기관리 문제는 물론 배우자나 다른 자녀에게 충분한 관심을 주지 못하는 경우가 발생하기도 한다(Krout, 2006; Krout & Jones, 2005).

앞에서 언급한 것과 같이, 새로운 상실은 이전의 상실과 그 감정을 재경험하게 하는 애도의 연쇄성(grief cascade)을 유발할 수 있다. 이에 따라 치료사는 내담자가 이미 극복했다고 생각한 상실에 대한 감정과 생각을 탐색하도록 도와준다. 과거의 상실 경험은 사람으로 하여금 절망감과 존재 및 삶의 이유에 대한 의문을 갖게 하기 때문이다(Hepburn & Krout, 2004).

임상작업

필자가 소개하는 음악치료 모델, 중재기법, 임상사례는 미국 및 해외 호스피스 기관에서의 경험을 바탕으로 개발되었다. 이를 통해 애도와 사별을 다루는 다양한 음악치료의 적용과 그 범위를 소개하고자 한다.

예견된 죽음을 앞둔 내담자와의 음악치료 애도작업

예견된 죽음을 앞둔 내담자와 세션을 하는 경우, 애도과정은 빠르면 초기 난치 판정을 받은 시점부터 시작될 수 있다(Friedman, 2013). 환자 및 환자의 가족과 최대한 빠르게 소통하는 것이 의료진에게 중요하다. 호스피스 또는 완화의료 팀에 속해 있는 음악치료사는 환자의 죽음 이전에 환자 및 환자의 가족과 치료적 관계를 확립할 수 있는 이점을 가진다. 이는 사별 후, 음악치료사가 애도작업에 더욱 치료적으로 중재할 수 있게 해준다. 또한 음악치료사는 사별에 대처를 잘 못하거나 복합애도의 위험성이 있는 가족구성원을 파악할 수 있는 기회를 갖게 된다(Krout, 2004).

죽음을 앞둔 환자와 작업할 때는 애도가 지닌 개인의 차이와 이에 따른 다양한 측면을 아는 것이 중요하다. 또한, 앞서 언급한 것과 같이 사랑하는 사람 또는 의미 있는 사람을 사별한 경험은 인생 전반에 영향을 미친다. Bertman(1999)은 예술치료를 통해서 (죽음을 앞둔) 환자와 내담자가 자신의 온전함(wholeness)과 만나게 하여 불안, 공허함, 무의미함을 완화할 수 있는 여러 가지 방법들을 제시했다. 환자들은 자신의 인생이야기를 탐색, 정리, 회고하면서 단절된 가족 또는 친구와의 관계를 회복할 수 있다. 또한 사랑·용서·공감·애정의 표현을 주고받거나 작별을 고하고, 다른 이들과의 관계를 정리하며, 죽음 이후의 지속성·관계·의미를 확인할 수 있다.

앞서 언급한 것과 같이 음악치료는 환자 가족과 사랑하는 이들의 예견된 애도를 다루는 데 도움을 줄 수 있다. 애도에 대한 가족들의 필요가 충족되면 환자와 가족은 더욱 의미 있는 방식으로 소통할 수 있고, 이는 환자가 죽음을 맞이한 이후에도 이어진다. 가족구성원들 중 성인들은 자신의 감정을 서로에게 또는 환자에게 표현하는 데 어려움을 느끼는데 이는 환자 또한 위중한 병세로 인해 표현의 한계가 있으므로 이 같은 소통을 더욱 어렵게 만들 수 있다.

이 같은 어려운 시기에 가족이 애도의 감정을 적극적으로 표현하는 것은 보통 정상적이고 건강한 것으로 간주된다(Krout, 2003). 성인 가족구성원이 음악치료 세션에 참여할 때 음악치료사는 이들이 의미 있는 음악경험을 체험할 수 있도록 돕는다. 음악치료 경험은 가족의 수용적 또는 적극적 참여 형태로 이루어질 수 있다. 한 예로, 내담자가 원하는 노래를 선곡하여 감상하거나 노래를 부르면서 기억과 관련된 이야기를 유도하고, 회상·회고할 수 있다. 이때 가족구성원들도 특정 곡을 요청하거나 치료사와 함께 감상 또는 노래할 수 있다. 이후 노래가 가진 특별한 의미를 이야기해볼 수 있다. 이 같은 음악은 애도감정과 관련된 정서반응을 유발하고, 치료사와 함께 이러한 감정들을 다루어준다. 신앙을 가진 가족들에게는 찬송가와 같은 종교적 노래가 애도를 다루어주는 데 도움을 줄 수 있다.

애도와 영성

음악치료는 환자와 가족, 보호자 모두에게 친숙한 찬송가 또는 영가를 사용하여 영적지지를 제공할 수 있다. Magill(2011)은 암 환자와 사별한 가족 및 보호자들에게 음악치료가 지닌 영적기능을 연구했다. 연구에서 음악치료에 참여한 보호자들은 직접 음악치료에 참여하며 환자가 즐겁게 음악치료에 참여하는 모습을 볼 때 공감적 기쁨, 그리고 이 과정에서 환자를 지속적으로 돌볼 수 있는 역량(empowerment)을 느꼈다고 했다. 보호자들은 과거 회상(remembrance), 현실인식(connectedness), 미래를 그리는 작업에도 참여했다. 마지막으로 보호자들은 음악치료가 자기 자신과 다른 사람 그리고 그 이상과 만날 수 있었다고 했다(Magill, 2011).

영적속성을 지닌 음악은 환자와 가족이 신앙의 기반과 힘을 다지는 데 도움을 줄 수 있다. 영적음악은 애도경험 과정에서 위안을 제공하고 안심시킴으로써 고통을 완화시킬 수 있다. 음악경험은 또한 환자와 가족이 영적갈등을 탐색하고 작업하는 기회를 제공할 수 있다. 음악과 영성은 밀접한 관계가 있으므로 영적감정을 표현하는 수단을 제공할 뿐 아니라 의심, 분노, 두려움 및 의문을 표현할 수 있는 기회를 제공함으로써 영적필요를 충족시킬 수 있다(Hepburn &

Krout, 2004).

사별 작업

사별 후 음악치료는 유족의 애도과정을 돕기 위해 효과적으로 적용될 수 있다. 먼저 음악치료사는 죽음 이후 장례식 및 추도식에서 유족에게 안도감과 지지를 제공해준다. 또한 음악치료는 애도를 표현하게 하고, 사별을 겪은 내담자가 자신의 현재 삶과 공동체로 재통합될 수 있도록 도움을 준다. 사별 내담자가 자신이 가지고 있는 지지체계(support system)를 사용하도록 하고, 필요한 경우 새로운 지지적 기제(support mechanism)와 전략을 계발하도록 한다.

음악치료는 죽음 이후 사별 내담자가 건강한 애도를 할 수 있도록 돕는다. 음악은 애도를 치유할 수 있는 촉매제로 기능하고, 온전히 통합된 자신을 느끼도록 돕는다. 사별 작업에서 음악은 애도를 감추고 멀리하는 것이 아닌 강화하고 그 감정과 공명하게 하는 역할을 한다. 한 예로 노래 만들기와 같은 중재에서는 유족이 자신의 느낌, 감정, 기억을 안전하게 담을 수 있는 노래를 만든다. 사별을 겪은 사람은 자연적 기제로 자신의 애도감정으로부터 거리를 두지만, 음악은 애도를 깊이 경험하고, 이를 해소함으로써 자유롭게 표현할 수 있도록 해준다. 따라서 음악은 사별한 유족과 사랑하는 고인 사이의 거리를 연결해주는 다리 역할을 하여 건강한 치유과정을 촉진한다.

앞에서 언급한 복잡애도 또는 박탈애도를 보이지 않는 내담자와 작업할 때, 음악치료사는 *VINE* 개념을 활용하여 건강하고 자연스러운 애도과정을 촉진할 수 있는데, 여기에는 인정하기(Validation), 규명하기(Identification), 정상화하기(Normalization), 표현하기(Expression)가 포함된다(Teahan, 2000).

그 외의 음악치료 중재와 기법

하나의 중재방법이 모든 환자, 가족 및 임상적 필요성을 충족시켜주기는 어렵다. 일반적으로 음악치료사는 애도의 필요에 따라 치료전략으로 수용적 기법과 능동적 기법을 동시에 사용한다. 주로 음악감상, 즉흥연주, 노래하기, 노래 만들기, 구조화된 음악연주, 작곡, 선곡, 이완을 위한 심상, 점진적 근육이완요법과 심호흡, GIM, 인지적 재구성을 위한 가사 분석이 있다.

Bright(2002)는 애도와 상실을 위한 절충적 지지 음악치료 기법(supportive eclectic music therapy for grief and loss)을 소개했다. 그는 음악치료가 여러 가지 측면에서 내담자의 애도와 사별에 도움을 줄 수 있다고 했으며, 다양한 치료접근법과 임상기법의 사용을 포함한 절충적 태도를 취했다. Bright는 이러한 실제적 접근법을 소개하면서 다음과 같이 이야기했다(Krout, 2009).

'절충적'이라는 표현의 사용을 통해 나는 내담자의 필요에 따라 적합한 기법을 사용하여 치료목표를 달성한다는 것을 강조하고자 한다. 나는 언제나 절충적 접근법을 사용해왔는데 여기에는 여러 이유가 있다. 모든 사람이 각기 다르기에, 하나의 접근법이 모두에게 적합하지 않다는 것을 일찍 깨달았으며, 개인의 상태에 따라 적합한 치료단계와 이에 부응하는 치료법이 필요하다. 힘겨운 애도경험을 감당하는 내담자의 경우 먼저 이 상실이 왜 그렇게 심한 타격을 주는지에 대한 이유를, 다시 말해 고인과의 관계와 자기존중감이 어떻게 상처를 입게 되었는지 등을 살펴보아야 한다. 그러나 특정 단계에 가서는 자기성찰에 고착될 수 있는 위험이 있으므로 분석적 접근법이 적합하지 않은 경우들이 있다. 차라리 이성적으로 생각을 정리하고 자신의 감정을 충분히 발산하도록 유도하는 것이 필요하

다. 이를 통해 일상에서 필요한 삶과 사람들의
관계에 대한 새로운 방식을 시도해볼 수 있다.
그러므로 이러한 측면에서는 인지적이고 실질
적인 접근이 더 유용하다.

노래 만들기

사별을 다룬 음악치료 문헌 등을 살펴보면 노래
만들기와 가사 또는 은유를 사용한 애도작업이
많이 연구되었다(Krout, 2005). 은유(metaphor)의
어원은 장소 또는 환경 간의 전달(carry) 또는 전
이(transfer)를 의미하는 *metapherein*에서 온다. 애
도작업에서 이 같은 전이는 고인과 내담자 간의
교류를 요하는 노래나 이미지 또는 감정의 형태
로 다루어질 수 있다. 공유된 노래 내에서의 은
유 사용은 사별 내담자가 자신의 삶을 노래가사
와 연결하는 데 도움을 준다. 더 나아가, 노래 가
사로 사용된 은유는 고인과의 사별과 이로 인한
애도, 치유의 과정을 보여준다.

기존의 대중가요 또는 종교적 노래를 사용할
수 있는데 굳이 새로운 곡을 작곡해야 하는지에
대한 의문이 생길 때가 있을 것이다. 실제로 몇
몇 음악치료 문헌과 자료에서는 사별 후 내담자
에게 치료적으로 사용할 수 있는 노래목록을 제
공하고 있다. 그럼에도 불구하고 새로운 노래를
만드는 것에는 많은 장점이 있다. 창작곡은 융통
적으로 내담자가 경험하는 상실 작업에 필요한
은유를 사용할 수 있는 기회를 제공한다. 그러므
로 새롭게 만들어진 노래는 그룹 또는 개인에게
더욱 특별한 의미를 갖게 해준다. 또한, 내담자
는 노래와 관련된 연상 또는 선입견이 없기 때문
에 습관화된 기존 방식으로 노래에 반응할 가능
성이 적다.

노래 만들기는 사별한 내담자와의 임상에서
애도과정의 일부로 내담자가 자신의 감성을 탐색
하고 표현하는 데 매우 유용하다. 음악치료에서
는 노래 만들기를 위한 다양한 방법론들이 개발
되어 있다(Baker & Wigram, 2005). 치료사는 내
담자의 요구에 따라 자신이 사용하는 치료철학과
접근법에 근거한 노래 만들기 기법을 선택할 수
있다. 필자 역시 애도작업을 위한 개별 및 그룹
음악치료에서 노래 만들기 기법을 사용했다.

사전에 미리 노래를 준비해놓는 것 역시 효과
적이다. 내담자가 개별 또는 그룹치료에서 목적
한 노래 만들기 작업에 효율적으로 참여하게 돕
는다. 필요에 따라 치료사가 내담자의 애도작업
을 위하여 미리 작곡한 노래를 사용할 수 있으
며, 이는 치료사가 세션에서 실제 음악을 만드는
데 할애되는 시간을 절약할 수 있다. 이렇게 작
곡된 노래는 언어적 나눔, 그림 그리기, 시 쓰기,
콜라주 만들기, 동작 만들기와 같은 다른 예술
활동으로 이어지는 발판이 될 수 있다.

실제 여러 가지 방법을 활용하여 노래를 만들
수 있다. 이는 가사 또는 음악을 먼저 쓰거나 음
악과 가사를 병행하여 작업할 수 있으며(Baker &
Wigram, 2005), 내담자가 노래 만들기 작업에
같이 참여할 때도 이 같은 방법들을 모두 사용할
수 있다. 이때 내담자는 노래가 만들어지는 과정
에 직접 참여하기를 원할 수도 있다.

창작곡(original songs)은 사별한 내담자와의 작
업에서 다양하게 활용할 수 있다. 사별 상담(지
지) 팀에 소속된 음악치료사는 작곡을 하거나 창
작곡을 사용하는 등 창의성을 발휘하기 위해 도
전해야 한다. 필자의 경우 사회복지사, 사별 상
담사, 미술치료사, 정신건강 상담사 및 다른 전
문가와 팀으로 협력하여 특정 프로그램이나 행
사를 위해 노래를 만드는 다양한 기회를 가졌었
다. 음악치료사에게 이러한 타 전문가와의 팀 협
력은 매우 의미 있는 경험이며, 애도프로그램을
실행할 때에 특별히 더 의미기 있다. 이 같은 목
적을 위한 노래 만들기를 시행할 때 치료사는 프

로그램의 목적을 최대한 지지할 수 있는 방법을 사용하여, 내담자와 함께 의미 있고 건강한 방식으로 애도작업을 해나갈 수 있다.

일회기 애도의식 및 프로그램에서의 음악치료사 창작곡 활용

음악치료사는 사별 지지그룹과 프로그램을 계획하고 진행하는 역할뿐 아니라 보건, 지역 및 다른 전문환경에 일회기 애도프로그램을 제공하기도 한다. 일회기 그룹 애도프로그램과 행사는 사별을 겪은 사람이 건강한 방식으로 자신의 애도과정을 진행해나가는 경우에도 도움이 될 수 있다. 이 같은 일회기 프로그램은 진행 중인 사별상담에 보조적으로 또는 개별적으로 적용할 수 있다(Krout, 2005). 복합애도가 아닌 경우의 내담자는 프로그램에 참여하여 자신의 현재 상태를 탐색하면서 자신의 애도과정이 매우 자연스러운 것임을 확인받을 수 있다. 또한 사별 후 건강한 방식으로 삶에 적응하는지 혹은 추가적인 사별 지지 프로그램을 필요로 하는지도 파악할 수 있다.

일회기 사별 지지 프로그램은 종종 참여자들을 모아 그룹을 형성하거나 소속감을 조성하고, 그룹 내 개인의 표현을 유도하기 위한 의식(ritual)[1]에 참여한다. 이러한 의식은 그룹 또는 개별로 참여자의 어떤 감정이나 생각에 상징적 표현을 부여하는 구체적인 활동을 의미하며, 이는 정기적으로 반복되거나 단회기로 시행될 수 있다. 또한 정점을 향하는 프로그램의 핵심 부분(key point)에 적용할 수 있는데, 이때 내담자들은 그룹 또는 개별적으로 고인을 기억하며 의식에

참여할 수 있다. 많은 집단에서 다양한 방식으로 시행되는 애도의식은 공통적 이점을 제공하는 치료의 기회로 사별 이전의 삶에서 이후의 삶으로 적응하는 데 도움을 준다. 이러한 기회는 사별 내담자[2]가 그것이 의미가 있다고 믿을 때 치유, 삶의 연속성 그리고 균형감을 제공할 수 있다.

단순애도를 겪는 성인그룹 사별 중재

필자가 사별 기관 팀원으로 참여했을 때 성인그룹 대상의 일회기 사별 프로그램에서 사용한 노래 만들기 프로그램을 소개하고자 한다(Krout, 2005). 이 프로그램에서는 그룹작업에 필요한 목표와 구조를 제공했고, 이에 프로그램의 목표ㆍ특징ㆍ기간ㆍ그룹의 크기를 고려하여 만든 노래들이 사용되었다. 노래와 의식은 참여자들의 애도경험을 특정 방향으로 유도하는 것보다는 참여자들을 하나의 공동체로 모으고, 각자의 애도과정이 어떻게 진행되고 있는지 서로 확인하도록 구성되었다. 일회기 프로그램은 진행 중인 개별 또는 그룹상담을 대체하기 위해 의도된 것이 아닌 단순애도를 겪는 성인의 필요에 따라 제공된 중재라 할 수 있다.

프로그램은 사회복지사, 미술치료사, 정신보건 상담사, 목회 상담사와 음악치료사인 필자를 포함하여 사별 상담사 및 치료사로 이루어진 팀에 의해 계획 및 실행되었다. 프로그램이 실행되기 전 팀원들을 만나 어떻게 프로그램을 효과적으로 구성할 것인지와 의식을 어떻게 제공할 것인지에 대한 논의가 이루어졌다. 프로그램은 하누카, 크리스마스, 새해와 같은 가을과 겨울의 연휴가 시작되기 전 연례행사로 진행되었는

---

1) 'ritual'은 일반적으로 '의식'으로 번역되며 다소 종교적인 의미를 띠나 본 장에서는 구조화된 절차를 의미한다. -역자 주

2) '사별 내담자'는 사별로 인해 사랑하는 또는 의미 있는 사람을 상실하여 현재 애도과정에 있는 사람을 의미함. -역자 주

데 가족과 모이는 연휴를 맞이하는 것, 특히 사별 후 맞이하는 첫 연휴는 사별을 겪은 성인에게는 어려울 수 있기 때문이다. 이 프로그램을 위해서 '기념일과 연휴 잘 보내기(Coping with the Holidays and Special Days)'라는 노래를 작곡하였다. 프로그램의 시작, 의식의 전과 중간에 사용되었으며, 마지막에는 그룹작업의 틀을 제공하기 위해 노래를 구조화하여 사용하기도 했다.

> 프로그램의 참여자들을 맞이한 후, 치료 팀은 프로그램의 주제를 나누었다. 필자가 노래를 부르는 동안 참여자들이 노래를 감상하거나 원하면 제공된 책자에 쓰여진 가사를 같이 읽어내려가도록 청했다. 이 시점에서 아직은 직접적으로 다루어지지 않은 은유적 표현들을 사용하였다. 노래는 "명절이 다가올수록"이라는 가사로 참여자들의 유대감을 강화하고자 사용되었으며, 전체 노래가사는 그림 32.1과 같다. 치료진에 의해 교육자료가 배포되었고, 참여자들의 고민과 경험을 나누는 시간을 가진 후 프로그램 내용과 의식이

> 명절이 다가오네
>
> 온 가족이 모이는
>
> 우리는 기억하네
>
> 어려운 고비를 함께 헤쳐온 그날들을
>
> 하지만 이제 우리의 길이 밝아지네
>
> 하늘에서 빛을 내려주네
>
> 당신이 가까이에 있는 것 같을 때가 있어
>
> 당신이 옆에 있음을 우리는 아네
>
> 당신을 기억하며 우리는 우리의 힘을 찾겠어
>
> 우리 가슴의 빛으로 우리의 길을 비추리
>
> 하나의 손이 물을 만지게 하리
>
> 여행의 시작에서 함께 걷자

그림 32.1 "여행의 시작에서 함께 걷자"의 가사작곡자 Ellis Krout의 허가하에 기재함.

소개되었다. 의식 프로젝트의 하나는 사별한 고인의 이름을 부드러운 수석에 새긴 후, 모두의 돌을 모아 하나의 연결된 길을 만드는 것이었다.

의식에 대한 소개와 짧은 설명이 이루어진 후, 노래 가사가 담겨진 책자를 나누어주었다. 필자는 음조에 변화를 주어 은유적 표현을 강조하며 가사를 읊었으며, 이후 참여자들에게 노래를 들어보도록 청했다. 노래가 끝난 후 가이드라인을 참여자들에게 나누어주었으며 의식을 시작했다. 의식에 어떻게 참여할지에 대해서 이야기 나눈 후, 참여자들의 흥미와 반응을 유도하는 가사의 은유적 표현에 대해 논의했다. 치료진은 의식(ritual)의 절차를 구성하는 과정에서 참여자들을 지지했고, 반응은 매우 긍정적이었다.

참여자들은 약 15~20분 동안 의식에 필요한 절차를 구성한 후, 노래를 부르며 그림이 그려진 돌을 놓아 길을 하나로 만들었다. 노래를 부르면서 그 길 안으로 걸어가는 의식의 다음 단계를 밟았다. 참여자들이 원하는 경우 노래의 후렴을 같이 부르도록 했다. 필자는 마지막 참여자가 노래를 마칠 때까지 계속 반주를 제공하였다. 의식을 마친 후, 참여자들의 경험과 피드백을 나누고 반영하였으며 노래가사의 은유적 표현을 논의해보는 시간을 가졌다.

의식에 참여한 반응과 피드백은 매우 긍정적이었다. "저의 애도과정은 마치 여행과 같이 느껴졌어요", "이 여행이 외롭지 않아요. 모두 저와 여기에 같이 있어요(Krout, 2005)"라고 하였다.

복잡애도를 겪는 성인을 위한 개별중재

해외 호스피스 기관에서 음악치료사로 같이 일했던 한 동료는 중피종(mesothelioma)으로 죽음을 앞둔 60세 여성에게 음악치료를 제공했다(Hepburn & Krout, 2004). 그녀는 아동기의 학대경험뿐만 아니라 성인기에는 남편으로부터 학대를 받는 등 삶에서 많은 상실과 애도의 경험을 겪어왔다. 사회복지사가 공유한 심리사회적 평가결과에서 그녀는 심각한 유기(abandonment)와 관련된 애도문제가 있는 것으로 나타났으며, 하나뿐인 딸이 최근 해외로 이사를 간 것이 이 같은 심리적 문제를 더욱 악화시켰다.

치료 초기의 목표는 고립감을 느끼는 내담자와 치료적 관계를 확립하는 것이었다. 내담자가 현재의 상황 및 과거 상실 경험과 관련된 여러 이야기를 나누게 하기 위한 첫 단계로 노래를 사용했다. 또한, 내담자에게 잘 알려진 노래들을 제공한 후 감상하기 원하는 노래를 선곡하도록 했다. 치료사가 내담자에게 현재 삶에서 가장 원하는 것을 물어보았을 때, 그녀는 "저는 평안과 행복을 원해요"라고 대답했으며, 치료사에게 '영적인' 음악을 요청했다. 치료사는 그녀에게 눈을 감고 평온함을 떠올리기를 청했고, 그러자 그녀는 눈을 감고 영가인 '내게 강 같은 평화(Peace Like a River)'를 개사하여 불렀다.

니는 평안과 행복을 원해요, 나는 평안과 행복을 원해요.
나는 오늘 평안과 행복을 원해요.
나는 평안과 행복을 원해요, 나는 평안과 행복을 원해요.
나는 평생 평안과 행복을 원해요.

치료사와의 관계가 발전함에 따라 내담자는 자신의 삶의 목적과 의미를 탐색하고, 애도·상실·희망의 감정을 표현했다. 그녀는 현재의 상황을 받아들였고, 평안하다고 이야기했다(Hepburn & Krout, 2004).

다른 분야에서의 적용

사별 상담에서의 음악사용은 싸나톨로지스트(thanatologist; 죽음교육전문가)부터 호스피스 종사자에 걸친 다양한 정신보건 전문가들에게 기회를 제공한다(Berger, 2006). 여러 분야의 전문가로 이루어진 사별 및 애도 상담 팀에서 일하는 음악치료사는 사회복지사, 사별 상담사, 미술치료사 또는 정신보건 상담사와 같은 타 분야 전문가와 일할 기회가 주어질 수 있다. 음악치료사가 이런 팀의 일원으로 일하는 것은 매우 의미 있는 경험이며, 특히 실제 애도프로그램이 시행될 때 더욱 의미가 있다. 이러한 음악경험은 프로그램의 목적에 부합하며, 내담자와 함께 의미 있고 건강한 방식의 애도작업을 해나갈 수 있게 한다.

음악치료사는 호스피스 기관 또는 암 병동과 같은 환경에서 환자를 잃고 애도를 경험하는 동료 치료진에게도 음악치료를 제공할 수 있다. 한 예로, Popkin과 동료들(2011)은 종합 암 병동 내 전문치료 팀이 개발한 음악치료 중재프로그램을 소개했다. 이 중재프로그램의 목표는 그룹세팅에서 치료진의 애도과정을 돕는 것이었다. 치료진은 경험과 의식을 즉흥적으로 반영해주는 연주(live reflective music)를 통해 치유자 축복의 시간과 낭독 등 상실과 애도를 표현하는 기회를 제공했다.

함께 참여하는 중재프로그램에서 경험하게 되는 동료들 간의 관계적 의미는 모두를 현재의 시간과 공간에 연결시키는 음악의 힘에서 기인한다(Krout, 2013). 예를 들어, 목회 상담가와 함께 내담자와 그의 가족들을 위한 프로그램을 진행했을 때 음악의 영적인 힘을 더 강하게 체험할 수 있었다. 음악치료 프로그램이 독립적으로 제공되었을 때보다 목회 상담가와 함께 했을 때 영적이슈를 심층적으로 다루어줄 수 있다는 것이다.

이 외에도 음악치료 관련 분야인 상담, 심리치료, 사회복지 서비스, 목회, 사별 치료 및 다른 창조적 예술치료에서도 음악을 다양하게 사용할 수 있다. 의미 있는 노래감상하기, 가사 분석 및 공유하기, 심상음악, 이완음악, 음악을 감상하며 그림 그리기 등 음악을 활용한 여러 경험들이 효과적일 수 있다. 기관에 전문 음악치료사가 없는 경우 장기 또는 단기 음악치료 프로그램에 대해서 자문을 구할 것을 제안한다.

결론

애도와 사별은 삶의 여러 차원에서 영향을 미친

다. 많은 경우 자신의 감정을 언어적으로 규명하거나 표현을 할 수가 없어 애도의 과정에 어려움을 겪는다. 상담치료는 일부 성인에게 도움을 줄 수 있으나 자신의 감정을 언어로 표현하기 힘든 경우에는 한계가 있다. 이때 음악은 정서를 자극하고 조절하는 변연계를 포함한 뇌신경계의 처리과정을 거쳐 장기기억을 자극하는데 이러한 장기기억은 자신의 애도를 다룰 수 있는 자원이 된다. 또한 음악 및 표현예술치료는 애도와 상실을 공유할 수 있는 기회를 제공하고, 언어로 표현하기 힘든 창의적 표현에 필요한 방법과 구조를 제공한다(Thompson & Berger, 2011).

더불어 음악은 내담자의 의식적 사고, 생각 및 언어화를 유도한다. 이를테면, 애도와 사별 작업을 위한 중재에 있어 사별을 하거나 또는 사별이 예기된 내담자의 감정을 규명 또는 표현하고, 정서 환기를 도울 수 있다(Sekeles, 2007). 따라서 음악치료에서 음악은 성인의 사별 치료에 필요한 고유의 역할을 수행한다고 할 수 있다.

참고문헌

Apollon, S. (2012). Grief and loss. *Personal Excellence, 17*(3), 7.

Attig, T. (2010). Existential suffering: Anguish over our human condition. In D. L. Harris (Ed.), *Counting our losses: Reflecting on change, loss, and transition in everyday life* (pp. 119-125). New York: Routledge/Taylor & Francis.

Baker, F., & Wigram, T. (Eds.). (2005). *Song writing methods, techniques and clinical applications for music therapy clinicians, educators and students.* London: Jessica Kingsley.

Berger, J. S. (2006). *Music of the soul: Composing life out of loss.* New York: Routledge/Taylor & Francis Group.

Bertman, S. (1999). *Grief and the healing arts: Creativity as therapy.* Amityville, NY: Baywood.

Bright, R. (2002). *Supportive eclectic music therapy for grief and loss: A practical handbook for professionals.* St. Louis, MO: MMB Music.

Dalton, T. D., & Krout, R. E. (2014). Integrative songwriting. In B. Thompson & B. Neimeyer (Eds.), *Grief and the healing arts: Practices for the creation of meaning* (pp. 222-225). New York: Routledge, Taylor & Francis Group.

Diamond, H., Llewelyn, S., Relf, M., & Bruce, C. (2012). Helpful aspects of bereavement support for adults following an expected death: Volunteers' and bereaved people's perspectives. *Death Studies, 36*(6), 541-564.

Doka, K. J. (2008). Disenfranchised grief in historical and cultural perspective. In M. S. Stroebe, R. O. Hansson, H. Schut, & W. Stroebe (Eds.), *Handbook of bereavement research and practice: Advances in theory and intervention* (pp. 223-240). Washington, DC: American Psychological Association.

Friedman, R. (2013). *The best grief definition you will find.* Available at *www.griefrecoverymethod.com/2013/06/grief-definition/#.*

Hepburn, M., & Krout, R. E. (2004). Meaning, purpose, transcendence and hope: Music therapy and spirituality in end of life hospice care. *New Zealand Journal of Music Therapy, 2,* 58-82.

Hirsch, M. (2010). *Coping with grief and loss: A guide to healing.* Cambridge, MA: Harvard Health Publications.

Johansson, A. K., & Grimby A. (2012). Anticipatory grief among close relatives of patients in hospice and palliative wards. *American Journal of Hospice and Palliative Care, 29*(2), 134-138.

Krout, R. E. (2003). Music therapy with imminently dying hospice patients and their families: Facilitating release near the time of death. *American Journal of Hospice and Palliative Care, 20*(2), 129-134.

Krout, R. E. (2004). A synerdisciplinary music therapy treatment team approach for hospice and palliative care. *Australian Journal of Music Therapy, 15,* 33-45.

Krout, R. E. (2005). Applications of music therapist-composed songs in creating participant connections and facilitating goals and rituals during one-time bereavement support groups and programs. *Music Therapy Perspectives, 23*(2), 118-128.

Krout, R. E. (2006). Following the death of a child: Music therapy helping to heal the family heart. *New Zealand Journal of Music Therapy, 4,* 6-22.

Krout, R. E. (2009). Exploring contemporary aspects of supportive music therapy in addressing client grief and loss: Reflections with Australian author Ruth Bright. *Voices: A World Forum for Music Therapy.* Available at *www.voices.no/main-issues/mi40009000324.php.*

Krout, R. E. (2013). Music-mediated strategies for the integrative management of pain in end of life care. In J. Mondanaro & G. Sara (Eds.), *Music and medicine: Integrative models in pain medicine* (pp. 403-417). New York: Satchnote Press.

Krout, R. E., & Jones, L. (2005, November). *When a child dies: Music therapy in facilitating family grief processing.* Paper presented at the annual conference of the American Music Therapy Association, Orlando, FL.

Magill, L. (2011). Bereaved family caregivers' reflections on the role of the music therapist. *Music and Medicine, 3*(1), 56-63.

O'Toole, D. (1987). *Healing and growing through grief.* Burnsville, NC: Rainbow Connection.

Popkin, K., Levin, T., Lichtenthal, W. G., Redl, N., Rothstein, H. D., Siegel, D., et al. (2011). A pilot music therapy-centered grief intervention for nurses and ancillary staff working in cancer settings. *Music and Medicine, 3*(1), 40-46.

Rando, T. A. (1993). *Treatment of complicated mourning.* Champaign, IL: Research Press.

Sekeles, C. (2007). *Music therapy: Death and grief.* Gilsum, NH: Barcelona.

Teahan, M. (2000, October). Grief interventions. In M. Teahan & T. Dalton, *Helping children and adolescents cope with grief and bereavement.* Symposium at the alumni conference of the Barry University School of Social Work, Miami, FL.

Thompson, B. E., & Berger, J. S. (2011). Grief and expressive arts therapy. In R. A. Neimeyer, D. L. Harris, H. R. Winokuer, & G. F. Thornton (Eds.), *Grief and bereavement in contemporary society: Bridging research and practice* (pp. 303-311). New York: Routledge/Taylor & Francis Group.

Wlodarczyk, N. M. (2013). The effect of a group music intervention for grief resolution on the disenfranchised grief of hospice workers. *Progress in Palliative Care, 21*(2), 97-106.

Worden, W. (2001). *Grief counselling and grief therapy: A handbook for the mental health practitioner* (3rd ed.). London: Tavistock/Routledge.

제 33 장

신생아집중치료실 음악치료

Helen Shoemark | Deanna Hanson-Abromeit

황성하 역

입원 신생아를 위한 음악치료는 비교적 새로운 분야다. 1970년대 초기 연구는 미숙아의 자극추구에 집중되었지만, 1990년대 초에는 녹음 음악을 계속해서 자극제로 사용하는 것과 생리적 상태의 안정이나 항상성을 유지하는 데 집중한 것으로 나뉘었다. 이후의 연구는 수술을 통한 회복(Bo & Callaghan, 2000), 자기조절이나 수유와 같은 발달상의 목적달성(Hanson Abromeit, 2003; Standley, 2012a), 신경발달(Malloch et al., 2012; Walworth et al., 2012), 숙면(Olischar, Shoemark, Holton, Weninger, & Hunt, 2011)과 같은 보나 특별한 요과에 벅섬을 누게 되었다.

신생아집중치료실(Neonatal Intensive Care Unit, NICU)에서 음악치료의 최대 장점은 현장에서 바로 이루어진다는 것과 유아기로 진입하는 초기에 사용된다는 점이다(Standley, 2012b). 그러나 이는 유용한 결과를 도출하기 위한 대상, 중재, 도구에 있어 꽤 이질적일 수도 있다(Hartling et al., 2009). 보다 구체적인 기록(Hodges & Wilson, 2010)과 부모, 능동적 음악 만들기, 종단연구 등을 포함한 연구(Haslbeck, 2012)도 필요하다. 이 분야에 대한 근거의 필요성이 이처럼 계속 제기되고 있지만 음악치료사는 이미 신생아집중치료실에서 일하고 있고, 음악은 의학적으로 연약한 신생아의 핵심 욕구를 충족하는 지표가 되고 있다.

신생아집중치료실에서의 음악치료는 신생아가 향후 건강하게 발달할 수 있다는 보장으로 가족적 맥락에서 다루어져야 할 필요가 있다. 음악치료사에게 있어서 음악의 치료적 적용[때로 음악요법(music medicine)이라고 하는] 미숙아의 감각을 발달시키고 생리적으로 안정시켜주는 데 있어 핵심 과제이다. 그러나 생음악 만들기[또는 능동적 음악치료(Active Music Therapy)]도 부모와 신생아의 애착형성과 신경발달을 위한 수단으로 넓게 활성화되고 있다. 치료실 문화, 그간 발표된 치료적 근거, 치료사 임상기술, 미숙아의 개인적 욕구와 같은 다양한 요인이 임상서비스의 가능성을 이끌어낸다.

근거기반 실행(EBP)은 모든 임상가들이 더욱 효과적으로 문헌을 사용할 수 있도록 해주고, 연구결과가 임상현장에서 실행 가능한지 연구자들에게 재고하도록 요한다. 물론 연구들이 지속적으로 발표되고 있으며, 임상가들은 입증된 안전한 방법을 사용해야 할 윤리적이며 전문적인 의무가 있다. 그러므로 입원 신생아를 위한 음악치료는 관련된 분야에서 비롯된 다양한 근거를 따른다.

미숙아의 특징

미숙아의 분류

미숙아는 자궁 밖의 삶으로 충분히 전환할 수 있는 기관계, 신경계, 생리적 체계가 완전히 발달되지 않았기 때문에 정상적으로 열 달을 다 채운 신생아와 신경학적 발달에 차이가 있다(van Soelen et al., 2010). 미숙아는 위험성 있는 기관들을 적절하게 유지하기 위해 의학적, 발달적 중재를 받는다. 또한 미숙아는 생물학, 생리, 감각, 신경학적 발달뿐만 아니라 사회적 · 감정적 웰빙과 학령기 준비를 위해 전 생애적인 개입을 받을 수밖에 없다(Rais-Bahrami & Short, 2013).

임신 기간 및 몸무게, 신체적 · 행동적 특징은 미숙아에 대한 적절한 치료와 중재 그리고 의학적 · 발달적 문제와 생존 위험을 가늠하는 실마리가 된다. 아기가 태어나면 만삭(term, 38~42주 출산), 과숙(postterm, 42주 이후 출산), 조산(preterm, 37주 이전 출산)으로 분류한다. 미숙아는 더 세부적으로 초미숙아(extremely

preterm, 28주 이하 출산), 미숙아(very preterm, 28~32주 출산), 적당히 느린 미숙아(moderate to late preterm, 32~37주 출산)로 분류한다. 신생아는 또한 출생 몸무게에 따라 분류된다. 출생 시 2.5kg 이하로 태어나면 저체중아(low birth weight, LBW), 1.5kg 이하는 극소저체중아(very low birth weight, VLBW), 1kg 이하는 초극소저체중아(extremely low birth weight, ELBW)라고 한다(Rais-Bahrami & Short, 2013).

신생아를 출생 몸무게와 임신 기간을 합하여 부당경량아(small for gestational age, SGA; 출생 시 표준중량의 10% 이하), 과체중아(large for gestational age, LGA; 출생 시 표준중량의 90% 이상), 적정체중아(appropriate for gestational age, 출생 시 표준중량의 10~90%)로 분류하기도 한다(Kelly, 2006). 미숙아는 특히 이개연골(ear cartilage), 가슴 몽우리(breast buds), 피부 주름(skin creases)이 없고, 솜털(lanugo)로 알려진 체모가 존재하기 때문에 정상아와 달라 보인다. 신경학적 발달과 관련하여 임신 기간, 몸무게, 외모, 근육운동 능력 등을 초기에 진단평가하여 장 · 단기적 발달결과를 예측한다(Rais-Bahrami & Short, 2013).

기관계와 생리적 시스템

미숙아는 기관계와 생리적 체계가 충분히 발육하지 않았다. 어떤 중재든 중재 전에 신생아의 주요 기관(호흡, 심장, 뇌, 위장)에 대해 반드시 주의를 기울여야 하는데, 이것이 신생아의 생물학적 · 생리적 예후를 알려주기 때문이다. 신생아집중치료실에서는 보통 세 가지 생리적 징후(physiological sign)라고 하는 신생아의 호흡상태, 심박동수, 산소포화도를 지속적으로 모니터링해야 한다.

호흡기능

임신 기간(gestational age, GA)이 34주 이하인 신생아는 미숙한 폐를 가지며, 생산되는 폐포계면활성제(surfactant)가 충분하지 않다. 이 계면활성제는 몸 안에서 생성되는 화학물질로 폐포(허파꽈리; 폐 속에 공기로 가득 찬 주머니 다발)가 안정적으로 산소와 이산화탄소를 교환할 수 있게 해준다. 계면활성제의 결핍은 호흡곤란증후군(respiratory distress syndrome, RDS)을 야기한다. 대부분의 미숙아는 합성계면활성제를 투여받게 되고, 추가로 보완적인 호흡이나 인공호흡기가 필요할 수도 있다. 기계호흡장치를 장기간 사용해야 하는 미숙아는 만성폐질환(chronic lung disease, CLD)으로 평생 호흡기 질환의 위험에 빠질 수도 있다. 미숙아의 일반적인 호흡반응은 일시적으로 짧거나 길게 정지하는 무호흡인데, 카페인으로 효과적으로 치료된다. 무호흡증은 중추신경계가 미성숙하여 뇌가 호흡을 통제할 수 없는 것을 말한다(Rais-Bahrami & Short, 2013).

심박동수

미숙아는 심박이 증가하거나 서맥(bradycardia), 또는 너무 낮을 수도 있다. 무호흡증을 동반한 서맥은 뇌의 산소포화도(oxygenation)에 부정적인 영향을 끼쳐 만성폐질환과 같은 합병증을 유발할 수 있다. 더 심각한 질환은 동맥관 개존증(patent ductus arteriosus, PDA; 출생 후 폐쇄되지 않은 동맥관)이다. 이 동맥관은 태아 때의 혈관인데, 혈액이 폐로 흘러가는 것은 막아준다. 태아 때는 산소포화와 적절한 호흡을 위해 혈액이 폐로 흐르게 되는데 일반적으로 이 경로는 출생하면서 닫히지만, 대개 미숙아는 닫히지 않기도 한다. 이는 저산소증을 유발할 수 있는데, 뇌와 같은 기관과 혈액에 산소를 충분히 공급하지 못

해 심부전증이 일어나기도 한다(Rais-Bahrami & Short, 2013).

뇌

미숙아는 여러 가지 신경학적 질환의 위험을 안고 있다. 뇌에 혈액이나 산소가 부족하여 뇌의 백질에 작은 낭종이 생겨 뇌실주위 백질연화증(periventricular leukomalacia, PVL)을 야기하거나, 뇌실(뇌의 갈라진 양쪽을 연결하는 내부의 빈 공간)로 피가 흘러들어가 뇌실내출혈(intraventricular hemorrhage, IVH)을 야기할 수도 있다. 여기에는 네 단계의 뇌실내출혈이 있는데, 3단계와 4단계는 심각한 뇌손상을 일으킬 수도 있다(Rais-Bahrami & Short, 2013).

위장 문제

미숙아는 음식을 소화하는 데 상당한 어려움이 있어, 역류나 구토를 할 수 있다. 위장 문제는 수유를 시작하면서 나타난다. 미숙아는 장 감염으로 장의 세포선(cell lining)에 염증이 발생해 부분 괴사가 일어나는 괴사성 소장결장염(necrotizing enterocolitis, NEC)의 위험이 매우 높다. 회복을 위해서는 중요한 의학처치나 수술이 필요하다(Kelly, 2006). 괴사성 소장결장염을 앓는 신생아는 위험성이 낮은 미숙아보다 수유하는 데 더 많은 시간이 걸린다.

신경발달 기능

미숙아의 생존과 발달은 신생아의 감각기관과 신경행동계의 적절한 발달과 유지에 달려 있다. 신경행동 기능은 임신 기간의 연장신성에 있다(Mouradian, Als, & Coster, 2000). 너무 복잡하고 강한 자극은 신경행동 발달에 부정적인 영향을 초래할 수 있다(Als, 1986). 따라서 음악치료 중재를 위해서는 태아 발달의 신경행동계와 감각기관에 대한 이해가 있어야 한다.

감각기관은 촉각, 전정기관, 미각/후각, 청각, 시각의 순서로 발달하며, 서로 상호적으로 의존한다(Gottlieb, 1983; Lickliter, 1993). 신생아집중치료실의 감각환경은 자궁과는 상당히 다르다. 감각자극을 주의 깊게 도입하고 적응시켜 감각기관에 도움을 주는 것은 결국 미숙아의 신경행동 하부조직이 체계적으로 적절하게 발달하도록 돕는 것이다(Hanson Abromeit, 2003). 음악은 예측과 통제가 가능하더라도 복잡한 자극일 수 있기 때문에 유해할 수 있다는 가능성도 고려해야 한다.

감각기관처럼 행동하위체계(behavioral sub-system; 자율신경, 운동신경, 상태, 주의/상호작용)도 순차적이고 상호적인 방식으로 발달하며 환경자극에 반응한다. 행동하위체계는 임신 초기에 발달하기 시작하고, 임신 기간 동안 통합되어 조직이 잘 기능하도록 해준다. 관찰 가능한 행동표식은 신생아의 자기조절과 자극에 적절히 반응하는 능력을 암시한다. 행동표식은 호흡 패턴, 운동신경, 주의 신호를 포함한다(Fischer & Als, 2004). 신생아집중치료실에서 미숙아가 감각자극을 통합하고 조직하는 능력은 대개 극적이며, 무방비 상태의 환경에 노출되어 제대로 발휘하지 못한다.

미숙아의 기관계, 생리계, 신경계, 감각기관 등의 특징을 명확히 이해하고 이들이 신생아 발달에 미치는 영향을 숙고해야 음악치료 중재를 적절하게 할 수 있다. 신생아 특유의 스트레스와 자기조절 신호를 인식하고 해석하는 능력은 감각자극을 사용하여 신경행동을 발달시키는 데 있어서 대단히 중요하다. 신경발달을 위해 음악 중재에 대한 행동반응을 지속적으로 주의 깊게 진단평가하는 것은 복잡하며, 훈련과 조언 및 경험이 필요하다(Hanson Abromeit, 2003). 신생아의 발달상태는 자주 바뀔 수 있기 때문에 여러

기관과 체계에 대한 진단평가는 매 세션마다 세션 전, 세션 중, 세션 후에 바로 진행되어야 한다(Hanson-Abromeit, Shoemark, & Loewy, 2008).

사회적, 감정적 웰빙

신생아집중치료실에서 신생아는 가족의 존재와 가능성과 직접적으로 관련이 있다. 가족중심 관점에서 신생아는 가족 및 후원자의 지지와 여러 전문가의 도움을 받으며 가족의 중심에 있다. 신생아집중치료실에서 가족적 맥락은 부모에 주력하는데, 대다수 사례에서는 주 양육자인 엄마에게 특히 더 집중한다.

신생아집중치료실에서의 양육

신생아집중치료실에서 부모는 스트레스, 중압감, 분리감, 우울, 절망, 실망, 양가감정과 상황에 대한 통제 불능, 희망과 절망 사이에서 흔들림을 경험한다(Obeidat, Bond, & Callister, 2009). 이처럼 부모는 극심한 감정적 격정을 경험하기 때문에 음악치료사는 가족이 함께 할 수 있도록 숙고해야 한다(Shoemark & Dearn, 2008). 치료실에서 부모의 역할은 치료문화와 치료철학에 따라 매우 다양하다. 어떤 치료실에서는 여전히 가족에 대해 신생아를 잠시 보고 치료에 동의하기 위해 의사와 간호사 상담을 하러온 방문객으로 인식할 수도 있다. 그러나 대부분의 신생아집중치료실에서는 가족중심 케어를 실행하고 있으며, 신생아 삶의 모든 측면에서 가족의 역할을 필수적인 것으로 보고 있다.

음악치료사는 치료실의 관점에 따라 가족과 함께 하도록 요구받거나 자신의 이론적 입장에 따라 결정해야 할 때가 올 수도 있다. 가족중심 원리에서 신생아는 현재와 미래 모두 가족적 맥락과 음악적 유산, 문화와 불가피하게 결부되어 있다. 또한 자신을 보호하고 마음을 쓰며 자신을

생각해주는 가족의 중심에 있다. 가족은 매일 실제로 함께 있을 수도, 그렇지 않을 수도 있다. 그러나 신생아의 심리적 웰빙과 진전을 위해 가족은 늘 함께 한다.

신생아집중치료실에서의 음악치료 중재

신생아 음악치료 모델은 입원 신생아를 위한 음악치료를 종합적으로 설명하는 근래의 문헌과 실행방법에 대해 설명하고 분류한다(Shoemark, 2011). 이 모델은 미숙아, 정상아, 오랜 병원생활을 한 신생아를 위해 그들에게 집중하거나 가족을 중심으로 한 체계와 관련된 이론·실행·근거에 대해 폭넓게 개념화한다. 더불어 효과적인 결과를 이끌어낼 수 있는 양식으로 사용되는 녹음 음악과 생음악 만들기는 이러한 체계 안에서 만들어진다.

녹음 음악은 정적 자극으로 신생아의 변화에 즉각적이지는 않지만 심박동수, 산소포화도, 숙면과 같이 외적인 조절을 일정하게 유지해주는 항상성(homeostasis)과 같이 통증을 동반하는 자극에 대한 반응을 조절해주는 자원이다. 녹음 음악은 비음악치료사가 보다 손쉽게 사용하여 일정한 자극을 줄 수 있기에 생음악보다 많은 연구에 이용되었다(이 장의 기타 분야 응용 참고). 일반적으로 사용되는 녹음 음악은 자장가와 진정제 같은 음악이다. 이런 음악에 대한 척도는 음악요소와 표상(presentation), 효과에 대한 진단평가 등을 모두 포함한다(Standley & Walworth, 2010).

생음악은 보통 친숙한 노래나 즉흥적 노래(contingent singing)를 즉석에서 부르는 것을 포함한다. 친숙한 노래는 간병인이 쉽게 이용하고 재생산할 수 있는 장점이 있다. 가족은 인기 있는 노래의 레퍼토리를 만들기 위해 선호곡을 상의할 수 있다. 즉흥적 노래에서 음악은 순간적으로 즉흥연주된다. 또한 음악은 대개 신생아의 행동에 순간적으로 반응하고, 신생아가 선호하는 음 높이와 단어에 의해 고무된다. 음악치료사는 어떤 방식이든 쉽게 선택할 수 있지만 부모는 친숙한 노래로 시작하는 것을 더 안정적으로 느낄 것이다.

미숙아에게 사용되는 모든 음악은 신생아의 취약한 자극처리 능력에 의해 좌우된다. 자극에 반응하고 처리하는 신생아의 발달능력과 관련된 음악의 독특한 특징을 주의 깊게 살펴보는 것은 음악에 기반을 둔 중재를 효과적으로 하는 데 중요하며, 신생아의 의학적 안정과 나이에 따라 사용하지 못할 수도 있다. 음악치료사는 음악요소가 치료결과에 얼마나 영향을 미치며 이를 지지하는지를 꼼꼼하게 살펴보고 녹음 음악을 사용할지 생음악을 사용할지 선택해야 한다(Hanson-Abromeit, 출판 중).

임상작업

이어지는 내용은 미숙아에게 직면한 다양한 이슈들에 대해 논의되는 것들이다. 대체로 미숙아의 발달은 신생아의 복잡한 발달과 일치하지 않을 수밖에 없다. 세 가지 이야기를 통해 대표적인 임상적 실제에 대해 간단히 이야기할 것이다. 임상적 실제라고 하더라도 실제 사례는 아니며, 신생아집중치료실에서 음악치료를 수행하고 실제적인 결정에 대해 논의하기 위해 구성되었다.

임상사례 : "엄마는 조산한 아이에게 녹음 음악을 들려주고 싶어요"

간호사가 음악치료사에게 녹음 음악을 들려주길 부탁하는 부모를 만나보라고 메시지를 남겼다. 음악치료사 산드라는 신생아 셀라야의 의료기록을 살펴보고 아이가 임신 24주 만에 태어났으며, 소아병동의 3단계 신생아집중치료실 옆에 있는 여성병원에서 바로 옮겨왔다는 것을 알게 되었다. 임신 후 32주 차에 들어 셀라야는 신체적으로 튼튼해지고 회복되고 있었다. 인공호흡기를 장착한 지 7주 만에, 그러니까 지난주에 양압기(continuous pressure air pathway, CPAP)에 있었다. 셀라야는 뇌의 양쪽 부분 출혈(뇌실내출혈 2단계; bilateral grade II IVHs)이 있었고, 패혈증(전신 감염)으로 5일간 겐타마이신(항생제)을 투여했다. 겐타마이신(내이 신경 독성 약물)은 청각손상을 유발하는 것으로 알려져 있지만, 셀라야는 양압기(CPAP)에서 나올 때까지 청력검사를 하지 않았다. 간호 담당자는 산드라에게 셀라야의 어머니 제나가 임신했을 때 음악을 사용하길 원했었는데, 지금도 미숙아 보육기에 있는 셀라야에게 음악을 들려주길 원하고 있다고 말했다.

어머니가 의뢰했고 내담자가 신생아인 만큼 산드라는 어머니를 생각했다. 간호 담당자가 제나와 첫 상담 후, 산드라는 제나의 나이와 학력, 그리고 셀라야가 첫아이라는 것을 알았다. 제나는 학교에서 클라리넷을 전공했었고, 음악이 그녀의 유산의 일부라고 할 만큼 매일 음악을 들었다고 했다. 산드라가 제나에게 왜 셀라야에게 음악을 들려주고 싶은지 묻자, 제나는 셀라야가 긍정적인 자극을 받지 못하고 치료실 장비에서 나는 잡음만 들을까 봐 두렵다고 했다. 산드라는 첫 단계로 셀라야의 미숙아 보육기에서 소리의 크기를 측정할 수 있다고 확실히 말했다. 산드라는 녹음 음악이 행동상태를 조절해주는 유용한 고정자극일 수 있으며, 제나가 말하고 노래하고 읽는 것들이 셀라야에게 연령에 맞는 청각적 자극을 줄 수도 있다고 설명했다. 제나는 의료환경에서 실제로 얼마나 큰 소리가 나는지, 그리고 셀라야가 녹음 음악에 어떻게 반응하는지 알고 싶다고 했다.

산드라는 손바닥만 한 소음측정기(sound-level meter, SLM)를 가지고 있었는데, 소음은 측정할 수 있었지만, 데이터는 저장되지 않았다. 소음측정기를 깨끗이 닦고 보육기 뒤쪽 둥근 창에 넣어 팔 주변 구멍을 막았다. 그리곤 소음측정기 마이크를 셀라야 귀 가까이에 대고 5분 동안 20초마다 가장 낮은 소리와 가장 높은 소리를 측정했다. 음악이 연주되기 가장 좋을 것 같은 시간을 알아내기 위해 다른 시간대에도 이 과정을 반복했으며, 가장 시끄러운 시간대와 조용한 시간대 자료를 수집하였다.

그런 후 산드라는 녹음 음악을 선곡하여 간단히 들려준 후 셀라야의 생리적 반응과 행동반응에 대한 진단평가를 마쳤다. 스피커는 보육기 안 셀라야의 머리 양쪽 20cm 지점에 각각 설치했고, 플레이어는 바깥쪽에 모니터를 보고 작동시킬 수 있는 곳에 두었다.

진단평가의 시작에 앞서 이를 모두 설치했다.

진단평가는 10분 간격으로 세 번 진행되었는데(Standley & Walworth, 2010), 음악 없이 한 번(셀라야의 자발적인 표현), 음악과 함께 한 번(셀라야를 표현하게 하는 음악의 효과), 그런 후 다시 음악 없이 한 번(음악이 멈춘 후 자기조절 유지 여부) 진행했다. 산드라는 셀라야의 상태를 보강해서 기록하고, 30초마다 심박동수, 호흡수, 산소포화도, 서맥이나 무호흡 등도 기록했다. 셀라야의 행동에 어떤 패턴이 있는지도 기록했다. 간호사에 의하면 셀라야는 음악을 잘 받아들였으며, 생리적 현상에는 여전히 한계가 있었고, 행동에서는 음악에 몰두하며 스트레스가 증가하지 않는다고 했다. 이에 근거해 음악은 셀라야를 치료하는 데 포함이 될 수 있었다. 제나가 선호한 곡으로 산드라가 준비한 곡목에 산드라와 제나가 함께 귀를 기울였다. 산드라는 음악의 긍정적 특징과 부정적 특징에 대해 알려줬고, 이를 통해 제나는 음악의 특징을 명확히 알 수 있었다. 제나는 셀라야에게 5분간 자극을 위해 조용하고 느린 곡을 선곡했다. 산드라는 셀라야의 의료기록에 아이가 조용히 깨거나 잠이 들 때 제나 부부가 첫 3일간 음악을 실행하는 것을 간호사가 도울 수 있도록 설명을 남겨두어 음악이 양육의 한 부분임을 확실히 해두었다. 1주일 후 돌아온 산드라는 셀라야의 아버지 제레미를 만났고, 그는 음악을 틀었을 때 셀라야가 음악 쪽으로 향했고, 점점 잠이 들었다고 했다. 그들은 더 많은 음악을 듣기 위해 이튿날 만나기로 약속했다. 그래서 셀라야를 위한 음악자료집을 만들 수 있었다.

임상사례 : "아기는 어떤 자극도 견디지 못하고, 엄마는 적절히 대응하지 못해요"

크리시는 산부인과 집중치료실 음악치료사이며, 입원실과 외래병동을 넘나들며 가족들을 위한 치료를 제공하고 있다. 크리시는 루시의 주 간호사에게 아이를 의뢰받았는데, 루시는 임신 나이로 29주 차였을 때 어떤 자극에도 부정적으로 반응하여 걱정스러운 상태였다. 루시의 어머니인 달라도 걱정이 되었다. 루시가 자극으로 고통스러워해서 달라가 아이와의 소통을 피하기 시작했기 때문이다.

크리시는 루시의 차트와 병력을 받았고, 주 간호사와 병상에서 이야기를 나누었다. 그녀는 환경자극에 대해 루시에게서 전형적으로 나타나는 행동신호를 관찰하기 위해 병상 근처 아이의 가시거리 밖에서 초기 진단을 진행했다. 관찰하는 20분간 루시는 등을 활

모양으로 굽히거나 팔다리를 한 번도 긴장을 풀지 못한 것처럼 늘이는 것 같은 지리멸렬한 스트레스 반응, 연축과 손가락을 쫙 벌리는 듯 깜짝 놀라는 반응을 보였다. 또한 불규칙하고 높은 심박동수와 호흡수도 나타냈다.

다음 날 크리시는 루시가 예정된 여러 가지의 간호를 받는 동안 관찰했다. 크리시는 간호사가 만지거나 다가갈 때 루시가 비슷한 스트레스 행동을 보인 것에 주목했다. 그런데 루시는 간호사가 치료를 하겠다고 말을 하자 '정직한' 자기조절 반응으로 눈썹을 살짝 올렸다. 치료가 끝나자 루시의 엄마가 병상에 도착했다. 크리시는 아이 엄마에게 조용히 인사했다. 이어 치료실에서 음악치료에 대해 간단히 이야기했고, 루시에 대해 말해주길 부탁했다. 달라는 울기 시작했고, 딸을 어떻게 도와야 할지 잘 몰라 걱정스럽다고 했다.

크리시는 달라와의 유대감을 조성하고 어머니로서의 확신을 주는 것이 루시의 감각자극의 조직화와 통합을 위해 동등하게 중요하다고 여겼다. 그래서 루시와 달라의 공동치료를 위한 치료계획에 집중했다. 그녀는 특히 달라가 루시의 행동신호를 이해하고 해석할 수 있도록 도와주었고, 루시의 발달을 지지하고 유대감을 만들기 위해 목소리로 표현할 수 있게 해주었으며, 어머니로서의 역할에 자신감을 쌓아갈 수 있도록 도와주었다.

음악치료를 시작했을 때 크리시는 치료대(warmer bed) 끝, 루시의 가시거리 바깥쪽에 서 있었고, 달라는 그 옆에 서 있었다. 그들은 루시의 특정한 행동신호와 현재의 환경자극에 대한 반응을 이해하기 위해 몇 분간 관찰했다. 그런 후 크리시는 달라에게 루시의 호흡에 빠르기를 맞추고 하향하는 선율 선으로 목소리를 사용하여 '아' 소리를 내도록 알려주었다. 루시의 호흡이 빨라지면 동질성의 원리로 빠르기를 맞춘 후 호흡이 느려지도록 목소리의 장음을 서서히 느리게 해갔다. 크리시의 역할은 달라를 안내하여 루시의 행동신호를 인식하게 해주는 것이었다. 그래서 아이가 긍정적인 반응을 보이면 목소리 자극을 지속했고, 미묘하게 신호에서 벗어나려고 하는 것이 감지되면 가장 최근 변화된 자극은 수정했다. 점점 목소리에는 따뜻한 촉감이 더해졌다. 달라에게 루시의 손과 발을 동시에 손으로 감싸고 루시의 손바닥 안에 자신의 손가락을 놓도록 알려주었다.

몇 주가 지나고 크리시는 루시가 엄마의 목소리와 감촉으로 자기조절 반응이 점차 증가하고 있다고 기록했다. 또한 목소리를 통한 표현이 달라를 차분하게 해주고, 자신의 두려움보다도 루시의 호흡에 더 맞추도록 해주었다는 것을 알았다. 간호사들도 루시가 치료를 받는 동안 불안이 줄어드는 것 같아 보였다고 했다. 루시가 임신 36주 차에 접어들자 달라의 목소리는 '아'에서 짧은 프레이징의 허밍과 친근한 선율로 넘어갔다. 간호사들은 달라가 루시에게 이야기할 때 이런 식의 프레이징과 선율을 사용하고, 노래하거나 이야기할 때 감촉을 더 사용하고 있다고 했다. 주 간호사는 캥거루식 미숙아 돌보기(kangaroo care; 신체접촉을 통한 치료)를 해왔고, 달라는 하루에도 여러 번 루시를 안았다.

크리시는 지속적으로 루시의 발달을 살폈고, 발달 능력을 뒷받침하기 위해 감각자극을 수정하도록 모델링을 해주고 그렇게 하도록 했다. 루시가 떠날 때가 가까워지자, 크리시는 달라 부부에게 가정에서 음악이 육아에 어떻게 포함될 수 있는지 교육했다.

임상사례 : "아기는 지루하고, 가족들은 병원에서 너무 멀리 있어요"

에이미는 소아청소년 신생아집중치료실 내의 발달치료 팀에서 파트로 일했다. 간호 팀은 조슈아가 어머니가 없을 때 지루해하고, 주의를 끌기 위해 울며, 비강 캐뉼라(nasal prongs; 호흡을 위해 코에 꽂는 작은 관)와 비위관(nasogastric tube; 영양물을 넣어주기 위해 코에서 위까지 삽입한 관)을 뽑아내어 걱정을 했다. 에이미는 의료기록을 통해 조슈아가 임신 34주 만에 태어났고 호흡과 심장에 중대한 문제가 있다는 것을 알았다. 검사를 통해 조슈아는 인지적 손상을 초래할 수 있는 증후군을 동반한 유전자 손실이 있음이 나타났다.

음악치료를 시작했을 때, 조슈아는 태어난 지 10주가 지났고, 예정일에 맞춰 태어났다면 생후 4주 차가 되었을 때였다. 그리고 이제는 하루에 몇 시간씩 깨어 있었다. 가족들에겐 3명의 아이가 더 있었고, 그들은 이곳에서 4시간이나 떨어진 곳에 살았다. 아이의 엄마 엘렌은 매주 금요일 아침 기차를 타고 조슈아에게 왔으며, 다른 가족들은 일요일에 방문한 후에 엄마와 함께 돌아갔다. 음악치료사 에이미는 금요일이 휴일이라 아이 엄마와 대면할 기회가 없었다. 에이미는 엘렌에게 전화로 자신이 누구이며 음악치료가 무엇인지 소개했고 조슈아의 치료에 대해 동의를 얻었다. 엘렌은 매우 기뻐했고 두 가지 측면에서 음악치료를 실행하기로 결정했다. 첫째로, 에이미는 조슈아의 가족에게 집에서 어떻게 목소리를 녹음해서 병상에서 아이를 편안하게 해줄 수 있는지에 대해 알려주었다. 그리고 조슈아의 누나들과 형이 노래책(사진과 가사를 포함)을 만드는 것에 대해서도 이야기를 나누었다. 그래서 매주 방문했을 때, 노래를 하나씩 추가하고 책 안의 사진과 맞추며 조슈아에게 노래를 불러줬다. 이는 가족들에게 음악적 자산을 만들 수 있도록 해주었으며, 가족의 목소리를 의미 있는 자극이 되도록 통합해주었다. 엘렌은 조슈아가 행복해보이지 않는 것을 걱정했다. 그래서 이내 두 번째 제안을 받아들였다. 그것은 인지발달과 사회성 발달을 위해 조슈아와 에이미가 함께 생음악을 사용하여 상호소통을 하는 음악치료 프로그램이다.

음악치료 세션은 주 2회, 식후 완전히 소화되고 여전히 깨어 있는 시간에 30분가량 진행되었다. 에이미는 오로지 목소리만 사용해서 시작했고, 조슈아의 시선은 치료사에게로 향했다. 그 둘이 라포를 형성한 뒤에 조슈아에게 폭넓은 감각경험을 해주려고 다양한 시각적, 청각적 자극을 주기 시작했다. 치료를 시작하면 얼마나 상호소통을 할 수 있는지 확인하면서 빠르게 피로해지지는 않는지, 곧 잠에 드는 건 아닌지 신경을 썼다. 또한 적극적인 참여를 끌어내려고 즉흥적 노래(Shoemark, 2013)를 사용했다. 에이미는 조슈아가 잔잔한 움직임으로 반응하고 눈썹을 들어올리며 관심을 나타낸다고 기록했다. 그녀는 4마디 소절로 계속 노래했고, 아이는 즐기는 듯 보였다. 4분 정도 치료사의 얼굴을 향해 집중했으며 그 후 잠시 동안 자기조절 자극을 위해 눈길을 돌렸다가 다시 약 3분 정도 치료사에게 집중했다. 그리고는 오랜 시간 치료사에게서 눈을 돌렸고 눈을 깜박거리다 감았다. 에이미는 아이가 충분한 자극을 받았고 곧 잠이 들 준비가 되었다는 것을 알았다. 그래서 자장가를 불러주기 시작했고 아이는 잠이 들었다.

에이미는 조슈아의 병상 옆에 작은 노트를 두고 아이의 가족들과 글로 이야기를 주고받았다. 에이미는 조슈아의 형제들이 최근 방문했을 때, 예전에는 알았지만 잊어버린 노래가사를 찾아줄 수 있는지 남겨놓은 질문을 봤다. 에이미는 가족들과 한 팀이 되었다는 사실에 미소가 지어졌다.

다른 분야에서의 적용

신생아집중치료실에서 녹음 음악을 사용하는 것은 간호 분야 연구자들이 선택한 것이었으며, 세계의 여러 의료현장에서 비공식적으로 사용되고 있다. 음악은 신생아집중치료실에서 수면과 같은 상태 조절이나 능숙한 수유를 위해 필요한 비영양성 흡인(non-nutritive sucking)을 위한 발달 자극으로 음악치료사가 아닌 다른 치료사들에 의해 자주 사용된다. 수면을 돕는 음악은 일반적으로 진정음악이라고 한다. 자장가는 보통 신생아들을 위한 인정된 진정음악의 한 형태이다. 상업적으로 제작된 많은 자장가 CD는 치료적 근거가 없는데, 적절한 치료적 조건을 만족할 수 있는 근거 없이 음악을 사용해서는 안 된다. 음악은 또한 PAL(pacifier-activated lullaby; 적극적으로 달래는 자장가)과 같은 비영양성 흡인에도 도움이 될 수 있다(Standley & Walworth, 2010). 청각자극으로 노래를 직접 부르는 것은 다양한 자극제이다. 음악은 다감각적 양상을 띠기 때문에 그 자체로, 혹은 다른 감각자극(접촉, 눈맞춤, 흔들기 등)과 동시에 자극할 때 신생아의 감각기관에 과도한 자극을 주는 건 아닌지 고려해서 도입하고 모니터링해야 한다.

부적절하게 사용되는 음악은 전혀 관련이 없거나 해로운 것이 될 수도 있다. 음악을 이용하는 모든 전문가들은 음악을 신생아들에게 사용할 때 신생아들의 감각처리 능력을 분명히 인식하고 있어야 한다. 신생아집중치료실에서 음악을 사용하는 전문가들은 치료적인 의도에 어울리는 음악을 능숙하게 선곡할 수 있어야 한다. 더불어 이에 대해 자발적으로 모니터링할 수 있어야 하며, 신생아의 행동 및 생리적 반응과 음악자극을 잘 맞출 수 있어야 한다. 모든 전문가들은 신생아집중치료실에서 신중하게 음악을 사용해야 하며, 권위 있는 음악치료사에게 자문을 구해야 한다.

결론

신생아집중치료실에서 음악치료는 태아의 발달 과정, 신생아의 생리적 · 행동적 · 사회적 능력의 발달, 가족구성원으로서의 신생아에 대한 상당한 이해를 요구한다. 효과적인 실행을 위해 미숙아의 특징에 대한 높은 이해도 반드시 필요하다. 미숙아의 행동적 반응과 생리적 반응은 신경행동 발달과 감각기관 발달의 징후를 알려준다. 따라서 음악치료에서 진지하게 다루는 관련된 문제들의 중요한 지침이 되고 있다. 신생아를 위한 음악치료사(Shoemark, 2011)는 청각적 환경의 측정과 통제, 자극제이면서도 살아 있는 경험이 되는 음악의 역할에 대해 잘 이해해야 한다. 음악치료 실제에서 치료사는 음악의 기초를 이루는 요소에서 음악을 고찰하고, 신생아를 위한 음악치료 모델(Shoemark, 2011)과 음악의 치료적 기능(Hanson-Abromeit, 출판 중)과 같은 개념적 틀을 사용하여 음악을 재현할 것이다.

참고문헌

Als, H. (1986). A synactive model of neonatal behavioral organization: Framework for the assessment of neurobehavioral development in the premature infant and for support of infants and parents in the neonatal intensive care environment. *Physical and Occupational Therapy in Pediatrics, 6*(3/4), 3-55.

Bo, L. K., & Callaghan, P. (2000). Soothing pain-elicited distress in Chinese neonates. *Pediatrics, 105*(4), e49-e49.

Fischer, C. B., & Als, H. (2004). Trusting behavioral communication. In M. Nocker-Ribaupierre (Ed.), *Music therapy for premature and newborn infants* (pp. 1-32). Gilsum, NH: Barcelona.

Gottlieb, G. (1983). The psychobiological approach to developmental issues. In P. H. Mussen (Ed.), *Handbook of child psychology* (4th ed., pp. 1-26). New York: Wiley.

Hanson Abromeit, D. (2003). The newborn individualized assessment program (NIDCAP) as a model for clinical music therapy interventions with premature infants. *Music Therapy Perspectives, 21*, 60-68.

Hanson-Abromeit, D. (in press). A conceptual methodology to define the therapeutic function of music. *Music Therapy Perspectives, 1*(33).

Hanson-Abromeit, D., Shoemark, H., & Loewy, J. (2008). Music therapy in the newborn intensive and special care nurseries. In D. Hanson-Abromeit & C. Colwell (Eds.), *Medical music therapy for pediatrics in hospital settings: Using music to support medical interventions* (pp. 15-69). Silver Spring, MD: American Music Therapy Association.

Hartling, L., Shaik, M. S., Tjosvold, L., Leicht, R., Liang, Y., & Kumar, M. (2009). Music for medical indications in the neonatal period: A systematic review of randomised controlled trials. *Archives of Disease in Childhood: Fetal and Neonatal Edition, 94*(5), F349-F354.

Haslbeck, F. B. (2012). Music therapy for premature infants and their parents: An integrative review. *Nordic Journal of Music Therapy, 21*(3), 203-226.

Hodges, A. L., & Wilson, L. L. (2010). Preterm infants' responses to music: An integrative literature review. *Southern Online Journal of Nursing Research, 10*(3). Retrieved from *www.resourcenter.net/images/SNRS/Files/SOJNR_articles2/Vol10Num03Art05.html*.

Kelly, M. M. (2006). The basics of prematurity. *Journal of Pediatric Health Care, 20*(4), 238-244.

Lickliter, R. (1993). Timing and the development of perinatal perceptual organization. In G. Turkewitz & D. A. Devenny (Eds.), *Developmental time and timing* (pp. 105-123). Hillsdale, NJ: Erlbaum.

Malloch, S., Shoemark, H., Črnčec, R., Newnham, C., Paul, C., Prior, M., et al. (2012). Music therapy with hospitalized infants: The art and science of communicative musicality. *Infant Mental Health Journal, 33*, 386-399.

Mouradian, L. E., Als, H., & Coster, W. J. (2000). Neurobehavioral functioning of healthy preterm infants of varying gestational ages. *Developmental and Behavioral Pediatrics, 21*(6), 408-416.

Obeidat, H. M., Bond, E. A., & Callister, L. C. (2009). The parental experience of having an infant in the newborn intensive care unit. *Journal of Perinatal Education, 18*(3), 23-29.

Olischar, M., Shoemark, H., Holton, T., Weninger, M., & Hunt, R. W. (2011). The influence of music on EEG activity in neurologically healthy newborns ≥ 32 weeks' gestational age. *Acta Paediatrica, 100*(5), 670-675.

Rais-Bahrami, K., & Short, B. L. (2013). Premature

and small-for-dates infants. In M. L. Batshaw, N. J. Roizen, & G. R. Lotrecchiano (Eds.), *Children with disabilities* (7th ed., pp. 87-104). Baltimore: Brookes.

Shoemark, H. (2011). Frameworks for using music as a therapeutic agent for hospitalized newborn infants. In N. Rickard & K. McFerran (Eds.), *Lifelong engagement with music: Benefits for mental health and well-being* (pp. 3-22). New York: Nova Science.

Shoemark, H. (2013). Working with full-term hospitalized infants. In J. Bradt (Ed.), *Guidelines for music therapy practice: Pediatric care* (pp. 116-151). University Park, IL: Barcelona.

Shoemark, H., & Dearn, T. (2008). Keeping parents at the centre of family centred music therapy with hospitalised infants. *Australian Journal of Music Therapy, 19,* 3-24.

Standley, J. M. (2012a). A discussion of evidence-based music therapy to facilitate feeding skills of premature infants: The power of contingent music. *Arts in Psychotherapy, 39*(5), 379-382.

Standley, J. M. (2012b). Music therapy research in the NICU: Updated meta-analysis. *Neonatal Network, 31*(5), 311-316.

Standley, J. M., & Walworth, D. D. (2010). *Music therapy with premature infants* (2nd ed.). Silver Spring, MD: American Music Therapy Association.

van Soelen, I. L., Brouwer, R. M., Peper, J. S., van Beijsterveldt, T. C., van Leeuwen, M., de Vries, L. S., et al. (2010). Effects of gestational age and birthweight on brain volumes in healthy 9 year-old children. *Journal of Pediatrics, 156,* 896-961.

Walworth, D., Standley, J. M., Robertson, A., Smith, A., Swedberg, O., & Peyton, J. J. (2012). Effects of neurodevelopmental stimulation on premature infants in neonatal intensive care: Randomized controlled trial. *Journal of Neonatal Nursing, 18*(6), 210-216.

제 34 장

아동을 위한 의학적 음악치료

Joanne Loewy

곽은미 역

현대사회에서 병원에 입원하는 것은 쉬운 과정이 아니다. 의사나 응급실 진료 팀은 어떤 환자가 긴급을 요하는 의료적 처치가 필요한지, 입원 후 의료적 처치가 필요한지에 대한 기준에 대해서 숙지하고 적용하고 있다. 의료비의 상승과 입원에 대해서 보험사가 매우 제한적인 승인절차를 도입하면서, 병원의 입원연장 권고에 관한 평가는 지속적으로 진료 심사 평가위원회에 의해 진행되고 있다. 병원 입원이 반드시 필요한 환자에 대한 인식과 환자의 의료적 처치에 대한 순응도(adherence)에 따라 입원여부가 결정되며, 결정을 담당하는 의사와 관련 의료종사자들이 최종 결정에 대한 부담을 가지고 있으며, 이에 따라 병원에서의 의료지원은 지난 수십 년에 걸쳐서 변화되어왔다. 질병의 예상 진행과정을 구체적으로 포함한 치료과정의 평가와 병원 입원이 반드시 필요한 치료과정을 분명하게 정

의하려는 노력이 지속적으로 진행되고 있다.

이와 같은 병원 입원에 대한 생각의 전환은 입원을 요하는 환자에 대한 의료지원의 방법에도 영향을 미쳤다. 과거에는 질병을 진단하고 치료하는 전체 과정 동안 환자가 입원하였고, 질병으로 인한 증상들은 관찰과 치료를 통해서 처치되고 순차적으로 해결해나갔었다. 현재는 병원의 입원기간과 비용을 절감하고자 하는 노력의 일환으로 환자의 증상을 되도록 빨리 안정화시키고자 하는 절박함이 있다. 그 결과, 과거에는 병원에서 진행되었던 세심한 검사와 치료들이 외래병동이나 해당 전문의에게 위임되었다(Kalra, Fisher, & Axelrod, 2010).

환자의 병원 입원기간의 단축은 질병의 치료과정이 좀 더 효율적이고 빠르게 진행되었다는 첫인상을 가지게 한다. 통상 1주일 정도 입원했던 환자들이 좀 더 일찍 퇴원한다는 것은 그들이

좀 더 빨리 좋아졌다는 것을 의미할 수 있다. 현재의 의료지원은 진단하고 평가하는 입원초기에 집중되어 있으며, 더욱이 "자원의 소비가 가장 집중적으로 이루어지는 시기"에 집중되어 있다(Yu, Wier, & Elixhauser, 2011).

입원기간과 관련된 문제들은 의료지원이 어떻게 인식되고 행해지는지에 관해서 매우 결정적인 영향력을 가지고 있다. 짧은 입원기간은 음악치료사로 하여금 진단평가, 치료계획, 치료목적 설정, 평가에 있어서 임상적으로 매우 기민하고 간단명료하게 진행하여 다른 관련 의료진과 함께 일하도록 요구하고 있다. 음악치료사들은 정보를 수집하고 다른 의료진과 교류하는 데 있어서 단순명료하고 신뢰할 수 있어야 한다.

이 장에서는 신생아부터 청소년까지의 의료현장에서의 음악심리치료에 대한 개요를 설명할 것이다. 진단평가와 치료전략은 필자가 20년 동안 의료현장에서 겪었던 경험과 소아과 환자를 대상으로 한 근거중심의 연구에서 보고된 임상적 결과를 바탕으로 한 중재방법과 지식에 대한 심도 깊은 연구를 통해 제시되었다.

내담자군

신생아, 어린이 청소년 그리고 그들의 가족들과 함께 일할 때 중요한 측면 중 하나는 질병에 대한 이해와 질병이 야기하는 증상에 대한 이해이다. 소아과는 신생아부터 18세까지의 대상군을 의미하며, 자주 입원하는 환자의 경우 21세까지 연장될 수 있다. 성장장애(failure to thrive, FTT), 천식, 범불안장애(generalized anxiety disorder, GAD), 골반내 염증 질환(pelvic inflammatory disease, PID), 겸상 적혈구성 빈혈, 간질 등은 병원에서 일하는 치료사들이 기본적으로 알아야 하는 질병들이다. 2009년 발표된 15개의 주요 진

단범주를 보면 호흡계, 소화기관계, 신경계, 임신, 정신장애, 내분비계, 영양 및 대사질환, 이비인후과계, 근골격계, 피부 및 피하조직, 감염성 및 기생충성 질환, 신장 및 요로계, 혈액장애, 순환계, 외상 및 중독, 종양 등이 있다(Yu et al., 2011).

병원 입원 소아과 환자를 위한 치료기법은 마취 후 회복단계(O'Neill, 2002), 불안(Wang, Kulkarni, Dolev, & Kain, 2002), 화상(Edwards, 1994), 스트레스와 면역 반응(Avers, Mathur, & Kamat, 2007), 천식(Loewy, Azoulay, Harris, & Rondina, 2008), 시술을 위한 진정(Loewy, Hallan, Friedman, & Martinez, 2005; Loewy, 2008), 진정에 따른 합병증(Loewy, 2013a), 통증(Loewy, 1999, 2012; Mondanaro & Sara, 2013), 암(Brodsky, 1989; O'Callaghan, Sexton, & Wheeler, 2007)과 같은 특정 환자군 혹은 증상에 따라 발전되어왔다.

아동의 이해능력이나 연령에 적절한 접근은 매우 중요하며, 이를 위해서는 아동발달에 대한 이해가 필요하다. 놀이와 음악적 발달에 중점을 두고 있는 발달이정표(Gesell, 1934; Greenspan, 2003)에 대한 충분한 이해는 소아과에서 일하는 음악치료사에게 필수불가결한 과정이다. 이와 같은 지식은 어떤 행동이 정상이며 어떤 것이 지연된 행동인지, 또한 어떤 행동이 창조적·회피적·퇴행적 혹은 방어적 행동인지, 혹은 나타나는 행동이 진단된 질병에 대한 2차적인 증상인지 판단할 수 있는 기준을 제공할 것이다.

다른 중요한 요소는 다양한 문화의 관습과 의식에 대한 이해이다. 문화에 대한 이해와 더불어 각각의 환자나 가정은 그들만의 문화를 가지고 있음을 인정하는 태도를 가져야 한다. 그들만의 문화는 음악 안에서 소아 환자가 자신의 질병에 대한 이해를 할 수 있도록 돕는 역할을 할 수 있고, 이와 같은 과정을 통해서 병원 입원기간 동

안의 질병의 치료과정이나 웰니스(wellness)에 영향을 미칠 수 있다.

임상현장

이론적 토대

치료사 각자가 가진 음악치료에 대한 접근에 관계없이, 치료사가 모델에 대한 이해와 승인에서 출발할 때 모델의 적용과 중재는 가장 효율적으로 적용될 수 있다. 모델의 이론적 배경에 관한 지식과 신념에 대한 이해는 매우 중요하다. 그러나 모델은 지금 현재 가지고 있는 의학적인 문제와 독특하게 뒤얽혀 있는 신체적, 정신적, 문화적, 종교적인 측면의 통합적인 정보와 이해를 필요로 한다. 이 장에서는 음악치료가 통합치료 계획(interdisciplinary plan of care)에 포함되는 것

을 보장하는 통합적 의료지향(integrative medicine orientation)에 대해서 설명하려 한다. 그림 34.1은 통합적 접근을 하는 의학적 음악치료를 의학적 치료지원 모델과 비교분석하여 설명하고 있다. 음악적 (위쪽) 영역은 반대쪽에 있는 의학적 (아래쪽) 영역과 상응한다. 예를 들어, 음악적 영역에 있는 웰니스는 의학적 영역에 있는 질병과 관련이 있으며, 주관적인 반응은 임상적 목적에 상응하며, 이와 같은 방식으로 계속된다(Loewy & Scheiby, 2001).

현재 음악치료 기법은 크게는 과학의 발전에 기초를 두고 있으며, 보다 상세하게는 미국과 전 세계적으로 행해지고 있는 대학과 음악치료사의 훈련과정에서 발전되고 형성된 연구와 임상경험에 기초를 두고 있다. 그중 몇 가지는 일반적인 행동주의 접근(Standley & Whipple, 2003), 둔감화 접근(desensitization approach; Chetta, 1981),

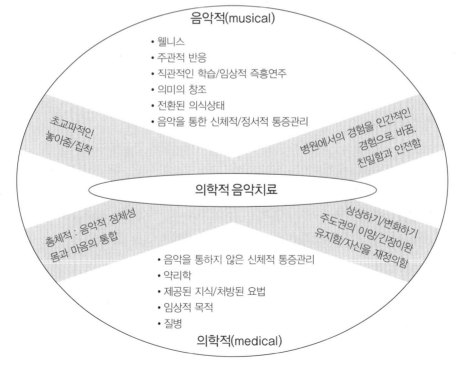

그림 34.1 통합 음악심리치료 모델(Loewy and Scheiby, 2001). Satchnote Press의 재출판 허가받음.

환경적 지지 모델(contextual support model; Robb, 2000)과 같은 동기와 참여에 관한 이론에 근거하고 있다. 이와 같은 이론들은 음악이 자율성, 지지, 관계형성을 위한 구조와 기회를 제공하는 데 효율적임을 설명하고 있다. 생의학적 관점에서의 음악치료(biomedical orientations)에서는 "정신에 기인한 것이 아닌(outside of the physical space of the brain)" 행동과 감각의 치료에 집중하고 있다. 이와 같은 관점에서는 인간의 감정과 생각이 의학적 질병에 영향을 주는 것이 아니라, 단순히 신체적 · 생물학적 기능에 질병이 나타난다고 간주하고 있다(Taylor, 2010, p. 14). 대체적으로 음악치료 문헌에서 소아과 음악치료 접근의 치료전략은 아동의 발달적 측면에서의 놀이, 습득, 극복과 성취, 학습을 중점으로 하는 병원아동생활(child life)의 관점에서 시작된다(Ghetti, 2011; Hanson-Abromeit & Colwell, 2008).

음악치료사에 의해 행해지는 치료적 접근은 환자, 가족, 의료진, 그리고 무엇보다도 중요하게 치료사 자신이 음악치료에 관한 인식을 하는 데 있어서 매우 중요하다. 환자의 정신적인 관점과 발달과정에 대한 이해는 병원에서 행해지는 음악치료의 효과와 질에 영향을 미칠 수 있는 필수요소이다. 신생아, 아동, 청소년과 일하는 대부분의 음악치료사들이 병원에서 행해지는 의학적 · 발달적 그리고 놀이와 관련된 영역에 관하여 알고 있는 반면, 문헌에 제시된 음악의 치료적 측면의 요소에 관한 지식이나 관심은 적은 편이다. 따라서 이 장에서는 심리치료를 바탕으로 한 음악치료의 통합적 접근이론과 근거를 제시하려 한다. 사회복지, 병원아동생활, 치료적 레크리에이션 부서에서 일하며 심리치료적 접근을 하는 음악치료사는 환자와 가족들에게 중재를 제공할 때 분명하게 치료적이어야 한다. 즉, '치료적'이라는 것은 전이, 역전이와 함께 음악심리치료에서 행하여지는 다양한 임상적 기법을 적용하는 것을 의미한다. 아마도 이와 같은 측면이 전문가(specialist)와 치료사(therapist) 간의 구별을 분명하게 하는 차이일 것이다.

소속 부서

병원이나 의료현장에서 일하는 음악치료사의 소속이 음악치료 부서가 아닌 경우는 매우 흔하다. 음악치료사는 병원아동생활, 레크리에이션 치료, 재활, 사회복지, 원목실, 아동 및 청소년 정신건강 서비스, 정신과 등과 같은 부서에 소속되어 있는 경우도 많으며 이 이외의 부서에서도 일하고 있다. 다른 서비스들이 의료진의 요구나 의료행정실의 장기적인 필요에 의해서 진행되는 것과는 달리, 음악치료에서 음악치료사의 지위와 프로그램의 배치는 각 시설의 철학과 관계가 있다. 음악치료 부서가 음악치료가 아닌 다른 부서의 일부로 있을 때는 장단점이 있다. 장점으로는 근무 중에 다른 전문가들과 지속적인 교류의 기회가 생기며, 환자를 의뢰받고, 팀빌딩(team building)[1]을 도입시킬 수 있다는 점이다. 공동치료를 포함한 팀빌딩은 치료시기의 선택, 협력, 진단평가부터 퇴원, 퇴원 후 가정에서의 사례관리까지 의료지원이 연장될 수 있도록 한다.

가장 중요한 것은 치료사의 철학이 그들이 소속된 부서의 지향하는 바와 잘 부합되는 것이다. 음악치료사나 음악치료 프로그램이 사회복지 부서에 소속되어 있을 때, 음악치료사는 환자와 함께 그들의 가족까지 밀접하게 지원해야 한다. 치료사가 병원아동생활 담당부서의 일원일 때, 치

---

1) 개인의 능력이 개별적으로 모여서 하나의 팀으로 일을 하면서 새로운 방향성을 제시하고 문제를 해결하는 방식을 말한다. – 역자 주

료사는 아동과 다양한 놀이가 가능해야 하고 의료장비나 시술을 설명할 수 있는 놀이에 익숙할 것으로 기대된다. 음악치료사와 병원아동생활 전문가는 놀이방을 함께 이용하게 될 것이며, 음악치료 그룹이나 즉흥연주 그룹(community jams)을 놀이방에서 진행하게 될 것이다. 치료사가 원목실의 일원으로 일을 한다면, 치료사는 기본적인 음악치료 이외에도 대부분 사후돌봄 서비스, 종교의식 등에서 음악을 제공하게 될 것이다.

실제로 당신이 음악치료사로서 전통적인 역할 이외에 제공한 다양한 서비스들, 즉 돌봄이나 병원의 다양한 환경에서 제공한 음악 혹은 음악 활동 등은 결과적으로는 음악치료사가 임상가로서, 또한 병원 사회의 구성원으로서 당신의 동료들과 통합 의료지원 팀에 좋은 서비스와 영향력이 있는 팀의 일원으로 받아들여지는 데 도움이 될 것이다.

반대로 음악치료에 대해서 잘 모르거나, 알아가는 단계에 있는 부서에서 일하는 것은 단점이 있다. 예를 들어, 부서장이 다른 분야의 전문가인 경우 음악치료의 기본적인 치료방법이나 음악치료사의 영역에 대한 이해가 부족할 수 있다. 이와 같은 경우 의뢰가 제한되거나 내담자에게 접근하기 어려운 경우가 발생한다. 음악치료사가 환자나 환자 가족에게 음악치료에 대해 설명한다면 음악치료가 권유된 이유에 대해서 질병에 따라 명백하게 설명할 수 있지만, 만약 부서장이 환자나 환자 가족에게 음악치료에 대한 이해 없이 포괄적인 설명만 한다면 음악치료의 치료적 협력에 대한 설명이 효과적으로 이루어질 수 없다. 치료적인 지원이 가능한 한도에서 치료 대상자나 보호자와의 직접 접촉을 통하여 정보가 제공되는 것이 필요하고 가장 효율적이나, 주요 의료진 즉 의사나 간호사를 통한 간접적인 접근만이 가능한 경우에는 치료와 관련된 통합적

이고 상호교류적인 작업을 방해할 수 있다.

이상적으로 음악치료 부서나 표현예술치료 부서에서 일을 할 때는 위에 언급한 모든 부서와의 연계가 가능하다. 이와 같이 진행될 때, 모든 의뢰와 환자의 돌봄은 환자의 필요와 치료사의 기법(노도프-로빈스, GIM 등), 하위 전문분야 즉, 통증 완화 전략(release-oriented strategies), 진정 효과, 임종, 천식관리 프로그램(asthma initiative program)[2]에 따라 능률적이고 환자에 맞게 특별하게 제공될 수 있다.

의뢰 협력과 승인

음악치료 의뢰서를 만드는 것과 시설 안에서의 의뢰 협력 절차를 만드는 것은 환자에게 서비스를 제공하고 관련 의료진에게 음악치료를 알리고 소통하는 데 매우 중요한 요소이다. Mount Sinai Beth Israel의 Louis와 Lucille Armstrong 음악치료 프로그램에서 이용하는 의뢰서(그림 34.2 참조)는 어떤 환자에게 음악치료가 가장 필요한지 구별하는 데 도움을 준다. 이것은 현대의 병원 제도에서 일을 하고 있는 순환배치 전공의, 인력 보조 간호사(floating nurse)[3]에게 음악치료에 대한 교육을 할 수 있는 도구가 된다. 의뢰서를 사용했던 전문 의료진은 의뢰 요청서가 환자의 필요영역을 앞쪽에 표기하고 이에 따른 구체적 설명이 뒤쪽에 있어 매우 유용하게 이용할 수 있다고 보고하였다. 이와 같이, 의뢰서는 의료

---

2) 음악치료사, 의사, 관련 의료진에 의해서 발달된 프로그램으로 천식을 가진 환자들의 호흡을 조절하고 삶의 질을 높이고자 개발되었다. 음악과 함께 하는 긴장이완, 관악기를 이용한 호흡연습들을 포함하는 음악활동들을 주로 제공한다. —역자 주

3) 분만이나 육아 등 간호사의 결원이 생겼을 경우 투입될 수 있도록, 병동별 혹은 병원별로 고용하는 간호사. —역자 주

진이 심리치료적인 부분에서의 필요를 구별하여 표시하게 되어 있고, 문서의 뒷장에는 음악치료가 어떻게 특정 문제에 대해 도움을 줄 수 있는지 이해할 수 있도록 되어 있다. 이와 같은 과정은 관련 의료진과 종사자들이 음악치료에 관해서 지속적으로 교육할 수 있도록 돕는다. 직접 서술하는 부분을 작성하면서 의료진은 특정 환자에 대한 상세한 내용을 기술하도록 요구되며, 그들이 직접 손으로 작성한 설명을 통해 음악치료사가 환자와 가족을 만났을 때 관심을 가져야

하는 정보를 제공한다.

의뢰는 통상 회진, 서면, 문자, 음성 메시지를 통해서 전달되며, 신입 의료진이 있거나 음악치료 프로그램이 도입 혹은 개선되었을 때는 논의를 통해서 진행되는 경향이 있다. 음악치료사는 음악이 환자와 가족들을 위한 통증 관리에서 어떻게 도울 수 있는지 질문하여 의료진이 생각할 수 있도록 자극할 수 있다. 예를 들어, 음악치료사는 환자의 담당의에게 "이 아이는 주사바늘에 대해서 공포를 가지고 있어요. 우리가 내일 수술

MOUNT SINAI BETH ISRAEL
The Louis & Lucille Armstrong Department of Music Therapy

환자 성명 : _____
진단명 : _____
입원실 : _____
환자의 주 사용언어 : _____   영어 : _____ yes _____ no
보호자 성명 : _____
보호자의 주 사용언어 : _____   영어 : _____ yes _____ no
환자와의 관계 : _____ 어머니 _____ 아버지 _____ 형제자매
_____ 수양부모 _____ 친척
_____ 친구

음악치료 의뢰 이유(뒷면에 설명 있음)

도움이 필요한 모든 영역에 표시하십시오.
불안/공포 :   (   ) 분리불안   (   ) 수술 전후 불안
            (   ) 범불안
통증/스트레스 : (   ) 호흡곤란   (   ) 긴장이완 필요
표현의 어려움 : (   ) 우울 혹은 함묵   (   ) 신경질적 반응 혹은 과다행동
대처능력 :   (   ) 질병에 대한 극복   (   ) 자아존중감
            (   ) 의사소통/사회성
의식상실 :   (   ) 인식의 증가   (   ) 자극 혹은 심상의 이용

기타

상세한 설명 : _____
의견 : _____
의뢰자 성명 : _____   내선번호 : _____   날짜 : _____

그림 34.2 일반 소아과를 위한 의뢰서. 음악치료를 위한 예시 문서. ⓒ 1994. Louis Armstrong center for Music and Medicine의 승인받음.

음악치료 의뢰 기준

1. 불안/공포

음악치료는 진정시키고, 친숙하게 만들고 활동적으로 만들 수 있다.

A. 분리불안	찬트, 음악적으로 안아줌, 음악경험을 함께 함을 통해 병원 환경에서 안전감을 느낄 수 있다.
B. 수술 전후 불안	음악활동은 긴장을 이완시키며 병원 치료로 긴장되고 공포를 느끼는 몸과 마음을 이완시키고 편안하게 한다.
C. 범불안	비침습적인 수단인 음악경험을 통해 공포에 대해서 이해한다.

2. 통증/스트레스

임상적 즉흥연주는 환자의 불편함을 해소할 수 있는 대체적이고 비언어적 수단이다.

A. 호흡과 발성	신체의 리듬, 음고통합기법[4] 등은 내담자가 호흡을 동기화(synchronize) 하고 깊게 할 수 있도록 돕는다. 토닝[5]은 몸의 호흡과 감정의 상태를 일치하도록 자극한다.
B. 긴장이완	음악의 창조성에 의해 열린 통로를 이용해서 긴장을 이완해야 하는 신체의 필요를 자극할 수 있다.

3. 표현의 어려움

A. 우울, 함묵/비활동성 B. 신경질적 반응	구조적/비구조적 치료는 '둔감화'되거나 '차단된' 감정을 변화시킬 수 있다. 아프리카 드럼연주, 노래감상, 음악작곡 등과 같이 내재적으로 구조를 가지고 있는 음악치료의 기법은 환자의 과다한 활동성을 안전하게 표현할 수 있는 수단을 제공한다.

4. 자아강화/대처능력

A. 질병에 직면하기	음악의 선택과 작곡의 과정에서 음악의 은유적 사용은 환자에게 질병에 대한 이해와 적응에 안전한 방식을 제공한다.
B. 자아존중감	매우 취약한 시기에 있는 환자는 연주하고 녹음하는 과정을 통하여 자신의 존재 이유에 대한 감정을 강화할 수 있다.
C. 의사소통/사회성	함께 노래 부르기, 드럼서클, 공동 즉흥연주는 환자 간, 그리고 가족과의 교류를 촉진한다.

5. 의식상실/혼수상태

A. 인식의 증가	익숙한 음악의 사용은 감각의 회복을 돕고, 의식을 회복할 수 있도록 돕는다.
B. 자극	음악과 심상유도는 치료의 과정을 돕는다.

그림 34.2 (계속)

전에 준비를 시켜줄 수 있을 것 같습니다. 제가 대기실 간호사와 마취과 선생님들께 환자와 함께 가서 대기실과 수술실에서 음악치료를 제공할 수 있도록 연락할까요? 어떻게 생각하세요?"

---

4) 음악치료에서의 목소리활용기법, Felicity Baker & Sylka Uhlg 엮음, 정현주, 김수지, 곽은미, 김경숙, 이수연 역, 시그마프레스, 12장 참조. – 역자 주

5) 음악치료에서의 목소리활용기법, Felicity Baker & Sylka Uhlg 엮음, 정현주, 김수지, 곽은미, 김경숙, 이수연 역, 시그마프레스, 12장 참조. – 역자 주

라고 질문할 수 있다.

한 가지 종류의 환자군 혹은 특정 처치에만 음악치료를 의뢰하는 병동에서는 의뢰의 과정을 개선하는 것도 필요하다. 이와 같은 경우의 목표는 음악치료사가 무엇을 어떻게 하는지, 의료진에 의해 제공되는 서비스의 깊이와 질의 향상을 위해 어떻게 협력할 수 있는지에 대한 이해도를 높이는 것이 될 것이다. 특히 통증 위기의 상황에서 음악치료가 어떻게 적용되는지 설명하는 것이 필요하다. 한 달 동안 의뢰되었던 15건이 모두 '자극'을 위한 것이었던 가정의학과 병동에서는 개선이 필요했다. 한 달 동안 입원한 몇몇 환자들은 천식, 신장 기능 이상, 겸상적혈구병을 가지고 있었으며, 의료진에 의해서 음악치료의 필요성은 부주의하게 간과되었다. 이 환자들이 이미 외래병동에서부터 음악치료에 익숙해져 있음을 의료진들에게 상기시켜주어야 했다. 의료진은 음악치료 팀으로부터 음악치료가 호흡과 통증 관리에서 어떻게 도움이 되는지, 천식과 통증 위기에서 할 수 있는 다양한 음악치료 활동을 설명하고 이용하도록 자극을 주는 일이 필요했다.

일시적으로 간호사가 그들의 설명을 서술하는 부분에서 "방문객 없음" 혹은 "주의환기가 필요함" 등과 같이 매우 짧게 설명하는 일이 발생했다. 회진 때 음악치료사는 음악치료를 단순히 지금의 정서상태에 대한 주의환기의 역할로 사용할 경우 환기된 정서가 사라진 후에는 다시 원래의 정서로 돌아오지만, 음악치료를 환자의 통증, 불안, 병원 입원에 따른 트라우마와 연관해서 이용할 경우 환자의 적응능력을 향상시켜줄 수 있음을 설명하였다. 병원에서 중요한 병동 중 하나인 소아과에서는 환자를 의뢰한 의료진과 직접적으로 일하는 것이 음악치료의 의료서비스로의 통합을 위해 중요하다.

의뢰-팀접근-프로그램 개발을 위해서는 의뢰한 의사와 간호사에게 환자의 음악경험에 대해서 간단명료하게 언급하고 그들의 의학적인 혹은 정신적인 변화에 대해서 설명하는 것이 가장 효율적인 방법인 것 같다. 예를 들어 이렇게 설명한다. "레빈 선생님, 감사합니다. 사라에 대한 당신의 의뢰는 매우 적절했습니다. 사라가 지난 2일 동안 아무것도 먹지 않았음을 환자 차트에서 보았고, 의뢰서에 **공포/불안**에 표시가 된 것을 보고 사라를 즉흥연주 시간에 초대했습니다. 즉흥연주 시간에 참석한 이후 사라는 병실로 돌아가서 요구르트와 토스트 두 조각을 먹었습니다. 드럼연주가 그녀의 긴장을 완화하는 역할을 했습니다. 적절한 의뢰에 감사하며, 계속적인 의뢰 부탁드립니다!"

음악치료의 시행 자문 서비스 : 음악치료의 도입, 진단평가, 후속조치

음악치료사가 환자와 가족들에게 어떻게 접근하는가는 음악치료를 어떻게 이해하고 이후 치료가 얼마나 효율적인가에 있어 매우 중요하다. 입원실에 부드럽게 노크하고, 악수를 하는 것으로 시작하여, 의료 팀의 언급 혹은 질병과 관련된 직접적인 음악치료의 효율성에 대해 설명한다. 환자와 가족을 위해 의뢰와 초기 평가에 대한 정보를 전달하는 것은 환자들에게 확신을 줄 뿐만 아니라, 다른 의료서비스에서도 통상적으로 진행되는 과정이다. 단순명료한 과정에 대한 설명은 자주 간과되고 있으며, 이는 통증 상담 서비스가 거부되거나 통증 위기 상황에서 환자를 위한 음악치료에 대한 잘못된 인식을 가질 수 있게 한다. 음악치료에 대한 소개를 하는 과정에서 자주 발생하는 오류는 다음과 같다.

지나친 박력

입원실에 환자의 공간이나 환자의 의사에 대한 존중 혹은 사생활에 대한 배려 없이 지나치게 열심히, 활기차게 들어가는 것이다. 음악치료가 어떻게 도움이 되는지에 관한 지나치게 강압적인 접근은 환자와 가족들에게 치료를 거절할 수 있는 기회를 허락하지 않는다.

저항은 음악치료의 진단평가와 치료에서 의미 있는 측면이다. 환자와 가족이 치료를 거부하는 특성들은 검토할 가치가 있다. 몇몇 가장 의미가 있었던 음악치료 과정은 시작 단계에서 환자의 저항과 적극적이고 의도적으로 음악치료를 거부하는 것을 허용하고 받아주며 다양한 접촉과 시도를 하는 것으로부터 시작되었다. 음악치료사는 환자가 보이는 저항의 특성, 특히 시술이나 질병의 증상으로 인한 통증이 매우 심한 날의 특성을 이해해야 한다.

저항에 대해 작업하는 것은 다양한 방법이 있다. 가장 첫 번째이자 중요한 것은 음악치료의 거부 자체를 조건 없이 받아들이는 것이다. 음악치료 서비스의 거부를 치료사 개인을 향한 것으로 생각할 필요는 없다. 저항은 역전이 적으로 환자가 이해할 수 없는 질병과 불확실성에 대한 불편함을 어떤 방법으로 회피하거나 밀어내는 것으로, 삶과 어떻게 관계를 맺는지를 이해하고 살펴볼 수 있는 기회를 제공한다.

음악이나 치료사의 역할에 대한 잘못된 안내

몇몇 음악치료사는 음악치료에 대한 소개가 아니라 음악에 대한 소개를 하는 것이 환자나 가족이 음악치료를 받아들이는 데 더 영향력이 있다고 생각한다. 그러나 실제적으로 치료라는 단어를 사용하지 않는 것이 환자나 가족들을 잘못 인식시킬 수 있다. 사실, 진단평가에 환자가 음악을 원치 않거나, 음악치료가 입원 초기 혹은 첫 번째 시도하는 시점에서는 효율적이지 않을 것으로 판단될 수도 있다. 그러나 음악치료 서비스를 제공하거나 직업 명칭이 음악치료사인 경우에는 본인에 대해 소개할 때 치료사로 소개하거나 치료라는 단어를 사용하여 음악치료에 대해 설명하는 것이 윤리적인 책임이다.

타 부서에서 음악치료사로 일을 할 때는 음악치료의 방법에 대해서 명확하게 설명하고, 필요하다면 부서의 역할과 부서 안에서 음악치료사의 진단평가와 음악치료 서비스 제공에 관한 치료사의 역할에 대한 분명히 구별된 설명이 필요하다. 예를 들어 "저는 병원아동생활부서에서 일을 하고 있는 음악치료사입니다……", "저는 사회복지 부서에서 일을 하고 있습니다. 사회복지사가 여러분의 퇴원계획에 대해 도움을 드리고 있다면, 저는 켈리의 수술 전 과정에서 긴장이완을 위한 음악을 사용하여 지원하고 있습니다"와 같이 설명할 수 있다.

잠정적인 역할/서비스

음악치료사가 자신에 대해서 명확하고 간결하게 직접적으로 환자나 의료진에게 알리는 것은 매우 중요하다. 음악치료사가 불안감을 보이며 환자의 입원실에 들어가게 되는 경우가 있다. 치료사가 환자와 눈맞춤을 피하거나, 치료의 목적이나 치료가 필요한 영역에 대한 설명 없이 서비스를 제공하기도 한다. 음악치료는 매우 잘 알려져 있는 방법은 아니기 때문에, 음악치료사는 방어적이지는 않지만 매우 신뢰할 수 있는 자세를 가지고 있어야 한다. 환자가 음악치료에 대해 회의적이거나, 이해가 없거나, 왜 음악치료가 의뢰되었는지 모르는 것은 당연하며 그럴 수 있다. 음악치료사는 많은 종류의 질문에 답변할 것을 예상하고, 명확하고 쉽게 설명할 수 있는 준비가 되어 있어야 한다.

차트 검토의 시점

음악치료사는 환자와 가족들을 만나서 진단평가를 마치기 전까지는 환자에 대한 의학적 정보, 가족구성과 가족력에 대한 정보를 읽는 것을 삼가는 것이 중요하다. 그렇게 해야 치료사는 환자 입장에서의 환자 본인과 입원경험에 대해서 정보를 수집할 수 있기 때문이다. 통증을 경험하고 있는 환자를 진단평가할 때는 더욱 중요하다.

차트를 읽는 것이나 의료진과 토론하는 것을 환자의 진단평가 후에 하는 것은 음악치료사로 하여금 평가 후 24시간 안에 작성해야 하는 진단평가 보고서를 만들 때 세 가지 중요한 출처로부터 정보를 얻게 한다. 첫 번째 가장 중요한 출처는 치료사의 환자에 관한 느낌과 환자가 음악 안에서 그리고 음악 밖에서 자신을 어떻게 표현했는지에 관한 것이다. 두 번째는 환자의 신체적, 정신적 병력을 알려주는 차트(의료보고서)이다. 세 번째는 다양한 의견과 정보를 전달해주는 의료진이다. 때에 따라 제공되는 정보가 서로 맞지 않을 때가 있다. 이와 같은 불일치는 향후 치료에서의 필요와 목적에 대한 정보를 제공할 수 있다.

많은 환자들이 병의 예후에 관하여 가장 나쁜 방향으로 생각한다. 어떤 환자들은 생명을 위협하는 병의 진행에 대해 부정한다. 어떤 환자들은 제공되는 의료적 처치에 대해서 이해를 못한다. 예를 들어, 병을 진단받았을 때 매우 충격적이었거나, 환자 혹은 가족이 제공되는 정보를 이해하지 못했을 때 그들은 정신적으로 매우 압도될 수 있다.

다른 한편으로 중환자실(intensive care units, ICUs), 정신병동, 약물중독병동, 교정시설(correctional facilities) 등에서는 차트 검토를 미루지 말아야 한다. 이와 같은 병동에서는 음악치료사가 진단평가 이전에 가능한 한 많은 정보를 수집하는 것이 필요하다. 이와 같이 할 때, 치료사는 환자를 불필요하게 자극하는 것을 피할 수 있고 환자의 예측 불가능하거나 위험한 행동으로부터 치료사를 보호할 수 있다.

몇 가지 중요한 결정은 입원실에 들어가기 이전에 내려져야 한다.

- 세션을 어디에서 할 것인가? 음악치료사는 치료를 입원실에서 할 것인지 아니면 입원실을 벗어나 음악치료실로 오게 할 것인지, 혹은 가능한 다른 독립 공간을 사용할 것인지 결정해야 한다. 이동이 가능한 환자에게 사생활이 보장되고 음악적으로 좀 더 좋은 환경에서 세션을 제공하는 것도 좋지만, 다소 모험적일지라도 입원실에서의 진행을 환자가 허락하는 경우, 환자의 입원실에서 진행하는 것이 환자의 에너지와 입원경험에 대한 인상을 바꿀 수 있다. 환자의 요구와 간호사의 제안에 따라 이와 같은 요소를 고려하여 세션을 어디서 진행할지 결정해야 한다.

- 악기는 어떻게 보여줄 것인가? 어떤 환자들(성인, 아동, 특별히 청소년들)은 지참한 악기들에 한꺼번에 노출되었을 때 음악치료를 회피하거나 거부할 수 있다. 환자들은 너무 유치하다고 생각하거나 혹은 학교에서 놓친 행사에 대해서 연상할 수 있다. 악기(탬버린, 오르간)에 의해 그들은 무의식적으로 죽음과 연관된 교회를 연상할 수도 있다. 이와 같은 연상 작용은 아직 병이나 입원에 대해 알리지 못한, 오랫동안 방문하지 못했던 할아버지 할머니를 생각나게 할 수도 있다. 다른 한편으로 다양한 악기는 환자에게 잠재적인 기회를 제공할 수 있다. 환자는 악기를 조작하면서 장난기를 느끼고, 환자로서의 역할에서 빠져나올 수도 있다.

음악심리치료 진단평가

Armstrong Music Therapy Program은 심리치료적 원칙에 기초하고 있다. 진단평가 세션은 매우 조심스럽게 진행되며, 세 단계에 걸친 경험을 제공하고 있다. 그 단계는 (1) 치료의 도입, 준비단계(warm-up), 시작, (2) 진단평가의 과정, (3) 마무리와 안전거리 두기(distancing)로 구성된다. 음악심리치료 진단평가의 맥락상 환자의 자발적 신뢰 혹은 더 바람직하게 신중한 표현의 느낌(아마도 불신과도 관련된)은 매우 중요하다. 나는 음악치료의 진단평가 동안 진행되는 음악적 관계 안에서 환자와의 신뢰감은 발전될 수 있음을 설명하였다. 환자의 음악치료의 자발적 참여 혹은 거부는 여러 가지 요소를 나타내고 있다. 치료사는 환자 스스로 안정시킬 수 있는 전략을 배울 수 있는 기회를 제공하고, 음악으로 안정된 기본적인 기초를 제공함으로써 확신을 줄 수 있다. 음악적으로 안전함과 익숙함을 주는 곡으로 시작하여 환자가 음악치료를 신뢰하고 자기를 표현할 수 있도록 초대한다. 이와 같은 작업은 통증에 관한 표현이 음악 안에서 그리고 음악으로부터 동시에 평가될 수 있는 환경을 제공한다.

병실에 들어가는 것과 방 안의 분위기를 파악하는 것은 진단평가의 전 단계로 매우 중요하다(Loewy, 2000). 음악치료와 치료사 자신에 대해, 악기와 음악에 대해 치료사가 어떠한 자세로 설명하는지에 의해서 환자나 가족이 음악치료를 얼마나 순조롭게 받아들이는지 또는 거부되는지가 결정된다. 세션에 가족의 참여 여부의 결정은 매우 중요하다. 특히 통증 관리가 고려되고 있을 때는 더욱 중요해진다. 환자가 형제자매나 부모의 지나친 관심으로 숨 막혀 하는 것으로 생각되는 경우에는, 음악치료 시간이 피난처로서 매우 좋은 기회가 될 것이고, 가족들은 휴식과 자신만의 시간을 가지게 될 것이다. 감정적으로 매우 연약해져 있거나 무감각해져 있는 경우, 음악의 은유적 연주와 가족과의 합주 활동 안에 있는 내재적인 단서들은 음악교류의 통로를 제공할 것이다. 이상적으로는 소아과 환자가 환자 독립적으로 그리고 환자와 가장 밀접한 보호자와 함께 하는 두 가지 상황에서 음악으로 만나 작업하는 것이 다양한 환경과 상황을 통한 귀중한 정보를 제공할 수 있다(Greenspan, 2003). 환자가 독립적으로 있을 때와 가족과 함께 있을 때 어떻게 반응하는지를 관찰하는 것은 환자 본인에 관해서뿐 아니라, 환자가 가족들과 일상적 관계에서 어떻게 반응하는지, 위기상황에 어떻게 대처하는지를 이해하는 데 매우 중요한 정보들을 제공한다(Loewy, 2011). 첫 번째 진단평가에서는 안정적이고, 자유로운 흐름을 가지고 초대하는 환경을 만들어 진단평가 자체가 효과적인 치료로 연결될 수 있도록 하는 것이 매우 중요하다. 질병에 대해서 이해하고, 특히 어떤 부분에서 통증이 유발되는지 아는 것은 치료를 위한 중재를 고안하는 음악치료사에게 매우 유용한 정보이다.

음악치료 서비스의 제공은 임상적 진단이 완결된 이후에 진행하게 된다. 치료사에게 중요한 정보, 특히 통증 진단평가에서 중요한 정보는 질병이나 입원 이전에 환자가 어떻게 반응하고 행동했는지에 관한 정보를 수집하는 것이다. 음악치료 상황의 안과 밖에서 웰니스(wellness)는 자아발달(ego support)과 안녕감(well-being) 정서의 발달에 중요한 전제 조건이다. 의뢰가 되거나, 혹은 음악치료사에 의해서 선별(관찰과 의료진의 보고서 혹은 구두 보고에 의해서 음악치료사는 스스로 환자를 의뢰할 수 있다)되면 음악치료사와 의료진은 즉각적인 음악치료의 개입, 혹은 치료의 보류(환자의 예후, 입원기간, 치료계획에 기초하여), 혹은 치료가 권유되지 않거나, 다른 매체로 의뢰를 결정하게 된다.

의학적 음악치료의 진단평가는 통상 30분에서 45분 정도가 소요된다. 환자의 필요와 주의가 요구되는 영역은 진단평가 세션 동안 몇 번에 걸쳐 나타난다. 이것은 아마도 다른 내담자군들을 대상으로 하는 진단평가와의 차이점일 것이다. 병원 입원 환자는 아마도 의학적으로 가장 취약한 상태에 있을 것이며, 진단평가 동안 제공된 음악은 다양한 수준의 감정적 필요를 풀어내 줄 것이다. 그래서 치료사의 최초 진단평가 세션은 환자에게 안전감을 제공하기에 충분한 구조를 가지고 있어야 한다. 그와 동시에 사전평가는 환자가 흥미를 느끼고 힘을 얻는 느낌을 가질 수 있도록 충분한 여유와 수용적이고 탐색 가능한 분위기를 제공하여야 한다. 음악치료 진단평가 세션 이전의 입원과정에서는 이와 같은 기회가 아마도 없었을 것이다. 병원에 입원하는 과정에서 환자는 수많은 검사를 받고, 경우에 따라서는 매우 사적인 부분을 침범하는 질문들을 거치게 된다. 지난 수년 동안 환자들은 매우 두려운 상황에서 음악치료가 그들에게 배려, 즐거움, 명확함 등을 주었다고 표현하였다.

음악치료 중재는 부모와 아이 양쪽의 진단평가를 바탕으로 이루어져야 한다. 신생아 금단증후군(신생아 어머니의 약물중독으로 인하여 태어난 신생아가 약물에 금단증상을 보이는 증후군; Neonatal abstinence syndrome, NAS)을 보이는 신생아를 위한 음악치료를 예로 들 수 있다. 자장가 혹은 부모가 선택한 노래(song of kin)[6]는 필요한 의료적 처치가 진행되는 동안에 신생아를 안정시키고 진정시킬 수 있다. 이와 같은 경우에 부모가 선택한 노래 중 특별히 자장가가 신생아의 반응에 음고나 발성을 맞추어 단순화하기에 가장 적절할 것이다. 지나치게 많은 자극 혹은 지나친 활동성을 보일 가능성이 많은 경우에는 가사는 제외하고, 3/4 혹은 6/8박자 계열의

음악을 사용하여 신생아가 보이는 증상에 음악을 맞추었다(Loewy, 2008).

음악순례(Tour of Room) 진단평가 모델

내가 발전시킨 이 모델(Loewy, 1995, 2000)은 모든 환자들이 즉각적으로 음악과 관련을 맺기를 원한다거나 혹은 음악이 환자와 치료사와 분리되어 있다고 가정하지 않는다. 음악은 관계의 일부이거나 혹은 아닐 수 있으나, 인간의 소리와 음악에 대한 관계와 협력은 음악치료 활동 경험 이전에 가장 잘 평가될 수 있다. 환자가 음악을 감상하는 여행을 하는 동안 환자는 중재 안에서 사용하게 될 특정 음악 혹은 소리를 경험하게 된다. 통증을 경험하고 있는 환자에게는 이와 같은 과정이 매우 중요하다. 치료사는 다양한 종류의 악기를 환자가 보고 경험하게 하는 순례를 진행하고, 환자의 신체적·정서적·인지적 반응과 관심을 관찰한다. 자유연상적인 논의가 뒤따르기도 한다. 환자의 음악과 소리 그리고 다른 요소와의 관계는 뷔페식으로 제공되는 다양한 소리 자극에 의해서 신체 혹은 감정의 수동적·능동적 반응에 의해 손쉽게 나타나고, 부수적으로 미세하게 파악될 수 있다.

순례가 끝났을 때, 치료사는 환자에게 시작해 보고 싶은 악기 하나를 선택하게 한다. 환자에게는 직접 연주하거나 치료사가 연주하는 것을 감상하도록 하는 두 가지 기회가 주어진다. 치료사가 환자의 연주나 연주에 대한 거부, 환자의 음악과의 관계, 환자를 위해 연주하는 것, 혹은 환자와 함께 연주하는 것에 대해 허용적인 모습을 보여주는 것은 환자와의 신뢰를 쌓고 환자가 그들의 통증이나 불안에 대해서 이야기하는 것에

---

6) Joanne Loewy가 발전시킨 음악치료 중재방법의 하나로 일반적인 자장가나 동요가 아닌 부모가 선택한 노래를 이용하는 중재방법이다. —역자 주

대해 편안하게 느낄 수 있도록 해준다.

통상 음악순례가 진행되는 동안 음악이나 이야기가 시작된다. 외부와의 관계 그리고 병원 입원에 관련된 이야기들은 환자와 치료사가 함께 음악을 탐색하거나 함께 음악을 만들어가는 과정에서 발생한다(Loewy, 2013a). 보통 음악순례 이후에 진행되는 치료사의 선호곡이나 선호하는 종류의 음악에 관한 질문에 환자는 가족, 학교, 종교, 삶에 중요한 사람들에 대한 다양한 주제들에 관해서 이야기하기 시작한다. 음악의 구조는 환자나 치료사에게 좀 더 자유롭고 활기찬 분위기를 제공할 수 있다. 신뢰감이 형성되었을 때는 많은 나눔이 진행된다. 진단평가 세션의 전체 구성은 구조적이면서도 자유롭게 흐를 수 있는 경험이 되어야 할 것이다. 두 가지 경험의 조화는 새로운 환자에게 필요한 치료적 영역을 진단하는 데 최선의 경험을 제공할 것이다. 음악순례는 이러한 진단평가 과정의 일부이다.

외래 병동 환자의 진단평가와는 달리, 입원 환자의 진단평가는 여러 번에 걸친 검토보다는 한 번의 세션 안에서 진행되어야 한다. 입원 환자는 음악경험에 정서적으로 몰두하거나 연결될 수 있다. 따라서 음악치료의 목적은 환자를 만난 아주 초기 단계에 분명하게 나타난다. 이와 같은 경우에 치료는 세션의 초기부터 즉각적으로 시작된다. 예를 들어 극심한 통증이 있는 경우, 의료적 처치 혹은 검사를 받고 있는 경우의 환자와 음악치료를 진행할 때이다. 이런 경우 환자는 위기상황에 있으며 언어적으로 치료사에게 그들의 문제나 공포에 대해 즉각적으로 이야기할 것이다. 불쾌한 반응들은 즉각적으로 중재해주어야 한다. 다른 경우에 환자의 상황은 잘 관찰되지 않을 수 있다. 구조적 음악순례, 의료진의 논의, 차트 검토를 통해서 치료사는 향후 진단평가 세션을 위한 다양한 경험과 선택을 제시할 수 있

다. 치료목적은 이와 같은 정보를 바탕으로 결정된다.

13가지 영역의 조사

13가지 영역의 조사(Loewy, 2000, 2013b, p. 436)는 13가지의 기능영역에서 음악심리치료 진단평가를 검토하는 데 사용되는 도구이다. 그 영역은 (1) 본인, 타인, 그리고 현실에 대한 인식, (2) 음악표현(thematic expression), (3) 듣기, (4) 연주, (5) 협력/관계, (6) 집중, (7) 감정의 폭, (8) 투자/동기, (9) 구조의 이용, (10) 통합, (11) 자존감, (12) 위험감수, (13) 독립성이다. 이 13개의 영역은 음악심리치료의 영역에서 분류하는 네 가지의 주요 범주와 연결되어 있다. 이 네 가지 범주는 관계성, 역동성, 성취, 인지이다. 음악순례 진단평가에서 이 영역들은 신중하게 검토된다.

통증 평가

의료현장에서의 음악치료의 특이점은 통증 평가가 포함된다는 점이다(Loewy, 1999). 생음악을 이용하면 음악연주를 하는 동안 환자와의 상호작용을 통해 일치되는 순간 치료사가 "환자의 통증을 이해하고 느끼는(p. 195)" 것에 도움을 줄 수 있다. 또한 환자에게 자신의 통증에 대해서 통합적으로 설명할 것을 요구하고, 그것을 즉흥연주로 표현하는 것을 권유한다(Loewy, 2013a). 이와 같은 즉흥연주는 신체적 측면의 긴장을 어떻게 풀어가야 할지에 대한 단서를 제공한다. 환자와 함께 연주를 하는 것으로 치료사는 토닝(toning; Loewy, 2011), 타악기 연주(drumming; Loewy, 1999) 등 어떤 종류의 중재가 통증을 완화시키는 데 가장 적합한지 선택할 수 있으며, 또한 이와 같은 과정에서 치료사의 역할에 대해 결정할 수 있다. 나의 팀과 나는 Wong-Baker FACES®의 10단계 얼굴통증 등급(Pain Rating Scale or 1~10

그림 34.3 색채분석척도(CAS)는 환자가 자신의 통증 경험을 표현할 수 있도록 신체의 전면과 후면 그림을 제공한다. 이 그림에서 어린 여자 환자는 음악치료 전에는 왼쪽에 있는 팔과 다리에 있는 선들을 빨간색으로 그리고 음악치료 직후에는 오른쪽에 있는 것과 같은 그림을 파란색으로 그렸다(원본은 색깔이 있음). CAS는 병원에서 매일 차트에 사용되는 1에서 10까지 있는 통증 척도와 함께 쓰인다. ⓒ1997. Satchnote Press의 승인하에 사용됨.

ratings)과 함께 색채분석척도(Color Analysis Scale, CAS[7])를 사용한다(Loewy, 2011).

CAS는 제공된 신체그림에 크레용을 사용해서 환자의 시각적 이미지를 표현할 수 있도록 해서 좀 더 역동적인 정보를 수집할 수 있다(그림 34.3 참조). CAS는 우리 팀에서 일반적으로 사용되는 진단평가 도구 중 하나이며, 환자·치료사·의료진에게 통증 진단에 관해 보다 상세한 정보를 제공한다. 이런 종류의 창조적 통증 평가는 일차원적인 척도측정에 비하여 통증 경험에 관한 좀 더 포괄적인 이해의 기회를 제공한다. 음악치료

전후에 통증 평가에 대한 정보를 수집하는 것은 음악치료의 효율성에 관한 정보를 제공한다. 그림 34.3을 표시한 겸상적혈구병을 앓고 있는 여자아이는 자신의 관절에 있는 통증을 "칼 같이 날카로운" 그리고 "뜨거운"이라고 표현했다. 치료사와 함께 타악기 연주와 다양한 리듬을 연주한 후에, 환아는 아직도 통증이 있지만 "훨씬 유연한" 그리고 "이제 뜨거웠던 것이 차가워졌고, 숨쉬기가 편해요"라고 표현했다.

치료사가 몇 개월 혹은 몇 년씩 함께 일하면서 환자와의 관계를 형성할 수 있는 다른 임상과는 다르게, 병원 음악치료는 대부분의 환자에게 빠르고 매우 즉각적인 경험이 된다. 병원 입원에 대한 정신적인 충격은 질병의 원인이나 종류와 관계없이 환자나 가족 모두 이해하기 어려운 경

---

7) 음악치료에서의 목소리활용기법, Felicity Baker & Sylka Uhlg 엮음, 정현주, 김수지, 곽은미, 김경숙, 이수연 역, 시그마프레스, 12장 참조. ─역자 주

험이다.

다른 임상현장에서 일하는 치료사와는 달리 병원에서 일하는 음악치료사들은 환자, 특히 통증 중에 있는 환자가 만나자마자 치료사에게 보여주는 깊은 감정과 감정의 강도에 놀라게 된다. 이것은 음악치료 경험 이전의 너무 많은 트라우마와 장시간에 걸친 통증으로 인한 방어기전 때문인 것으로 생각된다. 음악치료사가 환자를 음악 안에서 만날 때, 환자는 통증이 나타난 이후 처음으로 신뢰감을 느낄 수 있다. 아마도 다른 의료진은 환자의 이런 감정을 나누거나 함께 생각할 만한 여유를 제공하지 못했기 때문에 환자는 그들의 통증과 연관된 공포, 분노, 불안을 나타낼 만한 기회가 없었을 수 있다.

다른 의료진은 주로 치료의 의학적인 부분과 퇴원계획에 관하여 설명한다. 음악심리치료사는 통증을 표현할 수 있는 시간과 여유를 제공하여 환자가 신체적인 통증을 경험할 때의 감정을 표현하여 환자가 통증에 대한 부정적인 경험에 대해 준비할 수 있도록 해준다(Loewy, 2011). 이와 같은 과정은 현재의 의료적 차원의 치료와 심리사회학적 측면의 돌봄을 좀 더 효율적으로 만들 수 있다.

다른 분야에서의 적용

이 장을 통해서 지속적으로 설명했듯이 음악치료사는 다른 통합의료 팀과 함께 일하고 교류한다. 회진 시 의뢰자에게 환자에 대해 보고하고, 환아가 긴장을 느낄 때는 치료사나 간호사를 세션에 참여시키고, 함께 일하면서 의뢰를 요청하고 치료계획을 수립하는 것은 효율적인 치료를 위해 필수불가결한 과정들이다. 의료진과 관련자에게 지속적으로 음악치료에 대해 알리는 작업(기관 내 설명회 등)은 음악치료가 효율적인

치료매체로 인정받을 수 있는 기회를 제공한다. 간호사나 의사는 치료사로서 훈련받지 않았지만, 그들도 치료의 과정에 참여하여 음악치료의 장점을 경험하고 효율성을 관찰할 수 있는 기회를 가질 수 있는 방법들이 있다.

그룹 즉흥연주(community jams), 음악명상, 환경적 음악치료(environmental music therapy, EMT[8]; Rossetti & Canga, 2013) 같은 음악치료적 활동을 매주 제공하는 것은 음악이 의료와 심리사회적 치료의 영역에 스며들게 할 수 있을 것이다. 부모의 저항을 경험하고 있던 사회복지사가 성공적인 음악교류 경험이 있었던 그룹 즉흥연주 활동 이후 부모와의 교류가 원활해지는 경험을 하는 것을 예로 들 수 있을 것이다. 중환자실에서 환경적 음악치료(EMT)를 경험했던 의사는 환자나 보호자에게 스트레스를 느끼게 하는 중환자실의 소음이 EMT가 진행되는 동안은 완화되었다고 보고하였다.

결론

의학적 음악치료의 특별한 점과 소아과 환자들을 위한 효율성은 의뢰, 치료의 시작, 진단평가, 그리고 평가의 과정과 연관이 있다. 여러 가지 독특한 특성들이 있지만 그중에서도 통증관리가 얼마나 민감한지에 관한 것과 통증 관련 요소들을 의학적 음악심리치료의 맥락에서 다룬다는 것이 의학적 음악치료의 매우 특별한 점 중에 하나이다. 소아과 환자들을 위한 치료에서 환자의

---

8) 환경적 음악치료(EMT)는 저자와 그녀의 팀이 발전시킨 음악치료의 방법 중 하나로 환자, 보호자, 그리고 의료진의 신체적·정신적·문화적 필요에 따라 심신(mind-body)을 위한 중재를 제공하는 방법이다. 병원 로비, 암병동 로비 등에서 주로 생음악을 사용하여 진행한다. 자세한 내용은 참고문헌 참조. -역자 주

저항 자체를 수용해주는 것은 우리 접근법 중에 매우 결정적인 요소로 강조되어야 한다. 소아과 환자들의 다른 사람들과의 관계, 특히 가족과 의료진과의 관계는 음악을 통해서 손쉽게 그리고 대립적 관계가 되지 않도록 접근할 수 있다. 의뢰부터 치료의 시작까지, 준비활동부터 진단평가로 들어가기까지 음악을 기초로 한 평가는 소리와 다양한 주제에 연관된 직접적인 교류를 목적으로 계획되는데, 환자에 관하여 매우 많은 정보를 제공한다. 치료계획은 환자의 관심을 고려하여 매우 조심스럽게 그리고 흥미롭게 수립되어야 한다. 신생아·영유아·초등학생 혹은 청소년에 관계없이 의학적 음악치료는 아동에게 친근하고 가변성이 있고, 환아가 이미 가지고 있는 내적자원을 지지하는 체계적인, 주제중심의 접근을 제공한다.

참고문헌

Avers, L., Mathur, A., & Kamat, A. (2007). Music therapy in pediatrics. *Clinical Pediatrics, 46*(7), 575–579.

Brodsky, W. (1989). Music therapy as an intervention for children with cancer in isolation rooms *Music Therapy, 8*, 17–34.

Chetta, H. D. (1981). The effect of music and desensitization on preoperative anxiety in children. *Journal of Music Therapy, 18*, 74–87.

Edwards, J. (1994). The use of music therapy to assist children who have severe burns. *Australian Journal of Music Therapy, 5*, 3–6.

Gesell, A. (1934). *Infant behavior: Its genesis and growth*. New York: McGraw-Hill.

Ghetti, C. (2011). Clinical practice of dual-certified music therapists/child life specialists: A phenomenological study. *Journal of Music Therapy, 48*, 317–345.

Greenspan, S. (2003). *The clinical interview of the child* (3rd ed.). Washington, DC: American Psychiatric Association.

Hanson-Abromeit, D., & Colwell, C. (2008). *Medical music therapy for pediatrics in hospital settings*. Silver Spring, MD: American Music Therapy Association.

Kalra, A., Fisher, R., & Axelrod, P. (2010). Decreased length of stay and cumulative hospitalized days despite increased patient admissions and readmissions in an area of urban poverty. *Journal of General Internal Medicine, 25*(9), 930–935.

Loewy, J. (1995). A hermeneutic panel study of music therapy assessment with an emotionally disturbed boy (Doctoral dissertation, New York University, 1994). *Dissertation Abstracts International, 55*(9), 2631.

Loewy, J. (1999). The use of music psychotherapy in the treatment of pediatric pain. In C. Dileo (Ed.), *Music therapy and medicine: Theoretical and clinical applications* (pp. 189–206). Silver Spring, MD: American Music Therapy Association.

Loewy, J. (2000). Music psychotherapy assessment. *Music Therapy Perspectives, 18*(1), 47–58.

Loewy, J. (2008). Musical sedation: Mechanisms of breathing entrainment. In R. Azoulay & J. V. Loewy (Eds.), *Music, the breath and health: Advances in integrative music therapy* (pp. 223–232). New York: Satchnote Press.

Loewy, J. (2011). Tonal intervallic synthesis as integration in medical music therapy. In F. Baker & S. Uhlig (Eds.), *Voicework in music therapy* (pp. 253–266). London: Jessica Kingsley.

Loewy, J. (2012). Music psychotherapy approaches for infants and children experiencing pain. *Painvew: American Society of Pain Educators, 8*(3), 13–17.

Loewy, J. (2013a). Music and medicine: Integrative models in the treatment of pain. In J. Mondanaro & G. Sara (Eds.), *Music therapy and integrative pain* (pp. 203–213). New York: Satchnote Press.

Loewy, J. (2013b). Respiratory care for children. In J. Bradt (Ed.), *Guidelines for music therapy practice in pediatric care* (pp. 403–441). University Park, IL: Barcelona.

Loewy, J., Azoulay, R., Harris, B., & Rondina, E. (2008). Clinical improvisation with winds: Enhancing breath in music therapy. In R. Azoulay & J. Loewy (Eds.), *Music, the breath and health: Advances in integrative music therapy* (pp. 87–102). New York: Satchnote Press.

Loewy, J., Hallan, C., Friedman, E., & Martinez, C. (2005). Sleep/sedation in children undergoing EEG testing: A comparison of chloral hydrate and music therapy. *Journal of Perianesthesia Nursing, 20*(5), 323–331.

Loewy, J., & Scheiby, B. (2001, May). *Developing the culture of music psychotherapy in the medical setting*. Paper presented at evening lecture series at NYU/Nordoff-Robbins Center for Music Therapy, New York.

Mondanaro, J., & Sara, G. (2013). *Integrative models in the treatment of pain*. New York: Satchnote Press.

O'Callaghan, C., Sexton, M., & Wheeler, G. (2007). Music therapy as a non-pharmacological anxiolytic for paediatric radiotherapy patients. *Australian Radiology, 51*(2), 159-162.

O'Neill O. (2002). The efficacy of music therapy on patient recovery in the post-anaesthetic care unit. *Journal of Advanced Perioperative Care, 1,* 19-26.

Robb, S. (2000). The effect of therapeutic music interventions on the behavior of hospitalized children in isolation: Developing a contextual support model of music therapy. *Journal of Music Therapy, 37*(2), 118-46.

Rossetti, A., & Canga, B. (2013). Environmental music therapy: Rationale for "multi-individual" music psychotherapy in modulation of the pain experience. In J. Mondanaro & G. Sara (Eds.), *Integrative models in the treatment of pain* (pp. 275-294). New York: Satchnote Press.

Standley, J., & Whipple, J. (2003). Music therapy with pediatric patients: A meta-analysis. In S. Robb (Ed.), *Music therapy in pediatric healthcare: Research and evidence-based practice* (pp. 1-18). Silver Spring, MD: American Music Therapy Association.

Taylor, D. B. (2010). *Biomedical foundations of music as therapy* (2nd ed.). Eau Claire, WI: Barton.

Wang, S. M., Kulkarni, L., Dolev, J., & Kain, Z. N. (2002). Music and preoperative anxiety: A randomized, controlled study. *Anesthesia and Analgesia, 94,* 1489-1494.

Yu, H., Wier, L., & Elixhauser, H. (2011, August). *Hospital stays for children, 2009.* Statistical brief #118. Healthcare Cost and Utilization Project (HCUP). Agency for Healthcare Research and Quality, Rockville, MD. Available at *www.hcup-us.ahrq.gov/reports/statbriefs/sb118.jsp.*

제35장

성인을 위한 의료환경 음악치료

Carol Shultis | Lisa Gallagher

이진형 역

의술의 일환으로 음악이 사용된 것은 구약 성경에서 찾아볼 수 있다. 고대 역사에 대한 문헌에서도 음악이 의료적 목적을 위해 사용되었던 기록들을 찾아볼 수 있다(Weldin & Eagle, 1991). Taylor(1981)는 1900년부터 1950년까지 음악이 병원에서 어떻게 활용되었는지에 대해 기술하였고 이를 통해 현시대 음악치료 발전상과 그 기틀을 보여줬다. 근대의 의료환경 음악치료는 2차 세계대전 직후 부상당한 용사들을 치료했던 재향군인 병원에서부터 시작되었다. 당시에는 환자들의 심리적, 재활적인 필요에 초점이 맞춰졌다.

병원에서의 음악치료는 1970년과 1980년대에 성장하기 시작했다. 이 발전의 중심에는 Sr. Sandra Pelusi가 개척한 피츠버그의 Mercy 병원, Sr. Ruth Sheehan이 시작한 피츠버그의 Forbes Health System과 Deforia Lane에 의해 창시된 오하이오 주의 클리브랜드에 위치한 UH Rainbow 소아전문병원이 있었다. 나(Carol Shultis)는 1981년에 앞서 언급된 초창기 프로그램 중 하나인 Forbes 병원에서 Ruth Sheehan의 자리를 이어받아 일하기 시작했다. Forbes 병원의 직원들과 의료진들은 내원으로 인한 환자들의 스트레스 완화에 음악치료가 크게 기여할 수 있음을 인정했기에 음악치료 프로그램을 시작하게 되었다. 초창기부터 이 프로그램은 일반내과와 외과에서부터 정신과, 장기입원 및 호스피스 환자들에 이르기까지 다양한 세팅으로부터 의뢰를 받아 환자들을 보아왔다.

1980년대에 들어서자 '의료적 목적을 위한 음악의 사용'에 대한 논문들이 등장하기 시작했고(Spintge & Droh, 1992) 의료적 목표를 위해 고안된 음악치료 접근법들에 대한 문헌들이 출간되었다(Rider, 1985; Standley, 1991). 1980년대에 음악치료사 Dale Taylor는 '의료환경을 위한 음악치료의 적용'에 대해 발표하기 시작했으며 1997년에는 "음악은 뇌기능에 관찰 가능한 영향을 미치기에 치료적 목적을 위해 사용될 수 있다"는 이론을 그의 저서를 통해 공개했다(p. 15). 계속해서 그는 세부적인 이론들을 제시하며 음악이 통증을 처리하는 신경통로, 신경처리과정, 생리적 반응 및 불안과 스트레스에 미치는 영향에 대해 논의하였다.

1990년대에는 의료환경에서의 음악사용(music in medicine)과 음악치료(music therapy)를 구분하여 탐구한 문헌들이 등장했다. Maranto(1991)는 의료환경 내 음악의 치료적 접근을 (1) 의학으로서의 음악(music as medicine), (2) 의료환경 내 음악(music in medicine), (3) 음악치료와 의학(music therapy and medicine), (4) 의학으로서의 음악치료(music therapy as medicine) (5) 의료환경 내 음악치료(music therapy in medicine)로 그 유형을 다섯 가지로 나누었다. 보다 최근에는 이 구분을 다음과 같이 정의하였다. "음악치료(music therapy)는 특정 기법을 사용하는 음악치료사의 임상적 접근을 말하며 음악요법(music medicine)은 음악치료사가 아닌 의료진이 환자가 감상할 음원을 제공하는 것이다(Dileo & Bradt, 2005, p. 9)." 이 영역의 발전상을 반영하여 Dileo(2013)는 음악과 의료영역의 교차로 인해 발현된 세 가지 임상영역을 다음과 같이 구분지었다. 그 영역은 (1) 음악연주자가 의료진 또는 음악치료사에게 치료를 받거나, (2) 의학 및 보건 교육과정에서(예 : 의료인문학, 의료교육, 보건교육 등) 음악을 사용하거나, (3) 환자들과 직원들을 위해 연주자, 의료진 또는 음악치료사가 음악을 임상적으로 제공하는 것이다. 추가적으로 저자는 이러한 영역의 임상적 기틀을 마련해주는 기초연구도 별도의 영역으로 간주했다.

Standley와 동료들(2005)은 의료, 치과, 소아과 환자 및 조산아들을 위해 시행된 음악치료 연구들을 대상으로 메타연구를 실시하여 의료환경 음악치료의 다양하며 긍정적인 효과들을 발표하였다. Dileo와 Bradt(2005)은 11개 의료영역에서의 음악치료 연구들에 대해 메타연구를 시행하였고, 2009년에는 의료환경 음악치료에서 다루는 보다 세부적인 임상적 목표들을 (1) 신체적 기능의 향상, (2) 통각 완화, (3) 각성상태의 완화 및 이완, (4) 사회 및 심리적 기능증진, (5) 인지기능 향상, (6) 행동적 변화로 정의하였다. 또한 의료환경 음악치료는 임종이 임박한 환자들에게 영적지지와 함께 환자와 가족 및 가족 간의 관계를 매듭지을 수 있는 기회를 제공한다. 그동안 병원 세팅과 관련이 있는 여러 편의 코크란 리뷰들이 발표되었으며 그 주제로 인공호흡장치(mechanical ventilation; Bradt, Dileo, & Grocke, 2010), 통증(Cepeda, Carr, Lau, & Alvarez, 2006), 호스피스(Bradt & Dileo, 2010), 심혈관 질환(Bradt & Dileo, 2009), 암(Bradt, Dileo, Grocke, & Magill, 2011), 수술 전 불안(Bradt, Dileo, & Shim, 2013), 뇌손상(Bradt, Magee, Dileo, Wheeler, & McGilloway, 2010) 등이 다루어졌으며 이를 통해 의료환경에서의 음악치료가 위의 목표들과 관련하여 어떤 결과들을 이끌어낼 수 있는지 규명하였다.

내담자군

음악치료사들은 주로 의뢰(referral)를 받아 환자들과 만나게 된다. 대부분의 의뢰는 의료진(의사 및 간호사 포함)과 다학제 치료팀들(사회복지사, 작업치료사, 물리/운동치료사, 언어치료사, 영양사 등)을 통해 들어오지만 특정 경우에는 환자의 가족들과 환자 본인에 의해서도 이루어진다. 의뢰 체계는 각 병원의 규정과 절차에 따라 다르게 구축되어 있다. 대부분의 병원에서 음악치료사는 입원실에서 세션을 진행하게 되는데 몇몇의 병원에서는 재활센터나 상담/치료실과 같은 장소를 활용하기도 한다. 이러한 장소는 대부분 공간이 넓고 특히 집단치료를 하기에 적절하다.

의료현장에서는 다양한 진단을 받은 환자들을 만나게 된다. 잠정적으로 병원에 있는 대다수의 환자들이 음악치료 대상자라 할 수 있다. 이 환자들은 일반 입원병동, 특성화된 집중치료/중환자실, 처치실, 수술실, 분만실과 대기실 등의 다양한 세팅에서 음악치료를 받는다. 그 외에도 병원의 내규와 선호하는 유형에 따라 외래 병동 대기실, 재활치료실, 진료실 및 환자들의 집 등 다양한 곳에서 세션이 시행될 수 있다.

병원 내 전문센터

병원에 있는 대부분의 환자들은 일반 내과, 외과 등 일반 병동에 입원을 하지만 많은 병원들은 의학적 문제의 유형에 따라 전문화된 병동들을 운영하고 있다. 클리브랜드 병원의 경우 혈액/종양학(hematology/oncology), 신장학(nephrology/renal), 고혈압(hypertension), 비뇨기과(urology), 호흡기특수치료센터(ReSCU), 호흡기 내과(pulmonary medicine), 소화기 내과(gastrology), 간장학(hepatology), 이식외과(transplant), 골수이식(bone marrow transplant), 백혈병(leukemia), 대장외과(colorectal surgery), 대장원격측정(colorectal telemetry), 단기입원(short stay), 뇌과학(neurosciences), 신경외과/신경과(neurosurgery/neurology), 신경집중치료(neuro-concentrated care), 정형외과(orthopedics), 소화기 질환(digestive disease), 발작관찰(seizure monitoring), 비만치료/비만수술(bariatric/

bariatric surgery), 완화의료(palliative medicine), 재활(rehabilitation), 만성통증 재활(chronic pain rehabilitation) 병동 등이 있다. 급성 질환으로 인해 입원한 환자들은 주로 일반 병동에서 며칠 동안 머무르면서 검사를 받은 후 위에서 언급한 특성화된 병동으로 이동하게 된다. 또한 환자들은 다양한 중환자실(intensive care unit, ICU)로 옮겨져 치료를 받기도 하는데 이러한 예로 일반 중환자실(medical ICU), 외과 중환자실(surgical ICU), 심장 중환자실(cardiac ICU)과 신경외과 중환자실 등이 있다(neurological ICU).

보편적으로 심장질환 환자들은 여러 병동들을 거친다. 심장 또는 폐 이식을 받아야 하는 환자들의 경우 장기이식 병동에서 새 심장이나 폐가 도착할 때까지 무기한 입원해 있다가 이식수술 후에는 다른 심장질환 환자들처럼 중환자실을 거쳐 퇴원 이전에는 일반 병동으로 옮겨진다. 심장 전문병원으로 잘 알려져 있는 클리브랜드 병원은 심장질환만을 위한 건물이 독립적으로 있어 20곳이 넘는 전문화된 심혈관 병동과 마취회복실, 중환자실, 일반 병동과 장기이식 센터를 보유하고 있다.

장기이식 수술을 시행하는 병원들은 수술 전과 후에 음악치료를 활용하기도 한다. 중환자실에서 환자들을 위한 음악치료의 적용은 점차 확산되고 있는데 이는 인공호흡장치(mechanically ventilated) 사용 환자들 대상 연구(Bradt et al., 2010)와 같이 중환자실 환자들을 위한 음악치료의 가치를 나타내는 연구들의 영향 때문이라 할 수 있다. 종말기 환자들은 완화의료의 일환으로 음악치료를 자주 받는데 병원뿐 아니라 많은 병원들이 운영하는 호스피스 프로그램을 통해 집에서도 받고 있다(Gallagher, Lagman, Walsh, Davis, & LeGrand, 2006; Gallagher & Steele, 2001).

일반 병원에서 일하는 일부 음악치료사들은 특정 세팅에서 종양, 수술, 정신질환 또는 재활처럼 하나의 주된 진단군이 있기도 하지만 협진 의뢰가 들어올 때 병원 어디에서든 환자들을 보도록 요청을 받는다. 이러한 특성은 매우 다양한 연령대, 질환, 입원기간 및 치료를 받는 환자들을 봐야 함을 의미하며 따라서 음악치료사에게 여러 도전과제들을 안겨준다(Hanson-Abromeit, 2010). 의료환경 음악치료사들은 여러 문화 및 종교적 배경을 가진 환자들과도 노련하게 세션을 진행할 수 있는 자질을 가져야 한다. 이러한 기술은 다양한 문화와 전통에 대한 존중과 지식, 언어적 차이를 극복할 수 있는 대안과 영적 및 종교적 문제에 대한 환자들의 표현과 대화에 편하게 임하는 모습 등을 포함한다(Aldridge, 1999, 2004; Hanson-Abromeit, 2010; Mondanaro & Sara, 2013).

진단명 및 환자들

병원에 있는 환자들은 다양한 진단들을 받는데 흔히 음악치료를 받는 대상으로는 심장(심혈관)질환, 종양(암), 신경(뇌) 관련 질환 및 수술 후 합병증을 앓는 환자들을 예로 들 수 있다. 이 외에도 흔히 접하게 되는 진단명으로 백혈병(leukemia), 관상동맥성 심장질환(coronary heart disease), 뇌졸중(stroke), 다발성 경화증(multiple sclerosis), 치매(dementia), 파킨슨병, 알츠하이머병, 신장병(renal disease), 고혈압(hypertension), 비만, 간질환, 경화증(cirrhosis), 폐 질환, 간질, 외상성 뇌손상(traumatic brain injury), 골절, 무릎 또는 고관절 치환술, 만성통증, 주요 우울증, 범불안장애, 약물남용, 외상후 스트레스 증후군 및 HIV 감염/에이즈(AIDS)가 있다. 종종 산부인과에서 특히 분만 전 합병증으로 고생하는 환자들도 길어지는 산전 입원기간 동안 음악치료를 받는다. 암/종양 환자와 같은 중증 환자들은 질병의 다양한 단계에 걸쳐 음악치료를 받기도 한다. 최근에 암 진단을 받은 환자들은 새로운 소식 자체에 대처해야 할 뿐 아니라 앞으로 종양을 제거하기 위한 수술을 받고 방사선치료 혹은 항암치료를 받거나 골수 이식을 받아야 할 수도 있다.

음악치료사는 다양한 이유로 의뢰를 받는다. 질병의 초기 진단 직후, 치료과정의 시작 시, 반복적인 치료를 위한 입원, 또는 합병증으로 고생하는 말기암 환자들의 심리적 적응을 돕는 것을 예로 들 수 있다. 또한 장시간 대기실에 앉아 있거나 병실에서 기다리며 외래 치료를 받는 환자들도 음악치료사의 도움을 받아 대기시간을 보다 의미 있게 보내거나 치료를 받은 후 겪게 되는 증상 및 스트레스에 적절히 대처할 수 있는 방법을 익힐 수도 있다. 환자들은 시술이나 약물의 후유증으로 인해 건강상태가 나빠지기도 하며 치료할 방법은 더 이상 없지만 증상관리가 필요할 수도 있고 혹은 임종이 임박한 상태일 수도 있다. 음악치료사는 각 단계마다 일어나는 문제들과 감정들에 적절히 대처할 수 있도록 준비해야 한다.

심장질환 환자들의 불안감 감소를 위한 의뢰가 자주 들어오는데 음악유도 이완, 노래 만들기 또는 가사토의를 통해 접근할 수 있다. 수술을 받은 심장질환 환자들의 경우 통증 완화와 함께 앞으로의 삶의 변화들을 탐구하고 대처방안을 모색하기 위해 의뢰가 들어오기도 한다. 앞서 언급한 기법들을 사용할 수도 있고 음악으로 유도된 심상을 통해 통증을 다룰 수도 있다.

도전과제

의료환경에서의 임상활동에는 많은 도전과제들이 따른다. 그중 큰 비중을 차지하는 것은 타 분야 의료진과 소통하고 교류하는 데 필요한 방대한 양의 의료지식을 쌓아 그들의 언어를 이해하고 구사하는 부분일 것이다. 여기에는 의학용어, 약어, 처치과정, 의료기기, 흔히 사용하는 약물과 용법 및 수많은 질병들과 정신질환들의 특징들이 포함된다(Hanson-Abromeit, 2010). 그 외에도 최신 의료환경 음악치료 연구들에 대해 알고 있어야 하며 호스피스 및 신경학적 질환들과 같이 보다 특성화된 임상기술을 요하는 대상군과 일할 경우에는 추가적인 훈련을 받아야 한다 (Hanson-Abromeit, 2010).

병원에서는 예측이 불가능한 일들이 흔히 일어나고 많은 일들이 급속도로 진행되기 때문에 음악치료사들은 유연하게 대처할 수 있어야 한다(Hanson-Abromeit, 2010; Wheeler, 2002). 음악치료사가 의뢰된 환자들을 만나려고 할 때 환자들은 종종 회진, 의료시술, 목욕, 간호처치, 프로그램 참여, 타 병동으로 이동, 가족의 방문, 수면, 전화통화, 텔레비전을 보거나 음악을 감상하는 등 다양한 이유로 치료가 취소되는 경우가 많다(Gallagher, Huston, Nelson, Walsh, & Steele, 2001). 세션을 진행 중인 경우라 할지라도 의사가 회진을 돌거나 간호사가 약을 가져오고, 검사나 시술을 위해 환자를 이송해가거나 전화가 울리며, 방문객이 들어오는 등 음악치료사는 잦은 방해를 겪게 된다. 일정을 미리 정할 수 있다면 최선이겠지만 병원 세팅에서는 비현실적인 바람일 뿐이다. 따라서 음악치료사는 의뢰가 들어왔을 때 우선순위를 정하는 방법을 배워 가장 최우선적으로 돌봐야 하는 환자를 먼저 만날 수 있도록 해야 한다. 물론 우선순위를 어떻게 정하는지가 관건이다. 우선순위는 예를 들어 환자의 통증이나 불안의 심각성처럼 주로 환자의 필요와 그 정도에 따라 정하거나 가장 최근에 의뢰되었거나 처음 들어온 환자, 방금 마친 세션 장소와 가장 가까운 거리에 있는 환자, 혹

은 운영진으로부터 특별의뢰를 받은 VIP 환자에게 주어진다.

또 다른 이슈는 얼마나 자주 환자를 봐야 하는지에 관한 것이다. 환자의 건강상태 또는 기능의 변화는 음악치료 세션의 횟수나 회기당 시간에 큰 영향을 미친다. 음악치료사는 특정 환자의 경우 한 번만 만나기도 하고, 반대로 환자 질병의 심각성 정도나 음악치료의 임상적 역할에 따라 몇 개월에 걸쳐 만나기도 한다. 이는 음악치료사가 즉각적인 결과를 도출해내야 할 뿐 아니라 대상에 따라 장기간에 걸쳐 그 치료효과를 보여줘야 함을 의미한다.

음악치료사에게 도전되는 또 다른 과제는 음악과 관련이 있다. 의료환경 음악치료사는 매우 다양한 연령대, 문화와 종교적 배경 및 음악 선호도를 지닌 환자들을 만나기에 방대한 분량의 레퍼토리를 갖고 있어야 한다. 물론 모든 음악을 구비할 수 없기에 치료사는 환자가 원하는 음악이 없을 때 어떻게 대처해야 할지에 대한 계획을 세워두어야 한다. 감상자에게 만족감을 주기 위해 음악치료사는 훌륭한 음악적 기술들을 갖춰야 하며 시창능력도 갖춰야 한다(Wheeler, 2002). 환자가 고전음악을 원할 때에도 어려움이 따르는데 예를 들어 오케스트라의 소리를 치료사가 가진 기타나 건반만으로 표현하기엔 제약이 따르기 때문이다. 아이패드로 병원 내 무선인터넷망에 접속하여 온라인(클라우드)에 업로드해놓은 음악들을 활용할 수 있다면 이럴 때 큰 도움이 된다.

임상작업
노래선택과 노래토의
노래선택과 이어지는 토의는 매우 영향력 있는 임상기법이 될 수 있다. 현재의 기분을 잘 대변

하는 노래를 선택하는 과정은 환자의 필요나 배경정보 또는 경험에 대해 알려주며, 환자에게는 자기표현과 소통의 기회를 제공하고 치료사에게는 내담자에 대해 사정 및 평가할 수 있는 많은 유용한 정보들을 제공한다. 노래선택과 토의는 추후 세션에서 하게 될 수 있는 노래 만들기에 사용 가능한 어휘들을 확보하게 해주고 환자에게 노래 또는 즉흥연주를 하도록 돕거나 그에게 의미가 있는 노래 및 음악경험들을 나누도록 돕는 기폭제로 작용하기도 한다.

노래선택과 노래토의는 내담자가 치료적 과정을 시작할 수 있도록 돕는 매우 효과적인 도구라 할 수 있다. 노래를 선택하는 과제는 상대적으로 쉽고 환자에게 여러 선택권을 제시하며 과한 에너지 소비나 감정적 작업을 필요로 하지 않는다. 치료사는 이 경험을 구조화하여 환자가 자신에 대해 이야기할 수 있도록 초대하거나 조금 더 나은 하루를 만들 수 있도록 도울 노래를 선택하게 할 수도 있다. 환자는 치료사가 제공한 목록에서 하나의 노래를 선택할 수 있고 치료사가 모를 수도 있지만 환자 자신이 선호하는 노래를 선곡할 수도 있다. 선곡 후에 치료사는 환자를 위해 노래를 불러주거나 함께 부를 수 있다. 노래에 대한 대화를 통해 치료사와 내담자는 노래를 통해 연상되었던 것들, 감상 또는 부르며 느낀 점, 혹은 자유롭게 나누고 싶은 것들을 다룰 수 있다. 때로 이 과정은 환자의 필요에 따라 깊이 있는 심리적 작업으로 전개될 수도 있다.

치료사는 음악을 사랑하는 한 50대 남성과 세션을 시작하며 노래 한 곡을 선택하도록 요청했다. 그는 한 곡을 선택한 후 치료사에게 불러줄 것을 요청했다. 노래가 끝나자 환자는 그의 과거와 질병에 대한 개인적인 정보들을 나누기 시작했다. 그는 다른 노래들도 불러줄 것을 요청하였고 한 곡이 끝날 때마다 자신에 대한 이야기, 특히 질병에 걸리기 전 자신의 삶에 대해 이야기하였다. 치료사는 환자가 과거 자신에 대해 지녔던 생각들, 현재 병원에서 경험하는 것들과 미래에 대한 생각들을 탐구하도록 대화를 이끌었다. 그는 자신이 원하는 것이 무엇인지 잘 알지 못하고 미래에 대해 불안한 마음을 가지고 있었는데 노래선택을 통해 그동안 가져왔던 사고관에 비쳐 현재 자신의 마음 상태를 점검해보고 미래에 대해 검토해보게 되었다.

노래 부르기

혼자 또는 타인과 함께 노래를 부르는 것은 생리적 및 심리적으로 유익한 효과가 있다. 노래 부르기 위해 깊이 심호흡을 하는 행위는 특히 수술 후 회복 중인 환자나 폐 질환이 있는 환자에게 생리적으로 긍정적인 영향을 미친다. 노래를 부르는 것은 매우 개인적인 과정이기 때문에 각 개인마다 노래와 관련한 경험의 정도에 따라 다양한 감성들을 자극할 수 있다. 음악치료사는 노래에 대한 환자들의 반응 및 관련 신호(cue)들을 세밀하게 관찰할 수 있어야 한다. 예를 들면 다음과 같이 점검을 하며 세션을 진행할 수 있다. '이 환자가 허밍 또는 노래 도중 눈물을 흘린다면 감당할 수 있는가, 아니면 그가 일상에서 보여주는 절제된 모습으로 유지하기 위해 감정을 다스릴 수 있도록 도와야 하는가?', '노래 도중에 보인 미소는 그가 즐기고 있음을 의미하는가, 아니면 자신이 좋아하는 노래를 불러주는 치료사에게 보답하기 위함인가?', '가족이 환자의 곁에 남아 같이 노래하고 음악경험을 나누는 것이 도움이 되는가, 아니면 환자가 적절히 감정표현을 할 수 있도록 혼자 세션을 하는 것이 나은가?'와 같이 말이다. 환자 개개인마다 고유한 필요가 있기에 음악치료사는 유심히 진단평가를 시행해야 한다.

음악치료사가 몇 주간 만나온 한 남성 환자의 부인은 환자의 임종이 다가오자 예견된 슬픔(anticipatory grief)을 겪고 있었다. 그동안 환자의 세션 때마다 자리를 비웠던 그녀는 음악치료사를 보자 안도하는 듯 보였다. 그녀는 조용히 남편에 대해 이야기하며 환자가 더 이상 어떠한 요구도 할 수 없으니 자신이 남편을 위해 무엇을 해야 할지 모르겠다며 무기력감을 표현했다. 음악치료사는 환자를 위해 노래를 불러주겠다며 환자에게 의미 있는 노래 한 곡을 선택해줄 것을 제안했다. 부인은 환자가 이전에 여러 번 선택했던 노래를 골랐고 치료사는 그녀에게 원한다면 함께 불러도 좋음을 알리고 노래를 부르기 시작했다. 그녀는 조용하게 거의 들리지 않는 목소리로 함께 불렀다. 두 번째 노래도 그녀에게 선택하도록 했는데 그녀는 이 노래가 이들 부부의 삶의 여정에 얼마나 중요했는지에 대해 언급했다. 그녀는 계속해서 여러 노래를 선곡했고 음악치료사의 지지하에 남편에게 조용히 노래를 불러주며 그들 삶에 대한 이야기를 나눴다. 노래가 끝나면 그녀는 남편의 손을 쓰다듬거나 남편에게 "여보, 기억나요? 우리가……"라며 몇 마디를 건넸다. 이 세션은 환자와 그의 부인에게 치료적인 과정으로서 관계의 마무리(relationship completion; Dileo & Bradt, 2009)를 할 수 있는 기회와 부인에게 의미 있는 방법으로 보호자 역할을 할 수 있는 기회를 제공했다.

노래 만들기

노래 만들기는 여러 유형의 내담자군과 다양하게 널리 사용되고 있는 음악치료 기법이다(Baker & Wigram, 2005). 이 기법은 병원 환자에게 자신의 감정과 투병 및 입원경험을 언어화할 수 있는 기회를 제공한다. 노래 만들기 과정은 창의적인 사고를 유도하고 투병경험을 다른 각도의 시각에서 바라보도록 돕는다. 노래 만들기는 환자의 다양한 필요들을 탐색하고 다룰 수 있는 통로들을 만들어준다. 노래를 통해 투병과 입원경험에 어떻게 대처하고 있는지 탐색할 수도 있고 환자가 지닌 대처방법들을 발굴하게 돕거나 또는 사랑하는 사람들에게 보낼 메시지들을 전할 수 있다.

노래 만들기는 사전에 준비해놓은 가사에 몇개의 빈칸을 환자가 채우는 방식으로 간단히 진행할 수도 있고, 알고 있는 선율에 새로운 가사를 입히는 등 보다 많은 참여를 유도하거나, 더 나아가서 고유의 선율과 가사 및 화성으로 완전히 새로운 노래를 만드는 경험으로 제시할 수도 있다. 이 경험의 난이도는 세션에 참여하는 환자 개개인의 필요와 현 기능에 따라 조정된다. 치료사가 특정 화음 전개를 구성하고 선율을 만들면 환자들은 작사자로 참여할 수 있다. 또 다른 환자들은 화음을 들으며 자연스럽게 선율을 만들 수도 있는데, 이 경우에는 가사를 선율에 붙일 수 있도록 도움을 필요로 할 수도 있다. 치료사의 역할은 내담자가 노래라는 자기표현의 도구를 통해 의미 있는 음악적 결과물을 창조하도록 돕고 이를 위한 과정을 구성하고 이끌어가는 데 있다. 이 경우 노래를 만드는 과정과 음악적 결과물 두 가지 모두 치료적 의미와 가치를 지닐 수 있다. 치료사는 종종 악보를 사보하여 환자들이 보관할 수 있도록 제공한다. 저자들의 경험에 비추어볼 때 많은 환자들은 자신의 작품에 대해 뿌듯하게 여기고 그들의 가족, 친구 및 의료진과 나누고 싶어 한다.

이미 논의된 바와 같이, 노래 만들기는 다양한 형태를 띤다. 가사 일부를 바꾸며 환자의 생각과 느낌들을 표현하도록 돕는 단순해보이는 작업도 치료 및 입원경험으로 인해 지친 환자들에게는 상당한 영향력을 미칠 수 있다. 예를 들어 전통영가인 "Every Time I Feel the Spirit(내가 그 영을 느낄 때마다)"은 매우 쉽게 "Every time I ___, I ___, (내가 ___ 할 때마다, 나는 ___)"라고 바꾸며 환자에게 자신의 입원경험에 대한 느낌들을 표현하도록 도울 수 있다. 이 구절들은 환자가 자신의 경험을 표현하거나 투병과 입원 관련 스트레스에 대한 대처방법들을 떠올리기 용이하게 수정될 수 있으며 가사와 선율을 포함해 완전히 새로운 노래로 만들 수도 있다. 예를 들어, 세션에서 환자와 나눈 대화내용을 바탕으로 12마디의 블루스 진행을 이용해 새로운 노래를 만들 수 있다. 치료사는 화음 진행을 연주하며 환자에게 즉석에서 자기만의 선율을 흥얼거려보도록 제안한 다음 가사를 만들어 붙일 수도 있고 반대로 가사를 먼저 만든 다음 음악을 함께 만들 수도 있다. 선율은 내담자가 직접 만들 수도 있지만 치료사가 내담자에게 원하는 선율의 방향 또는 특징이 있는지(예 : 순차진행 또는 도약)를 확인하고 이를 바탕으로 만들기도 한다. 노래 만들기는 다양한 음악경험이 가능하도록 많은 선택권들을 부여하며 환자에게 자기표현의 기회 및 대처방법에 대해 논의할 수 있는 경험뿐 아니라 음악치료를 통해 가진 치료적 경험과 과정을 추후에도 떠올릴 수 있게 돕는 음악적 산물(노래)을 제공한다.

> 장기간 만성 질환을 앓으며 입원경험이 많은 30대의 한 젊은 남성이 다시 병원에 입원하게 되었다. 그는 일상의 유지가 어려운 상황으로 인해 불만과 짜증이 높은 상태였다. 치료사가 대화를 유도하며 질문들을 던지자 환자는 그가 스트레스를 받는 여러 이유들에 대해 설명했고, 또한 자신의 내적 힘을 받쳐주는 것들에 대해 이야기하였다. 음악치료사는 그의 현재 상황에 대해, 그리고 이 상황에서 시도 가능한 반응들에 대해 노래를 만들어보는 것을 제안했고 그는 이를 받아들였다. 치료사는 먼저 다양한 스타일의 음악들을 건반으로 들려주었다. 환자는 노래의 구조로 중간 빠르기의 블루스 코드진행을 선택했다. 치료사는 환자와 나눈 대화를 바탕으로 노래의 첫 소절을 만들어 제시했고 환자에게 하나의 선율을 만들어보도록 초대했다. 환자가 노래 부르기를 주저하는 모습을 보여 치료사는 오프닝을 위한 3개의 선율을 즉석에서 만들어 들려주었고 환자는 이 중 선호하는 선율을 선택하였다. 그들은 계속해서 함께 노래작업을 진행하며 새로운 가사, 화음 진행과 선율을 만들어나갔다. 결론적으로 그들은 그의 속 타는 마음과 두려움뿐 아니라 그가 이 힘든 시기를 잘 이겨낼 수 있도록 돕는 무언가가 있을 것이라는 희망에 대한 믿음을 담은 노래를 만들게 되었다. 그는 미래에 대해 보다 긍정적으로 말했을 뿐 아니라 그의 얼굴표정도 긴장이 감소한 모습

> 을 보였다. 간호사들은 그 환자가 이렇게까지 이완된 모습은 입원 이후 처음 보았다고 보고했다. 세션이 끝난 직후 치료사는 환자가 현재 처한 상황에도 불구하고 계속 나아가야 할 이유를 찾은 이 순간을 나중에도 상기시킬 수 있도록 돕기 위해 노래악보를 사보하였고 환자가 보관할 수 있도록 하였다.

음악유도이완

이완반응 유도를 위한 음악의 임상적 적용은 의료환경에서 흔히 적용되는 기법이다. 이를 위해 녹음된 음원 또는 생음악을 사용하며 자율이완훈련(autogenic training), 심호흡, 점진적 근육이완과 유도된 심상과 같은 이완기법들을 함께 제공하기도 한다. 유도된 심상은 내담자가 심상경험을 안전한 공간 안에서 경험해볼 수 있는 구조를 제공한다. 이 과정을 위해 선곡을 하는 치료사에게 분석적 감상능력은 필수적이다. 느린 빠르기와 셈여림의 변화가 적으며, 큰 도약이 적고 순차적 진행이 주가 되는 선율로 이뤄진 음악이 이완작업에 효과적이다. 선호도 역시 음악이 이완제로서 작용하는 데 큰 영향력을 미친다.

음악치료사는 환자가 제시한 심상을 바탕으로 이완경험을 제공하기도 한다. 이러한 접근은 환자가 자기 자신에게 가장 도움이 될 만한 이미지를 무의식적으로 선택할 수 있는 기회를 제공한다. 이는 입원과 질병으로부터 오는 스트레스와 연관된 이슈들을 탐색하게 할 수도 있고, 더 나아가서 환자가 안정을 취하지 못하게 방해하는 보다 근본적인 이슈와의 작업을 돕는 깊이 있는 심리치료적 접근으로 발전될 수도 있다. 이와 같은 고난이도의 음악과 심상작업을 위해 많은 음악치료사들은 추가적인 고급 임상훈련을 받는다.

> 정밀검진과 진단을 받기 위해 입원한 한 젊은 여성이 통증을 호소하고 있었다. 통증 완화를 위해 진통제를

복용했지만 크게 효과가 있지 않았고 다음 복용시간까지 한참 남았는데 극심한 통증이 돌아왔다. 의뢰할 당시 의료진은 이 환자에게 통증 완화를 위해 음악유도이완을 사용하는 방법을 가르쳐줄 것을 요청했다. 환자는 이 아이디어를 받아들였고 음악에 대한 선택권을 주자 건반으로 연주해줄 것을 택했다.

음악치료사는 환자가 침대에 편안히 누울 수 있도록 도운 후에 불을 끄고 침대 바로 옆 탁자에 건반을 세팅하고 환자 가까이에 섰다. 기본적인 호흡방법에 대해 제시를 하고 치료사는 단순한 아르페지오 형식으로 화성을 연주하며 이완을 안내했다. 그리고 음악치료사는 아르페지오 패턴과 느린 리듬 패턴 사이를 교차적으로 오가며 간단한 선율을 즉흥적으로 연주하였다. 약 5분이 지나고 치료사는 환자에게 보다 통증이 적고 편안하게 있을 수 있는 장소를 마음의 눈으로 그려볼 것을 제안했다. 계속해서 치료사는 이 편안한 장소를 탐색해볼 것을 제안하면서 건반을 연주했다. 15분 정도 지난 후 음악을 종결하기 전, 치료사는 환자에게 나중에도 이 장소를 기억할 수 있도록 도울 하나의 단서를 정할 것을 제안했다. 음악이 끝나고 환자에게 자신만의 편안한 장소에 있어본 느낌을 표현해볼 것을 제안하고, 그 느낌을 아까 떠올렸던 단서와 연관지어 볼 수 있는지 질문했다. 그녀는 제안들을 모두 어렵지 않게 따를 수 있었기에 치료사는 이 단서를 사용하여 편안하게 이완된 상태, 특히 통증이 가장 낮던 상태의 느낌을 다시 떠올리는 연습을 해보도록 제안했다. 그녀는 이번 세션에서 배운 방법을 연습해보기로 동의했다. 음악치료사와 환자는 집에서 이 방법을 사용하기에 어울릴 만한 음원을 활용하는 것에 대해 대화를 나누었고 치료사는 입원기간 동안에 사용할 수 있도록 CD플레이어와 CD를 대여해줬다. 세션 전후로 환자는 0에서 10 사이의 수치로 통증강도를 표시했는데 시작할 때 7이었던 통증이 끝났을 때에는 3이라고 보고했다. 통증이 완전히 사라지진 않았지만 음악유도이완 이후에 훨씬 편안한 상태에 이를 수 있었다.

즉흥연주(악기연주 및 노래)

의료환경 음악치료에서의 즉흥연주는 악기연주와 즉흥노래 모두 가능하다. 즉흥노래는 통증과 같은 증상을 탐색하거나 즉흥적으로 가사 만드는 작업을 유도할 수 있다. 증상을 탐색하는 경우 환자와 치료사는 이 증상으로 인해 받는 신체 또는

심리적 영향을 소리를 통해 표현할 수 있다.

한 60대 여성 환자가 약물로는 완화되지 않는 심한 통증을 앓고 있었다. 병동 간호사가 통증 완화를 위해 음악치료를 의뢰했다. 치료사가 처음으로 환자를 만났을 때, 환자는 침대에 누워 있었고 작은 신음소리를 내고 있었다. 치료사는 대화를 시도했지만 환자의 신음소리는 지속되었다. 치료사는 기타를 들고 있었기에 곧바로 음악적으로 환자의 신음소리에 동참하며 비언어적인 방법으로 그녀가 소리를 서서히 바꿔보도록 지지했다. 환자의 목소리는 점차 커지면서 표현적인 형태를 띠기 시작했다. 이 듀엣은 한동안 지속되었고 환자가 크게 숨을 들이쉬고 내쉬면서 멈췄다. 음악치료사는 기타로 특정 화성 진행을 연주하면서 환자에게 현재 몸의 느낌이 어떤지 목소리로 표현해보도록 권유했다. 환자는 허밍을 하기 시작했고 처음 신음소리에 비해 훨씬 일반적인 노래와 유사한 형태로 발전했다. 음악치료사는 그녀가 허밍을 마칠 때까지 기타로 지지하였고 노래가 끝났을 때 환자는 그녀의 통증 경험에 대해 대화를 나눌 수 있었다. 이 경험을 통해 환자는 통증을 다른 방법들을 통해 다룰 수 있음을 알게 되었고 치료사는 이완과 심상을 접목한 기법을 통해 다른 차원의 접근으로도 이어갈 수 있었다.

건반, 기타, 전자악기와 소형 타악기 등의 다양한 악기들이 의료환경 음악치료에서 활용되고 있다. 특히 타악기는 연주하기 쉽고 음악적 경험이나 사전교육이 요구되지 않기에 가장 흔히 사용된다. 북(drum)은 병원 침상에 갇혀 여러 날들을 보내야 하는 환자들이 그들의 답답함을 표출하도록 돕는 데 유용하며 글로켄슈필(glockenspiel)은 노래 만들기나 이완기법의 활용이 가능한 환자에게 마음에 드는 선율을 만들어볼 기회를 제공한다. 친숙한 노래나 즉석에서 만드는 노래에 환자로 하여금 리듬적인 요소를 추가해보도록 권유하는 것은 음악을 만드는 과정에 적극 참여하는 기회를 제공한다. 또한 환자와 치료사가 즉흥연주를 통해 대화를 나누듯이 연주하는 방법도 매우 효과적일 수 있다. 즉흥음악 만들기는 새로운 정체성의 형성, 항동적

(homeodynamic) 안정성의 도모, 내담자 개인의 특정 이슈를 다루고 희망을 다시 가질 수 있도록 돕는다(Dileo, 1999). 또한 다른 사람과 주고받으며 음악을 만드는 것은 환자에게 자신을 표출하고, 타인과의 관계를 유지하며 '지금-여기'에 적극적으로 참여하게 한다.

> 한 15세 소년이 자동차 사고로 인한 신체 및 심리적 트라우마 등 심한 외상으로 인해 입원하게 되었다. 그는 자기 자신이나 사고 경험에 대해 말하는 것을 꺼렸다. 간호 팀은 이 환자가 보다 적극적으로 주위에 반응하고 참여할 필요가 있다고 판단했고 이를 위해 음악치료를 의뢰하게 되었다. 음악치료사가 방문했을 때에도 그 환자는 매우 조용했다. 정보습득을 위한 다양한 노력에도 불구하고 매우 제한적인 정보밖에 얻지 못했다. 음악치료사는 환자가 함께 즉흥연주에 참여해보도록 유도했다. 치료사는 알토 자일로폰을 블루스 음계에 맞게 구성하여 연주할 수 있게 제시하고 즉흥연주에 초대하면서 기타로 블루스 패턴을 연주했다. 머뭇거리며 한 음, 두 음 두드려보던 환자는 점차 즉흥연주에 적극적으로 참여하기 시작했다.
>
> 그의 첫 즉흥연주가 자연적으로 종결 지점에 이르렀을 때 음악치료사는 핸드드럼 하나를 그에게 건네주었고 핸드드럼으로 즉흥연주를 이어갔다. 이 두 사람은 약 10분간 서로의 음악에 반응하며 이 순간에 집중하였고 마치 대화를 나누듯 듀엣을 연주했다. 함께 음악을 만들면서 참여도가 점차 높아져갔고 대화의 상호적 교류도 깊어져갔다. 음악이 끝났을 때 그는 크게 숨을 내쉬었고 미소를 보였다. 그는 여전히 말이 많지는 않았지만 확연하게 편안해진 모습으로 폐쇄적이지 않고 보다 열린 태도를 보였다.

동조화 기법

리듬은 음악치료 임상에 매우 중요한 요소이지만 그 무엇보다 리듬이 가장 핵심적인 역할을 하는 임상적 접근은 단연 **음악 동조화**(music entrainment) 기법이다. 음악 동조화 기법은 환자 개인의 빠르기와는 다른 빠르기로 음악적 리듬을 연주하게 되는 과정이라 정의할 수 있다(Aldridge, 1996, p. 29). 이렇게 음악의 리듬에 자신을 맞춰가는 과정을 통해 환자는 자동적이며 무의식적으로 반응을 하게 된다. Thaut(2005)는 이와 유사한 개념에 대해 리듬의 동기화(rhythmic synchronization)라고 명명한다. 많은 이들이 동조화 기법을 무드, 불안 또는 신체적 상태의 변화를 위해 적용하는 동질성 원리(iso principle; Dileo, 1999; Pinkerton, 1996)로도 알고 있을 것이다. 실제로 동조화 기법을 통해 심리적 고통뿐 아니라 신체적인 통증도 완화시킬 수 있다(Dileo; Pinkerton; Rider, 1985, 1997). 또한 동조화 기법은 호흡이 가쁜 증상의 완화를 위해서도 사용되어왔다(Branson, 2013; Gerwick & Tan, 2010).

> 한 젊은 여성이 폐렴과 호흡곤란 증세로 입원했다. 그녀는 의사의 회진을 기다리면서 호흡곤란 증상에 도움을 받을 수 있을 것이라 믿는다며 음악치료사의 방문을 요청했다. 음악치료사는 도착 직후 진단평가를 통해 현 상황을 파악하고 환자가 선호하는 곡을 물어보았다. 치료사는 환자가 선호하는 곡을 건반으로 연주하면서 환자의 호흡에 집중하고 환자가 숨 쉬는 빠르기와 동일한 속도로 연주하였다. 그리고 아주 서서히, 조금씩 빠르기를 늦추며 연주하였고 환자의 호흡 역시 치료사의 연주에 동조화되었다. 이러한 연주는 환자가 편안한 속도로 호흡을 유지할 수 있을 때까지 제공되었고 그녀는 점차 안정된 호흡을 음악 없이 지속할 수 있었다.

환자는 동조화 현상이나 음악치료가 자신의 호흡에 어떻게 영향을 미쳤는지 설명할 수는 없었지만 효과가 있었다는 사실만큼은 확실히 알고 있었고 그것만이 중요할 뿐이었다. 이러한 기법의 장점 중 하나는 환자가 혼돈, 혼미, 초조, 불안 혹은 무반응상태에 있을지라도 도움을 줄 수 있다는 점이다.

악기연주

치료사는 환자들에게 다양한 방법들을 통해 악기연주를 해보도록 권유할 수 있다. 참여를 꺼리는 환자 중에도 어느 정도 관심을 보이는 이들이 있게 마련인데 이럴 때 잠시 치료사를 위해 악기를 들고 있어줄 것을 부탁하며 작은 타악기를 건넬 수 있다. 특히 악기가 특이하거나 흥미로워 보이면 대부분의 환자들은 연주해보고 싶은 욕구를 뿌리치지 못한다. 관악기는 특히 천식, 만성 폐쇄성 폐질환(chronic obstructive pulmonary disease, COPD), 낭성 섬유증(cystic fibrosis)과 같은 호흡기 관련 질환을 앓는 환자들의 호흡기능 증진에 활용될 수 있다(Dileo, 1999). 리드믹 큐와 리듬자극의 제공, 리듬동조화 및 사지의 기능적 활용 모두 악기연주 과정을 통해 이뤄질 수 있다(Standley et al., 2005; Thaut, 2005). 환자의 가족들도 치료사의 반주에 맞춰 함께 악기연주에 동참하도록 초대될 수 있는데 이를 통해 참여자에게 창의성을 발휘하고 새로운 의미를 발견할 수 있는 기회를 제공하게 된다(Aldridge, 1999). 환자가 음악교사 또는 전문연주자라면 본인이 선호하는 악기를 다시금 연주하거나, 또는 지휘를 하도록 유도하는 등 다양한 형태로 발전할 수 있다(Beggs, 1991, p. 611).

> 심장수술 후 회복 중인 한 음악교사는 자신의 입원실 안에서 주치의와 간호사들을 포함한 여러 사람들이 연주할 악기를 각각 지정해줬다. 환자는 한 명, 한 명 어떻게 연주해야 하는지 보여주었고, 음악치료사가 기타를 연주하며 환자가 선택한 노래를 부르자, 그는 지휘하기 시작했다. 그는 빠르기와 셈여림에 변화를 줘가며 이끌었고, 합주가 끝났을 때는 본래 자신의 모습으로 돌아올 수 있었다며 고마움을 표시했다.

환자들은 질병의 다양한 단계를 겪으면서 악기연주의 참여 수준 혹은 정도에서 변화를 보이기도 한다.

> 전 세계의 유명한 공연장에서 순회공연을 했던 한 유명한 피아니스트가 이제는 환자로서 음악치료사가 가

저온 작은 건반을 자신의 병실에서 연주하고 있었다. 이러한 세션은 그가 너무 쇠약해져서 더 이상 연주할 수 없을 때까지 지속되었다. 더 이상의 연주가 어려워지자 환자는 치료사에게 연주해줄 것을 요청했고 연주가 끝나면 치료사가 마치 학생인 듯 그녀의 연주를 평가하고 조언을 나눴다.

평생 음악활동을 활발히 한 환자들 중 몇몇은 악기연주뿐 아니라 감상조차 거부할 수도 있음을 명심해야 한다. 이는 골절, 신체장애, 외상, 마비, 신경통, 종말기 질환 등 여러 진단과도 연관이 있을 수 있다. 이런 환자들은 이전의 음악적 수준과 동일하게 연주할 수 없다는 이유로 자기 자신 또는 음악 자체에 대하여 좌절감을 갖게 되었을 수 있다. 따라서 예전의 왕성했던 음악활동에 대한 기억들은 당장 음악을 받아들이는 것을 힘들게 한다. 물론 그들이 계속해서 음악을 접하도록 격려해야겠지만 그들의 감정상태를 존중하고 크나큰 상실에 대한 애도작업을 할 수 있는 공간과 시간을 주는 것도 중요하다.

다른 분야에서의 적용

상담/심리치료

음악은 매우 강력한 도구이며 각 환자에게 어떠한 잠재적 효과가 있는지 그 누구도 명확히 알지 못한다. 예를 들면, 즐겁고 행복하게 여겨지는 노래들도 때로는 환자에게 부정적인 영향을 미칠 수도 있다.

> 음악치료 세션에 여러 차례 참여했던 40대 여성 환자는 휘트니 휴스턴을 제일 좋아한다고 치료사에게 알렸다. 하루는 그 환자가 치료사에게 휘트니 휴스턴의 노래 중 아무거나 선택해줄 것을 요청했다. 치료사는 'I Will Always Love You'를 선곡해서 반주와 함께 들려주기 시작했다. 1절의 중간 부분에 이르렀을 때 환자는 갑자기 치료사에게 소리를 지르며 나갈 것을

요구했다. 치료사는 노래를 멈추고 환자가 진정할 수 있도록 도운 후에 이러한 급작스러운 반응이 무엇 때문에 일어나게 되었는지 탐색해보도록 유도했다. 대화를 통해 환자는 그녀의 결혼식 날 그 노래에 맞춰 남편과 함께 춤을 췄던 사실을 나누게 되었다. 안타깝게도 세션을 하던 그날이 남편의 기일이었던 것이다.

이 사례는 음악치료사에게 공감적 태도와 상담 또는 심리치료 기술이 얼마나 중요한지 알려준다. 만약 위와 같은 상황에서 치료사에게 상담 기술이 없었다면 환자가 나가라고 했을 때 정말 나갔을 수도 있다. 그랬다면 치료사는 환자와 이전에 형성했던 치료적 라포를 모두 잃고 환자는 감정적 위기상태에 홀로 남겨졌을 것이다. 물론 환자를 사회복지사나 심리상담사에게 의뢰할 수도 있지만 세션 안에서 사용한 음악으로 인해 일어난 상황은 음악치료사가 직접 해결하는 것이 최선이다.

음악가, 의료인과 음악

음악치료사를 내쫓으려 했던 이 상황은 왜 교육받지 않은 음악가들이 환자의 방에 들어가 연주하게 하는 것은 지양하고 자격을 갖춘 음악치료사가 환자들을 봐야 하는지 일러주는 좋은 예시이다. 전문연주자들은 종종 환자들을 돕고 싶다며 병원에서 연주하기를 자청한다. 병원이 연주자들의 공연을 수용한다면 통제가 가능한 환경에서만 연주할 수 있도록 훈련시켜야 한다. 미국의 클리브랜드 병원은 세 유형의 음악가들이 활동할 수 있는 시스템을 구축해두었다. **공공장소 연주자**(Musicians in the Environment)는 병원이 구성한 공연예술위원회의 인준을 받은 음악가로 이루어져 있으며 이들은 병원의 대형 로비 네 곳에서 연주를 담당한다. **병동 연주자**(Musicians in Residence)는 병원의 다양한 곳에서 연주했던 경험들이 풍부하며 훈련을 받은 음악가로서 공연예술위원회에 의해 신중하게 선정된 개인들로 구성된다. 이들은 여러 대기실과 병동 휴게실 등 환자들과 보다 가까운 거리에서 연주를 한다. 세 번째 유형은 미국 공인음악치료사(Board Certified Music Therapist, MT-BC)로 환자와 직접 임상을 할 수 있도록 교육 및 훈련을 받은 전문가이며 음악을 통해 드러나는 모든 문제들을 다루게 된다.

다른 병원들도 하나둘씩 이와 유사한 시스템을 마련하고 있다. 이는 최근 활발히 확장되고 있는 의료환경을 위한 예술 관련 프로그램들의 발전 때문이라 할 수 있다. Sadler와 Ridenour(2009, p. 4)는 의료환경 내 예술프로그램은 환자의 만족도 증가, 의료서비스의 질 향상 및 근거기반 임상의 확대에 긍정적인 영향을 미쳤다고 보고했다. 세계 예술과 건강 협회(Global Alliance for Arts and Health)의 전신인 의료환경 예술학회(Society for the Arts in Healthcare, 2011)는 일반 병원에서 예술활용의 유형으로 예술매체를 통한 환자 및 가족과 의료진과의 작업, 치유적인 환경의 조성, 교육을 위한 예술의 활용, 지역사회를 위한 웰니스 프로그램의 제공 등을 포함시켰다.

대부분의 의료진들은 음악치료에 대해 호의적이며 때때로 담당한 환자들을 위하여 음악감상 프로그램을 제공하기도 한다. 이러한 지지적인 모습은 매우 긍정적이지만 환자들의 음악적 선호도를 고려하지 않은 음악의 제공은 긍정적인 반응을 얻기 어렵다. 이러한 연유로 대부분의 음악치료사는 환자들과 작업을 할 때 환자가 선호하는 음악이 무엇인지를 먼저 파악한다. 여기서 환자가 선호하는 음악은 환자가 단순히 좋아하는 음악뿐 아니라 문화적으로나 종교적으로 적절하며, 의도되지 않은 부정적 연관성이 없는 음악을 제공하기 위해 파악하는 것이다.

음악치료사가 12월 중 2주간 휴가로 인해 자리를 비우게 되었다. 하루는 임종을 앞두고 있는 한 환자를 위해 담당 간호사가 잔잔한 음악을 제공하기로 결정했다. 환자가 이전에 음악치료를 받은 경험이 있다는 것을 알고 있던 의료진은 자신들이 제공하는 음악을 좋아해줄 것이라 생각했다. 불행히도 이들은 유대교인인 이 환자를 위해 크리스마스 캐럴이 담긴 CD를 제공하고 말았다. 음악치료사는 복귀한 후 그동안 어떠한 일이 있었는지 파악하고는 환자를 위해 음악을 제공한 노력에 감사를 표한 반면, 직원교육을 통해 환자의 선호도와 적절성을 고려한 음악의 선곡이 얼마나 중요한지 강조했다.

환자의 선호도를 파악하는 것이 중요한 또 다른 이유는 한 개인이 전반적으로 선호하는 음악 및 선호하는 이완음악은 이 환자에게 가장 효과 있는 음악이 될 가능성이 제일 크기 때문이다(Dileo, 1999). 다양한 연구들과 자료들에 의하면 선호하는 음악은 불안감과 통증 지각수준의 감소, 긍정적 감정의 증가 및 이완상태 유도에 효과가 있는 것으로 나타났다(Davis & Thaut, 1989; Pinkerton, 1996; Taylor, 2010).

결론

음악치료의 다양한 유형 중 의료환경 음악치료는 매우 흥미롭고 도전이 되며, 보상이 큰 임상 영역이다. 의료환자들은 입원과정과 질병으로 인해 큰 폭의 감정적 변화들에 노출되는데 음악적 중재가 유도하는 신체적 증상들의 변화 또는 음악적 경험에 의해 변형된 전인적(마음-몸) 반응들을 얻을 수 있다. 임상 음악치료는 훈련과 자격기준을 충족한 음악치료사가 진단평가를 기반으로 제공하는 임상적 중재이며 이를 통해 환자 개개인의 신체적, 심리적, 사회적, 인지적, 행동적, 영적 필요를 다룬다. 그렇다고 해서 음악의 임상적 활용은 음악치료사만의 전유물은 아

니며 의료진, 환자의 가족, 친구와 환자 본인에 의해서도 이뤄질 수 있다. 소형 음악플레이어는 안정감을 주고 통각의 감소와 이완을 유도할 수 있다. 의료진 또한 환자들을 위해 음악을 제공할 수 있는데 환자의 선호도와 필요를 고려한 선곡이 가능한 음악치료사와의 상담을 바탕으로 음악을 제시한다면 효과를 극대화할 수 있을 것이다. 궁극적으로 음악 및 음악치료 경험은 병원 경험에 대한 환자의 인식과 기억에 큰 영향을 미치는데 이는 의료환경에서 음악이 갖는 큰 이점 중 하나이다. 음악치료는 관계를 기반으로 하는 변화의 기회를 제공하며 음악의 몸과 마음에 대한 효과와 혜택을 누릴 수 있게 해준다.

참고문헌

Aldridge, D. (1996). *Music therapy research and practice in medicine: From out of the silence*. London: Jessica Kingsley.

Aldridge, D. (Ed.). (1999). *Music therapy in palliative care: New voices*. London: Jessica Kingsley.

Aldridge, D. (2004). *Health, the individual, and integrated medicine: Revisiting an aesthetic of health care*. London: Jessica Kingsley.

Baker, F., & Wigram, T. (Eds.). (2005). *Songwriting: Methods, techniques and clinical applications for music therapy*. London: Jessica Kingsley.

Beggs, C. (1991). Life review with a palliative care patient. In K. E. Bruscia (Ed.), *Case studies in music therapy* (pp. 611–616). Gilsum, NH: Barcelona.

Bradt, J., & Dileo, C. (2009). Music for stress and anxiety reduction in coronary heart disease patients. *Cochrane Database of Systematic Reviews, 2009*(2), CD006577.

Bradt, J., & Dileo, C. (2010). Music therapy for end-of-life care. *Cochrane Database of Systematic Reviews, 2010*(1), CD007169.

Bradt, J., Dileo, C., & Grocke, D. (2010). Music interventions for mechanically ventilated patients. *Cochrane Database of Systematic Reviews, 2010*(12), CD006902.

Bradt, J., Dileo, C., Grocke, D., & Magill, L. (2011). Music interventions for improving psychological and physical outcomes in cancer patients. *Cochrane Database of Systematic Reviews, 2011*(8),

CD006911.

Bradt, J., Dileo, C., & Shim, M. (2013). Music interventions for preoperative anxiety. *Cochrane Database of Systematic Reviews, 2013*(6), CD006908.

Bradt, J., Magee, W. L., Dileo, C., Wheeler, B. L., & McGilloway, E. (2010). Music therapy for acquired brain injury. *Cochrane Database of Systematic Reviews, 2010*(7), CD006787.

Branson, J. (2013). Measures of pain management and patient satisfaction as core factors in the development of medical music therapy programming at Norton Healthcare. In J. F. Mondanaro & G. A. Sara (Eds.), *Music and medicine: Integrative models in the treatment of pain* (pp. 59–76). New York: Satchnote Press.

Cepeda, M. S., Carr, D. B., Lau, J., & Alvarez, H. (2006). Music for pain relief. *Cochrane Database of Systematic Reviews, 2006*(2), CD004843.

Davis, W. B., & Thaut, M. H. (1989). The influence of preferred relaxing music on measures of state anxiety, relaxation, and physiological responses. *Journal of Music Therapy, 26*(4), 168–187.

Dileo, C. (Ed.). (1999). *Music therapy and medicine: Theoretical and clinical applications.* Silver Spring, MD: American Music Therapy Association.

Dileo, C. (2013). A proposed model for identifying practices: A content analysis of the first 4 years of *Music and Medicine. Music and Medicine, 5*(2), 110–118.

Dileo, C., & Bradt, J. (2005). *Medical music therapy: A meta-analysis and agenda for future research.* Cherry Hill, NJ: Jeffrey Books.

Dileo, C., & Bradt, J. (2009). Medical music therapy: Evidence-based principles and practices. In I. Soderback (Ed.), *International handbook of occupational therapy interventions* (pp. 445–451). Stockholm, Sweden: Springer.

Gallagher, L. M., Huston, M. J., Nelson, K. A., Walsh, D., & Steele, A. L. (2001). Music therapy in palliative medicine. *Support Care Cancer, 9,* 156–161.

Gallagher, L. M., Lagman, R., Walsh, D., Davis, M. P., & LeGrand, S. B. (2006). The clinical effects of music therapy in palliative medicine. *Support Care Cancer, 14,* 859–866.

Gallagher, L. M., & Steele, A. L. (2001). Developing and utilizing a computerized database for music therapy in palliative medicine. *Journal of Palliative Care, 17*(3), 147–154.

Gerwick, J. S., & Tan, X. (2010). Intensive care unit (ICU). In D. Hanson-Abromeit & C. Colwell (Eds.), *Medical music therapy for adults in hospital settings* (pp. 97–160). Silver Spring, MD: American Music Therapy Association.

Hanson-Abromeit, D. (2010). Introduction to adult medical music therapy. In D. Hanson-Abromeit & C. Colwell (Eds.), *Medical music therapy for adults in hospital settings* (pp. 3–17). Silver Spring, MD: American Music Therapy Association.

Maranto, C. (1991). *Applications of music in medicine.* Washington, DC: National Association for Music Therapy.

Mondanaro, J. F., & Sara, G. A. (2013). *Music and medicine: Integrative models in the treatment of pain.* New York: Satchnote Press.

Pinkerton, J. (1996). *The sound of healing: Create your own music program for better health.* St. Louis, MO: MMB Music.

Rider, M. S. (1985). Entrainment mechanisms are involved in pain reduction, muscle relaxation, and music-mediated imagery. *Journal of Music Therapy, 22*(4), 183–192.

Rider, M. (1997). *The rhythmic language of health and disease.* Gilsum, NH: Barcelona.

Sadler, B. L., & Ridenour, A. (2009). *Transforming the healthcare experience through the arts.* San Diego, CA: Aesthetics.

Society for the Arts in Healthcare (SAH). (2011). *What is arts and health?* Retrieved from *http://the-sah.org/doc/Definition_FINALNovember2011.pdf.*

Spintge, R., & Droh, R. (1992). *MusicMedicine.* St. Louis, MO: MMB Music.

Standley, J. (1991). Long term benefits of music intervention in the newborn intensive care unit: A pilot study. *Journal of the International Association of Music for the Handicapped, 1*(1), 12–22.

Standley, J., Gregory, D., Whipple, J., Walworth, D., Nguyen, J., Jarred, J., et al. (2005). *Medical music therapy.* Silver Spring, MD: American Music Therapy Association.

Taylor, D. B. (1981). Music in general hospital treatment from 1900 to 1950. *Journal of Music Therapy, 18*(2), 62–73.

Taylor, D. B. (1997). *Biomedical foundations of music as therapy.* St. Louis, MO: MMB Music.

Taylor, D. B. (2010). *Biomedical foundations of music as therapy* (2nd ed.). Eau Claire, WI: Barton.

Thaut, M. H. (2005). *Rhythm, music, and the brain: Scientific foundations and clinical applications.* New York: Routledge.

Weldin, C., & Eagle, C. (1991). An historical overview of music medicine. In C. Maranto (Ed.), *Applications of music in medicine* (pp. 7–27). Washington, DC: National Association for Music Therapy.

Wheeler, B. (2002). Experiences and concerns of students during music therapy practica. *Journal of Music Therapy, 39*(4), 274–304.

제 36 장

외상성 뇌손상 혹은 기타 신경학적 질환을 가진 성인을 위한 음악치료

Jeanette Tamplin

김수지 역

최근 십 년 동안 음악이 뇌에 미치는 효과에 대한 대중적 관심과 과학적인 연구들이 크게 증가하였다. 이러한 변화는 음악신경과학 연구분야에서의 뇌영상기법 사용 기회와 비용의 적절성이 높아지면서 더욱 증가되고 있다. 이를 통해 신경재활 음악치료 중재의 과학적 연구기반을 탄탄히 세우고 근거기반 임상을 위한 음악의 치료적 적용에 대한 근거를 제공할 수 있게 된다. 음악치료는 음악을 통해 활성화되는 뇌영역에 기반을 두고 적용되는데 손상된 뇌부위의 신경처리 과정을 우회하여 다른 뇌영역과 연결하고, 동시에 새로운 신경통로를 만들어냄으로써 뇌가소성을 자극하거나 손상된 신경처리 과정의 회복을 촉진한다. 뇌영상기법의 발달은 대뇌피질의 재조직화를 증명하였고 집중적인 음악치료 중재 후 뇌 안의 구조적이고 기능적인 변화들을 확인할 수 있게 해주었다(Rojo et al., 2011;

Schlaug et al., 2010).

신경재활 음악치료의 사용에 대한 문헌들은 1980년대 후반 임상사례나 프로그램에 대한 기술연구를 통해 처음으로 소개되었다. 이후 이 분야를 중점적으로 다루는 책들(Baker & Tamplin, 2006; Thaut, 2014)과 신경학적 음악치료(NMT)의 전문화된 심화훈련 과정의 발달이 활발히 이루어지고 있다. 최근의 NMT 중재 고찰연구들을 살펴보면 음악 만들기 활동은 뇌의 신경가소성에 기반을 둔 변화를 강하게 촉진하고 신경재활에 매우 큰 잠재성을 가진 것으로 밝혀졌다(Altenmüller & Schlaug, 2013).

내담자군

이 장에서는 후천적 뇌손상(뇌손상, 척수손상)이나 신경퇴행성 질환(파킨슨병, 헌팅턴병, 다발성

근경화증)을 가진 사람들의 치료에 대해 다루고 자 한다. 각 질병에 대한 간단한 설명은 다음과 같다.

뇌손상은 다양한 범위의 장애를 불러일으키는 데 움직임, 언어, 말하기, 인지, 정서와 같은 전 영역에 잠재적으로 영향을 미친다. 뇌손상의 세 가지 주요 원인은 외상성 뇌손상, 뇌졸중, 저산 소증이다. 외상성 뇌손상(TBI)은 외상이나 외부 의 충격에 의해 발생하며, 뇌 내 병인에 의해 발 생하는 뇌졸중이나 저산소증과 같은 뇌손상과는 차이가 있다. 뇌졸중 혹은 뇌혈관손상(CVA)은 뇌 혈관의 공급이 갑자기 중단되어 발생하는 질환 이다. 침범된 부위의 뇌세포들은 기능에 필요한 충분한 산소를 공급받지 못하게 되어 결국 사멸 되거나 손상을 입게 된다. 저산소증(hypoxia) 혹은 저산소성 뇌손상(hypoxic brain damage)은 산소결 핍에 의해 발생하게 되는데 익사 직전 상태, 목 을 매는 시도, 전기충격 등에 의해 발생하기도 한다. 뇌손상 대상군은 특성상 개인별 기능손상 의 차이가 크기 때문에 음악치료 임상 시 치료사 에게 도전을 주는 임상영역이며 연구수행에 있 어서 많은 어려움을 발생시킨다. 외상성 손상은 대상군 전반에 걸쳐 대표성을 갖기 어렵고 대부 분이 주로 젊은 연령군에 집중되어 있으며 남녀 비율은 3 : 1이다(Myburgh et al., 2008).

편마비나 반신마비와 같은 운동기능의 손상 은 뇌손상의 일반적인 증상으로 한쪽 반구의 뇌 가 다른 영역에 비해 집중적으로 손상을 입었을 때 나타난다. 신체기능의 향상은 대부분의 신경 재활 환자의 핵심 치료목표이다. 보행과 상지기 능의 향상은 일상생활에서의 기능적인 독립성과 높은 상관관계가 있다. 인지장애는 의식, 주의, 기억, 학습에 영향을 미치는데 TBI 환자의 경우 전두엽에 광범위한 손상을 입은 경우에 해당된 다. 의사소통장애는 말하기에 영향을 미치거나

구어의 이해, 문서를 통한 의사소통능력에 영향 을 미친다. 후천적(acquired) 뇌손상(선천적 뇌손 상의 반대 의미)은 삶을 위협하는 심각한 기능의 제한이 갑작스럽게 발생하며 이는 정서와 사회 대처기술에 큰 영향을 미친다.

척수손상(SCI)은 척수에 상해를 입을 경우 발 생하는데 이로 인해 뇌와 근육 간 신호전달이 원 활이 이루어지지 않는다. 손상의 심각성에 따라 기분과 근육조절 능력의 완전 혹은 부분적 상실 을 경험하게 되는데 손상을 입은 척수가 관장하 는 신체 부분에 영향을 받게 된다. SCI 환자의 약 절반 정도가 경부(목) 손상을 입게 되는데 이들 은 팔, 체간, 다리, 고관절 내 여러 기관들에 운 동기능 및 감각손실을 경험한다. 이러한 유형의 손상은 사지마비(quadriplegia or tetraplegia)[1]로 분 류된다.

파킨슨병(Parkinson's disease)은 도파민을 담당 하는 뉴런의 점진적인 소실에 의해 발생한다. 주 요 증상으로는 운동완서(bradykinesia; 느린 움직 임), 강직, 휴지기 시 사지의 진전, 보폭이 짧은 걸음, 보행의 불안정성 등이 포함된다. 운동과 관련 없는 증상들로는 인지기능의 저하, 방광조 절 문제, 성불구, 우울, 통증, 삼킴장애 등이 포 함된다.

헌팅턴병(Huntington's disease)은 근육조절에 이상이 발생하는 유전질환으로 인지저하와 정동 장애를 동반한다. 이는 신체의 일정 부분에 불수 의적 움직임과 수의적 움직임의 이상(chorea, 무 도병)을 보이게 된다. 이러한 근육의 움직임의 이상은 말하기에도 영향을 미쳐 마비말장애, 말

---

1) quadriplegia와 tetraplegia 모두 사지마비를 의미하는 데 목(경추) 부분의 척수손상으로 인해 상지와 몸통 모두 손상이 되었으나 주로 상지의 기능이 현저히 떨 어지는 경우 tetraplegia로, 사지가 모두 침범된 경우 quadriplegia로 구분됨. ─역자 주

하기의 불규칙성과 말 시작의 어려움 등의 증상의 원인이 된다. 인지증상은 기억문제와 문제해결력, 과제의 시작, 집중 등의 문제가 포함된다.

다발성 경화증은 염증질환으로 뇌와 척수의 축삭주변의 지방질로 된 수초에 손상이 발생하며 탈수초화현상과 이로 인한 축삭을 따라 전달되는 신경자극 전달 속도의 지연이 수반되는 질병이다. 이 병은 연속적인 재발과 회복을 반복하는 임상과정을 거치게 되며 주로 여성에게서 발생한다. 임상증상으로는 보행장애, 경직, 사지실행증, 근육약화, 사지불협응, 인지장애, 통증, 실금 문제, 시각소실 등이 해당된다.

본 장에서 다루어지는 각 대상군은 독립적인 기능수행에 영향을 주는 다양한 신체적 증상뿐 아니라 재활과정이나 병의 진전에 따라 증상이 발생할 가능성이 높다. 이러한 불확실성은 여러 심리사회적 문제를 동반한다. 슬픔은 신체기능과 사회적 역할상실에 따른 공통된 반응이며 자신이 처한 불공평한 상황에 대한 분노 또한 자주 경험하게 된다. 재활과정 동안의 적응과 관련된 문제들과 정서적인 이슈들 또한 매우 중요하며 내담자들이 분노, 불안, 불신, 슬픔 등으로 인해 심리적 소진을 경험하게 되면 잔존기능의 극대화를 위한 재활과정에 지속적으로 참여하기 어렵고 재활치료의 결과에 부정적인 영향을 줄 수 있다.

임상작업

신경재활 내 음악치료의 효용성은 음악이 행동, 뇌기능, 동기, 정서조절에 미치는 효과에서 기인한다. 기억을 돕기 위해 특별히 만들어진 노래를 사용하고, 말하기 기능 향상을 위해 손상된 말기능을 대체하기 위해 신경전달 과정을 자극하는 노래 부르기 활동을 하는 것은 이러한 효과의 대표적인 예들이다. 신경재활 내 재활동기의 질적인 측면을 살펴보면 지속적으로 요구되는 반복적인 신체움직임의 수행을 촉진하고, 근력과 근지구력 향상을 유도할 뿐 아니라 뇌가소성을 자극한다. 신경재활치료 시 주어지는 과제들은 종종 난이도가 높고, 피곤 및 통증을 유발하기도 하는데 반복적이고 예측 가능한 음악의 속성이 신경재활 훈련에 대한 매우 적합한 구조와 동기를 제공한다.

긴장된 근육은 말하기나 신체움직임을 저해하는 요소인데 음악은 근긴장이완을 촉진하는 데 매우 효과적이다. 음악은 환자의 긴장이완뿐 아니라 초조함을 유발하지 않고 목표에 집중하게 하거나 주의를 환기하는 역할을 한다. 이와 유사하게 음악은 통증 관리에 사용되는데 통증으로부터 주의를 환기시키거나 재활경험을 통해 조절능력을 다시 얻을 수 있도록 돕는다. 긴장이완을 위해 음악이 적용된 호흡법과 전략들을 사용할 경우 재활과정에서 겪게 되는 고통스러운 경험에 대한 지각을 재구성하거나 집중의 초점을 바꾸는 데 도움을 준다. 음악치료를 통해 얻을 수 있는 자기조절의 기회는 삶의 대부분의 기능에 대한 조절능력을 상실한 신경재활 대상군에게 매우 중요한 의미를 갖게 되는데 이들은 스스로 듣거나 부르기 위한 노래, 음악활동, 연주할 악기, 혹은 단순히 참여 여부에 대한 선택 등을 통해 이러한 기회를 활용하게 된다.

신경재활 내 음악치료 중재 효용성에 대한 임상연구들이 점차 증가하고 있다. 최근의 후천적 뇌손상 환자 대상 음악치료 임상근거(2개의 무작위 통제실험)에 대한 코크란 리뷰 보고에 따르면 리드믹 청각자극(RAS)이 뇌졸중 환자의 보행지표향상에 도움이 됨을 알 수 있다(Bradt, Magee, Dileo, Wheeler, & McGilloway, 2010). 또 다른 긍정적인 결과들의 경우 하나의 연구를 통해 산출된 결과이기 때문에 일관적인 결과도출이 있는지에 대한 후속연구가 필요하다. 이러한 긍정적인 결과들에는 RAS를 활용한 상지기능 향상, 실어증 환자의 언어지표 향상, 뇌손상 후 실음악증 환자의 친숙한 음악감상 후 초조함의 감소와 지남력 향상이 포함된다.

신경학적 손상 이후 발생하는 광범위한 기능손상의 잠재성 때문에 음악치료 기법 연구에 대한 관심이 증가하고 있으며 이와 관련한 효과들이 다양하게 보고되고 있다. 보편적으로 활동적인 기법들이 주를 이루는데 이는 신경손상 환자들의 적극적인 참여를 통해 신경가소성을 자극하여 기능적인 기술습득이 필요하기 때문이다. 수용적인 음악치료 기법들, 예를 들면 노래중심 토론 혹은 음악을 적용한 긴장이완 등은 심리적 치료목표를 위해 적용되는 기법들이다. 퇴행적인 신경손상 대상군에서도 질병 진행에 따라 수의적 움직임이 힘들어지고 통증이 강해짐에 따라 이를 위한 수용적인 기법의 사용이 증가하고 있다(Steele, 2005).

다음에 이어지는 절에서는 신경재활을 그 주요 영역에 따라 신체, 말하기와 언어, 인지, 정서로 구분하였다. 다양한 신경학적 손상환자를 대상으로 각 영역에 음악치료 기법의 적용에 대해 간단한 문헌고찰을 포함하였다. 다양한 중재범위의 음악치료 적용안을 소개하기 위해 혼합된 임상사례를 소개하고자 한다.

신체재활에서의 음악치료

음악을 적용한 운동훈련이 신체재활에 혜택이 있는 이유는 여러 가지가 있다. (1) 리듬은 움직임의 조화의 기본적인 요건이 되며, (2) 음악은 무의식적인 생리학적 반응을 불러일으키고, (3) 음악의 동기유발적 측면은 신체적으로 많은 움직임이 요구되는 훈련 시 환자들에게 에너지를 끌어올려 참여시간을 늘리고 재활참여 수준을 높일 수 있고, (4) 신체운동 시 음악이 사용되면 피로감에 대한 지각을 낮추며, (5) 악기연주는 단순히 시각적 피드백뿐 아니라 운동학적과 청각적 피드백을 동시에 제공한다.

최근 신체재활 내 음악치료 효과에 대한 체계적 고찰연구를 살펴보면(Weller & Baker, 2011) 재활이 요구되는 소근육 및 대근육 기능뿐 아니라 보행지표 대부분에서 긍정적이고 유의미한 결과들이 일관되게 보고되고 있다. 신체재활 음악치료 중재에는 세 가지 종류가 있는데 (1) 리드믹 청각자극(RAS), (2) 악기연주, (3) 음악에 맞춰 움직이기이다. 신체재활에서 음악치료사의 역할은 기능수준을 평가하고, 환자가 필요한 적절한 수준의 음악활동에 참여하도록 하고, 기능수준에 따른 중재의 적용·음악자극·신체적 보조·언어피드백을 제공하는 것이다.

많은 연구들이 청각자극의 신경전달과정에서 운동체계의 활성화가 있음을 밝히고 있다. 이러한 현상은 청각리듬에 맞춰 걷거나 몸을 움직일 때 동조화 현상의 효과이며, 움직임 패턴에 따른 내부의 리듬이 외부의 음악리듬에 동조된 결과이다. 또한 리드미컬한 음악은 움직임의 타이밍을 돕는다. 이러한 효과들로 인해 복잡한 움직임을 구조화하거나 순서화하는 데 RAS가 치료적으로 적용되고 있다. 재활 내 다양한 임상군을 대상으로 RAS 적용을 통한 기능향상이 보고되고 있는데 뇌졸중(Thaut, McIntosh, Prassas, & Rice, 1993), TBI(Hurt, Rice, McIntosh, & Thaut, 1998), 파킨슨병(Thaut, McIntosh, McIntosh, & Hoemberg, 2001) 등이 있다. 보행지표 중 보행속도, 분속수, 활보장, 보행대칭성뿐 아니라 상지움직임의 최적화 등이 확인되었다. 청각자극으로서의 음악의 역할은 "움직임에 대한 예측적이고 지속적인 시간정보를 제공하고…, 리드믹 동조화 효과를 증가시킨다(Weller & Baker, 2011, p. 52)."

임상사례 :
(뇌졸중) 보행재활을 위한 RAS 적용

사라는 뇌졸중 진단을 받은 24세 여성 환자로 7개월째 실행증, 마비말장애, 편마비, 중증 인지기능장애 등의 개선을 위해 재활치료를 받고 있다. 음악치료에서는 그녀의 실조성 보행개선을 위해 RAS를 적용하고 있다. 음악치료 평가를 통해 그녀는 음악자극이 제공된 보행 시 즉각적인 보행대칭성의 개선이 확인되었다. 보행훈련 프로그램에서는 라이브로 비트가 강조된 기타 스트러밍을 메트로놈 비트와 함께 리듬자극으로 제공하였다. 초기에는 사라가 편안하게 걸을 수 있는 속도에 맞게 빠르기를 맞추었다(44 보행수/분). 매 세션마다 빠르기는 10% 범위 내에서 점진적으로 증가시켰으며, 매 세션의 마지막에는 음악을 소거하였다. 평가는 음악을 소거한 채 진행하여 실제 보행기능 향상으로의 전이효과를 판단하였다. 사라의 물리치료사는 신체적 보조와 보행 시 자세교정을 위한 언어지시를 제공하기 위해 함께 하였다.

사라의 균형과 보행속도는 RAS 훈련에 참여한 지 몇 주 만에 향상되었다(66 보행수/분). 이러한 향상은 분속수에 맞춘 음악적용이 보행속도와 대칭성의 개선을 통해 이루어졌다. 프로그램 종료 시점에 사라는 분속수가 80까지 향상되었으며 네 바퀴가 달린 보조기를 통해 독립적인 이동이 가능해졌다. 아직은 여성의 평균 분속수(117 보행수/분)에 비해서 많이 느리지만 좀 더 정상적이고 기능적인 보행으로의 개선이 이루어지고 있음을 보여준다.

신체기능 재활을 위한 악기연주는 음악치료에서 오랫동안 적용되어져왔다. NMT 기법에서는 최근 이러한 악기연주를 가리켜 **치료적 악기연주**(therapeutic instrumental music performance, TIMP; Thaut, 2005)로 명명하였다. 뇌졸중 환자(Schneider, Schonle, Altenmüller, & Munte, 2007)와 파킨슨병 환자(Pacchetti et al., 2000) 대상 무작위 통제연구 결과 음악 만들기에 적극적으로 참여한 환자들의 상지기능이 유의미하게 향상된 것을 확인하였다. 이러한 기법은 기능적

인 움직임 패턴의 개선, 양손 협응 향상, 움직임의 계획·실행·순서화의 향상 등의 치료목표 수립 시 적용된다. 목표로 정해진 움직임이 무엇이냐에 따라 서로 다른 활동들이 계획되고 적용된다. 환자들은 정확한 움직임이 수행될 때 즉각적인 청각피드백을 받게 되고, 이는 정확한 움직임 패턴에 대한 긍정적인 강화역할을 하게 된다.

리듬과 선율 패턴은 신경계 내 특정 움직임 순서를 부호화하여 기억에 도움을 주는데 이를 운동기억(motor memory) 혹은 절차기억(procedural memory)이라고 부른다. 예를 들면 운동기억은 피아니스트가 연주할 때 음 하나하나에 대한 기억을 떠올리지 않고도 순차적이거나 동시에 많은 음들을 몇 초 만에 연주하는 경우에 해당된다. 좀 더 단순한 수준에서 보면, 환자가 좀 더 길고 어려운 움직임 순서를 기억하고 연습하는데, 예를 들어 다른 손가락 움직임의 조합이나 손과 팔을 협응하여 사용하는 것이다.

신체재활에서 악기연주를 적용한 치료는 치료사의 창의성과 상상력을 많이 요구하지는 않는다. 환자가 악기를 연주할 때 치료적 효과성을 극대화할 수 있도록 악기를 응용하거나 공간적으로 배치한다. 이러한 응용된 악기사용은 전통적인 악기연주 동작의 범위를 증진시키거나, 계획된 방식으로 악기를 배치하거나, 혹은 악기를 몸의 일부분에 부착하기도 한다. 예를 들면 앉아 있는 환자가 리드믹한 음악에 맞춰 탬버린에 발을 접촉하도록 하거나 보행주기의 유각기 시 무릎들기 동작을 향상시키기 위해 리드믹한 음악에 맞춰 무릎높이에 드럼을 배치해서 소리 내도록 하는 것이다. 손바닥과 손등을 번갈아 가며 위로 향하게 하는 동안 상완의 근력향상이나 힘을 증가시키기 위해 마라카스에 무게를 더하는 것이다. 악기연주 활동은 환자의 현재 움직임의 전체 범위에 대해 먼저 파악해야 하고 그런 다음에 그 범

위를 확장해야 한다. 예를 들면 치료사는 각기 다른 위치에 드럼을 들고 치료목표에 맞게 환자의 어깨, 팔꿈치, 손목, 허리 움직임을 촉진한다. 환자가 음악에 맞춰 악기연주를 하도록 하는 것은 연주 시 요구되는 움직임의 이동성과 기민성을 높이기 위한 것이다. 음악의 속도는 높이거나 줄일 수 있으며, 환자가 그 속도에 맞춰 연주할 수 있도록 지지한다. 소근육 운동조절과 운동계획 향상을 위해 악기의 목표지점에 스티커를 붙이고 음악에 맞춰 연주하도록 할 수 있다.

음악 내 리드믹 패턴은 움직임에 대한 구조 인식과 움직임의 순서화에 도움을 주고 운동계획 시 움직임에 대한 타이밍과 예측 가능한 큐를 제공한다. 이러한 혜택들은 파킨슨병 환자에게 특히 중요한데, 음악의 리드믹 패턴은 질병으로 인한 신경영역의 우회에 대한 감각순서화 역할을 하게 된다. 리듬은 움직임 명령 전달을 도와 운동완서와 운동동결 증상을 극복할 수 있게 한다(Thaut et al., 2001). 환자는 운동 혹은 악기연주를 하는 동안 적절한 수준에서 치료사와 함께 노래를 부를 수도 있다. 노래 부르기는 정서적 혜택과 더불어 내적 속도조절을 제공하고 상지를 똑바로 세우는 자세를 유지하는 데 도움을 주고 효율적인 호흡을 하는 데 도움이 된다.

임상사례 :
체간조절능력 향상을 위한 악기연주(TBI)

마크는 교통사고로 인한 중도 TBI 진단을 받은 35세 남성 환자이다. 일반적인 TBI 발병과 마찬가지로 그는 말하기, 인지, 움직임의 다양한 영역에 기능손상을 가지고 있다. 또한 마크는 경미한 편마비도 가지고 있어서 체간조절이 어렵고 동적균형 유지에도 어려움을 보였다. 음악치료에서는 이러한 어려움의 개선을 위해 앉은 자세에서 악기연주(TIMP)가 실시되었다. 초기 음악치료 평가 동안 마크는 독립적으로 균형을 유지하며 앉아 있는 것이 불가능하였다. 휠체어의 팔걸이를 제거할 경우 상체를 앞쪽으로 약간 기울이게 되고 이는 균형의 상실과 앞쪽이나 옆쪽으로의 낙상으로 이어질 수 있다. 초기에는 기본적인 체간근육조절과 정적균형 유지능력을 재발달시키기 위해 마크의 다리 사이에 드럼을 놓았으며, 그는 이러한 자세로 악기연주를 5초 정도밖에 유지하지 못했다. 적절한 속도와 선호하는 리드믹한 음악에 맞춰 연주할 때 앉아 있는 자세를 독립적으로 유지할 수 있었고 피로도가 높아지기 전까지 악기연주 시간이 증가하였다. 8주 뒤 그의 근지구력은 드럼을 하나의 노래(2~3분) 전체 동안 연주할 수 있을 정도로 높아졌다. 점진적으로 드럼의 위치가 점점 멀어짐으로써 동적균형을 촉진하였고 그의 체간근육을 강화하고 후에는 드럼을 추가하여 다른 방향(양옆 혹은 앞뒤)으로 팔뻗기를 할 수 있도록 격려하였다. 음악치료를 통해 얻어진 이러한 기능향상은 다른 기능과제로 전환되어 독립적으로 신문을 집어드는 동작 등을 가능하게 한다.

신체움직임을 자극하는 음악이나 음악요소들의 적절한 활용은 신경재활에서 또 다른 음악치료 기법으로 사용된다. NMT 용어로 이를 패턴화된 감각증진(patterned sensory enhancement, PSE)이라고 부르며, 이는 음악요소들을 움직임의 공간적·시간적·힘의 요소에 맞춰 전환하는 것을 의미한다(Thaut, 2005). 리듬과 빠르기는 움직임의 타이밍이나 속도를 높이는 데 사용되며, 공간적 혹은 방향 큐는 움직임의 위아래 방향에 맞춘 선율 라인의 상향과 하향이 적용된다. 다이내믹의 변화와 불협화음과 협화음은 근활성화와 근수축의 큐를 주기 위해 사용된다. PSE가 움직임의 수행을 향상시키지만, 운동수행결과 향상에 대한 연구근거는 부족한 편이다(Clark, Baker, & Tayor, 2012).

신체재활은 종종 고통스러운 과정 혹은 중재를 포함한다. 음악치료 중재는 환자를 진정시키거나 통증으로부터 주의를 환기하는 역할을 하여 중재를 성공적으로 완료하는 데 도움을 준다. 인지장애를 가진 환자의 경우 통증이 동반된 치료과정의 필요성을 이해하는 데 어려움을 겪을 수 있으며 이는 치료에 대한 저항이나 불안을 높일 수 있다.

임상사례 : 통증으로부터의 주의환기를 위한 적극적인 음악참여(TBI)

데이비드는 19세에 교통사고로 인해 중증 TBI 진단을 받은 환자이다. 광범위한 신경학적 손상을 보였는데 편마비, 근경직, 근위축, 통찰력 저하, 충동성, 판단장애 등이 이에 포함된다. 다리의 근긴장도 증가로 인해 다리를 뻗을 때마다 매우 고통스러워했다. 그는 다시 걷기를 원하면서도 그의 저하된 인지기능으로 인해 물리치료에서 왜 다리 스트레치가 필요한지 이해하는 데 어려움을 겪었다. 통증은 참여하고 있는 일련의 치료과정에의 집중을 어렵게 하였고 궁극적으로 치료중재에 대한 협조부족과 신체적, 언어적 공격행동으로 인해 물리치료 프로그램이 중단되었다.

데이비드는 자신이 좋아하는 음악제공 시 재활에 대한 동기가 매우 크게 향상되었다. 그를 위해 신체스트레칭과 경사대 위에 서 있기 등을 할 때 노래 부르기와 노래 만들기 활동을 병행하는 음악치료와 물리치료의 병합프로그램이 적용되었다. 음악은 주의환기에 매우 효과적이었으며, 기울어진 탁자에 서 있기의 경우 처음 5분에서 40분까지 증가하였으며 음악치료 활동들에 대한 집중이 즉각적으로 나타났다.

신체재활에서 음악치료 기법의 사용은 운동계를 최적화하는 리듬의 효과와 동기와 정서를 관장하는 뇌영역에 대한 음악의 긍정적인 효과가 더해지므로 특별히 효과적이다.

언어재활에서의 음악치료

음악치료는 언어 및 말하기 기능손상에 대한 신경재활에서 중요한 역할을 한다(Hurkmans et al., 2012). 연구결과들을 살펴보면 말명료도, 단어 및 구 산출, 기본주파수(음고영역), 말속도, 음성강도(음성크기), 자연스러운 말하기, 말하기 시 멈춤의 감소(Baker, 2000; Haneishi, 2001; Tamplin, 2008; Tamplin et al., 2013; Tomaino, 2012) 등의 향상이 보고되었다. 친숙한 가사를 가진 노래 부르기는 단어인출의 점화를 촉진하며, 리드믹한 말하기-운동 동조화는 언어유창성 환자들에게 도움이 된다.

노래 부르기는 말하기 동안 사용되는 운동메커니즘의 많은 부분을 공유하는데 호흡근의 사용이나 조음 등이 이에 포함된다. 말하기와 노래 부르기의 또 다른 공통적인 요소들은 리듬, 음고, 다이내믹, 템포, 발음 등이다. 치료적 노래 부르기는 신경재활에서 언어와 말하기 기술 향상을 위해 음악요소들을 사용한다. 최근의 뇌영상 연구들을 통해 말하기와 노래 부르기의 신경로가 공유되고 있음을 알 수 있다(Ozdemir, Norton, & Schlaug, 2006). 음악 처리과정 동안 양반구의 활성화(언어정보 처리 시 좌반구 편재화와 비교했을 때)는 좌전두엽 손상 환자들이 왜 가사를 말하는 것에는 어려움을 보이는데 노래 부르기는 가능한지를 보여주는 중요한 근거이다.

이러한 현상은 실어증(언어를 이해하거나 말하는 능력이 상실된 상태로 신경학적 손상에 기인한다) 환자의 말하기 능력 향상을 위해 적용하는 멜로디 억양 치료(Melodic Intonation Therapy, MIT)에서 확인할 수 있다. 단순한 어구는 노래(음정을 가진) 패턴으로 전환되어 사용되는데 정상 악센트와 선율 요소를 과장하여 만들어진다. 높은 음고는 말하기 동안 자연스럽게 강조되어야 하는 단어에 적용된다. 노래를 부르는 동안 각 음절에 맞춰 환자의 왼손으로 태핑한다. 이 치료법은 세 단계 중재로 구성되며 어구의 길이 확장을 통해 난이도를 높이고 치료사의 개입 수준은 점차 감소시킨다. 전통적인 MIT의 각 단계에서는 손 태핑이 동반된다.

1. 구절을 허밍
2. (치료사와 환자가 함께) 유니슨으로 음을 맞춤
3. 유니슨의 소거(치료사가 노래 부르기를 소

거하나 태핑은 지속)

4. 즉각적으로 어구를 반복(치료사의 모델과 환자의 반복)

5. 확인을 위한 질문에 답하기(4단계 직후 치료사는 다음과 같은 예의 질문을 한다. "뭐라고 말씀하셨죠?")(Norton, Zipse, Marchina, & Schlaug, 2009).

이 모델에는 다양한 변형이 사용된다. 어떤 경우에는 2~3개의 음이 사용되거나 각 어구를 위한 다른 운율을 사용하여 좀 더 많은 음정을 사용하기도 한다(Baker, 2000). 모든 MIT 적용안의 목표는 말하기 내 내재된 선율을 사용하여 구어의 시작과 유창성 향상을 촉진하는 것이다. 뇌 영상 연구들에 의하면 왼손 태핑과 함께 하는 노래 부르기는 명료하게 말하기를 위한 감각운동과 전운동피질을 활성화시킨다(Schlaug et al., 2010). MIT는 선율과 리듬을 동시에 적용함으로써 양반구를 동시에 사용하는 것을 유도한다. 리듬은 말산출과 말지각의 기본적인 요소로 말리듬의 손상은 말지각의 어려움을 초래한다. 노래 부르기는 말산출의 구조화가 필요한 환자에게 리드믹한 멜로디 큐를 제공하며 말명료도와 자연스러움을 향상시킬 수 있다(Tamplin, 2008). 청각리듬은 파킨슨병 환자의 말운동 조절능력을 향상시킨다(Thaut et al., 2001).

비유창성 환자를 위한 또 다른 음악중심의 언어치료 기법들도 소개되었다(Tomaino, 2012). 여기에는 친숙한 노래 부르기, 단음절을 사용한 호흡훈련, 음악적 보조를 동반한 말하기, 다이내믹의 변화를 동반한 노래 부르기, 리드믹 말하기 큐, 구강운동연습, 음성억양 훈련이 포함된다. 이러한 기법들의 효과는 빠르기와 리듬을 얼마나 잘 조절하는가에 있으며 이를 단어인출, 음조, 말하기 등 내담자의 구어능력에 맞추고 향상

시키는 것이 중요하다. 또한 "말하기 중간의 일시적 멈춤을 허용하거나 다이내믹을 과장하거나, 혹은 기대를 촉진하고 의미를 전달하기 위한 멜로디 라인의 조정과 대략적인 대화를 서로 교환"하는 것과 같이 환자와 음악치료사 간의 상호역할이 매우 중요하다(Tomaino, 2012, p. 316).

임상사례 : 말명료도와 말산출 시 자연스러움의 향상을 위한 노래 부르기(뇌졸중)

메리는 음악치료 참여 2개월 반 전에 뇌졸중으로 인해 중도의 전반적 마비말장애를 보인 51세 여성 환자이다. 마비말장애는 신경학적 손상으로 인한 운동말장애로 말하기 시 근육조절의 어려움을 보인다. 말명료도의 감소, 음량이나 음역의 감소, 말속도와 음조의 비정상적 속도, 이에 따른 자연스러운 말하기의 감소 등이 주 증상이다. 메리의 딸의 보고에 의하면 메리의 말하기는 뇌졸중 후 매우 느려지고 어눌해졌다.

메리는 8주 동안 24회기 음악치료 세션에 참여하였다. 이 프로그램은 구강운동 호흡연습, 리드믹하고 멜로디를 적용한 말하기 훈련, 리드믹 말하기 큐, 음성억양치료, 친숙한 노래를 활용한 치료적 노래 부르기로 구성되었다(음악치료 프로토콜에 대한 설명은 Tamplin & Grocke, 2008 참조). 말명료도 평가를 위해 표준화된 평가도구를 사용하였으며, 메리의 치료진전 사항을 평가하기 위해 휴지기의 파형분석을 함께 실시하였다. 초기 평가 시 메리의 말명료도는 82%였으며, 말속도는 분당 51단어였다. 8주의 치료 후 그녀의 말명료도는 93%까지 향상되었고 말속도의 경우 분당 70단어로 증가하였다(정상구어속도의 경우 분당 190단어). 또한 그녀의 구어에 대한 파형분석 결과, 말하기 리듬의 변화와 사전-사후평가 사이에 억양 변화가 관찰되었다. 그림 36.1을 보면 음악치료 중재 전과 후에 문장읽기 시 메리의 말하기 파형을 확인할 수 있다. 가장 위의 회색 파형(왼쪽과 오른쪽 청각채널을 보여주는)은 중재 전에 녹음되었다. 단어 간 간격이 고르게 분포된 것을 시각적으로 규칙적인 리듬을 통해 일 수 있다. 흰색으로 표기된 맨 밑의 파형(중재 후)에서는 좀 더 리드믹한 변형과 억양과 악센트의 증가를 확인할 수 있으며, 파형의 진폭이 증가하였다. 또한 가장 위 파형에 나타난 부적절한 휴지기와 느려진 말속도가 시각적으로 아래 파형에는 나타나지 않는다. 이 문장의 경우 휴지기 시간의 전체 기간은 3.3초였다.

초반에 나타난 메리의 말하기 시 쉼은 단어 간 구

분을 돕는 호흡조절의 부족과 조음과 명료도 향상을
위해 나타난 것으로 보인다. 이는 딱딱하고 로봇 같은
소리를 내는 말하기 리듬으로 나타난다. 사후평가에
서 이러한 쉼이 감소된 것과 쉼의 위치가 의미적으로
좀 더 적절하게 된 것은 조음의 정확성을 향상시키
고 문맥상의 의미전달을 위한 큐를 제공하기 위해 리
듬에 강세를 사용하는 것이 적절함을 알 수 있다. 음
악치료 중재 이후 메리의 딸은 그녀의 말하기에 대해
"좀 더 명료해졌고 불분명한 발음이 적어졌으며 단어
구성이 개선되었다……. (목소리가) 덜 거슬리고 부드
러워졌다"라고 보고했다.

다발성 경화증 환자(Wiens, Reimer, & Guyn,
1999)와 척수손상 환자(Tamplin et al., 2013)의
호흡근 강화를 위한 음악치료(특별히 구강운동
호흡연습과 노래 부르기)에 대한 연구가 진행되
었다. 호흡근 약화는 두 대상군의 주요 증상으
로 침을 완전히 삼키기가 어려워지고 반복적으
로 폐렴소견을 보이게 된다. 위 연구들에서 호흡
기능의 향상이 통계적으로 유의하지는 않았으나
표본수가 적었으며 두 연구 다 중재효과에 대한
경향성은 보고되었다. 음성전달의 유의한 향상
과 기분향상은 사지마비 환자를 위한 치료적 노
래 부르기 연구에서도 나타났다(Tamplin et al.,
2013).

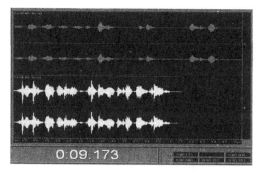

그림 36.1 음악치료 중재 전(맨 위)과 중재 후(맨 아래) 메
리의 발화문장에 대한 스펙트로그래프 분석영상. "그는 내가
예전과 다르지 않음을 느끼게 해주었다(He has made me
feel that I am no different from before)."

임상사례 :

호흡기능 향상을 위한 노래 부르기(SCI)

피터는 묘기 자전거(BMX bicycle)사고로 인해 척
추 골절이 되어 경추 완전손상(C6A) 진단을 받았다.
10년 정도 지난 뒤 피터는 치료적 노래 부르기 그룹
에 참석하여 구강운동과 호흡연습 훈련을 하고 호흡
기능과 음성전달 향상을 위해 노래 부르기를 하였다.
이 훈련은 음성을 내거나 혹은 무성으로 호흡을 내쉬
기, 혀와 입술로 트릴하기, 박을 지닌 리드믹 음성화,
그리고 음고와 음량의 점진적이거나 갑작스러운 변화
등을 포함한다. 이 그룹의 주요 초점은 친숙한 노래
부르기 동안 음성의 전달과 지속을 위해 호흡전략을
결합하는 것이다.

피터는 이 그룹에 한 주에 3회씩 총 12주 동안 참
석하였으며 연습용 CD와 워크북을 이용해 집에서도
연습하였다. 그는 호흡기능과 음성에 있어 상당히 큰
향상을 보였다. 사전-사후평가의 변화를 살펴보면 폐
활량(사람이 최대 흡기 후 폐로부터 밖으로 뱉어낼
수 있는 공기의 양)이 거의 리터의 절반(2.33~2.71L)
정도로 향상되었고, 최대 호기압이 25% 향상되었으
며(86에서 108cm/H$_2$O), 최대 흡기압이 12% 증가하
였다(80에서 90cm/H$_2$O). 피터의 발화 시 소리 전달
력을 보여주는 소리압력 수치는 74에서 78데시벨로
증가하였고 최대 발화시간은 12초 증가하였다(7초에
서 19초).

위에 나타난 바와 같이, 음악은 여러 메커니즘
을 통해 말하기와 언어재활에 도움을 준다. 뇌의
말하기를 관장하는 센터의 진동회로 동조화를
유발하는 강력한 타이밍 메커니즘, 더 큰 말유창
성과 속도조절 촉진을 도모하는 리드믹 말하기
-운동동조화, 호흡기능 향상 등이 포함된다. 더
나아가서 실어증 재활에서 노래 부르기는 좌반
구 언어네트워크의 손상되지 않은 부분을 활성
화시키거나 우반구의 언어기능 대체영역을 활
성화시키고, 혹은 그 둘 다를 포함한 뇌가소성의
촉진을 위해 사용될 수 있다.

인지재활을 위한 음악치료

음악은 인지훈련 활동에 매우 유용하다. 특히 기

억술로서의 음악의 효용성은 여러 연구를 통해 보고되었다(Thaut, Peterson, & McIntosh, 2005). 음악의 리듬은 시간적 순서처리를 돕는데 이는 리드믹 주의조절을 촉진한다. 더불어 리듬과 선율은 구어정보의 구조화, 순서화, 덩이짓기, 회상을 위한 분명한 구조를 제공한다. 일상에서 매일 접하는 음악감상은 뇌졸중 환자의 초점주의와 언어기억을 유의하게 향상시켰다(Särkämö et al., 2008). 또한, 전환적 연구에서는 구어학습 시 음악적 기억술이 건강한 성인과 다발성 경화증 환자 모두에게 강력한 효과가 있음을 보여주었다(Thaut et al., 2005). 이러한 효과는 (EEG로 측정된) 뇌파 리듬의 동조화를 향상시키며 이를 통해 음악에 의해 유도된 신경가소성을 알 수 있다. 기억의 부호화가 될 때까지 정보를 음악에 맞추어 반복할 수 있다. 음악적 큐는 자발적으로 회상될 때까지 정보의 인출을 촉진하게 된다. 노래의 가사는 일상생활 활동(예 : 샤워하기, 옷 입기, 요리하기)에서 필요한 시작, 순서화, 운동계획을 촉진할 수 있도록 과제수행(예 : 리모컨 조작하기), 방향(예 : 치료실에서 병동으로 가는 길), 혹은 정보의 목록(예 : 치료 팀 구성원 혹은 가족구성원 이름, 전화번호, 주소) 등을 포함할 수 있다. 노래부르기, 그다음 노래가사에 나타난 내용에 대한 질문하기는 단기기억 어려움의 정도를 나타내므로 단기기억 평가방법으로 활용할 수 있다. 만약 환자가 이 과제에 어려움이 있으면, 여러 개의 답안을 제시하여 하나를 고르도록 함으로써 답할 수 있는 청각적 큐를 제공한다.

주의는 모든 다른 인지와 신체과제에 요구되는 기본적인 기술이다. 주의는 활동의 길이와 난이도를 조정함으로써 음악 안에서 다루어질 수 있다. 예를 들면, 서로 경쟁하는 자극들을 음악활동 안에서 제시하는 것은 지속주의나 분할주의에 대한 도전이 될 수 있다. 즉흥연주는 인지손상에 대한 평가에 활용될 수 있다. 중도의 뇌손상을 입은 환자가 즉흥적으로 만들어낸 음악적 반응들은 초반에는 단편적이고, 융통적이며, 보속적이거나 고정화(예 : 한 손으로 연속적인 다섯 음을 반복적으로 연주하기 혹은 피아노의 모든 음을 순서대로 연주하고 멈추기)되어 나타날 수 있다. 이러한 인지적 어려움들은 좀 더 구조화되거나 지시적인 수준에서부터 즉흥연주까지 여러 형태를 통해 극복될 수 있는데 예를 들면, 질문과 답변을 연주하기 혹은 검정 건반만 연주하기 등이 포함된다. 창의성과 참여를 독려함으로써 참여와 집중의 지속시간을 증가시킬 수 있다.

집행기능에 대한 치료적 음악기법의 효과는 가장 적은 관심을 받고 있다. Thaut와 그의 동료들(2009)은 단일회기 음악치료 참여 후 정신활동의 융통성을 보여주는 집행기능의 유의한 향상이 있음을 보고하였다. 이러한 효과들은 음악이 뇌활동을 위한 풍부한 환경을 제공하고 "음악 안에 내재된 시간적 구조와 음악과제들을 통해 추론, 결정, 문제해결, 이해과정을 실시간으로 자극하고 연습함으로써 강력한 자기조절(self-regulatory)과 자기조직제약(self-organizational constraints)의 기회를 제공한다(p. 413)." 또한 운동조절에 적용되는 리듬의 동조화 효과와 유사하게 음악은 인지적 타이밍 메커니즘을 조절하고 정신활동의 융통성과 뇌의 민첩성(agility)을 향상시키는 데 도움이 된다.

요약해보면, 음악치료는 뇌를 위한 풍부한 감각환경을 제공하고 주의를 자극하는 음악적 패턴과 리드믹 타이밍 큐를 제공함으로써 인지재활에 효과적인 도구가 될 수 있다. 음악 안에 내재되어 있는 시간적·구조적 큐들은 또한 기억정보, 언어학습, 집행기능을 치료적으로 돕는다.

음악치료와 정서적응

신경재활에서 정서적 필요와 삶의 안녕에 대한 폭넓은 감각을 촉진하기 위해 여러 음악치료 기법들이 사용된다(Nayak, Wheeler, Shiflett, & Agostinelli, 2000). 이러한 방법에는 음악감상, 즉흥연주, 노래 만들기, 노래토의 등이 포함된다. 음악은 정서와 기분상태에 강력하게 연관되어 있으며 문화적으로 적절한 방식으로 정서를 표현하도록 돕는다. 노래를 만들거나 노래 부르기, 혹은 악기연주하기는 정서를 서로 대립되지 않는 방식으로 표현할 수 있도록 한다.

실증연구들을 살펴보면, 그룹치료적 노래 부르기(Thaut et al., 2009)와 자기가 선택한 음악감상하기(Särkämö et al., 2008)가 각기 TBI 환자와 뇌졸중 환자의 기분을 유의하게 향상시키는 것을 보여주었다. Särkämö와 그의 동료들에 의하면 음악은 불안을 감소시키는 진통효과(analgesic effect)가 있으며 부정적인 경험들로부터 주의를 환기시키는데 이는 환자들이 그들이 가진 신경학적 어려움들로 인한 정서적 스트레스에 대처할 수 있게 해준다. 심각한 외상이나 심신을 약화시키는 질병에 따른 정서적 적응은 재활결과에 매우 중요한 영향을 미친다. 환자 개인은 미래계획에 대한 상실, 자신감 상실, 자기의 지위나 권위의 상실에 대한 비통을 느끼는 시간이 필요하다. 정서적응의 과정이 제한되거나 분노, 슬픔, 죄책감 혹은 부인 등과 같은 정서로 소진된다면 동기가 감소될 확률이 높아지게 되고 그로 인해 환자의 치료참여나 재활결과에 부정적인 영향을 미치게 된다.

즐겁고 보상적인 음악경험은 긴장을 이완하고 불안을 진정시키며 희망을 주는 경험을 제공한다. 음악적 즉흥연주는 카타르시스적이며 자신의 기분을 언어로 표현하기 어려운 의사소통에 심각한 장애가 있는 환자에게 정서적 분출의 통로를 제공한다. 환자별 그리고 신경학적 손상의 정도에 따라 즉흥연주는 표현의 출구 역할을 하게 된다. 그렇다 해도 즉흥연주의 추상적 속성으로 인해 인지손상이 있는 많은 환자들에게는 덜 효과적일 수 있는데 이는 자신의 기분의 표현과 음악을 연결하는 데 어려움이 있기 때문이다. 또한 이 대상군은 신체적 제한으로 인해 전통적인 형태의 음악 만들기에 제한이 있을 수 있다.

의사소통 기술의 손상이 없는 환자의 경우 음악치료에서 정서적 어려움을 다루기 위해 노래 만들기나 노래토의가 효과적인 방식이다. 환자들은 그들이 어떻게 느끼는지 알고, 자신의 아이디어를 노래 속에 반영하는 과정에서 음악치료사로부터 지지를 받을 수 있다. 가사내용에 따라 이러한 노래들은 어려운 감정을 배출하는 역할을 하고, 자기동기 형성의 역할을 하거나 다른 사람에게 메시지를 전달하게 된다. TBI 환자와의 음악치료 내 가사토의에서 만들어진 82개의 노래가사를 분석한 결과를 보면 자기반영에 대한 노래 만들기와 사랑하는 사람에게 전하는 메시지가 가장 공통적으로 많이 나타났다. 다른 노래주제들에는 기억들, 자신에게 중요한 사람들에 대한 반영, 회피에 대한 표현, 미래에 대한 걱정이 포함되었다(Baker, Kennelly, & Tamplin, 2005).

음악적 지원이 제공되는 상담은 슬픔, 통증, 분노, 절망 등의 이슈들을 다룸으로써 환자들을 돕는다. 이와 유사하게, 노래토의는 환자로 하여금 가사에 나타난 생각들을 규명하도록 격려하는 데 사용되며 자신들의 감정이나 상황으로부터 얼마나 유사하거나 다른지에 대해 토의한다. 음악을 통한 기분변화의 치료적 혜택은 사회적 상호작용의 향상, 재활동기 유발, 치료참여 증진에 긍정적 의의가 있다.

다른 분야에서의 적용

체계적인 임상환경 내에서 음악치료사에 의해 제공되는 라이브 음악의 사용은 환자의 행동을 수정하거나 치료적 효과의 극대화의 순간에 맞춰 적용될 수 있다. 그렇지만 다른 치료사들이나 간호 인력들이 신경학적 손상을 가진 환자를 대상으로 음악사용 시 녹음 음악의 치료적 혜택과 관련하여 사용방법이나 유의사항들에 대해 알려주는 것도 가능할 것이다.

그럼에도 불구하고 단순히 환자의 행복감 증진 혹은 치료환경 개선 차원에서 이루어지는 넓은 범주의 음악사용은 주의해야 한다. 음악은 힘이 있는 도구이며 광범위한 감정반응을 촉발한다. 그렇기 때문에 환자를 돌볼 때 사용되는 음악의 선택은 매우 신중하게 다루어져야 한다. 또한 무분별한 음악의 사용은 인지손상이 있는 환자에게 과잉 감각자극이 될 수 있으며 이는 인지과제 수행을 감소시키거나 초조행동을 증가시킬 수 있다. 따라서 음악선택에 대한 사전계획과 고려는 신경학적 손상으로 인한 인지기능장애 환자와 일할 때 매우 중요한 요인이다.

음악감상의 치료적 혜택은 사용되는 음악의 특성과 직접적인 관련이 있다. 환자 선호와 치료사 선택 음악의 구분은 강조되어야 하며 음악의 질 자체가 신경학적 손상 대상군을 위해 음악을 고를 때 반드시 고려되어야 한다. 음악선택에 대한 이러한 사항들을 마음에 새기고 음악치료사들은 컨설턴트로서 역할을 할 수 있으며 치료목표와 환자의 선호도에 근거하여 사전에 녹음된 음악을 제공할 수 있다. 예를 들면, 진정시키거나 조용한(느린 빠르기와 갑작스러운 변화가 없고 날카로운 음색을 가지지 않은) 성격을 가진 환자 선호음악의 선택은 불안감 감소나 긴장이완 및 수면 증진을 목표로 할 때 사용될 수 있다. 이러한 음악의 특성들은 외상 후 실음악증을 가진 환자들에게 특히 도움이 된다. 이러한 곡목은 음악치료사가 없거나 환자가 매우 불안·초조행동을 보일 때 간호사들에 의해 사용될 수 있다.

반대로 음악치료사는 환자를 평가하고 동기를 높이고 자극적인 요소(빠른 템포, 강한 박/비트, 음정의 변이성, 악기구성, 선율)를 가진 개별화된 환자별 선호 음악목록을 만들어 물리치료실이나 집에서 신체활동 수준을 높이기 위한 운동 프로그램을 할 때 사용하도록 한다. 이러한 교육이나 사용촉진은 재활 내에서 치료적인 음악을 어떻게 사용할 수 있는지에 대한 전략을 제공한다. 음악치료사는 환자가 자신의 현재 보행속도에 맞는 음악목록을 만드는 것을 도와줄 수 있는데 빠르기를 증가시킨 곡목들의 수정된 버전을 만들어줌으로써 보행재활을 지원할 수 있다.

이와 유사하게, 인지적 혹은 정서적 필요를 다룰 때 음악치료사는 팀 접근 내 관련 있는 구성원들과의 관계를 이어준다. 예를 들면, 기억을 돕기 위해 작성된 노래는 주로 환자의 정보회상을 촉진하기 위해 다른 팀 내 직원들이 사용하기 위해서 녹음 음악을 사용한다. 녹음된 버전의 작곡된 노래는 샤워하거나 옷 입기 같은 일상생활의 틀에 대한 신호를 제공하는데 이는 작업치료사나 간호사들에 의해 환자에게 사용될 수 있다. 나아가, 음악치료 내에서 환자가 작곡한 노래는 환자의 감정과 대처전략을 표현하게 되며 이는 심리나 신경심리세션 내에서 토론을 위한 발판 역할을 할 수 있다.

결론

신경영상연구와 신경재활 내 치료적 음악사용에 대한 임상연구들이 증가하고 있다. 이 연구들은 비음악적, 기능적 결과들을 산출할 수 있는 뇌기능 변화를 자극하는 음악에 대한 근거를 확인시켜준다. 비음악적 행동에 영향을 주는 음악의 치료적 사용에 대한 잠재성은 신경과학 내 음악 치료의 미래를 밝게 해준다.

음악 내 시간적 구조적 큐들은 운동계를 활성화시킬 수 있으며 신체움직임의 동조화와 주의의 자극, 기억정보의 보조역할을 한다. 음악의 선율적인 질들은 우반구에 관여하는데 언어의 재발달과 말하기 재활과 기억 재훈련 전략, 치료적 노래 부르기와 노래 만들기를 통한 정서표현에 사용될 수 있다.

많은 사람들이 음악에 참여하는 것을 즐기기 때문에 환자들은 음악치료에 참여하는 것을 부담스럽게 생각하지 않는다. 음악의 동기적인 측면은 음악치료 외에도 다른 치료들에서의 더 높은 참여를 증진시킬 수 있게 한다. 나아가, 뇌 양반구 활성화에 대한 근거, 신경가소성의 자극, 긍정적인 기능적 결과의 성취 등을 통해 음악치료가 신경재활 내 전통적인 치료들에 못지않은 효과적인 치료임을 알 수 있다.

참고문헌

Altenmüller, E., & Schlaug, G. (2013). Neurologic music therapy: The beneficial effects of music making on neurorehabilitation. *Acoustical Science and Technology, 34*(1), 5–12.

Baker, F. (2000). Modifying the melodic intonation therapy program for adults with severe non-fluent aphasia. *Music Therapy Perspectives, 18*, 110–114.

Baker, F., Kennelly, J., & Tamplin, J. (2005). Adjusting to change through song: Themes in songs written by clients with traumatic brain injury. *Brain Impairment, 6*(3), 205–211.

Baker, F., & Tamplin, J. (2006). *Music therapy methods in neurorehabilitation: A clinician's manual.* London: Jessica Kingsley.

Bradt, J., Magee, W. L., Dileo, C., Wheeler, B. L., & McGilloway, E. (2010). Music therapy for acquired brain injury. *Cochrane Database of Systematic Reviews,* (7), CD006787.

Clark, I., Baker, F., & Tayor, N. F. (2012). The ef-

fects of live patterned sensory enhancement on group exercise participation and mood in older adults in rehabilitation. *Journal of Music Therapy, 49*(2), 180–204.

Haneishi, E. (2001). Effects of a music therapy voice protocol on speech intelligibility, vocal acoustic measures, and mood of individuals with parkinson's disease. *Journal of Music Therapy, 38*(4), 273–290.

Hurkmans, J., de Bruijn, M., Boonstra, A. M., Jonkers, R., Bastiaanse, R., Arendzen, H., et al. (2012). Music in the treatment of neurological language and speech disorders: A systematic review. *Aphasiology, 26*(1), 1–19.

Hurt, C. P., Rice, R. R., McIntosh, G. C., & Thaut, M. H. (1998). Rhythmic auditory stimulation in gait training for patients with traumatic brain injury. *Journal of Music Therapy, 35*, 228–291.

Myburgh, J. A., Cooper, D. J., Finfer, S. R., Venkatesh, B., Jones, D., Higgins, A., et al. (2008). Epidemiology and 12-month outcomes from traumatic brain injury in Australia and New Zealand. *Journal of Trauma-Injury Infection and Critical Care, 64*(4), 854–862.

Nayak, S., Wheeler, B. L., Shiflett, S. C., & Agostinelli, S. (2000). Effect of music therapy on mood and social interaction among individuals with acute traumatic brain injury and stroke. *Rehabilitation Psychology, 45*(3), 274–283.

Norton, A., Zipse, L., Marchina, S., & Schlaug, G. (2009). Melodic intonation therapy: Shared insights on how it is done and why it might help. *Annals of the New York Academy of Sciences, 1169*(1), 431–436.

Ozdemir, E., Norton, A., & Schlaug, G. (2006). Shared and distinct neural correlates of singing and speaking. *NeuroImage, 33*, 628–635.

Pacchetti, C., Mancini, F., Aglieri, R., Fundaro, C., Martignoni, E., & Nappi, G. (2000). Active music therapy in Parkinson's disease: An integrative method for motor and emotional rehabilitation. *Psychosomatic Medicine, 62*(3), 386–393.

Rojo, N., Amengual, J. L., Juncadella, M., Rubio, F., Camara, E., Marco-Pallares, J., et al. (2011). Music-Supported Therapy induces plasticity in the sensorimotor cortex in chronic stroke: A single-case study using multimodal imaging (fMRI-TMS). *Brain Injury, 25*(7–8), 787–793.

Särkämö, T., Tervaniemi, M., Laitinen, S., Forsblom, A., Soinila, S., Mikkonen, M., et al. (2008). Music listening enhances cognitive recovery and mood after middle cerebral artery stroke. *Brain, 131*(3), 866–876.

Schlaug, G., Norton, A., Marchina, S., Zipse, L., & Wan, C. Y. (2010). From singing to speaking: Facilitating recovery from nonfluent aphasia.

Future Neurology, 5(5), 657–665.

Schneider, S., Schonle, P. W., Altenmüller, E., & Munte, T. F. (2007). Using musical instruments to improve motor skill recovery following a stroke. *Journal of Neurology, 254*(10), 1339–1346.

Steele, M. (2005). Coping with multiple sclerosis: A music therapy viewpoint. *Australian Journal of Music Therapy, 16*, 70–87.

Tamplin, J. (2008). A pilot study into the effect of vocal exercises and singing on dysarthric speech. *NeuroRehabilitation, 23*(3), 207–216.

Tamplin, J., Baker, F., Grocke, D., Brazzale, D., Pretto, J. J., Ruehland, W. R., et al. (2013). The effect of singing on respiratory function, voice, and mood following quadriplegia: A randomized controlled trial. *Archives of Physical Medicine and Rehabilitation, 94*(3), 426–434.

Tamplin, J., & Grocke, D. (2008). A music therapy treatment protocol for acquired dysarthria rehabilitation. *Music Therapy Perspectives, 26*, 23–30.

Thaut, M. H. (2005). *Rhythm, music and the brain.* New York: Routledge.

Thaut, M. H., Gardiner, J. C., Holmberg, D., Horwitz, J., Kent, L., Andrews, G., et al. (2009). Neurologic music therapy improves executive function and emotional adjustment in traumatic brain injury rehabilitation. *Annals of the New York Academy of Sciences, 1169*, 406–416.

Thaut, M. H., & Hoemberg, V. (2014). *Handbook of neurologic music therapy.* Oxford, UK: Oxford University Press.

Thaut, M. H., McIntosh, K. W., McIntosh, G. C., & Hoemberg, V. (2001). Auditory rhythmicity enhances movement and speech motor control in patients with Parkinson's disease. *Functional Neurology, 16*(2), 163–172.

Thaut, M. H., McIntosh, G. C., Prassas, S. G., & Rice, R. R. (1993). Effect of rhythmic auditory cuing on temporal stride parameters and EMG patterns in hemiparetic gait of stroke patients. *Journal of Neurological Rehabilitation, 7*, 9–16.

Thaut, M. H., Peterson, D. A., & McIntosh, G. C. (2005). Temporal entrainment of cognitive functions: Musical mnemonics induce brain plasticity and oscillatory synchrony in neural networks underlying memory. *Annals of the New York Academy of Sciences, 1060*, 243–254.

Tomaino, C. M. (2012). Effective music therapy techniques in the treatment of nonfluent aphasia. *Annals of the New York Academy of Sciences, 1252*(1), 312–317.

Weller, C. M., & Baker, F. A. (2011). The role of music therapy in physical rehabilitation: A systematic literature review. *Nordic Journal of Music Therapy, 20*(1), 43–61.

Wiens, M. E., Reimer, M. A., & Guyn, H. L. (1999). Music therapy as a treatment method for improving respiratory muscle strength in patients with advanced multiple sclerosis: A pilot study. *Rehabilitation Nursing, 24*(2), 74–80.

제 37 장

생애 말기의 음악치료

9: Clare O'Callaghan | Lucy Forrest | Yun Wen

송인령 역

이 장은 삶의 주기 중 마지막 순간에 있는 환자를 위한 음악치료에 대해 다루고 있으며, 환자 가족과 간호 인력을 지원하는 음악치료의 역할까지 포함하고 있다. 음악이 생애 말기의 사람들을 어떻게 지지해왔는지 그 역사를 간단하게 다룬 후, 생애 말기 의료를 포함하는 완화의료의 정의에 대해 자세하게 다루고 있다. 그런 다음 임상적 맥락, 진단평가와 목표, 중재, 효과평가, 연구결과 등 완화치료에서의 음악적용이 논의되고 있다.

음악은 여러 시대에 걸쳐 사람들이 죽음과 사별을 잘 다루도록 돕는 데 중추적인 역할을 해왔다. 전통사회에서는 상실을 다루는 세계관에 음악적 의식과 참여를 통합하여 공유했다. 서양사회에서는 사람들의 삶을 위협하는 질병과 슬픔에 대응하기 위해 음향 기술을 더욱 개별화되고 사적인 방식으로 사용할 수 있도록 지원했을지

도 모른다(O'Callaghan, McDermott, Hudson, & Zalcberg, 2013). 음악은 기억을 "다시 되살리고 (O'Callaghan, 2010)", 인정, 즐거움, 슬픔, 비탄, 후회의 감정들을 이끌어낸다. 음악은 고통스러운 증상을 진정시키고 감소시키며, 정서적 표현을 위한 안전한 수단이 된다. 진행되고 있는 질환과 큰 슬픔을 겪고 있는 환자와 보호자들은 가수나 노래가사와 동일시하면서 지지를 받거나 덜 외롭다고 느낄 수 있고, 혹은 장황하게 설명하기보다는 정서적 힘을 가진 음악과 함께 공명하면서 힘과 위안을 발견할 수 있다(O'Callaghan et al., 2013).

세계보건기구(2013)는 완화의료를 다음과 같이 설명하였다.

완화의료는 조기진단과 흠 없는 완벽한 평가, 통증 및 다른 신체적 · 심리사회적 · 영적문제에

대한 치료를 통하여, 고통을 예방하거나 경감시
킴으로써 생명을 위협하는 질환과 관련된 문제
에 직면한 환자와 그 가족들의 삶의 질을 향상
시키는 접근법이다(n. p.).

미국에서 완화의료는 호스피스와 구분된다.
6개월 미만의 예후로 정의되는 완화의료는 보
다 넓은 연속선상에 있다고 보고, 호스피스 치료
는 생애 말기 치료라고 간주하기 때문이다. 완화
의료 세팅은 입원병동, 거주간호, 가정간호, 혹
은 장기입소 생활시설이 될 수 있다. 완화의료의
초점은 환자와 환자 가족의 종합적인 필요에 있
고, 이러한 필요는 이 대상군의 신체적·심리사
회적·영적필요를 돌보도록 훈련받은 다학제적
팀에 의해 규명되고 달성된다(J. Berger, 2013. 4.
21, 개인서신). 호주를 포함한 많은 국가에서는
호스피스라는 단어가 주로 완화의료를 제공하는
서비스 혹은 병원 세팅을 지칭한다.

완화의료는 고통스러운 증상을 경감시키
고, 삶을 인정하고, 가족들이 대처할 수 있도
록 돕는 지지체계를 제공한다(World Health
Organization, 2013). 근래 수십 년 동안에는 소
아 완화의료가 독립적인 전문영역으로 등장했
고, 세계보건기구는 이에 대해 "아동의 신체, 정
신, 영혼을 포함하는 적극적인 포괄적 치료이고
가족을 지원하는 것까지도 포함한다. 의료서비
스 제공자는 아동의 신체적, 심리적, 영적고통을
평가하고 경감시켜야 한다(n. p.)"라고 설명한다.
소아와 성인 세팅에서의 완화의료는 다학제적
접근을 필요로 하고, 위급 환자의 치료시설, 지
역사회 건강센터, 환자의 가정, 주간 프로그램,
노인 거주 요양 시설, 혹은 학교에서까지 제공될
수 있다. 완화의료의 원칙은 생명을 위협하는 질
환의 모든 진행 단계에서 중요하지만 특히 환자
의 마지막 몇 개월, 몇 주, 혹은 며칠을 포함하는

생애 말기 치료에서 매우 중요할 수 있다.

내담자군

현대 완화의료는 1960년대 런던에서 Dame
Cicely Saunders의 선도적 역할하에 대두되었고,
그 당시에는 주로 종양이나 악성질환 환자를 대
상으로 제공되었다. 현재 완화의료는 점차적으
로 신경퇴행성 질환(예 : 운동뉴런질환이나 치
매)과 같은 비악성질환 환자, 관상동맥, 신장,
다 계통성 질환, 복합적이고 위중한 질환, 중증
장애를 가진 사람들까지 돌봄을 제공하고 있다
(World Health Organization, 2013).

완화의료는 환자를 비롯하여 가족이나 친구
같은 환자에게 중요한 사람, 때로는 전체 지역사
회를 지원한다. 예를 들어, 신경과 병동에 있는
한 운동뉴런질환 환자는 실구어증과 사지마비가
왔고 그가 죽기 1년 전까지 아내와 함께 매주 음
악치료 세션을 받았다. 뜻밖의 방문자가 있는 경
우에는 세션이 끝날 때까지 기다리거나 세션을
관찰할 수도 있었는데, 그 세션 기간 동안 이 50
대 커플은 그들의 생애 전반에 걸쳐 추억을 불러
일으키는 곡을 선정했고, 세션을 하면서 많은 웃
음을 찾았고 서로의 삶에서 그들이 가지고 있는
의미들을 확인했다.

지역사회의 참여는 특히 가정중심의 완화의료
에서 나타났는데, 이 경우의 환자는 사회적 혹은
문화적 공동체의 일원으로 그 공동체로부터 돌
봄을 받았다. 예를 들어, 한 여성 노인은 자신의
친한 친구들을 초청해 나(Lucy Forrest)와 함께 음
악치료 세션에 함께 참여하여 세션기간 동안 추
억에 잠기고 그녀의 이별을 준비하였다. 또 다른
예로, 그들의 어린 자녀가 죽어가던 한 중동인
가족은 그들이 속한 문화적 공동체의 모든 여성
과 그들의 자녀들을 포함시켜, 그의 삶을 기념하

는 음악치료를 통해 집단적인 공동활동이 되도록 하였다.

환자와 그 가족들은 어디에서 완화의료를 받고 싶은지 선택할 수 있고, 병의 진행 상태가 변함에 따라 집, 주간 간호 서비스, 입원프로그램 등을 선택할 수 있다. 복합적인 의학적 필요와 심각한 장애를 가진 학령기 아동과 청소년은 그들의 상태가 좋지 않을 때는 완화의료 서비스를, 그들의 상태가 안정적일 때는 학교와 지역사회와 같은 다른 지원과 서비스를 자유롭게 자주 바꿀 수 있다. 따라서 특히 지역사회 내 완화의료 서비스는 종종 특수학교, 장애 지원 서비스, 지역사회 임시간호 프로그램 등과 긴밀하게 협조하고 협력한다. 환자에게 생애 말기 치료에 대한 필요가 생기는 경우에 어떤 사람들은 가정에서 이러한 치료를 받기를 원하는 반면, 또 다른 사람들은 병원 혹은 호스피스를 통해 치료를 받기를 원한다. 가족들 역시 때때로 호스피스 혹은 병원 프로그램을 통해 임시간호 서비스를 이용할 수 있다. 시간이 갈수록 완화 가정간호 서비스(예 : 나 Lucy Forrest가 일하는 호주 멜버른에 있는 Mercy 완화의료 서비스)와 소아 입원 호스피스 프로그램(Pavlicevic, 2005) 등을 통해 죽어가고 있는 아동을 위한 더 많은 호스피스 서비스가 제공되고 있다.

완화의료에서의 음악치료는 생명을 위협하는 질환으로부터 고통받는 사람들과의 치료적 관계, 그 가족과 친구들과의 관계에서의 창조적이고 전문화된 음악의 사용이라고 정의할 수 있다. 음악치료는 환자와 가족의 신체적 · 심리사회적 · 영적필요를 다루고, 자기인식 증가를 촉진시키고 삶에 대한 만족도와 삶의 질을 높이기 위해 사용될 수 있다. 음악적 요소와 발전되는 치료적 관계는 음악적 결과물보다는 치료적 과정을 강조하면서 증상의 경감, 심리사회적 적응,

존재론적 성찰 등을 위한 창의적인 맥락과 기초를 제공해준다(O'Callaghan, 2010). 세션은 음악적 상호작용, 조용한 사색, 대화, 상담 등이 포함될 수 있다. 음악치료는 비언어적 표현, 의미 있는 상호작용 등이 지지의 수단이 될 수 있다. 이러한 점은 특히 말할 수 없는 고통 · 두려움 · 상실을 표현할 수 있는 적절한 단어가 없는 경우에, 어린 아동처럼 언어를 사용하여 감정을 표현하는 데 어려움이 있는 사람들에게는 중요하다.

역사적 관점

완화의료 음악치료는 Susan Munro(1984)와 Lucanne Magill(2009)과 같은 선구자들에 의해 영감을 받았다. 1975년 Munro는 몬트리올에 있는 로열 빅토리아 병원(Royal Victoria Hospital) 내에 음악치료 프로그램을 설립했고, 1973년 Magill은 뉴욕 시에 있는 메모리얼 슬로언 케터링 암센터(Memorial Sloan Kettering Cancer Center)에서 처음으로 종양학을 위한 첫 음악프로그램(나중에는 음악치료)을 시작했다. 이들의 획기적인 저술은 현대 생애 말기 음악치료의 기초를 마련하였다. 1989년과 2004년에 열린 국제 음악치료 및 완화의료 심포지엄에서 출판된 4개의 저술 작업물(Dileo & Loewy, 2005; Lee, 1995; Martin, 1989; Special issue in the *Journal of Palliative Care*, 2001, Volume 2, Issue 3)은 전 세계에 걸쳐 다학제간 팀의 중요한 일원이었던 음악치료를 완화의료의 맥락으로 통합시켰다(O'Callaghan, 2010).

음악치료 의뢰

입원 및 지역사회 완화치료 프로그램에서 환자/가족은 다학제간 팀에 의해 음악치료에 의뢰되거나 자기 스스로 음악치료에 찾아온다. Hilliard(2005)는 완화의료 팀이 사용했던 의뢰와

진단평가 양식에서 그 예를 보여주었다. 입원세팅에서 음악치료사는 환자에게 시간이 허용되는 대로 음악치료를 제공할 수 있고, 이 임상실제는 사례결과로 설명되기도 한다. 이때 환자가 음악적 배경이 필요는 없다고 말하는 것이 도움이 될 수 있다. 때때로 환자, 가족, 의료진 등은 음악이 생애 말기에 고통을 고조시키는 건 아닌지에 대해 염려할 수 있기 때문이다. 우리의 다양한 경험을 종합해볼 때, 환자와 그 가족이 음악이나 노래를 듣거나 노래하는 등 음악치료 참여 범위를 결정할 때 거의 부작용은 없다.

음악치료 진단평가와 목표

완화의료에서의 음악치료 진단평가는 멈추지 않고 계속해서 발전해가는 과정이다. 팀 구성원들로부터 받은 정보를 토대로 치료사는 내담자와 그 가족에게 세션 전체에 걸쳐 부드럽게 질문할 수 있고 강점과 약점을 평가하기 위해 보거나 들을 수도 있다. 진단평가에는 환자의 신체적 상태, 기분, 인지적 능력, 음악적 배경과 선호, 문화적 · 영적 정체성, 사회적 측면과 환자들과 환자의 가족/친지가 어떻게 대처하는지 등도 포함되어 있다. 생애 말기에는 환자와 그 가족들은 음악치료사가 함께 도와가면서 증상을 경감시키고자 하는 그 필요를 경험할 수 있다(표 37.1).

음악치료 중재

음악치료사는 내담자의 역량과 욕구에 맞추어 음악중심의 중재를 계획하고 이러한 중재가 시간이 지남에 따라 매우 역동적으로 변화할 수 있다는 점을 인식한다. 생애 말기에 가면 환자들은 점점 더 나른해지고, 피곤해지며, 신체적 장애를 갖게 되고, 또한 무의식상태에 있을 수도 있다. 좋은 완화의료는 대부분의 증상을 조절하거나 경감시킬 수 있지만, 종종 환자들은 (1) 그 증상을 경감시키기가 어려워지고 지속되는 통증을 보고하며 (2) 의식이 혼미해지거나 (3) 불안이나 미해결된 이슈와 같은 요소들로 인하여 존재론적 고통을 경험한다. 각 환자의 전체적 통증이라는 경험은 내담자의 감정적, 사회적, 영적인 문제뿐만 아니라 질환의 신체적 요소 및 관련 치료를 통해서 나타난다(World Health Organization, 2013). 환자의 상태가 악화되면 치료사는 보통 노래 부르기, 노래 만들기, 음원 만들기, 즉흥음악과 같은 적극적이고 참여적인 중재로부터, 음악감상, 유도된 심상, 음악과 긴장이완과 같은 보다 수용적인 중재로 바꾼다. 음악치료 중재는 환자의 에너지 수준, 증상, 욕구 등에 맞추어 조정된다. 아동 및 성인과 함께 완화의료에서 사용할 수 있는 중재는 표 37.2에 나와 있다.

음악치료사는 그들의 삶과 교육경험뿐만 아니라 자신의 고유한 음악적, 치료적 기술을 환자와 맺게 되는 치료적 관계에 가져온다. Lee(1995)는 "다양함이 완화의료 음악치료의 핵심이지만, 모든 작업을 연결하는 중심은 음악이 상실의 표현에 영향을 미칠 수 있다는 믿음이다(p. 6)"라고 했다. 이러한 작업에 사용되는 다양한 종류의 악기에는 건반, 기타, 오토하프, 하프, 유율 및 무율 타악기, 음악 소프트웨어 프로그램이 있다. 특히 가정방문 호스피스 간호나 환자 상태가 악화되어 침상에만 머물고 있는 경우라면 악기를 휴대할 수 있어야 한다는 게 중요하다. 또한 음악치료사가 가능한 다양한 연령대와 배경의 사람들의 필요를 충족시킬 수 있도록 폭넓은 음악지시과 음악레퍼토리를 가지고 있는 것이 필수적이다. 환자와 환자 가족들은 고전음악, 블루스, 재즈, 뮤지컬, 대중음악, 컨트리 음악, 포크, 종교음악, 동요, 문화적 특성이 있는 음악 등 다양한 장르, 스타일, 시대의 음악을 요구할 수 있다.

표 37.1 완화의료 음악치료에서 다루어질 수 있는 필요영역

환자와 환자 가족의 심리사회적, 존재론적 필요
- 상실 : 예상 가능한, 개인적인 조절, 자기이미지, 관계와 역할, 희망
- 공포와 불안 : 가족이 어떻게 대처할 것인지, 죽음의 과정
- 애도, 분노, 좌절
- 의사소통의 어려움(정서적 이슈 혹은 인지적 장애로 인한)
- 고립감 : 슬픔, 우울, 죄책감, 후회를 포함한 정서와 기분의 영향, 의미와 관련된
- 미해결된 이슈
- 자기가치
- 음악과 관련하여 미완의 계획과 소원
- 죽을 때까지 갖는 삶(창조, 배움, 나눔)에 대한 욕구
- 장례 계획과 유산으로 남기고 싶은 소원

환자의 신체적 필요
- 통증
- 호흡곤란
- 피로
- 긴장
- 불안/초조함
- 감각, 운동, 인지기능을 포함한 신경학적 증상
- 불면증

세션은 개별 혹은 그룹으로 진행될 수 있고, 그룹세션의 경우에는 다른 환자들이나 환자 가족을 포함할 수 있다. 다인 병실 세팅이라면 다른 환자의 필요에 대한 민감성과 음악적 호불호도 고려해야 하고, 치료사는 공간을 같이 쓰고 있는 옆 환자들에게 음악치료 세션을 진행해도 되는지 양해를 구해야 한다. 경험에 비추어 볼 때, 입원세팅에서 음악이 시끄럽지 않고 세션 길이가 정해져 있다면 세션에 참여하지 않는 환자들이 세션진행을 반대하는 경우는 거의 없다. 완화의료에서 음악치료가 적용된 탁월한 예들이 많은데, 음악치료사가 소아 환자(Lindenfelser, Hense, & McFerran, 2012; O'Callaghan & Aasgaard, 2012; Pavlicevic, 2005)와 성인 환자(Aldridge, 1999; Dilco & Loewy, 2005; Heath & Lings, 2012; Slivka & Bailey, 1986)를 포함해 말

기 환자들과 함께 일하는 다면적인 방식에 대한 관점을 넓히기 위해서 이와 같은 예들을 살펴보길 권한다.

모든 사람들이 음악치료를 원하는 건 아니다. 이것은 특히 생애 말기에도 해당된다. 어떤 환자들은 조용한 걸 원하는데, 그들은 삶을 마감하는 걸 준비하는 시점에 잘 모르는 전문가들과 불필요한 관계를 맺고 싶지 않아 한다. 다른 환자들은 자신만의 음악을 사용하길 원하고, 음악치료사가 개입하지 않기를 원한다. 때로 음악가들과 음악애호가들은 그들이 더 이상 음악활동을 못한다는 사실이 슬픔을 불러일으킨다는 이유로 생음악을 연주하거나 듣는 것을 원하지 않기도 하고, 가끔씩 그들은 그 음악을 속으로 연주하거나 소리 내기도 한다.

다음 절에서는 우리가 환자들을 위한 음악치

표 37.2 완화의료 음악치료에서 사용되는 기법(O'Callaghan, 2010)

- 환자의 삶과 관련된 노래를 다시 연주함 : 치료사 혹은 참여자가 연주하는 생음악, 음악감상, 친숙한 음악의 가사 바꾸기
- '새로운' 음악을 탐색함 : 치료적 노래 만들기, 즉흥, 친숙하지 않은 생음악 혹은 녹음 음악
- 유도된 음악사용 : 생음악 혹은 녹음 음악을 사용한 긴장이완 유도, GIM
- 음악을 바탕으로 한 선물 혹은 유산(legacy) 작업 : 노래작곡, 음악을 바탕으로 한 녹음/녹화
- 환경 내 음악 : 환자/가족/의료진의 개인적인 필요에 맞추거나 혹은 서로 연결될 기회를 제공하는 생음악, 환자/가족을 포함하는 연주회
- 위의 기법에 수반되는 언어적 기법 : 음악중심의 상담, 가사분석, 음악과 인생회고, 음악적 선물과 유산에 언어적 메시지와 이야기 더하기, 치료적 음악레슨

료 목표를 어떻게 달성해왔는지 설명하고자 한다. 이 중 많은 목표는 환자 가족들과 함께 한 작업들에 대한 것인데, 그 가족들은 환자와 세션에 함께 참여하기도 하고 아동들이 환자인 자신의 부모를 위해 노래를 만들거나 녹음하는 것과 같은 특별한 목표를 위해 개별세션을 받기도 했다.

성인 환자와 그 가족들을 위한 목표

- 감정과 사고의 지지적 확인, 삶에 대한 기여, 존재적 관점. 환자와 그 가족들은 자신이 연결되고 싶은 자신의 신체적 상태, 기억, 이미지, 사람, 감정, 영적인 장소를 반영하는 음악을 고르는 경향이 있다. 음악치료사는 보통 환자와 가족들이 세션에서 사용하고 싶어 하는 친숙한 음악을 고르도록 격려한다. 자신이 직접 자신의 음악을 고르는 것을 통해 환자들은 감정이나 기억이 불러일으켜지는 것을 조절하거나 완화시킬 수 있다. 이와 마찬가지로 음악은 그 순간 세션에 참여한 사람들에게 의미 있는 것을 지지해주고 격렬하고 극심한 반응을 경험하는 내담자들을 안정적으로 잡아줄 수 있다. 환자들은 피곤한 상태이거나 질환이나 약물로 인해 인지적 상태가 영향을 받을 때, 치료사에게 그들

을 위한 음악을 선택해주도록 요청할 수도 있다. 치료사들은 때로 무엇을 연주할지 결정하는 데 있어, 선택할 수 있는 목록을 주거나 예-아니요 질문을 통해 환자가 선호하는 장르를 물어봄으로써 도움을 받을 수도 있다.

환자들이 요청한 음악을 연주하는 것과 함께 치료사들은 환자와 지지적으로 함께 해주거나 음악이 어떻게 느껴지는지에 대해 이야기를 나눌 수도 있다. 음악치료사의 예술적 기교가 이때 치료사로서 해야 하는 일을 결정하는 것과 관련된다. 예를 들어, 한 환자가 깊은 생각에 빠져 시선을 돌린다면 치료사는 지지적으로 환자와 함께 있어주기로 할 것이다. 만약 환자가 정서적인 반응을 보인다면, "이게 당신에게 매우 의미 있는 노래인 것 같군요"라고 말할 수도 있다. 환자가 음악으로 인해 떠오른 것에 대해 반영하고 싶어 하다면, 치료사는 그에 공감하거나 내담자의 이야기를 인정해주면서 지지적 상담을 진행하기도 한다. 음악치료는 환자가 영적인 영역과 같이 무엇이 자신에게 중요한지, 사랑이 많은 신, 기억과 물질을 통해 살아가는 것에 대한 인본주의적 관

점과 같이 그들을 실존적으로 인정해주는 것에 대한 감각과 연결될 수 있는 도구가 된다. 이러한 맥락에서 찬송가나 'You Raise Me Up'과 같은 대중음악, 의미 있는 고전음악처럼 내담자가 영적이라고 느끼는 음악을 사용하는 것이 적절할 수 있다.

- '존재'에 대한 사색을 위한 공간을 마련하고 부적응적 사고패턴을 재구성하기. 환자들은 음악감상을 선호하고 대화는 원하지 않을 수 있다. 예를 들어, 암이 상당히 진행된 한 환자는 나(Clare O'Callaghan)에게 드보르작의 교향곡 신세계 중 'Going Home'을 계속해서 반복해 연주해주기를 요청했다. 이러한 과정에서 음악은 사람들이 인지적인 생각에서 벗어나 명상의 상태 혹은 평안과 평화의 상태에 이를 수 있도록 해준다. 내(Lucy Forrest)가 한 소아 환자와 일한 다른 예도 있는데, 그 환자의 어머니는 자녀의 병과 관련된 매우 부정적인 자기신념을 가지고 있었고, 그녀가 나쁜 아내이자 어머니였기 때문에 자신의 자녀가 병에 걸린 것이라고 믿었다. 이를 위해 계획된 음악치료 중재를 통해 그 어머니는 자녀와 함께 상호적으로 음악활동에 참여하게 되었고, 무언가 매우 특별하면서 하나밖에 없는 것을 자신의 자녀와 나눌 수 있는 좋은 지지적인 엄마로서의 새로운 자기개념을 확립할 수 있도록 지원받았다.

- 대처기술을 지원할 수 있는 자기인식 향상의 기회 제공하기. 음악치료는 미해결된 걱정이나 후회와 관련된 기억이나 생각을 불러일으킬 수 있다. 환자들은 창조적인 음악적 표현에서 혹은 발생한 문제에 대해 치료사와의 지지적 상담에 참여하면서 해결책을 찾을 수 있다. 예를 들어, 죽음을 앞둔 마지막 주에 한 환자는 남편을 선택한 것이 잘한 것인지를 묻는 노래를 작곡했다. 환자는 노래가사를 써내려가고 치료사는 그녀의 이야기를 경청해주는 과정 중에 그 환자는 대답을 적었다. 그녀는 옳은 선택을 했다고 하였다.

음악치료 중재를 통해 내담자들은 자신의 창조적 자아를 음악적으로 표현할 수 있고, 치료사의 즉흥적 음악적 반영은 내담자의 음악적, 전인적 존재방식을 확인해주고 또한 확장시킬 수 있다. 이러한 창조적 음악 경험은 환자가 세계를 경험하던 방식을 완전히 바꿔놓을 수 있다. 끊임없이 진행되는 음악적 대화는 내담자에게 말해진 바를 확인시켜주고, 나아가 적응적인 자기인식으로 변형될 수 있는 창의성을 고무시킨다.

- 증상 완화와 긴장이완. 음악치료사는 환자들에게 다양한 유형의 음악을 제공하거나 증상(예 : 통증, 호흡곤란, 메스꺼움, 초조함, 불면증)을 완화시키기 위해 이완을 유도하도록 촉진할 수 있다. 어떤 환자들에게는 선호음악이 긴장을 이완시키고 통증이 아닌 다른 것으로 주의를 돌리는 데 도움이 되는 데 반해, 다른 환자들은 익숙하지 않은 음악을 원하기도 한다. 따라서 이러한 점을 사전에 확인하는 것이 중요하다. 환자들이 극심한 고통에 있을 때에는, 짧은 도입 후 5~10분 정도의 생음악(즉흥음악 혹은 친숙한 음악)을 들려주는 것이 도움이 될 수 있다. 이완을 촉진시키는 음악으로는 엔야의 '워터마크(Watermark)', 생상스의 '백조(The Swan)', 베토벤의 월광(Moonlight) 소나타 1악장, 스탠리 마이어스의 '카바티나(Cavatina; 영화 디어

헌터의 삽입 음악)', 베토벤의 비창(Pathetique) 소나타 2악장을 추천한다. 음악적 요소에 있어서는 리듬, 셈여림, 빠르기 등에 큰 변화 없이 안정적이어야 한다. 음악치료사는 동질성의 원리를 사용해 음악적으로 환자의 정서적·신체적 상태를 매칭시킨 다음, 호흡속도를 늦출 수 있도록 음악의 빠르기를 늦추는 것처럼 점진적으로 음악적 요소를 변화시켜 환자가 보다 바람직한 상태로 갈 수 있도록 함으로써 긴장을 감소시키거나 증상을 완화시킬 수 있다.

• **가족, 의료진, 다른 환자와의 의미 있는 의사소통과 유산 작업.** 음악이 환자가 가족구성원 혹은 친구와 공유하고 있는 기억과 관련된다면, 그 음악은 각 사람이 다른 사람의 삶에서 가지는 중요성을 확인하게 해준다. 환자와 가족들이 노래나 노래 부르기, 춤추기(환자들은 엉덩이를 들썩거리거나 다리를 움직이거나 손을 공중에서 흔들면서 침대 댄스를 출 수도 있다)를 요청하고 이야기와 웃음, 스킨십, 눈물이 공유되면서 환자의 의미 있는 관계가 음악치료 세션 안에서 기념될 수 있다. 환자들은 노래 만들기를 통해 의미 있는 생각과 메시지를 다른 사람에게 전달할 수 있고, 이는 생전에 죽음을 앞둔 환자와 가족들을 연결해주고 사별 후에도 가족들을 지원해줄 수 있는 역할을 한다(O'Callaghan et al., 2013). 노래는 가족들·친구들·간호 인력·신앙 공동체를 위해 만들 수도 있고, 가족들이나 친구들이 환자를 위해 만들 수도 있다. 음악치료 세션을 포함해 환자의 생애 말기에 생긴 긍정적인 기억은 소아(Lindenfelser, Grocke, & McFerran, 2008) 또는 성인 환자의 죽음 이후 사별 과정을 도울 수 있다. 또한 음악치료는 환자가 유형의 유산(예 : 작곡된 노래)과 함께 했던 세션에 대한 기억과 같은 무형의 유산을 남길 수 있게 하고, 이는 환자의 죽음 이후 위안을 가져다줄 수 있다(Magill, 2009).

음악치료사는 때로 뇌손상 환자들(예 : 진행성 뇌종양이나 치매)이 다른 사람들과 의미 있게 연결될 수 있도록 지원할 수도 있는데, 이는 비음악적 매체만 사용 가능한 경우에는 어려운 일이다. 언어와 음악의 신경학적 경로는 긴밀하게 연결되어 있지만, 그럼에도 여전히 분리되어 있다(Levitin, 2006). 따라서 음악과 언어 모두를 사용해 다른 사람과 소통하고자 하는 사람에겐 언어만 사용하는 경우와 비교해, 음악은 남아 있는 신경기능을 자극할 수 있는 가능성이 높아진다. 뇌기능이 손상된 경우에도 장기기억은 상대적으로 덜 손상된 상태로 남아 있는 경우가 많아, 음악을 통해 연결될 수 있는 더 많은 기회를 제공할 수 있다.

• **미적이고 삶을 풍요롭게 하는 경험, 창조적 표현, 초월성, 죽음의 시간까지 잘 살기.** 생애 말기의 환자들도 여전히 악기를 연주하고, 노래를 작곡하고, 음악감상에 참여하고 싶어 한다(예 : 음악과 음악가에 대해 더 배우고, 콘서트에 가고, 다른 사람들 앞에서 공연하고 싶어 한다). 이러한 것을 낮병동 호스피스 그룹 음악치료에서 보아왔다. 음악은 사람들이 창조성이나 에너지가 매우 낮을 때에도 몰입하고 싶어 하고 즐기고 싶어 하는 관심 대상이다. 환자들은 자주 수십 년 동안 듣지 않았던 음악을 요청하기도 하고, 이야기와 유머를 나누기도 한다. 때로 그들은 질병과 관련된 주제에 대해 이야기하기도 하

고 서로 간에 지지를 보내기도 한다.

- **카타르시스, 상실에 대처하기, 필연적인 죽음을 앞둔 삶에서 나아가기.** 음악감상과 연주는 감정을 표출하고, 상실한 것에 대해 슬퍼하며 앞으로 일어날 것을 준비할 수 있는 유용한 수단이다. 예를 들어, 어떤 낮병동 호스피스 프로그램에서는 그룹구성원들이 시간이 지남에 따라 가중되는 상실감에 대해 나눌 수 있는 음악을 선택하곤 했다. 한 여성은 비틀스의 'Yesterday'를 선택하고 그녀가 아프기 전 "문제라는 것은 저 멀리 있는 것처럼 보였던" 시간을 돌아보면서 이전 삶을 잃어버린 것에 대한 슬픔을 이야기했다. 다른 환자는 최근 급격하게 나빠진 상태에 대해 듣고 정신적으로, 심리적으로 그녀의 죽음에 대해 준비하고 있을 때 존 덴버의 'Leaving on a Jet Plane'을 선택했다.

문화적 이슈

나(Lucy Forrest)는 다문화적인 배경을 가진 환자들과 일했던 경험을 소개하면서 완화의료에서 환자들이나 그 가족들과 교감할 때 가져야 하는 문화적 민감성과 이민, 전쟁, 외상적 상실과 같은 의미 있는 사건이 미치는 영향이 얼마나 중요한지 강조하고자 한다(Forrest, 2000, 2011, 2014). 치료사는 (1) 문화적, 언어적 장벽으로 인해 고립감을 느낄 수 있는 환자들을 참여시키기 위해 폭넓은 월드 뮤직 레퍼토리를 갖고 있고, (2) 그들의 문화에서는 이론적으로 이해가 되지 않는 임상작업이 다른 문화에서는 가치 있는 것으로 여겨질 수 있다는 점을 고려해야 한다. 이러한 측면은 말기암으로 인해 입원 호스피스 병동에 있었던 30대 중국 환자에 대한 다음의 이야기를 통해 중요하게 살펴보고자 한다.

사샤는 북경어를 사용했고, 영어를 조금 할 수 있었다. 그녀는 대부분의 시간 동안 어둡고 조용한 방에 누워 있었고, 가족들과 교류할 만한 에너지가 충분하지 않았으며, 영어를 쓰는 호스피스 의료진은 그녀와 언어상담을 진행할 수 없었다. 운이 좋게도 나(Yun Wen)는 북경어를 구사할 수 있었고, 그 호스피스 병동에서 음악치료 실습을 막 시작했다. 사샤는 나의 음악치료 권유를 받아들였고, 어린 시절과 청소년 시절에 중국에서 들었던 많은 노래를 요청했으며, 어렸을 때 버려지는 것의 느낌에 대해 이야기했다. 그녀는 자신을 자책하고 있었고, 위축되어 있으며, 자신이 엄마로서의 의무를 다하지 못했기 때문에 살 가치가 없다고 느꼈다. 내가 세심하게 들어주고 지지해주면서 사샤는 비탄한 마음에 대해 표현할 수 있었고, 그녀의 어린 시절, 그녀의 할머니에 대한 이야기, 중국 텔레비전에 나왔던 음악에 대한 재미있는 일화들을 기억해내고 또 나눌 수 있었다. 나는 그 음악들을 가져와 사샤와 함께 불렀다. 사샤는 때때로 자리에서 일어나 침대에 앉은 채로 웃음을 보였고 에너지를 되찾은 것처럼 보였다. 이후 나는 사샤에게 노래를 만들어보자고 했고, 사샤는 자신의 자녀들을 위해 'Love'라는 제목의 노래를 작곡하기로 결정했다. 그 결과로 만들어진 노래의 일부 가사를 번역해보면 다음과 같다.

딸아, 너는 참 아름답단다… 네가 그린 그림은 참 좋구나… 계속 그려보렴. 엄마는 네가 참 자랑스럽단다. 아들아, 너는 참 멋있어… 너는 눈물도 많지. 그러나 남자니까 너무 많이 울지는 마라. 네가 만들어준 학, 너무 고맙구나. 참 예뻤고, 너무 맘에 들었어. 나는 너희들을 너무나 사랑해.

사샤는 자신이 만든 노래에 대해 매우 자랑스러워했고, 남편과 아이들에게 전화 통화로 들려주기 위해 나와 함께 만들었던 녹음을 하루빨리 들려주고 싶어 했다. 그녀는 또한 CD 표지로 사용하기 위해 그녀가 활짝 웃고 있는 두 아이들을 행복하게 안고 있는 사진 한 장을 골랐다. 그 노래를 만들고 녹음을 마치자마자 사샤는 젊은 시절의 중국 대중가요를 충분히 들은 것 같으며 이제 새로운 최신 중국 대중가요를 듣고 싶다고 말했다. 내가 다음 세션을 위해 새로운 노래를 준비하는 동안 사샤는 숨을 거두었다.

Yun Wen이 사샤와 함께 했던 작업은 음악치료가 어떻게 사람들이 자신의 정체성 중 건강함과 기쁨을 주는 부분과 연결될 수 있게 하는지, 어떻게 유산 작업을 통해 남겨진 사람들을 지지할 수 있는 중요한 메시지를 남길 수 있게 하는지, 또한 필연적으로 삶의 마지막 문턱에 있는 가운데서도 어떻게 살아 있는 것의 목적을 찾게 하는지를 잘 보여준다. 흥미롭게도 호주인인 몇몇 팀원들은 그녀의 아들에게 너무 많이 울지 말라던 노래가사가 그의 슬픔을 막는 건 아닌지에 대해 의문을 가지기도 했다. Yun은 중국 문화에서 지나치게 우는 것은 약점이고, 소년이 성인 남자가 되면서 눈물을 자제해야 하는 것으로 여긴다고 설명했다. 따라서 많이 울지 말라는 격려와 함께 아들에 대한 사랑과 자부심을 표현한 사샤의 메시지는 그녀의 아들이 이미 대처할 수 있는 자원을 가지고 있다는 믿음과 그에게 긍정적인 미래가 있을 것이라는 희망을 담은 점을 이해해야 한다. 팀원들은 이러한 메시지가 사샤의 아들을 충분히 지지할 수 있을 거라고 믿었다.

아동, 청소년과 그 가족들을 위한 목표

음악치료사가 완화의료에서 어린 환자들과 그들의 가족들과 일할 때 가질 수 있는 목표는 다음과 같다.

- 소아 환자와 그 형제, 가족들의 창의성, 놀이 및 즐거움. 음악치료는 소아 환자와 가족들이 질병 가운데에서도 창조적이고, 재미있고, 유희적인 중재에 참여하는 정상화 기회를 제공할 수 있다. 아동이 겪는 장애가 점점 심해져 일상적인 학교, 가족, 놀이활동에 참여할 수 없다면 이러한 중재가 특히 중요할 수 있다. 친숙한 노래와 음악게임은 성공적인 경험을 하게 하고, 악기연주나 노래 만들기와 같은 중재는 창의적이고 상상력이 풍부한 놀이의 기회를 제공함으로써 아픈 아

동과 함께 있거나 아동을 돌보는 데 초점을 두는 게 아니라 함께 즐거운 시간을 보내는 데 관심을 두게 한다. 음악 안에서 가족들은 잠시 동안이라도 아이가 아프다는 것을 잊고, 유쾌하게 또한 용기를 북돋우며 함께 시간을 보내는 데 자신들의 에너지를 사용할 수 있다.

- 마지막 이별을 준비하면서 부모와 아동 간의 애착 증진시키기. 아동의 상태가 점차적으로 나빠지면서 통증이나 촉각적 민감성과 같은 요인으로 인해 부모와 아동이 서로 안아주면서 지지적이고도 진정적인 애착행동을 나누는 것이 제한되기도 한다. 부모-아동 간 애착은 부모가 아동에게 곧 닥칠 죽음과 그로 인해 예기되는 슬픔에 대해 얼마나 알고 있는지에 따라서도 영향을 받는다(O'Callaghan & Jordan, 2011).

  음악은 아동과 가족을 청각적으로 만질 수 있는 도구이다. 목소리는 아동과 가족을 진정시키거나 위로할 수 있고, 부모-아동 간 애착을 발달시킬 수 있다. 그러한 예로 부드러운 자장가를 불러줌으로써 힘든 시기에 있는 아동과 부모를 잡아주는 것을 들 수 있다. 음악치료사는 부모들이 일상생활에서 간단한 노래나 자장가를 사용하도록 격려할 수 있다. 노래, 노래이야기, 동화, 상상놀이 등은 아동과 부모들이 상호적으로 또한 창의적으로 함께 하게 할 수 있는 음악적 도구를 제공하고 이를 통해 끈끈한 애착을 강화할 수 있다.

- 증상과 악화되는 장애를 감소시키고 그에 대한 주의를 다른 데로 돌리기. 친숙한 노래·음악게임·악기연주는 아동이 통증과 같은 증상

에서 주의를 환기시키고, 더 이상 할 수 없는 것이 아니라 할 수 있는 것에 초점을 맞출 수 있게 한다. 청소년들과 일할 때, 나(Lucy Forrest)는 통증이나 다른 증상을 경감시키기 위해 음악, 심상, 유도된 긴장이완 등을 사용하였고, 청소년들이 경험한 변화에 대해 탐색하기 위해 노래 만들기를 사용하였다. 이러한 두 가지 중재 모두 청소년들이 독립적으로 현재 경험하고 있는 문제를 해결하고 그들에게 통제권이 주어지지 않았던 현 상황에서 통제권과 자율성을 갖게 하는 도구를 제공함으로써 그들이 힘을 가질 수 있게 한다.

- 기억 만들기와 중요한 메시지 남기기. 큰 아동들이나 청소년들은 노래, 노래 만들기, 오디오 편집 작업, 공연 등을 통해 친구, 가족, 사랑하는 사람들과 중요한 메시지를 나누길 원한다. 노래가사나 노래선택을 통해 그들은 자신의 이야기를 나누고, 자신의 자리를 세상에 알리고, 작별 인사를 하기로 결정할 수 있다. 나(Lucy Forrest)는 어린 소아 환자와 함께 한 가족 음악치료 세션을 녹음했는데, 이 녹음을 아동 혹은 가족들이 완화의료 기간 동안 혹은 아동의 죽음 후에 들을 수 있게 하였다.

- 두려움, 걱정을 표현하고 이야기 나누기. 아동들은 그들이 겪고 있는 것을 이해하거나 그 감정을 표현하기에 적절한 단어를 알지 못하거나 그럴 수 있을 만큼 인지적으로 발달하지 못했을 수 있다. 하지만 악기연주, 친숙한 노래 부르기, 노래 이야기 만들기(Forrest, 2010) 등을 통해서는 자신의 감정과 경험을 표현할 수 있다. 친숙한 노래

는 종종 무섭거나 예측할 수 없는 경험 속에서 안전함과 안정감을 느끼게 해준다. 또한 아동들은 좋아하는 장난감과 같은 중간 대상을 사용하여 자신의 이야기를 하면서, 두려움과 걱정을 노래와 행동에 넣을 수 있다(Dun, 1998).

- 아동과 그 가족이 음악 안에서 함께 하거나 조용하게 생각하거나 되돌아볼 수 있는 공간 마련하기. 선호하는 노래나 즉흥음악을 통해 함께 한 순간은 아동과 그 가족들을 같은 시간, 장소, 경험으로 모은다. 가정에서는 음악치료 동안 가족구성원들이 다양한 일을 하고, 아이들은 여기저기 뛰어다니고, 방문자가 있거나 전화벨이 울리고, 예상하지 못한 방해물이 있어 정신없는 일들이 많을 수 있다. 음악은 이 정신없는 가운데 가족들을 하나로 모으고, 아동과 그 가족들이 공유할 수 있는 공간과 중심점을 제공할 수 있다. 또한 소아 환자가 피곤하거나 상태가 좋지 않거나 가족들이 지쳐 있을 때, 음악치료는 일상생활의 스트레스에서 벗어나 생각하거나 쉼의 시간을 갖게 함으로써 그 가정에 고요함과 차분함을 가져다줄 수 있는 매체가 될 수 있다.

- 사별 후 가족들과 아동의 이야기를 계속 만들어가기. 음악, 음악치료사와의 관계, 음악치료 안에서 함께 한 기억은 환자의 부모와 가족들이 아동에 대한 기억을 잊지 않게 해준다. 부모와 형제, 같은 반 학생들과 친구들 역시 고인에게 바치는 음악적 선물이나 표현을 통해 그 아동기 혹은 청소년기에 대한 이야기를 계속해서 만들어가길 원한다. 내(Lucy Forrest)가 상태가 악화되고 있던 청소

년 환자와 작업했을 때, 음악치료사와 그 학교의 음악교사가 그 과정을 같이 진행하면서 그 청소년 환자와 같은 반 학생들은 주고받는 형태의 노래를 각자가 한 절씩 차례로 더해가며 완성했다. 사별 후 음악치료사와 음악교사는 그 학교 학생들과 함께 많이 사랑했고 많이 그리워하는 친구를 기리는 노래를 만들고 공연하는 과정으로 이끌었다. 그 노래는 녹음되었고, 학교 특별 행사에서 그 청소년 환자의 가족들에게 들려주었다.

연구

성인 완화의료

5개의 생애 말기 치료 연구(175명의 참여자)에 대한 메타분석을 포함한 코크란 리뷰[1]에서는 완화의료 분야에서의 음악치료 효과는 지지할 만한 "양질의 근거가 불충분하다"라고 보고했다(Bradt & Dileo, 2010, p. 2). 음악치료가 통증, 불안 및 다른 신체적 · 심리사회적 결과에 미치는 효과에 대한 결론을 도출할 수 있는 데이터 역시 충분하지 않았다. 하지만 이 문헌분석 연구의 메타분석에서는 음악치료가 세 가지 영역, 즉 심리생리학적, 사회적/영적 안녕, 기능적 영역에서 삶의 질을 향상시켰음을 보고한 3개 연구에서 통계적으로 유의미한 결과가 나타났다. 예를 들어, 한 무작위대조군연구에서는 25명의 호스피스 환자들을 대상으로 음악치료 효과를 연구했는데, 이 연구에서는 자원봉사자의 방문이

---

1) 코크란 리뷰는 의료서비스 분야의 중재에 대한 체계적인 평가를 말한다. 중재연구에 대한 문헌분석, 적절한 경우에는 조건에 맞는 연구에 대한 메타분석이 이에 포함된다. 많은 사람들은 이 코크란 리뷰가 황금기준에 맞는 의료분야 내 연구결과를 찾아낸다고 믿는다.

제공되었던 대조군에 비해 중재군의 불안 · 졸림 증상 · 통증 · 피로함이 유의하게 감소하였다(Horne-Thompson & Grocke, 2008). 다른 무작위대조군연구에서는 80명의 성인을 무작위로 기존의 호스피스 가정간호 그룹(대조군)과 기존의 호스피스 간호에 최소 두 번의 음악치료 세션을 받은 그룹에 배정하였다. 음악치료 그룹은 삶의 질 척도에서 대조군에 비해 유의미하게 높은 점수가 나왔고, 음악치료를 더 많이 받을수록 삶의 질 점수가 높은 것으로 나타났다(Hilliard, 2003).

이 코크란 리뷰에서는 선정 연구의 편견 위험(risk of bias)을 평가하기 위해 네 가지 기준을 사용하였다는 점을 강조할 필요가 있다. 적합한 무작위배정, 할당 은폐(allocation concealment), 참여자 · 평가자 · 서비스 제공자 맹검(blinding), 치료의향 분석(intention-to-treat analysis)이 그 기준이다(Higgins & Green, 2008). "음악치료 연구에서는 참여자나 중재제공자 맹검이 불가능하기 때문에(Bradt & Dileo, p. 5)" 음악치료 연구는 주관적 결과(즉, 자가보고) 측정에 있어서는 높은 질 평가를 받기가 어렵다. 이는 음악치료 연구를 불공평하게 평가하는 것처럼 보이긴 하지만, 연구참여자가 음악치료사를 기쁘게 하기 위해 중재의 긍정적인 효과를 보고할 가능성이 있다는 점에서, 주관적 결과 평가에 내재되어 있는 편견 위험을 정확하게 보여주는 것이라 할 수 있다.

물론 음악치료가 환자의 삶을 향상시킬 수 있다는 전체론적인 방식을 보여주는 데 있어서는 음악치료 무작위대조군연구와 구성주의(질적) 연구 모두 중요하다. 구성주의 연구에서 환자, 가족, 간호 관련 의료진이 음악치료 현상에서 의미 있다고 발견한 것에 대한 주관적 해석에 대해 알아보고자 한다. 이러한 연구에서는 환자들이 완화의료 음악치료 안에서 만들어낸 것을 살펴볼 수 있다. 1986년에서 2009년까지 출판된 13

개의 객관주의(양적) 연구, 11개의 구성주의(질적) 연구와 1개의 혼합연구를 분석한 문헌분석 연구는 음악치료가 완화의료 환자들의 삶의 질을 향상시키고 그 가족들을 돕는 역할을 하는 실제적인 증거를 보여준다(O'Callaghan, 2009). 세션전사물과 인터뷰를 통해 나타난 구성주의 연구결과는 음악치료가 완화의료 환자들이 동반자 관계를 맺게 하고, 그 경험이 정서적·사회적·영적으로 긍정적이며, 가족보호자가 가치 있음과 역량강화를 경험할 수 있도록 돕는다는 것을 보여주었다[이 연구들의 요약과 참고문헌을 보려면 O'Callaghan의 연구(2009)를 참고하라].

소아 완화의료

가정방문 소아 완화의료 프로그램 내 음악치료 활용도와 만족도를 조사한 한 연구에서는 환자들이 음악치료와 같은 대체 치료를 받을 때, 환자의 주 보호자들이 호스피스 의료에 대한 만족도를 보고하는 경향이 있는 것으로 나타났다(Knapp et al., 2009). Lindenfelser, McFerran과 Hense(2012) 역시 음악치료가 말기 단계에 있는 아동의 신체적 상태를 향상시키고 아동과 그 가족들의 긍정적 경험을 만들어내며, 가족 간 소통을 촉진시킨다는 결과를 보고하였다. Lindenfelser, Grocke와 McFerran(2008)은 그들의 사별 연구에서 음악치료가 아동의 죽음 전에 그 아동과 부모 간의 소통을 향상시키고, 그 부모가 아동을 추모하는 데 도움이 됨을 보여주고 있다.

완화의료 음악치료사와 다른 전문가에 대한 연구

관련 전문가에 대한 음악치료 효과는 많은 환자들이 진행성 암이나 말기 암을 가지고 있는 종양학뿐만 아니라 완화의료에서도 연구되어왔다. 사전-사후검사를 통해 Hilliard(2006)는 호스

피스 팀원들이 즉흥연주 기법을 포함한 자유 형식의 음악치료를 경험하거나 유도된 명상과 음악, 가사분석, 신체활동 등과 같은 구조화된 세션을 경험했을 때, 보다 효과적인 팀워크 구성이 이루어졌음을 보여주었다. 병동에서의 음악치료를 경험한 100명의 종양학 의료진들을 대상으로 한 다기관 연구는 근거이론 방법을 채택했는데, 이 인력들은 자주 음악치료 세션이 간접적으로 자신들을 지지했다고 느꼈고, 결과적으로 자신 환자의 간호가 향상되었다고 지각했다(O'Callaghan & Magill, 2009).

다른 분야에서의 적용

음악치료와 관련 타 분야를 함께 적용하는 것은 치료적 혜택을 확장시킬 수도 있다. 나(Clare O'Callaghan)는 활기를 북돋고 동기를 부여하며 지루함을 덜어주기 위한 목적으로 완화의료 내 웰빙(well-being) 운동 수업에서 진행된 가벼운 수준의 물리치료를 지원하기 위해 생음악을 연주한 적이 있었다. 또한 환자들이 긴장을 이완하고 다발성 경화증으로 인한 연하장애(dysphagia)를 완화시킬 수 있도록 혹은 증상완화 목적의 방사선치료를 잘 받을 수 있도록 생음악을 연주하거나 녹음 음악을 틀기도 했다. Slivka와 Bailey(1986)는 사회복지사와 음악치료사가 함께 진행한 가족세션을 통해 부모 중 한 사람이 죽음의 준비과정에 있을 때 어린 자녀들과 부모 간의 소통이 촉진되었다는 결과가 보고되었다. 자녀들은 자신의 부모를 떠나보내기 전 그에게 의미 있는 메시지를 남기기 위해 기존의 노래가사를 바꾸거나 새로운 노래를 만들었다. 호주 멜버른에 있는 카리타스 크리스티 호스피스(Caritas Christi Hospice) 기관에서 나(Clare O'Callaghan)는 환자들이 삶의 마지막 순간에 개인적인 의미

를 찾고 또한 표현할 수 있도록 목회자 미술치료사와 긴밀하게 협력한 적이 있었다. 이런 종류의 세팅에서 음악치료사는 환자가 미술작품을 만들 때 생음악을 연주하고, 미술치료사는 환자들이 음악치료에서 작곡한 노래로 CD를 만들 때 자신들의 그림이나 사진 콜라주로 표지를 만들 수 있도록 도울 수 있다. 또한 환자가 음악치료 세션에서 중요한 정신 내적인 고통을 호소했을 때에는 정신과 의사나 심리학자에게 의뢰하는 것이 필요할 수 있다.

결론

음악치료사는 모든 연령대의 완화의료 환자와 그 보호자들과 작업한다. 이는 환자들이 인생의 음악과 창의적으로 연결될 수 있고 고통을 경감시키기 위해 익숙하지 않은 음악을 경험할 수 있게 하고, 지지와 유지의 역할을 하며, 한 개인의 건강한 부분과 공헌을 확인할 수 있게 한다. 환자가 자신에게 중요한 사람과 실존적 세계와 의미 있게 연결될 수 있도록 지원하고, 새로운 인식을 가능하게 하며, 미적 혹은 초월적 경험을 고무시킨다. 음악치료에서 기쁨에 차고, 연결되어 있고, 평화스러운, 또한 사색적인 순간은 죽어가는 환자에게 매우 소중할 수 있으며, 음악치료 세션에서 함께 했던 사별 가족들에게 용기를 북돋울 수 있다. 이러한 중요한 순간은 본래 그 자체로도 가치 있지만, 지속 효과를 알기 위한 방법으로 현재까지 사용되는 결과 측정 도구는 충분히 민감하지 않다. 참여자들이 기억을 되새기거나 다시 통합시키면서, 또한 동시에 그들이 상실한 것을 알아차리거나 느낄 때, 음악은 행복이나 슬픔의 감정을 번갈아 가며 혹은 동시에 유발할 수 있다. 참여자들은 보통 음악이 끊이지 않고 이어지기를 원한다. 음악은 억눌린 감정과 슬픔을 발산할 수 있도록 도울 뿐 아니라 이해받고 돌봄을 받는 느낌을 자극할 수 있기 때문이다. 음악치료사는 살아 있는 혹은 신체적 존재로 이행해가는 과정을 목격한 사람들의 삶을 풍요롭게 할 수 있고, 생애 말기 치료에서 다학제적(다체계적인) 팀의 중요한 구성원이다.

참고문헌

Aldridge, D. (Ed.). (1999). *Music therapy in palliative care: New voices*. London: Jessica Kingsley.

Bradt, J., & Dileo, C. (2010). Music therapy for end-of-life care. *Cochrane Database of Systematic Reviews, 2010*(1), CD007169.

Dileo, C., & Loewy, J. (Eds.). (2005). *Music therapy at the end of life*. Cherry Hill, NJ: Jeffrey Books.

Dun, B. (1999). Creativity and communication aspects of music therapy in a children's hospital. In D. Aldridge (Ed.), *Music therapy in palliative care: New voices* (pp. 59–67). London: Jessica Kingsley.

Forrest, L. C. (2000). Addressing issues of ethnicity and identity in palliative care through music therapy practice. *Australian Journal of Music Therapy, 11*, 23–37.

Forrest, L. C. (2010). *The interplay of attachment and withdrawal in the parent–child relationship in paediatric cancer care at the end of life: A role for music therapy*. International Symposium on Music Therapy in Supportive Cancer Care, Windsor, Canada.

Forrest, L. C. (2011). Supportive cancer care at the end of life: Mapping the cultural landscape in palliative care and music therapy. *Music and Medicine, 3*, 9–14.

Forrest, L. (2014). Your song, my song, our song: developing music therapy programs for a culturally diverse community in home-based paediatric palliative care. *Australian Journal of Music Therapy, 25*, 15–27.

Heath, B., & Lings, J. (2012). Creative songwriting in therapy at the end of life and in bereavement. *Mortality, 17*, 106–118.

Higgins, J. P. T., & Green, S. (Eds.). (2008). *Cochrane handbook for systematic reviews of interventions* (pp. 187–241). Chichester, UK: Wiley.

Hilliard, R. (2003). The effects of music therapy on the quality and length of life of people diagnosed with terminal cancer. *Journal of Music Therapy, 40*(2), 113–137.

Hilliard, R. (2005). *Hospice and palliative care music therapy: A guide to program development and clinical care.* Cherry Hill, NJ: Jeffrey Books.

Hilliard, R. (2006). The effect of music therapy sessions on compassion fatigue and team building of professional hospice caregivers. *Arts in Psychotherapy, 33,* 395–401.

Horne-Thompson, A., & Grocke, D. (2008). The effect of music therapy on anxiety in patients who are terminally ill. *Journal of Palliative Medicine, 11,* 582–590.

Knapp, C., Madden, V., Wang, H., Curtis, C., Sloyer, P., & Shenkman, E. (2009). Music therapy in an integrated pediatric palliative care program. *American Journal of Hospice and Palliative Medicine, 26,* 449–455.

Lee, C. (1995). *Lonely waters: Proceedings of the international conference, music therapy in palliative care.* Oxford, UK: Sobell.

Levitin, D. J. (2006). *This is your brain on music.* London: Atlantic.

Lindenfelser, K., Grocke, D., & McFerran, K. (2008). Bereaved parents' experiences of music therapy with their terminally ill child. *Journal of Music Therapy, 35,* 330–348.

Lindenfelser, K., Hense, C., & McFerran, K. (2012). Music therapy in pediatric palliative care: Family-centered care to enhance quality of life. *American Journal of Hospice and Palliative Medicine, 29,* 219–226.

Magill, L. (2009). Caregiver empowerment and music therapy: Through the eyes of bereaved caregivers of advanced cancer patients. *Journal of Palliative Care, 25,* 68–75.

Martin, J. (Ed.). (1989). *The next step forward: Music therapy with the terminally ill.* New York: Calvary Hospital.

Munro, S. (1984). *Music therapy in palliative/hospice care.* St Louis, MO: MMB Music.

O'Callaghan, C. (2009). Objectivist and constructivist music therapy research in oncology and palliative care. *Music and Medicine, 1*(1), 41–60.

O'Callaghan, C. (2010). The contribution of music therapy to palliative medicine. In G. Hanks et al. (Eds.), *The Oxford textbook of palliative medicine* (4th ed., pp. 214–221). Oxford, UK: Oxford University Press.

O'Callaghan, C., & Aasgaard, T. (2012). Arts therapies. In A. Längler, P. Mansky, & G. Seifert (Eds.), *Integrative pediatric oncology* (pp. 45–58). Berlin: Springer Verlag.

O'Callaghan, C., & Jordan, B. (2011). Music therapy supports parent–infant attachments affected by life threatening cancer. In J. Edwards (Ed.), *Music therapy in parent–infant bonding* (pp. 191–207). New York: Oxford University Press.

O'Callaghan, C., & Magill, L. (2009). Effect of music therapy on oncologic staff bystanders: A substantive grounded theory. *Journal of Palliative and Supportive Care, 7,* 219–228.

O'Callaghan, C., McDermott, F., Hudson, P., & Zalcberg, J. (2013). Sound continuing bonds with the deceased: The relevance of music, including preloss music therapy, for eight bereaved caregivers. *Death Studies, 37,* 101–125.

Pavlicevic, M. (Ed.). (2005). *Music therapy in children's hospices: Jessie's Fund in action.* London: Jessica Kingsley.

Slivka, H. H., & Magill, L. (1986). The conjoint use of social work and music therapy with children of cancer patients. *Music Therapy, 6A*(1), 30–40.

World Health Organization. (2013). *WHO definition of palliative care.* Retrieved from *www.who.int/cancer/palliative/definition/en.*

찾아보기

편저자 소개

Barbara L. Wheeler, PhD, MT-BC

미국 뉴저지 주에 위치한 몬클레어주립대학교에서 1975년부터 2000년까지 지도하다가 현재는 명예교수로 있다. 2000년에는 루이빌대학교에서 음악치료 프로그램을 시작하였고 2011년에 은퇴했다. 필라델피아의 템플대학교, 뉴욕주립대학교 뉴팔츠캠퍼스, 뉴욕 록빌센터의 몰로이대학교, 독일 뷔르츠부르크 슈바인푸르트 응용과학대학의 사회학과, 폴란드 카토비체의 카롤 시마노프스키 음악학교의 교수로 미국과 전 세계를 오가며 교수활동을 지속하고 있다. 그녀는 다양한 내담자군을 대상으로 왕성한 임상활동도 병행하였다. 그 밖에 음악치료연구(Music Therapy Research), 음악치료 전공생을 위한 임상훈련 가이드(Clinical Training Guide for the Student Music Therapist)를 비롯하여 여러 책과 논문들을 편집 및 저술했다. AMTA 협회장을 지냈고 *Voices: A World Forum for Music Therapy*의 인터뷰 공동편집자를 지냈다.

Brian Abrams, PhD, MT-BC, LCAT, LPC

분석적 음악치료사, 미국 음악과 심상 협회(AMI) 펠로우, 뉴저지 주의 몬트클레어주립대학교 존 칼리 (John J. Cali) 음악대학 음악치료학과의 조교수이자 주임교수이다. 1995년부터 음악치료사로 일해오면서 다양한 임상현장에서 활동해왔다. 그의 학술적 전문분야는 인본주의 음악치료에 대한 이론적 관점의 개발이다.

Ruthlee Figlure Adler, BS, MT-BC

메릴랜드 주의 베데스다 지역에서 50년 이상 음악치료사이자 상담가로 활동하면서 미국 국립보건원 (NIH)과 아이비마운트 학교, 사설 기관에서 다양한 아동과 성인들을 만나왔다. *Target on Music: Activities to Enhance Learning through Music*을 포함하여 여러 음악치료 서적을 저술했다.

Felicity A. Baker, PhD, RMT

호주 멜버른대학교 음악 · 정신 · 웰빙센터의 호주학술연구회(ARC) 펠로우이자 조교수이며, 호주 음악치료협회의 회장을 맡고 있다. 연구 관심분야는 노래 만들기, 신경재활, 치료적 성가대이며, 이 분야 주제들을 대상으로 광범위한 저술활동을 해오고 있다.

Debbie Bates, MMT, MT-BC

클리브랜드클리닉 예술과 의학연구소의 음악치료사로 임상, 연구, 슈퍼바이저를 맡고 있다. 템플대학교에서 음악치료학과 박사과정 중에 있으며, 국내 및 국제학술대회에서 음악치료에서의 직업윤리를 주제로 발표해오고 있다.

Ronald M. Borczon, MT-BC

미국 노스리지 지역의 캘리포니아주립대학교 교수이다. 세 권의 임상 관련 책을 저술했으며, 전공분야에서 최고 전문가상을 여러 번 수상한 경력이 있다. 대규모 외상사건 생존자들 대상으로 획기적인 치료법을 개발하였고 이에 대해 학술대회를 저서를 통해 소개하고 있다.

Cynthia A. Briggs, PsyD, MT-BC

세인트루이스 메리빌대학교의 조교수이자 음악치료 프로그램 주임교수이다. Briggs 박사는 전 AAMT(현 AMTA) 회장을 지냈고, 전 전국 예술치료연합회장을 지냈다. 'Kids Rock Cancer'의 설립자 중 1명이기도 하다.

Debra S. Burns, PhD, MT-BC

인디애나-퍼듀대학교의 퍼듀 공과기술대학원 음악예술기술학과의 학과장이자, 부교수이며 음악치료 학과 주임을 맡고 있다. 그녀는 초기부터 종말기에 이르는 성인 암 환자를 위한 음악기반 중재의 효과 검증에 관심을 두고 연구를 지속하고 있다.

John A. Carpente, PhD, MT-BC, LCAT

노도프-로빈스 음악치료사이며, 뉴욕 록빌센터의 몰로이대학교 음악치료학과 부교수이자 레베카 음악치료센터와 몰로이 자폐·아동발달센터의 이사로 재직 중이다. Carpente 박사는 *Individual Music-Centered Assessment Profile for Neurodevelopmental Disorders(IMCAP-ND): A Clinical Manual*을 포함하여 여러 음악치료 출판물을 저술했다.

Sandra L. Curtis, PhD, MTA, MT-BC

몬트리올의 컨커디어대학교 음악치료대학원 과정의 주임교수이다. 임상의 실행, 교육, 연구에 있어 30년 이상의 경험을 가지고 있으며, 특별히 폭력피해, 특수한 필요가 있는 대상 및 완화의료 관련 경험이 풍부하다. 현재 관심 연구분야는 여성학적 음악치료와 커뮤니티 음악치료이다.

William Davis, PhD, MT-BC

콜로라도 주립대학교의 명예교수로 AMTA에서 수년 동안 왕성하게 활동해왔으며 사학자이자 기록보관자 역할을 맡고 있다. 음악치료의 역사에 대한 수많은 논문들을 냈으며 음악치료학 개론 : 이론과 실제(An Introduction to Music Therapy: Theory and Practice)의 공동편집자이다. Davis 박사는 2013년에 AMTA의 공로상을 수여했다.

Paige A. Robbins Elwafi, MMT, MT-BC

신시내티에서 시각장애를 가진 영아, 아동, 성인을 대상으로 활동하는 음악치료사이다. 그녀는 음악치료와 문화적 유능성의 관계 연구에 흥미를 갖고 있으며, 최근에 출간된 한 책에서는 음악치료와 시각 장애, 음악치료와 무슬림 문화에 관한 글을 썼다.

Lucy Forrest, MMus (Ethno), BMus (Therapy), RMT

Mercy 완화치료센터의 선임 음악치료사이자 멜버른대학교의 박사과정생이다. 완화 음악치료 현장에서 20년 동안 일해왔으며, 그녀의 임상 및 연구 관심분야는 소아 완화의료, 신경완화 의료, 문화적 이슈와 슈퍼비전이다.

Lisa Gallagher, MA, MT-BC

오하이오 주 클리브랜드클리닉 예술과 의학연구소의 음악치료 프로그램 매니저이다. 강연자이자 연구자이며, 논문과 책을 여러 편 저술해왔으며, AMTA의 그레이트 레이크 지역 협회와 미국 공인 음악치료사 인증위원회(CBMT)에서 임원직을 맡아왔다. 그녀는 다양한 공헌 및 연구업적을 인정받아 해당 지역뿐 아니라 연방 및 세계적 차원의 상을 수상한 바 있다.

Susan Gardstrom, PhD, MT-BC

오하이오 주 데이턴대학교의 음악치료학과 주임교수이다. 활발하게 활동하고 있는 강연자이며, 다양한 논문을 저술했다. Gardstrom 박사는 *Qualitative Inquiries in Music Therapy*의 편집자이며, *Music Therapy Improvisation for Groups: Essential Leadership Competencies*의 저자이다.

Greta E. Gillmeister, MT-BC

켄터키 주 루이빌의 음악치료사이다. 켄터키 중심부에 위치한 공립·사립학교의 아동들을 대상으로 개별 및 그룹 음악치료를 제공하고 있으며, 강연자와 임상가로서도 활발하게 활동 중이다. 전문분야는 청각장애 아동과 난청 아동이다.

Nina Guerrero, MA, MT-BC, LCAT

노도프-로빈스 음악치료사이며, 뉴욕대학교 노도프-로빈스 센터에서 2008년부터 2013년까지 연구책임자로서 뉴욕대학교 의학센터의 러스크 재활기관과의 협력연구를 포함한 다양한 프로젝트를 총괄했다. 현재는 호놀룰루의 퀸즈 메디컬 센터에서 새롭게 출범한 다학제간 임상 팀에서 일하고 있다.

Susan Hadley, PhD, MT-BC

펜실베이니아 주의 슬리퍼리록대학교 음악치료학과의 책임교수이다. Hadley 박사는 *Experiencing Race as a Music Therapist: Personal Narratives*를 포함하여 수많은 음악치료 저서를 냈으며, *Voices: A World Forum for Music Therapy*지의 최고 공동편집자이다.

Suzanne Hanser, EdD, MT-BC

보스턴의 버클리음악대학 음악치료학과장으로 재직 중이다. 전 세계음악치료연합회(WFMT) 회장, 전

전미음악치료협회(NAMT) 회장을 지냈으며, DanaFarber Cancer Institute를 설립했다. Hanser 박사는 음악치료지도서(The New Music Therapist's Handbook)와 *Manage Your Stress and Pain*의 저자이다.

Deanna Hanson-Abromeit, PhD, MT-BC

캔자스대학교의 조교수이다. 주 임상과 연구 관심분야는 신경발달상 위험이 있는 유아 대상 예방차원에서의 음악기반 중재이다. 병원기반 음악치료에 대한 두 편의 논문을 공동으로 편집했고, 책과 논문들을 저술해왔으며, *Journal of Music Therapy*와 *Music Therapy Perspectives*의 편집위원이다.

James Hiller, PhD, MT-BC

오하이오 주의 데이턴대학교 음악치료학과 강사이자 임상 슈퍼바이저이다. Hiller 박사의 학문적 관심분야는 치료적 수단으로서의 음악, 음악 안에서의 정서, 임상 즉흥기법과 같은 음악치료 실제의 이론적 기반을 탐색하는 것이다.

Kathleen M. Howland, PhD, MT-BC, CCC-SLP

신경학적 음악치료 펠로우이자 보스턴의 버클리음악대학 음악치료학과 교수이다. 신경성 질환 대상의 사설 음악치료 센터를 운영하고 있으며, 의학 세팅에서 강의를 하고 있다.

Marcia Humpal, MEd, MT-BC

클리브랜드의 카야호가 지역 발달장애 위원회에서 오랜 기간의 경력을 지낸 후 퇴직하였다. 이 후 클리브랜드주립대학교에서 겸임교원으로, 그리고 Rock and Roll Hall of Fame에서 운영하는 Toddler Rock 프로그램에서 일하고 있다. *Early Childhood Music Therapy and Autism Spectrum Disorders*를 비롯한 여러 책을 저술했다.

Corene P. Hurt-Thaut, PhD, MT-BC

콜로라도주립대학교 음악 생의학적 연구센터의 협동연구원이며 Unkefer Academy for NMT의 평생교육 책임자이자, 책임 임상교원으로 있다. NMT 강의를 통해 국제적으로 알려졌으며, 이 분야에 대한 수많은 책과 연구논문을 저술해왔다.

Connie Isenberg, PhD, MTA, MT-BC

음악과 심상 협회의 펠로우이자 몬트리올 퀘벡대학교 음악치료학과의 초대교수이다. 캐나다 음악치료협회의 창립위원이며, 임상현장에 끼친 그녀의 공로를 인정받아 평생회원이 되었다. 음악치료사이자, 심리학자, 정신분석가, 결혼·가족상담치료사이며, 국내외로 광범위한 강연과 저술활동을 해왔다.

Sarah B. Johnson, MM, MT-BC

1987년에 직접 창립한 University Colorado Health Systems에서 최근에 은퇴한 신경학적 음악치료사이다. 콜로라도주립대학교의 NMT 지역사회 아웃리치 프로그램의 공동책임자로 일해왔으며, 현재는 온라인 석사학위과정에서 강의를 맡고 있다. 자신의 임상작업에 대해 국제적으로 강연해왔으며, AMTA로부터 'Professional Practice Award'를 수상한 바 있다.

Seung-A Kim, PhD, LCAT, MT-BC

분석적 음악치료사이자 뉴욕 록빌센터의 몰로이대학교 음악치료학과 부교수이다. *Voices: A World Forum for Music Therapy*의 편집자이며, AMTA의 Diversity Committee와 Assembly of Delegates에서 활동하고 있다. 뉴욕에 있는 한국 이민자 가정을 위한 음악치료 프로그램을 개발하였다.

Robert E. Krout, EdD, MT-BC

댈러스의 서던메소디스트대학교 음악치료학과의 교수이자 학과장이다. 이전에는 뉴질랜드 매시대학교, 뉴욕주립대학교 뉴팔츠캠퍼스, 조지아대학에서 재직했다. Krout 박사는 플로리다 주 팜비치카운티 호스피스의 인턴십 책임자이자 음악치료 담당자였으며, 사별을 경험한 아동·청소년·성인을 대상으로 치료를 담당했었다.

A. Blythe LaGasse, PhD, MT-BC

콜로라도 주 포트콜린스의 콜로라도주립대학교 음악치료학과 부교수이다. 자폐스펙트럼 대상의 음악치료센터를 운영하고 있기도 하다. LaGasse 박사는 NMT와 자폐스펙트럼 대상의 음악치료를 주제로 수많은 논문을 발표해왔다.

Gillian Stephens Langdon, MA, MT-BC, LCAT

미국 브롱스 정신병원에서 41년을 일한 후 은퇴했다. 뉴욕 록빌센터의 몰로이대학교와 뉴욕대학교의 스타인하트 음악치료대학원에서 강의하고 있다. *Music Therapy and Trauma: Bridging Theory and Clinical Practice*의 한 챕터와 음악치료 슈퍼비전(Music Therapy Supervision)을 공동으로 저술한 것을 포함하여 수많은 음악치료 서적을 냈다.

Anne W. Lipe, PhD, MT-BC

버지니아 윈체스터의 쉐넌도아대학교 음악치료학과 겸임부교수이다. 4개의 음악치료 교육프로그램에서 강의했으며, 호스피스와 의학세팅에서 노인 및 개별치료를 제공해왔다. 그녀의 진단평가 도구인 Music-Based Evaluation of Cognitive Functioning(MBECF)은 여러 연구물과 수많은 발표 자료로 활용되어왔다.

Joanne Loewy, DA, LCAT, MT-BC

루이암스트롱 음악의학센터의 책임자이자, 아인슈타인 의과대학의 부교수이며, 국제 음악의학협회의 창립위원, *Music and Medicine*의 책임 공동편집자이다. 뉴욕대학교, 드렉셀대학교, 몰로이대학교, 바르셀로나대학교에서 음악치료 강의를 하고 있으며, 여러 책과 논문을 저술하며 편저자로 활동하고 있다.

David Marcus, MMus, MA, CMT

노도프-로빈스 음악치료사, 뉴욕에 위치한 노도프-로빈스 음악치료 사설센터인 창조적 음악치료 스튜디오의 설립자이자 임상책임자이다. 학술논문을 포함하여 *Creative Music Therapy*와 같은 여러 음악치료 책들의 저자 혹은 공저자로 참여했다.

Katrina Skewes McFerran, PhD, RMT

호주 멜버른대학교 음악치료학과의 부교수이자 학과장이다. McFerran 박사는 *Adolescents, Music and Music Therapy*라는 저서를 비롯하여 학교, 병원, 완화의료 및 지역사회 세팅에서의 청소년 대상 광범위한 저술활동을 해오고 있다.

Cathy H. McKinney, PhD, LCAT, MT-BC

노스캐롤라이나의 애팔래치안주립대학교 음악치료학과 주임교수이다. 동일 지역에서 사설 GIM 센터를 운영하고 있다. 음악과 심상 협회의 펠로우이며, 그녀의 연구는 GIM에서 심상을 위해 사용하는 음악이 기분과 생리적 반응에 미치는 효과에 집중하고 있다.

Beth McLaughlin, MSE, LCAT, MT-BC

뉴욕 주의 스키넥터디에 위치한 와일드우드 학교 음악치료서비스의 책임자이다. 다수의 음악치료 서적에 저자로 참여했으며, 종종 지역과 국가 차원의 학회에 강연자로 활동한다. 특수교육에서의 음악치료 활성화를 위해 다양한 노력을 하며 북부 뉴욕 주에서 50개교 이상의 학교 학생들을 대상으로 음악치료를 제공하고 있다.

Anthony Meadows, PhD, MT-BC, LPC

음악과 심상 협회의 펠로우이자 버지니아 윈체스터의 쉐넌도아대학교 음악치료학과 부교수이며, 학과장이다. *Music Therapy Perspectives*의 편집자이며, 다양한 주제로 저술활동을 해왔다. AMTA로부터 Arthur Flagler Fultz 연구자 상을 2회 수상했다.

Kathleen M. Murphy, PhD, MT-BC

인디애나 주 에반스빌에 있는 에반스빌대학교의 음악치료학과 조교수이다. 왕성하게 활동하는 임상가, 슈퍼바이저 및 연구자이며, 주 관심분야는 물질남용의 예방과 물질남용 환자의 생애 전반에 걸친 중재방법에 대한 연구이다. Murphy 박사는 물질남용 및 다양한 주제들에 대해 여러 책들을 공저하고 논문들을 저술해왔다.

Clare O'Callaghan, PhD, RMT

호주 멜버른에 있는 세인트 빈센트 병원의 카리타스 크리스티 호스피스에서 일하는 음악치료사이며, 호주 빅토리아 주의 카브리니 병원에서 진행하는 카브리니 교육 및 연구 프로젝트에서 완화치료를 담당하는 선임연구원이다. 그 외에도 명예직으로 멜버른대학교 멜버른 음악원의 수석펠로우와 의과대학 부교수, 멜버른 피터맥캘럼 암센터의 연구 펠로우를 맡은 바 있다. O'Callaghan 박사의 연구, 이론적 개발과 관점들은 음악치료, 완화의료, 종양-심리학, 사회복지학과 관련 논문과 저서를 통해 소개되어 왔다.

Hanne Mette Ridder, PhD

덴마크 알보그대학교의 음악치료학과 교수이자, 박사과정과 5년 훈련코스 연구 팀의 총괄을 맡고 있다. Ridder 박사는 유럽음악치료연합회의 회장직을 맡고 있다. 연구 관심분야는 치매 환자 대상 음악치료이다.

Benedikte B. Scheiby, MA

뉴욕 공인 자격을 갖춘 창의예술 음악심리치료사, 신체심리치료사, 마음챙김명상 트레이너로 활동하고 있다. 뉴욕대학교 음악치료대학원의 겸임교수로 있으며, 인턴 훈련과정과 슈퍼비전의 책임자이며, 브롱스 지역 Institute for Music and Neurologic Function의 선임 치료사, 분석적 음악치료의 학위 후 훈련과정의 책임자로 있다.

Helen Shoemark, PhD, RMT

호주 머독 아동조사협회의 연구원이며 멜버른 로얄 아동병원의 (신생아학) 선임 음악치료사이다. 퀸즐랜드대학교의 겸임교수이며, 멜버른대학교의 멜버른 음악원과 소아과의 선임 펠로우이다.

Carol Shultis, PhD, LPC, MT-BC

사우스캐롤라이나 주 스파턴버그의 컨버스대학 음악치료학과 조교수이자 음악과 심상 협회의 펠로우이다. 스파턴버그 지역 의료계의 (성인 의료/외과, 소아과, 호스피스) 성인 환자들 대상의 의학적 음악치료를 제공하고 있으며, 종종 치료사를 위한 보수교육 강사를 맡고 있다. 음악치료 전공생을 위한 임상 훈련 가이드(Clinical Training Guide for the Student Music Therapist)의 공동저자이다.

Suzanne Sorel, DA, LCAT, MT-BC

노도프-로빈스 음악치료사이자, 뉴욕 록빌센터의 몰로이대학교 음악치료대학원 부학장 및 책임교수이다. 록빌센터에 위치한 레베카 음악치료센터의 노도프-로빈스 훈련 책임자이기도 하다. Sorel 박사의 연구 관심분야는 임상 즉흥연주, 슈퍼비전, 음악치료사·교육자·학생들 대상의 훈련이다.

Brynjulf Stige, PhD

노르웨이 베르겐에 있는 그리그 아카데미 음악치료 연구센터(GAMUT)의 센터장이자, 음악치료학과 교수이다. 연구 관심분야는 문화, 지역사회, 실제와 철학이다. Stige 박사는 *Nordic Journal of Music Therapy*를 창간했고, *Voices: A World Forum for Music Therapy*의 초대 공동편집자이다.

Jeanette Tamplin, PhD, RMT

멜버른대학교의 박사 후 과정(Postdoctoral) 특별연구원이며, 호주 멜버른의 오스틴 병원에서 음악치료사로 일하고 있다. Tamplin 박사의 전문분야는 신경재활에서의 치료적 노래 부르기와 노래 만들기 중재이며, 신경재활음악치료(Music Therapy Methods in Neurorehabilitation)를 포함하여 이 분야의 수많은 음악치료 서적을 저술했다.

Concetta M. Tomaino, DA, MT-BC, LCAT

Institute for Music and Neurologic Function의 이사이자 공동창립자이며, Music Therapy at the Center Light Health System의 수석 부회장을 맡고 있다. 연구 관심분야는 음악의 임상적 적용, 신경학적 재활이다. Tomaino 박사는 뉴욕시립대학교의 아인슈타인 의과대학과 리먼대학에서 교수로 재직 중이다.

Alan Turry, DA, MT-BC, LCAT

노도프-로빈스 음악치료사이자 뉴욕대학교 스타인하트 대학원의 노도프-로빈스 음악치료센터장이다. 여러 편집위원회에 속해 있으면서 수많은 저서를 냈다. 2012년에는 뇌졸중 재활 프로그램에서의 음악치료/작업치료의 통합 및 연구를 위한 노도프-로빈스 센터와 러스크 재활센터의 협력에 대한 공로를 인정받아 AMTA Arthur Flagler Fultz 연구자 상을 수상했다.

Madelaine Ventre, MS, LCAT, MT-BC

음악과 심상 협회의 펠로우이자 Primary Trainer이며, 여러 대학교에서 교수진으로 활동하고 있다. 학부, 대학원, 학위 후 과정에서 GIM을 주제로 국제적인 강의를 하고 있으며, 전문 학술지를 위한 논문 및 책을 저술했다. 국제학회에서 발표를 해왔으며, 뉴욕 포레스트버그에서 사설 치료센터를 운영하고 있다.

Margareta Wärja, MA

공인 심리치료사이자 그룹 심리치료사이며, 음악과 심상 협회의 펠로우, Primary Trainer, 스웨덴 스톡홀름의 표현예술센터장이다. 스톡홀름 로얄 음악대학의 음악치료 대학원과 노르웨이 부스케루/베스트폴대학의 표현예술치료 대학원의 교수로 있다. 그녀의 연구분야는 종양 재활치료에 있어서 수용적 음악치료와 표현예술의 활용에 관한 것이다.

Yun Wen, MA

호주 빅토리아 주의 중국 커뮤니티 사회복지센터의 프로젝트 담당자이자, 공인 음악치료사이다. 현재 호주 이민 노인 대상의 가정기반의 선호 음악감상 프로그램이라는 정부지원의 프로젝트를 수행 중이다. 그녀는 다문화적 맥락에서의 음악치료 적용에 관심이 있다.

Barbara L. Wheeler

'편저자 소개' 참고

Annette Whitehead-Pleaux, MA, MT-BC

보스턴의 슈라이너 소아병원의 화상 아동 대상 임상 음악치료사이자 연구자이다. 인디애나 주의 세인트메리-오브-더-우즈대학의 음악치료학과 겸임교수이며, 다수의 음악치료 논문과 책에서 통증과 불안, 트라우마, 기술, 다문화 음악치료에 대해 저술한 바 있다.

Elizabeth York, PhD, MT-BC

사우스캐롤라이나 주 스파턴버그의 컨버스대학 음악치료학과의 교수이자, 음악교육/치료학과의 학과장이다. York 박사는 음악치료 현장에 대한 여러 학문적 업적을 남겼으며, AMTA의 남동부 지역 대표, AMTA 윤리위원회의 공동의장을 지냈다.

역자 소개

강경선

성신여자대학교 일반대학원 음악치료학과 교수

강수경

가천대학교 특수치료대학원 음악치료전공 강사 | (사)전국음악치료사협회 이사/임상수련관리위원장

곽은미

한빛음악치료 센터장 | (사)전국음악치료사협회 이사/전략기획위원장

김동민

전주대학교 예술심리치료학과 대학원 주임교수 | (사)전국음악치료사협회 이사/학술위원장

김수지

이화여자대학교 교육대학원 음악치료교육전공 교수 | (사)전국음악치료사협회 이사/부회장

김진아

전주대학교 예술심리치료학과 교수 | Nordic Journal of Music Therapy 부편집장

문소영

명지대학교 사회교육대학원 음악치료학과 주임교수 | (사)한국음악치료학회 이사

송인령

가천대학교 특수치료대학원 음악치료전공 주임교수 | (사)전국음악치료사협회 이사/자격관리위원장

순진이

성신여자대학교 일반대학원 음악치료학과 겸임교수 | (사)전국음악치료사협회 이사/총무위원장

신정희

수원대학교 음악대학원 음악치료상담전공 주임교수 | 다솜아동청소년연구소 소장

이난복

숙명여자대학교 음악치료대학원 겸임교수 | (사)전국음악치료사협회 이사/부회장

이드보라

(사)한국음악치료학회 부산지부장 | 고신음악심리치료협회 대표이사

이인용

침례신학대학교 교회음악과 음악치료전공 초빙교수 | (사)전국음악치료사협회 회장/이사장

이진형

이화여자대학교 대학원 음악치료학과 교수 | (사)전국음악치료사협회 이사/대외협력위원장

정현주

이화여자대학교 대학원 음악치료학과 교수 | 한국음악치료교육학회(KOMTEA) 회장

조혜진

전) 원광대학교 보건보완의학대학원 음악치료전공 초빙교수 | 한국음악치료교육학회(KOMTEA) 부회장

황성하

인제대학교 대학원 음악치료전공 겸임교수 | 라파 노도프–로빈스 음악치료 클리닉 원장